에듀윌과 함께 시작하면,
당신도 합격할 수 있습니다!

에듀윌 IT자격증은 학문을 연구하지 않습니다.
가장 효율적이고 빠른 합격의 길을 연구합니다.

IT자격증은 '사회에 내딛을 첫발'을 준비하는 사회 초년생을 포함하여
새로운 준비를 하는 모든 분들의
'시작'을 위한 도구일 것입니다.

에듀윌은
IT자격증이 여러분의 최종 목표를 앞당기는 도구가 될 수 있도록
빠른 합격을 지원하겠습니다.

누구나 합격할 수 있습니다.
시작하겠다는 '다짐', 이루겠다는 '목표'면 충분합니다.

마지막 페이지를 덮으면,

**에듀윌과 함께
IT자격증 합격이 시작됩니다.**

IT자격증 1위

매달 선물이 팡팡!
독자참여 이벤트

교재 후기 이벤트
나만 알고 있기 아까운!
에듀윌 교재의 장단점, 더 필요한 서비스 등을 자유롭게 제안해주세요.

 이벤트 참여

오타 제보 이벤트
더 나은 콘텐츠 제작을 돕는 일등 공신!
사소한 오타, 오류도 제보만 하면 매월 사은품이 팡팡 터집니다.

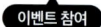 이벤트 참여

IT자격증 A~Z 이벤트
모르고 지나치기엔 아쉬운!
에듀윌 IT자격증에서 제공 중인 무료 이벤트를 확인해보세요.

 이벤트 참여

참여 방법 | 각 이벤트의 QR 코드 스캔
당첨자 발표 | 매월 5일, EXIT 합격 서비스(exit.eduwill.net) 공지사항
사은품 | 매월 상이하며, 당첨자 발표 후 순차 발송

※ 이벤트는 공지 없이 변경되거나 종료될 수 있습니다.

가장 빠른 합격출구 **EXIT**

정석 ver.

4주합격 스터디 플래너

안정적이고 체계적인 합격을 노린다면?

정석 ver. 합격 가이드

1회독
전체 내용을 "후루룩" 읽어보면서 문제를 풀어보세요.

2회독
교재에서 짚어주는 중요 포인트들을 "암기"하면서 문제를 풀어보세요.

3회독
[특별부록] 한번에 몰아보는 #빈출개념을 읽으면서 "문제만" 풀어보세요.

• 공부를 완료하면 동그라미(⭕)를 하세요.

과목		CHAPTER	1회독	2회독	3회독
1과목 컴퓨터 일반	01	Windows 10의 기본 기능	1일	10일	21일
	02	Windows 10의 고급 기능			
	03	컴퓨터 시스템 활용	2일	11일	
	04	컴퓨터 소프트웨어			
	05	멀티미디어 활용			
	06	인터넷 활용		12일	
	07	컴퓨터 시스템 보호			
2과목 스프레드시트 일반	01	스프레드시트의 개요	3일	13일	22일
	02	데이터 입력 및 편집			
	03	수식 활용		14일	
	04	데이터 관리			
	05	차트 활용	4일	15일	
	06	출력 작업			
	07	매크로와 VBA 활용			
3과목 데이터베이스 일반	01	데이터베이스의 개요	5일	16일	23일
	02	테이블 활용			
	03	쿼리 활용		17일	
	04	폼 활용			
	05	보고서 활용	6일	18일	
	06	매크로와 모듈 활용			
특별부록 Level Up 기출변형문제		제1회 기출변형문제(2025 상시)	7일	19일	24일
		제2회 기출변형문제(2025 상시)			
		제3회 기출변형문제(2024 상시)	8일		
		제4회 기출변형문제(2024 상시)			
		제5회 기출변형문제(2023 상시)	9일	20일	25일
		제6회 기출변형문제(2023 상시)			
특별부록		한번에 몰아보는 #빈출개념➕틀린 문제만 풀기		26~27일	

28일 D-day **합격!**

가위로 잘라서 책갈피로 사용하세요.

2주합격 스터디 플래너

벼락치기 ver.

과목		CHAPTER	1회독	2회독
1과목 컴퓨터 일반	01	Windows 10의 기본 기능	1일	9일
	02	Windows 10의 고급 기능		
	03	컴퓨터 시스템 활용	2일	
	04	컴퓨터 소프트웨어		
	05	멀티미디어 활용		
	06	인터넷 활용		
	07	컴퓨터 시스템 보호		
2과목 스프레드시트 일반	01	스프레드시트의 개요	3일	10일
	02	데이터 입력 및 편집		
	03	수식 활용		
	04	데이터 관리		
	05	차트 활용	4일	
	06	출력 작업		
	07	매크로와 VBA 활용		
3과목 데이터베이스 일반	01	데이터베이스의 개요	5일	11일
	02	테이블 활용		
	03	쿼리 활용		
	04	폼 활용		
	05	보고서 활용	6일	
	06	매크로와 모듈 활용		
특별부록 Level Up 기출변형문제		제1회 기출변형문제(2025 상시)	7일	12일
		제2회 기출변형문제(2025 상시)		
		제3회 기출변형문제(2024 상시)		
		제4회 기출변형문제(2024 상시)		
		제5회 기출변형문제(2023 상시)	8일	
		제6회 기출변형문제(2023 상시)		
특별부록		한번에 몰아보는 #빈출개념➕틀린 문제만 풀기	13일	

14일 D-day **합격!**

단기간 내 빠르게 합격하고 싶다면?

벼락치기 ver. 합격 가이드

1회독
"최빈출 개념끝"만 골라서 이론 암기 및 문제 풀이를 하세요.

2회독
"최빈출 개념끝" 문제들만 다시 풀어보면서 선지를 암기하세요.

• 공부를 완료하면 동그라미(◯)표시를 하세요.
  * 최빈출 개념끝은 차례에서 확인하세요!

에듀윌이
너를
지지할게
ENERGY

시작하라. 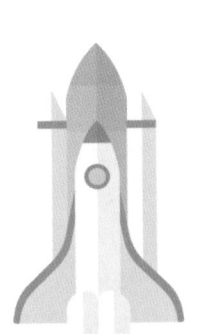 그 자체가 천재성이고,
힘이며, 마력이다.

― 요한 볼프강 폰 괴테(Johann Wolfgang von Goethe)

에듀윌
컴퓨터활용능력
1급 필기 기본서

1권 컴퓨터 일반

EVERYTHING   합격을 위한 모든 것! EXIT 합격 서비스

EXIT 합격 서비스에서 드려요!

exit.eduwill.net

1. 저자에게 묻는 **실시간 질문답변**
① 로그인
② 교재 구매 인증
③ 실시간 질문답변 게시판
④ 질문하기

2. 핵심만 모은 **무료강의**
① 로그인
② 무료강의 게시판
③ 수강하기

3. 더 공부하고 싶다면 **PDF 학습자료**
① 로그인
② 자료실 게시판
③ 다운로드

4. 실전처럼 연습하는 **필기CBT**
① 로그인
② 교재 구매 인증
③ 필기CBT 게시판
④ 응시하기

5. 직접 따라해 볼 수 있는 **실습파일**
① 로그인
② 자료실 게시판
③ 다운로드

6. 바로 확인하는 **정오표**

교재 구매 인증 방법

EXIT 합격 서비스의 [실시간 질문답변 게시판]과 [필기CBT 게시판]을 이용하기 위해서는 교재 구매 인증이 필요합니다.
❶ EXIT 합격 서비스(exit.eduwill.net) 접속 → ❷ 로그인 → ❸ 우측 구매도서 인증 아이콘 클릭 → ❹ 정답은 교재 내에서 확인

4 • 에듀윌 컴퓨터활용능력 1급 필기 기본서

1* 혼자 고민하지 마세요. 바로 질문하세요.
저자가 답변하는 **실시간 질문답변 서비스**

용어가 어렵거나 문제에 대한 해설이 잘 이해되지 않으시나요?

공부하다 모르는 내용은 혼자 고민하지 마세요. 교재를 집필한 저자가 직접! 자세하게! 설명해 주십니다.

4* 실전처럼 연습해보고 싶으신가요?
필기CBT 서비스

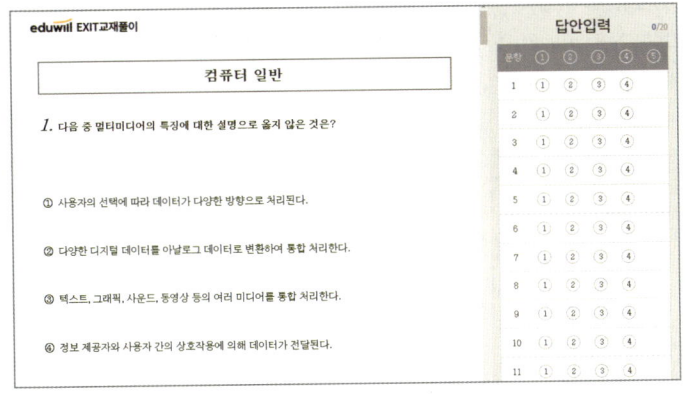
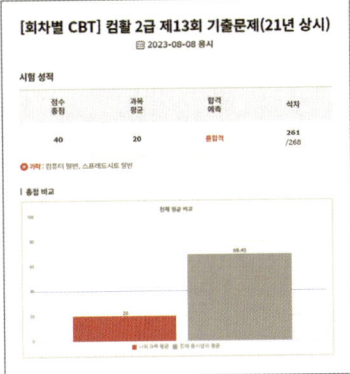

문제만 집중적으로 풀고 싶으신가요?

시험장과 동일한 CBT 환경에서 정해진 시간 동안 문제를 풀어보고 점수를 확인해보세요.

각 과목별 취약 영역을 확인할 수 있으며, 합격 여부를 미리 예측해볼 수 있습니다.

시험 절차

시행 기관 대한상공회의소(https://license.korcham.net/)

시험 절차

 필기 원서 접수
- 상시시험: 매주 시행(시험 개설 여부는 시험장 상황에 따라 다름)
- 원서접수: 대한상공회의소 자격평가사업단
- 검정 수수료: 20,500원(인터넷 접수 시 대행 수수료 1,200원 별도)

 필기시험
- 시험시간: 60분
- 합격선: 100점 만점에 과목당 40점 이상, 평균 60점 이상
- 준비물: 신분증, 수험표

 필기 합격 발표
- 필기 유효기간
  필기 합격 발표일로부터 만 2년 / 1급 합격 시 1급, 2급 실기시험에 모두 응시 가능

 실기 원서 접수
- 상시시험: 매주 시행(시험 개설 여부는 시험장 상황에 따라 다름)
- 원서접수: 대한상공회의소 자격평가사업단
- 검정 수수료: 25,000원(인터넷 접수 시 대행 수수료 1,200원 별도)

 실기시험
- 시험시간: 90분(과목별 45분)
- 합격선: 과목별 100점 만점에 70점 이상
- 프로그램: MS Office LTSC Professional Plus 2021
- 준비물: 신분증, 수험표

 실기 합격 발표
최종 합격자 발표

 자격증 발급
- 자격증 신청: 대한상공회의소 자격평가사업단 홈페이지를 통한 인터넷 신청만 가능
- 자격증 수령: 등기우편으로만 수령 가능

Q&A 가장 궁금해 하는 BEST Q&A

 필기시험 유효기간은 언제인가요?

필기합격 유효기간은 필기 합격 발표일을 기준으로 만 2년입니다. 필기시험 합격자 발표일로부터 2년 이내에 실기시험에 응시하고 합격해야 합니다.

 필기시험에 합격하면 바로 상시 실기시험 접수가 가능한가요?

네, 가능합니다. 상시 실기시험을 보기 위한 별도의 조건은 존재하지 않습니다. 필기시험에 합격한 분이라면 누구나 필기시험 유효 기간 안에 횟수에 관계없이 상시 실기시험에 접수, 응시 가능합니다.

 자격증의 유효기간 및 갱신기간은 어떻게 되나요?

대한상공회의소에서 시행하는 모든 자격증은 자격증 유효 기간이 따로 없습니다. 한번 취득한 자격증은 평생 유효하며, 별도의 갱신이 필요하지 않습니다.

 접수한 시험을 다음 회차로 연기할 수 있나요?

접수한 시험은 시험일로부터 4일 전까지 시험일 및 등급, 급수 변경이 가능합니다.
예) 6월 15일 시험(12, 13, 14, 15) = 4일 → 6월 11일까지 변경 가능

 필기 CBT가 무엇인가요?

CBT는 메인 컴퓨터에 많은 문제를 저장시켜 놓고 시험 당일 수험자용 컴퓨터가 랜덤으로 문제를 출제하는 것입니다. 수험자는 모니터를 보면서 정답을 클릭하는 방식으로 시험을 봅니다. CBT는 큐넷 혹은 에듀윌 EXIT 합격 서비스에서 체험 가능합니다.

ANALYSIS 기출 분석의 모든 것!

1과목 컴퓨터 일반   20문항

l 최근 기출 10개년 챕터별 TOP 출제 키워드 및 출제 비중

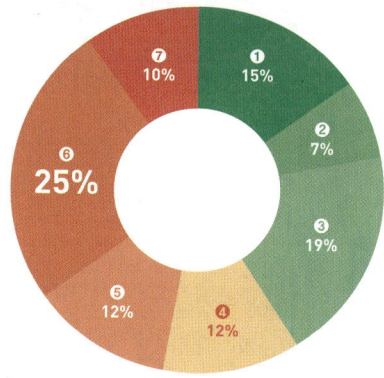

CHAPTER	출제 키워드
❶ Windows 10의 기본 기능	[시작] 메뉴, 바로 가기 키, 파일 탐색기, 휴지통
❷ Windows 10의 고급 기능	레지스트리, 프린터, 개인 설정, 시스템, 사용자 계정, 공유
❸ 컴퓨터 시스템 활용	자료의 구성 단위, 자료의 표현, 중앙처리장치(CPU), 기억장치
❹ 컴퓨터 소프트웨어	소프트웨어 종류, 운영체제, 소프트웨어 구분, 프로그래밍 언어, 언어 번역
❺ 멀티미디어 활용	멀티미디어, 그래픽 데이터의 표현 방식, MPEG, 그래픽 파일 형식
❻ 인터넷 활용	정보통신망, OSI 7계층, IP 주소, 프로토콜, FTP, 인터넷 관련 용어
❼ 컴퓨터 시스템 보호	저작권, 정보사회, 컴퓨터 범죄, 컴퓨터 바이러스, 정보보안 서비스, 방화벽

l 단기 합격 가이드

시험에 자주 출제되는 핵심 포인트는 반드시 확인하고 넘어가시는 것이 좋습니다. 제1과목은 생소한 용어들 때문에 많은 수험자분들께서 어려움을 느끼시지만, 실제로는 컴퓨터를 사용할 때 자주 접하는 내용들입니다. 컴퓨터 이론 과목은 한 번 출제된 문제가 다시 출제될 가능성이 높은 만큼, 반복 학습을 통해 용어에 익숙해지는 것이 중요합니다. 특히, 기출문제를 꾸준히 반복해서 학습하는 것이 단기 합격으로 가는 지름길입니다. 또한, 컴퓨터 시스템과 인터넷 활용 영역은 출제 빈도가 높은 편이므로, 보다 집중해서 학습하시길 권장드립니다.

2과목 스프레드시트 일반   20문항

l 최근 기출 10개년 챕터별 TOP 출제 키워드 및 출제 비중

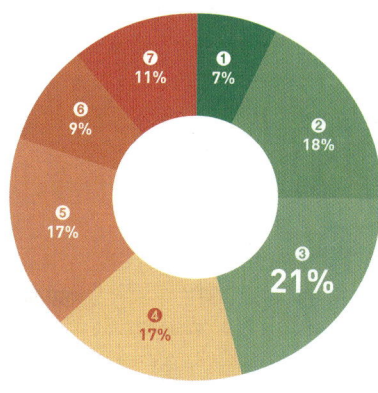

CHAPTER	출제 키워드
❶ 스프레드시트의 개요	Excel 옵션, 통합 문서, 시트 선택, 시트 보호, 워크시트
❷ 데이터 입력 및 편집	데이터 입력, 채우기 핸들, 셀 서식, 사용자 지정 서식, 데이터 편집
❸ 수식 활용	조건부 서식, 연산자, 셀 참조, 오류 메시지, 함수, 배열
❹ 데이터 관리	외부 데이터, 정렬, 필터, 데이터 유효성 검사, 목표값 찾기, 부분합, 피벗 테이블, 피벗 차트
❺ 차트 활용	차트 작성, 차트 종류, 차트의 구성 요소, 차트 편집, 추세선
❻ 출력 작업	페이지 설정, 페이지 나누기 및 보기 형식, 인쇄
❼ 매크로와 VBA 프로그래밍	매크로 기록 및 실행, 편집, 보안, VBA 프로그래밍, Worksheets 개체, Range 개체

I 단기 합격 가이드

제2과목은 단순한 이론뿐만 아니라 함수나 차트를 실제로 적용해보는 활용 능력까지 평가하기 때문에 다소 어렵게 느껴질 수 있습니다. 또한 실기 시험에서도 엑셀을 다루게 되므로, 실습을 병행하며 학습하는 것이 효과적입니다. 엑셀에서 함수는 절대로 빠질 수 없는 핵심 내용이며, 수식 활용과 관련된 문제의 출제 빈도가 가장 높습니다. 그다음으로는 데이터 입력 및 편집, 데이터 관리, 차트 활용, 매크로와 VBA 프로그래밍, 출력 작업, 스프레드시트 관련 내용 순으로 자주 출제되는 경향이 있습니다.

3과목 데이터베이스 일반　　　20문항

I 최근 기출 10개년 챕터별 TOP 출제 키워드 및 출제 비중

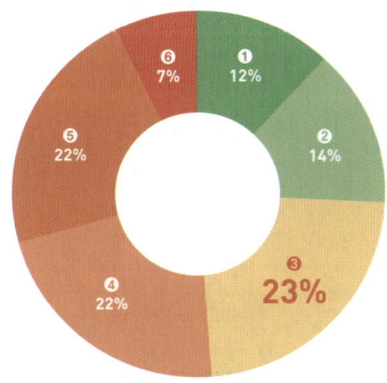

CHAPTER	출제 키워드
❶ 데이터베이스의 개요	DBMS, 스키마, 개체 관계 모델, 관계 데이터베이스의 구조, 정규화
❷ 테이블 활용	테이블, 데이터 형식, 기본 키, 입력 마스크, 조회 속성, 테이블의 구조 변경
❸ 쿼리 활용	쿼리, DCL, DDL, DML, 함수
❹ 폼 활용	폼의 개념, 탭 순서, 하위 폼, 컨트롤, 조건부 서식
❺ 보고서 활용	보고서, 보고서의 구성, 그룹화, 페이지 번호, 페이지 설정
❻ 매크로와 모듈 활용	매크로, 매크로 함수, 모듈, 이벤트, 개체

I 단기 합격 가이드

제3과목의 액세스 프로그램은 접해볼 기회가 많지 않아 생소하고 어렵게 느껴질 수 있습니다. 엑셀과 마찬가지로 실습을 통해 기능을 직접 익히며 이해하는 것이 효율적인 학습 방법입니다. 출제 비중이 가장 높은 영역은 쿼리 활용이며, 그다음으로는 폼 활용, 보고서 활용, 테이블 활용, 데이터베이스의 개요, 매크로와 모듈 활용 순으로 출제 빈도가 높은 편입니다. 철저한 기출문제 분석을 통해 시험에 완벽하게 대비하시기 바랍니다.

WHY 왜 에듀윌 교재인가?

1 기출 선지들을 완벽하게 분석하여 담아낸 **핵심이론**

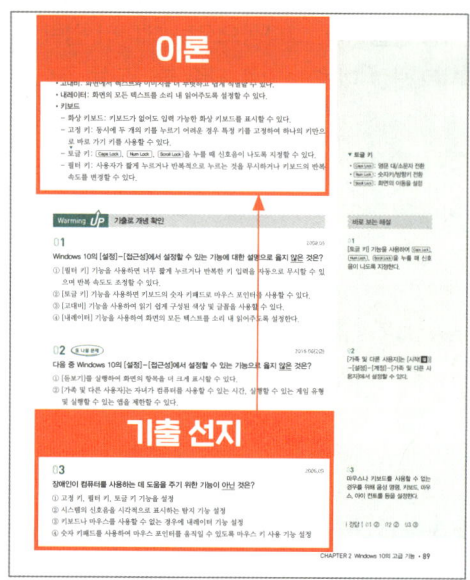

컴퓨터활용능력 필기시험 기출문제를 완벽하게 분석, 압축하여 이론으로 재구성하였습니다. 기출 선지로 구성된 이론을 통해 진짜 시험에 출제되는 이론만 학습할 수 있습니다.

2 중요 포인트만 쏙쏙! **학습 효율 극대화!**

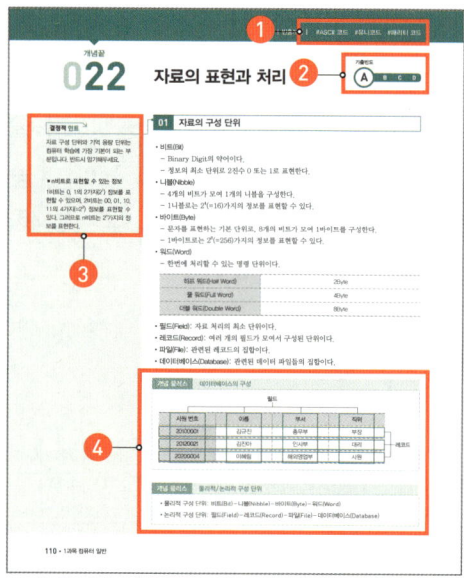

❶ 빈출개념을 통해 중요한 개념에 우선순위를 두고 전략적으로 학습할 수 있습니다.

❷ 기출빈도를 통해 해당 내용이 얼마나 자주 출제되는지 알 수 있습니다. 자주 출제되는 내용 중심으로 학습하세요.

❸ 결정적 힌트를 통해 해당 개념이 시험에 어떻게 출제되는지 알 수 있습니다. 힌트를 참고해서 시험을 준비하세요.

❹ 개념 플러스를 통해 시험에 나올 수 있는 내용을 추가로 학습할 수 있습니다.

3 Level UP 상시시험 기출변형문제

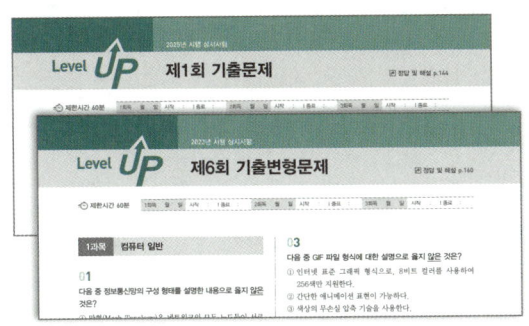

실전처럼 마무리 연습을 할 수 있도록 2025~2023년 기출변형문제 6회분을 수록했습니다. 실제 시험처럼 제한시간을 두고 풀어보면서 익힌다면 자신 있게 시험장에 입장할 수 있을 것입니다.

더 드립니다!

계획적인 학습을 위해!
스터디 플래너

전 과목 빠른 총정리를 위해!
빈출개념

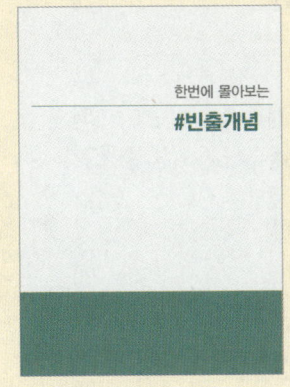

이론 학습을 마무리한 후, 시험장에 들어가기 전 빈출개념만 담긴 부록으로 빠르게 복습하세요.

합격에 한 걸음 더 다가가는
추가 학습 자료 및 무료강의

❶ 따라하면서 공부하는 [2026 컴활 1급 필기] 실습파일
❷ 기출의 핵심만 쏙쏙! 기출선지 OX퀴즈(PDF)
❸ 놓치면 아쉬운 무료강의

※ PDF 다운로드: EXIT 합격 서비스 접속 → 로그인 → 자료실 → 컴퓨터활용능력 1급 → 필기 기본서 → 다운로드
※ 무료강의 경로: EXIT 합격 서비스 접속 → 로그인 → 무료강의 → 컴퓨터활용능력 1급 → 필기 기본서

CONTENTS 차례

- 합격을 위한 모든 것! EXIT 합격 서비스
- 시험의 모든 것!
- 가장 궁금해 하는 BEST Q&A
- 기출 분석의 모든 것!
- 왜 에듀윌 교재인가?

[플래너]
- 정석 ver. 스터디 플래너
- 벼락치기 ver. 스터디 플래너

1권

1과목 컴퓨터 일반

CHAPTER 1 Windows 10의 기본 기능
001	Windows 10의 특징	20
002	마우스 및 키보드 사용법	22
003	바탕 화면과 바로 가기 아이콘	26
004	시작 메뉴와 작업 표시줄	29
최빈출 005	휴지통	33
006	파일 탐색기	35
007	파일과 폴더	39
008	보조 프로그램	45
009	작업 관리자와 명령 프롬프트	49
최빈출 010	인쇄	51
	기출선지 OX 퀴즈	54
	Build Up 기출로 개념 강화	56

CHAPTER 2 Windows 10의 고급 기능
011	[설정] 창	64
012	[설정] 창 – 시스템	66
013	[설정] 창 – 장치	70
014	[설정] 창 – 개인 설정	72
015	[설정] 창 – 앱	76
016	[설정] 창 – 계정	79
017	[설정] 창 – 접근성	82
018	[설정] 창 – 업데이트 및 보안	84
019	관리 도구	86
020	시스템 구성	89
	기출선지 OX 퀴즈	92
	Build Up 기출로 개념 강화	94

CHAPTER 3 컴퓨터 시스템 활용
021	컴퓨터의 발전과 분류	100
최빈출 022	자료의 표현과 처리	103
023	진법 변환	107
최빈출 024	중앙처리장치	109
최빈출 025	기억장치	112
026	기타 장치	117
027	컴퓨터 관리와 문제 해결	123
	기출선지 OX 퀴즈	128
	Build Up 기출로 개념 강화	130

CHAPTER 4 컴퓨터 소프트웨어
028	소프트웨어의 분류	138
최빈출 029	운영체제	140
030	프로그래밍 언어	143
031	웹 프로그래밍 언어	146
	기출선지 OX 퀴즈	148
	Build Up 기출로 개념 강화	150

CHAPTER 5 멀티미디어 활용
032	멀티미디어 개요	156
최빈출 033	그래픽 데이터	159
034	사운드 데이터	161
035	동영상 데이터	163
	기출선지 OX 퀴즈	166
	Build Up 기출로 개념 강화	168

CHAPTER 6	인터넷 활용	
036	정보통신	174
최빈출 037	OSI 7계층과 네트워크 장치	177
최빈출 038	프로토콜	179
최빈출 039	인터넷의 개요	183
040	웹 브라우저 사용 및 설정	186
최빈출 041	인터넷 서비스	188
최빈출 042	최신 정보통신 기술 활용	191
	기출선지 OX 퀴즈	194
	Build Up 기출로 개념 강화	196

CHAPTER 7	컴퓨터 시스템 보호	
043	정보 윤리 기본	204
044	저작권 보호	206
045	개인정보 보호	208
최빈출 046	컴퓨터 범죄	211
047	컴퓨터 바이러스	213
048	정보 보안	215
	기출선지 OX 퀴즈	218
	Build Up 기출로 개념 강화	220

Jump Up 기출 재구성 과목별 모의고사　　224

2권

※실습파일 다운로드
EXIT 합격 서비스(exit.eduwill.net) ▶ 로그인 ▶
자료실 게시판 ▶ 컴퓨터활용능력 1급 ▶ 필기 기본서 ▶다운로드

2과목　스프레드시트 일반

CHAPTER 1	스프레드시트의 개요	
049	엑셀의 개요	12
050	파일 관리	21
051	통합 문서 관리	25
	기출선지 OX 퀴즈	32
	Build Up 기출로 개념 강화	34

CHAPTER 2	데이터 입력 및 편집	
최빈출 052	데이터 입력	42
053	데이터 편집	52
최빈출 054	서식 설정	59
	기출선지 OX 퀴즈	70
	Build Up 기출로 개념 강화	72

CHAPTER 3	수식 활용	
055	수식 작성	80
056	함수	86
최빈출 057	수학 함수, 통계 함수	88
최빈출 058	날짜/시간 함수, 논리 함수, 문자열 함수	94
최빈출 059	찾기/참조 함수, 데이터베이스 함수	99
060	재무 함수, 정보 함수	103
최빈출 061	배열 수식과 배열 상수	107
	기출선지 OX 퀴즈	114
	Build Up 기출로 개념 강화	116

CHAPTER 4	데이터 관리	
최빈출 062	외부 데이터 가져오기	126
최빈출 063	정렬과 필터	133
064	데이터 도구	143
065	가상 분석	153
최빈출 066	개요와 부분합	161
최빈출 067	피벗 테이블과 피벗 차트	166
	기출선지 OX 퀴즈	174
	Build Up 기출로 개념 강화	176

CHAPTER 5	차트 활용	
068	차트 작성	184
최빈출 069	차트의 편집	191
최빈출 070	차트 요소 추가	195
최빈출 071	차트 서식 지정	199
	기출선지 OX 퀴즈	204
	Build Up 기출로 개념 강화	206

CHAPTER 6	출력 작업	
072	페이지 레이아웃 설정	214
073	통합 문서 보기	218
074	인쇄 작업	221
	기출선지 OX 퀴즈	226
	Build Up 기출로 개념 강화	228

CHAPTER 7	매크로와 VBA 활용	
최빈출 075	매크로 작성	234
최빈출 076	매크로 실행	240
077	VBA 프로그래밍	244
078	VBA 문법	248
079	VBA 개체	254
	기출선지 OX 퀴즈	258
	Build Up 기출로 개념 강화	260

Jump Up 기출 재구성 과목별 모의고사 266

3권

※실습파일 다운로드
EXIT 합격 서비스(exit.eduwill.net) ▶ 로그인 ▶ 자료실 게시판 ▶ 컴퓨터활용능력 1급 ▶ 필기 기본서 ▶ 다운로드

3과목 데이터베이스 일반

CHAPTER 1	데이터베이스의 개요	
080	데이터베이스의 개념	12
081	데이터베이스 관리 시스템	14
082	데이터베이스의 설계	17
083	데이터베이스 모델	19
084	정규화	22
	기출선지 OX 퀴즈	24
	Build Up 기출로 개념 강화	26

CHAPTER 2	테이블 활용	
085	액세스의 개요	34
086	테이블 생성	38
최빈출 087	기본 키와 인덱스	46
088	필드의 일반 및 조회 속성	49
089	관계 설정	56
090	외부 데이터 가져오기와 테이블 연결하기	61
091	데이터 입력	67
	기출선지 OX 퀴즈	72
	Build Up 기출로 개념 강화	74

CHAPTER 3	쿼리 활용	
092	쿼리 작성	82
최빈출 093	쿼리의 조건 지정	85
최빈출 094	SQL 명령문 사용	90
최빈출 095	조인(Join)	100
096	실행 쿼리	104
097	기타 쿼리	110
	기출선지 OX 퀴즈	116
	Build Up 기출로 개념 강화	118

CHAPTER 4	폼 활용	
098	폼 작성	128
099	폼 속성	137
100	컨트롤 사용	143
101	컨트롤 속성	155
102	하위 폼	160
103	기타 폼 작성	165
	기출선지 OX 퀴즈	170
	Build Up 기출로 개념 강화	172

CHAPTER 5	보고서 활용	
최빈출 104	보고서 작성	180
105	보고서 인쇄	188
106	보고서 속성	191
107	다양한 보고서 작성	196
108	보고서 작성 기타	201
	기출선지 OX 퀴즈	204
	Build Up 기출로 개념 강화	206

CHAPTER 6	매크로와 모듈 활용	
109	매크로 작성	214
110	모듈 작성	222
111	액세스와 데이터베이스 개체	225
	기출선지 OX 퀴즈	230
	Build Up 기출로 개념 강화	232

Jump Up 기출 재구성 과목별 모의고사	236

4권

특별부록	
한번에 몰아보는 #빈출개념	6
Level Up 상시시험 기출변형문제	70
Level Up 정답 및 해설	142

#컴퓨터 일반
#기출다회독
#쉬운공부법

컴퓨터 일반이란 무엇인가요?

컴퓨터 일반은 컴퓨터 시스템을 활용하기 위해 반드시 필요한 운영체제인 Windows 10의 기본 기능과 고급 기능, 컴퓨터 하드웨어 활용에 필요한 컴퓨터 시스템 활용, 컴퓨터 소프트웨어, 멀티미디어 활용, 정보 통신과 인터넷, 컴퓨터 시스템 보호 등으로 구성되어 있습니다.

어떻게 공부해야 할까요?

컴퓨터 시스템 활용과 인터넷 활용이 가장 출제 비중이 높고, 컴퓨터 소프트웨어, Windows 10의 기본 기능도 출제 비중이 높은 편입니다.

출제 비중 체크해보시고 중요도에 따라 공부하세요.

출제비중 (최근 기출 10개년 기준)

CHAPTER 1	15%
CHAPTER 2	7%
CHAPTER 3	19%
CHAPTER 4	12%
CHAPTER 5	12%
CHAPTER 6	25%
CHAPTER 7	10%

1과목
컴퓨터 일반

CHAPTER 1   Windows 10의 기본 기능
CHAPTER 2   Windows 10의 고급 기능
CHAPTER 3   컴퓨터 시스템 활용
CHAPTER 4   컴퓨터 소프트웨어
CHAPTER 5   멀티미디어 활용
CHAPTER 6   인터넷 활용
CHAPTER 7   컴퓨터 시스템 보호

CHAPTER 1

Windows 10의 기본 기능

최근 기출 10개년 기준

15%

무료 동영상 강의

- 001 Windows 10의 특징
- 002 마우스 및 키보드 사용법
- 003 바탕 화면과 바로 가기 아이콘
- 004 시작 메뉴와 작업 표시줄
- 005 휴지통
- 006 파일 탐색기
- 007 파일과 폴더
- 008 보조 프로그램
- 009 작업 관리자와 명령 프롬프트
- 010 인쇄

학습전략

컴퓨터활용능력의 가장 기본이 되는 부분은 Windows 10의 기본 기능이므로 Windows 10의 전반적인 내용을 이해하는 것이 중요합니다. 먼저 개념을 이해하고 세부적인 기능에 대해 정확하게 암기하는 것이 좋습니다.

| 빈출개념 | #OLE #에어로 피크 #NTFS

개념끝 001 Windows 10의 특징

기출빈도 A **B** C D

결정적 힌트

Windows 10의 특징에서는 운영체제와 관련된 다양한 용어들이 등장합니다. 용어의 의미와 기능을 잘 정리해 두세요.

01 Windows 10의 특징

(1) Windows 10의 개념

Windows 10은 운영체제 중 하나로, 컴퓨터 시스템과 사용자 간의 편리한 인터페이스를 제공하는 프로그램이다.

(2) Windows 10의 특징

GUI (Graphical User Interface)	키보드나 마우스를 사용하여 메뉴나 아이콘을 선택하면 수행되는 환경 지원
플러그 앤 플레이 (PnP; Plug & Play)	컴퓨터에 새로운 하드웨어를 설치할 때 해당 하드웨어를 사용하는 데 필요한 시스템 환경을 자동으로 구성
선점형 멀티태스킹 (Preemptive Multi-tasking)	운영체제가 앱의 제어권을 가지므로 앱의 오류가 발생했을 때 오류가 발생한 앱만 강제 종료할 수 있음
OLE (Object Linking and Embedding)	Windows 환경에서 각종 앱 간의 데이터 교환을 위해 서로의 데이터를 공유하는 기능 지원
Windows Defender 방화벽	Windows에 포함된 보안 소프트웨어로, 스파이웨어 및 그 밖의 원치 않는 침입으로부터 컴퓨터를 보호할 수 있음
에어로 피크, 에어로 스냅, 에어로 셰이크 등의 에어로 인터페이스 기능 제공	• 에어로 피크(Aero Peek): 모든 창을 최소화할 필요 없이 바탕 화면을 빠르게 미리 보거나, 작업 표시줄의 해당 아이콘을 가리켜서 열린 창을 미리 볼 수 있게 하는 기능 • 에어로 스냅(Aero Snap): 화면의 가장자리로 창을 드래그하면 자동으로 배열하는 기능 • 에어로 셰이크(Aero Shake): 창을 흔들면 열려있는 다른 모든 창을 최소화하거나 다시 원래의 상태로 나타내는 기능
핫 플러그 인(Hot Plug-In)	컴퓨터가 동작할 때 컴퓨터 시스템의 장치를 연결하거나 분리하는 기능 지원
64비트 데이터 처리 지원	• 완전한 64비트의 데이터 처리 방식을 지원하므로 데이터 처리량이 뛰어남 • 64비트 버전의 Windows를 설치하려면 64비트 버전을 실행할 수 있는 CPU가 필요함 • 64비트 버전의 Windows용으로 설계된 프로그램은 32비트 버전에서 호환되지 않음

▼ **앱(App)**

애플리케이션(Application)의 줄임말로, Windows 10에서는 프로그램 대신 앱이라는 용어를 사용한다.

▼ **OLE**

OLE 기능을 지원하면 그림판에서 그린 그림을 문서 편집기에 연결했을 때 그림판에서 그림을 수정함과 동시에 편집기의 그림도 같이 변경된다.

▼ **핫 스왑과 핫 플러그 인**

핫 스왑은 주로 하드 디스크, 전원 공급 장치 등과 같은 장치의 교체에 초점이 맞춰진 기능이며, 핫 플러그 인은 USB, 마우스 등 주변 장치의 연결 및 분리에 중점을 둔다. 두 용어는 실제 현장에서는 혼용되어 사용되기도 한다.

▼ **64비트 표현**

32비트 프로세서는 x86, 64비트 프로세서는 x64라고 표시한다.

02 Windows의 파일 시스템

(1) 파일 시스템의 개념
파일 시스템이란 컴퓨터에서 데이터를 효과적으로 관리하기 위해 체계적으로 파일을 저장하고 관리하는 방식을 말한다.

(2) 파일 시스템의 기능 및 특징
- Windows 계열의 파일 시스템에는 FAT16, FAT32, NTFS가 있다.
- NTFS(New Technology File System): 성능, 보안, 안정성 면에서 고급 기능을 제공하는 파일 시스템이다.
  - 파일 및 폴더에 대한 액세스 제어를 유지하고 제한된 계정을 지원한다.
  - Active Directory 서비스를 제공한다.
  - 하드디스크의 파티션 크기를 256TB까지 지원하여 디스크 공간의 효율적인 활용이 가능하다(Windows 10 버전 1709 이상에서 최대 8PB 볼륨 지원).
  - 비교적 큰 오버헤드가 발생하므로 약 400MB 이하 볼륨에서는 사용하지 않는 것이 좋다.

▼ **Active Directory 서비스**
사용자, 사용자 그룹, 네트워크 데이터 등을 하나로 통합 관리하는 새로운 인터페이스이다.

■ **용량 단위**
- MB(메가바이트): 2^{20}Byte
- TB(테라바이트): 2^{40}Byte
- PB(페타바이트): 2^{50}Byte

Warming UP 기출로 개념 확인

01
다음 중 Windows 운영체제에서 사용하는 NTFS 파일 시스템에 대한 설명으로 옳지 <u>않은</u> 것은?
① Active Directory 서비스를 제공한다.
② 하드 디스크 논리 파티션의 크기는 100GB까지 지원한다.
③ 비교적 큰 오버헤드가 있기 때문에 약 400MB 이하의 볼륨에서 사용하는 것은 좋지 않다.
④ 파일 및 폴더에 대한 액세스 제어를 유지하고 제한된 계정을 지원한다.

02
Windows 10에 대한 설명 중 옳지 <u>않은</u> 것은?
① 플러그 앤 플레이(PnP; Plug & Play) 기능을 지원한다.
② 선점형 멀티태스킹을 지원한다.
③ 네트워크 기능이 강화되었다.
④ 멀티 유저 시스템이다.

03
다음에서 설명하는 Windows 10의 기능은?

> 모든 창을 최소화할 필요 없이 바탕 화면을 빠르게 미리 보거나 작업 표시줄의 해당 아이콘을 가리켜서 열린 창을 미리 볼 수 있게 하는 기능

① 에어로 피크(Aero Peek)　　② 에어로 스냅(Aero Snap)
③ 에어로 셰이크(Aero Shake)　　④ 핫 스왑(Hot Swap)

바로 보는 해설

01
NTFS 파일 시스템의 하드디스크 논리 파티션 크기는 256TB로 제한된다.

02
Windows는 Single-user, Multi-tasking 시스템이다. Windows의 특징으로는 그래픽 사용자 인터페이스(GUI) 사용, 선점형 멀티태스킹, 플러그 앤 플레이(PnP; Plug & Play), OLE, 255자의 파일 이름 등이 있다.

03
| 오답 피하기 |
② 화면의 가장자리로 창을 드래그하면 자동으로 배열하는 기능이다.
③ 창을 흔들면 열려있는 다른 모든 창을 최소화하거나 다시 원래의 상태로 나타내는 기능이다.
④ 컴퓨터가 작동하는 상태에서 컴퓨터 시스템의 장치를 연결하거나 교체 및 분리하는 일을 말한다. 부분적으로 하드디스크 드라이브, 전원 공급 장치, 기타 장비들을 교체해도 컴퓨터에 자동으로 인식되어 정상적으로 동작한다.

| 정답 | 01 ②　02 ④　03 ①

개념끝
002 마우스 및 키보드 사용법

| 빈출개념 | #Shift 조합 바로 가기 키 | #Ctrl 조합 바로 가기 키 | #Alt 조합 바로 가기 키

기출빈도: A B C **D**

01 마우스 및 키보드 사용법

(1) 마우스 사용법

클릭(Click)	• 마우스 왼쪽 단추를 한 번 누르기 • 아이콘, 파일, 폴더, 메뉴 등을 선택할 때 사용
더블클릭(Double Click)	• 마우스 왼쪽 단추를 빠르게 두 번 누르기 • 파일이나 폴더를 열거나 앱을 실행할 때 사용
드래그(Drag) / 드래그 앤 드롭(Drag & Drop)	• 마우스 왼쪽 단추를 누른 채 끌어다 놓기 • 아이콘의 이동, 복사나 창의 크기를 변경할 때 사용
스크롤 휠(Scroll Wheel)	• 마우스 휠을 위나 아래로 돌리기 • 화면을 스크롤할 때 사용

(2) 키보드 사용법

기능 키	F1 ~ F12	Windows나 앱에서 정해진 기능을 수행
조합 키	Shift, Ctrl, Alt	다른 키와 조합하여 특수한 기능을 수행
토글 키	Caps Lock	영문 대/소문자 전환
	Num Lock	숫자 키/방향 키 전환
	Scroll Lock	화면의 이동을 설정
	한/영	한글/영문 모드 전환
	Insert	삽입/수정 모드 전환

> **결정적 힌트**
> 바로 가기 키는 시험을 대비하는 목적 이외에도 실제 작업의 효율을 높일 수 있는 기능이므로 실습을 통해서 익숙해지게 연습하는 것이 좋습니다.

02 바로 가기 키

바로 가기 키란 단축키라고도 하며, 키보드의 키를 조합하여 일반적으로 마우스가 수행하는 일을 대신할 수 있는 기능이다.

(1) 기능키

F2	선택한 항목의 이름을 바꿈
F3	파일 탐색기에서 파일 또는 폴더를 검색
F4	파일 탐색기에서 주소 표시줄로 이동

F5	활성 창 새로 고침
F6	창이나 바탕 화면의 화면 요소들을 순환
F10	활성 앱의 메뉴 모음을 활성화

(2) Shift 조합 바로 가기 키

Shift + F10	선택한 항목의 바로 가기 메뉴를 표시
Shift + Delete	휴지통으로 이동하지 않고 영구히 삭제

(3) Ctrl 조합 바로 가기 키

Ctrl + C	선택한 항목 복사
Ctrl + X	선택한 항목 잘라내기
Ctrl + V	선택한 항목 붙여넣기
Ctrl + A	모든 항목 선택
Ctrl + Z	실행 취소
Ctrl + Esc	[시작] 메뉴 표시
Ctrl + Shift + Esc	작업 관리자 창을 표시
Ctrl + D	선택 항목 삭제 후 휴지통으로 이동
Ctrl + F4	활성 문서 종료
Ctrl + F1	리본 메뉴 최소화
Ctrl + 마우스 휠 드래그	아이콘 크기 변경
Ctrl + Insert	선택한 항목 복사

▼ 작업 관리자 창

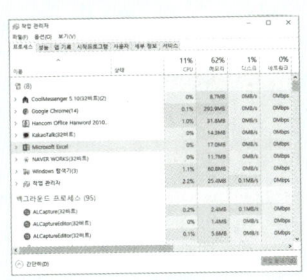

(4) Alt 조합 바로 가기 키

Alt + F4	현재 창을 종료
Alt + Tab	작업 전환 창을 이용하여 작업 창 전환
Alt + Esc	다음 활성화된 창으로 전환
Alt + Enter	선택한 항목의 [속성] 창을 표시
Alt + Space Bar	활성 창의 바로 가기 메뉴 열기
Alt + PrintScreen	활성 창을 클립보드에 복사
Alt + P	파일 탐색기에서 미리 보기 창 표시 및 숨기기
Alt + Shift + P	파일 탐색기에서 세부 정보 창 표시 및 숨기기

▼ PrintScreen

화면 전체를 클립보드에 복사한다.

▼ 클립보드(Clipboard)

복사나 이동, 캡처 등의 작업을 할 때 사용하는 임시 기억 장소로, 클립보드의 내용은 여러 번 사용이 가능하지만 가장 최근에 저장된 것 하나만 기억한다.

(5) ⊞ 조합 바로 가기 키

⊞	[시작] 메뉴 표시
⊞ + A	알림 센터 표시
⊞ + B	알림 영역으로 포커스 이동
⊞ + D	바탕 화면 보기
⊞ + Alt + D	날짜 및 시간 표시/숨기기
⊞ + E	파일 탐색기 실행
⊞ + F	피드백 허브 앱 실행
⊞ + I	[설정] 창을 화면에 표시
⊞ + L	컴퓨터 잠금 또는 사용자 전환
⊞ + M	모든 창을 최소화
⊞ + Shift + M	최소화된 창을 이전 크기로 복원
⊞ + P	프레젠테이션 표시 모드 선택
⊞ + R	[실행] 대화상자 표시
⊞ + S	파일이나 폴더의 검색
⊞ + T	작업 표시줄의 앱을 차례대로 표시
⊞ + U	[설정]-[접근성] 창을 표시
⊞ + V	클립보드 열기
⊞ + F1	Windows 도움말을 표시
⊞ + ,	바탕 화면 미리 보기
⊞ + ↑	창을 최대화
⊞ + ↓	창을 최소화
⊞ + →	창을 화면의 오른쪽으로 최대화
⊞ + ←	창을 화면의 왼쪽으로 최대화
⊞ + +	돋보기를 이용하여 확대
⊞ + -	돋보기를 이용하여 축소
⊞ + Esc	돋보기 끝내기
⊞ + Tab	작업 보기 열기
⊞ + Pause	[시스템 속성] 창 표시
⊞ + Ctrl + F	[컴퓨터 찾기] 창 표시
⊞ + Shift + S	화면 캡처
⊞ + X	[시작] 단추의 바로 가기 메뉴 열기

▼ 피드백 허브

Windows 10을 사용하는 동안 발생한 문제, 건의 사항, 번역 오류를 피드백 허브 앱을 통해 Microsoft에 전달하면 이를 참고하여 Windows 환경을 개선한다.

▼ [실행] 대화상자

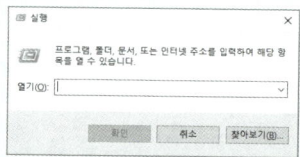

▼ 화면 캡처

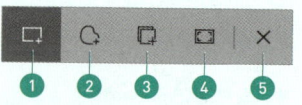

❶ 사각형 캡처
❷ 자유형 캡처
❸ 창 캡처
❹ 전체 화면 캡처
❺ 캡처 닫기

개념 플러스 — 메뉴 및 창 사용법

- Windows 10에서는 리본 메뉴로 쉽고 빠르게 메뉴를 선택할 수 있다.
- 리본 메뉴는 여러 개의 탭으로 구성되고, 하나의 탭은 여러 개의 도구가 모여 있는 그룹으로 구성된다.

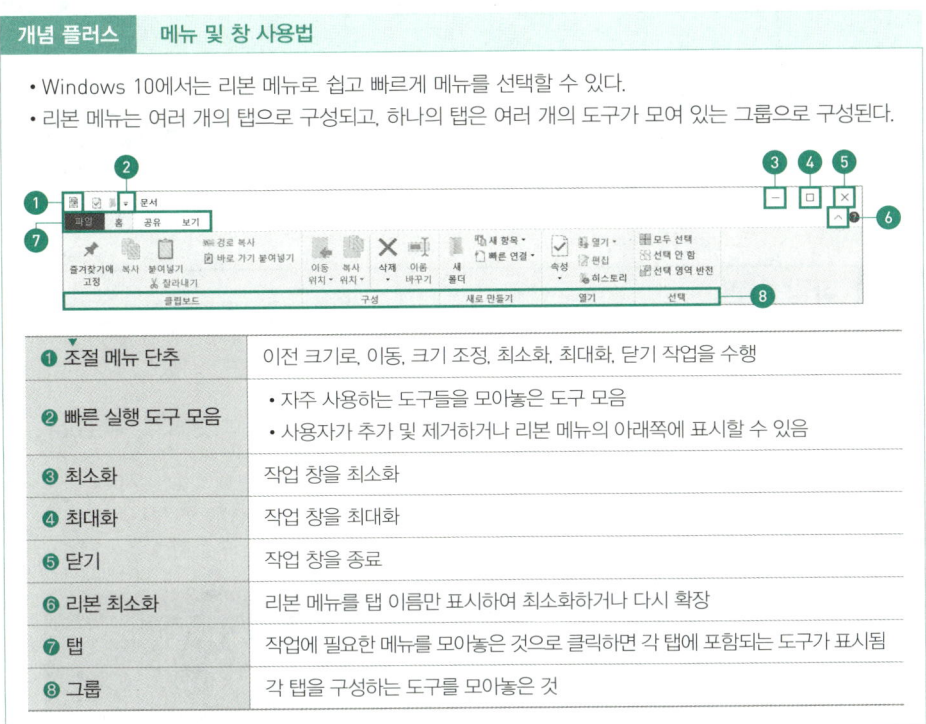

❶ 조절 메뉴 단추	이전 크기로, 이동, 크기 조정, 최소화, 최대화, 닫기 작업을 수행
❷ 빠른 실행 도구 모음	• 자주 사용하는 도구들을 모아놓은 도구 모음 • 사용자가 추가 및 제거하거나 리본 메뉴의 아래쪽에 표시할 수 있음
❸ 최소화	작업 창을 최소화
❹ 최대화	작업 창을 최대화
❺ 닫기	작업 창을 종료
❻ 리본 최소화	리본 메뉴를 탭 이름만 표시하여 최소화하거나 다시 확장
❼ 탭	작업에 필요한 메뉴를 모아놓은 것으로 클릭하면 각 탭에 포함되는 도구가 표시됨
❽ 그룹	각 탭을 구성하는 도구를 모아놓은 것

▼ 조절 메뉴 단추

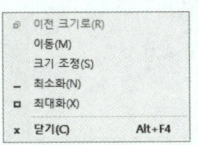

Warming UP 기출로 개념 확인

01

다음 중 Windows 10에서 사용하는 바로 가기 키에 대한 설명으로 옳지 <u>않은</u> 것은?

① [Alt]+[Ctrl] : 열린 항목 간 전환
② [Alt]+[F4] : 사용 중인 항목 닫기 또는 실행 중인 앱 끝내기
③ [Alt]+[Space Bar] : 활성 창의 바로 가기 메뉴 열기
④ [Alt]+[Enter] : 선택한 항목의 [속성] 창 표시

02

다음 중 Windows 10에서 사용하는 바로 가기 키에 대한 설명으로 옳지 <u>않은</u> 것은?

① ⊞+[L] : 컴퓨터 잠금 또는 사용자 전환
② ⊞+[R] : [실행] 대화상자 열기
③ ⊞+[Pause] : [시스템 속성] 창을 표시
④ ⊞+[E] : 장치 및 프린터 추가

바로 보는 해설

01
[Alt]+[Esc]는 열린(활성화된) 항목 간을 전환한다. [Alt]+[Ctrl]을 활용한 단축키는 없다.

02
⊞+[E] : 파일 탐색기를 실행한다.

| 정답 | 01 ① 02 ④

| 빈출개념   #바로 가기 아이콘의 특징   #바로 가기 아이콘의 [속성] 대화상자

개념끝 003 바탕 화면과 바로 가기 아이콘

기출빈도 C

01 바탕 화면

(1) 바탕 화면의 개념
바탕 화면은 Windows를 실행하면 가장 먼저 나타나는 기본적인 화면으로, Windows의 기본 아이콘과 작업 표시줄로 구성되어 있다.

(2) 바탕 화면의 구성

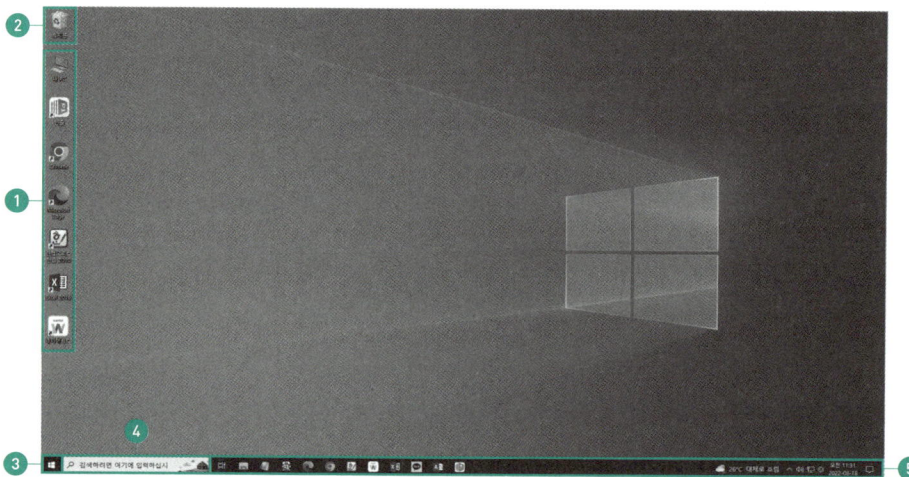

① 바로 가기 아이콘	앱을 빠르고 간편하게 실행하는 아이콘
② 휴지통	삭제한 파일이나 폴더를 임시 보관하는 장소
③ [시작] 단추	Windows가 제공하는 앱과 사용자가 설치한 앱이 등록된 곳
④ 검색 창	앱, 파일, 웹 정보 등을 검색하는 곳
⑤ 작업 표시줄	현재 수행 중인 프로그램이 표시되는 부분

(3) 바탕 화면의 바로 가기 메뉴
바탕 화면에서 마우스 오른쪽 단추를 클릭하면 자주 사용하는 메뉴가 표시된다.
- 아이콘의 크기 변경
- 아이콘의 정렬 기준 변경
- 폴더, 바로 가기, 텍스트 문서, 압축(ZIP) 폴더 등을 새로 만들기
- 디스플레이 설정 표시
- 개인 설정 표시

▼ 아이콘의 크기 변경

▼ 아이콘의 정렬 기준 변경

▼ 폴더, 바로 가기, 텍스트 문서, 압축(ZIP) 폴더 등을 새로 만들기

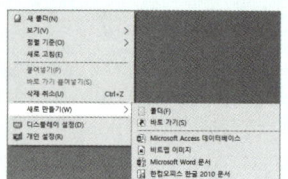

02 바로 가기 아이콘

(1) 바로 가기 아이콘의 개념

자주 사용하는 앱이나 파일을 빠르고 간편하게 실행하기 위한 아이콘으로, 왼쪽 아래에 화살표가 표시되어 있다.

> **결정적 힌트**
> 바로 가기 아이콘은 시험에 자주 출제되는 개념으로, 바로 가기 아이콘의 특징을 반드시 기억하고 만드는 방법은 실습하면서 학습하세요.

(2) 바로 가기 아이콘의 특징

- 바로 가기 아이콘에 원본 파일을 연결하면 빠르고 간편하게 해당 파일을 실행시킬 수 있다.
- 바로 가기 아이콘의 확장명은 .LNK로 지정된다.
- 바로 가기 아이콘의 왼쪽 아랫부분에 화살표 모양( )이 표시된다.
- 파일, 폴더, 디스크 드라이브, 프로그램, 프린터, 네트워크 등의 개체에 바로 가기 아이콘을 만들 수 있다.
- 하나의 바로 가기 아이콘에는 하나의 원본 파일만 지정할 수 있다.
- 하나의 원본 파일에 대해서 여러 개의 바로 가기 아이콘을 만들 수 있다.
- 바로 가기 아이콘을 삭제해도 연결된 원본 파일은 삭제되지 않는다.
- 바로 가기 아이콘은 원본 파일이 있는 위치와 관계없이 만들 수 있다.

(3) 바로 가기 아이콘의 [속성] 대화상자

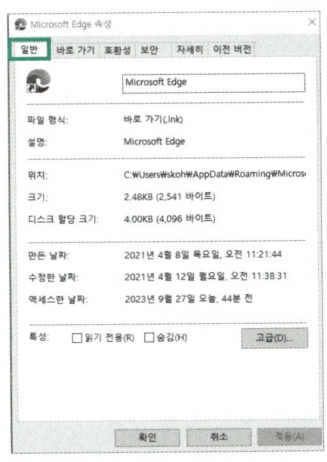

- 파일 형식, 설명, 위치, 크기, 디스크 할당 크기, 만든 날짜, 수정한 날짜, 액세스한 날짜, 특성 등을 확인할 수 있다.

- 연결된 대상 파일을 변경하거나 바로 가기 키를 지정할 수 있다.

(4) 바로 가기 아이콘 만들기

방법1	바탕 화면의 바로 가기 메뉴에서 [새로 만들기]-[바로 가기] 선택
방법2	파일의 바로 가기 메뉴에서 [바로 가기 만들기] 선택
방법3	개체 선택 → Ctrl + Shift + 드래그
방법4	개체를 Ctrl + C로 복사 → 바탕 화면의 바로 가기 메뉴에서 [바로 가기 붙여넣기] 선택
방법5	개체를 마우스 오른쪽 단추를 눌러 선택한 후 드래그 → [여기에 바로 가기 만들기] 선택

▼ [여기에 바로 가기 만들기]

바로 보는 해설

01
바탕 화면의 바로 가기 메뉴에서는 [새 폴더], [보기], [정렬 기준], [새로 만들기] 등을 선택할 수 있다. 삭제된 내 PC, 휴지통, 네트워크 등은 바탕 화면의 바로 가기 메뉴에 없다.

02
[자세히] 탭에서 바로 가기 아이콘의 속성 및 개인정보를 제거할 수 있다. [보안] 탭에서는 사용자의 사용 권한 등을 설정할 수 있다.

| 정답 | 01 ③ 02 ④

Warming UP 기출로 개념 확인

01

다음 중 Windows 10에서 바탕 화면의 바로 가기 메뉴에 대한 설명으로 옳지 않은 것은?

① 바탕 화면에서 Shift + F10 을 누르면 바로 가기 메뉴가 표시된다.
② 바탕 화면에 폴더나 텍스트 문서, 압축 파일 등을 새로 만들 수 있다.
③ 삭제된 내 PC, 휴지통, 네트워크 등의 바탕 화면 아이콘을 다시 표시할 수 있다.
④ 아이콘의 정렬 기준을 변경하거나 아이콘의 크기를 변경하여 볼 수 있다.

02 또 나올 문제

다음 중 Windows 10에서 바로 가기 아이콘의 [속성] 대화상자에 대한 설명으로 옳지 않은 것은?

① [일반] 탭에서는 바로 가기 아이콘을 만든 날짜, 수정한 날짜, 액세스한 날짜를 확인할 수 있으며 바로 가기 아이콘의 이름을 변경할 수 있다.
② [바로 가기] 탭에서는 원본 파일의 위치를 확인할 수 있으며 연결된 항목을 바로 열 수 있는 바로 가기 키를 지정할 수 있다.
③ [호환성] 탭에서는 바로 가기가 실행될 때의 호환성을 설정할 수 있다.
④ [보안] 탭에서는 바로 가기 아이콘의 속성 및 개인정보를 제거할 수 있다.

| 빈출개념 | #작업 표시줄의 특징 #작업 표시줄의 설정 항목

개념끝 004 시작 메뉴와 작업 표시줄

기출빈도

01 시작 메뉴

(1) 시작 메뉴의 개념

[시작] 메뉴는 [시작(⊞)] 단추를 클릭했을 때 표시되는 메뉴로, 내 PC에 설치된 앱들이 등록되어 있다.

| 실행 방법

방법1	[시작(⊞)] 단추 클릭
방법2	⊞ 누름
방법3	Ctrl + Esc

(2) 시작 메뉴의 특징

- 내 PC에 설치된 앱을 시작 화면이나 작업 표시줄에 고정하거나 제거할 수 있다.
- 시작 메뉴의 크기는 조절이 가능하다.

(3) 시작 메뉴의 구성

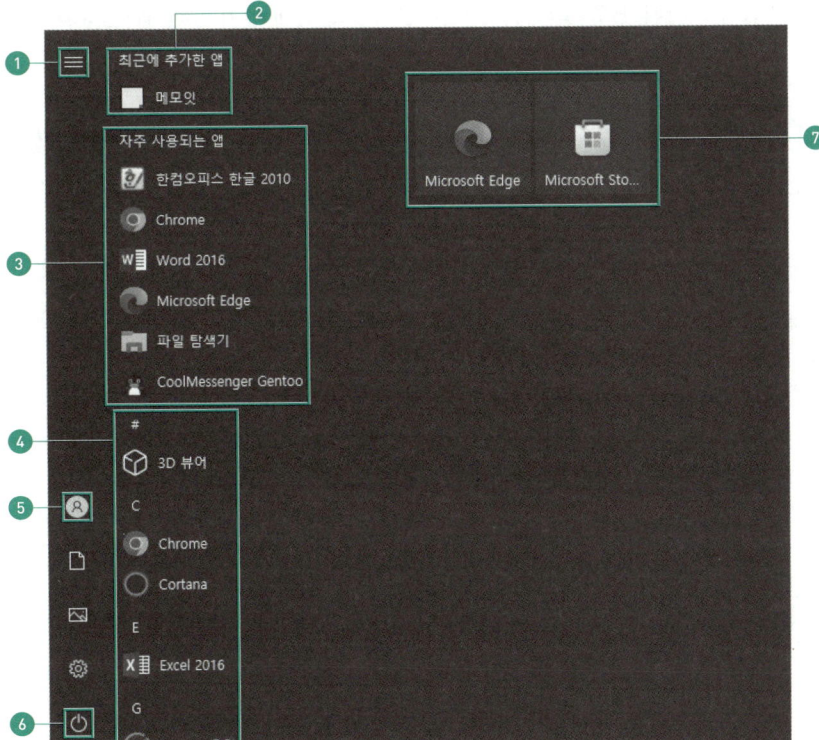

❶ 메뉴	메뉴 목록이 확장되어 메뉴 이름이 표시됨
❷ 최근에 추가한 앱	최근에 내 PC에 설치된 앱의 목록이 표시됨
❸ 자주 사용되는 앱	사용자가 가장 많이 이용한 앱의 목록이 표시됨
❹ 모든 앱	내 PC에 설치된 모든 앱의 목록이 표시됨
❺ 사용자 계정	현재 로그인된 사용자 계정이 표시됨 • 계정 설정 변경: [시작(■)]-[설정]-[계정]에서의 [사용자 정보]가 표시됨 • 잠금: 잠시 자리를 비울 때 다른 사람이 작업할 수 없도록 화면을 잠그며, 잠금을 해제하려면 사용자 계정 암호를 입력해야 함 • 로그아웃: 모든 앱을 종료하고 다른 사용자 계정으로 로그인
❻ 전원	• 절전: 적은 전원을 사용하며 PC를 다시 시작하면 이전 상태로 돌아감 • 시스템 종료: 앱을 모두 닫고 시스템을 종료함 • 다시 시작: 앱을 모두 닫고 시스템을 다시 시작함
❼ 타일	내 PC에 설치된 앱의 바로 가기 아이콘을 사용자가 등록할 수 있는 공간으로, 타일 모양으로 배치됨

> **개념 플러스** 타일 목록에 앱 추가/제거
>
> • 타일 목록에 앱 추가: 추가할 앱의 바로 가기 메뉴에서 [시작 화면에 고정]을 선택한다.
> • 타일 목록에서 앱 제거: 고정된 앱의 바로 가기 메뉴에서 [시작 화면에서 제거]를 선택한다.

> **결정적 힌트**
>
> 작업 표시줄의 특징과 작업 표시줄 설정 항목 등이 주로 출제되었습니다.

02 작업 표시줄

(1) 작업 표시줄의 개념

현재 수행 중인 앱이 표시되는 부분으로, 한 번의 클릭으로 현재 실행 중인 앱 간의 작업을 전환할 수 있다.

(2) 작업 표시줄의 특징

■ 작업 표시줄 바로 가기 메뉴의 [도구 모음]에서 선택할 수 있는 항목
• 링크
• 바탕 화면
• 새 도구 모음

• 작업 표시줄은 시작 단추, 검색 상자, 작업 보기, 고정된 앱 단추, 실행 중인 앱 단추, 알림 영역, 바탕 화면 보기 등으로 구성된다.
• 작업 표시줄의 위치를 상하좌우로 변경할 수 있다.
• 작업 표시줄의 크기는 화면의 1/2까지만 늘릴 수 있다.
• '작업 표시줄 잠금'이 설정된 상태에서는 작업 표시줄의 위치나 크기를 변경할 수 없다.
• 작업 표시줄을 자동으로 숨길 수 있으나 마우스 포인터를 작업 표시줄이 있는 위치에 올려놓으면 다시 표시된다.
• 작업 표시줄에서는 앱 단추가 하나의 작은 아이콘으로 표시된다.
• 작업 표시줄의 바로 가기 메뉴에서 [계단식 창 배열], [창 가로 정렬 보기], [창 세로 정렬 보기], [바탕 화면 보기], [작업 표시줄 잠금], [작업 표시줄 설정]을 지정할 수 있다.

(3) 작업 표시줄의 점프 목록

- 앱의 점프 목록을 보려면 작업 표시줄의 앱 아이콘을 마우스 오른쪽 단추로 클릭한다.
- 점프 목록에서 항목을 열려면 앱의 점프 목록에서 해당 항목을 선택한다.
- 점프 목록에 항목을 고정하려면 해당 앱의 점프 목록에 마우스 포인터를 올려놓고 [이 목록에 고정(📌)]을 클릭한다.
- 점프 목록에서 고정된 항목을 제거하려면 앱의 점프 목록의 '고정됨'에서 [이 목록에서 제거(📌)]를 클릭하거나 바로 가기 메뉴의 [이 목록에서 고정 해제]를 클릭한다.
- 점프 목록의 항목은 Delete를 눌러 제거할 수 없으며, 바로 가기 메뉴의 [이 목록에서 제거]를 클릭해야 한다.

(4) 작업 표시줄의 설정

방법1	작업 표시줄의 바로 가기 메뉴에서 [작업 표시줄 설정] 선택
방법2	[시작(⊞)]-[설정]-[개인 설정]-[작업 표시줄] 선택
방법3	작업 표시줄의 빈 곳에서 Alt + Enter

▼ 작업 표시줄의 설정

⊞+I를 눌러 [설정] 창을 열고 [개인 설정]-[작업 표시줄]을 선택해도 된다.

작업 표시줄

1. 작업 표시줄 잠금 — 켬
2. 데스크톱 모드에서 작업 표시줄 자동 숨기기 — 끔
3. 태블릿 모드에서 작업 표시줄 자동으로 숨기기 — 끔
4. 작은 작업 표시줄 단추 사용 — 끔
5. 작업 표시줄 끝에 있는 바탕 화면 보기 단추로 마우스를 이동할 때 미리 보기를 사용하여 바탕 화면 미리 보기 — 끔
6. 시작 단추를 마우스 오른쪽 단추로 누르거나 Windows 키+X를 누르면 표시되는 메뉴에서 명령 프롬프트를 Windows PowerShell로 바꾸기 — 켬
7. 작업 표시줄 단추에 배지 표시 — 켬
8. 화면에서의 작업 표시줄 위치 — 아래쪽
9. 작업 표시줄 단추 하나로 표시
   - 항상, 레이블 숨기기
   - 작업 표시줄이 꽉 찼을 때
   - 안 함

①	작업 표시줄의 위치나 크기 이동을 잠그는 기능
②	데스크톱 모드에서 작업 표시줄을 숨기고 마우스를 위치시키면 다시 표시되는 기능
③	태블릿 모드에서 작업 표시줄을 숨기고 마우스를 위치시키면 다시 표시되는 기능

▼ [시작] 단추의 바로 가기 메뉴

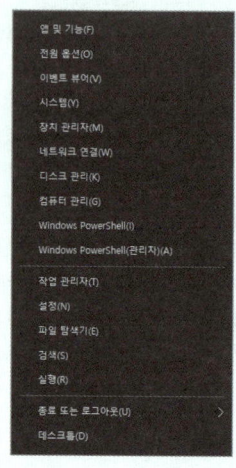

❹	작업 표시줄의 앱이 작은 아이콘으로 표시
❺	에어로 피크 기능 설정
❻	[시작()] 단추의 바로 가기 메뉴에 [명령 프롬프트] 대신 [Windows PowerShell] 표시
❼	해당 앱과 관련하여 특정 작업이 발생하고 있거나 발생해야 함을 알려주는 경고를 표시
❽	작업 표시줄의 위치를 왼쪽, 위쪽, 오른쪽, 아래쪽으로 지정
❾	작업 표시줄 단추를 표시하는 유형을 '항상, 레이블 숨기기', '작업 표시줄이 꽉 찼을 때', '안 함' 중 선택 • 항상, 레이블 숨기기: 앱을 하나의 단추로 표시 • 작업 표시줄이 꽉 찼을 때: 각 항목을 레이블이 있는 개별 단추로 표시하다가 작업 표시줄이 꽉 차면 앱을 하나의 단추로 표시 • 안 함: 항상 각 항목을 레이블이 있는 개별 단추로 표시

바로 보는 해설

01
작업 표시줄에 있는 검색 상자와 작업 보기 단추의 표시 여부는 설정할 수 있지만, [시작( )] 단추의 표시 여부는 설정할 수 없다.

02
작업 표시줄 자동 숨기기를 지정해도 마우스를 작업 표시줄이 있는 자리에 위치시키면 다시 표시되므로 항상 숨길 수는 없다.

03
작업 표시줄은 화면 크기의 1/2까지 조절할 수 있다.

| 정답 | 01 ④   02 ①   03 ④

Warming UP 기출로 개념 확인

01

다음 중 Windows 10의 작업 표시줄에 대한 설명으로 옳지 않은 것은?

① 작업 표시줄의 위치나 크기를 변경할 수 있으며, 크기는 화면의 1/2까지만 늘릴 수 있다.
② 작업 표시줄에 있는 단추를 작은 아이콘으로 표시되도록 설정할 수 있다.
③ 작업 표시줄을 자동으로 숨길 것인지의 여부를 선택할 수 있다.
④ 작업 표시줄에 있는 [시작] 단추, 검색 상자(검색 아이콘), 작업 보기 단추의 표시 여부를 설정할 수 있다.

02

다음 중 Windows 10의 [작업 표시줄 설정] 창에서 설정할 수 있는 항목으로 옳지 않은 것은?

① 작업 표시줄 항상 숨김
② 화면에서의 작업 표시줄 위치
③ 작업 표시줄 단추 하나로 표시
④ 작업 표시줄 잠금

03

다음 중 Windows 10의 작업 표시줄에 대한 설명으로 바르지 못한 것은?

① 작업 표시줄의 위치는 상하좌우로 변경할 수 있다.
② 작업 표시줄에 있는 단추를 하나로 표시할 수 있다.
③ 작업 표시줄을 자동으로 숨길 수 있으나 마우스를 올려놓으면 다시 표시된다.
④ 작업 표시줄은 화면 크기의 1/4까지 조절할 수 있다.

| 빈출개념 | #휴지통에 저장되지 않고 바로 삭제되는 경우

개념끝 005 휴지통

기출빈도

01 휴지통의 기능

- 삭제한 파일이나 폴더를 임시 보관하는 장소로, 필요한 경우 복원이 가능하다.
- 바탕 화면에서 휴지통 아이콘을 더블클릭하여 실행한다.
- 휴지통에는 이름, 원래 위치, 삭제된 날짜, 크기, 항목 유형, 수정된 날짜 등의 정보가 표시된다.
- 휴지통에 들어간 파일이나 폴더를 복원하려면 해당 항목의 바로 가기 메뉴에서 [복원]을 선택한다.
- 복원될 때 경로를 지정할 수 없고 원래 위치로 자동 복원되며, 잘라내기나 드래그를 하면 원하는 위치로 복원할 수 있다.
- 휴지통의 용량을 초과하면 보관된 파일 중 가장 오래된 파일부터 자동으로 삭제된다.
- 휴지통에 보관된 파일은 이름을 변경하거나 실행할 수 없다.
- 휴지통의 파일은 실제로 각 드라이브의 '$Recycle.bin' 폴더에 저장된다.

> **결정적 힌트**
>
> Windows에는 파일이나 폴더 삭제 시 실수를 방지하기 위해 휴지통이라는 유용한 기능이 있습니다. 휴지통의 개념을 잘 이해하고 특히 휴지통에 저장되지 않고 바로 삭제되는 경우를 잘 기억해야 합니다.
>
> ▼ 휴지통 아이콘
> - 휴지통이 빈 경우
>
>
>
> - 휴지통이 채워진 경우
>
>

02 휴지통의 속성

- 휴지통 아이콘의 바로 가기 메뉴에서 [속성]을 선택한다.

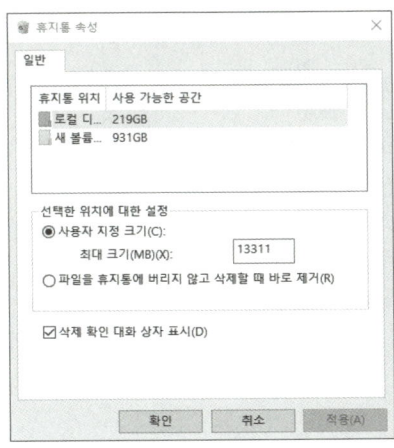

- 하드디스크 드라이브마다 휴지통의 최대 크기를 설정할 수 있다.
- 파일을 휴지통에 버리지 않고 삭제할 때 바로 제거되도록 설정할 수 있다.
- 파일이 삭제될 때 [파일 삭제]나 [여러 항목 삭제]와 같은 삭제 확인 창이 표시되지 않도록 설정할 수 있다.

03 휴지통에 들어가지 않고 바로 삭제되는 경우

- 바로 가기 키 [Shift] + [Delete]로 삭제한 경우
- USB 드라이브, 네트워크 드라이브에서 삭제한 경우
- [휴지통 속성] 창에서 최대 크기를 0MB로 설정한 경우
- [명령 프롬프트] 창에서 삭제한 경우
- 파일을 '휴지통에 버리지 않고 삭제할 때 바로 제거'로 설정한 경우
- 같은 이름의 항목을 복사나 이동 작업으로 덮어쓴 경우

바로 보는 해설

01
휴지통 크기를 초과하여 파일이 삭제되면, 보관된 파일 중 가장 오래된 파일부터 자동 삭제된다.

02
USB 드라이브, 네트워크 드라이브에서 삭제한 파일은 휴지통에 보관되지 않으므로 복원 메뉴로 복원할 수 없다.

| 정답 | 01 ④ 02 ③

 기출로 개념 확인

01 또 나올 문제

다음 중 Windows 10에서 휴지통에 대한 설명으로 옳지 않은 것은?

① 하드디스크가 여러 개인 경우 드라이브마다 휴지통 크기를 동일하게 또는 다르게 설정할 수 있다.
② 휴지통에 있는 파일은 복원하기 전까지 해당 내용을 볼 수 없다.
③ 휴지통에 있는 파일은 잘라내기만 가능하고, 복사는 할 수 없다.
④ 휴지통 크기를 초과하여 파일이 삭제되면, 보관된 파일 중 가장 최근 파일부터 자동 삭제된다.

02

다음 중 Windows 10에서 사용하는 휴지통에 대한 설명으로 옳지 않은 것은?

① [명령 프롬프트] 창에서 삭제한 파일은 휴지통과 관계없이 영구히 삭제된다.
② 휴지통의 크기는 각각의 드라이브마다 다르게 지정할 수 있다.
③ USB 드라이브에서 삭제한 파일은 휴지통에서 복원 메뉴로 복원할 수 있다.
④ 휴지통의 최대 크기는 [휴지통 속성] 창에서 변경할 수 있다.

| 빈출개념 | #즐겨찾기 #라이브러리 #파일 탐색기의 바로 가기 키

개념끝 006 파일 탐색기

기출빈도

01 파일 탐색기의 개념

파일 탐색기는 컴퓨터에 있는 파일, 폴더 및 드라이브의 계층적 구조를 표시하고 관리한다.

| 실행 방법

방법1	[시작(⊞)] 단추의 바로 가기 메뉴에서 [파일 탐색기] 선택
방법2	작업 표시줄에서 [파일 탐색기( )] 클릭
방법3	⊞ + E

> **결정적 힌트**
> 파일 탐색기는 Windows 10에서 가장 활용도가 높은 기능이라고 할 수 있습니다. 시험에도 많이 출제되는 부분으로 파일 탐색기의 구조, 파일 탐색기의 주요 기능 등을 잘 이해해야 합니다.

02 파일 탐색기의 구조

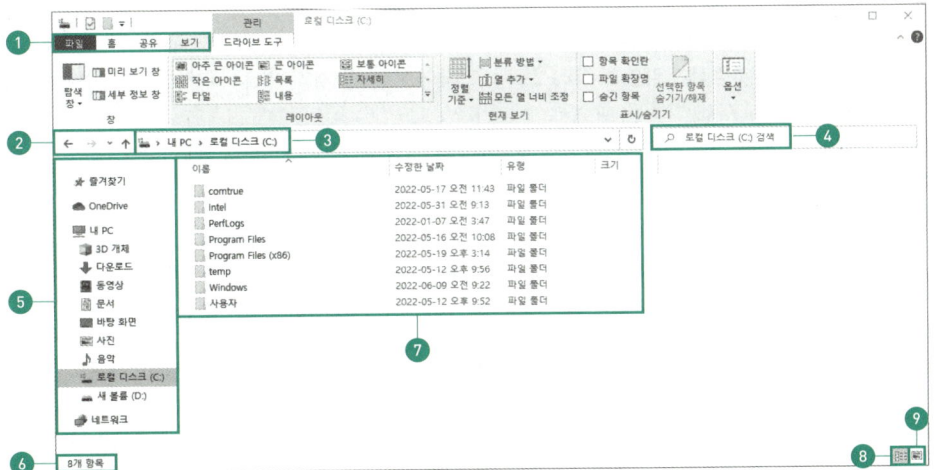

❶ 리본 메뉴	파일, 홈, 공유, 보기 탭으로 구성
❷ 이동 단추	뒤로, 앞으로, 최근 위치, 위로 이동
❸ 주소 표시줄	현재 선택한 파일이나 폴더의 경로를 표시
❹ 검색 상자	현재 폴더나 하위 폴더에서 파일을 검색
❺ 탐색 창	즐겨찾기, 내 PC, 라이브러리, 네트워크 등을 표시
❻ 항목 수	선택한 드라이브나 폴더의 항목 수와 선택한 항목 수를 표시
❼ 폴더 내용 창	현재 선택한 폴더의 내용을 표시
❽ 자세히 보기	각 항목에 대한 정보를 표시
❾ 큰 아이콘 보기	큰 미리 보기로 항목을 표시

▼ 큰 아이콘 보기

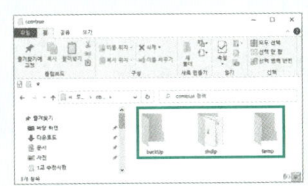

03 파일 탐색기의 주요 기능

- 탐색 창과 폴더 내용 창의 크기를 조절하려면 양쪽 영역을 구분하는 경계선을 좌우로 드래그해야 한다.
- Backspace 를 누르면 현재 폴더에서 상위 폴더로 이동한다.
- 파일 및 폴더의 복사, 이동, 이름 바꾸기, 검색 등을 할 수 있다.
- 문서를 열지 않고 바로 인쇄할 수 있는 인쇄 기능을 제공한다.
- [보기] 탭

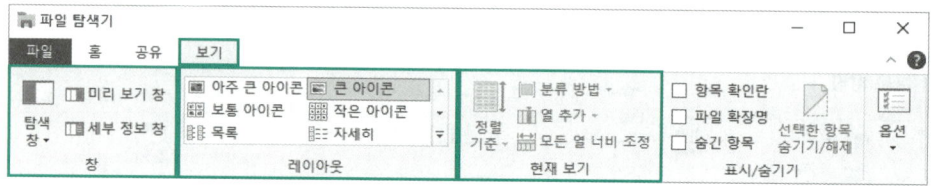

  - [보기] 탭-[창] 그룹: 탐색 창, 미리 보기 창, 세부 정보 창의 표시 여부를 선택한다.
  - [보기] 탭-[레이아웃] 그룹-[자세히]: 이름, 날짜, 유형, 크기, 태그를 표시한다.
  - [보기] 탭-[현재 보기] 그룹-[열 추가]: 날짜, 유형, 크기, 태그, 만든 날짜, 수정한 날짜, 찍은 날짜, 사진 크기, 등급 등을 추가할 수 있다.

- 즐겨찾기
  - 자주 사용하는 폴더를 추가하여 사용하는 기능이다.
  - 즐겨찾기의 순서를 변경할 수 있다.
  - 폴더, 저장된 검색, 라이브러리 또는 드라이브를 즐겨찾기에 추가하려면 탐색 창의 '즐겨찾기(★ 즐겨찾기)'로 드래그해야 한다.
- 라이브러리(Library): 실제로 항목을 저장하지 않고 여러 위치에 저장된 파일 및 폴더의 모음을 표시하여 신속하고 편리하게 파일을 관리하는 기능이다.

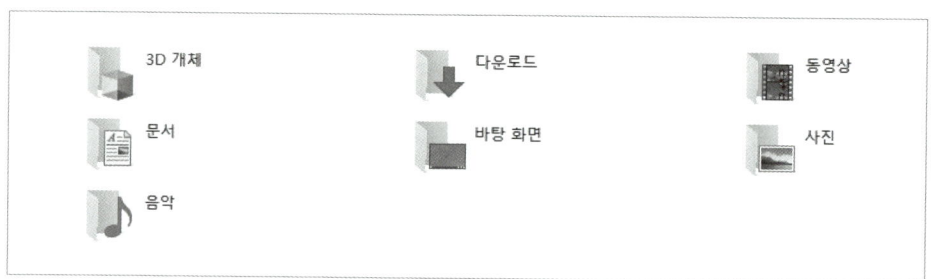

- 내 PC
  - 내 컴퓨터의 폴더와 설치된 장치 및 드라이브를 표시한다.
  - 탐색 창에서 [내 PC]를 선택하면 [컴퓨터] 탭이 표시되며, [컴퓨터] 탭은 [위치] 그룹, [네트워크] 그룹, [시스템] 그룹으로 구성된다.

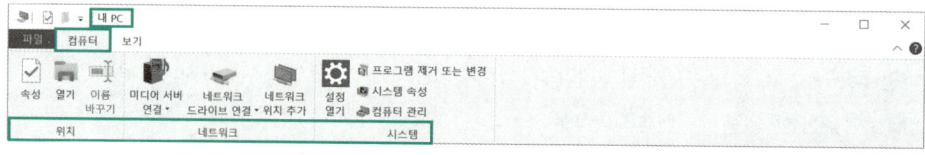

04 파일 탐색기의 바로 가기 키

Backspace	선택된 폴더의 상위 폴더로 이동
숫자 키패드의 *	선택한 폴더의 모든 하위 폴더 표시
숫자 키패드의 +	선택한 폴더의 하위 폴더 표시
숫자 키패드의 -	선택한 폴더의 하위 폴더를 닫음
←	선택한 폴더가 확장되어 있으면 축소, 그렇지 않으면 상위 폴더 선택
→	선택한 폴더가 축소되어 있으면 확장, 그렇지 않으면 하위 폴더 선택
Alt + D	주소 표시줄 선택
Ctrl + E / Ctrl + F	[검색 상자] 선택

▼ 하위 폴더 표시
- `>` : 폴더 내에 하위 폴더가 있음을 표시하며, `>`를 클릭하면 `v`로 변경되며 하위 폴더가 표시된다.
- `v` : 하위 폴더가 표시된 상태로, `v`를 클릭하면 `>`로 변경되며 하위 폴더가 숨겨진다.

05 폴더의 [속성] 창

- 해당 폴더의 크기, 만든 날짜, 포함하고 있는 하위 폴더 및 파일의 개수를 알 수 있다.
- 읽기 전용과 숨김 속성을 설정하거나 해제할 수 있다.
- 폴더를 네트워크의 다른 컴퓨터에서 접근하도록 공유할 수 있다.
- 문서나 사진, 음악 등 폴더의 최적화 유형을 설정하거나 폴더 아이콘을 변경할 수 있다.

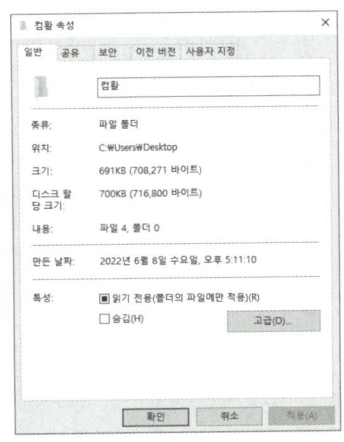

06 드라이브의 색인 설정

- 해당 드라이브에 색인을 설정하여 빠르게 검색하는 기능이다.
- 파일 탐색기에서 드라이브 선택 → 바로 가기 메뉴에서 [속성] 선택 → [속성] 대화상자의 [일반] 탭에서 '이 드라이브의 파일 속성 및 내용 색인 허용'에 체크한다.

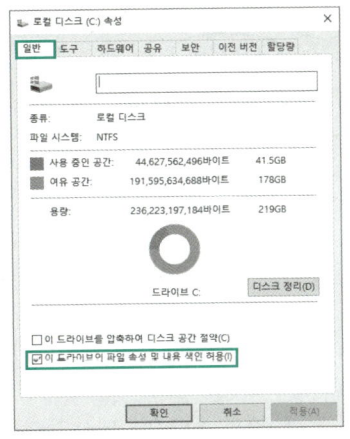

↙ 결정적 힌트

책 뒤의 색인을 이용하면 아주 빠르게 해당 용어를 찾을 수 있습니다. 마찬가지로 드라이브에 색인을 설정하면 검색할 때 속도가 빠르게 향상됩니다.

바로 보는 해설

01 Backspace 를 누르면 상위 폴더로 이동한다.

02 라이브러리(Library)에 대한 설명이다.

03 폴더의 속성은 해당 폴더에서 마우스 오른쪽 단추를 클릭한 후 바로 가기 메뉴에서 [속성]을 선택하여 설정할 수 있다. 하지만 폴더 안의 파일을 삭제하는 기능은 폴더의 속성에서 제공하지 않는다.

04 탐색 창의 폴더 영역에서 폴더를 선택한 후에 숫자 키패드의 ［*］를 누르면 선택된 폴더의 모든 하위 폴더를 표시해준다.

| 정답 | 01 ③ 02 ④ 03 ③ 04 ②

Warming UP 기출로 개념 확인

01

다음 중 Windows 10의 파일 탐색기에 대한 설명으로 옳지 않은 것은?

① 문서를 열지 않고 바로 인쇄할 수 있는 기능을 제공한다.
② 수정한 날짜, 유형, 크기, 만든 날짜, 만든 이, 태그, 제목 등은 [보기] 탭-[현재 보기] 그룹-[열 추가]에서 추가할 수 있다.
③ Backspace 를 누르면 하위 폴더로 이동 가능하다.
④ Windows 10의 파일 및 폴더는 계층 구조로 표시하고 관리된다.

02

다음 중 Windows 10에서 파일 탐색기의 [즐겨찾기]에 대한 설명으로 옳지 않은 것은?

① 인터넷 익스플로러의 [즐겨찾기] 메뉴와 유사한 기능이다.
② 즐겨찾기의 순서를 변경할 수 있다.
③ 폴더, 저장된 검색, 라이브러리 또는 드라이브를 즐겨찾기로 추가하려면 탐색 창의 즐겨찾기 섹션으로 끌어놓는다.
④ 파일이 저장된 위치에서 파일을 이동할 필요 없이 여러 위치에서 파일을 모아 하나의 모음으로 표시한다.

03

다음 중 폴더의 [속성] 창에서 설정할 수 없는 작업 내용은?

① 문서나 사진, 음악 등 폴더의 최적화 유형을 설정할 수 있다.
② 폴더에 대한 사용 권한과 공유 설정을 할 수 있다.
③ 폴더 안의 파일을 삭제할 수 있다.
④ 폴더 아이콘을 변경할 수 있다.

04 또 나올 문제

다음 중 한글 Windows 10에서 [파일 탐색기] 창의 기능과 구조에 대한 설명으로 옳지 않은 것은?

① 탐색 창의 폴더 영역과 파일 영역의 크기를 조절하려면 양쪽 영역을 구분하는 경계선을 좌우로 드래그한다.
② 탐색 창의 폴더 영역에서 폴더를 선택한 후에 숫자 키패드의 ［/］를 누르면 선택된 폴더의 모든 하위 폴더를 표시해 준다.
③ 탐색 창의 폴더 영역에서 폴더를 선택한 후에 왼쪽 방향키(□)를 누르면 선택된 폴더가 열려 있을 때는 닫고, 닫혀 있으면 상위 폴더가 선택된다.
④ 탐색 창의 폴더 영역에서 폴더를 선택한 후 Backspace 를 누르면 상위 폴더가 선택된다.

| 빈출개념 | #복사 #이동 #파일이나 폴더의 검색

007 파일과 폴더

기출빈도 A B **C** D

01 파일과 폴더의 개요

- 파일은 데이터가 디스크에 저장되는 기본 단위이고, 폴더는 관련있는 파일을 모아서 관리하는 장소이다.
- 하나의 폴더에 같은 이름의 파일이나 폴더가 존재할 수 없다.
- 파일이나 폴더의 이름은 255자 이내로 작성하며, 공백을 포함할 수 있다.
- 파일이나 폴더의 이름에는 ₩, /, :, *, ?, ", <, >, | 등의 문자를 사용할 수 없다.
- 폴더는 일반 항목, 문서, 사진, 음악, 비디오 등의 유형을 선택하여 각 유형에 최적화된 폴더로 사용할 수 있다.

> **결정적 힌트**
> 파일이나 폴더의 선택, 만들기, 복사, 이동, 삭제, 검색 등은 유용하게 자주 사용할 수 있는 기능들입니다. 직접 실습하면서 익혀두면 쉽게 기억하고 활용할 수 있습니다.

02 파일이나 폴더의 선택

- **연속적으로 여러 개 선택**: 첫 번째 파일이나 폴더를 클릭하고 Shift를 누른 상태에서 마지막 파일이나 폴더를 클릭한다.
- **비연속적으로 여러 개 선택**: 파일이나 폴더를 클릭하고 Ctrl을 누른 상태에서 선택할 파일이나 폴더를 연속해서 클릭한다.
- **전체 선택**: Ctrl + A

03 파일이나 폴더의 사용

(1) 폴더 만들기

리본 메뉴	[홈] 탭-[새로 만들기] 그룹-[새 폴더] 선택
바로 가기 메뉴	바로 가기 메뉴에서 [새로 만들기]-[폴더] 선택
빠른 실행 도구 모음	빠른 실행 도구 모음의 📁 클릭
바로 가기 키	Ctrl + Shift + N

(2) 복사

리본 메뉴	[홈] 탭-[클립보드] 그룹-[복사] → [홈] 탭-[클립보드] 그룹-[붙여넣기]
바로 가기 메뉴	바로 가기 메뉴에서 [복사] 선택 → 바로 가기 메뉴에서 [붙여넣기] 선택
바로 가기 키	Ctrl + C → Ctrl + V

같은 드라이브	Ctrl + 드래그
다른 드라이브	드래그 또는 Ctrl + 드래그

(3) 이동

리본 메뉴	[홈] 탭 – [클립보드] 그룹 – [잘라내기] → [홈] 탭 – [클립보드] 그룹 – [붙여넣기]
바로 가기 메뉴	바로 가기 메뉴에서 [잘라내기] 선택 → 바로 가기 메뉴에서 [붙여넣기] 선택
바로 가기 키	Ctrl + X → Ctrl + V
같은 드라이브	드래그 또는 Shift + 드래그
다른 드라이브	Shift + 드래그

(4) 삭제

■ 파일이 포함된 폴더도 삭제할 수 있다.

리본 메뉴	[홈] 탭 – [구성] 그룹 – [삭제] – [휴지통으로 이동]/[완전히 삭제] 선택
바로 가기 메뉴	바로 가기 메뉴에서 [삭제] 선택
바로 가기 키	Delete

(5) 이름 바꾸기

리본 메뉴	[홈] 탭 – [구성] 그룹 – [이름 바꾸기] 선택
바로 가기 메뉴	바로 가기 메뉴에서 [이름 바꾸기] 선택
바로 가기 키	F2
마우스	파일이나 폴더 클릭 → 다시 클릭

04 파일이나 폴더의 검색

▼ 와일드카드 문자(만능 문자)

문자를 대신하여 사용할 수 있는 문자로 '*'는 모든 문자를 대신할 수 있고, '?'는 한 문자를 대신할 수 있다.
예) 컴?.*: 컴으로 시작하고 파일명이 두 글자인 파일을 모두 검색

- [검색 상자]에 찾으려는 파일이나 폴더를 입력하면 자동으로 검색되어 결과가 표시된다.
- '*'나 '?' 등의 와일드카드 문자(만능 문자)를 사용하여 검색할 수 있다.
- 검색 내용에 '–'를 붙이면 해당 내용이 포함되지 않은 파일이나 폴더를 검색한다.
- 검색 저장 기능을 이용하면 다음에 사용할 때 해당 검색과 일치하는 최신 파일을 표시한다.
- [시작( )]의 오른쪽에 있는 [검색 상자]에서는 검색 필터를 사용할 수 없다.

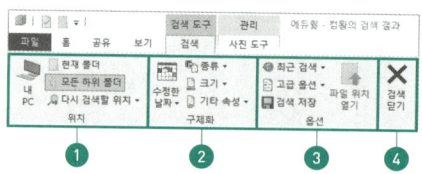

❶ 위치	내 PC	내 PC에서 검색
	현재 폴더	현재 선택된 폴더에서 검색
	모든 하위 폴더	현재 선택된 폴더의 모든 하위 폴더에서 검색
	다시 검색할 위치	다른 위치에서 다시 검색
❷ 구체화	수정한 날짜	오늘, 어제, 이번 주, 지난 주, 이번 달, 지난 달, 올해, 작년 중에서 선택하여 검색
	종류	일정, 통신, 연락처, 문서, 전자 메일 등을 선택하여 검색
	크기	파일 크기를 지정하여 검색
	기타 속성	유형, 이름, 폴더 경로, 태그 등을 지정하여 검색
❸ 옵션	최근 검색	최근 검색한 기록을 보거나 [검색 기록 지우기]로 검색 기록을 삭제
	고급 옵션	색인된 위치를 변경하거나 색인되지 않은 위치를 지정
	검색 저장	검색한 조건을 저장
	파일 위치 열기	검색된 파일의 위치를 열어줌
❹ 검색 닫기		검색 결과 창과 [검색] 탭을 닫음

▼ [구체화] 그룹 – 종류

일정
통신
연락처
문서
전자 메일
피드
폴더
게임
인스턴트 메시지
업무 일지
링크
동영상
음악
메모
사진
재생 목록
프로그램
녹화된 TV
저장된 검색
작업
비디오
웹 기록
알 수 없음

▼ [구체화] 그룹 – 크기

비어 있음(0KB)
매우 작음 (0 - 16 KB)
작음 (16 KB - 1 MB)
보통 (1 - 128 MB)
큼 (128 MB - 1 GB)
매우 큼 (1 - 4 GB)
굉장히 큼 (>4GB)

05 연결 프로그램

- 문서나 그림 등의 데이터 파일을 더블클릭할 때 자동으로 실행되는 응용 프로그램을 말한다.
- 파일의 확장명에 따라 연결 프로그램이 자동으로 결정된다.
- 파일의 바로 가기 메뉴에서 [연결 프로그램]을 선택하여 변경할 수 있다.
- 연결 프로그램이 지정되지 않았을 경우 파일을 더블클릭하면 연결 프로그램을 선택하기 위한 창이 표시된다.

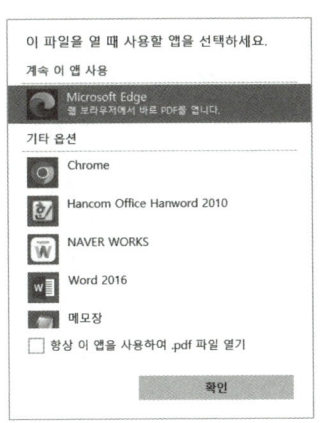

▼ 파일의 바로 가기 메뉴

06 폴더 옵션

- 항목을 실행하는 방법과 항목의 표시 여부 등 폴더에 관한 각종 옵션을 지정할 수 있다.
- 파일 탐색기에서 [보기] 탭–[옵션]을 클릭하여 [폴더 옵션] 대화상자를 실행한다.

결정적 힌트

폴더 옵션은 사용자에게는 어려운 개념이지만 시험에 잘 출제되는 부분이므로 시험에 자주 출제된 항목을 중심으로 꼼꼼하게 학습하는 것이 좋습니다.

(1) [일반] 탭

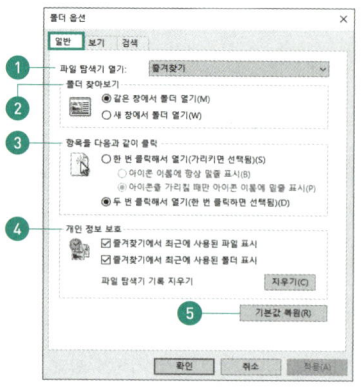

❶	파일 탐색기 열기	파일 탐색기를 열 때 기본 위치를 '즐겨찾기'나 '내 PC' 중에서 선택
❷	폴더 찾아보기	폴더를 열 때 같은 창에서 열 것인지, 새 창에서 열 것인지 선택
❸	항목을 다음과 같이 클릭	마우스로 한 번 클릭해서 열 것인지, 두 번 클릭해서 열 것인지를 선택
❹	개인 정보 보호	즐겨찾기에서 최근에 사용된 파일이나 폴더의 표시 여부를 지정하고, 파일 탐색기 기록 삭제
❺	기본값 복원	'같은 창에서 폴더 열기'와 '두 번 클릭해서 열기'가 선택됨

(2) [보기] 탭

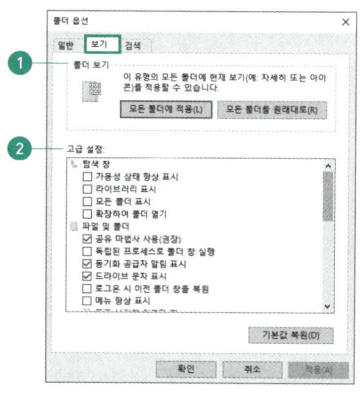

❶	폴더 보기	현재 폴더의 보기를 모든 폴더에 적용할지의 여부를 설정
❷	고급 설정	라이브러리 표시, 모든 폴더 표시, 미리 보기에 파일 아이콘 표시, 보호된 운영체제 파일 숨기기, 숨김 파일 및 폴더 또는 드라이브의 표시 여부, 알려진 파일 형식의 파일 확장명 숨기기, 제목 표시줄에 전체 경로 표시 등을 지정

(3) [검색] 탭

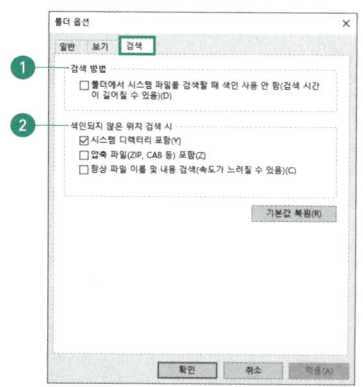

❶	검색 방법	폴더에서 시스템 파일을 검색할 때 색인 사용 여부를 지정하며, 색인을 허용하면 검색이 빨라짐
❷	색인되지 않은 위치 검색 시	시스템 디렉터리 포함, 압축 파일(ZIP, CAB 등) 포함, 항상 파일 이름 및 내용 검색 여부를 지정

> **개념 플러스** 삭제할 경우 시스템에 영향을 미칠 수 있는 대표적인 파일
>
> 확장명이 .EXE, .COM, .SYS, .INI 등인 파일이다.

07 파일 및 폴더의 공유

- 파일, 폴더, 프린터 등 컴퓨터 자원을 다른 사용자가 접근하여 사용할 수 있도록 설정하는 기능이다.
- 폴더 [속성] 창의 [공유] 탭에서 [공유] 단추를 클릭하여 지정한다.

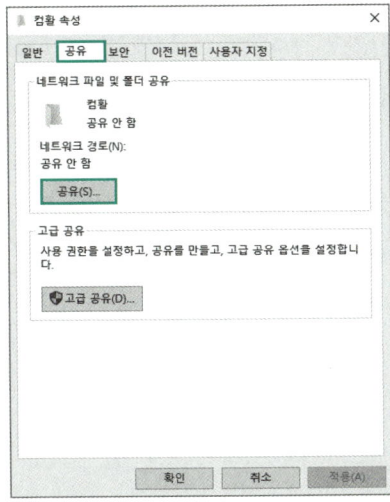

- 공유 폴더에 대한 접근 권한을 사용자에 따라 다르게 설정할 수 있다.
- 탐색기의 주소 표시줄에 '\\localhost'를 입력하면 네트워크를 통해 공유한 파일이나 폴더를 확인할 수 있다.
- 공유한 폴더명 뒤에 '$' 기호를 붙이면 '숨긴 공유 폴더'가 되어 목록에 보이지 않으므로 다른 사용자가 공유 여부를 알 수 없다.

08 파일 및 폴더의 암호화

- 폴더 [속성] 창의 [일반] 탭에서 [고급] 단추를 클릭하고 [고급 특성] 대화상자에서 '데이터 보호를 위해 내용을 암호화'에 체크한다.

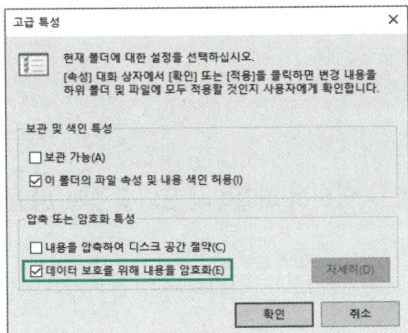

▼ EFS(Encrypting File System)
Windows 10에서 파일 및 폴더를 암호화하는 방식으로 Windows 10 PRO에서만 가능하다. EFS를 이용하여 암호화한 파일이나 폴더는 암호화한 Windows 로그인을 통해서만 해독이 가능하다.

- 폴더 또는 파일을 처음 암호화할 때 암호화 인증서가 자동으로 생성된다.
- 암호를 건 사람을 제외하고 암호화한 파일 또는 폴더에 대한 액세스를 원하는 다른 사용자는 자신의 EFS(Encrypting File System, 암호화 파일 시스템) 인증서를 미리 해당 파일에 추가해야 한다.
- 파일 또는 폴더의 암호화에 사용되는 암호화 키는 항상 암호화 인증서와 관련되어 있거나 연결되어 있다.

바로 보는 해설

01
다른 드라이브로 파일을 이동하려면 키를 누르지 않은 상태에서 (또는 [Shift]를 누른 상태에서) 마우스로 해당 파일을 드래그해야 한다.

Warming UP 기출로 개념 확인

01

다음 중 Windows 10에서 을 사용해야 하는 작업으로 옳지 않은 것은?

① 마우스와 함께 사용하여 같은 드라이브 안의 다른 폴더로 파일이나 폴더를 복사할 때
② 마우스와 함께 사용하여 비연속적인 위치에 있는 여러 파일이나 폴더를 동시에 선택할 때
③ 마우스와 함께 사용하여 다른 드라이브로 파일을 이동시킬 때
④ [Esc]와 함께 사용하여 시작 메뉴를 표시하고자 할 때

02
해당 내용이 포함되지 않은 것을 검색하려면 '-'을 붙여야 한다.

02

다음 중 Windows 10의 파일 탐색기에서 검색 상자를 사용하여 파일이나 폴더를 찾는 방법으로 옳지 않은 것은?

① 검색 상자에서 찾으려는 파일이나 폴더명을 입력하면 자동으로 필터링되어 결과가 표시된다.
② 검색 내용에 '$'를 붙이면 해당 내용이 포함되지 않은 파일이나 폴더를 검색할 수 있다.
③ '*'나 '?' 등의 와일드카드 문자를 사용하여 파일이나 폴더를 검색할 수 있다.
④ 특정 파일 그룹을 정기적으로 검색하는 경우 검색 저장 기능을 이용하면 다음에 사용할 때 원래 검색과 일치하는 최신 파일을 표시해 준다.

| 정답 | 01 ③ 02 ②

| 빈출개념 | #메모장 #원격 데스크톱 연결

개념끝 008 보조 프로그램

기출빈도

01 메모장

(1) 메모장의 개념
서식이 없는 간단한 텍스트 파일이나 웹 페이지를 편집하는 기본 텍스트 편집기이다.

| 실행 방법

방법1	[시작(⊞)]-[Windows 보조프로그램]-[메모장] 선택
방법2	⊞ + R → 'notepad' 입력 후 [확인]
방법3	검색 상자에 '메모장' 입력 후 Enter

> **결정적 힌트**
> 보조 프로그램의 사용법은 시험에 자주 출제되는 내용이 아니므로 메모장과 그림판을 통해 직접 실행해 보고 특징을 가볍게 학습하도록 합니다.

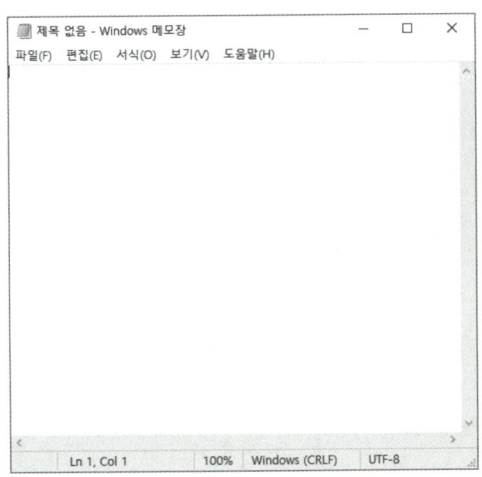

(2) 메모장의 특징
- 기본 파일 확장명은 .TXT이다.
- 그림이나 차트 등의 OLE 개체는 삽입할 수 없다.
- 특정한 문자열을 찾고 바꾸거나, 창의 크기에 맞춰 줄을 바꿀 수 있다.
- F5를 누르거나 첫 줄 왼쪽에 '.LOG'를 입력하여 현재의 시간과 날짜를 자동으로 삽입할 수 있다.
- 글꼴, 글꼴 스타일, 글자 크기의 변경은 가능하지만, 글자색은 변경할 수 없다.
- [편집]-[이동] 메뉴를 선택하여 문서의 특정 줄로 이동할 수 있으나, 자동 줄 바꿈이 설정된 경우에는 이동할 수 없다.
- [파일]-[페이지 설정] 메뉴를 선택하고 [페이지 설정] 대화상자에서 머리글과 바닥글을 설정할 수 있다.

▼ OLE(Object Linking and Embedding)
Windows 환경에서 각종 응용 프로그램 간의 데이터 교환을 위해 서로의 데이터를 공유하는 기능이다.

▼ 현재의 시간과 날짜 삽입

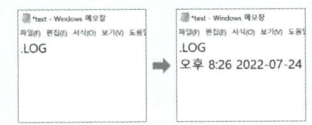

02 워드패드

(1) 워드패드의 개념

다양한 서식을 적용할 수 있는 문서 작성기이다.

실행 방법

방법1	[시작(⊞)]-[Windows 보조프로그램]-[워드패드] 선택
방법2	⊞ + R → 'wordpad' 입력 후 [확인]
방법3	검색 상자에 '워드패드' 입력 후 Enter

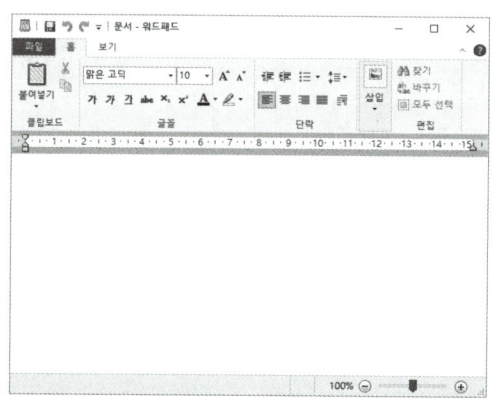

(2) 워드패드의 특징

- 기본 파일 확장명은 .RTF이다.
- 글꼴, 글꼴 크기, 서식(굵게, 기울임, 밑줄, 취소선, 아래 첨자, 위 첨자, 텍스트 강조색)을 지정할 수 있다.
- 내어쓰기, 들여쓰기, 글머리 기호, 줄 간격, 맞춤, 단락 등을 지정할 수 있다.
- 사진, 그림판 그림, 날짜 및 시간, OLE 개체 삽입이 가능하다.
- 찾기, 바꾸기, 모두 선택 기능을 지원한다.
- 매크로, 스타일, 선 그리기 등의 고급 편집 기능은 지원하지 않는다.

▼ .RTF(Rich Text Format)
마이크로소프트사가 1987년에 개발한 서식이 있는 텍스트 파일 형식이다.

03 그림판

(1) 그림판의 개념

Windows에서 기본으로 제공하는 그림 편집 프로그램이다.

실행 방법

방법1	[시작(⊞)]-[Windows 보조프로그램]-[그림판] 선택
방법2	⊞ + R → 'mspaint' 또는 'pbrush' 입력 후 [확인]
방법3	검색 상자에 '그림판' 입력 후 Enter

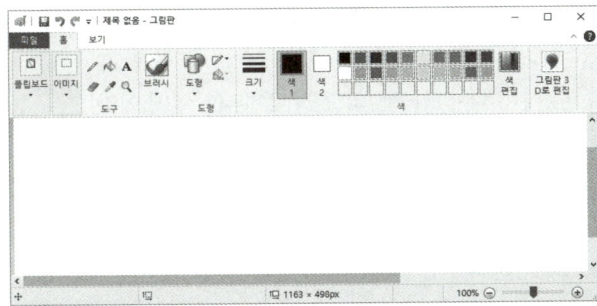

(2) 그림판의 특징

- 기본 파일 확장명은 .PNG이다.
- 파일 확장명을 .BMP, .JPG, .GIF, .TIF 등으로 저장할 수 있다.
- 작성한 그림은 다른 문서에 붙여넣거나 바탕 화면 배경으로 지정할 수 있다.
- 그림의 특정 영역을 선택하여 저장할 수 있다.
- 선택한 영역을 회전하거나 대칭 이동할 수 있다.
- Shift를 누른 상태에서 수평선, 수직선, 45° 대각선, 정사각형, 정원 등을 그릴 수 있다.
- 마우스 왼쪽 단추를 누르고 드래그하면 색1, 마우스 오른쪽 단추를 누르고 드래그하면 색2로 그림을 그릴 수 있다.
- 레이어 기능은 이용할 수 없다.

▼ 레이어 기능
레이어란 여러 개의 이미지 계층을 나누어 이미지를 작성하는 방법이다.

04 원격 데스크톱 연결

(1) 원격 데스크톱 연결의 개념

한 컴퓨터에서 다른 위치의 원격 컴퓨터에 연결하는 기능을 실행하는 앱이다.

| 실행 방법

방법1	[시작(⊞)]-[Windows 보조프로그램]-[원격 데스크톱 연결] 선택
방법2	⊞ + R → 'mstsc' 입력 후 [확인]
방법3	검색 상자에 '원격 데스크톱 연결' 입력 후 Enter

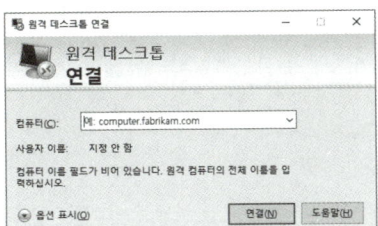

(2) 원격 데스크톱 연결의 특징

- 현재 위치의 컴퓨터 앞에서 원격 위치의 데스크톱 컴퓨터에 연결하여 응용 프로그램을 해당 콘솔 앞에서 실행하고, 파일 및 네트워크 리소스에 액세스할 수 있는 것을 의미한다.

- 원격에 있는 컴퓨터에서 음악 또는 기타 소리를 사용자의 컴퓨터에서 재생하거나 녹음할 수 있다.
- 원격 작업을 하려면 네트워크에 연결된 컴퓨터와 제2의 원격 컴퓨터가 있어야 한다.

| 원격 지원을 허용하는 방법

방법	[시작(⊞)]-[설정]-[시스템]-[원격 데스크톱]에서 '원격 데스크톱 활성화'를 '켬'으로 설정

05 기타 보조 프로그램

Math Input Panel	마우스나 펜을 이용하여 수식을 작성하고 문서에 삽입할 수 있는 기능
Windows 팩스 및 스캔	팩스를 주고받거나 스캔된 문서를 팩스로 보낼 수 있는 기능
Windows Media Player	Windows에서 제공하는 앱으로 오디오, CD, MP3, 동영상 파일 등의 멀티미디어를 재생하는 기능
단계 레코더	컴퓨터에서 수행하는 작업의 정확한 단계를 녹화해 주는 기능
문자표	특수문자나 다양한 기호를 입력하도록 지원하는 기능
빠른 지원	다른 위치의 컴퓨터에 접속하여 원격 지원을 하거나, 원격 지원을 받는 기능
캡처 도구	화면 일부나 전체를 캡처해서 PNG, GIF, JPG, HTML 형식으로 저장하는 기능

▼ 문자표

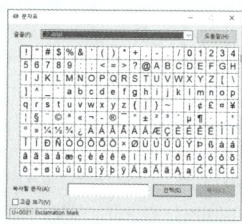

Warming UP 기출로 개념 확인

01

다음 중 Windows 10의 [메모장]에 대한 설명으로 옳지 <u>않은</u> 것은?

① 텍스트 파일이나 웹 페이지를 편집하는 간단한 도구로 사용할 수 있다.
② [이동] 명령으로 원하는 줄 번호를 입력하여 문서의 특정 줄로 이동할 수 있으며, 자동 줄 바꿈이 설정된 경우에도 이동 명령을 사용할 수 있다.
③ 특정 문자나 단어를 찾아서 바꾸거나, 창 크기에 맞추어 텍스트 줄을 바꾸어 문서의 내용을 표시할 수 있다.
④ 머리글과 바닥글을 설정하여 문서의 위쪽과 아래쪽 여백에 원하는 텍스트를 표시하여 인쇄할 수 있다.

02

다음 중 Windows 10의 [그림판]에서 실행할 수 있는 기능으로 옳지 <u>않은</u> 것은?

① 선택한 영역을 대칭으로 이동시킬 수 있다.
② 그림판에서 그림을 그린 다음 다른 문서에 붙여넣거나 바탕 화면 배경으로 사용할 수 있다.
③ 선택한 영역의 색을 [색 채우기] 도구를 이용하여 다른 색으로 변경할 수 있다.
④ JPG, GIF, BMP와 같은 그림 파일도 그림판에서 작업할 수 있다.

바로 보는 해설

01
[편집]-[이동] 메뉴를 선택하여 [줄 이동] 대화상자를 열고 원하는 줄 번호를 입력하면 문서의 특정 줄로 이동할 수 있다. 하지만 자동 줄 바꿈이 설정되면 [이동] 명령을 사용할 수 없다.

02
[색 채우기] 도구는 그림이나 도형에 전경색 또는 배경색을 채우는 기능이다.

| 정답 | 01 ② 02 ③

| 빈출개념 | #작업 관리자의 특징 #명령 프롬프트의 실행과 종료

개념끝 009 작업 관리자와 명령 프롬프트

기출빈도 A B C **D**

01 작업 관리자

> **결정적 힌트**
> 작업 관리자는 작업 시 갑자기 응답이 없는 앱이 있을 때 작업 관리자를 실행한 후 해당 앱만 종료할 수 있습니다. 문제 발생 시 익숙하게 사용할 수 있도록 잘 기억해 두세요.

(1) 작업 관리자의 개념
현재 실행 중인 응용 프로그램이나 프로세스에 대한 정보를 확인할 수 있다.

실행 방법

방법1	[시작(■)]-[Windows 시스템]-[작업 관리자] 선택
방법2	[시작(■)]의 바로 가기 메뉴에서 [작업 관리자] 선택
방법3	Ctrl + Shift + Esc
방법4	Ctrl + Alt + Delete 를 누른 후 [작업 관리자] 선택

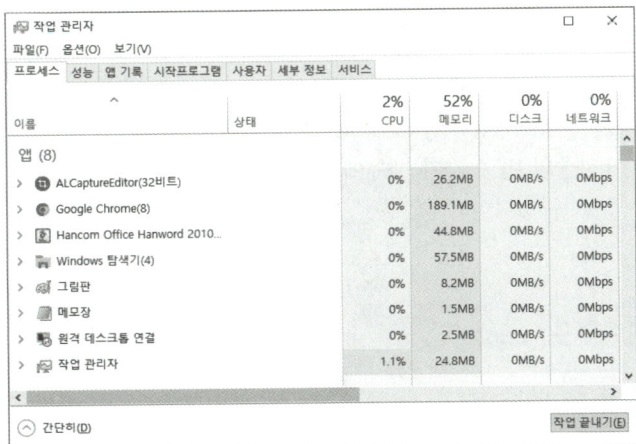

(2) 작업 관리자의 특징
- 실행 중인 앱을 [작업 끝내기]로 종료할 수 있으나 실행 순서를 변경할 수는 없다.
- 현재 사용 중인 CPU, 메모리, 디스크, 네트워크 등의 사용 현황을 확인할 수 있다.
- 컴퓨터에 연결된 사용자 및 작업 상황을 확인할 수 있고, 둘 이상의 사용자가 연결된 경우 사용자에게 메시지를 보낼 수 있다.

02 명령 프롬프트

(1) 명령 프롬프트의 개념

MS-DOS 명령 및 기타 컴퓨터 명령을 텍스트 기반으로 실행하는 앱이다.

| 실행 방법

방법1	[시작(⊞)]-[Windows 시스템]-[명령 프롬프트] 선택
방법2	⊞ + R → 'cmd' 입력 후 [확인]
방법3	검색 상자에 '명령 프롬프트' 입력 후 Enter

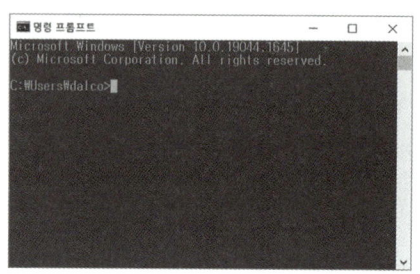

▼ [명령 프롬프트] 속성 창

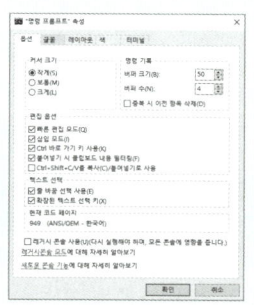

(2) 명령 프롬프트의 특징

- [명령 프롬프트] 창에서 'exit'를 입력하여 종료할 수 있다.
- [명령 프롬프트] 창에서 표시되는 텍스트를 복사하여 메모장에 붙여넣을 수 있다.
- [명령 프롬프트] 창의 제목 표시줄의 바로 가기 메뉴에서 [속성]을 선택하면 글꼴, 글꼴 크기, 색, 커서 크기 등을 지정할 수 있다.

Warming UP 기출로 개념 확인

바로 보는 해설

01
네트워크의 작동 상태는 [시작(⊞)]-[설정]-[네트워크 및 인터넷]에서 수정할 수 있다. [작업 관리자] 창을 열면 [프로세스] 탭, [성능] 탭, [앱 기록] 탭, [시작 프로그램] 탭, [사용자] 탭, [세부 정보] 탭, [서비스] 탭으로 구성되어 있다.

01

다음 중 Windows 10의 [작업 관리자]에서 실행 가능한 작업으로 옳지 <u>않은</u> 것은?

① 네트워크에 연결되어 있는 경우 네트워크의 작동 상태를 확인하고 수정할 수 있다.
② 실행 중인 앱이나 프로세스에 대한 정보를 확인할 수 있다.
③ 둘 이상의 사용자가 컴퓨터에 연결되어 있는 경우 연결된 사용자 및 작업 상황을 확인하고 사용자에게 메시지를 보낼 수 있다.
④ 컴퓨터에서 사용되고 있는 메모리 및 CPU 리소스의 양에 대한 자세한 정보를 볼 수 있다.

02
명령 프롬프트는 [실행] 창에서 'cmd'를 입력하여 실행할 수 있다.

02

다음 중 Windows 10에서 [명령 프롬프트]에 대한 설명으로 옳지 <u>않은</u> 것은?

① MS-DOS 명령 및 기타 컴퓨터 명령을 실행할 수 있다.
② [명령 프롬프트] 창에서 표시되는 텍스트를 복사하여 메모장에 붙여넣을 수 있다.
③ [실행] 창에서 'command'를 입력하여 실행할 수 있다.
④ [명령 프롬프트] 창에서 'exit'를 입력하여 종료할 수 있다.

| 정답 | 01 ① 02 ③

| 빈출개념 | #기본 프린터 #인쇄 관리자

개념끝 010 인쇄

기출빈도

01 프린터 설치

| 실행 방법

| 방법 | [시작(■)]-[설정]-[장치]-[프린터 및 스캐너]-[프린터 또는 스캐너 추가] 선택 |

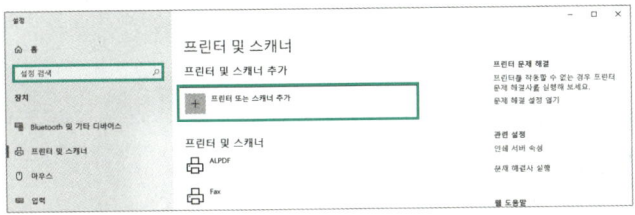

- **설치할 프린터 유형**: 로컬 프린터와 네트워크, 무선, 블루투스(Bluetooth) 프린터
- 로컬 프린터 설치 시 USB 모델의 프린터를 컴퓨터에 연결하면 Windows에서 자동으로 검색하고 설치한다.
- 블루투스 프린터를 설치하려면 컴퓨터에 블루투스 무선 어댑터를 연결하거나 켠 후 [프린터 추가]를 실행한다.
- 네트워크 프린터는 연결할 프린터의 포트가 자동으로 지정되므로 포트를 지정하지 않는다.

› **결정적 힌트**
인쇄에 관련된 내용은 모두 시험에 자주 출제되는 부분입니다. 프린터 설치, 기본 프린터, 프린터 공유, 스풀, 인쇄 관리자 등 모든 내용을 숙지해 두도록 합니다.

▼ **로컬 프린터**
PC와 직접 연결된 프린터이다.

▼ **네트워크, 무선, 블루투스 프린터**
네트워크상에 연결된 프린터나 무선, 블루투스로 연결이 지원되는 프린터이다.

02 기본 프린터

- 특정 프린터를 설정하지 않았을 때 자동으로 인쇄 작업을 처리하는 프린터이다.
- [장치 및 프린터] 창에서 기본 프린터에는 프린터 아이콘에 확인 표시(✓)가 나타난다.
- 기본 프린터는 한 대만 지정할 수 있고, 다른 프린터로 변경할 수 있다.
- 기본 프린터로 설정된 프린터도 삭제할 수 있다.
- 원하는 프린터를 선택하고 [관리]-[기본값으로 설정]을 선택하여 기본 프린터로 지정한다.

▼ **[제어판]의 [장치 및 프린터] 창**
[장치 및 프린터] 창에는 사용자 컴퓨터, 컴퓨터의 USB 포트에 연결하는 모든 장치, 컴퓨터에 연결된 호환 네트워크 장치가 표시되지만, 하드디스크 드라이브와 사운드 카드는 표시되지 않는다.

03 프린터의 공유

- 프린터를 선택하고 [관리]-[프린터 속성]을 선택한 후 [프린터 속성] 대화상자의 [공유] 탭에서 설정한다.
- '이 프린터 공유'를 선택하고, 프린터의 이름을 지정한 후 [확인]을 클릭한다.

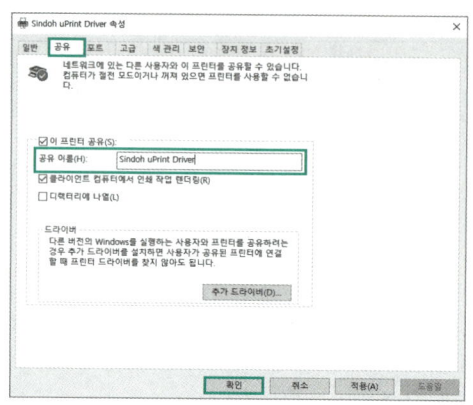

- 한 대의 프린터를 여러 대의 컴퓨터에서 공유하여 사용할 수 있다.
- 같은 네트워크에서 여러 대의 프린터를 공유할 수 있다.

04 프린터 스풀(SPOOL)

- 프린터와 같은 저속의 출력장치를 CPU와 동시에 작동시켜서 컴퓨터의 전체 효율을 향상시키는 기능이다.
- [프린터 속성] 대화상자의 [고급] 탭에서 설정한다.

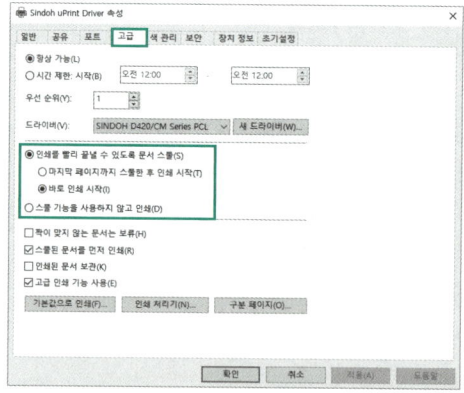

- 프린터에서 인쇄하기 전에 인쇄 내용을 하드디스크에 임시로 보관하는 것이다.
- 인쇄 도중에도 다른 작업을 할 수 있는 병행 처리가 가능하지만, 인쇄 속도가 빨라지는 것은 아니다.

05 인쇄 관리자

- 인쇄가 실행될 때 작업 표시줄의 알림 영역에 프린터 모양의 아이콘(🖨)을 더블클릭하여 [인쇄 관리자] 창을 열 수 있다.
- 인쇄 대기 중인 문서의 출력 대기 순서를 임의로 변경할 수 있다.
- 인쇄 작업이 시작된 문서도 중간에 강제로 종료할 수 있다.
- 인쇄 대기 중인 문서를 삭제할 수 있다.

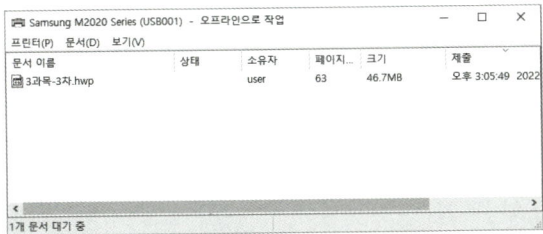

Warming UP 기출로 개념 확인

01

다음 중 Windows 10에서의 프린터 설치에 대한 설명으로 옳지 <u>않은</u> 것은?

① [프린터 및 스캐너] 창에서 '프린터 또는 스캐너 추가'로 새로운 프린터를 추가할 수 있다.
② 새로운 프린터를 설치하는 과정에서 네트워크 프린터를 기본 프린터로 설정하려면 반드시 스풀링의 설정이 필요하다.
③ 로컬 프린터 설치 시 프린터가 USB(범용 직렬 버스) 모델인 경우에는 프린터를 컴퓨터에 연결하면 Windows에서 자동으로 검색하고 설치한다.
④ 공유 프린터 설정 시 프린터가 연결된 컴퓨터의 전원이 켜져 있어야 프린터의 사용이 가능하다.

02 (또 나올 문제)

다음 중 Windows 10에 설치된 기본 프린터에 대한 설명으로 옳은 것은?

① 프로그램에서 사용할 프린터를 지정하지 않고 인쇄 명령을 내렸을 때 컴퓨터가 자동으로 문서를 보내는 프린터이다.
② 여러 개의 프린터가 설치된 경우 모든 프린터를 기본 프린터로 설정할 수 있다.
③ 네트워크 프린터는 기본 프린터로 설정할 수 없다.
④ 한 번 설정된 기본 프린터는 변경할 수 없다.

바로 보는 해설

01
스풀링(Spooling)은 인쇄할 자료를 일정한 기억 장소에 모아두었다가 출력하는 방법으로, 스풀링을 반드시 설정할 필요는 없다.

02
| 오답 피하기 |
② 기본 프린터는 무조건 한 대만 설정할 수 있다.
③ 네트워크 프린터도 기본 프린터로 설정할 수 있다.
④ 기본 프린터는 변경할 수 있다.

| 정답 | 01 ② 02 ①

CHAPTER 1

Windows 10의 기본 기능

기출선지 OX 퀴즈

01 모든 창을 최소화할 필요 없이 바탕 화면을 빠르게 미리 보거나 작업 표시줄의 해당 아이콘을 가리켜서 (O / X)
열린 창을 미리 볼 수 있게 하는 기능을 에어로 피크(Aero Peek)라고 한다.

02 Windows 10 운영체제에서 사용하는 NTFS 파일 시스템은 하드디스크 논리 파티션의 크기에 제한이 없다. (O / X)

03 바로 가기 키 Alt + Enter 는 사용 중인 항목을 닫거나 실행 중인 앱을 끝낸다. (O / X)

04 바로 가기 키 ⊞ + R 은 [실행] 대화상자를 연다. (O / X)

05 바탕 화면의 바로 가기 메뉴에서 아이콘의 정렬 기준을 변경하거나 아이콘의 크기를 변경하여 볼 수 있다. (O / X)

06 하나의 바로 가기 아이콘에 여러 개의 원본 파일을 연결할 수 있다. (O / X)

07 Windows 10에서 바로 가기 아이콘의 [보안] 탭에서는 바로 가기 아이콘의 속성 및 개인정보를 제거할 (O / X)
수 있다.

08 바로 가기 아이콘의 [속성] 대화상자에서는 연결된 항목의 디스크 할당 크기를 확인할 수 있다. (O / X)

09 작업 표시줄의 위치는 상하좌우로 변경할 수 없다. (O / X)

10 작업 표시줄을 자동으로 숨길 것인지의 여부를 선택할 수 있다. (O / X)

11 [작업 표시줄 설정] 창에서 화면에서의 작업 표시줄 위치를 설정할 수 있다. (O / X)

12 휴지통 크기를 초과하여 파일이 삭제되면, 보관된 파일 중 가장 최근 파일부터 자동 삭제된다. (O / X)

13 하드디스크가 여러 개인 경우 드라이브마다 휴지통 크기를 동일하게 또는 다르게 설정할 수 있다. (O / X)

14 휴지통에 보관된 실행 파일은 복원은 가능하지만, 휴지통에서 실행하거나 이름을 변경할 수는 없다. (O / X)

15 USB 드라이브에서 삭제한 파일은 휴지통에서 복원 메뉴로 복원할 수 있다. (O / X)

16 Windows 10의 파일 및 폴더는 계층 구조로 표시하고 관리된다. (O / X)

17 폴더, 저장된 검색, 라이브러리 또는 드라이브를 즐겨찾기로 추가하려면 탐색 창의 즐겨찾기 섹션으로 (O / X)
끌어놓는다.

한판으로 **복습**한다!

18 폴더의 [속성] 창에서 폴더 안의 파일을 삭제할 수 있다. (O / X)

19 탐색 창의 폴더 영역에서 폴더를 선택한 후 Delete 를 누르면 상위 폴더가 선택된다. (O / X)

20 비연속적인 위치에 있는 여러 파일이나 폴더를 동시에 선택하려면 Shift 를 누른 상태에서 마우스로 해당 파일을 선택한다. (O / X)

21 '*'나 '?' 등의 와일드카드 문자를 사용하여 파일이나 폴더를 검색할 수 있다. (O / X)

22 검색 내용에 '$'를 붙이면 해당 내용이 포함되지 않은 파일이나 폴더를 검색한다. (O / X)

23 [연결 프로그램] 대화상자에서 연결 프로그램을 삭제하면 연결된 데이터 파일도 함께 삭제된다. (O / X)

24 [폴더 옵션] 대화상자에서 알려진 파일 형식의 파일 확장명을 숨기도록 설정할 수 있다. (O / X)

25 메모장에서는 특정 문자나 단어를 찾아서 바꾸거나, 창 크기에 맞추어 텍스트 줄을 바꾸어 문서의 내용을 표시할 수 없다. (O / X)

26 JPG, GIF, BMP와 같은 그림 파일도 그림판에서 작업할 수 있다. (O / X)

27 [명령 프롬프트] 창에서 'exit'를 입력하여 명령 프롬프트를 종료할 수 있다. (O / X)

28 [작업 관리자]에서는 실행 중인 앱이나 프로세스에 대한 정보를 확인할 수 있다. (O / X)

29 새로운 프린터를 설치하는 과정에서 네트워크 프린터를 기본 프린터로 설정하려면 반드시 스풀링의 설정이 필요하다. (O / X)

30 여러 개의 프린터가 설치된 경우 모든 프린터를 기본 프린터로 설정할 수 있다. (O / X)

| 정답 |

01	O	02	X	03	X	04	O	05	O	06	X	07	X	08	O	09	X	10	O
11	O	12	X	13	O	14	O	15	X	16	O	17	O	18	X	19	O	20	X
21	O	22	X	23	X	24	O	25	X	26	O	27	O	28	O	29	X	30	X

CHAPTER 1 | Windows 10의 기본 기능

기출로 개념 강화

개념끝 001 Windows 10의 특징

01

다음 중 NTFS 파일 시스템에 대한 설명으로 옳지 <u>않은</u> 것은?

① 파일 및 폴더에 대한 액세스 제어를 유지하고 제한된 계정을 지원한다.
② Active Directory 서비스를 제공한다.
③ 하드디스크의 파티션(볼륨) 크기를 100GB까지 지원한다.
④ FAT나 FAT32 파일 시스템보다 성능, 보안, 안전성이 높다.

개념끝 003 바탕 화면과 바로 가기 아이콘

04 또 나올 문제

다음 중 Windows 10에서 파일을 선택한 후 Ctrl + Shift 를 누른 채 다른 위치로 끌어다 놓은 결과는?

① 해당 파일의 바로 가기 아이콘이 만들어진다.
② 해당 파일이 복사된다.
③ 해당 파일이 이동된다.
④ 해당 파일이 휴지통을 거치지 않고 영구히 삭제된다.

개념끝 002 마우스 및 키보드 사용법

02

다음 중 Windows 10에서 사용하는 바로 가기 키에 대한 설명으로 옳지 <u>않은</u> 것은?

① Alt + Enter : 선택된 개체의 [속성] 창을 표시한다.
② Shift + F10 : 선택한 항목에 대한 바로 가기 메뉴를 표시한다.
③ Ctrl + Tab : 실행 중인 여러 앱에서 활성화 전환을 한다.
④ Ctrl + Esc : [시작] 메뉴를 표시한다.

03 또 나올 문제

다음 중 Windows 10에서 사용하는 바로 가기 키에 대한 설명으로 옳은 것은?

① ⊞ + E : [실행] 대화상자 열기
② ⊞ + M : 열려 있는 모든 창 최소화하기
③ ⊞ + R : [파일 탐색기] 열기
④ ⊞ + F1 : 유틸리티 관리자 열기

05

다음 중 바로 가기 아이콘에 대한 설명으로 옳지 <u>않은</u> 것은?

① 바로 가기 아이콘을 삭제해도 해당 앱은 지워지지 않는다.
② 바로 가기 아이콘은 폴더, 디스크 드라이버, 프린터 등 모든 항목에 대해 만들 수 있다.
③ 바로 가기 아이콘은 실제 앱이 아니라 응용 앱의 경로를 기억하고 있는 아이콘이다.
④ 바로 가기 아이콘의 확장명은 '*.EXE'이다.

개념끝 004 시작 메뉴와 작업 표시줄

06

다음 중 Windows 10의 [시작 메뉴]에 대한 설명으로 옳지 않은 것은?

① 시작 메뉴를 표시하기 위한 바로 가기 키는 [Alt]+[Esc]이다.
② 시작 화면에 고정된 앱을 시작 화면에서 제거한 경우 실제 앱이 삭제되지는 않는다.
③ 시작 메뉴의 앱을 시작 화면으로 드래그하면 시작 화면에 고정할 수 있다.
④ [설정]-[개인 설정]-[시작]에서 시작 메뉴에 표시되는 앱 목록, 최근에 추가된 앱, 가장 많이 사용하는 앱이 표시되도록 지정할 수 있다.

07 또 나올 문제

다음 중 Windows 10 작업 표시줄의 점프 목록 사용에 대한 설명으로 옳지 않은 것은?

① 프로그램의 점프 목록을 보려면 작업 표시줄의 프로그램 아이콘을 마우스 오른쪽 단추로 클릭한다.
② 점프 목록에서 항목을 열려면 프로그램의 점프 목록에서 해당 항목을 클릭한다.
③ 점프 목록에 항목을 고정하려면 프로그램의 점프 목록에서 항목을 가리킨 다음 압정 아이콘을 클릭한다.
④ 점프 목록에서 항목을 제거하려면 프로그램의 점프 목록에서 항목을 가리킨 다음 [Delete]를 누른다.

바로 보는 해설

01 NTFS 파일 시스템은 하드디스크의 파티션(볼륨) 크기를 256TB까지 지원한다.

02 [Alt]+[Tab] : 실행 중인 여러 앱에서 활성화 전환을 한다.

03 | 오답 피하기 |
① [⊞]+[E] : [파일 탐색기]를 실행한다.
③ [⊞]+[R] : [실행] 대화상자를 표시한다.
④ [⊞]+[F1] : Windows 도움말을 표시한다.

04 | 오답 피하기 |
② [Ctrl]+드래그
③ [Shift]+드래그
④ [Shift]+휴지통으로 드래그 또는 [Shift]+[Delete]

05 바로 가기 아이콘의 확장명은 .LNK이고, 실행 파일의 확장명이 .EXE이다.

06 시작 메뉴를 표시하기 위한 바로 가기 키는 [Ctrl]+[Esc]이다.

07 점프 목록에서 항목을 제거하려면 프로그램의 점프 목록에서 해당 항목을 마우스 오른쪽 단추로 클릭하여 바로 가기 메뉴를 열고, [이 목록에서 제거]를 클릭한다.

| 정답 | 01 ③ 02 ③ 03 ② 04 ① 05 ④ 06 ① 07 ④

개념끝 005 휴지통

08
다음 중 Windows 10에서 [휴지통]에 대한 설명으로 옳지 않은 것은?

① 삭제된 파일이나 폴더가 임시 보관되는 장소로 [휴지통]에 들어있는 파일은 필요할 때 복원할 수 있다.
② [휴지통]의 크기는 기본적으로 각 드라이브 용량의 5~10%로 설정되며 변경할 수 있다.
③ [휴지통]의 용량을 초과하여 사용하면 [휴지통]의 모든 내용은 삭제된다.
④ [휴지통]에서 문서 파일을 복원하기 전까지는 파일을 편집할 수 없다.

09
다음 중 휴지통에 대한 설명으로 옳지 않은 것은?

① USB 메모리, 네트워크상에서 삭제된 경우는 휴지통에 보관되지 않고 영구적으로 삭제된다.
② 하드 디스크가 분할되어 있거나 컴퓨터에 여러 개의 하드 디스크를 가지고 있는 경우 각 휴지통의 크기를 다르게 지정할 수 있다.
③ 휴지통 내에 보관된 파일은 바로 사용할 수 없다.
④ [Shift]+[Delete]로 파일을 삭제하면 해당하는 파일이 휴지통에 일시적으로 저장되어 복원시킬 수 있다.

 개념끝 006 파일 탐색기

10
다음 중 파일 탐색기에서 [보기] 메뉴의 [열 추가]를 선택했을 때 각 파일이나 폴더에 표시되는 내용으로 옳지 않은 것은?

① 수정한 날짜
② 디스크 여유 공간
③ 파일의 크기
④ 파일의 유형

 개념끝 007 파일과 폴더

11
다음 중 Windows 10에서 연결 프로그램에 대한 설명으로 옳지 않은 것은?

① 문서나 그림과 같은 데이터 파일을 더블클릭하면 자동으로 실행되는 응용 프로그램이다.
② 데이터 파일의 바로 가기 메뉴에서 [연결 프로그램]을 선택하면 연결 프로그램을 변경할 수 있다.
③ 연결 프로그램이 지정되지 않았을 경우 데이터 파일을 더블클릭하면 연결 프로그램을 선택하기 위한 대화상자가 표시된다.
④ 파일의 이름에 따라 연결 프로그램이 자동으로 결정된다.

12

다음 중 Windows 10에서 파일의 검색 기능을 향상시키기 위한 기능은?

① 색인
② 압축
③ 복원
④ 백업

13

다음 중 Windows 10의 파일이나 폴더 검색에 대한 설명으로 옳지 않은 것은?

① ⊞+⑤를 눌러 실행할 수도 있다.
② 검색 상자에서 내용 앞에 '−'를 붙이면 해당 내용이 포함되지 않은 파일이나 폴더를 검색할 수 있다.
③ 데이터를 검색한 후 검색 기준을 저장할 수 있고, 저장된 검색을 열기만 하면 원래 검색과 일치하는 최신 파일이 나타난다.
④ '컴?.*'을 입력하면 '컴'으로 시작되는 모든 파일을 검색할 수 있다.

14

다음 중 Windows 10의 [폴더 옵션] 창에 있는 [일반] 탭에서 설정할 수 있는 항목으로 옳지 않은 것은?

① 연결 프로그램의 변경
② 한 번 클릭해서 열기
③ 새 창에서 폴더 열기
④ 같은 창에서 폴더 열기

바로 보는 해설

08 휴지통에 지정된 최대 크기를 초과하면 휴지통에 먼저 들어온 파일, 즉 가장 오래 보관된 파일부터 자동으로 삭제된다.

09 Shift + Delete로 파일을 삭제하면 해당하는 파일은 휴지통에 저장되지 않고 완전히 삭제된다.

10 디스크 여유 공간을 보려면 파일 탐색기에서 디스크의 바로 가기 메뉴에서 [속성]을 선택한다. [디스크 속성] 창의 [일반] 탭에서 사용 중인 공간과 여유 공간을 확인할 수 있다.

11 파일의 확장명에 따라 연결 프로그램이 자동으로 결정된다.

12 드라이브에서 마우스 오른쪽 단추를 클릭하고 바로 가기 메뉴에서 [속성]을 선택한다. [속성] 대화상자의 [일반] 탭에서 '이 드라이브의 파일 속성 및 내용 색인 허용'에 체크하면 해당 드라이브의 색인을 허용할 수 있고, 빠르게 검색할 수도 있다.

13 '컴?.*'을 입력하면 '컴'으로 시작하고 파일명이 두 글자인 파일을 검색할 수 있다.

14 연결 프로그램은 파일의 바로 가기 메뉴에서 [연결 프로그램]을 선택한 후 변경할 수 있다.

| 정답 | 08 ③ 09 ④ 10 ② 11 ④ 12 ① 13 ④ 14 ①

15 또 나올 문제

다음 중 Windows 10에서 파일이나 폴더, 프린터, 드라이브 등 컴퓨터 자원의 공유에 대한 설명으로 옳지 <u>않은</u> 것은?

① 공유 폴더에 대한 접근 권한은 사용자에 따라 다르게 설정할 수 있다.
② 탐색기의 주소 표시줄에 '\\localhost'를 입력하면 네트워크를 통해 공유한 파일이나 폴더를 확인할 수 있다.
③ 탐색기의 공유 기능을 이용하면 파일이나 폴더를 쉽게 다른 사용자와 공유할 수 있다.
④ 공유한 파일명 뒤에 '$'를 붙이면 네트워크의 다른 사용자가 해당 파일을 사용하고 있는지의 여부를 바로 확인할 수 있다.

개념끝 009 작업 관리자와 명령 프롬프트

17

다음 중 Windows 10의 [작업 관리자] 창에서 수행할 수 있는 작업으로 옳지 <u>않은</u> 것은?

① 사용자 계정의 추가와 삭제를 수행할 수 있다.
② 현재 실행 중인 프로그램을 강제로 종료시킬 수 있다.
③ 시스템의 CPU 사용 내용이나 할당된 메모리의 크기를 파악할 수 있다.
④ 현재 네트워크 상태를 보고 네트워크 이용률을 확인할 수 있다.

개념끝 008 보조 프로그램

16

다음 중 Windows 10에서 사용하는 [메모장]에서 할 수 있는 기능으로 옳지 <u>않은</u> 것은?

① 특정 문자나 단어를 찾아서 바꾸기를 할 수 있다.
② 텍스트를 잘라내기, 복사하기, 붙여넣기 또는 삭제를 할 수 있다.
③ 글꼴의 스타일과 크기를 바꿀 수 있다.
④ 편집 중인 문서에 그림을 삽입할 수 있다.

개념끝 010 인쇄

18 또 나올 문제

다음 중 Windows 10에 설치된 기본 프린터에 대한 설명으로 옳지 <u>않은</u> 것은?

① 프로그램에서 사용할 프린터를 지정하지 않고 인쇄 명령을 내렸을 때 컴퓨터가 자동으로 문서를 보내는 프린터이다.
② 여러 개의 프린터가 설치된 경우 네트워크 프린터와 로컬 프린터 각각 한 대씩을 기본 프린터로 설정할 수 있다.
③ 현재 설정되어 있는 기본 프린터를 다른 프린터로 변경할 수 있다.
④ 기본 프린터로 설정된 프린터도 삭제할 수 있다.

19 또 나올 문제

다음 중 Windows 10에서 네트워크상에 공유된 프린터에 대한 설명으로 옳지 <u>않은</u> 것은?

① 공유된 프린터와 연결된 컴퓨터는 항상 켜져 있어야 네트워크상의 다른 컴퓨터에서 사용할 수 있다.
② 공유된 프린터의 이름 아래에는 '기본값'이 표시되어 다른 프린터와 구별된다.
③ 프린터의 공유를 원하면 [프린터 속성] 대화상자의 [공유] 탭에서 설정한다.
④ 한 대의 컴퓨터에 동일한 네트워크에 존재하는 공유된 프린터를 여러 대 설정할 수 있다.

20

다음 중 Windows 10의 인쇄 작업에 대한 설명으로 옳지 <u>않은</u> 것은?

① 프린터에서 인쇄 작업이 시작된 경우라도 잠시 중지시켰다가 다시 이어서 인쇄가 가능하다.
② 여러 개의 출력 파일들의 출력 대기 상태를 확인할 수 있다.
③ 여러 개의 출력 파일들이 출력 대기할 때 출력 순서를 임의로 조정할 수 있다.
④ 일단 프린터에서 인쇄 작업에 들어간 것은 프린터 전원을 끄기 전에는 강제로 종료할 수 없다.

바로 보는 해설

15 공유한 파일명 뒤에 '$' 기호를 붙인다고 해서 네트워크의 다른 사용자가 공유하고 있는지를 확인할 수 없다.

16 메모장에는 그림, 차트, OLE 개체 등을 삽입할 수 없다.

17 사용자 계정을 추가하거나 삭제하려면 [제어판]-[사용자 계정]을 선택한다.

18 기본 프린터는 무조건 한 대만 설정할 수 있다.

19 프린터의 이름 아래에 '기본값'이 표시되는 것은 기본 프린터이다.

20 인쇄 작업이 시작된 문서도 중간에 강제로 종료할 수 있다.

| 정답 | 15 ④   16 ④   17 ①   18 ②   19 ②
20 ④

최근 기출 10개년 기준

CHAPTER 2
Windows 10의 고급 기능

7%

무료 동영상 강의

011　[설정] 창
012　[설정] 창 – 시스템
013　[설정] 창 – 장치
014　[설정] 창 – 개인 설정
015　[설정] 창 – 앱
016　[설정] 창 – 계정
017　[설정] 창 – 접근성
018　[설정] 창 – 업데이트 및 보안
019　관리 도구
020　시스템 구성

학습전략

Windows의 작업 환경을 설정하거나 변경하기 위해 필요한 내용을 담고 있는 부분입니다. 고급 사용자가 아니라면 평소에 잘 사용하지 않는 기능이므로 다소 어렵게 느껴질 수 있습니다. 시험에 자주 출제되는 부분 위주로 학습하는 전략이 필요합니다.

개념끝 011 [설정] 창

기출빈도

> **결정적 힌트**
>
> Windows는 작업 환경을 설정하거나 변경하기 위해 '제어판'과 '설정' 기능을 제공하며, Windows 10에서는 '설정' 기능이 좀 더 강화되었습니다. '설정'은 작업 환경을 설정할 수 있는 고급 기능으로 초보자에게는 좀 어려운 개념이지만 우선 [설정] 창이 어떻게 구성되어 있는지 살펴보고 시험에 자주 출제되는 부분을 중심으로 학습하는 것이 좋습니다.

01 [설정] 창의 개념

컴퓨터 시스템을 구성하는 장치와 앱의 작업 환경을 설정하거나 변경하는 기능을 제공한다.

| 실행 방법

방법1	[시작(⊞)]-[설정]
방법2	⊞ + Ⅰ

02 [설정] 창의 구성

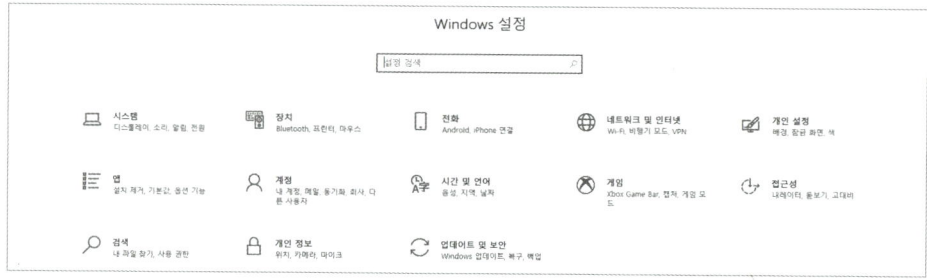

시스템	디스플레이, 소리, 알림, 전원 등을 설정
장치	블루투스, 프린터, 마우스 등을 설치하거나 제거
전화	휴대폰을 연결하여 컴퓨터에서 문자를 보내거나 휴대폰의 사진을 볼 수 있도록 설정
네트워크 및 인터넷	네트워크 상태를 확인하고 Wi-Fi, VPN, 비행기 모드, 핫스팟 등을 설정
개인 설정	배경, 잠금 화면, 색, 테마 등을 설정
앱	앱을 제거하거나 변경하고 기본 앱, 시작 앱을 설정
계정	사용자 정보를 확인하거나 계정 추가, 로그인 옵션 등을 설정
시간 및 언어	날짜 및 시간, 지역, 언어 등을 설정
게임	게임 바가 열리는 방식, 캡처하는 방법, 게임 모드 등을 설정
접근성	신체가 불편한 사용자를 위한 돋보기, 고대비, 내레이터 기능 등을 설정
검색	검색에 대한 사용 권한과 기록을 설정
개인 정보	Windows 사용 권한과 앱 사용 권한을 설정
업데이트 및 보안	Windows 업데이트를 확인하거나 Windows 보안을 설정(바이러스 및 위협 방지, 계정 보호, 방화벽 및 네트워크 보호 등)

> **개념 플러스** 시작 메뉴에 고정
>
> 자주 이용하는 항목의 경우, 해당 항목의 바로 가기 메뉴에서 [시작 메뉴에 고정]을 클릭하면 시작 화면에 고정할 수 있다.
>
>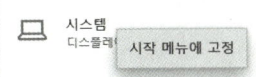

Warming UP 기출로 개념 확인

01 또 나올 문제

다음 중 Windows 10의 설정에서 시각장애가 있는 사용자가 컴퓨터를 사용하기에 편리하도록 설정할 수 있는 항목은?

① 시스템
② 개인 설정
③ 접근성
④ 개인 정보

바로 보는 해설

01
[설정]-[접근성]에서는 시각장애가 있는 사용자가 컴퓨터를 사용할 수 있도록 돋보기, 고대비, 내레이터 기능 등을 제공한다.

02

Windows 10의 [설정]-[업데이트 및 보안]에서 설정할 수 있는 것이 아닌 것은?

① Windows 업데이트
② 방화벽
③ 인증서
④ 바이러스 및 위험 방지

02
[설정]-[업데이트 및 보안]에서는 Windows 업데이트를 확인하거나 방화벽, 바이러스 및 위험 방지 등의 Windows 보안을 설정할 수 있다.

03

다음 중 Windows 10의 [설정]-[앱] 범주에서 수행할 수 있는 기능으로 옳지 않은 것은?

① 시작 앱 설정
② 앱 제거
③ 기본 앱 설정
④ 임시 인터넷 파일 삭제

03
임시 인터넷 파일을 삭제하려면 [디스크 정리]를 이용한다.

| 정답 | 01 ③   02 ③   03 ④

| 빈출개념 | #디스플레이   #[시스템 속성] 대화상자

개념끝 012 [설정] 창 – 시스템

기출빈도

결정적 힌트
시스템 설정은 많은 문제가 출제되는 부분입니다. 특히 디스플레이와 정보 항목은 매우 중요하므로 각 기능을 꼼꼼하게 학습해야 합니다.

01 시스템 설정의 구성

디스플레이	디스플레이 밝기, 야간 모드, 화면 배율, 해상도 등을 설정
소리	스피커와 마이크 장치를 선택하고 테스트
알림 및 작업	알림 센터의 바로 가기를 추가/제거/편집하거나 알림 받기 설정
집중 지원	보거나 듣고 싶은 알림만 표시되도록 설정
전원 및 절전	화면이 꺼지는 시간과 절전 모드를 설정
저장소	저장소 센스를 지정하여 임시 파일이나 휴지통의 콘텐츠 등을 제거하여 공간을 확보하도록 설정
태블릿	태블릿 모드로 전환 지정
멀티태스킹	여러 창으로 작업 시 창 맞춤, 타임라인, 가상 데스크톱 설정, Alt + Tab
이 PC에 화면 표시	휴대폰이나 PC를 이 화면에 표시하고 키보드, 마우스, 기타 장치를 사용
공유 환경	블루투스나 Wi-Fi를 사용하거나 장치 간 공유 설정
클립보드	클립보드 검색 기록, 장치 간 동기화, 클립보드 데이터 지우기 설정
원격 데스크톱	Microsoft 원격 데스크톱 클라이언트를 사용하여 원격 장치에 PC를 연결하고 제어
정보	장치 사양과 Windows 사양 확인

▼ 가상 데스크톱
여러 개의 가상 바탕 화면을 만들어 전환하는 기능으로 여러 개의 모니터를 사용하는 것과 같은 효과를 낼 수 있다.

02 디스플레이

| 실행 방법

방법1	[시작(⊞)]-[설정]-[시스템]-[디스플레이] 선택
방법2	바탕 화면의 바로 가기 메뉴에서 [디스플레이 설정] 선택

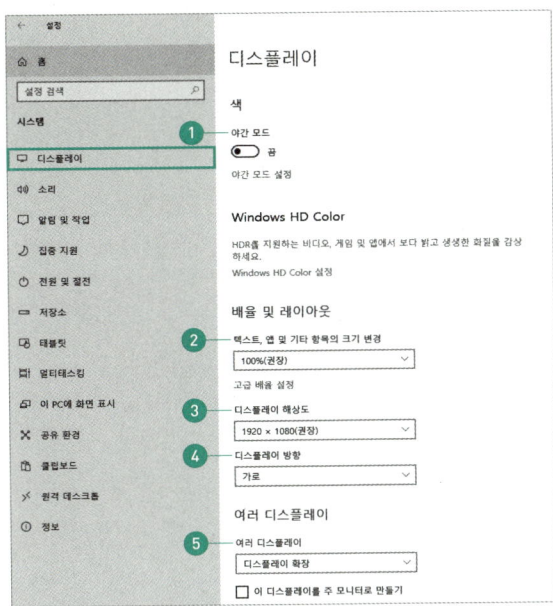

❶ 야간 모드	숙면을 방해하는 청색 광을 야간에 따뜻한 색으로 표시하여 사용자의 숙면을 돕는 기능
❷ 텍스트, 앱 및 기타 항목의 크기 변경	화면에 표시되는 텍스트 크기, 앱 및 기타 항목의 크기를 배율로 변경
❸ 디스플레이 해상도	화면 해상도를 설정
❹ 디스플레이 방향	디스플레이의 방향을 '가로', '세로', '가로(대칭 이동)', '세로(대칭 이동)'로 지정
❺ 여러 디스플레이	여러 개의 모니터를 사용할 수 있는 '여러 디스플레이'를 설정

▼ 청색 광(Blue Light)
380~500nm 사이의 낮은 파장에 속하는 푸른색 계열의 빛으로서 숙면을 방해하고 시력을 저하시킨다.

03 정보

- Windows 사양, 프로세서(CPU), 설치된 메모리(RAM), 시스템 종류(32비트/64비트), 펜 및 터치 등을 확인한다.
- 컴퓨터 이름을 변경하거나 Windows 정품 인증 여부에 대한 정보와 제품 키를 변경할 수 있다.

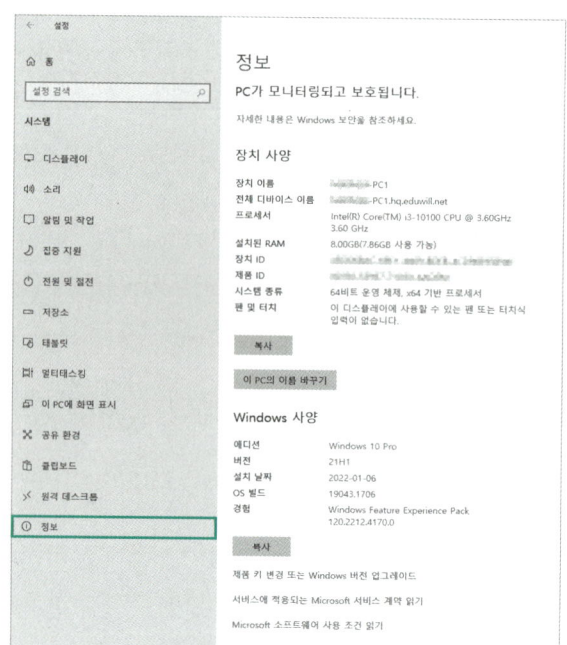

▼ [시스템 속성] 대화상자

방법	[시작(■)]-[설정]-[시스템]-[정보]에서 '고급 시스템 설정' 선택

| [시스템 속성] 대화상자

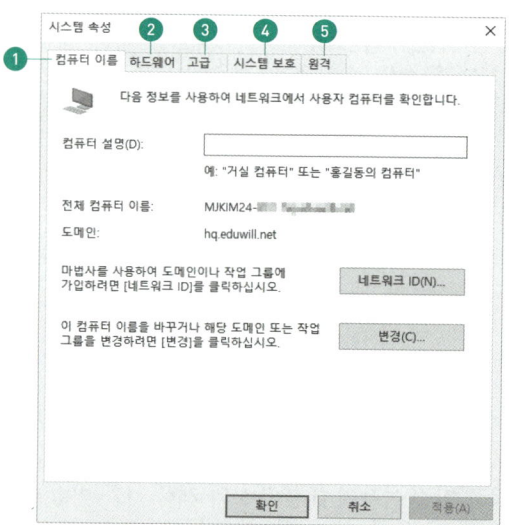

▼ 장치 관리자

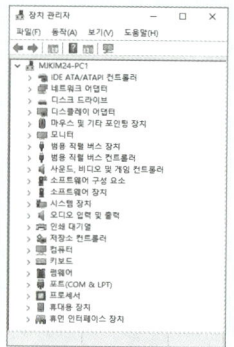

❶ [컴퓨터 이름] 탭	컴퓨터 이름, 컴퓨터 설명, 작업 그룹 등을 확인하거나 변경
❷ [하드웨어] 탭	• 장치 관리자: 장치들의 드라이버를 식별하거나 업데이트하고 하드웨어가 올바르게 작동하는지 확인 • 장치 설치 설정: 장치 드라이버 소프트웨어의 자세한 정보와 자동 다운로드 여부 설정
❸ [고급] 탭	• 성능: 시각 효과, 프로세서 일정, 메모리 사용 및 가상 메모리 등을 지정 • 사용자 프로필: 사용자 로그인에 관련된 바탕 화면 설정 • 시작 및 복구: 시스템 시작, 시스템 오류 및 디버깅 정보 지정

❹ [시스템 보호] 탭	• 컴퓨터를 이전 복원 지점으로 되돌려서 시스템 변경을 취소하는 기능 • 시스템 복원은 사용자 문서, 사진 또는 개인 데이터에는 영향을 주지 않음 • 시스템 복원 시 Windows Update에 의한 변경 사항도 복원됨 • 복원 지점은 시스템에 의해 자동으로 설정되지만, 사용자가 임의로 복원 지점을 설정할 수도 있음
❺ [원격] 탭	원격 지원에 대한 사용 여부 지정

> **개념 플러스** — 시스템 복원이 필요한 경우
> • 새 장치를 설치한 후 시스템이 불안정할 때
> • 로그온 화면이 나타나지 않으며, Windows가 실행되지 않을 때
> • 누락되거나 손상된 데이터 파일을 이전 버전으로 되돌리고자 할 때

Warming UP 기출로 개념 확인

01 또 나올 문제

다음 중 Windows 10에서 [시스템 속성] 대화상자의 [고급] 탭에서 설정 가능한 기능으로 옳지 않은 것은?

① 프로세서 리소스 할당 방법, 가상 메모리의 크기 등을 지정할 수 있다.
② 컴퓨터의 디스크에 대해 시스템 보호를 설정하거나 해제할 수 있다.
③ 사용자 계정과 관련된 바탕 화면 설정과 기타 정보를 확인하고 사용자 유형 변경, 삭제, 복사 등의 작업을 할 수 있다.
④ 시스템에 이상이 있을 경우에 취할 수 있는 방법을 지정할 수 있다.

02

다음 중 Windows 10에서 시스템을 복원해야 하는 시기로 적절하지 않은 것은?

① 새 장치를 설치한 후 시스템이 불안정할 때
② 로그온 화면이 나타나지 않으며, Windows가 실행되지 않을 때
③ 누락되거나 손상된 데이터 파일을 이전 버전으로 되돌리고자 할 때
④ 파일의 단편화를 개선하여 디스크의 접근 속도를 향상시키고자 할 때

03

Windows 10에서 [시스템 속성] 대화상자에 대한 설명으로 옳지 않은 것은?

① [일반] 탭에서 Windows의 버전, CPU의 종류, RAM의 크기를 확인할 수 있다.
② [컴퓨터 이름] 탭에서는 컴퓨터의 이름, 작업 그룹 등을 확인하거나 변경할 수 있다.
③ [시스템 보호] 탭에서는 시스템 복원의 사용 유무 및 시스템 복원에 사용할 디스크 공간을 확인하거나 설정값을 지정할 수 있다.
④ [하드웨어] 탭에서는 [장치 관리자] 항목을 이용하여 시스템에 설치되어 있는 하드웨어의 종류 및 작동 여부를 확인할 수 있다.

바로 보는 해설

01
[시스템 속성] 대화상자-[시스템 보호] 탭에서 시스템을 보호 및 해제할 수 있다.
| 오답 피하기 |
① [시스템 속성] 대화상자-[고급] 탭의 '성능'에서 설정할 수 있다.
③ [시스템 속성] 대화상자-[고급] 탭의 '사용자 프로필'에서 설정할 수 있다.
④ [시스템 속성] 대화상자-[고급] 탭의 '시작 및 복구'에서 설정할 수 있다.

02
단편화는 분산되어 저장된 파일들을 연속된 공간으로 최적화하여 디스크의 접근 속도를 향상시키는 기능으로, '드라이브 조각 모음 및 최적화'로 실행할 수 있다.

03
Windows의 버전, CPU의 종류, RAM의 크기를 확인하려면 [시작()]-[설정]-[시스템]-[정보]를 선택해야 한다.

| 정답 | 01 ② 02 ④ 03 ①

개념끝 013 [설정] 창 – 장치

| 빈출개념 | #[마우스 속성] 대화상자 #[키보드 속성] 대화상자

기출빈도

결정적 힌트

시험에 많이 출제되는 부분은 아니므로 [마우스 속성] 대화상자와 [키보드 속성] 대화상자를 중심으로 가볍게 학습합니다.

01 장치 설정의 구성

Bluetooth 및 기타 디바이스	Bluetooth, 마우스, 키보드, 펜 등의 기타 장치를 추가하거나 제거
프린터 및 스캐너	프린터나 스캐너를 추가하거나 제거
마우스	마우스의 기본 단추, 커서 속도, 스크롤할 양과 줄 수를 선택
입력	추천 단어, 단어 자동 고침, 다국어 텍스트 제안 등을 지정
펜 및 Windows Ink	펜으로 필기하거나 Windows Ink 알아보기를 선택
자동 실행	자동 실행의 기본값을 선택
USB	USB 장치에 연결하는 데 문제가 있으면 알림 설정

▼ [마우스 속성] 대화상자 실행

방법1	[시작(■)]–[설정]–[장치]–[마우스]에서 '추가 마우스 옵션' 선택
방법2	[제어판]–[마우스] 선택

02 [마우스 속성] 대화상자

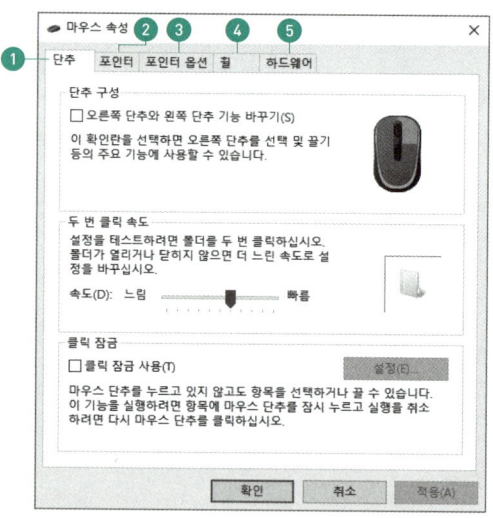

❶ [단추] 탭		오른쪽 단추와 왼쪽 단추 기능 바꾸기, 두 번 클릭 속도, 클릭 잠금 설정
❷ [포인터] 탭		마우스 구성표, 포인터 지정, 포인터 그림자 사용 설정
❸ [포인터 옵션] 탭		포인터 속도 선택, 포인터 자국 표시, 입력할 때는 마우스 숨기기, Ctrl 을 누르면 마우스 위치 표시 설정
❹ [휠] 탭		휠을 한 번 돌리면 스크롤할 양, 휠을 상하로 이동할 때 스크롤할 문자의 수 설정
❺ [하드웨어] 탭		사용하고 있는 마우스 장치의 이름, 종류, 장치 속성 표시

03 [키보드 속성] 대화상자

▼ [키보드 속성] 대화상자 실행

| 방법 | [제어판]-[키보드] 선택 |

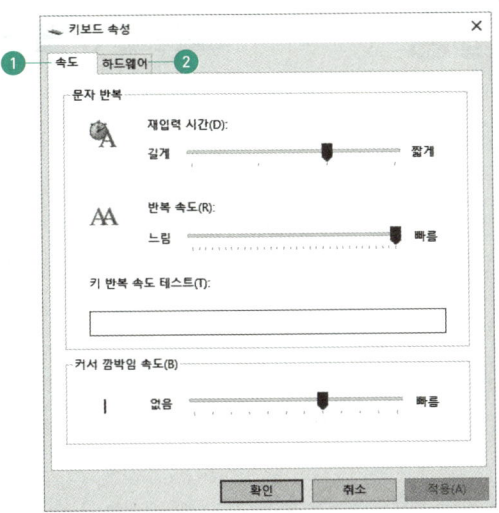

❶ [속도] 탭	• 키 재입력 시간, 키 반복 속도, 커서 깜박임 속도 조절 • 커서의 모양은 설정할 수 없음
❷ [하드웨어] 탭	키보드 장치 선택 및 제조업체, 위치, 장치 상태 확인

Warming UP 기출로 개념 확인

01

다음 중 Windows 10의 [마우스 속성] 창에서 설정 가능한 기능으로 옳지 않은 것은?

① 입력할 때 포인터 숨기기를 할 수 있다.
② [Alt]를 눌러 포인터의 위치를 표시할 수 있다.
③ 포인터 자국의 길이를 조정하여 표시할 수 있다.
④ 포인터의 그림자를 사용할 수 있다.

02

다음 중 Windows 10의 [키보드 속성]에서 설정할 수 있는 것으로 옳지 않은 것은?

① 입력 위치를 표시하는 커서의 모양을 선택할 수 있다.
② 키 반복 속도를 조절할 수 있다.
③ 커서 깜박임 속도를 조절할 수 있다.
④ 키 재입력 시간을 조절할 수 있다.

바로 보는 해설

01
[포인터 옵션] 탭에서 [Ctrl]을 누르면 포인터의 위치를 표시하도록 설정할 수 있다.

02
입력 위치를 표시하는 커서의 모양은 변경할 수 없다.

| 정답 | 01 ② 02 ①

014 [설정] 창 – 개인 설정

| 빈출개념 | #테마 #글꼴

기출빈도

결정적 힌트
비교적 자주 출제되는 부분으로 개인 설정을 통해서 어떤 항목들을 지정할 수 있는지 숙지해 두는 것이 필요합니다.

01 개인 설정의 구성

배경	바탕 화면의 배경 화면을 '사진', '단색', '슬라이드 쇼' 중에서 설정
색	색을 선택하거나 테마 컬러를 선택
잠금 화면	잠금 화면의 배경을 '사진'이나 '슬라이드 쇼' 중에서 설정하거나, 화면 보호기를 설정
테마	테마란 바탕 화면의 배경, 색, 소리, 마우스 커서 등을 하나의 그룹으로 묶어 놓은 것으로, 테마를 선택할 수 있음
글꼴	새로운 글꼴을 추가하거나 사용 가능한 글꼴을 확인하고 제거
시작	시작 화면에 타일, 앱 목록 등을 표시
작업 표시줄	작업 표시줄 잠금, 자동 숨기기, 위치 등을 설정

개인 설정의 실행 방법

방법1	[시작(🪟)]-[설정]-[시스템]-[개인 설정] 선택
방법2	바탕 화면의 바로 가기 메뉴에서 [개인 설정] 선택

02 배경

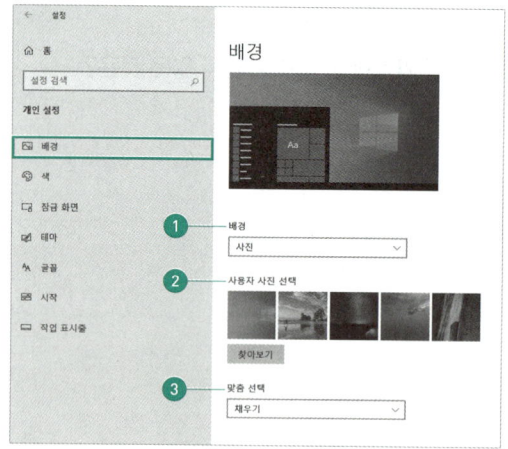

❶ 배경	바탕 화면의 배경 화면을 '사진', '단색', '슬라이드 쇼' 중에서 설정
❷ 사용자 사진 선택	Windows에서 제공하는 이미지나 사용자의 이미지 중에서 선택
❸ 맞춤 선택	배경 이미지의 맞춤 방식을 '채우기', '맞춤', '확대', '바둑판식 배열', '가운데', '스팬' 중에서 선택

03 잠금 화면

잠금 화면이란 일정 시간 키보드나 마우스의 움직임이 없으면 모니터와 화면에 나타난 정보를 보호하기 위해 화면을 잠그는 것이다.

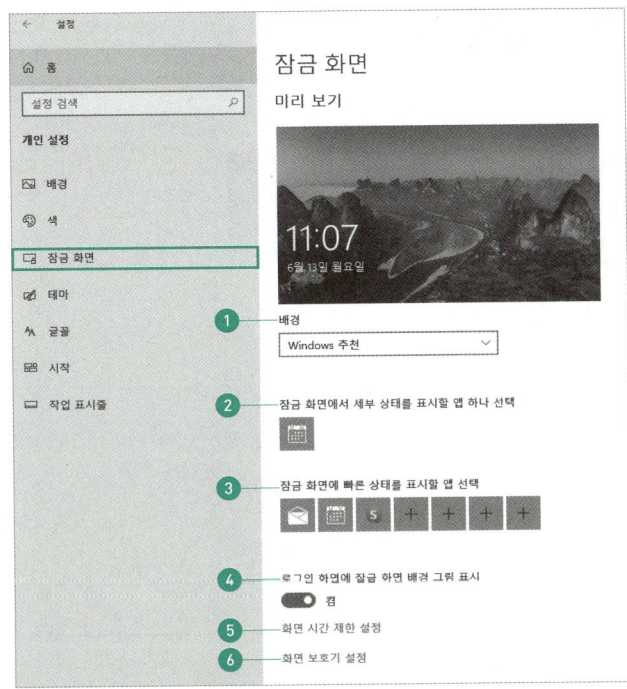

❶ 배경	잠금 화면의 배경을 'Windows 추천', '사진', '슬라이드 쇼' 중에서 설정
❷ 잠금 화면에서 세부 상태를 표시할 앱 하나 선택	잠금 화면에서 세부 메시지를 나타나게 할 앱을 선택
❸ 잠금 화면에 빠른 상태를 표시할 앱 선택	잠금 화면에서 바로 가기 가능한 앱을 선택
❹ 로그인 화면에 잠금 화면 배경 그림 표시	로그인 화면에 잠금 화면 배경 그림을 표시하여 잠금 화면 해제 시 표시되게 하는 기능
❺ 화면 시간 제한 설정	지정한 시간 동안 컴퓨터를 사용하지 않으면 화면을 끄거나 절전 상태로 전환하는 기능
❻ 화면 보호기 설정	지정한 시간 동안 컴퓨터를 사용하지 않으면 화면 보호기를 실행

▼ 화면 보호기
디스플레이가 같은 화면을 오랜 시간 표시할 때 발생되는 번인(Burn-In) 현상을 막기 위해 일정 시간 화면에 변화가 없을 때 화면 보호기를 실행한다.

▼ 바탕 화면 아이콘 설정

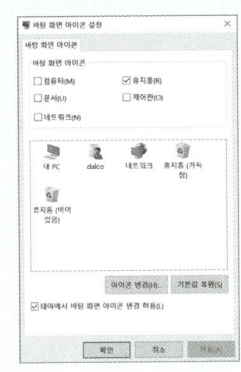

04 테마

- 테마란 바탕 화면의 배경, 색, 소리, 마우스 커서 등을 하나의 그룹으로 묶어 놓은 것이다.
- 기본적으로 제공되는 테마를 변경하거나, Microsoft Store에서 테마를 다운로드받아 설치할 수 있다.
- **바탕 화면 아이콘 설정**: 컴퓨터, 휴지통, 문서, 제어판, 네트워크 등 바탕 화면에 표시되는 아이콘을 변경하거나 삭제된 아이콘을 다시 표시할 수 있다.

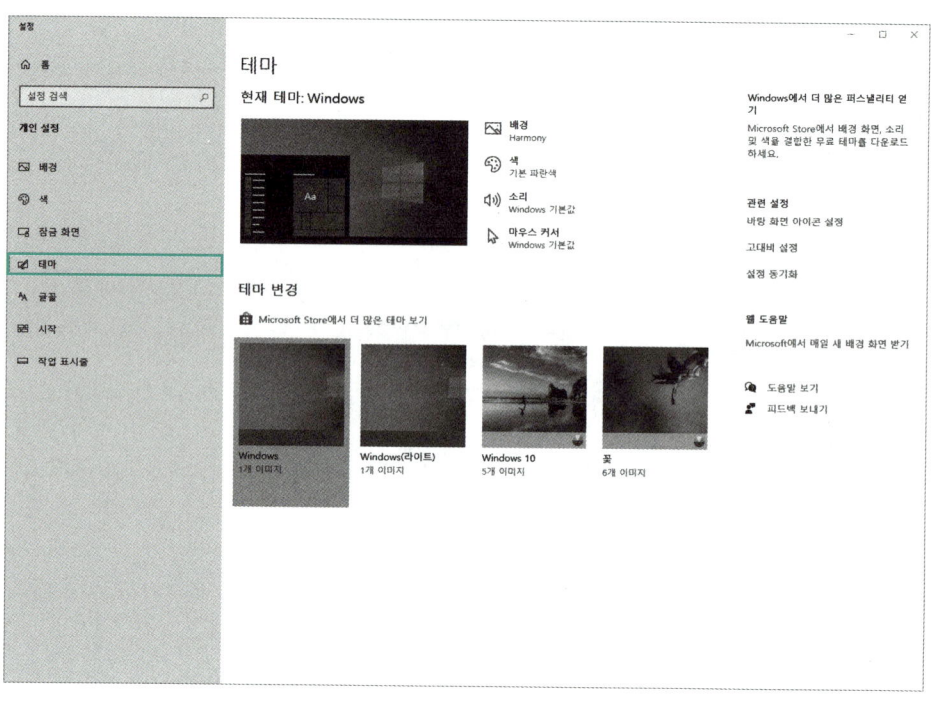

05 글꼴

- 시스템에 새로운 글꼴을 설치하거나 설치된 글꼴을 삭제한다.
- 글꼴 파일의 확장명은 .TTF, .OTF, .FON 등이다.
- 시스템에서 사용하는 글꼴은 'C:\Windows\Fonts' 폴더에 파일 형태로 저장된다.
- TrueType 글꼴과 OpenType 글꼴을 제공하고 앱이나 프린터에서 작동한다.

▼ TrueType 글꼴(TTF)

일반적인 화면용 글꼴로 고해상도 작업이 필요하지 않은 경우에 주로 사용한다.

▼ OpenType 글꼴(OTF)

화면이나 인쇄용 글꼴로 고해상도 작업에 사용한다.

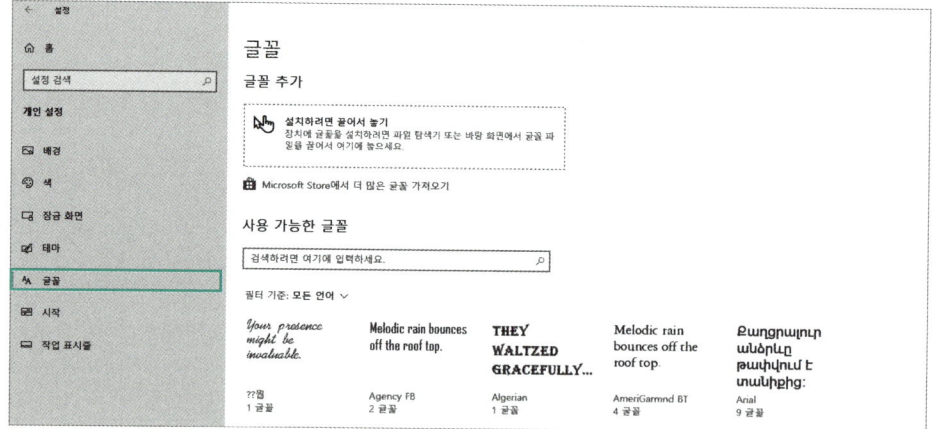

Warming UP 기출로 개념 확인

01 또 나올 문제

다음 중 Windows 10에서 바탕 화면의 바로 가기 메뉴 [개인 설정]을 선택하여 설정할 수 있는 작업에 대한 설명으로 옳지 <u>않은</u> 것은?

① 바탕 화면의 배경, 창 색, 소리 등을 한 번에 변경할 수 있는 테마를 선택할 수 있다.
② 바탕 화면의 배경 이미지를 변경할 수 있다.
③ 바탕 화면에 시계, 일정, 날씨 등과 같은 가젯을 표시하도록 설정할 수 있다.
④ 화면 보호기를 설정할 수 있다.

02

다음 중 Windows 10에서 화면 설정과 관련된 [디스플레이 설정]과 [개인 설정]에 대한 설명으로 옳지 <u>않은</u> 것은?

① [디스플레이 설정]에서 화면 해상도를 설정할 수 있다.
② [디스플레이 설정]에서 화면에 표시되는 텍스트 크기 및 기타 항목을 변경할 수 있다.
③ [개인 설정]에서 디스플레이의 방향을 변경할 수 있다.
④ [개인 설정]에서 바탕 화면 아이콘 변경을 할 수 있다.

03

다음 중 Windows 10의 [글꼴]에 대한 설명으로 옳지 <u>않은</u> 것은?

① 글꼴 파일은 .rtf 또는 .inf의 확장자를 가지고 있다.
② 시스템에서 사용하는 글꼴은 C:\Windows\Fonts 폴더에 파일 형태로 저장되어 있다.
③ TrueType 글꼴과 OpenType 글꼴을 제공하며, 프린터 및 프로그램에서 작동한다.
④ 글꼴에는 기울임꼴, 굵게, 굵게 기울임꼴과 같은 글꼴 스타일이 있다.

바로 보는 해설

01
가젯(Gadget)은 바탕 화면에 시계, 날씨 등을 표시해서 사용하는 단일 목적의 가벼운 응용 프로그램이다. 최근에는 시스템에 침투한 해커가 가젯을 이용하여 컴퓨터를 완전히 제어할 수 있다는 문제가 있어서 Windows 10에서는 보안상 더 이상 가젯을 지원하지 않는다.

02
디스플레이의 방향은 [디스플레이 설정]에서 변경할 수 있다.

03
글꼴 파일은 .TTF, .OTF, .FON 등의 확장자를 가진다.
• .rtf: 마이크로소프트사가 중심이 되어 표준화한 텍스트 문서 파일
• .inf: 드라이버에 대한 정보를 나타내는 파일

| 정답 | 01 ③ 02 ③ 03 ①

개념끝 015 [설정] 창 – 앱

| 빈출개념 | #앱 및 기능

기출빈도

01 앱 설정의 구성

결정적 힌트
Windows 10에서는 프로그램 대신 앱이라는 용어를 주로 사용합니다. 특히 이 부분에서는 이전에 [프로그램 및 기능]에 대한 문제가 많이 출제되었으므로 관련된 부분을 학습하도록 합니다.

앱 및 기능	앱을 가져올 위치, 앱 실행 별칭, 설치된 앱을 수정하거나 제거
기본 앱	메일, 지도, 음악 플레이어, 사진 뷰어, 비디오 플레이어, 웹 브라우저 등의 기본 앱을 설정
오프라인 지도	인터넷에 연결되어 있지 않을 때 사용할 지도 다운로드, 지도 업데이트를 설정
웹 사이트용 앱	웹 사이트용 앱을 켜거나 브라우저에서 열도록 설정
비디오 재생	Windows에서 기본 제공하는 비디오 재생 플랫폼을 사용하는 앱의 비디오 설정을 변경
시작 프로그램	로그인할 때 시작되는 앱 설정

02 앱 및 기능

■ 제어판을 이용한 앱 제거
[제어판] – [프로그램 및 기능]에서 제거할 앱을 선택 → [제거] 또는 [변경] 클릭

컴퓨터에 설치된 앱을 수정하거나 사용하지 않는 앱을 제거하여 하드디스크의 공간을 확보한다.

❶ 앱을 가져올 위치 선택	설치할 앱을 가져올 위치를 지정
❷ 선택적 기능	Windows에서 제공하는 기능을 선택적으로 추가하거나 제거
❸ 앱 실행 별칭	동일한 이름의 앱이 있을 경우 실행할 때 사용할 이름을 선택
❹ 정렬 기준	앱을 정렬 기준에 따라 이름, 크기, 설치 날짜로 정렬
❺ 필터 기준	필터 기준으로는 모든 드라이브, 로컬 디스크(C:), 그 외 디스크로 지정
❻ 프로그램 및 기능	• 새로운 Windows 업데이트를 수행하거나, 설치된 업데이트 내용을 제거하거나 변경 • 시스템에 설치된 프로그램의 목록을 확인 및 제거, 변경할 수 있지만, 새로운 프로그램을 설치할 수 없음 • 설치된 Windows의 기능을 사용 또는 사용 안 함으로 지정

03 기본 앱

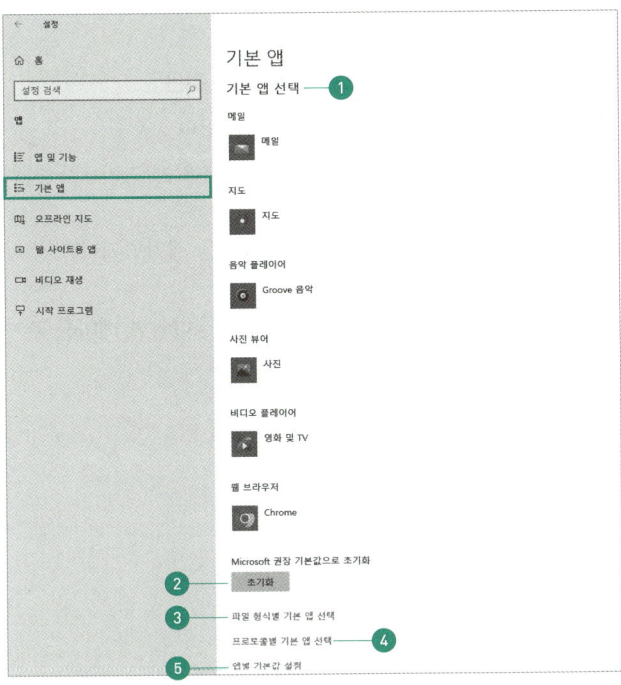

❶ 기본 앱 선택	메일, 지도, 음악 플레이어, 사진 뷰어, 비디오 플레이어, 웹 브라우저 등의 작업을 할 때 사용할 앱을 선택
❷ 초기화	Microsoft 권장 기본값으로 초기화
❸ 파일 형식별 기본 앱 선택	파일 확장명에 따라 사용할 기본 앱을 선택
❹ 프로토콜별 기본 앱 선택	프로토콜에 따라 사용할 기본 앱을 선택
❺ 앱별 기본값 설정	앱에서 사용할 파일 확장명을 선택

04 시작 프로그램

로그인할 때 자동으로 시작되는 앱을 설정한다.

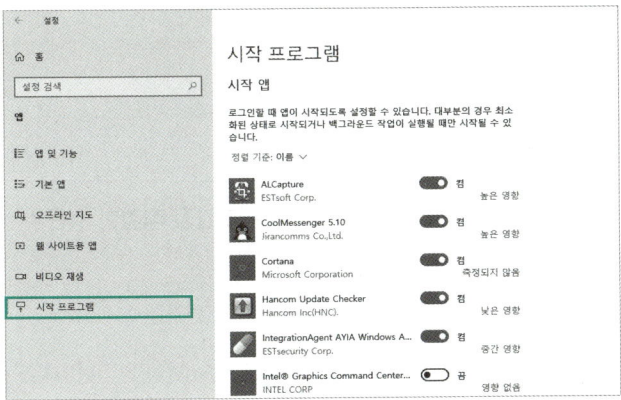

바로 보는 해설

01
테마는 [시작(■)]-[설정]-[개인 설정]을 선택하거나, Windows 바탕 화면의 바로 가기 메뉴에서 [개인 설정]을 선택한 후 [테마]에서 추가할 수 있다.

02
[앱 및 기능]을 이용하여 앱을 제거 또는 변경할 수 있지만, 삭제된 앱을 복원할 수는 없다.

03
[시작(■)]-[설정]-[앱]-[앱 및 기능]을 사용하여 설치된 앱을 확인하고 제거하거나 변경할 수 있다.

| 정답 | 01 ④ 02 ① 03 ④

Warming UP 기출로 개념 확인

01

다음 중 Windows 10의 [프로그램 및 기능]에 대한 설명으로 옳지 <u>않은</u> 것은?

① Windows에 설치되어 있는 응용 프로그램을 변경하거나 제거할 수 있다.
② 게임, 인쇄 및 문서 서비스, 인터넷 정보 서비스 등 Windows 10에 포함되어 있는 다양한 기능의 사용 여부를 선택할 수 있다.
③ 설치된 업데이트를 확인할 수 있으며, 업데이트 목록에서 업데이트를 제거하거나 변경할 수 있다.
④ [온라인으로 추가 테마 보기]를 선택하여 마이크로소프트에서 제공하는 다양한 테마를 추가 설치할 수 있다.

02

다음 중 Windows 10의 [설정]-[앱]에서 할 수 있는 작업에 대한 설명으로 옳지 <u>않은</u> 것은?

① [앱 및 기능]을 이용하여 앱을 제거할 수 있으며, 삭제된 앱 파일을 복원할 수도 있다.
② [시작 프로그램]은 로그인할 때 자동으로 실행될 앱을 설정할 수 있다.
③ [비디오 재생]을 이용하여 Windows의 기본 비디오 재생 플랫폼을 사용하는 앱의 비디오 설정을 변경할 수 있다.
④ [기본 앱]을 이용하면 웹 브라우저나 메일 등의 작업에 사용할 기본 앱을 설정할 수 있다.

03

다음 중 Windows 10의 [설정]-[앱]-[앱 및 기능]을 사용하는 이유로 가장 적절한 것은?

① 저작권에 의한 사용료를 지불하기 위하여
② 다른 사용자의 앱을 임의로 사용하는 것을 막기 위하여
③ 컴퓨터 바이러스를 예방하기 위하여
④ 컴퓨터에 설치된 앱을 제거하거나 변경하기 위하여

| 빈출개념 | #계정 유형

개념끝 016 [설정] 창 – 계정

기출빈도
A – B – C – D

01 계정 설정의 구성

사용자 계정의 사진 변경, 계정 유형 변경, 다른 계정 관리, 사용자 계정 컨트롤 설정 등을 변경할 수 있다.

사용자 정보	로그인된 사용자의 사진, 이름, 계정 유형 등을 표시
이메일 및 계정	이메일, 일정, 연락처에서 사용할 계정과 앱에서 사용할 계정을 추가
로그인 옵션	• 장치에 로그인하는 방법을 설정하거나 Windows를 사용하지 않을 경우 다시 로그인하는 시간을 설정 • Windows Hello 얼굴: PC의 적외선 카메라 또는 외부 적외선 카메라로 얼굴 인식 로그인을 설정 • Windows Hello 지문: 지문 판독기로 로그인을 설정 • Windows Hello PIN: PIN으로 로그인을 설정 • 보안키: 물리적 보안키로 로그인을 설정 • 비밀번호 • 사진 암호
회사 또는 학교 액세스	회사나 학교의 메일, 앱, 네트워크 등의 리소스에 액세스
가족 및 다른 사용자	• 가족 구성원을 추가 • 자녀가 적절한 웹 사이트, 시간 제한, 앱 및 게임을 사용하도록 설정 • 가족 구성원이 아닌 다른 사용자가 자신의 계정으로 로그인하도록 허용
설정 동기화	기타 장치와 설정을 동기화

> **결정적 힌트**
> Windows 10에서는 여러 사용자가 한 대의 컴퓨터로 자신의 작업 영역을 사용할 수 있습니다. 특히 관리자 계정과 표준 계정은 어떤 차이가 있는지 잘 알아두도록 합니다.

02 계정 유형

관리자 계정	• 소프트웨어나 하드웨어를 설치할 수 있고 모든 파일에 액세스할 수 있음 • 다른 계정의 계정 유형, 계정 이름, 암호를 변경, 다른 계정의 컴퓨터 사용 시간을 제어할 수 있음 • 컴퓨터 보안에 영향을 주는 설정을 변경할 수 있음 • 다른 계정의 등급 및 콘텐츠, 제목별로 게임을 제어할 수 있음
표준 계정	• 소프트웨어 및 하드웨어를 설치하거나 제거할 수 없고, 설치된 앱은 실행할 수 있음 • 자신의 계정에 대한 암호를 설정할 수 있음 • 다른 사용자나 컴퓨터 보안에 영향을 주는 설정은 할 수 없음

03 사용자 계정 컨트롤(UAC; User Account Control)

Windows에서 유해한 앱이나 불법 사용자가 컴퓨터 설정을 임의로 변경하려는 경우 이를 사용자에게 알려 컴퓨터를 제어할 수 있도록 도와주는 기능이다.

| 실행 방법

방법	검색 상자에 '사용자 계정 컨트롤' 입력 후 Enter

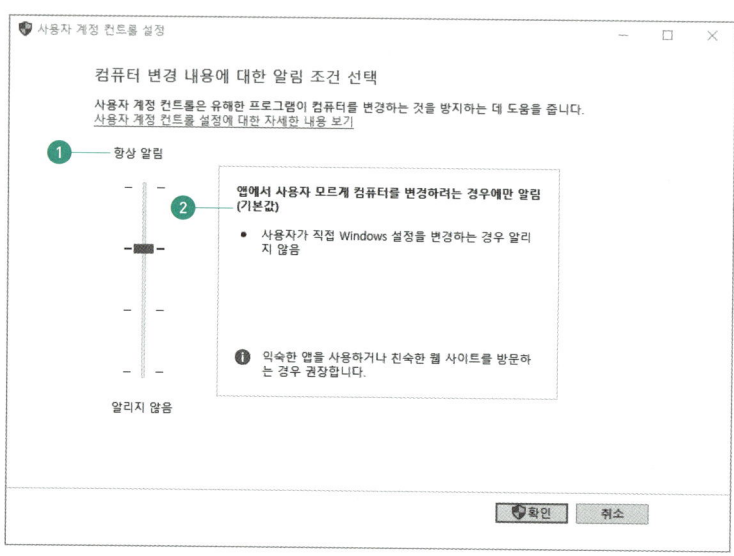

❶ 항상 알림	앱에서 관리자 수준 권한이 필요한 컴퓨터 변경 작업을 수행하거나 사용자가 직접 Windows 설정을 변경할 때 알림이 표시됨
❷ 기본값	앱에서 사용자 모르게 컴퓨터를 변경하려는 경우에만 알림이 표시되며, 사용자가 직접 Windows 설정을 변경하는 경우에는 알림이 표시되지 않음

Warming UP 기출로 개념 확인

01 다음 중 Windows 10에서 [설정]-[계정]에 대한 설명으로 옳지 <u>않은</u> 것은?

① 공용 컴퓨터의 경우 계정을 추가하여 바탕 화면, 폴더, 파일 등을 독립적으로 사용할 수 있다.
② 새로운 사용자 계정을 추가하거나, 사용하지 않는 사용자 계정을 삭제할 수 있다.
③ 관리자 계정은 다른 사용자 계정의 이름, 그림, 암호 및 계정 유형을 변경할 수 있다.
④ 표준 사용자 계정은 소프트웨어나 하드웨어 설치 및 보안 설정 등을 수행할 수 있다.

02 다음 중 컴퓨터 변경 내용에 대한 알림 조건을 선택할 수 있는 사용자 계정 컨트롤(UAC) 설정에 대한 설명으로 옳지 <u>않은</u> 것은?

① 유해한 앱이나 불법 사용자가 컴퓨터 설정을 임의로 변경하지 못하도록 제어하는 기능이다.
② 표준 사용자 계정에서는 [사용자 계정 컨트롤 설정] 창에서 관리자 계정의 암호를 입력해야 UAC의 알림 빈도를 제어할 수 있다.
③ UAC를 '항상 알림'으로 설정하는 것이 가장 안전한 설정이며, 프로그램에서 관리자 수준 권한이 필요한 컴퓨터 변경 작업을 수행하거나 사용자가 직접 Windows 설정을 변경할 때 알림이 표시된다.
④ UAC를 기본값으로 설정하는 경우 프로그램에서 사용자 모르게 컴퓨터를 변경하려는 경우에만 알림이 표시되며, 사용자가 직접 Windows 설정을 변경하는 경우에는 알림이 표시되지 않는다.

03 또 나올 문제

다음 중 Windows 10에서 [표준 사용자 계정]의 권한을 가진 사용자가 할 수 있는 작업으로 옳은 것은?

① 앱 및 하드웨어의 설치
② 시스템 전체 단위로 변경
③ 다른 사용자의 계정 변경
④ 사용자 고유의 그림 변경

바로 보는 해설

01
표준 사용자 계정은 소프트웨어나 하드웨어 설치, 다른 사용자나 컴퓨터 보안에 영향을 주는 설정은 할 수 없다. 하지만 관리자 계정은 소프트웨어나 하드웨어를 설치하고 모든 파일에 액세스할 수 있으며, 다른 사용자 계정도 변경이 가능하다.

02
UAC(User Account Control)의 알림 빈도는 관리자 계정에서만 제어할 수 있다.

03
표준 사용자 계정은 앱이나 하드웨어를 설치할 수 없고 다른 사용자나 컴퓨터 보안에 영향을 주는 설정은 할 수 없다.

| 정답 | 01 ④ 02 ② 03 ④

개념끝 017 [설정] 창 – 접근성

| 빈출개념 | #접근성 설정의 주요 항목

기출빈도

결정적 힌트

접근성 설정은 신체가 불편한 사용자들이 편리하게 컴퓨터에 접근할 수 있는 기능을 제공합니다. 항목에 따라 어떤 사용자들을 위한 기능인지 구분하여 학습해야 합니다.

01 접근성 설정의 구성

신체적으로 시각장애나 청각장애가 있는 사용자들을 위해서 다양한 기능을 제공하여 컴퓨터를 편리하게 사용할 수 있도록 도와주는 기능이다.

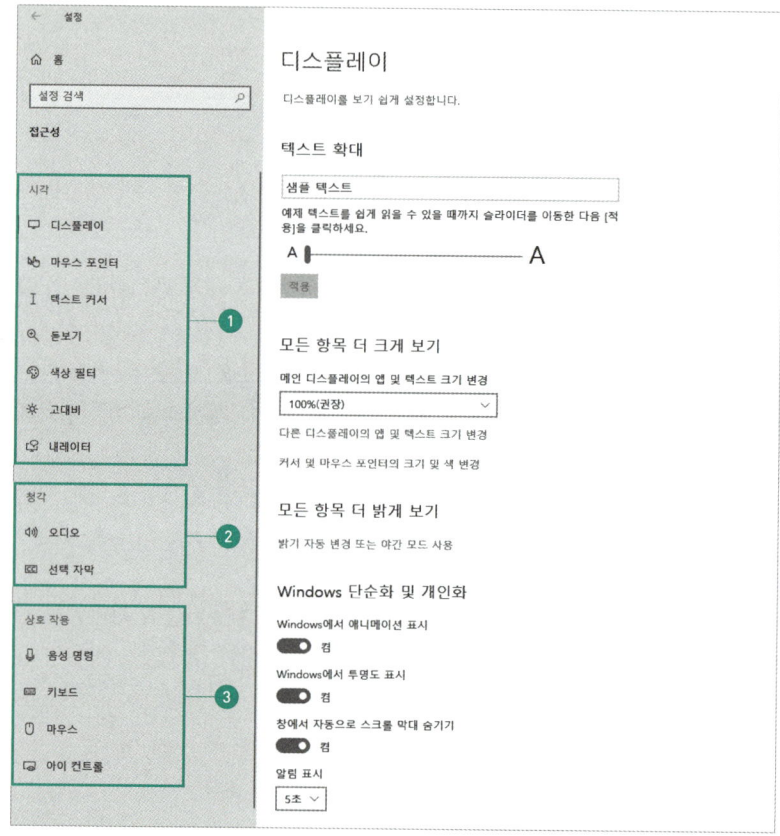

❶ 시각	시각이 불편한 사용자를 위해 디스플레이, 마우스 포인터, 텍스트 커서, 돋보기, 색상 필터, 고대비, 내레이터 등을 설정
❷ 청각	청각이 불편한 사용자를 위해 오디오, 선택 자막 등을 설정
❸ 상호 작용	마우스나 키보드를 사용할 수 없는 경우를 위해 음성 명령, 키보드, 마우스, 아이 컨트롤 등을 설정

02 접근성 설정의 주요 항목

- 돋보기: 화면에서 원하는 영역을 확대하여 크게 표시할 수 있다.
- 고대비: 화면에서 텍스트와 이미지를 더 뚜렷하고 쉽게 식별할 수 있다.
- 내레이터: 화면의 모든 텍스트를 소리 내 읽어주도록 설정할 수 있다.
- 키보드
  - 화상 키보드: 키보드가 없어도 입력 가능한 화상 키보드를 표시할 수 있다.
  - 고정 키: 동시에 두 개의 키를 누르기 어려운 경우 특정 키를 고정하여 하나의 키만으로 바로 가기 키를 사용할 수 있다.
  - 토글 키: Caps Lock, Num Lock, Scroll Lock 을 누를 때 신호음이 나도록 지정할 수 있다.
  - 필터 키: 사용자가 짧게 누르거나 반복적으로 누르는 것을 무시하거나 키보드의 반복 속도를 변경할 수 있다.

▼ 토글 키
- Caps Lock: 영문 대/소문자 전환
- Num Lock: 숫자 키/방향 키 전환
- Scroll Lock: 화면의 이동을 설정

Warming UP 기출로 개념 확인

바로 보는 해설

01
Windows 10의 [설정]-[접근성]에서 설정할 수 있는 기능에 대한 설명으로 옳지 <u>않은</u> 것은?

① [필터 키] 기능을 사용하면 너무 짧게 누르거나 반복한 키 입력을 자동으로 무시할 수 있으며 반복 속도도 조정할 수 있다.
② [토글 키] 기능을 사용하면 키보드의 숫자 키패드로 마우스 포인터를 사용할 수 있다.
③ [고대비] 기능을 사용하여 읽기 쉽게 구성된 색상 및 글꼴을 사용할 수 있다.
④ [내레이터] 기능을 사용하여 화면의 모든 텍스트를 소리 내 읽어주도록 설정한다.

01
[토글 키] 기능을 사용하여 Caps Lock, Num Lock, Scroll Lock 을 누를 때 신호음이 나도록 지정한다.

02 (또 나올 문제)
다음 중 Windows 10의 [설정]-[접근성]에서 설정할 수 있는 기능으로 옳지 <u>않은</u> 것은?

① [돋보기]를 실행하여 화면의 항목을 더 크게 표시할 수 있다.
② [가족 및 다른 사용자]는 자녀가 컴퓨터를 사용할 수 있는 시간, 실행할 수 있는 게임 유형 및 실행할 수 있는 앱을 제한할 수 있다.
③ [화상 키보드]를 실행하여 실제 키보드를 사용하는 대신 화상 키보드를 사용하여 데이터를 입력할 수 있다.
④ [고대비 설정]으로 화면에서 텍스트와 이미지가 보다 뚜렷하고 쉽게 식별되도록 할 수 있다.

02
[가족 및 다른 사용자]는 [시작(⊞)]-[설정]-[계정]-[가족 및 다른 사용자]에서 설정할 수 있다.

03
장애인이 컴퓨터를 사용하는 데 도움을 주기 위한 기능이 <u>아닌</u> 것은?

① 고정 키, 필터 키, 토글 키 기능을 설정
② 시스템의 신호음을 시각적으로 표시하는 탐지 기능 설정
③ 키보드나 마우스를 사용할 수 없는 경우에 내레이터 기능 설정
④ 숫자 키패드를 사용하여 마우스 포인터를 움직일 수 있도록 마우스 키 사용 기능 설정

03
마우스나 키보드를 사용할 수 없는 경우를 위해 음성 명령, 키보드, 마우스, 아이 컨트롤 등을 설정한다.

| 정답 | 01 ②   02 ②   03 ③

018 [설정] 창 – 업데이트 및 보안

빈출개념 | #백업

기출빈도 A · B · C · **D**

결정적 힌트

보안에 관련된 많은 사고가 발생하고 있으므로 Windows 10을 항상 새로운 상태로 유지하며, 위험에 대비하여 백업을 실행하는 것은 매우 중요합니다. 각 항목이 어떤 기능을 수행하는지 알아두는 것이 필요합니다.

■ **BitLocker**
마이크로소프트 Windows Vista, Windows Server 2008, Windows 7, Windows 8, Windows 8.1, Windows 10 운영체제에 포함된 완전한 디스크 암호화 기능이다.

01 업데이트 및 보안 설정의 구성

Windows 업데이트	Windows 업데이트를 확인하고 최신 버전으로 업데이트를 수행
Windows 보안	바이러스 및 위협 방지, 계정 보호, 방화벽 및 네트워크 보호 등을 설정
백업	파일을 백업하거나 Windows 7의 백업 및 복원으로 이동
문제 해결	장치에 문제가 발생하는 경우 문제 해결사를 실행
복구	PC가 제대로 실행되지 않는 경우 초기화

02 Windows 보안

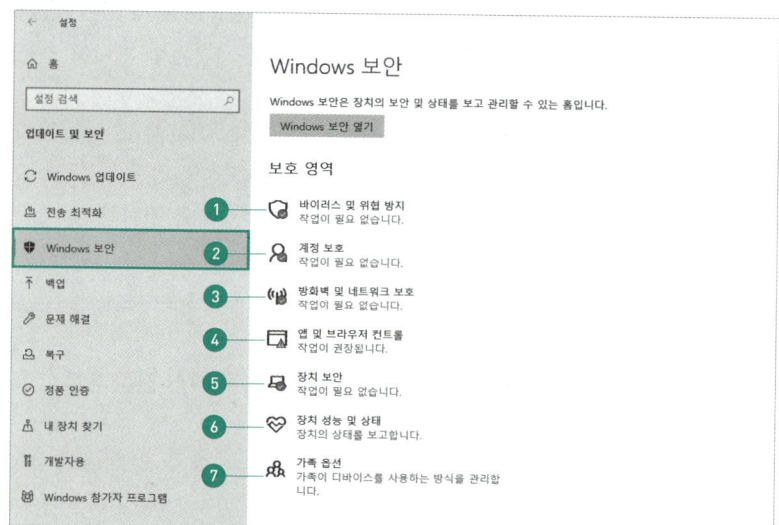

❶ 바이러스 및 위협 방지	Windows Defender 바이러스 백신의 사용 여부를 지정하거나 다른 백신 앱 설정
❷ 계정 보호	Microsoft 계정을 확인하고 로그인 옵션 설정
❸ 방화벽 및 네트워크 보호	Windows Defender 방화벽 설정
❹ 앱 및 브라우저 컨트롤	Windows Defender SmartScreen 설정
❺ 장치 보안	장치에 기본적으로 제공되는 보안 설정
❻ 장치 성능 및 상태	장치의 상태 보고
❼ 가족 옵션	온라인에서 자녀를 보호하고 가족 디바이스의 상태 및 안정성 확인

▼ **Windows Defender**
Windows 10에서 기본적으로 제공하는 소프트웨어로 외부의 위협으로부터 컴퓨터를 보호한다.

▼ **Windows Defender SmartScreen**
특정한 앱이나 사이트에 접속할 때 파일 다운로드, 불법적인 경로 등을 미리 경고해주는 보안 시스템이다.

03 백업

- 백업은 원본 데이터의 손실에 대비하여 중요한 데이터를 하나 더 저장하는 기능이다.
- 파일 히스토리를 사용하여 외장 드라이브나 네트워크 위치에 백업한다.
- 여러 파일이 백업된 경우 원하는 파일을 선택하여 복원할 수 있다.
- 특정 시간에 백업할 수 있도록 백업 주기를 지정할 수 있다.
- 백업 파일을 복원할 경우 복원 위치를 지정할 수 있다.

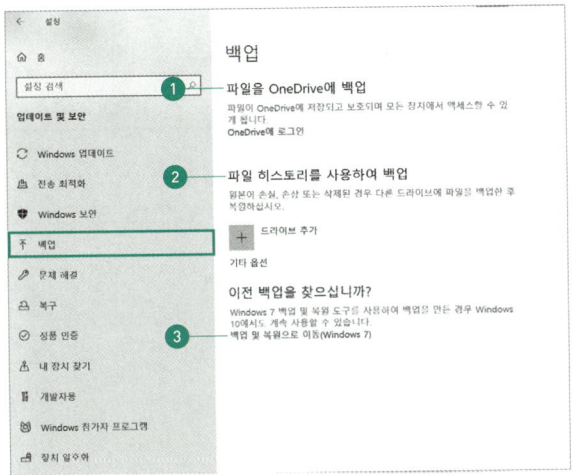

❶ 파일을 OneDrive에 백업	파일을 OneDrive에 저장하고 보호
❷ 파일 히스토리를 사용하여 백업	다른 드라이브에 파일을 백업한 후 복원
❸ 백업 및 복원으로 이동	Windows 7의 백업 및 복원 도구로 이동

Warming UP 기출로 개념 확인

01

다음 중 Windows 10 운영체제에서의 백업과 복원에 대한 설명으로 옳지 <u>않은</u> 것은?

① 특정 시간에 백업할 수 있도록 백업 주기를 지정할 수 있다.
② 백업 데이터가 저장될 드라이브를 지정할 수 있다.
③ 백업 파일을 복원할 경우 복원 위치를 지정할 수 있다.
④ 여러 파일이 백업되어 있는 경우 원하는 파일을 선택하여 복원할 수 없다.

02

다음 중 Windows 10에서 [Windows 업데이트] 기능에 대한 설명으로 옳지 <u>않은</u> 것은?

① Windows 최신 버전을 다운로드 및 설치할 수 있다.
② 업데이트 기록을 보고 업데이트를 제거할 수 있다.
③ 바이러스 백신 소프트웨어의 업데이트를 할 수 있다.
④ 7일 동안 업데이트를 일시 중지할 수 있다.

바로 보는 해설

01
백업과 복원은 원본 데이터의 손실에 대비하여 중요한 데이터를 하나 더 저장하는 기능으로, 여러 파일이 백업된 경우에는 원하는 파일을 선택하여 복원할 수 있다.

02
[Windows 업데이트]는 Windows 업데이트를 확인하고 최신 버전으로 업데이트를 수행하지만, 바이러스 백신 소프트웨어의 업데이트를 할 수는 없다.

| 정답 | 01 ④ 02 ③

개념끝 019 관리 도구

| 빈출개념 | #디스크 관리 #이벤트 뷰어 #포맷

기출빈도

> **결정적 힌트**
> 관리 도구와 레지스트리는 Windows 10의 고급 기능으로 좀 어려운 개념이지만 1급에서는 가끔 출제되고 있으므로 정확하게 개념을 이해하는 것이 필요합니다.

01 관리 도구의 개요

Windows 관리를 위한 도구로, 시스템 관리자 및 고급 사용자용 도구가 포함된다.

| 실행 방법

방법1	[제어판]-[시스템 및 보안]-[관리 도구] 선택
방법2	검색 상자에 '관리 도구' 입력 후 Enter

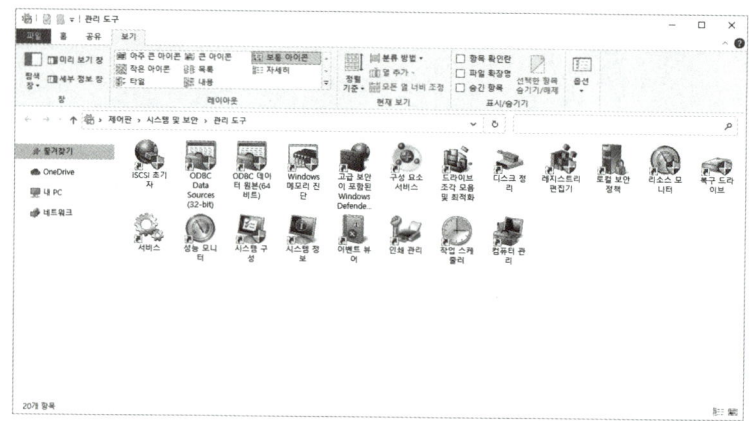

02 컴퓨터 관리

- [컴퓨터 관리]-[디스크 관리]: 볼륨 확장 및 축소·삭제, 드라이브 문자 변경, 포맷 실행 등을 할 수 있다.

▼ 포맷(Format)
- 하드디스크의 트랙 및 섹터를 초기화하는 작업이다.
- 포맷을 실행하면 디스크의 모든 데이터가 삭제된다.
- 포맷 창 설정 가능 항목: 파일 시스템 선택, 할당 단위 크기, 볼륨 레이블 입력, 빠른 포맷 설정

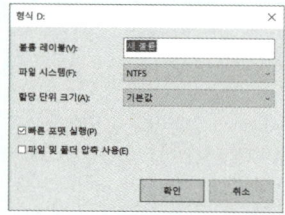

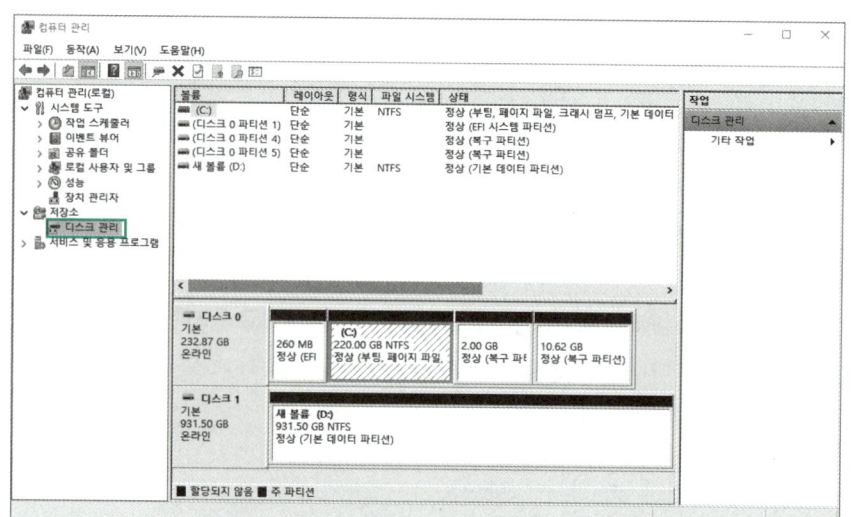

- [이벤트 뷰어]: [보기]-[분석 및 디버그 로그 표시] 메뉴를 선택하여 분석 및 디버그 로그를 표시할 수 있다.

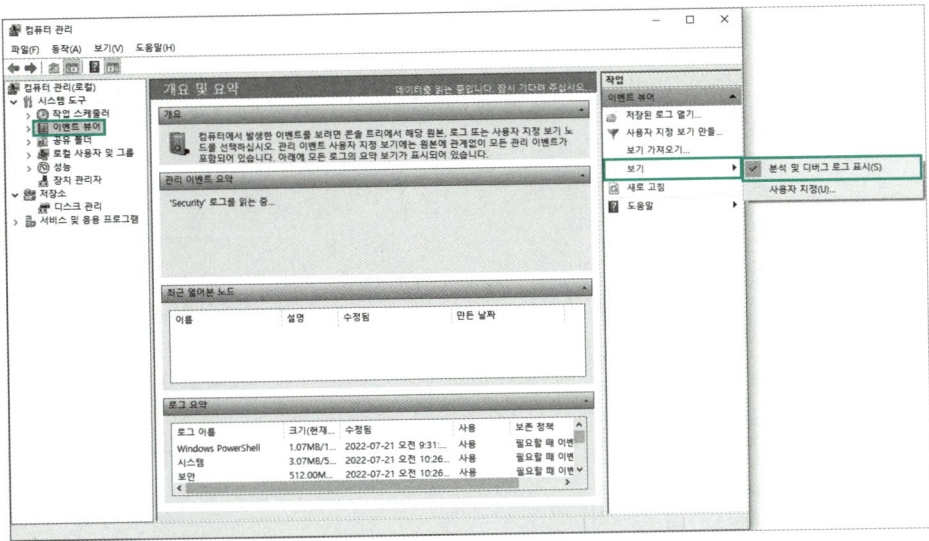

■ [관리 도구]-[시스템 정보]에서 확인할 수 있는 내용

- **시스템 요약**: 시스템 이름 및 제조업체, 시스템에서 사용하는 BIOS 유형, 설치된 메모리 용량 등 시스템 및 운영체제에 대한 일반 정보가 표시된다.
- **하드웨어 리소스**: 컴퓨터 하드웨어에 대한 IT 전문가용 고급 정보가 표시된다.
- **구성 요소**: CPU를 제외한 네트워크, 포트, 저장소, 인쇄 등의 구성에 대한 정보가 표시된다.
- **소프트웨어 환경**: 드라이버, 네트워크 연결 및 기타 프로그램 관련 정보가 표시된다.

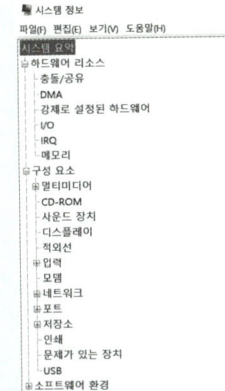

03 레지스트리

- 컴퓨터 구성에 대한 정보가 저장되어 있으며, 시스템의 모든 하드웨어와 소프트웨어의 실행 정보를 관리하는 계층적 데이터베이스이다.

| 실행 방법

방법1	[제어판]-[시스템 및 보안]-[관리 도구]-[레지스트리 편집기] 선택
방법2	검색 상자에 '레지스트리 편집기' 또는 'regedit' 입력 후 Enter

- 각 사용자의 프로필과 시스템 하드웨어, 설치된 프로그램 및 속성 설정에 대한 정보가 포함된다.
- 레지스트리 정보는 Windows가 작동하는 동안 계속 참조된다.
- 레지스트리가 손상되면 Windows에 치명적인 손상을 줄 수 있으므로 편집하기 전에 반드시 백업이 필요하다.
- 레지스트리가 손상된 경우 마지막으로 컴퓨터를 성공적으로 시작했을 때 사용한 레지스트리 버전으로 복원할 수 있다.
- 사용자 프로필과 관련된 부분은 'ntuser.dat'에 저장된다.

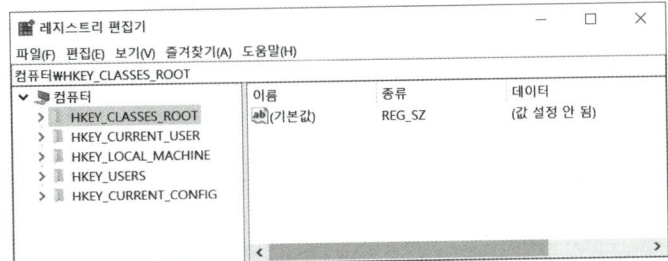

바로 보는 해설

01
[제어판]-[시스템 및 보안]-[관리 도구]를 선택하고 [관리 도구] 창에서 [이벤트 뷰어]를 더블클릭하여 [이벤트 뷰어] 창을 열면 분석 및 디버그 로그를 확인할 수 있다.

02
Windows 10에 탑재된 레지스트리 편집기는 'regedit.exe'이다.

03
레지스트리를 변경하여 컴퓨터 시스템에 손상이 발생할 경우, 컴퓨터를 성공적으로 시작했을 때 사용한 레지스트리 버전으로 복원할 수 있다.

| 정답 | 01 ④ 02 ③ 03 ③

Warming UP 기출로 개념 확인

01

다음 중 Windows 10의 [관리 도구] 중 [컴퓨터 관리]에서 수행 가능한 [디스크 관리] 작업에 해당하지 <u>않는</u> 것은?

① 볼륨을 확장하거나 축소할 수 있다.
② 드라이브 문자를 변경할 수 있다.
③ 포맷을 실행할 수 있다.
④ 분석 및 디버그 로그를 표시할 수 있다.

02

다음 중 Windows 10의 레지스트리에 대한 설명으로 옳지 <u>않은</u> 것은?

① 컴퓨터에 설치된 모든 하드웨어와 소프트웨어의 실행 정보를 관리하는 데이터베이스이다.
② 레지스트리 정보는 Windows가 작동하는 동안 지속적으로 참조된다.
③ Windows 10에 탑재된 레지스트리 편집기는 'reg.exe'이다.
④ 레지스트리에 문제가 발생하면 시스템 부팅이 안 될 수도 있다.

03

다음 중 Windows 10 운영체제의 모든 구성 데이터의 중앙 저장소라고 할 수 있는 레지스트리에 대한 설명으로 가장 옳지 <u>않은</u> 것은?

① 레지스트리 편집기를 사용하여 레지스트리를 잘못 변경하면 시스템을 손상시킬 수 있으므로 중요한 정보를 모두 백업한 후 레지스트리를 변경하는 것이 좋다.
② 레지스트리에는 각 사용자의 프로필과 시스템 하드웨어, 설치된 프로그램 및 속성 설정에 대한 정보가 들어있다.
③ 시스템이 손상되더라도 레지스트리를 복구하거나 마지막으로 컴퓨터를 성공적으로 시작했을 때 사용한 레지스트리 버전으로 복원할 수 없다.
④ 레지스트리 편집기를 사용하면 컴퓨터 실행 방법에 대한 정보가 들어있는 시스템 레지스트리의 설정을 검색하고 변경할 수 있다.

| 빈출개념 | #안전 부팅

개념끝 020 시스템 구성

기출빈도

01 시스템 구성의 개요

Windows 부팅에 문제가 있을 때 문제를 식별하도록 도와주는 고급 도구이다.

| 실행 방법

| 방법 | 검색 상자에 '시스템 구성' 또는 'msconfig' 입력 후 Enter |

↙ 결정적 힌트

시스템 구성은 Windows 10의 고급 기능으로 어려운 개념이지만 출제된 적이 있으므로 부팅과 관련하여 각 항목을 정확히 이해하도록 합니다.

02 시작 모드 선택

[일반] 탭에서 시작 모드를 선택할 수 있다.

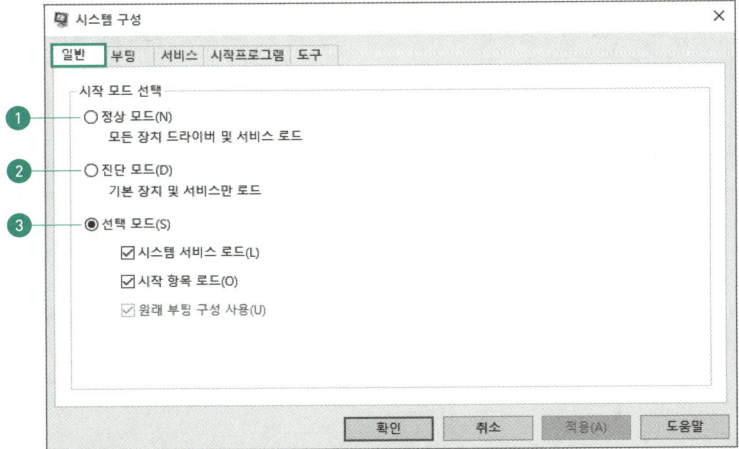

❶ 정상 모드	모든 장치 드라이버 및 서비스 로드
❷ 진단 모드	기본 장치 및 서비스만 로드
❸ 선택 모드	시스템 서비스 로드, 시작 항목 로드, 원래 부팅 구성 사용

03 안전 부팅

- 중요한 시스템 서비스만 실행되는 안전 모드로, Windows를 시작하고 네트워킹은 사용할 수 없다.
- [부팅] 탭에서 [부팅 옵션]의 [안전 부팅]을 선택한다.
- 컴퓨터에서 예기치 않은 문제가 발생했을 때 안전 모드로 부팅하여 문제점을 찾을 수 있다.

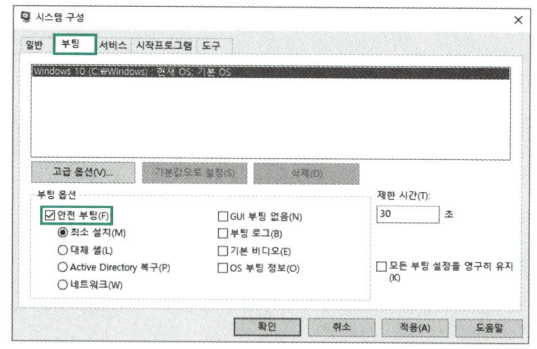

04 멀티 부팅(Multi-booting)

- 컴퓨터를 시작할 때 실행할 Windows의 버전을 선택하는 기능이다.
- 새 버전의 Windows를 별도의 파티션에 설치하고 이전 버전의 Windows를 컴퓨터에 유지할 수 있게 하는 기능이다.
- 멀티 부팅을 하려면 컴퓨터의 하드디스크에 각 운영체제에 사용할 개별 파티션이 필요하다.
- [설정]-[시스템]-[고급 시스템 설정]을 선택하고 [시스템 속성] 대화상자의 [고급] 탭에서 [시작 및 복구]의 [설정] 단추를 클릭한다.
- [시작 및 복구] 대화상자에서 '기본 운영 체제'와 '운영 체제 목록을 표시할 시간', '필요할 때 복구 옵션을 표시할 시간' 등을 설정할 수 있다.

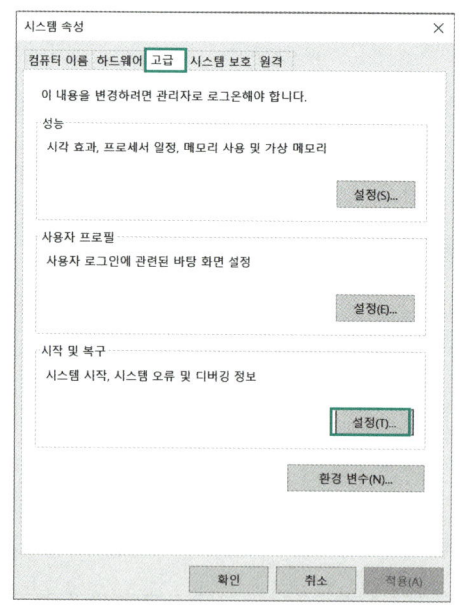
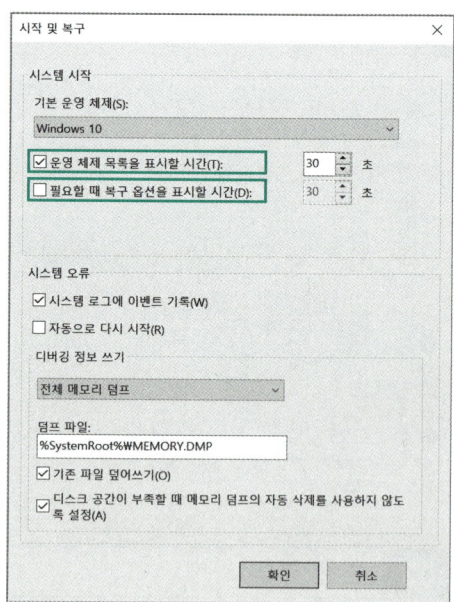

 기출로 개념 확인

01

다음 중 Windows 10의 [시스템 구성]에 대한 설명으로 옳지 <u>않은</u> 것은?

① Windows가 제대로 시작되지 않는 문제를 식별하도록 도와주는 고급 도구이다.
② 시작 모드 선택에서 '선택 모드'는 기본 장치 및 서비스로만 Windows를 시작하여 발생된 문제를 진단하는 데 유용하다.
③ 한 번에 하나씩 공용 서비스 및 시작 프로그램을 끈 상태에서 Windows를 재시작한 후 다시 켤 때 문제가 발생하면 해당 서비스가 문제의 원인임을 알 수 있다.
④ 부팅 옵션 중 '안전 부팅'의 '최소 설치'를 선택하면 중요한 시스템 서비스만 실행되는 안전 모드로 Windows를 시작하며, 네트워킹은 사용할 수 없다.

바로 보는 해설

01
Windows를 시작하여 발생된 문제를 진단하는 기능은 '진단 모드'이고, '선택 모드'는 시스템 서비스 로드, 시작 항목 로드, 원래 부팅 구성에 사용한다. 검색 상자에 'msconfig'를 입력하여 [시스템 구성] 대화상자를 열고 [일반] 탭에서 확인할 수 있다.

02

다음 중 Windows 10의 멀티 부팅 기능에 대한 설명으로 옳지 <u>않은</u> 것은?

① 컴퓨터의 디스크 공간이 충분한 경우 새 버전의 Windows를 별도의 파티션에 설치하고, 이전 버전의 Windows를 컴퓨터에 유지할 수 있게 하는 기능이다.
② 멀티 부팅을 위해서는 컴퓨터의 하드디스크에 각 운영체제에 사용할 개별 파티션이 필요하다.
③ 멀티 부팅은 두 개의 Windows 중에서 최신 버전을 먼저 설치하고, 이전 버전을 다음에 설치해야 정상적으로 부팅된다.
④ 컴퓨터를 시작할 때마다 실행할 Windows 버전을 선택할 수 있다.

02
멀티 부팅은 Windows 버전에 관계없으나, 일반적으로 이전 버전을 먼저 설치하고 최신 버전을 설치한다.

| 정답 | 01 ② 02 ③

CHAPTER 2 Windows 10의 고급 기능

기출선지 OX 퀴즈

01 Windows 10의 설정에서 시각장애가 있는 사용자가 컴퓨터를 사용하기에 편리하도록 설정할 수 있는 항목은 [접근성]이다. (O / X)

02 임시 인터넷 파일을 삭제하려면 [설정]-[앱]에서 수행한다. (O / X)

03 [시스템 속성] 대화상자의 [고급] 탭에서 컴퓨터의 디스크에 대해 시스템 보호를 설정하거나 해제할 수 있다. (O / X)

04 누락되거나 손상된 데이터 파일을 이전 버전으로 되돌리고자 할 때 시스템을 복원한다. (O / X)

05 [시스템 속성] 대화상자의 [시스템 보호] 탭에서는 시스템 복원의 사용 유무 및 시스템 복원에 사용할 디스크 공간을 확인하거나 설정값을 지정할 수 있다. (O / X)

06 [마우스 속성] 창의 [포인터 옵션] 탭에서 Ctrl을 누르면 포인터의 위치를 표시하도록 설정할 수 있다. (O / X)

07 [키보드 속성]에서 커서 깜박임 속도를 조절할 수 있다. (O / X)

08 [개인 설정]에서 바탕 화면에 시계, 일정, 날씨 등과 같은 가젯을 표시하도록 설정할 수 있다. (O / X)

09 [디스플레이 설정]에서 화면에 표시되는 텍스트 크기 및 기타 항목을 변경할 수 있다. (O / X)

10 글꼴 파일은 .rtf 또는 .inf의 확장자를 가지고 있다. (O / X)

11 [프로그램 및 기능]에서 설치된 업데이트를 확인할 수 있으며, 업데이트 목록에서 업데이트를 제거하거나 변경할 수 있다. (O / X)

12 [앱 및 기능]을 이용하여 앱을 제거할 수 있으며, 삭제된 앱 파일을 복원할 수도 있다. (O / X)

13 공용 컴퓨터의 경우 계정을 추가하여 바탕 화면, 폴더, 파일 등을 독립적으로 사용할 수 있다. (O / X)

14 표준 사용자 계정은 소프트웨어나 하드웨어 설치 및 보안 설정 등을 수행할 수 있다. (O / X)

15 UAC는 유해한 앱이나 불법 사용자가 컴퓨터 설정을 임의로 변경하지 못하도록 제어하는 기능이다. (O / X)

16 표준 사용자 계정은 앱이나 하드웨어를 설치할 수 없다. (O / X)

17 [설정]-[접근성]에서 [고대비 설정]으로 화면에서 텍스트와 이미지가 보다 뚜렷하고 쉽게 식별되도록 할 수 있다. (O / X)

한판으로 복습한다!

18 특정 시간에 백업할 수 있도록 백업 주기를 지정할 수 있다. (O / X)

19 여러 파일이 백업되어 있는 경우 원하는 파일을 선택하여 복원할 수 없다. (O / X)

20 [Windows 업데이트]는 바이러스 백신 소프트웨어의 업데이트를 할 수 있다. (O / X)

21 [Windows 업데이트]는 Windows 업데이트를 확인하고 최신 버전으로 업데이트를 수행한다. (O / X)

22 [제어판]-[관리 도구]를 선택하고 [관리 도구] 창에서 [이벤트 뷰어]를 더블클릭하여 [이벤트 뷰어] 창을 (O / X)
열면 분석 및 디버그 로그를 확인할 수 있다.

23 레지스트리에 문제가 발생하면 시스템 부팅이 안 될 수도 있다. (O / X)

24 Windows 10에 탑재된 레지스트리 편집기는 'reg.exe'이다. (O / X)

25 레지스트리에는 각 사용자의 프로필과 시스템 하드웨어, 설치된 프로그램 및 속성 설정에 대한 정보가 (O / X)
들어있다.

26 시작 모드 선택에서 '선택 모드'는 기본 장치 및 서비스로만 Windows를 시작하여 발생된 문제를 진단 (O / X)
하는 데 유용하다.

27 부팅 옵션 중 '안전 부팅'의 '최소 설치'를 선택하면 중요한 시스템 서비스만 실행되는 안전 모드로 (O / X)
Windows를 시작하며, 네트워킹은 사용할 수 없다.

28 멀티 부팅은 두 개의 Windows 중에서 최신 버전을 먼저 설치하고, 이전 버전을 다음에 설치해야 정상 (O / X)
적으로 부팅된다.

29 [프로그램 및 기능]에서 Windows에 설치되어 있는 응용 프로그램을 변경하거나 제거할 수 있다. (O / X)

30 [개인 설정]에서 디스플레이의 방향을 변경할 수 있다. (O / X)

| 정답 |

01	O	02	X	03	X	04	O	05	O	06	O	07	O	08	X	09	O	10	X
11	O	12	X	13	O	14	X	15	O	16	O	17	O	18	O	19	X	20	X
21	O	22	O	23	O	24	X	25	O	26	X	27	O	28	X	29	O	30	X

CHAPTER 2 | Windows 10의 고급 기능

기출로 개념 강화

개념끝 011 [설정] 창

01
[설정]에 있는 다음 항목들 중 일정 시간 컴퓨터를 사용하지 않을 경우 잠금 화면을 지정할 수 있는 것은?
① 시스템
② 개인 설정
③ 계정
④ 접근성

개념끝 012 [설정] 창 – 시스템

02
다음 중 Windows 10의 [장치 관리자] 창에서 설정 가능한 하드웨어 관리에 대한 설명으로 옳지 않은 것은?
① 장치들의 드라이버를 식별하고, 설치된 장치 드라이버에 대한 정보를 알 수 있다.
② 가상 메모리에 대한 정보를 확인하고, 설정값을 변경할 수 있다.
③ 장치 드라이버를 업데이트할 수 있다.
④ 하드웨어가 올바르게 작동하는지 확인할 수 있다.

03 (또 나올 문제)
다음 중 Windows의 [설정]–[시스템]에 대한 설명으로 옳지 않은 것은?
① Windows의 버전과 CPU의 종류, RAM의 크기를 직접 변경할 수 있다.
② 장치 이름을 확인하거나 변경할 수 있다.
③ 32bit 또는 64bit 운영체제를 확인할 수 있다.
④ Windows 제품 키 변경 또는 Windows 버전 업그레이드를 할 수 있다.

04 (또 나올 문제)
다음 중 Windows의 시스템 복원에 대한 설명으로 옳지 않은 것은?
① 시스템에 해를 끼칠 수 있는 변경사항을 시스템 복원을 이용하여 취소하고, 시스템의 설정 및 성능을 복원할 수 있다.
② 전자 메일, 문서 또는 사진과 같은 개인 파일에 영향을 주지 않고 컴퓨터에 대한 시스템 변경 내용을 실행 취소할 수 있다.
③ 시스템 복원을 수행하면 이전에 삭제된 파일이나 폴더가 휴지통에서 원래 위치로 복원된다.
④ 시스템 복원은 시스템 보호 기능을 사용하여 컴퓨터에서 자동으로 복원 지점을 만들고 저장한다.

05
다음 중 Windows 10의 [설정]–[시스템]–[정보]를 선택했을 때 확인할 수 있는 정보에 해당하지 않는 것은?
① 설치된 Windows 운영체제의 버전
② CPU의 종류와 설치된 메모리의 용량
③ 장치 이름과 시스템 종류
④ 컴퓨터 이름과 현재 로그인한 사용자 계정

개념끝 013 [설정] 창 – 장치

06
다음 중 Windows 10의 [키보드 속성]을 이용하여 설정할 수 있는 내용으로 옳지 않은 것은?
① 마우스 포인터를 숫자 키패드를 사용하여 움직일 수 있게 설정할 수 있다.
② 문자 반복의 반복 속도를 설정할 수 있다.
③ 커서 깜빡임 속도를 설정할 수 있다.
④ 문자 반복의 재입력 시간을 설정할 수 있다.

개념끝 014 [설정] 창 – 개인 설정

07
다음 중 [설정]-[개인 설정]-[글꼴]에 대한 설명으로 옳지 <u>않은</u> 것은?

① 글꼴의 모양을 확인할 수 있다.
② 한 번 등록한 글꼴은 삭제가 불가능하다.
③ 새로운 글꼴을 추가할 수 있다.
④ Microsoft Store에서 새로운 글꼴을 가져올 수 있다.

개념끝 015 [설정] 창 – 앱

08
다음 중 Windows 10에서 [설정]-[앱]-[앱 및 기능]에 대한 설명으로 옳지 <u>않은</u> 것은?

① Windows 업데이트가 자동 수행되도록 설정할 수 있다.
② Windows 10에 설치된 앱을 변경하거나 제거할 수 있다.
③ 설치할 앱을 가져올 위치를 지정할 수 있다.
④ Windows 10에서 제공하는 기능을 선택하여 추가 설치 및 제거할 수 있다.

09
다음 중 [프로그램 및 기능]에서 할 수 있는 일로 가장 거리가 <u>먼</u> 것은?

① 설치되어 있는 프로그램을 제거할 수 있다.
② 휴지통의 파일, 임시 파일 등을 삭제하여 하드디스크의 용량을 늘리는 역할을 한다.
③ Windows에서 설치되지 않은 구성요소를 설치할 수 있다.
④ 설치된 업데이트를 확인할 수 있다.

바로 보는 해설

01 [시작(■)]-[설정]-[개인 설정]-[잠금 화면]에서 설정할 수 있다.
02 가상 메모리의 정보를 확인하고 설정값을 변경하려면 [시작(■)]-[설정]-[시스템]-[정보]에서 '고급 시스템 설정'을 선택하여 [시스템 속성] 대화상자의 [고급] 탭에서 진행해야 한다.
03 Windows의 버전과 CPU의 종류, RAM의 크기를 확인할 수는 있지만 변경하는 것은 불가능하다.
04 시스템 복원은 시스템 파일과 설정을 이전 시점으로 되돌리는 것으로, 시스템 복원을 수행하더라도 이전에 삭제된 파일이나 폴더가 휴지통에서 원래 위치로 복원되지는 않는다.
05 현재 로그인한 사용자 계정은 [시작(■)]-[설정]-[계정]에서 확인할 수 있다.
06 주어진 내용은 [시작(■)]-[설정]-[접근성]-[마우스]에서 지정할 수 있다.
07 설치된 글꼴을 선택하여 삭제할 수 있다.
08 Windows 업데이트는 [시작(■)]-[설정]-[업데이트 및 보안]-[Windows 업데이트]에서 설정한다.
09 주어진 내용은 [디스크 정리]에서 수행한다.

| 정답 | 01 ② 02 ② 03 ① 04 ③ 05 ④
       06 ① 07 ② 08 ① 09 ②

개념끝 016 [설정] 창 – 계정

10 (또 나올 문제)
다음 중 Windows 10의 사용자 계정에 대한 설명으로 옳지 않은 것은?

① 관리자 계정의 사용자는 다른 계정의 컴퓨터 사용 시간을 제어할 수 있다.
② 관리자 계정의 사용자는 다른 계정의 계정 유형과 계정 이름, 암호를 변경할 수 있다.
③ 표준 계정의 사용자는 컴퓨터 보안에 영향을 주는 설정을 변경할 수 있다.
④ 표준 계정의 사용자는 컴퓨터에 설치된 대부분의 앱을 사용할 수 있고, 자신의 계정에 대한 암호 등을 설정할 수 있다.

11
다음 중 Windows 10에서 유해한 앱이나 불법 사용자가 컴퓨터 설정을 임의로 변경하려는 경우 이를 사용자에게 알려 컴퓨터를 제어할 수 있도록 도와주는 기능은?

① 사용자 계정 컨트롤
② Windows Defender 방화벽
③ BitLocker
④ 시스템 복원

개념끝 017 [설정] 창 – 접근성

12 (또 나올 문제)
다음 중 Windows 10의 [설정]-[접근성]에서 설정할 수 없는 기능은?

① 다중 디스플레이를 설정하여 두 대의 모니터에 화면을 확장하여 표시할 수 있다.
② 돋보기를 사용하여 화면에서 원하는 영역을 확대하여 크게 표시할 수 있다.
③ 내레이터를 사용하여 화면의 모든 텍스트를 소리 내어 읽어 주도록 설정할 수 있다.
④ 고대비를 사용하여 텍스트와 이미지를 뚜렷하고 쉽게 식별되도록 할 수 있다.

13
다음 중 Windows 10의 [설정]-[접근성]에서 설정할 수 없는 기능은?

① 두 컴퓨터를 연결하여 다른 사용자의 컴퓨터를 사용할 수 있다.
② 돋보기를 사용하여 화면에서 원하는 영역을 확대하여 크게 표시할 수 있다.
③ 내레이터를 사용하여 화면의 모든 텍스트를 소리 내어 읽어 주도록 설정할 수 있다.
④ 키보드가 없어도 입력 가능한 화상 키보드를 표시할 수 있다.

14
다음 중 Windows 10의 [설정]-[접근성]에서 설정할 수 있는 기능으로 옳지 않은 것은?

① 가족 및 다른 사용자: 자녀가 컴퓨터를 사용할 수 있는 시간, 실행할 수 있는 게임 유형 및 실행할 수 있는 프로그램을 제한할 수 있다.
② 토글 키 켜기: [Caps Lock], [Num Lock], [Scroll Lock]을 누를 때 신호음이 나도록 지정할 수 있다.
③ 고대비: 컴퓨터 화면에서 일부 텍스트와 이미지의 색상 대비를 강조하는 고대비 색 구성표를 설정하여 해당 항목을 보다 뚜렷하고 쉽게 식별되도록 할 수 있다.
④ 마우스 키 켜기: 숫자 키패드로 마우스 포인터의 움직임을 제어할 수 있다.

개념끝 018 [설정] 창 – 업데이트 및 보안

15
다음 중 Windows 10에 포함되어 있는 백신 프로그램으로 스파이웨어 및 그 밖의 원치 않는 소프트웨어로부터 컴퓨터를 보호할 수 있는 것은?

① Windows Defender 방화벽
② BitLocker
③ Archive
④ Malware

관리 도구

16
다음 중 Windows 10에서 [관리 도구]에 있는 [컴퓨터 관리]의 대화상자를 이용하여 수행할 수 있는 작업으로 옳지 않은 것은?

① 디스크 관리에서 디스크의 포맷, 드라이브 문자 할당과 같은 작업을 수행할 수 있다.
② 작업 관리자를 이용하여 실행되고 있는 앱을 끝낼 수 있다.
③ 장치 관리자를 사용하여 하드웨어 장치의 드라이버나 소프트웨어를 업데이트하고 하드웨어 설정을 수정할 수 있으며 문제를 해결할 수 있다.
④ 드라이브 문자 및 경로 변경을 할 수 있다.

시스템 구성

17
[시작] 메뉴의 [검색 상자]에서 'msconfig'를 입력하고 Enter 를 눌러 [시스템 구성] 대화상자가 나타났다. 다음 중 [일반] 탭에서 선택할 수 있는 시작 모드가 아닌 것은?

① 정상 모드
② 진단 모드
③ 안전 모드
④ 선택 모드

18
한글 Windows 10의 [부팅 옵션]에서 [안전 부팅] 항목의 부팅 방법에 대한 설명으로 옳은 것은?

① 컴퓨터가 비정상적으로 작동될 때 컴퓨터에 발생한 문제를 해결하기 위하여 사용하는 방식으로 네트워크를 사용할 수 없다.
② 네트워크가 연결된 경우에 컴퓨터 관리자에게 해당 컴퓨터의 디버그 정보를 보내면서 부팅하는 방식이다.
③ 마지막으로 시스템이 문제없이 실행되고 종료되었을 때 레지스트리 정보와 드라이버를 사용하여 부팅하는 방식이다.
④ 시스템의 안전을 위하여 다중 부팅 선택 화면을 이용하여 부팅하는 방식이다.

바로 보는 해설

10 표준 계정의 사용자는 컴퓨터 시스템 또는 보안에 영향을 주는 설정은 변경할 수 없고, 관리자 계정을 통해서만 설정 변경이 가능하다.

11 | 오답 피하기 |
② Windows Defender 방화벽: Windows 10에 포함된 백신 프로그램으로, 스파이웨어 및 그 밖의 원치 않는 소프트웨어로부터 컴퓨터를 보호할 수 있다.
③ BitLocker: 마이크로소프트 Windows Vista, Windows Server 2008, Windows 7, Windows 8, Windows 8.1, Windows 10 운영체제에 포함된 완전한 디스크 암호화 기능이다.
④ 시스템 복원: 컴퓨터를 이전 복원 지점으로 되돌려서 시스템 변경을 취소하는 기능으로, 시스템 복원 시 Windows Update에 의한 변경 사항도 복원된다.

12 주어진 내용은 [시작(■)]-[설정]-[시스템]-[디스플레이]에서 설정할 수 있다.

13 원격 지원에 대한 설명으로, [시작(■)]-[설정]-[시스템]-[원격 데스크톱]에서 설정할 수 있다.

14 [시작(■)]-[설정]-[계정]-[가족 및 다른 사용자]에서 설정할 수 있다.

15 | 오답 피하기 |
② 비트로커(BitLocker): 마이크로소프트 Windows Vista, Windows Server 2008, Windows 7, Windows 8, Windows 8.1, Windows 10 운영체제에 포함된 완전한 디스크 암호화 기능이다.
③ 아카이브(Archive): 컴퓨터 데이터의 무결성을 위해 데이터 및 메타데이터와 연결하여 함께 유지·보관하는 것이다.
④ 멀웨어(Malware): 컴퓨터 시스템에 침투하기 위해 설계된 악성 소프트웨어로, 웜 바이러스, 트로이 목마, 애드웨어 등이 포함된다.

16 [컴퓨터 관리] 대화상자에서는 작업 관리자를 실행할 수 없다.

17 안전 모드는 [부팅] 탭에서 [안전 부팅]을 선택하여 지정할 수 있다.

18 안전 모드는 컴퓨터가 비정상적으로 작동될 때 Windows를 최소한의 기능으로 부팅하여 시스템의 각종 문제를 진단하는 방법이며 CD-ROM, 프린터, 네트워크카드, 사운드카드 등을 사용할 수 없다.

| 정답 | 10 ③ 11 ① 12 ① 13 ① 14 ①
15 ① 16 ② 17 ③ 18 ①

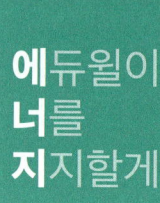

패배한 것이 아니라 포기한 것이고
승리한 것이 아니라 견뎌낸 것입니다.

승패는 내게 달렸습니다.

– 조정민, 『고난이 선물이다』, 두란노

최근 기출 10개년 기준

19%

CHAPTER 3
컴퓨터 시스템 활용

무료 동영상 강의

- 021 컴퓨터의 발전과 분류
- 022 자료의 표현과 처리
- 023 진법 변환
- 024 중앙처리장치
- 025 기억장치
- 026 기타 장치
- 027 컴퓨터 관리와 문제 해결

학습전략

컴퓨터는 하드웨어와 소프트웨어로 구성됩니다. 그중 하드웨어와 관련된 부분을 담고 있습니다. 컴퓨터에서 가장 중요한 장치인 중앙처리장치와 주기억장치 위주로 학습하는 것이 좋습니다.

개념끝 021 컴퓨터의 발전과 분류

| 빈출개념 | #컴퓨터의 세대별 발전 #데이터 취급에 따른 분류

기출빈도 A · B · C · **D**

> **결정적 힌트**
> 컴퓨터의 세대별 발전과 데이터 취급에 따른 분류에 대한 문제가 주로 출제되었으므로 이 부분은 반드시 학습하시기 바랍니다.

01 컴퓨터의 정의

- 컴퓨터(Computer)는 '계산하다'라는 뜻의 'Compute'에 'er'을 붙인 것으로 계산하는 장치라는 뜻이 있으며, 방대한 자료를 입력하여 프로그램에 의해 자동으로 처리하고 결과를 출력하는 시스템이다.
- EDPS(Electronic Data Processing System): 전자 정보 처리 시스템으로, 컴퓨터를 이용하여 자료를 처리하는 것을 말한다.
- GIGO(Garbage In Garbage Out): 쓰레기가 들어가면 쓰레기가 나온다는 뜻으로, 오류 없이 정확한 정보를 얻으려면 정확한 자료를 입력해야 한다는 의미이다.
- 컴퓨터는 정확성, 신속성, 호환성, 대용량성, 범용성의 특징을 갖는다.
  - 정확성: 컴퓨터에 의해 정확한 처리 결과가 나온다.
  - 신속성: 컴퓨터에 의해 빠른 속도로 처리한다.
  - 호환성: 다른 컴퓨터에서도 프로그램이나 자료를 사용할 수 있다.
  - 대용량성: 대량의 데이터를 처리하거나 저장할 수 있다.
  - 범용성: 특별한 목적이 아닌 사무 처리, 교육, 인터넷, 게임 등 다양한 목적으로 사용할 수 있다.

02 컴퓨터의 기능

입력 기능	자료나 프로그램을 컴퓨터 내부로 읽어 들이는 기능
출력 기능	처리된 결과를 컴퓨터 외부로 내보내는 기능
제어 기능	자료를 처리하기 위해 각 장치에 명령을 내리거나 감독하는 기능
연산 기능	입력된 자료를 제어 기능의 지시에 따라 실제로 연산하는 기능
기억 기능	자료나 처리 결과를 저장하는 기능

03 컴퓨터의 발전 과정

(1) 기계식 계산기

파스칼(Pascal)의 계산기(덧셈과 뺄셈 가능) → 라이프니츠(Leibniz)의 계산기(사칙연산 가능) → 배비지(Babbage)의 차분 기관 → 배비지(Babbage)의 해석 기관(현재 디지털 컴퓨터의 모체) → 홀러리스(Hollerith)의 천공카드 시스템(일괄 처리의 효시) → 에이큰(Aiken)의 MARK-I(최초의 기계식 자동 계산기)

(2) 전자식 계산기

에니악(ENIAC)	• 1946년 에커트(Eckert)와 모클리(Mauchly)가 제작한 최초의 전자식 계산기 • 외부 프로그램 방식 사용
에드삭(EDSAC)	최초로 프로그램 내장 방식 도입
에드박(EDVAC)	• 존 폰 노이만(Von Neumann)이 제작 • 프로그램 내장 방식과 2진법 채택
유니박(UNIVAC)	최초의 상업용 전자계산기로 국세 조사 및 인구통계 조사에 사용함

▼ **외부 프로그램 방식**
사람이 일일이 배선과 스위치를 옮겨서 작동하는 방식이다.

▼ **프로그램 내장 방식**
존 폰 노이만에 의해 고안되었으며, 프로그램과 데이터를 주기억장치에 저장해 놓고 프로그램 명령어를 차례대로 수행하는 방식이다.

04 컴퓨터의 세대별 발전

세대	주요 소자	특징
1세대	진공관	• 하드웨어 개발 중심 • 기계어, 어셈블리어의 사용 • 일괄 처리 시스템
2세대	트랜지스터(TR)	• 운영체제(OS) 등장 • 실시간 처리 시스템
3세대	집적회로(IC)	• 시분할 처리 시스템 • 다중 처리 시스템
4세대	고밀도 집적회로(LSI)	• 개인용 컴퓨터(PC)의 사용 • 네트워크의 발전
5세대	초고밀도 집적회로(VLSI)	• 인공지능 연구 • 전문가 시스템 • 퍼지(Fuzzy) 이론

▼ **일괄 처리 시스템**
　(Batch Processing System)
데이터를 일정량 또는 일정 시간 동안 모아서 한꺼번에 처리하는 방식이다.

▼ **실시간 처리 시스템**
　(Real Time Processing System)
처리할 데이터가 입력될 때마다 즉시 처리하는 방식이다.

▼ **다중 처리 시스템**
　(Multi-Processing System)
여러 개의 CPU와 하나의 주기억장치를 이용하여 여러 프로그램을 동시에 처리하는 방식이다.

▼ **전문가 시스템**
　(Expert System)
인공지능의 활용 분야로, 전문가의 지식을 컴퓨터가 학습하여 전문가가 수행하는 고도의 업무를 지원하는 방식이다.

▼ **퍼지(Fuzzy) 이론**
불분명하고 모호한 상황을 수학적으로 접근하는 인공지능의 분야이다.

05 컴퓨터의 분류

(1) 데이터 취급에 따른 분류

분류	디지털 컴퓨터	아날로그 컴퓨터	하이브리드 컴퓨터
입력 형식	숫자, 문자 등의 이산 데이터	전류, 전압, 온도 등	디지털 컴퓨터와 아날로그 컴퓨터의 장점을 조합한 컴퓨터
출력 형식	숫자, 문자 등의 이산 데이터	곡선, 그래프 등	
구성 회로	논리 회로	증폭 회로	
주요 연산	산술 논리 연산	미적분 연산	
프로그래밍	필요함	필요 없음	
기억 기능	있음	없음	
목적	범용 컴퓨터	과학 연구 등의 특수 목적용 컴퓨터	

(2) 사용 목적에 따른 분류

- **전용 컴퓨터**: 특수 목적용 컴퓨터로 과학, 기상 관측, 군사용 등으로 사용되는 컴퓨터이다.
- **범용 컴퓨터**: 다양한 분야에서 여러 가지 용도로 사용되는 컴퓨터이다.

(3) 규모에 따른 분류

- **마이크로컴퓨터(Microcomputer)**: 마이크로프로세서를 중앙처리장치로 사용하는 컴퓨터이다.
- **미니컴퓨터(Minicomputer)**: 중형 컴퓨터라고 하며 메인프레임의 크기와 성능을 간소화한 컴퓨터로 학교나 연구소에서 사용하는 컴퓨터이다.
- **메인프레임(Mainframe)**: 대형 컴퓨터라고 하며 통계 업무, 금융 관련 업무, 전사적 자원 관리 등 복잡한 작업을 처리하는 컴퓨터이다.
- **슈퍼컴퓨터(Supercomputer)**: 빠른 연산 속도와 높은 정밀도를 가지는 컴퓨터로 과학기술, 기상 관측, 우주 및 항공 분야에서 사용하는 컴퓨터이다.

> **개념 플러스** 웨어러블 컴퓨터(Wearable Computer)
>
> 몸에 착용하는 컴퓨터로, 소형화, 경량화를 비롯해 음성과 동작 인식 등 다양한 기술이 적용되어 장소에 구애받지 않고 컴퓨터를 활용할 수 있다.

바로 보는 해설

01
1세대 컴퓨터의 특징이다.
| 오답 피하기 |
① 4세대 컴퓨터의 특징이다.
② 5세대 컴퓨터의 특징이다.
④ 3세대 컴퓨터의 특징이다.

02
아날로그 컴퓨터에 대한 특징이다. 아날로그 컴퓨터는 미적분 연산과 증폭 회로를 기반으로 특수 목적용 컴퓨터로 사용된다. 또한 곡선이나 그래프 형태로도 출력되고, 연산 속도가 빠르며, 기억 기능이 없고, 프로그래밍이 필요 없다.

| 정답 | 01 ③   02 ③

Warming UP 기출로 개념 확인

01
다음 중 컴퓨터의 발전 과정으로 3세대 이후의 특징에 해당하지 <u>않는</u> 것은?

① 개인용 컴퓨터의 사용
② 전문가 시스템
③ 일괄 처리 시스템
④ 집적회로의 사용

02 (또 나올 문제)
다음 중 아날로그 컴퓨터와 비교하여 디지털 컴퓨터의 특징으로 옳지 <u>않은</u> 것은?

① 데이터의 각 자리마다 0 혹은 1의 비트로 표현한 이산적인 데이터를 처리한다.
② 데이터 처리를 위한 명령어들로 구성된 프로그램에 의해 동작된다.
③ 온도, 전압, 진동 등과 같이 연속적으로 변하는 데이터를 효율적으로 처리할 수 있다.
④ 산술 및 논리 연산을 처리하는 회로에 기반을 둔 범용 컴퓨터로 사용된다.

| 빈출개념 | #ASCII 코드   #유니코드   #패리티 코드

개념끝 022 자료의 표현과 처리

기출빈도

01 자료의 구성 단위

- 비트(Bit)
  - Binary Digit의 약어이다.
  - 정보의 최소 단위로 2진수 0 또는 1로 표현한다.
- 니블(Nibble)
  - 4개의 비트가 모여 1개의 니블을 구성한다.
  - 1니블로는 $2^4(=16)$가지의 정보를 표현할 수 있다.
- 바이트(Byte)
  - 문자를 표현하는 기본 단위로, 8개의 비트가 모여 1바이트를 구성한다.
  - 1바이트로는 $2^8(=256)$가지의 정보를 표현할 수 있다.
- 워드(Word): 한 번에 처리할 수 있는 명령 단위이다.

하프 워드(Half Word)	2Byte
풀 워드(Full Word)	4Byte
더블 워드(Double Word)	8Byte

- 필드(Field): 자료 처리의 최소 단위이다.
- 레코드(Record): 여러 개의 필드가 모여서 구성된 단위이다.
- 파일(File): 관련된 레코드의 집합이다.
- 데이터베이스(Database): 관련된 데이터 파일들의 집합이다.

> 결정적 힌트
>
> 자료 구성 단위와 기억 용량 단위는 컴퓨터 학습에 가장 기본이 되는 부분입니다. 반드시 암기해두세요.
>
> ■ n비트로 표현할 수 있는 정보
>
> 1비트는 0, 1의 2가지($=2^1$) 정보를 표현할 수 있으며, 2비트는 00, 01, 10, 11의 4가지($=2^2$) 정보를 표현할 수 있다. 그러므로 n비트는 2^n가지의 정보를 표현한다.

개념 플러스 | 데이터베이스의 구성

사원 번호	이름	부서	직위
20100001	김규진	총무부	부장
20120021	김진아	인사부	대리
20200004	이혜림	해외영업부	사원

(필드 / 레코드)

개념 플러스 | 물리적·논리적 구성 단위

- 물리적 구성 단위: 비트(Bit)-니블(Nibble)-바이트(Byte)-워드(Word)
- 논리적 구성 단위: 필드(Field)-레코드(Record)-파일(File)-데이터베이스(Database)

02 기억 용량 단위

- KB(킬로바이트): 2^{10}Byte=1,024Byte
- GB(기가바이트): 2^{30}Byte=1,024MB
- PB(페타바이트): 2^{50}Byte=1,024TB
- MB(메가바이트): 2^{20}Byte=1,024KB
- TB(테라바이트): 2^{40}Byte=1,024GB
- EB(엑사바이트): 2^{60}Byte=1,024PB

■ 연산 속도 단위
- ms(밀리 초)
- μs(마이크로 초)
- ns(나노 초)
- ps(피코 초)
- fs(펨토 초)
- as(아토 초)

> **개념 플러스** 연산 속도 단위
>
> ms(10^{-3}) → μs(10^{-6}) → ns(10^{-9}) → ps(10^{-12}) → fs(10^{-15}) → as(10^{-18})
>
> ※ 오른쪽 방향으로 갈수록 처리 속도가 빨라진다.

결정적 힌트
자료의 표현에서는 특히 문자를 표현하는 코드가 많이 출제되었습니다. 빠짐없이 꼼꼼히 암기하는 것이 필요합니다.

03 자료의 표현

(1) 문자의 표현

- **BCD 코드**
  - 하나의 문자가 2비트의 Zone 부분과 4비트의 Digit 부분으로 구성된다.
  - 2^6(=64)가지의 문자를 표현할 수 있다.
  - 영문 소문자는 표현할 수 없다.

- **EBCDIC 코드**
  - 하나의 문자가 4비트의 Zone 부분과 4비트의 Digit 부분으로 구성된다.
  - 확장 이진화 10진 코드로 BCD 코드를 확장한 형태이다.
  - 2^8(=256)가지의 문자를 표현할 수 있다.
  - 특수 문자 및 소문자 표현이 가능하다.

- **ASCII 코드**
  - 하나의 문자가 3비트의 Zone 부분과 4비트의 Digit 부분으로 구성된다.
  - 2^7(=128)가지의 문자를 표현할 수 있다.
  - 확장 ASCII 코드는 8비트를 사용한다.
  - 주로 개인용 컴퓨터와 데이터 통신에서 사용한다.

- **유니코드(Unicode)**
  - 컴퓨터에서 세계 각국의 언어를 통일된 방법으로 표현할 수 있도록 고안된 국제 표준 코드이다.
  - 한글, 한자, 영문, 숫자 모든 글자를 16비트(2바이트)로 표현한다.

(2) 숫자의 표현

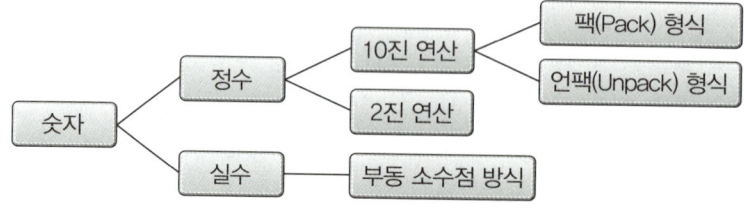

- 10진 연산: 팩(Pack) 형식과 언팩(Unpack) 형식을 사용한다.

팩(Pack)	• 오른쪽 최하위 바이트의 4비트에는 부호를 표시하며, 양수는 C(1100), 음수는 D(1101)로 표현 예 +1234 → 1234C, -1234 → 1234D • 연산이 가능
언팩(Unpack)	• 4개의 존(Zone) 비트와 4개의 숫자(Digit) 비트로 구성 • 오른쪽 최하위 바이트의 존에는 부호를 표시하며, 양수는 C(1100), 음수는 D(1101)로 표현 예 +1234 → F1F2F3C4, -1234 → F1F2F3D4 • 데이터의 입·출력에 사용

▼ 팩 형식
| Digit | Digit | Digit | Digit | Digit | Sign |
— 1Byte —

▼ 언팩 형식
| Zone | Digit | Zone | Digit | Zone | Digit | Sign | Digit |
— 1Byte —

- 2진 연산
  - 실수 데이터보다 표현할 수 있는 범위가 작으며 연산 속도는 빠르다.
  - 컴퓨터 연산에서 덧셈 연산을 이용하여 뺄셈을 수행하기 위해 보수를 사용한다.
  - 양수는 부호화 절대치, 부호화 1의 보수, 부호화 2의 보수 표현 방법이 모두 같다.

부호화 절대치	최상위 1비트는 부호 비트로 양수는 0, 음수는 1로 표현하고, 나머지 비트는 절대치로 표현 예 +5: 0101, -5: 1101
부호화 1의 보수	부호화 절대치의 부호 비트를 제외한 나머지 비트를 0은 1로, 1은 0으로 바꿈 예 +5: 0101, -5: 1010
부호화 2의 보수	부호화 1의 보수에 1을 더함 예 +5: 0101, -5: 1011

- 실수
  - 매우 큰 수나 작은 수, 매우 정밀한 수를 표현하는 데 사용한다.
  - 실수를 표현하는 부동 소수점 방식은 부호(1bit), 지수부, 가수부로 구분하여 표현한다.
  - 32비트 단정도(Single)와 64비트 배정도(double) 방식이 있다.
  - 지수부와 가수부를 분리하는 정규화 작업이 필요하다.

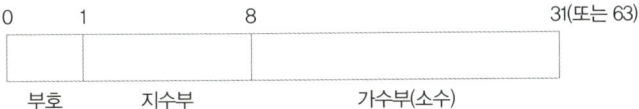

(3) 에러 검출 코드

패리티 코드	• 에러 검출만 가능하고 교정은 불가능한 코드 • 짝수 패리티와 홀수 패리티가 있음
해밍 코드	단일 비트의 에러 검출과 에러 교정이 가능한 코드
CRC(순환 중복 검사)	집단 에러에 대한 에러 검출이 가능한 코드
BSC(블록합 검사)	패리티 코드의 단점을 보완한 방식의 코드
정 마크 부호 방식	패리티 코드 검사가 자체적으로 이루어지는 방식의 코드

▼ 짝수 패리티
1의 개수가 짝수가 되도록 1비트를 추가한다.

▼ 홀수 패리티
1의 개수가 홀수가 되도록 1비트를 추가한다.

바로 보는 해설

01
ASCII 코드는 1비트를 확장하여 에러 검출(패리티) 비트를 포함할 수 있지만, 2비트의 에러 검출은 불가능하다.

02
EBCDIC 코드는 8비트로 구성되어 최대 256개(=2^8)의 문자를 표현할 수 있다.

03
유니코드는 전 세계의 모든 문자를 2바이트(16비트)로 표현할 수 있는 국제 표준 코드이다.

04
부호 비트를 제외한 비트를 1은 0으로, 0은 1로 바꾸는 부호화 1의 보수 방식이 있다.

| 정답 | 01 ③ 02 ④ 03 ② 04 ② |

Warming UP 기출로 개념 확인

01 또 나올 문제
다음 중 ASCII 코드에 대한 설명으로 옳지 않은 것은?

① 세 개의 Zone 비트와 네 개의 Digit 비트로 하나의 문자를 표현한다.
② 데이터 통신용으로 사용하며, 128가지의 문자를 표현할 수 있다.
③ 2비트의 에러 검출 및 1비트의 에러 교정 비트를 포함한다.
④ 확장 ASCII 코드는 8비트를 사용하여 문자를 표현한다.

02
다음 중 컴퓨터에서 사용하는 EBCDIC 코드에 대한 설명으로 옳지 않은 것은?

① 확장 이진화 10진 코드로, BCD 코드를 확장한 것이다.
② 특수 문자 및 소문자 표현이 가능하다.
③ 4비트의 존 부분과 4비트의 디지트 부분으로 구성된다.
④ 최대 64개의 문자 표현이 가능하다.

03 또 나올 문제
다음 중 컴퓨터에서 사용하는 유니코드(Unicode)에 대한 설명으로 옳지 않은 것은?

① 세계 각국의 언어를 통일된 방법으로 표현할 수 있게 제안된 국제적인 코드 규약의 이름이다.
② 8비트 문자 코드인 아스키(ASCII) 코드를 32비트로 확장하여 전 세계의 모든 문자를 표현하는 표준 코드이다.
③ 한글은 조합형, 완성형, 옛글자를 모두 표현할 수 있다.
④ 최대 65,536자의 글자를 코드화할 수 있다.

04
다음 중 컴퓨터에서 수 표현을 위한 고정 소수점 방식의 음수를 표현하는 방법에 대한 설명으로 옳지 않은 것은?

① 부호 비트 이외의 정수 부분을 그대로 표현하는 부호화 절대치 방식이 있다.
② 부호를 포함한 모든 비트를 1은 0으로, 0은 1로 바꾸는 0의 보수 방식이 있다.
③ 부호화 절대치에서 부호 비트 이외의 비트를 반대로 취하는 부호화 1의 보수 방식이 있다.
④ 1의 보수의 오른쪽 마지막 비트에 1을 더해 표시하는 부호화 2의 보수 방식이 있다.

개념끝 023 진법 변환

기출빈도 A B C **D**

01 진법의 종류

2진수	0, 1로 표현
8진수	0~7까지의 숫자로 표현(한 자리를 표현하는 데 3비트 필요)
10진수	0~9까지의 숫자로 표현
16진수	0~9까지의 숫자와 A~F까지의 문자로 표현(한 자리를 표현하는 데 4비트 필요)

> **결정적 힌트**
> 어려운 부분이지만 1급에서는 진법 변환에 관한 문제도 출제된 바 있습니다. 가벼운 계산 문제도 출제가 될 수 있는 부분이므로 적어도 교재의 예제 정도는 알아두는 것이 좋습니다.
>
> ▼ 16진수
> - 10진수 10: 16진수 A
> - 10진수 11: 16진수 B
> - 10진수 12: 16진수 C
> - 10진수 13: 16진수 D
> - 10진수 14: 16진수 E
> - 10진수 15: 16진수 F

02 진법 변환

(1) 2진수, 8진수, 16진수를 10진수로 변환

정수 부분과 소수 부분을 나누어서 변환하려는 각 진수의 자릿값과 자리의 지수승을 곱한 결괏값을 모두 더하여 계산한다.

예
- 2진수 → 10진수
  $1001_2 = 1 \times 2^3 + 0 \times 2^2 + 0 \times 2^1 + 1 \times 2^0 = 8 + 1 = 9$
- 8진수 → 10진수
  $456.4_8 = 4 \times 8^2 + 5 \times 8^1 + 6 \times 8^0 + 4 \times 8^{-1} = 302.5$
- 16진수 → 10진수
  $B8_{16} = 11 \times 16^1 + 8 \times 16^0 = 184$

(2) 10진수를 2진수, 8진수, 16진수로 변환

- 정수: 10진수 값을 변환할 진수로 나누어 더 나뉘지 않을 때까지 나누고, 몫을 제외한 나머지를 역순으로 표시한다.
- 소수: 10진수 값에 변환할 진수를 곱하여 소수 부분이 0 또는 반복되는 수가 나올 때까지 반복한 후 결과의 정수 부분을 차례대로 표시한다.

예 10진수 → 2진수
  $41.375 = 101001.011_2$

| 소수 이상 자리

```
2 ) 41
2 ) 20 … 1
2 ) 10 … 0
2 )  5 … 0
2 )  2 … 1
     1 … 0
```
(결괏값) 101001_2

| 소수 이하 자리

```
   0.375
  × 2
0 ← ⓪.75
  × 2
1 ← ①.50    0.5
           × 2
1 ←        ①.0
```
(결괏값) 0.011_2

(3) 8진수를 16진수로 변환

8진수 각 자리를 2진수 세 자리로 각각 변환한 후 2진수 네 자리는 16진수 한 자리에 해당하므로 뒤에서부터 네 자리씩 묶어 16진수로 변환한다.

예) 8진수: 4   5
    2진수: 100 101   ∴ 25_{16}
    16진수: 2   5

(4) 16진수를 8진수로 변환

16진수 각 자리를 네 자리의 2진수로 변환한 후 2진수 세 자리는 8진수 한 자리에 해당하므로 뒤에서부터 세 자리씩 묶어 8진수로 변환한다.

예) 16진수: 7   D   0
    2진수: 0111 1101 0000   ∴ 3720_8
    8진수: 3   7   2   0

바로 보는 해설

01
1024는 2^{10}이므로 0을 10개 붙인 10000000000이다.

02

따라서 $2F_{16}$으로 표현할 수 있다.

03
8진수를 16진수로 변환하려면 8진수를 2진수로 변환하고, 뒤에서부터 네 자리씩 자른 후 각각 16진수로 변환해야 한다.

| 정답 | 01 ① 02 ① 03 ④

Warming UP 기출로 개념 확인

01
10진수 1,024를 2진수로 올바르게 표현한 것은?
① 10000000000
② 1111111111
③ 11111111111
④ 1000000000

02
10진수 47을 16진수로 올바르게 표현한 것은?
① 2F
② F2
③ A1
④ 1A

03
다음 중 수의 표현에 있어 진법에 대한 설명으로 옳지 않은 것은?

① 16진수(Hexadecimal)는 0~9까지의 숫자와 A~F까지의 문자로 표현하는 진법으로, 한 자릿수를 표현하는 데 네 개의 비트가 필요하다.
② 2진수, 8진수, 16진수를 10진수 실수(Float)로 변환하려면 정수 부분과 소수 부분을 나누어서 변환하려는 각 진수의 자릿값과 자리의 지수승을 곱한 결괏값을 모두 더하여 계산한다.
③ 10진수(Decimal) 정수를 2진수, 8진수, 16진수로 변환하려면 10진수 값을 변환할 진수로 나누어 더 이상 나눠지지 않을 때까지 나누고, 몫을 제외한 나머지를 역순으로 표시한다.
④ 8진수를 16진수로 변환하려면 8진수를 뒤에서부터 두 자리씩 자른 후 각각 16진수를 한 자리로 계산한다.

| 빈출개념 | #레지스터 #제어장치의 구성요소 #연산장치의 구성요소

개념끝 024 중앙처리장치

기출빈도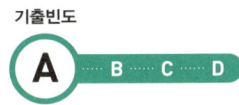

01 중앙처리장치(CPU; Central Processing Unit)

(1) 중앙처리장치의 구성

- 명령어를 해석하고, 프로그램의 연산을 실행 및 처리하는 컴퓨터 시스템의 핵심적인 장치이다.
- 제어장치(CU; Control Unit), 연산장치(ALU; Arithmetic Logic Unit), 레지스터(Register)로 구성된다.

제어장치	• 컴퓨터의 모든 동작을 지시하고 제어하는 장치 • 프로그램 카운터(PC; Program Counter), 명령 레지스터, 부호기, 명령 해독기, 번지 해독기 등으로 구성
연산장치	• 산술 연산과 논리 연산을 수행하는 장치 • 가산기, 보수기, 누산기 등으로 구성
레지스터	• CPU 내부에서 특정한 목적에 사용되는 일시적인 기억장소로, 메모리 중 가장 빠른 속도로 접근이 가능 • 플립플롭(Flip-Flop)이나 래치(Latch)를 직렬 또는 병렬로 연결

> **결정적 힌트**
> 컴퓨터를 구성하는 하드웨어 중 가장 중요한 장치가 바로 중앙처리장치입니다. 사람의 뇌와 같은 역할을 하기 때문입니다. 많은 문제가 출제되므로 특히 레지스터의 개념과 종류를 숙지하는 것이 필요합니다.

(2) 중앙처리장치의 성능 단위

- MIPS(Million Instructions Per Second): 1초 동안에 처리할 수 있는 명령의 개수를 100만 단위로 표시한다.
- FLOPS(FLoating point Operations Per Second): 1초 동안에 처리할 수 있는 부동 소수점 연산의 횟수이다.
- CPU는 클록 주기에 따라 명령을 수행하며 클록 주파수가 높을수록 연산 속도가 빠르다.

▼ 클록 주파수
초당 사이클로 측정하며 헤르츠(Hz) 단위를 사용한다.
예 3.2GHz인 CPU는 초당 32억 번의 사이클을 실행

(3) 제어장치의 구성요소

프로그램 카운터 (PC; Program Counter)	다음에 수행할 명령어의 주소를 기억하는 레지스터
메모리 주소 레지스터 (MAR; Memory Address Register)	기억장치에 입·출력되는 데이터의 주소 번지를 기억하는 레지스터
메모리 버퍼 레지스터 (MBR; Memory Buffer Register)	메모리에서 읽어온 데이터나 메모리에 쓸 데이터를 일시적으로 저장하는 레지스터
명령어 레지스터 (IR; Instruction Register)	현재 수행 중인 명령어의 내용을 기억하는 레지스터
명령어 해독기 (Instruction Decoder)	• 현재 실행 중인 명령어를 해독하는 회로 • 현재 수행해야 할 명령어를 해독한 후 수행할 수 있는 여러 가지 제어 신호를 발생시킴

번지 해독기 (Address Decoder)	명령 레지스터가 보낸 주소를 해독하여 메모리 셀이나 장치를 선택하는 회로
부호기(Encoder)	명령어 해독기로 해독한 내용을 신호로 변환하여 각 장치에 전달하는 회로

(4) 연산장치의 구성요소

가산기(Adder)	두 개 이상의 2진수의 덧셈을 수행하는 회로
보수기(Complementor)	2진수의 뺄셈을 수행하기 위해 보수로 변환하는 데 사용하는 회로
누산기(AC; ACcumulator)	연산된 결과를 일시적으로 저장하는 레지스터
데이터 레지스터(Data Register)	연산에 사용할 데이터를 기억하는 레지스터
상태 레지스터(Status Register)	연산 중에 발생하는 여러 가지 상태 값을 기억하는 레지스터
플래그 레지스터(Flag Register)	
인덱스 레지스터(Index Register)	주소를 변경하기 위해 사용하는 레지스터

02 마이크로프로세서(Microprocessor)

(1) 마이크로프로세서의 개념

- 마이크로프로세서는 제어 장치, 연산 장치, 레지스터가 하나의 반도체 칩에 내장된 장치이다.
- 개인용 컴퓨터의 중앙처리장치로 사용되며, 작은 규모의 임베디드 시스템이나 휴대용 기기에도 사용한다.
- 클록 주파수와 내부 버스의 비트(Bit) 수로 성능을 평가한다.

▼ 임베디드 시스템
(Embedded System)
전자제품에 마이크로프로세서를 내장시킨 시스템으로 TV, 냉장고 등의 가전제품에 주로 사용된다.

(2) 마이크로프로세서의 설계 방식

구분	CISC (Complex Instruction Set Computer)	RISC (Reduced Instruction Set Computer)
특징	많은 수의 명령어와 주소 지정 모드 지원	적은 수의 명령어와 주소 지정 모드 지원
명령어 길이	가변적	고정적
처리 속도	느림	빠름
가격	비쌈	저렴
전력 소모	많음	적음
용도	개인용 컴퓨터(PC)에 주로 사용	성능이 좋은 그래픽용이나 워크스테이션에서 주로 사용

Warming UP 기출로 개념 확인

01

다음 중 컴퓨터의 제어장치에 있는 부호기(Encoder) 레지스터에 대한 설명으로 옳은 것은?

① 명령 레지스터에 있는 명령어를 해독한다.
② 해독된 명령어에 따라 각 장치로 보낼 제어 신호를 생성한다.
③ 다음 순서에 실행할 명령어의 주기억장치 주소를 기억한다.
④ 뺄셈 연산을 위해 음수로 변환한다.

02 또 나올 문제

다음 중 CPU의 제어장치를 구성하는 레지스터에 대한 설명으로 옳지 않은 것은?

① 프로그램 카운터: 프로그램의 실행된 명령어의 개수를 계산한다.
② 명령 레지스터: 현재 실행 중인 명령을 기억한다.
③ 부호기: 해독된 명령에 따라 각 장치로 보낼 제어 신호를 생성한다.
④ 메모리 주소 레지스터: 기억장치에 입·출력되는 데이터의 번지를 기억한다.

03 또 나올 문제

다음 중 마이크로프로세서(Microprocessor)에 대한 설명으로 옳지 않은 것은?

① 제어장치, 연산장치, 주기억장치가 하나의 반도체 칩에 내장된 장치이다.
② 클록 주파수와 내부 버스의 폭(Bandwidth)으로 성능을 평가한다.
③ 개인용 컴퓨터의 중앙처리장치로 사용된다.
④ 작은 규모의 임베디드 시스템이나 휴대용 기기에도 사용된다.

04

다음 중 임베디드 시스템에 대한 설명으로 옳은 것은?

① 지역적으로 다른 위치에 있는 여러 대의 컴퓨터를 연결하여 분산 처리하는 시스템이다.
② 처리할 데이터를 일정 시간 동안 모아서 일괄 처리하는 방식의 시스템이다.
③ 특정 기능을 수행하기 위하여 전체 장치의 일부분으로 내장되는 전자 시스템이다.
④ 두 개의 CPU가 동시에 같은 업무를 처리하는 방식으로, 업무의 신뢰도를 높이는 작업에 이용된다.

바로 보는 해설

01
| 오답 피하기 |
① 명령어 해독기에 대한 설명이다.
③ 프로그램 카운터에 대한 설명이다.
④ 보수기에 대한 설명이다.

02
프로그램 카운터는 다음에 실행할 명령어의 번지를 기억하는 레지스터이다.

03
마이크로프로세서는 하나의 칩(Chip)에 연산장치와 중앙처리장치의 제어 기능을 집적하여 연산과 제어를 실행할 수 있도록 한 장치이다. 주기억장치는 기억장치에 속하므로 마이크로프로세서에 내장된 장치가 아니다.

04
임베디드 시스템은 특정 기능만 수행하도록 제작된 컴퓨팅 장치로, 어떤 장치가 다른 시스템에 의존하지 않고 독립적으로 기능을 수행할 수 있다.
| 오답 피하기 |
① 분산 처리 시스템에 대한 설명이다.
② 일괄 처리 시스템에 대한 설명이다.
④ 듀얼 시스템에 대한 설명이다.

| 정답 | 01 ② 02 ① 03 ①
         04 ③

| 빈출개념 | #주기억장치 #SSD #캐시 메모리

개념끝 025 기억장치

기출빈도

결정적 힌트

중앙처리장치 다음으로 중요한 하드웨어가 바로 기억장치라고 할 수 있습니다. ROM과 RAM의 특징, SSD, 캐시 메모리, 가상 메모리 등의 개념이 자주 출제됩니다.

▼ **BIOS(Basic Input Output System)**
기본 입·출력장치나 메모리 등 하드웨어 작동에 필요한 프로그램이다.

▼ **POST(Power On Self Test)**
컴퓨터에 전원을 넣었을 때 CPU, 메모리, 그래픽 카드, 키보드 등의 정상 작동 상태를 파악하는 과정이다.

01 주기억장치

(1) 주기억장치의 개요
- 프로그램이나 데이터를 저장해 놓고 CPU가 직접 접근하여 명령어를 실행하거나 데이터를 처리할 수 있는 기억장치이다.
- 주기억장치는 ROM과 RAM으로 구성된다.

(2) ROM(Read Only Memory)
- 전원이 공급되지 않아도 기억된 내용이 지워지지 않는 비휘발성 메모리이다.
- 컴퓨터의 기본적인 입·출력 프로그램(BIOS), 자가진단(POST) 프로그램 등의 펌웨어(Firmware)가 저장되어 있어 부팅할 때 실행된다.
- 펌웨어(Firmware)
  - 하드웨어와 소프트웨어의 중간 형태로, ROM에 기록되어 있다.
  - 하드웨어를 제어하고, 하드웨어의 교체 없이 소프트웨어의 업데이트만으로도 기능을 향상시킬 수 있다.
  - 기계어 처리, 데이터 전송, 부동 소수점 연산, 채널 제어 등의 처리 루틴을 가지고 있다.

| ROM의 종류

Mask ROM	제조 과정에서 내용을 미리 기록한 ROM으로, 수정할 수 없음
PROM	• Programmable Read Only Memory의 약자 • 사용자가 처음 한 번만 기록할 수 있음
EPROM	• Erasable Programmable Read Only Memory의 약자 • 자외선(UV)을 이용하여 기록된 내용을 변경하거나 새로 기록할 수 있음
EEPROM	• Electrically Erasable and Programmable Read Only Memory의 약자 • 전기적인 방법을 이용하여 기록된 내용을 변경하거나 새로 기록할 수 있음

(3) RAM(Random Access Memory)
- 전원이 공급되지 않으면 내용이 모두 지워지는 휘발성 메모리이다.
- 현재 사용 중인 응용 프로그램이나 데이터가 저장된다.
- 재충전 필요 여부에 따라 'SRAM(Static RAM)'과 'DRAM(Dynamic RAM)'으로 분류한다.

구분	SRAM	DRAM
재충전	필요 없음	필요함
구성	트랜지스터	콘덴서
접근 속도	빠름	느림

전력 소모	많음	적음
집적도	낮음	높음
용도	캐시 메모리	주기억장치

02 보조기억장치

(1) 보조기억장치의 개요
- 전원이 공급되지 않으면 기억된 내용이 지워지는 주기억장치의 단점을 보완하기 위한 기억장치이다.
- 주기억장치에 비해 처리 속도가 느리지만, 대용량의 데이터를 저장할 수 있다.

(2) 하드디스크(HDD, Hard Disk Driver)
- 고속으로 회전하는 디스크의 표면에 데이터를 저장하는 방식으로, 데이터는 동심원으로 된 트랙에 기록된다.
- 논리적인 영역 확보를 위해 디스크를 파티션(Partition)하여 사용한다.
  - 하나의 물리적인 하드디스크를 여러 개의 논리적 영역으로 나누거나 다시 합치는 작업이다.
  - 파티션 작업을 실행한 후에는 반드시 포맷을 실행하여야 하드디스크를 사용할 수 있다.
  - 각 파티션 영역에는 다른 운영체제를 설치할 수 있다.
  - 하나의 파티션에는 하나의 파일 시스템을 사용할 수 있다.

■ 디스크의 접근 시간
- 접근 시간(Access Time): 탐색 시간 + 회전 지연 시간 + 전송 시간
- 탐색 시간(Seek Time): 헤드가 지정된 트랙에 도착하는 트랙 이동 시간
- 회전 지연 시간(Latency Time): 헤드가 지정된 트랙을 찾은 후 원하는 섹터에 도착하는 시간
- 전송 시간(Transmission Time): 읽은 데이터를 주기억장치로 전달하는 시간

I 인터페이스 방식

PATA (Parallel ATA)	• 하드디스크, CD-ROM 등의 기억장치를 병렬로 연결하는 표준 인터페이스 • IDE, EIDE 방식이 포함됨
SCSI (Small Computer System Interface)	하드디스크, CD-ROM, 스캐너 등의 주변 기기를 직렬로 연결하는 표준 인터페이스
SATA (Serial ATA)	• 직렬 인터페이스 방식 • PATA 방식보다 편의성과 안정성이 향상되었고 핫 플러그(Hot Plug) 기능 지원 • 데이터 전송 속도가 빠름 • CMOS에서 지정하면 자동으로 Master와 Slave가 지정됨

(3) RAID(Redundant Array of Inexpensive Disks)
- 여러 개의 하드디스크를 모아서 하나의 하드디스크처럼 사용할 수 있도록 하는 기술이다.
- 장애 발생 시 자동으로 복구하여 백업 정책을 구현해 주는 기술이다.
- 미러링과 스트라이핑 기술을 결합하여 안정성과 속도를 향상한 디스크 연결 기술이다.

미러링(Mirroring)	실시간 백업 기능
스트라이핑(Striping)	데이터를 일정한 크기로 나누어 분산 저장하는 기능

(4) SSD(Solid State Drive)

- 반도체를 이용한 기억장치로 초고속 메모리 칩(Chip)에 데이터를 저장하는 방식이다.
- 하드디스크보다 속도가 빠르고 외부의 충격에도 강하다.
- 기계적 지연이나 에러의 확률, 발열, 소음, 전력 소모가 적다.
- 소형화·경량화를 할 수 있다.
- 기억 매체로 플래시 메모리나 DRAM을 이용하므로 배드 섹터(Bad Sector)의 발생 가능성이 낮다.

(5) 블루레이 디스크(Blu-ray Disc)

- HD급 고화질 비디오를 저장할 수 있는 차세대 광학 장치이다.
- 단층 구조는 한 면에 최대 25GB, 듀얼 구조는 50GB의 데이터를 기록한다.

03 기타 기억장치

(1) 캐시 메모리(Cache Memory)

- CPU와 주기억장치 사이에 위치하여 두 장치 사이의 속도 차이를 줄여서 처리 속도를 향상시키는 일종의 버퍼 메모리이다.
- SRAM이 사용되어 접근 속도가 매우 빠르다.
- 기본적인 성능은 캐시 적중률(Hit Ratio)로 표현한다.
- 캐시 적중률이 높을수록 컴퓨터 시스템의 전체 처리 속도가 향상된다.

▼ 캐시 적중률
- 캐시 적중률 = 적중 횟수 / 총 접근 횟수
- 캐시 적중률이 0.95~0.99일 때 우수하다고 평가한다.

(2) 가상 메모리(Virtual Memory)

- 보조기억장치의 일부를 주기억장치처럼 사용해서 주기억장치의 용량을 확대하여 사용하는 방법이다.
- 주기억장치보다 용량이 큰 프로그램을 실행할 때 유용하다.
- 가상 메모리 주소를 실제 메모리 주소로 변환하는 주소 매핑(Address Mapping) 작업이 필요하다.

(3) 연관 메모리(Associative Memory)

- 주소 대신 기억된 데이터의 내용을 이용하여 원하는 정보에 접근하는 기억장치이다.
- 가상 메모리나 캐시 메모리의 주소 변환 테이블에서 사용된다.

(4) 플래시 메모리(Flash Memory)

- 비휘발성 메모리인 EEPROM의 일종으로, 정보의 입·출력이 자유롭다.
- 데이터가 블록 단위로 저장된다.
- 전송 속도가 빠르고 전력 소모가 적다.
- 디지털카메라나 MP3, 개인용 정보 단말기, USB 드라이브 등 휴대용 기기에서 대용량 정보를 저장하는 용도로 사용한다.

개념 플러스   기억장치의 접근 속도와 용량

- 기억장치 접근 속도(빠른 순 → 느린 순): 레지스터 → 캐시 메모리 → 주기억장치 → 보조기억장치
- 기억장치 용량(큰 순 → 작은 순): 보조기억장치 → 주기억장치 → 캐시 메모리 → 레지스터

피라미드 (위에서부터): 레지스터 / 캐시 메모리 / 주기억장치 / 보조기억장치
- 위쪽: 고속, 고가, 소용량
- 아래쪽: 저속, 저가, 대용량

Warming UP 기출로 개념 확인

01 또 나올 문제

다음 중 RAM(Random Access Memory)에 대한 설명으로 옳은 것은?

① 주로 펌웨어(Firmware)를 저장한다.
② 주기적으로 재충전(Refresh)이 필요한 DRAM은 주기억장치로 사용된다.
③ 전원이 꺼져도 기억된 내용이 사라지지 않는 비휘발성 메모리로 읽기만 가능하다.
④ 컴퓨터의 기본적인 입·출력 프로그램, 자가진단 프로그램 등이 저장되어 있어 부팅 시 실행된다.

02

다음 중 펌웨어(Firmware)에 대한 설명으로 옳지 <u>않은</u> 것은?

① 하드웨어와 소프트웨어의 중간 형태로, 주로 하드디스크의 부트 레코드 부분에 저장된다.
② 하드웨어를 교체하지 않고 소프트웨어의 업그레이드로 기능을 향상시킬 수 있다.
③ 기계어 처리, 데이터 전송, 부동 소수점 연산, 채널 제어 등의 처리 루틴을 가지고 있다.
④ 하드웨어의 동작을 지시하는 소프트웨어이지만 하드웨어적으로 구성되어 하드웨어의 일부분으로도 볼 수 있다.

바로 보는 해설

01
| 오답 피하기 |
①, ③, ④ 모두 ROM에 대한 설명이다.

02
펌웨어(Firmware)는 ROM에 기록된다. 부트 레코드는 운영체제의 부트 로더 정보가 있는 영역으로 펌웨어와 관련이 없다.

| 정답 | 01 ②   02 ①

03
EIDE는 SATA(직렬 ATA) 방식이 아니라 일반적으로 PATA(병렬 ATA) 방식을 의미한다.

03
다음 중 컴퓨터에서 하드디스크를 연결하는 SATA 방식에 대한 설명으로 옳지 <u>않은</u> 것은?
① 직렬 인터페이스 방식을 사용한다.
② PATA 방식보다 데이터 전송 속도가 빠르다.
③ 핫 플러그인 기능을 지원한다.
④ EIDE는 일반적으로 SATA를 의미한다.

04
가상 메모리에 대한 설명이다. 연관 메모리는 기억장치에서 데이터를 찾을 때 주소가 아니라 기억된 내용의 일부를 이용하여 접근하는 기억장치이다.

04 (또 나올 문제)
다음 중 컴퓨터에서 사용하는 기억장치에 대한 설명으로 옳지 <u>않은</u> 것은?
① 플래시(Flash) 메모리는 비휘발성 기억장치로, 주로 디지털 카메라나 MP3, 개인용 정보 단말기, USB 드라이브 등 휴대용 기기에서 대용량 정보를 저장하는 용도로 사용된다.
② 하드디스크 인터페이스 방식은 EIDE, SATA, SCSI 방식 등이 있다.
③ 캐시(Cache) 메모리는 CPU와 주기억장치 사이에 위치하여 두 장치 간의 속도 차이를 줄여서 컴퓨터의 처리 속도를 빠르게 하기 위한 메모리이다.
④ 연관(Associative) 메모리는 보조기억장치를 마치 주기억장치와 같이 사용하여 실제 주기억장치 용량보다 기억 용량을 확대하여 사용하는 방법이다.

05
가상 메모리(Virtual Memory)는 주기억장치의 확장 기능으로, 접근 시간과는 관련이 없다.

05
다음 중 컴퓨터 시스템에서 사용하는 가상 메모리(Virtual Memory)에 대한 설명으로 옳지 <u>않은</u> 것은?
① 보조기억장치와 같은 큰 용량의 기억장치를 주기억장치처럼 사용하는 개념이다.
② 주기억장치의 용량보다 큰 프로그램의 실행을 가능하게 한다.
③ 주소 매핑(Mapping)이라는 작업이 필요하다.
④ 주기억장치의 접근 시간을 최소화하여 시스템의 처리 속도가 빨라진다.

| 정답 | 03 ④   04 ④   05 ④

| 빈출개념 | #바이오스 #CMOS #USB 포트

개념끝 026 기타 장치

01 입력장치

키보드	가장 기본적인 입력장치로 문자를 입력하는 장치
마우스	GUI 환경의 기본적인 입력장치
광학 마크 판독기(OMR)	용지에 연필이나 펜으로 표시한 것을 빛을 비추어 판독하는 장치로 시험 답안지나 설문조사용으로 이용
광학 문자 판독기(OCR)	사람이 쓰거나 인쇄한 문자를 빛을 비추어 판독하는 장치로 지로용지에 이용
자기 잉크 문자 판독기(MICR)	자기 잉크로 인쇄된 문자를 판독하는 장치로 수표나 어음에 이용
바코드 판독기(BCR)	바코드를 판독하는 장치로 POS 시스템에 이용
스캐너	그림이나 사진 등의 영상 정보를 파일로 읽어 들이는 장치
디지타이저/태블릿	입력되는 좌표를 판독하는 장치로 컴퓨터 그래픽이나 CAD에 이용
디지털카메라	촬영한 사진을 바로 이미지 파일로 변환하는 장치
터치스크린	사용자가 화면을 손으로 터치하여 명령을 실행하는 디스플레이 장치로 공공장소의 키오스크에 이용

▼ GUI(Graphical User Interface)
메뉴나 아이콘 등의 그래픽 요소를 마우스로 선택하여 작업하는 환경이다.

▼ POS(Point Of Sales)
상품을 판매하면서 바로 판매 정보의 등록, 집계, 분석이 가능한 시스템이다.

▼ 키오스크(Kiosk)
터치스크린을 통해 고객이 직접 화면을 터치해 주문하고 결제를 완료하는 시스템으로 백화점, 버스 터미널 등 공공장소에 설치되어 이용한다.

02 출력장치

(1) 모니터

CRT (음극선관)	• 전자빔을 쏘아 진공관 안쪽의 형광면에 충돌시켜 화면을 보여주는 장치 • 장점: 고해상도로 표시 속도가 빠르고 가격이 저렴 • 단점: 부피가 크고 눈이 쉽게 피로함
LCD (액정 디스플레이)	• 두 개의 유리기판 사이에 있는 액정 결정에 전압을 가해 화면에 보여주는 장치 • 장점: 휴대 및 이동이 간편하고 눈의 피로가 적음 • 단점: 보는 위치에 따라 선명도가 다름
PDP (플라즈마 디스플레이)	• 두 개의 유리기판 사이에 네온 및 아르곤 가스를 넣고 전압을 가해 화면에 보여주는 장치 • 장점: 가볍고 눈의 피로가 적으며 해상도가 높음 • 단점: 가격이 비쌈

l 모니터 관련 용어

픽셀(Pixel)	화면을 이루는 최소 단위
해상도(Resolution)	화면의 이미지를 얼마나 세밀하게 표시할 수 있는가를 나타내며, 픽셀의 수가 많아질수록 해상도는 높아짐
점 간격(Dot Pitch)	픽셀들 사이의 공간을 나타내는 것으로, 간격이 가까울수록 영상이 선명함
재생률(Refresh Rate)	화면을 유지하기 위해 1초에 전자빔을 쏘는 횟수로, 재생률이 높을수록 모니터의 깜빡임이 줄어듦
플리커 프리(Flicker Free)	70KHz 이상의 수직 주파수를 사용해 사람이 깜빡임 현상을 인식하지 못하게 하는 것으로, 깜빡임을 제거하여 눈의 피로와 두통을 줄이는 효과가 있음
모니터 크기	화면의 대각선 길이를 센티미터(cm) 단위로 나타냄

(2) 프린터

- **충격식 프린터**: 글자가 새겨진 활자나 금속 핀의 매트릭스로 리본에 충격을 가해 인쇄하는 방식으로 소음이 크다.

도트 매트릭스 프린터	잉크 리본에 충격을 가해 인쇄하는 방식
활자식 프린터	미리 만들어진 활자로 리본에 충격을 가해 인쇄하는 방식

- **비충격식 프린터**: 기계적 충격을 가하지 않고 인쇄하는 방식으로 소음이 거의 없다.

열전사 프린터	인쇄 헤드에 의해 리본을 녹여 인쇄하는 방식
감열 프린터	감열 용지를 변색시켜 인쇄하는 방식
잉크젯 프린터	잉크를 분사하여 인쇄하는 방식
레이저 프린터	복사기의 원리를 이용하여 토너 가루를 묻혀 인쇄하는 방식으로, 인쇄 속도가 빠름

개념 플러스   프린터 관련 단위

CPS(Characters Per Second)	1초에 인쇄하는 문자 수	인쇄 속도 단위
LPM(Lines Per Minute)	1분에 인쇄하는 라인 수	
PPM(Pages Per Minute)	1분에 인쇄하는 페이지 수	
DPI(Dots Per Inch)	1인치에 출력되는 점의 수	인쇄 해상도 단위

(3) 기타 출력장치

플로터	종이나 필름에 그래프나 도형, 도면 등을 출력하는 대형 출력장치
마이크로필름 출력장치 (COM)	대량의 정보를 축소하여 마이크로필름에 출력하는 장치

> **개념 플러스** 3D 프린터
> - 입력한 도면을 바탕으로 3차원 입체 물품을 만들어 내는 프린터이다.
> - 인쇄 원리는 잉크를 종이 표면에 분사하여 2D 이미지를 인쇄하는 잉크젯 프린터의 원리와 같다.
> - 프린터에 넣어준 재료를 녹여서 쌓아가면서 제품을 만드는 '적층형 방식'과, 큰 덩어리의 소재를 깎아 만드는 '절삭형 방식'이 있다.

03 바이오스(BIOS; Basic Input Output System)

- 기본 입·출력장치나 메모리 등 하드웨어 작동에 필요한 프로그램이다.
- EPROM이나 플래시 메모리 칩에 저장되어 있어 '펌웨어(Firmware)'라고 한다.
- 전원이 켜지면 자동으로 가장 먼저 기동되고, 기본 입·출력장치나 메모리 등 하드웨어의 이상 유무를 검사한다.
- 칩을 교환하지 않고도 업그레이드할 수 있다.

> **결정적 힌트**
> 컴퓨터는 중앙처리장치와 기억장치 외에도 아주 많은 장치로 구성되어 있습니다. 특히 바이오스와 CMOS는 매우 중요한 역할을 하는 장치로 많은 문제가 출제되었습니다. 조금 어렵고 생소하게 느껴질 수 있는 부분이지만 꼼꼼하게 학습하는 것이 필요합니다.

04 CMOS

- 부팅 시에 필요한 하드웨어 정보를 담고 있는 반도체이다.
- 일반적으로 Delete, F2 등을 이용하여 전원이 켜질 때 CMOS 셋업에 들어갈 수 있다.
- CMOS에서 설정할 수 있는 항목: 시스템 날짜와 시간, 칩셋 설정, 부팅 순서, 시스템 암호, 하드디스크의 타입 등
- 칩셋(Chip Set): 메인보드에 설치된 다양한 장치들을 여러 개 설정하면 비효율적이므로, 칩셋을 통하여 여러 가지 장치들을 제어하고 역할을 조율한다.

05 포트

컴퓨터와 주변 장치를 연결하기 위한 접속 부분을 의미한다.

PS/2 포트	마우스나 키보드 연결에 사용
USB (Universal Serial Bus) 포트	• 범용 직렬 장치를 연결하는 컴퓨터 인터페이스 • 허브를 이용하면 최대 127개의 주변 기기를 연결할 수 있음 • USB 1.1(12Mbps), USB 2.0(480Mbps), USB 3.0(5Gbps), USB 3.1(10Gbps)의 최대 전송 속도 가능 • 핫 플러그(Hot Plug) 기능과 플러그 앤 플레이(Plug & Play) 기능 모두 지원 • 직렬 포트보다 USB 포트의 데이터 전송 속도가 더 빠름 • USB 3.0은 파란색, USB 2.0 이하는 검정색 또는 흰색 사용
IEEE 1394	• 전기전자기술자협회(IEEE)에서 표준화한 직렬 인터페이스 • 컴퓨터와 디지털 가전기기를 연결해 데이터를 교환할 수 있게 하는 직렬 인터페이스 방식
IrDA	적외선을 이용하여 데이터를 전송하는 무선 직렬 포트
HDMI	• 영상 신호와 음향 신호를 압축하지 않고 통합하여 전송하는 고선명 멀티미디어 인터페이스 • S-비디오, 컴포지트 등의 아날로그 케이블보다 고품질의 음향 및 영상을 감상할 수 있음

> ▼ **핫 플러그(Hot Plug)**
> 시스템 전원이 켜져 있는 상태에서 하드웨어를 연결하거나 제거하는 것을 말한다.
>
> ▼ **플러그 앤 플레이(Plug & Play)**
> 컴퓨터에 새로운 하드웨어를 설치할 때 해당 하드웨어를 사용하는 데 필요한 시스템 환경을 자동으로 구성하는 기능이다.

06 하드웨어 관련 용어

(1) 인터럽트(Interrupt)

- 컴퓨터가 정상적인 작업을 수행하는 도중에 예기치 않은 일이 발생했을 때, 실행 중인 프로그램을 중단하고 발생된 일을 먼저 처리한 후 중단했던 프로그램으로 다시 복귀하여 정상적으로 처리하는 것을 말한다.
- 인터럽트는 외부 인터럽트, 내부 인터럽트, 소프트웨어 인터럽트로 구분한다.

외부 인터럽트	전원 이상 인터럽트, 외부 신호 인터럽트, 기계 착오 인터럽트, 입·출력 인터럽트 등
내부 인터럽트	잘못된 명령이나 잘못된 데이터를 사용할 때 발생하며, 트랩(Trap)이라고도 함
소프트웨어 인터럽트	사용자가 프로그램을 실행시키거나 감시 프로그램(Supervisor)을 호출하는 동작을 수행하는 경우

> **개념 플러스**　IRQ(Interrupt ReQuest)
> - 인터럽트를 요청하는 신호로, IRQ가 발생하면 인터럽트 우선순위에 따라 처리한다.
> - 두 개 이상의 하드웨어가 같은 IRQ를 사용하면 충돌이 발생하게 된다.

(2) 채널(Channel)

- CPU 대신 주변 장치에 대한 입·출력을 관리하는 입·출력 전용 프로세서로, CPU와 입·출력장치 사이의 속도 차이로 인한 문제점을 해결한다.
- 채널에는 셀렉터 채널, 멀티플렉서 채널, 블록 멀티플렉서 채널이 있다.

셀렉터 채널	고속 입·출력장치에 사용, 한 개의 장치 독점
멀티플렉서 채널	저속 입·출력장치에 사용, 여러 개의 장치 제어
블록 멀티플렉서 채널	셀렉터 채널과 멀티플렉서 채널의 장점을 혼합

(3) DMA(Direct Memory Access)

CPU의 간섭 없이 주기억장치와 입·출력장치 사이에서 직접 전송이 이루어지는 방식이다.

(4) 버스(Bus)

컴퓨터에서 데이터를 주고받는 통로로, 사용 용도에 따라 내부 버스, 외부 버스, 확장 버스로 구분한다.

내부 버스	CPU 내부에서 레지스터 간을 연결하는 버스
외부 버스	• CPU와 주변 장치를 연결하는 버스 • 데이터 버스, 주소 버스, 제어 버스로 구분
확장 버스	메인보드에서 지원하는 기능 외에 다른 기능을 지원하는 장치를 연결하는 버스

▼ 확장 버스
끼울 수 있는 형태로 '확장 슬롯'이라고도 한다.

Warming UP  기출로 개념 확인 | 바로 보는 해설

01 또 나올 문제

다음 중 BIOS(Basic Input Output System)에 대한 설명으로 옳지 <u>않은</u> 것은?

① BIOS는 메인보드에 위치한 EPROM, 혹은 플래시 메모리 칩에 저장되어 있다.
② 컴퓨터의 전원을 켜면 자동으로 가장 먼저 기동되며, 기본 입·출력장치나 메모리 등 하드웨어의 이상 유무를 검사한다.
③ CMOS 셋업 프로그램을 이용하여 시스템의 날짜와 시간, 부팅 순서 등 일부 BIOS 정보를 설정할 수 있다.
④ 주기억장치의 접근 속도 개선을 위한 가상 메모리의 페이징 파일 크기를 설정할 수 있다.

01
가상 메모리는 보조기억장치를 주기억장치처럼 사용하는 메모리로, BIOS와 관련 없다. 가상 메모리의 페이징 파일 크기는 [시작()]-[제어판]-[시스템]-[고급 시스템 설정]을 선택하고 [시스템 속성] 대화상자의 [고급] 탭에서 '성능'의 [설정] 단추를 클릭하여 [성능 옵션] 대화상자를 연 후 [고급] 탭의 '가상 메모리'에서 설정할 수 있다.

02

다음 중 컴퓨터 메인보드에 사용되는 칩셋(Chip Set)에 대한 설명으로 옳은 것은?

① 컴퓨터를 구성하는 모든 장치들이 장착되고 연결되는 기판이다.
② 메인보드에 장착되어 있는 각 장치들을 제어하고 역할을 조율한다.
③ CPU와 주변 장치 간의 데이터 전송에 사용되는 통로 역할을 한다.
④ 메인보드에 주변 장치를 연결하기 위한 접속 부분을 말한다.

02
칩셋(Chip Set)은 메인보드에 설치된 대규모 집적 회로군으로, 메인보드의 핵심이다.
| 오답 피하기 |
① 메인보드(Mainboard) 또는 마더보드(Motherboard)에 대한 설명이다.
③ 시스템 버스 중 데이터 버스(Data Bus)에 대한 설명이다.
④ 포트(Port)에 대한 설명이다.

| 정답 | 01 ④ 02 ②

03

다음 중 컴퓨터의 CMOS에서 설정할 수 있는 항목으로 옳지 <u>않은</u> 것은?

① 시스템 날짜와 시간
② 칩셋 설정
③ 부팅 순서
④ Windows 로그인 암호 변경

> **03**
> Windows 로그인 암호는 [시작(⊞)]-[설정]-[계정]-[로그인 옵션]에서 변경한다.

04

다음 중 컴퓨터 시스템에서 사용하는 채널(Channel)에 대한 설명으로 옳지 <u>않은</u> 것은?

① CPU와 입·출력장치 사이의 속도 차이 때문에 발생하는 문제점을 해결하기 위한 것이다.
② 입·출력 작업이 끝나면 CPU에게 인터럽트 신호를 보낸다.
③ 멀티플렉서 채널은 고속 입·출력장치에 사용되며 한 개의 장치를 독점하여 처리하는 방식이다.
④ 채널에는 셀렉터(Selector), 멀티플렉서(Multiplexer), 블록 멀티플렉서(Block Multiplexer) 등이 있다.

> **04**
> 멀티플렉서 채널은 저속 입·출력장치를 동시에 여러 개 연결하여 처리하는 방식이다.

| 정답 | 03 ④ 04 ③

| 빈출개념 |　#컴퓨터의 문제 해결　#디스크 정리　#드라이브 조각 모음 및 최적화

개념끝 027 컴퓨터 관리와 문제 해결

기출빈도

01 컴퓨터 관리

- 직사광선과 습기가 많거나 자성이 강한 물체가 있는 곳은 피하여 설치한다.
- 컴퓨터 전용 전원 장치를 단독으로 사용하고, 전원을 끌 때는 사용 중인 프로그램을 먼저 종료해야 한다.
- 컴퓨터의 성능 향상을 위해 주기적으로 오류 검사, 디스크 정리, 드라이브 조각 모음 및 최적화 등을 실행하는 것이 좋다.
- 외장 하드디스크의 주위에 강한 자성 물체를 놓지 않는다.
- 예상치 않은 상황에 대비하여 주기적으로 백업을 한다.
- 무정전 전원 공급장치(UPS): 갑자기 정전되었을 때 이를 감지하여 빠르게 전원을 공급하는 장치이다.
- 자동 전압 조절기(AVR): 컴퓨터 시스템 운영 시 전압이 일정하게 유지되도록 조절해 주는 장치이다.

> **결정적 힌트**
> 컴퓨터를 사용하다 보면 많은 문제가 발생합니다. 이런 경우를 대비하기 위해 컴퓨터 관리법과 문제 해결 방법을 잘 알아두는 것이 필요합니다. 실생활에서도 유용하게 활용할 수 있고 문제도 많이 출제되는 부분입니다.

02 컴퓨터의 문제 해결

메모리가 부족한 경우	• 불필요한 프로그램을 종료 • 시스템 재부팅 • 불필요한 시작 프로그램 삭제
하드디스크 용량이 부족한 경우	• 디스크 정리를 수행하여 불필요한 파일을 삭제 • 사용하지 않는 Windows 구성 요소와 응용 프로그램을 제거 • 사용 빈도가 낮은 파일은 백업한 후 하드디스크에서 삭제 • 휴지통 비우기를 실행
하드디스크 인식이 안 되는 경우	• 백신 프로그램으로 바이러스 감염을 확인 • 하드디스크 전원의 연결 상태를 점검 • CMOS 셋업에서 하드디스크 설정 내용을 확인 • USB나 CD-ROM으로 부팅이 되면 하드디스크 손상 점검 후 운영체제를 다시 설치
시스템의 속도가 느려진 경우	드라이브 조각 모음 및 최적화를 수행하여 하드디스크의 단편화를 제거
모니터 화면이 보이지 않는 경우	모니터의 전원 및 연결 부분을 점검
인쇄가 수행되지 않는 경우	• 프린터의 전원이나 케이블의 연결 상태 확인 • 프린터 드라이버 재설치 • 프린터의 기종과 등록 정보가 올바르게 설정되어 있는지 확인 • 스풀 공간이 부족하면 하드디스크에서 스풀 공간 확보 • 스풀 오류가 발생하면 프린터 스풀러 서비스를 중지하고 저장소의 파일을 삭제한 후 다시 인쇄해야 함

> **개념 플러스** 　**백화 현상(白化現象)**
>
> 모니터의 전원이 정상적으로 들어왔지만 화면이 하얗게 나오는 현상으로, 모니터의 액정 패널이나 메인보드의 문제 때문에 발생한다.

03 컴퓨터 업그레이드

- 컴퓨터 처리 성능의 개선을 위해 하드웨어를 업그레이드한다.
- 컴퓨터의 처리 속도가 느려지거나 제대로 동작하지 않으면 상황에 따라 RAM 업그레이드가 필요하다.
- 하드디스크를 교체할 때는 연결 방식의 종류와 버전을 확인해야 한다.
- 장치 제어기를 업그레이드하면 하드웨어를 교체하지 않고 향상된 기능으로 하드웨어를 사용할 수 있다.
- 수치가 클수록 좋은 것: CPU 클록 속도, 하드디스크 용량 등
- 수치가 작을수록 좋은 것: RAM, HDD와 같은 기억장치의 접근 시간

> **개념 플러스** 　**컴퓨터 사양의 예**
>
> | 프로세서의 종류 | Intel Core i5-8세대 |
> |---|---|
> | 그래픽 카드의 종류 | Intel UHD Graphics 620 |
> | RAM의 용량과 종류 | 16GB DDR4 RAM |
> | 저장장치의 용량과 종류 | SSD 256GB |

결정적 힌트

오류 검사, 디스크 정리, 드라이브 조각 모음 및 최적화의 목적을 이해하고 특히 오류 검사나 드라이브 조각 모음을 할 수 없는 경우를 이해하도록 합니다.

04 시스템 최적화

(1) 오류 검사

파일과 폴더 및 디스크의 논리적 오류와 물리적 오류를 검사하여 발견된 오류를 복구하는 기능이다.

| 실행 방법

방법	파일 탐색기에서 드라이브의 바로 가기 메뉴 [속성] 선택 → [도구] 탭에서 [검사] 클릭

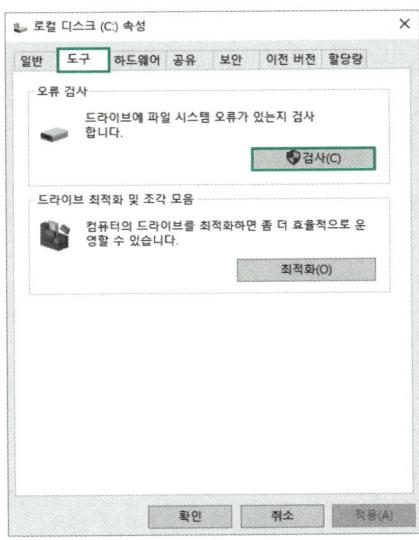

- **오류 검사를 할 수 없는 경우**: CD-ROM, 네트워크 드라이브
- 하드디스크 자체의 물리적 오류를 찾아서 복구하므로 완료하는 데 시간이 오래 걸릴 수 있다.
- 하드디스크 드라이브를 검사하는 동안에도 드라이브를 계속 사용할 수 있다.
- 시스템 성능 향상을 위해 정기적으로 수행하는 것이 좋다.

(2) 디스크 정리

불필요한 파일을 삭제하여 디스크의 사용 가능한 공간을 좀 더 넓게 확보하는 기능이다.

실행 방법

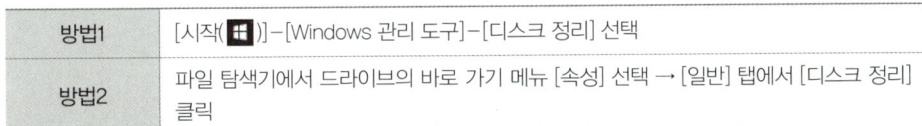

방법1	[시작(■)]-[Windows 관리 도구]-[디스크 정리] 선택
방법2	파일 탐색기에서 드라이브의 바로 가기 메뉴 [속성] 선택 → [일반] 탭에서 [디스크 정리] 클릭

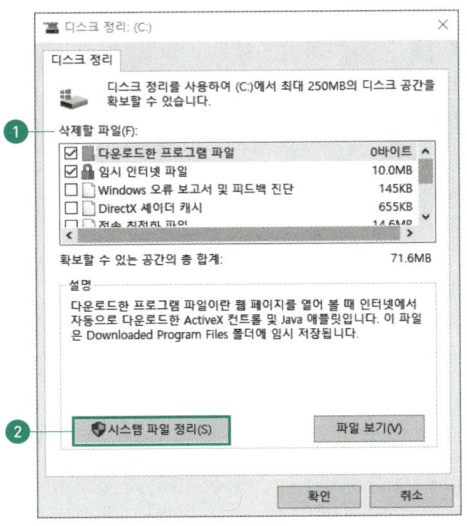
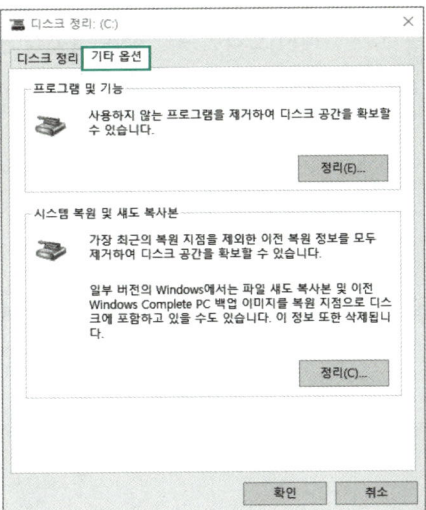

❶ 삭제할 파일	다운로드한 프로그램 파일, 임시 인터넷 파일, Windows 오류 보고서 및 피드백 진단, DirectX 셰이더 캐시, 전송 최적화 파일, 휴지통, 임시 파일, 미리 보기 사진 등
❷ 시스템 파일 정리	[시스템 파일 정리]를 클릭한 후 [기타 옵션] 탭에서 사용하지 않는 프로그램이나 가장 최근의 복원 지점을 제외한 이전 복원 정보를 제거하여 디스크 공간을 확보할 수 있음

(3) 드라이브 조각 모음 및 최적화

디스크에 단편화되어 조각난 파일들을 모아서 디스크의 실행 속도를 높여준다.

| 실행 방법

방법1	[시작(▦)]-[Windows 관리 도구]-[드라이브 조각 모음 및 최적화] 선택
방법2	파일 탐색기에서 드라이브의 바로 가기 메뉴 [속성] 선택 → [도구] 탭에서 [최적화] 클릭

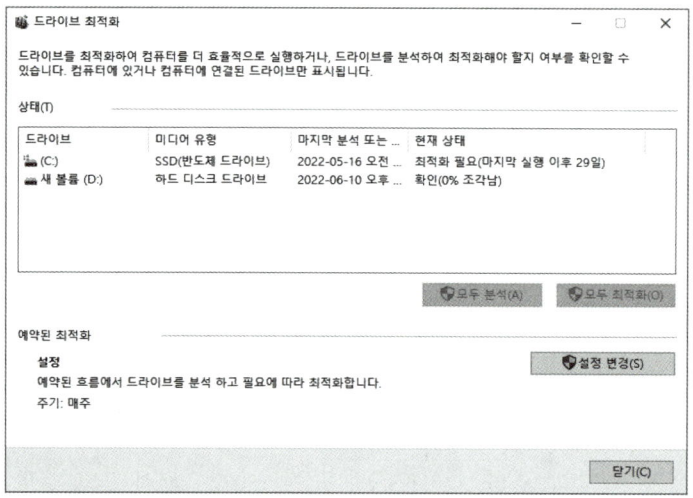

- **디스크 조각 모음을 할 수 없는 경우: CD-ROM 드라이브, 네트워크 드라이브, Windows가 지원하지 않는 형식의 압축 프로그램 등**
- USB 플래시 드라이브와 같은 이동식 저장장치도 조각화될 수 있다.
- 수행 후에는 디스크의 접근 속도를 높여주지만, 용량이 증가하는 것은 아니다.
- [드라이브 최적화] 대화상자에서 [설정 변경]을 클릭한 후 빈도(매일, 매주, 매월)를 지정하여 자동으로 실행되도록 예약할 수 있다.

Warming UP 기출로 개념 확인

01

다음 중 컴퓨터에 설치된 프린터에서 인쇄가 수행되지 않을 경우의 문제 해결 방법으로 옳지 않은 것은?

① 프린터 케이블의 연결 상태가 정상인지 확인한다.
② 프린터의 기종과 프린터의 등록 정보가 올바르게 설정되어 있는지 확인한다.
③ 프린터의 스풀 공간이 부족하여 에러가 발생한 경우에는 하드디스크에서 스풀 공간을 확보한다.
④ CMOS 셋업에서 프린터의 설정이 제대로 되어 있는지 시험 인쇄를 하여 확인한다.

바로 보는 해설

01
CMOS 셋업은 컴퓨터의 하드웨어 사양을 CMOS RAM에 기록하는 작업으로, 프린터를 설정하는 메뉴는 없다.

02 (또 나올 문제)

다음 중 Windows 10에서 하드디스크의 용량 부족 문제가 발생했을 때의 해결 방법으로 적절하지 않은 것은?

① 사용 빈도가 낮은 파일은 백업한 후 하드디스크에서 삭제한다.
② 바이러스에 감염된 파일을 모두 삭제한다.
③ 사용하지 않는 Windows 구성 요소를 제거한다.
④ 디스크 정리를 수행하여 불필요한 파일을 삭제한다.

02
바이러스에 감염된 파일은 먼저 백신으로 치료하고, 치료가 불가능할 때는 추가적인 감염을 예방하기 위하여 삭제해야 한다.

03 (또 나올 문제)

다음 중 '드라이브 조각 모음 및 최적화'를 수행할 수 있는 대상으로 옳은 것은?

① CD-ROM 드라이브
② Windows가 지원하지 않는 형식의 압축 프로그램
③ 외장 하드디스크 드라이브
④ 네트워크 드라이브

03
외장 하드디스크 드라이브는 '드라이브 조각 모음 및 최적화'를 수행할 수 있다. '드라이브 조각 모음 및 최적화'는 분산되어 저장된 파일들을 연속된 공간으로 최적화시켜서 디스크의 접근 속도를 향상시키는 기능이다

| 정답 | 01 ④   02 ②   03 ③

기출선지 OX 퀴즈

CHAPTER 3   컴퓨터 시스템 활용

01   1952년 폰 노이만이 프로그램 내장 방식과 2진 연산 방식을 적용하여 제작한 초창기 전자식 계산기는   (O / X)
유니박(UNIVAC)이다.

02   일괄 처리 시스템은 4세대 컴퓨터의 특징이다.   (O / X)

03   디지털 컴퓨터는 데이터의 각 자리마다 0 혹은 1의 비트로 표현한 이산적인 데이터를 처리한다.   (O / X)

04   ASCII 코드는 데이터 통신용으로 사용하며, 128가지의 문자를 표현할 수 있다.   (O / X)

05   EBCDIC 코드는 최대 64개의 문자 표현이 가능하다.   (O / X)

06   유니코드는 최대 65,536자의 글자를 코드화할 수 있다.   (O / X)

07   해밍 코드는 잘못된 정보를 체크하고 오류를 검출하여 다시 교정할 수 있는 코드이다.   (O / X)

08   표준 BCD 코드는 2개의 Zone 비트와 4개의 Digit 비트로 구성되며, 영문 대문자와 소문자를 포함하여   (O / X)
64개의 문자를 표현할 수 있다.

09   10진수 1,024를 2진수로 표현하면 10000000000이다.   (O / X)

10   16진수는 0~9까지의 숫자와 A~F까지의 문자로 표현하는 진법으로, 한 자릿수를 표현하는 데 네 개의   (O / X)
비트가 필요하다

11   8진수를 16진수로 변환하려면 8진수를 뒤에서부터 두 자리씩 자른 후 각각 16진수를 한 자리로 계산한다.   (O / X)

12   부호기(Encoder) 레지스터는 해독된 명령어에 따라 각 장치로 보낼 제어 신호를 생성한다.   (O / X)

13   프로그램 카운터는 프로그램의 실행된 명령어의 개수를 계산한다.   (O / X)

14   펌웨어는 하드웨어적으로 구성되어 하드웨어의 일부분으로도 볼 수 있다.   (O / X)

15   레지스터는 메모리 중에서 가장 속도가 느리며, 플립플롭이나 래치 등으로 구성된다.   (O / X)

16   마이크로프로세서는 개인용 컴퓨터의 중앙처리장치로 사용된다.   (O / X)

17   임베디드 시스템은 특정 기능을 수행하기 위하여 전체 장치의 일부분으로 내장되는 전자 시스템이다.   (O / X)

한판으로 복습한다!

18 RAM(Random Access Memory)은 전원이 꺼져도 기억된 내용이 사라지지 않는 비휘발성 메모리로 읽기만 가능하다. (O / X)

19 반도체를 이용한 컴퓨터 보조기억장치로, 크기가 작고, 충격에 강하며, 소음 발생이 없는 대용량 저장장치는 SSD이다. (O / X)

20 SATA 방식은 직렬 인터페이스 방식을 사용한다. (O / X)

21 마이크로프로세서는 제어 장치, 연산 장치, 주기억장치가 하나의 반도체 칩에 내장된 장치이다. (O / X)

22 연관 메모리는 보조기억장치를 마치 주기억장치와 같이 사용하여 실제 주기억장치 용량보다 기억 용량을 확대하여 사용하는 방법이다. (O / X)

23 가상 메모리는 주기억장치의 접근 시간을 최소화하여 시스템의 처리 속도가 빨라진다. (O / X)

24 하드디스크 인터페이스 방식은 EIDE, SATA, SCSI 방식 등이 있다. (O / X)

25 BIOS는 메인보드에 위치한 EPROM, 혹은 플래시 메모리 칩에 저장되어 있다. (O / X)

26 칩셋(Chip Set)은 메인보드에 주변 장치를 연결하기 위한 접속 부분을 말한다. (O / X)

27 CMOS에서 Windows 로그인 암호를 변경할 수 있다. (O / X)

28 픽셀은 화면을 이루는 최소 단위로서 같은 크기의 화면에서 픽셀 수가 많을수록 해상도가 높아진다. (O / X)

29 하드디스크의 용량 부족 문제가 발생하면 사용하지 않는 Windows 구성 요소를 제거한다. (O / X)

30 프린터에서 인쇄가 수행되지 않으면 CMOS 셋업에서 프린터의 설정이 제대로 되어 있는지 시험 인쇄하여 확인한다. (O / X)

| 정답 |

01	X	02	X	03	O	04	O	05	X	06	O	07	O	08	X	09	O	10	O
11	X	12	O	13	X	14	O	15	X	16	O	17	O	18	X	19	O	20	O
21	X	22	X	23	X	24	O	25	O	26	X	27	X	28	O	29	O	30	X

CHAPTER 3 | 컴퓨터 시스템 활용

Build UP 기출로 개념 강화

개념끝 021 컴퓨터의 발전과 분류

01
다음 중 컴퓨터의 발전 과정에 대한 설명으로 옳지 <u>않은</u> 것은?
① 파스칼의 계산기는 사칙연산이 가능한 최초의 기계식 계산기이다.
② 천공카드 시스템은 홀러리스가 개발한 것으로 인구통계 및 국세 조사에 이용되었다.
③ EDSAC은 최초로 프로그램 내장 방식을 도입하였다.
④ UNIVAC-1은 최초의 상업용 전자계산기이다.

02 (또 나올 문제)
다음 중 아날로그 신호와 디지털 신호에 대한 설명으로 옳지 <u>않은</u> 것은?
① 범용 컴퓨터는 아날로그 신호를 취급하기 때문에 정밀도가 제한적이다.
② 아날로그 신호는 시간에 따라 크기가 연속적으로 변하는 정보를 말한다.
③ 디지털 신호는 시간에 따라 이산적으로 변하는 정보를 말한다.
④ 아날로그 신호는 연속된 곡선이나 직선 그래프로 표현할 수 있다.

개념끝 022 자료의 표현과 처리

03
다음 중 컴퓨터의 계산 속도 단위가 느린 것에서 빠른 순서대로 옳게 나열된 것은?
① ms → ns → ps → μs
② ps → ns → ms → μs
③ μs → ms → ns → ps
④ ms → μs → ns → ps

04
다음 중 컴퓨터의 수 연산에서 사용되는 보수(Complement)에 대한 설명으로 옳지 <u>않은</u> 것은?
① 보수는 컴퓨터 연산에서 덧셈 연산을 이용하여 뺄셈을 수행하기 위해 사용한다.
② N진법에는 N의 보수와 N-1의 보수가 존재한다.
③ 2진수 1010의 1의 보수는 0을 1로, 1을 0으로 바꾼 0101에 1을 더한 것이다.
④ 2진수 10101의 2의 보수는 01011이다.

05 또 나올 문제

다음 중 컴퓨터에서 사용하는 자료의 외부적 표현 방식에 대한 설명으로 옳은 것은?

① ASCII는 데이터 통신용이나 개인용 컴퓨터에서 사용하며, 128가지의 문자를 표현할 수 있다.
② BCD는 8비트로 구성되어 있으며, 하나의 문자를 표현할 수 있다.
③ EBCDIC는 대형 컴퓨터에서 사용되는 범용 코드이며, 6비트로 구성되어 있다.
④ Unicode는 국제 표준 코드로 최대 256가지의 문자 표현이 가능하다.

바로 보는 해설

01 파스칼(Pascal)의 계산기는 덧셈과 뺄셈만 가능하며, 사칙연산이 가능한 최초의 기계식 계산기는 라이프니츠(Leibniz)의 계산기이다.

02 범용 컴퓨터(General Computer)는 디지털 신호를 취급한다. 아날로그 신호를 취급하기 때문에 정밀도가 제한적인 것은 아날로그 컴퓨터이다.

03 처리 속도 단위(느림 → 빠름): $ms(10^{-3})$ → $\mu s(10^{-6})$ → $ns(10^{-9})$ → $ps(10^{-12})$ → $fs(10^{-15})$ → $as(10^{-18})$

04 부호화 2의 보수에 대한 설명이다. 부호화 1의 보수 방식은 1은 0으로, 0은 1로 바꾸는 방식으로, '1010'의 1의 보수는 '0101'이다.

05 ASCII 코드는 7비트로 구성되어 128가지의 문자 표현이 가능하며 주로 개인용 컴퓨터와 데이터 통신에서 사용된다.

| 오답 피하기 |
② BCD: 6비트로 구성되어 64가지의 문자 표현이 가능하며, 대소문자를 구별할 수 없다.
③ EBCDIC: 8비트로 구성되어 256가지의 문자 표현이 가능하며 대형 컴퓨터에서 주로 사용된다.
④ Unicode: 컴퓨터에서 세계 각국의 언어를 16비트로 표현할 수 있는 국제 표준 코드이다.

06 정수 45를 2진수로 변환 → 101101
소수 0.1875를 2진수로 변환
0.1875×2 = 0.375 → 0
0.375×2 = 0.75 → 0
0.75×2 = 1.5 → 1
0.5×2 = 1.0 → 1
→ 소수 부분은 .0011이다.

개념끝 023 진법 변환

06

다음 중 10진수 45.1875를 2진수로 바르게 변환한 것은?

① $101100.0011_{(2)}$
② $101100.0101_{(2)}$
③ $101101.0011_{(2)}$
④ $101101.0101_{(2)}$

| 정답 | 01 ① 02 ① 03 ④ 04 ③ 05 ①
06 ③

개념끝 024 중앙처리장치

07 또 나올 문제

다음 중 컴퓨터의 연산장치에 있는 레지스터에 대한 설명으로 옳지 않은 것은?

① 2진수 덧셈을 수행하는 가산기(Adder)가 있다.
② 뺄셈을 수행하기 위해 입력된 값을 보수로 변환하는 보수기(Complementor)가 있다.
③ 연산 결과를 일시적으로 저장하는 누산기(Accumulator)가 있다.
④ 연산에 사용될 데이터를 기억하는 상태 레지스터(Status Register)가 있다.

08

다음 중 컴퓨터를 구성하는 CPU와 관련된 RISC 프로세서에 대한 설명으로 옳지 않은 것은?

① CISC 프로세서에 비해 주소 지정 모드와 명령어의 종류가 적다.
② CISC 프로세서에 비해 프로그래밍이 어려운 반면 처리 속도가 빠르다.
③ CISC 프로세서에 비해 생산 가격이 비싸고 소비 전력이 높다.
④ 고성능의 워크스테이션이나 그래픽용 컴퓨터에 많이 사용된다.

개념끝 025 기억장치

09 또 나올 문제

다음 중 컴퓨터 및 정보기기에서 사용하는 펌웨어(Firmware)에 대한 설명으로 옳은 것은?

① 주로 하드디스크의 부트 레코드 부분에 저장된다.
② 인터프리터 방식으로 번역되어 실행된다.
③ 운영체제의 일부로 입·출력을 전담한다.
④ 소프트웨어의 업그레이드만으로도 기능을 향상시킬 수 있다.

10

다음 중 컴퓨터 주기억장치로 사용되는 SRAM과 DRAM에 대한 설명으로 옳지 않은 것은?

① SRAM은 주로 콘덴서로 구성되며, 재충전이 필요하다.
② SRAM은 DRAM보다 전력 소모가 많으나, 접근 속도가 빠르다.
③ DRAM은 SRAM보다 집적도가 높아 일반적인 주기억장치로 사용된다.
④ SRAM은 전원이 공급되는 동안 기억 내용이 유지된다.

11 또 나올 문제

다음 중 컴퓨터에서 사용하는 기억장치에 대한 설명으로 옳지 않은 것은?

① 플래시 메모리는 EEPROM의 일종으로 비휘발성 메모리이다.
② 연관 메모리는 주소 대신에 기억된 내용의 일부를 이용하여 접근하는 장치이다.
③ 가상 메모리는 보조기억장치의 일부를 주기억장치처럼 사용하여 처리 속도가 향상된다.
④ 캐시 메모리는 CPU와 주기억장치 사이에 위치하여 처리 속도를 향상시키는 역할을 한다.

12 또 나올 문제

다음 중 컴퓨터 기억장치와 관련하여 캐시 메모리(Cache Memory)에 대한 설명으로 옳지 <u>않은</u> 것은?

① 컴퓨터의 CPU 내부에 비휘발성 메모리로 구성되며 고속 액세스가 가능한 기억장치이다.
② 캐시 메모리는 DRAM보다 접근 속도가 빠른 SRAM 등이 사용되며 주기억장치보다 소용량으로 구성된다.
③ 속도가 빠른 중앙처리장치와 상대적으로 속도가 느린 주기억장치 사이에 위치하며 컴퓨터 처리의 속도를 향상시키는 역할을 한다.
④ 캐시 메모리의 효율성은 적중률(Hit Ratio)로 나타낼 수 있으며, 적중률이 높을수록 시스템의 전체적인 속도가 향상된다.

개념끝 026 기타 장치

13 또 나올 문제

다음 중 CMOS와 BIOS에 대한 설명으로 옳지 <u>않은</u> 것은?

① 일반적으로 부팅 시 Delete 또는 F2 등을 눌러 CMOS 셋업 프로그램을 실행할 수 있다.
② BIOS는 POST, 시스템 초기화, 시스템 부트 등을 수행하는 제어 프로그램이다.
③ BIOS는 CMOS에 저장되어 있다.
④ CMOS는 부팅 시에 필요한 하드웨어 정보를 담고 있는 반도체이다.

바로 보는 해설

07 상태 레지스터는 연산 실행 결과의 자리 올림이나 오버플로(Overflow) 등의 다양한 상태(= 플래그 레지스터)를, 데이터 레지스터는 연산에 사용될 데이터를 기억하는 레지스터이다.

08 • RISC(Reduced Instruction Set Computer): 적은 명령어로 프로그램 구현이 어려우나 처리 속도가 빠르다. 생산 가격이 싸고 소비 전력이 낮으며, 성능이 좋은 그래픽용이나 워크스테이션에서 주로 사용한다.
• CISC(Complex Instruction Set Computer): 많은 종류의 명령어와 주소 지정 모드를 지원한다. 프로그램 구현이 수월하나 처리 속도가 느리다.

09 펌웨어(Firmware)는 하드웨어의 동작을 지시하는 소프트웨어로서 하드웨어와 소프트웨어의 중간에 해당되고, 하드웨어의 교체 없이 소프트웨어 업그레이드만으로 시스템의 성능을 높이기 위한 목적으로 사용된다.

10 • SRAM은 주로 트랜지스터로 구성되며, 재충전이 필요 없다.
• DRAM은 주로 콘덴서로 구성되며, 재충전이 필요하다.

11 가상메모리는 주기억장치의 용량을 확대하여 사용하는 기법으로 처리 속도는 저하될 수 있다.

12 캐시 메모리는 휘발성 메모리로 구성되며 고속 액세스가 가능한 기억장치이다.

13 BIOS(Basic Input Output System)는 기본 입·출력장치나 메모리 등 하드웨어 작동에 필요한 명령을 모아놓은 프로그램으로, ROM에 저장되어 있다.

| 정답 | 07 ④　08 ③　09 ④　10 ①　11 ③　12 ①　13 ③

14

다음 중 컴퓨터 메인보드의 버스(Bus)에 대한 설명으로 옳지 않은 것은?

① 컴퓨터에서 데이터를 주고받는 통로로, 사용 용도에 따라 내부 버스, 외부 버스, 확장 버스로 구분된다.
② 내부 버스는 CPU와 주변 장치 간의 데이터 전송에 사용되는 통로이다.
③ 외부 버스는 전달하는 신호의 형태에 따라 데이터 버스, 주소 버스, 제어 버스로 구분된다.
④ 확장 버스는 메인보드에서 지원하는 기능 외에 다른 기능을 지원하는 장치를 연결하는 부분으로, 끼울 수 있는 형태이기에 '확장 슬롯'이라고도 한다.

15

다음 중 Windows에서 사용하는 USB(Universal Serial Bus)에 대한 설명으로 옳은 것은?

① USB는 범용 병렬 장치를 연결할 수 있게 해주는 컴퓨터 인터페이스이다.
② 핫 플러그인(Hot Plug-In) 기능은 지원하지 않으나 플러그 앤 플레이(Plug & Play) 기능은 지원한다.
③ USB 3.0은 이론적으로 최대 5Gbps의 전송 속도를 가지며, PC 및 연결기기, 케이블 등의 모든 USB 3.0 단자는 파란색으로 되어 있어 이전 버전과 구분이 된다.
④ 허브를 이용하여 하나의 USB 포트에 여러 개의 주변 기기를 연결할 수 있으며, 최대 256개까지 연결할 수 있다.

16

다음 중 컴퓨터에서 사용하는 모니터에 대한 설명으로 옳지 않은 것은?

① 모니터 해상도는 픽셀(Pixel) 수에 따라 결정된다.
② 모니터 크기는 화면의 가로와 세로 길이를 더한 값이다.
③ 재생률(Refresh Rate)이 높을수록 모니터의 깜박임이 줄어든다.
④ 플리커 프리(Flicker Free)가 적용된 모니터의 경우 눈의 피로를 줄일 수 있다.

개념끝 027 컴퓨터 관리와 문제 해결

17

다음 중 PC 관리에 대한 설명으로 옳지 않은 것은?

① 직사광선과 습기가 많거나 자성이 강한 물체가 있는 곳은 피하는 것이 좋다.
② 무정전 전원 공급장치(UPS)를 설치하면 전압이나 전류가 갑자기 증가할 경우 발생할 수 있는 시스템 손상을 방지할 수 있다.
③ 컴퓨터 전용 전원 장치를 단독으로 사용하고, 전원을 끌 때는 사용 중인 프로그램을 먼저 종료하는 것이 좋다.
④ 컴퓨터의 성능 향상을 위해 주기적으로 디스크 정리, 드라이브 오류 검사, 드라이브 조각 모음 및 최적화 등을 실행하는 것이 좋다.

18

다음 중 컴퓨터가 하드디스크를 인식하지 못하는 경우의 대처 방법으로 가장 적절하지 않은 것은?

① 디스크 조각 모음을 수행하여 단편화를 제거한다.
② CMOS Setup에서의 하드디스크 설정 내용을 확인한다.
③ 백신 프로그램으로 바이러스에 의한 것인지 점검한다.
④ 하드디스크 전원의 연결 상태를 점검한다.

19

다음 중 컴퓨터의 이상 증상과 해결 방법의 연결이 가장 적절하지 <u>않은</u> 것은?

① 하드디스크로 부팅이 되지 않는 경우: USB나 CD-ROM으로 부팅이 되면 하드디스크 손상 점검 후 운영체제 다시 설치
② 모니터 화면이 보이지 않는 경우: 모니터의 전원 및 연결 부분 점검
③ 프린터가 작동되지 않는 경우: 프린터와 컴퓨터 연결 부분 확인 및 프린터 드라이버 재설치
④ 컴퓨터 속도가 심하게 느려진 경우: 메인보드 또는 하드디스크 교체

20

다음 중 컴퓨터의 클록 주파수에 대한 설명으로 옳지 <u>않은</u> 것은?

① 컴퓨터는 전류가 흐르는 상태(ON)와 흐르지 않는 상태(OFF)가 반복되어 작동하는데, 이 전류의 흐름을 클록 주파수라 한다.
② CPU는 클록 주기에 따라 명령을 수행하며 클록 주파수가 적을수록 연산 속도가 빠르다고 할 수 있다.
③ PC의 클록 속도 단위는 보통 GHz를 사용하는데 1GHz는 1,000,000,000Hz를 의미하며, 1Hz는 1초 동안 1번의 주기가 반복되는 것을 의미한다.
④ 컴퓨터의 메인보드에 공급되는 클록은 CPU의 속도에 맞추어 적절하게 적용되어야 컴퓨터가 안정적으로 구동된다.

바로 보는 해설

14 주어진 내용은 외부 버스에 대한 내용이다. 내부 버스는 CPU 안에서 레지스터 간의 연결을 의미한다.

15 | 오답 피하기 |
① USB는 범용 직렬 장치를 연결할 수 있게 해주는 컴퓨터 인터페이스이다.
② 핫 플러그인(Hot Plug-In) 기능과 플러그 앤 플레이(Plug & Play) 기능을 모두 지원한다.
④ 허브를 이용하여 하나의 USB 포트에 여러 개의 주변 기기를 연결할 수 있으며, 최대 127개까지 연결할 수 있다.

16 모니터 크기는 화면의 대각선 길이를 센티미터(cm) 단위로 나타낸다.

17 주어진 내용은 서지 보호기(Surge Protector)에 대한 설명이다. 무정전 전원 공급장치(UPS)는 갑자기 정전되었을 때 컴퓨터의 자료를 보호하기 위해 일정 시간 동안 전원을 공급하는 장치이다.

18 디스크 조각 모음은 디스크에 단편화되어 저장된 파일들을 모아서 디스크의 수행 속도를 높여주는 기능으로, 디스크의 용량을 늘리거나 하드디스크를 인식하지 못하는 경우와는 상관이 없다.

19 컴퓨터 속도가 심하게 느려진 경우에는 CPU나 RAM을 교체하는 것이 바람직하다.

20 CPU는 클록 주기에 따라 명령을 수행하며 클록 주파수가 높을수록 연산 속도가 빠르다고 할 수 있다.

| 정답 | 14 ② 15 ③ 16 ② 17 ② 18 ①
19 ④ 20 ②

CHAPTER 4
컴퓨터 소프트웨어

최근 기출 10개년 기준
12%

무료 동영상 강의

028   소프트웨어의 분류
029   운영체제
030   프로그래밍 언어
031   웹 프로그래밍 언어

학습전략

컴퓨터 소프트웨어에 대한 전반적인 내용을 담고 있습니다. 특히 소프트웨어의 종류에 대한 문제가 많이 출제되었으므로 이 부분을 중점적으로 학습하는 것이 필요합니다.

028 소프트웨어의 분류

| 빈출개념 | #시스템 소프트웨어 #사용권에 따른 소프트웨어의 구분

결정적 힌트

시스템 소프트웨어와 응용 소프트웨어의 차이점을 이해해야 합니다. 특히 사용권에 따른 소프트웨어의 구분에서 많은 문제가 출제되었으므로 이 부분을 중점적으로 학습하세요.

▼ 부트 로더(Boot Loader)
시스템의 초기화 동작을 수행한 후에 운영체제를 메모리로 읽어와서 동작시켜 주는 프로그램이다.

▼ C 런타임 라이브러리
C나 C++로 작성된 프로그램이 실행 중에 기본적으로 필요로 하는 기능을 라이브러리 형태로 제공하는 것이다.

▼ 장치 드라이버
컴퓨터의 주변 장치를 제어하는 기능을 갖는 프로그램이다.

▼ 압축 프로그램
- 파일을 압축함으로써 디스크 공간을 효율적으로 사용하거나 파일을 전송할 때 빠르게 처리할 수 있다.
- 압축 파일을 재압축하는 방식으로 파일의 크기를 계속 줄일 수는 없다.
- 압축 프로그램으로 Winzip, Alzip 등이 있으며, 분할 압축이 가능하다.

01 시스템 소프트웨어(System Software)

- 컴퓨터와 사용자의 중간에서 시스템을 효율적으로 운영할 수 있도록 도와주는 프로그램이다.
- 시스템 소프트웨어에는 운영체제, 언어 번역 프로그램, 유틸리티 프로그램 등이 있다.
- 부트 로더, C 런타임 라이브러리, 장치 드라이버 등도 시스템 소프트웨어에 속한다.

운영체제	사용자가 응용 프로그램을 편리하게 사용할 수 있도록 하고, 하드웨어의 성능을 최적화하는 프로그램으로 반드시 설치되어야 컴퓨터를 사용할 수 있음
언어 번역 프로그램	프로그래밍 언어로 작성한 프로그램을 기계어로 변환하는 프로그램
유틸리티 프로그램	컴퓨터의 동작에 필수적이지는 않지만 컴퓨터의 수행 과정에 필요한 업무의 수행을 지원하는 프로그램 예 압축 프로그램, 메모장, 그림판, 계산기, 드라이브 조각 모음 및 최적화 등

02 응용 소프트웨어(Application Software)

사용자들이 특정한 용도에 맞게 활용하기 위해 작성된 소프트웨어이다.
예 워드프로세서, 스프레드시트, 프레젠테이션, 그래픽 소프트웨어, 인사관리 및 회계관리 소프트웨어 등

03 사용권에 따른 소프트웨어의 구분

- **상용 소프트웨어(Commercial Software)**: 정식으로 사용료를 내고 사용하는 소프트웨어로 해당 소프트웨어의 모든 기능을 사용할 수 있다.
- **공개 소프트웨어(Open Source Software)**: 소스 코드를 공개해 누구나 그 코드를 무료로 이용하고 수정하거나 재배포할 수 있는 소프트웨어이다.
- **프리웨어(Freeware)**: 라이선스 없이 무료로 배포되어 자유롭게 사용할 수 있는 소프트웨어이다.
- **셰어웨어(Shareware)**: 특정 기능이나 사용 기간에 제한을 두고 무료로 사용하는 소프트웨어이다.
- **애드웨어(Adware)**: 광고를 보는 대가로 무료로 사용할 수 있는 소프트웨어이다.
- **데모 버전(Demo Version)**: 프로그램의 홍보를 목적으로 주요 기능을 시연하는 소프트웨어이다.
- **트라이얼 버전(Trial Version)**: 일정 기간 무료로 사용할 수 있는 체험판 소프트웨어이다.

- **베타 버전(Beta Version)**: 정식 버전이 출시되기 전에 테스트용으로 제작되어 일반인에게 공개하는 소프트웨어이다.
- **알파 버전(Alpha Version)**: 베타 테스트를 하기 전에 제작 회사 내에서 테스트할 목적으로 제작된 소프트웨어이다.
- **패치 프로그램(Patch Program)**: 이미 배포된 프로그램의 오류 수정이나 기능 향상을 위해 프로그램 일부를 변경해 주는 소프트웨어이다. 예 Windows Update 프로그램
- **번들 프로그램(Bundle Program)**: 특정한 하드웨어나 소프트웨어에 함께 제공되는 소프트웨어이다.

Warming UP 기출로 개념 확인

01
다음 중 컴퓨터에서 사용하는 소프트웨어에 대한 설명으로 옳지 않은 것은?

① 소프트웨어는 컴퓨터를 이용하기 위해 필요한 일련의 명령어들의 집합이다.
② 소프트웨어는 시스템 소프트웨어와 응용 소프트웨어로 분류할 수 있다.
③ 응용 소프트웨어란 사용자가 실제 업무를 처리할 수 있도록 개발된 프로그램을 말한다.
④ Windows, Unix, Linux는 대표적인 응용 소프트웨어이다.

02
다음 중 패치(Patch) 버전 소프트웨어에 대한 설명으로 옳은 것은?

① 정식으로 대가를 지불하고 사용하는 소프트웨어이다.
② 홍보용으로 사용 기간이나 기능에 제한을 둔 소프트웨어이다.
③ 오류 수정이나 성능 향상을 위해 프로그램의 일부를 변경해 주는 소프트웨어이다.
④ 정식 프로그램 출시 전에 테스트용으로 제작되어 일반인에게 공개하는 소프트웨어이다.

03
다음 중 저작권에 따른 소프트웨어의 분류에 대한 설명으로 옳지 않은 것은?

① 애드웨어는 사용자에게 광고를 보여주는 방식으로 수익을 창출하는 소프트웨어이다.
② 셰어웨어는 일정 기간 동안 무료로 사용해볼 수 있지만, 그 후에는 구매를 유도하는 소프트웨어이다.
③ 데모 버전은 정식 프로그램의 기능을 홍보하기 위해 사용 기능을 제한하여 배포하는 소프트웨어이다.
④ 프리웨어는 소스 코드를 공개해서 누구나 해당 코드를 무료로 이용하고 배포할 수 있는 소프트웨어이다.

바로 보는 해설

01
Windows, Unix, Linux는 운영체제로, 시스템 소프트웨어에 속한다.

02
| 오답 피하기 |
① 상용 소프트웨어에 대한 설명이다.
② 데모(Demo) 버전에 대한 설명이다.
④ 베타(Beta) 버전에 대한 설명이다.

03
- 프리웨어는 무료로 사용할 수 있는 소프트웨어이지만 소스 코드를 공개하지 않는다.
- 소스 코드까지 공개되어 자유롭게 수정·배포할 수 있는 소프트웨어는 오픈 소스 소프트웨어이다.

| 정답 | 01 ④ 02 ③ 03 ④

개념끝 029 운영체제

| 빈출개념 | #제어 프로그램과 처리 프로그램 #운영체제의 목적 #분산 처리 시스템

기출빈도 **A** - B - C - D

> **결정적 힌트**
> 운영체제는 컴퓨터를 사용하기 위해 반드시 필요한 프로그램입니다. 운영체제의 구성, 목적에서 주로 출제되었고 특히 운영체제의 정보 처리 방식은 많은 문제가 출제되고 있는 중요한 부분입니다.

01 운영체제의 구성

- 컴퓨터 시스템과 사용자 간의 편리한 인터페이스를 제공하는 프로그램이다.
- 컴퓨터가 동작하는 동안 주기억장치인 RAM에 위치하여 효율적인 자원 관리 서비스를 제공한다.
- 프로세스 관리, 기억장치 관리, 주변 장치 관리, 파일 관리, 프로세서 관리 등의 기능을 처리한다.
- 운영체제는 제어 프로그램과 처리 프로그램으로 구성한다.

제어 프로그램	감시 프로그램, 작업 관리 프로그램, 데이터 관리 프로그램
처리 프로그램	언어 번역 프로그램, 서비스 프로그램, 문제 처리 프로그램

개념 플러스 | 운영체제의 구성

- 감시 프로그램: 슈퍼바이저(Supervisor)를 의미하며, 시스템의 모든 동작 상태를 관리하고 감독하는 제어 프로그램의 핵심 프로그램이다.
- 작업 관리 프로그램: 작업의 연속 처리를 위한 스케줄 및 시스템 자원 할당의 기능을 수행한다.
- 데이터 관리 프로그램: 작업에 사용되는 데이터의 전송, 파일 조작 및 처리 기능을 수행한다.
- 언어 번역 프로그램: 프로그래밍 언어로 작성한 프로그램을 기계어로 변환하는 프로그램이다.
- 서비스 프로그램: 사용 빈도가 높은 기능을 미리 구현한 프로그램이다.
  예) 연계 편집 프로그램, 로더, 정렬/병합 프로그램
- 문제 처리 프로그램: 특정 업무의 해결을 위해 사용자가 개발한 프로그램이다.

02 운영체제의 목적

- 처리 능력(Throughput) 향상: 일정 시간 내에 시스템이 처리하는 일의 양을 향상한다.
- 반환(응답) 시간(Turn Around Time) 단축: 작업을 의뢰한 시간부터 처리가 완료될 때까지 걸린 시간을 단축한다.
- 신뢰도(Reliability) 향상: 주어진 문제를 정확하게 해결하는 정도를 향상한다.
- 사용 가능도(Availability) 향상: 컴퓨터 시스템 내의 한정된 자원을 여러 사용자가 요구할 때, 신속하고 충분히 지원해 줄 수 있는지로 사용 가능도를 향상한다.

03 운영체제의 정보처리 방식

일괄 처리 시스템 (Batch Processing System)	데이터를 일정량 또는 일정 시간 동안 모아서 한꺼번에 처리하는 방식
실시간 처리 시스템 (Real Time Processing System)	처리할 데이터가 입력될 때마다 즉시 처리하는 방식으로 각종 예약 시스템이나 은행 업무 등에서 사용
시분할 처리 시스템 (Time Sharing System)	여러 명의 사용자가 사용하는 시스템에서 처리 시간을 나누어 각 사용자에게 차례대로 할당하는 방식
다중 처리 시스템 (Multi-Processing System)	여러 개의 CPU와 하나의 주기억장치를 이용하여 여러 프로그램을 동시에 처리하며 신뢰성과 연산 능력을 향상하는 방식
다중 프로그래밍 시스템 (Multi-Programming System)	하나의 CPU와 주기억장치를 이용하여 여러 개의 프로그램을 동시에 처리하는 방식
분산 처리 시스템 (Distributed Processing System)	• 여러 대의 컴퓨터들에 의해 작업한 결과를 통신망을 이용하여 상호 교환할 수 있도록 연결된 시스템 • 클라이언트/서버 방식: 클라이언트와 서버가 모두 처리 능력을 갖추며, 분산 처리 환경에 적합한 방식 • 동배 간 처리(Peer-To-Peer) 방식: 서버 없이 개인 대 개인으로 연결하여 파일을 공유하는 방식으로 유지 보수 및 데이터의 보안 유지가 어려움
듀얼 시스템 (Dual System)	두 개의 CPU가 같은 업무를 동시에 처리하여 그 결과를 상호 점검하면서 운영하는 시스템
듀플렉스 시스템 (Duplex System)	두 개의 CPU로 하나가 가동될 때 다른 하나는 고장을 대비해 대기하는 시스템
클러스터링 시스템 (Clustering System)	여러 대의 컴퓨터를 병렬로 연결하는 방식

바로 보는 해설

01
사용 가능도(Availability)는 사용자가 시스템을 필요로 할 때 즉시 사용할 수 있는지를 나타내는 특성이다. 사용 가능도가 뛰어나면 시스템이 고장나고 오류가 발생해도 영향을 받지 않아 시스템을 중단하지 않고 운영할 수 있다.

02
| 오답 피하기 |
① CPU의 처리 시간을 시분할(Time Slice)하여 여러 작업에 교대로 할당하는 방식으로, CPU를 공유·처리하는 시스템이다. 사용자는 자신만 컴퓨터를 사용하는 것처럼 느낀다.
② 하나의 CPU로 여러 개의 프로그램을 처리하는 방식이다.
③ 한쪽의 CPU가 가동 중일 경우 다른 한쪽의 CPU는 대기하고, 가동 중인 CPU가 고장나면 대기 중인 여분의 CPU가 즉시 가동되어 시스템이 안전하게 작동되도록 운영하는 방식이다.

03
| 오답 피하기 |
① 다중 처리 시스템에 대한 설명이다.
② 시분할 처리 시스템에 대한 설명이다.
④ 다중 프로그래밍 시스템에 대한 설명이다.

| 정답 | 01 ④ 02 ④ 03 ③

 기출로 개념 확인

01 또 나올 문제

다음 중 컴퓨터에서 사용되는 운영체제의 목적에 대한 설명으로 옳지 않은 것은?

① 시스템에 작업을 의뢰한 시간부터 처리가 완료될 때까지 걸린 시간을 의미하는 반환 시간의 단축이 요구된다.
② 일정 시간 안에 시스템이 처리하는 일의 양을 의미하는 처리 능력의 향상이 요구된다.
③ 시스템이 주어진 문제를 정확하게 해결하는 정도를 의미하는 신뢰도의 향상이 요구된다.
④ 시스템을 사용할 수 있는 사용자의 수를 의미하는 사용 가능도의 향상이 요구된다.

02

다음 중 하나의 컴퓨터에 여러 개의 중앙처리장치를 설치하여 주기억장치나 주변 장치들을 공유하여 신뢰성과 연산 능력을 향상시키는 시스템은?

① 시분할 처리 시스템(Time Sharing System)
② 다중 프로그래밍 시스템(Multi-programming System)
③ 듀플렉스 시스템(Duplex System)
④ 다중 처리 시스템(Multi-processing System)

03

다음 중 컴퓨터를 이용한 정보처리 방식에서 분산 처리 시스템에 대한 설명으로 적절한 것은?

① 여러 개의 CPU와 하나의 주기억장치를 이용하여 여러 프로그램을 동시에 처리하는 방식이다.
② 여러 명의 사용자가 사용하는 시스템에서 시간을 분할하여 프로그램을 실행하는 시스템이다.
③ 여러 대의 컴퓨터들에 의해 작업한 결과를 통신망을 이용하여 상호 교환할 수 있도록 연결되어 있는 시스템이다.
④ 하나의 CPU와 주기억장치를 이용하여 여러 개의 프로그램을 동시에 처리하는 방식이다.

| 빈출개념 |　#객체 지향 프로그래밍　#컴파일러와 인터프리터

개념끝 030 프로그래밍 언어

기출빈도 A B C **D**

01 프로그래밍 언어의 개요

(1) 저급 언어(Low Level Language)
컴퓨터가 이해할 수 있는 기계 중심의 언어이다.

기계어	• 컴퓨터가 직접 이해할 수 있는 2진수로 구성된 언어 • 번역 과정이 필요 없으므로 처리 속도가 매우 빠름
어셈블리어	• 기계어와 일대일로 대응시켜서 코드화한 기호 언어 • 어셈블러(Assembler)라는 번역기를 사용하여 기계어로 번역

(2) 고급 언어(High Level Language)
- 사람이 이해하기 쉽게 만들어진 프로그래밍 언어이다.
- 컴파일러(Compiler)나 인터프리터(Interpreter)와 같은 번역기를 사용하여 기계어로 번역한다.
- FORTRAN, COBOL, ALGOL, BASIC, PASCAL, C, C++, LISP, SNOBOL, PL/1, Java, Python 등이 고급 언어에 해당된다.

02 프로그래밍 기법

- 구조적 프로그래밍
  - 프로그램이 실행될 때 위에서 아래로의 절차, 순서에 맞게 실행되는 방식의 프로그래밍 기법이다.
  - 절차적 프로그래밍 또는 하향식 프로그래밍이라고도 부른다.
- 비주얼 프로그래밍: 기존의 문자 방식의 명령어 전달 방식을 기호화된 아이콘의 형태로 바꿔 사용자가 대화형으로 프로그래밍할 수 있는 기법이다.
- 객체 지향 프로그래밍
  - 프로그램에서 사용하는 데이터 구조의 데이터형과 사용하는 함수를 객체로 정의하는 프로그래밍 기법으로, 절차형 언어의 문제점을 해결하기 위해 개발되었다.
  - 객체 지향 언어: C++, Actor, Smalltalk, Java, Python 등
  - 특징: 추상화, 캡슐화, 정보 은닉, 상속성, 다형성 등
  - 소프트웨어의 재사용으로 프로그램 개발 시간을 단축할 수 있다.
  - 시스템의 확장성이 높고 정보 은닉이 쉽다.

결정적 힌트

컴퓨터에게 어떤 일의 처리를 지시하기 위해서는 프로그램이 필요하며, 프로그램을 작성하기 위해서는 프로그래밍 언어가 필요합니다. 요즘 많이 사용하고 있는 객체 지향 프로그래밍에 대해 이해하고 프로그램을 번역하는 방식, 특히 컴파일러와 인터프리터의 차이점을 잘 알아두시기 바랍니다.

▼ C언어
- 컴파일러 방식의 프로그래밍 언어로 구조적 프로그래밍이 가능하다.
- 하드웨어 제어가 가능한 언어이다.

▼ C++
1983년 AT&T 벨 연구소에서 C 언어를 기반으로 발표한 객체 지향 프로그래밍 언어이다.

▼ Java
1995년 썬 마이크로시스템즈의 제임스 고슬링이 발표한 객체 지향 프로그래밍 언어로, JVM이라는 가상 머신에서 바이트 코드를 플랫폼에 관계없이 독립적으로 실행할 수 있다.

▼ Python
1991년 귀도 반 로섬이 발표한 객체 지향 프로그래밍 언어로, 인터프리터 방식의 대화형 언어이며, 인공지능 분야에 널리 사용된다.

> **개념 플러스**
> - 클래스(Class): 유사한 객체(Object)들을 묶어서 하나의 공통된 특성으로 표현한 것으로, 동일한 속성, 오퍼레이션, 관계 등을 가지고 있는 객체들의 집합이다.
> - 메서드(Method): 객체가 수행하는 실제 기능을 기술한 코드이다.

03 언어 번역

(1) 언어 번역 과정

원시 프로그램 → 컴파일러 → 목적 프로그램 → 링커 → 로드 모듈 → 로더 → 실행

원시 프로그램 (Source Program)	사용자가 고급 언어로 작성한 프로그램
목적 프로그램 (Object Program)	컴파일러를 통해 원시 프로그램을 기계어로 번역한 프로그램
링커(Linker)	목적 프로그램을 연계 편집하는 프로그램
로드 모듈 (Load Module)	실행하기 위해 주기억장치로 적재할 수 있게 만든 프로그램
로더(Loader)	실행 가능한 프로그램을 주기억장치에 적재하는 프로그램

■ 디버깅(Debugging)
프로그램에서 발생한 오류를 제거하기 위한 작업 과정을 디버깅이라고 한다.

(2) 언어 번역 프로그램

- 어셈블러(Assembler): 어셈블리어로 작성한 프로그램을 기계어로 번역하는 프로그램
  예) Assembly
- 컴파일러(Compiler): 전체 프로그램을 한번에 번역하여 목적 프로그램을 생성하는 번역 프로그램   예) Java, C, C++
- 인터프리터(Interpreter): 원시 프로그램을 한 행씩 기계어로 해석하여 실행하는 프로그램
  예) Python, Perl

| 컴파일러와 인터프리터의 비교

컴파일러	인터프리터
전체를 한번에 번역	행 단위로 번역
목적 프로그램을 생성	목적 프로그램을 생성하지 않음
실행 속도가 빠름	실행 속도가 느림

> **개념 플러스** 프리프로세서(Preprocessor)
> 사전 처리나 사전 준비적인 계산 또는 편성을 하는 프로그램으로 매크로 확장, 기호 변환 등의 작업을 수행한다.

 **기출로 개념 확인**

01 또 나올 문제

다음 중 객체 지향 프로그래밍의 특징으로 옳은 것은?

① 객체에 대하여 절차적 프로그래밍의 장점을 사용할 수 있다.
② 객체 지향 프로그램은 주로 인터프리터 번역 방식을 사용한다.
③ 객체 지향 프로그램은 코드의 재사용과 유지 보수가 용이하다.
④ 프로그램의 구조와 절차에 중점을 두고 작업을 진행한다.

바로 보는 해설

01
컴퓨터 프로그램을 여러 개의 독립된 단위인 객체들의 모임으로 파악하는 프로그래밍으로, 소프트웨어의 재사용과 유지 보수가 쉽다.
| 오답 피하기 |
① 객체에 대하여 '객체 지향' 프로그래밍의 장점을 사용할 수 있다.
② 인터프리터 번역 방식과 객체 지향 프로그램은 관련이 없다.
④ 절차적 프로그래밍에 대한 설명이다.

02

다음 중 Java 언어에 대한 설명으로 옳지 않은 것은?

① 객체 지향 언어로 추상화, 상속화, 다형성과 같은 특징을 가진다.
② 인터프리터를 이용한 프로그래밍 언어로 특히 인공지능 분야에서 널리 사용되고 있다.
③ 네트워크 환경에서 분산 작업이 가능하도록 설계되었다.
④ 특정 컴퓨터 구조와 무관한 가상 바이트 머신 코드를 사용하므로 플랫폼이 독립적이다.

02
Java 언어는 컴파일러를 이용한 프로그래밍 언어이며, ②는 Python 언어에 대한 설명이다.

03

다음 중 컴퓨터에서 프로그램을 개발하기 위하여 사용되는 컴파일러 언어와 인터프리터 언어의 차이점으로 옳은 것은?

① 컴파일러 언어는 전체 번역 과정을 따로 거치지 않고 프로그램의 각 명령문을 행 단위로 번역하고 처리하는 방식을 사용한다.
② 인터프리터 언어는 목적 프로그램과 실행형 프로그램을 생성하며, 대표적으로 BASIC 언어가 있다.
③ 컴파일러와 비교하여 인터프리터 언어는 대화식 처리가 가능하다.
④ 컴파일러 언어는 인터프리터 언어와 비교하여 일반적으로 실행 속도가 느리다.

03
| 오답 피하기 |
① 인터프리터에 대한 설명이다.
② 인터프리터 언어는 목적 프로그램을 생성하지 않는다.
④ 컴파일러 언어는 인터프리터 언어와 비교하여 일반적으로 실행 속도가 빠르다.

| 정답 | 01 ③ 02 ② 03 ③

031 웹 프로그래밍 언어

| 빈출개념 | #DHTML #JSP #JavaScript

기출빈도

결정적 힌트

웹 문서를 제작하는 데 사용되는 웹 프로그래밍 언어는 시험에 잘 출제됩니다. 골고루 출제된 바가 있으므로 각 언어의 특징을 반드시 기억해 두어야 합니다. 특히 ASP, JSP, PHP는 웹 서버에서 동적으로 수행된다는 공통점이 있다는 것을 기억하세요.

▼ ActiveX
마이크로소프트사가 개발한 기술로 대부분 인터넷 익스플로러의 플러그인을 만드는 데 사용된다.

▼ 태그(Tag)
HTML을 작성하기 위해 사용되는 명령어의 집합으로 HTML 문서의 구조와 형태를 표현한다.

▼ 스크립트 언어
- 다른 응용 프로그램에 삽입되어서 동작하는 프로그래밍 언어이다.
- C, C++, Java 등 컴파일되어 독립적으로 실행되는 언어와 달리 ASP, JSP, PHP, JavaScript 등의 스크립트 언어는 다른 응용 프로그램에 삽입되어 실행된다.

▼ JavaScript
- 클래스가 존재하지 않으며 변수 선언도 필요 없다.
- 소스 코드가 HTML 문서에 포함되어 있다.
- 사용자의 웹 브라우저에서 직접 번역되고 실행된다.

- **HTML(HyperText Markup Language)**: 인터넷용 하이퍼텍스트 문서 제작에 사용하는 언어이다.
- **HTML5**
  - 차세대 웹 표준 언어이다.
  - 텍스트와 하이퍼링크를 이용한 문서 작성 중심으로 구성된 기존 표준에 비디오, 오디오 등의 다양한 부가 기능을 추가하여 최신 멀티미디어 콘텐츠를 ActiveX 없이도 웹 서비스로 제공할 수 있는 언어이다.
- **SGML(Standard Generalized Markup Language)**: 다양한 형태의 전자 문서들을 서로 다른 시스템들 사이에 정보의 손실 없이 효율적으로 전송·저장·자동 처리를 하기 위한 웹 프로그래밍 언어이다.
- **XML(eXtensible Markup Language)**
  - SGML의 복잡성과 HTML의 단순함을 개선한 인터넷 언어로, 웹에서 구조화된 폭넓고 다양한 문서들을 상호 교환할 수 있도록 설계된 언어이다.
  - 사용자가 새로운 태그를 정의할 수 있는 기능을 가진 확장성 마크업 언어이다.
- **DHTML(Dynamic HTML)**: 이미지의 애니메이션을 지원하고, 사용자와의 상호작용에 따른 동적인 웹 페이지의 제작이 가능한 언어이다.
- **VRML(Virtual Reality Modeling Language)**: 3차원 가상 공간을 표현하기 위한 언어이다.
- **Java**
  - 대표적인 객체 지향 언어로, 가상 바이트 머신 코드를 사용하는 언어이다.
  - 보안성이 뛰어나고, 인터넷 환경에서 가장 활발히 사용된다.
- **ASP(Active Server Pages)**: 웹 서버에서 동적으로 수행되는 페이지를 만들기 위한 스크립트 언어로, Windows 계열의 운영체제에서 실행할 수 있다.
- **JSP(Java Server Page)**
  - 웹 서버에서 동적으로 웹 페이지를 생성하여 웹 브라우저에 돌려주는 스크립트 언어이다.
  - HTML 문서에 Java 코드를 삽입하며 <% … %>와 같은 형태로 작성된다.
  - 다양한 운영체제에서 실행할 수 있다.
- **PHP(Hypertext Preprocessor)**: 웹 서버에서 동적으로 수행되는 웹 페이지를 생성하는 스크립트 언어로 다양한 운영체제에서 실행 가능하다.
- **JavaScript**: 웹 페이지에서 사용자로부터 특정 값을 입력받아 동적으로 처리할 수 있는 객체 기반의 스크립트 프로그래밍 언어이다.
- **CSS(Cascading Style Sheets)**: 웹 문서의 스타일을 미리 저장해 둔 스타일시트이다.
- **UML(Unified Modeling Language)**: 시스템 개발 과정에서 개발자 간에 의사소통을 위한 표준화 모델링 언어이다.
- **WML(Wireless Markup Language)**: 무선 접속을 통하여 휴대폰이나 PDA 등에 웹 페이지가 표시되도록 해주는 언어이다.

Warming UP 기출로 개념 확인

01
다음 중 웹 프로그래밍 언어인 JSP에 대한 설명으로 옳지 않은 것은?

① 웹 서버에서 동적으로 웹 브라우저를 관리하는 스크립트 언어이다.
② 웹 환경에서 작동되는 웹 애플리케이션을 개발할 수 있다.
③ JAVA 언어를 기반으로 하여 Windows 운영체제에서만 실행이 가능하다.
④ HTML 문서 안에서는 ⟨% … %⟩와 같은 형태로 작성된다.

02
다음 중 서버에 데이터를 전송하기 전 아이디나 비밀번호의 입력 여부 또는 수량 입력과 같은 입력 사항을 확인할 때 사용하는 웹 프로그래밍 언어로 가장 적절한 것은?

① CSS
② UML
③ JavaScript
④ VRML

03 또 나올 문제
다음 중 웹 프로그래밍 언어에 대한 설명으로 옳지 않은 것은?

① ASP는 서버 측에서 동적으로 수행되는 페이지를 만들기 위한 언어로, Windows 계열의 운영체제에서 실행 가능하다.
② PHP는 클라이언트 측에서 동적으로 수행되는 스크립트 언어로, Unix 운영체제에서 실행 가능하다.
③ XML은 HTML의 단점을 보완하여 웹에서 구조화된 폭넓고 다양한 문서들을 상호 교환할 수 있도록 설계된 언어이다.
④ JSP는 자바로 만들어진 서버 스크립트로, 다양한 운영체제에서 사용 가능하다.

04
다음 중 게시판 입력, 상품 검색, 회원 가입 등과 같은 데이터베이스 처리 작업을 수행하기 위해 사용하며, 웹 서버에서 작동하는 스크립트 언어들로만 모아놓은 것은?

① HTML, XML, SGML
② Java, Java Applet, JavaScript
③ JavaScript, VBScript
④ ASP, JSP, PHP

바로 보는 해설

01
JSP는 Java로 만든 서버 스크립트로, 다양한 운영체제에서 사용할 수 있다. ASP는 Windows 운영체제에서만 실행이 가능한 서버 스크립트 언어이다.

02
JavaScript는 사용자로부터 특정 값을 입력받아 동적으로 처리할 수 있는 객체 기반 언어이다.
| 오답 피하기 |
① CSS는 HTML 요소들이 각종 미디어에서 어떻게 보이는지를 정의하는 데 사용되는 종속형 스타일 시트 언어이다.
② UML은 요구 분석, 시스템 설계, 시스템 구현 등의 시스템 개발 과정에서 개발자 간에 원활하게 의사소통하기 위하여 표준화한 모델링 언어이다.
④ VRML은 가상 현실 모델링 언어로, 웹에서 3차원 가상공간을 표현하고 조작할 수 있게 한다. 즉, 2차원적인 웹 기반 정보의 구성 형태나 모델 등에 3차원적 개념을 도입해 실제 세계에 가깝도록 가상 현실을 구현할 수 있다.

03
PHP는 '서버' 측에서 동적으로 수행되는 스크립트 언어이다.

04
ASP, JSP, PHP는 웹 서버에서 작동하는 서버 사이드 스크립트 언어이다.
| 오답 피하기 |
① HTML, XML, SGML은 클라이언트 사이드 스크립트 언어이다.
② JavaScript는 클라이언트 사이드 스크립트 언어이다.
③ VBScript는 클라이언트 사이드 스크립트 언어이다.

| 정답 | 01 ③ 02 ③ 03 ②
04 ④

기출선지 OX 퀴즈

CHAPTER 4 컴퓨터 소프트웨어

01 Windows, Unix, Linux는 대표적인 응용 소프트웨어이다. (O / X)

02 패치 버전 소프트웨어는 오류 수정이나 성능 향상을 위해 프로그램의 일부를 변경해 주는 소프트웨어이다. (O / X)

03 프리웨어는 소스 코드까지 제공되어 사용자들이 자유롭게 수정하거나 변경할 수 있는 소프트웨어를 의미한다. (O / X)

04 셰어웨어는 일정 기간에만 기능을 제한해서 배포하는 소프트웨어로, 무료로 사용하다가 일정 기간 사용해 보고 정식 프로그램을 구입할 수 있다. (O / X)

05 소프트웨어는 컴퓨터를 이용하기 위해 필요한 일련의 명령어들의 집합이다. (O / X)

06 다중 프로그래밍 방식은 하나의 CPU와 주기억장치를 이용하여 여러 개의 프로그램을 동시에 처리하는 방식이다. (O / X)

07 분산 처리 시스템은 하나의 CPU와 주기억장치를 이용하여 여러 개의 프로그램을 동시에 처리하는 방식이다. (O / X)

08 객체 지향 프로그램은 코드의 재사용과 유지 보수가 용이하다. (O / X)

09 Java 언어는 인터프리터를 이용한 프로그래밍 언어로 특히 인공지능 분야에서 널리 사용되고 있다. (O / X)

10 다중 처리 시스템은 여러 개의 CPU와 하나의 주기억장치를 이용하여 여러 프로그램을 동시에 처리하는 방식이다. (O / X)

11 컴파일러와 비교하여 인터프리터 언어는 대화식 처리가 가능하다. (O / X)

12 객체 지향 프로그래밍은 프로그램의 구조와 절차에 중점을 두고 작업을 진행한다. (O / X)

13 C 언어는 특정 컴퓨터 구조와 무관한 가상 바이트 머신 코드를 사용하므로 플랫폼이 독립적이다. (O / X)

14 컴파일러 언어는 전체 번역 과정을 따로 거치지 않고 프로그램의 각 명령문을 행 단위로 번역하고 처리하는 방식을 사용한다. (O / X)

15 JSP는 웹 환경에서 작동되는 웹 애플리케이션을 개발할 수 있다. (O / X)

16 UML은 요구 분석, 시스템 설계, 시스템 구현 등의 시스템 개발 과정에서 개발자 간에 원활하게 의사소통하기 위하여 표준화한 모델링 언어이다. (O / X)

한판으로 **복습**한다!

17 XML은 HTML의 단점을 보완하여 웹에서 구조화된 폭넓고 다양한 문서들을 상호 교환할 수 있도록 설계된 언어이다. (O / X)

18 VRML은 HTML 요소들이 각종 미디어에서 어떻게 보이는지를 정의하는 데 사용되는 종속형 스타일시트 언어이다. (O / X)

19 PHP는 클라이언트 측에서 동적으로 수행되는 스크립트 언어로, Unix 운영체제에서 실행 가능하다. (O / X)

20 JSP는 Java로 만들어진 서버 스크립트로, 다양한 운영체제에서 사용 가능하다. (O / X)

21 ASP는 서버 측에서 동적으로 수행되는 페이지를 만들기 위한 언어로, Windows 계열의 운영체제에서 실행 가능하다. (O / X)

22 정해진 금액을 지불하고 정식으로 사용하는 프로그램은 상용 소프트웨어이다. (O / X)

23 응용 소프트웨어란 사용자가 실제 업무를 처리할 수 있도록 개발된 프로그램을 말한다. (O / X)

24 듀플렉스 시스템은 하나의 CPU로 여러 개의 프로그램을 처리하는 방식이다. (O / X)

25 운영체제의 목적으로 시스템을 사용할 수 있는 사용자의 수를 의미하는 사용 가능도의 향상이 요구된다. (O / X)

26 객체 지향 프로그램은 주로 인터프리터 번역 방식을 사용한다. (O / X)

27 컴파일러 언어는 인터프리터 언어와 비교하여 일반적으로 실행 속도가 빠르다. (O / X)

28 JSP는 HTML 문서 안에서는 〈% … %〉와 같은 형태로 작성된다. (O / X)

29 운영체제의 목적으로 일정 시간 안에 시스템이 처리하는 일의 양을 의미하는 처리 능력의 향상이 요구된다. (O / X)

30 ASP, JSP, PHP는 웹 서버에서 작동하는 서버 사이드 스크립트 언어이다. (O / X)

| 정답 |

01	X	02	O	03	X	04	O	05	O	06	O	07	X	08	O	09	X	10	O
11	O	12	X	13	X	14	X	15	O	16	O	17	O	18	X	19	X	20	O
21	O	22	O	23	O	24	X	25	X	26	X	27	O	28	O	29	O	30	O

CHAPTER 4 | 컴퓨터 소프트웨어

기출로 개념 강화

 소프트웨어의 분류

01

다음 중 아래에서 설명하는 내용으로 옳은 것은?

> 컴퓨터를 사용하기 위해 근본적으로 필요한 소프트웨어를 의미하며, 여기에는 운영체제, 각종 언어의 컴파일러, 어셈블러, 라이브러리 프로그램 등이 있다.

① 응용 소프트웨어
② 임베디드 소프트웨어
③ 시스템 소프트웨어
④ 멀티미디어 소프트웨어

02

다음 중 시스템 소프트웨어의 종류에 해당하지 않는 것은?

① 기업 전산망에서 사용하는 인사관리 및 회계관리 기업용 소프트웨어
② 새로 개발된 하드웨어에 대한 시스템용 구동 소프트웨어
③ 원시 프로그램을 목적 프로그램으로 변환시켜 주는 언어 번역 프로그램
④ 컴퓨터 또는 기타 디지털 장비의 내부 동작을 지원하는 펌웨어

03 (또 나올 문제)

다음 중 시스템 소프트웨어에 해당하지 않는 것은?

① 부트 로더
② 장치 드라이버
③ C 런타임 라이브러리
④ 웹 브라우저

04 (또 나올 문제)

다음 중 컴퓨터의 소프트웨어 관련 용어에 대한 설명으로 옳지 않은 것은?

① 셰어웨어(Shareware)는 일정 기간 무료 사용 후 원하면 정식 프로그램을 구입할 수 있는 형태의 프로그램이다.
② 프리웨어(Freeware)는 누구나 자유롭게 사용할 수 있는 프로그램으로 기간 및 기능에 제한이 없다.
③ 패치 프로그램(Patch Program)은 기능을 알리기 위해 기간이나 기능에 제한을 두어 무료 배포하는 프로그램이다.
④ 베타 버전(Beta Version)은 정식 프로그램을 발표하기 전에 프로그램의 문제 발견이나 기능 향상을 위해 무료로 배포하는 프로그램이다.

05

다음 중 소프트웨어의 사용권에 따른 분류에 대한 설명으로 옳지 않은 것은?

① 애드웨어: 배너 광고를 보는 대가로 무료로 사용하는 소프트웨어이다.
② 셰어웨어: 정식 버전이 출시되기 전에 프로그램에 대한 일반인의 평가를 받기 위해 제작된 소프트웨어이다.
③ 번들: 특정한 하드웨어나 소프트웨어를 구매하였을 때 포함하여 주는 소프트웨어이다.
④ 프리웨어: 돈을 내지 않고도 사용 가능하고 다른 사람에게 전달해 줄 수 있는 소프트웨어이다.

06

다음 중 소프트웨어 자체에 광고를 포함하여 이를 보는 대가로 무료로 사용하는 소프트웨어는?

① 스파이웨어(Spyware)
② 애드웨어(Adware)
③ 프리웨어(Freeware)
④ 셰어웨어(Shareware)

07

다음 중 컴퓨터 소프트웨어 개발 과정에서 제작되는 알파(Alpha) 버전에 대한 설명으로 옳은 것은?

① 정식 프로그램의 기능을 홍보하기 위해 기능 및 기간을 제한하여 배포하는 프로그램이다.
② 베타 테스트를 하기 전에 제작 회사 내에서 테스트할 목적으로 제작된 프로그램이다.
③ 정식 버전을 출시하기 전에 테스트 목적으로 일반인에게 공개하는 프로그램이다.
④ 오류 수정이나 성능 향상을 위해 이미 배포된 프로그램의 일부를 변경해 주는 프로그램이다.

개념끝 029 운영체제

08

다음 중 컴퓨터에서 사용되는 운영체제에 대한 설명으로 옳지 않은 것은?

① 사용자에게 편리함을 제공하고, 시스템의 생산성을 높여주는 역할을 한다.
② 주요 기능은 프로세스 관리, 기억장치 관리, 주변 장치 관리, 파일 관리 등으로 여러 가지 기능을 처리한다.
③ 운영체제의 목적은 처리 능력의 향상, 응답 시간의 최대화, 사용 가능도의 향상, 신뢰도의 향상이다.
④ 제어 프로그램과 처리 프로그램으로 구성된다.

09

다음 중 컴퓨터의 운영체제에 대한 설명으로 옳지 않은 것은?

① 시스템의 모든 동작 상태를 관리하고 감독하는 제어 프로그램의 핵심 프로그램을 슈퍼바이저(Supervisor)라 부른다.
② 운영체제는 컴퓨터가 동작하는 동안 하드디스크 내에 위치하여 여러 종류의 자원 관리 서비스를 제공한다.
③ 키보드, 모니터, 디스크 드라이브 등의 필수적인 주변 장치들을 관리하는 BIOS를 포함한다.
④ 운영체제는 사용자가 응용 프로그램을 편리하게 사용하고, 하드웨어의 성능을 최적화할 수 있도록 한다.

바로 보는 해설

01 시스템 소프트웨어는 컴퓨터와 사용자의 중간에서 시스템을 효율적으로 운영할 수 있도록 도와주는 프로그램이다.

| 오답 피하기 |
① 응용 소프트웨어: 사용자들이 특정한 용도에 맞게 활용하기 위해 작성된 소프트웨어이다.
② 임베디드 소프트웨어: 미리 정해진 특정한 기능을 수행하고, 특정의 하드웨어만을 지원하기 위해 만들어지고 탑재되는 소프트웨어이다.

02 사용자들이 특정한 용도에 맞게 활용하기 위해 작성된 소프트웨어로, 응용 소프트웨어에 속한다.

| 오답 피하기 |
②, ③, ④ 컴퓨터와 사용자의 중간에서 시스템을 효율적으로 운영할 수 있도록 도와주는 프로그램으로, 시스템 소프트웨어에 속한다.

03 웹 브라우저는 인터넷 웹 페이지를 볼 수 있게 해주는 프로그램으로 응용 소프트웨어에 속한다.

04 • 패치 프로그램(Patch Program): 오류 수정이나 성능 향상을 위해 이미 배포된 프로그램의 일부를 변경해 주는 프로그램이다.
• 데모 버전(Demo Version): 기능을 알리기 위해 기간이나 기능에 제한을 두어 무료 배포하는 프로그램이다.

05 • 셰어웨어(Shareware): 일정 기간 동안만 사용이 가능하거나 기능에 제한을 두는 소프트웨어이다.
• 베타 버전(Beta Version): 공식 프로그램을 발표하기 전에 일반 사용자에게 공개하여 평가를 받는 소프트웨어이다.

06 애드웨어(Adware)는 광고를 보는 대가로 무료로 사용하는 소프트웨어이다.

| 오답 피하기 |
① 스파이웨어(Spyware): 다른 사람의 컴퓨터에 잠입하여 중요한 개인정보를 빼가는 소프트웨어이다.
③ 프리웨어(Freeware): 개발자가 소스를 공개한 소프트웨어로 제한 없이 사용할 수 있는 소프트웨어이다.
④ 셰어웨어(Shareware): 일정 기간만 사용이 가능하거나 기능에 제한을 두는 소프트웨어이다.

07 | 오답 피하기 |
① 데모 프로그램(Demo Program)에 대한 설명이다.
③ 베타 버전(Beta Version)에 대한 설명이다.
④ 패치 프로그램(Patch Program)에 대한 설명이다.

08 운영체제의 목적은 처리 능력 향상, 반환 시간(응답 시간) 단축, 사용 가능도의 향상, 신뢰도 향상이다.

09 운영체제는 컴퓨터가 동작하는 동안 주기억장치 내에 위치하여 여러 종류의 자원 관리 서비스를 제공한다.

| 정답 | 01 ③ 02 ① 03 ④ 04 ③ 05 ②
        06 ② 07 ② 08 ③ 09 ②

10
다음 중 운영체제의 처리 프로그램인 서비스 프로그램에 대한 설명으로 옳은 것은?

① 원시 프로그램을 시스템이 이해할 수 있는 기계어로 바꾸어주는 프로그램이다.
② 사용자의 업무를 컴퓨터로 처리하기 위하여 작성된 응용 프로그램이다.
③ 사용자의 편의를 위해 제작사에서 제공하는 프로그램으로 연계 편집, 유틸리티, 정렬, 병합 등이 있다.
④ 주기억장치와 보조기억장치 사이에 파일의 입·출력을 관리하는 프로그램이다.

11
다음 중 컴퓨터 운영체제의 성능 평가 기준에 해당하지 않는 것은?

① 일정 시간 안에 시스템이 처리하는 양을 의미하는 처리 능력(Throughput)
② 작업을 의뢰한 시간부터 처리가 완료된 시간까지의 반환 시간(Turn Around Time)
③ 중앙처리장치의 사용 정도를 측정하는 사용 가능도(Availability)
④ 주어진 문제를 정확하게 해결하는 정도를 의미하는 신뢰도(Reliability)

12 또 나올 문제
다음 중 컴퓨터 운영체제의 운영 방식에 대한 설명으로 옳지 않은 것은?

① 일괄 처리(Batch Processing): 컴퓨터에 입력하는 데이터를 일정량 또는 일정 시간 모았다가 한꺼번에 처리하는 방식이다.
② 실시간 처리(Real Time Processing): 처리할 데이터가 입력될 때마다 즉시 처리하는 방식으로, 각종 예약 시스템이나 은행 업무 등에서 사용한다.
③ 다중 처리(Multi-processing): 한 개의 CPU로 여러 개의 프로그램을 동시에 처리하는 방식이다.
④ 시분할 시스템(Time Sharing System): 한 대의 시스템을 여러 사용자가 동시에 사용하는 방식으로, 처리 시간을 짧은 시간 단위로 나누어 각 사용자에게 순차적으로 할당하여 실행한다.

개념끝 030 프로그래밍 언어

13
다음 중 서로 독립되어 컴파일된 여러 개의 목적 프로그램을 하나의 실행 가능한 로드 모듈로 만드는 기능을 하는 프로그램은 무엇인가?

① 정렬/합병 프로그램
② 언어 번역 프로그램
③ 다중 프로그램
④ 연계 편집 프로그램

14
다음 중 컴퓨터 프로그래밍 언어와 관련하여 객체 지향 언어(Object-Oriented Programming Language)의 특징으로 옳지 않은 것은?

① 은닉화(Encapsulation)
② 구조화(Structured)
③ 상속(Inheritance)
④ 자료 추상화(Data Abstraction)

15
다음 중 컴퓨터 언어와 관련하여 객체 지향 언어(Object Oriented Language)에 대한 설명으로 옳지 않은 것은?

① 객체 내부의 데이터 구조에 데이터의 형(Type)뿐만 아니라 사용되는 함수까지 함께 정의한 것을 클래스(Class)라고 한다.
② 객체는 속성과 메서드의 상속뿐만 아니라 재사용이 가능하다.
③ 객체는 GOTO문을 사용하여 순서, 선택, 반복의 3가지 물리적 구조에 의해서 프로그래밍된다.
④ 객체가 수행할 수 있는 특정한 작업을 메서드(Method)라고 한다.

개념끝 031 웹 프로그래밍 언어

16
다음 중 웹 프로그래밍 언어에 해당하지 <u>않는</u> 것은?

① DHTML
② COBOL
③ SGML
④ WML

17 〔또 나올 문제〕
다음 중 컴퓨터에서 사용하는 웹 프로그래밍 언어에 대한 설명으로 옳지 <u>않은</u> 것은?

① ASP: 클라이언트 측에서 동적으로 수행되는 페이지를 만드는 언어이다.
② JSP: 자바를 기반으로 하고 서버 측에서 동적으로 수행하는 페이지를 만드는 언어이다.
③ PHP: Linux, Unix, Windows 등의 다양한 운영체제에서 사용 가능하다.
④ XML: 기존 HTML 단점을 보완하여 문서의 구조적인 특성들을 고려하여 문서들을 상호 교환할 수 있도록 설계된 프로그래밍 언어이다.

18
다음 중 XML(eXtensible Markup Language) 문서에 대한 설명으로 거리가 <u>먼</u> 것은?

① 태그(Tag)와 속성을 사용자가 정의할 수 있으며 문서의 내용과 이를 표현하는 방식이 독립적이다.
② HTML과는 달리 DTD(Document Type Definition)가 고정되어 있지 않으므로 논리적 구조를 표현할 수 있는 유연성을 가진다.
③ XML은 HTML에 사용자가 새로운 태그(Tag)를 정의할 수 있는 기능이 추가되었다.
④ 확장성 생성 언어라는 뜻으로 기존의 HTML의 단점을 보완하여 비구조화 문서를 기술하기 위한 국제 표준 규격이다.

바로 보는 해설

10 | 오답 피하기 |
① 언어 번역 프로그램(처리 프로그램)에 대한 설명이다.
② 응용 프로그램에 대한 설명이다.
④ 입·출력 관리 프로그램에 대한 설명이다.

11 사용 정도의 측정은 현재의 사용량 측정을 의미한다. 사용 가능도는 중앙처리장치뿐만 아니라 시스템의 모든 자원을 사용할 필요가 있을 때 언제든지 즉시 사용이 가능한 정도이다.

12 다중 처리(Multi-processing)는 여러 개의 CPU로 여러 개의 프로그램을 처리하는 방식이다.

13 목적 프로그램을 연계 편집하는 프로그램을 링커 또는 연계 편집 프로그램이라고 한다.

14 객체 지향 언어의 특징은 추상화, 캡슐화, 정보 은닉, 상속성, 다형성 등이다.

15 객체 지향 언어는 GOTO문을 사용하지 않는다.

16 COBOL은 사무 처리용 프로그래밍 언어이다.
| 오답 피하기 |
① DHTML: 기존의 정적인 웹 페이지에 동적인 기능을 추가하기 위해 만들어진 웹 프로그래밍 언어이다.
③ SGML: 다양한 형태의 전자 문서들을 서로 다른 시스템들 사이에 정보의 손실 없이 효율적으로 전송·저장·자동 처리를 하기 위한 웹 프로그래밍 언어이다.
④ WML: 무선 인터넷 환경에서 사용할 목적으로 개발한 웹 프로그래밍 언어이다.

17 ASP는 서버 측에서 동적으로 수행되는 페이지를 만드는 언어이다.

18 XML은 구조화 문서를 기술하기 위해 설계된 언어이다.

| 정답 | 10 ③ 11 ③ 12 ③ 13 ④ 14 ②
       15 ③ 16 ② 17 ① 18 ④

19

다음 중 아래와 같은 특성을 갖는 웹 프로그래밍 언어로 옳은 것은?

- 클래스가 존재하지 않으며 변수 선언도 필요 없다.
- 소스 코드가 HTML 문서에 포함되어 있다.
- 사용자의 웹 브라우저에서 직접 번역되고 실행된다.

① CGI
② XML
③ ASP
④ JavaScript

20

다음 그림은 일반적인 웹 서버 프로그램의 동작 과정이다. 다음 중 서버 쪽 (　) 안의 웹 프로그램으로 옳지 않은 것은?

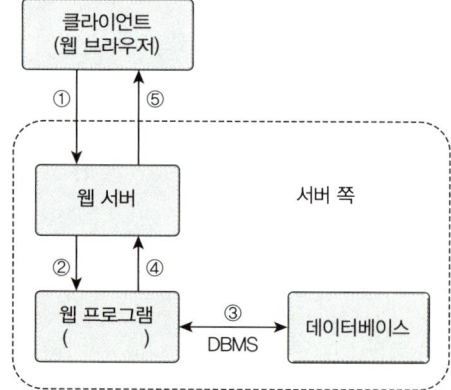

① ASP
② JSP
③ XML
④ PHP

| 오답 피하기 |
① CGI(Common Gateway Interface): 웹 서버상에서 사용자 프로그램을 동작시키기 위한 방식이다.
② XML(eXtensible Markup Language): 사용자가 새로운 태그를 정의할 수 있는 기능을 가진 확장성 마크업 언어이다.
③ ASP(Active Server Pages): 웹 서버에서 동적으로 수행되는 페이지를 만들기 위한 스크립트 언어이다.

20 서버 측에서 실행되는 웹 프로그램은 ASP, JSP, PHP가 있으며, XML은 해당되지 않는다.

| 정답 | 19 ④　20 ③

CHAPTER 5
멀티미디어 활용

최근 기출 10개년 기준

12%

무료 동영상 강의

- 032 　멀티미디어 개요
- 033 　그래픽 데이터
- 034 　사운드 데이터
- 035 　동영상 데이터

학습전략

일상생활에서 멀티미디어를 많이 활용하고 있지만 개념이나 용어가 생소하게 느껴질 수 있습니다. 멀티미디어의 구성 요소인 이미지, 사운드, 동영상과 관련된 파일 형식과 용어들을 중심으로 암기하는 것이 필요합니다.

개념끝 032 멀티미디어 개요

| 빈출개념 | #멀티미디어의 특징 #멀티미디어의 활용

결정적 힌트

멀티미디어는 과거의 텍스트 기반 매체에서 벗어나 다양한 매체를 통해 정보를 전달하며 우리 생활에 깊숙이 자리 잡고 있습니다. 멀티미디어가 어떤 특징을 가지는지, 어떻게 활용되고 있는지를 잘 이해해야 합니다.

01 멀티미디어의 개요

- 멀티미디어(Multimedia)는 Multi(다중)와 Media(매체)의 합성어로, 다중 매체를 의미한다.
- 멀티미디어는 텍스트, 그래픽, 사운드, 동영상 등 다양한 매체를 통해 정보를 전달한다.
- 멀티미디어 데이터는 다양한 하드웨어와 소프트웨어 환경에서 생성, 처리, 전송, 이용되므로 상호 호환되기 위한 표준이 필요하다.
- 가상 현실, 전자출판, 화상회의, 방송, 교육, 의료 등 사회 전 분야에서 활용되고 있다.

02 멀티미디어의 특징

- **통합성(Integration)**: 텍스트, 그래픽, 사운드, 동영상 등의 다양한 미디어를 통합한다.
- **디지털화(Digitalization)**: 아날로그 형태의 다양한 데이터를 컴퓨터가 인식하도록 디지털화한다.
- **쌍방향성(Interactive)**: 정보 제공자와 사용자 간의 상호작용으로 데이터가 전달된다.
- **비선형성(Non-Linear)**: 순차적으로 진행되는 것이 아니라 사용자와의 상호작용을 통해 진행 상황을 제어한다.

▼ **비선형 콘텐츠**
컴퓨터 게임이나 컴퓨터 기반 훈련과 같이 사용자와의 상호작용을 통해 진행 상황을 제어하는 멀티미디어 콘텐츠이다.

▼ **하이퍼텍스트(Hypertext)**
하이퍼링크를 통해 문서에서 다른 문서로 접근할 수 있는 형식으로, 문서 안의 텍스트를 클릭하면 연결된 다른 문서로 이동한다.

03 하이퍼미디어(Hypermedia)

- '하이퍼텍스트(Hypertext)'와 '멀티미디어(Multimedia)'를 합한 개념이다.
- 특정 텍스트나 이미지 등의 다양한 미디어를 클릭하면 연결된 문서로 이동한다.
- 문서를 읽는 순서가 사용자의 의도에 따라 결정되는 비선형 구조이다.
- 하나의 데이터를 여러 사용자가 서로 다른 경로를 통해 검색할 수 있다.

04 멀티미디어의 활용

■ **MOD(Music On Demand)**
인터넷에 접속하여 각종 음악 파일이나 음원을 제공받는 주문형 음악 서비스로 음악을 실시간으로 들을 수 있다.

주문형 비디오 (VOD; Video On Demand)	영화, 드라마, 뉴스 등의 프로그램을 원하는 시간에 다시 볼 수 있는 서비스
가상 현실 (VR; Virtual Reality)	컴퓨터가 만든 가상 세계의 다양한 경험을 체험할 수 있도록 하는 컴퓨터 그래픽 기술과 시뮬레이션 기능 등의 관련 기술

증강 현실 (AR; Augmented Reality)	현실 세계에 가상의 사물을 합성하여 마치 현실 세계에 존재하는 사물처럼 보이게 하는 기술	
화상회의 시스템 (VCS; Video Conference System)	초고속 정보통신망을 이용하여 멀리 떨어져 있는 사람들과 비디오와 오디오를 통해 회의하는 시스템	
원격 의료 (Telemedicine)	초고속 정보통신망을 이용하여 원거리에 의료정보와 의료서비스를 전달하는 모든 활동	
키오스크 (Kiosk)	지하철, 박물관, 백화점, 쇼핑센터 등에서 보통 터치스크린(Touch Screen)을 이용하여 운영되는 무인 종합 정보 안내 시스템	

05 멀티미디어 시스템

(1) 멀티미디어 시스템

- 멀티미디어 데이터를 재생하거나 저작할 수 있는 컴퓨터 환경으로 MPC(Multimedia PC)라고도 한다.
- 저작 시스템(Authoring System): 멀티미디어 콘텐츠를 저작할 수 있는 기능과 환경을 제공한다.
- 재생 시스템(Presentation System): 멀티미디어 데이터를 재생하기 위한 최소한의 하드웨어 및 소프트웨어를 의미한다.

(2) 멀티미디어 하드웨어

입력장치	키보드, 마우스, 스캐너, 디지털 카메라, 마이크, 비디오 카메라, 태블릿
출력장치	모니터, 프린터, 스피커, 사운드카드, VTR/VCR 등
처리장치	CPU, DSP, 데이터 압축 장치
저장장치	하드디스크, CD-ROM, DVD
통신장치	모뎀, ADSL, HDSL, VDSL
기타장치	사운드카드, 그래픽 카드, MPEG 보드, 비디오 오버레이 보드, TV 수신 카드

▼ DSP
(Digital Signal Processing)
디지털 신호 처리를 위해 설계된 프로세서로, 오디오 신호 처리나 영상 신호 처리 분야에 사용된다.

▼ 그래픽 카드
CPU에 의해 처리된 디지털 신호를 영상 신호로 바꿔 모니터로 전송하는 장치이다.

▼ MPEG 보드
압축된 동영상 파일을 빠른 속도로 복원시켜 재생해 주는 장치이다.

▼ 비디오 오버레이 보드
컴퓨터 화면과 외부의 비디오 화면을 중첩하여 표현하는 보드를 의미한다.

(3) 멀티미디어 애플리케이션

- 재생 애플리케이션
  - WAV, MIDI, MP3, AVI, MPEG 등의 멀티미디어 데이터를 재생하는 애플리케이션이다.
  - Windows Media Player, Winamp, 곰 플레이어, 팟 플레이어 등이 있다.
- 저작 애플리케이션
  - 그래픽, 사운드, 동영상, 애니메이션 등의 멀티미디어 데이터를 통합하는 애플리케이션이다.
  - 파워디렉터, 무비 메이커, 어도비 프리미어 프로(Adobe Premiere Pro), 베가스 프로(Vegas Pro) 등이 있다.

| 바로 보는 해설 |

01
멀티미디어는 아날로그 데이터를 디지털 데이터로 변환하여 통합 처리한다.

02
하이퍼미디어는 문서를 읽는 순서가 사용자에 의해 결정되는 비선형 구조를 가지고 있다.

03
멀티미디어 데이터는 사용자 선택에 따라 순차적으로 처리되는 것이 아니라, 다양한 방법으로 비순차적으로 처리되는 비선형적인 특징을 가지고 있다.

| 정답 | 01 ① 02 ② 03 ③

Warming UP 기출로 개념 확인

01

다음 중 멀티미디어의 특징에 대한 설명으로 옳지 않은 것은?

① 멀티미디어는 디지털 데이터를 아날로그 데이터로 변환하여 통합 처리한다.
② 사용자 선택에 따라 비순차적으로 처리되는 비선형성의 특징을 가지고 있다.
③ 텍스트, 그래픽, 사운드, 동영상 등의 다양한 미디어를 통합 처리한다.
④ 대표적인 정지 화상 포맷으로는 손실 압축과 무손실 압축기법을 모두 사용할 수 있는 JPEG와 무손실 압축 기법을 사용하는 GIF가 있다.

02

다음 중 하이퍼미디어에 대한 설명으로 옳지 않은 것은?

① 특정 텍스트나 이미지 등의 다양한 미디어를 클릭하면 연결된 문서로 이동하는 문서 형식이다.
② 문서와 문서가 연결되어 있는 형식으로 문서를 읽는 순서가 결정되는 선형 구조를 가지고 있다.
③ 하이퍼미디어는 하이퍼텍스트와 멀티미디어를 합한 개념이다.
④ 하나의 데이터를 여러 사용자가 서로 다른 경로를 통해 검색할 수 있다.

03

다음 중 멀티미디어의 특징으로 옳지 않은 것은?

① 디지털 데이터로 변환하여 통합 처리한다.
② 정보 제공자와 사용자 간의 상호작용에 의해 데이터가 전달된다.
③ 데이터가 사용자 선택에 따라 순차적으로 처리되는 선형성의 특징을 가진다.
④ 문자, 그림, 사운드 등의 여러 미디어를 통합하여 처리한다.

| 빈출개념 | #JPEG   #그래픽 관련 용어

개념끝 033 그래픽 데이터

기출빈도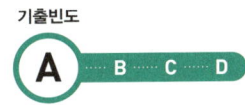

01 그래픽 데이터의 표현 방식

(1) 비트맵(Bitmap) 방식
- 이미지를 점(픽셀)의 집합으로 표시하는 방식으로, '래스터(Raster) 방식'이라고도 한다.
- 주로 스캐너나 디지털 카메라를 이용해서 생성된다.
- 확대하면 테두리가 거칠어지는 앨리어싱 현상(계단 현상)이 발생한다.
- 벡터 방식보다 파일의 크기가 크다.
- 화면에 표시하는 속도는 벡터 방식보다 빠르다.
- 다양한 색상을 사용하여 사실적 이미지를 표현한다.
- 확장명: .BMP, .JPG(.JPEG, .JPE), .PNG, .GIF 등
- 프로그램: 포토샵, 그림판, 페인트샵 프로 등

(2) 벡터(Vector) 방식
- 점과 점을 연결하는 직선이나 곡선을 이용하여 이미지를 표현한다.
- 확대해도 앨리어싱 현상이 발생하지 않는다.
- 확장명: WMF, AI 등
- 프로그램: 일러스트레이터, 플래시, 코렐드로 등

> **결정적 힌트**
> 그래픽 데이터는 멀티미디어 데이터 중에서도 가장 활용도가 높은 만큼 표현 방식, 형식, 관련 용어 등이 모두 골고루 출제되었습니다. 수록된 내용 모두를 꼼꼼히 학습하시기 바랍니다.

▼ 비트맵 방식

▼ 벡터 방식

02 그래픽 파일의 형식

BMP	• Windows의 표준 이미지 형식 • 압축하지 않아 파일의 용량이 매우 큼
JPEG	• 정지 화상을 위해 만들어진 압축 방식의 표준 • 웹에서 사진과 같이 색이 다양한 정지 영상을 표현하기에 적합 • 24비트 컬러를 사용하여 트루컬러로 이미지를 표현 • 손실, 무손실 압축 기법을 모두 사용하지만, 무손실 압축 기법은 잘 쓰지 않음 • 저장할 때 사용자가 임의로 압축률을 조정할 수 있음 • 압축률이 높을수록 이미지의 질이 떨어짐 • 문자, 선, 세밀한 격자 등 고주파 성분이 많은 이미지의 변환에서는 GIF나 PNG에 비해 품질이 떨어짐
PNG	• 트루컬러를 지원하는 무손실 방식의 그래픽 파일 • 8비트 알파 채널을 이용하여 부드러운 투명층 표현
GIF	• 무손실 압축 기법 사용 • 8비트 컬러로, 256(= 2^8)색 표현 • 간단한 애니메이션 효과를 지정할 수 있음

▼ 손실 압축 기법
압축 전의 데이터와 복원한 데이터가 일치하지 않는 기법으로 중복되는 데이터를 제거하여 파일 크기를 줄이는 방식이다.

▼ 무손실 압축 기법
압축 전의 데이터와 복원한 데이터가 일치하는 기법으로 데이터를 재구성하여 정보의 손실 없이 압축하는 방식이다.

03 그래픽 관련 용어

앨리어싱(Aliasing)	비트맵 이미지를 확대할 때 이미지의 경계선이 매끄럽지 않고 계단 형태로 나타나는 현상
안티앨리어싱(Anti-aliasing)	2차원 그래픽에서 계단 현상(앨리어싱)을 제거하여 경계면을 부드럽게 보이게 하는 기법
모델링(Modeling)	물체의 형상을 컴퓨터 내부에서 3차원 그래픽으로 어떻게 표현할 것인지를 정하는 과정
렌더링(Rendering)	3차원 그래픽에서 사물 모형에 명암과 색상을 추가하여 사실감을 더하는 과정
디더링(Dithering)	표현할 수 없는 색상이 있을 경우 색상을 조합하여 비슷한 색상을 내는 효과
인터레이싱(Interlacing)	화면에 이미지를 표시할 때 한번에 표시하지 않고 이미지의 대략적인 모습을 먼저 보여준 후 천천히 표시되면서 선명해지는 효과
모핑(Morphing)	두 개의 이미지 중 하나의 이미지를 다른 이미지로 서서히 변화시키는 특수 효과

■ 애니메이션 기법
- 셀 애니메이션: 종이에 그린 그림을 셀룰로이드에 그대로 옮긴 뒤 채색하고 촬영하는 기법이다.
- 키 프레임 애니메이션: 키 프레임을 이용하여 애니메이션을 만드는 기법이다.
- 클레이메이션: 찰흙과 같은 물체를 이용하여 애니메이션을 만드는 기법이다.

바로 보는 해설

01
벡터 방식은 일러스트레이터나 코렐드로 등으로 편집할 수 있다. 포토샵이나 그림판 등의 소프트웨어로 그림을 편집할 수 있는 것은 비트맵 방식의 데이터이다.

02
앨리어싱은 이미지의 가장자리가 톱니 모양으로 표현되는 계단 현상이고, 안티앨리어싱은 이미지 가장자리의 계단 현상을 최소화해 주는 그래픽 기법이다.

| 정답 | 01 ④ 02 ③

 기출로 개념 확인

01 또 나올 문제

다음 중 이미지 데이터의 표현 방식에서 벡터(Vector) 방식에 대한 설명으로 옳지 않은 것은?

① 벡터 방식의 그림 파일 형식에는 wmf, ai 등이 있다.
② 이미지를 점과 선을 이용하여 표현하는 방식이다.
③ 그림을 확대하거나 축소할 때 계단 현상이 발생하지 않는다.
④ 포토샵, 그림판 등의 소프트웨어로 그림을 편집할 수 있다.

02

다음 중 멀티미디어에서 사용되는 그래픽 기법에 관한 설명으로 옳지 않은 것은?

① 렌더링(Rendering)은 3차원 애니메이션을 만드는 작업의 일부이다.
② 모핑(Morphing)은 두 개의 이미지를 부드럽게 연결하여 변화하거나 통합하는 작업이다.
③ 앨리어싱(Aliasing)은 이미지 표현에 계단 현상을 제거하는 작업이다.
④ 디더링(Dithering)은 제한된 색상을 조합하여 새로운 색을 만드는 작업이다.

| 빈출개념 | #WAV #MIDI #MP3

개념끝 034 사운드 데이터

기출빈도 A-B-C-D

01 사운드 파일의 형식

결정적 힌트

사운드 파일 중 WAV, MIDI, MP3의 특징과 사운드 관련 용어 중심으로 학습하시기 바랍니다.

WAV (WAVeform audio file format)	• 무압축 방식으로, 아날로그 사운드를 디지털 사운드로 바꾼 방식 • 자연의 음향과 사람의 음성 표현이 가능하고 파일의 용량이 큰 편임 • 녹음 조건에 따라 파일의 크기가 가변적임
MIDI (Musical Instrument Digital Interface)	• 전자 음향장치나 디지털 악기 간의 통신 규약 • 용량이 작고, 사람의 목소리나 자연음은 재생할 수 없음 • 음의 높이 및 음표의 길이, 음의 강약 등에 대한 정보를 표현 • 실제 음을 듣기 위해서는 그 음을 발생시켜 주는 장치(신디사이저)가 필요
▸MP3 (MPEG-1 audio layer 3)	• 소리에 대한 사람의 청각 특성을 잘 살려 압축하는 기법 • CD 수준의 음질을 들을 수 있는 고음질 오디오 압축 표준 형식
FLAC (Free Lossless Audio Codec)	오디오 파일을 무손실 압축하는 방식으로, 음원의 손실이 없음
AIFF (Audio Interchange File Format)	비압축 무손실 압축 포맷으로, Mac OS에서 표준으로 사용하는 오디오 파일 형식
AC-3 (Audio Codec 3)	돌비 연구소에서 개발한 음성 코덱으로 입체 음향 구현에 최적화되어 DVD 등에 주로 사용

▼ MP3
MPEG-1 동영상의 음성 부분으로 개발되었으나 높은 압축률과 음반 CD 수준의 음질로 호평을 받아 음성 전용 코덱으로 발전하였다.

02 사운드 관련 용어

- 샘플링(Sampling): 아날로그 신호를 디지털 신호로 변환해 주는 작업이다.
- 표본 추출률(Sampling Rate): 1초에 몇 개의 샘플을 추출할 것인지를 정하는 것으로, 표본 추출률이 높을수록 원음에 가깝다. 단위는 헤르츠(Hz)를 사용한다.
- 시퀀싱(Sequencing): 컴퓨터를 이용하여 음악을 제작하고 녹음·편집하는 것을 의미한다.

▼ 샘플링
아날로그 소리 파형을 일정 시간 간격으로 연속적인 측정을 통해 얻어진 각각의 소리의 진폭을 숫자로 표현하여 디지털 데이터로 생성한다.

03 사운드 데이터의 파일 크기

WAV 파일의 크기(Byte) = 표본 추출률(Hz)×샘플 크기(Bit) / 8×재생 방식×시간(초)
(※ 재생 방식: 모노는 1, 스테레오는 2로 계산)

예 CD 음질 수준의 스테레오 사운드를 10초간 저장하는 데 필요한 최소한의 메모리 공간은?
(CD 음질: 44.1KHz, 16Bit 샘플링 데이터)
44,100×16 / 8×2×10 = 1,764,000Byte = 1.76MByte

바로 보는 해설

01
샘플링은 아날로그 신호를 일정한 간격으로 나누어 진폭값을 부여하고 디지털 신호로 변환하는 과정이다. 디지털 신호를 아날로그 신호로 변환하는 작업은 복호화(Decoding) 작업이다.

02
H.264는 동영상의 압축 및 복원과 관련된 기술이다.
- 오디오 데이터: WAV, MIDI, MP3, AIFF, FLAC 등
- 그래픽 데이터: BMP, WMF, TIF, GIF, JPEG, PNG, PCX, DXF 등
- 비디오 데이터: AVI, DVI, MOV, MPEG, ASF, DivX, H.264 등

03
프레임 너비는 비디오 데이터 파일의 크기를 계산할 때 필요한 요소이다. 오디오 데이터의 파일 크기(Byte)는 '표본 추출률(Hz) × 샘플 크기(Bit) / 8 × 시간 × 재생 방식(모노 = 1, 스테레오 = 2)'로 구한다.

| 정답 | 01 ① 02 ③ 03 ④

Warming UP 기출로 개념 확인

01

다음 중 사운드 데이터의 샘플링(Sampling)에 대한 설명으로 옳지 않은 것은?

① 디지털 신호를 아날로그 신호로 변환해 주는 작업이다.
② 샘플링 레이트(Sampling Rate)가 높을수록 원음에 가깝다.
③ 샘플링 레이트는 초당 샘플링 횟수를 의미한다.
④ 샘플링 레이트의 단위는 Hz(헤르츠)를 사용한다.

02

다음 중 사운드의 압축 및 복원과 관련된 기술에 해당하지 않는 것은?

① FLAC
② AIFF
③ H.264
④ WAV

03

다음 중 사운드 파일의 크기를 결정하는 요소에 해당하지 않는 것은?

① 표본 추출률(Hz)
② 샘플 크기(Bit)
③ 재생 방식(Mono, Stereo)
④ 프레임 너비(Pixel)

| 빈출개념 | #MPEG #AVI #MOV

개념끝 035 동영상 데이터

기출빈도
A B C D

01 동영상 파일의 형식

MPEG	• 동영상 전문가 그룹인 Motion Picture Experts Group에서 제안한 동영상 압축 기술의 국제 표준 규격 • 동영상과 오디오 압축에 관한 일련의 표준
AVI	• Windows에서 기본적으로 지원하는 표준 동영상 파일 형식 • 별도의 하드웨어 장치 없이 재생 가능
MOV	• 애플(Apple)에서 개발한 동영상 파일 형식 • Windows에서 재생하려면 QuickTime for Windows 프로그램을 설치해야 함
ASF	• 마이크로소프트에서 개발한 동영상 파일 형식 • 용량이 적고 음질이 뛰어나 주로 스트리밍 서비스를 하는 인터넷 방송국에서 사용
H.264	• 비디오 코딩 전문가 그룹(VCEG)과 ISO/IEC의 동영상 전문가 그룹(MPEG)이 공동으로 조인트 비디오팀(JVT; Joint Video Team)을 구성하고, 표준화를 진행하여 만든 고선명 동영상 압축 표준 형식 • 고선명 비디오를 녹화·압축·배포하기 위한 가장 일반적인 포맷으로, 데이터 압축률이 매우 높음
DVI	컴퓨터 기타 장치에서 디스플레이(모니터, 프로젝터 등)로 디지털 비디오 신호를 전달하는 표준 영상 출력 인터페이스
DivX	• MPEG-4와 MP3를 재조합한 것으로, 코덱을 변형해서 만듦 • 한두 장의 CD 분량으로 DVD와 유사한 수준의 화질로 영화를 볼 수 있게 지원함

> **결정적 힌트**
> MPEG 규격의 특징을 묻는 문제들이 출제되었으므로 이 부분을 중점적으로 기억해야 합니다. 또한 각각의 동영상 파일 형식의 개발사와 특징을 알아두세요.

02 MPEG 규격

MPEG-1	비디오테이프 수준의 화질을 제공하고 비디오 CD 제작에 사용
MPEG-2	높은 화질과 음질을 제공하고 DVD, HDTV 등에 사용
MPEG-4	멀티미디어 통신을 위해 만들어진 영상 압축 기술
MPEG-7	동영상 데이터 검색과 전자도서관, 전자상거래 등에 적합하도록 개발
MPEG-21	MPEG 기술들을 통합해 디지털 콘텐츠의 생성, 유통, 전달, 관리 등 모든 과정을 관리할 수 있음

■ MPEG-3
HDTV 신호를 관리하기 위해 설계된 표준으로, 후에 MPEG-2로 흡수되었다.

03 동영상 관련 용어

- **코덱(Codec)**: 음성 신호나 영상 신호를 디지털 신호로 변환하는 코더(Coder)와 그 반대로 변환시켜 주는 디코더(Decoder)의 기능을 함께 갖춘 기술이다.
- **스트리밍(Streaming)**: 전송되는 데이터를 끊임없이 지속적으로 처리 가능하기 때문에 파일을 다운로드하면서 재생할 수 있는 기능이다.

■ 동영상 파일의 [속성] 대화상자에서 비트 수준은 확인할 수 없다.

> **개념 플러스** 동영상 파일의 [속성] 대화상자에서 확인할 수 있는 비디오 정보
>
> [속성] 대화상자의 [자세히] 탭에서 비디오의 길이, 프레임 너비, 프레임 높이, 데이터 속도, 총 비트 전송률, 프레임 속도 등을 확인할 수 있다.
>
>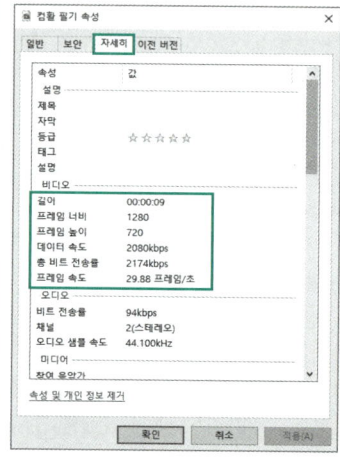

Warming UP 기출로 개념 확인

01 또 나올 문제

다음 중 멀티미디어 동영상에 대한 설명으로 옳지 않은 것은?

① 국제 표준화 단체인 MPEG에서는 다양한 규격의 압축 포맷과 부가 표준을 만들었다.
② 비디오 스트리밍은 인터넷에서 영상 파일을 다운로드하면서 실시간 재생하는 기법이다.
③ MIDI는 애플에서 개발한 동영상 압축 기술로, 시퀀싱 작업을 통해 작성된다.
④ AVI는 Windows에서 기본적으로 지원하는 표준 동영상 파일 형식으로, 별도의 하드웨어 장치 없이 재생 가능하다.

바로 보는 해설

01
MIDI는 오디오와 관련된 기술로, 전자 악기 간의 디지털 신호에 의한 통신이나 컴퓨터와 전자 악기 사이의 통신 규약이다. 애플에서 개발한 동영상 압축 기술은 '퀵타임(Quick Time MOV)'이라고 한다.

02
멀티미디어 콘텐츠의 전자상거래(생성, 거래, 전달, 관리, 소비)를 위한 상호 운용성을 보장하는 통합 멀티미디어 프레임워크를 표준화하는 것은?

① MPEG-2
② MPEG-7
③ MPEG-21
④ MPEG-Z

02
MPEG-21은 디지털 콘텐츠의 생성, 거래, 전달, 관리, 소비 등 모든 과정을 관리할 수 있다.

| 정답 | 01 ③ 02 ③

CHAPTER 5 멀티미디어 활용

기출선지 OX 퀴즈

01 멀티미디어는 디지털 데이터를 아날로그 데이터로 변환하여 통합 처리한다. (O / X)

02 4D 콘텐츠는 컴퓨터 등을 이용하여 실제 존재하지 않는 가상의 환경이나 상황을 구현하는 기술이나 콘텐츠이다. (O / X)

03 하이퍼미디어는 특정 텍스트나 이미지 등의 다양한 미디어를 클릭하면 연결된 문서로 이동하는 문서 형식이다. (O / X)

04 벡터(Vector) 방식은 포토샵, 그림판 등의 소프트웨어로 그림을 편집할 수 있다. (O / X)

05 GIF는 벡터 방식으로 이미지를 표현한다. (O / X)

06 하이퍼미디어는 문서와 문서가 연결되어 있는 형식으로 문서를 읽는 순서가 결정되는 선형 구조를 가지고 있다. (O / X)

07 멀티미디어는 텍스트, 그래픽, 사운드, 동영상 등 다양한 매체를 통해 정보를 전달한다. (O / X)

08 GIF는 간단한 애니메이션 표현이 가능하다. (O / X)

09 멀티미디어는 데이터가 사용자 선택에 따라 순차적으로 처리되는 선형성의 특징을 가진다. (O / X)

10 2차원 또는 3차원 물체의 모형에 명암과 색상을 입혀 사실감을 더해주는 그래픽 기법은 리터칭이다. (O / X)

11 블러링은 이미지의 가장자리가 톱니바퀴 모양으로 표현되는 계단 현상을 없애기 위하여 경계선을 부드럽게 해주는 기술이다. (O / X)

12 하이퍼미디어는 하이퍼텍스트와 멀티미디어를 합한 개념이다. (O / X)

13 모델링은 어떠한 방법으로 3차원 그래픽으로 표현할 것인지를 정하는 과정이다. (O / X)

14 렌더링은 여러 장의 화면을 연속 촬영하고 조작하여 화면이 움직여 보이게 만든 기법이나 영상을 말한다. (O / X)

15 벡터 방식의 그림 파일 형식에는 WMF, AI 등이 있다. (O / X)

16 멀티미디어는 가상 현실, 전자출판, 화상회의, 방송, 교육, 의료 등 사회 전 분야에서 활용되고 있다. (O / X)

한판으로 **복습**한다!

17 사운드 데이터의 샘플링은 디지털 신호를 아날로그 신호로 변환해 주는 작업이다. (O / X)

18 벡터 방식은 그림을 확대하거나 축소할 때 계단 현상이 발생하지 않는다. (O / X)

19 샘플링 레이트가 높을수록 원음에 가깝다. (O / X)

20 WAV는 비압축 무손실 압축 포맷으로, Mac OS에서 표준으로 사용하는 오디오 파일 형식이다. (O / X)

21 디더링은 제한된 색상을 조합하여 새로운 색을 만드는 작업이다. (O / X)

22 H.264는 사운드의 압축 및 복원과 관련된 기술이다. (O / X)

23 프레임 너비는 MP3 파일의 크기를 결정하는 요소이다. (O / X)

24 앨리어싱은 이미지 표현에 계단 현상을 제거하는 작업이다. (O / X)

25 AVI는 Windows에서 기본적으로 지원하는 표준 동영상 파일 형식으로, 별도의 하드웨어 장치 없이 재생 가능하다. (O / X)

26 MIDI는 애플에서 개발한 동영상 압축 기술로, 시퀀싱 작업을 통해 작성된다. (O / X)

27 멀티미디어 프레임워크의 MPEG 표준은 MPEG-21이다. (O / X)

28 DXF는 동영상 데이터 파일 형식이다. (O / X)

29 스트리밍이 지원되는 파일 형식은 ASF, WMV, RAM 등이 있다. (O / X)

30 MPEG은 Intel이 개발한 동영상 압축 기술로, 용량이 작고 음질이 뛰어나다. (O / X)

정답	01	X	02	X	03	O	04	X	05	X	06	X	07	O	08	O	09	X	10	X
	11	X	12	O	13	O	14	X	15	O	16	X	17	X	18	O	19	O	20	X
	21	O	22	X	23	X	24	X	25	O	26	X	27	O	28	X	29	O	30	X

CHAPTER 5 | 멀티미디어 활용

Build Up 기출로 개념 강화

개념끝 032 멀티미디어 개요

01 또 나올 문제

다음 중 멀티미디어의 특징에 대한 설명으로 옳지 <u>않은</u> 것은?

① 디지털화(Digitization): 여러 종류의 정보를 컴퓨터로 처리하기 위해서 디지털 방식으로 변환하여 처리한다.
② 상호작용성(Interaction): 정보 제공자의 선택에 의해 일방적으로 데이터가 전달되는 것이 아니라 정보 제공자와 사용자 간의 의견을 통한 상호작용에 의해 데이터가 전달된다.
③ 비선형성(Non-Linear): 데이터가 일정한 방향으로 순차적으로 처리되는 것이 아니라 사용자의 선택에 따라 다양한 방향으로 처리된다.
④ 용이성(Easiness): 각각의 분리된 매체(오디오 등)보다 콘텐츠 제작이 용이하다.

02

다음 중 하이퍼미디어에 대한 설명으로 옳지 <u>않은</u> 것은?

① 특정 텍스트나 다양한 미디어를 클릭하면 연결된 문서로 이동하는 문서 형식이다.
② 사용자에 의해 문서의 읽는 순서가 결정되는 선형 구조이다.
③ 하이퍼미디어는 하이퍼텍스트와 멀티미디어를 합한 개념이다.
④ 하나의 데이터를 여러 사용자가 다른 경로를 통해 검색할 수 있다.

03

다음 중 멀티미디어에 대한 설명으로 옳지 <u>않은</u> 것은?

① 웹에서 멀티미디어 데이터를 다운로드하면서 동시에 재생해 주는 기술을 스트리밍 기술이라고 한다.
② 멀티미디어 데이터의 전송 및 보관을 위해 대용량의 동영상 및 사운드 파일을 압축하거나 압축을 푸는 데 사용되는 모든 기술, 도구 등을 통칭하여 코덱(CODEC)이라 한다.
③ 텍스트, 그래픽, 사운드, 동영상, 애니메이션 등의 여러 미디어를 통하여 처리하는 멀티미디어의 특징을 비선형성(Non-Linear)이라 한다.
④ 정보 제공자와 사용자 간의 상호작용에 의해 데이터가 전달되는 쌍방향성의 특징이 있다.

04

다음 중 사용자가 눈으로 보는 현실 화면이나 실제 영상에 문자나 그래픽과 같은 가상의 3차원 정보를 실시간으로 겹쳐 보여주는 새로운 멀티미디어 기술을 의미하는 용어로 옳은 것은?

① 가상 장치 인터페이스(VDI)
② 가상 현실 모델 언어(VRML)
③ 증강 현실(AR)
④ 주문형 비디오(VOD)

05 또 나올 문제

다음 중 컴퓨터에서 사용하는 멀티미디어 활용과 관련하여 VOD(Video On Demand) 서비스에 관한 설명으로 옳은 것은?

① 초고속 통신망을 이용하여 먼 거리에 있는 사람들과 비디오와 오디오를 통해 회의를 할 수 있도록 하는 서비스이다.
② 다양한 영상 정보 데이터베이스를 구축하여 사용자가 요구하는 영상 정보를 원하는 시간에 볼 수 있도록 하는 서비스이다.
③ 다양한 장치를 통해 컴퓨터가 만들어낸 가상세계에서 여러 다른 경험을 체험할 수 있게 하는 서비스이다.
④ 초고속 통신망을 이용하여 의료 활동 등을 할 수 있는 서비스이다.

개념끝 033 그래픽 데이터

06 또 나올 문제

다음 중 그래픽 데이터의 표현 방식에 대한 설명으로 옳지 <u>않은</u> 것은?

① 비트맵 방식은 픽셀(Pixel)이라고 하는 여러 개의 점들로 이미지를 표현하는 방식이다.
② 이미지를 비트맵 방식으로 저장한 경우 벡터 방식에 비해 메모리를 적게 차지하지만, 화면에 이미지를 보여주는 속도가 느리다.
③ 벡터 방식은 점과 점을 연결하는 직선이나 곡선을 이용하여 이미지를 표현하는 방식이다.
④ 벡터 방식은 그림을 확대 또는 축소할 때 화질의 손상이 거의 없다.

07

다음 중 이미지와 그래픽에서 사용되는 비트맵 방식의 파일 형식에 대한 설명으로 옳지 <u>않은</u> 것은?

① 픽셀(Pixel)로 이미지를 표현하며 이미지를 확대하면 테두리가 거칠어진다.
② Windows에서 표준으로 사용되는 방식으로 복원한 데이터가 압축 전의 데이터와 완전히 일치하는 무손실 압축을 사용한다.
③ 래스터 방식이라고도 하며 다양한 색상을 사용하므로 사실과 같은 이미지를 표현할 수 있다.
④ 파일 형식에는 BMP, GIF, JPG 등이 있다.

08

다음 중 컴퓨터 그래픽과 관련하여 벡터(Vector) 이미지에 대한 설명으로 옳지 <u>않은</u> 것은?

① 이미지의 크기를 확대하여도 화질에 손상이 없다.
② 점과 점을 연결하는 직선이나 곡선을 이용하여 이미지를 구성한다.
③ 대표적인 파일 형식에는 AI, WMF 등이 있다.
④ 픽셀로 이미지를 표현하며, 래스터(Raster) 이미지라고도 한다.

바로 보는 해설

01 멀티미디어는 여러 개의 매체(Media)를 결합하여 제작되는 것으로 용이성과는 관련 없다.

02 하이퍼미디어는 사용자에 의해 문서의 읽는 순서가 결정되는 비선형 구조이다.

03 • 비선형성: 순차적으로 진행되는 것이 아니라 사용자와의 상호작용을 통해 진행 상황을 제어한다.
• 통합성: 텍스트, 그래픽, 사운드, 동영상, 애니메이션 등의 여러 미디어를 통합하여 처리한다.

04 | 오답 피하기 |
① 가상 장치 인터페이스(VDI): 인터넷을 통해 원격 서비스에서 호스팅되는 가상화된 데스크톱에 액세스하는 기술이다.
② 가상 현실 모델 언어(VRML): 3차원 가상 공간을 표현하기 위한 언어이다.
④ 주문형 비디오(VOD): 영화, 드라마, 뉴스 등의 프로그램을 원하는 시간에 다시 볼 수 있는 서비스이다.

05 | 오답 피하기 |
① 화상 회의 시스템에 대한 설명이다.
③ 가상 현실에 대한 설명이다.
④ 원격 의료에 대한 설명이다.

06 비트맵 방식은 다양한 색상을 사용하여 사실적인 이미지를 표현하는 방식으로, 메모리를 많이 차지하지만 화면 표시 속도는 빠르다.

07 비트맵 방식의 파일 형식은 복원한 데이터가 압축 전의 데이터와 완전히 일치하는 무손실 압축 기법과 복원한 데이터가 압축 전의 데이터와 일치하지 않는 손실 압축 기법을 사용한다. GIF는 무손실 압축 기법, JPG는 무손실 압축과 손실 압축 기법을 모두 사용한다.

08 비트맵에 대한 설명이다.
| 오답 피하기 |
①, ②, ③ 벡터 방식은 이미지를 점과 선을 이용하여 표현하는 방식으로, 확대 시 계단 현상이 발생하지 않는다(AI, WMF 등).

| 정답 | 01 ④ 02 ② 03 ③ 04 ③ 05 ②
          06 ② 07 ② 08 ④

09 (또 나올 문제)

다음 중 JPEG 파일 형식에 대한 설명으로 옳지 않은 것은?

① 저장 시 사용자가 임의로 압축률을 조정할 수 있다.
② 사진과 같이 다양한 색을 가진 정지 영상을 표현하기에 적합하다.
③ 8비트 알파 채널을 이용하여 부드러운 투명층을 표현할 수 있다.
④ 압축률이 높을수록 보다 많은 정보를 지우므로 이미지의 질이 낮아진다.

10

다음 중 멀티미디어와 관련하여 JPG 파일 형식에 대한 설명으로 옳지 않은 것은?

① 사진과 같은 정지 영상을 표현하기 위한 국제 표준 압축 방식이다.
② 24비트 컬러를 사용하여 트루컬러로 이미지를 표현한다.
③ 사용자가 압축률을 지정해서 이미지를 압축하는 압축 기법을 사용할 수 있다.
④ 이미지를 확대해도 테두리가 거칠어지지 않고 매끄럽게 표현된다.

11

다음 중 아래 설명에 해당하는 그래픽 관련 용어는?

> 물체의 형상을 컴퓨터 내부에서 3차원 그래픽으로 어떻게 표현할 것인지를 정하는 과정

① 디더링
② 인터레이싱
③ 모핑
④ 모델링

12 (또 나올 문제)

다음 중 멀티미디어와 관련된 그래픽 기법에 대한 설명으로 옳은 것은?

① 안티앨리어싱(Anti-aliasing)은 제한된 색상을 조합하여 복잡한 색이나 새로운 색을 만드는 작업이다.
② 모델링(Modeling)은 3차원 애니메이션을 만드는 과정 중의 하나로 물체의 모형에 명암과 색상을 입혀 사실감을 더해 주는 작업이다.
③ 모핑(Morphing)은 2개의 이미지를 부드럽게 연결하여 변환 또는 통합하는 것으로 컴퓨터 그래픽, 영화 등에서 많이 사용된다.
④ 렌더링(Rendering)은 이미지 가장자리의 톱니 모양과 같은 계단 현상을 제거하여 경계선을 부드럽게 하는 필터링 기술이다.

개념끝 034 사운드 데이터

13

다음 중 오디오 파일 형식에 대한 설명으로 옳지 않은 것은?

① MP3: 소리에 대한 사람의 청각 특성을 잘 살려 압축하는 기법으로 CD 수준의 음질을 들을 수 있는 고음질 오디오 압축 표준 형식이다.
② MIDI: 실시간으로 사운드를 보내기 위해 만들어진 압축 방식으로 인터넷을 통해 데이터를 계속 받으면서 동시에 이미 다운로드받은 데이터를 재생한다.
③ AIFF: 비압축(무손실) 압축 포맷으로 Mac OS에서 표준으로 사용되는 오디오 파일 형식이다.
④ WAVE: 마이크로소프트사와 IBM이 개발한 PC용 오디오 파일 형식으로 낮은 레벨의 모노에서부터 CD 수준의 스테레오에 이르기까지 다양한 수준으로 저장할 수 있다.

14 (또 나올 문제)

다음 중 전자 음향장치나 디지털 악기 간의 통신 규약으로 음악의 연주 정보 및 여러 가지 기능에 대한 정보를 포함하여 저장하는 데이터 형식은?

① WAV
② RA/RM
③ MP3
④ MIDI

15

다음 중 MPEG에서 규정한 압축 기술을 이용하여 기존 데이터의 음질에 가까우면서 압축률을 높인 오디오 데이터 형식을 나타내는 것은?

① WAVE
② MIDI
③ MP3
④ DVI

개념끝 035 동영상 데이터

16

다음 중 멀티미디어와 관련된 비디오 데이터에 대한 설명으로 옳지 <u>않은</u> 것은?

① AVI는 고화질 동영상 압축을 위한 비표준 동영상 파일 형식으로 Windows Media Player로만 재생이 가능하다.
② MPEG은 동영상 전문가 그룹에서 제정한 동영상 압축 기술에 관한 국제 표준 규격으로 동영상뿐만 아니라 오디오 데이터도 압축할 수 있다.
③ ASF는 MS사에서 개발한 통합 멀티미디어 형식으로, 용량이 작고 음질이 뛰어나 주로 스트리밍 서비스를 하는 인터넷 방송국에서 사용된다.
④ QuickTime Movie는 Apple사에서 개발한 동영상 압축 기술로 Windows에서도 재생 가능하다.

17

다음 중 동영상 압축 표준에 대한 설명으로 옳지 <u>않은</u> 것은?

① DivX: MPEG-4와 MP3를 재조합한 것으로 비표준 동영상 파일 형식이다.
② AVI: MS사가 개발한 Windows의 표준 동영상 파일 형식이다.
③ ASF: Apple사가 개발한 동영상 압축 기술로 JPEG 방식을 사용한다.
④ MPEG: 동영상뿐만 아니라 오디오도 압축할 수 있으며 프레임 간 연관성을 고려하여 중복 데이터를 제거하는 손실 압축 기법을 사용한다.

바로 보는 해설

09 PNG 파일 형식에 대한 설명이다. JPEG는 24비트이다.

10 JPG는 비트맵 파일의 형식으로 이미지를 확대하면 테두리가 거칠어지는 앨리어싱 현상이 있다. 이미지를 확대해도 테두리가 거칠어지지 않고 매끄럽게 표현되는 것은 벡터 파일의 형식이다.

11 | 오답 피하기 |
① 디더링(Dithering): 제한된 색상을 조합하여 새로운 색을 만드는 기술이다.
② 인터레이싱(Interlacing): 화면에 이미지를 표시할 때 한번에 표시하지 않고 천천히 표시되면서 선명해지는 효과이다.
③ 모핑(Morphing): 2개의 이미지를 부드럽게 연결하여 변환하는 기술이다.

12
• 안티앨리어싱(Anti-aliasing): 이미지 가장자리의 톱니 모양과 같은 계단 현상을 제거하여 경계선을 부드럽게 하는 필터링 기술이다.
• 디더링(Dithering): 제한된 색상을 조합하여 복잡한 색이나 새로운 색을 만드는 작업이다.
• 모델링(Modeling): 물체의 형상을 컴퓨터 내부에서 3차원 그래픽으로, 어떻게 표현할 것인지를 정하는 과정이다.
• 렌더링(Rendering): 3차원 애니메이션을 만드는 과정 중의 하나로, 물체의 모형에 명암과 색상을 입혀 사실감을 더해주는 작업이다.

13
• MIDI(Musical Instrument Digital Interface): 전자 악기 사이의 데이터 교환을 위한 규약으로, 용량이 작으며 사람의 목소리나 자연음은 재생할 수 없다.
• 스트리밍(Streaming) 사운드 파일: 실시간으로 사운드를 보내기 위해 만들어진 압축 방식으로, 인터넷을 통해 데이터를 계속 받으면서 동시에 이미 다운로드받은 데이터를 재생한다.

14 MIDI(Musical Instrument Digital Interface)는 전자 악기 사이의 데이터 교환을 위한 규약으로, 용량이 작으며 사람의 목소리나 자연음은 재생할 수 없다.

15 MP3는 소리에 대한 사람의 청각 특성을 잘 살려 압축하는 기법으로, CD 수준의 음질을 들을 수 있는 고음질 오디오 압축 표준 형식이다.

16 AVI는 Windows에서 기본적으로 지원하는 표준 동영상 파일 형식으로 별도의 하드웨어 장치 없이 재생이 가능하다.

17 ASF는 마이크로소프트(MS)사에서 개발한 동영상 파일 형식이다.

| 정답 | 09 ③　10 ④　11 ④　12 ③　13 ②
　　　　14 ④　15 ③　16 ①　17 ③

18 또 나올 문제

다음 중 MPEG 규격에 대한 설명으로 옳지 <u>않은</u> 것은?

① MPEG-2: 차세대 텔레비전 방송이나 ISDN, 케이블망 등을 이용한 영상 전송을 위하여 제정되었으며, HDTV, 위성방송, DVD 등이 이 규격을 따르고 있다.
② MPEG-4: 통신, PC, 방송 등을 결합하는 복합 멀티미디어 서비스의 통합 표준을 위한 것이다.
③ MPEG-7: CD와 같은 고용량 매체에서 동영상을 재생하기 위한 것으로, CD-I나 비디오 CD 등이 이 규격을 따르고 있다.
④ MPEG-21: MPEG 기술들을 통합해 디지털 콘텐츠의 제작, 유통, 보안 등 전 과정을 관리할 수 있는 기술이다.

19

다음 중 Windows 10에서 동영상 파일의 바로 가기 메뉴 중 [속성]을 선택하여 확인할 수 있는 비디오 정보에 해당하지 않는 것은?

① 길이
② 비트 수준
③ 프레임 속도
④ 총 비트 전송률

20

다음 중 영상 신호와 음향 신호를 압축하지 않고 통합하여 전송하는 고선명 멀티미디어 인터페이스로 S-비디오, 컴포지트 등의 아날로그 케이블보다 고품질의 음향 및 영상을 감상할 수 있는 것은?

① DVI
② HDMI
③ USB
④ IEEE-1394

바로 보는 해설

18 MPEG-7은 동영상 데이터 검색과 전자도서관, 전자상거래 등에 적합하도록 개발되었다. ③은 MPEG-1에 대한 설명이다.

19 [속성] 대화상자의 [자세히] 탭에서 동영상의 길이, 프레임 속도, 프레임 너비, 프레임 높이, 총 비트 전송률 등을 확인할 수 있으나 비트 수준은 표시되지 않는다.

20 | 오답 피하기 |
① 디지털 TV를 위한 압축 기술에서 발전된 동영상 압축 기술이다.
③ 컴퓨터와 주변 기기를 연결할 때 쓰이는 포트로, 주변 장치를 최대 127개까지 연결할 수 있다.
④ 컴퓨터와 디지털 기기를 연결해 데이터를 교환할 수 있도록 애플에서 개발한 직렬 인터페이스 방식으로, 주변 장치를 최대 63개까지 연결 가능하다.

| 정답 | 18 ③ 19 ② 20 ②

CHAPTER 6
인터넷 활용

최근 기출 10개년 기준
25%

무료 동영상 강의

- 036   정보통신
- 037   OSI 7계층과 네트워크 장치
- 038   프로토콜
- 039   인터넷의 개요
- 040   웹 브라우저 사용 및 설정
- 041   인터넷 서비스
- 042   최신 정보통신 기술 활용

학습전략

인터넷이 없다면 살기 힘든 시대이므로 인터넷과 관련된 부분은 모두 중요하다고 볼 수 있습니다. 그러나 우리가 인터넷을 쉽게 사용하는 것에 비해 정보통신의 기본 개념과 인터넷 이론은 매우 어려운 내용입니다. 자주 출제되는 부분을 중심으로 꼼꼼하게 학습하는 것이 필요합니다.

| 빈출개념 | #네트워크의 구성 형태   #근거리 통신망

개념끝 036 정보통신

기출빈도

결정적 힌트
우리가 사는 세상은 모든 것이 통신으로 연결되는 초연결 시대라고 할 수 있습니다. 그러므로 정보통신은 매우 어렵지만 중요한 부분이라고 할 수 있습니다. 네트워크의 구성 형태, 정보통신망의 유형에서 특히 많은 문제가 출제되었으므로 집중해서 학습하세요.

01 정보통신의 개념

- 정보 매체를 이용하여 문자, 음성, 이미지, 동영상 등의 정보를 다른 곳으로 송·수신하는 것이다.
- 전송 거리에 구애받지 않고 다량의 정보를 신속하게 전송할 수 있다.
- 컴퓨터 자원을 공유할 수 있으므로 비용을 절감할 수 있다.

02 정보통신 시스템의 구성 요소

- 데이터 전송계: 데이터의 이동을 담당하는 것으로 단말기, 전송회선, 통신제어장치를 포함한다.
- 데이터 처리계: 데이터 처리에 사용하는 하드웨어와 통신 소프트웨어가 해당된다.
- 단말 장치: 원격지에서 발생한 데이터의 송·수신을 위한 장치로 에러 제어 기능이 있다.

개념 플러스
- 디지털 서비스 유니트(DSU; Digital Service Unit): 원거리 전송에 적합하도록 디지털 신호의 형태로 변형하는 장치이다.
- 통신 제어 장치(CCU; Communication Control Unit): 통신 회선과 정보처리 장치 사이에 위치하여 단말장치와 정보 신호를 제어하는 장치이다.

03 정보의 전송 방식

정보가 전송되는 방식은 단방향, 반이중, 전이중으로 분류된다.

단방향 전송 (Simplex)	한쪽으로만 데이터를 전송하는 방식 예 라디오, TV 방송
반이중 전송 (Half-Duplex)	양쪽으로 데이터를 전송하지만, 동시 전송은 불가능한 방식 예 무전기
전이중 전송 (Full-Duplex)	양쪽으로 동시에 데이터를 전송하는 방식 예 전화

04 네트워크의 구성 형태

네트워크에 연결된 노드의 형태로 네트워크 토폴로지(Topology)라고 한다.

구분	그림	설명
성(Star)형		• 모든 컴퓨터를 중앙 컴퓨터와 일대일로 연결한 형태 • 포인트 투 포인트(Point-to-Point) 방식이라고도 함 • 통신망의 처리 능력 및 신뢰성이 중앙 컴퓨터의 제어장치에 좌우됨
트리(Tree)형		• 허브를 이용하여 계층적으로 구성한 형태 • 많이 확장되면 트래픽이 가중될 수 있음
링(Ring)형		• 여러 대의 컴퓨터를 원형 모양으로 서로 연결한 형태 • 단방향의 경우 특정 노드에 이상이 생기면 전체 통신망에 영향을 미침
버스(Bus)형		• 하나의 통신 회선에 여러 대의 컴퓨터를 연결한 형태 • 케이블 종단에는 종단장치가 있어야 함 • 증설이나 삭제가 쉬움 • 기밀 보장이 어렵고 회선 길이의 제한을 받음
망(Mesh)형		• 모든 컴퓨터를 그물 모양으로 서로 연결한 형태 • 특정 노드에 이상이 생겨도 전송할 수 있고 응답 시간이 빠름

05 정보통신망의 유형

구분	설명
근거리 통신망 (LAN; Local Area Network)	• 집, 학교, 회사 등 한정된 공간에서 자원을 공유할 목적으로 연결된 통신망 • 전송 거리가 짧고, 고속 전송이 가능하며, 오류 발생률이 낮은 통신망
도시권 통신망 (MAN; Metropolitan Area Network)	LAN과 WAN의 중간 형태로, 대도시와 같은 지역에 데이터 전송을 제공하는 통신망
광역 통신망 (WAN; Wide Area Network)	• 국가나 대륙 등 넓은 지역을 연결하는 통신망 • 거리의 제한이 없지만, 다양한 경로를 거쳐서 도달하므로 속도가 느리고 오류 발생률이 높은 통신망
부가 가치 통신망 (VAN; Value Added Network)	통신 회선을 임대하여 기존의 정보에 새로운 정보나 서비스를 추가하여 다수의 이용자에게 판매하는 통신망
광대역 종합 정보통신망 (B-ISDN; Broadband Integrated Services Digital Network)	광대역 네트워크에서 데이터, 음성, 고해상도의 동영상 등 다양한 서비스를 디지털 통신망을 이용하여 제공하는 고속 통신망
무선 가입자 통신망 (WLL; Wireless Local Loop)	전화국과 가입자 단말 사이에 무선 시스템을 이용하여 구성하는 통신망

▼ 클라이언트(Client)
네트워크를 이용하여 서버 측에 서비스를 요청하는 주체이다.

▼ 서버(Server)
클라이언트가 요구하는 서비스를 제공하는 주체이다.

> **개념 플러스** 네트워크의 운영 방식
>
> - 중앙 집중 방식: 중앙 컴퓨터가 모든 단말기에서 요구하는 데이터 처리를 전담하는 방식이다.
> - 클라이언트/서버 방식: 서버와 클라이언트 모두가 처리 능력을 가지고 있기 때문에 분산 처리 환경에 적합한 방식이다.
> - P2P(Peer-to-Peer, 동배 간 처리) 방식
>   - 컴퓨터와 컴퓨터가 동등하게 연결되는 방식이다.
>   - 각 컴퓨터는 클라이언트인 동시에 서버가 될 수 있다.
>   - 인터넷에서 이루어지는 개인 대 개인의 파일 공유를 위한 기술이다.
>   - 유지 보수가 어렵고 데이터의 보안이 취약하다.

06 LAN의 전송 방식

- 베이스밴드(Baseband) 전송: 디지털 데이터 신호를 변조하지 않고 원래의 신호를 그대로 직접 전송하는 방식이다.
- 브로드밴드(Broadband) 전송: 디지털 데이터 신호를 아날로그 신호로 변조하여 다수의 통신 채널로 데이터를 동시에 전송하는 방식이다.

> **개념 플러스**
>
> - 제3세대 이동통신: WCDMA, WiBro, IMT 2000
> - 제4세대 이동통신: LTE-Advanced, WiBro-Evolution

바로 보는 해설

01
링(Ring)형은 인접한 컴퓨터들을 원형 모양으로 서로 연결한 형태이다. 모든 컴퓨터를 그물 모양으로 서로 연결한 형태는 망(Mesh)형이다.

02
| 오답 피하기 |
② 중앙 집중 방식에 대한 설명이다.
③ 동배 간 처리 방식에 대한 설명이다.
④ TV나 라디오와 같은 통신 방식으로, 네트워크 연결 방식과 관련 없다.

| 정답 | 01 ③ 02 ①

Warming UP 기출로 개념 확인

01 또 나올 문제

다음 중 네트워크 망의 구성 형태에 대한 설명으로 옳지 않은 것은?

① 트리(Tree)형은 허브를 이용하여 계층적으로 구성한 형태이다.
② 버스(Bus)형은 하나의 통신 회선에 여러 대의 컴퓨터를 연결한 형태이다.
③ 링(Ring)형은 모든 컴퓨터를 그물 모양으로 서로 연결한 형태이다.
④ 스타(Star)형은 각 컴퓨터를 허브와 점 대 점으로 연결한 형태이다.

02 또 나올 문제

다음 중 네트워크 운영 방식 중 하나인 클라이언트/서버 방식에 대한 설명으로 옳은 것은?

① 서버와 클라이언트가 모두 처리 능력을 가지며, 분산 처리 환경에 적합하다.
② 중앙 컴퓨터가 모든 단말기에서 요구하는 데이터 처리를 전담한다.
③ 모든 단말기가 동등한 계층으로 연결되어 모두 클라이언트와 서버 역할을 할 수 있다.
④ 단방향 통신 방식으로 데이터 처리를 위한 대기 시간이 필요하다.

| 빈출개념 | #OSI 7계층 #네트워크 장치 #Tracert

개념끝 037 OSI 7계층과 네트워크 장치

기출빈도

01 OSI 7계층

- 네트워크에서 통신에 필요한 프로토콜을 7단계로 구분하고 정의한 표준 계층 모델이다.
- 컴퓨터 네트워크 프로토콜 디자인과 통신을 계층으로 나누어 정의한 통신 규약이다.

제1계층	물리 계층 (Physical Layer)	• 전송 매체에서의 전기 신호 전송 기능과 제어 및 클록 신호 제공 • 작동 장치: 리피터, 허브
제2계층	데이터 링크 계층 (Data Link Layer)	• 포인트 투 포인트(Point-to-Point) 간의 신뢰성 있는 전송을 보장하기 위한 계층 • 동기화, 흐름 제어, 순서 제어 기능 제공 • 작동 장치: 브리지, 스위치
제3계층	네트워크 계층 (Network Layer)	• 정보 교환 및 중계 기능, 경로 설정 기능 제공 • 작동 장치: 라우터
제4계층	전송 계층 (Transport Layer)	송·수신 시스템 간의 논리적 안정과 균일한 서비스 제공
제5계층	세션 계층 (Session Layer)	사용자와 전송 계층 간의 인터페이스를 위한 연결 제공
제6계층	표현 계층 (Presentation Layer)	네트워크에서 일관성 있게 데이터를 표현하도록 코드 변환, 데이터의 재구성, 암호화 등 담당
제7계층	응용 계층 (Application Layer)	응용 프로세스 간의 정보 교환, 파일 전송 등 제공

> **결정적 힌트**
> 매우 어려운 부분이지만 OSI 7계층에 대한 문제도 출제된 바 있으므로 OSI 7계층을 순서대로 암기하고 각 계층에서 작동하는 네트워크 장치를 함께 알아두셔야 합니다.

02 네트워크 장치

모뎀(MODEM)	디지털 신호를 아날로그 신호로 변환하여 전송하고, 수신된 신호를 다시 디지털 신호로 변환하는 장치
허브(Hub)	• 네트워크에서 여러 대의 컴퓨터를 연결하고 각 회선을 통합 관리하는 장치 • 허브의 종류에는 더미 허브, 스위칭 허브 등이 있으며, 더미 허브보다 스위칭 허브의 속도가 빠름
브리지(Bridge)	• 독립된 두 개의 근거리 통신망을 상호 접속하는 연결 장치 • OSI 7계층에서의 데이터 링크 계층(제2계층)에 포함됨 • 통신량을 조절하여 데이터가 다른 곳으로 가지 않도록 함
라우터(Router)	• 데이터 전송을 위한 최적의 IP 경로를 찾아 전송하는 장치 • 서로 다른 네트워크를 구성할 때 반드시 필요한 장비
리피터(Repeater)	약해진 신호를 증폭하며 다음 구간으로 전달하는 장치
게이트웨이(Gateway)	• 한 네트워크에서 다른 네트워크로 들어가는 입구 역할을 하는 장치 • 서로 구조가 다른 두 개의 통신 네트워크를 연결하는 데 사용

03 네트워크 명령어

- **Ping**: 지정된 호스트에 대해 네트워크 계층의 통신이 가능한지를 확인하는 명령어이다.
- **Tracert**: 송신한 패킷이 어떤 경로로 가는지 추적하는 명령어이다.
  - IP 주소, 목적지까지 거치는 경로의 수, 각 구간 사이의 데이터 왕복 속도를 확인한다.
  - 특정 사이트가 열리지 않을 때 해당 서버가 문제인지, 인터넷망이 문제인지 확인한다.
  - 인터넷 속도가 느릴 때 어느 구간에서 정체를 일으키는지 확인한다.
- **Netstat**: 현재 자신의 컴퓨터에 연결된 다른 컴퓨터의 IP 주소나 포트 정보를 확인하는 명령어이다.
- **Nslookup**: DNS가 가지고 있는 특정 도메인의 IP Address를 검색하는 명령어이다.
- **Finger**: 특정 시스템을 사용하고 있는 사용자 정보를 알아보는 서비스이다.
- **Ipconfig**: 게이트웨이와 DNS의 IP 주소를 확인하는 명령어이다.

■ Ping으로 확인할 수 있는 내용
- 대상이 되는 IP 주소의 호스트 이름
- 전송 신호의 손실률
- 전송 신호의 응답 시간

바로 보는 해설

01
제7계층인 응용 계층은 응용 프로세스와 직접 연관되어 다양한 응용 서비스를 수행하고, 별도의 장비가 필요 없다. 게이트웨이는 전송 계층에 사용되는 장비이다.

02
게이트웨이(Gateway)에 대한 설명이다. 브리지(Bridge)는 두 개 이상의 LAN을 연결하여 하나의 네트워크로 연결해 주는 장치로, 네트워크에 연결된 여러 단말들의 통신 프로토콜을 변환하지 않고도 네트워크를 확장할 수 있다.

03
Netstat에 대한 설명이다.

| 정답 | 01 ④ 02 ③ 03 ④

Warming UP 기출로 개념 확인

01 또 나올 문제

다음 중 컴퓨터 통신의 OSI 7계층에서 사용되는 장비와 해당 계층의 연결이 옳지 <u>않은</u> 것은?

① 물리 계층 – 리피터(Repeater), 허브(Hub)
② 데이터 링크 계층 – 브리지(Bridge), 스위치(Switch)
③ 네트워크 계층 – 라우터(Router)
④ 응용 계층 – 게이트웨이(Gateway)

02

다음 중 네트워크 관련 장비로 브리지(Bridge)에 대한 설명으로 옳지 <u>않은</u> 것은?

① OSI 참조 모델의 데이터 링크 계층에 속한다.
② 두 개의 근거리 통신망을 상호 접속할 수 있도록 하는 통신망 연결 장치이다.
③ 통신 프로토콜을 변환하여 네트워크를 확장한다.
④ 통신량을 조절하여 데이터가 다른 곳으로 가지 않도록 한다.

03

다음 중 인터넷 서버까지의 경로를 추적하는 명령어인 'Tracert'의 실행 결과에 대한 설명으로 옳지 <u>않은</u> 것은?

① IP 주소, 목적지까지 거치는 경로의 수, 각 구간 사이의 데이터 왕복 속도를 확인할 수 있다.
② 특정 사이트가 열리지 않을 때 해당 서버가 문제인지, 인터넷망이 문제인지 확인할 수 있다.
③ 인터넷 속도가 느릴 때 어느 구간에서 정체를 일으키는지 확인할 수 있다.
④ 현재 자신의 컴퓨터에 연결된 다른 컴퓨터의 IP 주소나 포트 정보를 확인할 수 있다.

| 빈출개념 | #프로토콜의 기능 #TCP/IP

개념끝 038 프로토콜

기출빈도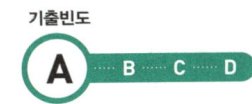

01 프로토콜(Protocol)

- **프로토콜의 개념**: 네트워크에서 컴퓨터 간의 원활한 통신을 위해 지키기로 약속한 규약을 말한다.
- **프로토콜의 기능**
  - 동기화: 프레임의 시작과 끝을 구분하기 위해 송·수신기를 같은 상태로 유지한다.
  - 연결 제어: 통신 개체(Entity) 간에 '연결 설정', '데이터 전송', '연결 해제'의 3단계로 제어한다.
  - 흐름 제어: 송신 측이 수신 측의 처리 속도보다 더 빨리 데이터를 보내지 못하도록 조절한다.
  - 오류 제어: 데이터 전송 도중에 발생하는 오류를 검출하고 오류 정정을 제어한다.

> **결정적 힌트**
> 전 세계에 인터넷이 연결되어 자유롭게 쓸 수 있는 것은 다양한 프로토콜이 활용되고 있기 때문입니다. 특히 인터넷은 TCP/IP라는 표준 프로토콜을 사용하고 있는데 TCP와 IP의 특징을 잘 이해해야 합니다.

02 TCP/IP

서로 다른 기종의 컴퓨터 간에 데이터를 송·수신하기 위해 개발된 인터넷 표준 프로토콜로, TCP와 IP를 포함한 관련 프로토콜을 모두 포함한다.

(1) TCP(Transmission Control Protocol)
- 메시지를 송·수신 주소와 정보로 묶어 패킷 단위로 나눈다.
- 일부 망에 장애가 있어도 다른 망으로 통신할 수 있는 신뢰성을 제공한다.
- 전송 데이터의 흐름을 제어하고 데이터의 오류를 검사한다.
- OSI 7계층의 전송 계층(제4계층)에 해당한다.

(2) IP(Internet Protocol)
- 패킷 주소를 해석하고 최적의 경로를 결정하여 전송한다.
- 신뢰성이 보장되지 않는 비신뢰성, 비연결형 서비스를 수행한다.
- OSI 7계층의 네트워크 계층(제3계층)에 해당한다.

▼ **패킷(Packet)**
한번에 전송하는 데이터의 묶음 단위를 의미한다.

▼ **비연결형 서비스**
'연결 설정'과 '연결 해제'의 단계를 거치지 않고 곧바로 상대방과 데이터를 주고받는 것을 의미한다.

개념 플러스	TCP/IP의 계층 구조	
제4계층	응용 계층	사용자가 컴퓨터에 접근할 수 있도록 서비스 제공
제3계층	전송 계층	호스트들 간의 신뢰성 있는 통신 지원
제2계층	인터넷 계층	데이터 전송을 위한 주소 지정 및 경로 설정 지원
제1계층	네트워크 인터페이스 계층 (링크 계층)	물리적 연결 구성 정의

CHAPTER 6 인터넷 활용 • 179

03 TCP/IP 설정

(1) 네트워크 및 공유 센터

- [시작(⊞)]-[설정]-[네트워크 및 인터넷]-[상태]-[네트워크 및 공유 센터]를 클릭한다.
- '새 연결 또는 네트워크 설정'을 클릭하면 광대역, 전화 접속 또는 VPN 연결을 설정하거나 라우터 또는 액세스 지점을 설정할 수 있다.

▼ **고급 공유 설정 변경**
[고급 공유 설정] 옵션에는 네트워크 검색, 파일 및 프린터 공유, 공용 폴더 공유, 미디어 스트리밍, 파일 공유 연결, 암호로 보호된 공유 등이 있다.

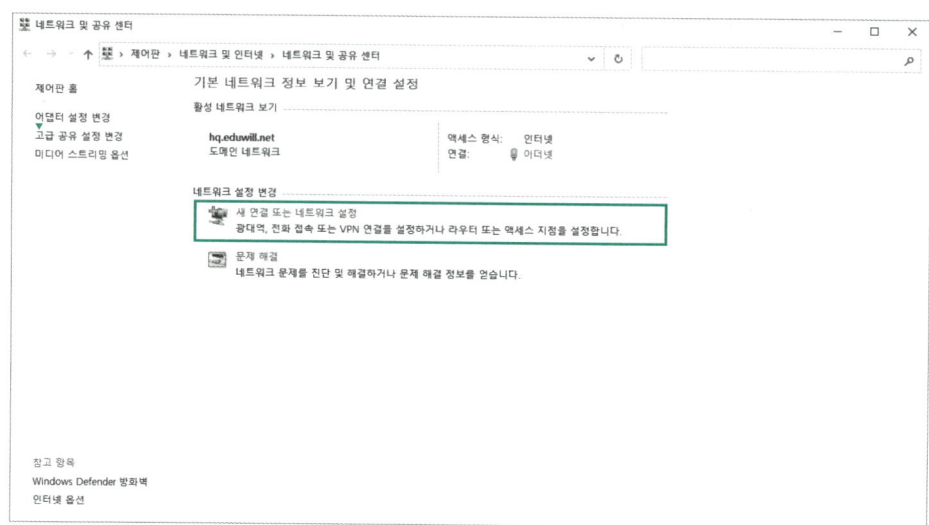

(2) 네트워크 구성 요소

▼ **이더넷(Ethernet)**
LAN에서 가장 많이 활용되는 기술 규격으로, 네트워크에 연결된 기기들이 고유의 MAC 주소를 가지고 있으며, MAC 주소를 이용하여 상호 간에 데이터를 주고받는다.

[네트워크 및 공유 센터]를 실행하고 'Wi-Fi'나 '이더넷' 클릭 → [Wi-Fi 상태]나 [이더넷 상태] 대화상자에서 [속성] 클릭 → [Wi-Fi 속성]이나 [이더넷 속성] 대화상자에서 [설치]를 클릭한다.

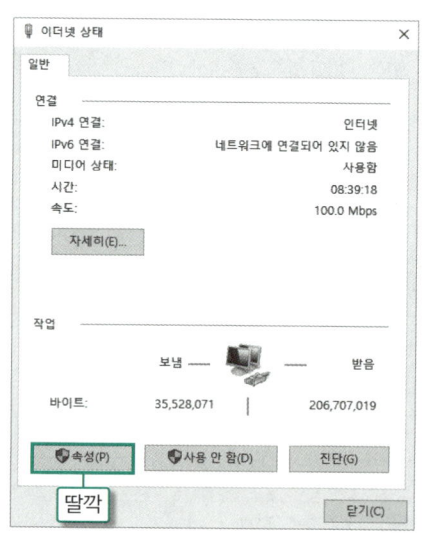 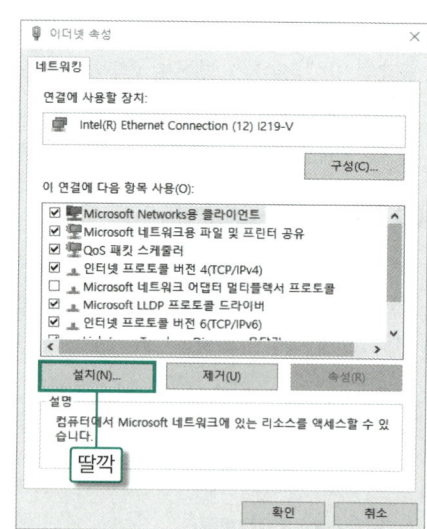

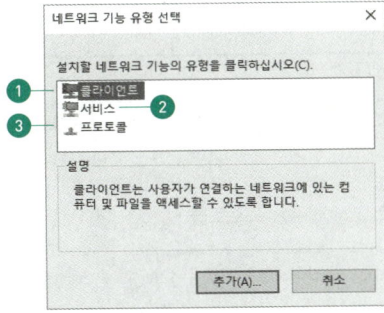

❶ 클라이언트	사용자가 연결하는 네트워크의 컴퓨터나 파일 등을 사용할 수 있음
❷ 서비스	파일 및 프린터 공유 등의 추가 기능을 제공
❸ 프로토콜	컴퓨터가 네트워크에서 통신을 하는 데 사용되는 통신 규약

(3) TCP/IP 속성

[이더넷 상태] 대화상자의 [일반] 탭에서 [속성] 클릭 → [이더넷 속성] 대화상자에서 '인터넷 프로토콜 버전 4(TCP/IPv4)' 선택 후 [속성]을 클릭한다.

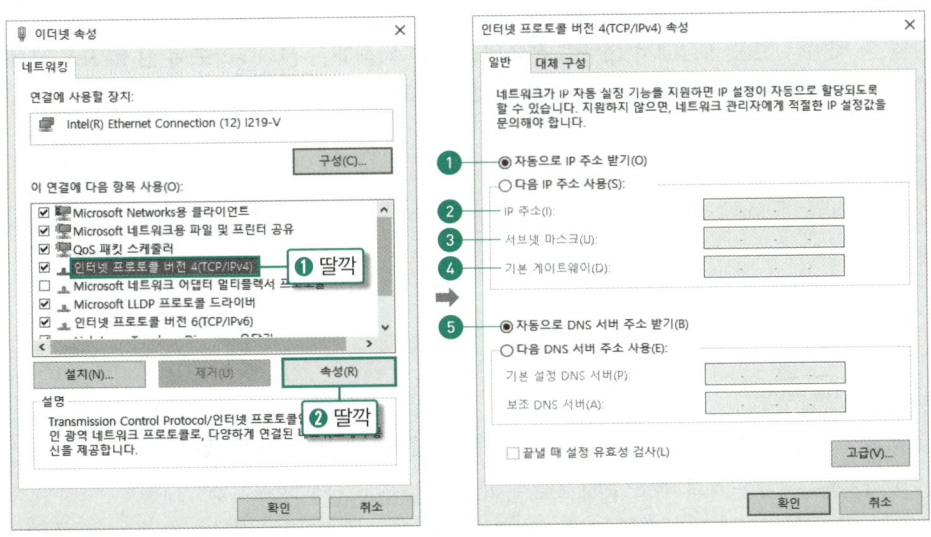

❶ 자동으로 IP 주소 받기	IP 주소가 자동으로 할당되는 유동 IP 방식
❷ IP 주소	현재 컴퓨터에 설정된 IP 주소
❸ 서브넷 마스크	IP 주소의 네트워크 부분과 호스트 부분을 구별하여 하나의 IP를 여러 개로 나누어서 사용
❹ 기본 게이트웨이	프로토콜이 서로 다른 통신망을 상호 접속하기 위한 장치
❺ DNS 서버 주소	도메인 네임을 숫자로 된 IP 주소로 변환하는 DNS 서버의 IP 주소

▼ 서브넷 마스크

서브넷 마스크는 서브 네트워크를 나누기 위해 사용하며, 서브 네트워크란 하나의 IP 주소를 나누어 여러 개의 지역 네트워크로 사용하는 방법이다. 서브 네트워크를 이용하여 부족한 IP 주소의 문제를 해결할 수 있다.

04 기타 프로토콜

HTTP (HyperText Transfer Protocol)	웹 서버와 브라우저 사이에서 하이퍼텍스트 문서를 주고받기 위한 프로토콜
DHCP (Dynamic Host Configuration Protocol)	IP 주소를 동적으로 할당해 주는 프로토콜
ARP (Address Resolution Protocol)	IP 주소(IP Address)를 물리적 하드웨어 주소(MAC Address)로 변환하는 프로토콜
RARP (Reverse Address Resolution Protocol)	물리적 하드웨어 주소(MAC Address)를 IP 주소(IP Address)로 변환하는 프로토콜
UDP (User Datagram Protocol)	전송 계층에서 동작하는 비연결 지향형 프로토콜

▼ MAC Address
물리적 주소로 LAN 카드가 가진 고유한 주소이다.

Warming UP 기출로 개념 확인

01
다음 중 데이터 전송 과정에서 선두로 전송된 패킷이 나중에 수신되더라도 수신 측 노드에서 패킷의 순서를 올바르게 재조립하는 것을 무엇이라 하는가?
① 연결 제어
② 흐름 제어
③ 오류 제어
④ 순서 제어

02 또 나올 문제
다음 중 TCP/IP에서 IP 프로토콜의 개요 및 기능에 관한 설명으로 옳은 것은?
① 메시지를 송·수신자의 주소와 정보로 묶어 패킷 단위로 나눈다.
② 패킷 주소를 해석하고 경로를 결정하여 다음 호스트로 전송한다.
③ 전송 데이터의 흐름을 제어하고 데이터의 에러를 검사한다.
④ OSI 7계층에서 전송 계층에 해당한다.

03
다음 중 호스트의 IP 주소를 호스트와 연결된 네트워크 접속장치의 물리적 주소로 번역해 주는 프로토콜로 옳은 것은?
① TCP
② UDP
③ IP
④ ARP

바로 보는 해설

01
| 오답 피하기 |
① 연결 제어: 통신 개체 간의 연결을 시작하고 끝내는 과정을 제어한다.
② 흐름 제어: 데이터의 흐름을 조절하여 송신자와 수신자 간의 속도 차이를 관리한다.
③ 오류 제어: 데이터 전송 과정에서 발생하는 오류를 감지하고 복구한다.

02
| 오답 피하기 |
① TCP에 대한 설명이다.
③ TCP에 대한 설명이다. IP는 신뢰성이 보장되지 않는 비신뢰성, 비연결형 서비스를 수행한다.
④ IP 프로토콜은 OSI 7계층에서 제3계층인 네트워크 계층에 해당한다.

03
| 오답 피하기 |
① TCP: 메시지를 송·수신 주소와 정보로 묶어 패킷 단위로 나눠서 전송하는 프로토콜이다.
② UDP: 전송 계층에서 동작하는 비연결 지향형 프로토콜이다.
③ IP: 패킷 주소를 해석하고 최적의 경로를 결정하여 전송하는 프로토콜이다.

| 정답 | 01 ④ 02 ② 03 ④

| 빈출개념 | #IPv6   #도메인 네임   #URL

개념끝 039 인터넷의 개요

기출빈도 A-B-C-D

01 인터넷의 개념

- 인터넷은 TCP/IP 프로토콜을 기반으로한 전 세계 네트워크들이 연결된 광범위한 통신망이다.
- 1969년 미국 국방부의 주도하에 만들어진 ARPANET이 인터넷의 시작이라고 볼 수 있다.

> **결정적 힌트**
> 인터넷은 우리의 생활에서 아주 중요한 부분인 만큼 많은 문제가 출제됩니다. 특히 인터넷의 주소 체계에 대한 문제가 많이 출제되므로 이 부분은 꼼꼼하게 학습하세요.

02 인터넷의 주소 체계

(1) IPv4

- 인터넷에 연결된 컴퓨터의 고유한 주소이다.
- 32비트로 구성된 주소 체계로, 점(.)을 이용해 8비트씩 네 부분(Octet, 옥텟)으로 나누어 구분한다.
- 각 부분은 0~255의 10진수로 표시한다.
- 네트워크의 규모에 따라 A 클래스에서 E 클래스까지 5단계로 구분된다.

분류	기능	첫째 옥텟 범위
A 클래스	국가나 대형 통신망에 사용	0~127
B 클래스	중대형 통신망에 사용	128~191
C 클래스	소규모 통신망에 사용	192~223
D 클래스	멀티캐스트용으로 사용	224~239
E 클래스	실험용으로 사용	240~255

- 서브넷 마스크: IP 주소에서 네트워크 주소와 호스트 주소를 구분하고, 하나의 네트워크를 여러 개의 서브 네트워크로 나누기 위해 사용하는 32비트 숫자이다.

■ 국제 인터넷 주소 관리기구는 ICANN이며, 한국에서는 한국인터넷진흥원(KISA)에서 관리하고 있다.

> **개념 플러스** 클래스별 IP 주소
> - A 클래스: 1.0.0.0~127.255.255.255
> - B 클래스: 128.0.0.0~191.255.255.255
> - C 클래스: 192.0.0.0~223.255.255.255

(2) IPv6

- IPv4의 주소 부족 문제를 해결하기 위해 개발되었다.
- 128비트 주소 체계로, 16비트씩 여덟 부분으로 나누고, 콜론(:)으로 구분한다.
- 각 부분은 네 자리의 16진수로 표현하고, 각 블록의 앞자리에 있는 0은 생략할 수 있다.
- IPv4와의 호환성이 우수하고 품질을 쉽게 보장할 수 있다.
- IPv4보다 주소의 확장성, 융통성, 연동성이 뛰어나다.
- 실시간 흐름 제어로 향상된 멀티미디어 기능을 지원한다.
- 인증성, 기밀성, 데이터 무결성의 지원으로 보안 문제를 해결할 수 있다.
- 주소 유형: 유니캐스트, 멀티캐스트, 애니캐스트 형태

유니캐스트(Unicast)	1:1 통신 방식
멀티캐스트(Multicast)	특정 그룹에게 전송하는 방식
애니캐스트(Anycast)	가장 가까운 노드에 전송하는 방식

▼ 인증성
사용자를 식별하고 접근 권한을 확인할 수 있어야 한다.

▼ 기밀성
시스템의 정보와 자원은 인가된 사용자에게만 접근이 허용되어야 하며, 노출되더라도 데이터를 읽을 수 없어야 한다.

▼ 무결성
정보를 전송하는 과정에서 변경되지 않고 전달되어야 한다.

▼ 도메인 네임의 예

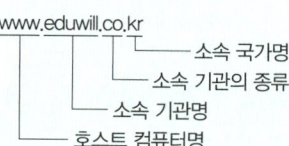

(3) 도메인 네임(Domain Name)

- IP 주소를 사용자가 이해하기 쉬운 문자 형태로 변환한 것이다.
- 호스트 컴퓨터명, 소속 기관명, 소속 기관의 종류, 소속 국가명의 순서로 구성되며, 왼쪽에서 오른쪽으로 갈수록 상위 도메인을 의미한다.
- 도메인 네임 전체(FQDN)는 전 세계적으로 고유해야 하며 중복되면 안 된다.
- DNS(Domain Name Server, Domain Name System)
  - 문자로 만들어진 도메인 네임을 IP 주소로 변환해 주는 시스템이다.
  - DNS에서는 모든 호스트를 도메인별로 계층화시켜서 관리한다.

(4) URL(Uniform Resource Locator)

- 인터넷에 있는 각종 자원이 있는 위치를 나타내는 표준 주소 체계이다.
- 형식

> 프로토콜://호스트 서버 주소[:포트 번호][/파일 경로]

예) http://www.eduwill.net/a.jpg
　　ftp://id:pass@192.168.1.234/a.jpg
　　mailto:somebody@mail.somehost.com

개념 플러스　포트 번호

80-HTTP, FTP-21, TELNET-23, News-119, Gopher-70

Warming UP 기출로 개념 확인

01
다음 중 IPv6 주소에 대한 설명으로 옳지 않은 것은?

① 16비트씩 8부분으로, 총 128비트로 구성된다.
② 각 부분은 10진수로 표현되며, 세미콜론(;)으로 구분한다.
③ 주소 체계는 유니캐스트, 멀티캐스트, 애니캐스트로 나누어진다.
④ 실시간 흐름 제어로 향상된 멀티미디어 기능을 지원한다.

02 또 나올 문제
다음 중 인터넷에서 사용하는 DNS에 대한 설명으로 옳지 않은 것은?

① DNS는 Domain Name Server 또는 Domain Name System의 약자로 쓰인다.
② 문자로 만들어진 도메인 이름을 숫자로 된 IP 주소로 바꾸는 시스템이다.
③ DNS는 IP 주소를 이용하여 패킷의 최단 전송 경로를 설정한다.
④ DNS에서는 모든 호스트들을 각 도메인별로 계층화시켜서 관리한다.

03
다음 중 인터넷 주소와 관련된 설명으로 옳지 않은 것은?

① IPv4는 클래스별로 주소 부여 체계가 달라지며, A Class는 소규모 통신망에 사용된다.
② URL은 인터넷에 존재하는 각종 자원이 있는 위치를 나타내는 표준 주소 체계이다.
③ IPv6는 128비트, IPv4는 32비트로 구성된 주소 체계 방식이다.
④ DNS는 도메인 네임을 IP 주소로 변환하거나 그 반대의 변환을 수행하는 시스템이다.

04
다음 중 인터넷에서 사용하는 URL에 대한 설명으로 옳지 않은 것은?

① 인터넷에 존재하는 각종 자원의 위치를 나타내는 표준 주소 체계이다.
② URL의 일반적인 형식은 '프로토콜://호스트 주소[:포트번호][/파일 경로]'이다.
③ 계정이 있는 FTP의 경우 'http://사용자 이름[:비밀번호]@서버 이름:포트 번호' 형식으로 사용한다.
④ mailto 프로토콜은 IP 정보 없이 받는 사람의 이메일 주소만 나타내면 된다.

바로 보는 해설

01
IPv6는 16진수로 표현하고, 콜론(:)으로 구분한다.

02
- DNS(Domain Name Server): 문자로 된 도메인 이름을 숫자로 된 IP 주소로 바꾸는 시스템이다.
- 라우터(Router): IP 주소를 이용하여 패킷의 최단 전송 경로를 설정하는 장치이다.

03
IPv4는 A Class는 국가망, B Class는 중대형 통신망, C Class는 소규모 통신망, D Class는 멀티캐스트용, E Class는 실험용으로 분류하여 사용 용도에 맞는 클래스의 주소를 사용한다.

04
계정이 있는 FTP는 'ftp://사용자 이름[:비밀번호]@서버 이름:포트번호' 형식으로 사용한다.

| 정답 | 01 ② 02 ③ 03 ①
04 ③

040 웹 브라우저 사용 및 설정

기출빈도 A B C **D**

결정적 힌트

인터넷에 접속하여 웹 문서를 보려면 웹 브라우저가 필요합니다. 웹 브라우저는 다양한 프로그램이 있으므로 특정 웹 브라우저의 사용법이나 기능보다는 공통적인 기능과 웹 브라우저 관련 용어를 중심으로 학습해야 합니다.

▼ **북마크**
익스플로러나 마이크로소프트 엣지에서는 즐겨찾기라는 기능을 제공한다.

01 웹 브라우저

- 웹 문서를 사용자에게 보여주는 프로그램이다.
- 종류: 익스플로러(Explorer), 마이크로소프트 엣지(Microsoft edge), 크롬(Chrome), 넷스케이프(Netscape), 모자이크(Mosaic), 링스(Lynx), 오페라(Opera), 아라크네(Arachne), 삼바(SAMBA), 핫자바(HotJava), 파이어폭스(Firefox) 등
- 웹 페이지의 내용을 사용자 컴퓨터에 저장하거나 인쇄할 수 있다.
- 자주 사용하는 웹 사이트의 주소를 관리하는 북마크(Bookmark) 기능이 있다.
- 웹 브라우저를 실행한 후 방문했던 웹 사이트 주소를 관리하는 히스토리(History) 기능이 있다.
- 전자우편을 보내거나 FTP 서버에 접속할 수 있다.
- HTML 및 XML 형태의 소스 파일을 볼 수 있다.
- 플러그인(Plug-in)을 설치하여 비디오, 애니메이션과 같은 멀티미디어 파일을 재생할 수 있다.

02 웹 브라우저 관련 용어

플러그인(Plug-in)	웹 브라우저에 추가 기능을 부여하는 프로그램
쿠키(Cookie)	웹 사이트의 방문 정보를 기록하는 텍스트 파일
웹 캐시(Web Cache)	자주 사용하는 사이트의 자료를 저장한 후 같은 사이트에 접속할 경우 자동으로 자료를 불러오는 기능
포털 사이트(PS; Portal Site)	전자우편, 뉴스, 쇼핑, 게시판 등 다양한 서비스를 통합하여 제공하는 사이트
미러 사이트(Mirror Site)	인터넷에서 동시 접속자 수가 너무 많아 과부하가 걸리거나 속도가 느려지는 것을 막기 위해 같은 사이트를 여러 곳에 복사해 놓은 사이트

03 [인터넷 옵션] 대화상자

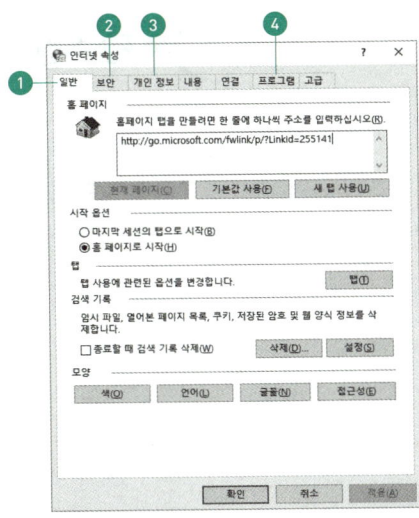

▼ [인터넷 옵션] 대화상자 실행 방법

| 방법 | 검색 상자에 '인터넷 옵션' 입력 후 Enter |

❶ [일반] 탭	• 홈페이지 추가 • 마지막 세션 또는 기본 홈페이지로 웹 브라우저의 시작 여부를 설정 • 임시 파일, 열어본 페이지 목록, 쿠키 등을 삭제 • 웹 페이지의 색, 언어, 글꼴, 접근성 등을 설정
❷ [보안] 탭	인터넷, 로컬 인트라넷, 신뢰할 수 있는 사이트, 제한된 사이트를 설정
❸ [개인 정보] 탭	쿠키 처리 방법, 팝업 차단 등을 설정
❹ [프로그램] 탭	기본 웹 브라우저와 HTML 편집 프로그램을 설정

Warming UP 기출로 개념 확인

01

다음 중 웹 브라우저를 이용하여 실행할 수 있는 기능에 대한 설명으로 옳지 않은 것은?

① 웹 페이지의 내용을 저장하거나 인쇄할 수 있다.
② 플러그인을 설치하여 비디오, 애니메이션과 같은 멀티미디어 파일을 재생할 수 있다.
③ HTML 및 XML 형태의 소스 파일을 볼 수 있다.
④ 원격의 컴퓨터에 접속하여 자신의 컴퓨터처럼 사용할 수 있다.

02

다음 중 쿠키에 대한 설명으로 옳은 것은?

① 인터넷 사용 시 네트워크에 접속하기 위한 프로그램이다.
② 특정 웹 사이트 접속 시 반복적으로 사용되는 접속 정보를 가지고 있는 파일이다.
③ 웹 브라우저에서 기본으로 제공하지 않는 기능을 부가적으로 설치하여 구현되도록 한다.
④ 자주 사용하는 사이트의 자료를 저장한 후 다시 동일한 사이트 접속 시 자동으로 자료를 불러온다.

바로 보는 해설

01
텔넷(Telnet)에 대한 설명이다.

02
| 오답 피하기 |
① 웹 브라우저에 대한 설명이다.
③ 플러그인에 대한 설명이다.
④ 웹 캐시에 대한 설명이다.

| 정답 | 01 ④ 02 ②

| 빈출개념 | #FTP #전자우편 프로토콜

개념끝 041 인터넷 서비스

기출빈도

결정적 힌트

인터넷의 다양한 서비스가 골고루 출제되었습니다. 특히 FTP의 개념을 잘 이해하고 전자우편 프로토콜은 반드시 암기해야 합니다.

01 주요 서비스

WWW(World Wide Web)	하이퍼텍스트를 기반으로 멀티미디어 정보를 검색할 수 있는 서비스
FTP(File Transfer Protocol)	파일을 송·수신하는 서비스
IRC(Internet Relay Chat)	여러 사람이 관심 있는 분야별로 각자의 채널에서 대화할 수 있는 서비스
WAIS (Wide Area Information Server)	여러 곳에 분산된 전문 주제 데이터베이스의 자료를 키워드를 사용하여 검색할 수 있는 서비스
유즈넷(Usenet)	인터넷의 전자 게시판으로, 특정 주제나 관심사에 대해 의견을 제시하고 자료를 등록할 수 있는 서비스
텔넷(Telnet)	멀리 떨어져 있는 컴퓨터에 접속하여 자신의 컴퓨터처럼 사용할 수 있게 하는 서비스
아키(Archie)	익명 FTP에 들어있는 파일 목록을 검색하여 원하는 파일이 어떤 FTP 서버에 있는지를 알려주는 서비스

02 FTP(File Transfer Protocol)

- 파일을 송·수신할 때 사용되는 원격 파일 전송 프로토콜이다.
- 파일 업로드, 다운로드, 삭제, 이름 변경 등의 작업을 할 수 있다.
- FTP 서버의 응용 프로그램은 다운로드한 후 실행할 수 있다.
- FTP 서비스를 사용하기 위해서는 일반적으로 해당 사이트의 계정을 가지고 있어야 한다.
- 익명(Anonymous) FTP: FTP 서버에 계정이 없는 익명의 사용자도 접속하여 사용할 수 있는 서비스이다.
- ASCII 코드의 텍스트 파일은 ASCII 모드로, 그림, 동영상, 실행 파일, 압축 파일 등은 Binary 모드로 전송한다.

03 전자우편(E-mail)

- 기본적으로 7비트의 ASCII 코드를 사용하여 메시지를 전송한다.
- 한 사람이 동시에 여러 사람에게 같은 전자우편을 보낼 수 있다.
- 보내기, 회신, 첨부, 전달, 답장 등의 기능이 있다.
- 전자우편 주소: 사용자 ID@호스트 주소
- 전자우편 헤더의 구성: 발신자 주소, 수신자 주소, 참조인 주소, 숨은 참조인 주소, 작성 날짜, 제목

(1) 전자우편 프로토콜

SMTP (Simple Mail Transfer Protocol)	사용자가 작성한 이메일을 다른 사람의 계정으로 전송해 주는 프로토콜
POP3 (Post Office Protocol 3)	메일 서버의 이메일을 사용자의 컴퓨터로 가져오기 위한 프로토콜
MIME (Multi-purpose Internet Mail Extensions)	멀티미디어 전자우편을 주고받기 위한 인터넷 메일의 표준 프로토콜
IMAP (Internet Message Access Protocol)	서버에 직접 접속하여 메일을 확인하는 방식으로, 메일을 수신해도 서버에 메일이 남아있는 프로토콜

(2) 전자우편 주요 기능

보내기	작성한 메일을 다른 사람에게 보내는 기능
회신	답장을 작성하여 발송자에게 보내는 기능
전체 회신	답장을 작성하여 발송자와 참조인에게 보내는 기능
첨부	텍스트 파일, 이미지 파일, 동영상 파일 등을 보내는 기능
전달	받은 메일을 다른 사람에게 그대로 다시 보내는 기능

(3) 전자우편 관련 용어

- **스팸(Spam) 메일**: 수신인이 원하지 않는 메시지나 정보를 일방적으로 보내는 행위로, 정크(Junk) 메일 또는 벌크(Bulk) 메일이라고도 한다.
- **옵트인(Opt-in) 메일**: 수신인이 사전에 받기로 수락한 광고성 이메일로, 법적으로 문제가 되지 않는다.

바로 보는 해설

01
- 유즈넷(Usenet): 인터넷상의 전자 게시판으로 특정한 주제나 관심사에 대해 의견을 제시하고 자료를 등록할 수 있는 서비스이다.
- 텔넷(Telnet): 멀리 떨어져 있는 컴퓨터에 접속하여 자신의 컴퓨터처럼 사용할 수 있도록 하는 서비스이다.

02
텍스트 파일은 ASCII 모드로, 그림 파일, 동영상 파일, 실행 파일, 압축 파일 등은 Binary 모드로 전송된다.

03
| 오답 피하기 |
① SMTP에 대한 설명이다.
③, ④ MIME에 대한 설명이다.

04
전자우편은 메일 서버에 별도의 계정이 있어야 사용할 수 있다.

| 정답 | 01 ③　02 ④　03 ②
　　　　04 ②

Warming UP 기출로 개념 확인

01
다음 중 각 인터넷 서비스에 대한 설명으로 옳지 <u>않은</u> 것은?

① IRC는 여러 사람들이 관심 있는 분야별로 채널에서 대화할 수 있는 서비스이다.
② WAIS는 여러 곳에 분산되어 있는 전문 주제 데이터베이스의 자료들을 키워드를 사용하여 검색할 수 있게 하는 서비스이다.
③ Usenet은 멀리 떨어져 있는 컴퓨터에 접속하여 자신의 컴퓨터처럼 사용할 수 있도록 하는 서비스이다.
④ E-Commerce는 컴퓨터에서 거래할 수 있도록 다양한 서비스를 제공한다.

02 (또 나올 문제)
다음 중 인터넷 서비스와 관련하여 FTP(File Transfer Protocol)에 대한 설명으로 옳지 <u>않은</u> 것은?

① 컴퓨터와 컴퓨터 사이에 파일을 주거나 받을 수 있는 원격 파일 전송 프로토콜이다.
② FTP 프로그램을 이용하여 FTP 서버에 파일을 전송하거나 수신하고, 파일의 삭제 및 이름 바꾸기 등을 할 수 있다.
③ Anonymous FTP는 FTP 서버에 계정이 없는 익명의 사용자도 접속하여 사용할 수 있는 서비스이다.
④ 그림, 동영상, 실행 파일, 압축 파일 등은 ASCII 모드로 전송한다.

03 (또 나올 문제)
다음 중 전자우편에서 사용하는 POP3 프로토콜에 대한 설명으로 옳은 것은?

① 사용자가 작성한 이메일을 다른 사람의 계정으로 전송해 주는 역할을 한다.
② 메일 서버의 이메일을 사용자의 컴퓨터로 가져올 수 있도록 메일 서버에서 제공하는 프로토콜이다.
③ 멀티미디어 전자우편을 주고받기 위한 인터넷 메일의 표준 프로토콜이다.
④ 웹 브라우저에서 제공하지 않는 멀티미디어 파일을 확인하여 실행시켜 주는 프로토콜이다.

04
다음 중 Windows 10에서 전자우편(E-mail) 사용에 대한 설명으로 옳지 <u>않은</u> 것은?

① 전자우편은 텍스트를 포함하여 멀티미디어 정보도 교환할 수 있다.
② 전자우편은 메일 서버에 별도의 계정이 없어도 사용할 수 있다.
③ 전자우편에 사용하는 프로토콜은 SMTP, POP3, MIME 등이 있다.
④ 전자우편은 동일한 메시지를 여러 사용자에게 보낼 수 있다.

| 빈출개념 | #VoIP #인트라넷과 엑스트라넷 #사물 인터넷

개념끝 042 최신 정보통신 기술 활용

기출빈도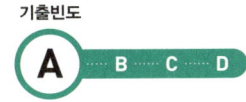

01 정보통신 기술 관련 용어

> 결정적 힌트
>
> 정보통신 분야는 매우 발전이 빠르며 새로운 기술들이 계속 나오고 있습니다. 때문에 정보통신 기술과 모바일 기기 관련 용어는 새로운 기술이 반영되어 출제되기도 합니다. 우선 기존에 출제되었던 용어들을 빠짐없이 익혀두는 것이 필요합니다.

이커머스 (E-Commerce)	전자상거래(Electronic Commerce)의 약자로, 온라인에서 네트워크를 통해 상품과 서비스를 사고 파는 것
VoIP (Voice over Internet Protocol)	• IP 기술을 이용하여 음성을 전송하는 기술로, 네트워크를 통해 음성을 패킷 형태로 전송 • 일반 전화보다 요금이 저렴하지만, 트래픽이 많아지면 통화 품질이 떨어질 수 있음 • m-VoIP(mobile VoIP): 무선 통신망을 이용하는 모바일 인터넷 전화 서비스
IPTV	초고속 인터넷을 이용하여 동영상 콘텐츠, 정보 서비스 등 기본 텔레비전 기능에 인터넷 검색이 가능한 서비스
인트라넷 (Intranet)	인터넷을 이용해 일정 지역 안에서 정보를 교환하거나 공동 작업을 하기 위한 목적으로 구축한 통신망으로, 인터넷 관련 기술을 기업 내의 전자우편, 전자결재 등과 같은 정보 시스템에 적용할 수 있음
엑스트라넷 (Extranet)	인터넷을 이용해 일정 지역 안에서 정보를 교환하거나 공동 작업을 하기 위한 목적으로 구축한 통신망으로, 인터넷 기술을 사용하여 '공급자-고객-협력 업체' 사이의 인트라넷을 연결하는 협력적 네트워크
스마트 그리드 (Smart Grid)	전기의 생산부터 소비까지의 전 과정에 정보통신 기술을 접목하여 에너지 효율성을 높이는 기술
클라우드 컴퓨팅 (Cloud Computing)	인터넷 서버를 통해 데이터 저장과 처리, 네트워크, 콘텐츠 사용 등 IT 관련 서비스를 한번에 사용할 수 있는 컴퓨팅 환경
유비쿼터스 컴퓨팅 (Ubiquitous Computing)	사용자가 컴퓨터나 네트워크를 의식하지 않고 언제 어디서나 어떤 기기를 통해서도 컴퓨팅이 가능한 환경
유비쿼터스 센서 네트워크 (USN; Ubiquitous Sensor Network)	각종 센서에서 감지한 정보를 무선으로 수집하는 기술
텔레매틱스 (Telematics)	자동차와 무선 통신을 결합한 기술로, 운전 경로를 안내하거나 차량 사고를 감지할 수 있음
사물 인터넷 (IoT; Internet of Things)	• 인터넷을 기반으로 다양한 사물, 사람, 공간 등을 연결하고, 상황을 분석 및 예측, 판단해서 지능화된 서비스를 제공하는 기술 • 스마트 센싱 기술과 무선 통신 기술을 융합하여 실시간으로 데이터를 주고받는 기술 • 개인 맞춤형 스마트 서비스를 지향하고, 스스로 사물에 의사 결정을 내리는 단계로 발전하고 있음 • 사물 인터넷 기반 서비스는 개방형 아키텍처가 필요하므로 정보 공유에 대한 부작용을 최소화하기 위한 정보보안 기술의 적용이 필요함
웨어러블 컴퓨터 (Wearable Computer)	소형화·경량화를 비롯해 음성과 동작 인식 등 다양한 기술이 적용되어 장소에 구애받지 않고 컴퓨터를 활용할 수 있도록 몸에 착용하는 컴퓨터

▼ 유비쿼터스 컴퓨팅 기반 기술
- 유비쿼터스 컴퓨팅이 가능하기 위한 고속의 네트워크 전송 기술
- 휴대성을 극대화하기 위한 초소형, 초경량의 하드웨어 제조 기술
- 개인별 최적화된 소프트웨어의 제작 및 유통 기술

RFID (Radio Frequency IDentification)	사물에 전자 태그를 부착하고, 무선 통신을 이용하여 제품 식별, 출입 관리 등 다양한 분야에서 활용하는 기술
디지털 컨버전스 (Digital Convergence)	하나의 기기와 서비스에 카메라, MP3, 금융 서비스, 방송 등 모든 정보통신 기술이 융합되는 현상

> **개념 플러스   데이터 관련 용어**
>
> - 빅데이터(Big Data): 디지털 환경에서 생성되는 데이터로, 그 규모가 방대하고, 생성 주기도 짧고, 형태도 수치 데이터뿐 아니라 문자와 영상 데이터를 포함하는 데이터이다.
> - 데이터 마이닝(Data Mining): 대량의 데이터에서 일정한 패턴을 찾아내고, 이로부터 가치 있는 정보를 추출하는 기술이다.
> - 데이터 웨어하우스(Data Warehouse): 의사 결정을 지원하기 위해 데이터베이스에 축적된 데이터를 공통의 형식으로 변환한 데이터의 집합이다.
> - 데이터 마이그레이션(Data Migration): 데이터를 새로운 시스템으로 이관하는 것으로, 데이터의 위치나 형식을 모두 변경한다.
> - 메타데이터(Metadata): 데이터를 효율적으로 관리하고 활용하기 위해 데이터 위치, 구조, 생성 정보, 요약 내용 등 데이터 자체에 대한 정보를 구조화한다.

02 모바일 기기 관련 용어

LBS (Location Based Services)	이동통신망이나 위성 신호 등을 이용하여 모바일 단말기의 위치를 측정하고, 정보 서비스를 제공하는 모바일 커뮤니케이션 서비스
DMB (Digital Multi-media Broadcasting)	휴대용 기기에서 디지털 영상 및 오디오 방송을 전송하는 방송 기술로, 커뮤니케이션 서비스로는 볼 수 없음
<u>블루투스</u> (Bluetooth)	• 1994년 스웨덴의 에릭슨(Ericsson)이 최초로 개발한 근거리 통신 기술 • 휴대폰, 노트북, 이어폰, 헤드폰 등의 휴대용 기기를 서로 연결해 정보를 교환하는 근거리 무선 기술 표준 • IEEE 802.15.1 규격을 사용하는 PAN(Personal Area Network)의 산업 표준
와이파이 (Wi-Fi)	• IEEE 802.11 기술 규격의 브랜드명으로, 'Wireless Fidelity'의 약어 • 사용 거리에 제한이 있고, 전송 속도가 3G 이동통신보다 빠르며, 전송 비용이 저렴함 • 무선 신호를 전달하는 AP(Access Point)를 중심으로 데이터를 주고받는 '인프라스트럭처(Infrastructure) 모드'와 AP 없이 데이터를 주고받는 '애드혹(Ad hoc) 모드'가 있음 • IEEE 802.11b 규격은 최대 11Mbps의 속도를, IEEE 802.11g 규격은 최대 54Mbps의 속도를 지원
와이브로(WiBro)	이동 중에도 초고속 인터넷을 이용할 수 있는 무선 휴대 인터넷 서비스
테더링 (Tethering)	컴퓨터나 노트북 등의 IT 기기를 스마트폰에 연결하여 무선 인터넷을 사용할 수 있게 하는 기능

▼ **PAN(Personal Area Network)**
개인 통신망이라고 하며 개인의 작업 공간에서 유선이나 무선 장치를 서로 연결하기 위한 컴퓨터 네트워크이다.

▼ **AP(Access Point)**
WAP(Wireless Access Point)라고도 하며, 와이파이를 이용하여 무선 랜과 유선 랜을 연결할 수 있게 하는 장치이다.

▼ **테더링(Tethering)**
테더(Tether)란 밧줄이라는 의미로 스마트폰에 IT 기기를 연결하여 스마트폰의 무선 인터넷을 사용할 수 있는 기능이다.

Warming UP 기출로 개념 확인

01 또 나올 문제
다음 중 인터넷 기술을 적용한 인트라넷에 대한 설명으로 옳은 것은?
① 핸드폰, 노트북 등과 같은 단말장치의 근거리 무선접속을 지원하기 위한 통신 기술이다.
② 인터넷 기술을 기업 내의 전자우편, 전자결재 등과 같은 정보 시스템에 적용한 것이다.
③ 납품업체나 고객업체 등 관련 있는 기업들 간의 원활한 통신을 위한 시스템이다.
④ 분야별 공통의 관심사를 가진 인터넷 사용자들이 서로의 의견을 주고받을 수 있게 하는 서비스이다.

02 또 나올 문제
다음 중 스마트폰을 모뎀처럼 활용하는 방법으로, 컴퓨터나 노트북 등의 IT 기기를 스마트폰에 연결하여 무선 인터넷을 사용할 수 있게 하는 기능은?
① 와이파이(Wi-Fi)
② 블루투스(Bluetooth)
③ 테더링(Tethering)
④ 와이브로(WiBro)

03
다음 중 VoIP에 대한 설명으로 옳지 않은 것은?
① 인터넷 IP 기술을 사용한 디지털 음성 전송 기술이다.
② 원거리 통화 시 PSTN(Public Switched Telephone Network)보다는 요금이 높지만 일정 수준의 통화 품질이 보장된다.
③ 기존 회선 교환 방식과 달리 네트워크를 통해 음성을 패킷 형태로 전송한다.
④ 보컬텍(VocalTec)의 인터넷폰으로 처음 소개되었으며, PC to PC, PC to Phone, Phone to Phone 방식으로 발전하였다.

04
다음 중 대량의 데이터 안에서 일정한 패턴을 찾아내고, 이로부터 가치 있는 정보를 추출해 내는 기술을 의미하는 것은?
① 데이터 웨어하우스(Data Warehouse)
② 데이터 마이닝(Data Mining)
③ 데이터 마이그레이션(Data Migration)
④ 메타데이터(Metadata)

05
다음 중 유비쿼터스 컴퓨팅 기반 기술에 대한 설명으로 옳지 않은 것은?
① 유비쿼터스 컴퓨팅이 가능하기 위한 고속의 네트워크 전송 기술
② 휴대성을 위한 초소형·초경량의 하드웨어 제조 기술
③ 개인별 최적화된 소프트웨어의 제작·유통 기술
④ 기본적으로 사람이 정보를 수집하는 작업이 요구되는 기술

바로 보는 해설

01
| 오답 피하기 |
① 블루투스에 대한 설명이다.
③ 엑스트라넷에 대한 설명이다.
④ 유즈넷에 대한 설명이다.

02
| 오답 피하기 |
① 와이파이: 전자기기들을 일정한 거리 안에서 무선 랜(WLAN)에 연결할 수 있게 하는 기술이다.
② 블루투스: 다양한 기기들이 무선 주파수를 이용하여 서로 통신하며 정보를 교환하는 기술이다.
④ 와이브로: 고정된 장소가 아닌, 이동하면서 초고속 인터넷을 이용할 수 있는 무선 휴대 인터넷 서비스이다.

03
VoIP는 음성을 디지털 패킷으로 변환하고 전송하는 기술로서 '인터넷 전화'라고 한다. 시내전화 요금 수준으로 시외전화나 국제전화를 사용할 수 있지만 트래픽이 많아지면 통화 품질이 떨어진다.

04
| 오답 피하기 |
① 데이터 웨어하우스: 의사 결정을 지원하기 위해 다량의 데이터를 효과적으로 분석한 후 정보화하여 사용자들이 효율적으로 사용할 수 있도록 한 데이터베이스이다.
③ 데이터 마이그레이션: 데이터를 저장하는 위치나 형태를 변경하는 것이다.
④ 메타데이터: 어떤 목적을 가지고 만들어진 데이터로, 데이터에 대한 데이터이다.

05
유비쿼터스 컴퓨팅은 사람이 아닌 사물이 정보를 수집한다. 정보를 수집하는 핵심 장치는 센서(Sensor)인데, 센서는 빛, 열, 온도, 습도, 냄새 등의 정보를 전기 신호로 변환하여 나타낸다.

| 정답 | 01 ② 02 ③ 03 ②
04 ② 05 ④

CHAPTER 6 인터넷 활용

기출선지 OX 퀴즈

01 스타(Star)형은 각 컴퓨터를 허브와 점 대 점으로 연결한 형태이다. (O / X)

02 링(Ring)형은 모든 컴퓨터를 그물 모양으로 서로 연결한 형태이다. (O / X)

03 LAN은 자원 공유를 목적으로 작은 기관의 구내에서 사용하며 전송 거리가 짧고 고속 전송이 가능하지만 WAN에 비해 에러 발생률이 높은 통신망이다. (O / X)

04 WLL은 전화국과 가입자 단말 사이의 회선을 유선 대신 무선 시스템을 이용하여 구성하는 통신망이다. (O / X)

05 네트워크 운영 방식 중 하나인 클라이언트/서버 방식은 서버와 클라이언트가 모두 처리 능력을 가지며, 분산 처리 환경에 적합하다. (O / X)

06 P2P는 인터넷에서 이루어지는 개인 대 개인의 파일 공유를 위한 기술이다. (O / X)

07 반이중 전송은 디지털 신호를 아날로그 신호로 변조하여 전송하는 방식이다. (O / X)

08 브리지는 통신 프로토콜을 변환하여 네트워크를 확장한다. (O / X)

09 'Tracert'의 실행 결과 현재 자신의 컴퓨터에 연결된 다른 컴퓨터의 IP 주소나 포트 정보를 확인할 수 있다. (O / X)

10 프로토콜의 기능으로 데이터 전송 도중에 발생하는 에러를 검출하는 기능이 있다. (O / X)

11 브리지는 통신량을 조절하여 데이터가 다른 곳으로 가지 않도록 한다. (O / X)

12 IP 프로토콜은 OSI 7계층에서 전송 계층에 해당한다. (O / X)

13 응용 계층은 응용 프로그램 간의 데이터 송·수신을 담당한다. (O / X)

14 TCP는 메시지를 송·수신 주소와 정보로 묶어 패킷 단위로 나눠서 전송하는 프로토콜이다. (O / X)

15 IPv6 주소의 각 부분은 10진수로 표현되며, 세미콜론(;)으로 구분한다. (O / X)

16 IPv6는 IPv4와의 호환성이 우수하다. (O / X)

17 mailto 프로토콜은 IP 정보 없이 받는 사람의 이메일 주소만 나타내면 된다. (O / X)

한판으로 복습한다!

18 IPv4는 클래스별로 주소 부여 체계가 달라지며, A Class는 소규모 통신망에 사용된다. (O / X)

19 DNS는 IP 주소를 이용하여 패킷의 최단 전송 경로를 설정한다. (O / X)

20 쿠키는 특정 웹 사이트 접속 시 반복적으로 사용되는 접속 정보를 가지고 있는 파일이다. (O / X)

21 웹 캐시는 웹 브라우저에서 기본으로 제공하지 않는 기능을 부가적으로 설치하여 구현되도록 한다. (O / X)

22 IRC는 여러 사람들이 관심 있는 분야별로 채널에서 대화할 수 있는 서비스이다. (O / X)

23 FTP 프로그램을 이용하여 FTP 서버에 파일을 전송하거나 수신하고, 파일의 삭제 및 이름 바꾸기 등을 할 수 있다. (O / X)

24 POP3 프로토콜은 사용자가 작성한 이메일을 다른 사람의 계정으로 전송해 주는 역할을 한다. (O / X)

25 MIME은 멀티미디어 전자우편을 주고받기 위한 인터넷 메일의 표준 프로토콜이다. (O / X)

26 인트라넷은 납품업체나 고객업체 등 관련 있는 기업들 간의 원활한 통신을 위한 시스템이다. (O / X)

27 스마트폰을 모뎀처럼 활용하는 방법으로, 컴퓨터나 노트북 등의 IT 기기를 스마트폰에 연결하여 무선 인터넷을 사용할 수 있게 하는 기능을 테더링이라 한다. (O / X)

28 VoIP는 인터넷 IP 기술을 사용한 디지털 음성 전송 기술이다. (O / X)

29 데이터 마이닝은 대량의 데이터 안에서 일정한 패턴을 찾아내고, 이로부터 가치 있는 정보를 추출해내는 기술을 의미한다. (O / X)

30 유비쿼터스 컴퓨팅 기반 기술은 기본적으로 사람이 정보를 수집하는 작업이 요구되는 기술이다. (O / X)

| 정답 |

01	O	02	X	03	X	04	O	05	O	06	O	07	X	08	X	09	X	10	O
11	O	12	X	13	O	14	O	15	X	16	O	17	O	18	X	19	X	20	O
21	X	22	O	23	O	24	X	25	O	26	X	27	O	28	O	29	O	30	X

CHAPTER 6 | 인터넷 활용

기출로 개념 강화

 정보통신

01 또 나올 문제

다음 중 정보통신망의 구성 형태를 설명한 내용으로 옳지 <u>않은</u> 것은?

① 망형(Mesh Topology)은 네트워크상의 모든 노드들이 서로 연결되는 방식으로 특정 노드에 이상이 생겨도 전송이 가능하다.
② 링형(Ring Topology)은 모든 노드들을 하나의 원형으로 연결하는 구조로 통신 제어가 간단하고 신뢰성이 높아 특정 노드의 이상도 쉽게 해결할 수 있다.
③ 트리형(Tree Topology)은 하나의 컴퓨터에 네트워크를 연결하여 확장하는 형태로, 확장이 많을 경우 트래픽이 과중될 수 있다.
④ 버스형(Bus Topology)은 모든 노드들이 하나의 케이블에 연결되어 있으며, 케이블 종단에는 종단 장치가 있어야 한다.

02

다음 중 네트워크 연결 방식의 하나인 클라이언트/서버 방식에 관한 설명으로 옳은 것은?

① 서버와 클라이언트가 모두 처리 능력을 가지며, 분산 처리 환경에 적합하다.
② 중앙 컴퓨터가 모든 단말기에서 요구하는 데이터 처리를 전담한다.
③ 동등한 계층 노드들이 서로 클라이언트와 서버의 역할을 동시에 할 수 있다.
④ 단방향 통신을 사용하며, 처리를 위한 대기 시간이 필요하다.

03

다음 중 4세대 이동통신에 대한 설명으로 옳지 <u>않은</u> 것은?

① 하나의 단말기를 통해 위성망, 무선랜, 인터넷 등을 모두 사용할 수 있는 서비스이다.
② 3세대 이동통신으로 불리는 IMT-2000에 뒤이은 이동통신 서비스이다.
③ 4세대 이동통신 표준으로는 WCDMA, LTE-advanced, Wibro-Evolution이 있다.
④ 동영상, 인터넷 방송 등의 대용량 데이터를 높은 속도로 처리할 수 있으며 3차원 영상 데이터를 이용한 통화가 가능하다.

OSI 7계층과 네트워크 장치

04 또 나올 문제

다음 중 네트워크와 관련하여 OSI 7계층 참조 모델에서 각 계층의 대표적인 장비로 옳지 <u>않은</u> 것은?

① 트랜스포트 계층(Transport Layer) – 허브(Hub)
② 네트워크 계층(Network Layer) – 라우터(Router)
③ 데이터 링크 계층(Data-link Layer) – 브리지(Bridge)
④ 물리 계층(Physical Layer) – 리피터(Repeater)

05

다음 중 OSI 7계층에서 데이터 링크 계층(Data Link Layer)의 기능에 대한 설명으로 옳지 않은 것은?

① 송신 측이 수신 측의 처리 속도보다 더 빨리 데이터를 보내지 못하도록 조절하는 흐름 제어 기능이 있다.
② 프레임의 시작과 끝을 구분하기 위한 프레임의 동기화 기능이 있다.
③ 응용 프로세스 간의 정보 교환, 파일 전송 등의 전송 제어 기능이 있다.
④ 프레임의 순차적 전송을 위한 순서 제어 기능이 있다.

06

다음 중 네트워크와 관련하여 Ping 서비스에 대한 설명으로 옳은 것은?

① 인터넷의 기원, 구성, 사용 가능한 인터넷 서비스 등 기초적인 정보를 제공하는 서비스이다.
② 웹 브라우저와 웹 서버 사이의 정보 전달을 위한 인터페이스를 제공해 주는 서비스이다.
③ DNS가 가지고 있는 특정 도메인의 IP 주소를 검색해 주는 서비스이다.
④ 지정된 호스트에 대해 네트워크층의 통신이 가능한지의 여부를 확인하는 서비스이다.

바로 보는 해설

01 링(Ring)형은 특정 노드에 이상이 생기면 전체 통신망에 영향을 미치며 쉽게 해결이 어렵다.

02 | 오답 피하기 |
② 중앙 집중 방식에 대한 설명이다.
③ P2P(동배 간 처리) 방식에 대한 설명이다.
④ 클라이언트/서버 방식은 양방향 통신을 사용하며, 실시간 처리가 가능하므로 대기 시간이 필요하지 않다.

03 • 3세대 이동통신: WCDMA, Wibro, IMT 2000
• 4세대 이동통신: LTE-advanced, Wibro-Evolution

04 허브(Hub)는 물리 계층에 포함된다.

05 응용 프로세스 간의 정보 교환, 파일 전송 등의 전송 제어 기능이 있는 계층은 응용 계층이다.

06 Ping 명령은 원격 컴퓨터가 현재 네트워크에 연결되어 정상적으로 작동하고 있는지를 알아보는 서비스이다.

| 오답 피하기 |
③ Nslookup에 대한 설명이다.

| 정답 | 01 ② 02 ① 03 ③ 04 ① 05 ③
        06 ④

07

다음 중 DNS가 가지고 있는 특정 도메인의 IP Address를 검색해 주는 서비스는?

① Gopher
② Archie
③ IRC
④ Nslookup

개념끝 038 프로토콜

08

다음 중 컴퓨터 통신에서 사용하는 프로토콜 기능에 대한 설명으로 적절하지 않은 것은?

① 통신망에 전송되는 패킷의 흐름을 제어해서 시스템 전체의 안전성을 유지한다.
② 정보를 전송하기 위해 송·수신기 사이에 같은 상태를 유지하도록 동기화 기능을 수행한다.
③ 데이터 전송 도중에 발생하는 오류를 검출한다.
④ 네트워크에 접속된 다양한 단말장치를 자동으로 인식하고 호환성을 제공한다.

09

다음 중 인터넷에서 사용하는 TCP/IP에 대한 설명으로 옳지 않은 것은?

① 서로 다른 기종의 컴퓨터들 간 데이터를 송·수신하기 위한 표준 프로토콜이다.
② 일부 망에 장애가 있어도 다른 망으로 통신이 가능한 신뢰성을 제공한다.
③ TCP는 패킷 주소를 해석하고 최적의 경로를 결정하여 전송하는 역할을 한다.
④ IP는 OSI 7계층 중 네트워크 계층에 해당하는 프로토콜이다.

개념끝 039 인터넷의 개요

10 (또 나올 문제)

다음 중 IPv6 주소 체계에 대한 설명으로 옳지 않은 것은?

① IPv4 주소 체계의 주소 부족 문제를 해결하기 위하여 개발되었다.
② IPv6 주소는 16비트씩 8부분으로, 총 128비트로 구성되어 있다.
③ 주소는 네트워크의 크기나 호스트의 수에 따라 A, B, C, D, E 클래스로 나누어진다.
④ 실시간 흐름 제어로 향상된 멀티미디어 기능을 지원한다.

11

다음 중 인터넷 주소 체계에서 IPv6에 대한 설명으로 옳지 않은 것은?

① 128 비트의 주소를 사용하여 IPv4의 주소 부족 문제를 해결하였다.
② IPv4와 비교하였을 때 자료 전송 속도가 늦지만, 주소의 확장성과 융통성이 우수하다.
③ 인증성, 기밀성, 데이터 무결성의 지원으로 보안 기능을 포함한다.
④ IPv4와 호환성이 있으며, 실시간 흐름 제어가 가능하다.

12

다음 중 인터넷에서 사용하는 표준 주소 체계인 URL(Uniform Resource Locator)의 4가지 구성요소를 순서대로 옳게 나열한 것은?

① 프로토콜, 서버 주소, 포트 번호, 파일 경로
② 서버 주소, 프로토콜, 포트 번호, 파일 경로
③ 프로토콜, 서버 주소, 파일 경로, 포트 번호
④ 포트 번호, 프로토콜, 서버 주소, 파일 경로

웹 브라우저 사용 및 설정

13
다음 중 웹 사이트에 접속했던 기록 및 사용자의 기본 설정에 대한 정보를 저장하고 있는 텍스트 파일로 옳은 것은?

① 스팸(Spam)
② 패스워드(Password)
③ 쿠키(Cookie)
④ 애플릿(Applet)

14
다음 중 인터넷과 관련하여 웹 브라우저에서 쿠키(Cookie)에 대한 설명으로 옳은 것은?

① 자주 방문하는 웹 페이지를 따로 저장하고 있다가 사용자가 다시 그 페이지를 요구하면 미리 저장한 페이지를 빠르게 보여주는 기능이다.
② 인터넷상에서 특정 사이트로 동시에 많은 사용자들이 접속하는 것을 방지하기 위하여 같은 내용을 복사해 놓은 사이트이다.
③ 인터넷 사용자에 대한 특정 웹 사이트의 접속 정보를 저장하고 있는 파일이며 인터넷 접속 시 매번 아이디와 비밀번호를 입력하지 않아도 자동으로 로그인되게 할 수 있다.
④ 웹 브라우저만으로는 실행할 수 없는 기능을 보완하기 위해 추가로 설치하여 사용하는 프로그램이다.

바로 보는 해설

07 | 오답 피하기 |
① Gopher: 메뉴 방식을 이용해 정보 검색을 할 수 있도록 하는 서비스이다.
② Archie: FTP 서버의 인덱스를 만들어서 특정한 파일을 찾을 수 있도록 만들어진 세계 최초의 검색 엔진이다.
③ IRC(Internet Relay Chat): 인터넷에서 여러 사람과 실시간 대화를 할 수 있는 서비스(채팅)이다.

08 네트워크에 접속된 다양한 단말장치를 자동으로 인식하고 호환성을 제공하려면 동일한 프로토콜을 사용해야만 한다.

09 • TCP: 메시지를 송·수신자의 주소와 정보로 묶어 패킷 단위로 분류하고, 전송 데이터의 흐름을 제어하며, 데이터에 오류가 있는지 검사한다. OSI 7계층 중 '전송 계층(제4계층)'에 해당한다.
• IP: 패킷 주소 해석 후 경로를 결정하여 다음 호스트로 전송한다. OSI 7계층 중 '네트워크 계층(제3계층)'에 해당한다.

10 A, B, C, D, E 클래스로 나누는 주소 체계는 IPv4이다.

11 IPv6은 IPv4에 비해 자료 전송 속도가 빠르고, 주소의 확장성과 융통성이 우수하다.

12 URL의 일반적인 형식은 프로토콜://서버 주소[:포트 번호][/파일 경로]이다.

13 | 오답 피하기 |
① 스팸(Spam): 불특정 다수에게 보내는 광고성 문자나 메일이다.
② 패스워드(Password): 사용자가 컴퓨터 시스템에 접속할 때 정당한 사용자임을 식별할 수 있도록 입력하는 문자열이다.
④ 애플릿(Applet): Java 언어로 구성된 간단한 기능의 소규모 프로그램이다.

14 | 오답 피하기 |
① 웹 캐시에 대한 설명이다.
② 미러 사이트에 대한 설명이다.
④ 플러그인에 대한 설명이다.

| 정답 | 07 ④ 08 ④ 09 ③ 10 ③ 11 ②
       12 ① 13 ③ 14 ③

개념끝 041 인터넷 서비스

15 또 나올 문제

다음 중 인터넷을 이용한 FTP(File Transfer Protocol)에 대한 설명으로 옳지 않은 것은?

① 멀리 떨어져 있는 컴퓨터로부터 파일을 전송받거나 전송하는 서비스를 의미한다.
② 익명의 계정을 이용하여 파일을 전송할 수 있는 서버를 Anonymous FTP 서버라고 한다.
③ FTP 서버에 계정을 가지고 있는 사용자는 FTP 서버에 있는 프로그램을 다운로드 없이 실행시킬 수 있다.
④ 일반적으로 텍스트 파일의 전송을 위한 ASCII 모드와 실행 파일의 전송을 위한 Binary 모드로 구분하여 수행한다.

16

다음 중 전자우편에 사용되는 프로토콜인 POP3(Post Office Protocol 3)에 대한 설명으로 옳은 것은?

① 사용자의 컴퓨터에서 작성한 메일을 다른 사람의 계정이 있는 곳으로 전송해 주는 역할을 한다.
② 메일 서버에 도착한 메일을 사용자 컴퓨터로 가져와서 관리한다.
③ 웹 브라우저가 지원하지 않는 각종 멀티미디어 파일의 내용을 확인한 후 실행해 준다.
④ 메일을 패킷으로 나누어 패킷 주소를 해석하고 경로를 결정하여 메일 서버로 보낸다.

개념끝 042 최신 정보통신 기술 활용

17

다음 중 인터넷 기반 기술을 이용하여 기업들이 외부 보안을 유지한 상태에서 협력 업체 간의 효율적인 업무 처리를 위해 사용하는 네트워크로 옳은 것은?

① 인트라넷(Intranet)
② 원거리 통신망(WAN)
③ 엑스트라넷(Extranet)
④ 근거리 통신망(LAN)

18 또 나올 문제

다음 중 사물 인터넷(IoT)에 대한 설명으로 옳지 않은 것은?

① 모든 사물을 네트워크로 연결하여 소통하는 정보통신 환경을 의미한다.
② 스마트 센싱 기술과 무선 통신 기술을 융합하여 실시간으로 데이터를 주고받는다.
③ 전기의 생산부터 소비까지의 전 과정에 정보통신 기술을 접목하여 에너지 효율성을 높인다.
④ 개방형 정보 공유에 대한 부작용을 최소화하기 위해 정보 보안 기술의 적용이 필요하다.

19 다음 중 정보통신기술 관련 용어에 대한 설명으로 옳지 <u>않은</u> 것은?

① IoT: 사물에 센서를 부착하여 실시간으로 정보를 모은 후 인터넷을 통해 개별 사물들 간에 정보를 주고받게 하는 기술
② WiBro: 고정된 장소에서 초고속 인터넷을 이용할 수 있게 하는 무선 인터넷 서비스
③ VoIP: 음성 데이터를 인터넷 프로토콜 네트워크를 통해 전송하여 통화할 수 있게 하는 음성 통신 기술
④ RFID: 제품 식별, 출입 관리 등 다양한 분야에서 활용되는 기술로, 전파를 이용하여 정보를 인식하는 기술

20 다음 중 1994년 스웨덴의 에릭슨에 의하여 최초로 개발된 근거리 통신 기술로 휴대폰, PDA, 노트북과 같은 휴대 가능한 장치들 사이의 양방향 정보 전송을 목적으로 하는 것은?

① TCP/IP
② CDMA
③ Bluetooth
④ USN

| 바로 보는 해설 |

15 FTP 서버에 있는 프로그램은 접속 후에 서버에서 바로 실행할 수 없으며 다운로드받은 후에 실행할 수 있다.

16 전자우편을 수신하기 위한 프로토콜에는 POP3와 IMAP이 있고, 송신하기 위한 프로토콜에는 SMTP와 MIME가 있다.

| 오답 피하기 |
① SMTP에 대한 설명이다.
③ MIME에 대한 설명이다.
④ 메시지를 패킷 단위로 나누는 프로토콜은 TCP이고, 패킷의 주소를 해석하고 최적의 경로를 결정하여 전송하는 프로토콜은 IP이다.

17 엑스트라넷(Extranet)은 기업의 네트워크를 거래처나 일반 고객, 다른 업체들과 안전하게 공유하기 위하여 사용하는 기업 외부 사설망이다.

| 오답 피하기 |
① 인트라넷(Intranet): 기업 내부에서만 이용할 수 있는 네트워크이다.
② 원거리 통신망(WAN): 광범위한 지역에 분산되어 있는 통신망을 상호 접속하여 형성한 대규모 통신망이다.
④ 근거리 통신망(LAN): 가까운 거리 안에 분산 설치되어 있는 컴퓨터 및 네트워크 장치 등을 연결해 주는 통신망이다.

18 주어진 내용은 스마트 그리드(Smart Grid)에 대한 설명이다.

19 와이브로(WiBro)는 고정된 장소가 아닌, 이동하면서 초고속 인터넷을 이용할 수 있는 무선 휴대 인터넷 서비스이다.

| 오답 피하기 |
① 사물 인터넷(IoT; Internet of Things): 세 가지의 분산된 환경 요소(인간, 사물, 서비스)에 대해 인간의 명시적 개입 없이 상호 협력해서 지능적 관계를 형성하는 사물 공간 연결망이다.
③ VoIP(Voice over Internet Protocol): 음성 데이터를 인터넷 프로토콜 데이터 패킷으로 변환하여 일반 데이터망에서 통화를 가능하게 해주는 통신 서비스 기술이다.
④ RFID(Radio Frequency IDentification): 전파를 이용해 먼 거리에서 정보를 인식하는 기술로, 무선 주파수 방식을 이용한다. 비접촉식이고, 이동 중에도 인식이 가능하며, 여러 개의 태그를 동시에 인식할 수 있다.

20 블루투스(Bluetooth)는 휴대폰, 노트북, 이어폰, 헤드폰 등의 휴대기기를 서로 연결해 정보를 교환하는 근거리 무선 기술 표준으로 IEEE 802.15.1 규격을 사용하는 PAN(Personal Area Networks)의 산업 표준이다.

| 정답 | 15 ③ 16 ② 17 ③ 18 ③ 19 ②
20 ③

CHAPTER 7
컴퓨터 시스템 보호

최근 기출 10개년 기준
10%

무료 동영상 강의

- 043 정보 윤리 기본
- 044 저작권 보호
- 045 개인정보 보호
- 046 컴퓨터 범죄
- 047 컴퓨터 바이러스
- 048 정보 보안

학습전략
인터넷이 많이 활용되면서 컴퓨터 시스템 보호에 대한 문제가 중요해지고 있으므로 꾸준히 문제가 출제될 것으로 예상됩니다. 다양한 컴퓨터 범죄 유형을 꼼꼼히 학습할 필요가 있습니다.

043 정보 윤리 기본

| 빈출개념 | #정보사회의 문제점

기출빈도 A-B-C-**D**

결정적 힌트

우리가 현재 사는 사회를 정보사회라고 합니다. 컴퓨터와 통신의 급격한 발전으로 우리는 많은 혜택을 누리고 있지만 반면에 다양한 문제점들도 발생하고 있습니다. 어려운 부분이 아니므로 정보사회의 문제점과 네티켓을 가볍게 읽어보시면 됩니다.

01 정보사회의 개념

- 정보사회란 컴퓨터와 통신 기술의 발전으로 정보의 수집·가공·유통이 증가하여, 정보의 가치가 사회적 활동의 중심이 되는 사회이다.
- 정보사회에서는 처리하려는 정보의 종류와 양이 증가한다.
- 정보처리 기술의 발달로 사회의 변화 속도가 빨라진다.
- 사이버 공간에서 새로운 인간관계와 문화가 형성된다.
- 대중화 현상이 약화되고, 개성과 자유를 중시하게 되었다.

02 정보사회의 문제점

- 정보의 편중으로 계층 간의 정보 차이가 증가한다.
- 중앙 컴퓨터 또는 서버의 장애나 오류 때문에 사회적·경제적으로 혼란이 발생할 수 있다.
- 정보 기술을 이용한 새로운 범죄가 증가할 수 있다.
- VDT 증후군(Video Display Terminal Syndrome)이나 테크노스트레스(Technostress)와 같은 직업병이 발생할 수 있다.
- 정보처리 기술로 인간관계의 유대감이 약화될 수 있다.

▼ **VDT 증후군**(Video Display Terminal Syndrome)
컴퓨터나 모바일 기기를 오래 사용하여 나타나는 일련의 증상으로 안구건조증, 거북목 증후군, 손목터널증후군 등이 포함된다.

▼ **테크노스트레스**(Technostress)
컴퓨터 산업이 발전하면서 관련 산업에 종사하는 사람이 받는 스트레스를 의미한다.

▼ **네티켓**(Netiquette)
네트워크(Network)와 에티켓(Etiquette)의 합성어로 인터넷 공간에서 지켜야 할 예절을 의미한다.

03 전자우편(E-mail) 네티켓

- 내용을 알 수 있도록 함축적인 제목을 붙인다.
- 메시지는 간결하고 명확하게 작성한다.
- 파일은 바이러스 감염 여부를 확인하고, 용량이 큰 파일은 압축하여 첨부한다.
- 메일을 보내기 전에 주소가 맞는지 확인하고, 본인을 밝힌다.
- 광고성 메일을 보낼 때는 제목에 '광고'라는 문구를 명시한다.
- 메일은 자주 점검하고 필요 없는 메일은 삭제한다.

04 공개 게시판/자료실 네티켓

- 게시판의 글은 간결하고 명확하게 작성한다.
- 저작권을 침해할 소지가 있는 파일은 올리지 않는다.
- 광고나 불건전 정보를 올려서는 안 된다.

- 주제에 동떨어진 질문이나 게시글을 올리지 않는다.
- 같은 내용의 질문이나 게시글을 중복해서 올리지 않는다.
- 다른 사람이 올린 글에 대해 지나친 반박이나 비난은 삼가야 한다.

05 블로그 네티켓

- 다른 사람의 글이나 기사를 인용하는 경우에는 출처를 밝힌다.
- 타인이 작성한 정보를 무단으로 위·변조하지 않는다.
- 본인이 촬영한 사진이나 영상은 공개 범위를 신중하게 결정한다.
- 업로드한 정보는 빠르게 확산되므로 삭제가 어려운 점을 명심한다.

06 웹 페이지 제작 시 지켜야 할 네티켓

- 원하는 정보에 쉽게 접근할 수 있도록 메뉴를 구성한다.
- 대용량 멀티미디어 데이터들의 활용을 자제한다.
- 용량이 큰 파일을 제공할 때는 파일 옆에 파일 형식과 크기를 명시한다.
- Trademark(TM)나 Copyright(C) 등의 저작권을 분명히 밝힌다.

▼ **Trademark(TM)**
개인, 사업 단체, 법인 등이 사용하는 등록 상표를 의미한다.

Warming UP 기출로 개념 확인

바로 보는 해설

01
다음 중 정보사회의 특징으로 적절하지 <u>않은</u> 것은?

① 처리하고자 하는 정보의 종류와 양이 증가하였다.
② 정보처리 기술의 발달로 사회의 변화 속도가 빨라졌다.
③ 사이버 공간상에 새로운 인간관계와 문화가 형성되었다.
④ 대중화 현상이 강화되고 개성과 자유를 경시하게 되었다.

01
정보사회가 되면서 대중화 현상이 약화되고 개성과 자유를 중요시하게 되었다.

02
인터넷을 사용할 때 유즈넷에서 지켜야 할 예절로 적절하지 <u>않은</u> 것은?

① 그룹에 주제에 동떨어진 질문은 하지 않는다.
② 답변은 꼭 질문자의 메일로 보낸다.
③ 같은 내용의 질문을 중복하여 올리지 않는다.
④ 질문과 답변은 상세하고 친절하게 한다.

02
답변은 게시글에 올려서 다른 사용자도 질문에 대한 답변을 참고할 수 있도록 한다.

| 정답 | 01 ④ 02 ②

개념끝 044 저작권 보호

| 빈출개념 | #저작재산권의 보호 기간

기출빈도 A─B─C─**D**

결정적 힌트

인터넷의 발전으로 많은 정보가 유통되면서 저작권 침해 사례가 많이 발생되고 있습니다. 저작권법은 내용이 방대하고 문제가 많이 출제되는 부분은 아니므로 깊이 있게 학습할 필요는 없습니다. 저작권의 기본 개념과 저작재산권의 보호 기간 등을 중심으로 학습하시기 바랍니다.

▼ 저작물의 예

- 소설·시·논문·강연·연설·각본, 그 밖의 어문저작물
- 음악저작물
- 연극 및 무용·무언극, 그 밖의 연극저작물
- 회화·서예·조각·판화·공예·응용미술저작물, 그 밖의 미술저작물
- 건축물·건축을 위한 모형 및 설계도서, 그 밖의 건축저작물
- 사진저작물(이와 유사한 방법으로 제작된 것을 포함한다)
- 영상저작물
- 지도·도표·설계도·약도·모형, 그 밖의 도형저작물
- 컴퓨터 프로그램저작물
- 사람의 이름이나 단체의 명칭 또는 저작물의 제호 등은 사상 또는 감정의 창작적 표현이라고 볼 수 없으므로 저작물이 되지 않는다.

01 저작권법

- 저작자의 권리와 이에 인접하는 권리를 보호하고 저작물의 공정한 이용을 도모함으로써 문화 및 관련 산업의 향상·발전에 이바지함을 목적으로 한다.
- 저작권은 저작물을 창작한 때부터 발생하며 어떠한 절차나 형식의 이행이 필요하지 않다.
- **저작물**: 인간의 사상 또는 감정을 표현한 창작물을 의미한다.
- **저작자**: 저작물을 창작한 자를 의미한다.
- **2차적 저작물**: 원저작물을 번역·편곡·변형·각색·영상 제작 그 밖의 방법으로 작성한 창작물로 2차적 저작물은 독자적인 저작물로서 보호된다.

02 저작재산권의 보호 기간

- 특별한 규정이 있는 경우를 제외하고는 저작자가 생존하는 동안과 사망한 후 70년간 존속한다.
- 공동저작물의 저작재산권은 맨 마지막으로 사망한 저작자가 사망한 후 70년간 존속한다.
- 저작재산권의 보호 기간을 계산하는 경우에는 저작자가 사망하거나 저작물을 창작 또는 공표한 다음 해부터 기산한다.

개념 플러스 저작인격권과 저작재산권

- **저작인격권**: 저작자는 그의 저작물을 공표하거나 공표하지 아니할 것을 결정할 권리를 가진다.
- **저작재산권**: 저작자는 복제권, 공연권, 공중송신권, 전시권, 배포권, 대여권, 2차적 저작물 작성권 등의 저작재산권을 가진다.

03 저작재산권의 제한 사항

- 재판 절차에 필요하여 저작물을 복제한 경우
- 공개적으로 행한 정치적 연설 등에서 이용한 경우
- 학교 교육의 목적 등에 이용한 경우
- 시사 보도를 위해 이용한 경우
- 방송사업자가 자체 방송을 위해 일시적으로 녹음하거나 녹화한 경우
- 영리를 목적으로 하지 않는 공연 또는 방송인 경우
- 사적 이용을 위해 복제한 경우
- 조사·연구를 목적으로 도서관에 보관된 자료를 복제하는 경우

- 시험 문제를 위해 복제한 경우
- 시각장애인이나 청각장애인 등을 위해 점자로 복제한 경우

> **개념 플러스 보호받지 못하는 저작물**
>
> 다음의 어느 하나에 해당하는 것은 저작권법에 의한 보호를 받지 못한다.
> 1. 헌법·법률·조약·명령·조례 및 규칙
> 2. 국가 또는 지방자치단체의 고시·공고·훈령 그 밖에 이와 유사한 것
> 3. 법원의 판결·결정·명령 및 심판이나 행정심판절차, 그 밖에 이와 유사한 절차에 의한 의결·결정 등
> 4. 국가 또는 지방자치단체가 작성한 것으로서 1. 내지 3.에 규정된 것의 편집물 또는 번역물
> 5. 사실의 전달에 불과한 시사보도

04 컴퓨터 프로그램의 보호

- 프로그램 저작권은 프로그램이 창작된 때부터 발생하고, 어떠한 절차나 형식의 이행은 필요 없다.
- 프로그램을 작성하기 위해 사용하는 프로그램 언어, 규약 및 해법에는 저작권법을 적용하지 않는다.

▼ **프로그램 언어**
프로그램을 표현하는 수단으로서 문자·기호 및 그 체계를 의미한다.

▼ **규약**
특정한 프로그램에서 프로그램 언어의 용법에 관한 특별한 약속을 의미한다.

▼ **해법**
프로그램에서 지시·명령의 조합 방법을 의미한다.

Warming UP 기출로 개념 확인

01

다음 중 저작권에 대한 설명으로 가장 적절하지 <u>않은</u> 것은?

① 저작재산권은 저작자의 생존하는 동안과 저작시점에 따라 사망 후 70년간 존속한다.
② 저작권은 저작자의 권리를 보호함을 목적으로 한다.
③ 영리를 목적으로 하지 않는 공연 또는 방송인 경우 저작재산권을 제한할 수 있다.
④ 프로그램을 작성하기 위하여 사용하고 있는 프로그램 언어, 규약 및 해법에도 저작권이 적용된다.

02

다음 중 저작재산권의 제한 사항으로 옳지 <u>않은</u> 것은?

① 재판 절차에 필요하여 저작물을 복제한 경우
② 방송사업자가 자체방송을 위해 일시적으로 녹음하거나 녹화한 경우
③ 시각장애인이나 청각장애인 등을 위해 점자로 복제한 경우
④ 도서관을 포함한 국가의 모든 공공기관에 보관된 자료를 복제한 경우

바로 보는 해설

01
프로그램을 작성하기 위하여 사용하는 프로그램 언어, 규약 및 해법에는 저작권법을 적용하지 않는다.

02
도서관에 보관된 자료는 부분 복사만 가능하며 국가의 모든 공공기관에 보관된 자료를 복제한 경우는 저작재산권의 제한 사항에 해당되지 않는다.

| 정답 | 01 ④ 02 ④

개념끝 045 개인정보 보호

기출빈도 A─B─C─**D**

결정적 힌트

개인정보 침해 사고가 끊이지 않고 발생하고 있으므로 개인정보 보호에 대한 개념은 매우 중요하다고 할 수 있습니다. 아직까지 많은 문제가 출제되지는 않았지만 사회적 인식이 강화되고 있는 만큼 개인정보에 대한 문제는 좀 더 출제될 가능성이 있습니다.

01 개인정보의 개념

- 개인정보란 성명, 주민등록번호 및 영상 등을 통하여 개인을 알아볼 수 있는 정보로 살아 있는 개인에 관한 정보이다.
- 해당 정보만으로는 특정 개인을 알아볼 수 없더라도 다른 정보와 쉽게 결합하여 알아볼 수 있는 정보도 개인정보에 포함된다.
- **가명정보**: 개인정보의 일부를 삭제하거나 일부 또는 전부를 대체하는 등의 방법으로 추가 정보가 없이는 특정 개인을 알아볼 수 없도록 처리한 정보이다.
- **자기결정권**: 자신에 관한 정보를 보호하기 위하여 자신에 관한 정보를 자율적으로 결정하고 관리할 수 있는 권리이다.

■ 마이 데이터(My Data)
정보의 주체인 개인이 본인의 신용 정보, 금융 정보, 건강 정보 등을 적극적으로 관리하고 통제하는 과정으로 개인은 개인 데이터에 대한 자기결정권을 가지고 활용 권한을 기업에 직접 부여할 수 있다.

02 개인정보의 유형

구분	내용
인적사항	• 일반 정보(성명, 주민등록번호, 주소 등) • 가족 정보(가족관계, 가족구성원 등)
신체적 정보	• 신체 정보(얼굴, 홍채, 키, 몸무게 등) • 의료·건강 정보(건강상태, 진료기록 등)
정신적 정보	• 기호·성향 정보(도서 대여 기록, 웹 사이트 검색 내역 등) • 내면의 비밀 정보(종교, 가치관, 정당 등)
재산적 정보	소득 정보, 신용 정보, 부동산 정보 등
사회적 정보	교육 정보, 병역 정보, 근로 정보, 법적 정보 등
기타 정보	통신 정보, 위치 정보, 습관 및 취미 정보

03 개인정보 보호의 중요성

(1) 개인의 피해

- 개인정보 유출로 인한 사생활 피해
- 보이스피싱, 명의 도용으로 인한 재산적 피해
- SNS, 블로그 등에서 일어나는 사이버 테러

(2) 기업의 피해
- 기업 이미지 실추로 인한 잠재 고객 감소
- 소비자 단체 등의 불매운동으로 인한 매출 감소
- 다수 피해자에 의한 집단적 손해배상 청구

(3) 정부의 피해
- 정부에 대한 신뢰도 하락
- 국제적인 이미지 실추로 인한 국가 브랜드 하락

04 개인정보 보호법

- 개인정보의 처리 및 보호에 관한 사항을 정함으로써 개인의 자유와 권리를 보호하고, 나아가 개인의 존엄과 가치를 구현함을 목적으로 한다.
- 개인정보를 수집할 때는 정보 주체의 동의를 받아야 하며, 수집·이용 목적, 수집 항목, 보유 및 이용 기간, 동의 거부권 등을 알려야 한다.
- 개인정보를 수집하는 경우에는 그 목적에 필요한 최소한의 개인정보를 수집하여야 한다.
- 개인정보를 제공받은 목적 외의 용도로 이용하거나 제3자에게 제공해서는 안 된다(정보주체로부터 별도의 동의를 받은 경우, 다른 법률에 특별한 규정이 있는 경우 제외).
- 보유 기간의 경과, 개인정보의 처리 목적 달성 등 그 개인정보가 불필요하게 되었을 때는 지체 없이 개인정보를 파기하여야 한다.

> **개념 플러스** 　**개인정보 보호 원칙**
>
> - 개인정보처리자는 개인정보의 처리 목적을 명확하게 하여야 하고 그 목적에 필요한 범위에서 최소한의 개인정보만을 적법하고 정당하게 수집하여야 한다.
> - 개인정보처리자는 개인정보의 처리 목적에 필요한 범위에서 적합하게 개인정보를 처리하여야 하며, 그 목적 외의 용도로 활용하여서는 아니 된다.
> - 개인정보처리자는 개인정보의 처리 목적에 필요한 범위에서 개인정보의 정확성, 완전성 및 최신성이 보장되도록 하여야 한다.
> - 개인정보처리자는 개인정보의 처리 방법 및 종류 등에 따라 정보주체의 권리가 침해받을 가능성과 그 위험 정도를 고려하여 개인정보를 안전하게 관리하여야 한다.
> - 개인정보처리자는 개인정보 처리방침 등 개인정보의 처리에 관한 사항을 공개하여야 하며, 열람청구권 등 정보주체의 권리를 보장하여야 한다.
> - 개인정보처리자는 정보주체의 사생활 침해를 최소화하는 방법으로 개인정보를 처리하여야 한다.
> - 개인정보처리자는 개인정보의 익명처리가 가능한 경우에는 익명에 의하여 처리될 수 있도록 하여야 한다.
> - 개인정보처리자는 개인정보 보호법 및 관계 법령에서 규정하고 있는 책임과 의무를 준수하고 실천함으로써 정보주체의 신뢰를 얻기 위하여 노력하여야 한다.

| 바로 보는 해설 |

01

| 오답 피하기 |
② 개인에 대한 다른 사람의 평가, 견해 등과 같은 간접적인 정보도 개인정보에 포함된다.
③ 개인정보 자기결정권은 자신의 개인정보 보호를 위하여 자신에 관한 정보를 자율적으로 결정하고 관리할 수 있는 권리이다.
④ 프라이버시권은 개인의 사생활이나 집안의 사적인 일 등이 남에게 알려지거나 간섭받지 않을 권리이다.

02

- 사회적 정보: 교육 정보, 근로 정보, 자격 정보
- 정신적 정보: 기호·성향 정보, 내면의 비밀 정보

| 정답 | 01 ① 02 ④

Warming UP  기출로 개념 확인

01

다음 중 개인정보에 대한 설명으로 옳은 것은?

① 개인정보는 성명, 주소 등과 같이 살아 있는 개인을 식별할 수 있는 정보이다.
② 개인에 대한 다른 사람의 평가, 견해 등과 같은 간접적인 정보는 개인정보에 포함되지 않는다.
③ 개인정보 자기결정권은 자신의 개인정보 보호를 위하여 정보 주체가 지켜야 할 권리이다.
④ 프라이버시권은 자신에 관한 정보가 언제, 누구에게, 어느 범위까지 알려지고 이용되도록 할지를 스스로 결정하는 권리이다.

02

다음 중 개인정보의 종류와 그에 따른 내용으로 옳지 않은 것은?

① 신체적 정보: 신체 정보, 의료 정보, 건강 정보
② 재산적 정보: 개인 금융 정보, 개인 신용 정보
③ 일반적 정보: 주민등록번호, 이름, 주소
④ 정신적 정보: 교육 정보, 근로 정보, 자격 정보

| 빈출개념 | #컴퓨터 범죄의 유형

개념끝 046 컴퓨터 범죄

기출빈도

01 컴퓨터 범죄

- 컴퓨터, 통신, 인터넷 등을 악용하여 사이버 공간에서 행하는 범죄를 말한다.
- 컴퓨터 운영에 문제를 일으키는 컴퓨터 파괴, 자료의 부정 조작 등을 모두 포함한다.
- 일반 범죄와 달리 짧은 시간에 불특정 다수에게 피해를 끼치며, 범죄를 일으킨 자를 찾기 어렵다.

> **결정적 힌트**
> 다양한 컴퓨터 범죄의 유형이 자주 출제되고 있습니다. 컴퓨터 범죄의 유형과 특징을 잘 익혀둘 필요가 있습니다.

02 컴퓨터 범죄의 유형

피싱(Phishing)	기업이나 금융기관 등의 가짜 웹 사이트나 이메일로 유인하여 개인의 금융 정보를 빼내는 행위
스니핑(Sniffing)	네트워크의 주변을 돌아다니는 패킷을 엿보면서 계정과 패스워드를 알아내는 행위
스푸핑(Spoofing)	검증된 사람이 네트워크를 통해 데이터를 보낸 것처럼 데이터를 변조하여 접속을 시도하는 행위
키로거 공격(Key Logger Attack)	키보드의 키 입력 시 캐치 프로그램을 사용하여 ID나 암호 등의 개인정보를 빼내는 행위
서비스 거부 공격(DoS; Denial of Service)	일시에 대량의 데이터를 한 서버에 집중 및 전송시키는 공격 방식으로, 시스템에 오버플로를 발생시켜서 정상적인 서비스를 수행하지 못하도록 만드는 범죄 행위
분산 서비스 거부 공격(DDoS; Distributed Denial of Service)	악성 코드에 감염된 여러 대의 좀비 PC를 일제히 동작시키는 방법으로 대량의 데이터를 한 곳의 서버 컴퓨터에 집중적으로 전송시켜서 특정 서버가 정상적으로 동작하지 못하게 하는 공격 방식
피기배킹(Piggybacking)	정당한 사용자가 정상적으로 시스템을 종료하지 않고 자리를 떠났을 때 비인가된 사용자가 바로 그 자리에서 계속 작업하여 불법적으로 접근하는 범죄 행위
웜(Worm)	네트워크를 통해 연속적으로 자신을 복제하여 시스템을 과부하시키는 프로그램
트로이 목마(Trojan Horse)	시스템에 다른 프로그램 코드로 위장하여 침투시키는 행위
백도어(Back Door), 트랩 도어(Trap Door)	시스템에 침입한 해커가 다시 쉽게 침입하기 위해서 만들어 놓은 불법 침입 경로

▼ **피싱(Phishing)**
프라이빗 데이터(Private Data)와 피싱(Fishing)의 합성어이다.

■ **해킹(Hacking)**
사용 권한이 없는 컴퓨터 시스템에 무단으로 침입하여 정보를 유출하거나 파괴하는 행위이다.

■ **크래킹(Cracking)**
악의적으로 다른 컴퓨터 시스템에 무단으로 침입하여 재산상의 피해를 주는 행위로, 악의적 해킹을 의미한다.

03 컴퓨터 범죄의 예방 대책

- 보호하려는 컴퓨터나 정보에 비밀번호를 설정하고 주기적으로 변경한다.
- 바이러스 백신 프로그램을 설치하고 '자동 업데이트'로 설정한다.
- Windows 업데이트는 기본적으로 '자동 설치'로 설정한다.
- 출처가 분명하지 않은 이메일이나 첨부 파일은 열지 않고 삭제한다.
- 금융기관의 사이트는 주소를 정확하게 입력하고 사용한다.

Warming UP 기출로 개념 확인

바로 보는 해설

01
| 오답 피하기 |
① 웜 바이러스에 대한 설명이다.
② 트로이 목마에 대한 설명이다.
③ 스푸핑에 대한 설명이다.

01 또 나올 문제
다음 중 정보사회에서 정보보안을 위협하는 스니핑(Sniffing)에 대한 설명으로 옳은 것은?
① 네트워크를 통해 연속적으로 자기를 복제하여 시스템 부하를 높여서 결국 시스템을 다운시킨다.
② 자기 복제 능력은 없으나 프로그램 안에 숨어 있다가 해당 프로그램이 실행될 때 활성화되어 부작용을 일으킨다.
③ 정상적으로 실행되거나 검증된 데이터인 것처럼 속여 접속을 시도하거나 권한을 얻는 것을 말한다.
④ 사용자가 전송하는 데이터를 훔쳐보는 것으로, 네트워크의 패킷을 엿보면서 계정과 패스워드를 알아낸다.

02
| 오답 피하기 |
① 스니핑에 대한 설명이다.
② 스푸핑에 대한 설명이다.
④ 키로거에 대한 설명이다.

02
다음 중 분산 서비스 거부 공격(DDos)에 대한 설명으로 옳은 것은?
① 네트워크 주변을 돌아다니는 패킷을 엿보면서 계정과 패스워드를 알아내는 행위
② 검증된 사람이 네트워크를 통해 데이터를 보낸 것처럼 데이터를 변조하여 접속을 시도하는 행위
③ 여러 대의 장비를 이용하여 특정 서버에 대량의 데이터를 집중적으로 전송함으로써 서버의 정상적인 동작을 방해하는 행위
④ 키보드의 키 입력 시 캐치 프로그램을 사용하여 ID나 암호 정보를 빼내는 행위

03
| 오답 피하기 |
① 스푸핑에 대한 설명이다.
② 스니핑에 대한 설명이다.
④ 서비스 거부 공격에 대한 설명이다.

03 또 나올 문제
다음 중 인터넷의 보안을 위협하는 행위에 대한 설명으로 옳은 것은?
① 어떤 프로그램이 정상적으로 실행되는 것처럼 속임수를 사용하는 것은 Sniffing이다.
② 네트워크 주변을 지나다니는 패킷을 엿보면서 아이디와 패스워드를 알아내는 것은 Spoofing이다.
③ 크래킹의 도구로 키보드의 입력을 문서 파일로 저장하거나 주기적으로 전송하여 ID나 암호 등의 개인정보를 빼내는 것은 Key Logger이다.
④ 특정 사이트에 오버플로를 일으켜서 시스템이 서비스를 거부하도록 만드는 것은 Trap Door이다.

| 정답 | 01 ④ 02 ③ 03 ③

047 컴퓨터 바이러스

| 빈출개념 | #감염 부위에 따른 유형

기출빈도: C

01 컴퓨터 바이러스의 특징

- 컴퓨터의 정상적인 작동을 방해하여 운영체제나 저장된 데이터에 손상을 입힐 수 있는 프로그램이다.
- 디스크의 부트 영역이나 프로그램 영역에 숨어 있다.
- 자신을 복제하거나 다른 프로그램을 감염시킬 수 있다.
- 인터넷과 같은 통신 매체뿐만 아니라 USB 메모리 등을 이용하여 외부에서 가져온 파일을 통해서도 감염시킬 수 있다.
- 소프트웨어뿐만 아니라 하드웨어의 성능에도 영향을 미칠 수 있다.

> **결정적 힌트**
>
> 컴퓨터 바이러스 감염은 컴퓨터 사용자라면 누구나 겪어보았을 문제입니다. 컴퓨터 바이러스의 개념, 유형, 예방법을 가볍게 읽어보면서 점검해 보는 것이 필요합니다.

02 컴퓨터 바이러스의 유형

(1) 감염 부위에 따른 유형

부트 바이러스	부트 섹터에 감염되는 바이러스로 컴퓨터를 켤 때 실행이 됨 예 미켈란젤로, 브레인
파일 바이러스	COM, EXE 등의 실행 파일, 오버레이 파일, 주변 기기 구동 프로그램 등에 감염되는 바이러스 예 예루살렘, CIH
부트/파일 바이러스	부트 섹터와 파일 모두에 감염되는 바이러스 예 Invader, 에볼라
매크로 바이러스	마이크로소프트의 엑셀이나 워드와 같은 파일을 매개로 하고, 특정 응용 프로그램에서 매크로를 사용하면 감염이 확산되는 컴퓨터 바이러스 예 멜리사, Laroux

▼ **부트 섹터(Boot Sector)**

부트 섹터는 부트 프로그램을 담고 있는 디스크의 첫 번째 섹터로, 이 부분에 바이러스가 감염되면 부트 섹터의 부트 스트래핑 코드가 바이러스 코드로 바뀌게 된다.

▼ **매크로(Macro)**

여러 가지 작업을 자동으로 기록하여 사용자가 한번에 실행할 수 있도록 하는 기능으로 마이크로소프트 오피스에서는 매크로를 VBA(Visual Basic Application)로 기록한다.

(2) 파일 바이러스의 유형

연결형 바이러스	프로그램을 직접 감염시키지 않고 프로그램의 위치 정보를 바이러스의 위치 정보로 바꾸는 바이러스
기생형 바이러스	프로그램을 손상시키지 않으면서 프로그램의 앞이나 뒤에 기생하는 바이러스
산란형 바이러스	바이러스를 확장명이 COM인 파일로 만들어서 실행 파일 확장명인 EXE보다 먼저 실행되도록 만드는 바이러스
겹쳐쓰기형 바이러스	원래 프로그램의 일부에 겹쳐쓰는 바이러스

> **개념 플러스** **스파이웨어(Spyware)**
>
> 사용자 승인 없이 몰래 설치되어 컴퓨터 시스템의 정보를 빼내는 악성 소프트웨어로 신용카드 정보를 비롯한 금융 정보, 주민등록번호와 같은 개인 신상 정보, 비밀번호 등을 수집한다.

03 컴퓨터 바이러스의 예방법

- 최신 버전의 백신 프로그램을 사용하여 주기적으로 바이러스 검사를 수행한다.
- 백신 프로그램의 시스템 감시 및 인터넷 감시 기능을 이용하여 바이러스를 사전에 검색한다.
- 인터넷에서 다운로드한 파일이나 외부에서 복사한 파일은 작업 전에 반드시 바이러스 검사를 수행한다.
- 의심스러운 이메일은 내용을 확인하지 않고 곧바로 삭제한다.
- 네트워크 공유 폴더의 파일은 '읽기 전용'으로 지정한다.
- 중요한 프로그램이나 자료는 항상 주기적으로 백업을 한다.

바로 보는 해설

01
| 오답 피하기 |
③ 애드웨어(Adware): 광고가 소프트웨어에 포함되어 이를 보는 조건으로 무료로 사용할 수 있는 소프트웨어이다.

02
바이러스의 종류에 따라 하드디스크의 내용을 파괴하거나 시스템을 느려지게 할 수 있으므로 소프트웨어와 하드웨어 모두에 영향을 미친다.

03
연결형 바이러스는 프로그램의 시작 위치를 바이러스의 시작 위치로 변경하는 형태의 바이러스로, 프로그램을 실행하면 바이러스가 대신 실행된다.

| 정답 | 01 ① 02 ④ 03 ①

Warming UP 기출로 개념 확인

01
다음 중 컴퓨터의 정상적인 작동을 방해하여 운영체제나 저장된 데이터에 손상을 입힐 수 있는 보안 위협의 종류는?

① 바이러스
② 키로거
③ 애드웨어
④ 스파이웨어

02
다음 중 바이러스에 대한 설명으로 옳지 <u>않은</u> 것은?

① 감염 부위에 따라 부트 바이러스와 파일 바이러스로 구분한다.
② 사용자 몰래 스스로 복제하여 다른 프로그램을 감염시키고, 정상적인 프로그램이나 다른 데이터 파일 등을 파괴한다.
③ 주로 복제품을 사용하거나 통신 매체를 통하여 다운받은 프로그램에 의해 감염된다.
④ 컴퓨터 하드웨어와 무관하게 소프트웨어에만 영향을 미친다.

03
다음 중 프로그램을 직접 감염시키지 않고 디렉터리 영역에 저장된 프로그램의 시작 위치를 바이러스의 시작 위치로 변경하는 파일 바이러스 유형은?

① 연결형 바이러스
② 기생형 바이러스
③ 산란형 바이러스
④ 겹쳐쓰기형 바이러스

| 빈출개념 | #정보 보안 위협의 유형 #방화벽 #암호화

개념끝 048 정보 보안

기출빈도

01 정보 보안 서비스의 조건

기밀성(Confidentiality)	• 시스템의 정보와 자원은 인가된 사용자에게만 접근이 허용되어야 함 • 중간에 다른 사람이 가로채더라도 내용을 읽을 수 없어야 함
무결성(Integrity)	정보를 전송하는 과정에서 변경되지 않고 전달되어야 함
가용성(Availability)	인가받은 사용자는 언제든지 사용할 수 있어야 함
인증(Authentication)	사용자를 식별하고 접근 권한을 확인할 수 있어야 함
부인 봉쇄 또는 부인 방지 (Non-repudiation)	송신자가 송신한 사실을 부인하거나, 수신자가 수신한 사실을 부인하는 것으로부터 증거를 제공하는 것

> **결정적 힌트**
>
> 문제가 자주 출제되는 부분으로 난도가 높은 편입니다. 특히 정보 보안 서비스의 조건, 정보 보안 위협의 유형, 방화벽, 암호화의 개념을 잘 이해해야 합니다.
>
> ■ 정보 보안의 3대 요소
> • 기밀성(Confidentiality)
> • 무결성(Integrity)
> • 가용성(Availability)

02 정보 보안 위협의 유형

가로막기(Interruption)	데이터의 전달을 가로막아 수신자 측으로 정보가 전달되는 것을 방해하는 행위로 가용성을 저해함
가로채기(Interception)	전송되는 데이터를 전송 도중에 도청 및 몰래 보는 행위로 기밀성을 저해함
변조/수정(Modification)	전송된 원래의 데이터를 다른 내용으로 수정하여 변조하는 행위로 무결성을 저해함
위조(Fabrication)	다른 송신자로부터 데이터가 송신된 것처럼 꾸미는 행위로 무결성을 저해함

▼ 정보 보안 위협의 유형 이해
• 정상

• 가로막기
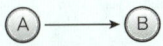
• 가로채기
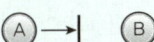
• 변조/수정
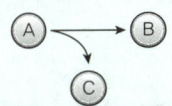
• 위조
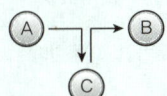

03 방화벽(Firewall)

- 보안이 필요한 네트워크의 통로를 단일화하여 관리하는 기능으로, 외부 네트워크와 내부 네트워크 사이에 위치한다.
- 통신을 허용할 프로그램 및 기능을 설정한다.
- 소프트웨어의 버전과 저작권에 대한 내용이 인증되어야 한다.
- 각 네트워크의 위치 유형에 따른 외부 연결의 차단과 알림을 설정한다.
- 로그 정보를 통해 역추적하는 기능이 있어 외부 침입자의 흔적을 찾을 수 있다.
- 외부로부터의 침입은 막을 수 있지만, 내부에서 일어나는 해킹은 막을 수 없다.
- 방화벽을 사용하면 네트워크의 부하가 증가하고, 전송 처리 속도가 느려질 수 있다.
- 프록시 서버(Proxy Server): 클라이언트와 서버 사이에서 데이터를 중계하는 서버로, 어떤 사이트에 접속할 때 프록시 서버에서 데이터를 가지고 와서 전달하는 방화벽 기능과 캐시 기능을 제공한다.

04 암호화(Encryption)

데이터에 암호 알고리즘을 적용하여 허가받지 않은 사람들이 정보를 볼 수 없도록 암호문으로 변환하는 기법이다.

▼ 암호화와 복호화

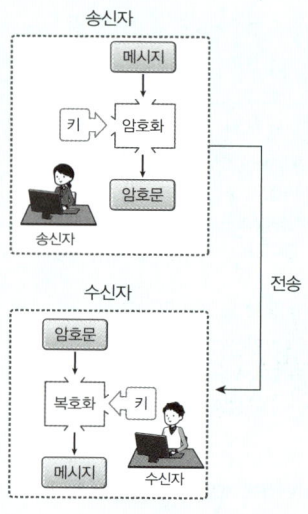

비밀키 암호화 기법 (대칭키, 단일키)	• 같은 키로 데이터를 암호화하고 복호화함 • 비밀키 암호의 안전성은 키의 길이 및 키의 비밀성 유지 여부에 영향을 받음 • 대표적인 알고리즘: DES(Data Encryption Standard) • 장점: 알고리즘이 간단하고, 암호화와 복호화 속도가 빠름 • 단점: 키의 분배가 어렵고, 사용자가 증가하면 관리해야 할 키의 개수가 많아짐
공개키 암호화 기법 (비대칭키, 이중키)	• 암호화 키와 복호화 키가 서로 다름 • 암호화 키는 공개(공개키)하고, 복호화 키는 비밀(개인키)로 함 • 대표적인 알고리즘: RSA(Rivest-Shamir-Adleman) • 장점: 키의 분배가 쉽고, 관리해야 할 키의 개수가 적음 • 단점: 알고리즘이 복잡하고, 암호화와 복호화 속도가 느림

▼ DES
(Data Encryption Standard)
미국 NIST에서 국가 표준으로 정한 암호로 64비트의 평문을 64비트의 암호문으로 만드는 데 64비트의 키를 사용한다.

▼ RSA
(Rivest-Shamir-Adleman)
암호화뿐만 아니라 전자서명이 가능한 공개키 암호 알고리즘으로 소인수 분해 문제의 어려움을 이용한다.

05 전자우편 보안

PEM (Privacy Enhanced Mail)	전자우편을 암호화하고, 받은 전자우편의 암호를 복호화해주는 보안 프로그램
PGP (Pretty Good Privacy)	• Phil Zimmermann이 개발한 전자우편 보안의 표준 • 인터넷에서 전달하는 전자우편을 다른 사람이 받아 볼 수 없도록 암호화하고, 받은 전자우편의 암호를 해석해주는 프로그램 • 구현은 PEM에 비해 용이하나, 보안성은 상대적으로 떨어지는 경향이 있음
S/MIME (Secure Multi-purpose Internet Mail Extension)	• MIME에 전자서명과 암호화를 더한 형태 • RSA 암호 시스템 이용

06 전자상거래 보안

SSL (Secure Socket Layer)	전자상거래 시 필요한 개인정보를 보호하기 위해 넷스케이프에서 개발한 프로토콜
SET (Secure Electronic Transaction)	VISA와 Master Card사에 의해 개발된 신용카드 기반의 전자 지불 프로토콜

Warming UP 기출로 개념 확인

01
다음 중 시스템의 정보 보안을 위한 기본 충족 요건으로 적절하지 않은 것은?

① 시스템 내의 정보와 자원은 인가된 사용자만 접근이 허용되어야 한다.
② 소프트웨어의 버전과 저작권에 관한 내용이 인증되어야 한다.
③ 정보를 전송하는 과정에서 변경되지 않고 전달되어야 한다.
④ 사용자를 식별하고 접근 권한을 확인할 수 있어야 한다.

02
다음 중 외부로부터의 데이터 침입 행위에 관한 유형의 위조(Fabrication)에 대한 설명으로 옳은 것은?

① 자료가 수신 측으로 전달되는 것을 방해하는 행위
② 전송한 자료가 수신지로 가는 도중에 몰래 보거나 도청하는 행위
③ 원래의 자료를 다른 내용으로 바꾸는 행위
④ 자료가 다른 송신자로부터 전송된 것처럼 꾸미는 행위

03 〔또 나올 문제〕
다음 중 정보 보안을 위한 비밀키 암호화 기법에 대한 설명으로 옳지 않은 것은?

① 서로 다른 키로 데이터를 암호화하고 복호화한다.
② 암호화와 복호화의 속도가 빠르다.
③ 알고리즘이 단순하고 파일의 크기가 작다.
④ 사용자의 증가에 따라 관리해야 할 키의 수가 상대적으로 많아진다.

04
다음 중 컴퓨터 통신에서 사용하는 프록시(Proxy) 서버의 기능으로 옳은 것은?

① 방화벽 기능과 캐시 기능
② 내부 불법 해킹 차단 기능
③ FTP 프로토콜 연결 해제 기능
④ 네트워크 병목 현상 해결 기능

05 〔또 나올 문제〕
다음 중 시스템 보안을 위해 사용하는 방화벽(Firewall)에 대한 설명으로 적절하지 않은 것은?

① IP 주소 및 포트 번호를 이용하거나 사용자 인증을 기반으로 접속을 차단하여 네트워크의 출입로를 단일화한다.
② "명백히 허용되지 않은 것은 금지한다."라는 적극적 방어 개념을 가지고 있다.
③ 방화벽을 운영하면 바이러스와 내·외부의 새로운 위험에 효과적으로 대처할 수 있다.
④ 로그 정보를 통해 외부 침입의 흔적을 찾아 역추적할 수 있다.

바로 보는 해설

01
| 오답 피하기 |
① 기밀성에 대한 설명이다.
③ 무결성에 대한 설명이다.
④ 인증에 대한 설명이다.

02
| 오답 피하기 |
① 가로막기에 대한 설명이다.
② 가로채기에 대한 설명이다.
③ 변조에 대한 설명이다.

03
비밀키 암호화 기법은 암호화 키와 복호화 키가 동일한 키를 사용하지만, 공개키 암호화 기법은 암호화 키와 복호화 키가 다르다.

04
방화벽은 프록시 서버를 통해 외부와 연결한 후 허용된 사용자만 연결되도록 한다. 캐시(Cache)는 액세스하는 인터넷 사이트를 저장해 두었다가 해당 사이트를 다시 읽을 때 프록시 서버에서 읽어 들여서 속도를 향상시킨다.

05
방화벽은 외부의 위협은 막을 수 있지만, 내부에서 일어나는 위협은 막지 못한다.

| 정답 | 01 ② 02 ④ 03 ①
　　　04 ① 05 ③

CHAPTER 7 컴퓨터 시스템 보호

기출선지 OX 퀴즈

01 정보사회가 되면서 대중화 현상이 강화되고 개성과 자유를 경시하게 되었다. (O / X)

02 프로그램을 작성하기 위하여 사용하고 있는 프로그램 언어, 규약 및 해법에도 저작권이 적용된다. (O / X)

03 저작재산권은 저작자의 생존하는 동안과 저작시점에 따라 사망 후 70년간 존속한다. (O / X)

04 개인정보 자기결정권은 자신의 개인정보 보호를 위하여 정보 주체가 지켜야 할 권리이다. (O / X)

05 스니핑은 네트워크 주변을 돌아다니는 패킷을 엿보면서 계정과 패스워드를 알아내는 행위를 말한다. (O / X)

06 스푸핑은 검증된 사람이 네트워크를 통해 데이터를 보낸 것처럼 데이터를 변조하여 접속을 시도하는 행위를 말한다. (O / X)

07 트로이 목마는 네트워크를 통해 연속적으로 자기를 복제하여 시스템 부하를 높여서 결국 시스템을 다운시킨다. (O / X)

08 분산 서비스 거부 공격(DDos)은 여러 대의 장비를 이용하여 특정 서버에 대량의 데이터를 집중적으로 전송함으로써 서버의 정상적인 동작을 방해하는 행위를 말한다. (O / X)

09 키보드의 키 입력 시 캐치 프로그램을 사용하여 ID나 암호 정보를 빼내는 행위를 스니핑이라고 한다. (O / X)

10 스파이웨어는 광고가 소프트웨어에 포함되어 이를 보는 조건으로 무료로 사용할 수 있는 소프트웨어이다. (O / X)

11 바이러스는 컴퓨터의 정상적인 작동을 방해하여 운영체제나 저장된 데이터에 손상을 입힐 수 있는 보안 위협의 종류이다. (O / X)

12 바이러스는 컴퓨터 하드웨어와 무관하게 소프트웨어에만 영향을 미친다. (O / X)

13 바이러스는 주로 복제품을 사용하거나 통신 매체를 통하여 다운받은 프로그램에 의해 감염된다. (O / X)

14 겹쳐쓰기형 바이러스는 대부분의 파일 바이러스에 해당하며, 프로그램을 손상시키지 않으면서 프로그램의 앞이나 뒤에 기생하는 바이러스이다. (O / X)

15 연결형 바이러스는 프로그램을 직접 감염시키지 않고 디렉터리 영역에 저장된 프로그램의 시작 위치를 바이러스의 시작 위치로 변경하는 파일 바이러스의 유형이다. (O / X)

16 시스템의 정보 보안을 위해 정보를 전송하는 과정에서 변경되지 않고 전달되어야 한다. (O / X)

한판으로 복습한다!

17 위조는 자료가 다른 송신자로부터 전송된 것처럼 꾸미는 행위를 말한다. (O / X)

18 변조는 자료가 수신 측으로 전달되는 것을 방해하는 행위를 말한다. (O / X)

19 방화벽을 운영하면 바이러스와 내·외부의 새로운 위험에 효과적으로 대처할 수 있다. (O / X)

20 방화벽은 "명백히 허용되지 않은 것은 금지한다."라는 적극적 방어 개념을 가지고 있다. (O / X)

21 프록시 서버는 클라이언트와 서버 사이에서 데이터를 중계하는 서버로, 어떤 사이트에 접속할 때 프록시 서버에서 데이터를 가지고 와서 전달하는 방화벽 기능과 캐시 기능을 제공한다. (O / X)

22 비밀키 암호화 기법은 서로 다른 키로 데이터를 암호화하고 복호화한다. (O / X)

23 공개키 암호화 기법은 알고리즘이 복잡하고, 암호화와 복호화 속도가 느리다. (O / X)

24 가로채기는 전송되는 데이터를 전송 도중에 도청 및 몰래 보는 행위로 기밀성을 저해한다. (O / X)

25 비밀키 암호화 기법은 사용자의 증가에 따라 관리해야 할 키의 수가 상대적으로 많아진다. (O / X)

26 백도어는 네트워크를 통해 연속적으로 자신을 복제하여 시스템을 과부하시키는 프로그램을 말한다. (O / X)

27 기업이나 금융기관 등의 가짜 웹 사이트나 이메일로 유인하여 개인의 금융 정보를 빼내는 행위를 피싱이라 한다. (O / X)

28 방화벽은 로그 정보를 통해 외부 침입의 흔적을 찾아 역추적할 수 있다. (O / X)

29 비밀키 암호화 기법에서 비밀키 암호의 안전성은 키의 길이 및 키의 비밀성 유지 여부에 영향을 받지 않는다. (O / X)

30 컴퓨터 바이러스를 예방하기 위해 네트워크 공유 폴더의 파일은 '읽기 전용'으로 지정한다. (O / X)

정답																			
01	X	02	X	03	O	04	X	05	O	06	O	07	X	08	O	09	X	10	X
11	O	12	X	13	O	14	X	15	O	16	O	17	O	18	X	19	X	20	O
21	O	22	X	23	O	24	O	25	O	26	X	27	O	28	O	29	X	30	O

CHAPTER 7 | 컴퓨터 시스템 보호

Build Up 기출로 개념 강화

개념끝 043 정보 윤리 기본

01
다음 중 정보통신 관련 용어에 대한 설명으로 가장 옳지 <u>않은</u> 것은?

① 네티켓은 인터넷에 연결된 컴퓨터 간에 데이터를 주고받을 수 있도록 하는 표준 프로토콜이다.
② 웹 서버는 웹 기반의 업무 애플리케이션 등과 같은 웹 서비스를 제공하는 소프트웨어 혹은 그러한 기능을 수행하는 컴퓨터를 의미한다.
③ 테크노스트레스는 컴퓨터 산업이 발전하면서 관련 사업에 종사하는 사람이 받는 스트레스를 의미한다.
④ 유비쿼터스란 사용자가 네트워크나 컴퓨터를 의식하지 않고 장소에 상관없이 자유롭게 네트워크에 접속할 수 있는 환경을 의미한다.

개념끝 044 저작권 보호

02
다음 중 아래에서 설명하는 저작권법에 기초한 저작자의 재산권이 제한되는 범위가 <u>아닌</u> 것은?

> 저작권법은 저작자의 권리와 이에 인접하는 권리를 보호하고, 저작물의 공정한 이용을 도모함으로써 문화의 향상·발전에 이바지함을 목적으로 한다. 저작물의 공정한 이용은 저작자의 권리를 본질적으로 침해하지 않는 범위 내에서 제한하게 된다.

① 공적 이용을 위하여 공공기관 등에서 복제하는 경우
② 보도, 비평, 교육, 연구 등을 위하여 정당한 범위 안에서 인용하는 경우
③ 고등학교 이하의 학교 교육 목적상 필요한 교과용 도서에 게재하는 경우
④ 방송사업자가 자체 방송을 위하여 일시적으로 녹음, 녹화하는 경우

개념끝 045 개인정보 보호

03
다음 중 개인정보 처리 원칙에 대한 설명으로 가장 옳지 <u>않은</u> 것은?

① 개인정보처리자는 개인정보의 처리 목적을 명확하게 하여야 하고 그 목적에 필요한 범위에서 최소한의 개인정보만을 적법하고 정당하게 수집하여야 한다.
② 개인정보처리자는 개인정보의 처리 목적에 필요한 범위에서 적합하게 개인정보를 처리하여야 하며, 그 목적 외의 용도로 활용하여서는 안 된다.
③ 개인정보처리자는 개인정보에 대해 익명 처리가 가능한 경우에도 익명 처리를 하여서는 안 된다.
④ 개인정보처리자는 개인정보 처리 방침 등 개인정보의 처리에 관한 사항을 공개하여야 하며, 열람청구권 등 정보주체의 권리를 보장하여야 한다.

04
정보통신서비스 제공자가 이용자의 개인정보를 이용하려고 수집하는 경우 이용자에게 알리지 않아도 되는 것은?

① 개인정보의 제공 업체
② 개인정보의 수집 목적
③ 수집하는 개인정보의 항목
④ 개인정보의 보유 기간

개념끝 046 컴퓨터 범죄

05

다음 중 인터넷 해킹과 관련하여 스니핑(Sniffing)에 대한 설명으로 옳은 것은?

① 네트워크를 거쳐 전송되는 패킷 정보를 읽어 계정과 암호를 알아내는 행위이다.
② 프로그램이 정상적인 상태로 유지되는 것처럼 믿도록 속임수를 사용하는 행위이다.
③ 자기 복제를 하는 프로그램으로 특정 대상을 파괴하는 행위이다.
④ 컴퓨터 사용자 몰래 다른 파일에 자신의 코드를 복사하는 행위이다.

06

다음 중 시스템 보안과 관련한 불법적인 형태에 대한 설명으로 옳지 <u>않은</u> 것은?

① 피싱(Phishing)은 거짓 메일을 보내서 가짜 금융기관 등의 가짜 웹 사이트로 유인하여 정보를 빼내는 행위이다.
② 스푸핑(Spoofing)은 검증된 사람이 네트워크를 통해 데이터를 보낸 것처럼 데이터를 변조하여 접속을 시도하는 행위이다.
③ 분산 서비스 거부 공격(DDoS)은 마이크로소프트사의 MS-DOS를 운영체제로 사용하는 컴퓨터에 네트워크를 통해 불법적으로 접속하는 행위이다.
④ 키로거(Key Logger)는 키 입력 캐치 프로그램을 사용하여 ID나 암호를 알아내는 행위이다.

바로 보는 해설

01 네티켓은 인터넷 사용 시 지켜야 할 예절을 의미한다.
02 공적 이용을 위하여 공공기관 등에서 복제하는 경우는 저작자의 재산권이 제한되는 범위에 포함되지 않는다.
03 개인정보처리자는 개인정보를 익명 또는 가명으로 처리하여도 개인정보 수집 목적을 달성할 수 있는 경우 익명 처리가 가능한 경우에는 익명에 의하여, 익명 처리로 목적을 달성할 수 없는 경우에는 가명에 의하여 처리될 수 있도록 하여야 한다.
04 개인정보를 수집할 때는 수집·이용 목적, 수집 항목, 보유 및 이용 기간, 동의 거부권 등을 알려야 한다.
05 | 오답 피하기 |
② 스푸핑(Spoofing)에 대한 설명이다.
③ 웜(Worm)에 대한 설명이다.
④ 바이러스(Virus)에 대한 설명이다.
06 분산 서비스 거부 공격(DDoS; Distributed Denial of Service)은 악성 코드나 이메일 등을 통하여 일반 사용자의 PC를 감염시켜 좀비PC를 만든 다음 동시에 동작하게 함으로써 특정 사이트를 공격하는 방식이다.

| 정답 | 01 ① 02 ① 03 ③ 04 ① 05 ①
06 ③

07 또 나올 문제

다음 중 보안을 위협하는 공격 형태의 하나인 DoS(Denial of Service) 공격에 대한 설명으로 옳은 것은?

① 특정한 시스템에서 보안이 제거되어 있는 통로를 지칭하는 말이다.
② 시스템에 불법적인 행위를 수행하기 위해 다른 프로그램으로 위장하여 특정 프로그램을 침투시키는 행위이다.
③ 시스템에 오버플로우를 일으켜 정상적인 서비스를 수행하지 못하도록 만드는 행위이다.
④ 자기 스스로를 복제함으로써 시스템의 부하를 일으켜 시스템을 다운시키는 프로그램을 말한다.

개념끝 047 컴퓨터 바이러스

08

다음 중 컴퓨터 바이러스의 특징으로 옳지 않은 것은?

① 디스크의 부트 영역이나 프로그램 영역에 숨어 있다.
② 자신을 복제할 수 있으며, 다른 프로그램을 감염시킬 수 있다.
③ 인터넷과 같은 통신 매체를 통해서만 감염된다.
④ 소프트웨어뿐만 아니라 하드웨어의 성능에도 영향을 미칠 수 있다.

09

다음 중 컴퓨터 바이러스의 예방과 치료에 대한 설명으로 옳지 않은 것은?

① 다운로드한 파일이나 외부에서 가져온 파일은 반드시 바이러스 검사를 수행한 후에 사용한다.
② 네트워크를 통해 감염되는 것을 방지하기 위하여 공유 폴더의 속성을 숨김으로 설정한다.
③ 전자우편을 통해 감염될 수 있으므로 발신자가 불분명한 전자우편은 열어보지 않고 삭제한다.
④ 백신 프로그램의 업데이트를 통해 주기적으로 바이러스 검사를 수행한다.

개념끝 048 정보 보안

10 또 나올 문제

다음 중 방화벽(Firewall)에 대한 설명으로 옳지 않은 것은?

① 보안이 필요한 네트워크의 통로를 단일화하여 관리한다.
② 내부 네트워크에서 외부로 나가는 패킷을 체크하여 인증된 패킷만 통과시킨다.
③ 역추적 기능으로 외부 침입자의 흔적을 찾을 수 있다.
④ 방화벽은 외부 네트워크와 내부 네트워크 사이에 위치한다.

11

다음 중 컴퓨터 보안 기법의 하나인 방화벽에 대한 설명으로 옳지 않은 것은?

① 전자메일 바이러스나 온라인 피싱 등을 방지할 수 있다.
② 해킹 등에 의한 외부로의 정보 유출을 막기 위해 사용하는 보안 기법이다.
③ 외부 침입자의 역추적 기능이 있다.
④ 내부의 불법 해킹은 막지 못한다.

12

다음 중 Windows 10에서 [방화벽]이 수행하는 작업에 대한 설명으로 옳지 않은 것은?

① 권한이 없는 사용자가 네트워크를 통해 컴퓨터에 액세스하는 것을 방지한다.
② 특정 연결 요청을 차단하거나 차단을 해제하기 위해 사용자의 허가를 요청한다.
③ 사용자가 원할 경우 기록을 만들어 컴퓨터에 대해 성공한 연결 시도와 실패한 연결 시도를 기록한다.
④ 위험한 첨부 파일이 있는 전자메일을 사용자가 열지 못하게 한다.

13 또 나올 문제

다음 중 정보 보안을 위한 비밀키 암호화 기법에 대한 설명으로 옳지 <u>않은</u> 것은?

① 비밀키 암호화 기법의 안전성은 키의 길이 및 키의 비밀성 유지 여부에 영향을 많이 받는다.
② 암호화와 복호화 시 사용하는 키가 동일한 암호화 기법이다.
③ 복잡한 알고리즘으로 인해 암호화와 복호화 속도가 느리다.
④ 사용자가 증가할 경우 상대적으로 관리해야 할 키의 수가 많아진다.

14

다음 중 정보 보안을 위해 사용하는 공개키 암호화 기법에 대한 설명으로 옳지 <u>않은</u> 것은?

① 알고리즘이 복잡하며 암호화와 복호화 속도가 느리다.
② 키의 분배가 용이하고 관리해야 할 키의 수가 적다.
③ 비대칭 암호화 기법이라고도 하며, 대표적으로 DES가 있다.
④ 데이터를 암호화할 때 사용하는 키를 공개하고, 복호화할 때 키는 비밀로 한다.

15

다음 중 보안에 대한 용어 설명으로 옳지 <u>않은</u> 것은?

① SSL: 인터넷 상거래 시 필요한 개인정보를 보호하기 위한 개인정보 유지 프로토콜이다.
② PGP: 인터넷에서 전달하는 전자우편을 다른 사람이 받아 볼 수 없도록 암호화하고, 받은 전자우편의 암호를 해석해 주는 프로그램을 말한다.
③ DES: 평문을 64비트의 암호문으로 만드는 공개키 암호로 64비트의 키가 사용된다.
④ PEM: 인터넷 환경에서 이메일은 무수한 호스트를 거쳐 전송된다. 전송되는 과정에서 얼마든지 탈취되거나 변조 또는 위조될 가능성이 있으므로 내용을 암호화하여 제3자가 알아볼 수 없게 한다.

바로 보는 해설

07 | 오답 피하기 |
① 백도어(Back Door) 또는 트랩 도어(Trap Door)에 대한 설명이다.
② 트로이 목마(Trojan Horse)에 대한 설명이다.
④ 웜(Worm)에 대한 설명이다.

08 바이러스는 인터넷과 같은 통신 매체뿐만 아니라 외부에서 복사해 온 파일 등을 통해서도 감염된다.

09 공유 폴더의 속성은 읽기 전용으로 설정해야 한다.

10 방화벽(Firewall)은 외부에서 내부 네트워크로 '들어오는' 패킷에 대해서 내용을 체크하여 인증된 패킷만 통과시킨다. 방화벽을 이용하면 외부에서의 불법적인 접근을 막고 인증된 데이터의 교환만 이용하는 방식으로 외부 네트워크로부터 내부 네트워크를 보호할 수 있다.

11 방화벽은 외부에서 내부로 들어오는 패킷의 내용을 체크하여 외부의 불법 침입으로부터 보호하는 시스템으로 전자메일 바이러스나 온라인 피싱 등을 방지할 수는 없다.

12 Windows 10 방화벽에서는 전자메일을 사용자가 열지 못하게 설정하는 기능을 제공하지 않는다. 방화벽(Firewall)은 외부 네트워크로부터 내부 네트워크를 보호하기 위한 인터넷 보안 시스템으로, 외부에서의 불법적인 접근을 막고 인증된 데이터의 교환만 이용 가능하다.

13 비밀키 암호화 기법은 알고리즘이 간단해서 암호화와 복호화 속도가 빠르고, 공개키 암호화 기법은 알고리즘이 복잡해서 암호화와 복호화 속도가 느리다.

14 비대칭(공개키) 암호화 기법의 대표적인 알고리즘은 RSA(Rivest Shamir Adleman)가 있다. DES(Data Encryption Standard)는 대칭키(비밀키) 암호화 기법이다.

15 DES는 비밀키 암호로 평문 64비트를 64비트 암호문으로 만들며, 64비트의 키가 사용된다.

| 정답 | 07 ③ 08 ③ 09 ② 10 ② 11 ①
12 ④ 13 ③ 14 ③ 15 ③

1과목 | 컴퓨터 일반

기출 재구성 과목별 모의고사

01 개념끝 005

다음 중 Windows 10에서 [휴지통]에 관한 설명으로 옳지 <u>않은</u> 것은?

① 하드디스크의 파일이나 폴더를 Delete를 눌러서 삭제하면 [휴지통]에 넣어지며, [휴지통] 아이콘은 빈 휴지통에서 가득 찬 휴지통 아이콘으로 바뀐다.
② [휴지통]에 보관된 실행형 파일은 복원이 가능하며 복원하기 전에도 실행시킬 수 있다.
③ Windows에서는 각각의 파티션이나 하드디스크에 [휴지통]을 하나씩 할당한다.
④ [휴지통]에 있는 항목은 사용자가 컴퓨터에서 영구적으로 삭제하기 전까지 휴지통에 그대로 있으며, 사용자가 삭제를 취소하거나 원래 위치로 복원할 수 있다.

02 개념끝 016

다음 중 Windows 10에서 사용자 계정의 사용자가 할 수 있는 작업으로 옳지 <u>않은</u> 것은?

① 사용자 자신의 암호를 변경할 수 있다.
② 마우스 포인터의 모양을 변경할 수 있다.
③ 관리자가 설정해 놓은 프린터를 프린터 목록에서 제거할 수 있다.
④ 사용자의 사진으로 자신만의 바탕 화면을 설정할 수 있다.

03 개념끝 017

[설정]의 [접근성] 항목에서 설정할 수 있는 항목으로 가장 거리가 먼 것은?

① 마우스나 키보드를 다른 장치로 바꿀 수 있다.
② 고정 키를 설정할 수 있다.
③ 토글 키를 설정할 수 있다.
④ 다중 디스플레이를 설정할 수 있다.

04 개념끝 007

다음 중 Windows 10의 네트워크를 통한 공유에 대한 설명으로 옳지 <u>않은</u> 것은?

① 네트워크를 통해서 폴더도 공유할 수 있다.
② 폴더를 공유시키면 네트워크를 통해서 누구나 해당 폴더에 항상 읽고 쓰기가 가능하다.
③ 파일 탐색기에서 공유시키려는 폴더를 선택한 후에 마우스의 오른쪽 버튼을 눌러서 나오는 바로 가기 메뉴에서 공유 항목을 선택하여 공유를 설정할 수 있다.
④ 네트워크를 통해서 프린터도 공유할 수 있다.

05 개념끝 025

다음 중 컴퓨터의 펌웨어(Firmware)에 대한 설명으로 옳은 것은?

① 주로 하드디스크에 저장되며 부팅 시 동작한다.
② 펌웨어 업데이트만으로도 시스템의 성능을 향상시킬 수 있다.
③ 컴퓨터 바이러스 백신과 관련이 있는 프로그램이다.
④ 컴퓨터 연산 속도를 빨라지도록 도와주는 하드웨어이다.

06 개념끝 025

다음 중 HDD와 비교할 때 SSD에 대한 특징으로 옳지 <u>않은</u> 것은?

① 초고속 메모리 칩(Chip)에 데이터를 저장한다.
② 속도가 빠르나 외부의 충격에는 매우 약하다.
③ 발열, 소음, 전력 소모가 적다.
④ 소형화·경량화할 수 있다는 장점이 있다.

07 개념끝 026

다음 중 USB 규격의 버전별 최대 데이터 전송 속도로 옳지 않은 것은?

① USB 1.1: 12Mbps
② USB 2.0: 480Mbps
③ USB 3.0: 1Gbps
④ USB 3.1: 10Gbps

08 개념끝 027

다음 중 컴퓨터 시스템을 효율적으로 관리하기 위한 유의 사항으로 적절하지 않은 것은?

① 모니터의 번인 현상을 방지하기 위하여 화면보호기를 사용한다.
② 주기적으로 자주 시스템을 재부팅하여 부품의 수명을 연장시킨다.
③ 컴퓨터를 끌 때에는 작업 중인 문서를 먼저 저장한 후 종료시킨다.
④ 정기적으로 시스템 최적화 프로그램을 사용하여 컴퓨터를 점검한다.

09 개념끝 028

다음 중 컴퓨터에서 사용하는 압축 프로그램에 관한 설명으로 옳지 않은 것은?

① 압축한 파일을 모아 재압축을 반복하면 파일 크기를 계속 줄일 수 있다.
② 여러 개의 파일을 압축하면 하나의 파일로 생성되어 파일 관리를 용이하게 할 수 있다.
③ 대부분의 압축 프로그램에는 분할 압축이나 암호 설정 기능이 있다.
④ 파일의 전송 시간과 비용을 절약하고, 디스크 공간을 효율적으로 사용할 수 있다.

바로 보는 해설

01 휴지통에 보관된 파일은 복원하기 전에는 실행할 수 없다.
02 관리자 계정 권한이 있어야 수행할 수 있는 작업이다.
03 다중 디스플레이는 [시작(⊞)]-[설정]-[시스템]의 [디스플레이]에서 설정할 수 있다.
04 사용 권한에 따라 읽고 쓰기가 가능하다.
05 펌웨어(Firmware)는 주로 ROM에 반영구적으로 저장되어 하드웨어를 제어 및 관리한다. 하드웨어 교체 없이 소프트웨어 업그레이드만으로 시스템의 성능을 높이기 위해 사용되며, 하드웨어와 소프트웨어의 중간에 해당된다.
06 SSD(Solid State Drive)는 반도체를 이용한 기억장치로 HDD에 비해 저장 용량당 가격이 비싼 편이지만 속도가 빠르고 외부의 충격에 강하다. 또한 발열, 소음, 전력 소모가 적고 소형화·경량화할 수 있는 장점이 있다.
07 USB(Universal Serial Bus)는 범용 직렬 버스로, 컴퓨터와 주변 장치를 연결하는 표준 규격이다. USB 3.0의 최대 데이터 전송 속도는 5Gbps이다.
08 주기적으로 자주 시스템을 재부팅하여 부품의 수명을 연장시킬 수는 없다.

| 참고 |
번인 현상(Burn-in): 고정된 화면을 장시간 켜놓았거나 같은 이미지가 화면에 계속 표시되었을 때 해당 이미지가 사라지지 않고 화면상에 남아있는 현상을 의미한다.

09 압축된 파일은 저장 공간을 적게 차지하고, 압축되지 않은 파일보다 빠르게 전송할 수 있다. 한번 압축을 하면 최대로 압축되기 때문에 여러 번 압축해도 파일의 크기는 변화가 없다.

| 정답 | 01 ② 02 ③ 03 ④ 04 ② 05 ②
06 ② 07 ③ 08 ② 09 ①

10 ▶ 개념끝 028

다음 중 소프트웨어 개발 과정에서 베타 테스트에 대한 설명으로 옳은 것은?

① 프로그램의 개발 과정에서 컴퓨터 바이러스 감염을 알아내기 위한 검사이다.
② 컴퓨터 하드웨어 및 소프트웨어의 성능을 비교 평가하는 검사이다.
③ 프로그램 개발 시 내부에서 미리 평가하고 버그를 찾아 수정하기 위해 시험해 보는 검사이다.
④ 정식으로 프로그램을 공개하기 전에 한정된 집단 또는 일반인에게 공개하여 기능을 시험하는 검사이다.

11 ▶ 개념끝 030

다음 중 객체 지향 프로그래밍 언어에 대한 설명으로 옳지 않은 것은?

① 소프트웨어의 재사용으로 프로그램의 개발 시간을 단축할 수 있다.
② 대표적인 객체 지향 언어로 C++, Java 등이 있다.
③ 상속성, 캡슐화, 추상화, 다형성 등의 특징이 있다.
④ 순차적인 처리가 중요시되며, 프로그램 전체가 유기적으로 연결되도록 작성한다.

12 ▶ 개념끝 031

다음 중 웹 프로그래밍 언어에 속하지 않는 것은?

① LISP
② JSP
③ PHP
④ ASP

13 ▶ 개념끝 029

다음 중 컴퓨터 운영체제(OS)에 대한 설명으로 옳지 않은 것은?

① 시스템의 메모리를 관리하고, 응용 프로그램이 제대로 실행될 수 있도록 제어한다.
② 컴퓨터 하드웨어와 응용 프로그램을 사용하고자 하는 사용자 사이에 위치하여 인터페이스 역할을 해주는 소프트웨어이다.
③ 프로세스 및 기억장치 관리, 파일 및 주변 장치 관리 그리고 컴퓨터에 설치된 프로그램 등을 관리하는 역할과 유틸리티 프로그램을 제공한다.
④ 사용자 측면에서 특정 분야의 작업을 처리하기 위한 프로그램으로 반드시 설치될 필요는 없으나 설치하여 사용할 것을 권고하고 있다.

14 ▶ 개념끝 036

다음 내용이 설명하는 것으로 옳은 것은?

> 디지털 데이터 신호를 변조하지 않고 직접 전송하는 방식으로 일반적으로 근거리 통신망에 사용된다.

① 단방향 전송
② 반이중 전송
③ 베이스밴드 전송
④ 브로드밴드 전송

15 ▶ 개념끝 036

다음 중 전송할 데이터의 양과 회선 사용 시간이 많을 때 효율적이며, 중앙 컴퓨터와 터미널이 1:1로 연결되어 유지 보수가 쉬운 연결 방식은?

① 메인 프레임 방식
② 포인트 투 포인트 방식
③ 클라이언트-서버 방식
④ 반이중 방식

16 개념끝 042

다음 중 유비쿼터스 센서 네트워크(USN)의 활용 분야에 속하는 것은?

① 테더링
② 텔레매틱스
③ 블루투스
④ 고퍼

17 개념끝 048

다음 중 인터넷에서 방화벽을 사용하는 이유로 적절하지 <u>않은</u> 것은?

① 외부로부터 허가받지 않은 불법적인 접근이나 해커의 공격으로부터 내부의 네트워크를 효과적으로 보호할 수 있다.
② 방화벽의 접근 제어, 인증, 암호화와 같은 기능으로 네트워크를 보호할 수 있다.
③ 역추적 기능으로 외부의 침입자를 역추적하여 흔적을 찾을 수 있다.
④ 외부에 대한 보안이 완벽하며, 내부의 불법적인 해킹도 막을 수 있다.

18 개념끝 007

다음 중 원격 데스크톱을 사용할 때 네트워크 연결이 잘 안 되는 경우, 원인을 찾는 방법으로 가장 적절하지 <u>않은</u> 것은?

① 방화벽과 같은 외부적인 요인 확인
② 원격 데스크톱 연결 설정 확인
③ Ping과 같은 DOS 명령어 이용
④ 파일 탐색기의 [폴더 옵션]에서 [기본값 복원] 이용

바로 보는 해설

10 • 알파 테스트: 베타 테스트를 하기 전에 제작 회사 내에서 테스트하는 것이다.
• 베타 테스트: 정식 버전이 출시되기 전에 일반인에게 공개하여 테스트하는 것이다.

11 순차적인 처리를 중요시하는 기법은 '구조적 프로그래밍 기법'이다.

12 LISP는 인공지능 프로그래밍 언어로 웹 프로그래밍 언어가 아니다.

13 운영체제는 컴퓨터의 하드웨어를 제어하고 응용 소프트웨어를 위한 기반 환경을 제공하여, 사용자가 컴퓨터를 사용할 수 있도록 중재 역할을 해주는 소프트웨어로, 반드시 설치되어야 컴퓨터를 사용할 수 있다.

14 | 오답 피하기 |
① 단방향 전송: 한쪽으로만 데이터를 전송하는 방식이다.
② 반이중 전송: 양쪽으로 데이터를 전송하지만, 동시 전송은 불가능한 방식이다.
④ 브로드밴드 전송: 디지털 데이터 신호를 아날로그 신호로 변조하여 다수의 통신 채널로 데이터를 동시에 전송하는 방식이다.

15 포인트 투 포인트(Point to point) 방식은 중앙 컴퓨터와 터미널이 1:1로 연결되어 있는 형태로 성(Star)형이라고도 한다. 모든 통신이 중앙 컴퓨터에 의해 제어되는 형태이다.

16 유비쿼터스 센서 네트워크(Ubiquitous Sensor Network)는 각종 센서에서 감지한 정보를 무선으로 수집할 수 있게 구성된 네트워크이다. 텔레매틱스(Telematics)는 통신망을 통해 확보된 위치 정보를 기반으로 교통 안내, 긴급 구난, 물류 정보 등을 제공하는 이동형 정보 활용 서비스이다.
| 오답 피하기 |
① 테더링(Tethering): 인터넷에 연결된 기기를 이용하여 다른 기기도 인터넷을 사용할 수 있게 해주는 기술이다.
③ 블루투스(Bluetooth): 근거리 무선 통신을 가능하게 해주는 통신 방식으로, 핸드폰이나 노트북과 같은 다양한 기기들끼리 안전하고 저렴한 비용으로 서로 통신할 수 있다.
④ 고퍼(Gopher): 인터넷에 있는 정보를 메뉴 방식으로 찾아가는 서비스이다.

17 방화벽(Firewall)은 외부 네트워크로부터 내부 네트워크를 보호하기 위한 것으로, 외부의 불법적인 침입을 막을 수 있지만 내부로부터의 불법적인 위험은 막지 못한다.

18 [폴더 옵션]의 [기본값 복원]은 [일반] 탭에서 설정한 '폴더 찾아보기', '항목을 다음과 같이 클릭', '개인 정보 보호' 등의 설정한 값들을 원래대로 복원하며 네트워크 연결과는 관계가 없다.

| 정답 | 10 ④ 11 ④ 12 ① 13 ④ 14 ③
         15 ② 16 ② 17 ④ 18 ④

19 개념끝 008

다음 중 Windows에서 제공되는 Windows 원격 지원 기능에 대한 설명으로 옳지 않은 것은?

① 사용하는 운영체제의 종류와 상관없이 상대방의 컴퓨터에서 사용자 컴퓨터에 연결하여 편리하게 문제 해결 방법을 제시할 수 있도록 하는 기능이다.
② 상대방이 연결한 후에 사용자 컴퓨터 화면을 공유하여 실시간으로 채팅을 할 수 있으며 사용자가 허락하면 원격으로 사용자 컴퓨터를 조작하고 동작시킬 수 있다.
③ 요청을 받은 사람만 Windows 원격 지원을 사용하여 내 컴퓨터에 연결할 수 있도록 모든 세션이 암호화되고 암호로 보호된다.
④ 원격 지원을 사용하는 동안 상대방과 사용자는 인터넷에 연결되어 있어야 하며 Windows 방화벽을 사용하고 있으면 원격 지원을 위해 임시로 방화벽 포트를 열어야 한다.

20 개념끝 043

다음 중 인터넷을 사용하는 기본 예절에 대한 설명으로 옳지 않은 것은?

① 파일을 전송할 때 전송량을 줄이기 위하여 데이터를 압축한다.
② 웹 페이지에서 문서를 인용 또는 사용할 때는 저자 동의 없이 복사하여 유포한다.
③ 중복된 글은 게시판에 올리지 않도록 한다.
④ 대화방에서는 상대방을 존중하고 건전한 언어를 사용한다.

바로 보는 해설

19 Windows 원격 지원 기능은 Windows 운영체제가 설치되어 있거나 Windows와 호환이 가능한 경우에 사용이 가능하므로 운영체제의 종류와 상관없다고 볼 수는 없다.

20 웹 페이지에서 문서를 인용하거나 사용할 때는 반드시 저자의 허락을 받고 올려야 한다.

| 정답 | 19 ① 20 ②

에듀윌이
너를
지지할게
ENERGY

삶의 순간순간이

아름다운 마무리이며

새로운 시작이어야 한다.

– 법정 스님

memo

memo

memo

IT자격증 단기 합격!
에듀윌 EXIT 시리즈

데이터자격검정

- **데이터분석 준전문가 ADsP**
  이론부터 탄탄하게! 한번에 확실한 합격!
- **SQL 개발자 SQLD**
  비전공자도 이해할 수 있게! 단 2주면 합격 구조 완성!

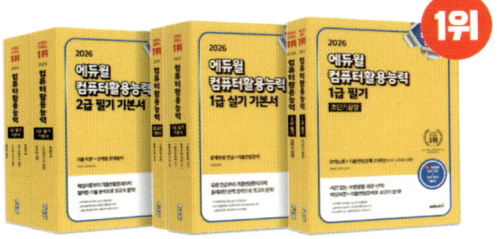

컴퓨터활용능력

- **필기 초단기끝장(1/2급)**
  문제은행 최적화, 이론은 가볍게 기출은 무한반복!
- **필기 기본서(1/2급)**
  기초부터 제대로, 한권으로 한번에 합격!
- **실기 기본서(1/2급)**
  출제패턴 집중훈련으로 한번에 확실한 합격!

실무 엑셀

- **회사에서 엑셀을 검색하지 마세요**
  자격증은 있지만 실무가 어려운 직장인을 위한 엑셀 꿀기능 모음 zip

* 2024 에듀윌 데이터분석 준전문가 ADsP 2주끝장: YES24 수험서 자격증 > 기타/신규 자격증 베스트셀러 1위 (2024년 9월 5주 주별 베스트)
* 2025 에듀윌 SQL 개발자 SQLD 2주끝장: YES24 수험서 자격증 > 기타/신규 자격증 베스트셀러 1위 (2025년 7월 월별 베스트)
* 2024 에듀윌 EXIT 컴퓨터활용능력 1급 필기 초단기끝장: YES24 수험서 자격증 > 컴퓨터 수험서 > 컴퓨터활용능력 베스트셀러 1위 (2023년 10월 4주 주별 베스트)

꿈을 현실로 만드는 에듀윌

DREAM

공무원 교육
- 선호도 1위, 신뢰도 1위! 브랜드만족도 1위!
- 합격자 수 2,100% 폭등시킨 독한 커리큘럼

자격증 교육
- 9년간 아무도 깨지 못한 기록 합격자 수 1위
- 가장 많은 합격자를 배출한 최고의 합격 시스템

직영학원
- 검증된 합격 프로그램과 강의
- 1:1 밀착 관리 및 컨설팅
- 호텔 수준의 학습 환경

종합출판
- 온라인서점 베스트셀러 1위!
- 출제위원급 전문 교수진이 직접 집필한 합격 교재

어학 교육
- 토익 베스트셀러 1위
- 토익 동영상 강의 무료 제공

콘텐츠 제휴·B2B 교육
- 고객 맞춤형 위탁 교육 서비스 제공
- 기업, 기관, 대학 등 각 단체에 최적화된 고객 맞춤형 교육 및 제휴 서비스

부동산 아카데미
- 부동산 실무 교육 1위!
- 상위 1% 고소득 창업/취업 비법
- 부동산 실전 재테크 성공 비법

학점은행제
- 99%의 과목이수율
- 17년 연속 교육부 평가 인정 기관 선정

대학 편입
- 편입 교육 1위!
- 최대 200% 환급 상품 서비스

국비무료 교육
- '5년우수훈련기관' 선정
- K-디지털, 산대특 등 특화 훈련과정
- 원격국비교육원 오픈

에듀윌 교육서비스 **AI 교육** AI 프롬프트 연구소/AI CLASS(ChatGPT/AICE/노션 AI/중개업 AI 등) **공무원 교육** 9급공무원/소방공무원/계리직공무원 **자격증 교육** 공인중개사/주택관리사/손해평가사/감정평가사/노무사/전기기사/경비지도사/검정고시/소방설비기사/소방시설관리사/사회복지사1급/대기환경기사/수질환경기사/건축기사/토목기사/직업상담사/청소년상담사/전기기능사/산업안전기사/산업위생관리기사/건설안전기사/위험물산업기사/위험물기능사/유통관리사/물류관리사/행정사/한국사능력검정/한경TESAT/매경TEST/KBS한국어능력시험·실용글쓰기/IT자격증/국제무역사/무역영어/SQLD/ADsP **어학 교육** 토익 교재/토익 동영상 강의 **세무/회계** 전산세무회계/ERP정보관리사/재경관리사 **대학 편입** 편입 영어·수학/연고대/의약대/경찰대/논술/면접 **직영학원** 공무원학원/소방학원/공인중개사 학원/주택관리사 학원/전기기사 학원/편입학원 **종합출판** 공무원·자격증 수험교재 및 단행본 **학점은행제** 교육부 평가인정기관 원격평생교육원(사회복지사2급/경영학/CPA) **콘텐츠 제휴·B2B 교육** 교육 콘텐츠 제휴/기업 맞춤 자격증 교육/대학취업역량 강화 교육 **부동산 아카데미** 부동산 창업CEO/부동산 경매 마스터/부동산 컨설팅 **주택취업센터** 실무 특강/실무 아카데미 **국비무료 교육(국비교육원)** 전기기능사/전기(산업)기사/소방설비(산업)기사/IT(빅데이터/자바프로그램/파이썬)/게임그래픽/3D프린터/실내건축디자인/웹퍼블리셔/그래픽디자인/영상편집(유튜브) 디자인/온라인 쇼핑몰광고 및 제작(쿠팡, 스마트스토어)/전산세무회계/컴퓨터활용능력/ITQ/GTQ/직업상담사

교육문의 1600-6700 www.eduwill.net

업계 최초 대통령상 3관왕, 정부기관상 19관왕 달성!

2010 대통령상 　 2019 대통령상 　 2019 대통령상

대한민국 브랜드대상 국무총리상 　 국무총리상 　 문화체육관광부 장관상 　 농림축산식품부 장관상 　 과학기술정보통신부 장관상 　 여성가족부장관상

서울특별시장상 　 과학기술부장관상 　 정보통신부장관상 　 산업자원부장관상 　 고용노동부장관상 　 미래창조과학부장관상 　 법무부장관상

2004
서울특별시장상 우수벤처기업 대상

2006
부총리 겸 과학기술부장관 표창 국가 과학 기술 발전 유공

2007
정보통신부장관상 디지털콘텐츠 대상
산업자원부장관 표창 대한민국 e비즈니스대상

2010
대통령 표창 대한민국 IT 이노베이션 대상

2013
고용노동부장관 표창 일자리 창출 공로

2014
미래창조과학부장관 표창 ICT Innovation 대상

2015
법무부장관 표창 사회공헌 유공

2017
여성가족부장관상 사회공헌 유공
2016 합격자 수 최고 기록 KRI 한국기록원 공식 인증

2018
2017 합격자 수 최고 기록 KRI 한국기록원 공식 인증

2019
대통령 표창 범죄예방대상
대통령 표창 일자리 창출 유공
과학기술정보통신부장관상 대한민국 ICT 대상

2020
국무총리상 대한민국 브랜드대상
2019 합격자 수 최고 기록 KRI 한국기록원 공식 인증

2021
고용노동부장관상 일·생활 균형 우수 기업 공모전 대상
문화체육관광부장관 표창 근로자휴가지원사업 우수 참여 기업
농림축산식품부장관상 대한민국 사회공헌 대상
문화체육관광부장관 표창 여가친화기업 인증 우수 기업

2022
국무총리 표창 일자리 창출 유공
농림축산식품부장관상 대한민국 ESG 대상

2023 대한민국 브랜드만족도 IT자격증 교육 1위
(한경비즈니스)

2026 에듀윌 컴퓨터활용능력 1급 필기 기본서

Eduwill X IT자격증
EXIT 무료 합격 서비스!

 EXIT 바로가기

1 핵심만 모은 무료특강
　　[이용경로] 에듀윌 EXIT 합격 서비스(exit.eduwill.net) ▶ 로그인 ▶ 무료강의 ▶ 컴퓨터활용능력 1급 ▶ 필기 기본서

2 저자에게 바로 묻는 실시간 질문답변 서비스
　　[이용경로] 에듀윌 EXIT 합격 서비스(exit.eduwill.net) ▶ 로그인 ▶ 실시간 질문답변 ▶ 컴퓨터활용능력 1급 ▶ 필기 기본서(교재 구매 인증 필요)

3 실전처럼 연습하는 회차별/랜덤 필기CBT
　　[이용경로] 에듀윌 EXIT 합격 서비스(exit.eduwill.net) ▶ 로그인 ▶ 필기CBT ▶ 컴퓨터활용능력 1급(교재 구매 인증 필요)

4 더 공부하고 싶다면? PDF 학습자료
　　[이용경로] 에듀윌 EXIT 합격 서비스(exit.eduwill.net) ▶ 로그인 ▶ 자료실 ▶ 컴퓨터활용능력 1급 ▶ 필기 기본서

고객의 꿈, 직원의 꿈, 지역사회의 꿈을 실현한다

EXIT 합격 서비스
exit.eduwill.net

- 부가학습자료 및 정오표: EXIT 합격 서비스 > 자료실/정오표 게시판
- 교재문의: EXIT 합격 서비스 > 실시간 질문답변 게시판(내용)/
  Q&A 게시판(내용 외)

2026

에듀윌
컴퓨터활용능력
1급 필기 기본서

합격자 수가 선택의 기준!

2023 대한민국 브랜드만족도
IT자격증 교육 1위 (한경비즈니스)

2권 | 스프레드시트 일반

이상미, 문혜영 편저

핵심이론부터 기출변형문제까지
철저한 기출 분석으로 초고속 합격!

- 저자에게 바로 묻는 실시간 질문답변
- 실전처럼 연습하는 회차별/랜덤 필기CBT
- 기출의 핵심만 쏙쏙! 기출선지 OX퀴즈(PDF)

eduwill

에듀윌
컴퓨터활용능력
1급 필기 기본서

2권 스프레드시트 일반

CONTENTS 차례

- 합격을 위한 모든 것! EXIT 합격 서비스
- 시험의 모든 것!
- 가장 궁금해 하는 BEST Q&A
- 기출 분석의 모든 것!
- 왜 에듀윌 교재인가?

[플래너]
- 정석 ver. 스터디 플래너
- 벼락치기 ver. 스터디 플래너

1권

1과목 컴퓨터 일반

CHAPTER 1 Windows 10의 기본 기능

번호	제목	쪽
001	Windows 10의 특징	20
002	마우스 및 키보드 사용법	22
003	바탕 화면과 바로 가기 아이콘	26
004	시작 메뉴와 작업 표시줄	29
005 (최빈출)	휴지통	33
006	파일 탐색기	35
007	파일과 폴더	39
008	보조 프로그램	45
009	작업 관리자와 명령 프롬프트	49
010 (최빈출)	인쇄	51
	기출선지 OX 퀴즈	54
	Build Up 기출로 개념 강화	56

CHAPTER 2 Windows 10의 고급 기능

번호	제목	쪽
011	[설정] 창	64
012	[설정] 창 – 시스템	66
013	[설정] 창 – 장치	70
014	[설정] 창 – 개인 설정	72
015	[설정] 창 – 앱	76
016	[설정] 창 – 계정	79
017	[설정] 창 – 접근성	82
018	[설정] 창 – 업데이트 및 보안	84
019	관리 도구	86
020	시스템 구성	89
	기출선지 OX 퀴즈	92
	Build Up 기출로 개념 강화	94

CHAPTER 3 컴퓨터 시스템 활용

번호	제목	쪽
021	컴퓨터의 발전과 분류	100
022 (최빈출)	자료의 표현과 처리	103
023	진법 변환	107
024 (최빈출)	중앙처리장치	109
025 (최빈출)	기억장치	112
026	기타 장치	117
027	컴퓨터 관리와 문제 해결	123
	기출선지 OX 퀴즈	128
	Build Up 기출로 개념 강화	130

CHAPTER 4 컴퓨터 소프트웨어

번호	제목	쪽
028	소프트웨어의 분류	138
029 (최빈출)	운영체제	140
030	프로그래밍 언어	143
031	웹 프로그래밍 언어	146
	기출선지 OX 퀴즈	148
	Build Up 기출로 개념 강화	150

CHAPTER 5 멀티미디어 활용

번호	제목	쪽
032	멀티미디어 개요	156
033 (최빈출)	그래픽 데이터	159
034	사운드 데이터	161
035	동영상 데이터	163
	기출선지 OX 퀴즈	166
	Build Up 기출로 개념 강화	168

CHAPTER 6	인터넷 활용	
036	정보통신	174
최빈출 037	OSI 7계층과 네트워크 장치	177
최빈출 038	프로토콜	179
최빈출 039	인터넷의 개요	183
040	웹 브라우저 사용 및 설정	186
최빈출 041	인터넷 서비스	188
최빈출 042	최신 정보통신 기술 활용	191
	기출선지 OX 퀴즈	194
	Build Up 기출로 개념 강화	196

CHAPTER 7	컴퓨터 시스템 보호	
043	정보 윤리 기본	204
044	저작권 보호	206
045	개인정보 보호	208
최빈출 046	컴퓨터 범죄	211
047	컴퓨터 바이러스	213
048	정보 보안	215
	기출선지 OX 퀴즈	218
	Build Up 기출로 개념 강화	220

Jump Up 기출 재구성 과목별 모의고사   224

2권
※ 실습파일 다운로드
EXIT 합격 서비스(exit.eduwill.net) ▶ 로그인 ▶ 자료실 게시판 ▶ 컴퓨터활용능력 1급 ▶ 필기 기본서 ▶ 다운로드

2과목 스프레드시트 일반

CHAPTER 1	스프레드시트의 개요	
049	엑셀의 개요	12
050	파일 관리	21
051	통합 문서 관리	25
	기출선지 OX 퀴즈	32
	Build Up 기출로 개념 강화	34

CHAPTER 2	데이터 입력 및 편집	
최빈출 052	데이터 입력	42
053	데이터 편집	52
최빈출 054	서식 설정	59
	기출선지 OX 퀴즈	70
	Build Up 기출로 개념 강화	72

CHAPTER 3	수식 활용	
055	수식 작성	80
056	함수	86
최빈출 057	수학 함수, 통계 함수	88
최빈출 058	날짜/시간 함수, 논리 함수, 문자열 함수	94
최빈출 059	찾기/참조 함수, 데이터베이스 함수	99
060	재무 함수, 정보 함수	103
최빈출 061	배열 수식과 배열 상수	107
	기출선지 OX 퀴즈	114
	Build Up 기출로 개념 강화	116

CHAPTER 4	데이터 관리	
최빈출 062	외부 데이터 가져오기	126
최빈출 063	정렬과 필터	133
064	데이터 도구	143
065	가상 분석	153
최빈출 066	개요와 부분합	161
최빈출 067	피벗 테이블과 피벗 차트	166
	기출선지 OX 퀴즈	174
	Build Up 기출로 개념 강화	176

CONTENTS 차례

CHAPTER 5 차트 활용
068	차트 작성	184
최빈출 069	차트의 편집	191
최빈출 070	차트 요소 추가	195
최빈출 071	차트 서식 지정	199
	기출선지 OX 퀴즈	204
	Build Up 기출로 개념 강화	206

CHAPTER 6 출력 작업
072	페이지 레이아웃 설정	214
073	통합 문서 보기	218
074	인쇄 작업	221
	기출선지 OX 퀴즈	226
	Build Up 기출로 개념 강화	228

CHAPTER 7 매크로와 VBA 활용
최빈출 075	매크로 작성	234
최빈출 076	매크로 실행	240
077	VBA 프로그래밍	244
078	VBA 문법	248
079	VBA 개체	254
	기출선지 OX 퀴즈	258
	Build Up 기출로 개념 강화	260

Jump Up 기출 재구성 과목별 모의고사   266

3권
※ 실습파일 다운로드
EXIT 합격 서비스(exit.eduwill.net) ▶ 로그인 ▶
자료실 게시판 ▶ 컴퓨터활용능력 1급 ▶ 필기 기본서 ▶ 다운로드

3과목 데이터베이스 일반

CHAPTER 1 데이터베이스의 개요
080	데이터베이스의 개념	12
081	데이터베이스 관리 시스템	14
082	데이터베이스의 설계	17
083	데이터베이스 모델	19
084	정규화	22
	기출선지 OX 퀴즈	24
	Build Up 기출로 개념 강화	26

CHAPTER 2 테이블 활용
085	액세스의 개요	34
086	테이블 생성	38
최빈출 087	기본 키와 인덱스	46
088	필드의 일반 및 조회 속성	49
089	관계 설정	56
090	외부 데이터 가져오기와 테이블 연결하기	61
091	데이터 입력	67
	기출선지 OX 퀴즈	72
	Build Up 기출로 개념 강화	74

CHAPTER 3 쿼리 활용
092	쿼리 작성	82
최빈출 093	쿼리의 조건 지정	85
최빈출 094	SQL 명령문 사용	90
최빈출 095	조인(Join)	100
096	실행 쿼리	104
097	기타 쿼리	110
	기출선지 OX 퀴즈	116
	Build Up 기출로 개념 강화	118

CHAPTER 4	폼 활용	
098	폼 작성	128
099	폼 속성	137
100	컨트롤 사용	143
101	컨트롤 속성	155
102	하위 폼	160
103	기타 폼 작성	165
	기출선지 OX 퀴즈	170
	Build Up 기출로 개념 강화	172

CHAPTER 5	보고서 활용	
104 (최빈출)	보고서 작성	180
105	보고서 인쇄	188
106	보고서 속성	191
107	다양한 보고서 작성	196
108	보고서 작성 기타	201
	기출선지 OX 퀴즈	204
	Build Up 기출로 개념 강화	206

CHAPTER 6	매크로와 모듈 활용	
109	매크로 작성	214
110	모듈 작성	222
111	액세스와 데이터베이스 개체	225
	기출선지 OX 퀴즈	230
	Build Up 기출로 개념 강화	232

Jump Up 기출 재구성 과목별 모의고사   236

4권

특별부록

한번에 몰아보는 #빈출개념	6
Level Up 상시시험 기출변형문제	70
Level Up 정답 및 해설	142

#스프레드시트 일반
#필기합격
#단기합격법

스프레드시트 일반이란 무엇인가요?

스프레드시트 일반은 대표적인 스프레드시트 프로그램인 엑셀의 활용을 위한 스프레드시트의 개요, 데이터 입력과 편집, 함수를 이용한 수식 활용, 유용한 데이터 관리, 차트 활용, 출력 작업에 필요한 기능, 업무 자동화를 위한 매크로와 VBA 활용으로 구성됩니다.

출제 비중은 어떻게 되나요?

수식 활용 부분이 가장 출제 비중이 높고, 데이터 관리, 데이터 입력 및 편집 등의 출제 비중이 높습니다.

출제비중 체크해보시고 중요도에 따라 공부하세요.

출제비중 (최근 기출 10개년 기준)

CHAPTER 1	7%
CHAPTER 2	18%
CHAPTER 3	21%
CHAPTER 4	17%
CHAPTER 5	17%
CHAPTER 6	9%
CHAPTER 7	11%

2과목
스프레드시트 일반

CHAPTER 1　스프레드시트의 개요
CHAPTER 2　데이터 입력 및 편집
CHAPTER 3　수식 활용
CHAPTER 4　데이터 관리
CHAPTER 5　차트 활용
CHAPTER 6　출력 작업
CHAPTER 7　매크로와 VBA 활용

CHAPTER 1
스프레드시트의 개요

최근 기출 10개년 기준

7%

무료 동영상 강의

049 엑셀의 개요
050 파일 관리
051 통합 문서 관리

학습전략

엑셀 활용에 가장 기본이 되는 부분으로 출제 비중과 상관없이 모든 내용을 꼼꼼히 학습해야 뒤에 이어지는 내용들을 쉽게 이해할 수 있습니다. 엑셀을 실행하고 하나하나 직접 실습하면서 익히는 것이 필요합니다.

| 빈출개념 | #화면의 확대/축소 #틀 고정 #창 나누기

개념끝 049 엑셀의 개요

기출빈도: A─B─**C**─D

결정적 힌트

2과목 스프레드시트 일반은 단순 암기만으로는 좋은 결과를 얻을 수 없습니다. 직접 엑셀을 실행하면서 기능을 익혀야 문제를 풀 수 있습니다. 엑셀의 화면 구성에 대한 문제는 자주 출제되는 부분으로 꼼꼼히 익혀둘 필요가 있습니다.

▼ 엑셀 바로 가기

01 엑셀의 실행

(1) 엑셀의 시작

방법1	[시작()]-[Excel] 선택
방법2	바탕 화면에서 엑셀 바로 가기 더블클릭

(2) 엑셀의 종료

방법1	제목 표시줄 오른쪽의 [닫기(×)] 단추 클릭
방법2	Alt + F4
방법3	Alt + F → X

02 화면 구성

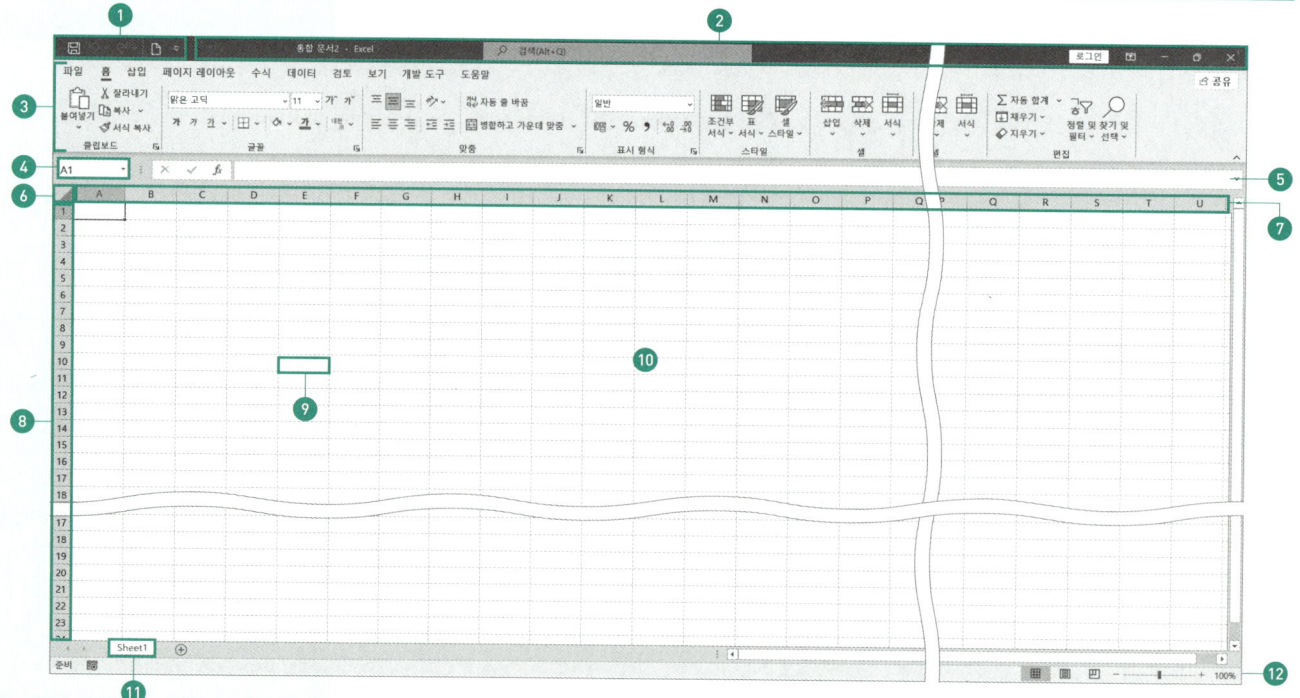

❶ 빠른 실행 도구 모음	자주 사용하는 도구들을 모아놓은 도구 모음으로, 사용자가 추가 및 제거하거나 리본 메뉴의 아래쪽에 표시할 수 있음
❷ 제목 표시줄	현재 작업 중인 파일의 이름이 표시되고, [리본 메뉴 표시 옵션], [최소화], [이전 크기로 복원]/[최대화], [닫기] 단추를 사용할 수 있음
❸ 리본 메뉴	[파일] 탭, [홈] 탭, [삽입] 탭, [페이지 레이아웃] 탭, [수식] 탭, [데이터] 탭, [검토] 탭, [보기] 탭, [개발 도구] 탭이 있고, 클릭하면 각 탭에 포함되는 도구가 표시됨 • Alt 또는 F10을 누르면 리본 메뉴에는 바로 가기 키가, [빠른 실행 도구 모음]에는 일련 번호가 표시됨 • →를 누르면 활성화된 탭이 오른쪽 탭으로 변경됨(이때 바로 →를 누르면 워크시트의 셀이 오른쪽으로 이동함. 따라서 Alt를 눌러 리본 메뉴에서 탭을 선택한 상태에서 →를 눌러야 함)
❹ 이름 상자	현재 선택한 셀 주소나 이름이 표시되고, 차트나 그리기 개체를 선택하면 개체의 이름이 표시됨
❺ 수식 입력줄	셀에 입력한 데이터나 수식이 표시되는 영역
❻ [모두 선택( )] 단추	워크시트의 모든 셀이 선택됨
❼ 열 머리글	시트의 각 열을 의미하고, 클릭하면 열이 선택됨
❽ 행 머리글	시트의 각 행을 의미하고, 클릭하면 행이 선택됨
❾ 셀	데이터가 입력되는 기본 단위로, 각 셀의 주소는 열 번호와 행 번호로 표시됨 예 [C2] 셀: C열과 2행이 만나는 셀
❿ 워크시트	• 데이터를 입력하고 결과가 표시되는 공간으로, 1,048,576행×16,384열로 구성 • 하나의 통합 문서에는 최대 255개의 워크시트를 포함
⓫ 시트 탭	통합 문서에 포함되어 있는 시트의 이름을 표시
⓬ 상태 표시줄	현재 작업 상태에 대한 기본적인 정보를 표시 • 선택 영역에 대한 평균, 개수, 숫자 셀 수, 최소값, 최대값, 합계 등을 표시할 수 있음 • 시트의 보기 상태를 '기본( ) 보기', '페이지 레이아웃( ) 보기', '페이지 나누기 미리 보기( )'로 지정 • 확대/축소 슬라이드바를 표시

▼
리본 메뉴는 화면 해상도와 엑셀 창의 크기에 따라 다른 형태로 표시될 수 있다.

▼ Alt 또는 F10을 누를 경우

▼
상태 표시줄의 바로 가기 메뉴에서 평균, 개수, 숫자 셀 수, 최소값, 최대값, 합계를 선택할 수 있다.

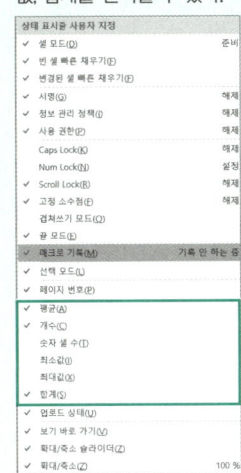

개념 플러스	리본 메뉴의 최소화 방법	
	방법1	엑셀 창의 오른쪽 위에 있는 [리본 메뉴 표시 옵션( )] 단추-[리본 메뉴 자동 숨기기] 선택
	방법2	Ctrl + F1
	방법3	리본 메뉴의 활성 탭 이름을 더블클릭
	방법4	[리본 메뉴 축소] 단추( )를 클릭

> **결정적 힌트**
>
> Excel 옵션은 엑셀 작업 시 환경 설정을 할 수 있는 고급 기능으로 많은 문제가 출제되는 부분은 아닙니다. '일반' 범주와 '고급' 범주 위주로 기능을 익혀두세요.

03 Excel 옵션

일반, 수식, 언어 교정, 저장, 언어, 고급, 리본 사용자 지정, 빠른 실행 도구 모음, 추가 기능, 보안 센터 등에 대한 옵션을 설정한다.

| 실행 방법

방법	[파일] 탭-[옵션] 선택

(1) '일반' 범주의 주요 기능

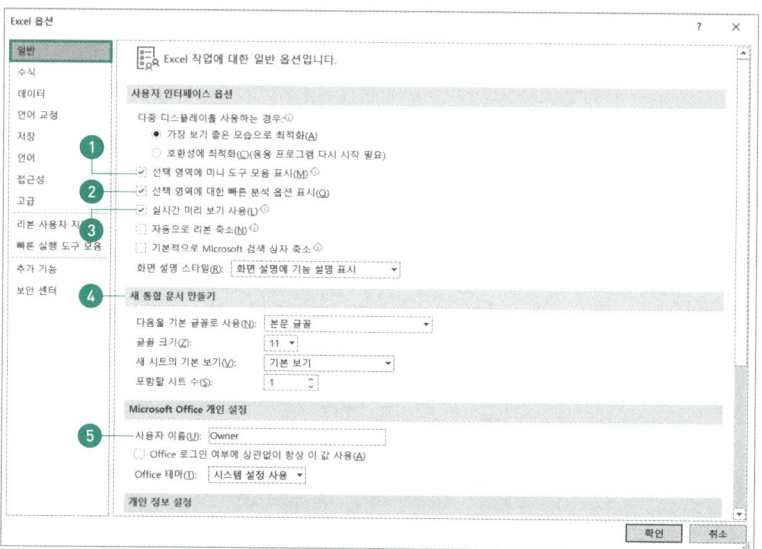

▼ 미니 도구 모음

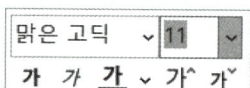

① 선택 영역에 미니 도구 모음 표시	텍스트를 선택할 때 미니 도구 모음 표시
② 선택 영역에 대한 빠른 분석 옵션 표시	빠른 분석 도구의 표시 여부를 지정
③ 실시간 미리 보기 사용	선택 사항을 가리킬 때 해당 기능이 문서에 어떤 영향을 주는지 결과를 미리 보여 줌
④ 새 통합 문서 만들기	새 통합 문서를 열었을 때 적용할 기본 글꼴과 글꼴 크기, 새 시트의 기본 보기, 포함할 시트 수를 지정
⑤ 사용자 이름	엑셀에서 사용할 사용자 이름 지정

> **개념 플러스** — 선택 영역에 대한 빠른 분석 옵션
>
> 서식, 차트, 합계, 표, 스파크라인 등의 기능을 제공한다.
>
>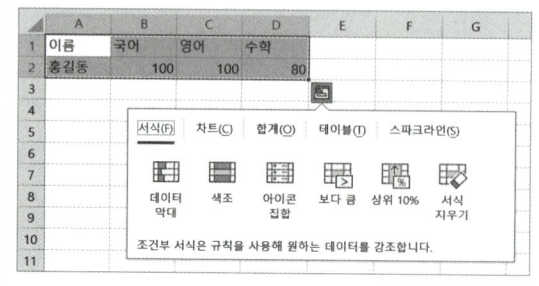

(2) '수식' 범주의 주요 기능

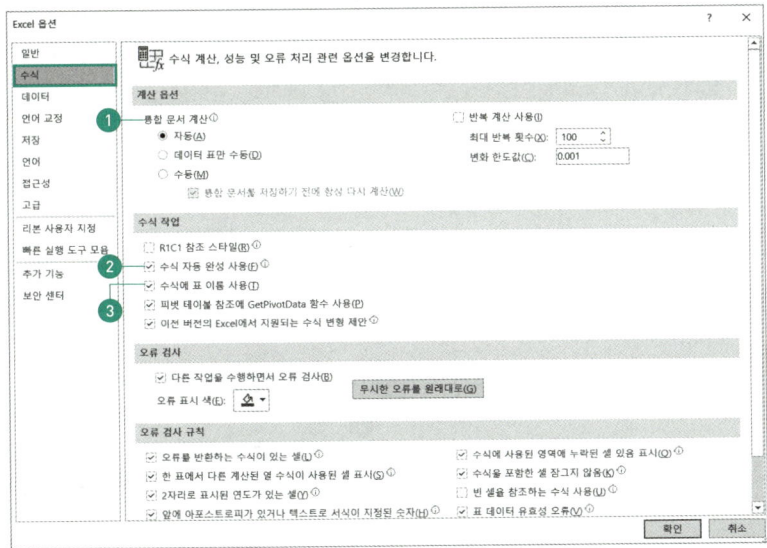

❶ 통합 문서 계산	• 자동: 수식에 영향을 주는 값이 변경될 때마다 수식을 자동으로 계산 • 데이터 표만 수동: 데이터 표 이외는 수식을 자동으로 계산 • 수동: 통합 문서를 저장하기 전이나 F9 를 누를 때만 다시 계산
❷ 수식 자동 완성 사용	수식을 작성할 때 해당 문자로 시작하는 함수나 이름 목록을 표시
❸ 수식에 표 이름 사용	데이터가 입력된 범위에 행 또는 열 레이블이 있을 때, 수식에 이름으로 사용

▼ 수식 자동 완성

(3) '저장' 범주의 주요 기능

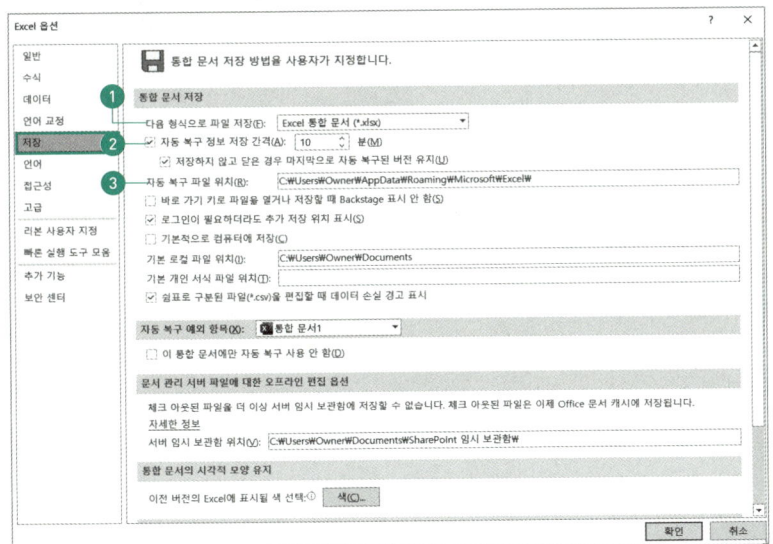

❶ 다음 형식으로 파일 저장	통합 문서를 저장할 때 사용되는 기본 파일 형식 지정
❷ 자동 복구 정보 저장 간격	통합 문서 복구 파일을 저장하는 간격을 지정
❸ 자동 복구 파일 위치	통합 문서 복구 파일이 저장되는 위치를 지정

(4) '고급' 범주의 주요 기능

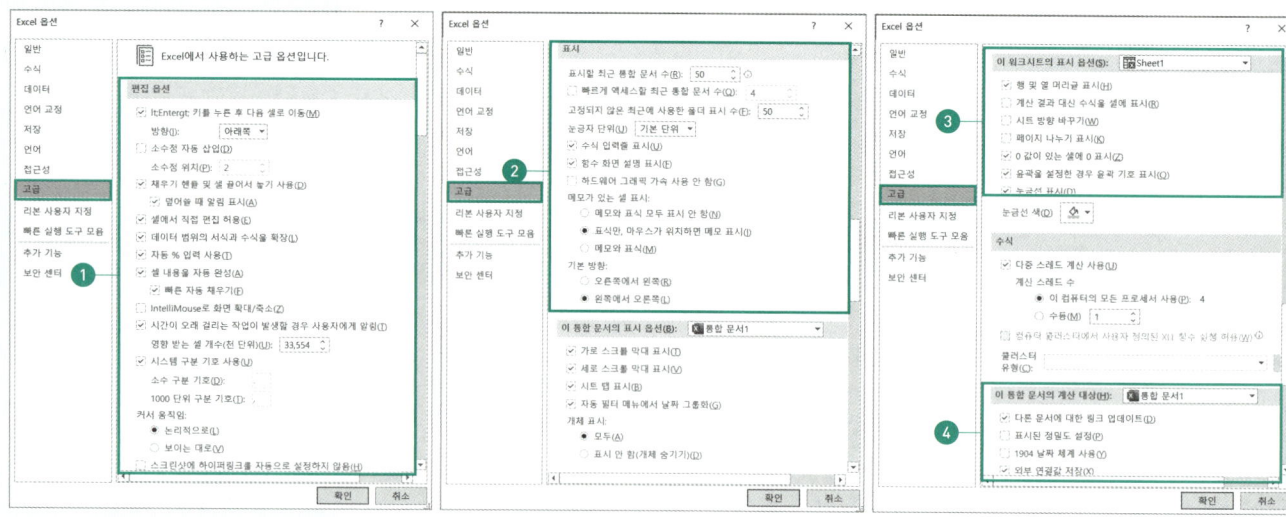

❶ '편집 옵션' 항목	Enter를 누른 후 다음 셀로 이동	셀에 데이터를 입력한 후 Enter를 누를 때 포인터의 이동 방향을 오른쪽, 왼쪽, 아래쪽, 위쪽 중의 하나로 지정
	소수점 자동 삽입	일정한 소수점의 위치를 지정하여 빠르게 입력 예 소수점 위치가 3이면 1 입력 시 0.001이 입력됨
	채우기 핸들 및 셀 끌어서 놓기 사용	마우스 드래그로 복사나 이동이 가능
	셀에서 직접 편집 허용	셀을 더블클릭하여 데이터를 수정
	셀 내용을 자동 완성	셀에 입력한 몇 글자가 같은 열에 있는 기존 항목과 같으면 자동으로 나머지 문자를 자동 완성
❷ '표시' 항목	표시할 최근 통합 문서 수	'최근 항목'에 표시할 문서의 수를 지정
	수식 입력줄 표시	수식 입력줄을 화면에 표시
	함수 화면 설명 표시	함수 입력 시 셀 아래에 함수의 형식을 표시
	메모가 있는 셀 표시	메모 표시 여부와 오른쪽 상단의 빨간 삼각형 점의 표시 여부를 지정
❸ '이 워크시트의 표시 옵션' 항목	이 워크시트의 표시 옵션	행 및 머리글, 입력한 수식, 페이지 나누기, 0, 윤곽선, 눈금선 등의 표시 여부를 지정
❹ '이 통합 문서의 계산 대상' 항목	다른 문서에 대한 링크 업데이트	다른 응용 프로그램에 대한 참조가 있는 수식을 계산하고 업데이트

04 창 제어

> **결정적 힌트**
> 창 제어에 관련된 기능들은 자주 출제되는 부분입니다. 특히 틀 고정과 창 나누기 기능을 비교하여 공통점과 차이점을 잘 구분해야 합니다.

(1) 화면의 확대/축소

- 현재 작업 중인 워크시트의 화면을 확대하거나 축소하는 기능이다.

실행 방법

방법1	[보기] 탭 - [확대/축소] 그룹 - [확대/축소] 선택
방법2	상태 표시줄의 [확대/축소 비율] 클릭

▼ 상태 표시줄의 [확대/축소 비율]

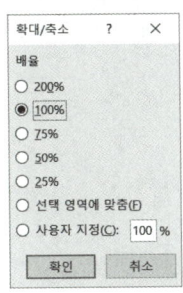

- 10~400% 범위에서 확대 및 축소할 수 있으며, 인쇄할 때는 적용되지 않는다.
- 설정한 확대/축소 배율은 통합 문서의 해당 시트에만 적용된다.
- 여러 시트를 선택하고 확대/축소 배율을 변경하면 선택된 모든 시트에 확대/축소 배율이 적용된다.
- Ctrl 을 누른 상태에서 마우스의 스크롤을 위로 올리면 화면이 확대되고 아래로 내리면 화면이 축소된다.
- 특정 영역을 범위로 지정하고 [보기] 탭 - [확대/축소] 그룹 - [선택 영역 확대/축소]를 클릭하면 범위로 지정한 부분이 한 화면에 보이도록 배율을 자동으로 설정할 수 있다.

(2) 틀 고정

- 데이터가 많을 때 화면을 스크롤해도 특정 행이나 열이 계속 표시되도록 설정하는 기능이다.

실행 방법

방법	[보기] 탭 - [창] 그룹 - [틀 고정] 선택

- 틀 고정 방식에는 '틀 고정', '첫 행 고정', '첫 열 고정'이 있다.
- 셀 포인터의 위쪽과 왼쪽에 틀 고정 구분선이 생기고, 틀 고정 구분선은 드래그하여 위치를 조절할 수 없다.
- 화면에 표시되는 틀 고정 형태는 인쇄할 때 적용되지 않는다.
- 셀 편집 모드이거나 [페이지 레이아웃] 상태일 때는 틀 고정을 설정할 수 없다.

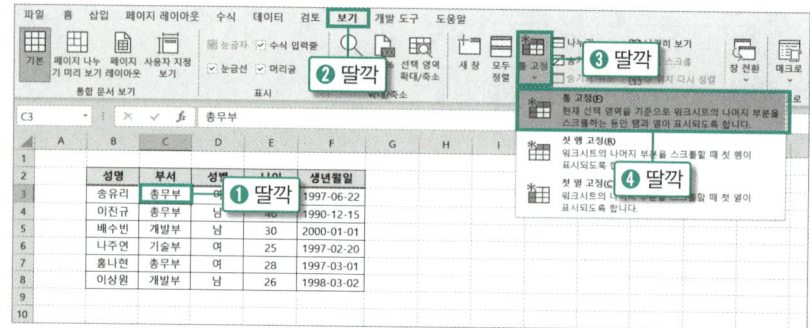

(3) 창 나누기

- 화면을 여러 개로 나누어 하나의 화면으로 표시하기 어려운 경우, 떨어져 있는 데이터도 한 화면에 볼 수 있는 기능이다.

│실행 방법

방법	[보기] 탭-[창] 그룹-[나누기] 선택

- 화면을 2개나 4개의 영역으로 분할할 수 있고, 첫 행과 첫 열을 제외한 나머지 셀에서 창 나누기를 수행하면 셀 포인터의 위쪽과 왼쪽에 창 분할선이 생긴다.
- 분할선을 드래그하여 분할된 지점을 변경할 수 있다.
- 창 나누기는 [실행 취소] 명령으로 해제할 수 없고, 창 분할선을 더블클릭하여 해제할 수 있다.
- 현재의 창 나누기 상태를 유지하면서 추가로 창 나누기를 지정할 수 없다.
- 창 나누기는 인쇄할 때 적용되지 않는다.
- 틀 고정과 창 나누기를 동시에 수행할 수 없다.

실습으로 개념끝 ❷   에듀윌_컴퓨터활용능력1급필기기본서_실습으로개념끝\2과목\Chapter1_2.창나누기.xlsx

[C3] 셀을 기준으로 창 나누기를 지정하시오.

따라하기

❶ [C3] 셀을 선택하고 [보기] 탭-[창] 그룹-[나누기]를 선택한다.

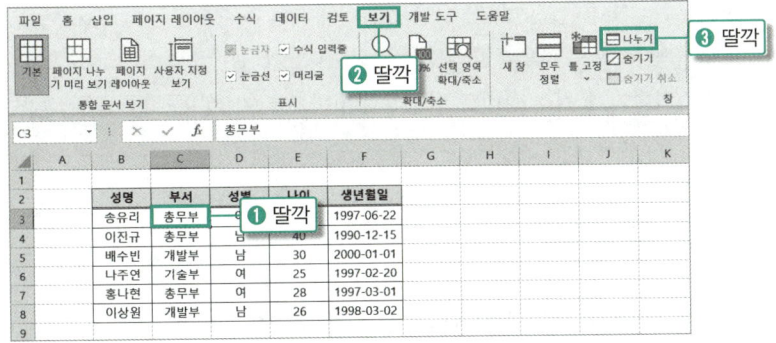

❷ 창 분할선이 생겨 화면이 4개로 분할된 것을 확인한다. 창 분할선을 드래그하여 이동할 수 있다.

❸ 창 나누기를 해제하려면 [보기] 탭-[창] 그룹-[나누기]를 다시 선택한다.

(4) 창 정렬

- 여러 개의 통합 문서를 화면에 모두 표시하고 정렬하는 기능이다.

| 실행 방법

방법	[보기] 탭-[창] 그룹-[모두 정렬] 선택

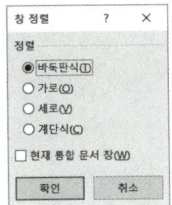

- '바둑판식', '가로', '세로', '계단식'의 형태로 정렬할 수 있다.
- '현재 통합 문서 창'을 선택하면 현재 통합 문서의 창만을 화면에 표시한다.
- [보기] 탭-[창] 그룹-[새 창]을 선택하면 현재 활성화된 통합 문서를 새 창에 하나 더 표시한다.

▼ 바둑판식

▼ 가로

▼ 세로

▼ 계단식

| 바로 보는 해설 |  기출로 개념 확인 |

01
바로 가기 키 Ctrl+F1을 누르면 리본 메뉴를 최소화할 수 있다. Alt+F1을 누르면 차트가 생성된다.

01

다음 중 Excel에서 리본 메뉴를 최소화하는 방법으로 옳지 않은 것은?

① 엑셀 창의 오른쪽 위에 있는 [리본 메뉴 축소(∧)] 단추를 클릭한다.
② 바로 가기 키 Alt+F1을 누른다.
③ 리본 메뉴의 활성 탭 이름을 더블클릭한다.
④ 리본 메뉴를 최소화하거나 원래 상태로 되돌리려면 바로 가기 키 Ctrl+F1을 누른다.

02
이름 상자를 이용하여 이름을 정의할 수 있다.

02

다음 중 엑셀의 상태 표시줄에 대한 설명으로 옳지 않은 것은?

① 상태 표시줄에서 워크시트의 보기 상태를 기본 보기, 페이지 레이아웃 보기, 페이지 나누기 미리 보기 중 선택하여 변경할 수 있다.
② 상태 표시줄에는 확대/축소 슬라이더가 기본적으로 표시된다.
③ 상태 표시줄의 바로 가기 메뉴를 이용하여 셀의 특정 범위에 대한 이름을 정의할 수 있다.
④ 상태 표시줄은 현재의 작업 상태에 대한 기본적인 정보가 표시되는 곳이다.

03
설정한 확대/축소 배율은 통합 문서의 모든 시트가 아니라 해당 시트에만 적용된다.

03 또 나올 문제

다음 중 엑셀의 화면 확대/축소 작업에 대한 설명으로 옳지 않은 것은?

① 문서의 확대/축소는 10%에서 400%까지 설정할 수 있다.
② 설정한 확대/축소 배율은 통합 문서의 모든 시트에 자동으로 적용된다.
③ 화면의 확대/축소는 단지 화면에서 보이는 상태만 확대/축소하는 것으로, 인쇄 시 적용되지 않는다.
④ Ctrl을 누른 채 마우스의 스크롤을 위로 올리면 화면이 확대되고, 아래로 내리면 화면이 축소된다.

04
[페이지 레이아웃] 상태에서는 틀을 고정시킬 수 없다. 통합 문서 보기가 [기본 보기(▦)]와 [페이지 나누기 미리 보기(▦)] 상태일 때 틀 고정이 가능하다.

| 정답 | 01 ② 02 ③ 03 ②
04 ③

04 또 나올 문제

다음 중 '틀 고정' 기능에 대한 설명으로 옳지 않은 것은?

① 워크시트를 스크롤할 때 특정 행이나 열이 한 자리에 계속 표시되도록 선택할 수 있는 기능이다.
② 첫 행과 첫 열을 동시에 고정하여 표시되도록 설정할 수 있다.
③ 틀 고정은 통합 문서 보기가 [페이지 레이아웃] 상태일 때 설정할 수 있다.
④ 화면에 표시되는 틀 고정의 형태는 인쇄 시 적용되지 않는다.

| 빈출개념 | #열기 암호 #쓰기 암호 #파일 형식

개념끝 050 파일 관리

기출빈도: D

01 통합 문서의 열기와 닫기

(1) 통합 문서 열기

방법1	[파일] 탭-[열기] 선택 → [찾아보기] 단추 클릭
방법2	Ctrl + O

- [열기] 대화상자에서 열고자 하는 파일을 선택하고 [열기]를 클릭한다.
- [열기] 대화상자에서 여러 개의 파일을 선택한 후 [열기]를 클릭하면 여러 개의 파일을 한꺼번에 열 수 있다.
- [파일] 탭-[열기]-[최근 항목]에 최근에 사용한 통합 문서 목록이 표시되므로, 이곳에서 파일을 선택하면 [열기] 대화상자를 사용하지 않고 바로 파일을 열 수 있다.
- 최근 통합 문서 수는 0~50개까지 지정할 수 있으며, [파일] 탭-[옵션]의 '고급' 범주의 '표시할 최근 통합 문서 수'에서 지정한다.

> **결정적 힌트**
> 파일 관리는 엑셀 작업을 하면서 반드시 사용하게 되는 기능입니다. 특히 통합 문서 저장에 관한 내용은 자주 출제되는 부분으로 꼼꼼히 학습해야 합니다.

(2) 통합 문서 닫기

방법1	[파일] 탭-[닫기] 선택
방법2	제목 표시줄 오른쪽의 [닫기(✕)] 단추 클릭

02 통합 문서의 저장

(1) 통합 문서 저장

방법1	[파일] 탭-[저장] 또는 [다른 이름으로 저장] 선택
방법2	Ctrl + S

- 이미 파일 이름이 지정된 경우 [파일] 탭-[저장]을 선택하면 기존 이름으로 덮어쓴다.
- 파일 이름을 바꾸어 저장하려면 [파일] 탭-[다른 이름으로 저장]을 선택한다.
- 통합 문서에 매크로나 VBA 코드가 없으면 '*.xlsx' 파일 형식으로 저장한다.
- 이전 버전의 Excel에서 만든 파일을 Excel 2021 파일로 저장하면 새로운 Excel 기능을 모두 사용할 수 있다.

(2) 일반 옵션

- [다른 이름으로 저장] 대화상자에서 [도구] 단추-[일반 옵션]을 선택한다.
- 파일을 저장할 때 백업 파일의 작성 여부와 열기/쓰기 암호, 읽기 전용 권장 등 저장 옵션을 설정할 수 있다.

| [일반 옵션] 대화상자

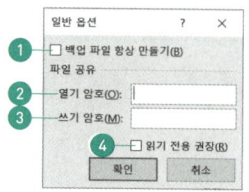

❶	백업 파일 항상 만들기	파일 저장 시 자동으로 백업용 복사본 저장
❷	열기 암호	열기 암호를 입력해야 파일을 열 수 있음
❸	쓰기 암호	쓰기 암호를 몰라도 파일을 열 수 있으나, 원래 이름으로 저장할 수 없음
❹	읽기 전용 권장	파일을 열 때 읽기 전용으로 열지 묻는 메시지 창 표시

▼ 암호
암호는 영문 대·소문자를 구별하며, 암호를 잊어버리면 복구할 수 없다.

(3) 파일 형식

.xlsx	Excel 통합 문서 파일
.xlsm	Excel 매크로 사용 통합 문서 파일
.xlsb	Excel 바이너리 통합 문서 파일
.xls	Excel 97~2003 통합 문서 파일
.xltx	Excel 서식 파일(VBA 매크로 코드를 저장할 수 없음)
.xltm	매크로 포함 서식 파일
.xml	XML 데이터 파일
.htm, html	웹 페이지 파일
.txt	탭으로 분리된 텍스트 파일
.prn	공백으로 분리된 텍스트 파일
.csv	쉼표로 분리된 텍스트 파일

▼ 서식 파일
기본 서식 파일은 'XLStart' 폴더에 저장되며, 사용자가 작성한 서식 파일은 'Templates' 폴더에 저장된다.

▼ 웹 페이지 형식 저장하기
- 조건부 서식 중 데이터 막대, 아이콘 집합은 지원되지 않는다.
- 회전된 텍스트는 올바로 표시되지 않는다.
- 배경 질감 및 그래픽과 같은 관련 파일은 하위 폴더에 저장된다.
- 일부 시트만을 선택하여 저장할 수 있다.

03 내보내기와 게시

(1) 내보내기
- 엑셀 파일을 다른 형식의 파일로 변환하거나 저장하는 기능이다.

| 실행 방법

방법	[파일] 탭-[내보내기] 선택

- PDF나 XPS 문서를 만들 수 있다.
- 통합 문서 파일 유형을 변경하거나 텍스트 파일 형식으로 저장할 수 있다.

| PDF/XPS 문서 만들기

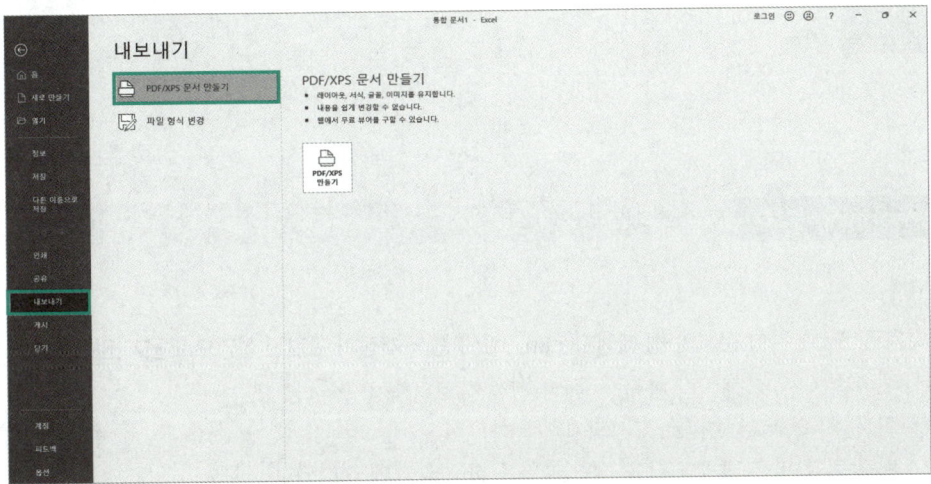

| 파일 형식 변경

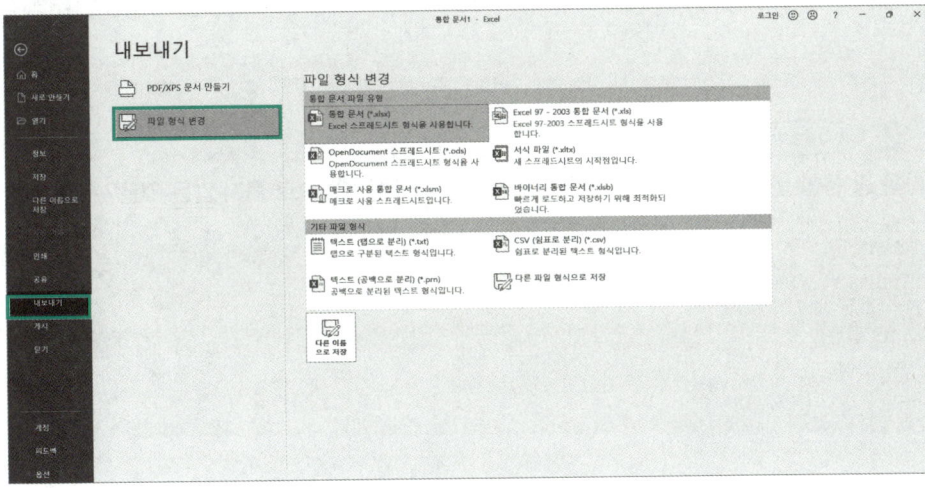

(2) 게시
엑셀 파일을 시각화 도구인 Power BI로 보내는 기능이다.

| 실행 방법

방법	[파일] 탭-[게시] 선택

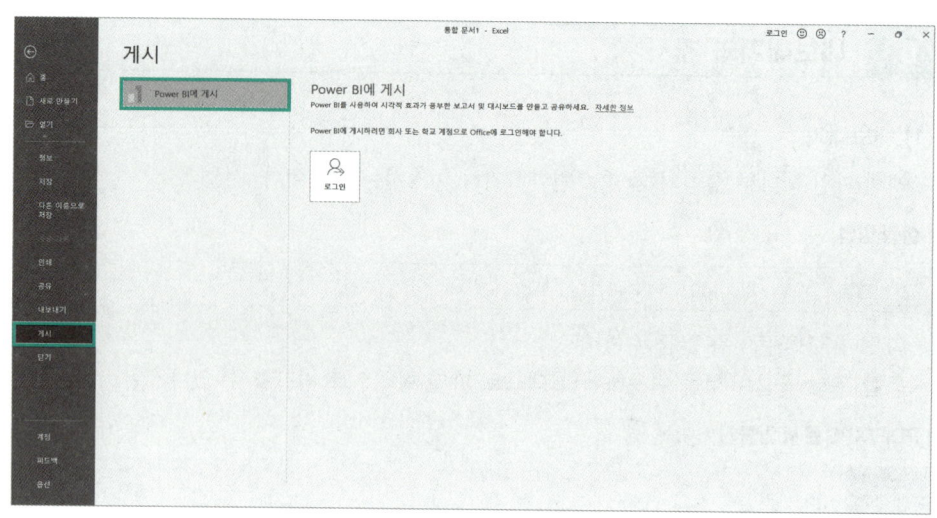

바로 보는 해설

01
웹 페이지 형식으로 저장할 경우 일부 시트만을 선택하여 저장할 수 있다.

02
'쓰기 암호'는 암호를 모르면 저장이 안 되지만, 다른 이름으로 저장할 수 있다. 즉, 읽기 전용으로 문서를 열어 열람할 수도 있고, 복사본으로 통합 문서를 저장할 수도 있다.

| 정답 | 01 ④ 02 ③

Warming UP 기출로 개념 확인

01

다음 중 Excel 통합 문서의 웹 페이지(.htm, .html) 형식 저장과 관련된 설명으로 옳지 <u>않은</u> 것은?

① 조건부 서식 중 데이터 막대, 아이콘 집합은 지원되지 않는다.
② 회전된 텍스트는 올바로 표시되지 않는다.
③ 배경 질감 및 그래픽과 같은 관련 파일은 하위 폴더에 저장된다.
④ 일부 시트만을 선택하여 저장할 수 없다.

02 또 나올 문제

다음 중 통합 문서 저장 시 사용하는 [일반 옵션]에 대한 설명으로 옳지 <u>않은</u> 것은?

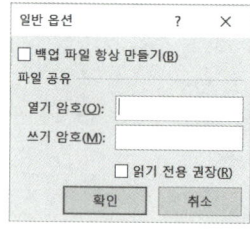

① '백업 파일 항상 만들기'는 통합 문서를 저장할 때마다 백업 복사본을 저장하는 기능이다.
② '열기 암호'는 암호를 모르면 통합 문서를 열어 사용할 수 없도록 암호를 지정하는 기능이다.
③ '쓰기 암호'는 암호를 모르더라도 읽기 전용으로 열어 열람이 가능하나, 원래 문서 및 복사본으로 통합 문서를 저장할 수 없도록 암호를 지정하는 기능이다.
④ '읽기 전용 권장'은 문서를 열 때마다 통합 문서를 읽기 전용으로 열도록 대화상자를 나타내는 기능이다.

| 빈출개념 | #시트 선택 #시트 보호 #통합 문서 보호

개념끝 051 통합 문서 관리

기출빈도

01 시트의 선택과 그룹

> 결정적 힌트
> 엑셀은 기본적으로 워크시트에서 작업하게 됩니다. 그러므로 시트와 관련된 기능들을 잘 익혀두면 엑셀 작업을 좀 더 편리하게 할 수 있습니다. 어렵지 않은 만큼 간단히 실습하면서 익혀두도록 합니다.

(1) 시트 선택

- **연속적인 시트 선택**: 시트 탭에서 첫 번째 시트 탭을 선택하고 Shift를 누른 상태에서 마지막 시트 탭을 선택한다.

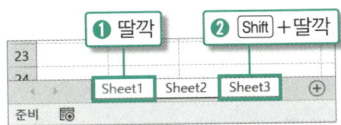

- **떨어져 있는 시트 선택**: 시트 탭에서 Ctrl을 누른 상태에서 차례대로 시트 탭을 선택한다.

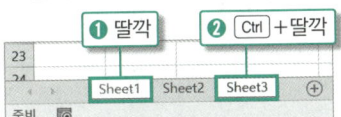

- **모든 시트 선택**: 시트 탭의 바로 가기 메뉴에서 [모든 시트 선택]을 선택한다.

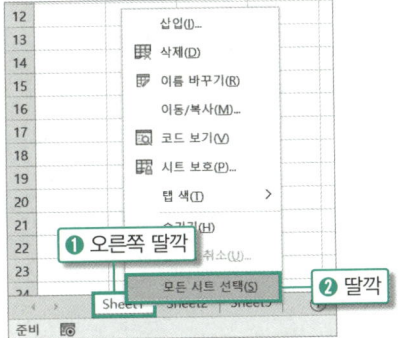

> **개념 플러스**
> - Ctrl + PageUp : 이전 워크시트로 이동
> - Ctrl + PageDown : 다음 워크시트로 이동

(2) 시트 그룹

- 여러 개의 시트 탭을 한번에 선택하면 '제목 표시줄'의 파일명 옆에 [그룹([그룹])]이 표시된다.
- 그룹 상태에서 데이터 입력이나 편집을 하면 그룹으로 설정된 모든 시트에 같이 실행된다.
- 그룹이 설정된 상태에서는 도형, 그림, 차트 등의 그래픽 개체를 삽입할 수 없으며, 정렬이나 필터 등의 데이터 작업도 할 수 없다.
- 그룹으로 묶은 시트에서 복사하거나 잘라낸 데이터는 다른 한 개의 시트에만 붙여넣을 수 없다.

02 시트의 복사와 이동

▼ 시트 복사

- **시트 복사**: 시트 탭을 선택하고 Ctrl을 누른 상태에서 원하는 위치로 드래그한다.
- **시트 이동**: 시트 탭을 선택하고 원하는 위치로 드래그한다.
- 같은 통합 문서에서 시트 탭을 복사하면, 원래의 시트 이름에 '(일련 번호)' 형식이 추가되어 시트명이 생성된다.

03 시트의 삽입, 삭제, 숨기기

(1) 시트 삽입

| 실행 방법

방법1	[홈] 탭-[셀] 그룹-[삽입]-[시트 삽입] 선택
방법2	시트 탭의 바로 가기 메뉴에서 [삽입] 선택

- 시트를 삽입하면 현재 선택된 시트의 바로 앞에 삽입된다.
- Shift+F11: 선택한 시트 탭의 개수만큼 왼쪽에 새로운 시트 탭이 삽입된다.

(2) 시트 삭제

| 실행 방법

방법1	[홈] 탭-[셀] 그룹-[삭제]-[시트 삭제] 선택
방법2	시트 탭의 바로 가기 메뉴에서 [삭제] 선택

- 삭제된 시트는 [실행 취소]로 되살릴 수 없다.
- Ctrl이나 Shift를 이용해 여러 개의 시트 탭을 선택해서 한꺼번에 삭제할 수 있다.

(3) 시트 숨기기

| 실행 방법

방법1	[홈] 탭-[셀] 그룹-[서식]-[숨기기 및 숨기기 취소]-[시트 숨기기] 선택
방법2	시트 탭의 바로 가기 메뉴에서 [숨기기] 선택

- 모든 시트를 숨길 수는 없고 화면에 보이는 시트가 적어도 하나는 있어야 한다.
- 시트를 숨긴 경우 시트 탭에는 표시되지 않지만, 다른 시트나 통합 문서에서 계속 참조할 수 있다.

04 시트 이름 바꾸기, 시트 배경, 탭 색

(1) 시트 이름 바꾸기

| 실행 방법

방법1	시트 탭에서 시트 이름을 더블클릭하여 변경 가능 상태로 만든 후 원하는 이름을 입력
방법2	[홈] 탭-[셀] 그룹-[서식]-[시트 이름 바꾸기] 선택
방법3	시트 탭의 바로 가기 메뉴에서 [이름 바꾸기] 선택

- 시트 이름은 공백을 포함하여 최대 31자까지만 지정할 수 있다.
- 시트 이름에 ₩ / ? * [ ] 등의 문자는 사용할 수 없다.
  예) 시험 & 1분반 (○), BOOK / 1 (×)
- 하나의 통합 문서에서는 같은 시트 이름을 지정할 수 없다.
- 시트의 이름을 변경하지 못하게 하려면 [검토] 탭-[보호] 그룹-[통합 문서 보호]를 선택하여 통합 문서를 보호해야 한다.

▼ [통합 문서 보호] 대화상자

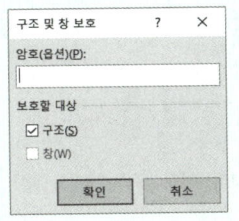

(2) 시트 배경

시트에 배경 이미지를 삽입하는 기능으로, 시트 배경 이미지는 인쇄되지 않는다.

| 실행 방법

방법	[페이지 레이아웃] 탭-[페이지 설정] 그룹-[배경] 선택

(3) 탭 색

시트 탭에 색을 지정할 수 있는 기능으로, 시트 탭에 같은 색을 지정할 수 있다.

| 실행 방법

방법1	[홈] 탭-[셀] 그룹-[서식]-[탭 색] 선택
방법2	시트 탭의 바로 가기 메뉴에서 [탭 색] 선택

| 방법1

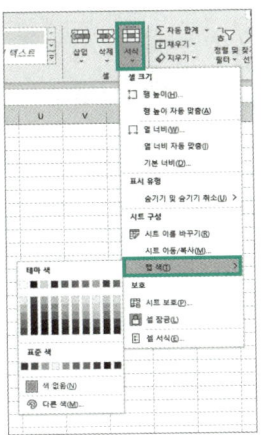

| 방법2

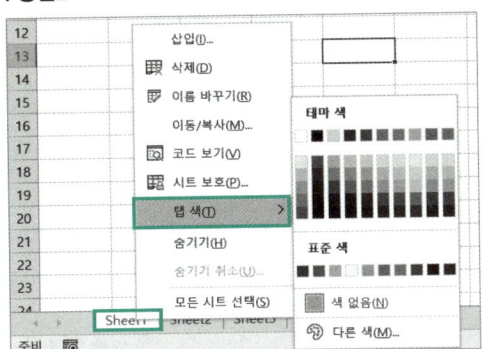

결정적 힌트

시트 보호와 통합 문서 보호, 공유 기능은 문제에 자주 출제되는 부분이며, 특히 시트 보호와 통합 문서 보호는 실기시험에도 출제되는 내용으로 매우 중요합니다. 실습하면서 시트 보호와 통합 문서 보호의 차이점을 반드시 구분하시기 바랍니다.

▼ [시트 보호] 대화상자

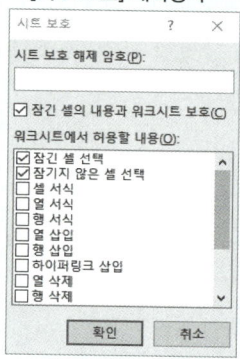

▼ [셀 서식] 대화상자의 '잠금' 설정

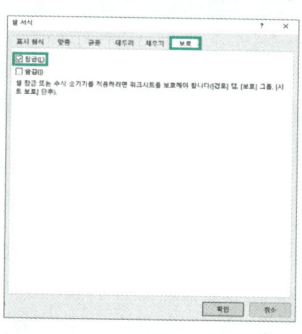

05 시트 보호와 통합 문서 보호

(1) 시트 보호

- 시트의 내용, 개체, 시나리오를 보호하도록 설정하는 기능으로, 시트에 입력된 데이터나 차트를 변경하지 못하도록 보호한다.

| 실행 방법

방법1	[홈] 탭-[셀] 그룹-[서식]-[시트 보호] 선택
방법2	[검토] 탭-[보호] 그룹-[시트 보호] 선택
방법3	시트 탭의 바로 가기 메뉴에서 [시트 보호] 선택

- 시트의 모든 셀은 기본적으로 '잠금' 속성이 설정되어 있지만, 시트를 보호하기 전까지는 효과가 전혀 없다.
- 시트 보호를 설정하면 셀에 데이터를 입력하거나 수정할 때 경고 메시지 창이 나타난다.

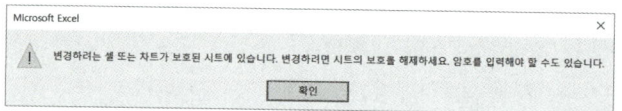

- 시트 보호를 설정하면 기본적으로 셀의 선택만 가능하므로 셀의 내용을 수정할 수 있게 하려면 [셀 서식] 대화상자의 [보호] 탭에서 '잠금' 설정을 해제해야 한다.
- 차트 시트의 경우 차트 내용을 변경하지 못하도록 보호할 수 있다.
- 시트 보호 암호를 지정할 수 있고, 암호를 지정하지 않으면 모든 사용자가 시트 보호를 해제할 수 있다.

> **개념 플러스** 범위 편집 허용 방법
>
> [검토] 탭-[보호] 그룹-[범위 편집 허용]을 선택하여 [범위 편집 허용] 대화상자를 열고 보호된 워크시트에서 특정 사용자가 범위를 편집할 수 있도록 허용이 가능하다.

(2) 통합 문서 보호

- 시트 삽입, 삭제, 이동, 숨기기, 이름 바꾸기 등의 작업을 할 수 없도록 보호하는 기능이다.

| 실행 방법

방법	[검토] 탭-[보호] 그룹-[통합 문서 보호] 선택

- 통합 문서를 보호해도 포함된 차트, 도형 등의 그래픽 개체를 변경 및 이동, 복사할 수 있다.

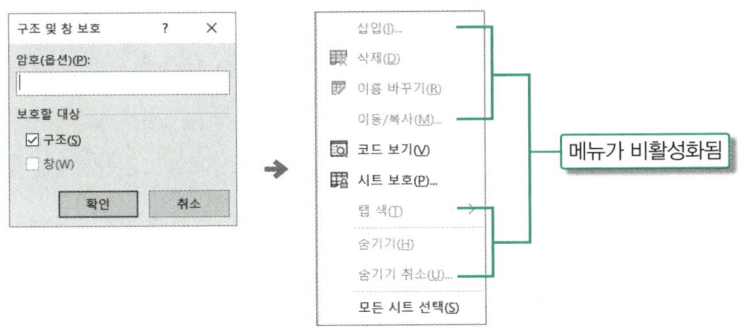

| '시트' 탭의 바로 가기 메뉴

- 통합 문서를 보호하면 시나리오 요약 보고서를 만들 수 없고, 별도의 워크시트에 피벗 테이블 보고서를 표시할 수 없다.

06 통합 문서의 공유 및 병합

- 공유 네트워크 폴더를 이용하여 여러 사용자가 공유된 통합 문서를 공동으로 작업할 수 있게 하는 기능이다.

| 실행 방법

| 방법 | [검토] 탭-[보호] 그룹-[통합 문서 공유] 선택 |

- 통합 문서가 공유되면 제목 표시줄의 파일명 옆에 [공유(공유)]가 표시된다.
- 공유된 통합 문서에서는 입력과 편집이 가능하지만, 조건부 서식, 차트, 시나리오 등을 추가하거나 변경할 수 없다.
- 공유된 통합 문서는 여러 사용자가 동시에 변경할 수 있지만, 동시에 동일한 셀을 변경하려고 하면 충돌이 발생한다.
- 필요할 때 공유 통합 문서에서 특정 사용자의 연결을 끊을 수 있다.
- 암호로 보호된 공유 통합 문서에서 보호를 해제하려면 먼저 통합 문서의 공유 상태를 해제해야 한다.
- 공유 통합 문서를 네트워크의 위치에 복사해도 다른 통합 문서와의 연결은 그대로 유지된다.
- 상위 버전에서 작성한 공유 통합 문서는 하위 버전에서 일부 제한이 있을 수 있다.

▼ [통합 문서 공유] 대화상자

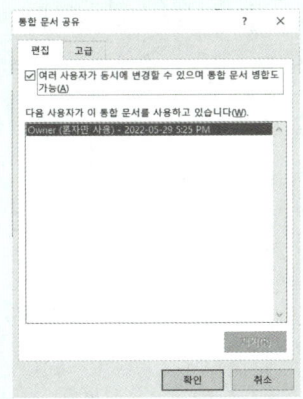

> **개념 플러스**
>
> 엑셀 2021 버전에서는 리본 메뉴 오른쪽 상단의 [공유] 단추를 눌러 클라우드 위치를 지정하는 공동 문서 작성 기능을 사용한다. 기존의 통합 문서 공유 기능을 사용하기 위해서는 다음과 같이 도구를 추가해야 한다.
>
> 1. [파일] 탭-[옵션]을 선택한다.
> 2. [Excel 옵션] 대화상자가 나타나면 '빠른 실행 도구 모음' 범주에서 '명령 선택'의 '모든 명령'을 선택 → '통합 문서 공유(레거시)'를 클릭 → [추가] 단추 클릭 → [확인] 단추를 클릭한다.
>
>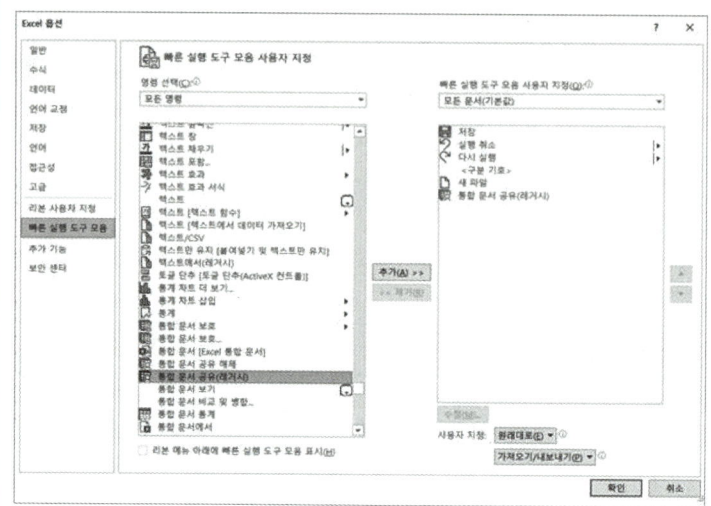
>
> 3. 빠른 실행 도구 모음에 [통합 문서 공유(레거시)]가 추가된 것을 확인한다.
>
>

Warming UP 기출로 개념 확인

01

다음 중 시트의 그룹에 대한 설명으로 옳지 <u>않은</u> 것은?

① 시트 그룹 상태에서는 도형이나 차트 등의 그래픽 개체가 삽입되지 않는다.
② 시트 그룹이 설정된 상태에서 여러 개의 시트에 정렬이나 필터 기능을 수행할 수 없다.
③ 시트 그룹을 생성하면 해당 그룹의 시트들이 자동으로 병합되어 하나의 시트로 표시된다.
④ 시트 그룹을 해제할 때에는 시트 탭에서 오른쪽 마우스 버튼을 클릭하여 메뉴에서 [시트 그룹 해제]를 선택한다.

02

다음 중 워크시트의 이름 작성에 대한 설명으로 옳지 <u>않은</u> 것은?

① 시트 탭의 시트 이름을 더블클릭하여 이름을 수정할 수 있다.
② 시트 이름은 영문 기준으로 대·소문자 구분 없이 최대 255자까지 지정할 수 있다.
③ 하나의 통합 문서 안에서는 동일한 시트 이름을 지정할 수 없다.
④ 시트 이름 입력 시 *, ?, /, [ ] 등의 기호는 입력되지 않는다.

바로 보는 해설

01
시트 그룹을 생성해도 해당 그룹의 시트들은 병합되지 않고 각각의 시트로 유지된다.

02
시트 이름은 공백을 포함하여 최대 31자까지 지정할 수 있다.

| 정답 | 01 ③ 02 ②

기출선지 OX 퀴즈

01 리본 메뉴를 최소화하거나 원래 상태로 되돌리려면 바로 가기 키 Ctrl+F1을 누른다. (O / X)

02 엑셀의 상태 표시줄의 바로 가기 메뉴를 이용하면 셀의 특정 범위에 대한 이름을 정의할 수 있다. (O / X)

03 설정한 확대/축소 배율은 통합 문서의 모든 시트에 자동으로 적용된다. (O / X)

04 화면에 표시되는 틀 고정의 형태는 인쇄 시 적용되기 때문에 틀 고정을 해제해야 한다. (O / X)

05 Excel 통합 문서의 웹 페이지 형식으로 저장할 때 일부 시트만 선택하여 저장할 수 없다. (O / X)

06 시트 그룹을 생성하면 해당 그룹의 시트들이 자동으로 병합되어 하나의 시트로 표시된다. (O / X)

07 자동 복구를 활성화한 경우 [검토] 탭-[정보]-[버전 관리]에서 작업 중인 파일의 이전 버전을 검토할 수 있다. (O / X)

08 '쓰기 암호'는 문서를 복사본으로 저장할 수 없도록 설정하는 것이다. (O / X)

09 연속적인 시트를 선택할 시 Ctrl을 누르고 첫 번째 시트와 마지막 시트를 선택하면 된다. (O / X)

10 통합 문서 보호 기능은 시트 삽입, 삭제, 이동, 숨기기 등을 할 수 없도록 하지만 이름은 바꿀 수 있다. (O / X)

11 워크시트를 숨긴 경우 시트 탭 표시줄에는 표시되지 않지만 다른 워크시트나 다른 통합 문서에서 계속 참조할 수 있다. (O / X)

12 여러 워크시트를 선택하여 그룹으로 설정한 경우에는 그룹 상태에서 여러 개의 시트에 정렬 및 필터 기능을 수행할 수 없다. (O / X)

13 시트 이름은 영문 기준으로 대·소문자 구분 없이 최대 255자까지 지정할 수 있다. (O / X)

14 엑셀의 화면은 10~600% 범위에서 확대 및 축소할 수 있다. (O / X)

15 창 나누기를 잘못 설정했을 시 '실행 취소'를 선택해 되돌려야 한다. (O / X)

16 상위 버전에서 작성한 공유 통합 문서는 하위 버전에서 사용할 수 없다. (O / X)

한판으로 복습한다!

17 화면을 스크롤해도 특정 행이나 열이 계속 표시되는 기능을 창 나누기라고 한다. (O / X)

18 '백업 파일 항상 만들기' 기능은 파일 저장 시 자동으로 백업용 복사본이 저장된다. (O / X)

19 그룹으로 묶은 시트에서 복사하거나 잘라낸 데이터는 다른 한 개의 시트에만 붙여넣을 수 없다. (O / X)

20 시트 이름에 ₩ / ? * [ ] 등의 문자도 사용할 수 있다. (O / X)

21 시트 보호를 설정하면 셀에 데이터를 입력하거나 수정할 때 경고 메시지 창이 나타난다. (O / X)

22 시트의 모든 셀은 기본적으로 '잠금' 속성이 설정되어 있지만, 시트를 보호하기 전까지는 효과가 전혀 없다. (O / X)

23 통합 문서를 보호하면 포함된 차트, 도형 등의 그래픽 개체를 변경 및 이동, 복사할 수 없다. (O / X)

24 공유된 통합 문서에서는 입력과 편집이 가능하지만, 조건부 서식, 차트, 시나리오 등을 추가하거나 변경할 수 없다. (O / X)

25 이미 파일 이름이 지정된 경우 [파일] 탭-[저장]을 선택하면 기존 이름으로 덮어쓴다. (O / X)

26 [페이지 레이아웃] 탭-[페이지 설정] 그룹-[배경]에서 시트 배경을 삽입하면 인쇄 시에도 적용된다. (O / X)

27 워크시트에서 작업 시 모든 시트를 숨길 수 있다. (O / X)

28 시트 이름은 공백 포함 31자까지 가능하다. (O / X)

29 엑셀 화면에서 확대/축소 슬라이드 바는 리본 메뉴에서 볼 수 있다. (O / X)

30 리본 메뉴에 바로 가기 키를 나타내려면 Alt 를 누른다. (O / X)

| 정답 |

01	O	02	X	03	X	04	X	05	X	06	X	07	X	08	X	09	X	10	X
11	O	12	X	13	X	14	X	15	X	16	O	17	X	18	O	19	X	20	X
21	O	22	O	23	X	24	O	25	O	26	X	27	X	28	O	29	X	30	O

Build Up 기출로 개념 강화

CHAPTER 1 | 스프레드시트의 개요

개념끝 049 엑셀의 개요

01
다음 중 엑셀의 상태 표시줄에 대한 설명으로 옳지 <u>않은</u> 것은?

① 엑셀의 현재 작업 상태를 표시하며, 선택 영역에 대한 평균, 개수, 합계 등의 옵션을 선택하여 다양한 계산 결과를 표시할 수 있다.
② 확대/축소 컨트롤을 이용하면 10~400% 범위 안에서 문서를 쉽게 확대/축소할 수 있다.
③ 자주 사용하는 도구들을 모아서 간단히 추가하거나 제거할 수 있으며, 리본 메뉴 아래에 표시할 수도 있다.
④ 기본적으로 상태 표시줄의 왼쪽에는 매크로 기록 아이콘 ()이 있으며, 매크로 기록 중에는 기록 중지 아이콘 (□)으로 변경된다.

02 또 나올 문제
다음 중 엑셀의 화면 설정에 대한 설명으로 옳은 것은?

① 워크시트 화면의 확대/축소 배율 지정은 모든 시트에 같은 배율로 적용된다.
② 틀 고정과 창 나누기를 동시에 수행할 수 있다.
③ 화면에 표시되는 틀 고정 형태는 인쇄 시 적용되지 않는다.
④ 틀 고정 구분선은 마우스 드래그로 위치를 변경할 수 있다.

03
다음 중 셀 영역을 선택한 후 상태 표시줄의 바로 가기 메뉴인 [상태 표시줄 사용자 지정]에서 선택할 수 있는 자동 계산에 해당되지 <u>않는</u> 것은?

① 선택한 영역 중 숫자 데이터가 입력된 셀의 수
② 선택한 영역 중 문자 데이터가 입력된 셀의 수
③ 선택한 영역 중 데이터가 입력된 셀의 수
④ 선택한 영역의 합계, 평균, 최소값, 최대값

04
다음 중 아래 그림의 리본 메뉴에 대한 설명으로 옳지 <u>않은</u> 것은?

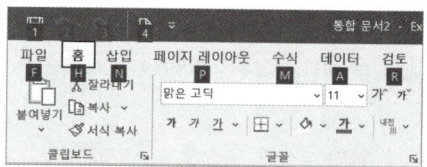

① 그림과 같이 리본 메뉴에 바로 가기 키를 나타내려면 Shift +F10을 누른다.
② 오른쪽 방향키(→)를 누르면 활성화된 탭이 [홈] 탭에서 [삽입] 탭으로 변경된다.
③ [탭] 및 [명령] 간에 이동할 때도 키보드를 사용할 수 있으며, 그림과 같은 상태에서 N을 누르면 [삽입] 탭으로 변경된다.
④ [빠른 실행 도구 모음]에 명령이 추가되면 일련 번호 형태로 바로 가기 키가 부여된다.

05

다음 중 워크시트에 대한 설명으로 옳은 것은?

① 탭 스크롤 단추(◀ ▶)를 이용하여 다른 시트를 빠르게 선택할 수 있다.
② 행과 열이 교차되면서 만들어진 사각형으로 데이터가 입력되는 기본 단위를 워크시트라고 한다.
③ 새로운 통합 문서를 열었을 때 기본적으로 만들어지는 워크시트 수는 항상 1개로 한정되어 있다.
④ 이름 상자는 현재 작업 중인 셀의 이름이나 주소를 표시하는 부분으로, 차트나 그리기 개체를 선택하면 개체의 이름이 표시된다.

06

다음 중 Excel의 리본 메뉴에 대한 설명으로 옳지 <u>않은</u> 것은?

① 리본 메뉴를 최소화하거나 원래 상태로 되돌리려면 Ctrl +F10을 누른다.
② 리본 메뉴를 빠르게 최소화하려면 활성 탭의 이름을 두 번 클릭하고 리본 메뉴를 원래 상태로 되돌리려면 탭을 다시 두 번 클릭한다.
③ 리본 메뉴는 탭, 그룹 및 명령의 세 요소로 구성되어 있다.
④ 리본 메뉴에 바로 가기 키를 나타내려면 Alt를 누른다.

바로 보는 해설

01 '빠른 실행 도구 모음'에 대한 설명이다.

02 | 오답 피하기 |
① 워크시트 화면의 확대/축소 배율은 현재 작업 중인 시트에만 적용할 수 있다.
② 틀 고정과 창 나누기를 동시에 수행할 수 없다.
④ 틀 고정 구분선은 마우스로 드래그하여 위치를 변경할 수 없다.

03 평균, 개수, 숫자 셀 수, 최소값, 최대값, 합계를 선택할 수 있으며 문자 데이터가 입력된 셀의 수는 구할 수 없다.

04 그림과 같이 리본 메뉴에 바로 가기 키를 나타내려면 Alt나 F10을 누른다.

05 | 오답 피하기 |
① 탭 스크롤 단추를 이용하면 다른 시트를 선택하는 것이 아니라 빠르게 시트 탭을 이동할 수 있다.
② 행과 열이 교차되면서 만들어진 사각형으로 데이터가 입력되는 기본 단위를 셀(Cell)이라고 한다.
③ 새로운 통합 문서를 열었을 때 기본적으로 만들어지는 워크시트 수는 [파일] 탭-[옵션]-[일반]의 '포함할 시트 수'에서 지정할 수 있다.

06 리본 메뉴를 최소화하거나 원래 상태로 되돌리려면 Ctrl+F1을 누른다.

| 정답 | 01 ③ 02 ③ 03 ② 04 ① 05 ④ 06 ①

07

다음 중 워크시트의 화면 [확대/축소]에 대한 설명으로 옳지 않은 것은?

① 여러 워크시트가 선택된 상태에서 확대/축소 배율을 변경하면 선택된 워크시트 모두 확대/축소 배율이 적용된다.
② [보기] 탭 [확대/축소] 그룹의 [선택 영역 확대/축소] 명령은 선택된 영역으로 전체 창을 채우도록 워크시트를 확대하거나 축소한다.
③ 확대/축소 배율은 최소 10%, 최대 400%까지 설정할 수 있다.
④ [확대/축소] 대화상자에서 지정한 배율은 인쇄 시 [페이지 설정]의 확대/축소 배율에 반영된다.

08

다음 중 [파일]-[옵션]의 [일반]에서 설정 가능한 것은?

① 셀에 데이터를 입력한 후 Enter를 누를 때 포인터의 이동 방향을 오른쪽, 왼쪽, 아래쪽, 위쪽 중의 하나로 지정할 수 있다.
② 페이지 나누기 선의 표시 여부를 지정할 수 있다.
③ 눈금선 표시 여부를 지정할 수 있다.
④ 새 통합 문서를 열었을 때 적용할 기본 글꼴과 글꼴 크기, 포함할 시트 수 등을 지정할 수 있다.

09

다음 중 엑셀의 작업 환경 설정을 위한 [Excel 옵션]의 각 메뉴에 대한 설명으로 옳지 않은 것은?

① [일반]-[사용자 인터페이스 옵션]: '실시간 미리 보기 사용'을 선택하면 선택 사항을 커서로 가리킬 때 해당 기능이 문서에 어떻게 영향을 주는지 결과를 미리 보여 준다.
② [수식]-[수식 작업]: '수식에 표 이름 사용'을 선택하면 데이터가 입력된 범위에 행 또는 열 레이블이 있을 경우, 이 레이블을 정의된 이름처럼 수식에 이름으로 사용할 수 있다.
③ [저장]-[통합 문서 저장]: '다음 형식으로 파일 저장'에서 통합 문서의 기본 저장 파일 형식을 지정할 수 있다.
④ [고급]-[이 통합 문서의 계산 대상]: '다른 문서에 대한 링크 업데이트'를 선택하면 워크시트와 연결된 외부 문서에 포함된 결괏값의 복사본을 저장한다.

10

다음 중 화면 제어에 대한 설명으로 옳은 것은?

① 틀 고정 구분선은 행 또는 열, 열과 행으로 모두 고정이 가능하다.
② 창 나누기는 항상 네 개로 분할되며 분할된 창의 크기는 마우스를 드래그하여 변경 가능하다.
③ 틀 고정 구분선은 마우스를 드래그하여 위치를 변경할 수 있다.
④ 창 나누기는 [실행 취소] 명령으로 나누기를 해제할 수 있다.

11

다음 중 엑셀의 틀 고정에 대한 설명으로 옳지 않은 것은?

① 화면에 표시되는 틀 고정 형태는 인쇄 시 적용되지 않는다.
② 틀 고정 구분선의 위치는 지우고 새로 만들기 전에는 마우스를 이용하여 변경할 수 없다.
③ 틀 고정을 수행하면 셀 포인터의 왼쪽과 위쪽으로 고정선이 표시되므로 고정하고자 하는 행의 아래쪽, 열의 오른쪽에 셀 포인터를 놓고 틀 고정을 수행해야 한다.
④ 틀 고정이 설정되어 있는 경우 나중에 복구할 수 있도록 모든 창의 현재 레이아웃이 작업 영역으로 저장된다.

개념끝 050 파일 관리

12 또 나올 문제

다음 중 엑셀의 확장명에 따른 파일 형식과 설명이 옳지 않은 것은?

① .xlsb – Excel 바이너리 파일 형식이다.
② .xlsm – XML 기반의 Excel 파일 형식으로, 매크로를 포함할 수 있다.
③ .xlsx – XML 기반의 기본 Excel 파일 형식으로, VBA 매크로 코드나 Excel 4.0 매크로 시트를 저장할 수 없다.
④ .xltx – Excel 서식 파일의 기본 파일 형식으로, VBA 매크로 코드나 Excel 4.0 매크로 시트를 저장할 수 있다.

13

다음 중 [다른 이름으로 저장] 대화상자의 [일반 옵션] 설정에 대한 설명으로 옳지 않은 것은?

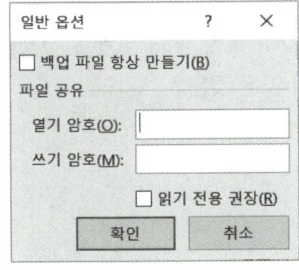

① '백업 파일 항상 만들기'는 통합 문서를 저장할 때마다 백업용 복사본을 저장한다.
② '열기 암호'는 파일을 보다 안전하게 보호하기 위해 일반적으로 사용되는 방법으로 통합 문서를 열 때마다 암호를 확인하게 한다.
③ '쓰기 암호'는 '열기 암호'가 함께 설정되어 있어야 하며, 저장할 때마다 암호를 확인하게 한다.
④ '읽기 전용 권장'은 내용 검토자가 파일을 실수로 수정하지 않도록 파일을 열 때 읽기 전용으로 여는 것이 좋다는 메시지를 표시한다.

바로 보는 해설

07 [확대/축소] 대화상자에서 지정한 배율은 화면에서만 적용되며, 인쇄 시 [페이지 설정]의 확대/축소 배율에 반영되지 않는다.

08 | 오답 피하기 |
①, ②, ③ [파일]–[옵션]의 [고급]에서 설정한다.

09 '다른 문서에 대한 링크 업데이트'를 선택하면 다른 응용 프로그램에 대한 참조가 있는 수식을 계산하고 업데이트한다.

10 | 오답 피하기 |
② 창 나누기는 하나의 시트를 두 개나 네 개의 영역으로 나눈다.
③ 틀 고정 구분선은 마우스로 위치를 조정할 수 없다.
④ 창 나누기는 [실행 취소] 명령이 아니라 기준선을 마우스로 더블클릭하여 해제할 수 있다.

11 틀 고정이 설정되어 있는 경우 현재 레이아웃이 작업 영역으로 저장되지 않는다.

12 매크로가 포함된 서식 파일의 확장명은 .xltm이다. 엑셀 파일이 .xltx나 .xltm 확장명으로 저장되면 템플릿 파일로 저장된다. 템플릿 파일은 새 통합 문서의 시작 파일로 사용되는데, 일반적으로 각 통합 문서에 기본 시트의 수와 서식, 수식, 그래픽 및 사용자 지정 도구 모음과 같이 저장된 설정이 함께 포함된다. .xltm 형식의 경우 VBA 및 XML(Excel 4.0 매크로) 매크로 코드를 저장할 수 있다는 것이 .xltx 확장명과의 가장 큰 차이점이다.

13 '쓰기 암호'는 '열기 암호'와 별도로 설정할 수 있으며, 암호를 모르더라도 읽기 전용으로 열어 열람이 가능하고 복사본으로 문서 저장이 가능하다.

| 정답 | 07 ④ 08 ④ 09 ④ 10 ① 11 ④
        12 ④ 13 ③

개념끝 051 통합 문서 관리

14 (또 나올 문제)

다음 중 ( ) 안에 해당하는 바로 가기 키로 옳은 것은?

> 통합 문서 내에서 (㉠) 키는 다음 워크시트로 이동,
> (㉡) 키는 이전 워크시트로 이동할 때 사용한다.

① ㉠ Shift + PageDown, ㉡ Shift + PageUp
② ㉠ Ctrl + PageDown, ㉡ Ctrl + PageUp
③ ㉠ Ctrl + ←, ㉡ Ctrl + ←
④ ㉠ Shift + ↑, ㉡ Shift + ↓

15

다음 중 여러 워크시트를 선택하여 그룹으로 설정한 경우에 대한 설명으로 옳지 <u>않은</u> 것은?

① 엑셀 창의 맨 위 제목 표시줄에 [그룹]이라고 표시된다.
② 그룹 상태에서 도형이나 차트 등의 그래픽 개체는 삽입되지 않는다.
③ 그룹으로 설정된 임의의 시트에서 입력하거나 편집한 데이터는 그룹으로 설정된 모든 시트에 반영된다.
④ 그룹 상태에서 여러 개의 시트에 정렬 및 필터 기능을 수행할 수 있다.

16

다음 중 워크시트 이름으로 적절하지 <u>않은</u> 것은?

① 시험 & 1분반
② BOOK / 1
③ 1분기 ~ 4분기
④ TEST #1

17

다음 중 워크시트에 대한 설명으로 옳지 <u>않은</u> 것은?

① 워크시트가 연속적으로 여러 개 선택된 상태에서 Shift + F11을 누르면 선택된 워크시트의 개수만큼 새로운 워크시트가 삽입된다.
② 워크시트의 이름을 변경하지 못하도록 하려면 [시트 보호] 대화상자의 '잠긴 셀의 내용과 워크시트 보호'에 체크 표시한다.
③ 워크시트를 숨긴 경우 시트 탭 표시줄에는 표시되지 않지만 다른 워크시트나 다른 통합문서에서 계속 참조할 수 있다.
④ [페이지 레이아웃] 탭-[페이지 설정] 그룹의 '배경' 명령을 이용하여 시트 배경 이미지를 화면에 표시할 수 있으나 인쇄되지는 않는다.

18 (또 나올 문제)

다음 중 아래와 같이 통합 문서 보호를 설정한 경우 이에 대한 설명으로 옳지 <u>않은</u> 것은?

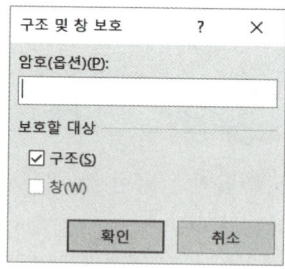

① 워크시트의 이동, 삭제, 숨기기, 워크시트의 이름 변경 등의 기능을 실행할 수 없다.
② 삽입되어 있는 차트를 다른 워크시트로 이동시킬 수 없다.
③ 시나리오 요약 보고서를 만들 수 없다.
④ 피벗 테이블 보고서에서 데이터 영역의 셀에 대한 원본 데이터를 표시하거나 별도 워크시트에 필드 페이지를 표시할 수 없다.

19 또 나올 문제

다음 중 통합 문서 공유에 대한 설명으로 옳지 않은 것은?

① 병합된 셀, 조건부 서식, 데이터 유효성 검사, 차트, 그림과 같은 일부 기능은 공유 통합 문서에서 추가하거나 변경할 수 없다.
② 공유된 통합 문서는 여러 사용자가 동시에 변경할 수 없다.
③ 통합 문서를 공유하는 경우 저장 위치는 웹 서버가 아니라 공유 네트워크 폴더를 사용해야 한다.
④ 셀을 잠그고 워크시트를 보호하여 액세스를 제한하지 않으면 네트워크 공유에 액세스할 수 있는 모든 사용자가 공유 통합 문서에 대한 모든 액세스 권한을 갖게 된다.

20

다음 중 공유된 통합 문서에 대한 설명으로 옳지 않은 것은?

① 공유된 통합 문서에서는 조건부 서식, 차트, 시나리오 등을 추가하거나 편집할 수 없다.
② 암호로 보호된 공유 통합 문서에서 보호를 해제하여도 통합 문서의 공유 상태는 해제되지 않는다.
③ 공유 통합 문서를 네트워크 위치에 복사해도 다른 통합 문서와의 연결은 그대로 유지된다.
④ 공유 통합 문서는 사용자의 엑셀 버전과 관련이 있다.

바로 보는 해설

14 · Ctrl + PageDown : 다음 워크시트로 이동
 · Ctrl + PageUp : 이전 워크시트로 이동

15 그룹 상태일 경우에는 여러 개의 시트에 정렬 및 필터 기능을 수행할 수 없다.

16 워크시트 이름에는 ₩, /, ?, *, [ ] 등의 문자는 사용할 수 없다.

17 워크시트의 이름을 변경하지 못하도록 하려면 [검토] 탭-[보호] 그룹-[통합 문서 보호]를 이용해야 한다.

18 '통합 문서 보호'를 지정한 경우 워크시트에 삽입된 차트는 다른 워크시트로 이동할 수 있다. '통합 문서 보호'를 설정하면 시트 삭제, 이동, 숨기기, 이름 바꾸기, 창 이동, 창 크기 조절 등을 할 수 없도록 기능을 제한하여 통합 문서를 보호할 수 있다.

19 공유된 통합 문서는 여러 사용자가 동시에 변경할 수 있다.

20 암호로 보호된 공유 통합 문서에서 보호를 해제하려면 먼저 통합 문서의 공유 상태를 해제해야 한다.

| 정답 | 14 ② 15 ④ 16 ② 17 ② 18 ②
19 ② 20 ②

CHAPTER 2
데이터 입력 및 편집

최근 기출 10개년 기준
18%

052 데이터 입력
053 데이터 편집
054 서식 설정

학습전략

엑셀을 잘 활용하기 위해서는 입력할 수 있는 데이터의 특성을 확실하게 이해해야 합니다. 문자 데이터, 숫자 데이터, 날짜/시간 데이터 등의 특징을 완벽하게 이해하고 데이터를 편집하고 서식을 설정하는 다양한 방법을 익히는 것이 좋습니다.

개념끝 052 데이터 입력

| 빈출개념 | #각종 데이터 입력 #데이터 채우기 #메모(노트) 삽입

기출빈도

결정적 힌트

본격적인 엑셀의 사용이 시작되는 부분입니다. 데이터를 입력하고 셀 포인터를 이동하는 데 많은 바로 가기 키가 사용됩니다. 하나씩 실습해보면서 익히고 암기해보시기 바랍니다.

01 데이터 입력

- 데이터 입력 도중에 입력 취소: `Esc`
- 셀 안에서 줄 바꿈: `Alt` + `Enter`
- 여러 셀에 같은 데이터 입력: 범위를 지정하고 데이터를 입력한 후 `Ctrl` + `Enter`
- 데이터 입력하고 위의 셀 선택: `Shift` + `Enter`
- 셀에 입력하는 문자 중 처음 몇 글자가 해당 열에 입력한 내용과 일치하면 나머지 글자가 자동으로 완성되며, 데이터 자동 완성은 텍스트나 텍스트+숫자 조합에만 해당한다.
- 범위를 지정하고 `Enter`를 누르면 지정한 범위 안에서만 셀 포인터가 이동한다.
- 셀을 선택하고 `Alt` + `↓`를 누르면 같은 열에 입력된 문자열 목록이 표시된다.

	A	B	C
1		직위	
2		부장	
3		차장	
4		과장	
5		대리	
6			
7		과장	
8		대리	
9		부장	
		직위	
10		차장	

02 셀 포인터의 이동 방법

기능	방법
상하좌우로 이동	`↑`, `↓`, `←`, `→`
현재 영역의 상하좌우 마지막 셀로 이동	`Ctrl` + `↑`/`↓`/`←`/`→`
현재 셀의 좌우로 이동	`Shift` + `Tab`, `Tab`
현재 셀의 위, 아래로 이동	`Shift` + `Enter`, `Enter`
해당 행의 A열로 이동	`Home`
[A1] 셀로 이동	`Ctrl` + `Home`
현재 영역의 마지막 셀로 이동	`Ctrl` + `End`
한 화면 위, 아래로 이동	`PageUp`, `PageDown`
한 화면 좌우로 이동	`Alt` + `PageUp`, `Alt` + `PageDown`
현재 시트의 앞뒤 시트로 이동	`Ctrl` + `PageUp`, `Ctrl` + `PageDown`
원하는 셀의 위치로 이동	이름 상자에 셀 주소 입력 후 `Enter`
[이동] 대화상자에서 셀 주소 입력	`F5`

▼ [이동] 대화상자

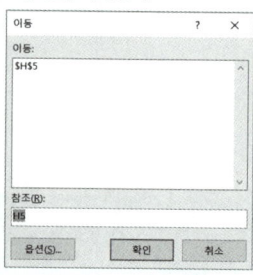

03 각종 데이터 입력

(1) 문자 데이터

- 문자, 숫자, 기호 등이 조합된 데이터로 셀의 왼쪽에 맞추어 입력된다.
  예) 컴활, EXCEL, 10+20
- 숫자 앞에 작은따옴표(')를 붙이면 문자로 인식한다. 예) '010 → 010으로 입력됨
- 셀 너비보다 긴 데이터가 입력된 경우 오른쪽 빈 셀에 이어서 표시되며, 오른쪽 셀이 빈 셀이 아니면 셀 너비에 맞춰 데이터가 표시된다.

(2) 숫자 데이터

- 숫자와 함께 +, −, 소수점(.), 쉼표(,), ₩, $, %, 지수 기호(e) 등이 조합된 데이터로 셀의 오른쪽에 맞추어 입력된다.
- 음수는 숫자 앞에 '−'를 붙이거나 괄호( )로 표시한다.
- 분수는 '0'을 입력한 후 한 칸 띄우고 입력한다. 예) 0 2/3 → '2/3'으로 입력됨
- 셀 너비보다 긴 숫자는 지수 형식으로 표시된다. 예) 2.5E+13
- 표시 형식을 지정한 숫자 데이터가 셀 너비보다 긴 경우 셀 너비만큼 '#'이 표시되며, 열 너비를 늘리면 정상적으로 표시된다.

(3) 날짜 데이터

- 년, 월, 일을 하이픈(−)이나 슬래시(/)로 구분하여 입력하며, 셀의 오른쪽에 맞추어 입력된다.
- 날짜는 1900년 1월 1일을 1로 시작하는 일련 번호로 저장된다.
- 연도와 월만 입력하면 자동으로 해당 월의 1일로 입력된다.
- 날짜의 연도를 두 자리로 입력할 때 연도가 30 이상이면 1900년대로, 29 이하이면 2000년대로 인식한다.
- 날짜와 시간을 하나의 셀에 같이 입력하려면 공백으로 날짜와 시간을 구분한다.
- 현재 시스템의 날짜 입력: Ctrl + ;

(4) 시간 데이터

- 시, 분, 초를 콜론(:)으로 구분하여 입력하며, 셀의 오른쪽에 맞추어 입력된다.
- 시간 데이터는 소수로 저장되고, 낮 12시는 0.5로 계산된다.
- 날짜와 시간을 하나의 셀에 같이 입력하려면 공백으로 날짜와 시간을 구분한다.
- 시간은 24시각제로 입력되므로 12시각제로 입력하려면 시간 뒤에 한 칸을 띄우고 'AM' 또는 'PM'을 입력한다. 예) 9:00 PM
- 현재 시스템의 시간 입력: Ctrl + Shift + ;

(5) 수식 데이터

- 등호(=)나 더하기(+), 빼기(−) 기호로 시작하며, 더하기(+)와 빼기(−) 기호는 등호(=)로 자동 변환된다.
- 셀에는 수식의 결과가, 수식 입력줄에는 입력한 수식이 표시된다.
- 입력된 수식 보기: Ctrl + ~

▶ **결정적 힌트**

엑셀 작업의 기초가 되는 매우 중요한 부분으로 많은 문제가 출제됩니다. 문자 데이터와 숫자 데이터의 다른 점을 반드시 구분하고 날짜 데이터와 시간 데이터의 특징도 반드시 기억해야 합니다. 수식 데이터는 뒤에서 다시 학습하게 되므로 우선 가볍게 읽어보세요.

▼ **일련 번호로 저장**

입력된 날짜 데이터의 표시 형식을 일반으로 변경하면 일련 번호로 표시된다.

	A	B
1	날짜 형식	일반 형식
2	1900-01-01	1
3	2023-01-01	44927

▼ **소수로 저장**

	A	B
1	시간 형식	일반 형식
2	12:00	0.5
3	16:00	0.666667

▼ 한자

▼ 특수 문자

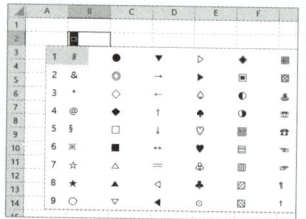

> **결정적 힌트**
>
> 엑셀의 강력한 기능 중 하나가 바로 데이터 채우기 기능이며, 많은 문제가 출제되는 부분입니다. 어떤 데이터를 채우느냐에 따라 결과가 달라지므로 문자 데이터, 숫자 데이터, 날짜/시간 데이터 등을 입력하고 채우기를 하면서 결과를 기억해야 합니다.

	A	B	C	D	E	F
1						
2		성명	국어	영어	수학	총점
3		송유리	100	95	85	=SUM(C3:E3)
4		이진규	90	85	65	=SUM(C4:E4)
5		배수빈	80	80	70	=SUM(C5:E5)
6		나주연	85	95	80	=SUM(C6:E6)
7		홍나현	95	100	90	=SUM(C7:E7)
8		이상원	100	95	100	=SUM(C8:E8)
9						

- 수식이 아닌 상수로 입력: 수식을 입력한 후 바로 F9 를 누른다.

(6) 기타 데이터

- 한자: 한글을 입력하고 한자 를 누른 후 표시되는 한자 목록에서 해당 한자를 선택한다.
- 특수 문자: 한글 자음을 입력하고 한자 를 누른 후 해당 특수 문자를 선택한다.

04 데이터 채우기

- 데이터를 입력한 후 해당 셀의 자동 채우기 핸들(✚)을 드래그하여 데이터를 채우는 기능이다.
- 데이터의 종류 및 형태에 따라 결괏값이 다를 수 있다.

(1) 문자 데이터

문자 데이터가 입력된 셀을 선택하고 자동 채우기 핸들을 드래그하면 같은 데이터가 복사된다.

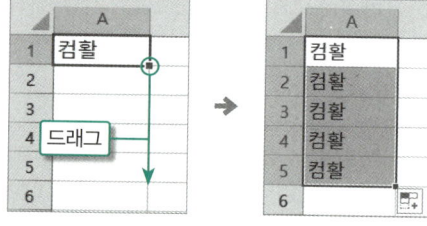

(2) 숫자 데이터

- 한 개의 셀을 선택하고 자동 채우기 핸들을 드래그하면 숫자 데이터가 복사된다.
- 한 개의 셀을 선택하고 Ctrl 을 누른 상태에서 자동 채우기 핸들을 드래그하면 1씩 증가한다.
- 두 개의 셀을 범위로 지정하고 자동 채우기 핸들을 드래그하면 두 셀의 차이 값만큼 증가한다.

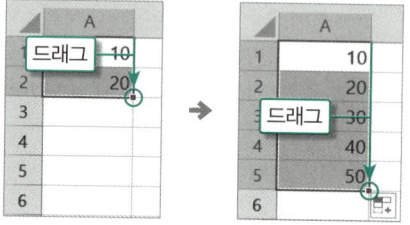

(3) 문자+숫자

문자와 숫자가 혼합된 셀을 선택하고 자동 채우기 핸들을 드래그하면 문자는 복사되고 숫자는 1씩 증가한다.

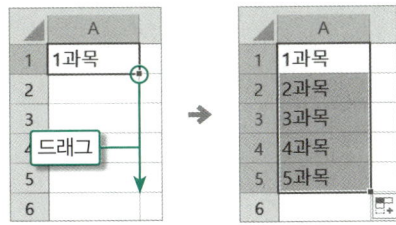

(4) 날짜/시간 데이터

- 날짜는 1일 단위로, 시간은 1시간 단위로 증가한다.

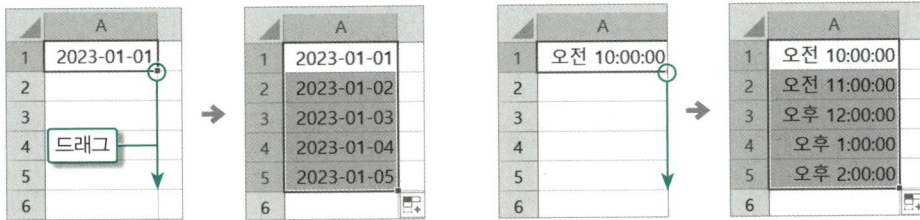

- 채우기 옵션: 일, 평일, 월, 연 단위 채우기

▼ 채우기 옵션

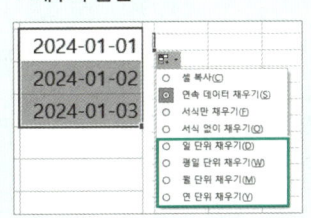

(5) 수식 데이터

수식이 자동으로 채워져서 결괏값이 표시된다.

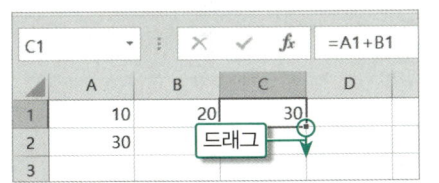

(6) 사용자 지정 목록

- [파일] 탭-[옵션]을 선택하고 [Excel 옵션] 창의 '고급' 범주에서 [사용자 지정 목록 편집] 단추를 클릭한 후 [사용자 지정 목록] 대화상자에서 목록을 추가한다.
- 등록된 문자 데이터를 입력하고 자동 채우기 핸들을 드래그하면 목록 순서대로 입력된다.

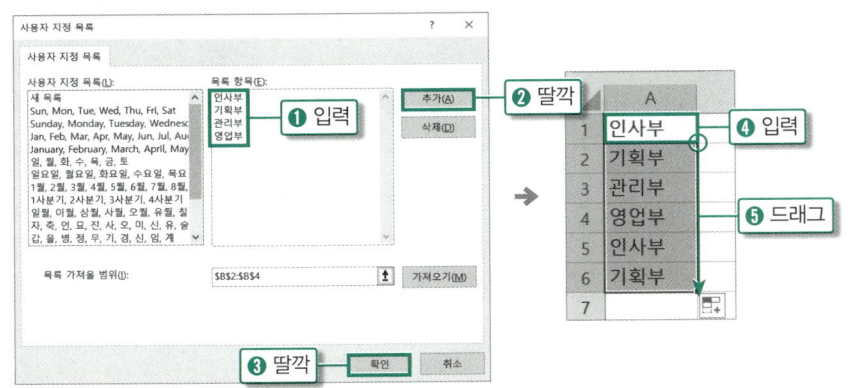

■ '가'는 [사용자 지정 목록]에 기본적으로 정의되어 있지 않으므로 '가, 나, 다…'가 입력되지 않고 '가'가 그대로 복사된다.

- 엑셀에서 기본적으로 제공된 목록은 수정하거나 삭제할 수 없다.
- 사용자 지정 목록은 다른 통합 문서에서도 사용할 수 있다.

> **개념 플러스**
> - 위쪽 셀의 내용으로 채우기: Ctrl + D
> - 왼쪽 셀의 내용으로 채우기: Ctrl + R

(7) 연속 데이터 채우기

데이터를 입력한 후 데이터의 입력 방향과 유형에 따라 연속으로 입력할 수 있다.

| 실행 방법

방법	[홈] 탭 - [편집] 그룹 - [채우기] - [계열] 선택

| [연속 데이터] 대화상자

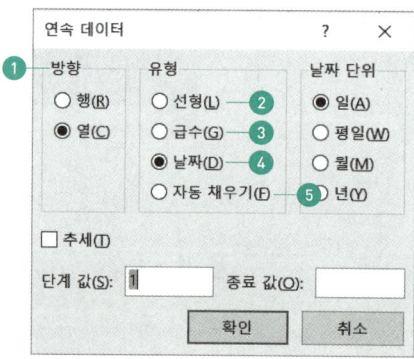

❶ 방향	연속 데이터를 채울 방향을 지정
❷ 선형	'단계 값'만큼 더하여 입력
❸ 급수	'단계 값'만큼 곱하여 입력
❹ 날짜	'날짜 단위'에서 지정한 값만큼 증가하여 입력
❺ 자동 채우기	자동 채우기 핸들을 드래그한 것과 같은 결과 표시

05 스레드 메모, 노트, 윗주, 링크 삽입

> **결정적 힌트**
> 엑셀 2021에서는 협업 기능 강화를 위해 메모 기능을 노트와 스레드 메모로 구분하였습니다. 두 기능은 역할과 사용 방식이 다르므로 정확히 구분하여 학습하는 것이 중요합니다.

(1) 스레드 메모

- 여러 사용자가 댓글을 달고, 대화 형태로 토론할 때 사용한다.

| 실행 방법

방법1	[검토] 탭 - [메모] 그룹 - [새 메모] 선택
방법2	바로 가기 메뉴의 [새 메모] 선택
방법3	Ctrl + Shift + F2

- 셀에 입력된 데이터를 지워도 스레드 메모는 삭제되지 않는다.
- 스레드 메모가 삽입된 셀을 이동하면 메모의 위치도 셀과 함께 변경된다.
- 피벗 테이블에 삽입된 스레드 메모는 이동되지 않는다.
- 스레드 메모는 시트 끝에 모아서만 인쇄할 수 있다.
- 하나의 시트에 여러 개의 메모가 삽입된 경우 [검토] 탭-[메모] 그룹에서 [이전 메모] 또는 [다음 메모]를 클릭하여 메모를 탐색할 수 있다.

■ 스레드 메모와 노트 삭제 방법
- 방법1: [검토] 탭-[메모] 그룹-[삭제]
- 방법2: 바로 가기 메뉴에서 [메모 삭제] 선택

(2) 노트
- 셀에 입력된 내용에 대한 보충 설명을 기록할 때 사용한다.

| 실행 방법

방법1	바로 가기 메뉴의 [새 노트] 선택
방법2	Shift + F2

- 문자, 숫자, 특수 문자도 입력 가능하고, 텍스트 서식도 지정할 수 있다.
- 노트가 항상 표시되도록 설정할 수 있고, 노트에 입력된 텍스트에 맞도록 노트 크기를 자동으로 조정할 수 있다.
- 노트가 삽입된 셀을 이동하면 노트의 위치도 셀과 함께 변경된다.
- 피벗 테이블에 삽입된 노트는 이동되지 않는다.
- 노트는 시트에 표시된 대로 인쇄하거나 시트의 끝에 모아서 인쇄할 수 있다.

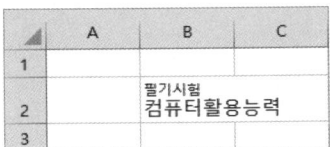

(3) 윗주 삽입
- 셀에 대한 주석을 작성하는 기능으로, 반드시 문자 데이터가 입력된 셀에만 표시할 수 있다.

| 실행 방법

방법	[홈] 탭-[글꼴] 그룹-[윗주 필드 표시/숨기기]-[윗주 편집] 선택

- 윗주는 바로 표시되지 않고, [홈] 탭-[글꼴] 그룹-[윗주 필드 표시/숨기기]-[윗주 필드 표시]를 선택해야 표시된다.

	A	B	C
1			
2		필기시험 컴퓨터활용능력	
3			

- 윗주의 서식을 변경할 수 있지만, 일부분의 서식을 별도로 변경할 수는 없다.
- 셀에 입력된 데이터를 삭제하면 윗주도 함께 삭제된다.

(4) 링크 삽입
- 기존 파일, 웹 페이지, 현재 문서, 새 문서, 전자메일 주소 등의 링크를 만드는 기능이다.
- 링크는 도형에는 지정할 수 있지만, 단추에는 지정할 수 없다.

| [링크 삽입] 대화상자

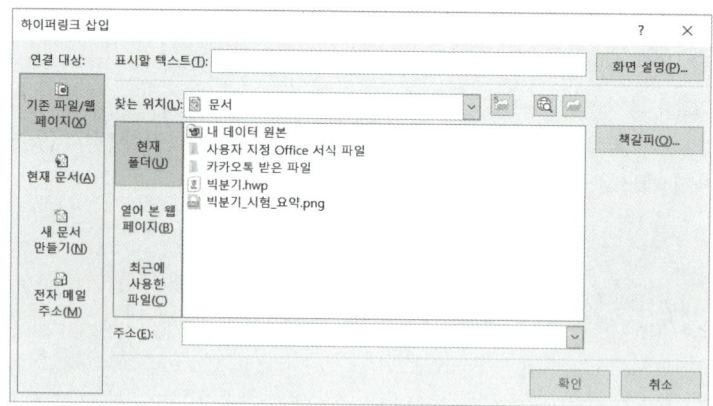

| 실행 방법

방법1	[삽입] 탭–[링크] 그룹–[링크] 선택
방법2	바로 가기 메뉴의 [링크] 선택

> **결정적 힌트**
> 엑셀에서는 다양한 일러스트레이션 기능도 제공합니다. 시험에 잘 출제되는 부분이 아니므로 가볍게 학습하고 넘어가면 됩니다.

06 일러스트레이션 활용

(1) 그림 삽입

[삽입] 탭–[일러스트레이션] 그룹–[그림]–[이 디바이스]를 선택하고 [그림 삽입] 대화상자에서 그림 파일을 선택한 후 [삽입]을 클릭한다.

(2) 온라인 그림 삽입

[삽입] 탭–[일러스트레이션] 그룹–[그림]–[온라인 그림]을 선택하고 [온라인 그림] 대화상자에서 그림을 검색하여 선택한 후 [삽입]을 클릭한다.

| [온라인 그림] 대화상자

(3) 도형 삽입

- [삽입] 탭–[일러스트레이션] 그룹–[도형]을 선택하고 도형을 선택한 후 마우스로 드래그하여 작성한다.

- Shift를 누른 채 드래그하면 정사각형, 정원, 수평선, 수직선을 작성할 수 있다.
- Ctrl을 누른 채 드래그하면 도형의 중심부터 그려진다.
- Alt를 누른 채 드래그하면 셀 눈금선에 맞게 그려진다.

(4) SmartArt 삽입

- [삽입] 탭-[일러스트레이션] 그룹-[SmartArt]를 선택하고 삽입할 그래픽을 선택한 후 [확인]을 클릭한다.
- SmartArt 그래픽은 목록형, 프로세스형, 주기형, 계층 구조형, 관계형, 행렬형, 피라미드형, 그림 등이 있다.

| [SmartArt 그래픽 선택] 대화상자

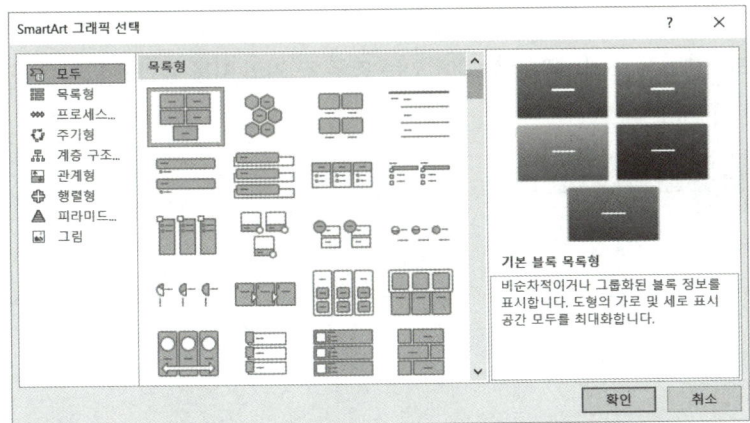

(5) 스크린샷 삽입

- [삽입] 탭-[일러스트레이션] 그룹-[스크린샷]에서 삽입할 캡처 이미지를 선택한다.
- [화면 캡처] 도구를 이용하면 마우스로 드래그하여 화면의 일부를 캡처할 수 있다.

(6) WordArt 삽입

[삽입] 탭-[텍스트] 그룹-[WordArt 삽입]을 선택하고 삽입할 워드아트를 클릭한다.

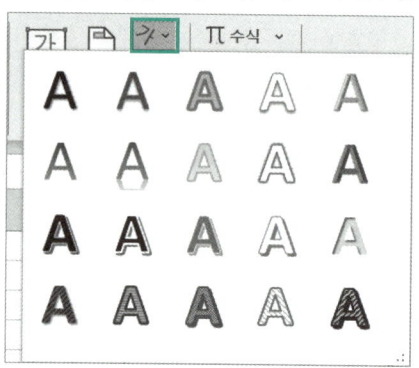

Warming UP 기출로 개념 확인

01 또 나올 문제

다음 중 셀 포인터의 이동 작업에 대한 설명으로 옳지 않은 것은?

① Alt + PageUp 을 눌러 현재 시트를 기준으로 오른쪽에 있는 다음 시트로 이동한다.
② 이름 상자에 셀 주소를 입력한 후 Enter 를 눌러 원하는 셀의 위치로 이동한다.
③ Ctrl + Home 을 눌러 [A1] 셀로 이동한다.
④ Home 을 눌러 해당 행의 A열로 이동한다.

02

다음 중 아래의 워크시트에서 [B3] 셀이 선택되어 있는 경우 각 키의 사용 결과로 옳지 않은 것은?

① Home 을 눌러서 현재 열의 첫 행인 [B1] 셀로 이동한다.
② Ctrl + Home 을 눌러서 [A1] 셀로 이동한다.
③ Ctrl + End 를 눌러서 데이터가 포함된 마지막 행/열에 해당하는 [C6] 셀로 이동한다.
④ Shift + Enter 를 눌러서 한 행 위인 [B2] 셀로 이동한다.

바로 보는 해설

01
- Alt + PageUp, Alt + PageDown : 현재 화면을 좌우로 이동
- Ctrl + PageUp, Ctrl + PageDown : 현재 시트의 앞뒤 시트로 이동

02
Home 을 누르면 현재 행의 첫 번째 열인 [A3] 셀로 이동한다.

| 정답 | 01 ④ 02 ①

03

다음 중 엑셀에서 날짜 데이터의 입력 방법에 대한 설명으로 옳지 않은 것은?

① 날짜 데이터는 하이픈(-)이나 슬래시(/)를 이용하여 년, 월, 일을 구분한다.
② 날짜의 연도를 생략하고 월과 일만 입력하면 자동으로 현재 연도가 추가된다.
③ 날짜의 연도를 두 자리로 입력할 때 연도가 30 이상이면 1900년대로 인식하고, 29 이하이면 2000년대로 인식한다.
④ Ctrl + Shift + ;을 누르면 오늘 날짜가 입력된다.

03
- 오늘 날짜를 입력하는 바로 가기 키: Ctrl + ;
- 현재 시간을 입력하는 바로 가기 키: Ctrl + Shift + ;

04 또 나올 문제

다음 중 데이터가 입력된 셀에서 채우기 핸들을 드래그하여 데이터를 채우는 경우에 대한 설명으로 옳은 것은?

① 일반적인 문자 데이터나 날짜 데이터는 그대로 복사되어 채워진다.
② 한 개의 숫자와 문자가 조합된 텍스트 데이터는 숫자만 1씩 증가하고 문자는 그대로 복사되어 채워진다.
③ 숫자 데이터는 1씩 증가하면서 채워진다.
④ 숫자가 입력된 두 셀을 블록 설정하여 채우기 핸들을 드래그하면 두 숫자가 반복하여 채워진다.

04
| 오답 피하기 |
① 문자 데이터는 그대로 복사되고, 날짜 데이터는 1일씩 증가한다.
③ 숫자 데이터는 그대로 복사된다. 숫자를 1씩 증가하면서 채우려면 Ctrl을 누른 상태에서 자동 채우기 핸들을 드래그해야 한다.
④ 숫자 데이터는 두 셀의 차이만큼 증가하거나 감소하면서 채워진다. 숫자를 반복해서 채우려면 숫자가 입력된 두 셀을 블록 설정한 후 Ctrl을 누른 상태에서 자동 채우기 핸들을 드래그해야 한다.

05

다음 중 엑셀의 노트(기존 메모) 기능에 대한 설명으로 옳지 않은 것은?

① 노트는 셀에 설명을 추가하는 용도로 사용되며, 간단한 텍스트 메모를 입력할 수 있다.
② 노트의 텍스트에는 [홈] 탭의 글꼴 색, 채우기 색 등 서식 도구를 사용할 수 있다.
③ 삽입된 노트는 화면에 표시된 대로 인쇄하거나 시트 끝에 모아서 인쇄할 수 있다.
④ [홈] 탭-[편집] 그룹의 [지우기]-[모두 지우기]를 사용해도 노트는 삭제되지 않는다.

05
[모두 지우기]를 선택하면 셀의 값, 서식, 노트까지 모두 삭제된다.

| 정답 | 03 ④ 04 ② 05 ④

개념끝 053 데이터 편집

| 빈출개념 | #선택하여 붙여넣기 #셀의 삭제 #찾기

기출빈도

결정적 힌트

데이터 편집에 관련된 기능은 엑셀 작업에서 자주 사용되는 기능으로 어렵지 않은 부분입니다. 실습하면서 기능을 익히고 관련된 바로 가기 키는 모두 암기하는 것이 좋습니다.

■ 데이터가 입력된 영역에 셀 포인터가 있는 경우 Ctrl+A 또는 Ctrl+Shift+Spacebar를 누르면 데이터 목록 전체가 선택된다.

01 셀 선택과 범위 지정

(1) 연속된 셀 선택

- 선택할 영역을 마우스로 드래그한다.
- 첫 번째 셀을 선택하고 Shift를 누른 상태에서 마지막 셀을 선택한다.
- Shift를 누른 상태에서 방향키를 눌러 범위를 지정한다.
- F8을 누른 후 방향키를 눌러 범위를 지정한다.

(2) 떨어져 있는 범위 선택

첫 번째 범위를 선택하고 Ctrl을 누른 상태에서 다음 범위를 선택한다.

(3) 행 또는 열 선택

- 행 머리글이나 열 머리글을 클릭하거나 드래그한다.
- 행 머리글이나 열 머리글에서 Shift 또는 Ctrl을 이용하여 선택할 수 있다.
- 현재 행 선택: Shift+Spacebar
- 현재 열 선택: Ctrl+Spacebar

(4) 전체 셀 선택

- [모두 선택(■)] 단추를 클릭한다.
- Ctrl+A 또는 Ctrl+Shift+Spacebar를 누른다.

02 데이터 수정과 지우기

(1) 데이터 수정

- 해당 셀을 더블클릭하여 수정한다.
- 수식 입력줄에서 수정한다.
- F2를 누르면 입력된 내용의 맨 뒤에 커서가 나타나서 데이터를 수정할 수 있다.

(2) 데이터 지우기

- 데이터 내용 지우기: Delete 또는 [홈] 탭-[편집] 그룹-[지우기]-[내용 지우기]
- 범위의 첫 셀만 지우기: 범위를 지정하고 BackSpace
- 모두 지우기: [홈] 탭-[편집] 그룹-[지우기]-[모두 지우기]
- 서식 지우기: [홈] 탭-[편집] 그룹-[지우기]-[서식 지우기]
- 메모 지우기: [홈] 탭-[편집] 그룹-[지우기]-[메모 지우기]

03 데이터의 이동과 복사

(1) 이동/복사

- 셀을 선택하여 이동하거나 복사하는 경우 수식, 결괏값뿐만 아니라 셀 서식, 메모를 포함한 셀 전체가 이동되거나 복사된다.
- 영역을 선택하고 잘라내기나 복사를 하면 선택 영역의 주위에 선택 영역임을 의미하는 점선이 표시된다.
- 선택된 셀 영역을 이동할 위치로 드래그하는 동안에는 선택된 셀 영역의 테두리만 표시된다.
- 클립보드에는 최대 24개의 항목이 저장되므로 여러 데이터를 클립보드에 저장했다가 붙여넣을 수 있다.
- 선택한 복사 영역에 숨겨진 행이나 열이 있는 경우 숨겨진 영역도 함께 복사되거나 이동된다.
- 마우스를 이용하여 복사나 이동을 하려면 [파일] 탭-[옵션]을 선택하고 [Excel 옵션] 창의 '고급' 범주에서 '채우기 핸들 및 셀 끌어서 놓기 사용'에 체크해야 한다.

(2) 이동/복사 방법

구분	이동	복사
마우스	선택 영역의 테두리를 드래그	선택 영역의 테두리를 Ctrl+드래그
메뉴	[홈] 탭-[클립보드] 그룹-[잘라내기] → [홈] 탭-[클립보드] 그룹-[붙여넣기]	[홈] 탭-[클립보드] 그룹-[복사] → [홈] 탭-[클립보드] 그룹-[붙여넣기]
바로 가기 키	Ctrl+X → Ctrl+V	Ctrl+C → Ctrl+V

■ 선택 영역의 테두리를 Shift+드래그 기존의 값이 밀어내기가 되며 선택한 범위가 이동된다.

04 선택하여 붙여넣기

- 복사한 데이터를 붙여넣을 때 서식, 값, 수식 등 일부 내용만 선택하여 붙여넣는 기능이다.
- 잘라내기한 상태에서는 선택하여 붙여넣을 수 없다.

| 실행 방법

방법1	선택 영역을 복사 → [홈] 탭-[클립보드] 그룹-[붙여넣기]-[선택하여 붙여넣기]
방법2	선택 영역을 복사 → Ctrl+Alt+V

| [선택하여 붙여넣기] 대화상자

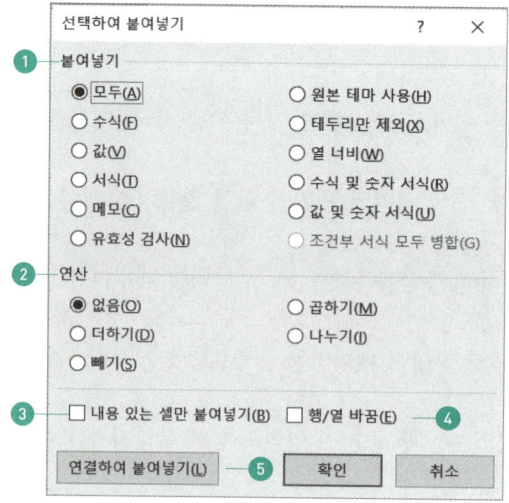

❶ 붙여넣기	모두	원본 데이터를 그대로 붙여넣음
	수식	서식은 제외하고 수식만 붙여넣음
	값	서식은 제외하고 화면에 표시된 값만 붙여넣음
	서식	데이터는 제외하고 셀 서식만 붙여넣음
	메모	메모만 붙여넣음
	유효성 검사	유효성 검사 내용만 붙여넣음
	원본 테마 사용	원본에 지정된 테마를 붙여넣음
	테두리만 제외	테두리를 제외하고 나머지 서식과 내용을 붙여넣음
	열 너비	열 너비만 붙여넣음
	수식 및 숫자 서식	수식과 숫자 서식만 붙여넣음
	값 및 숫자 서식	수식의 결과와 숫자의 서식만 붙여넣음
❷ 연산		복사한 데이터와 붙여넣을 위치의 데이터를 연산(더하기, 빼기, 곱하기, 나누기)
❸ 내용 있는 셀만 붙여넣기		복사할 영역에 빈 셀이 있는 경우 붙여넣을 영역의 값을 바꾸지 않음
❹ 행/열 바꿈		복사한 데이터의 행과 열을 서로 바꿔서 붙여넣음
❺ 연결하여 붙여넣기		원본 셀의 값이 변경되었을 때 붙여넣기한 셀의 내용도 자동으로 변경됨

▼ 내용 있는 셀만 붙여넣기

[A1:A7] 영역을 선택하여 복사한 후 [C1] 셀에 '내용 있는 셀만 붙여넣기'를 한 경우 원본의 빈 셀은 복사되지 않는다.

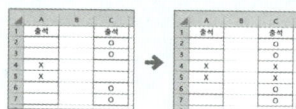

05 실행 취소와 다시 실행

(1) 실행 취소

시트 이름 변경, 시트 위치 이동, 시트 복사와 같은 작업은 취소할 수 없다.

| 실행 방법

방법1	빠른 실행 도구 모음에서 [실행 취소(↶)] 선택
방법2	Ctrl + Z

(2) 다시 실행

실행 취소한 작업을 다시 실행한다.

| 실행 방법

방법1	빠른 실행 도구 모음에서 [다시 실행(↻)] 선택
방법2	Ctrl + Y

06 셀의 삽입과 삭제

(1) 셀의 삽입

선택한 범위의 셀을 오른쪽이나 아래로 밀고 새로운 셀을 삽입하는 기능이다.

| 실행 방법

방법1	셀을 삽입할 위치 선택 → [홈] 탭-[셀] 그룹-[삽입]-[셀 삽입] 선택
방법2	바로 가기 메뉴의 [삽입] 선택
방법3	범위를 지정하고 Shift 를 누른 상태에서 채우기 핸들을 오른쪽이나 아래쪽으로 드래그

| [삽입] 대화상자

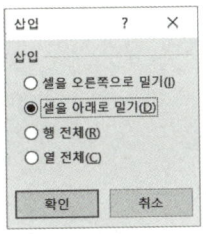

(2) 셀의 삭제

선택한 범위의 셀을 삭제하고 오른쪽이나 아래에 있는 셀을 삭제한 영역으로 이동하는 기능이다.

| 실행 방법

방법1	삭제할 범위 선택 → [홈] 탭-[셀] 그룹-[삭제]-[셀 삭제] 선택
방법2	바로 가기 메뉴의 [삭제] 선택

| [삭제] 대화상자

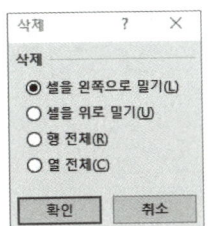

▼ 셀의 삽입
- 원본 데이터
- 셀을 오른쪽으로 밀기
- 셀을 아래로 밀기
- 행 전체
- 열 전체

▼ 셀의 삭제
- 원본 데이터
- 셀을 왼쪽으로 밀기
- 셀을 위로 밀기
- 행 전체
- 열 전체

07 찾기와 바꾸기

> **결정적 힌트**
> 데이터 편집에서 가장 많은 문제가 출제되는 부분입니다. 찾기와 바꾸기에 관련된 내용은 모두 알아두는 것이 좋고 특히 만능 문자 사용 방법을 잘 이해해야 합니다.

(1) 찾기

워크시트에 입력된 특정한 데이터를 찾는 기능으로, 숫자, 특수 문자, 한자 등도 찾을 수 있다.

| 실행 방법

방법1	[홈] 탭-[편집] 그룹-[찾기 및 선택]-[찾기] 탭
방법2	Ctrl + F 또는 Shift + F5

- 기본적으로 워크시트 전체를 대상으로 찾으며, 범위를 지정하면 범위 안에서 찾을 수 있다.
- Shift를 누른 채 [다음 찾기]를 클릭하면 이전 항목을 찾을 수 있다.
- 찾을 내용에 ?, *, ~ 등의 만능 문자(와일드카드 문자)를 사용할 수 있다.

▼ 만능 문자
- ?: 한 문자를 대신하여 사용
  예) 한? → 한국, 한우, 한기 등
- *: 여러 문자를 대신하여 사용
  예) *국 → 대한민국, 미국 등
- ~: 찾으려는 만능 문자의 앞에 물결표(~)를 입력하면 만능 문자가 검색됨
  예) ~?, ~*

| [찾기 및 바꾸기] 대화상자의 [찾기] 탭

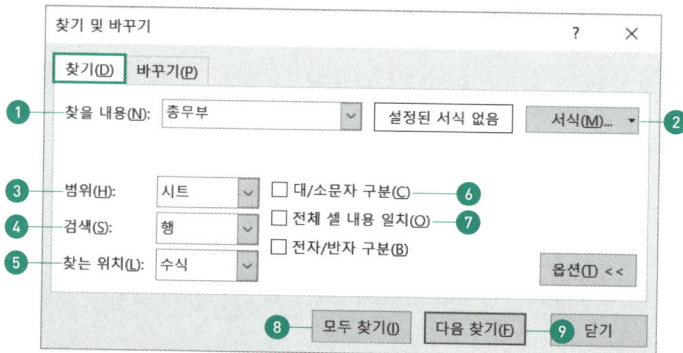

❶ 찾을 내용	검색할 내용을 입력하는 곳
❷ 서식	특정 서식이 적용된 셀을 찾을 수 있음
❸ 범위	찾을 범위를 '시트' 또는 '통합 문서'로 지정
❹ 검색	검색 방향을 '행' 또는 '열'로 지정
❺ 찾는 위치	찾을 데이터를 '수식', '값', '메모' 중에서 선택
❻ 대/소문자 구분	영문자의 대·소문자를 구분하여 검색
❼ 전체 셀 내용 일치	'찾을 내용'과 내용이 완전히 일치하는 데이터 검색
❽ 모두 찾기	검색 조건에 맞는 셀을 모두 찾음
❾ 다음 찾기	• 검색 조건에 맞는 다음 항목을 찾음 • 이전 항목을 찾으려면 Shift를 누른 채 [다음 찾기]를 클릭

■ [홈] 탭-[편집] 그룹-[찾기 및 선택]
수식, 메모, 조건부 서식, 상수, 데이터 유효성 검사 등을 선택하면, 해당 데이터를 모두 찾아 한꺼번에 표시한다.

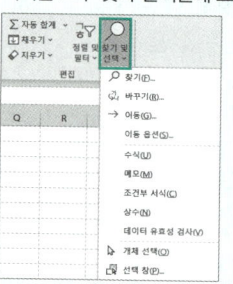

(2) 바꾸기

워크시트에 입력된 특정한 데이터를 찾아 다른 내용으로 바꾸는 기능이다.

| 실행 방법

방법1	[홈] 탭-[편집] 그룹-[찾기 및 선택]-[바꾸기] 탭
방법2	Ctrl + H

| [찾기 및 바꾸기] 대화상자의 [바꾸기] 탭

Warming UP 기출로 개념 확인

01

다음 중 데이터가 입력되어 있는 연속된 셀 범위를 선택하는 방법으로 옳지 않은 것은?

① 첫 번째 셀을 클릭한 후 Ctrl+Shift+방향키를 눌러 선택 영역을 확장한다.
② 첫 번째 셀을 클릭한 후 Shift를 누른 상태에서 범위의 마지막 셀을 클릭한다.
③ 첫 번째 셀을 클릭한 후 F8을 누른 후 방향키를 눌러 선택 영역을 확장한다.
④ 첫 번째 셀을 클릭한 후 Ctrl을 누른 상태에서 방향키를 눌러 선택 영역을 확장한다.

02

다음 중 아래 워크시트에서 [C2:C4] 영역을 선택하여 작업한 결과가 다른 것은?

	A	B	C	D	E	F
1	이름	국어	영어	수학	평균	
2	홍길동	83	90	73	82	
3	이대한	65	87	91	81	
4	한민국	80	75	100	85	
5	평균	76	84	88	82.66667	
6						

① Delete 를 누른 경우
② BackSpace 를 누른 경우
③ 마우스 오른쪽 단추의 바로 가기 메뉴에서 [내용 지우기]를 선택한 경우
④ [홈] 탭-[편집] 그룹에서 [지우기]-[내용 지우기]를 선택한 경우

바로 보는 해설

01
Ctrl을 누른 상태에서 방향키(↑, ↓, ←, →)를 누르면 선택 영역이 확장되지 않고 셀 포인터만 이동한다. 즉, Ctrl+↑/↓는 데이터가 입력된 연속된 셀의 첫 행/마지막 행으로, Ctrl+←/→는 데이터가 입력된 연속된 셀의 첫 열/마지막 열로 이동한다.

02
Backspace를 누른 경우 [C2] 셀 값인 '90'만 삭제된다.
| 오답 피하기 |
①, ③, ④는 [C2:C4] 영역의 셀 값이 모두 삭제된다.

| 정답 | 01 ④ 02 ②

03

다음 중 '선택하여 붙여넣기' 기능에 대한 설명으로 옳지 않은 것은?

① 선택하여 붙여넣기 명령을 사용하면 워크시트에서 클립보드의 특정 셀 내용이나 수식, 서식, 메모 등을 복사하여 붙여넣을 수 있다.
② 선택하여 붙여넣기의 단축키는 Ctrl+Alt+V이다.
③ 잘라낸 데이터 범위에서 서식을 제외하고 내용만 붙여넣으려면 '내용 있는 셀만 붙여넣기'를 선택한다.
④ '연결하여 붙여넣기'를 선택하면 원본 셀의 값이 변경되었을 때 붙여넣기한 셀의 내용도 자동 변경된다.

03 해설
잘라낸 데이터는 '선택하여 붙여넣기' 기능을 사용할 수 없고, 복사한 데이터에 대해서만 사용할 수 있다.

04 또 나올 문제

다음 중 [찾기 및 바꾸기] 대화상자에 대한 설명으로 옳지 않은 것은?

① 찾을 내용에 '*수정*', 바꿀 내용에 '*변경*'으로 입력하고, [모두 바꾸기] 단추를 클릭하면 '수정'이라는 모든 글자를 '*변경*'으로 바꾼다.
② '=A1*B1'과 같은 수식을 검색하려면 찾는 위치를 '수식'으로 선택한 후 찾을 내용에 '=A1~*B1'으로 입력한다.
③ 찾을 내용과 바꿀 내용은 입력하지 않고, 찾을 서식과 바꿀 서식으로 설정할 수 있다.
④ 셀 포인터의 위치를 기준으로 앞에 위치한 데이터를 찾으려면 Shift를 누른 상태에서 [다음 찾기] 단추를 클릭한다.

04 해설
만능 문자 *는 여러 문자를 대신하므로 [찾기 및 바꾸기] 대화상자에서 '찾을 내용'에는 '*수정*'을, '바꿀 내용'에는 '*변경*'을 입력하고 [모두 바꾸기] 단추를 클릭하면 '수정'이라는 글자가 포함되어 있는 셀의 모든 글자를 '*변경*'이라는 글자로 바꾼다.

05

다음 중 아래 그림에서 바로 가기 메뉴 [삭제]의 삭제 옵션을 선택하여 실행한 결과로 가능하지 않은 것은?

	A	B	C
1	21	31	
2	22	32	
3	23	33	
4	24	34	
5	25	35	
6			

①
	A	B	C
1	21	31	
2	32		
3	33		
4	34		
5	25	35	
6			

②
	A	B	C
1	21	31	
2	25	32	
3		33	
4		34	
5		35	
6			

③
	A	B	C
1	21	31	
2		32	
3		33	
4		34	
5	25	35	
6			

④
	A	B	C
1	31		
2	32		
3	33		
4	34		
5	35		
6			

05 해설
'내용 지우기'를 선택한 경우로, 삭제와 관련 없다.

| 오답 피하기 |
① '셀을 왼쪽으로 밀기'를 선택한 경우이다.
② '셀을 위로 밀기'를 선택한 경우이다.
④ '열 전체'를 선택한 경우이다.

| 정답 | 03 ③ 04 ① 05 ③

| 빈출개념 | #사용자 지정 서식 코드 #숫자 서식 코드 #문자 서식 코드

개념끝 054 서식 설정

기출빈도

01 셀 서식

> **결정적 힌트**
> 셀에 서식을 지정하는 기능은 엑셀 작업 시 가장 많이 사용하게 되는 기능 중 하나입니다. [셀 서식] 대화상자의 각 탭에서 어떤 기능을 제공하는지 알아두고, 특히 [표시 형식] 탭과 [맞춤] 탭의 기능은 반드시 기억하시기 바랍니다.

셀 서식은 셀에 입력된 데이터에 표시 형식, 맞춤, 글꼴, 테두리, 채우기 등을 적용하는 기능이다.

| 실행 방법

방법1	[홈] 탭-[셀] 그룹-[서식]-[셀 서식] 선택
방법2	바로 가기 메뉴에서 [셀 서식] 선택
방법3	Ctrl + 1

| [셀 서식] 대화상자

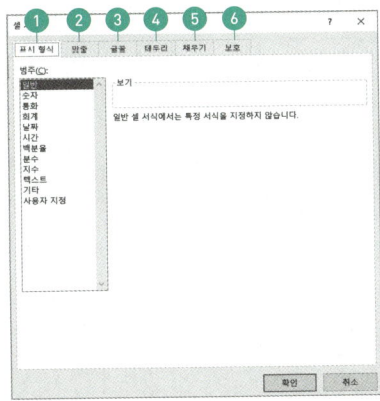

■ 리본 메뉴를 이용하여 서식 지정
[홈] 탭-[글꼴] 그룹/[맞춤] 그룹/[표시 형식] 그룹에서 서식을 지정할 수 있다.

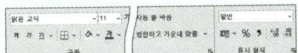

❶ [표시 형식] 탭	데이터가 표시되는 형식 지정
❷ [맞춤] 탭	텍스트 맞춤, 셀 병합, 텍스트 방향 등을 지정
❸ [글꼴] 탭	글꼴, 글꼴 스타일, 크기, 밑줄, 색 등을 지정
❹ [테두리] 탭	선택 영역에 테두리 지정
❺ [채우기] 탭	배경색과 무늬 색, 무늬 스타일 지정
❻ [보호] 탭	셀의 잠금이나 숨김 지정

> **개념 플러스** 셀 서식 관련 바로 가기 키
>
> - Ctrl + 1 : [셀 서식] 대화상자를 표시한다.
> - Ctrl + 2 : 글꼴 스타일 '굵게'를 적용하고, 다시 누르면 취소된다.
> - Ctrl + 3 : 글꼴 스타일 '기울임꼴'을 적용하고, 다시 누르면 취소된다.
> - Ctrl + 4 : 선택한 셀에 '밑줄'을 적용하고, 다시 누르면 취소된다.
> - Ctrl + 5 : 취소선을 적용하고, 다시 누르면 취소된다.

(1) [표시 형식] 탭

데이터가 표시되는 형식을 지정하며 실제 데이터가 변경되는 것은 아니다.

일반	지정한 표시 형식을 해제
숫자	숫자의 소수 자릿수, 1000 단위 구분 기호 사용 등을 지정
통화	• 숫자 앞에 통화 기호를 붙이고 소수 자릿수, 음수 등을 지정 • 통화 기호가 숫자의 바로 앞에 표시됨
회계	• 숫자 앞에 통화 기호를 붙이고 소수 자릿수를 지정하지만 음수 표시 형식을 지정할 수 없음 • 통화 기호가 셀의 왼쪽에 표시됨 • 0 대신 하이픈(-)으로 표시됨
날짜	날짜의 표시 형식을 지정
시간	시간의 표시 형식을 지정
백분율	숫자에 100을 곱하고 % 기호를 지정
분수	숫자를 분수로 표시
지수	숫자를 지수로 표시
텍스트	입력 데이터를 텍스트 형식으로 지정
기타	우편번호, 전화번호, 주민등록번호 등의 표시 형식을 지정
사용자 지정	서식 코드를 이용하여 사용자가 표시 형식을 직접 지정

▼ 통화 형식

통화 기호가 숫자의 바로 앞(₩1,000)에 표시되고, 통화 기호의 표시 여부를 선택할 수 있다.

▼ 회계 형식

통화 기호가 셀의 왼쪽 끝(₩ 1,000)에 표시되고, 음수의 표시 형식을 지정할 수 없으며, 입력된 값이 0일 경우 하이픈(-)으로 표시된다.

(2) [맞춤] 탭

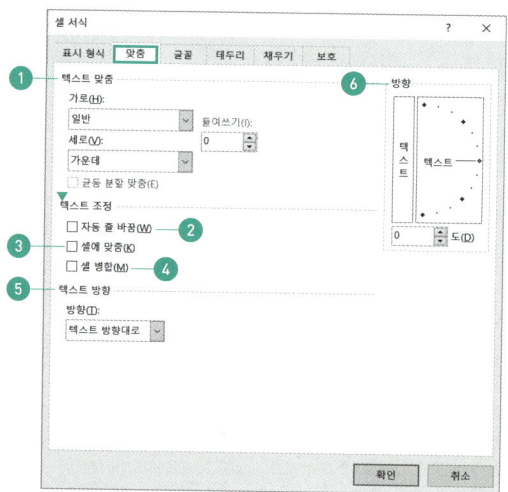

▼ 텍스트 조정

	A	B	C	D
1	자동 줄 바꿈	→	날씨가 좋으면	
2	셀에 맞춤	→	날씨가 좋으면	
3	셀 병합	→	날씨가 좋으면	

▼ 방향

	A	B	C
1	0도	90도	-90도
2	컴퓨터활용	컴퓨터활용	컴퓨터활용

❶ 텍스트 맞춤	가로 맞춤, 세로 맞춤 지정
❷ 자동 줄 바꿈	데이터가 셀의 너비보다 긴 경우 자동으로 줄을 나누어 표시
❸ 셀에 맞춤	데이터가 셀의 너비보다 긴 경우 글자의 크기를 자동으로 줄임
❹ 셀 병합	• 여러 셀을 병합하는 경우 맨 왼쪽 위의 셀만 남기고 나머지는 지움 • 두 개 이상의 셀을 하나로 병합함
❺ 텍스트 방향	텍스트 방향을 '왼쪽에서 오른쪽'으로 또는 '오른쪽에서 왼쪽'으로 지정
❻ 방향	데이터를 세로 방향으로 설정하거나 회전 각도(-90°~90°)를 지정

02 사용자 지정 표시 형식

- 사용자 지정 서식 코드는 양수, 음수, 0, 텍스트 순으로 네 개의 표시 형식을 순서대로 지정하며, 각 구역은 세미콜론(;)으로 구분한다.
- 형식

양수;음수;0;텍스트

예

#,##0;[빨강](#,##0);0.00;@"귀하"
↑ ↑ ↑ ↑
양수 음수 0값 텍스트

	A	B
1	입력 데이터	결과 데이터
2	10000	10,000
3	-2000	(2,000)
4	0	0.00
5	홍길동	홍길동귀하

- 양수는 천 단위 구분 기호를 넣어 표시
- 음수는 괄호에 넣어 빨간색으로 표시
- 0은 '0.00'으로 표시
- 텍스트는 끝에 '귀하'를 추가함

- 특정 구역을 생략하려면 서식 코드를 입력하지 않고 세미콜론(;)만 사용한다.
- 두 개의 구역을 지정하면 첫 번째 구역이 양수와 0에 적용되고, 두 번째 구역이 음수에 적용된다.
- 세미콜론(;) 세 개를 연속하여 사용하면 입력 데이터가 표시되지 않는다.
- 조건이나 색 이름은 대괄호([ ]) 안에 표시한다.

(1) 숫자 서식 코드

코드	기능
#	유효한 자릿수만 표시하고, 유효하지 않은 0은 표시하지 않음
0	유효하지 않은 자릿수를 0으로 표시
?	유효하지 않은 0 대신 공백을 삽입하고 소수점 기준으로 맞춤
,	• 천 단위 구분 기호로 쉼표(,) 삽입 • 맨 끝에 표시하면 천 단위가 생략되고 반올림된 값 표시 예 #,##0, → '539680'을 입력하면 '540'으로 표시
%	숫자에 100을 곱하고 %를 붙여서 표시

예

	A	B	C
1	숫자 서식		
2			
3	표시 형식	입력 데이터	결과
4	#,###	1234	1,234
5	0.00	35.4	35.40
6	?.??	1234	1234.
7	?.??	123.5	123.5
8	#,	123567	124
9	0%	0.5	50%
10	[파랑][>=6000]#,##0	6500	6,500

결정적 힌트

많은 분이 어려워하는 부분 중 하나가 바로 사용자 지정 표시 형식입니다. 표시 형식에서 기본적으로 제공하지 않는 형식을 사용자가 직접 지정하는 기능으로 기본 원리를 반드시 이해해야 합니다. 숫자, 문자, 날짜, 시간의 서식 코드를 암기하고 직접 지정하면서 다양한 사용 예를 익혀두시기 바랍니다.

▼ 사용자 지정 표시 형식에서 사용할 수 있는 색 이름

[검정], [파랑], [녹청], [녹색], [자홍], [빨강], [노랑], [흰색]

■ #,###과 #,##0의 차이

입력 데이터가 0인 경우 '#,###'으로 지정하면 0이 표시되지 않지만, '#,##0'으로 지정하면 0이 표시된다.

(2) 문자 서식 코드

코드	기능
@	문자 데이터를 그대로 표시 예 @"귀하" → '홍길동'을 입력하면 '홍길동귀하'로 표시
*	뒤의 문자를 셀 너비만큼 채워서 표시 예 @*! → '가자'를 입력하면 셀 너비만큼 !가 반복된 '가자!!!!!!!'로 표시
_	데이터의 오른쪽 끝에 공백을 추가하며 '_' 기호 뒤에 반드시 하나의 문자가 있어야 함 예 #,##0_- → 1000을 입력하면 '1,000 '으로 표시

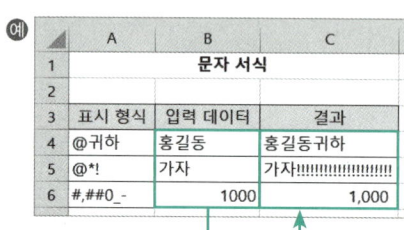

	A	B	C
1		문자 서식	
2			
3	표시 형식	입력 데이터	결과
4	@귀하	홍길동	홍길동귀하
5	@*!	가자	가자!!!!!!!!!!!!!!!!!!!
6	#,##0_-	1000	1,000

(3) 날짜 서식 코드

코드	기능
yy	연도를 두 자리로 표시
yyyy	연도를 네 자리로 표시
m	월을 1~12로 표시
mm	월을 01~12로 표시
mmm	월을 Jan~Dec로 표시
mmmm	월을 January~December로 표시
d	일을 1~31로 표시
dd	일을 01~31로 표시
ddd	요일을 Sun~Sat로 표시
dddd	요일을 Sunday~Saturday로 표시
aaa	요일을 월~일로 표시
aaaa	요일을 월요일~일요일로 표시

	A	B	C
1		날짜 서식	
2			
3	표시 형식	입력 데이터	결과
4	yy.m.d	2022-05-15	22.5.15
5	yyyy.mmm	2022-05-15	2022.May
6	yyyy년mm월dd일ddd	2022-05-15	2022년05월15일Sun
7	yyyy년m월d일dddd	2022-05-15	2022년5월15일Sunday
8	aaa	2022-05-15	일
9	aaaa	2022-05-15	일요일

(4) 시간 서식 코드

코드	기능
h	시간을 0~23으로 표시
hh	시간을 00~23으로 표시
m	분을 0~59로 표시
mm	분을 00~59로 표시
s	초를 0~59로 표시
ss	초를 00~59로 표시
am/pm, AM/PM	시간을 12시각제로 표시

예

	A	B	C
1		시간 서식	
2			
3	표시 형식	입력 데이터	결과
4	hh:mm:ss	15:30	15:30:00
5	h:mm AM/PM	15:30	3:30 PM

개념 플러스 경과된 시간 표시

- [hh]: 경과된 시간 표시
- [mm]: 경과된 분 표시
- [ss]: 경과된 초 표시

03 조건부 서식

선택한 영역에서 특정 조건을 만족하는 셀에만 서식을 지정하는 기능이다.

| 실행 방법

방법	[홈] 탭-[스타일] 그룹-[조건부 서식] 선택

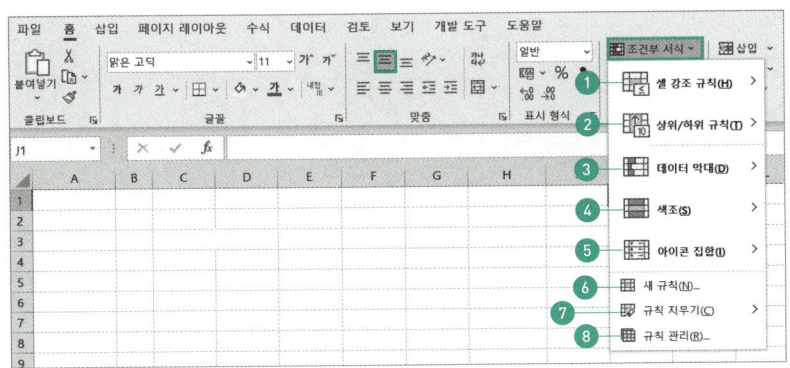

> **결정적 힌트**
>
> 조건부 서식은 각종 업무에서 사용될 수 있는 기능으로 필기와 실기에 모두 잘 출제되는 부분입니다. 특히 수식을 이용하여 조건부 서식을 지정하는 방법을 잘 이해해야 하고 '$'를 이용하여 혼합 참조를 지정하는 방법을 기억하시기 바랍니다.

❶ 셀 강조 규칙	셀 값의 크기, 텍스트 포함, 발생 날짜, 중복 값 등으로 서식 지정
❷ 상위/하위 규칙	상위나 하위의 항목 개수나 %에 해당하는 값의 서식 지정
❸ 데이터 막대	셀 값에 따라 길이가 다른 막대로 표시
❹ 색조	셀 값에 따라 색을 다르게 표시
❺ 아이콘 집합	셀 값에 따라 아이콘을 다르게 표시
❻ 새 규칙	[새 서식 규칙] 대화상자를 표시
❼ 규칙 지우기	선택한 셀이나 시트 전체, 표, 피벗 테이블의 조건부 서식 삭제
❽ 규칙 관리	[조건부 서식 규칙 관리자] 대화상자를 표시

- 셀 값이 변경되어 규칙을 만족하지 않으면 적용된 서식은 해제된다.
- 둘 이상의 규칙이 '참'이면 규칙에 지정된 서식이 모두 적용되지만, 서식이 충돌하는 경우에는 우선순위가 높은 규칙의 서식만 적용된다.
- 사용자가 지정한 서식보다 조건부 서식의 서식이 우선 적용된다.
- 조건부 서식의 서식 스타일에는 데이터 막대, 색조, 아이콘 집합 등이 있다.
- [홈] 탭-[편집] 그룹-[찾기 및 선택]-[조건부 서식]을 선택하면 조건부 서식이 적용되고 있는 셀의 범위를 알 수 있다.
- 규칙을 수식으로 지정하는 경우 수식은 반드시 등호(=)로 시작해야 한다.
- 규칙을 만족하는 행 전체에 서식을 지정할 때는 열 번호 앞에 '$'를 붙이고, 열 전체에 서식을 지정할 때는 행 번호 앞에 '$'를 붙여 혼합 참조로 지정한다.

▼ 조건부 서식의 서식 스타일

	A	B	C
1	데이터 막대	색조	아이콘 집합
2	100	100	100
3	95	95	95
4	45	45	45
5	85	85	85
6	25	25	25

(1) [새 서식 규칙] 대화상자

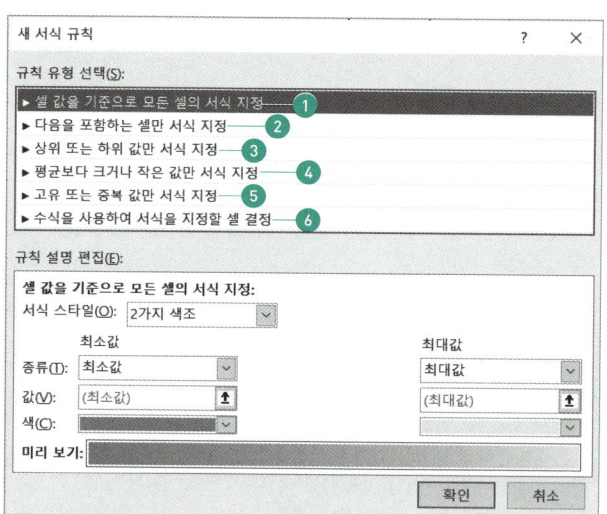

❶ 셀 값을 기준으로 모든 셀의 서식 지정	셀 값에 따라 2가지 색조, 3가지 색조, 데이터 막대, 아이콘 집합 중 선택하여 서식 스타일을 지정
❷ 다음을 포함하는 셀만 서식 지정	셀 값, 특정 텍스트, 발생 날짜, 빈 셀, 내용 있는 셀, 오류, 오류 없음 등을 포함하는 셀만 서식 지정
❸ 상위 또는 하위 값만 서식 지정	상위 또는 하위의 항목 개수나 %에 해당하는 값의 서식 지정
❹ 평균보다 크거나 작은 값만 서식 지정	평균이나 표준 편차를 기준으로 서식 지정

⑤ 고유 또는 중복 값만 서식 지정	지정된 범위에서 고유한 값이나 중복값만 서식 지정
⑥ 수식을 사용하여 서식을 지정할 셀 결정	수식을 입력하여 조건을 지정

(2) [조건부 서식 규칙 관리자] 대화상자

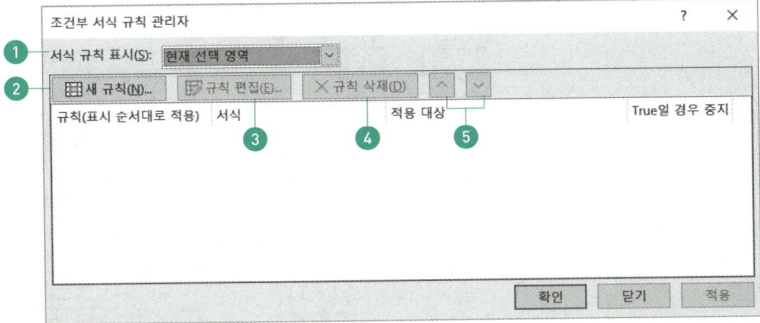

① 서식 규칙 표시	현재 선택 영역이나 현재 워크시트 중 선택
② 새 규칙	[새 서식 규칙] 대화상자 표시
③ 규칙 편집	선택한 규칙을 수정
④ 규칙 삭제	선택한 규칙을 삭제
⑤ 위로 이동/아래로 이동	규칙이 2개 이상인 경우 선택한 규칙의 우선순위를 변경

실습으로 개념끝 ❶   에듀윌_컴퓨터활용능력1급필기기본서_실습으로개념끝\2과목\Chapter2_1.조건부서식.xlsx

조건부 서식을 이용하여 총점이 '200점 이상'인 행에 글꼴 스타일은 '굵게', 글꼴 색은 '표준 색'의 '파랑'을 표시하시오.

[따라하기]

❶ [A2:E6] 영역을 드래그하여 선택하고 [홈] 탭-[스타일] 그룹-[조건부 서식]을 클릭한 후 [새 규칙]을 선택한다.

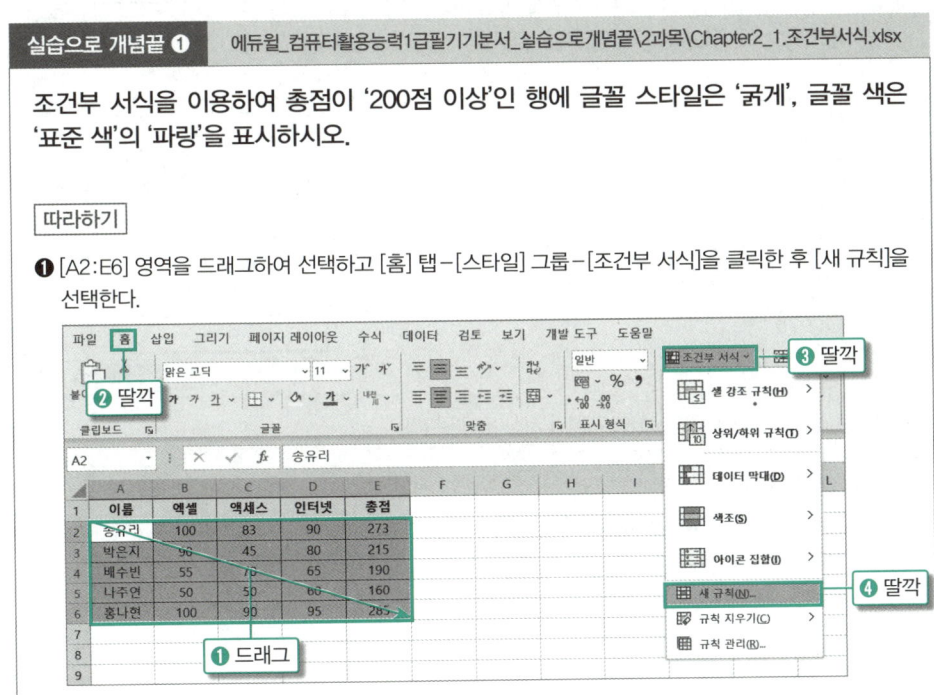

▼
- '다음 수식이 참인 값의 서식 지정'에 '=$E2>=200'을 입력하는 이유는 문제에서 제시한 '총점이 200점 이상'이라는 조건값을 입력하기 위해서이다.
- 규칙을 만족하는 행 전체에 서식을 지정하기 위해 열 번호 앞에 '$'를 붙인다.

❷ [새 서식 규칙] 대화상자가 나타나면 '규칙 유형 선택'에서 '수식을 사용하여 서식을 지정할 셀 결정'을 선택하고 '다음 수식이 참인 값의 서식 지정'에 '=$E2>=200'을 입력한 후 [서식] 단추를 클릭한다.

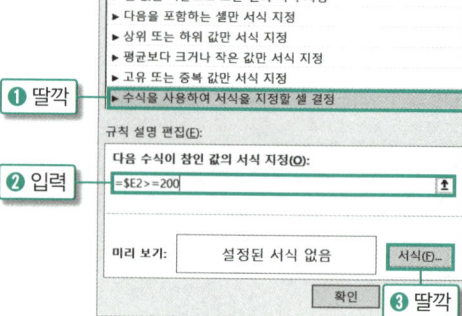

❸ [셀 서식] 대화상자가 나타나면 [글꼴] 탭에서 '글꼴 스타일'은 '굵게', '색'은 '표준 색'의 '파랑'을 선택하고 [확인] 단추를 클릭한다.

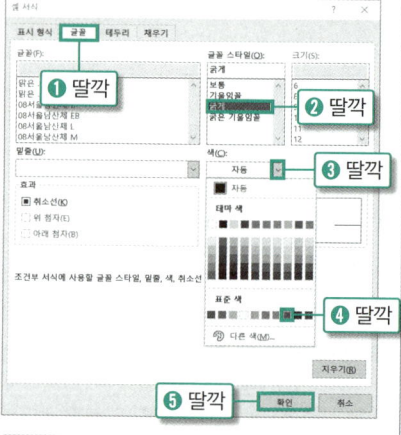

❹ [새 서식 규칙] 대화상자로 되돌아오면 '미리 보기'에서 지정한 서식을 확인하고 [확인] 단추를 클릭한다.

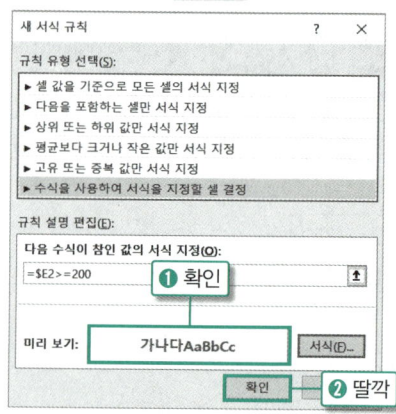

■ 조건부 서식 지우기
[홈] 탭-[스타일] 그룹-[조건부 서식]-[규칙 지우기]

❺ 결과를 확인한다(2행, 3행, 6행에 지정한 서식이 적용된다).

	A	B	C	D	E	F
1	이름	엑셀	엑세스	인터넷	총점	
2	송유리	100	83	90	273	
3	박은지	90	45	80	215	
4	배수빈	55	70	65	190	
5	나주연	50	50	60	160	
6	홍나현	100	90	95	285	
7						

04 셀 스타일

- 글꼴과 글꼴 크기, 숫자 서식, 셀 테두리, 셀 음영 등의 정의된 서식의 집합으로, 셀 서식을 일관성 있게 적용하는 기능이다.

| 실행 방법

방법	[홈] 탭-[스타일] 그룹-[셀 스타일] 선택

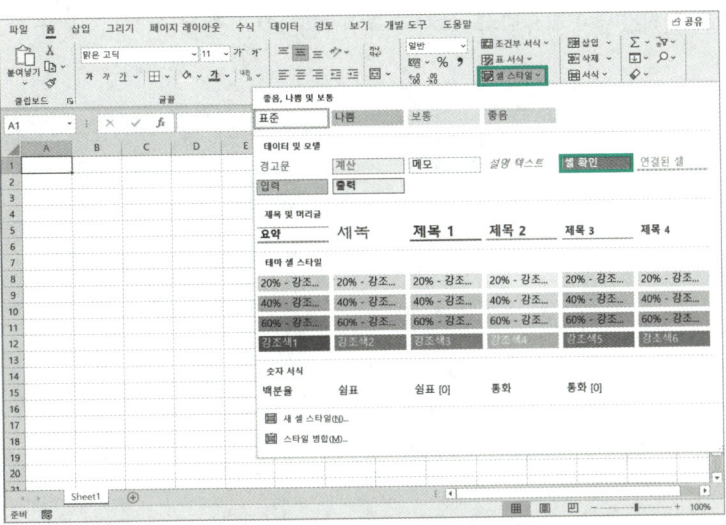

- 기본 제공 셀 스타일을 수정하거나 복제하여 사용자 지정 셀 스타일을 직접 만들 수 있다.
- 사용 중인 셀 스타일을 수정하면 해당 셀에는 자동으로 셀 스타일이 적용된다.
- '표준' 셀 스타일은 삭제할 수 없다.
- 셀 스타일을 삭제하면 해당 스타일이 적용되었던 영역에 '표준' 셀 스타일이 적용된다.
- 사용자가 만든 셀 스타일은 기본적으로 현재 엑셀 통합 문서에서만 사용할 수 있다.
- 특정 셀을 다른 사람이 변경할 수 없도록 셀을 잠그는 셀 스타일을 사용할 수도 있다.

바로 보는 해설

01
- Ctrl+1: 셀 서식 대화상자를 표시한다.
- Ctrl+2: 글꼴 스타일 '굵게'를 적용하고, 다시 누르면 취소된다.
- Ctrl+3: 글꼴 스타일 '기울임꼴'을 적용하고, 다시 누르면 취소된다.
- Ctrl+4: 선택한 셀에 밑줄을 적용하고, 다시 누르면 취소된다.
- Ctrl+5: 취소선을 적용하고, 다시 누르면 취소된다.

02
- 셀의 값이 1000 이상이면 '파랑': [파랑][>=1000]
- 1000 미만 500 이상이면 '빨강': [빨강][>=500]
- 각 조건에 대해 천 단위 구분 기호(,)와 소수점 이하 첫째 자리까지 표시: #,##0.0
- 각 구역은 세미콜론(;)으로 구분한다.

Warming UP 기출로 개념 확인

01

다음 중 셀 서식 관련 바로 가기 키에 대한 설명으로 옳지 <u>않은</u> 것은?

① Ctrl+1: 셀 서식 대화상자가 표시된다.
② Ctrl+2: 선택한 셀에 글꼴 스타일 '굵게'가 적용되며, 다시 누르면 적용이 취소된다.
③ Ctrl+3: 선택한 셀에 밑줄이 적용되며, 다시 누르면 적용이 취소된다.
④ Ctrl+5: 선택한 셀에 취소선이 적용되며, 다시 누르면 적용이 취소된다.

02 또 나올 문제

다음 중 아래 조건을 처리하는 셀 서식의 사용자 지정 표시 형식으로 옳은 것은?

> 셀의 값이 1000 이상이면 '파랑', 1000 미만 500 이상이면 '빨강', 500 미만이면 색을 지정하지 않고, 각 조건에 대해 천 단위 구분 기호(,)와 소수점 이하 첫째 자리까지 표시한다.
> [표시 예: 1234.56 → 1,234.6, 432 → 432.0]

① [파랑][>=1000]#,##0.0;[빨강][>=500]#,##0.0;#,##0.0
② [파랑][>=1000]#,###.#;[빨강][>=500]#,###.#;#,###.#
③ [>=1000]<파랑>#,##0.0;[>=500]<빨강>#,##0.0;#,##0.0
④ [>=1000]<파랑>#,###.#;[>=500]<빨강>#,###.#;#,###.#

| 정답 | 01 ③ 02 ① |

03 또 나올 문제

다음 중 조건부 서식에 대한 설명으로 옳지 않은 것은?

① 동일한 셀 범위에 둘 이상의 조건부 서식 규칙이 True로 평가되어 충돌하는 경우 [조건부 서식 규칙 관리자] 대화상자의 규칙 목록에서 가장 위에 있는, 즉 우선순위가 높은 규칙 하나만 적용된다.
② [홈] 탭-[편집] 그룹-[찾기 및 선택]-[이동 옵션]을 이용하면 조건부 서식이 적용되고 있는 셀을 적용한 순서대로 찾아 이동할 수 있다.
③ 조건부 서식을 만들 때 조건으로 다른 통합 문서에 참조는 사용할 수 없다.
④ 셀 범위에 대한 서식 규칙이 True로 평가되면 해당 규칙의 서식이 사용자가 임의로 지정한 서식보다 우선한다.

> **03**
> [홈] 탭-[편집] 그룹-[찾기 및 선택]-[이동 옵션]을 선택하여 [이동 옵션] 대화상자의 '조건부 서식' 명령을 이용하면 조건부 서식이 적용되고 있는 셀을 알려주지만, 조건부 서식이 적용된 순서대로 찾아서 이동할 수는 없다.

04

다음 중 셀 스타일에 대한 설명으로 옳지 않은 것은?

① 셀 스타일은 글꼴과 글꼴 크기, 숫자 서식, 셀 테두리, 셀 음영 등의 정의된 서식의 집합으로, 셀 서식을 일관성 있게 적용하는 기능이다.
② 사용 중인 셀 스타일을 수정하면 해당 셀에는 자동으로 셀 스타일이 적용된다.
③ '표준' 셀 스타일은 새로운 워크시트를 만들 때 기본적으로 적용되는 스타일로서 필요에 따라 변경하거나 삭제할 수 있다.
④ 사용자가 만든 셀 스타일은 기본적으로 현재 엑셀 통합 문서에서 사용할 수 있다.

> **04**
> '표준' 셀 스타일은 엑셀의 기본 셀 스타일이며 삭제할 수 없다.

| 정답 | 03 ② 04 ③

CHAPTER 2 데이터 입력 및 편집

기출선지 OX 퀴즈

01 한 셀 안에서 줄 바꿈을 하려면 Alt + Enter 를 누르면 된다. (O / X)

02 날짜 데이터는 하이픈(-)이나 슬래시(/)로 구분하여 입력하며, 셀의 오른쪽으로 맞추어 입력된다. (O / X)

03 시간 데이터인 시, 분, 초는 세미콜론(;)으로 구분하여 입력하며, 셀의 오른쪽으로 맞추어 입력된다. (O / X)

04 특수문자는 한글 모음을 입력하고 한자 를 누른 후 해당 특수문자를 선택한다. (O / X)

05 문자 데이터가 입력된 셀을 선택하고 자동 채우기 핸들을 드래그하면 같은 데이터에 숫자가 추가되어 복사된다. (O / X)

06 숫자 데이터가 입력된 두 개의 셀을 범위로 지정하고 자동 채우기 핸들을 드래그하면 두 셀의 차이값만큼 증가한다. (O / X)

07 노트에 입력된 텍스트에 맞도록 노트 크기를 자동으로 조정할 수 있다. (O / X)

08 도형을 그릴 때 Shift 를 누르고 그리면 도형의 중심부터 그려진다. (O / X)

09 채우기 핸들을 이용해 데이터를 채울 때 한 개의 숫자와 문자가 조합된 텍스트 데이터는 숫자만 1씩 증가하고 문자 부분은 그대로 복사되어 채워진다. (O / X)

10 삽입된 노트는 시트에 표시된 대로 인쇄하거나 시트 끝에 모아서 인쇄할 수 있다. (O / X)

11 클립보드에는 최대 12개의 항목이 저장되므로 여러 데이터를 클립보드에 저장했다가 붙여넣을 수 있다. (O / X)

12 서식만 선택하여 붙여넣기를 하면 내용은 바뀌지 않는다. (O / X)

13 [찾기 및 바꾸기] 대화상자의 [찾기] 탭에서 Shift 를 누른 채 [다음 찾기]를 클릭하면 이전 항목을 찾을 수 있다. (O / X)

14 찾기 기능을 사용할 때 ?, *, ~ 등의 만능 문자는 사용할 수 없다. (O / X)

15 선택하여 붙여넣기의 단축키는 Ctrl + Alt + V 이다. (O / X)

16 사용자 지정 서식 코드는 양수, 음수, 0, 텍스트 순으로 네 개의 표시 형식을 순서대로 지정하며, 각 구역은 콜론(:)으로 구분한다. (O / X)

한판으로 **복습**한다!

17 표시 형식을 회계로 지정하면 0 대신 하이픈(–)으로 표시된다. (O / X)

18 '표준' 셀 스타일은 필요에 따라 변경하거나 삭제할 수 있다. (O / X)

19 피벗 테이블의 셀에 메모를 삽입한 경우 데이터를 정렬하면 메모도 데이터와 함께 정렬된다. (O / X)

20 윗주에 입력된 텍스트 중 일부분의 서식을 별도로 변경할 수 있다. (O / X)

21 숫자 데이터를 문자 데이터로 입력하려면 숫자 데이터 앞에 문자 접두어(')를 입력한다. (O / X)

22 도형 삽입은 [삽입] 탭-[일러스트레이션] 그룹-[도형]을 선택하고 도형을 선택한 후 마우스로 드래그하여 작성한다. (O / X)

23 숫자가 입력된 두 셀을 블록 설정하여 채우기 핸들을 드래그하면 두 숫자가 반복하여 채워진다. (O / X)

24 새 노트를 작성하려면 Shift+F2를 누른다. (O / X)

25 링크는 도형에는 지정할 수 있지만, 단추에는 지정할 수 없다. (O / X)

26 Ctrl+;을 누르면 오늘 날짜가 입력된다. (O / X)

27 잘라낸 데이터 범위에서 서식을 제외하고 내용만 붙여넣으려면 '선택하여 붙여넣기' 기능에서 '내용 있는 셀만 붙여넣기'를 선택한다. (O / X)

28 사용자가 만든 셀 스타일은 기본적으로 모든 엑셀 통합 문서에서 사용할 수 있다. (O / X)

29 셀 스타일은 글꼴과 글꼴 크기, 표시 형식, 셀 테두리 및 셀 음영 등의 서식 특성이 정의된 집합이다. (O / X)

30 [셀 서식] 대화상자의 [맞춤] 탭에 '텍스트 방향'에서 '텍스트 반대 방향으로'로 설정할 수 있다. (O / X)

| 정답 |

01	O	02	O	03	X	04	X	05	X	06	O	07	O	08	X	09	O	10	O
11	X	12	O	13	O	14	X	15	O	16	X	17	O	18	X	19	X	20	X
21	O	22	O	23	X	24	O	25	X	26	O	27	X	28	X	29	O	30	X

기출로 개념 강화

개념끝 052 | 데이터 입력

01 [또 나올 문제]
다음 중 데이터 입력에 대한 설명으로 옳지 않은 것은?

① 동일한 문자를 여러 개의 셀에 입력하려면 셀에 문자를 입력한 후 채우기 핸들을 드래그한다.
② 두 개 이상의 셀을 선택하고 채우기 핸들을 드래그할 때 Ctrl을 누르고 있으면 '자동 채우기' 기능을 해제할 수 있으며, 선택한 값은 인접한 셀에 복사되고 데이터가 연속으로 확장되지 않는다.
③ 일정 범위 안에 동일한 데이터를 한 번에 입력하려면 범위를 지정하여 데이터를 입력한 후 바로 이어서 Shift + Enter 를 누른다.
④ 사용자 지정 연속 데이터 채우기를 사용하여 데이터를 입력하는 경우 사용자 지정 목록에는 텍스트나 텍스트/숫자 조합만 포함될 수 있다.

02
다음 중 자료 입력에 대한 설명으로 옳지 않은 것은?

① 한자를 입력하려면 한글을 입력한 후 키보드의 한자를 눌러 변환한다.
② 특수문자를 입력하려면 먼저 한글 자음을 입력한 후 키보드의 한/영을 눌러 원하는 특수문자를 선택한다.
③ 숫자 데이터를 문자 데이터로 입력하려면 숫자 데이터 앞에 문자 접두어(')를 입력한다.
④ 분수 앞에 정수가 없는 일반 분수를 입력하려면 '0'을 먼저 입력하고 SpaceBar를 눌러 빈칸을 한 개 입력한 후 '3/8'과 같이 분수를 입력한다.

03
다음 중 데이터 입력에 대한 설명으로 옳지 않은 것은?

① 고정 소수점이 포함된 숫자를 입력하려면 [Excel 옵션]의 '고급' 편집 옵션에서 '소수점 자동 삽입' 확인란을 선택하고 소수점 위치를 설정한다.
② 셀에 입력하는 글자 중 처음 몇 자가 해당 열의 기존 내용과 일치하면 나머지 글자가 자동으로 입력되며, 텍스트나 텍스트/숫자 조합, 날짜가 입력되는 경우에만 자동으로 입력된다.
③ 두 개 이상의 셀을 선택하고 채우기 핸들을 드래그할 때 Ctrl을 누르고 있으면 자동 채우기 기능을 해제할 수 있다.
④ 시간을 12시간제로 입력하려면 '9:00 pm'과 같이 시간 뒤에 공백을 입력하고 am 또는 pm을 입력한다.

04
다음 중 셀에 수식을 입력하는 방법에 대한 설명으로 옳지 않은 것은?

① 수식에서 통합 문서의 여러 워크시트에 있는 동일한 셀 범위 데이터를 이용하려면 3차원 참조를 사용한다.
② 계산할 셀 범위를 선택하여 수식을 입력한 후 Ctrl + Enter 를 누르면 선택한 영역에 수식을 한 번에 채울 수 있다.
③ 수식을 입력한 후 결괏값이 수식이 아닌 상수로 입력되게 하려면 수식을 입력한 후 바로 Alt + F9 를 누른다.
④ 배열 상수에는 숫자나 텍스트 외에 'TRUE', 'FALSE' 등의 논리값 또는 '#N/A'와 같은 오류값도 포함될 수 있다.

05

다음 중 날짜 데이터의 자동 채우기 옵션에 포함되지 <u>않는</u> 내용은?

① 일 단위 채우기
② 주 단위 채우기
③ 월 단위 채우기
④ 평일 단위 채우기

06 또 나올 문제

다음 중 아래 워크시트의 [A1] 셀에서 10.1을 입력한 후 Ctrl을 누르고 자동 채우기 핸들을 아래로 드래그한 경우 [A4] 셀에 입력되는 값은?

	A	B	C
1	10.1		
2			
3			
4			
5			

① 10.1
② 10.4
③ 13.1
④ 13.4

바로 보는 해설

01 일정 범위 안에 동일한 데이터를 한 번에 입력하려면 범위를 지정하여 데이터를 입력한 후 곧바로 Ctrl+Enter를 눌러야 한다.

02 특수문자를 입력하려면 먼저 한글 자음을 입력한 후 키보드의 한자를 눌러 원하는 특수문자를 선택한다.

03 셀 내용 자동 완성 기능은 텍스트나 텍스트/숫자 조합에만 적용되고, 날짜가 입력되는 경우에는 적용되지 않는다.

04 수식을 입력한 후 Enter를 누르기 전에 F9를 눌러야 결괏값이 수식이 아닌 상수로 입력된다.

05 날짜 데이터 자동 채우기 옵션에서는 일, 평일(주말 제외), 월, 연 단위를 제공하며, 주 단위 채우기는 제공하지 않는다.

06 [A1] 셀에 '10.1'을 입력하고 Ctrl을 누른 상태에서 자동 채우기 핸들을 아래쪽으로 드래그하면 값이 1씩 증가된다.

| 정답 | 01 ③ 02 ② 03 ② 04 ③ 05 ② 06 ③

07

다음 중 그림과 같이 [A1] 셀에 10을 입력하고 [A3] 셀까지 자동 채우기한 후 나타나는 [자동 채우기] 옵션에 대한 설명으로 옳지 않은 것은?

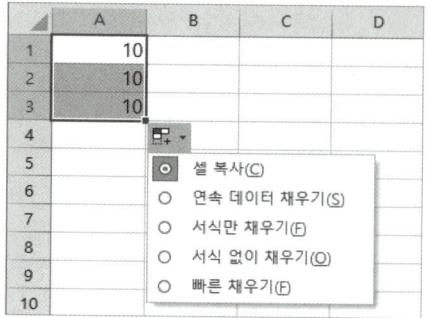

① 셀 복사: [A1] 셀의 값 10이 [A2] 셀과 [A3] 셀에 복사되고, [A1] 셀의 서식은 복사되지 않는다.
② 연속 데이터 채우기: [A1] 셀의 서식과 함께 [A2] 셀에는 값 11이, [A3] 셀에는 값 12가 입력된다.
③ 서식만 채우기: [A2] 셀과 [A3] 셀에 [A1] 셀의 서식만 복사되고 값은 입력되지 않는다.
④ 서식 없이 채우기: [A2] 셀과 [A3] 셀에 [A1] 셀의 서식은 복사되지 않고 [A1] 셀의 값 10이 입력된다.

08

다음 중 엑셀의 노트(기존 메모) 기능에 대한 설명으로 옳지 않은 것은?

① 새 노트를 작성하려면 바로 가기 키 Shift + F2 를 누른다.
② 작성된 노트는 화면에서 위치를 이동할 수 있으며, 항상 표시되도록 설정할 수 있다.
③ 피벗 테이블의 셀에 노트를 삽입한 경우 데이터를 정렬하면 노트도 함께 정렬된다.
④ 노트의 텍스트 서식을 변경하거나, 텍스트 내용에 맞게 노트의 크기를 자동으로 조정할 수 있다.

09

다음 중 윗주에 대한 설명으로 옳지 않은 것은?

① 윗주는 셀에 대한 주석을 설정하는 것으로, 문자열 데이터가 입력되어 있는 셀에만 표시할 수 있다.
② 윗주는 삽입해도 바로 표시되지 않고 [홈] 탭-[글꼴] 그룹의 [윗주 필드 표시]를 선택해야만 표시된다.
③ 윗주에 입력된 텍스트 중 일부분의 서식을 별도로 변경할 수 있다.
④ 셀의 데이터를 삭제하면 윗주도 함께 삭제된다.

개념끝 053 데이터 편집

10

다음 중 셀의 내용을 편집할 수 있는 셀의 편집 모드로 전환하는 방법에 대한 설명으로 옳지 않은 것은?

① 편집하려는 데이터가 있는 셀을 더블클릭한다.
② 편집하려는 셀을 클릭하고 수식 입력줄을 클릭한다.
③ 셀을 선택한 후 F2 를 누르면 셀에 입력된 내용의 맨 앞에 삽입 포인터가 나타난다.
④ 새 문자를 입력하여 기존 문자를 즉시 바꿀 수 있도록 겹쳐쓰기 모드를 활성화하려면 편집 모드 상태에서 Insert 를 누른다.

11

다음 중 셀을 이동하거나 복사하는 과정에 대한 설명으로 옳지 않은 것은?

① 셀을 이동하거나 복사하면 수식과 결괏값, 셀 서식 및 메모를 포함한 셀 전체가 이동되거나 복사된다.
② 선택 영역의 테두리를 클릭한 채 다른 위치로 드래그하면 해당 영역이 이동된다.
③ 선택한 복사 영역에 숨겨진 행이나 열이 있는 경우 숨겨진 영역도 함께 복사된다.
④ Ctrl + X 를 이용하여 잘라내기한 경우 붙여넣기 중 '값()'을 실행할 수 있다.

12

다음 중 [홈] 탭 - [클립보드] 그룹의 [붙여넣기] 옵션에 대한 설명으로 옳은 것은?

① [테두리 없음]을 이용하면 복사한 셀에 적용된 셀 서식을 모두 제외하고 셀의 내용만 붙여넣는다.
② [연결하여 붙여넣기]를 이용하면 복사한 셀에 입력된 내용을 연결하여 셀 서식과 함께 붙여넣는다.
③ [바꾸기]를 이용하면 복사한 데이터의 열을 행으로 변경하고, 행을 열로 변경하여 표를 뒤집어서 붙인다.
④ [그림]을 이용하면 복사한 셀에 입력된 내용이 변경되는 경우 그림에 표시되는 텍스트도 자동으로 변경된다.

13 또 나올 문제

다음 중 [찾기 및 바꾸기] 대화상자에 대한 설명으로 옳지 <u>않은</u> 것은?

① 특정 서식이 있는 텍스트나 숫자를 찾을 수 있다.
② 데이터를 뒤에서부터 앞으로 검색하려면 Ctrl을 누른 상태에서 [다음 찾기] 단추를 클릭한다.
③ 영문자의 경우 대·소문자를 구분하여 찾을 수 있다.
④ 찾는 위치를 수식, 값, 메모 중에서 선택하여 지정할 수 있다.

바로 보는 해설

07 셀 복사는 셀의 값과 서식이 같이 복사된다.
08 피벗 테이블 셀에 삽입된 노트는 데이터 정렬 시 함께 이동되지 않는다.
09 윗주의 서식을 변경할 수 있지만, 윗주의 서식 중 일부분만 변경할 수는 없다.
10 셀을 선택한 후 F2를 누르면 셀에 입력된 내용의 맨 앞이 아니라 맨 뒤에 삽입 포인터가 나타난다.
11 '값(🗒)'은 복사한 경우에는 실행할 수 있지만, 잘라내기한 경우에는 값을 붙여넣을 수 없다.
12 | 오답 피하기 |
  ① [테두리 없음]: 복사한 셀에 적용된 테두리를 제외하고 나머지 서식과 셀의 내용은 그대로 붙여넣는다.
  ② [연결하여 붙여넣기]: 복사한 셀에 입력된 내용을 연결하여 셀 서식을 제외한 셀의 내용만 붙여넣는다.
  ④ [그림]: 복사한 셀에 입력된 내용이 변경되더라도 그림에 표시되는 텍스트는 변경되지 않는다.
13 Shift를 누른 상태에서 [다음 찾기] 단추를 클릭해야 데이터를 뒤에서부터 앞으로 검색할 수 있다.

| 정답 | 07 ① 08 ③ 09 ④ 10 ③ 11 ④
       12 ③ 13 ②

14

다음 중 [찾기 및 바꾸기] 대화상자에 대한 설명으로 옳지 않은 것은?

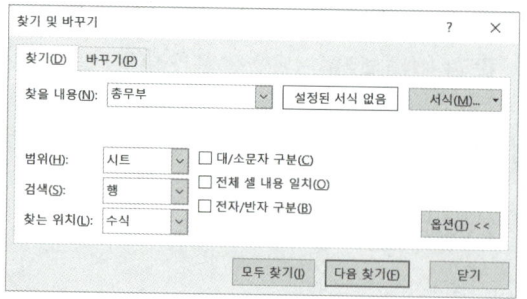

① 문서에서 '찾을 내용'에 입력한 내용과 일치하는 이전 항목을 찾으려면 Shift를 누른 상태에서 [다음 찾기] 단추를 클릭한다.
② '찾을 내용'에 입력한 문자만 있는 셀을 검색하려면 '전체 셀 내용 일치'를 선택한다.
③ 별표(*), 물음표(?) 및 물결표(~) 등의 문자가 포함된 내용을 찾으려면 '찾을 내용'에 작은따옴표(') 뒤에 해당 문자를 붙여 입력한다.
④ 찾을 내용을 워크시트에서 검색할지, 전체 통합 문서에서 검색할지 등을 선택하려면 '범위'에서 '시트' 또는 '통합 문서'를 선택한다.

15

다음 중 [찾기 및 바꾸기] 대화상자의 '찾기' 기능에 대한 설명으로 옳지 않은 것은?

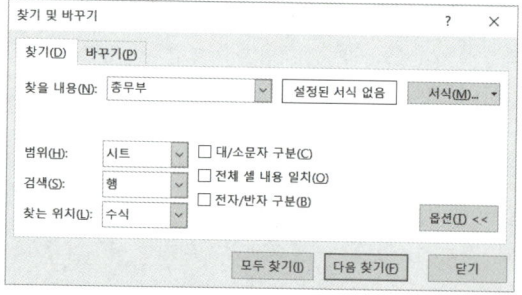

① [서식] 단추를 이용하면 특정 셀의 서식을 선택하여 동일한 셀 서식이 적용된 셀을 찾을 수도 있다.
② '찾을 내용'으로 숫자, 특수문자, 한자 등을 입력하여 찾을 수 있으나 *와 ?는 와일드카드 문자이므로 사용할 수 없다.
③ '찾는 위치'는 수식, 값, 메모 중 선택하여 찾을 수 있다.
④ '검색'에서 행 방향을 우선하여 찾을 것인지 열 방향을 우선하여 찾을 것인지를 지정할 수 있다.

서식 설정

16

다음 중 아래 워크시트의 [A1] 셀에 사용자 지정 표시 형식 '#,###,'를 적용했을 때 표시되는 값은?

	A	B
1	2451648.81	
2		

① 2,451
② 2,452
③ 2
④ 2.4

17 또 나올 문제

다음 중 서식 코드를 셀의 사용자 지정 표시 형식으로 설정한 경우 입력 데이터와 표시 결과가 옳지 않은 것은?

구분	서식 코드	입력 데이터	표시
㉠	# ???/???	3.75	3 3/4
㉡	0,00#,	−6789	−0.007
㉢	*-#,##0	6789	*----6789
㉣	▲#;▼#;0	−6789	▼6789

① ㉠
② ㉡
③ ㉢
④ ㉣

18 또 나올 문제

다음 중 입력한 데이터에 지정된 사용자 지정 표시 형식의 결과가 옳지 <u>않은</u> 것은?

①
입력 자료	엑셀
표시 형식	@@@
결과	엑셀엑셀엑셀

②
입력 자료	1
표시 형식	#"0,000"
결과	10,000

③
입력 자료	0.5
표시 형식	[<1]0.??;#,###
결과	0.05

④
입력 자료	2012-10-09
표시 형식	mmm-dd
결과	Oct-09

19 또 나올 문제

다음 중 조건부 서식에 관한 설명으로 옳지 <u>않은</u> 것은?

① 셀에 입력된 값에 따라 데이터 막대를 표시할 수 있다.
② 셀 값이 조건과 일치하거나 수식의 결과가 참일 때만 지정된 서식이 적용된다.
③ 해당 셀이 여러 개의 조건을 동시에 만족하는 경우 마지막에 지정한 조건의 서식으로 설정된다.
④ 조건을 만족하는 데이터가 있는 행 전체에 서식을 지정할 때는 조건 입력 시 열 이름 앞에만 '$'를 붙인다.

20

다음 중 셀 스타일에 대한 설명으로 옳지 <u>않은</u> 것은?

① '표준' 셀 스타일은 삭제할 수 없다.
② 셀 스타일은 글꼴과 글꼴 크기, 표시 형식, 셀 테두리 및 셀 음영 등의 서식 특성이 정의된 집합이다.
③ 사용자가 만든 셀 스타일은 기본적으로 모든 엑셀 통합 문서에서 사용할 수 있다.
④ 셀 스타일을 삭제하면 해당 스타일이 적용됐던 영역의 스타일이 '표준' 셀 스타일로 변경되어 적용된다.

바로 보는 해설

14 별표(*), 물음표(?) 및 물결표(~) 등의 문자가 포함된 내용을 찾으려면 '~*', '~?'와 같이 찾으려는 문자 앞에 ~ 기호를 입력해야 한다.

15 '찾을 내용'으로 와일드카드인 * 또는 ?도 사용할 수 있다. 와일드카드를 포함한 내용을 찾으려면 '~*', '~?' 등으로 지정한다.

16 #은 유효 자릿수만 나타내고 유효하지 않은 0은 표시하지 않는다. '2451648.81'을 사용자 지정 형식인 '#,###,'로 지정한 경우 '2,451'인 '2,451' 다음의 '6'이 반올림 대상이므로 결괏값은 '2,452'가 된다. 이때 사용자 지정 형식 '#,###,'에서 맨 끝의 쉼표(,)는 숫자 세 자리를 생략한다.

17 *-,##0에서 *는 * 기호의 다음에 있는 특정 문자를 셀의 너비만큼 반복하여 채워 표시하는 기호로, '----6,789'이다.

| 오답 피하기 |
① # ???/???에서 ?는 유효하지 않은 자릿수에 0 대신 공백을 표시한다. 셀에 입력된 값을 분수로 표시하는데, 소수점 이상 부분은 '3'이고, 소수점 이하 부분의 0.75를 분수로 표시하면 '3/4'이다.
② 0.00#,에서 0.00# 다음에 표시된 콤마(,)는 숫자 세 자리(천 단위) 생략을 의미한다. '-6789'에서 천 단위를 생략하면 반올림되어 '-7'이 되고, '0.00#' 형식으로 표시하면 '-0.007'이다.
④ 사용자 지정 표시 형식은 '양수;음수;0;텍스트' 순이다. ▲#;▼#;0에서 -6789는 음수이므로 ▼# 형식이 지정되어 '▼6789'이다.

18 1보다 작으면 '0.??' 형식을, 아니면 '#,###' 형식을 적용하는데, 0.5는 1보다 작으므로 '0.??' 형식을 적용하여 '0.5 '로 표시된다. ?는 유효하지 않은 자릿수에 0 대신 공백을 표시하는 기호이다.

| 오답 피하기 |
① @는 문자 데이터의 표시 위치를 지정하는 기호이고 '@@@'로 표시 형식을 지정하면 결괏값은 '엑셀엑셀엑셀'이 된다.
② #은 유효한 자릿수만 표시하는 기호이고 큰따옴표로 데이터를 표현하면 문자로 인식해서 결괏값은 '10,000'이 된다.
④ mmm은 월을 'Oct'로, dd는 일을 '09'로 표시한다.

19 해당 셀이 여러 개의 조건을 동시에 만족하는 경우 규칙에 지정된 서식이 모두 적용되지만, 서식이 충돌하는 경우에는 우선순위가 높은 규칙의 서식만 적용된다.

20 사용자가 만든 셀 스타일은 기본적으로 현재 엑셀 통합 문서에서만 사용할 수 있다.

| 정답 | 14 ③ 15 ② 16 ② 17 ③ 18 ③
       19 ③ 20 ③

CHAPTER 3
수식 활용

최근 기출 10개년 기준
21%

무료 동영상 강의

- 055 수식 작성
- 056 함수
- 057 수학 함수, 통계 함수
- 058 날짜/시간 함수, 논리 함수, 문자열 함수
- 059 찾기/참조 함수, 데이터베이스 함수
- 060 재무 함수, 정보 함수
- 061 배열 수식과 배열 상수

학습전략

수험생들이 가장 어려워하는 부분이 바로 수식 활용입니다. 함수의 의미와 인수를 잘 이해한 후 반복해서 학습한다면 수식을 완성해 나가는 재미가 느껴질 것입니다.

| 빈출개념 | #참조 연산자 #셀 참조 #오류 메시지

개념끝 055 수식 작성

기출빈도 A – B – C – **D**

> **결정적 힌트**
>
> 많은 수험생들이 시험 준비를 하면서 가장 어려워 하는 부분이 수식 활용인 것 같습니다. 직접적으로 많은 문제가 출제되는 부분은 아니지만 우선 수식 작성에 관련된 기초 개념을 잘 이해할 필요가 있습니다.

01 수식 작성

- 수식은 등호(=)나 더하기(+), 빼기(−) 기호로 시작하며, 더하기(+)와 빼기(−) 기호는 등호(=)로 자동 변환된다.
- 수식에 문자열이 포함될 때는 큰따옴표(" ")로 묶어준다.
- 셀에는 수식의 결과가, 수식 입력줄에는 입력한 수식이 표시된다.
- 계산할 셀 범위를 선택하여 수식을 입력한 후 Ctrl+Enter를 누르면 선택한 영역에 수식을 한 번에 채울 수 있다.
- 입력된 수식을 보려면 Ctrl+~를 누른다.
- 수식을 입력한 후 바로 F9를 누르면 결괏값이 수식이 아닌 상수로 입력된다.

02 연산자

(1) 산술 연산자

숫자 데이터에 대해 사칙연산 등을 수행한다.

+	더하기	−	빼기	*	곱하기
/	나누기	%	백분율	^	거듭제곱

	A	B	C	D
1		산술 연산자		
2				
3	A	B	계산식	결과
4	40	20	=A4+B4	60
5	40	20	=A5-B5	20
6	40	20	=A6*B6	80
7	40	20	=A7/B7	2
8	4	2	=A8%	0.04
9	4	2	=A9^B9	16
10				

(2) 비교 연산자

두 값의 크기를 비교하여 조건식이 만족하면 TRUE(참), 그렇지 않으면 FALSE(거짓)를 표시한다.

크다	>	작다	<	크거나 같다	>=
작거나 같다	<=	같다	=	같지 않다	<>

▲	F	G	H	I
1		비교 연산자		
2				
3	A	B	계산식	결과
4	40	20	=F4>G4	TRUE
5	40	20	=F5<G5	FALSE
6	40	20	=F6>=G6	TRUE
7	40	20	=F7<=G7	FALSE
8	40	20	=F8=G8	FALSE
9	40	20	=F9<>G9	TRUE
10				

(3) 문자열 연산자

&	두 개의 문자열을 연결하여 표시

▲	K	L	M	N
1		문자열 연산자		
2				
3	A	B	계산식	결과
4	컴활	필기	=K4&L4	컴활필기
5				

(4) 참조 연산자

콜론(:)	범위 연산자 예 A1:B3 → [A1] 셀에서 [B3] 셀까지의 영역을 의미
쉼표(,)	구분 연산자 예 A1,B3 → [A1] 셀과 [B3] 셀을 의미
공백( )	교점 연산자 예 A1:B3 B3:C5 → [A1:B3] 영역과 [B3:C5] 영역의 교차 영역인 [B3] 셀을 의미

(5) 연산 우선순위

- 하나의 수식에서 여러 연산자가 사용될 때 우선순위에 따라 계산한다.
- 괄호( )가 있으면 항상 괄호 안을 먼저 연산한다.

연산 우선순위	연산자	구분
1	콜론(:) → 쉼표(,) → 공백( )	참조 연산자
2	^	산술 연산자
3	*, /	
4	+, −	
5	>, <, >=, <=, =, < >	비교 연산자

> **결정적 힌트**
>
> 셀을 참조하는 방식에는 기본적으로 상대 참조, 절대 참조, 혼합 참조가 있습니다. 어떤 경우에 해당 참조를 사용하는지 반드시 이해할 필요가 있습니다. 직접 실습을 하면서 익혀두시기 바랍니다. 필기시험에는 다른 워크시트의 셀 참조, 다른 통합 문서의 셀 참조, 3차원 참조도 출제되므로 특징을 알아두시기 바랍니다.

03 셀 참조

(1) 셀 참조

- 워크시트의 특정 셀이나 셀 범위의 데이터를 참조하는 방식으로, 계산할 데이터의 위치를 지정하기 위해 수식에서 사용된다.
- 수식에서 참조하는 셀이나 셀 범위의 데이터가 변경되면 수식의 결과도 자동으로 변경된다.
- 워크시트의 하나 이상의 셀, 워크시트의 여러 영역의 셀, 다른 워크시트나 다른 통합 문서의 셀을 참조할 수 있다.

(2) 상대 참조

셀의 위치가 변경되면 수식의 주소가 자동으로 변경된다. 예 A1, B2

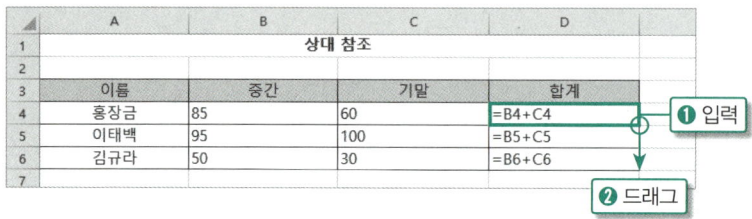

(3) 절대 참조

- 셀의 위치가 변경되어도 수식의 주소가 변경되지 않는다.
- 열 번호와 행 번호 앞에 '$'를 붙여 고정한다. 예 $A$1, $B$2
- '$'는 직접 입력하거나 F4 를 눌러 지정한다.

> ▼ F4
>
> 셀 주소를 입력한 후 F4 를 누르면 셀 참조가 자동으로 변환된다. F4 를 누를 때마다 절대 참조, 행 고정 혼합 참조, 열 고정 혼합 참조, 상대 참조의 순으로 변환된다.
> 예 A1 → $A$1 → A$1 → $A1

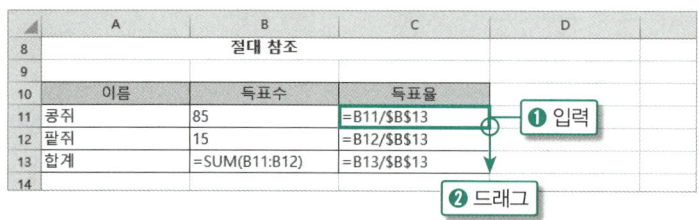

(4) 혼합 참조

행이나 열 중에서 하나만 절대 참조로 지정된다.

예 $A1, $B1 → 열 고정 혼합 참조 / A$1, B$2 → 행 고정 혼합 참조

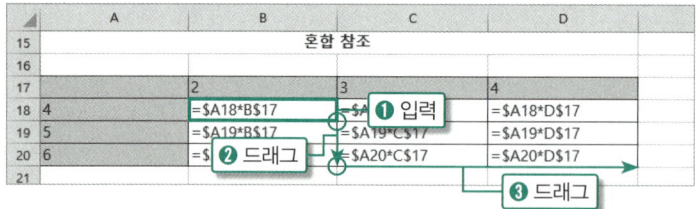

(5) 다른 워크시트의 셀 참조

- 다른 워크시트의 셀을 참조하려면 시트 이름과 셀 주소 사이에 느낌표(!)로 구분한다.
  예 =Sheet1!A3
- 시트 이름에 한글, 영문 이외의 문자가 있으면 작은따옴표(' ')로 묶는다.
  예 ='1월'!A3

(6) 다른 통합 문서의 셀 참조

다른 통합 문서의 셀을 참조하려면 통합 문서의 이름을 대괄호([ ])로 표시한다.

예 =[실적.xlsx]Sheet1!$A$3

(7) 3차원 참조

- 3차원 참조란 여러 시트의 동일한 셀 데이터나 셀 범위 데이터에 대한 참조를 의미한다.

  예 =SUM(Sheet2:Sheet4!A2)

  → [Sheet2] 시트에서 [Sheet4] 시트의 [A2] 셀 값을 모두 더한다.

- 배열 수식에는 3차원 참조를 사용할 수 없다.
- SUM, AVERAGE, AVERAGEA, COUNT, COUNTA, MAX, MAXA, MIN, MINA, STDEV.S 함수 등에서 사용할 수 있다.

04 이름 정의

> **결정적 힌트**
> 이름 정의에 대한 내용은 많이 출제되는 부분이며, 실기시험에서 직접 활용할 수 있습니다. 이름 정의의 개념을 잘 이해하시기 바랍니다.

- 선택한 셀이나 범위에 이름을 정의하는 기능으로, 이름은 수식에서 셀 주소 대신 사용된다.

이름 정의 방법

방법1	이름을 정의하려는 영역을 범위로 지정하고 이름 상자에 이름을 입력한 후 Enter
방법2	[수식] 탭-[정의된 이름] 그룹-[이름 정의] 선택
방법3	[수식] 탭-[정의된 이름] 그룹-[선택 영역에서 만들기] 선택

▼ 선택 영역에서 만들기

- 이름은 기본적으로 절대 참조로 정의된다.
- 이름의 첫 글자는 문자나 밑줄(_), 역슬래시(\)만 사용할 수 있고, 숫자로 시작될 수 없다.
- 이름에는 공백을 사용할 수 없으며, 영문자의 대·소문자를 구분하지 않는다.
- 셀 주소와 같은 형태의 이름은 사용할 수 없다.
- 여러 시트에서 같은 이름으로 정의할 수 없다.
- 정의된 이름은 다른 시트에서 사용할 수 있다.
- 정의된 이름을 확인하거나 수정하려면 [수식] 탭-[정의된 이름] 그룹-[이름 관리자]를 클릭한다.

▼ [이름 관리자] 대화상자 바로 가기 키

Ctrl + F3

실습으로 개념끝 ❶ 에듀윌_컴퓨터활용능력1급필기기본서_실습으로개념끝\2과목\Chapter3_1.이름정의.xlsx

[B2:B4] 영역에 '국어'로 이름을 정의하시오.

따라하기

❶ [B2:B4] 영역을 드래그하여 선택한다.
❷ 이름 상자에 '국어'를 입력하고 Enter 를 누른다.

	A	B	C	D	E
1	이름	국어	영어	수학	
2	김청이	100	95	85	
3	황길동	65		70	
4	고두리	85	90	100	
5					

국어 ← ❷ 입력 → Enter
❶ 드래그

05 오류 메시지

####	결괏값이 셀 너비보다 길어서 셀에 결괏값을 모두 표시할 수 없는 경우
#DIV/0!	특정 값을 0 또는 빈 셀로 나눈 경우
#N/A	수식으로 해당 값을 찾을 수 없는 경우
#NAME?	잘못된 함수 이름이나 정의되지 않은 셀 이름을 사용한 경우 예 =SUM(A3A9)
#NULL!	교차하지 않은 두 영역의 교차점을 지정한 경우 예 =SUM(A1 B1)
#NUM!	수식이나 함수에 잘못된 숫자값이 포함된 경우
#REF!	셀 참조를 잘못 사용한 경우
#VALUE!	잘못된 인수나 피연산자를 사용한 경우
순환 참조 경고	수식에 자기 자신의 셀을 참조하려는 경우

결정적 힌트

엑셀 작업 시 나타나게 되는 오류 메시지를 잘 이해해야 잘못된 작업을 수정할 수 있습니다. 많은 문제가 출제된 부분이므로 직접 실습을 통해 어떤 경우에 해당 오류 메시지가 나타나는지 이해해야 합니다.

▼ 순환 참조 경고 오류

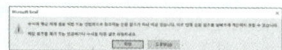

▼ 오류 결과

❶ 결괏값이 셀 너비보다 긴 경우
❷ 0으로 나눈 경우
❸ [F6:F8] 영역에 15가 없는 경우
❹ '컴퓨터'라는 이름이 정의되지 않은 경우
❺ [F6] 셀과 [F7] 셀에 교차점이 없는 경우
❻ 계산할 수 있는 범위를 벗어난 경우
❼ 수식에서 참조한 [I6:I8] 영역이 삭제된 경우
❽ INDEX 함수에서 행과 열이 음수로 지정된 경우

	A	B	C	D	E	F
1			오류값			
2				▼		
3		입력		결과		
4		123456789	###		❶	
5		=123/0		#DIV/0!	❷	
6		=RANK.EQ(15,F6:F8)		#N/A	❸	10
7		=SUM(컴퓨터)		#NAME?	❹	20
8		=SUM(F6 F7)		#NULL!	❺	30
9		=POWER(-10,400)		#NUM!	❻	
10		=SUM(F6:F8 I6:I8)		#REF!	❼	
11		=INDEX(F6:F8,-1,-2)		#VALUE!	❽	

개념 플러스 [오류 추적] 단추()

[파일] 탭-[옵션]을 선택하고 [Excel 옵션] 창의 '수식' 범주에서 '오류를 반환하는 수식이 있는 셀'에 체크하면 오류가 발생한 부분에 [오류 추적] 단추()가 표시된다.

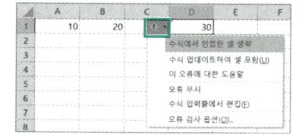

바로 보는 해설

01
[D2] 셀의 함수식 '=SUM($B$2:C2)'를 아래쪽으로 자동 채우기하면 [$B$2] 셀은 절대 참조이므로 셀 주소가 변하지 않고 [C2] 셀은 상대 참조이므로 셀 주소가 변한다. 따라서 [D2] 셀의 값은 '15(5+10)', [D3] 셀의 값은 '36(5+7+10+14)', [D4] 셀의 값은 '63(5+7+9+10+14+18)'이다.

| 정답 | 01 ④

Warming UP 기출로 개념 확인

01

다음 중 아래 워크시트에서 수식 '=SUM($B$2:C2)'가 입력된 [D2] 셀을 [D4] 셀에 복사하여 붙여 넣었을 때의 결괏값은?

	A	B	C	D
1				
2		5	10	15
3		7	14	
4		9	18	
5				

① 15
② 27
③ 42
④ 63

02

아래 시트에서 [D1] 셀을 선택한 상태에서 수식 입력줄의 (B1+C1)을 선택하고 F9를 누르면 나타나는 현상에 대한 설명으로 옳은 것은?

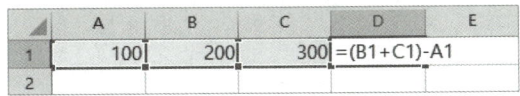

① 선택된 수식이 계산되어 500이 표시된다.
② 선택된 해당 셀의 값이 표기되어 (200+300)이 표시된다.
③ 수식 입력줄의 모든 수식이 계산되어 400이 표시된다.
④ 수식 입력줄의 셀의 값이 표기되어 (200+300)−100이 표시된다.

02 수식 입력줄의 선택된 범위에서 F9를 누르면 수식의 결괏값이 표시된다.

03

다음 중 이름 상자에 대한 설명으로 옳지 않은 것은?

① Ctrl을 누르고 여러 개의 셀을 선택한 경우 마지막 선택한 셀 주소가 표시된다.
② 셀이나 셀 범위에 이름을 정의해 놓은 경우 이름이 표시된다.
③ 차트가 선택되어 있는 경우 차트의 종류가 표시된다.
④ 수식을 작성 중인 경우 최근 사용한 함수 목록이 표시된다.

03 차트가 선택된 상태이면 이름 상자에서는 차트가 만들어진 순서대로 '차트 1', '차트 2'가 표시된다.

04

다음 중 셀에 수식을 입력하는 방법에 대한 설명으로 옳지 않은 것은?

① 수식에서 통합 문서의 여러 워크시트에 있는 동일한 셀 범위 데이터를 이용하려면 3차원 참조를 사용한다.
② 계산할 셀 범위를 선택하여 수식을 입력한 후 Ctrl+Enter를 누르면 선택한 영역에 수식을 한 번에 채울 수 있다.
③ 수식을 입력한 후 결괏값이 수식이 아닌 상수로 입력되게 하려면 수식을 입력한 후 바로 Alt+F9를 누른다.
④ 배열 상수에는 숫자나 텍스트 외에 'TRUE', 'FALSE' 등의 논리값 또는 '#N/A'와 같은 오류값도 포함될 수 있다.

04 수식을 입력한 후 Enter를 누르기 전에 F9를 눌러야 결괏값이 수식이 아닌 상수로 입력된다.

05 또 나올 문제

다음 중 수식에서 발생하는 각 오류에 대한 원인으로 옳지 않은 것은?

① #NULL! : 배열 수식이 들어있는 범위와 행 또는 열 수가 같지 않은 배열 수식의 인수를 사용하는 경우
② #VALUE! : 수식에서 잘못된 인수나 피연산자를 사용한 경우
③ #NUM! : 수식이나 함수에 잘못된 숫자값이 포함된 경우
④ #NAME? : 수식에서 이름으로 정의되지 않은 텍스트를 큰따옴표로 묶지 않고 입력한 경우

05 #NULL!는 교차하지 않은 두 범위를 입력할 때 발생하는 오류이다. 예를 들어 'SUM(C5 C8)'인 경우 #NULL! 오류가 발생하므로 'SUM(C5:C8)'로 수정하여 오류를 해결할 수 있다.

| 정답 | 02 ① 03 ③ 04 ③ 05 ①

개념끝 056 함수

기출빈도 D

01 함수

> **결정적 힌트**
> 본격적인 함수의 학습이 시작됩니다. 우선 함수는 어떻게 구성되는지 이해하고 함수 마법사를 사용하는 방법을 간단히 익혀두셔야 합니다.

- 함수는 복잡한 수식을 미리 정의한 것으로, 함수를 이용하면 연산을 하거나 값을 조회하는 등 다양한 작업을 할 수 있다.
- 함수는 함수명, 괄호, 인수로 구성되며, 괄호 안에 쉼표(,)로 인수를 구분한다.

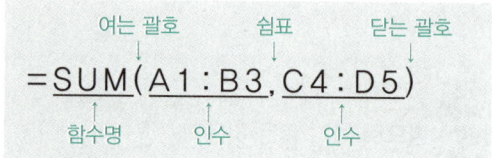

▼ **인수**
인수란 함수를 실행하는 데 필요한 값으로 함수의 형식에 따라 숫자, 텍스트, 범위, 함수 등이 사용된다.

- 함수에 따라 인수가 없는 함수도 존재하며, 이 경우에는 괄호만 표시한다.
  예) =NOW( ), =TODAY( )
- 함수의 인수로 다른 함수를 지정할 수 있으며, 이것을 중첩 함수라 한다.
  예) =AVERAGE(MAX(A1:C1),MIN(A1:C1))
- 중첩 함수는 64단계까지 중첩할 수 있다.

02 함수 마법사

함수 마법사를 이용하면 인수에 대한 정보를 보면서 함수를 쉽게 완성할 수 있다.

| 실행 방법

방법1	[수식] 탭 – [함수 라이브러리] 그룹 – [함수 삽입(fx)] 선택
방법2	수식 입력줄의 [함수 삽입(fx)] 클릭
방법3	Shift + F3

■ **최근에 사용한 함수 목록**
수식 작성 시 이름 상자에 최근에 사용한 함수 목록이 표시된다.

실습으로 개념끝 ❷ 에듀윌_컴퓨터활용능력1급필기기본서_실습으로개념끝\2과목\Chapter3_2.함수마법사.xlsx

함수 마법사를 이용하여 총점을 구해보시오.

따라하기

❶ [E2] 셀을 선택하고 수식 입력줄의 [함수 삽입]을 클릭한다. [함수 마법사] 대화상자의 '함수 선택'에서 'SUM'을 선택하고 [확인]을 클릭한다.

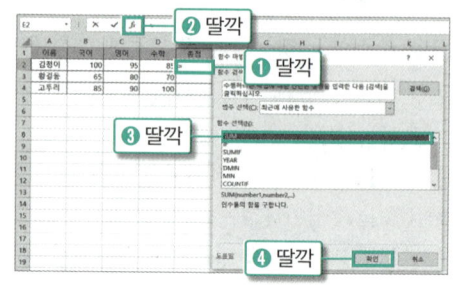

❷ [함수 인수] 대화상자의 'Number1'에서 [B2:D2] 영역을 드래그하여 선택하고 [확인]을 클릭한다.

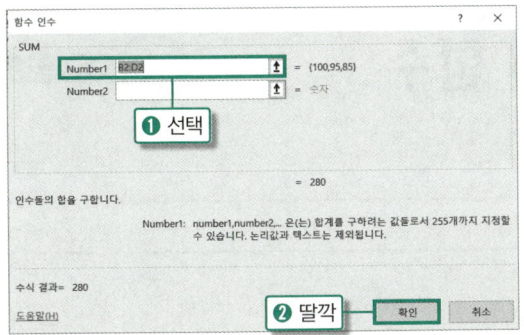

❸ [E2] 셀의 채우기 핸들을 [E4] 셀까지 드래그하여 수식을 복사한다.

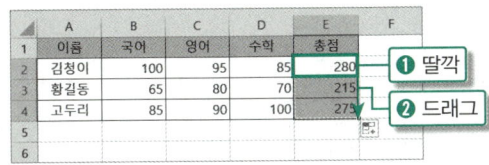

03 자동 합계

> **결정적 힌트**
>
> 자동 합계는 각종 함수를 쉽게 구할 수 있는 유용한 기능입니다. 많은 문제가 출제되는 부분은 아니고 매우 쉬운 기능이므로 가볍게 실습하면서 익혀두시기 바랍니다.

- 자동 합계를 이용하면 합계, 평균, 개수, 최대, 최소 등의 함수를 쉽게 구할 수 있다.

| 실행 방법

방법	[수식] 탭 – [함수 라이브러리] 그룹 – [자동 합계(Σ)] 선택

- 기타 함수를 클릭하면 다른 함수를 추가하여 이용할 수 있다.
- 자동 합계를 구할 셀에서 [자동 합계]를 클릭하여 함수를 선택한 후 Enter 를 누르면 계산할 수 있다.

실습으로 개념끝 ❸   에듀윌_컴퓨터활용능력1급필기기본서_실습으로개념끝\2과목\Chapter3_3.자동합계.xlsx

자동 합계를 이용하여 총점을 구해보시오.

따라하기

❶ [B2:E4] 영역을 드래그하여 선택하고 [수식] 탭 – [함수 라이브러리] 그룹 – [자동 합계]를 클릭한다.

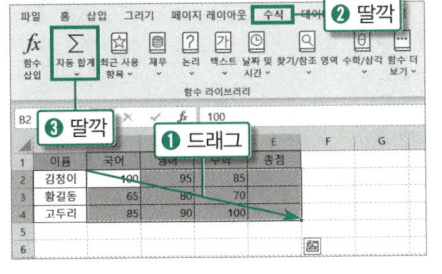

| 빈출개념 | #MOD 함수 #SUMIF 함수 #ROUND 함수

개념끝 057 수학 함수, 통계 함수

기출빈도

01 수학 함수

결정적 힌트

함수명과 인수의 사용 방법을 암기해야 필기 문제를 풀 수 있습니다. 실습하면서 모든 함수를 꼼꼼히 익혀두시기 바랍니다. 특히 INT, TRUNC, ROUND, ROUNDDOWN, ROUNDUP 함수의 차이점을 잘 이해해야 합니다.

▼ INT 함수와 TRUNC 함수

양수를 정수로 반환할 경우 INT 함수와 TRUNC 함수는 결과가 같지만, 음수를 정수로 반환할 경우에는 결과가 다릅니다.

- INT(3.5) → 3
  TRUNC(3.5) → 3
- INT(−3.5) → −4
  TRUNC(−3.5) → −3

▼ MOD 함수

나머지=나뉘는 수−나누는 수×몫
이므로
MOD(수1,수2)=수1−수2*INT(수1/수2)

(1) 수학 함수

함수	기능
ABS(숫자)	'숫자'의 절대값을 반환
EXP(숫자)	e를 '숫자'만큼 거듭제곱한 값을 반환
FACT(숫자)	'1×2×3×…×숫자'로 계산한 계승값을 반환
INT(숫자)	'숫자'에서 가장 가까운 정수로 내린 값을 반환
MOD(수1,수2)	'수1'을 '수2'로 나눈 나머지를 반환
PI( )	원주율(π) 값을 반환
POWER(수1,수2)	'수1'을 '수2'만큼 거듭제곱한 값을 반환
PRODUCT(수1,수2,…)	인수를 모두 곱한 결과 반환
QUOTIENT(수1,수2)	'수1'을 '수2'로 나눈 몫을 반환
RAND( )	0과 1 사이의 난수를 반환
RANDBETWEEN(수1,수2)	지정한 두 수 사이의 임의의 수를 반환
SIGN(숫자)	'숫자'의 부호를 반환 • 양수: 1 • 음수: −1 • 0: 0
SQRT(숫자)	'숫자'의 양의 제곱근을 반환
SUMPRODUCT(배열1,배열2)	배열에서 해당 요소들을 모두 곱하고 그 곱의 합계를 반환
TRUNC(숫자,자릿수)	'숫자'에서 지정한 '자릿수' 이하의 숫자를 버리고 반환

▼ 함수결과

❶ −25의 절대값
❷ e^3
❸ 1×2×3
❹ −3.5를 가장 가까운 정수로 내림
❺ 10을 3으로 나눈 나머지
❻ 원주율 값
❼ 2^3
❽ 10×20×30
❾ 30을 4로 나눈 몫
❿ 0과 1 사이의 난수
⓫ 1과 30 사이의 난수
⓬ −4의 부호
⓭ $\sqrt{25}$
⓮ 1×1+2×2+3×3+1×1
⓯ −3.5의 소수점 이하를 버림

	A	B	C
1	수학/삼각 함수		
2			
3	함수식	함수결과	
4	=ABS(-25)	25	❶
5	=EXP(3)	20.08553692	❷
6	=FACT(3)	6	❸
7	=INT(-3.5)	-4	❹
8	=MOD(10,3)	1	❺
9	=PI()	3.141592654	❻
10	=POWER(2,3)	8	❼
11	=PRODUCT(10,20,30)	6000	❽
12	=QUOTIENT(30,4)	7	❾
13	=RAND()	0.998133106	❿
14	=RANDBETWEEN(1,30)	19	⓫
15	=SIGN(-4)	-1	⓬
16	=SQRT(25)	5	⓭
17	=SUMPRODUCT({1,2;3,1},{1,2;3,1})	15	⓮
18	=TRUNC(-3.5)	-3	⓯
19			

(2) 합계 함수

SUM(수1,수2,⋯)	'숫자'의 합계를 반환
SUMIF(범위,조건,합계 범위)	'범위'에서 '조건'을 만족하는 경우 '합계 범위'에서 합계를 반환
SUMIFS(합계 범위,범위1,조건1, 범위2,조건2,⋯)	'범위1'에서 '조건1'을 만족하고 '범위2'에서 '조건2'를 만족하면 '합계 범위'에서 합계를 반환

	D	E	F	G	H
1	합계 함수				
2					
3	이름	직업	성별	나이	
4	김진안	자영업	남	35	
5	오하림	자영업	여	20	
6	박재진	자영업	남	55	
7	김규연	자영업	여	40	
8	박효신	교사	남	38	
9					
10	함수식			함수결과	
11	=SUM(G4:G8)			188	❶
12	=SUMIF(F4:F8,"남",G4:G8)			128	❷
13	=SUMIFS(G4:G8,E4:E8,"자영업",F4:F8,"남")			90	❸
14					
15					

▼ 함수결과

❶ [G4:G8] 영역의 합계
❷ [F4:F8] 영역에서 '남'인 경우 [G4:G8] 영역의 합계
❸ [E4:E8] 영역에서 '자영업'이고 [F4:F8] 영역에서 '남'인 경우 [G4:G8] 영역의 합계

(3) 반올림/내림/올림 함수

ROUND(숫자,자릿수)	'숫자'를 지정한 '자릿수'로 반올림하여 반환
ROUNDDOWN(숫자,자릿수)	'숫자'를 지정한 '자릿수'로 내림하여 반환
ROUNDUP(숫자,자릿수)	'숫자'를 지정한 '자릿수'로 올림하여 반환

개념 플러스 　반올림/내림/올림 함수의 자릿수

	1	2	3	.	4	5	6
자릿수 →	−2	−1	0		1	2	3

	I	J	K
1	반올림/내림/올림		
2			
3	함수식	함수결과	
4	=ROUND(345.456,2)	345.46	❶
5	=ROUND(345.456,0)	345	❷
6	=ROUND(345.456,-2)	300	❸
7	=ROUNDUP(123.123,2)	123.13	❹
8	=ROUNDUP(123.123,0)	124	❺
9	=ROUNDUP(123.123,-2)	200	❻
10	=ROUNDDOWN(345.456,2)	345.45	❼
11	=ROUNDDOWN(345.456,0)	345	❽
12	=ROUNDDOWN(345.456,-2)	300	❾
13			
14			

▼ 함수결과

❶ 345.456을 소수점 이하 두 자리로 반올림
❷ 345.456을 정수로 반올림
❸ 345.456을 백 단위로 반올림
❹ 123.123을 소수점 이하 두 자리로 올림
❺ 123.123을 정수로 올림
❻ 123.123을 백 단위로 올림
❼ 345.456을 소수점 이하 두 자리로 내림
❽ 345.456을 정수로 내림
❾ 345.456을 백 단위로 내림

(4) 배열 함수

수식을 입력하고 Ctrl + Shift + Enter 를 누른다.

MDETERM(배열)	'배열'로 저장된 행렬에 대한 행렬식을 반환
MINVERSE(배열)	'배열'로 저장된 행렬에 대한 역행렬을 반환
MMULT(배열1,배열2)	'배열1'과 '배열2'의 행렬 곱을 반환

▼ 함수결과

❶ $\begin{bmatrix} 3 & 4 \\ 1 & 2 \end{bmatrix}$ 의 행렬식을 반환

❷ $\begin{bmatrix} 3 & 4 \\ 1 & 2 \end{bmatrix}$ 의 역행렬을 반환

[M5:N6] 영역을 드래그하여 선택 → =MINVERSE(M9:N10)을 입력하고 Ctrl + Shift + Enter

❸ $\begin{bmatrix} 3 & 4 \\ 1 & 2 \end{bmatrix} \times \begin{bmatrix} 2 & 5 \\ 3 & 2 \end{bmatrix}$ 를 반환

[M5:N6] 영역을 드래그하여 선택 → =MMULT(M9:N10,M11:N12)을 입력하고 Ctrl + Shift + Enter

	K	L	M	N	O
1			배열 함수		
2					
3		함수식	함수결과		
4		=MDETERM(M9:N10)	2		❶
5		=MINVERSE(M9:N10)	1	-2	❷
6			-0.5	1.5	
7		=MMULT(M9:N10,M11:N12)	18	23	❸
8			8	9	
9		배열1(2×2 행렬)	3	4	
10			1	2	
11		배열2(2×2 행렬)	2	5	
12			3	2	
13					

> **결정적 힌트**
> 통계 함수에는 많은 함수가 포함되어 있습니다. 평균 관련 함수, 개수 관련 함수, 크기 관련 함수, 순위 관련 함수 등으로 비슷한 개념을 갖는 함수를 묶어서 이해하는 것이 필요합니다.

02 통계 함수

함수	기능
AVERAGE(수1,수2,…)	숫자의 평균을 반환
AVERAGEA(인수1,인수2,…)	텍스트와 논리값을 포함한 모든 인수의 평균을 반환
AVERAGEIF(범위,조건,평균 범위)	'범위'에서 '조건'을 만족하는 경우 '평균 범위'에서 평균을 반환
AVERAGEIFS(평균 범위,범위1, 조건1, 범위2,조건2,…)	'범위1'에서 '조건1'을 만족하고 '범위2'에서 '조건2'를 만족하면 '평균 범위'에서 평균을 반환
COUNT(인수1,인수2,…)	인수 중에서 숫자의 개수를 반환
COUNTA(인수1,인수2,…)	공백이 아닌 인수의 개수를 반환
COUNTBLANK(범위)	'범위'에서 공백 셀의 개수를 반환
COUNTIF(범위,조건)	'범위'에서 '조건'을 만족하는 셀의 개수를 반환
COUNTIFS(범위1,조건1,범위2,조건2,…)	'범위1'에서 '조건1'을, '범위2'에서 '조건2'를 만족하는 경우의 개수를 반환
GEOMEAN(수1,수2,…)	기하 평균을 반환
HARMEAN(수1,수2,…)	조화 평균을 반환
LARGE(범위,K)	'범위'에서 K번째로 큰 값을 반환
SMALL(범위,K)	'범위'에서 K번째로 작은 값을 반환
MAX(수1,수2,…)	인수 중에서 가장 큰 값을 반환
MAXA(인수1,인수2,…)	텍스트와 논리값을 포함한 모든 인수 중에서 가장 큰 값을 반환
MIN(수1,수2,…)	인수 중에서 가장 작은 값을 반환
MINA(인수1,인수2,…)	텍스트와 논리값을 포함한 모든 인수 중에서 가장 작은 값을 반환

함수	설명
MEDIAN(수1,수2,…)	숫자들의 중간값을 반환
MODE.SNGL(수1,수2,…)	숫자들 중 빈도가 가장 높은 값을 반환
PERCENTILE.INC(범위,수)	'범위'에서 지정한 '수' 번째 백분위수 값을 반환
RANK.EQ(수,범위,방법)	• '범위'에서 '수'의 순위를 반환 • 순위가 같으면 가장 높은 순위 반환
STDEV.S(수1,수2,…)	인수들의 표준 편차를 반환
VAR.S(수1,수2,…)	인수들의 분산을 반환
FREQUENCY(배열1,배열2)	'배열2'의 범위에 대한 '배열1' 요소의 빈도수를 반환

개념 플러스 RANK.EQ와 함수

점수가 같은 경우 RANK.EQ 함수는 가장 높은 순위인 2를 반환한다.

점수	RANK.EQ
80	2
70	4
80	2
90	1

	A	B	C	D
1				
2				
3	이름	직업	성별	나이
4	김진안	자영업	남	35
5	오하림	자영업	여	20
6	박재진	자영업	남	55
7	김규연	자영업	여	38
8	박효신	검사	남	35
9				

	E	F	G	H	I	J
1		통계 함수				
2		함수식	함수결과		함수식	함수결과
3						
4		=AVERAGE(D4:D8)	36.6 ①		=MAX(D4:D8)	55 ⑭
5		=AVERAGEA(C4:D8)	18.3 ②		=MAXA(0.5,TRUE,FALSE,0.3)	1 ⑮
6		=AVERAGEIF(C4:C8,"남",D4:D8)	41.66666667 ③		=MIN(D4:D8)	20 ⑯
7		=AVERAGEIFS(D4:D8,B4:B8,"자영업",C4:C8,"남")	45 ④		=MINA(0.5,TRUE,FALSE,0.4)	0 ⑰
8		=COUNT(D4:D8)	5 ⑤		=MEDIAN(D4:D8)	35 ⑱
9		=COUNTA(C4:C8)	5 ⑥		=MODE.SNGL(D4:D8)	35 ⑲
10		=COUNTBLANK(D4:D10)	2 ⑦		=RANK.EQ(D4,D4:D8)	3 ⑳
11		=COUNTIF(D4:D8,">=40")	1 ⑧		=STDEV.S(D4:D8)	12.46194 ㉑
12		=COUNTIFS(C4:C8,"남",D4:D8,">=40")	1 ⑨		=VAR.S(D4:D8)	155.3 ㉒
13		=GEOMEAN(D4:D8)	34.82270262 ⑩			㉓
14		=HARMEAN(D4:D8)	32.97272932 ⑪			
15		=LARGE(D4:D8,2)	38 ⑫			
16		=SMALL(D4:D8,2)	35 ⑬			

▼ 함수결과

❶ [D4:D8] 영역의 평균
❷ [C4:D8] 영역의 평균(합계를 10으로 나눔)
❸ [C4:C8] 영역에서 '남'인 경우 [D4:D8] 영역의 평균
❹ [B4:B8] 영역에서 '자영업'이고 [C4:C8] 영역에서 '남'인 경우 [D4:D8] 영역의 평균
❺ [D4:D8] 영역에서 숫자의 개수
❻ [C4:C8] 영역에서 공백이 아닌 인수의 개수
❼ [D4:D10] 영역에서 공백 셀의 개수
❽ [D4:D8] 영역에서 40 이상인 셀의 개수
❾ [C4:C8] 영역에서 '남'이고 [D4:D8] 영역에서 40 이상인 셀의 개수
❿ [D4:D8] 영역의 기하 평균
⓫ [D4:D8] 영역의 조화 평균
⓬ [D4:D8] 영역에서 두 번째로 큰 값
⓭ [D4:D8] 영역에서 두 번째로 작은 값
⓮ [D4:D8] 영역에서 가장 큰 값
⓯ 0.5, TRUE, FALSE, 0.3 중 가장 큰 값(TRUE인 1 반환)
⓰ [D4:D8] 영역에서 가장 작은 값
⓱ 0.5, TRUE, FALSE, 0.4 중 가장 작은 값(FALSE인 0 반환)
⓲ [D4:D8] 영역의 중간값
⓳ [D4:D8] 영역에서 빈도가 가장 높은 값
⓴ [D4:D8] 영역에서 80%번째 값
㉑ [D4:D8] 영역에서 [D4] 셀의 순위 (35가 2명이므로 높은 순위인 3을 반환)
㉒ [D4:D8] 영역의 표준 편차
㉓ [D4:D8] 영역의 분산

- FREQUENCY 함수는 특정 범위 안에 속하는 값의 개수를 배열의 형태로 반환하는 함수이므로 반드시 배열의 범위를 선택하고 수식을 작성한 후 Ctrl + Shift + Enter 를 눌러야 한다.

실습으로 개념끝 ❹

에듀윌_컴퓨터활용능력1급필기기본서_실습으로개념끝\2과목\Chapter3_4.FREQUENCY함수.xlsx

FREQUENCY 함수를 이용하여 구간별 인원수를 구하시오.

따라하기

❶ [C9:C13] 영역을 드래그하여 선택한다.

	A	B	C	D
1	이름	직업	성별	나이
2	김진안	자영업	남	35
3	오하림	자영업	여	20
4	박재진	자영업	남	55
5	김규연	자영업	여	38
6	박효신	검사	남	35
7				
8	구간	나이	인원수	
9	20 이하	20		
10	20 초과 30 이하	30		
11	30 초과 40 이하	40		← 드래그
12	40 초과 50 이하	50		
13	50 초과 60 이하	60		
14				

❷ 수식 입력줄에 =FREQUENCY(D2:D6,B9:B13)을 입력하고 Ctrl + Shift + Enter 를 누른다.

❸ 결과를 확인한다.

	A	B	C	D
1	이름	직업	성별	나이
2	김진안	자영업	남	35
3	오하림	자영업	여	20
4	박재진	자영업	남	55
5	김규연	자영업	여	38
6	박효신	검사	남	35
7				
8	구간	나이	인원수	
9	20 이하	20	1	
10	20 초과 30 이하	30	0	
11	30 초과 40 이하	40	3	
12	40 초과 50 이하	50	0	
13	50 초과 60 이하	60	1	
14				

바로 보는 해설

01
−3/2보다 크지 않은 정수를 구하면 결괏값은 '−2'이다. 이를 대입하면 'ABS(−2)'가 되는데, −2를 절댓값으로 표시하면 결괏값은 '2'이다.

| 오답 피하기 |
② −3을 2로 나눈 나머지를 구하면 결괏값은 '1'이다.
③ 0과 1 사이의 난수를 정수로 자리 올림하여 결괏값은 '1'이다.
④ 소수점 이하의 값을 버려서 1이 되고, 1의 계승값을 나타내면 결괏값은 '1'이다.

| 정답 | 01 ①

Warming UP 기출로 개념 확인

01 또 나올 문제

다음 중 수식의 결과가 나머지 셋과 다른 것은?

① =ABS(INT(−3/2))
② =MOD(−3,2)
③ =ROUNDUP(RAND( ),0)
④ =FACT(1.9)

02

다음 중 =SUMPRODUCT({2,3,4},{7,8,9}) 수식의 결과로 올바른 것은?

① 32
② 48
③ 56
④ 74

02
SUMPRODUCT 함수는 배열에서 해당 요소들을 모두 곱하고 그 곱의 합계를 반환하므로
2X7+3X8+4X9=14+24+36
=74이다.

03

다음 중 아래 시트에 대한 각 수식의 결괏값이 나머지 셋과 다른 것은?

	A	B	C	D	E	F	G	H
1	10	20	30	40	50	60	70	
2								

① =SMALL(A1:G1,{3})
② =AVERAGE(SMALL(A1:G1,{1;2;3;4;5}))
③ =LARGE(A1:G1,{5})
④ =SMALL(A1:G1,COLUMN(D1))

03
COLUMN(D1)은 [D1] 셀의 열 번호를 구하는 함수로, '4'를 반환한다. 이를 대입하면 'SMALL(A1:G1,4)'이므로 [A1:G1] 영역에서 네 번째로 작은 수는 '40'이다.

04 또 나올 문제

다음 중 아래의 워크시트에서 작성한 수식으로 결괏값이 다른 것은?

	A	B	C
1	10	30	50
2	40	60	80
3	20	70	90
4			

① =SMALL(B1:B3,COLUMN(C3))
② =SMALL(A1:B3,AVERAGE(1;2;3;4;5))
③ =LARGE(A1:B3,ROW(A1))
④ =LARGE(A1:C3,AVERAGE(1;2;3;4;5))

04
'AVERAGE(1;2;3;4;5)'에서 1, 2, 3, 4, 5의 평균을 구하면 결괏값은 '3'이다. 이를 대입하면 [A1:B3] 영역에서 세 번째로 작은 값이므로 결괏값은 '30'이다.

| 오답 피하기 |
①, ③, ④ 결괏값은 '70'이다.

05

다음 중 다음과 같은 수학식을 표현하기 위한 엑셀 수식으로 옳은 것은?

$$\sqrt{16} \times (|-2| + 2^3)$$

① =POWER(16)*(ABS(−2)+SQRT(2,3))
② =SQRT(16)*(ABS(−2)+POWER(3,2))
③ =SQRT(16)*(ABS(−2)+POWER(2,3))
④ =POWER(16)*(ABS(−2)+SQRT(3,2))

05

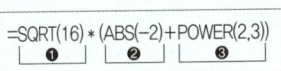

❶ 16의 제곱근(√16)
❷ −2의 절대값(|−2|)
❸ 2의 3승(2^3)

| 정답 | 02 ④　03 ④　04 ②
　　　 05 ③

058 날짜/시간 함수, 논리 함수, 문자열 함수

| 빈출개념 | #EOMONTH 함수 #IF 함수 #AND 함수

기출빈도

01 날짜/시간 함수

결정적 힌트

날짜/시간 함수는 함수 자체는 간단하지만, 문제로 출제되었을 때 매우 어렵게 느껴지는 함수입니다. 각 함수의 기능을 정확하게 이해하시기 바랍니다.

▼ NOW 함수와 TODAY 함수
NOW 함수와 TODAY 함수는 셀이 활성화되거나 워크시트가 계산될 때 또는 함수가 포함된 매크로가 실행될 때마다 시스템으로부터 현재 날짜를 업데이트한다.

▼ 일련 번호
1900-1-1부터 1로 시작한다.

함수	기능
NOW( )	현재 날짜와 시간 반환
TODAY( )	현재 날짜 반환
DATE(연,월,일)	'연', '월', '일'에 대한 날짜 데이터 반환
YEAR(날짜) MONTH(날짜) DAY(날짜)	'날짜'의 연도, 월, 일 반환
TIME(시,분,초)	'시', '분', '초'에 대한 시간 데이터 반환
HOUR(시간) MINUTE(시간) SECOND(시간)	'시간'의 시, 분, 초 반환

WEEKDAY(날짜,반환값)	• '날짜'에 해당하는 요일 번호 반환
	• 반환값
	  - 1 또는 생략: 일요일이 1
	  - 2: 월요일이 1
	  - 3: 월요일이 0

DATEVALUE(날짜)	'날짜'의 일련 번호 반환
DAYS(종료 날짜,시작 날짜)	'시작 날짜'부터 '종료 날짜' 사이의 일수를 계산하여 반환
EDATE(시작 날짜,개월수)	'시작 날짜'를 기준으로 이전(음수)이나 이후(양수) 날짜의 일련 번호 반환
EOMONTH(시작 날짜,개월수)	'시작 날짜'를 기준으로 이전(음수)이나 이후(양수) 달의 마지막 날짜의 일련 번호 반환
WORKDAY(시작 날짜,날짜 수,휴일)	'시작 날짜'에서 토요일, 일요일, 지정한 '휴일'을 제외하고 지정한 '날짜 수' 만큼 경과한 날짜를 반환
NETWORKDAYS(시작 날짜,끝 날짜,휴일)	토요일, 일요일, 지정한 '휴일'을 제외하고 '시작 날짜'와 '끝 날짜' 사이의 작업일 수를 계산하여 반환
WEEKNUM(날짜,반환 유형)	'날짜'가 일년 중 몇 번째 주인지 반환

	A	B	C	D	E	F
1	날짜 함수					
2						
3	함수식	함수결과				
4	=NOW()	2022-08-07 11:08	①			
5	=TODAY()	2022-08-07	②			
6	=DATE(2022,5,5)	2022-05-05	③			
7	=YEAR(B6)	2022	④			
8	=MONTH(B6)	5	⑤			
9	=DAY(B6)	5	⑥			
10	=TIME(15,30,25)	3:30 PM	⑦			
11	=HOUR(B10)	15	⑧			
12	=MINUTE(B10)	30	⑨			
13	=SECOND(B10)	25	⑩			
14	=WEEKDAY(B6)	5	⑪			
15	=DATEVALUE("2022-12-25")	44920	⑫			
16	=DAYS(E18,B6)	10	⑬			
17	=EDATE(B6,2)	2022-07-05	⑭			
18	=EOMONTH(B6,2)	2022-07-31	⑮		2022-05-15	휴가
19	=WORKDAY(B6,10,E18)	2022-05-19	⑯			
20	=NETWORKDAYS(B6,E18)	7	⑰			
21	=WEEKNUM(B6,1)	19	⑱			
22						

▼ 함수결과
① 현재 날짜와 시간
② 현재 날짜
③ 2022년 5월 5일에 대한 날짜
④ [B6] 셀의 연도
⑤ [B6] 셀의 월
⑥ [B6] 셀의 일
⑦ 15시 30분 25초에 대한 시간
⑧ [B10] 셀의 시
⑨ [B10] 셀의 분
⑩ [B10] 셀의 초
⑪ [B6] 셀의 요일 번호(일요일이 1)
⑫ 2022년 12월 25일의 일련 번호
⑬ [B6] 셀의 날짜에서 [E18] 셀의 날짜 사이의 일 수
⑭ [B6] 셀의 날짜에서 2개월 후의 날짜
⑮ [B6] 셀의 날짜에서 2개월 후의 마지막 날짜
⑯ [B6] 셀의 날짜에서 토요일, 일요일, 휴가를 제외하고 10일이 경과한 날짜
⑰ [B6] 셀의 날짜에서 [E18] 셀의 날짜까지 토요일, 일요일을 제외한 작업일 수
⑱ [B6] 셀의 날짜가 일 년 중 몇 번째 주인지 반환

02 논리 함수

함수	기능
IF(조건식,값1,값2)	'조건식'이 참이면 '값1', 거짓이면 '값2' 반환
IFS(조건식1,값1,조건식2,값2…)	'조건식1'이 참이면 '값1', '조건식2'가 참이면 '값2' 반환
SWITCH(조건식,값1,결괏값1,값2,결괏값2…)	'조건식'이 '값1'이면 '결괏값1' 반환, '값2'이면 '결괏값2' 반환
NOT(조건식)	'조건식'의 결과를 반대로 반환
AND(조건1,조건2,…)	모든 조건이 참이면 'TRUE', 나머지는 'FALSE' 반환
OR(조건1,조건2,…)	조건 중 하나라도 참이면 'TRUE', 나머지는 'FALSE' 반환
IFERROR(식 또는 값,반환값)	'식 또는 값'이 오류이면 '반환값' 반환하고, 그렇지 않으면 식의 결과를 반환
TRUE( )	'TRUE' 반환
FALSE( )	'FALSE' 반환

결정적 힌트

논리 함수는 몇 개 안 되지만 활용이 매우 높은 함수입니다. 특히 IF, AND, OR 함수는 아주 어려운 응용문제도 출제될 수 있습니다.

▼ 함수결과
① 10이 20보다 크면 "크다", 그렇지 않으면 "작다" 반환
② [B4] 셀이 [C4] 셀보다 크면 "하락", [B4] 셀이 [C4] 셀보다 작으면 "상승", [B4] 셀과 [C4] 셀이 같으면 "유지" 반환
③ [B10] 셀이 "G"이면 "골드", "P"이면 "플래티넘", "D"이면 "다이아몬드" 반환
④ '10이 20보다 크다'의 결과 (FALSE)를 반대로 반환
⑤ 10이 20보다 크고 30이 40보다 작으면 TRUE, 그렇지 않으면 FALSE 반환
⑥ 10이 20보다 크거나 30이 40보다 작으면 TRUE, 그렇지 않으면 FALSE 반환
⑦ 10/0의 결과가 오류이면 "오류 발생" 반환
⑧ TRUE 반환
⑨ FALSE 반환

	E	F	G
1	논리 함수		
2			
3	함수식	함수결과	
4	=IF(10>20,"크다","작다")	작다	①
5	=IFS(B4>C4,"하락",B4<C4,"상승",B4=C4,"유지")	상승	②
6	=SWITCH(B10,"G","골드","P","플래티넘","D","다이아몬드")	다이아몬드	③
7	=NOT(10>20)	TRUE	④
8	=AND(10>20,30<40)	FALSE	⑤
9	=OR(10>20,30<40)	TRUE	⑥
10	=IFERROR(10/0,"오류 발생")	오류 발생	⑦
11	=TRUE()	TRUE	⑧
12	=FALSE()	FALSE	⑨
13			

실습으로 개념끝 ❺ 에듀윌_컴퓨터활용능력1급필기기본서_실습으로개념끝\2과목\Chapter3_5.IF함수.xlsx

IF 함수를 사용하여 2사분기가 1사분기보다 작으면 '하락', 크면 '상승', 같으면 '유지'를 표시하시오.

따라하기

❶ [D2] 셀에 =IF(B2>C2,"하락",IF(B2<C2,"상승","유지"))를 입력한다.

❷ [D2] 셀의 채우기 핸들을 드래그하여 [D5] 셀까지 수식을 복사한다.

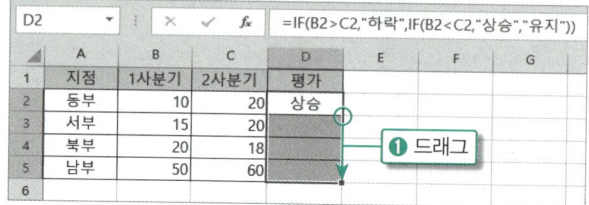

- 1사분기와 2사분기를 비교한 결과는 '하락', '상승', '유지' 3가지 경우가 있으므로 두 개의 IF 함수를 중첩해서 사용해야 한다.
  =IF(조건식,값1,IF(조건식,값2,값3))

❸ 결과를 확인한다.

	A	B	C	D	E
1	지점	1사분기	2사분기	평가	
2	동부	10	20	상승	
3	서부	15	20	상승	
4	북부	20	18	하락	
5	남부	50	60	상승	
6					

03 문자열 함수

결정적 힌트

문자열 함수도 많은 문제가 출제되는 부분입니다. 특히 LEFT, RIGHT, MID 함수는 다른 함수와 함께 사용되는 경우가 많습니다. FIND와 SEARCH 함수는 매우 비슷한 함수이지만 대·소문자 구분과 와일드카드 사용에 있어서 차이가 있으므로 잘 구분할 필요가 있습니다.

함수	기능
CONCAT(문자열1,문자열2,…)	'문자열1'과 '문자열2'를 연결하여 반환
LEFT(문자열,개수)	'문자열'의 왼쪽에서 지정한 '개수'만큼 문자를 추출하여 반환
RIGHT(문자열,개수)	'문자열'의 오른쪽에서 지정한 '개수'만큼 문자를 추출하여 반환
MID(문자열,시작 위치,개수)	'문자열'의 지정한 '시작 위치'에서 '개수'만큼 문자를 추출하여 반환
LOWER(문자열)	'문자열'을 모두 영문자의 소문자로 반환
UPPER(문자열)	'문자열'을 모두 영문자의 대문자로 반환
PROPER(문자열)	단어의 첫 글자만 영문자의 대문자로, 나머지는 영문자의 소문자로 반환
LEN(문자열)	'문자열'의 길이를 숫자로 반환
TRIM(문자열)	단어 사이의 한 칸의 공백을 제외하고 나머지 공백을 모두 삭제하여 반환
FIND(문자열1,문자열2,시작 위치)	• '문자열2'의 '시작 위치'부터 '문자열1'을 찾아 시작 위치 반환 • 영문자의 대·소문자 구분하고 와일드카드 문자는 사용할 수 없음 • FIND 함수는 각 문자를 한 글자로 계산

함수	설명
SEARCH(문자열1,문자열2,시작 위치)	• '문자열2'의 '시작 위치'부터 '문자열1'을 찾아 시작 위치 반환 • 영문자의 대·소문자를 구분하지 않고 와일드카드 문자는 사용할 수 있음 • SEARCH 함수는 각 문자를 한 글자로 계산
REPLACE(문자열1,시작 위치, 개수,문자열2)	'문자열1'의 '시작 위치'에서 '개수'만큼 '문자열2'로 교체하여 반환
SUBSTITUTE(문자열,인수1,인수2, 변환할 문자 위치)	'문자열'에서 '인수1'을 '인수2'로 교체하여 반환
TEXT(인수,형식)	'인수'를 지정된 '형식'의 문자열로 바꾸어 반환

FIXED(인수,자릿수,쉼표 표시 여부)	• 숫자를 나타낼 소수점 '자릿수'나 쉼표의 표시 여부에 맞게 반환
	• 쉼표 표시 여부
	  – FALSE나 생략: 쉼표 표시
	  – TRUE: 쉼표 표시하지 않음

VALUE(문자열)	숫자 형태의 '문자열'을 숫자로 변경하여 반환
EXACT(문자열1,문자열2)	두 개의 텍스트를 비교하여 같으면 'TRUE', 다르면 'FALSE' 반환
REPT(문자열,개수)	'문자열'을 '개수'만큼 반복하여 반환

	A	B	C
1	문자열 함수		
2			
3	함수식	함수결과	
4	=CONCAT("꽃","박람회")	꽃박람회	❶
5	=LEFT("컴퓨터활용능력",2)	컴퓨	❷
6	=RIGHT("컴퓨터활용능력",2)	능력	❸
7	=MID("컴퓨터활용능력",2,3)	퓨터활	❹
8	=LOWER("COMPUTER")	computer	❺
9	=UPPER("computer")	COMPUTER	❻
10	=PROPER("computer")	Computer	❼
11	=LEN("apple")	5	❽
12	=TRIM(" computer 2 ")	computer 2	❾
13	=FIND("i","대한민국fIghting")	10	❿
14	=SEARCH("i","대한민국fIghting")	6	⓫
15	=REPLACE("컴활",2,1,"퓨터활용")	컴퓨터활용	⓬
16	=SUBSTITUTE("christmaa","a","s",2)	christmas	⓭
17	=TEXT("2022-12-25","yyyy년mm월dd일")	2022년12월25일	⓮
18	=FIXED(PI(),3)	3.142	⓯
19	=VALUE("010")	10	⓰
20	=EXACT("ab","ab")	TRUE	⓱
21	=REPT("*",10)	**********	⓲
22			

▼ 함수결과

❶ "꽃"과 "박람회"를 연결(="꽃"&"박람회"와 같은 결과)
❷ "컴퓨터활용능력"의 왼쪽에서 두 글자를 추출
❸ "컴퓨터활용능력"의 오른쪽에서 두 글자를 추출
❹ "컴퓨터활용능력"의 두 번째에서 세 글자를 추출
❺ "COMPUTER"를 모두 소문자로 반환
❻ "computer"를 모두 대문자로 반환
❼ "computer"의 첫 글자만 대문자로 반환
❽ "apple"의 글자 수
❾ "computer"와 "2" 사이의 한 칸의 공백을 제외하고 나머지 공백 삭제
❿ "대한민국fIghting"에서 소문자 i의 위치
⓫ "대한민국fIghting"에서 i의 위치 (대·소문자 구분하지 않음)
⓬ "컴활"의 두 번째에서 한 글자를 "퓨터활용"으로 교체
⓭ "christmaa"에서 두 번째 a를 s로 교체
⓮ "2022-12-25"를 "yyyy년mm월dd일"의 형식으로 변경
⓯ 원주율 값을 소수 이하 세 자리로 표시
⓰ "010"을 숫자로 변경
⓱ "ab"와 "ab"를 비교하여 같으면 TRUE, 다르면 FALSE
⓲ "*"을 10번 반복

개념 플러스	문자를 숫자로 바꾸는 방법
방법1	1 곱하기: 문자와 숫자를 곱하면 숫자값으로 바뀐다. 예) ="10"*1
방법2	VALUE 함수를 사용한다. 예) =VALUE("10")
방법3	수식에 --를 사용한다. 예) =--"10"

바로 보는 해설

01
| 오답 피하기 |
② RIGHT 함수는 오른쪽에서 첫 번째를 추출하므로 잘못되었다.
③, ④는 작은따옴표(' ')를 사용했으므로 잘못된 수식이다.

02
[B2:B6] 영역이 숫자로 변환되지 않는 문자의 형식으로, 결괏값은 '0'이다.
| 오답 피하기 |
① [B2:B6] 영역에서 1을 곱해 숫자 값으로 바꾸어서 더한다.
② VALUE 함수로 각각의 셀을 숫자 값으로 변환한 후 SUM 함수를 이용해 모두 더한다.
④ --를 붙여서 숫자화하여 합계를 계산한다.

03
EOMONTH(날짜,월 수)는 지정한 날짜를 기준으로 몇 개월 이전(음수) 또는 이후(양수) 월의 마지막 날짜를 구하는 함수이다. 이 함수식에 있는 -3에 의해 2017-03-05 날짜로부터 3개월 전 날짜를 구하면 '2016-12-5'인데, 해당 월의 마지막 날짜를 다시 구하면 결괏값은 '2016-12-31'이다.
| 오답 피하기 |
② 2017-03-05부터 2017-04-10 까지의 일 수를 계산하면 결괏값은 '36'이다.
③ NETWORKDAYS(A1,A2)에서 2017-03-05와 2017-03-20 사이의 일 수는 '16'이고, 휴일 날짜는 생략되었기 때문에 주말 날짜만 빼면 결괏값은 '11'이다.
④ 2017-03-05부터 주말을 제외하고 10을 더하면 결괏값은 '2017-03-17'이다.

| 정답 | 01 ① 02 ③ 03 ①

 기출로 개념 확인

01 또 나올 문제

다음 워크시트에서 A열의 사원코드 중 첫 문자가 A이면 50, B이면 40, C이면 30의 기말 수당을 지급하고자 할 때 수식으로 옳은 것은?

	A	B	C
1	사원코드	기말수당	
2	A101	50	
3	B101	40	
4	C101	30	
5	*수당 단위는 천원임		
6			

① =IF(LEFT(A2,1)="A",50,IF(LEFT(A2,1)="B",40,30))
② =IF(RIGHT(A2,1)="A",50,IF(RIGHT(A2,1)="B",40, 30))
③ =IF(LEFT(A2,1)='A',50,IF(LEFT(A2,1)='B',40,30))
④ =IF(RIGHT(A2,1)='A',50,IF(RIGHT(A2,1)='B',40,30))

02

아래 시트와 같이 원본값에 LEFT(원본값,2) 함수를 적용하여 추출값을 뽑아낸 후 추출값의 합계를 계산하려고 한다. 다음 중 이를 위한 계산 방법으로 옳지 않은 것은?

	A	B	C
1	원본값	추출값	
2	10개	10	
3	23개	23	
4	15개	15	
5	09개	9	
6	24개	24	
7	합계		
8			

① =SUMPRODUCT(1*(B2:B6))
② =SUM(VALUE(B2),VALUE(B3),VALUE(B4),VALUE(B5),VALUE(B6))
③ =SUMPRODUCT(++(B2:B6))
④ =SUMPRODUCT(--(B2:B6))

03

다음 중 아래 시트에서 각 수식을 실행했을 때의 결괏값으로 옳지 않은 것은?

	A	B
1	2017년 3월 5일 일요일	
2	2017년 3월 20일 월요일	
3	2017년 4월 10일 월요일	
4		

① =EOMONTH(A1,-3) → 2016-12-05
② =DAYS(A3,A1) → 36
③ =NETWORKDAYS(A1,A2) → 11
④ =WORKDAY(A1,10) → 2017-03-17

| 빈출개념 | #HLOOKUP 함수 | #VLOOKUP 함수 | #DSUM 함수

개념끝 059 찾기/참조 함수, 데이터베이스 함수

기출빈도

01 찾기/참조 함수

▶ **결정적 힌트**

찾기/참조 함수는 필기, 실기시험에 모두 잘 출제되는 함수로, 개념이 매우 어려운 부분입니다. 특히 HLOOKUP, VLOOKUP, INDEX, MATCH 함수는 매우 중요하므로 실습하면서 확실하게 개념을 이해하시기 바랍니다.

함수	설명
CHOOSE(검색값,값1,값2,…)	'검색값'이 1이면 '값1', 2이면 '값2' 등의 순서로 값을 반환

HLOOKUP(값,범위,행 번호,방법)	• '범위'의 첫 번째 행에서 '값'을 찾아 지정한 행에서 대응하는 값을 반환
	• 방법
	  – 0 또는 FALSE: 정확히 일치
	  – 1 또는 TRUE 또는 생략: 유사 일치

VLOOKUP(값,범위,열 번호,방법)	'범위'의 첫 번째 열에서 값을 찾아 지정한 열에서 대응하는 값을 반환

XLOOKUP(값,검색 범위,반환 범위,[값을 찾지 못한 경우 표시할 텍스트],[일치 유형],[검색 유형])	• '검색 범위'에서 값을 찾은 후, '반환 범위'에서 같은 행 또는 열 값을 반환
	• 일치 유형
	  – 0: 정확히 일치(기본값)
	  – –1: 정확히 일치하는 값이 없으면 다음 작은 항목 반환
	  – 1: 정확히 일치하는 값이 없으면 다음으로 큰 항목 반환
	• 검색 유형
	• 1: 첫 번째 항목부터 검색(기본값)
	  – –1: 마지막 항목부터 검색

LOOKUP(값,범위,결과 범위)	• '범위'에서 '값'을 찾은 후 '결과 범위'에서 같은 위치에 있는 값을 반환 • 범위와 결과 범위는 한 개의 행이나 열만 포함
INDEX(범위,행,열)	'범위'에서 지정한 '행'과 '열'의 교차값을 반환

MATCH(검색값,배열,검색 유형)	• '검색값'과 일치하는 '배열' 요소를 찾아 상대 위치 반환
	• 검색 유형
	  – 1: 검색값보다 작거나 같은 값 중 가장 큰 값(오름차순)
	  – 0: 검색값과 같은 첫 번째 값
	  – –1: 검색값보다 크거나 같은 값 중 가장 작은 값(내림차순)

XMATCH(검색값,배열,[일치 유형],[검색 유형])	• '검색값'과 일치하는 '배열' 요소를 찾아 상대 위치 반환 • 와일드카드 검색(*,?)을 지원
COLUMN(셀이나 범위)	'셀이나 범위'의 열 번호 반환
COLUMNS(배열이나 범위)	'배열이나 범위'에 들어있는 열 수 반환
ROW(셀이나 범위)	'셀이나 범위'의 행 번호 반환
ROWS(배열이나 범위)	'배열이나 범위'에 들어있는 행 수 반환
OFFSET(범위,행,열,높이,너비)	'범위'에서 지정한 '행'과 '열'만큼 떨어진 위치의 영역을 반환 예 =OFFSET(B3,–1,2): [B3] 셀에서 –1행(1행 위) 2열(2열 오른쪽) 떨어진 셀의 값을 반환 → [D2] 셀의 값 표시
TRANSPOSE(범위)	세로 셀의 '범위'와 가로 셀의 '범위'를 바꾸어 반환
ADDRESS(행 번호,열 번호,참조 유형)	'행 번호'와 '열 번호'를 사용하여 셀 주소를 반환
AREAS(범위)	참조 범위에 있는 영역 수 반환
INDIRECT(텍스트)	'텍스트' 문자열로 지정된 참조 반환

▼ **XLOOKUP 함수와 VLOOKUP 함수의 차이점**
• VLOOKUP 함수는 열의 가장 왼쪽에 있는 열에서만 값을 찾을 수 있지만, XLOOKUP 함수는 어디에서든 찾을 수 있다.
• VLOOKUP 함수는 유사 일치가 기본값이지만, XLOOKUP 함수는 정확한 일치가 기본값이다.

▼ **XMATCH 함수와 MATCH 함수의 차이점**
• XMATCH 함수는 마지막 항목부터 검색하는 역순 검색이 가능하다.
• XMATCH 함수는 근사값을 찾을 때 값이 정렬되어 있지 않아도 된다.

▼ **함수결과**

❶ "사과", "바나나", "딸기" 중 세 번째 값을 반환
❷ [B10:D11] 영역의 첫 번째 행에서 85보다 작거나 같은 값 중 가장 큰 값을 찾아 두 번째 행의 값을 반환
❸ [A4:D8] 영역의 첫 번째 열에서 "김규연"을 찾아 네 번째 열의 값을 반환
❹ [D4:D8] 영역에서 55를 찾아 [B4:B8] 영역의 값을 반환
❺ [B4:B8] 영역에서 "변호사"를 찾아 [A4:A8] 영역에서 같은 위치에 있는 값을 반환
❻ [A3:D8] 영역의 2행 4열 값을 반환
❼ [D4:D8] 영역에서 55의 위치를 반환
❽ [D4:D8] 영역에서 50의 위치를 반환(정확히 일치하거나 다음으로 큰 값)
❾ [F3] 셀의 열 번호
❿ [F3:G3] 영역에 들어있는 열 수
⓫ [F3] 셀의 행 번호
⓬ [F3:F6] 영역에 들어있는 행 수
⓭ [A3] 셀에서 2행 3열 떨어진 셀의 값
⓮ [G15:G16] 영역에 [A3:B3] 영역을 세로로 바꾸어 반환
⓯ 3행 3열에 해당하는 주소
⓰ [A3:D8]과 [D10:D11]의 영역 수
⓱ [A3] 셀의 값

결정적 힌트

데이터베이스 함수는 모든 함수가 조건을 만족할 때 특정 계산을 수행한다는 공통점과 인수가 같다는 특징이 있습니다. 의외로 쉬운 함수이므로 실습하면서 기능을 익혀두시기 바랍니다.

▼ **조건 범위**

조건 범위는 필드명과 조건이 반드시 연속된 범위에 있어야 하며, 연속된 범위에 있지 않은 경우에는 별도의 범위에 조건을 작성해야 한다.

	A	B	C	D	E	F	G	H
1						찾기/참조 함수		
2								
3		이름	직업	성별	나이	함수식	함수결과	
4		박효신	검사	여	20	=CHOOSE(3,"사과","바나나","딸기")	딸기	❶
5		김규연	교사	남	35	=HLOOKUP(85,B10:D11,2,TRUE)	B	❷
6		오하림	변호사	남	38	=VLOOKUP("김규연",A4:D8,4,FALSE)	35	❸
7		김진안	의사	여	40	=XLOOKUP(55,D4:D8,B4:B8)	자영업	❹
8		박재진	자영업	남	55	=LOOKUP("변호사",B4:B8,A4:A8)	오하림	❺
9						=INDEX(A3:D8,2,4)	20	❻
10		점수	70	80	90	=MATCH(55,D4:D8,0)	5	❼
11		등급	C	B	A	=XMATCH(50,D4:D8,1)	5	❽
12						=COLUMN(F3)	6	❾
13						=COLUMNS(F3:G3)	2	❿
14						=ROW(F3)	3	⓫
15						=ROWS(F3:F6)	4	⓬
16						=OFFSET(A3,2,3)	35	⓭
17						=TRANSPOSE(A3:B3)	이름	⓮
18							직업	
19						=ADDRESS(3,3)	$C$3	⓯
20						=AREAS((A3:D8,A10:D11))	2	⓰
21						=INDIRECT("A3")	이름	⓱
22								

02 데이터베이스 함수

=데이터베이스 함수(데이터베이스,필드,조건 범위)

- **데이터베이스**: 레코드와 필드로 이루어진 관련 데이터의 목록
- **필드**: 어떤 필드가 함수에 사용되는지를 지정, 필드명을 지정하거나 열 번호로 지정
- **조건 범위**: 찾을 조건이 들어있는 셀 범위로, 필드명과 함께 지정

DSUM(데이터베이스,필드,조건 범위)	조건을 만족하는 '필드'의 합계를 반환
DAVERAGE(데이터베이스,필드,조건 범위)	조건을 만족하는 '필드'의 평균을 반환
DCOUNT(데이터베이스,필드,조건 범위)	조건을 만족하는 '필드'의 숫자 개수를 반환
DCOUNTA(데이터베이스,필드,조건 범위)	조건을 만족하는 모든 '필드'의 개수를 반환
DMAX(데이터베이스,필드,조건 범위)	조건을 만족하는 '필드'의 최대값을 반환
DMIN(데이터베이스,필드,조건 범위)	조건을 만족하는 '필드'의 최소값을 반환
DVAR(데이터베이스,필드,조건 범위)	조건을 만족하는 '필드'의 분산을 반환
DSTDEV(데이터베이스,필드,조건 범위)	조건을 만족하는 '필드'의 표준 편차를 반환
DGET(데이터베이스,필드,조건 범위)	조건을 만족하는 단일값을 반환
DPRODUCT(데이터베이스,필드,조건 범위)	조건을 만족하는 '필드'의 곱을 반환

	A	B	C	D	E	F
1				데이터베이스 함수		
2						
3	이름	학과	직업	주소	성별	회비
4	김길동	경제	자영업	경기도 수원시	남	₩ 200,000
5	오하림	법학	자영업	경기도 파주시	여	₩ 250,000
6	김진언	화학	자영업	경기도 고양시	여	₩ 300,000
7	박하영	화공	자영업	서울시 양천구	여	₩ 100,000
8	양태일	법학	검사	경기도 안양시	남	₩ 500,000
9	문정희	화공	교사	서울시 동작구	여	₩ 50,000
10	정윤희	경제	교사	서울시 동작구	여	₩ 70,000
11	김동준	성악	학원강사	경기도 고양시	남	₩ 85,000
12						
13	성별	직업	학과			
14	남	교사	법학			
15						
16	성별이 남인 사람의 회비 합계			=DSUM(A3:F11,F3,E3:E4)	785,000	
17	직업이 자영업인 사람의 회비 평균			=DAVERAGE(A3:F11,F3,C3:C4)	212,500	
18	직업이 교사인 사람 수			=DCOUNT(A3:F11,F3,B13:B14)	2	
19	학과가 법학과인 사람 수			=DCOUNTA(A3:F11,B3,C13:C14)	2	
20	성별이 남인 사람의 최대 회비			=DMAX(A3:F11,F3,A13:A14)	500,000	
21	직업이 교사인 사람의 최소 회비			=DMIN(A3:F11,F3,B13:B14)	50,000	
22	성별이 남인 사람의 회비 분산			=DVAR(A3:F11,F3,A13:A14)	45,908,333,333	
23	성별이 남인 사람의 회비 표준편차			=DSTDEV(A3:F11,F3,A13:A14)	214,262	
24	김길동의 주소			=DGET(A3:F11,D3,A3:A4)	경기도 수원시	
25	학과가 법학과인 사람의 회비 곱			=DPRODUCT(A3:F11,F3,C13:C14)	125,000,000,000	
26						

Warming UP 기출로 개념 확인

01

다음 중 [A13] 셀에 수식 '=INDEX((A1:C6,A8:C11),2,2,2)'를 입력한 결과는?

	A	B	C	D
1	과일	가격	개수	
2	사과	₩690	40	
3	바나나	₩340	38	
4	레몬	₩550	15	
5	오렌지	₩250	25	
6	배	₩590	40	
7				
8	아몬드	₩2,800	10	
9	캐슈넛	₩3,550	16	
10	땅콩	₩1,250	20	
11	호두	₩1,750	12	
12				
13	=INDEX((A1:C			
14				

① 690
② 340
③ 2800
④ 3550

바로 보는 해설

01
=INDEX((A1:C6,A8:C11),2,2,2)는 [A1:C6] 영역과 [A8:C11] 영역 중 두 번째 범위인 [A8:C11] 영역에서 2행 2열이 교차하는 [B9] 셀 값 '3550'이 표시된다.

| 정답 | 01 ④

02

❶ 현재 날짜의 연도를 구한다.
❷ '김인수'를 [A2:B6]의 첫 열에서 찾은 후 해당 행의 두 번째 열에 있는 입사일자의 연도를 구한다.

02 또 나올 문제

다음 중 아래의 워크시트에서 '김인수' 사원의 근속년수를 오늘 날짜를 기준으로 구하고자 할 때, [D8] 셀에 입력할 수식으로 옳은 것은?

	A	B	C	D
1	사원	입사일자	부서	연봉
2	홍진성	2010-12-12	영업부	3000만원
3	김미영	1999-12-01	연구소	5000만원
4	한철수	2005-10-05	총무부	4000만원
5	김인수	2009-04-02	경리부	3600만원
6	장인성	2012-01-02	기획실	2500만원
7				
8	이름	김인수	근속년수	
9				

① =YEAR(TODAY( ))−YEAR(HLOOKUP(B8,A2:D6,2,0))
② =YEAR(TODAY( ))−YEAR(HLOOKUP(B8,A2:D6,2,1))
③ =YEAR(TODAY( ))−YEAR(VLOOKUP(B8,A2:B6,2,0))
④ =YEAR(TODAY( ))−YEAR(VLOOKUP(B8,A2:B6,2,1))

03

'=OFFSET(B3,−1,2)'는 [B3] 셀에서 −1행 2열 떨어진 [D2] 셀의 값을 표시하므로 결괏값은 '박태훈'이다. 이때 −1행은 한 행 위로 이동하는 것이고, 2열은 오른쪽으로 두 개의 열을 이동하라는 의미이다.

03

다음 중 아래 시트의 [A9] 셀에 수식 '=OFFSET(B3,−1,2)'를 입력한 경우 결괏값은?

	A	B	C	D	E
1	학번	학과	학년	성명	주소
2	12123	국문과	2	박태훈	서울
3	15234	영문과	1	이경섭	인천
4	20621	수학과	3	윤혜주	고양
5	18542	국문과	1	민소정	김포
6	31260	수학과	2	함경표	부천
7					
8					
9					
10					

① 윤혜주
② 서울
③ 고양
④ 박태훈

| 정답 | 02 ③ 03 ④

| 빈출개념 | #FV 함수 #ISERR 함수 #PV 함수

개념끝 060 재무 함수, 정보 함수

기출빈도

01 재무 함수

함수	설명
FV(이자,기간,금액,현재 가치,납입 시점)	• 미래 가치를 반환 • 매월 일정한 금액을 불입했을 때 만기일에 받을 원금과 이자 계산 • 이자: 연이율을 12로 나눠 월이율로 계산 • 기간: 12를 곱해서 월 단위로 계산 • 금액: 현금이 나가면 음수, 들어오면 양수 • 현재 가치: 없으면 0 또는 생략 • 납입 시점: 0 또는 생략은 주기 말, 1은 주기 초
PV(이자,기간,금액,미래 가치,납입 시점)	• 현재 가치를 반환 • 이자: 연이율을 12로 나눠 월이율로 계산 • 기간: 12를 곱해서 월 단위로 계산 • 금액: 현금이 나가면 음수, 들어오면 양수 • 미래 가치: 없으면 0 또는 생략 • 납입 시점: 0 또는 생략은 주기 말, 1은 주기 초
PMT(이자,기간,현재 가치,미래 가치,납입 시점)	• 정기적으로 상환할 금액을 반환 • 일정 금액을 대출받았을 때 이자를 포함하여 매 월 상환해야 할 금액 계산 • 이자: 연이율을 12로 나눠 월이율로 계산 • 기간: 12를 곱해서 월 단위로 계산 • 현재 가치: 원금으로 음수 • 미래 가치: 없으면 0 또는 생략 • 납입 시점: 0 또는 생략은 주기 말, 1은 주기 초
NPV(할인율,금액1,금액2,…)	• 투자의 순 현재 가치를 반환 • 할인율: 일정 기간의 할인율 • 금액: 일정한 간격의 투자 금액과 수입
SLN(취득원가,잔존가치,내용연수)	• 지정 기간 동안 정액법에 의한 자산의 감가상각액을 반환 • 정액법: 모든 연도에 걸쳐 동일한 금액이 상각되는 방식
SYD(취득원가,잔존가치,내용연수,상각연도)	• 지정 기간 동안 연수 합계법에 의한 자산의 감가상각액을 반환 • 연수 합계법: 잔여 내용연수를 기준으로 가중평균하여 감가상각비를 산정하는 방식

결정적 힌트

재무 함수는 출제 범위에 많은 함수가 포함되어 있지만, 재무에 대한 전문적인 지식을 요하는 함수들이 있으므로 적어도 FV, PV, PMT 함수는 반드시 이해해야 합니다.

▼ 이자
연이율이 10%라면 월이율은 10%/12로 계산한다.

▼ 기간
4년 만기라면 기간은 4*12로 계산한다.

실습으로 개념끝 ❻ 에듀윌_컴퓨터활용능력1급필기기본서_실습으로개념끝\2과목\Chapter3_6.재무함수.xlsx

재무 함수를 이용하여 '만기금액', '대출에 대한 현재가치', '월 상환액', '투자의 실제 현재 가치'를 구하시오.

따라하기

❶ 다음의 표를 참고하여 [B8] 셀, [E8] 셀, [H8] 셀, [B14] 셀에 지정된 재무 함수를 차례대로 입력한다.

구분	구해야 할 값	함수식
[B8] 셀	연이율 4%로 3년 만기 저축을 매월 말 30만원씩 저축한 경우 만기일에 받을 금액을 구한다.	=FV(B3/12,B4*12,-B5)
[E8] 셀	연이율 3%로 매월 말에 50만원씩 10년간 납부하는 경우 현재 가치를 구한다.	=PV(E3/12,E4*12,-E5)
[H8] 셀	연이율 5%로 8000만원을 대출받은 경우 30년간 매월 상환할 금액을 구한다.	=PMT(H3/12,H4*12,-H5)
[B14] 셀	할인율이 10%일 때 사업의 초기 투자비용으로 천만원을 투자하고, 3년간 200만원, 350만원, 400만원의 연간 수입을 얻은 경우 투자의 순현재가치를 구한다.	=NPV(E11,A11:D11)

❷ 결과를 확인한다.

	A	B	C	D	E	F	G	H	I
1					재무함수				
2									
3	연이율	4.00%		연이율	3.00%		연이율	5.00%	
4	기간(연)	3		기간(연)	10		기간(연)	10	
5	월 불입액	300,000		월 불입액	500,000		대출금	80,000,000	
6									
7	사용할 함수	=FV(B3/12,B4*12,-B5)		사용할 함수	=PV(E3/12,E4*12,-E5)		사용할 함수	=PMT(H3/12,H4*12,-H5)	
8	함수결과	₩11,454,469		함수결과	₩51,780,877		함수결과	₩848,524	
9									
10	초기 투자 비용	1년	2년	3년	할인율				
11	-10,000,000	2,000,000	3,500,000	4,000,000	10%				
12									
13	사용할 함수	=NPV(E11,A11:D11)							
14	실제 현재 가치	-₩2,076,361							
15									

02 정보 함수

> 결정적 힌트
>
> 정보 함수는 가볍게 학습할 수 있는 쉬운 함수들이 포함되어 있습니다. 실습하면서 기능을 익혀보시기 바랍니다.

ISBLANK(인수)	'인수'가 빈 셀이면 'TRUE' 반환
ISERROR(인수)	'인수'가 오류값이면 'TRUE' 반환
ISERR(인수)	'인수'가 #N/A를 제외한 오류값이면 'TRUE' 반환
ISEVEN(인수)	'인수'가 짝수이면 'TRUE' 반환
ISODD(인수)	'인수'가 홀수이면 'TRUE' 반환
ISLOGICAL(인수)	'인수'가 논리값이면 'TRUE' 반환
ISNUMBER(인수)	'인수'가 숫자이면 'TRUE' 반환
ISTEXT(인수)	'인수'가 텍스트이면 'TRUE' 반환
ISNONTEXT(인수)	'인수'가 텍스트가 아니면 'TRUE' 반환
TYPE(인수)	'인수'의 데이터 형식을 숫자로 반환 • 숫자 → 1 • 문자열 → 2 • 논리값 → 4 • 오류값 → 16 • 배열 → 64
CELL(정보 유형,셀 주소)	셀의 서식 지정이나 위치, 내용 등에 대한 정보 반환 • "address" → 셀 주소 • "contents" → 셀의 값 • "col" → 열 번호 • "row" → 행 번호

	A	B	C	D
1	정보 함수			
2				#N/A
3	함수식	함수결과		#DIV/0!
4	=ISBLANK(D1)	TRUE	❶	9
5	=ISERROR(D2)	TRUE	❷	TRUE
6	=ISERR(D3)	TRUE	❸	10
7	=ISEVEN(D4)	FALSE	❹	apple
8	=ISODD(D4)	TRUE	❺	
9	=ISLOGICAL(D5)	TRUE	❻	
10	=ISNUMBER(D6)	TRUE	❼	
11	=ISTEXT(D7)	TRUE	❽	
12	=ISNONTEXT(D7)	FALSE	❾	
13	=TYPE(D7)	2	❿	
14	=CELL("col",D7)	4	⓫	
15				

▼ 함수결과

❶ [D1] 셀이 빈 셀이면 TRUE
❷ [D2] 셀이 오류값이면 TRUE
❸ [D3] 셀이 #N/A를 제외한 오류값이면 TRUE
❹ [D4] 셀이 짝수이면 TRUE
❺ [D4] 셀이 홀수이면 TRUE
❻ [D5] 셀이 논리값이면 TRUE
❼ [D6] 셀이 숫자이면 TRUE
❽ [D7] 셀이 텍스트이면 TRUE
❾ [D7] 셀이 텍스트가 아니면 TRUE
❿ [D7] 셀의 데이터 형식을 숫자로 반환(문자열은 2)
⓫ [D7] 셀의 열 번호를 반환

바로 보는 해설

01
- FV(이자,기간,금액,현재 가치,납입 시점): 미래 가치를 구하는 함수이다.
- 이자율: 연이율을 12로 나눠 월이율로 계산한다.
- 기간: 12를 곱해서 월 단위로 계산한다.
- 금액: 만기 금액이 양수로 나오게 하기 위해 음수로 지정한다.
- 현재 가치: 없으므로 생략한다.
- 납입 시점: 말일은 0이므로 생략한다.

02
| 오답 피하기 |
① ISBLANK 함수는 값이 빈 셀이면 'TRUE'를 반환한다.
③ ISODD 함수는 숫자가 홀수이면 'TRUE'를 반환한다.
④ TYPE 함수는 값의 데이터 형식을 나타내는 숫자를 반환한다.

Warming  기출로 개념 확인

01

다음 중 연이율 4.5%로 2년 만기로 매월 말 400,000원씩 저축할 경우, 복리 이자율로 계산하여 만기에 찾을 수 있는 금액을 구하기 위한 수식으로 옳은 것은?

① =FV(4.5%/12,2*12,-400000)
② =FV(4.5%/12,2*12,-400000,1)
③ =FV(4.5%,2*12,-400000,1)
④ =FV(4.5%,2*12,-400000)

02

다음 중 정보 함수에 대한 설명으로 옳은 것은?

① ISBLANK 함수: 값이 '0'이면 'TRUE'를 반환한다.
② ISERR 함수: 값이 #N/A를 제외한 오류값이면 'TRUE'를 반환한다.
③ ISODD 함수: 숫자가 짝수이면 'TRUE'를 반환한다.
④ TYPE 함수: 값의 데이터 형식을 나타내는 문자를 반환한다.

| 정답 | 01 ① 02 ②

| 빈출개념 | #배열 상수 #합계 배열 수식 #개수 배열 수식

개념끝 061 배열 수식과 배열 상수

기출빈도 A — B — C — D

01 배열 수식

> 결정적 힌트
> 1급에만 출제되는 배열 수식은 매우 어려운 개념입니다. 배열 수식의 특징과 배열 상수의 개념을 잘 이해하시기 바랍니다.

- 배열 범위에서 여러 계산을 한꺼번에 수행하는 것으로, 하나의 결과 또는 다양한 결과를 반환할 수 있다.
- 배열 수식에 사용되는 배열 인수의 행 수와 열 수는 같아야 한다.
- 배열 수식을 입력하고 Ctrl+Shift+Enter를 누르면 수식의 앞뒤에 중괄호({ })가 자동으로 입력된다.
- 조건을 지정할 때 AND 조건은 '*', OR 조건은 '+'를 사용한다.
- 배열 수식에서 잘못된 인수나 피연산자를 사용할 경우 '#VALUE!' 오류가 발생한다.

실습으로 개념끝 ⑦ 에듀윌_컴퓨터활용능력1급필기기본서_실습으로개념끝\2과목\Chapter3_7.배열수식.xlsx

배열 수식을 이용하여 [D2:D5] 영역에 금액을 구하시오.

따라하기

❶ [D2:D5] 영역을 드래그하여 선택한다.

❷ 수식 입력줄에 =B2:B5*C2:C5를 입력한 후 Ctrl+Shift+Enter를 누른다.

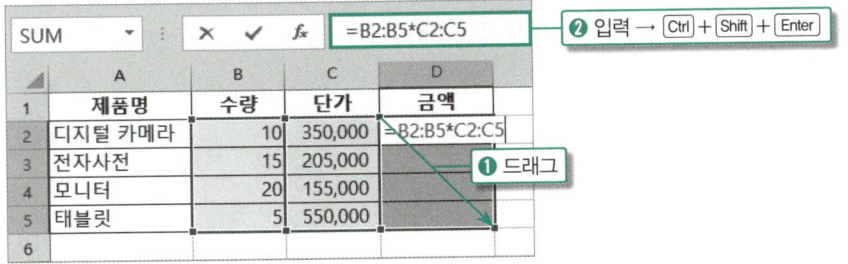

❸ 결과를 확인한다.

	A	B	C	D
1	제품명	수량	단가	금액
2	디지털 카메라	10	350,000	3,500,000
3	전자사전	15	205,000	3,075,000
4	모니터	20	155,000	3,100,000
5	태블릿	5	550,000	2,750,000
6				

- 두 개의 배열을 곱하면 같은 위치에 있는 숫자값끼리 곱하는 방식으로 동시에 계산하므로, 다음과 같다.
  - [D2] 셀에 표시되는 값은 [B2]*[C2]=10*350000
  - [D3] 셀에 표시되는 값은 [B3]*[C3]=15*205000
  - [D4] 셀에 표시되는 값은 [B4]*[C4]=20*155000
  - [D5] 셀에 표시되는 값은 [B5]*[C5]=5*550000

02 배열 상수

- 배열 상수란 배열 수식에서 사용하는 인수이다.
- 배열 상수는 숫자, 텍스트, 논리값, 오류값 등을 사용할 수 있고, 수식은 사용할 수 없다.
- 같은 배열 상수에 다른 종류의 값을 사용할 수 있다.
- $, 괄호, %, 길이가 다른 행이나 열, 셀 참조는 배열 상수로 사용할 수 없다.
- 열은 쉼표(,)로, 행은 세미콜론(;)으로 구분한다.
- 배열 상수를 작성할 때는 중괄호({ })를 직접 입력해야 한다.

▼ {1,2,3,4;6,7,8,9}
세미콜론(;)에 의해 2행, 쉼표(,)에 의해 4열의 배열 상수가 작성된다.

실습으로 개념끝 ⑧
에듀윌_컴퓨터활용능력1급필기기본서_실습으로개념끝\2과목\Chapter3_8.배열상수.xlsx

배열 상수를 작성하시오.

따라하기

❶ [A1:D2] 영역을 드래그하여 선택한다.

❷ 수식 입력줄에 ={1,2,3,4;6,7,8,9}를 입력한 후 Ctrl+Shift+Enter를 누른다.

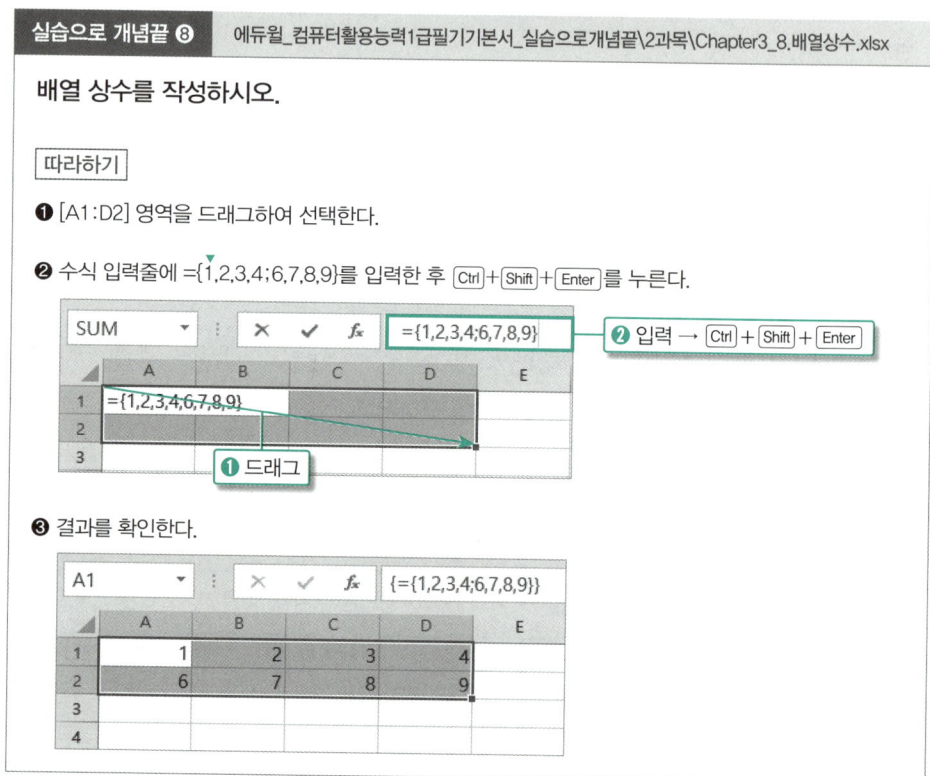

❸ 결과를 확인한다.

03 배열 수식의 활용

> **결정적 힌트**
> 자주 출제되는 배열 수식을 표로 정리했습니다. 공식처럼 기본 틀을 암기한 후 문제에 적용해보시기 바랍니다.

구분	조건이 한 개인 경우	조건이 여러 개인 경우
합계	{=SUM((조건)*합계를 구할 범위)}	{=SUM((조건1)*(조건2)*합계를 구할 범위)}
	{=SUM(IF(조건,합계를 구할 범위))}	{=SUM(IF((조건1)*(조건2),합계를 구할 범위))}
평균	{=AVERAGE(IF(조건,평균을 구할 범위))}	{=AVERAGE(IF((조건1)*(조건2),평균을 구할 범위))}
개수	{=SUM((조건)*1)}	{=SUM((조건1)*(조건2))}
	{=SUM(IF(조건,1))}	{=SUM(IF((조건1)*(조건2),1))}
	{=COUNT(IF(조건,1))}	{=COUNT(IF((조건1)*(조건2),1))}
최대값	{=MAX((조건)*최대값을 구할 범위)}	{=MAX((조건1)*(조건2)*최대값을 구할 범위)}
	{=MAX(IF(조건, 최대값을 구할 범위))}	{=MAX(IF((조건1)*(조건2),최대값을 구할 범위))}
최소값	{=MIN(IF(조건,최소값을 구할 범위))}	{=MIN(IF((조건1)*(조건2),최소값을 구할 범위))}
K번째로 큰 값	{=LARGE((조건)*K번째로 큰 값을 구할 범위,K)}	{=LARGE((조건1)*(조건2)*K번째로 큰 값을 구할 범위,K)}
	{=LARGE(IF(조건,K번째로 큰 값을 구할 범위),K)}	{=LARGE(IF((조건1)*(조건2),K번째로 큰 값을 구할 범위),K)}
K번째로 작은 값	{=SMALL(IF(조건,K번째로 작은 값을 구할 범위),K)}	{=SMALL(IF((조건1)*(조건2),K번째로 작은 값을 구 할 범위),K)}
INDEX, MATCH, MAX 함수	{=INDEX(결과를 구할 범위,MATCH(MAX((조건)*최대값을 구할 범위),(조건)*최대값을 구할 범위,방법))}	

	A	B	C	D	E
1	이름	부서명	직위	성별	수당
2	김보아	인사부	대리	여	₩ 500,000
3	이진영	총무부	대리	남	₩ 600,000
4	김태진	총무부	사원	남	₩ 300,000
5	박상우	인사부	대리	남	₩ 700,000
6	오규리	인사부	부장	여	₩ 800,000
7					
8	총무부 수당 합계	=SUM((B2:B6="총무부")*E2:E6)	900,000		
9	인사부 대리 수당 합계	=SUM(IF((B2:B6="인사부")*(C2:C6="대리"),E2:E6))	1,200,000		
10	여자 수당 평균	=AVERAGE(IF(D2:D6="여",E2:E6))	650,000		
11	총무부 최고 수당	=MAX(IF(B2:B6="총무부",E2:E6))	600,000		
12	총무부 인원수	=COUNT(IF(B2:B6="총무부",1))	2		
13	대리 수당 중 2번째로 큰 값	=LARGE(IF(C2:C6="대리",E2:E6),2)	600,000		
14	인사부 수당 중 2번째로 작은 값	=SMALL(IF(B2:B6="인사부",E2:E6),2)	700,000		
15	남자 수당 중 가장 큰 값에 해당하는 이름	=INDEX(A2:A6,MATCH(MAX((D2:D6="남")*E2:E6),(D2:D6="남")*E2:E6,0))	박상우		

개념 플러스 | 배열 수식의 원리 – 성별이 '여'에 해당하는 점수의 합계 구하기

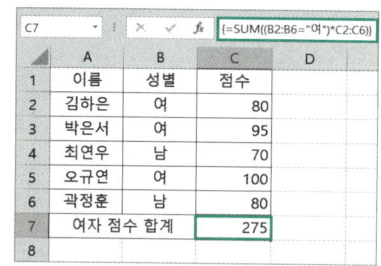

❶ 조건 B2:B6="여"에 의해 각각의 성별이 "여"와 비교되어 TRUE, FALSE의 배열로 만들어지고 논리값은 1, 0으로 바뀐다.

❷ 조건 배열과 점수 배열이 곱해져서 계산값이 나오고 SUM 함수에 의해 합계가 반환된다.

실습으로 개념끝 ❾ | 에듀윌_컴퓨터활용능력1급필기기본서_실습으로개념끝\2과목\Chapter3_9.배열수식의활용.xlsx

배열 수식을 이용하여 부서별 성별 인원수를 구하시오.

따라하기

❶ [B4] 셀을 선택하고 수식 입력줄에 다음의 함수식을 입력한 후 Ctrl + Shift + Enter 를 누른다.

=COUNT(IF(($F$3:$F$12=$A4)*($H$3:$H$12=B$3),1))

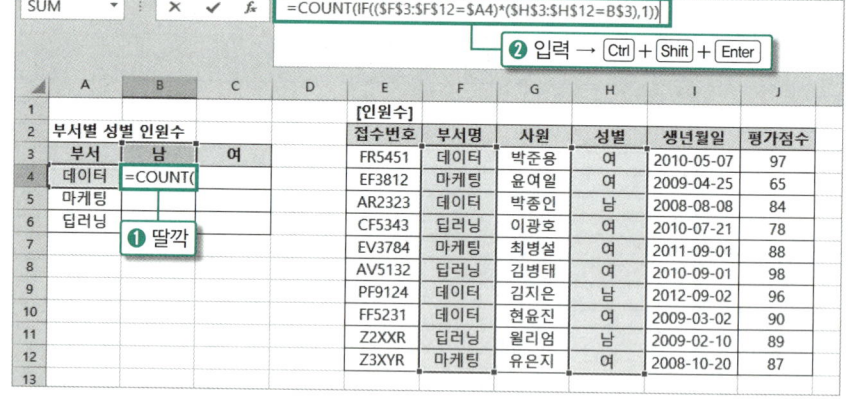

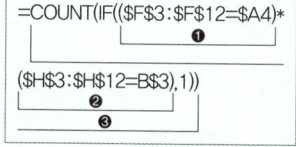

❶ [$F$3:$F$12] 영역의 값이 [$A4] 셀과 같다.
❷ [$H$3:$H$12] 영역의 값이 [B$3] 셀과 같다.
❸ ❶, ❷의 조건을 모두 만족하면 1을 더해준다.

❷ 함수식에 중괄호({ })가 삽입되면서 [B4] 셀에 배열 수식이 적용된다.

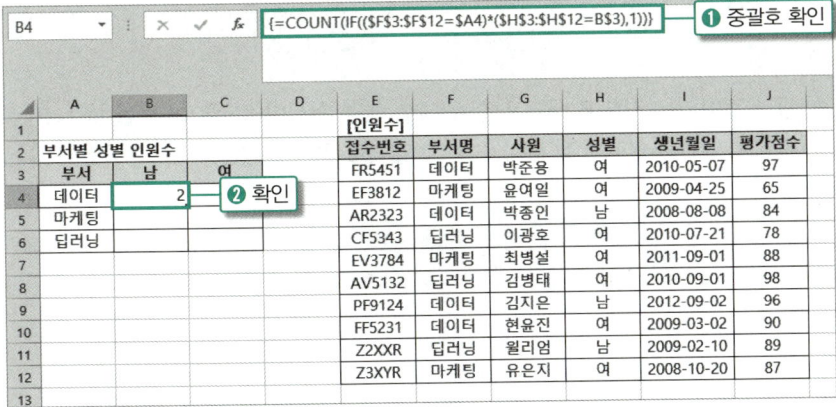

❸ [B4] 셀의 자동 채우기 핸들과 [B6] 셀의 자동 채우기 핸들을 차례대로 드래그하여 함수식을 복사하고 결과를 확인한다.

바로 보는 해설

01
열은 쉼표(,)로, 행은 세미콜론(;)으로 구분한다. [A1:C2] 영역을 선택한 후 '={1,2,3;4,5,6}'을 입력하고 Ctrl + Shift + Enter 를 누르면 아래의 그림과 같이 입력된다. 따라서 SUM(A1,B2) = 1+5가 되어 결괏값은 '6'이 된다.

	A	B	C
1	1	2	3
2	4	5	6
3			

02
- 배열 수식을 사용할 때는 수식을 입력한 후 Ctrl + Shift + Enter 를 눌러 중괄호({ })로 묶어야 한다.
- [$C$3:$C$15] 영역의 값이 [F3] 셀의 왼쪽에서 두 글자와 같으면 1, 아니면 0을 표시한다.

| 오답 피하기 |
① 수식은 배열 수식의 형태로 작성했지만, 중괄호({ })가 빠졌기 때문에 배열 수식이 아니다.
③ 수식은 배열 수식의 형태로 작성했지만, 중괄호({ })가 빠졌기 때문에 배열 수식이 아니고, IF 함수에서 참일 경우와 거짓일 경우에 모두 1로 잘못 설정되었다.
④ [$C$3:$C$15] 영역의 값이 [F3] 셀의 왼쪽에서 두 글자와 같으면 1, 아니면 1을 표시한다. 참일 경우와 거짓일 경우에 모두 1이므로 IF 함수의 의미가 없다.

Warming UP 기출로 개념 확인

01

아래 그림과 같이 워크시트에 배열 상수 형태로 배열 수식이 입력되어 있을 때 [A5] 셀에서 수식 =SUM(A1,B2)를 실행하였다. 다음 중 그 결과로 옳은 것은?

	A	B	C
1	{={1,2,3;4,5,6}}	{={1,2,3;4,5,6}}	{={1,2,3;4,5,6}}
2	{={1,2,3;4,5,6}}	{={1,2,3;4,5,6}}	{={1,2,3;4,5,6}}
3			

① 3
② 6
③ 7
④ 8

02

아래 워크시트의 [C3:C15] 영역을 이용하여 출신 지역별로 인원수를 [G3:G7] 영역에 계산하려고 한다. 다음 중 [G3] 셀에 수식을 작성한 뒤 채우기 핸들을 사용하여 [G7] 셀까지 수식 복사를 할 경우 [G3] 셀에 입력할 수식으로 옳은 것은?

	A	B	C	D	E	F	G
1							
2		성명	출신지역	나이			인원
3		김광철	서울	32		서울 지역	3
4		김다나	경기	35		경기 지역	2
5		고준영	서울	36		호남 지역	3
6		성명주	호남	38		영남 지역	3
7		김철수	경기	38		제주 지역	2
8		정석중	호남	42			
9		이진주	영남	44			
10		박성수	제주	45			
11		최미나	영남	48			
12		강희수	제주	50			
13		조광식	서울	52			
14		원춘배	호남	52			
15		지민주	영남	54			
16							

① =SUM(IF($C$3:$C$15=LEFT(F3,2),1,0))
② {=SUM(IF($C$3:$C$15=LEFT(F3,2),1,0))}
③ =SUM(IF($C$3:$C$15=LEFT(F3,2),1,1))
④ {=SUM(IF($C$3:$C$15=LEFT(F3,2),1,1))}

| 정답 | 01 ② 02 ②

03 또 나올 문제

아래 시트에서 [D2:D5] 영역을 선택한 후 배열 수식으로 한 번에 금액을 구하려고 한다. 다음 중 이를 위한 수식으로 옳은 것은? (금액 = 수량 * 단가)

	A	B	C	D
1	제품명	수량	단가	금액
2	디지털 카메라	10	350,000	
3	전자사전	15	205,000	
4	모니터	20	155,000	
5	태블릿	5	550,000	
6				

① {=B2*C2}
② {=B2:B5*C2:C5}
③ {=B2*C2:B5*C5}
④ {=SUMPRODUCT(B2:B5,C2:C5)}

03 해설
'금액 = 수량 × 단가'이므로 [B2:B5] 영역과 [C2:C5] 영역을 이용하여 수식을 입력하고 Ctrl+Shift+Enter를 눌러 배열 수식으로 계산하면 각 배열에 해당하는 값끼리 계산해서 결괏값이 표시된다.

04 또 나올 문제

아래 시트에서 각 부서마다 직위별로 '종합점수'의 합계를 구하려고 한다. 다음 중 [B17] 셀에 입력된 수식으로 옳은 것은?

	A	B	C	D	E
1	부서명	직위	업무평가	구술평가	종합점수
2	영업부	사원	35	30	65
3	총무부	대리	38	33	71
4	총무부	과장	45	36	81
5	총무부	대리	35	40	75
6	영업부	과장	46	39	85
7	홍보부	과장	30	37	67
8	홍보부	부장	41	38	79
9	총무부	사원	33	29	62
10	영업부	대리	36	34	70
11	홍보부	대리	27	36	63
12	영업부	과장	42	39	81
13	영업부	부장	40	39	79
14					

	A	B	C	D	E
16	부서명	부장	과장	대리	
17	영업부				
18	총무부				
19	홍보부				
20					

① {=SUMIFS($E$2:$E$13,$A$2:$A$13,$A17,$B$2:$B$13,$B16)}
② {=SUM(($A$2:$A$13=A17)*($B$2:$B$13=B16)*$E$2:$E$13)}
③ {=SUM(($A$2:$A$13=$A17)*($B$2:$B$13=B$16)*$E$2:$E$13)}
④ {=SUM(($A$2:$A$13=A$17)*($B$2:$B$13=$B16)*$E$2:$E$13)}

04 해설
조건이 두 개일 때 배열 수식으로 합계를 구하는 방법
- 방법1: =SUM((조건1) * (조건2) * 합계 범위)
- 방법2: =SUM(IF((조건1) * (조건2),합계 범위))

- 조건1: 부서별 조건($A$2:$A$13 = $A17)
- 조건2: 직위별 조건($B$2:$B$13 = B$16)
- 합계 범위: 종합점수($E$2:$E$13)

- 방법1: =SUM(($A$2:$A$13=$A17) * ($B$2:$B$13=B$16) * $E$2:$E$13)
- 방법2: =SUM(IF(($A$2:$A$13=$A17) * ($B$2:$B$13=B$16), $E$2:$E$13))

- [A17] 셀의 경우는 [A18] 셀, [A19] 셀과 같이 열이 고정되므로 '$A17'로 표시하고, [B16] 셀은 [C16] 셀, [D16] 셀과 같이 행이 고정되므로 'B$16'으로 지정한다.

| 정답 | 03 ② 04 ③

CHAPTER 3 수식 활용

기출선지 OX 퀴즈

01 수식은 등호(=)나 더하기(+), 빼기(−) 기호로 시작하며, 더하기(+)와 빼기(−) 기호는 등호(=)로 자동 변환 (O / X) 된다.

02 수식에 문자열이 포함될 때는 작은따옴표(' ')로 묶어준다. (O / X)

03 입력된 수식을 보려면 Ctrl+`를 누른다. (O / X)

04 비교 연산자는 두 값의 크기를 비교하여 조건식이 만족하면 FALSE(거짓), 그렇지 않으면 TRUE(참)를 (O / X) 표시한다.

05 괄호( )가 있으면 항상 괄호 안을 먼저 연산한다. (O / X)

06 참조 연산자보다 비교 연산자가 먼저 계산된다. (O / X)

07 다른 워크시트의 셀을 참조하려면 시트 이름과 셀 주소 사이에 물음표(?)로 구분한다. (O / X)

08 시트 이름에 한글, 영문 이외의 문자가 있으면 작은따옴표(' ')로 묶는다. (O / X)

09 다른 통합 문서의 셀을 참조하려면 통합 문서의 이름을 소괄호(( ))로 표시한다. (O / X)

10 오류 메시지 중 '#N/A'는 특정 값을 0 또는 빈 셀로 나눈 경우에 나타난다. (O / X)

11 오류 메시지 중 '#REF!'는 셀 참조를 잘못 사용한 경우에 나타난다. (O / X)

12 셀이나 셀 범위에 이름을 정의해 놓은 경우 이름 상자에 이름이 표시된다. (O / X)

13 함수는 함수명, 괄호, 인수로 구성되며, 괄호 안에 마침표(.)로 인수를 구분한다. (O / X)

14 중첩 함수는 64단계까지 중첩할 수 있다. (O / X)

15 EXP 함수는 '숫자'의 절대값을 반환하는 함수이다. (O / X)

한판으로 **복습**한다!

16 TRUNC 함수는 TRUNC(숫자,자릿수)와 같이 사용하며, '숫자'에서 지정한 '자릿수' 이하의 숫자를 버리고 반환하는 함수이다. (O / X)

17 SUMIF 함수는 '범위'에서 '조건'을 만족하는 경우 '합계 범위'에서 합계를 반환하는 함수이다. (O / X)

18 =MOD(-3,2) 수식의 결과는 1이다. (O / X)

19 AND 함수는 조건 중 하나라도 참이면 'TRUE', 나머지는 'FALSE'를 반환하는 함수이다. (O / X)

20 HLOOKUP 함수는 '범위'의 첫 번째 행에서 '값'을 찾아 지정한 행에서 대응하는 값을 반환하는 함수이다. (O / X)

21 MATCH 함수는 '범위'에서 지정한 '행'과 '열'의 교차값을 반환하는 함수이다. (O / X)

22 DSUM 함수는 조건을 만족하는 '필드'의 합계를 반환하는 함수이다. (O / X)

23 배열 상수를 작성할 때는 대괄호([ ])를 직접 입력해야 한다. (O / X)

24 =FIXED(3456.789,1,FALSE) 수식의 결과는 3,456.8이다. (O / X)

25 배열 상수는 숫자, 논리값, 텍스트, 오류값을 사용할 수 있으나 수식은 사용할 수 없다. (O / X)

26 ISBLANK 함수는 값이 '0'이면 'TRUE'를 반환한다. (O / X)

27 데이터베이스 함수의 인수 중 '조건 범위'는 찾을 조건이 들어있는 셀 범위로, 필드명과 따로 지정해야 한다. (O / X)

28 배열 수식에 3차원 참조를 사용할 수 있다. (O / X)

29 셀 범위에 이름을 지정할 때 이름은 문자나 '_', ' \ ' 중 하나로 시작하여야 하며 숫자로 시작될 수 없다. (O / X)

30 =REPLACE("February",SEARCH("U","Seoul-Unesco"),5,"") 수식의 결과는 Feb이다. (O / X)

정답	01	O	02	X	03	X	04	X	05	O	06	X	07	X	08	O	09	X	10	X
	11	O	12	O	13	X	14	X	15	X	16	X	17	O	18	O	19	X	20	O
	21	X	22	O	23	X	24	X	25	X	26	X	27	O	28	X	29	O	30	O

CHAPTER 3 | 수식 활용

기출로 개념 강화

개념끝 055 수식 작성

01 또 나올 문제

다음 중 수식 작성 과정에 대한 설명으로 옳지 <u>않은</u> 것은?

① 셀 범위를 참조할 때에는 시작 셀 이름과 마지막 셀 이름 사이에 콜론(:)이 입력된다.
② 다른 워크시트의 값을 참조하는 경우 해당 워크시트의 이름에 사이 띄우기가 포함되어 있으면 워크시트의 이름은 큰따옴표(" ")로 묶인다.
③ 수식에 숫자를 입력할 때 화폐 단위나 천 단위 구분 기호와 같은 서식 문자는 입력하지 않는다.
④ 외부 참조를 하는 경우 통합 문서의 이름과 경로가 포함되어야 한다.

02

다음 중 3차원 참조에 대한 설명으로 옳지 <u>않은</u> 것은?

① 여러 워크시트에 있는 동일한 셀 데이터나 셀 범위 데이터에 대한 참조를 뜻한다.
② 'Sheet2'부터 'Sheet4'까지의 [A2] 셀을 모두 더하라는 식을 '=SUM(Sheet2:Sheet4!A2)'와 같이 3차원 참조로 표현할 수 있다.
③ SUM, AVERAGE, COUNTA, STDEV.S 등의 함수를 사용할 수 있다.
④ 배열 수식에 3차원 참조를 사용할 수 있다.

03

다음 중 아래 워크시트에서 [A6] 셀에 수식 '=VLOOKUP("C",A2:C5,3,0)'을 입력한 경우의 결과로 옳은 것은?

	A	B	C	D
1	코드	품목	가격	
2	A	연필	1000	
3	B	볼펜	2000	
4	D	지우개	3000	
5	E	샤프	4000	
6	=VLOOKU			
7				

① #N/A
② #Name?
③ B
④ 2000

04

아래의 워크시트에서 [D1] 셀에 숫자를 입력한 후 [오류 추적] 단추가 표시되었다. 다음 중 아래의 오류 표시에 대한 설명으로 옳지 <u>않은</u> 것은?

	A	B	C	D
1				789.45
2				

① 오류 검사 규칙으로 '오류를 반환하는 수식이 있는 셀'이 선택되어 있는 경우 그림과 같이 셀 왼쪽에 [오류 추적] 단추가 나타난다.
② 숫자를 셀에 입력한 후 텍스트로 서식을 지정한 경우에 나타난다.
③ [오류 추적] 단추를 눌러 나타난 메뉴 중 [숫자로 변환]을 클릭하면 오류 표시가 사라지고 숫자로 정상 입력된다.
④ 텍스트로 서식이 지정된 셀에 숫자를 입력하는 경우 오류 표시기가 나타난다.

수학 함수, 통계 함수

05 또 나올 문제

아래 시트에서 수식을 실행하였을 때 다음 중 결괏값이 다른 것은?

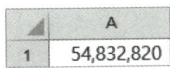

① =ROUND(A1,3−LEN(INT(A1)))
② =ROUNDDOWN(A1,3−LEN(INT(A1)))
③ =ROUNDUP(A1,3−LEN(INT(A1)))
④ =TRUNC(A1,−5)

06

다음 중 아래 시트에서 각 수식을 실행했을 때의 결괏값으로 옳은 것은?

▲	A	B	C	D	E
1	이름	국어	영어	수학	평균
2	홍길동	83	90	73	82
3	이대한	65	87	91	81
4	한민국	80	75	100	85
5	평균	76	84	88	82.66667
6					

① =SUM(COUNTA(B2:D4),MAXA(B2:D4)) → 102
② =AVERAGE(SMALL(C2:C4,2),LARGE(C2:C4,2)) → 75
③ =SUM(LARGE(B3:D3,2),SMALL(B3:D3,2)) → 174
④ =SUM(COUNTA(B2,D4),MINA(B2,D4)) → 109

바로 보는 해설

01 다른 워크시트의 값을 참조하는 경우 해당 워크시트의 이름에 사이 띄우기가 포함되어 있으면 워크시트의 이름은 작은따옴표(' ')로 묶인다.
　예 이름이 '월별 분석'인 워크시트를 참조하는 경우: ='월별 분석'!A1

02 배열 수식에는 3차원 참조를 사용할 수 없다.

03 VLOOKUP 함수는 [A2:C5] 영역의 첫 번째 열에서 'C'를 찾아서 세 번째 열의 값을 반환하지만, 첫 번째 영역에서 'C'를 찾지 못했으므로 #N/A 오류가 발생한다. #N/A 오류는 수식에서 잘못된 값으로 연산을 시도한 경우에 발생한다.
　| 오답 피하기 |
　② #Name?: 함수 이름이나 정의되지 않은 셀 이름을 사용한 경우에 발생하는 오류 메시지이다.

04 숫자를 셀에 입력한 후 텍스트로 서식을 지정한 경우에는 오류가 표시되지 않고 숫자가 텍스트로 변경된다. 기본적으로 숫자는 오른쪽 정렬, 문자는 왼쪽 정렬된다.

05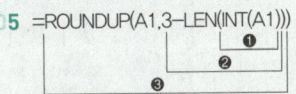
　❶ INT(A1): 인수보다 크지 않은 정수는 54,832,820
　❷ LEN(54832820): 인수의 길이를 구하므로 8이므로 3−LEN(54832820)= −5
　❸ ROUNDUP(A1,−5)가 되므로 54,900,000
　| 오답 피하기 |
　①, ②, ④는 '54,800,000'이다.

06
　❶ [B3:D3] 영역에서 두 번째로 큰 값을 구하는 함수로, 결괏값은 '87'이다.
　❷ [B3:D3] 영역에서 두 번째로 작은 값을 구하는 함수로, 결괏값은 '87'이다.
　❸ 함수식 '=SUM(87,87)'이 완성되어 =SUM(87,87) = 87+87을 계산하면 결괏값은 '174'이다.

| 정답 |　01 ②　02 ④　03 ①　04 ②　05 ③
　　　　06 ③

개념끝 058 날짜/시간 함수, 논리 함수, 문자열 함수

07

다음 중 수식에 대한 설명으로 옳은 것은?

① =IF(AND(B2>=40,C2>=40,D2>=60),"합격","불합격")
[B2]와 [C2] 셀의 값이 40 초과이고 [D2] 셀의 값이 60 초과이면 "합격" 그렇지 않으면 "불합격"

② =IF(OR(C2>=40,D2>=60),"합격","불합격")
[C2] 셀의 값이 40 이상이거나 [D2] 셀의 값이 60 이상이면 "합격", 그렇지 않으면 "불합격"

③ =IF((AND(B2,C2)>=40,D2>60),"합격","불합격")
[B2]와 [C2] 셀의 값이 40 초과이고, [D2] 셀의 값이 60 초과이면 "합격" 그렇지 않으면 "불합격"

④ =AND(IF(B2>=40,C2>=40,D2>=60),"합격","불합격")
[B2]와 [C2] 셀의 값이 40 이상이거나 [D2] 셀의 값이 60 이상이면 "합격" 그렇지 않으면 "불합격"

08 (또 나올 문제)

다음 중 아래와 같이 워크시트에 데이터가 입력되어 있는 경우 보기의 수식과 그 결괏값으로 옳지 <u>않은</u> 것은?

	A
1	
2	한국 대한민국
3	분기 수익
4	수익
5	아름다운 설악산
6	

① =MID(A5,SEARCH(A1,A5)+5,3) → '설악산'
② =REPLACE(A5,SEARCH("한",A2),5,"") → '설악산'
③ =MID(A2,SEARCH(A4,A3),2) → '대한'
④ =REPLACE(A3,SEARCH(A4,A3),2,"명세서") → '분기 수익명세서'

개념끝 059 찾기/참조 함수, 데이터베이스 함수

09

다음 중 수식의 결과가 옳지 <u>않은</u> 것은?

① =FIXED(3456.789,1,FALSE) → 3,456.8
② =EOMONTH(DATE(2015,2,25),1) → 2015-03-31
③ =CHOOSE(ROW(A3:A6),"동","서","남","북") → 남
④ =REPLACE("February",SEARCH("U","Seoul-Unesco"),5,"") → Febru

10

다음 중 수식의 실행 결과가 나머지 셋과 <u>다른</u> 것은?

① =COLUMNS(C1:E4)
② =COLUMNS({1,2,3;4,5,6})
③ =MOD(2,-5)
④ =COUNT(0,"거짓",TRUE,"1")

11

다음 중 아래의 워크시트에서 [F2] 셀에 소속이 '영업1부'인 총매출액의 합계를 계산하기 위한 수식으로 옳지 <u>않은</u> 것은?

	A	B	C	D	E	F	G
1	성명	소속	총매출액		소속	총매출액	평균 매출액
2	이민우	영업1부	8,819		영업1부	28,581	7,145
3	차소라	영업2부	8,072				
4	진희경	영업3부	6,983		소속별 총매출액의 합계		
5	장용	영업1부	7,499				
6	최병철	영업1부	7,343				
7	김철수	영업3부	4,875				
8	정진수	영업2부	5,605				
9	고희수	영업3부	8,689				
10	조민희	영업3부	7,060				
11	추소영	영업2부	6,772				
12	홍수아	영업3부	6,185				
13	이경식	영업1부	4,920				
14	유동근	영업2부	7,590				
15	이혁재	영업3부	6,437				
16							

① =DSUM(A1:C15,3,E1:E2)
② =DSUM(A1:C15,C1,E1:E2)
③ =SUMIF(B2:B15,E2,C2:C15)
④ =SUMIF(A1:C15,E2,C1:C15)

12 〔또 나올 문제〕

아래 워크시트에서 부서명[E2:E4]을 번호[A2:A11] 순서대로 반복하여 발령부서[C2:C11]에 배정하고자 한다. 다음 중 [C2] 셀에 입력할 수식으로 옳은 것은?

	A	B	C	D	E
1	번호	이름	발령부서		부서명
2	1	황현아	기획팀		기획팀
3	2	김지민	재무팀		재무팀
4	3	정미주	총무팀		총무팀
5	4	오민아	기획팀		
6	5	김혜린	재무팀		
7	6	김윤중	총무팀		
8	7	박유미	기획팀		
9	8	김영주	재무팀		
10	9	한상미	총무팀		
11	10	서은정	기획팀		
12					

① =INDEX($E$2:$E$4,MOD(A2,3))
② =INDEX($E$2:$E$4,MOD(A2,3)+1)
③ =INDEX($E$2:$E$4,MOD(A2-1,3)+1)
④ =INDEX($E$2:$E$4,MOD(A2-1,3))

바로 보는 해설

07 | 오답 피하기 |
① [B2]와 [C2] 셀의 값이 40 이상이고 [D2] 셀의 값이 60 이상이면 "합격" 그렇지 않으면 "불합격"이다.
③ (B2,C2)>=40은 잘못된 수식이다.
④ AND와 IF가 바뀌었다.

08 =REPLACE(A3,SEARCH(A4,A3),2,"명세서")
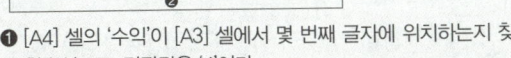

❶ [A4] 셀의 '수익'이 [A3] 셀에서 몇 번째 글자에 위치하는지 찾는 함수식으로, 결괏값은 '4'이다.
❷ ❶의 결괏값을 대입하면 'REPLACE(A3,4,2,"명세서")'가 되어 [A3] 셀에서 네 번째 글자부터 두 글자를 '명세서'로 변경하면 결괏값은 '분기 명세서'이다.

09 SEARCH 함수는 영문자의 대·소문자를 구분하지 않는다. 따라서 'Seoul-Unesco'에서 'U'를 찾아 위치를 표시하면 결괏값은 '4'이다. 이를 대입하면 'REPLACE("February",4,5,"")'가 되므로 'February'에서 네 번째 글자부터 다섯 글자를 빈칸으로 변경하면 결괏값은 'Feb'이다.

10 MOD(n,d) = n − d * INT(n/d) = 2 − 5 = −3
예) = MOD(2,5) → 2, = MOD(2,−5) → −3,
= MOD(−2,5) → 3, = MOD(−2,−5) → −2

11 SUMIF의 첫 번째 인수를 여러 열로 구성된 범위로 지정한 경우 첫 번째 열에 조건을 적용한다. 즉, [A1:C15] 셀 영역의 첫 번째 열에서 '영업1부'를 찾을 수 없으므로 결과가 0이 된다.

12 =INDEX($E$2:$E$4,MOD(A2−1,3)+1)

❶ MOD 함수의 형식은 MOD(숫자,나누는 수)이다. 함수식에서 'A2−1'은 '0'이므로 'MOD(0,3)'이 되어 0을 3으로 나눈 나머지 결괏값은 '0'이고, 여기에 1을 더하면 결괏값은 '1'이 된다.
❷ INDEX 함수의 형식은 INDEX(범위,행,열)로, '범위'에서 '행', '열'에 해당 값을 표시한다. ❶의 결괏값을 대입하면 'INDEX($E$2:$E$4,1)'이 되어 해당 영역에서 1행의 값인 '기획팀'이 표시된다.

| 정답 | 07 ② 08 ④ 09 ④ 10 ③ 11 ④
12 ③

개념끝 060 재무 함수, 정보 함수

13 또 나올 문제
다음 중 아래의 데이터를 이용하여 계산할 현재 가치 [D3] 셀의 수식으로 옳은 것은?

	A	B	C	D
1	투자 금액의 현재 가치			
2	연이율	투자기간(년)	투자금액	현재가치
3	6%	3	3,000,000	
4				

① =PV(A3/12,B3*12,,C3)
② =PV(A3/12,B3/12,,C3)
③ =PV(A3/12,B3,,C3)
④ =PV(A3,B3,,C3)

14
다음 중 아래 워크시트를 이용한 수식의 실행 결과가 나머지 셋과 다른 것은?

	A
1	결과
2	33
3	TRUE
4	55
5	#REF!
6	88
7	#N/A
8	

① =IFERROR(ISLOGICAL(A3),"ERROR")
② =IFERROR(ISERR(A7),"ERROR")
③ =IFERROR(ISERROR(A7),"ERROR")
④ =IF(ISNUMBER(A4),TRUE,"ERROR")

개념끝 061 배열 수식과 배열 상수

15 또 나올 문제
다음 중 배열 수식과 배열 상수에 대한 설명으로 옳지 않은 것은?

① 배열 수식에서 잘못된 인수나 피연산자를 사용할 경우 '#VALUE!'의 오류값이 발생한다.
② 배열 상수는 숫자, 논리값, 텍스트, 오류값 외에 수식도 사용할 수 있다.
③ 배열 상수에서 다른 행의 값은 세미콜론(;), 다른 열의 값은 쉼표(,)로 구분한다.
④ [Ctrl]+[Shift]+[Enter]를 누르면 중괄호({ }) 안에 배열 수식이 표시된다.

16
아래의 워크시트와 같이 데이터가 입력되도록 [A1:C3] 영역을 선택하여 2차원 배열 상수를 작성하고자 한다. 다음 중 이를 위한 배열 수식으로 옳은 것은?

	A	B	C
1	1	2	3
2	10	20	30
3	100	200	300
4			

① ={1,2,3;10,20,30;100,200,300}
② ={1,2,3,10,20,30,100,200,300}
③ ={1;2;3;10;20;30;100;200;300}
④ ={1;2;3,10;20;30,100;200;300}

17 또 나올 문제

아래 시트에서 국적별 영화 장르의 편수를 계산하기 위해 [B12] 셀에 작성해야 할 배열 수식으로 옳지 않은 것은?

	A	B	C	D	E
1					
2	NO.	영화명	관객수	국적	장르
3	1	럭키	66,962	한국	코미디
4	2	허드슨강의 기적	33,317	미국	드라마
5	3	그물	9,103	한국	드라마
6	4	프리즘☆투어스	2,778	한국	애니메이션
7	5	드림 쏭	1,723	미국	애니메이션
8	6	춘몽	382	한국	드라마
9	7	파수꾼	106	한국	드라마
10					
11		코미디	드라마	애니메이션	
12	한국	1	3	1	
13	미국	0	1	1	
14					

① {=SUM(($D$3:$D$9=$A12)*($E$3:$E$9=B$11))}
② {=SUM(IF($D$3:$D$9=$A12,IF($E$3:$E$9=B$11,1)))}
③ {=COUNT(($D$3:$D$9=$A12)*($E$3:$E$9=B$11))}
④ {=COUNT(IF(($D$3:$D$9=$A12)*($E$3:$E$9=B$11),1))}

바로 보는 해설

13 • PV(이자,기간,금액,미래 가치): 현재 가치를 구하는 함수이다.
• 이자: 연이율을 12로 나눠 월이율로 계산한다.
• 기간: 12를 곱해서 월 단위로 계산한다.
• 금액: 매월 지급액은 없으므로 생략한다.
• 미래 가치: 투자가 완료된 후 얻고자 하는 미래 가치나 현금 잔액이다.

14 =IFERROR(ISERR(A7),"ERRPR")
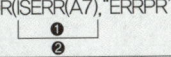

❶ 'ISERR(인수)'는 인수 셀이 #N/A 오류를 제외한 오류값을 가지고 있으면 'TRUE'를 반환한다. [A7] 셀의 값이 #N/A 오류이므로 결괏값은 'FALSE'이다.

❷ 'IFERROR(인수1,인수2)'는 '인수1'을 표시하는데, '인수1'이 오류이면 '인수2'를 표시한다. 따라서 ❶의 결괏값을 대입하면 'IFERROR(FALSE,"ERROR")'가 되고, 함수식이 오류가 아니므로 'FALSE'가 그대로 표시된다.

15 배열 상수는 숫자, 논리값, 텍스트, 오류값을 사용할 수 있으나 수식은 사용할 수 없다.

16 배열 상수를 입력할 때 열 구분은 쉼표(,)로, 행 구분은 세미콜론(;)으로 한다.

17 '국적' 항목(D3:D9)의 데이터와 [A12] 셀 데이터인 '한국'을 비교하는 '조건1'과, '장르' 항목(E3:E9)의 데이터와 [B11] 셀 데이터인 '코미디'를 비교하는 '조건2'가 있다. 조건이 두 개이므로 다음 세 가지 방법 중 하나로 개수를 구하는 배열 수식을 계산할 수 있다.

> **조건이 두 개일 때 배열 수식으로 개수를 구하는 방법**
> 방법1: {=SUM((조건1)*(조건2))}
> 방법2: {=SUM(IF((조건1)*(조건2),1))}
> 방법3: {=COUNT(IF((조건1)*(조건2),1))}

| 정답 | 13 ① 14 ② 15 ② 16 ① 17 ③

18

아래 워크시트에서 순위[G2:G10]는 총점을 기준으로 구하되 동점자에 대해서는 국어를 기준으로 순위를 구하였다. 다음 중 [G2] 셀에 입력된 수식으로 옳은 것은?

	A	B	C	D	E	F	G
1	성명	국어	수학	영어	사회	총점	순위
2	홍길동	92	50	30	10	182	1
3	한민국	80	50	20	30	180	3
4	이대한	90	40	20	30	180	2
5	이나래	70	50	30	30	180	4
6	마상욱	80	50	30	10	170	7
7	박정인	90	40	20	20	170	6
8	사수영	70	40	30	30	170	8
9	고소영	85	40	30	20	175	5
10	장영수	70	50	10	5	135	9
11							

① {=RANK.EQ($F2,$F$2:$F$10)+RANK.EQ($B$2,$B$2:$B$10)}

② {=RANK.EQ($B$2,$B$2:$B$10)*RANK.EQ($F2,$F$2:$F$10)}

③ {=RANK.EQ($F2,$F$2:$F$10)+SUM(($F$2:$F$10=$F2)*($B$2:$B$10>$B2))}

④ {=SUM(($F$2:$F$10=$F2)*($B$2:$B$10>$B2))*RANK.EQ($F2,$F$2:$F$10)}

19

아래 워크시트에서 일자[A2:A7], 제품명[B2:B7], 수량[C2:C7], [A9:C13] 영역을 이용하여 금액[D2:D7]을 배열 수식으로 계산하고자 한다. 다음 중 [D2] 셀에 입력된 수식으로 옳은 것은? (단, 금액은 단가 * 수량으로 계산하며, 단가는 [A9:C13] 영역을 참조하여 구함)

	A	B	C	D
1	일자	제품명	수량	금액
2	10월 03일	허브차	35	52,500
3	10월 05일	아로마비누	90	270,000
4	10월 05일	허브차	15	22,500
5	11월 01일	아로마비누	20	80,000
6	11월 20일	허브차	80	160,000
7	11월 30일	허브차	90	180,000
8				
9	제품명	월	단가	
10	허브차	10	1,500	
11	허브차	11	2,000	
12	아로마비누	10	3,000	
13	아로마비누	11	4,000	
14				

① {=INDEX($C$10:$C$13,MATCH(MONTH(A2)&B2,$B$10:$B$13&$A$10:$A$13,0))*C2}

② {=INDEX($C$10:$C$13,MATCH(MONTH(A2)&B2,$A$10:$A$13,$A$10:$A$13,0))*C2}

③ {=INDEX($C$10:$C$13,MATCH(MONTH(A2),B2,$B$10:$B$13&$A$10:$A$13,0))*C2}

④ {=INDEX($C$10:$C$13,MATCH(MONTH(A2),B2,$A$10:$A$13&$B$10:$B$13,0))*C2}

20

아래 워크시트에서 매출액[B3:B9]을 이용하여 매출 구간별 빈도수를 [F3:F6] 영역에 계산하고자 한다. 다음 중 이를 위한 배열 수식으로 옳은 것은?

▲	A	B	C	D	E	F
1						
2		매출액		매출구간		빈도수
3		75		0	50	1
4		93		51	100	2
5		130		101	200	3
6		32		201	300	1
7		123				
8		257				
9		169				
10						

① {=PERCENTILE.INC(B3:B9,E3:E6)}
② {=PERCENTILE.INC(E3:E6,B3:B9)}
③ {=FREQUENCY(B3:B9,E3:E6)}
④ {=FREQUENCY(E3:E6,B3:B9)}

바로 보는 해설

18 {=RANK.EQ($F2,$F$2:$F$10)+SUM(($F$2:$F$10=$F2)*($B$2:$B$10)>$B2))}

❶ [$F$2:$F$10] 영역에서 [$F2] 셀의 순위를 구한다.
❷ [$F$2:$F$10]('총점' 범위) 영역에서 [$F2] 셀과 같은지 질문한다.
❸ [$B$2:$B$10]('국어' 점수 범위) 영역에서 [$B2] 셀보다 큰지 질문한다.
따라서 ❷와 ❸을 이용하여 동점자 중에서 국어 점수가 높은 인원수를 구하여 ❶의 순위에 더해주어 동점자를 처리한다.

19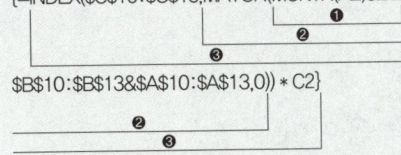

❶ [A2] 셀의 월과 [B2] 셀에 입력된 데이터를 연결하여 표시하면 결괏값은 '10허브차'이다.
❷ [B10:B13] 영역과 [A10:A13] 영역을 연결한 데이터에서 '10허브차'와 같은 값을 찾은 후 상대 위치를 표시하면 해당 영역에서 '10허브차'의 '10'이 첫 번째에 있으므로 결괏값은 '1'이다.
❸ ❷의 결괏값을 대입하면 'INDEX($C$10:$C$13,1)'이 되고, [$C$10:$C$13] 영역에서 1행의 결괏값은 '1500'이 된다. 결괏값 '1500'에 [C2] 셀의 값인 '35'를 곱하면 [D2] 셀의 금액은 '52,500'이다.

| 오답 피하기 |
②, ③, ④ MATCH 함수의 인수는 세 개여야 하는데 네 개이므로 '이 함수에 대해 너무 많은 인수를 입력했습니다.'라는 오류 메시지가 발생한다.

20 FREQUENCY 함수는 값의 범위 안에서 해당 값의 발생 빈도를 계산하여 세로 배열의 형태로 나타내는 함수로, 형식은 '=FREQUENCY(배열,구간 배열)'이다.
{=FREQUENCY(B3:B9,E3:E6)}

❶ 배열: 빈도를 계산할 값의 집합 → B3:B9
❷ 구간 배열: 배열에서 값을 분류할 간격 → E3:E6

| 오답 피하기 |
① PERCENTILE.INC(범위,인수)는 범위에서 인수 번째 백분위수 값을 표시하는 함수로, 데이터 배열 또는 범위에서 인수에 해당하는 백분위수를 구할 수 있다. 이 함수식을 사용하면 #NUM 오류가 발생한다.
② 함수의 인수를 잘못 사용한 형태로, #NUM! 오류가 발생한다.
④ FREQUENCY 함수는 적당하지만, 인수가 올바르지 않아 인수를 잘못 사용한 형태로, 함수가 적용되지 않는다.

| 정답 | 18 ③ 19 ① 20 ③

**에듀윌이
너를
지지할게**
ENERGY

쉼은 멈춤이고,
쉼은 내려놓음이며,
쉼은 나눔입니다.

기계는 쉬지 않는 것이 능력이고,
사람은 쉴 줄 아는 것이 능력입니다.
– 조정민, 『사람이 선물이다』, 두란노

CHAPTER 4
데이터 관리

최근 기출 10개년 기준

17%

무료 동영상 강의

062   외부 데이터 가져오기
063   정렬과 필터
064   데이터 도구
065   가상 분석
066   개요와 부분합
067   피벗 테이블과 피벗 차트

학습전략

데이터 관리는 필기시험에도 많은 문제가 출제되는 부분이고, 업무에서도 유용하게 활용할 수 있습니다. 실기시험에서도 출제 비중이 높은 부분이므로 반드시 실습하면서 기능을 익히는 것이 필요합니다.

| 빈출개념 | #가져올 수 없는 파일 형식 #텍스트 파일 가져오기 #Microsoft Query 가져오기

개념끝 062 외부 데이터 가져오기

기출빈도 A - B - C - D

결정적 힌트

외부 데이터 가져오기는 필기시험에 자주 출제되는 부분이며, 실기시험에서도 매우 중요한 부분입니다. 가져오는 파일의 유형에 따라 특징을 잘 정리해두시는 것이 필요합니다.

■ 모두 새로 고침

원본 데이터가 변경될 경우 가져온 데이터에 반영되도록 하려면 [데이터] 탭-[쿼리 및 연결] 그룹-[모두 새로 고침]을 선택한다.

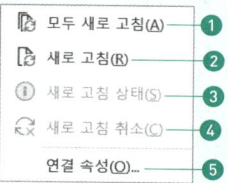

❶ 모두 새로 고침: 통합 문서에서 참조된 모든 외부 데이터를 최신 데이터로 가져온다.
❷ 새로 고침: 해당 워크시트에서 참조된 외부 데이터를 최신 데이터로 가져온다.
❸ 새로 고침 상태: 쿼리 상태를 확인하여 새로 고친다.
❹ 새로 고침 취소: 새로 고친 내용을 취소한다.
❺ 연결 속성: [연결 속성] 대화상자를 표시한다.

01 외부 데이터 가져오기

- 데이터베이스 파일과 텍스트 파일 등을 워크시트로 가져오거나 쿼리 형태로 변경하여 엑셀에서 사용할 수 있도록 하는 기능이다.

| 실행 방법

| 방법 | [데이터] 탭-[데이터 가져오기 및 변환] 그룹-[데이터 가져오기], [텍스트/csv], [웹] 등 선택 |

- 가져올 수 있는 파일 형식: 데이터베이스 파일(SQL, Access, dBASE, FoxPro, Oracle, Paradox), 텍스트 파일(.txt, .prn), 엑셀 파일(.xlsx), 쿼리 파일(.dqy), OLAP 큐브 파일(.oqy) 등
- 가져올 수 없는 파일 형식: 한글 파일(.hwp), MS-Word 파일(.docx), PDF 파일(.pdf), 압축된 Zip 파일(.zip) 등
- 웹페이지에서 텍스트, 서식이 설정된 텍스트 영역, 테이블의 텍스트 등은 가져올 수 있지만, 그림과 스크립트의 내용은 가져올 수 없다.
- 원본 데이터가 변경될 경우 가져온 데이터에 반영되도록 설정할 수 있다.

02 텍스트 파일 가져오기

- 텍스트 파일을 워크시트로 가져오는 기능이다.

| 실행 방법

| 방법 | [데이터] 탭-[데이터 가져오기 및 변환] 그룹-[텍스트/csv] 선택 |

- 텍스트 파일의 형식으로는 .txt, .csv, .prn 등이 있다.
- 탭, 세미콜론, 쉼표, 공백 등이 구분 기호로 기본 제공되고, 사용자가 원하는 구분 기호를 설정할 수 있다.
- 열 데이터 서식을 지정하거나 특정 열만 지정하여 가져올 수 있다.

실습으로 개념끝 ❶ 에듀윌_컴퓨터활용능력1급필기기본서_실습으로개념끝\2과목\Chapter4_1.외부데이터가져오기.xlsx

다음의 텍스트 파일을 열어, 생성된 데이터를 [B3:F12] 영역에 붙여넣으시오.

▶ 외부 데이터 파일명은 '복싱.txt'임
▶ 외부 데이터는 쉼표(,)로 구분되어 있음

[따라하기]

❶ [B3] 셀 선택 → [데이터] 탭 – [데이터 가져오기 및 변환] 그룹 – [텍스트/csv)]를 선택한다.

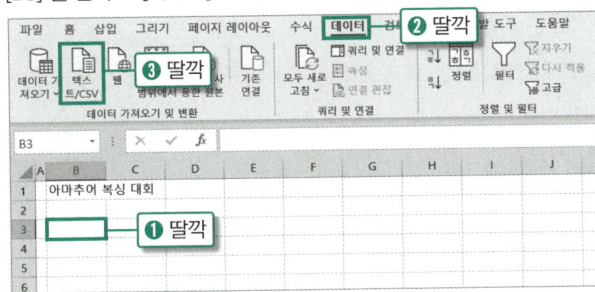

❷ [텍스트 파일 가져오기] 대화상자가 나타나면 'C:\에듀윌_2026컴활필기기본서_실습으로개념끝\2과목\Chapter4' 경로에서 '복싱.txt' 파일을 선택 → [가져오기] 단추를 클릭한다.

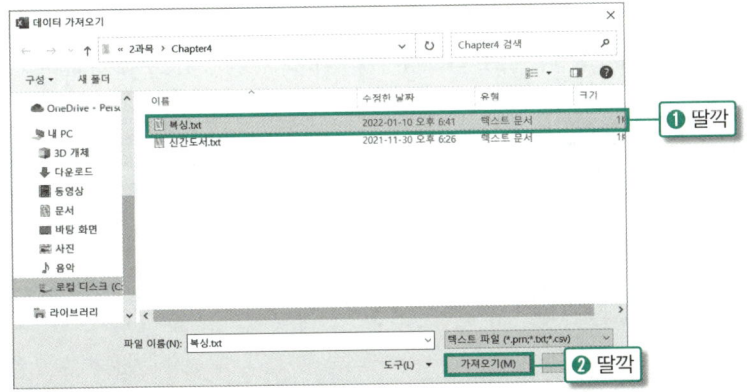

❸ 구분 기호가 '쉼표'인지 확인하고 별도의 편집이 필요없다면 [로드] 단추를 클릭한다.

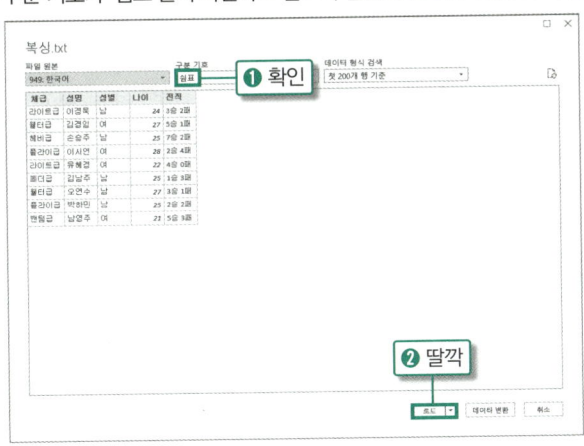

■ 텍스트 파일을 워크시트로 가져올 때
• 구분 기호로 분리됨: 각 필드가 탭, 세미콜론, 쉼표, 공백 등과 같은 문자로 나누어져 있는 경우에 사용한다.
• 너비가 일정함: 각 필드에 구분 기호가 없고 일정한 너비인 경우 사용한다.
• 구분 시작 행: 데이터의 첫 행을 지정한다.

03 Microsoft Query 가져오기

- 외부 데이터베이스에서 여러 테이블을 조인(Join)한 결과를 가져오거나 원본 데이터와 동기화할 수 있는 기능이다.

| 실행 방법

방법	[데이터] 탭-[데이터 가져오기 및 변환] 그룹-[데이터 가져오기]-[기타 원본에서]-[Microsoft Query에서] 선택

- 데이터베이스 파일(SQL, Access, dBASE), 쿼리 파일, OLAP 큐브 파일을 가져올 수 있다.

실습으로 개념끝 ❷ 에듀윌_컴퓨터활용능력1급필기기본서_실습으로개념끝\2과목\Chapter4_2.MicrosoftQuery가져오기.xlsx

다음의 조건을 지정하여 '학생.accdb' 파일에서 엑셀로 데이터를 가져오시오.

▶ '사번', '성명', '부서', '직책', '기본급' 필드 가져오기
▶ 기본급이 250 이상 300 이하인 데이터 추출
▶ '성명' 필드를 기준으로 오름차순 정렬

|따라하기|

❶ [데이터] 탭-[데이터 가져오기 및 변환] 그룹-[데이터 가져오기]-[기타 원본에서]-[Microsoft Query에서]를 선택한다.

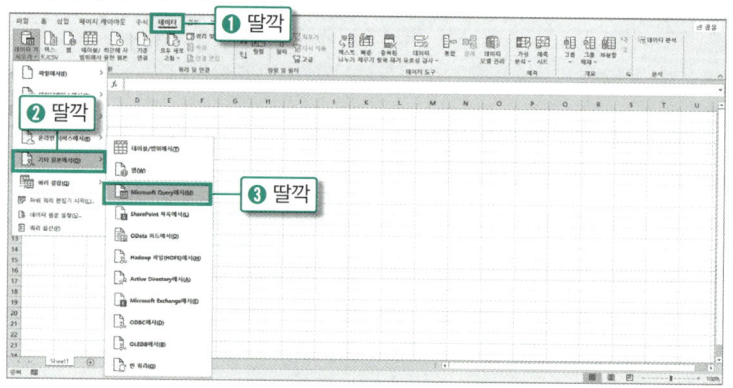

❷ [데이터 원본 선택] 대화상자의 [데이터베이스] 탭이 나타나면 'MS Access Database*'를 선택하고 [확인] 단추를 클릭한다. [데이터베이스 선택] 대화상자에서 액세스 파일의 원본이 저장된 폴더에 있는 '학생.accdb'를 선택하고 [확인] 단추를 클릭한다.

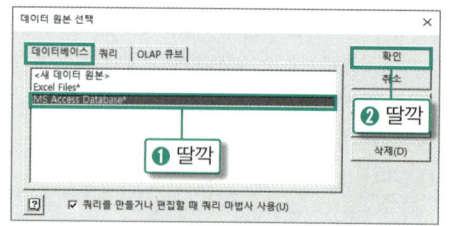 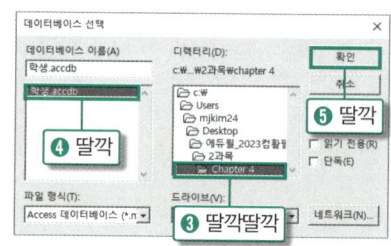

❸ [쿼리 마법사 – 열 선택] 대화상자가 나타나면 '사용할 수 있는 테이블과 열'에서 '사번', '성명', '부서', '직책', '기본급' 필드를 ＞ 단추를 클릭하여 '쿼리에 포함된 열'로 차례대로 이동하고 [다음] 단추를 클릭한다.

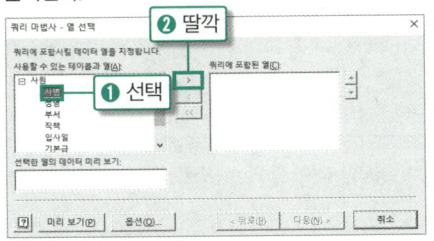 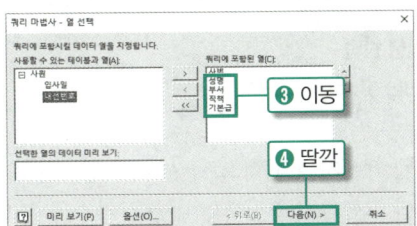

■ [쿼리 마법사-열 선택] 대화상자 단추
- ＜ : 하나의 열을 제외한다.
- ＜＜ : 모든 열을 제외한다.
- ▲▼ : 열의 순서를 변경한다.

❹ [쿼리 마법사 – 데이터 필터] 대화상자가 나타나면 '필터할 열'에서 '기본급'을 선택하고 '포함할 행에 대한 조건'에 다음의 그림과 같이 '>=, 250', '<=, 300'으로 조건을 지정한 후 [다음] 단추를 클릭한다. [쿼리 마법사 – 정렬 순서] 대화상자의 '첫째 기준'에 '성명', '오름차순'을 선택하고 [다음] 단추를 클릭한다.

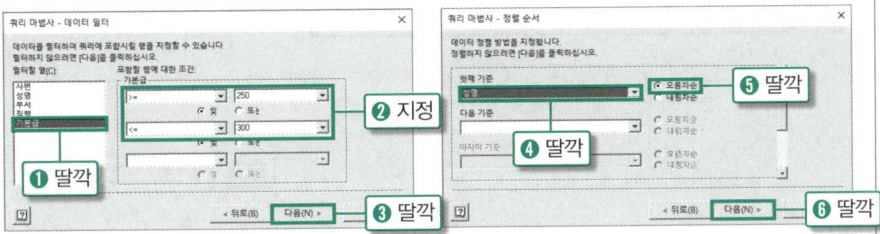

❺ [쿼리 마법사 – 마침] 대화상자에서는 기본 설정을 그대로 사용하므로 [마침] 단추를 클릭하여 [쿼리 마법사]를 종료한다.

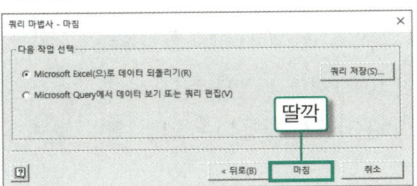

❻ 앞의 [쿼리 마법사]에서 설정한 데이터를 가져오기 위해 [데이터 가져오기] 대화상자에서 '현재 통합 문서에서 이 데이터를 표시할 방법을 선택하십시오.'의 '표'를 선택하고 '데이터가 들어갈 위치를 선택하십시오.'의 '기존 워크시트'에 '=$A$1'을 지정한 후 [확인] 단추를 클릭한다.

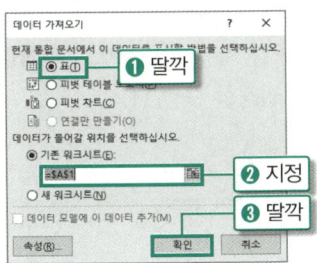

■ 데이터를 표시할 방법
- 표: 엑셀 표로 작성하여 정렬하거나 필터링한다.
- 피벗 테이블: 피벗 테이블 보고서를 작성한다.
- 피벗 차트: 피벗 테이블 보고서와 피벗 차트를 작성한다.
- 연결만 만들기: 외부 데이터 원본에 대한 연결을 작성한다.

❼ 결과를 확인한다.

	A	B	C	D	E	F
1	사번	성명	부서	직책	기본급	
2	1001	김남규	인사	부장	300	
3	1002	김무성	총무	과장	250	
4	1005	김연호	기획	과장	250	
5	1003	서수민	총무	부장	300	
6	1006	송의석	재무	과장	250	
7	1014	윤여일	인사	과장	260	
8	1016	이관호	홍보	부장	280	
9	1017	현윤진	관리	과장	270	
10						

04 웹 페이지 가져오기

- 웹 페이지 일부를 워크시트로 가져오고 연결하는 기능이다.

| 실행 방법

방법	[데이터] 탭-[데이터 가져오기 및 변환] 그룹-[웹] 선택

- 웹 페이지에서 텍스트, 서식이 설정된 텍스트 영역, 테이블의 텍스트 등은 가져올 수 있지만 그림과 스크립트의 내용은 가져올 수 없다.

| [웹에서] 대화상자

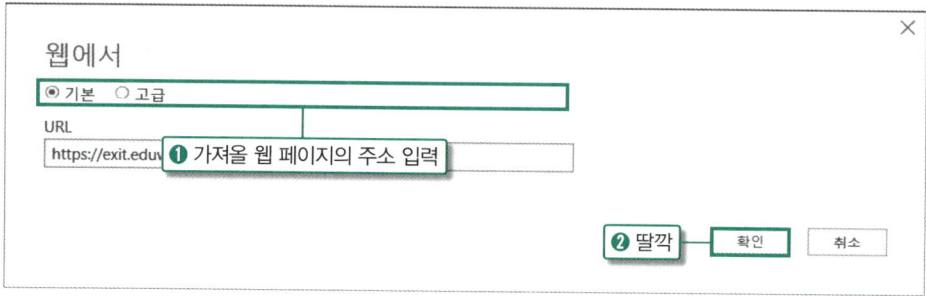

05 통합 문서 연결하기

- 통합 문서에서 사용 중인 연결을 만들고 편집 및 삭제할 수 있는 기능이다.
- 시트, 이름, 위치(셀, 범위), 값, 수식 등 통합 문서에서 사용되는 연결 위치 정보가 제공된다.
- 여러 개의 통합 문서가 열려 있으면 각 통합 문서에서 [데이터] 탭-[쿼리 및 연결] 그룹-[모두 새로 고침]을 선택한다.
- [연결 속성] 대화상자에서 일정한 시간 간격으로 외부 데이터를 자동으로 새로 고치거나 업데이트할 수 있다.
- [연결 속성] 대화상자에서 통합 문서를 열 때 외부 데이터를 자동으로 새로 고치거나, 외부 데이터를 새로 고치지 않고 즉시 통합 문서를 열도록 설정할 수 있다.

| [연결 속성] 대화상자의 새로 고침 옵션

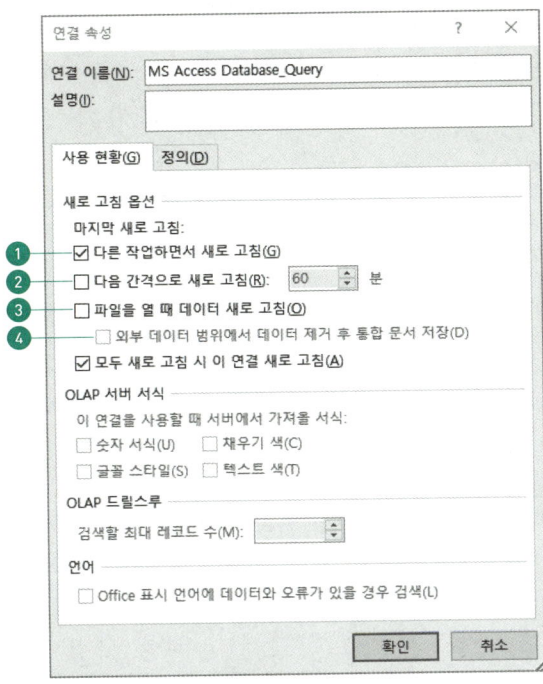

❶ 다른 작업하면서 새로 고침	• 백그라운드에서 쿼리를 실행하는 기능 • OLAP(OnLinc Analytical Processing, 온라인 분석 처리) 쿼리는 백그라운드로 실행할 수 없음
❷ 다음 간격으로 새로 고침	일정한 시간 간격으로 외부 데이터 새로 고침을 자동으로 실행
❸ 파일을 열 때 데이터 새로 고침	통합 문서를 열 때 자동으로 외부 데이터 새로 고침을 실행
❹ 외부 데이터 범위에서 데이터 제거 후 통합 문서 저장	외부 데이터를 제외하고 통합 문서를 저장하려고 할 때 선택

 기출로 개념 확인

01

다음 중 워크시트에 외부 데이터를 가져오는 방법으로 적절하지 않은 것은?

① Microsoft Query 사용
② 웹 쿼리 사용
③ 데이터 연결 마법사 사용
④ 링크 사용

바로 보는 해설

01
링크로 외부 데이터를 가져올 수 없다.

| 정답 | 01 ④

02 또 나올 문제

다음 중 '외부 데이터 가져오기' 기능에 대한 설명으로 옳지 않은 것은?

① 텍스트 파일은 구분 기호나 일정한 너비로 분리된 모든 열을 엑셀로 가져오기 때문에 일부 열만 가져올 수는 없다.
② 액세스 파일은 표, 피벗 테이블, 워크시트의 특정 위치 등으로 다양하게 불러올 수 있다.
③ 웹의 데이터 중 일부를 워크시트로 가져오고, 새로 고침 기능을 이용하여 최신 데이터로 업데이트할 수 있다.
④ 기타 원본의 Microsoft Query 기능을 이용하면 외부 데이터베이스에서 가져올 데이터의 추출 조건을 설정하여 원하는 데이터만 가져올 수 있다.

> **02**
> '외부 데이터 가져오기' 단계 중 [텍스트 마법사] 대화상자의 3단계에서 '열 가져오지 않음'을 이용하여 일부 열만 가져올 수 있다.

03

다음 중 '외부 데이터 가져오기' 기능을 이용하여 텍스트 파일을 불러오는 경우에 대한 설명으로 옳은 것은?

① 가져온 데이터는 원본 텍스트 파일이 수정되면 즉시 수정된 내용이 자동으로 반영된다.
② 데이터의 구분 기호로 탭, 세미콜론, 쉼표, 공백 등이 기본으로 제공되며, 사용자가 원하는 구분 기호를 설정할 수도 있다.
③ 텍스트 파일에서 특정 열(Column)만 선택하여 가져올 수는 없다.
④ 기본적으로 사용되는 텍스트 파일의 형식은 *.txt, *.prn, *.hwp이다.

> **03**
> | 오답 피하기 |
> ① 자동으로 반영되지 않는다. [데이터] 탭-[쿼리 및 연결] 그룹-[모두 새로 고침]을 클릭하여 수정된 내용을 반영할 수 있다.
> ③ 특정 열만 선택하여 가져올 수 있다.
> ④ 기본적으로 사용되는 텍스트 파일의 형식은 *.txt, *.prn, *.csv이고, *.hwp는 한컴오피스 한글 문서로서 엑셀에서 호환되지 않는다.

04

다음 중 [데이터] 탭-[데이터 가져오기 및 변환] 그룹의 각 명령에 대한 설명으로 옳지 않은 것은?

① [기타 원본에서]-[Microsoft Query에서]를 이용하면 여러 테이블을 조인(Join)한 결과를 워크시트로 가져올 수 있다.
② [기존 연결]을 이용하면 Microsoft Query에서 작성한 쿼리 파일(*.dqy)의 실행 결과를 워크시트로 가져올 수 있다.
③ [웹]을 이용하면 웹페이지의 모든 데이터를 원본 그대로 가져올 수 있다.
④ [Microsoft Access] 데이터베이스에서를 이용하면 원본 데이터의 변경 사항이 워크시트에 반영되도록 설정할 수 있다.

> **04**
> [웹]을 이용하면 텍스트 위주로 가져오고 그림과 스크립트의 내용은 가져올 수 없으므로 웹페이지의 모든 데이터를 원본 그대로 가져오는 것은 불가능하다.

| 정답 | 02 ① 03 ② 04 ③

| 빈출개념 | #정렬 순서 #자동 필터의 특징 #고급 필터의 조건

개념끝 063 정렬과 필터

기출빈도

01 정렬

> **결정적 힌트**
> 정렬은 데이터 관리 기능 중 비교적 쉬운 부분입니다. 시험에도 자주 출제되는 부분이므로 정렬 기준, 정렬 방식, 정렬 순서 등을 중점적으로 학습하시기 바랍니다.

- 입력한 자료를 특정한 순서에 따라 재배열하는 기능이다.
- 최대 64개의 열을 기준으로 정렬할 수 있다.
- 정렬 기준은 셀 값, 셀 색, 글꼴 색, 셀 아이콘 등이 있다.
- 정렬 방식은 오름차순, 내림차순, 사용자 지정 목록(사용자가 정의한 순서대로 정렬 가능)이 있다.
- 영문 대·소문자를 구분하여 정렬할 수 있다.
- 오름차순은 '숫자 – 텍스 – 논리값 – 오류값 – 빈 셀' 순으로 정렬된다.
  - 텍스트는 '특수 문자 – 소문자 – 대문자 – 한글' 순으로 정렬(대/소문자 구분 지정 시)
  - 텍스트는 왼쪽에서 오른쪽으로 문자 단위 정렬
  - 논리값은 FALSE 다음에 TRUE 순으로 정렬
  - 빈 셀은 오름차순과 내림차순 모두 항상 마지막에 정렬
- 숨겨진 행이나 열은 정렬 결과에 포함되지 않는다.
- 범위에 병합된 셀이 포함되면 정렬할 수 없다.

▼ 정렬 예시
- 원본

	A
1	엑셀
2	100
3	EXCEL
4	excel
5	TRUE
6	FALSE
7	
8	#DIV/0!

- 오름차순 정렬(대·소문자 구분)

	A
1	100
2	excel
3	EXCEL
4	엑셀
5	FALSE
6	TRUE
7	#DIV/0!
8	

- 내림차순 정렬(대·소문자 구분)

	A
1	#DIV/0!
2	TRUE
3	FALSE
4	엑셀
5	EXCEL
6	excel
7	100
8	

(1) 도구를 이용한 정렬
정렬의 기준이 되는 열이 하나인 경우 빠르게 정렬하는 기능이다.

실행 방법	
방법	[데이터] 탭 – [정렬 및 필터] 그룹 – [오름차순 정렬] / [내림차순 정렬] 선택

(2) [정렬] 대화상자를 이용한 정렬
정렬의 기준이 되는 열을 여러 개 선택하여 정렬할 수 있다.

실행 방법	
방법1	[데이터] 탭 – [정렬 및 필터] 그룹 – [정렬] 선택
방법2	바로 가기 메뉴에서 [정렬] – [사용자 지정 정렬] 선택

| [정렬] 대화상자

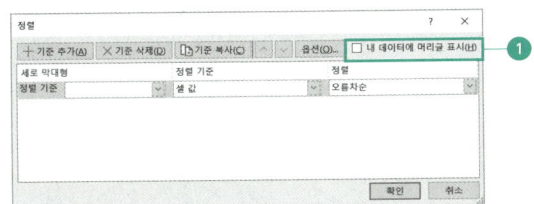

❶ 내 데이터에 머리글 표시 | 데이터 목록의 첫 행이 열 이름이면 정렬 작업에 포함되거나 제외되도록 설정

CHAPTER 4 데이터 관리 · 133

| [정렬 옵션] 대화상자

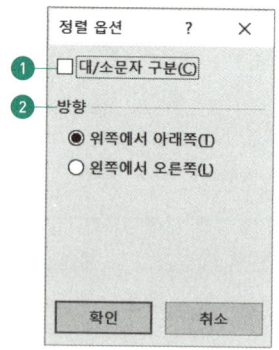

❶ 대/소문자 구분		영문자의 대·소문자를 구분하여 정렬
❷ 방향		위쪽에서 아래쪽으로, 왼쪽에서 오른쪽으로 정렬 방향을 선택(기본은 위쪽에서 아래쪽)

실습으로 개념끝 ❸ 에듀윌_컴퓨터활용능력1급필기기본서_실습으로개념끝\2과목\Chapter4_3.정렬-1.xlsx

[정렬] 기능을 이용하여 '학과'를 오름차순으로 정렬하고, 동일한 학과인 경우 '총점'의 내림차순으로 정렬하시오.

따라하기

❶ [B3:I16] 영역에서 임의의 셀 선택 → [데이터] 탭 – [정렬 및 필터] 그룹 – [정렬( )]을 선택한다.

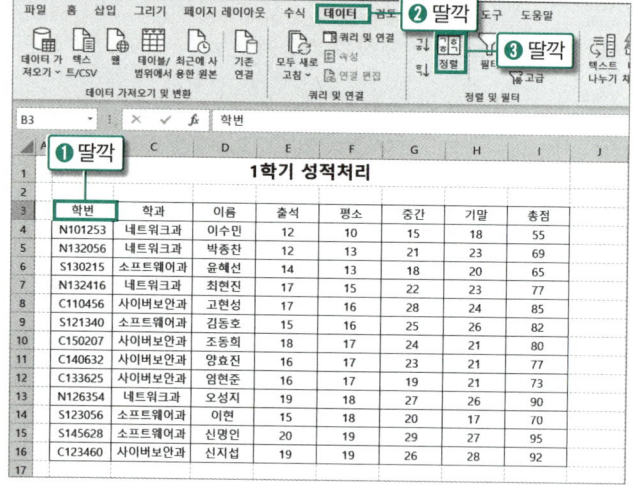

❷ [정렬] 대화상자가 나타나면 정렬 기준에서 '세로 막대형'은 '학과', '정렬 기준'은 '셀 값', '정렬'은 '오름차순'으로 선택하여 첫 번째 정렬 기준을 지정한다.

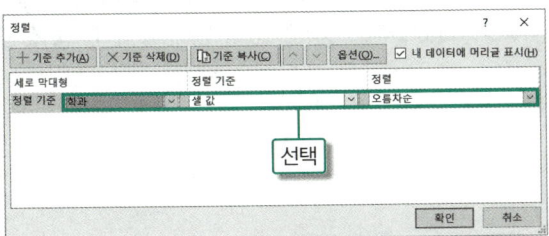

❸ [기준 추가] 단추 클릭 → 다음 기준에서 '세로 막대형'은 '총점', '정렬 기준'은 '셀 값', '정렬'은 '내림차순'으로 선택하여 두 번째 정렬 기준 지정 → [확인] 단추를 클릭한다.

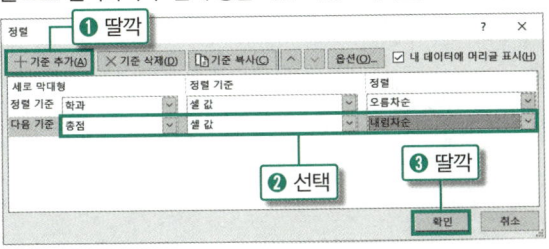

❹ 결과를 확인한다.

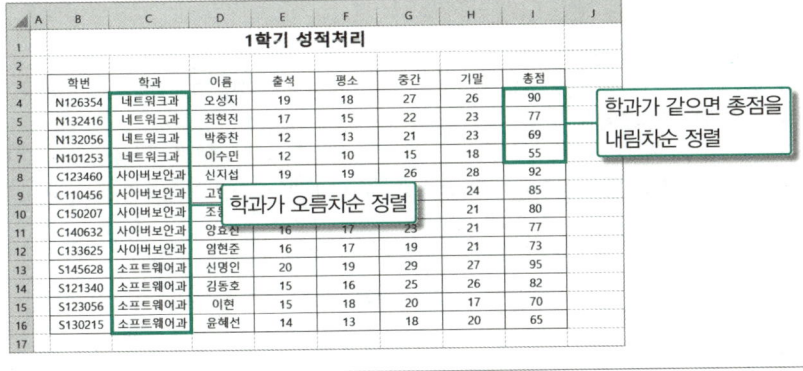

(3) 사용자 지정 목록으로 정렬

- 오름차순이나 내림차순이 아닌 사용자가 정의한 순서대로 정렬하는 기능이다.
- 사용자 지정 목록을 추가하거나 삭제할 수 있으나, 엑셀에서 기본적으로 제공하는 목록을 수정하거나 삭제할 수는 없다.

| 실행 방법

방법1	[정렬] 대화상자의 '정렬'에서 '사용자 지정 목록' 선택
방법2	[파일] 탭-[옵션]-[고급]-[일반]-[사용자 지정 목록 편집] 선택

> 실습으로 개념끝 ❹ 에듀윌_컴퓨터활용능력1급필기기본서_실습으로개념끝\2과목\Chapter4_4.정렬-2.xlsx

[정렬] 기능을 이용하여 '직책'을 '부장 – 과장 – 대리 – 사원' 순으로 정렬하고, 동일한 직책인 경우 '자격증'의 셀 색이 'RGB(255, 242, 204)'인 값이 위에 표시되도록 정렬하시오.

| 따라하기 |

❶ [B3:G15] 영역에서 임의의 셀 선택 → [데이터] 탭 – [정렬 및 필터] 그룹 – [정렬( )]을 선택한다.

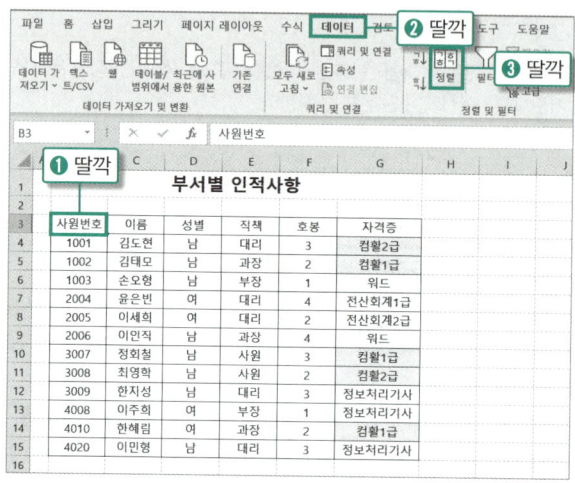

❷ [정렬] 대화상자가 나타나면 '정렬 기준'에서 '세로 막대형'은 '직책', '정렬 기준'은 '셀 값', '정렬'은 '사용자 지정 목록'으로 선택한다.

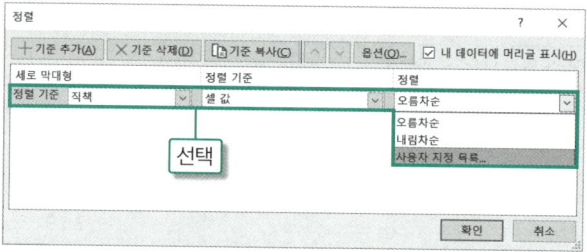

❸ [사용자 지정 목록] 대화상자가 나타나면 '목록 항목'에 '부장'을 입력한 후 Enter 를 누른다. 이와 같은 방법으로 '과장', '대리', '사원'을 차례로 입력한 후 [추가] 단추 클릭 후, [확인] 단추를 클릭한다.

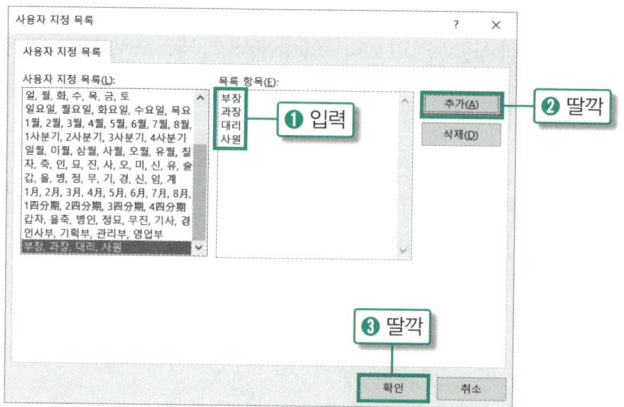

❹ [정렬] 대화상자로 되돌아오면 [기준 추가] 단추 클릭 → 다음 기준에서 '세로 막대형'은 '자격증', '정렬 기준'은 '셀 색', '정렬'에서 셀 색은 'RGB(255, 242, 204)', '위에 표시'로 선택하여 두 번째 정렬 기준 지정 → [확인] 단추를 클릭한다.

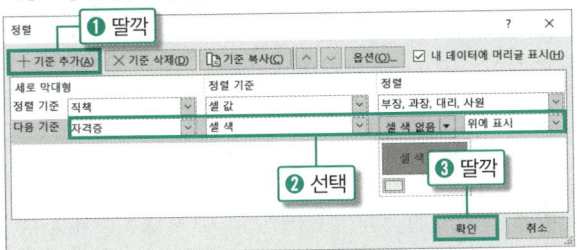

❺ 결과를 확인한다.

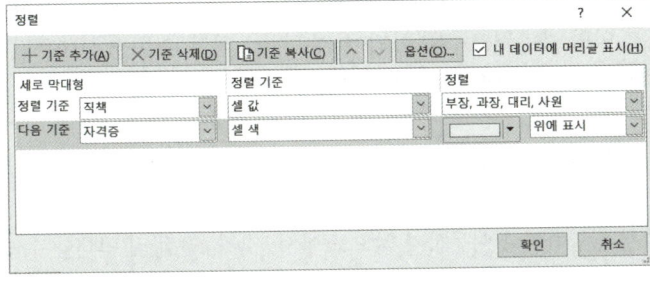

개념 플러스   정렬 오류

- 데이터 목록에서 하나의 열만 범위로 선택한 경우

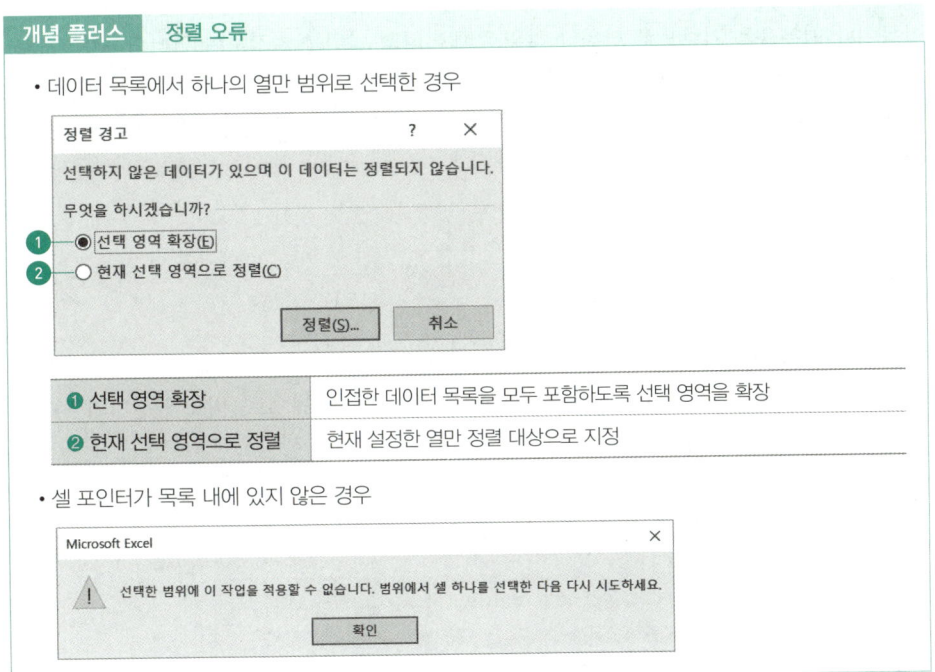

❶ 선택 영역 확장	인접한 데이터 목록을 모두 포함하도록 선택 영역을 확장
❷ 현재 선택 영역으로 정렬	현재 설정한 열만 정렬 대상으로 지정

- 셀 포인터가 목록 내에 있지 않은 경우

> **결정적 힌트**
>
> 자동 필터는 간단하게 필터링하는 방법으로 업무에도 활용도가 높은 기능입니다. 자동 필터의 특징과 상위 10, 사용자 지정 필터 등의 기능을 실습하면서 익혀두시기 바랍니다.

02 자동 필터

- 많은 양의 자료에서 설정된 조건에 맞는 자료만 추출하는 기능으로, 지정한 조건에 맞는 행만 표시된다.

| 실행 방법

방법	[데이터] 탭 – [정렬 및 필터] 그룹 – [필터] 선택

- 필터를 실행하면 필드 이름 옆에 [필터 단추(▼)]가 표시되며, [필터 단추(▼)]를 클릭하고 조건이나 데이터를 지정한다.
- 여러 필드에 조건을 지정하면 AND 조건으로 설정되며, OR 조건은 설정할 수 없다.
- 하나의 열에 날짜, 숫자, 문자 등의 데이터가 혼합된 경우 셀의 수가 많은 필터로 표시된다.
- 날짜 데이터는 연, 월, 일의 계층별로 그룹화되어 계층에서 상위 수준을 선택하거나 선택을 취소하는 경우 해당 수준의 아래쪽에 있는 중첩된 날짜가 모두 선택되거나 선택 취소된다.
- '날짜 필터' 목록에서는 일, 주, 월, 분기, 년 등을 필터링 기준으로 사용할 수 있지만, 요일로 필터링할 수는 없다.
- 필터링된 데이터는 다시 정렬하거나 이동하지 않고도 복사, 찾기, 편집 및 인쇄할 수 있다.

(1) 상위 10

항목이나 백분율을 기준으로 상위나 하위로 데이터의 범위를 지정하여 필터링하는 기능으로, 숫자 데이터 필드에서만 가능하다.

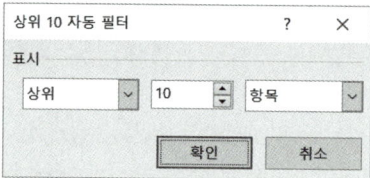

(2) 사용자 지정 필터

하나의 필드에 한 개 이상의 조건을 지정하여 필터링하는 기능으로, 비교 연산자와 와일드카드 문자(*, ?)를 사용할 수 있다.

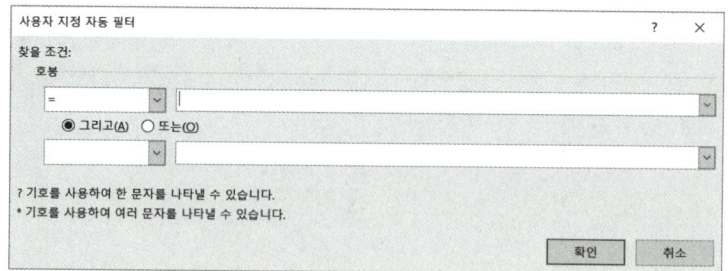

실습으로 개념끝 ❺ 에듀윌_컴퓨터활용능력1급필기기본서_실습으로개념끝\2과목\Chapter4_5.자동필터.xlsx

자동 필터를 이용하여 부서가 '총무부'이고 나이가 30 이상인 데이터를 추출하시오.

따라하기

❶ [B2] 셀을 선택하고 [데이터] 탭-[정렬 및 필터] 그룹-[필터]를 클릭한다. 필터 단추(▼)가 표시되면 '부서' 필드의 필터 단추(▼)를 클릭하고 '(모두 선택)'의 체크를 해제한다. '총무부'에만 체크하고 [확인] 단추를 클릭한다.

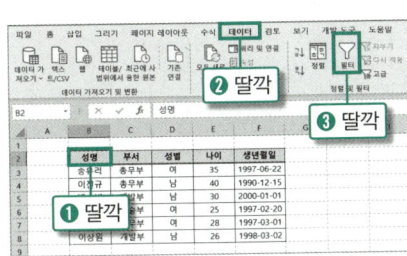
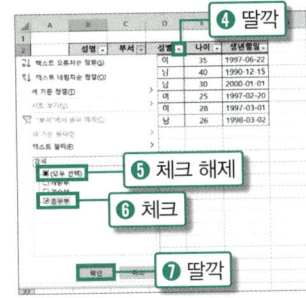

❷ '총무부'만 필터링되었으면 '나이' 필드의 필터 단추(▼)를 클릭하고 [숫자 필터]-[크거나 같음]을 선택한다. [사용자 지정 자동 필터] 대화상자가 나타나면 다음과 같이 조건 '>=, 30'을 지정하고 [확인] 단추를 클릭한다.

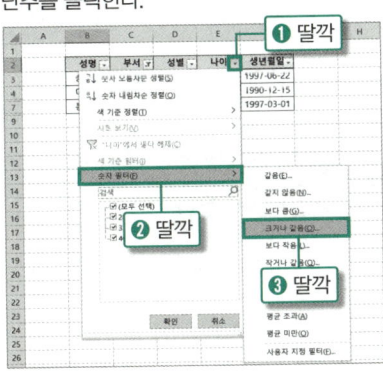

❸ 결과를 확인한다.

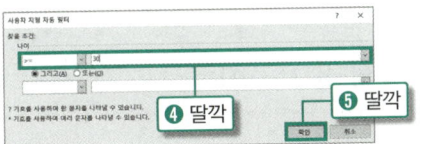

■ **자동 필터 지우기**
지정한 자동 필터를 모두 지우려면 [데이터] 탭-[정렬 및 필터] 그룹-[지우기]를 선택한다.

03 고급 필터

↙ **결정적 힌트**
고급 필터는 필기시험과 실기시험에 모두 잘 출제되는 부분으로 자동 필터와 다른 점을 잘 이해해야 합니다. 특히 고급 필터의 조건을 지정하는 방법이 중요합니다.

• 여러 필드를 결합하여 복잡한 조건을 지정하거나 필터링 결과를 다른 위치에 복사하는 경우에 사용한다.

| 실행 방법

방법	[데이터] 탭-[정렬 및 필터] 그룹-[고급] 선택

- 하나의 필드에 두 개 이상의 조건을 지정할 수 있고, 여러 필드에 AND나 OR 조건을 설정할 수 있다.
- 필터링 결과를 현재 위치에 표시하거나 다른 위치에 복사할 수 있다.
- 문자 데이터를 필터링할 때 영문자의 대·소문자는 구분되지 않지만, 수식으로 구분하여 검색할 수 있다.

(1) 조건 지정

- 고급 필터를 실행하기 전에 미리 조건을 입력해야 한다.
- 조건 범위의 첫 행에는 필드명을 입력하고, 다음 행에 조건을 작성한다.

AND 조건	조건을 모두 같은 행에 입력
OR 조건	조건을 서로 다른 행에 입력

▼ AND 조건

	A	B
1	부서	나이
2	총무부	>=30

'부서'가 '총무부'이고 '나이'가 30 이상인 데이터를 추출한다.

▼ OR 조건

	A	B
1	부서	나이
2	총무부	
3		>=30

'부서'가 '총무부'이거나 '나이'가 30 이상인 데이터를 추출한다.

예) '이름'이 세 글자이면서 '이'로 시작하며, 'TOEIC' 점수가 600점 이상 800점 미만인 직원이거나, '직급'이 '대리'이면서 '연차'가 3년 이상인 직원의 데이터를 추출하는 경우

이름	TOEIC	TOEIC	직급	연차
이??	>=600	<800		
			대리	>=3

- 조건은 수식으로 작성할 수 있으며, 이 경우 필드명은 원래의 필드명과 다르게 입력하거나 입력하지 않아야 한다.
- 조건을 수식으로 입력하면 셀에는 'TRUE'나 'FALSE'가 표시된다.

예) '사원명'이 두 글자이면서 전체 실적의 평균을 초과하는 실적 데이터 검색

사원명	조건
="=??"	=$B2>AVERAGE($B$2:$B$9)

(2) [고급 필터] 대화상자

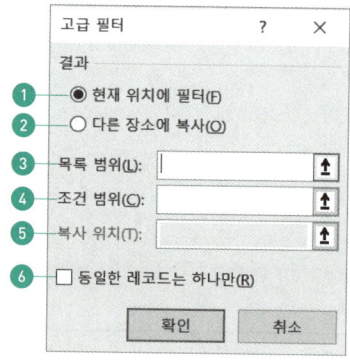

❶ 현재 위치에 필터	복사 위치를 지정하지 않고 현재 위치에 필터링 결과 표시
❷ 다른 장소에 복사	복사 위치를 미리 지정하고 복사 위치에 필터링 결과 표시
❸ 목록 범위	원본 데이터 목록의 범위를 지정(반드시 제목 행을 포함하여 지정)
❹ 조건 범위	조건이 입력된 범위를 지정
❺ 복사 위치	'다른 장소에 복사'를 선택할 경우 결과가 필터링될 위치를 지정
❻ 동일한 레코드는 하나만	필터링 결과에 동일한 레코드가 있는 경우 하나만 표시

실습으로 개념끝 ❻ 에듀윌_컴퓨터활용능력1급필기기본서_실습으로개념끝\2과목\Chapter4_6_고급필터.xlsx

고급 필터를 이용하여 '구분'이 '뮤지컬'이고 '예매량'이 '700 이상'인 데이터를 추출하시오.

> 따라하기

❶ [A3] 셀을 선택하고 Ctrl+C를 눌러 복사한 후 [A18] 셀에서 Ctrl+V를 눌러 붙여넣는다. 이와 같은 방법으로 [E3] 셀을 [B18] 셀에 복사하여 붙여넣고 [A19], [B19] 셀에 조건인 '뮤지컬'과 '>=700'을 각각 입력한다.

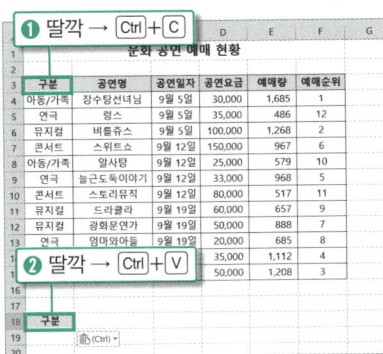
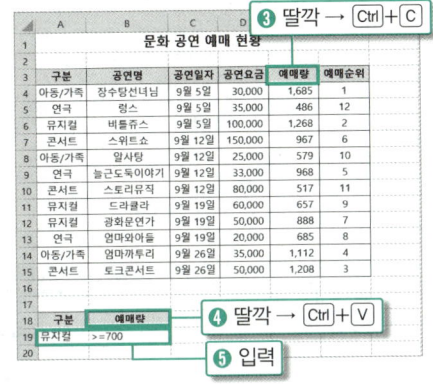

❷ [A3] 셀을 선택하고 [데이터] 탭-[정렬 및 필터] 그룹-[고급]을 선택한다.

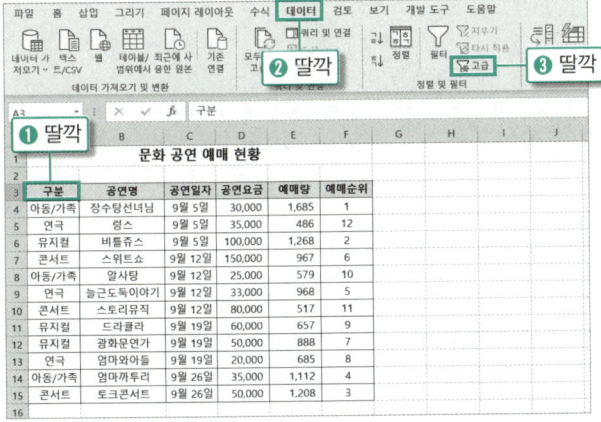

❸ [고급 필터] 대화상자가 나타나면 '결과'에서 '다른 장소에 복사'를 선택하고 '목록 범위'는 [A3:F15] 영역을, '조건 범위'는 [A18:B19] 영역을, '복사 위치'는 [A22] 셀을 지정하고 [확인] 단추를 클릭한다.

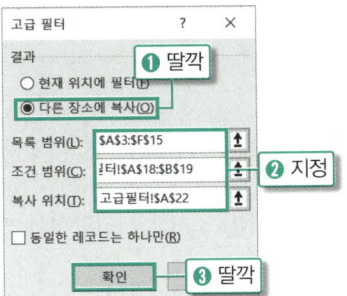

❹ 결과를 확인한다.

	A	B	C	D	E	F	G
1			문화 공연 예매 현황				
2							
3	구분	공연명	공연일자	공연요금	예매량	예매순위	
4	아동/가족	장수탕선녀님	9월 5일	30,000	1,685	1	
5	연극	렁스	9월 5일	35,000	486	12	
6	뮤지컬	비틀쥬스	9월 5일	100,000	1,268	2	
7	콘서트	스위트쇼	9월 12일	150,000	967	6	
8	아동/가족	알사탕	9월 12일	25,000	579	10	
9	연극	늘근도둑이야기	9월 12일	33,000	968	5	
10	콘서트	스토리뮤직	9월 12일	80,000	517	11	
11	뮤지컬	드라큘라	9월 19일	60,000	657	9	
12	뮤지컬	광화문연가	9월 19일	50,000	888	7	
13	연극	엄마와아들	9월 19일	20,000	685	8	
14	아동/가족	엄마까투리	9월 26일	35,000	1,112	4	
15	콘서트	토크콘서트	9월 26일	50,000	1,208	3	
16							
17							
18	구분	예매량					
19	뮤지컬	>=700					
20							
21							
22	구분	공연명	공연일자	공연요금	예매량	예매순위	
23	뮤지컬	비틀쥬스	9월 5일	100,000	1,268	2	
24	뮤지컬	광화문연가	9월 19일	50,000	888	7	
25							
26							

바로 보는 해설

01
정렬은 기본적으로 행 단위인 '위쪽에서 아래쪽'으로 진행되고, 이 설정은 기본 설정이므로 별도의 설정이 필요 없다.

02
날짜 필터인 경우 주, 월, 분기, 년 등의 필터링을 제공하지만, 요일은 필터링을 지원하지 않는다. 즉, 자동 필터의 날짜 필터 목록에 요일은 없다.

| 정답 | 01 ④ 02 ①

Warming UP 기출로 개념 확인

01 또 나올 문제

다음 중 데이터 정렬에 관한 설명으로 옳지 않은 것은?

① 대·소문자를 구분하여 정렬할 수 있다.
② 표 안에서 다른 열에는 영향을 주지 않고 선택한 한 열 안에서만 정렬하도록 할 수 있다.
③ 정렬 기준으로 '셀 아이콘'을 선택한 경우 기본 정렬 순서는 '위에 표시'이다.
④ 행을 기준으로 정렬하려면 [정렬] 대화상자의 [옵션]에서 정렬 옵션의 방향을 '위쪽에서 아래쪽'으로 선택한다.

02

다음 중 자동 필터에 관한 설명으로 옳지 않은 것은?

① 날짜가 입력된 열에서 요일로 필터링하려면 '날짜 필터' 목록에서 필터링 기준으로 사용할 요일을 하나 이상 선택하거나 취소한다.
② 두 개 이상의 필드에 조건을 설정하는 경우 필드 간에는 AND 조건으로 결합되어 필터링된다.
③ 열 머리글에 표시되는 드롭다운 화살표에는 해당 열에서 가장 많이 나타나는 데이터 형식에 해당하는 필터 목록이 표시된다.
④ 검색 상자를 사용하여 텍스트와 숫자를 검색할 수 있으며, 배경 또는 텍스트에 색상 서식이 적용되어 있는 경우 셀의 색상을 기준으로 필터링할 수도 있다.

| 빈출개념 | #텍스트 마법사 #데이터 유효성 검사 #통합

개념끝 064 데이터 도구

기출빈도
A - B - C - D

01 텍스트 나누기

- 하나의 셀에 입력된 데이터를 원본 데이터의 형식에 따라 구분 기호나 일정한 너비로 분리하여 여러 셀로 나누는 기능이다.

| 실행 방법

| 방법 | [데이터] 탭–[데이터 도구] 그룹–[텍스트 나누기] 선택 |

- 나눌 범위에 포함할 수 있는 열은 반드시 한 개만 가능하다.
- 각 열을 선택하여 데이터 서식을 지정할 수 있다.
- 선택한 열의 오른쪽에 빈 열이 한 개 이상 있어야 하고, 없는 경우에는 오른쪽 열에 내용이 덮어쓰기 된다.

| 원본 데이터의 형식

구분 기호로 분리됨	각 필드가 탭, 세미콜론, 쉼표, 공백, 기타 문자로 분리된 경우
너비가 일정함	각 필드가 일정한 너비로 정렬된 경우

> **개념 플러스** 각 필드의 너비(열 구분선)를 지정하는 방법
>
> - 구분선 삽입: 원하는 위치를 마우스로 클릭하여 삽입한다.
> - 구분선 이동: 원하는 위치로 드래그하여 이동한다.
> - 구분선 삭제: 구분선을 마우스로 더블클릭하여 삭제한다.

> **결정적 힌트**
> 텍스트 나누기를 실행하면 텍스트 마법사가 실행됩니다. 텍스트 마법사의 각 단계에서 어떤 작업을 수행하는지 실습을 통해 익혀두시기 바랍니다.

실습으로 개념끝 ❼ 에듀윌_컴퓨터활용능력1급필기기본서_실습으로개념끝\2과목\Chapter4_7.텍스트나누기.xlsx

다음 텍스트 파일의 데이터를 [A3] 셀에 붙여넣은 후 텍스트 나누기를 실행하시오.

▶ 외부 데이터 파일명은 '신간도서.txt'임
▶ 외부 데이터는 쉼표(,)로 구분되어 있음

|따라하기|

❶ '메모장'을 열고 [파일] 메뉴-[열기]를 클릭 → [열기] 대화상자가 나타나면 'C:\에듀윌_2026컴활필기기본서_실습으로개념끝\2과목\Chapter4' 경로에서 '신간도서.txt' 파일을 선택 → [열기] 단추를 클릭한다.

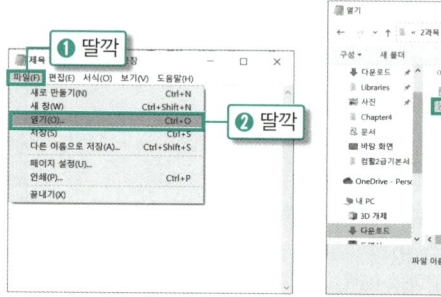
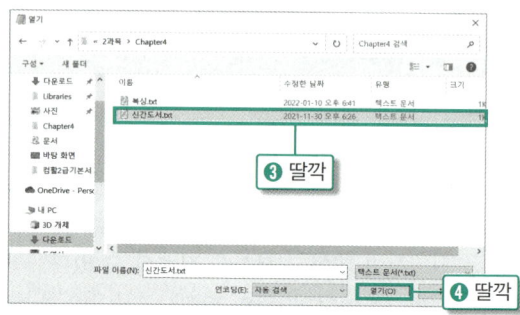

❷ 메모장에서 Ctrl+A를 눌러 모든 내용을 선택하고 Ctrl+C를 눌러 복사 → [A3] 셀을 선택한 후 Ctrl+V를 눌러 데이터를 붙여넣기 → 메모장에서 [닫기(×)] 단추를 클릭한다.

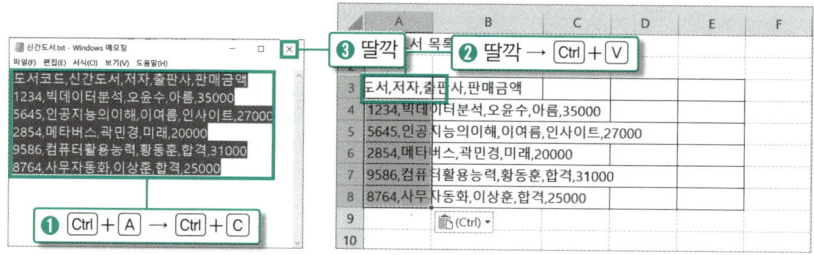

❸ [A3:A8] 영역을 선택한 상태에서 [데이터] 탭-[데이터 도구] 그룹-[텍스트 나누기( )]를 선택한다.

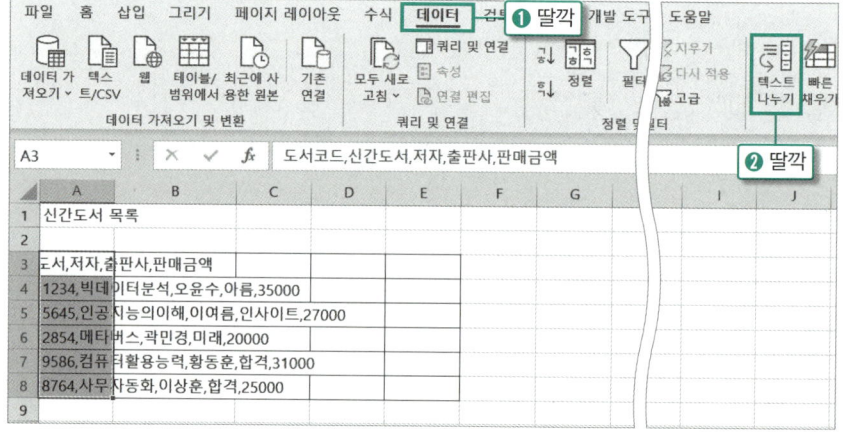

■ 텍스트 나누기를 실행하기 전 반드시 범위를 지정해야 하며, 이때 데이터가 입력된 하나의 열만 선택한다.

❹ [텍스트 마법사 – 3단계 중 1단계] 대화상자가 나타나면 '원본 데이터 형식'은 '구분 기호로 분리됨'으로 선택되었는지 확인 → [다음] 단추를 클릭한다.

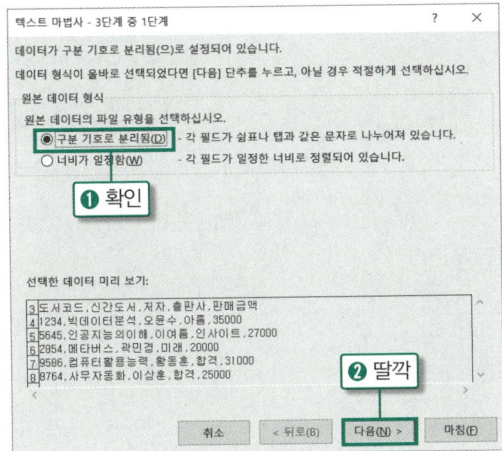

❺ [텍스트 마법사 – 3단계 중 2단계] 대화상자에서 '구분 기호'는 '탭'을 체크 해제하고 '쉼표'를 체크 → [다음] 단추를 클릭한다.

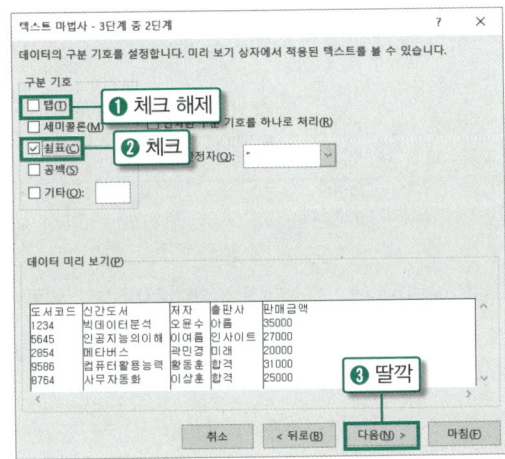

❻ [텍스트 마법사 – 3단계 중 3단계] 대화상자에서 '열 데이터 서식'은 '일반'으로 선택되었는지 확인 → [마침] 단추를 클릭한다.

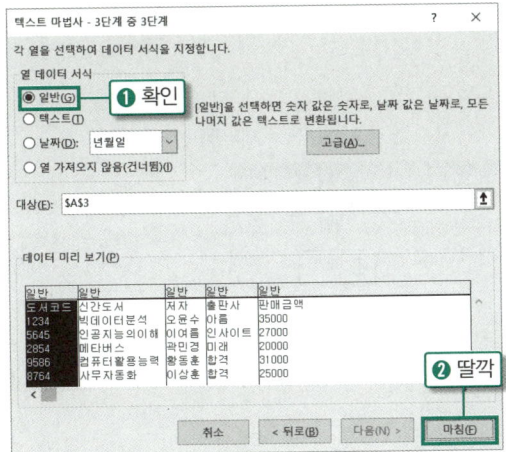

❼ 기존 데이터를 바꾸는지 묻는 메시지 상자가 나타나면 [확인] 단추를 클릭한다.

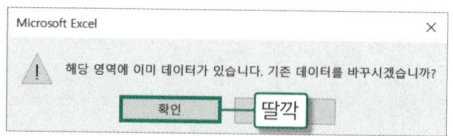

❽ 결과를 확인한다.

	A	B	C	D	E
1	신간도서 목록				
2					
3	도서코드	신간도서	저자	출판사	판매금액
4	1234	빅데이터분석	오윤수	아름	35000
5	5645	인공지능의이해	이여름	인사이트	27000
6	2854	메타버스	곽민경	미래	20000
7	9586	컴퓨터활용능력	황동훈	합격	31000
8	8764	사무자동화	이상훈	합격	25000

> **결정적 힌트**
>
> 중복된 항목 제거, 데이터 유효성 검사, 통합 기능은 자주 문제가 출제되는 부분은 아닙니다. 어떤 경우에 해당 도구를 사용하는지 목적을 정확하게 이해하시면 됩니다.

02 중복된 항목 제거

- 선택된 범위 안에서 중복된 레코드 중 하나를 제외하고 나머지를 제거하는 기능이다.

| 실행 방법

방법	[데이터] 탭-[데이터 도구] 그룹-[중복된 항목 제거] 선택

- [중복된 항목 제거]를 클릭하면 같은 데이터의 첫 번째 레코드를 제외한 나머지 레코드가 삭제된다.
- [중복된 항목 제거] 대화상자에서 '내 데이터에 머리글 표시'에 체크하면 '열' 목록에 '열 A' 대신 열 이름이 표시된다.
- 중복 값을 제거하면 선택한 셀 범위나 테이블 값이 제거되지만, 테이블 밖의 값은 변경되거나 이동되지 않는다.

실습으로 개념끝 ⑧   에듀윌_컴퓨터활용능력1급필기기본서_실습으로개념끝\2과목\Chapter4_8.중복된항목제거.xlsx

중복된 항목 제거를 이용하여 사원번호와 이름이 같은 데이터를 제거하시오.

[따라하기]

❶ [B3] 셀을 선택하고 [데이터] 탭-[데이터 도구] 그룹-[중복된 항목 제거]를 선택한다.

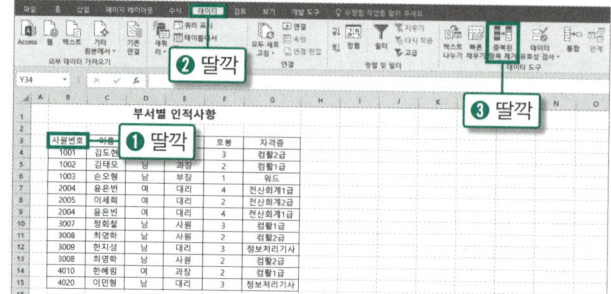

❷ [중복된 항목 제거] 대화상자에서 [모두 선택 취소]를 클릭하고 '사원번호', '이름'을 체크한 후 [확인] 단추를 클릭한다.

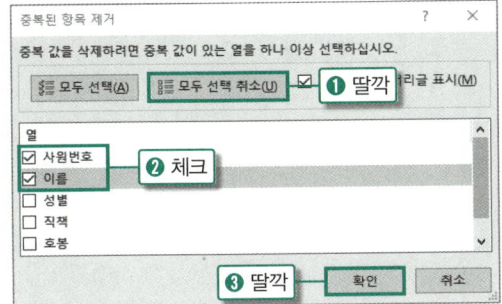

❸ 중복된 값이 제거되었다는 메시지를 확인한 후 [확인]을 클릭한다.

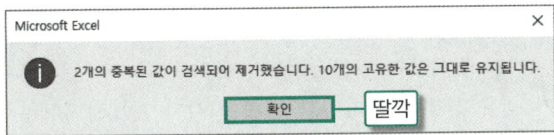

❹ 결과를 확인한다.

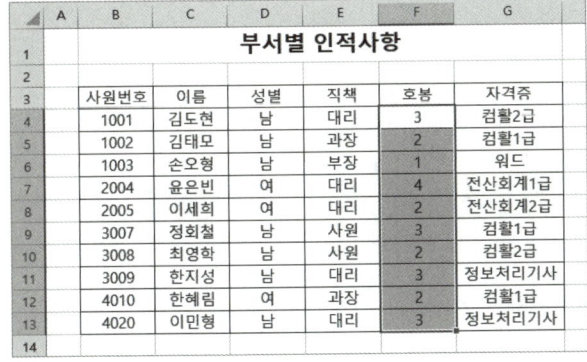

03 데이터 유효성 검사

- 데이터의 목록이나 형식을 지정하여 데이터 입력을 제한하는 기능이다.

| 실행 방법

방법	[데이터] 탭-[데이터 도구] 그룹-[데이터 유효성 검사] 선택

▼ 유효성 조건 제한 대상
- 정수: 정수만 입력할 수 있도록 셀을 제한한다.
- 소수점: 실수를 입력할 수 있도록 셀을 제한한다.
- 목록: 드롭다운 목록으로 데이터를 선택할 수 있도록 제한한다.
- 날짜: 날짜만 입력할 수 있도록 제한한다.
- 시간: 시간만 입력할 수 있도록 제한한다.
- 텍스트 길이: 텍스트의 길이를 제한한다.
- 사용자 지정: 사용자 지정 수식을 사용한다.

■ 유효성 조건 제한 방법

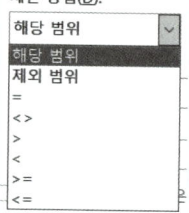

▼ 스타일
- 중지:
- 경고:
- 정보:

▼
- 유효성 조건 제한 대상: 모든 값, 정수, 소수점, 목록, 날짜, 시간, 텍스트 길이, 사용자 지정

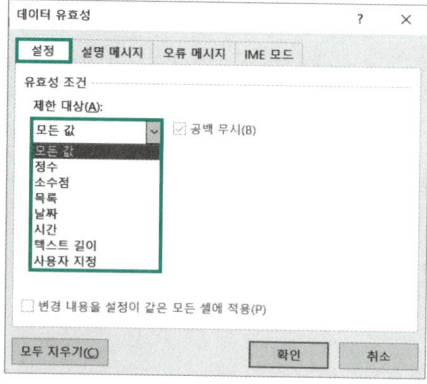

- '제한 대상'에서 '목록'을 선택한 경우 원본으로 정의된 이름의 범위를 사용하려면 등호(=)와 범위의 이름을 입력하고, 직접 입력하려면 값을 쉼표(,)로 구분하여 지정한다.
- [설명 메시지] 탭에서 사용자가 셀을 선택하면 지정한 설명 메시지가 표시되도록 할 수 있다.

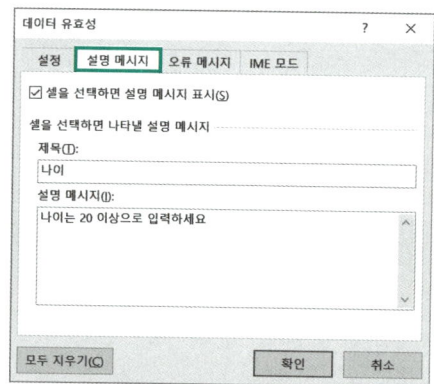

- [오류 메시지] 탭에서 유효성 검사에 맞지 않는 데이터가 입력되었을 때 표시할 오류 메시지를 설정할 수 있다.

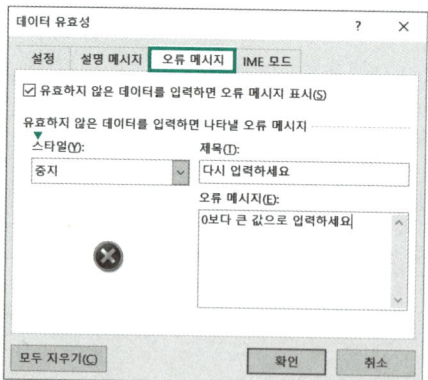

- [IME 모드] 탭에서 열 단위로 데이터 입력 모드(한글/영문)를 다르게 지정할 수 있다.

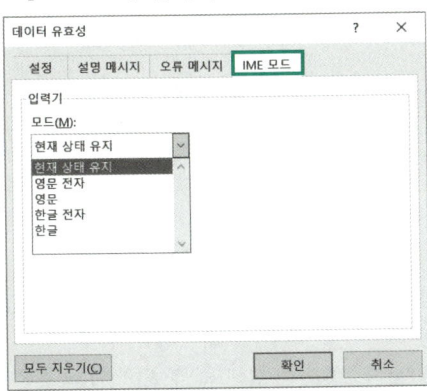

실습으로 개념끝 ❾ 에듀윌_컴퓨터활용능력1급필기기본서_실습으로개념끝\2과목\Chapter4_9.데이터유효성검사.xlsx

데이터 유효성 검사 기능을 이용하여 1부터 4까지의 호봉만 입력되도록 제한 대상을 설정하시오.

따라하기

❶ [F4:F13] 영역을 드래그하여 선택하고 [데이터] 탭 - [데이터 도구] 그룹 - [데이터 유효성 검사]를 선택한다.

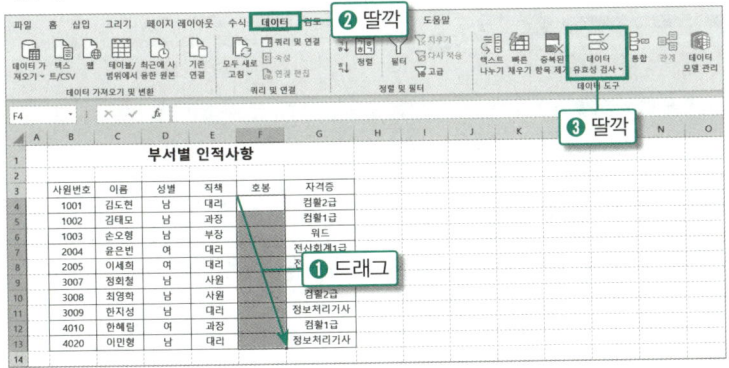

❷ [데이터 유효성] 대화상자에 제한 대상을 정수로 변경하고 최소값에 1, 최대값에 4를 입력한 후 [확인] 단추를 클릭한다.

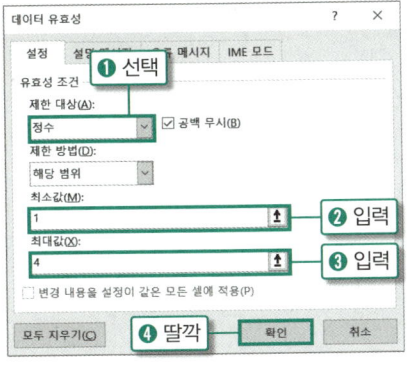

■ 호봉에 5를 입력할 경우에 표시되는 오류 메시지

CHAPTER 4 데이터 관리 • 149

04 통합

- 하나 이상의 원본 영역을 지정하여 하나의 표로 데이터를 요약하는 기능이다.

| 실행 방법

방법	[데이터] 탭 – [데이터 도구] 그룹 – [통합] 선택

- 데이터 통합은 위치를 기준으로 통합하거나 영역의 이름을 지정하여 통합할 수 있다.
- 지정한 영역에 계산될 요약 함수는 합계, 평균, 개수, 최대, 최소, 곱, 숫자 개수, 표본 표준 편차, 표준 편차, 표본 분산, 분산 중 선택할 수 있다.
- 계산할 범위를 선택하고 [추가] 단추를 클릭하면 '모든 참조 영역'에 추가되고, 다른 통합 문서의 시트도 추가할 수 있다.
- '사용할 레이블'에 모두 체크한 경우 각 참조 영역에 결과표의 레이블과 일치하지 않은 레이블이 있으면 통합 결과표에 별도의 행이나 열이 생성된다.
- '원본 데이터에 연결'에 체크하면 참조한 원본 데이터가 변경될 때 자동으로 계산 결과가 변경되며, 통합할 데이터가 있는 워크시트가 결과가 작성될 워크시트와 다른 통합 문서에 있는 경우에만 적용할 수 있다.

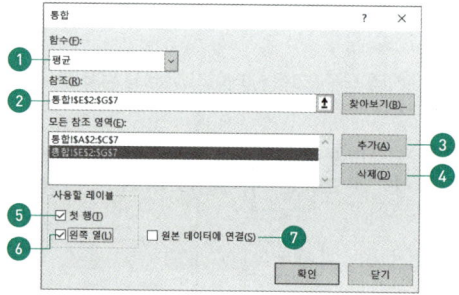

❶ 함수	통합에 사용할 함수를 선택
❷ 참조	통합할 데이터의 범위 선택
❸ 추가	참조에서 지정한 범위를 추가
❹ 삭제	추가된 범위를 삭제
❺ 첫 행	참조된 범위의 첫 행을 통합한 데이터의 첫 행으로 사용
❻ 왼쪽 열	참조된 범위의 왼쪽 열을 통합한 데이터의 첫 열로 사용
❼ 원본 데이터에 연결	원본 데이터가 변경되면 통합된 데이터도 변경

실습으로 개념끝 ⑩   에듀윌_컴퓨터활용능력1급필기기본서_실습으로개념끝\2과목\Chapter4_10.통합.xlsx

통합 기능을 이용하여 [표1], [표2]의 개인별 평균을 [표3]에 계산하시오.

따라하기

❶ [A10:C15] 영역을 선택하고 [데이터] 탭-[데이터 도구] 그룹-[통합]을 선택한다.

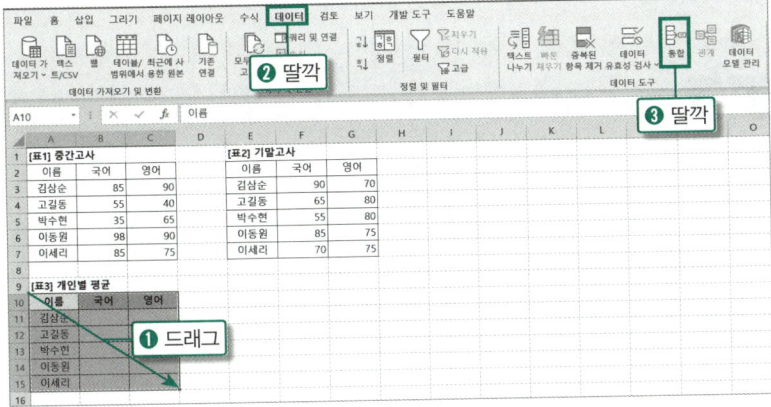

❷ [통합] 대화상자가 나타나면 '함수'에서 '평균'을 선택하고 '참조'에서 [A2:C7] 영역을 지정한 후 [추가] 단추를 클릭한다.

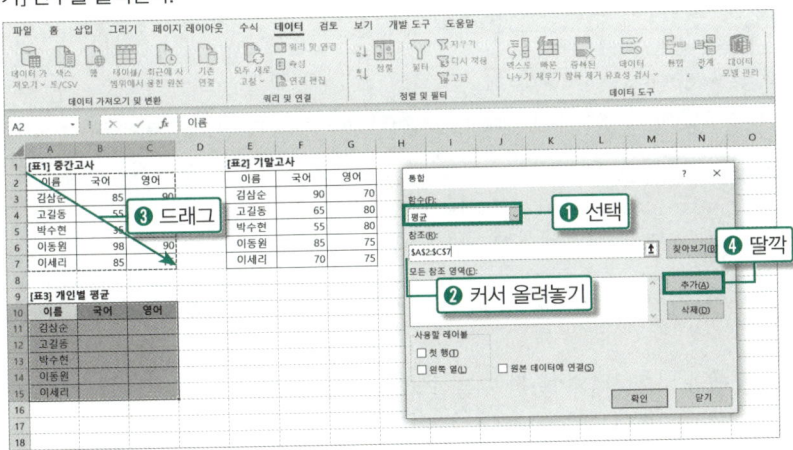

❸ 이와 같은 방법으로 [E2:G7] 영역을 추가하고 '사용할 레이블'에서 '첫 행'과 '왼쪽 열'에 체크한 후 [확인] 단추를 클릭한다.

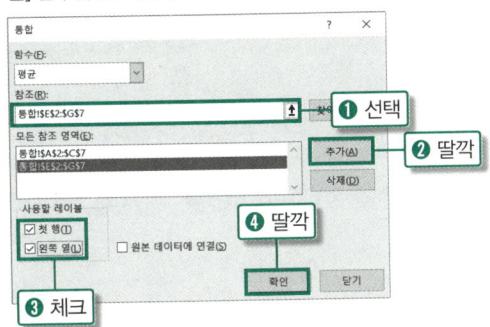

❹ 결과를 확인한다.

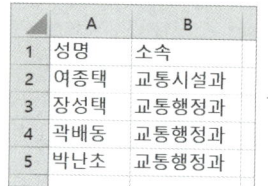

Warming UP 기출로 개념 확인

바로 보는 해설

01
구분선을 사용하여 열을 분할할 수 있지만, 행에는 구분선을 설정할 수 없다.

01

다음 중 아래와 같이 왼쪽 그림의 [B2:B5] 영역에 [텍스트 나누기]를 실행하여 오른쪽 그림과 같이 소속이 분리되도록 실행하는 과정으로 옳지 않은 것은?

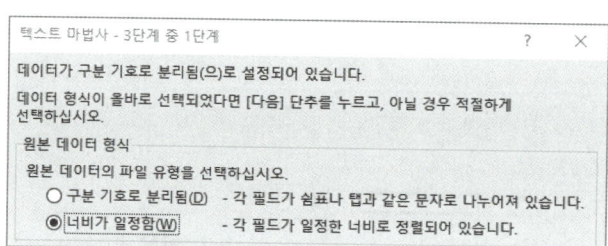

① 텍스트 마법사 2단계의 데이터 미리 보기에서 분할하려는 위치를 클릭하여 구분선을 넣는다.
② 분할하려는 행과 열에 삽입 가능한 구분선의 개수에는 제한이 없다.
③ 구분선을 삭제하려면 구분선을 마우스로 두 번 클릭한다.
④ 구분선을 옮기려면 선을 마우스로 클릭한 상태에서 드래그한다.

02
데이터 유효성 검사는 셀에 잘못된 데이터가 입력되지 않게 제한하여 정확한 데이터를 입력할 수 있게 지원하는 기능이다. [데이터] 탭-[데이터 도구] 그룹-[데이터 유효성 검사]를 클릭하고 [데이터 유효성] 대화상자의 [설정] 탭에서 '유효성 조건'의 '제한 대상'을 지정할 수 있는데, '데이터'는 없다.

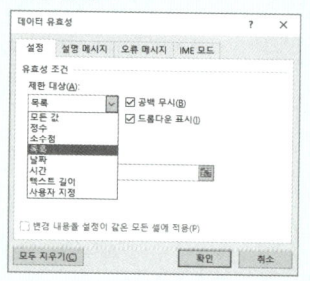

02 또 나올 문제

다음 중 데이터 유효성 검사를 실행하기 위해 유효성 조건으로 설정할 수 있는 '제한 대상'에 대한 설명으로 옳지 않은 것은?

① 목록: 목록으로 정의한 항목으로 데이터 제한
② 정수: 지정된 범위를 벗어난 숫자 제한
③ 데이터: 지정된 데이터 형식에 대한 제한
④ 사용자 지정: 수식을 사용하여 허용되는 값 제한

| 정답 | 01 ② | 02 ③ |

| 빈출개념 | #데이터 표 #목표값 찾기 #시나리오

개념끝 065 가상 분석

기출빈도

01 데이터 표

- 특정 값의 변화에 따른 결괏값의 변화 과정을 한 번의 연산으로 빠르게 계산하여 표의 형태로 표시하는 기능이다.

실행 방법

| 방법 | [데이터] 탭–[예측] 그룹–[가상 분석]–[데이터 표] 선택 |

- 변수가 한 개이거나 두 개인 데이터 표를 작성할 수 있다.
- 변수에 입력될 데이터가 같은 행에 입력되어 있으면 행 입력 셀로, 같은 열에 입력되어 있으면 열 입력 셀로 지정한다.
- 결괏값은 반드시 변수를 포함한 수식으로 작성해야 한다.
- 데이터 표의 결과는 배열 수식으로 작성되므로 부분적으로 수정 또는 삭제할 수 없다.

> **결정적 힌트**
> 데이터 표 기능은 비교적 많은 문제가 출제된 부분입니다. 간단히 실행할 수 있는 기능이지만, 행 입력 셀과 열 입력 셀을 잘 구분하여 지정하는 것이 중요하므로 의미를 정확하게 이해해야 합니다.
>
> ■ 데이터 표에서 부분적으로 수정하거나 삭제하는 경우 표시되는 오류
>
>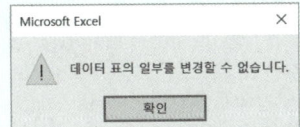

실습으로 개념끝 ⑪ 에듀윌_컴퓨터활용능력1급필기기본서_실습으로개념끝\2과목\Chapter4_11.데이터표.xlsx

데이터 표를 이용하여 '할인율 변동에 따른 할인액'을 계산하시오.

따라하기

❶ [F4] 셀을 선택하고 '='를 입력한 후 수식이 들어있는 [C6] 셀을 선택하고 Enter를 누른다.

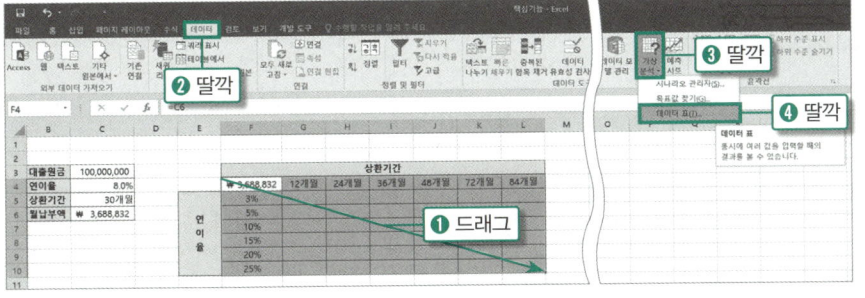

❷ [F4:L10] 영역을 지정하고 [데이터] 탭–[예측] 그룹–[가상 분석]을 클릭한 후 [데이터 표]를 선택한다.

CHAPTER 4 데이터 관리 • 153

❸ [데이터 테이블] 대화상자가 나타나면 '행 입력 셀'에는 '상환기간'인 '$C$5'를, '열 입력 셀'에는 '연이율'인 '$C$4'를 입력하고 [확인] 단추를 클릭한다.

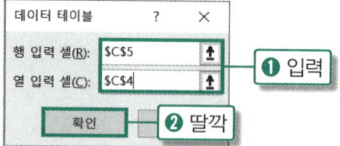

■ 변수에 입력될 '상환기간'은 같은 행에 입력되어 있으므로 '행 입력 셀'로, '연이율'은 같은 열에 입력되어 있으므로 '열 입력 셀'로 지정한다.

❹ 결과를 확인한다.

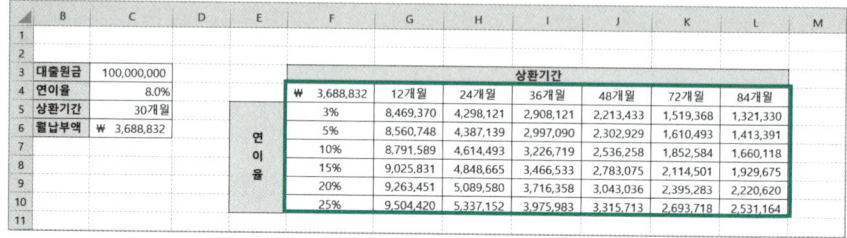

02 목표값 찾기

- 수식에서 원하는 결과를 알고 있지만, 그 결과를 얻는 데 필요한 입력값을 구하는 경우에 사용하는 기능이다.
- 목표값 찾기에서 입력값은 하나만 지정할 수 있다.

| 실행 방법

방법	[데이터] 탭 – [예측] 그룹 – [가상 분석] – [목표값 찾기] 선택

| [목표값 찾기] 대화상자

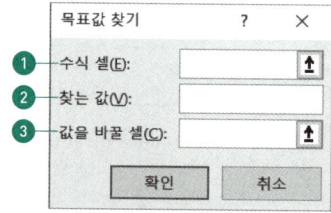

❶ 수식 셀	특정 값이 나오기를 원하는 수식이 들어있는 셀
❷ 찾는 값	원하는 특정 값을 숫자로 직접 입력
❸ 값을 바꿀 셀	목표값을 얻기 위해 데이터를 조절할 셀로, 반드시 수식에서 이 셀을 참조하고 있어야 함

> **결정적 힌트**
> 목표값 찾기는 매우 간단하면서도 유용한 기능입니다. 목표값 찾기는 어떤 경우에 활용할 수 있는지 정확하게 이해할 필요가 있습니다.

| 실습으로 개념끝 ⑫ | 에듀윌_컴퓨터활용능력1급필기기본서_실습으로개념끝\2과목\Chapter4_12.목표값찾기.xlsx |

목표값 찾기를 이용하여 전체 합계가 '1300'이 되려면 배수빈의 '액세스' 점수가 몇 점이어야 하는지 계산하시오.

[따라하기]

❶ [E8] 셀을 선택하고 [데이터] 탭-[예측] 그룹-[가상 분석]을 클릭한 후 [목표값 찾기]를 선택한다.

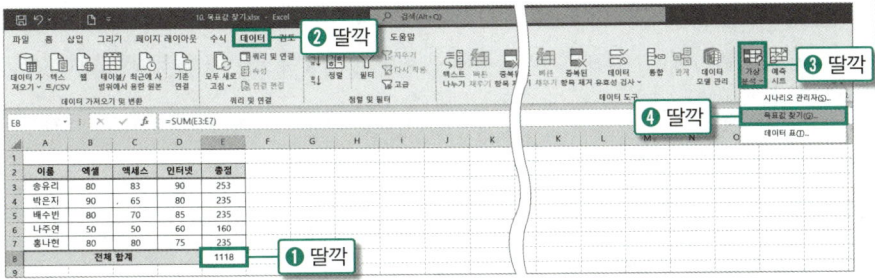

❷ [목표값 찾기] 대화상자가 나타나면 '찾는 값'에는 '1300'을, '값을 바꿀 셀'에는 배수빈의 액세스 점수가 있는 '$C$5'를 입력한 후 [확인] 단추를 클릭한다.

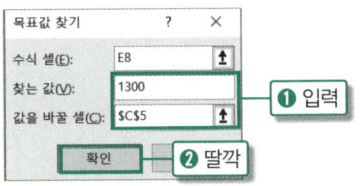

❸ 결과를 확인한다.

03 시나리오

- 다양한 상황과 변수에 따른 여러 가지 결괏값의 변화를 가상의 상황을 통해 예측하여 분석할 수 있는 기능이다.

실행 방법

| 방법 | [데이터] 탭-[예측] 그룹-[가상 분석]-[시나리오 관리자] 선택 |

- [시나리오 관리자] 대화상자에서 '변경 셀'은 '결과 셀'의 값을 예측할 수 있는 숫자값이 입력된 셀이고, '결과 셀'은 수식이 입력된 셀이다.
- 하나의 시나리오에 최대 32개까지 '변경 셀'을 지정할 수 있다.
- 시나리오 결과는 요약 보고서나 피벗 테이블 보고서로 작성할 수 있다.
- '시나리오'의 이름은 사용자가 직접 입력해야 하고, '설명'은 입력하지 않아도 된다.

> **결정적 힌트**
> 시나리오는 목표값 찾기와 마찬가지로 가상 분석을 수행하지만, 사용 목적이 다르고 기능도 좀 더 복잡합니다. 시나리오의 결과는 시나리오 요약 보고서나 시나리오 피벗 테이블 보고서로 만들 수 있는데 어떤 다른 점이 있는지도 잘 이해해야 합니다.

- '변경 셀'과 '결과 셀'에 이름을 지정한 후 시나리오 요약 보고서를 작성하면 결과에 셀 주소 대신 지정한 이름이 표시된다.
- '결과 셀'은 시나리오 요약 보고서를 만들 때는 지정하지 않아도 되지만, 시나리오 피벗 테이블 보고서를 만들 때는 반드시 지정해야 한다.
- 시나리오 보고서는 현재 시트의 앞에 새 워크시트를 삽입해서 표시하며, 별도의 파일에 저장할 수 없다.
- 원본 데이터에서 '변경 셀'의 현재 값을 수정해도 시나리오 요약 보고서는 자동으로 업데이트되지 않는다.
- 시나리오 관리자에서 시나리오를 삭제해도 시나리오 요약 보고서의 해당 시나리오는 삭제되지 않는다.

| [시나리오 관리자] 대화상자

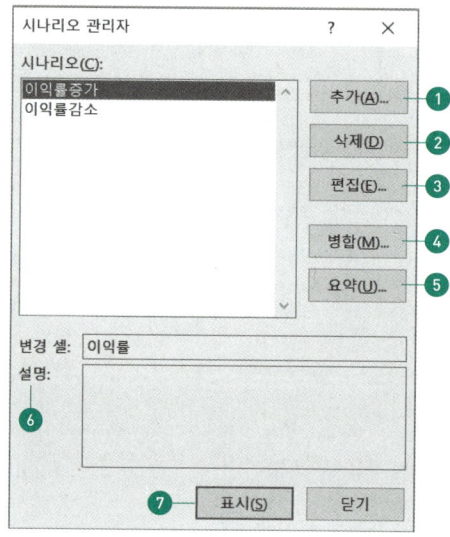

❶ 추가	'시나리오 이름'과 '변경 셀'을 지정할 수 있는 대화상자 표시
❷ 삭제	선택한 시나리오를 삭제하는 기능으로, 시나리오를 삭제해도 시나리오 요약 보고서의 시나리오는 삭제되지 않음
❸ 편집	선택한 시나리오를 편집할 수 있는 대화상자 표시
❹ 병합	다른 통합 문서나 다른 시트에 저장된 시나리오를 병합
❺ 요약	시나리오에 대한 요약 보고서나 피벗 테이블을 작성
❻ 설명	시나리오에 대한 추가 설명으로, 반드시 입력할 필요는 없음
❼ 표시	선택한 시나리오에 대한 결괏값 표시

실습으로 개념끝 ⓭

에듀윌_컴퓨터활용능력1급필기기본서_실습으로개념끝\2과목\Chapter4_13.시나리오.xlsx

시나리오 기능을 이용하여 다음과 같이 이익률이 변동하는 경우 순이익 합계의 변동 시나리오를 작성하시오.

▶ [G12] 셀의 이름은 '이익률', [G11] 셀의 이름은 '순이익합계'로 정의
▶ 시나리오1: 시나리오 이름은 '이익률증가', 이익률은 '30%'로 설정
▶ 시나리오2: 시나리오 이름은 '이익률감소', 이익률은 '20%'로 설정

따라하기

❶ [G12] 셀을 선택하고 이름 상자에 '이익률'을 입력한 후 Enter 를 누른다.

❷ 이와 같은 방법으로 [G11] 셀의 이름을 '순이익합계'로 정의한다.

❸ [G12] 셀을 선택하고 [데이터] 탭-[예측] 그룹-[가상 분석]을 클릭한 후 [시나리오 관리자]를 선택한다.

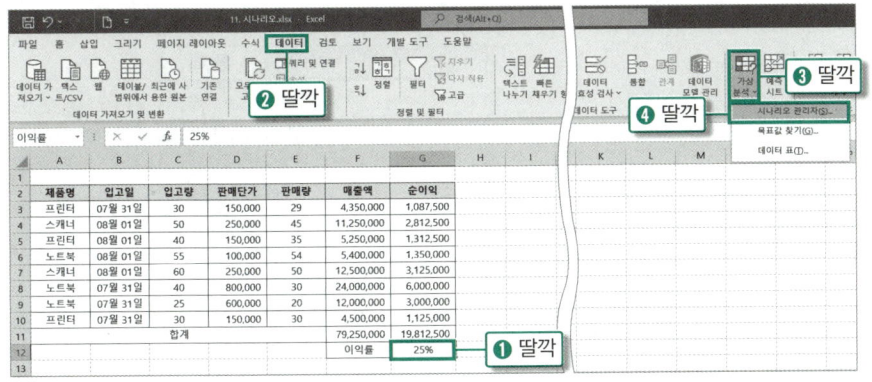

■ 정의된 이름 삭제

이름이 잘못 지정된 경우 [수식] 탭-[정의된 이름] 그룹-[이름 관리자]를 클릭하여 삭제할 이름을 선택한 후 [삭제] 단추를 클릭한다.

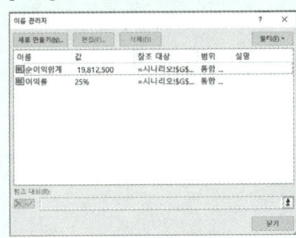

❹ [시나리오 관리자] 대화상자가 나타나면 [추가] 단추를 클릭한다. [시나리오 추가] 대화상자에서 '시나리오 이름'에 '이익률증가'를 입력하고 '변경 셀'에 'G12'로 지정되었는지 확인한 후 [확인] 단추를 클릭한다.

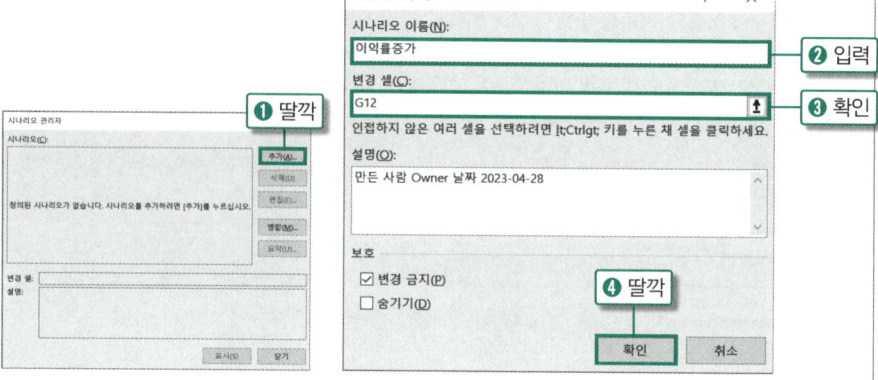

❺ [시나리오 값] 대화상자가 나타나면 '이익률'에 '0.3'을 입력하고 [추가]를 클릭한다. [시나리오 추가] 대화상자로 되돌아오면 '시나리오 이름'에 '이익률감소'를 입력하고 '변경 셀'에 'G12'로 지정되었는지 확인한 후 [확인] 단추를 클릭한다.

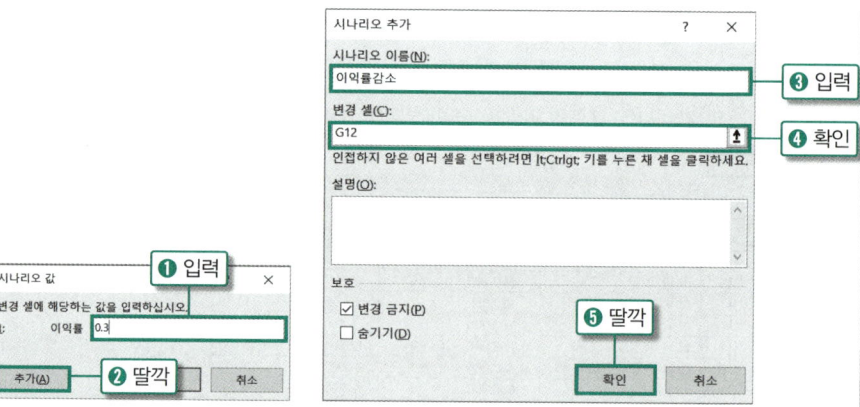

❻ [시나리오 값] 대화상자가 나타나면 '이익률'에 '0.2'를 입력하고 [확인] 단추를 클릭한다. [시나리오 관리자] 대화상자로 되돌아오면 '시나리오'에 '이익률증가'와 '이익률감소'가 추가되었는지 확인하고 [요약]을 클릭한다.

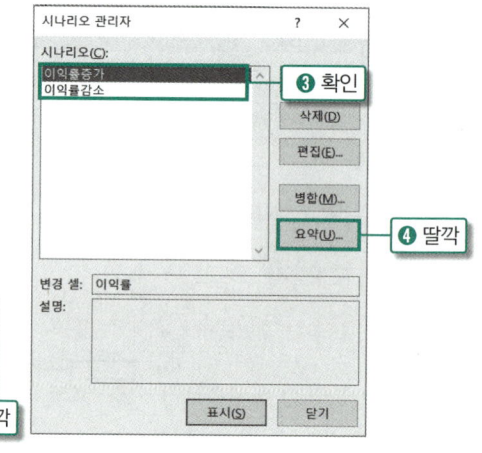

❼ [시나리오 요약] 대화상자가 나타나면 '보고서 종류'에서 '시나리오 요약'을 선택하고 '결과 셀'에 '=$G$11'을 입력한 후 [확인] 단추를 클릭한다.

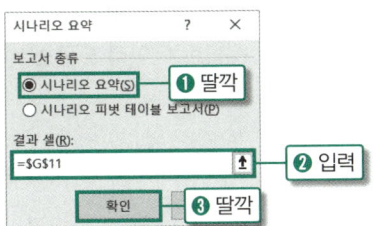

❽ 새로운 [시나리오 요약] 시트에 생성된 시나리오 요약 보고서를 확인한다.

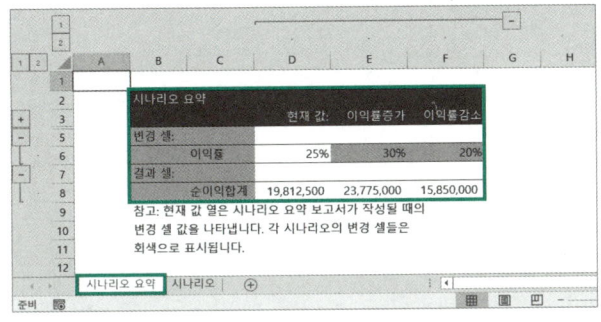

■ 시나리오 요약 보고서 삭제

삭제할 '시나리오 요약' 시트 탭에서 마우스 오른쪽 단추를 클릭한 후 바로 가기 메뉴에서 [삭제]를 선택한다.

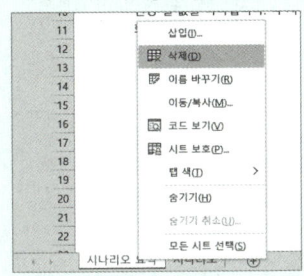

Warming UP 기출로 개념 확인

01 또 나올 문제

아래는 연이율 6%의 대출금 5,000,000원을 36개월, 60개월, 24개월로 상환 시 월상환액에 따른 시나리오 요약 보고서를 작성한 것이다. 다음 중 이에 관한 설명으로 옳지 않은 것은?

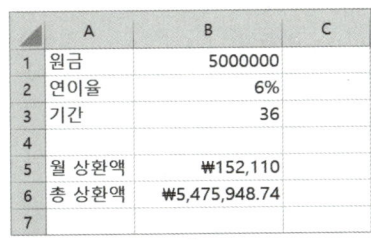

↓

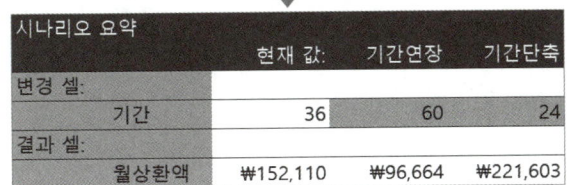

① 시나리오 추가 시 사용된 '변경 셀'은 [B3] 셀이다.
② [B3] 셀은 '기간'으로, [B5] 셀은 '월상환액'으로 이름이 정의되어 있다.
③ 일반적으로 시나리오를 만들 때 '변경 셀'에는 사용자가 값을 입력할 수는 있으나 여러 개의 셀을 참조할 수는 없다.
④ [B5] 셀은 시나리오 요약 시 '결과 셀'로 사용되었으며, 수식이 포함되어 있다.

바로 보는 해설

01
하나의 시나리오에 '변경 셀'은 최대 32개까지 참조할 수 있다.

| 정답 | 01 ③

02

아래 시트에서 [표1]의 할인율 [B3]을 적용한 할인가 [B4]를 이용하여 [표2]의 각 정가에 해당하는 할인가 [E3:E6]을 계산하고자 한다. 다음 중 이때 가장 적합한 데이터 도구는?

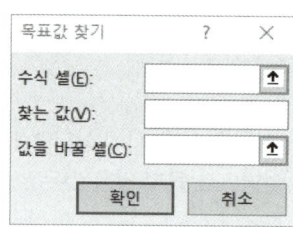

① 통합
② 데이터 표
③ 부분합
④ 시나리오 관리자

03 또 나올 문제

다음 중 [목표값 찾기] 대화상자에 대한 설명으로 옳지 않은 것은?

① '수식 셀' 상자에 목표값 찾기에 의해 변경되는 셀 주소를 입력한다.
② '찾는 값' 상자에 원하는 수식이 있는 셀 주소를 입력한다.
③ '값을 바꿀 셀' 상자에 조정할 값이 있는 셀 주소를 입력한다.
④ 목표값 찾기는 하나의 변수 입력값만 사용된다.

04

다음 중 시나리오에 대한 설명으로 옳지 않은 것은?

① 시나리오 요약 보고서를 만들 때는 결과 셀을 반드시 지정해야 하지만, 시나리오 피벗 테이블 보고서를 만들 때는 결과 셀을 지정하지 않아도 된다.
② 여러 시나리오를 비교하여 하나의 테이블로 요약하는 보고서를 만들 수 있다.
③ 시나리오 요약 보고서를 생성하기 전에 변경 셀과 결과 셀에 이름을 정의하면 셀 참조 주소 대신 정의된 이름이 보고서에 표시된다.
④ 시나리오 요약 보고서는 자동으로 다시 갱신되지 않으므로 변경된 값을 요약 보고서에 표시하려면 새 요약 보고서를 만들어야 한다.

| 빈출개념 | #[부분합] 대화상자 #중첩 부분합

개념끝 066 개요와 부분합

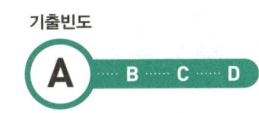
기출빈도

01 개요 설정

- 행 또는 열을 그룹 단위로 묶어서 요약 행이나 요약 열을 빠르게 표시하거나 세부 정보를 표시하는 기능이다.

실행 방법

방법1	[데이터] 탭-[개요] 그룹-[그룹] 선택
방법2	[데이터] 탭-[개요] 그룹-[그룹]-[자동 개요] 선택

> **결정적 힌트**
>
> 엑셀 2021 버전에서는 윤곽선 대신 개요라는 용어를 사용하며, 윤곽선과 개요가 혼용되어 사용되고 있습니다. 개요 설정은 시험에 자주 출제되는 부분이 아니지만, 부분합을 설정했을 때 개요가 자동 생성되므로 개념을 잘 이해해야 합니다.

	A	B	C	D	E	F
1						
2	학과	성명	교육	봉사	과제	합계
3	국문	김우주	96	92	71	259
4	국문	박우림	95	97	75	267
5	국문	민여름	100	87	99	286
6	영문	최영민	98	89	83	270
7	영문	한리아	92	97	72	261
8	영문	박민이	90	84	84	258
9	중문	이하늘	99	82	73	254
10	중문	이미소	95	85	81	261
11	중문	강소라	97	92	83	272
12						
13						

- 데이터에 최대 8개 수준까지 하위 수준을 표시할 수 있다.
- 윤곽 기호가 나타나지 않으면 [파일] 탭-[옵션]을 선택하고 [Excel 옵션] 창의 '고급' 범주에서 '윤곽을 설정한 경우 윤곽 기호 표시'에 체크하면 표시된다.
- 윤곽에 스타일을 적용하려면 [데이터] 탭-[개요] 그룹-[윤곽선] 아이콘( )을 선택하고 [설정] 대화상자에서 [자동 스타일]에 체크한다.

[설정] 대화상자

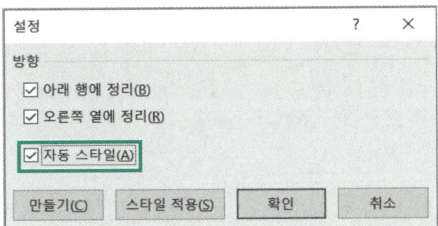

- 윤곽을 해제하려면 [데이터] 탭-[개요] 그룹-[그룹 해제]-[개요 지우기]를 선택한다. 이 경우 요약 정보가 표시된 원본 데이터는 삭제되지 않는다.

> **결정적 힌트**
>
> 부분합은 시험에 자주 출제되는 부분입니다. 부분합의 개념과 부분합을 실행하기 전 반드시 정렬을 해야 한다는 점, 부분합을 추가하는 방법 등을 반드시 기억해야 합니다.

02 부분합

- 데이터를 일정한 기준으로 그룹화하여 합계, 평균 등 다양하게 계산하는 기능이다.

| 실행 방법

방법	[데이터] 탭-[개요] 그룹-[부분합] 선택

- 부분합을 실행하기 전 반드시 그룹화할 항목을 기준으로 정렬해야 한다.
- 부분합을 실행하면 목록에 자동으로 윤곽이 설정된다.
- 한 번에 한 개의 함수를 계산하므로 함수를 추가하려면 부분합을 중첩해서 실행해야 한다.
- [부분합] 대화상자에서 '부분합 계산 항목'으로 선택된 항목에는 SUBTOTAL 함수가 자동으로 입력되어 계산된다.
- 부분합을 제거하면 부분합과 함께 표에 삽입된 윤곽 및 페이지 나누기도 모두 제거된다.

| [부분합] 대화상자

> **▼ SUBTOTAL 함수**
>
> 합계, 평균, 개수 등 부분합에서 사용하는 11개 함수를 쉽게 계산하는 함수이다.
>
> =SUBTOTAL(함수 번호, 범위)

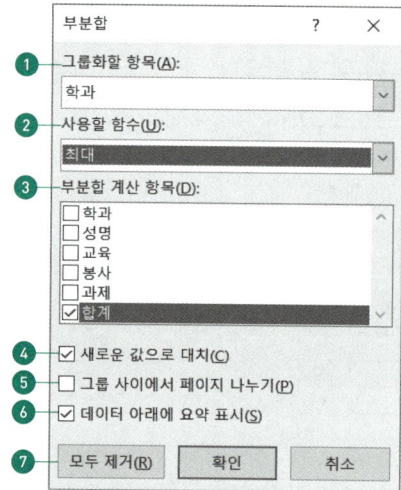

❶ 그룹화할 항목	부분합을 계산할 기준 필드로, 미리 정렬되어 있어야 함
❷ 사용할 함수	합계, 평균, 개수, 최대, 최소, 곱, 숫자 개수, 표본 표준 편차, 표준 편차, 표본 분산, 분산 함수
❸ 부분합 계산 항목	부분합을 계산하여 표시할 항목 선택
❹ 새로운 값으로 대치	이전 부분합의 결괏값을 지우고 새로운 부분합을 구함
❺ 그룹 사이에서 페이지 나누기	페이지 구분선 삽입
❻ 데이터 아래에 요약 표시	부분합의 내용을 세부 데이터의 아래에 표시
❼ 모두 제거	부분합 삭제

		A	B	C	D	E	F	G
	1							
	2	학과	성명	교육	봉사	과제	합계	
	3	국문	김우주	96	92	71	259	
	4	국문	박우람	95	97	75	267	
	5	국문	민여름	100	87	99	286	
	6	국문 평균		97	92	82		
	7	국문 최대					286	
	8	영문	최영민	98	89	83	270	
	9	영문	한리아	92	97	72	261	
	10	영문	박민이	90	84	84	258	
	11	영문 평균		93.33333	90	80		
	12	영문 최대					270	
	13	중문	이하늘	99	82	73	254	
	14	중문	이미소	95	85	81	261	
	15	중문	강소라	97	92	83	272	
	16	중문 평균		97	86	79		
	17	중문 최대					272	
	18	전체 평균		95.77778	89	80		
	19	전체 최대값					286	
	20							

❶ `1`	전체 계산 항목 표시	
❷ `2`, `3`	그룹별 계산 항목 표시	
❸ `4`	전체 데이터 표시	
❹ `-`	하위 수준 숨기기	
❺ `+`	하위 수준 표시	

실습으로 개념끝 ⑭   에듀윌_컴퓨터활용능력1급필기기본서_실습으로개념끝\2과목\Chapter4_14.부분합.xlsx

부분합을 이용하여 학과별 '합계'의 '최대'와 '교육', '봉사', '과제'의 '평균'을 계산해 보시오.

따라하기

❶ [A2] 셀을 선택하고 [데이터] 탭–[정렬 및 필터] 그룹–[텍스트 오름차순 정렬]을 선택한다.

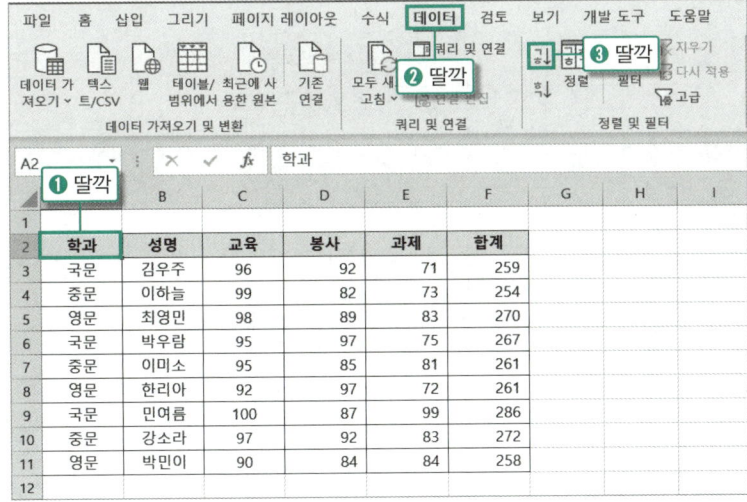

❷ [A2] 셀을 선택한 상태에서 [데이터] 탭-[개요] 그룹-[부분합]을 클릭한다. [부분합] 대화상자가 나타나면 '사용할 함수'에서 '최대'를 선택하고 '부분합 계산 항목'에서 '합계'에 체크한 후 [확인] 단추를 클릭한다.

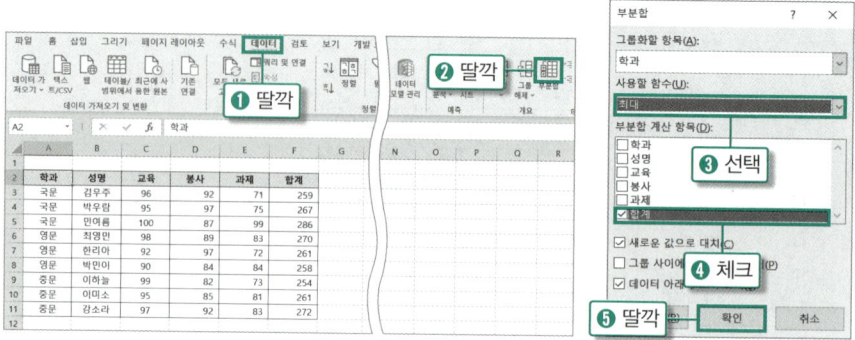

❸ 학과별로 합계의 최대를 구했으면 [데이터] 탭-[개요] 그룹-[부분합]을 클릭하고 [부분합] 대화상자가 나타나면 '사용할 함수'에서 '평균'을 선택한다. '부분합 계산 항목'에서 '교육', '봉사', '과제'에 체크하고 '합계'와 아래의 '새로운 값으로 대치'의 체크를 해제한 후 [확인] 단추를 클릭한다.

▼ 새로운 값으로 대치

부분합을 중첩해서 적용할 경우 '새로운 값으로 대치'를 체크 해제하지 않으면 첫 번째 '최대' 부분합이 지워지고 두 번째 '평균' 부분합만 계산되므로 주의해야 한다.

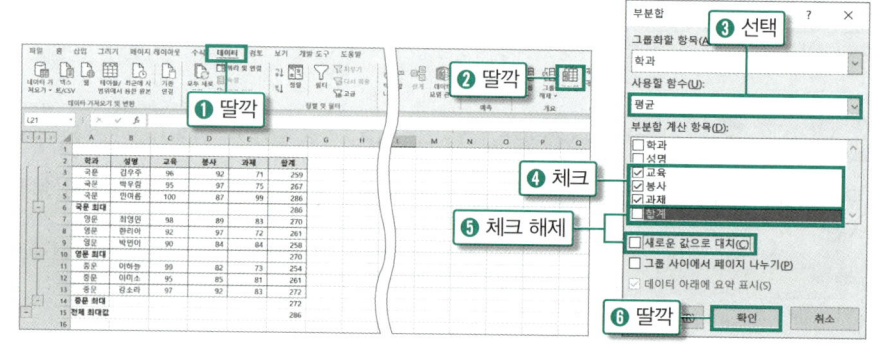

▼ 부분합을 중첩해서 적용할 경우 결과 표시

부분합을 중첩해서 적용할 경우 처음 계산한 부분합의 결과가 아래에 표시되고 마지막에 계산한 부분합의 결과가 위에 표시된다.

❹ 결과를 확인한다.

	A	B	C	D	E	F	G
1							
2	학과	성명	교육	봉사	과제	합계	
3	국문	김우주	96	92	71	259	
4	국문	박우람	95	97	75	267	
5	국문	민여름	100	87	99	286	
6	국문 평균		97	92	82		
7	국문 최대					286	
8	영문	최영민	98	89	83	270	
9	영문	한리아	92	97	72	261	
10	영문	박민이	90	84	84	258	
11	영문 평균		93.33333	90	80		
12	영문 최대					270	
13	중문	이하늘	99	82	73	254	
14	중문	이미소	95	85	81	261	
15	중문	강소라	97	92	83	272	
16	중문 평균		97	86	79		
17	중문 최대					272	
18	전체 평균		95.77778	89	80		
19	전체 최대값					286	
20							

Warming UP 기출로 개념 확인

01
다음 중 윤곽에 대한 설명으로 옳지 않은 것은?

① 윤곽 기호를 설정하면 그룹의 요약 정보만 또는 필요한 그룹의 데이터만 확인할 수 있어 편리하다.
② 그룹별로 요약된 데이터에서 [개요 지우기]를 실행하면 설정된 윤곽 기호와 함께 윤곽 설정에 사용된 요약 정보도 함께 제거된다.
③ [부분합]을 실행하면 각 정보 행 그룹의 바로 아래나 위에 요약 행이 삽입되고, 윤곽이 자동으로 만들어진다.
④ 그룹화하여 요약하려는 데이터 목록이 있는 경우 데이터에 최대 여덟 개 수준의 윤곽을 설정할 수 있으며, 한 수준은 각 그룹에 해당한다.

02
다음 중 워크시트의 데이터 목록에 윤곽선 설정을 하는 경우 옳지 않은 것은?

① 그룹화하여 요약하려는 데이터 목록이 있는 경우 데이터에 최대 여덟 개 수준의 윤곽을 설정할 수 있다.
② 1 , 2 , + , - 등의 윤곽 기호가 표시되지 않는 경우 [Excel 옵션]에서 표시되도록 설정할 수 있다.
③ 그룹별로 요약된 데이터에 설정된 윤곽을 제거하면 윤곽 기호와 함께 요약 정보가 표시된 원본 데이터도 삭제된다.
④ 윤곽을 만들 때나 만든 후에 윤곽에 스타일을 적용할 수 있다.

03
다음 중 부분합에 대한 설명으로 옳지 않은 것은?

① 다중 함수를 이용하는 중첩 부분합을 작성하려면 [부분합] 대화상자에서 매번 '새로운 값으로 대치' 항목을 선택해야 한다.
② 부분합을 제거하면 부분합과 함께 목록에 삽입된 윤곽 및 페이지 나누기도 제거된다.
③ 세부 정보가 있는 행 아래에 요약 행을 지정하려면 '데이터 아래에 요약 표시' 항목을 선택한다.
④ 중첩 부분합은 이미 작성된 부분합 그룹 내에 새로운 부분합 그룹을 추가하는 것이다.

바로 보는 해설

01
[개요 지우기]를 실행하면 설정된 윤곽 기호만 지워지고 요약 정보는 삭제되지 않는다.

02
그룹별로 요약된 윤곽을 제거해도 원본 데이터는 삭제되지 않는다.

03
다중 함수를 이용하는 중첩 부분합을 작성하려면 [부분합] 대화상자에서 '새로운 값으로 대치'의 체크를 해제해야 한다. '새로운 값으로 대치'에 체크하면 하나의 부분합만 나타난다.

| 정답 | 01 ② 02 ③ 03 ①

| 빈출개념 | #피벗 테이블의 특징 #피벗 테이블의 구성 #피벗 차트

개념끝 067 피벗 테이블과 피벗 차트

기출빈도

> **결정적 힌트**
>
> 피벗 테이블은 필기시험에 자주 출제되며 실기시험에도 반드시 출제되는 중요한 부분입니다. 피벗 테이블의 특징, 구성, 옵션, 그룹화 등 모든 내용이 중요하며, 피벗 테이블과 피벗 차트와의 관계도 잘 이해할 필요가 있습니다.

01 피벗 테이블

- 광범위한 데이터를 다양한 형태로 요약하여 보여주는 대화형 테이블을 만드는 기능이다.

실행 방법

| 방법 | [삽입] 탭-[표] 그룹-[피벗 테이블] 선택 |

- 엑셀의 목록, 외부 데이터, 다중 통합 범위, 다른 피벗 테이블을 기준으로 작성한다.
- 피벗 테이블 보고서는 기존 워크시트에서는 시작 위치를 지정할 수 있고, 새 워크시트에서는 [A1] 셀에 자동 생성된다.
- 새 워크시트에 피벗 테이블을 생성하면 보고서 필터의 위치는 [A1] 셀이고 행 레이블은 [A3] 셀에서 시작한다.
- 작성된 피벗 테이블의 필드 위치는 행 또는 열로 이동하거나 삭제할 수 있다.
- 피벗 테이블에서 '값' 영역의 특정 항목을 마우스로 더블클릭하면 해당 데이터에 대한 세부적인 데이터가 새로운 시트에 표시된다.
- 원본의 자료가 변경되면 자동으로 반영되지 않으므로 [데이터] 탭-[쿼리 및 연결] 그룹-[모두 새로 고침] 또는 [피벗 테이블 분석] 탭-[데이터] 그룹-[새로 고침]-[모두 새로 고침]을 선택하여 일괄적으로 새로 고침해야 한다.
- 하위 데이터 집합에도 필터와 정렬, 조건부 서식을 적용하여 원하는 정보만 강조할 수 있다.
- 행 레이블이나 열 레이블에서의 데이터 정렬은 수동, 오름차순, 내림차순 중에서 선택할 수 있다.

(1) 피벗 테이블의 구성

피벗 테이블은 필터 필드, 행 필드, 열 필드, 값 필드, 값 영역 등으로 구성된다.

예) 필터: 성명, 행: 부서, 열: 직위, 값: 근무년수의 최대값

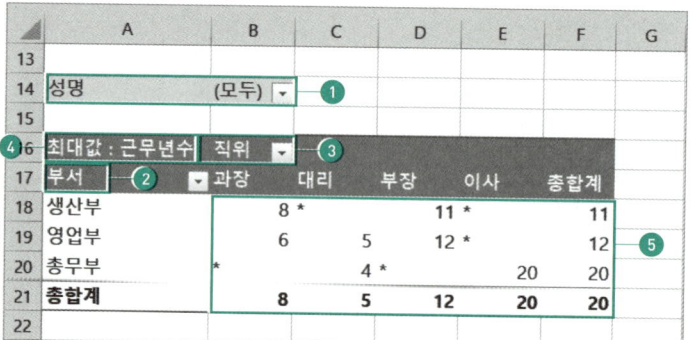

❶ 필터 필드	필터 필드 단추를 눌러 표시할 필드를 선택할 수 있음
❷ 행 필드	행 방향으로 표시되는 필드
❸ 열 필드	열 방향으로 표시되는 필드
❹ 값 필드	분석할 대상이 되는 필드
❺ 값 영역	• 값 필드에 대해 분석한 결과가 나타나는 영역 • 숫자 형식의 필드를 선택하면 합계, 개수, 평균, 최대값, 최소값, 값, 숫자 개수, 표본 표준 편차, 표준 편차, 표본 분산, 분산 등을 표시할 수 있으며, 문자 형식의 필드를 선택하면 개수를 표시함

(2) 값 필드 설정

요약에 사용할 함수, 값 표시 형식 등을 지정할 수 있다.

| 실행 방법

방법	값 필드 단추의 바로 가기 메뉴에서 [값 필드 설정] 클릭

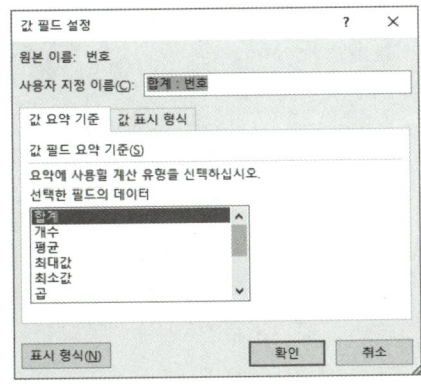

실습으로 개념끝 ⓯ 에듀윌_컴퓨터활용능력1급필기기본서_실습으로개념끝\2과목\Chapter4_15.피벗테이블.xlsx

피벗 테이블 기능을 이용하여 기존 워크시트의 [H3] 셀에 급여 피벗 테이블을 작성하시오.

[따라하기]

❶ [A1] 셀을 선택하고 [삽입] 탭-[표] 그룹-[피벗 테이블]-[테이블/범위에서]를 클릭한다.

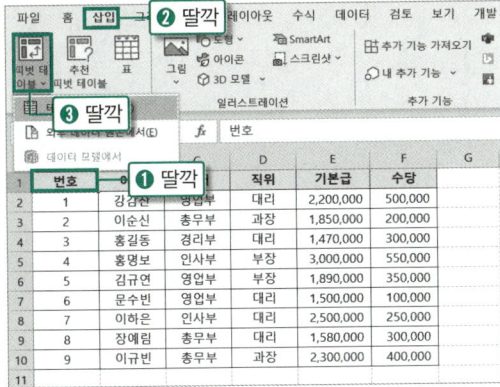

- '기존 워크시트'를 선택하지 않고 '새 워크시트'가 선택되어 있으면 새로운 워크시트에 피벗 테이블이 생성된다.

❷ [표 또는 범위의 피벗 테이블] 대화상자가 나타나면 '테이블 또는 범위 선택'의 '표/범위'가 데이터가 입력된 모든 셀인 '$A$1:$F$10'인지 확인한다. 피벗 테이블 보고서를 넣을 위치를 '기존 워크시트'로 선택하고 '위치'에 'H3'을 지정한 후 [확인] 단추를 클릭한다.

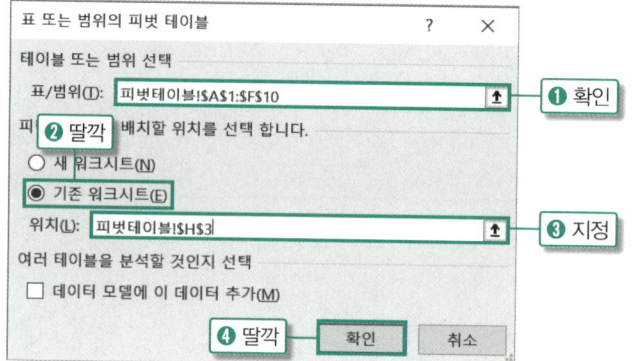

❸ 피벗 테이블이 나타나면 [피벗 테이블 필드] 창에서 '부서'는 '필터' 영역으로, '기본급'과 '수당'은 '값' 영역으로, '직위'는 '행' 레이블로 드래그한다. '값' 영역에서 '합계 : 수당'을 클릭한 후 [값 필드 설정]을 선택한다.

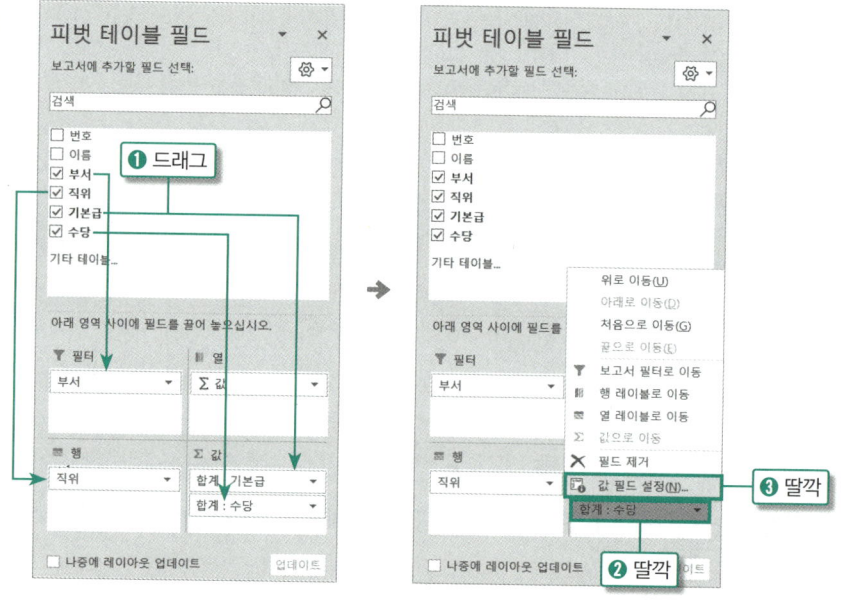

❹ [값 필드 설정] 대화상자가 나타나면 [값 요약 기준] 탭의 '선택한 필드의 데이터'에서 '평균'을 선택하고 [확인] 단추를 클릭한다.

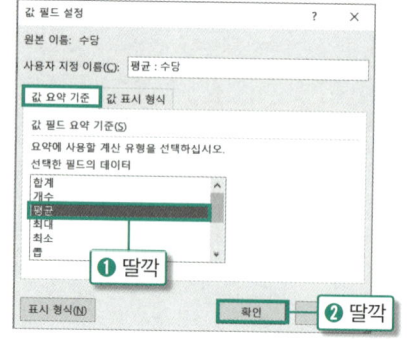

❺ 결과를 확인한다.

	A	B	C	D	E	F	G	H	I	J	K
1	번호	이름	부서	직위	기본급	수당		부서	(모두)		
2	1	강감찬	영업부	대리	2,200,000	500,000					
3	2	이순신	총무부	과장	1,850,000	200,000		행 레이블	합계 : 기본급	평균 : 수당	
4	3	홍길동	경리부	대리	1,470,000	300,000		부장	4890000	450000	
5	4	홍명보	인사부	부장	3,000,000	550,000		과장	4150000	300000	
6	5	김규연	영업부	부장	1,890,000	350,000		대리	9250000	290000	
7	6	문수빈	영업부	대리	1,500,000	100,000		총합계	18290000	327777.7778	
8	7	이하은	인사부	대리	2,500,000	250,000					
9	8	장예림	총무부	대리	1,580,000	300,000					
10	9	이규빈	총무부	과장	2,300,000	400,000					
11											

(3) 피벗 테이블 옵션

피벗 테이블에 대한 다양한 옵션을 지정할 수 있다.

| 실행 방법

방법	피벗 테이블의 바로 가기 메뉴에서 [피벗 테이블 옵션] 클릭

| [레이아웃 및 서식] 탭

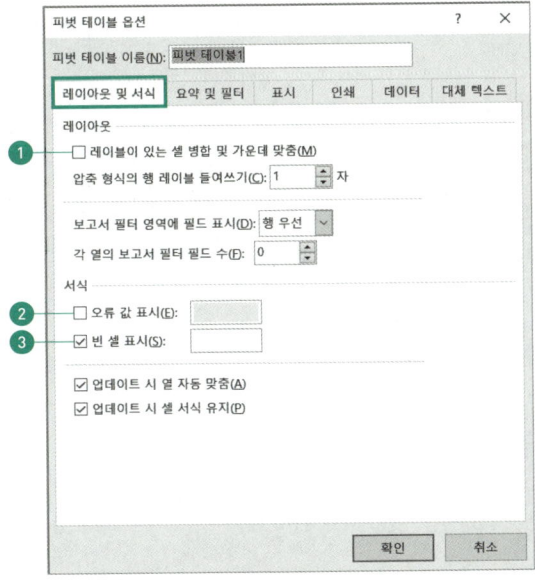

❶ 레이블이 있는 셀 병합 및 가운데 맞춤	행 레이블이나 열 레이블을 병합하고 가운데 맞춤
❷ 오류 값 표시	오류 메시지 대신 표시할 텍스트 지정
❸ 빈 셀 표시	빈 셀 대신 표시할 텍스트 지정

- [디자인] 탭-[레이아웃] 그룹-[총합계]를 선택하여 행 총합계나 열 총합계의 표시 여부를 선택할 수도 있다.

| [요약 및 필터] 탭

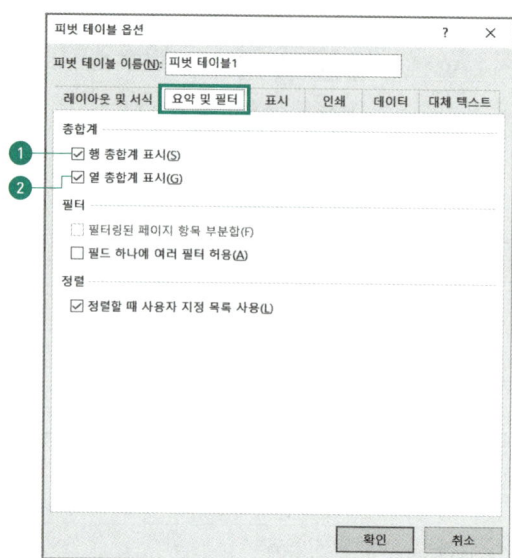

❶ 행 총합계 표시	행 총합계의 표시 여부 지정
❷ 열 총합계 표시	열 총합계의 표시 여부 지정

(4) 계산 필드 추가

- 피벗 테이블에 새로운 수식을 추가하여 표시할 수 있다.

| 실행 방법

방법	[피벗 테이블 분석] 탭-[계산] 그룹-[필드, 항목 및 집합]-[계산 필드] 선택

- [계산 필드 삽입] 대화상자에서 필드 이름과 수식을 지정한다.
- 수식에는 셀 참조와 정의된 이름을 사용할 수 없다.

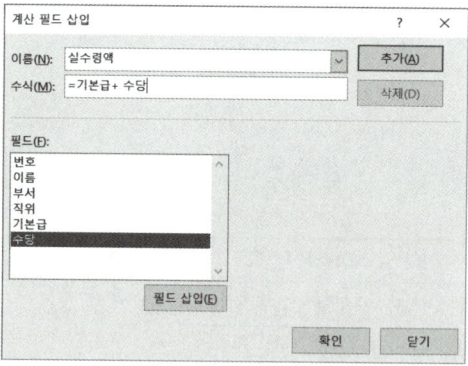

(5) 그룹화 추가

- 특정 필드를 그룹화하여 일정한 단위로 표시하는 기능이다.
- 문자, 숫자, 날짜 및 시간에 대해 그룹화를 지정할 수 있다.
- 그룹으로 지정할 셀을 범위로 지정한 후 바로 가기 메뉴에서 [그룹]을 선택하고 그룹명을 변경할 수 있다.

- 그룹을 지정할 필드의 바로 가기 메뉴에서 [그룹]을 선택하고 [그룹화] 대화상자에서 시작, 끝, 단위를 지정한다.

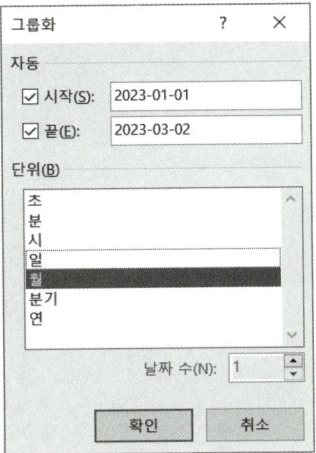

02 피벗 차트

- 피벗 테이블의 데이터를 이용하여 작성한 차트로, 피벗 테이블에서 변화가 생기면 피벗 차트도 함께 변경된다.

| 실행 방법

| 방법 | [피벗 테이블 분석] 탭-[도구] 그룹-[피벗 차트] 선택 |

- 피벗 차트는 피벗 테이블 보고서를 만들 때 함께 만들거나 피벗 테이블 보고서가 있는 경우 피벗 차트를 작성할 수 있다.
- 피벗 차트는 분산형, 주식형, 거품형 차트로 변경할 수 없다.
- 피벗 차트에서 필터를 적용하면 자동으로 피벗 테이블 보고서에 적용된다.
- 피벗 테이블을 삭제하면 피벗 차트는 일반 차트로 변경된다.
- 피벗 차트를 삭제해도 관련된 피벗 테이블 보고서는 삭제되지 않는다.
- [피벗 테이블 분석] 탭-[동작] 그룹-[지우기]-[모두 지우기]를 선택하면 피벗 테이블 보고서와 피벗 차트가 모두 제거된다.

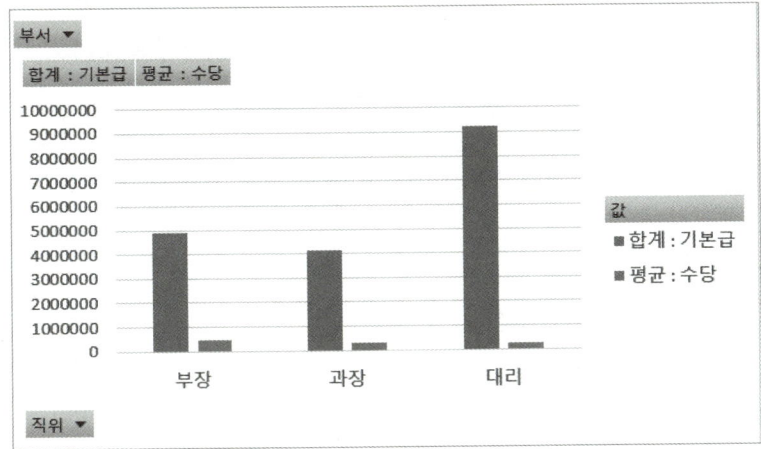

바로 보는 해설

01
'값' 영역에 사용된 필드는 '합계 : 통근거리'이다.
- 보고서 필터: '구분', '차종'
- '행' 레이블: '이름', '입사'
- '열' 레이블: '부서'

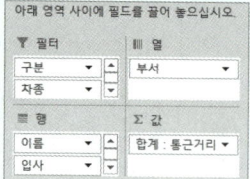

Warming UP 기출로 개념 확인

01 또 나올 문제

다음 중 아래의 피벗 테이블에 대한 설명으로 옳지 <u>않은</u> 것은?

	A	B	C	D
1	구분	(모두)		
2	차종	(모두)		
3				
4	합계 : 통근거리		부서	
5	이름	입사	영업부	총무부
6	⊟김연희			16
7		1991		16
8	⊟박은지		24	
9		1996	24	
10	⊟배철수			24
11		1991		24
12	⊟이지원			25
13		1995		25
14	총합계		40	49
15				

① 보고서 필터로 사용된 필드는 '구분'과 '차종'이다.
② 행 레이블로 사용된 필드는 '이름'과 '입사'이다.
③ 이지원은 '총무부'이며 통근거리는 '25'이다.
④ 값 영역에 사용된 필드는 '부서'이다.

02
[모두 지우기] 명령은 피벗 테이블 보고서의 값뿐만 아니라 피벗 차트 보고서의 필드, 값, 서식, 필터 등의 모든 내용을 삭제하므로 정적 차트 보고서를 만드는 방법이 아니다. 정적 차트로 변환하려면 피벗 테이블 보고서를 선택한 후 Delete 를 눌러 피벗 테이블을 삭제해야 한다.

02

다음 중 피벗 차트 보고서에 대한 설명으로 옳지 <u>않은</u> 것은?

① 피벗 차트 보고서에 필터를 적용하면 피벗 테이블 보고서에 자동 적용된다.
② 처음 피벗 테이블 보고서를 만들 때 자동으로 피벗 차트 보고서를 함께 만들 수도 있고, 기존 피벗 테이블 보고서에서 피벗 차트 보고서를 만들 수도 있다.
③ 피벗 차트 보고서를 정적 차트로 변환하려면 관련된 피벗 테이블 보고서를 선택한 후 [피벗 테이블 분석] 탭–[동작] 그룹의 [모두 지우기] 명령을 수행하여 피벗 테이블 보고서를 먼저 삭제한다.
④ 피벗 차트 보고서를 삭제해도 관련된 피벗 테이블 보고서는 삭제되지 않는다.

| 정답 | 01 ④ 02 ③

03

다음 중 피벗 테이블에 대한 설명으로 옳지 <u>않은</u> 것은?

① 피벗 테이블 보고서를 작성한 후 원본 데이터를 수정하면 피벗 테이블 보고서에 자동으로 반영된다.
② [피벗 테이블 필드] 창에서 보고서에 추가할 필드 선택 시 데이터 형식이 텍스트이거나 논리값인 필드를 선택하여 '행' 영역에 추가한다.
③ '값' 영역에 추가된 필드가 두 개 이상이면 'Σ 값' 필드가 '열' 영역 또는 '행' 영역에 추가된다.
④ 열 레이블/행 레이블 단추를 클릭하여 레이블 필터나 값 필터를 설정할 수 있다.

03
원본 데이터가 수정된 경우 피벗 테이블의 내용은 자동으로 반영되지 않고 [피벗 테이블 분석] 탭-[데이터] 그룹-[새로 고침]-[모두 새로 고침]을 선택해야 피벗 테이블에 반영된다.

| 정답 | 03 ①

CHAPTER 4 데이터 관리

기출선지 OX 퀴즈

01 워크시트에 가져올 수 있는 파일에는 데이터베이스 파일, 텍스트 파일, 엑셀 파일, PDF 파일 등이 있다. (O / X)

02 외부 데이터를 가져올 때 하이퍼링크를 사용하여 쉽게 가져올 수 있다. (O / X)

03 정렬 방식에는 오름차순, 내림차순, 사용자 지정 목록(사용자가 정의한 순서대로 정렬 가능)이 있다. (O / X)

04 오름차순은 '텍스트 – 숫자 – 논리값 – 오류값 – 빈 셀'의 순으로 정렬된다. (O / X)

05 논리값은 FALSE 다음에 TRUE 순으로 정렬된다. (O / X)

06 빈 셀은 오름차순과 내림차순 모두 항상 처음에 정렬된다. (O / X)

07 사용자 지정 목록으로 정렬할 때 사용자 지정 목록을 추가하거나 삭제할 수 있으나, 엑셀에서 기본적으로 제공하는 목록을 수정하거나 삭제할 수는 없다. (O / X)

08 자동 필터는 많은 양의 자료에서 설정된 조건에 맞는 자료만 추출하는 기능으로, 지정한 조건에 맞는 행만 표시된다. (O / X)

09 고급 필터는 여러 필드를 결합하여 복잡한 조건을 지정하거나 필터링 결과를 다른 위치에 복사하는 경우에 사용한다. (O / X)

10 고급 필터는 여러 필드에 조건을 지정하면 AND 조건으로 설정되며, OR 조건은 설정할 수 없다. (O / X)

11 고급 필터의 조건은 수식으로 작성할 수 있으며, 이 경우 필드명은 원래의 필드명과 다르게 입력하거나 입력하지 않아야 한다. (O / X)

12 하나의 셀에 입력된 데이터를 원본 데이터의 형식에 따라 구분 기호나 일정한 너비로 분리하여 여러 셀로 나누는 기능은 정렬 기능이다. (O / X)

13 [중복된 항목 제거]를 클릭하면 같은 데이터의 첫 번째 레코드를 제외한 나머지 레코드가 삭제된다. (O / X)

14 데이터 목록이나 형식을 지정하여 데이터 입력을 제한하는 기능은 데이터 유효성 검사 기능이다. (O / X)

15 데이터 통합은 위치를 기준으로 통합할 수 있지만, 영역의 이름을 지정하여 통합할 수 없다. (O / X)

16 데이터 통합을 할 때에는 서로 다른 통합 분서에 분산 입력된 데이터를 통합하기 위해서는 모든 통합 문서를 열어놓고 실행해야 한다. (O / X)

한판으로 **복습**한다!

17 가상 분석을 할 때에 데이터 표의 결과는 배열 수식으로 작성되어 부분적으로 수정 또는 삭제할 수 있다. (O / X)

18 목표값 찾기 기능은 수식에서 원하는 결과를 알고 있지만, 그 결과를 얻는 데 필요한 입력값을 구하는 경우에 사용하는 기능이다. (O / X)

19 [시나리오 관리자] 대화상자에서 '변경 셀'은 '결과 셀'의 값을 예측할 수 있는 숫자값이 입력된 셀이고, '결과 셀'은 수식이 입력된 셀이다. (O / X)

20 시나리오 요약 보고서를 만들 때는 결과 셀을 반드시 지정해야 하지만, 시나리오 피벗 테이블 보고서를 만들 때는 결과 셀을 지정하지 않아도 된다. (O / X)

21 부분합은 데이터를 일정한 기준으로 그룹화하여 합계, 평균 등을 다양하게 계산하는 기능이다. (O / X)

22 부분합을 제거하면 부분합과 함께 표에 삽입된 윤곽 및 페이지 나누기는 일부만 제거된다. (O / X)

23 피벗 차트 보고서에 필터를 적용하면 피벗 테이블 보고서에 자동 적용된다. (O / X)

24 피벗 테이블을 삭제하면 피벗 차트는 일반 차트로 변경된다. (O / X)

25 [피벗 테이블 옵션] 대화상자에서 오류값을 빈 셀로 표시하거나 빈 셀에 원하는 값을 지정하여 표시할 수도 있다. (O / X)

26 윤곽선 설정 시 윤곽 기호가 나타나지 않으면 [파일] 탭–[옵션]을 선택하고 [Excel 옵션] 창의 '고급' 범주에서 윤곽 기호가 표시되도록 설정할 수 있다. (O / X)

27 목표값 찾기에서 입력값은 여러 개를 지정할 수 있다. (O / X)

28 데이터 표 기능을 통해 입력된 셀의 일부분만 수정하거나 삭제할 수 있다. (O / X)

29 시나리오는 별도의 파일로 저장하고 자동으로 바꿀 수 있는 값의 집합이다. (O / X)

30 부분합 대화상자에서 '새로운 값으로 대치'를 해제하지 않고 부분합을 실행하면 이전에 작성한 부분합은 삭제되고 새롭게 작성한 부분합만 표시된다. (O / X)

| 정답 |

01	X	02	X	03	O	04	X	05	O	06	X	07	O	08	O	09	O	10	X
11	O	12	X	13	O	14	O	15	X	16	X	17	X	18	O	19	O	20	X
21	O	22	X	23	O	24	O	25	O	26	O	27	X	28	X	29	X	30	O

CHAPTER 4 | 데이터 관리

기출로 개념 강화

개념끝 062 | 외부 데이터 가져오기

01 또 나올 문제

다음 중 [데이터]-[데이터 가져오기 및 변환]에서 가져올 수 없는 파일 형식은?

① PDF 파일
② 웹 데이터
③ Access 자료
④ Microsoft Query

02

다음 중 '데이터 가져오기 및 변환'을 이용하여 데이터를 추출한 경우 연결된 데이터에 새로 고침을 실행하는 작업에 대한 설명으로 옳지 않은 것은?

① 통합 문서를 열 때 외부 데이터 범위를 자동으로 새로 고칠 수 있으며, 외부 데이터는 저장하지 않고 통합 문서를 저장하여 통합 문서 파일의 크기를 줄일 수도 있다.
② 새로 고침 옵션에서 '다른 작업하면서 새로 고침'을 선택하여 OLAP 쿼리를 백그라운드로 실행하면 쿼리가 실행되는 동안에도 Excel을 사용할 수 있다.
③ 열려있는 통합 문서가 여러 개이면 각 통합 문서에서 '모두 새로 고침'을 클릭하여 외부 데이터를 새로 고쳐야 한다.
④ 일정한 간격으로 데이터 새로 고침을 자동 수행하도록 설정할 수 있으며, 수행 간격은 분 단위로 지정한다.

03

다음 중 Access 외부 데이터를 Excel로 가져와서 사용하는 방법에 대한 설명으로 옳지 않은 것은?

① 현재 통합 문서에 표, 피벗 테이블 보고서, 피벗 차트, 연결만 만들기 중 선택하여 가져올 수 있다.
② [데이터 가져오기] 대화상자에서 데이터가 들어갈 위치는 새 워크시트의 [A1] 셀이 기본으로 선택된다.
③ 파일을 열거나 다른 작업을 하면서, 또는 일정한 간격으로 데이터에 대한 새로 고침을 실행할 수 있다.
④ [통합 문서 연결] 대화상자에 열로 표시되는 연결 이름과 설명을 변경할 수 있다.

개념끝 063 | 정렬과 필터

04

다음 중 아래 워크시트 (가)를 (나)와 같이 정렬하기 위한 방법으로 옳은 것은?

(가)

	A	B	C	D
1	부서	사번	이름	직위
2	윤여송	a-001	기획실	과장
3	이기상	a-002	기획실	대리
4	이원평	a-003	기획실	사원
5	강문상	a-004	관리과	사원
6				

(나)

	A	B	C	D
1	부서	사번	이름	직위
2	기획실	a-001	윤여송	과장
3	기획실	a-002	이기상	대리
4	기획실	a-003	이원평	사원
5	관리과	a-004	강문상	사원
6				

① 정렬 옵션을 '왼쪽에서 오른쪽'으로 설정
② 정렬 옵션을 '위쪽에서 아래쪽'으로 설정
③ 정렬 기준을 '셀 색', 정렬을 '위에 표시'로 설정
④ 정렬 기준을 '셀 색', 정렬을 '아래쪽에 표시'로 설정

05 또 나올 문제

다음 중 엑셀의 정렬 기능에 대한 설명으로 옳지 않은 것은?

① 오름차순 정렬과 내림차순 정렬 모두 빈 셀은 항상 마지막으로 정렬된다.
② 영문자와 숫자로 구성된 텍스트는 왼쪽에서 오른쪽 방향으로 문자 단위로 정렬된다.
③ 사용자가 [정렬 옵션] 대화상자에서 대·소문자를 구분하도록 변경하여, 오름차순으로 정렬하면 대문자가 소문자보다 우선순위를 갖는다.
④ 공백으로 시작하는 문자열은 오름차순 정렬일 때 숫자 바로 다음에 정렬되고, 내림차순 정렬일 때는 숫자 바로 앞에 정렬된다.

06

다음 중 데이터 정렬에 대한 설명으로 옳지 않은 것은?

① 정렬 조건을 최대 64개까지 지정할 수 있어 다양한 조건으로 정렬할 수 있다.
② 숨겨진 열이나 행은 정렬 시 이동되지 않으므로 데이터를 정렬하기 전에 숨겨진 열과 행을 표시하는 것이 좋다.
③ 정렬 기준을 글꼴 색이나 셀 색으로 선택한 경우의 기본 정렬 순서는 오름차순의 경우 밝은 색에서 어두운 색 순으로 정렬된다.
④ 첫째 기준뿐만 아니라 모든 정렬 기준에서 사용자 지정 목록을 정렬 기준으로 사용할 수 있다.

07 또 나올 문제

다음 중 데이터의 자동 필터 기능에 대한 설명으로 옳지 않은 것은?

① 같은 열에서 여러 개의 항목을 동시에 선택하여 데이터를 추출할 수 있다.
② 숫자로만 구성된 하나의 열에서는 색 기준 필터와 숫자 필터를 동시에 적용할 수 없다.
③ 같은 열에 날짜, 숫자, 텍스트가 섞여 있으면 항상 텍스트 필터가 기본으로 적용된다.
④ 필터를 이용하여 추출한 데이터는 항상 레코드(행) 단위로 표시된다.

바로 보는 해설

01 외부 데이터 가져오기로 가져올 수 있는 파일 형식으로는 Access, 웹, 텍스트, 기타 원본 등이 있으며 PDF 파일은 가져올 수 없다.

02 OLAP 쿼리는 백그라운드로 실행할 수 없지만, 일반 쿼리는 백그라운드로 실행이 가능하여 쿼리가 실행되는 동안 엑셀을 사용할 수 있다. OLAP(On-Line Analytical Processing, 온라인 분석 프로세싱)는 사용자가 직접 데이터베이스를 검색 및 분석해서 문제점이나 해결책을 찾는 분석형 애플리케이션 개념이다.

03 [새 워크시트]를 선택하면 새 워크시트의 [A1] 셀이 기본적으로 선택되어 있지만, [데이터 가져오기] 대화상자에서 데이터가 들어갈 위치는 기본적으로 현재 활성화된 워크시트의 셀 포인터로 결정된다.

04 정렬은 기본적으로 위에서 아래로 행 단위 정렬된다. 왼쪽에서 오른쪽으로 열 단위로 정렬하려면 [정렬 옵션] 대화상자의 '방향'에서 '왼쪽에서 오른쪽'을 선택해야 한다.

05 [데이터] 탭-[정렬 및 필터] 그룹-[정렬]을 선택하고 [옵션]을 클릭한 후 [정렬 옵션] 대화상자에서 '대/소문자 구분'을 선택하여, 오름차순으로 정렬하면 소문자가 대문자보다 우선순위를 가진다.

06 정렬 기준을 글꼴 색이나 셀 색으로 선택한 경우, 기본 정렬 순서는 선택한 색 아이콘 순서대로만 가능하며, 밝은 색에서 어두운 색 순으로 정렬할 수는 없다.

07 같은 열에 날짜, 숫자, 텍스트가 섞여 있으면 가장 많이 입력된 값이 기본으로 적용된다.

| 정답 | 01 ① 02 ② 03 ② 04 ① 05 ③
06 ③ 07 ③

08

다음 중 고급 필터 실행을 위한 조건 지정 방법에 대한 설명으로 옳지 않은 것은?

① 함수나 식을 사용하여 조건을 입력하면 셀에는 비교되는 현재 대상의 값에 따라 'TRUE'나 'FALSE'가 표시된다.
② 함수를 사용하여 조건을 입력하는 경우 원본 필드명과 동일한 필드명을 조건 레이블로 사용해야 한다.
③ 다양한 함수와 식을 혼합하여 조건을 지정할 수 있다.
④ 텍스트 데이터를 필터링할 때 대·소문자는 구분되지 않으나 수식으로 대·소문자를 구분하여 검색할 수 있다.

09 또 나올 문제

다음 중 아래 시트에서 고급 필터 기능을 이용하여 수량이 전체 평균보다 크면서 거래일자가 1월 중인 데이터를 추출하려고 할 때, 고급 필터의 조건식으로 옳은 것은?

	A	B	C	D	E	F
1	거래일자	거래처명	제품명	수량	단가	금액
2	2022-01-02	대한전자	LED TV	10	1,230,000	12,300,000
3	2022-01-05	현대전자	세탁기	15	369,000	5,535,000
4	2022-01-12	현대전자	전자레인지	20	95,000	1,900,000
5	2022-01-15	대한전자	캠코더	25	856,000	21,400,000
6	2022-01-20	현대전자	세탁기	15	369,000	5,535,000
7	2022-01-25	한국전자	전자레인지	10	139,000	1,390,000
8	2022-01-26	미래전자	LED TV	10	1,230,000	12,300,000
9	2022-02-03	한국전자	식기세척기	30	369,000	11,070,000
10	2022-02-06	대한전자	캠코더	25	265,000	6,625,000

①
거래일자	수량
=MONTH($A2)=1	=$D2>AVERAGE($D$2:$D$10)

②
거래일자	수량
=MONTH($A2)=1	=$D2>AVERAGE(D2:D10)

③
거래일자	수량
=MONTH($A2)=1	=$D2>AVERAGE(D2:D10)

④
거래일자	수량
=MONTH($A2)=1	=$D2>AVERAGE($D$2:$D$10)

개념끝 064 데이터 도구

10

텍스트 파일의 데이터를 워크시트로 가져올 때 사용하는 [텍스트 마법사]에서 각 필드의 너비(열 구분선)를 지정하는 단계에 대한 설명으로 옳지 않은 것은?

① 앞 단계에서 원본 데이터 형식을 '구분 기호로 분리됨'을 선택한 경우 열 구분선을 지정할 수 없다.
② 구분선을 넣으려면 원하는 위치를 마우스로 클릭한다.
③ 열 구분선을 옮기려면 구분선을 삭제한 후 다시 넣어야 한다.
④ 구분선을 삭제하려면 구분선을 마우스로 두 번 클릭한다.

11 또 나올 문제

다음 중 아래의 괄호 안에 들어갈 기능명으로 옳은 것은?

(㉠)은/는 특정 값의 변화에 따른 결괏값의 변화 과정을 한 번의 연산으로 빠르게 계산하여 표의 형태로 표시해 주는 도구이고, (㉡)은/는 비슷한 형식의 여러 데이터의 결과를 하나의 표로 통합하여 요약해 주는 도구이다.

① ㉠ 데이터 표 ㉡ 통합
② ㉠ 정렬 ㉡ 시나리오 관리자
③ ㉠ 부분합 ㉡ 피벗 테이블
④ ㉠ 목표값 찾기 ㉡ 데이터 유효성 검사

개념끝 065 가상 분석

12 다음 중 아래 그림과 같이 성유나의 성적 변화에 따른 평균의 변화를 표의 형태로 표시하기 위한 데이터 표 작업에 대한 설명으로 옳지 <u>않은</u> 것은?

	A	B
1	성명	성적
2	김도훈	74.5
3	홍기태	54.5
4	성유나	79.0
5	강정훈	80.5
6	남도현	65.5
7	소병국	72.5
8	평균	71.1
9		
10	성유나	평균
11		71.1
12	50	66.3
13	60	37.9
14	70	39.6
15	80	71.3
16	90	72.9
17	100	74.6

① 데이터 표의 결괏값은 반드시 변화하는 성유나의 성적을 포함한 수식으로 작성되어야 한다.
② 평균의 변화값을 구하는 데이터 표이므로 평균 [B8]의 수식을 그대로 [B11] 셀에 입력한다.
③ [A11:B17] 영역을 선택하고, [데이터]-[예측]-[가상 분석]-[데이터 표]를 선택하여 실행한다.
④ [데이터 테이블] 대화상자에서 '행 입력 셀'에 [B4] 셀을 입력한다.

바로 보는 해설

08 고급 필터에서 일반식이 아닌 함수나 식의 계산값으로 찾을 조건을 지정하는 경우에는 조건 지정 범위의 첫 행에는 원본 데이터의 필드명과 다른 필드명을 입력하거나 생략해야 한다.

09 조건은 수량이 전체 평균보다 크면서 거래일자가 1월 중인 데이터이므로 AND 조건을 사용하며, AND 조건은 같은 행에 입력한다. 고급 필터에서 함수를 이용하여 조건을 지정하는 경우에 원본 데이터의 필드명을 사용할 수 없으므로 '거래일자'와 '수량'이 아닌 '거래월'과 '평균'을 사용한다.
=MONTH($A2)=1 : [A2] 셀(거래일자)이 1월이다.
=$D2>AVERAGE($D$2:$D$10) : [D2] 셀(수량)이 [D2:D10] 영역(수량 전체)의 평균보다 크다(평균의 인수는 절대 참조로 지정).

| 오답 피하기 |
① '거래일자'와 '수량'은 사용할 수 없다.
② '거래일자'와 '수량'은 사용할 수 없다.
③ 평균의 인수는 절대 참조로 지정해야 한다.

10 열 구분선을 옮기려면 구분선을 드래그하면 된다.

11 | 오답 피하기 |
- 정렬: 데이터를 특정 기준에 따라 순서대로 재배치하는 기능이다.
- 시나리오: 작업 시트에 입력되어 있는 데이터에 대해 다양한 가상의 상황을 만들어서 그 결과를 분석하고 예측하는 가상 분석 도구이다.
- 부분합: 워크시트에 입력된 자료를 그룹별로 분류하고 해당 그룹별로 특정한 계산을 수행하는 기능이다.
- 피벗 테이블: 데이터를 요약 및 분석하고, 탐색하며, 원본 데이터를 다양한 방식으로 요약하여 표시하는 도구이다.
- 목표값 찾기: 임의의 목표로 하는 값을 정해놓고 이 목표값을 달성하기 위하여 특정한 셀 값은 얼마여야 하는지를 알고 싶은 경우에 유용한 기능이다.
- 데이터 유효성 검사: 유효한 데이터만 입력되게 하거나 데이터를 목록에서 선택하도록 값을 지정할 수 있는 기능이다.

12 변화되는 값의 데이터가 열에 입력되어 있으므로 '열 입력 셀'에 [B4] 셀을 입력해야 한다.

| 정답 | 08 ② 09 ④ 10 ③ 11 ① 12 ④

13 또 나올 문제

다음 중 아래 그림과 같이 목표값 찾기를 지정했을 때의 설명으로 옳은 것은?

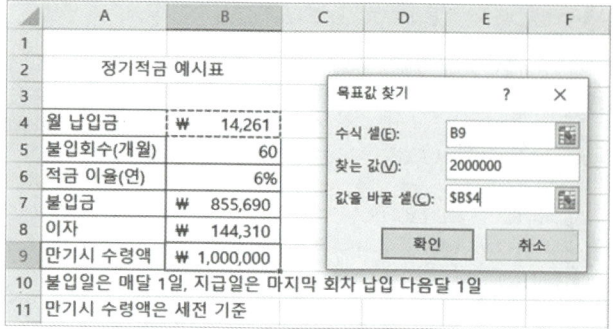

① 만기 시 수령액이 2,000,000원이 되려면 월 납입금은 얼마가 되어야 하는가?
② 만기 시 수령액이 2,000,000원이 되려면 적금 이율(연)이 얼마가 되어야 하는가?
③ 불입금이 2,000,000원이 되려면 만기 시 수령액은 얼마가 되어야 하는가?
④ 월 납입금이 2,000,000원이 되려면 만기 시 수령액은 얼마가 되어야 하는가?

14 또 나올 문제

다음 중 시나리오에 대한 설명으로 옳지 않은 것은?

① 시나리오는 별도의 파일로 저장하고 자동으로 바꿀 수 있는 값의 집합이다.
② 시나리오를 사용하여 워크시트 모델의 결과를 예측할 수 있다.
③ 여러 시나리오를 비교하기 위해 시나리오를 한 페이지의 피벗 테이블로 요약할 수 있다.
④ 시나리오 피벗 테이블 보고서에는 결과 셀이 반드시 있어야 한다.

15

다음 중 시나리오에 대한 설명으로 옳지 않은 것은?

① 시나리오 관리자에서 시나리오를 삭제하면 시나리오 요약 보고서의 해당 시나리오도 자동으로 삭제된다.
② 특정 셀의 변경에 따라 연결된 결과 셀의 값이 자동으로 변경되어 결괏값을 예측할 수 있다.
③ 여러 시나리오를 비교하기 위해 시나리오를 피벗 테이블로 요약할 수 있다.
④ 변경 셀과 결과 셀에 이름을 지정한 후 시나리오 요약 보고서를 작성하면 결과에 셀 주소 대신 지정한 이름이 표시된다.

개념끝 066 개요와 부분합

16 또 나올 문제

다음 중 부분합에 대한 설명으로 옳지 않은 것은?

① 부분합을 작성하려면 첫 행에는 열 이름표가 있어야 하며, 그룹화할 항목을 기준으로 반드시 정렬해야 제대로 된 결과를 얻을 수 있다.
② 그룹화를 위한 데이터의 정렬을 오름차순으로 할 때와 내림차순으로 할 때의 그룹별 부분합의 결과는 서로 다르다.
③ 부분합을 제거하면 부분합과 함께 표에 삽입된 윤곽 및 페이지 나누기도 모두 제거된다.
④ 부분합 대화상자에서 '새로운 값으로 대치'를 해제하지 않고 부분합을 실행하면 이전에 작성한 부분합은 삭제되고 새롭게 작성한 부분합만 표시된다.

17

다음 중 부분합 실행 결과에 대한 설명으로 옳지 않은 것은?

	A	B	C
1	이름	분기	매출
2	강호동	상반기	3,302,000
3	강호동	하반기	3,062,850
4	강호동 요약		6,364,850
5	박명수	상반기	1,565,100
6	박명수	하반기	2,691,100
7	박명수 요약		4,256,200
8	유재석	상반기	3,138,950
9	유재석	하반기	1,948,500
10	유재성 요약		5,087,450
11	총합계		15,708,500

① 상반기와 하반기를 기준으로 항목이 그룹화되었다.
② 매출에 대하여 합계 함수가 사용되었다.
③ 데이터 아래에 요약 표시가 선택되었다.
④ 부분합 윤곽 기호 지우기가 실행되었다.

개념끝 067 피벗 테이블과 피벗 차트

18 또 나올 문제

다음 중 피벗 테이블 보고서와 피벗 차트 보고서에 대한 설명으로 옳지 않은 것은?

① 피벗 테이블 보고서에서는 값 영역에 표시된 데이터 일부를 삭제하거나 추가할 수 없다.
② 피벗 차트 보고서를 만들 때마다 동일한 데이터로 관련된 피벗 테이블 보고서가 자동으로 생성된다.
③ 피벗 차트 보고서는 분산형, 주식형, 거품형 등 다양한 차트 종류로 변경할 수 있다.
④ 행 또는 열 레이블에서의 데이터 정렬은 수동(항목을 끌어 다시 정렬), 오름차순, 내림차순 중 선택할 수 있다.

19

다음 중 피벗 테이블에 대한 설명으로 옳지 않은 것은?

① 많은 양의 데이터를 한눈에 파악할 수 있도록 요약하거나 분석하여 보여주는 도구로 피벗 차트와 함께 작성할 수 있다.
② 데이터베이스, 외부 데이터 등의 데이터를 사용할 수 있다.
③ 원본 데이터가 변경되면 새로 고침을 이용하여 피벗 테이블의 데이터도 변경되도록 지정할 수 있다.
④ 값 영역에 표시된 데이터의 일부를 삭제하거나 필요한 데이터를 추가할 수 있다.

20

다음 중 피벗 테이블에 대한 설명으로 옳지 않은 것은?

① 피벗 차트 보고서는 피벗 테이블 보고서를 만들지 않고는 만들 수 없으며, 피벗 테이블과 피벗 차트를 함께 만든 후 피벗 테이블을 삭제하면 피벗 차트는 일반 차트로 변경된다.
② 피벗 테이블 보고서에서 필드 단추를 다른 열이나 행의 위치로 끌어다 놓으면 데이터 표시 형식이 달라진다.
③ 피벗 테이블 보고서는 엑셀에서 작성된 데이터를 대상으로 새로운 대화형 테이블을 만드는 데 사용하며 외부 액세스 데이터베이스에서 만들어진 데이터는 호환되지 않으므로 사용할 수 없다.
④ 피벗 테이블 보고서를 이용하면 가장 유용하고 관심이 있는 하위 데이터 집합에 대해 필터, 정렬, 그룹 및 조건부 서식을 적용하여 원하는 정보만 강조할 수 있다.

바로 보는 해설

13 • 목표값 찾기: 수식에서 원하는 결과를 알고 있지만, 그 결과를 얻는 데 필요한 입력 값을 알고자 하는 경우 사용한다.
• 수식 셀(B9)의 만기 시 수령액 1,000,000원이 찾는 값인 2,000,000원이 되려면 값을 바꿀 셀($B$4)은 얼마가 될지 찾는다.

14 시나리오는 별도의 파일로 저장되는 것이 아니라 별도의 워크시트에 작성되며, 자동으로 바꿀 수 없다.

15 [데이터] 탭-[예측] 그룹-[가상 분석]-[시나리오 관리자]를 선택하여 시나리오를 삭제해도 시나리오 요약 보고서에 이미 작성되어 있는 시나리오는 삭제되지 않는다.

16 그룹화를 위한 데이터의 정렬을 오름차순으로 할 때와 내림차순으로 할 때의 그룹별 부분합의 결과는 동일하다.

17 이름으로 그룹화하여 매출에 대한 합계를 부분합으로 계산했다.

18 피벗 차트 보고서는 분산형, 거품형, 주식형 차트로 변경할 수 없고, 그 외의 차트로는 변경할 수 있다.

19 값 영역에 표시된 데이터의 일부를 삭제하거나 추가할 수 없다.

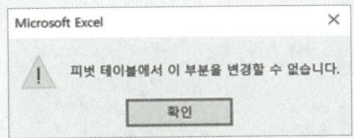

20 외부 액세스 데이터베이스에서 만들어진 데이터를 이용하여 피벗 테이블을 작성할 수 있다.

| 정답 | 13 ① 14 ① 15 ① 16 ② 17 ①
18 ③ 19 ④ 20 ③

CHAPTER 5
차트 활용

최근 기출 10개년 기준
17%

무료 동영상 강의

068 차트 작성
069 차트의 편집
070 차트 요소 추가
071 차트 서식 지정

학습전략

빅데이터의 시대에서 유용한 기능 중 하나가 바로 차트입니다. 특히 엑셀은 아주 쉽게 차트를 작성하고 편집할 수 있습니다. 필기시험과 실기시험에 빠지지 않고 출제되는 부분이므로 꼼꼼하게 학습하는 것이 필요합니다.

| 빈출개념 | #차트의 구성 요소 #차트 작성 바로 가기 키 #차트의 종류

개념끝 068 차트 작성

기출빈도

> **결정적 힌트**
>
> 차트의 특징과 차트의 구성 요소를 묻는 문제가 많이 출제되었습니다. 차트를 보면서 어떤 구성 요소인지 알 수 있을 정도로 각 요소를 잘 이해하고 있어야 합니다.

01 차트의 개요

- 데이터를 막대, 선, 원 등의 시각적인 요소로 표현하여 데이터의 경향과 흐름을 알아보기 쉽게 표현한 것이다.
- 차트를 작성하려면 반드시 원본 데이터가 필요하며, 작성된 차트는 원본 데이터가 변경되면 차트도 함께 변경된다.
- 워크시트의 행과 열에서 숨겨진 데이터는 차트에 표시되지 않는다.
- 차트에서 사용할 데이터가 들어있는 셀을 하나만 선택하고 차트를 만들면 해당 셀을 직접 둘러싸는 셀의 데이터가 차트에 모두 표시된다.
- 사용자가 자주 사용하는 차트를 서식 파일로 저장하고, 기본 차트로 설정할 수 있다.

02 차트의 구성 요소

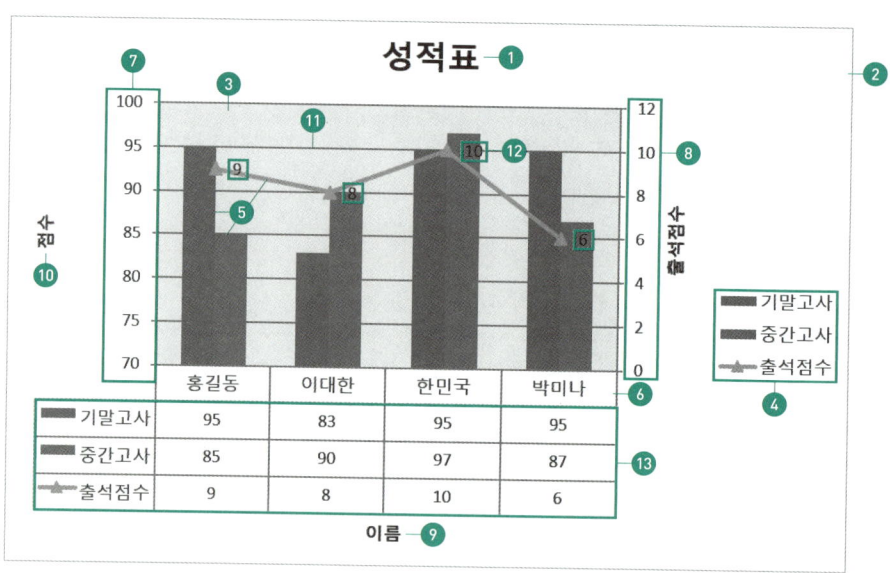

❶ 차트 제목	차트의 제목 표시
❷ 차트 영역	차트의 모든 구성 요소를 포함하는 영역
❸ 그림 영역	가로 축과 세로 축으로 구성된 영역
❹ 범례	• 데이터 계열의 항목별 이름으로 색이나 무늬로 데이터 계열을 구분 • [범례 서식] 창에서 위치를 상하좌우, 오른쪽 위로 지정 • 범례를 삭제하려면 범례를 선택하고 Delete

❺ 데이터 계열	차트로 나타낼 값을 가진 항목들을 의미
❻ 가로 축	데이터 항목을 표시하는 축
❼ 기본 세로 축	데이터 계열의 값을 표시하는 축으로 왼쪽에 표시
❽ 보조 세로 축	데이터 계열의 값을 표시하는 축으로 오른쪽에 표시
❾ 가로 축 제목	가로 축 항목의 전체 의미를 나타내는 제목
❿ 세로 축 제목	세로 축에 표현되는 숫자의 전체 의미를 나타내는 제목
⓫ 눈금선	눈금을 그림 영역에 표시
⓬ 데이터 레이블	데이터 계열의 값이나 항목을 이름표로 표시
⓭ 데이터 테이블	차트의 데이터를 표로 표시하고 범례의 표시 여부를 지정할 수 있음

- [홈] 탭-[글꼴] 그룹이나 마우스 오른쪽 단추를 클릭하면 나타나는 미니 도구 모음( )을 이용하여 차트 구성 요소의 서식을 지정할 수 있다.
- 차트 구성 요소에 도형 스타일이나 워드아트(WordArt) 스타일을 적용할 수 있다.
- 차트 구성 요소들은 도형처럼 맞춤, 그룹, 회전 등을 설정할 수 없다.

▼ 데이터 테이블

- 범례 표지 포함

- 범례 표지 없음

결정적 힌트

차트 작성 시 사용되는 바로 가기 키를 반드시 암기하셔야 합니다.

03 기본 차트 작성

- 엑셀의 기본 차트는 묶은 세로 막대형 차트로, 사용자가 기본 차트를 지정할 수 있다.
- F11 을 누르면 새로운 차트 시트에 기본 차트가 작성된다.
- Alt + F1 을 누르면 현재 시트에 기본 차트가 작성된다.

개념 플러스 기본 차트 변경

[차트 종류 변경] 대화상자에서 기본 차트로 지정할 차트의 바로 가기 메뉴에서 [기본 차트로 설정]을 선택하고 [확인]을 클릭한다.

CHAPTER 5 차트 활용 • 185

> **결정적 힌트**
>
> 차트 작성은 실습을 하면서 학습하면 훨씬 도움이 됩니다.

04 차트 작성

- 먼저 원본 데이터를 범위로 지정해야 하며, 이때 각 필드명을 포함하여 지정한다.
- 서로 떨어져 있는 범위를 선택할 때는 Ctrl을 이용하여 지정한다.
- 범위를 지정한 후 [삽입] 탭-[차트] 그룹에서 세로 막대형 차트나 가로 막대형 차트, 꺾은선형 차트, 영역형 차트, 원형 차트, 분산형 차트 등 다양한 차트 중 원하는 스타일을 클릭하여 작성한다.

실습으로 개념끝 ❶ 에듀윌_컴퓨터활용능력1급필기기본서_실습으로개념끝\2과목\Chapter5_1.차트작성.xlsx

수입월별로 '수량'과 '수입금액'이 표시되는 누적 세로 막대형 차트를 [B8:G20] 영역에 작성한 후 차트 제목을 지정하고 수입금액 계열은 꺾은선형으로 변경하시오.

[따라하기]

❶ [A1:A6] 영역을 선택하고 Ctrl을 누른 상태에서 [C1:C6] 영역과 [E1:E6] 영역을 차례대로 선택한다. [삽입] 탭-[차트] 그룹-[세로 또는 가로 막대형 차트 삽입]을 클릭하고 '2차원 세로 막대형'의 [누적 세로 막대형]을 선택한다.

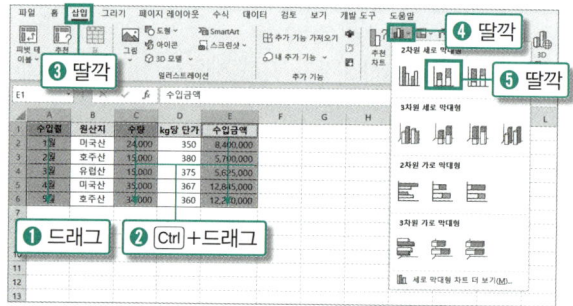

❷ Alt를 누른 상태에서 차트의 조절점을 드래그하여 [B8:G20] 영역에 맞게 차트의 크기를 조절한다. 차트 제목에 '밀 수입현황'을 입력하고 [홈] 탭-[글꼴] 그룹-[글꼴 크기]에서 '20'pt로 지정한 후 [굵게]를 선택한다.

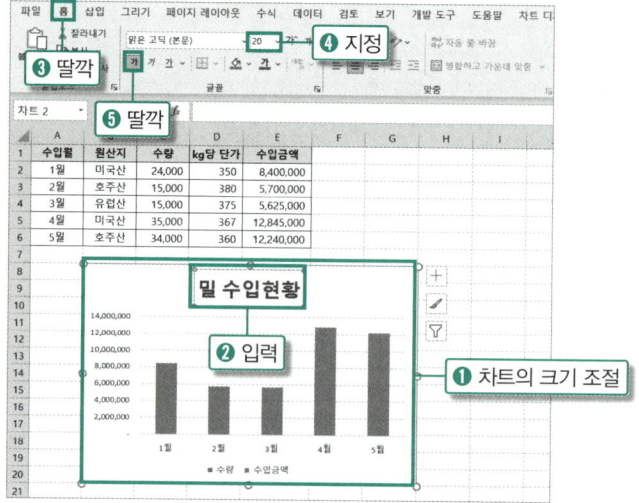

❸ '수입금액' 계열에서 마우스 오른쪽 단추를 클릭한 후 [계열 차트 종류 변경]을 선택한다.

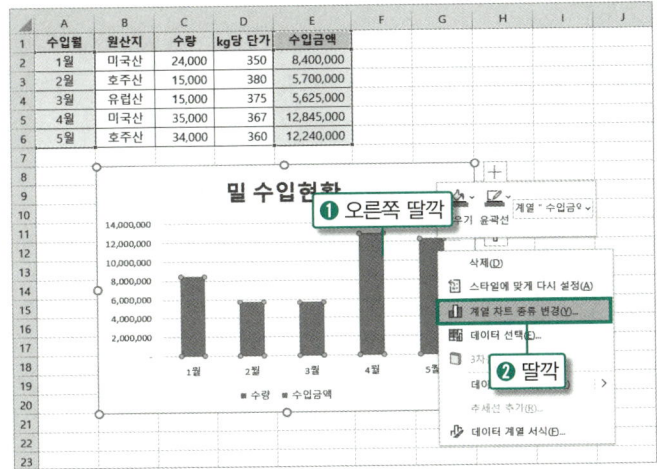

- '수입금액' 계열 막대를 하나만 선택해도 모든 '수입금액' 계열이 선택된다. 만약 원하는 하나의 '수입금액' 계열만 선택하려면 '수입금액' 계열 막대를 천천히 두 번 클릭한다.

❹ [차트 종류 변경] 대화상자의 [모든 차트] 탭이 나타나면 '혼합' 범주에서 '수입금액'의 '차트 종류'를 '표식이 있는 꺾은선형'으로 선택하고 '보조 축'에 체크한 후 [확인] 단추를 클릭한다.

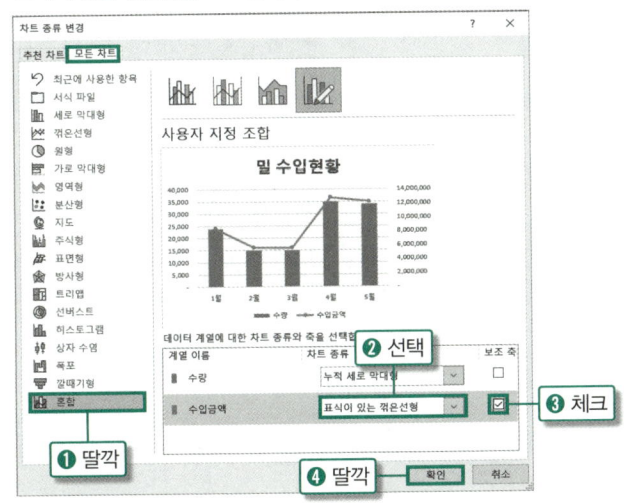

❺ '수입금액' 계열에서 마우스 오른쪽 단추를 클릭한 후 [데이터 레이블 추가]-[데이터 레이블 추가]를 선택한다.

- '수입금액' 계열의 꺾은선을 클릭하면 모든 '수입금액' 계열이 선택된다.

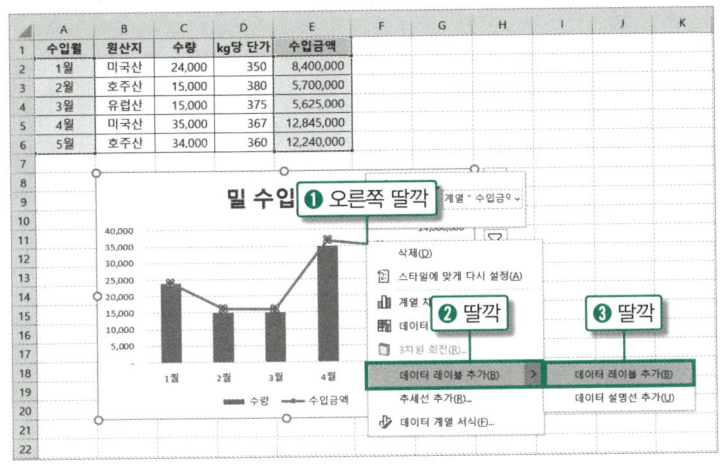

CHAPTER 5 차트 활용 • 187

❻ 결과를 확인한다.

	A	B	C	D	E	F	G	H
1	수입월	원산지	수량	kg당 단가	수입금액			
2	1월	미국산	24,000	350	8,400,000			
3	2월	호주산	15,000	380	5,700,000			
4	3월	유럽산	15,000	375	5,625,000			
5	4월	미국산	35,000	367	12,845,000			
6	5월	호주산	34,000	360	12,240,000			

밀 수입현황 차트

> **결정적 힌트**
> 주어진 데이터에 따라 적절한 차트를 선택하는 것이 매우 중요합니다. 차트의 종류는 특히 많은 문제가 출제되는 부분으로 각 차트의 특징과 용도를 반드시 기억해두셔야 합니다. 3차원 차트로 변경이 불가능한 차트도 반드시 암기해두세요.

05 차트 종류 변경

∥ 실행 방법

방법1	[차트 디자인] 탭 – [종류] 그룹 – [차트 종류 변경] 선택
방법2	차트의 바로 가기 메뉴에서 [차트 종류 변경] 선택

차트나 데이터 계열을 선택하고 바로 가기 메뉴에서 [계열 차트 종류 변경]을 선택하면 특정 계열만 차트의 종류를 변경할 수 있다.

∥ 차트의 종류

세로 막대형 차트		각 항목 간의 값을 막대의 길이로 비교 및 분석
가로 막대형 차트		세로 막대형 차트와 유사하고, 값 축과 항목 축의 위치가 서로 바뀜
꺾은선형 차트		월, 분기, 연도와 같이 시간의 흐름에 따라 각 항목의 변화나 경향 표시
원형 차트		• 각 항목의 값이 항목 합계의 비율로 표시되고, 하나의 데이터 계열만 표시할 수 있음 • 첫째 조각의 각: 첫째 조각이 시작되는 각도로, 기본값은 0°
도넛형 차트		• 원형 차트의 한 종류로, 원형 차트와 비슷하지만 여러 데이터의 계열 표시 • 하나의 고리는 하나의 데이터 계열을 표시하고, 색상으로 데이터 요소를 구분하여 표시
영역형 차트		시간의 경과에 따른 변화를 보여주고, 각 값의 합계와 전체에 대한 관계를 비교
거품형 차트		분산형 차트의 한 종류로, 가로축과 세로축이 있고, 세 번째 열을 추가하여 거품의 크기를 지정
주식형 차트		주가 변동을 나타내는 차트로, 시가, 종가, 거래량, 저가, 고가 등을 표시

▼ 첫째 조각의 각
• 첫째 조각의 각이 0도인 경우

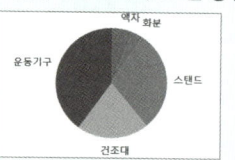

• 첫째 조각의 각이 90도인 경우

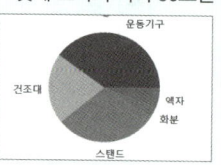

분산형 차트		• 과학, 통계 및 공학 데이터와 같은 숫자값을 표시하고 비교 • 가로축의 값이 일정한 간격이 아닌 경우나 가로축의 데이터 요소 수가 많은 경우에 사용 • 데이터 요소 간의 차이점보다는 큰 데이터 집합 간의 유사점을 표시하려는 경우에 사용 • 다섯 개의 하위 차트(분산형 차트, 곡선 및 표식이 있는 분산형 차트, 곡선이 있는 분산형 차트, 직선 및 표식이 있는 분산형 차트, 직선이 있는 분산형 차트) 제공
표면형 차트		두 개의 데이터 집합에서 최적의 조합을 찾을 때 사용
방사형 차트		가운데에서 뻗어가는 형태의 차트로, 데이터 계열이 많을 때 사용하고, 가로축이 없음

■ 3차원 차트 변경이 불가능한 차트
분산형 차트, 도넛형 차트, 방사형 차트, 주식형 차트

개념 플러스 원형 대 가로 막대형 차트

원형 차트와 같이 전체에서 차지하는 비율을 표시하며, 첫 번째 원형의 값을 누적 가로 막대로 표시하여 가독성을 높이는 차트이다.

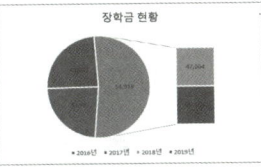

| 기타 차트

이중 축 차트	차트에 보조 축을 표시하는 차트로, 특정 데이터 계열의 값이 다른 데이터 계열의 값과 크게 차이가 나거나, 데이터의 단위가 다른 경우에 주로 사용
혼합형 차트	차트에 두 개 이상의 차트 종류를 사용하는 차트로, 2차원 차트와 3차원 차트는 혼합할 수 없음

 기출로 개념 확인

01 또 나올 문제

다음 중 분산형 차트에 대한 설명으로 옳지 않은 것은?

① 데이터의 불규칙한 간격을 보여주는 것으로 과학, 통계 및 공학 데이터와 같은 숫자값을 표시하고 비교한다.
② 시간에 따른 값의 변화량을 비교할 때 사용하는 것으로 각 값의 합계와 전체에 대한 관계를 비교한다.
③ 가로 축의 값이 일정한 간격이 아닌 경우나 가로 축의 데이터 요소 수가 많은 경우에 사용한다.
④ 데이터 요소 간의 차이점보다는 큰 데이터 집합 간의 유사점을 표시하려는 경우에 사용한다.

바로 보는 해설

01
②는 영역형 차트에 대한 설명이다.

| 정답 | 01 ②

02

- Alt + F11 : Visual Basic 편집기 창이 열린다.
- Alt + F1 : 데이터가 있는 워크시트에 기본 차트인 묶은 세로 막대형 차트가 작성된다.

03

원형 대 가로 막대형은 하나의 계열만 표시할 수 있는 차트로, 분기별 실적(~4분기까지 네 개의 계열)을 비교 표시하기에는 적합하지 않다.

| 오답 피하기 |

① 누적 세로 막대형: 전체 항목의 합계를 기준으로 각 값의 기여도를 비교하기 위한 차트로, 여러 개의 데이터 계열이 있고 합계를 강조하는 경우에 사용한다.
② 표식이 있는 꺾은선형: 꺾은선을 이용해 데이터의 변화를 확인할 수 있는 차트로, 꺾은선의 자료값마다 점이나 표식이 표시되어 있다.
④ 묶은 가로 막대형: 워크시트의 여러 열이나 행에 있는 데이터를 이용하여 개별 항목을 비교하여 보여주는 차트로, 축 레이블이 길거나 표시되는 값이 기간인 경우에 주로 사용한다.

04

주어진 내용은 꺾은선형 차트에 대한 설명이다. 표면형 차트는 두 데이터 집합 간의 최적 조합을 찾을 때 유용하다.

| 정답 | 02 ③   03 ③   04 ②

02 또 나올 문제

다음 중 차트에 관한 설명으로 옳지 않은 것은?

① 차트를 작성하려면 반드시 원본 데이터가 있어야 하며, 작성된 차트는 원본 데이터가 변경되면 차트의 내용이 함께 변경된다.
② 특정 차트 서식 파일을 자주 사용하는 경우에는 이 서식 파일을 기본 차트로 설정할 수 있다.
③ 차트에 사용될 데이터를 범위로 지정한 후 Alt + F11을 누르면 데이터가 있는 워크시트에 기본 차트인 묶은 세로 막대형 차트가 작성된다.
④ 차트에 두 개 이상의 차트 종류를 사용하여 혼합형 차트를 만들 수 있다.

03

다음 중 아래 데이터를 차트로 작성하여 사원별로 각 분기의 실적을 비교·분석하려는 경우 가장 비효율적인 차트는?

사원	1분기	2분기	3분기	4분기
김수정	75	141	206	185
박덕진	264	288	383	353
이미영	305	110	303	353
구본후	65	569	227	332
안정인	246	483	120	204
정주리	209	59	137	317
유경철	230	50	116	239

① 누적 세로 막대형
② 표식이 있는 꺾은선형
③ 원형 대 가로 막대형
④ 묶은 가로 막대형

04

다음 중 각 차트 종류에 대한 설명으로 적절하지 않은 것은?

① 영역형 차트: 워크시트의 여러 열이나 행에 있는 데이터에서 시간에 따른 변동의 크기를 강조하여 합계값을 추세와 함께 살펴볼 때 사용된다.
② 표면형 차트: 일반적인 척도를 기준으로 연속적인 데이터를 표시할 수 있으므로 일정 간격에 따른 데이터의 추세를 표시할 때 사용된다.
③ 도넛형 차트: 여러 열이나 행에 있는 데이터에서 전체에 대한 각 부분의 관계를 비율로 나타내어 각 부분을 비교할 때 사용된다.
④ 분산형 차트: 여러 데이터 계열에 있는 숫자값 사이의 관계를 보여주거나 두 개의 숫자 그룹을 xy 좌표로 이루어진 하나의 계열로 표시할 때 사용된다.

| 빈출개념 | #차트의 크기 조절 #차트 이동 #원본 데이터의 변경

069 차트의 편집

기출빈도

01 차트 도구

차트를 클릭하면 리본 메뉴에 [차트 디자인] 탭과 [서식] 탭이 표시된다.

결정적 힌트
작성한 차트를 편집하는 기능에는 어떤 것이 있는지 알아두고 특히 원본 데이터를 변경하는 방법을 잘 이해해야 합니다.

[차트 디자인] 탭

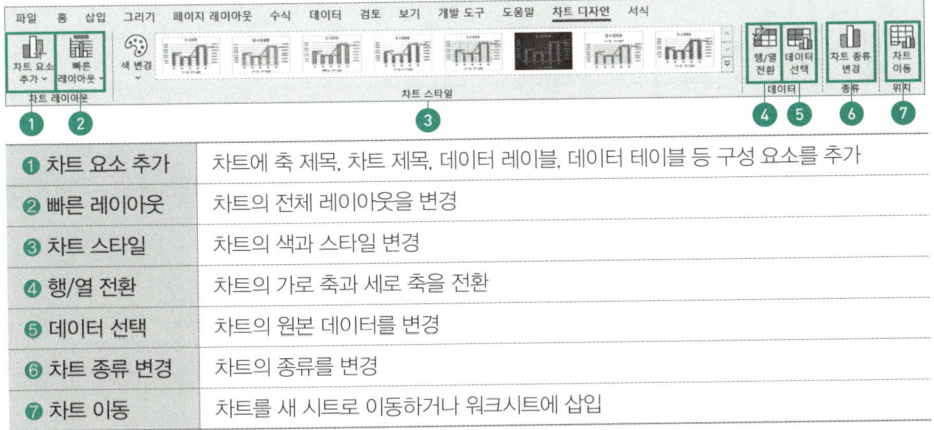

❶ 차트 요소 추가	차트에 축 제목, 차트 제목, 데이터 레이블, 데이터 테이블 등 구성 요소를 추가
❷ 빠른 레이아웃	차트의 전체 레이아웃을 변경
❸ 차트 스타일	차트의 색과 스타일 변경
❹ 행/열 전환	차트의 가로 축과 세로 축을 전환
❺ 데이터 선택	차트의 원본 데이터를 변경
❻ 차트 종류 변경	차트의 종류를 변경
❼ 차트 이동	차트를 새 시트로 이동하거나 워크시트에 삽입

[서식] 탭

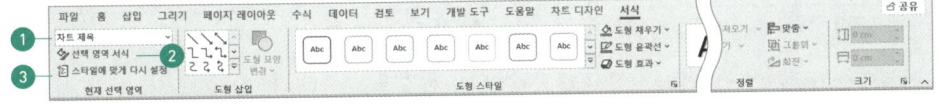

❶ 차트 요소	차트 구성 요소를 선택
❷ 선택 영역 서식	선택한 요소의 서식을 지정
❸ 스타일에 맞게 다시 설정	선택한 요소의 서식을 기본 서식으로 변경

02 차트의 크기 조절

- 차트를 선택한 후 크기 조절점을 드래그해 크기를 조절할 수 있다.
- Alt 를 누른 상태에서 차트 크기를 조절하면 차트의 크기가 셀에 맞춰 조절된다.
- 그림 영역, 범례 등을 선택하여 차트의 크기를 조절할 수 있다.

▼ 차트의 크기 조절

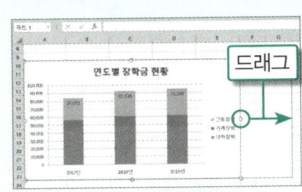

03 차트 이동

- 차트를 선택한 후 드래그하여 원하는 위치로 이동한다.

- 차트 제목, 축 제목, 범례, 그림 영역 등은 마우스로 드래그하여 이동할 수 있다.
- Alt를 누른 상태에서 차트를 이동하면 셀에 맞춰 이동된다.
- 시트에 삽입된 차트는 '차트 이동' 기능을 이용하여 새로운 시트나 현재 통합 문서의 다른 시트로 이동할 수 있다.

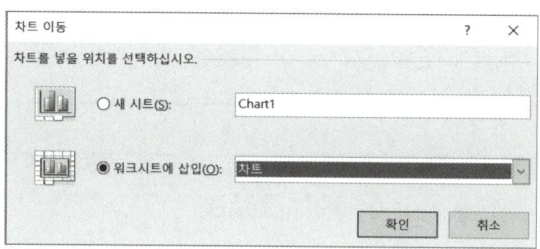

04 차트 삭제

- 차트 영역을 선택하고 Delete 를 누른다.
- 차트를 삭제하면 워크시트에 있는 원본 데이터에 영향을 미치지 않지만, 원본 데이터를 삭제하면 차트도 새로 변경된다.

05 원본 데이터의 변경

- 차트에 사용되는 원본 데이터를 변경할 수 있다.

| 실행 방법

방법1	[차트 디자인] 탭 - [데이터] 그룹 - [데이터 선택] 선택
방법2	차트의 바로 가기 메뉴에서 [데이터 선택] 선택

- 워크시트에서 차트 데이터 영역의 중간에 항목(레코드)을 삽입하는 경우 차트에서도 항목이 삽입된다.
- 워크시트에서 차트 데이터 영역의 중간에 계열을 삽입하는 경우 차트는 변경되지 않는다.
- 데이터 계열이 범례에서 표시되는 순서를 바꿀 수 있다.

| [데이터 원본 선택] 대화상자

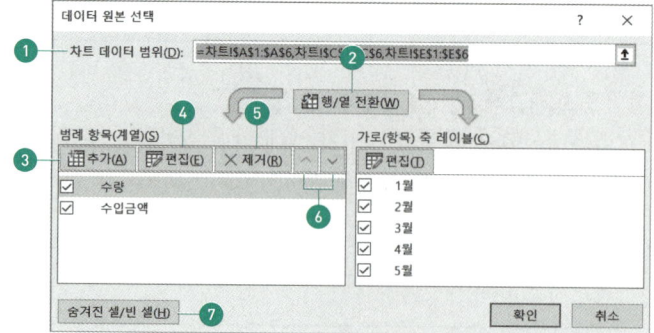

❶ 차트 데이터 범위	차트에 사용하는 전체 데이터의 범위를 수정할 수 있음
❷ 행/열 전환	가로 축의 데이터 계열과 범례 항목을 바꿀 수 있음
❸ 추가	새로운 데이터 계열 추가
❹ 편집	계열 이름이나 계열 값을 수정
❺ 제거	선택한 계열을 제거
❻ 위로 이동/아래로 이동	범례에 표시되는 순서를 변경
❼ 숨겨진 셀/빈 셀	데이터 범위 내에 숨겨진 셀이나 빈 셀도 차트에 표시

개념 플러스   원본 데이터 변경

- 데이터 범위에 레코드를 삽입하는 경우

  차트에서도 항목이 삽입되어 표시됨

- 데이터 계열을 삭제하는 경우

  차트의 범례에 #REF!가 표시됨

바로 보는 해설

01
[차트 디자인] 탭-[데이터] 그룹-[데이터 선택]을 클릭하고 [데이터 원본 선택] 대화상자의 '범례 항목(계열)'에서 데이터 계열의 순서를 바꿀 수 있다.

| 오답 피하기 |
④ 데이터 범위 내에 숨겨진 행이나 열의 데이터는 차트에 표시되지 않지만 [데이터 원본 선택] 대화상자의 '숨겨진 셀/빈 셀'을 이용하여 표시할 수 있다.

02
워크시트에서 차트 데이터 범위 영역의 중간에 데이터 계열을 삽입해도 차트에서 데이터 계열은 삽입되지 않는다.

03
워크시트에 삽입된 차트는 '차트 이동' 기능을 이용하여 새 통합 문서의 차트 시트로는 배치할 수 없고, 현재 통합 문서의 차트 시트로 배치할 수 있다.

| 정답 | 01 ③ 02 ④ 03 ①

Warming UP 기출로 개념 확인

01

다음 중 [차트 디자인] 탭의 [데이터 선택]에 대한 설명으로 옳지 <u>않은</u> 것은?

① [차트 데이터 범위]에서 차트에 사용하는 데이터 전체의 범위를 수정할 수 있다.
② [행/열 전환]을 클릭하여 가로(항목) 축의 데이터 계열과 범례 항목(계열)을 바꿀 수 있다.
③ 범례에서 표시되는 데이터 계열의 순서를 바꿀 수 없다.
④ 데이터 범위 내에 숨겨진 행이나 열의 데이터도 차트에 표시할 수 있다.

02

다음 중 차트 편집에 관한 설명으로 옳지 <u>않은</u> 것은?

① 차트를 삭제하여도 원본 데이터에는 영향을 미치지 않지만, 워크시트에서 차트 데이터 범위 영역 내의 데이터를 수정하는 경우 차트에도 수정 사항이 반영된다.
② 두 개 이상의 차트 종류를 혼합하여 작성할 수는 있으나 2차원 차트와 3차원 차트를 혼합하여 작성할 수는 없다.
③ 워크시트에서 차트 데이터 범위 영역의 중간에 항목을 삽입하는 경우 차트에서도 항목이 삽입된다.
④ 워크시트에서 차트 데이터 범위 영역의 중간에 데이터 계열을 삽입하는 경우 차트에서도 데이터 계열이 삽입된다.

03

다음 중 차트 만들기에 관한 설명으로 옳지 <u>않은</u> 것은?

① 워크시트에 삽입된 차트는 '차트 이동' 기능을 이용하여 새 통합 문서의 차트 시트로 배치할 수 있다.
② 차트를 만들 데이터를 선택하고 F11을 누르면 별도의 차트 시트(Chart1)에 기본 차트가 만들어진다.
③ 차트에서 사용할 데이터가 들어있는 셀을 하나만 선택하고 차트를 만들면 해당 셀을 직접 둘러싸는 셀의 데이터가 모두 차트에 표시된다.
④ 차트로 만들 데이터를 선택하고 Alt+F1을 누르면 현재 시트에 기본 차트가 만들어진다.

| 빈출개념 | #차트 제목 #데이터 레이블 #추세선

개념끝 070 차트 요소 추가

기출빈도

01 차트 제목 추가

> 결정적 힌트
>
> 차트를 선택하면 [차트 디자인] 탭이 나타납니다. 여기에서 [차트 레이아웃] 그룹을 이용하여 차트의 구성 요소를 추가할 수 있습니다. 특히 추세선과 오차 막대의 특징을 잘 이해하시기 바랍니다.

실행 방법

방법1	[차트 디자인] 탭–[차트 레이아웃] 그룹–[차트 요소 추가]–[차트 제목] 선택
방법2	[차트 요소] 단추(+)를 클릭하고 [차트 제목] 선택

방법1
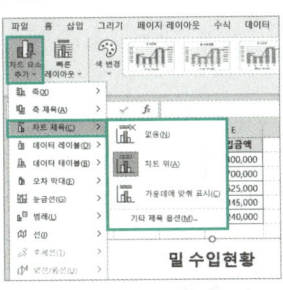

방법2
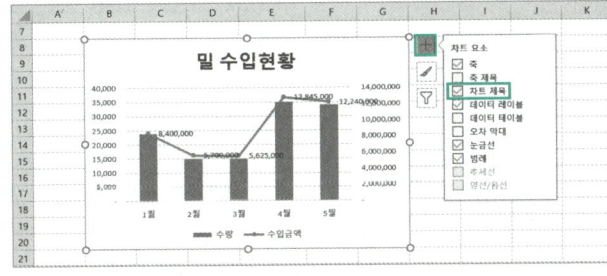

- 차트 제목은 '차트 위'에 추가하거나 '가운데에 맞춰 표시'할 수 있다.
- 차트 제목을 삭제하려면 [차트 요소] 단추를 클릭하고 [차트 제목]을 해제한다.
- 차트 제목을 셀과 연동하려면 차트 제목을 클릭한 후 수식 입력줄에서 등호(=)를 입력한 후 연동할 셀을 선택한다.

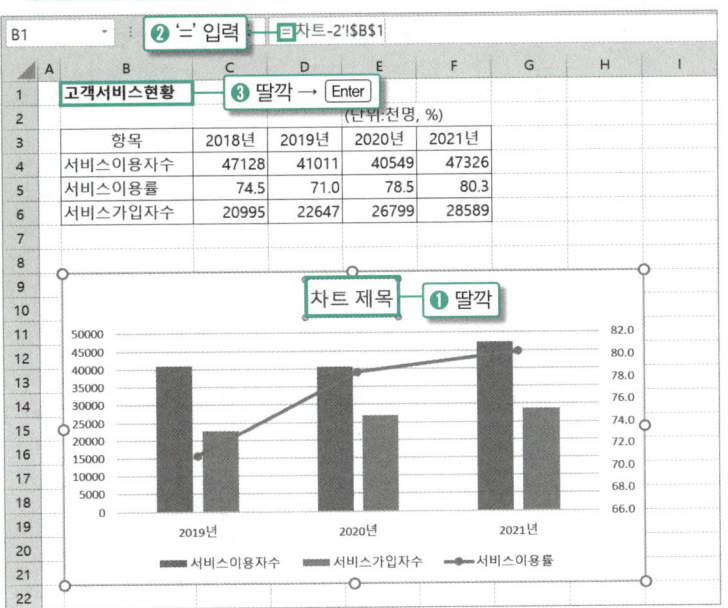

■ 차트 제목을 셀과 연동하면 셀의 내용이 변경될 때 차트 제목도 함께 변경된다.

02 데이터 레이블 추가

| 실행 방법

방법1	[차트 디자인] 탭-[차트 레이아웃] 그룹-[차트 요소 추가]-[데이터 레이블] 선택
방법2	데이터 계열의 바로 가기 메뉴에서 [데이터 레이블 추가]-[데이터 레이블 추가] 선택
방법3	[차트 요소] 단추(+)를 클릭하고 [데이터 레이블] 선택

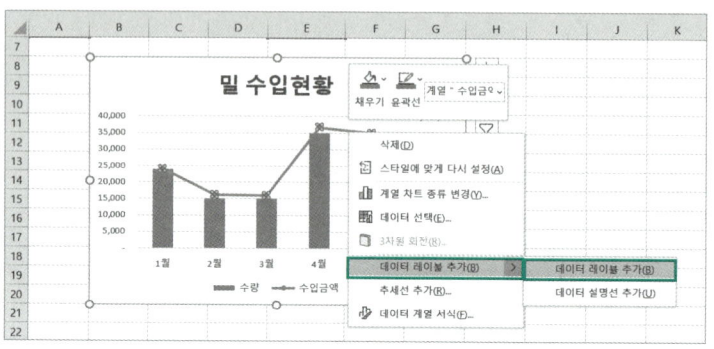

- 데이터 레이블 내용은 계열 이름, 항목 이름, 값 중에서 한 가지를 선택하여 표시할 수 있다.
- 데이터 레이블이 겹치지 않고, 읽기 쉽도록 차트에서 데이터 레이블의 위치를 조정할 수 있다.
- 기본적으로 데이터 레이블은 워크시트의 값에 연결되며 변경될 때 자동으로 업데이트된다.
- 데이터 레이블을 삭제하려면 데이터 레이블을 한 번 클릭하여 선택한 후 Delete 를 누른다.

▼ 데이터 레이블 위치

03 추세선 추가

- 데이터 계열의 변화 추세나 방향을 표시하는 선으로, 예측 문제를 분석하는 데 사용한다.

| 실행 방법

방법1	데이터 계열을 선택한 후 [차트 디자인] 탭-[차트 레이아웃] 그룹-[차트 요소 추가]-[추세선] 선택
방법2	데이터 계열의 바로 가기 메뉴에서 [추세선 추가] 선택
방법3	[차트 요소] 단추(+)를 클릭하고 [추세선] 선택

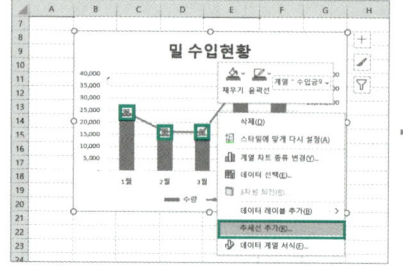 →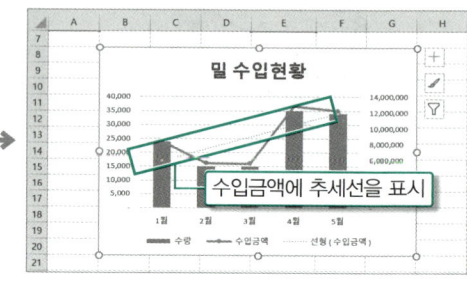

- 추세선의 종류: 지수, 선형, 로그, 다항식, 거듭제곱, 이동 평균
- **추세선이 불가능한 차트**: 3차원 차트, 원형 차트, 도넛형 차트, 방사형 차트, 표면형 차트
- 추세선이 추가된 데이터 계열의 차트 종류를 3차원 차트로 변경하면 추세선은 자동으로 삭제된다.
- 하나의 데이터 계열에 두 개 이상의 추세선을 동시에 표시할 수 있다.
- 추세선을 삭제하려면 추세선을 선택하고 Delete를 누르거나 추세선의 바로 가기 메뉴에서 [삭제]를 선택한다.

■ 추세선 옵션

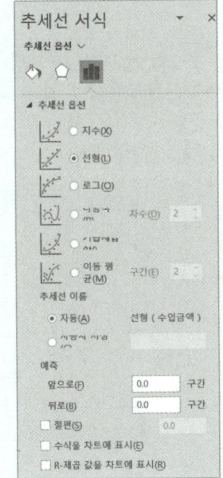

04 오차 막대 추가

- 데이터 계열에 있는 각 데이터 표식의 잠재적인 오차량을 표시하는 막대이다.

| 실행 방법

| 방법 | 데이터 계열을 선택한 후 [차트 디자인] 탭-[차트 레이아웃] 그룹-[차트 요소 추가]-[오차 막대] 선택 |

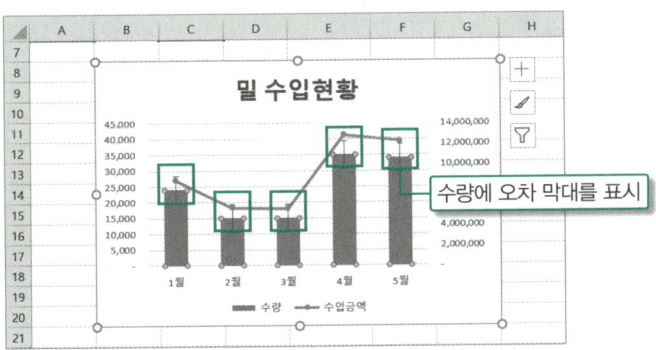

■ 오차 막대 옵션

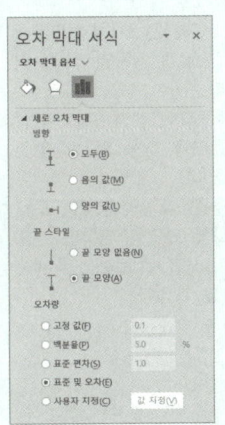

- **3차원 차트는 오차 막대를 표시할 수 없다.**
- 분산형 차트, 거품형 차트는 세로 오차 막대, 가로 오차 막대를 모두 적용할 수 있다.
- 오차 막대의 표시 방향: 모두(기준점을 기준으로 양의 값, 음의 값을 모두 표시), 음의 값, 양의 값
- 오차량: '고정 값', '백분율', '표준 편차', '표준 및 오차', '사용자 지정'

바로 보는 해설

01
3차원, 원형, 도넛형, 방사형, 표면형 그래프에는 추세선을 적용할 수 없다.

02
| 오답 피하기 |
② 추세선이 표시된 2차원 차트를 3차원 차트로 변경하면 추세선이 삭제된다.
③ 추세선은 지수, 선형, 로그, 다항식, 거듭제곱, 이동 평균의 여섯 종류가 있다.
④ 원형, 3차원 효과의 영역형, 도넛형, 방사형, 표면형, 원통형, 원뿔형, 피라미드형 차트에는 추세선을 추가할 수 없다.

03
- 오차 막대: 차트에서 잠재적인 오차량을 표시한다.
- 표시 방향(모두): 기준점을 기준으로 양의 값, 음의 값이 모두 표시된다.
- 오차량(고정값 10): 기준점을 기준으로 양의 값은 +10, 음의 값은 -10이 된다.

| 정답 | 01 ③ 02 ① 03 ①

Warming UP 기출로 개념 확인

01

다음 중 차트에서 3차원 막대 그래프에 적용할 수 없는 기능은?

① 상하 회전
② 원근감 조절
③ 추세선
④ 데이터 테이블 표시

02 (또 나올 문제)

다음 중 차트에 포함할 수 있는 추세선에 대한 설명으로 옳은 것은?

① 추세선은 데이터의 추세를 그래픽으로 표시하고 예측 문제를 분석하는 데 사용된다.
② 3차원 차트에 추세선을 표시하기 위해 2차원 차트를 작성하여 추세선을 추가한 뒤에 3차원으로 변환한다.
③ 지수, 선형, 로그 등 세 가지 추세선 유형이 있다.
④ 모든 종류의 차트에 추세선을 사용할 수 있다.

03

다음 중 아래 차트와 같이 오차 막대를 표시하기 위한 오차 막대 서식 설정값으로 옳은 것은?

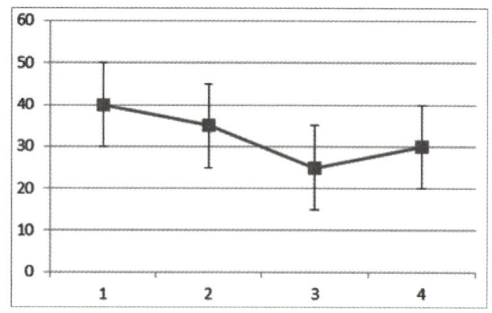

① 표시 방향(모두), 오차량(고정값 10)
② 표시 방향(모두), 오차량(표준편차 1.0)
③ 표시 방향(양의 값), 오차량(고정값 10)
④ 표시 방향(양의 값), 오차량(표준편차 1.0)

| 빈출개념 | #계열 겹치기 #간격 너비 #축 옵션

개념끝 071 차트 서식 지정

기출빈도: A B C D

01 차트 영역 서식

결정적 힌트

서식 창을 이용하여 차트 전체와 각 구성 요소의 서식을 지정할 수 있습니다. 특히 데이터 계열 서식의 계열 겹치기와 간격 너비, 축 서식의 각 항목에 대한 문제는 빈번하게 출제되므로 이 부분을 중심으로 학습하시기 바랍니다.

| 실행 방법

방법1	차트 영역을 클릭하고 [서식] 탭-[현재 선택 영역] 그룹-[선택 영역 서식] 선택
방법2	차트 영역의 바로 가기 메뉴에서 [차트 영역 서식] 선택
방법3	차트 영역을 클릭하고 Ctrl+1

차트 영역 서식에는 채우기 및 선, 효과, 크기 및 속성 등이 있다.

| 채우기 및 선

| 효과

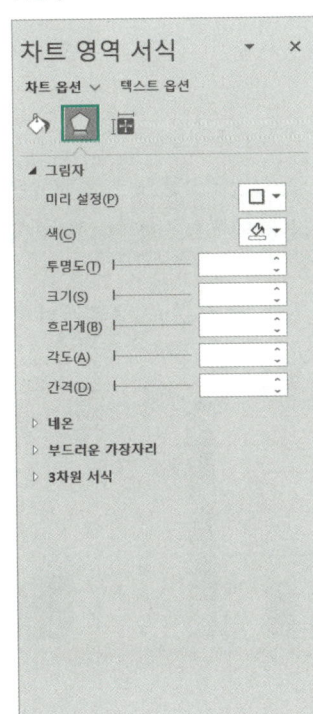

| 크기 및 속성

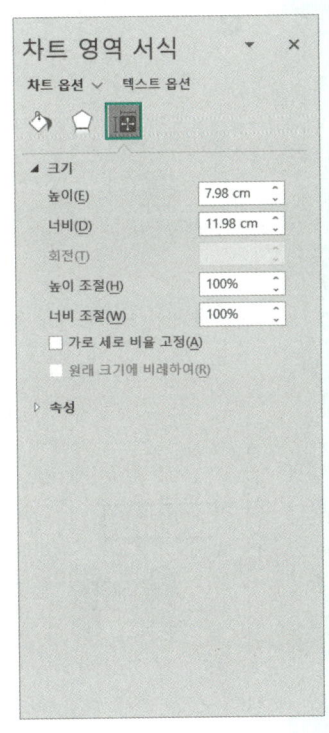

채우기 및 선	• 채우기: 채우기 없음, 단색 채우기, 그라데이션 채우기, 그림 또는 질감 채우기, 패턴 채우기, 자동 등을 설정 • 테두리: 선 없음, 실선, 그라데이션 선, 자동, 색, 투명도, 너비, 선 종류, 둥근 모서리 등을 설정
효과	그림자, 네온, 부드러운 가장자리, 3차원 서식, 3차원 회전 등을 설정
크기 및 속성	• 크기: 높이, 너비, 회전, 높이 조절, 너비 조절 등을 설정 • 속성: 위치의 크기 변함, 위치만 변함, 변하지 않음, 개체 인쇄, 잠금 등을 설정

02 데이터 계열 서식

실행 방법

방법1	데이터 계열을 클릭하고 [서식] 탭-[현재 선택 영역] 그룹-[선택 영역 서식] 선택
방법2	데이터 계열의 바로 가기 메뉴에서 [데이터 계열 서식] 선택
방법3	데이터 계열을 클릭하고 Ctrl+1

데이터 계열 서식에는 채우기 및 선, 효과, 계열 옵션 등이 있다.

계열 옵션

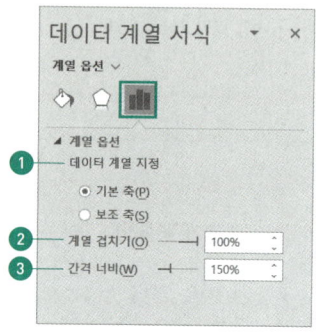

① 데이터 계열 지정	기본 축, 보조 축을 설정
② 계열 겹치기	숫자값이 클수록 겹쳐지는 부분이 커짐(-100~100%)
③ 간격 너비	숫자값이 클수록 항목 사이의 공백이 커짐(0~500%)

'계열 겹치기'가 '65%'인 경우 / '간격 너비'가 '0%'인 경우

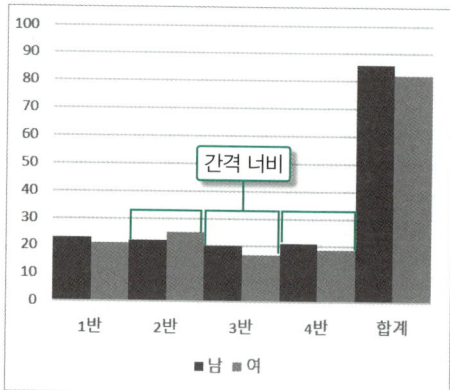

▼ 막대형 차트에서 계열에 그림 채우기

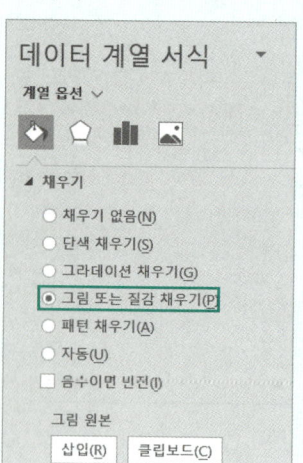

개념 플러스 — 막대형 차트에서 계열에 그림 채우기

- 그림은 삽입, 클립보드에서 선택할 수 있다.
- 늘이기: 막대의 크기에 비례해서 그림의 너비와 높이가 증가한다.
- 쌓기: 원본 그림의 크기에 따라 단위/그림이 달라진다.
- 다음 배율에 맞게 쌓기: 계열 간 원본 그림의 크기가 달라도 단위/그림을 같게 설정하면 같은 크기로 표시된다.

03 축 서식

실행 방법

방법1	축을 클릭하고 [서식] 탭 – [현재 선택 영역] 그룹 – [선택 영역 서식] 선택
방법2	축의 바로 가기 메뉴에서 [축 서식] 선택
방법3	축을 클릭하고 Ctrl + 1

축 서식에는 채우기 및 선, 효과, 크기 및 속성, 축 옵션 등이 있다.

축 옵션

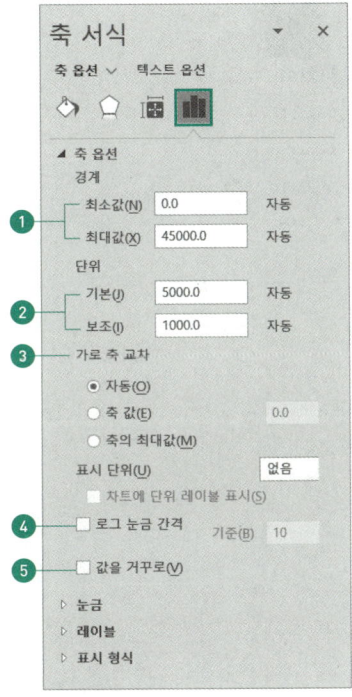

■ 축 서식 관련 예시

• '축 값'을 1000으로 지정한 경우

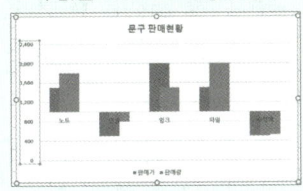

• '축의 최대값'으로 지정한 경우

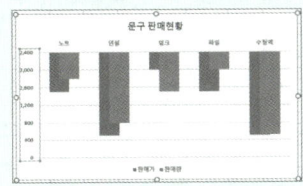

• '로그 눈금 간격'을 지정한 경우

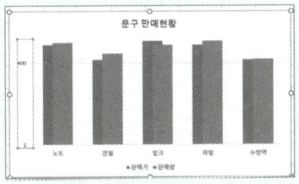

• '값을 거꾸로'로 지정한 경우

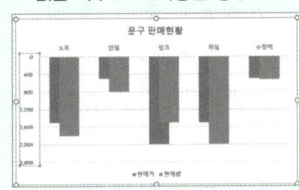

❶ 최소값/최대값	세로(값) 축에 표시되는 최소값과 최대값 지정
❷ 기본/보조	세로(값) 축 기본 눈금선과 보조 눈금선의 단위 지정
❸ 가로 축 교차	'자동', '축 값', '축의 최대값'으로 설정
❹ 로그 눈금 간격	데이터의 값 차이가 매우 클 때 사용
❺ 값을 거꾸로	세로 축에 표시되는 값을 거꾸로 나열

| 바로 보는 해설 |

01

차트에서 '계열 겹치기'는 0%로 설정되어 있다. 간격 너비는 '청량리' 막대와 '왕십리' 막대 사이의 간격으로, 0%가 아니다.

Warming UP  기출로 개념 확인

01 또 나올 문제

다음 중 아래 차트에 대한 설명으로 옳지 <u>않은</u> 것은?

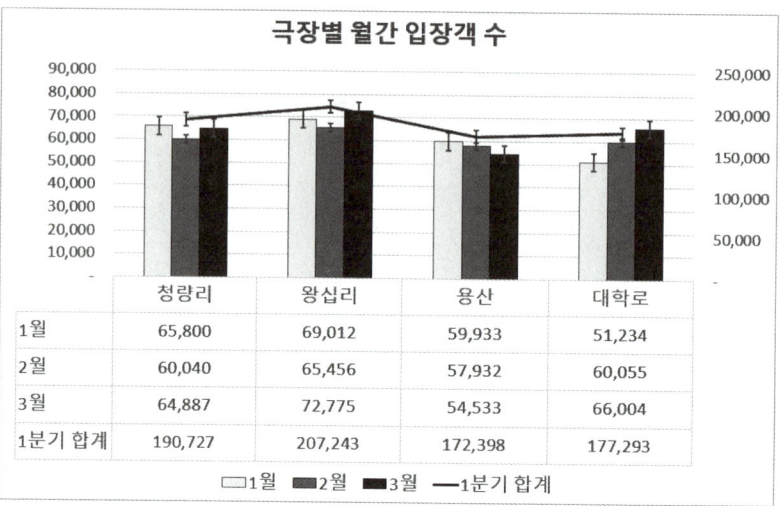

① 계열 옵션에서 '간격 너비'가 0%로 설정되어 있다.
② 범례 표지 없이 데이터 표가 표시되어 있다.
③ '1월', '2월', '3월' 계열에 오차 막대가 표시되어 있다.
④ '1분기 합계' 계열은 '보조 축'으로 지정되어 있다.

| 정답 | 01 ①

02

다음 중 아래의 〈수정 전〉 차트를 〈수정 후〉 차트로 변경하기 위한 작업으로 옳은 것은?

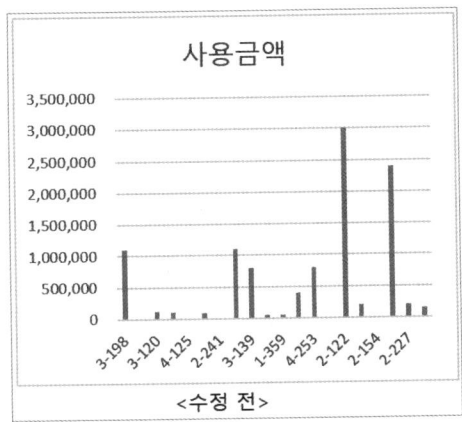
〈수정 전〉

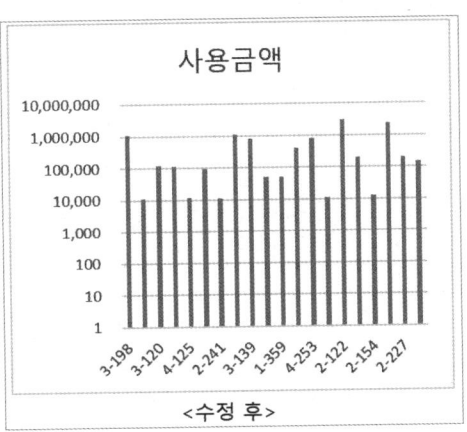
〈수정 후〉

① 차트의 종류를 누적 세로 막대형으로 바꾼다.
② 세로(값) 축의 표시 단위를 '10000000'으로 설정한다.
③ 세로(값) 축의 [축 서식]에서 축 옵션 '값을 거꾸로'를 선택한다.
④ 세로(값) 축의 [축 서식]에서 축 옵션 '로그 눈금 간격'의 기준을 '10'으로 설정한다.

02
〈수정 후〉 차트는 세로(값) 축이 열 배씩 증가하도록 '로그 눈금 간격'의 기준을 '10'으로 설정한 상태이다.

| 정답 | 02 ④

기출선지 OX 퀴즈

CHAPTER 5 차트 활용

01 워크시트의 행과 열에서 숨겨진 데이터도 차트에 표시된다. (O / X)

02 엑셀의 기본 차트는 묶은 세로 막대형 차트로, 사용자가 기본 차트를 지정할 수 없다. (O / X)

03 [F11]을 누르면 새로운 차트 시트에 기본 차트가 작성된다. (O / X)

04 시간의 경과에 따른 변화를 보여주는 데 주로 사용되고 각 값의 합계와 전체에 대한 관계를 비교하는 차트는 꺾은선형 차트이다. (O / X)

05 차트를 작성할 때 원본 데이터는 필수가 아니다. (O / X)

06 엑셀에서는 차트에 두 개 이상의 차트 종류를 사용하여 혼합형 차트를 만들 수 없다. (O / X)

07 분산형 차트는 시간에 따른 값의 변화량을 비교할 때 사용한다. (O / X)

08 [Ctrl]를 누른 상태에서 차트 크기를 조절하면 차트의 크기가 셀에 맞춰 조절된다. (O / X)

09 원본 데이터를 삭제해도 차트는 그대로 남아있다. (O / X)

10 워크시트에서 차트 데이터 영역의 중간에 항목(레코드)을 삽입하는 경우 차트에서도 항목이 삽입된다. (O / X)

11 워크시트에서 차트 데이터 영역의 중간에 계열을 삽입하는 경우 차트는 변경되지 않는다. (O / X)

12 범례에서 표시되는 데이터 계열의 순서를 바꿀 수 있다. (O / X)

13 워크시트에서 차트 데이터 범위 영역의 중간에 데이터 계열을 삽입하는 경우 차트에서도 데이터 계열이 삽입된다. (O / X)

14 워크시트에 삽입된 차트는 '차트 이동' 기능을 이용하여 새 통합 문서의 차트 시트로 배치할 수 있다. (O / X)

15 차트로 만들 데이터를 선택하고 [Alt]+[F1]을 누르면 현재 시트에 기본 차트가 만들어진다. (O / X)

16 차트 제목을 셀과 연동하려면 차트 제목을 클릭한 후 수식 입력줄에서 등호(=)를 입력한 후 연동할 셀을 선택한다. (O / X)

17 기본적으로 데이터 레이블은 워크시트의 값에 연결되며 변경될 때 직접 업데이트를 해야 한다. (O / X)

한판으로 복습한다!

18 세로 막대형 차트, 3차원 차트, 원형 차트, 도넛형 차트 등은 추세선 추가가 불가능한 차트이다. (O / X)

19 하나의 데이터 계열에 두 개 이상의 추세선을 동시에 표시할 수 있다. (O / X)

20 3차원 차트는 오차 막대를 표시할 수 없다. (O / X)

21 데이터 계열 서식에서 간격 너비가 0%이면 차트가 전혀 붙어있지 않은 상태이다. (O / X)

22 데이터 계열 서식에서 계열 겹치기 값이 클수록 차트의 겹쳐지는 부분이 커진다. (O / X)

23 월, 분기, 연도와 같이 시간의 흐름에 따라 각 항목의 변화나 경향을 표시하는 데 주로 사용하는 차트는 꺾은선형 차트이다. (O / X)

24 분산형 차트의 한 종류로, 가로축과 세로축이 있고, 세 번째 열을 추가하여 거품의 크기를 지정하는 차트는 원형 차트이다. (O / X)

25 가운데에서 뻗어가는 형태의 차트로, 데이터 계열이 많을 때 사용하고, 가로축이 없는 차트는 표면형 차트이다. (O / X)

26 꺾은선형 차트에서 꺾은선의 색상이나 표식의 스타일을 변경하기 위한 바로 가기 메뉴는 '차트 종류 변경' 메뉴이다. (O / X)

27 차트 요소에 도형 스타일이나 WordArt 스타일을 적용할 수 있다. (O / X)

28 차트 요소들은 도형처럼 맞춤, 그룹, 회전 등의 정렬 설정을 할 수 있다. (O / X)

29 차트 제목이나 축 문자열의 각도를 바꿀 수 있다. (O / X)

30 [3차원 회전] 메뉴는 3차원 형태의 차트에서만 실행 가능하다. (O / X)

정답																			
01	X	02	X	03	O	04	X	05	X	06	X	07	X	08	X	09	X	10	O
11	O	12	O	13	X	14	X	15	O	16	O	17	X	18	X	19	O	20	O
21	X	22	O	23	O	24	X	25	X	26	X	27	O	28	O	29	O	30	O

CHAPTER 5 | 차트 활용

기출로 개념 강화

 개념끝 068 차트 작성

01

다음 중 아래의 차트에 대한 설명으로 옳지 <u>않은</u> 것은?

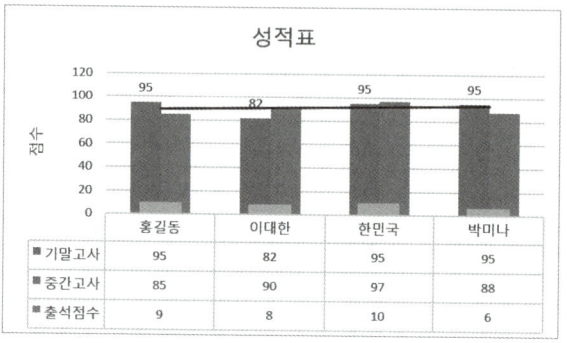

① 기본 세로 축 제목은 '제목 회전'으로 "점수"가 입력되었다.
② 세로 (값) 축의 주 단위는 20이고, 보조 눈금선은 표시되지 않았다.
③ 기말고사에 대한 변화 추세를 파악하기 위하여 추세선과 데이터 레이블을 표시하였다.
④ 범례와 범례 표지가 표시되지 않았다.

02 또 나올 문제

다음 중 아래에서 설명하는 차트의 종류로 가장 적절한 것은?

- 가로 축의 값이 일정한 간격이 아닌 경우
- 가로 축의 데이터 요소 수가 많은 경우
- 데이터 요소 간의 차이점보다는 큰 데이터 집합 간의 유사점을 표시하려는 경우

① 주식형 차트
② 분산형 차트
③ 영역형 차트
④ 방사형 차트

03

다음 중 아래 워크시트의 표와 표의 데이터를 이용한 차트에 대한 설명으로 옳지 <u>않은</u> 것은?

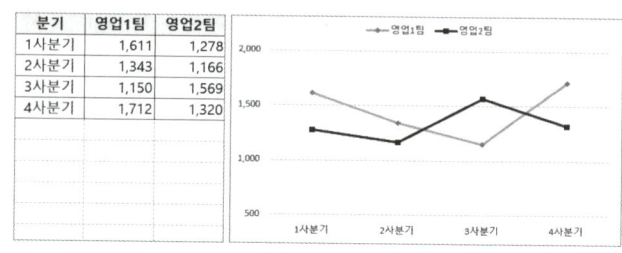

① 표 전체를 원본 데이터로 사용하고 있다.
② 분기가 데이터 계열로 사용되고 있다.
③ 세로 (값) 축의 축 서식에서 최소값을 '500'으로 설정하였다.
④ 차트의 종류는 표식이 있는 꺾은선형이다.

04

다음 중 아래 차트의 종류에 대한 설명으로 가장 적절한 것은?

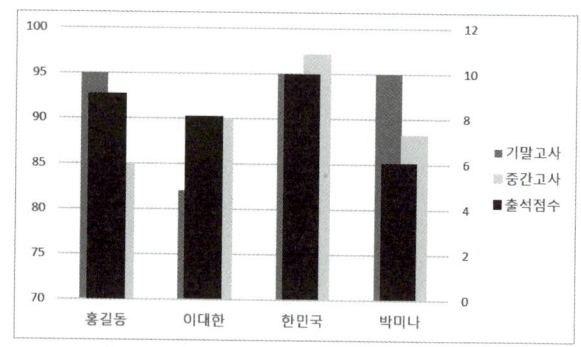

① 각 항목의 값들이 항목 합계의 비율로 표시되므로 중요한 요소를 강조할 때 사용한다.
② 특정 데이터 계열의 값이 다른 계열의 값과 현저하게 차이가 날 경우나 두 가지 이상의 데이터 계열을 가진 차트에 사용하면 편리하다.
③ 두 개 이상의 데이터 계열을 갖는 차트에서 시간에 따른 특정 데이터 계열을 강조하고자 할 때 사용하면 편리하다.
④ 각 항목 간의 값을 막대의 길이로 비교·분석하는 누적 세로 막대형 차트이다.

05

다음 중 차트에서 사용하는 축에 대한 설명으로 옳지 않은 것은?

① 방사형 차트와 거품형 차트에서는 기본 가로 축만 표시된다.
② 가로 (항목) 축에서 [축 위치] 옵션은 데이터 표시와 레이블이 축에 표시되는 방식에 영향을 주며 2차원 영역형 차트, 세로 막대형 차트 및 꺾은선형 차트에 사용할 수 있다.
③ 가로 (항목) 축이 날짜 값인 경우 [축 종류]에서 '날짜 축'을 선택하여 [기준 단위]를 '일', '월', '년' 중 선택하여 지정할 수 있다.
④ 3차원 꺾은선형 차트는 세 개의 축(가로, 세로, 깊이 축)에 따라 데이터 요소를 비교한다.

06

다음 중 항목의 구성비를 표현하는 데 적합한 차트인 원형 차트 및 도넛형 차트에 대한 설명으로 옳지 않은 것은?

① 원형 차트의 모든 조각을 차트 중심에서 끌어낼 수 있다.
② 도넛형 차트는 원형 차트와 마찬가지로 전체에 대한 각 부분의 구성비를 보여주지만 데이터 계열이 두 개 이상 포함될 수 있다는 점이 다르다.
③ 원형 차트는 첫째 조각의 각을 0°에서 360° 사이의 값을 이용하여 회전시킬 수 있으나 도넛형 차트는 첫째 조각의 각을 회전시킬 수 없다.
④ 도넛형 차트의 도넛 구멍 크기는 10%에서 90% 사이의 값으로 변경할 수 있다.

바로 보는 해설

01 범례는 별도로 표시되어 있지 않지만 차트 하단의 데이터 표에 범례 표지가 표시되어 있다.

02 | 오답 피하기 |
① 주식형 차트: 주가 변동을 나타낼 때 사용하는 차트이다.
③ 영역형 차트: 시간의 경과에 따른 변화량을 비교할 때 사용하는 차트이다.
④ 방사형 차트: 많은 데이터 계열의 집합적인 값을 나타낼 때 사용하는 차트이다.

03 분기는 가로 축, 영업1팀과 영업2팀은 데이터 계열로 사용되고 있다.

04 이중 축 차트는 차트에 보조 축을 표시하는 차트로, 특정 데이터 계열의 값이 다른 계열의 값과 현저하게 차이가 날 경우나 두 가지 이상의 데이터 계열을 가진 차트에 사용한다.
| 오답 피하기 |
① 원형 차트에 대한 설명이다.
③ 혼합형 차트에 대한 설명이다.
④ 세로 막대형 차트에 대한 설명이다.

05 • 방사형: 여러 데이터 계열의 집계 값을 비교하므로 세로 축만 존재한다.
• 거품형: 가로 축과 세로 축이 존재하며, 세 번째 열을 추가하여 거품의 크기를 지정한다.

06 도넛형 차트도 첫째 조각의 각을 0°에서 360° 사이의 값을 이용하여 회전시킬 수 있다.

| 정답 | 01 ④ 02 ② 03 ② 04 ② 05 ①
       06 ③

07

다음 중 아래 도넛형 차트의 구멍 크기를 작게 하는 방법으로 옳은 것은?

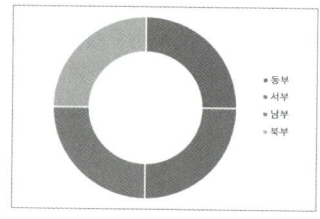

① [차트 영역 서식]의 [테두리]에서 [도넛 구멍 크기]의 값을 작게 조정한다.
② [데이터 선택]에서 [도넛 구멍 크기]의 값을 작게 조정한다.
③ [데이터 계열 서식]의 [계열 옵션]에서 [도넛 구멍 크기]의 값을 작게 조정한다.
④ [데이터 계열 서식]의 [효과]에서 [도넛 구멍 크기]의 값을 작게 조정한다.

개념끝 069 차트의 편집

08

다음 중 차트의 편집에 대한 설명으로 옳지 <u>않은</u> 것은?

① 차트와 연결된 워크시트의 데이터에 열을 추가하면 차트에 자동적으로 반영되지 않는다.
② 차트 크기를 조정하면 새로운 크기에 가장 적합하도록 차트의 텍스트 크기 등이 자동적으로 조정된다.
③ 차트에 적용된 원본 데이터의 행이나 열을 숨겨도 차트에는 반영되지 않는다.
④ 데이터 계열의 순서가 변경되면 범례의 순서도 자동으로 변경된다.

개념끝 070 차트 요소 추가

09 (또 나올 문제)

다음 중 차트 제목으로 [B1] 셀의 텍스트를 연결하는 과정으로 옳은 것은?

① 차트에서 차트 제목을 클릭한 후 등호(=)를 입력한 후 [B1] 셀을 선택한다.
② 차트에서 차트 제목을 클릭한 후 수식 입력줄에서 등호(=)를 입력한 후 [B1] 셀을 선택한다.
③ 차트에서 차트 제목을 클릭한 후 수식 입력줄에서 [B1] 셀을 선택한다.
④ 차트에서 차트 제목을 클릭한 후 수식 입력줄에서 '=TEXT(B1)'을 입력한다.

10

다음 중 차트의 데이터 레이블 추가/제거에 대한 설명으로 옳지 <u>않은</u> 것은?

① 데이터 레이블이 겹치지 않고 읽기 쉽도록 차트에서 데이터 레이블의 위치를 조정할 수 있다.
② 레이블 내용은 계열 이름, 항목 이름, 차트 이름, 값 중에서 한 가지를 선택하여 표시할 수 있다.
③ 기본적으로 데이터 레이블은 워크시트의 값에 연결되며 변경될 때 자동으로 업데이트된다.
④ 계열별 데이터 레이블 제거는 삭제를 원하는 계열의 데이터 레이블을 한 번 클릭하여 선택한 후 [Delete]를 누른다.

11 (또 나올 문제)

다음 중 엑셀 차트의 추세선에 관한 설명으로 옳지 <u>않은</u> 것은?

① 추세선은 지수, 선형, 로그, 다항식, 거듭제곱, 이동 평균 등 여섯 종류가 있다.
② 하나의 데이터 계열에 두 개 이상의 추세선을 동시에 표시할 수는 없다.
③ 추세선이 추가된 데이터 계열의 차트 종류를 3차원 차트로 변경하면 추세선은 자동으로 삭제된다.
④ 추세선을 삭제하려면 차트에 표시된 추세선을 선택한 후 [Delete]를 누르거나 추세선의 바로 가기 메뉴에서 [삭제]를 선택한다.

12
다음 중 엑셀의 오차 막대에 대한 설명으로 옳지 않은 것은?

① 3차원 차트는 오차 막대를 표시할 수 없다.
② 차트에 고정값, 백분율, 표준 편차, 표준 오차, 사용자 지정 중 선택하여 오차량을 표시할 수 있다.
③ 오차 막대를 화면에 표시하는 방법에는 2가지로 양의 값, 음의 값이 있다.
④ 차트에 오차 막대를 추가하려면 데이터 계열을 선택한 후 [차트 디자인] 탭-[차트 레이아웃] 그룹-[차트 요소 추가]-[오차 막대]를 클릭한다.

개념끝 071 | 차트 서식 지정

13
다음 중 세로 막대형 차트에 대한 설명으로 옳지 않은 것은?

① 시간의 경과에 따른 데이터 변동을 표시하거나 항목별 비교를 나타내는 데 유용하다.
② [계열 겹치기] 값을 0에서 100 사이의 백분율로 조정하여 세로 막대의 겹침 상태를 조정할 수 있으며, 값이 높을수록 세로 막대 사이의 간격이 증가한다.
③ [간격 너비] 값을 0에서 500 사이의 백분율로 조정하여 각 항목에 대해 표시되는 데이터 요소 집합 사이의 간격을 조정할 수 있다.
④ 세로 (값) 축 값의 순서를 거꾸로 표시할 수 있다.

바로 보는 해설

07 [데이터 계열 서식]의 [계열 옵션]에서 [도넛 구멍 크기]의 값을 작게 조정한다.
08 차트에 적용된 원본 데이터의 행이나 열을 숨기면 차트에 반영되어 표시되지 않는다.
09 차트 제목을 클릭한 후 반드시 수식 입력줄에서 등호(=)를 입력한 후 연결할 셀을 선택해야 한다.
10 레이블 내용은 계열 이름, 항목 이름, 값 중에서 한 가지를 선택하여 표시할 수 있다.
11 하나의 데이터 계열에 두 개 이상의 추세선을 동시에 표시할 수 있다.
12 오차 막대의 표시 방향은 모두(기준점을 기준으로 양의 값, 음의 값을 모두 표시), 음의 값, 양의 값이 있다.
13 계열 겹치기의 값은 -100~100% 사이에서 조정할 수 있고, 값이 클수록 세로 막대 사이의 겹치는 부분이 증가한다.

| 정답 | 07 ③ 08 ③ 09 ② 10 ② 11 ②
         12 ③ 13 ②

14

다음 중 차트 및 차트 요소의 서식 변경에 대한 설명으로 옳지 않은 것은?

① 차트 요소에 도형 스타일이나 WordArt 스타일을 적용할 수 있다.
② 차트를 클릭하면 리본 메뉴에 [차트 디자인], [서식] 탭이 표시된다.
③ 차트 요소들은 도형처럼 맞춤, 그룹, 회전 등의 정렬 설정을 할 수 있다.
④ [홈]-[글꼴] 그룹이나 미니 도구 모음을 이용하여 차트 요소의 텍스트 서식을 지정할 수 있다.

15 또 나올 문제

위의 차트를 수정하여 아래 차트로 변환하였다. 다음 중 변환된 항목에 대한 설명으로 옳은 것은?

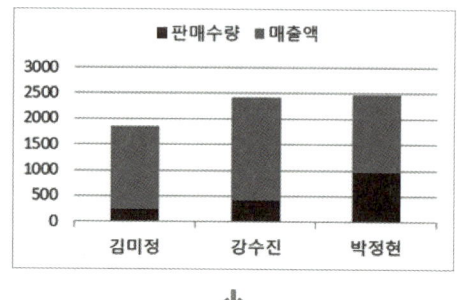

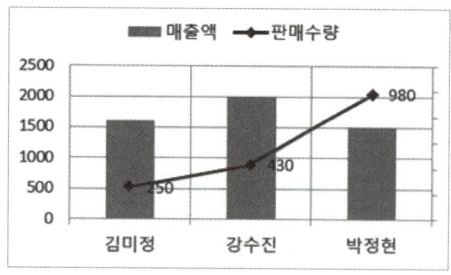

① 기본 가로 눈금선으로 보조 눈금선을 표시하였다.
② 보조 세로 (값) 축의 주 눈금을 '500'으로 설정하였다.
③ 매출액 계열을 보조 축으로 설정하였다.
④ 보조 세로 (값) 축의 축 레이블을 '없음'으로 설정하였다.

16

다음 중 아래 차트와 같이 X축을 위쪽에 표시하기 위한 방법으로 옳은 것은?

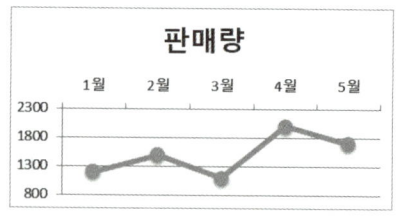

① 가로 축을 선택한 후 [축 서식]의 축 옵션에서 세로 축 교차를 '최대 항목'으로 설정한다.
② 가로 축을 선택한 후 [축 서식]의 축 옵션에서 '항목을 거꾸로'를 설정한다.
③ 세로 축을 선택한 후 [축 서식]의 축 옵션에서 가로 축 교차를 '축의 최대값'으로 설정한다.
④ 세로 축을 선택한 후 [축 서식]의 축 옵션에서 '값을 거꾸로'를 설정한다.

17

차트에 표시할 데이터 계열의 요소 간 값의 차이가 큰 경우 [수정 전] 차트와 같이 그 차이를 차트에 표시하기가 어려운데, [수정 후] 차트처럼 변경하면 값의 차이를 표시할 수 있게 된다. 다음 중 [수정 전] 차트를 [수정 후]와 같이 변경하기 위한 축 옵션으로 옳은 것은?

[수정 전]

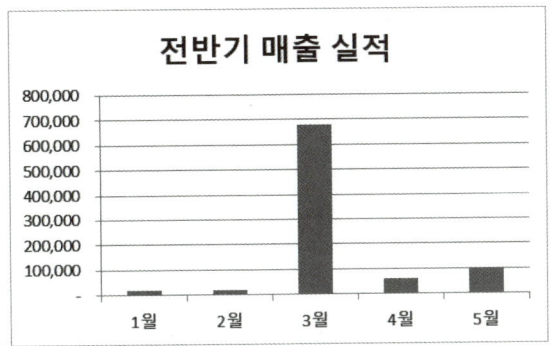

[수정 후]

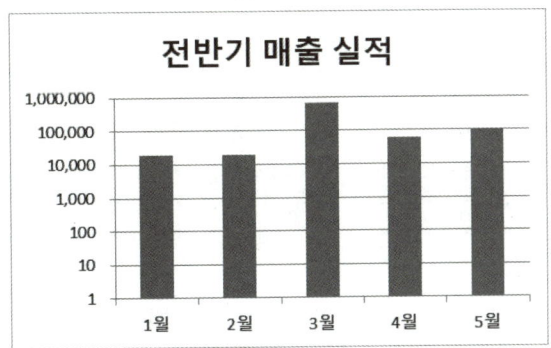

① 최소값과 최대값을 각각 1과 1,000,000으로 설정한다.
② 로그 눈금 간격을 10으로 설정한다.
③ 주 단위를 1,000,000으로 설정한다.
④ 표시 단위를 백만으로 설정한다.

바로 보는 해설

14 차트 요소들은 맞춤, 그룹, 회전 등의 정렬 설정을 할 수 없다.

15 | 오답 피하기 |
① 보조 눈금선은 표시하지 않았으며 기본 가로 눈금선과 기본 세로 눈금선을 표시하였다.
② 기본 세로 (값) 축의 주 눈금을 '500'으로 설정하였다.
③ 매출액 계열은 기본 축이며 판매수량 계열을 보조 축으로 설정하였다.

16 세로 축을 선택한 후 [축 서식]의 축 옵션에서 가로 축 교차를 '축의 최대값'으로 설정하면 세로 축의 최대값인 2300과 가로 축이 교차된다.

| 오답 피하기 |
④ '값을 거꾸로'를 설정하면 세로 축의 값도 반대로 표시되므로 적합하지 않다.

17 데이터 계열의 요소 간 값의 차이가 큰 경우 [축 서식]-[축 옵션]에서 '로그 눈금 간격'을 10으로 지정하면 값의 차이를 표시할 수 있다.

| 정답 | 14 ③ 15 ④ 16 ③ 17 ②

CHAPTER 6
출력 작업

최근 기출 10개년 기준

9%

무료 동영상 강의

072 페이지 레이아웃 설정
073 통합 문서 보기
074 인쇄 작업

학습전략

엑셀을 활용하여 문서를 작성했다면 출력도 쉽게 할 수 있어야 합니다. 출력에 관련된 다양한 기능들도 문제로 출제되고 있으므로 자주 출제되는 부분을 중심으로 학습하는 전략이 필요합니다.

| 빈출개념 | #[페이지 설정] 그룹 #페이지 나누기 #인쇄 영역

개념끝 072 페이지 레이아웃 설정

기출빈도: C

결정적 힌트

인쇄에 관련된 기능으로 자주 문제에 출제되는 부분은 아닙니다. 페이지 나누는 방법과 페이지 구분선을 제거하는 방법, 인쇄 영역을 지정하고 해제하는 방법 등을 중심으로 학습하시기 바랍니다.

01 [페이지 레이아웃] 탭

(1) [테마] 변경 그룹

- 테마란 엑셀 문서 전체에서 색, 글꼴, 그래픽 서식 효과 등을 쉽게 지정하는 기능이다.
- [페이지 레이아웃] 탭-[테마] 그룹에서 테마를 변경할 수 있다.

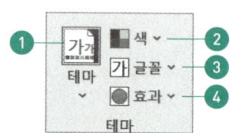

❶ 테마	테마를 변경하거나 현재 테마를 다시 사용할 수 있도록 저장
❷ 색	테마 색을 선택하거나 사용자 테마 색 작성
❸ 글꼴	테마 글꼴을 선택하거나 사용자 테마 글꼴 작성
❹ 효과	그림자, 반사, 선, 채우기가 포함된 효과 선택

(2) [페이지 설정] 그룹

❶ 여백	기본, 넓게, 좁게, 사용자 지정 여백 등을 지정
❷ 용지 방향	용지 방향을 세로, 가로로 지정
❸ 크기	인쇄 용지 크기를 지정
❹ 인쇄 영역	인쇄 영역을 설정하거나 해제
❺ 나누기	페이지 나누기를 삽입하거나 제거
❻ 배경	워크시트 배경으로 이미지를 지정 가능. 배경은 인쇄되지 않음
❼ 인쇄 제목	모든 페이지에 반복해서 인쇄할 행과 열 지정

▼ 인쇄 제목
'인쇄 제목'을 선택하면 [페이지 설정] 대화상자의 [시트] 탭이 열려서 인쇄 제목을 지정할 수 있다.

(3) [크기 조정] 그룹

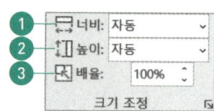

❶ 너비	특정 페이지 수에 맞게 인쇄물의 너비를 조절
❷ 높이	특정 페이지 수에 맞게 인쇄물의 높이를 조절
❸ 배율	인쇄물을 확대하거나 축소할 배율 지정

■ 너비, 높이, 배율은 [페이지 설정] 대화상자의 [페이지] 탭에서도 지정할 수 있다.

(4) [시트 옵션] 그룹

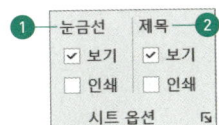

① 눈금선	눈금선을 화면에 표시하거나 인쇄 여부 지정
② 제목	행/열 머리글을 화면에 표시하거나 인쇄 여부 지정

> ■ 눈금선, 제목은 [페이지 설정] 대화 상자의 [시트] 탭에서도 지정할 수 있다.

02 페이지 나누기

- 인쇄 시 사용자가 임의로 페이지 구분선을 삽입하는 기능이다.

삽입	[페이지 레이아웃] 탭 - [페이지 설정] 그룹 - [나누기] - [페이지 나누기 삽입] 선택
제거	[페이지 레이아웃] 탭 - [페이지 설정] 그룹 - [나누기] - [페이지 나누기 제거] 선택

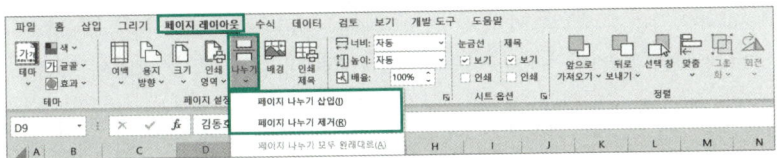

- 현재 셀 포인터를 기준으로 위쪽과 왼쪽에 페이지 구분선이 삽입된다.
- 행 높이와 열 너비를 변경하면 자동 페이지 나누기의 위치가 변경된다.
- 용지 크기, 여백 설정, 배율 옵션에 따라 자동 페이지 나누기가 삽입된다.
- [페이지 레이아웃] 탭 - [페이지 설정] 그룹 - [나누기] - [페이지 나누기 모두 원래대로]를 선택하면 페이지를 나누기 전의 원래 상태로 되돌릴 수 있다.

> ■ 자동·수동 페이지 나누기
> - 자동 페이지 나누기: 인쇄 내용이 많아 한 페이지가 넘는 경우 자동으로 페이지 구분선이 삽입된다.
> - 수동 페이지 나누기: 사용자가 원하는 위치에 페이지 구분선을 삽입한다.

03 인쇄 영역

- 인쇄 영역을 정의하고 워크시트를 인쇄하면 해당 인쇄 영역만 인쇄된다.

설정	인쇄할 영역의 범위를 지정한 후 [페이지 레이아웃] 탭 - [페이지 설정] 그룹 - [인쇄 영역] - [인쇄 영역 설정] 선택
해제	[페이지 레이아웃] 탭 - [페이지 설정] 그룹 - [인쇄 영역] - [인쇄 영역 해제] 선택

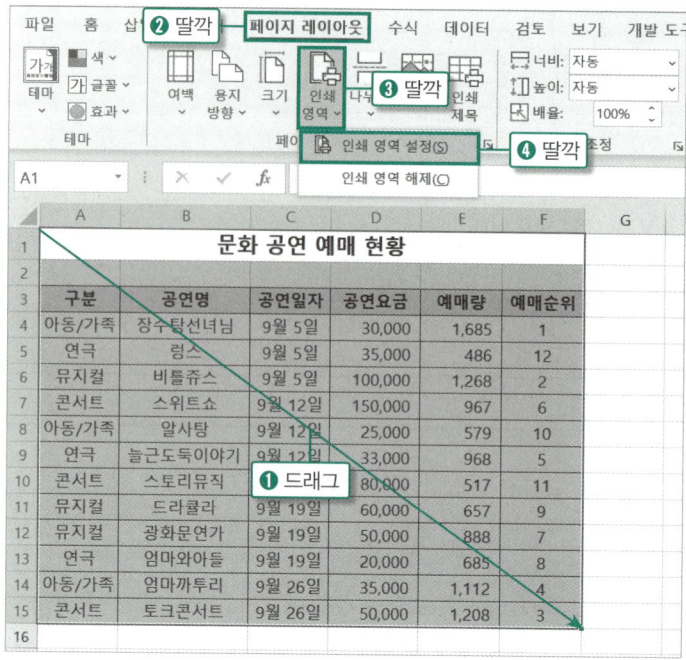

- 추가할 인쇄 영역을 선택하고 [페이지 레이아웃] 탭-[페이지 설정] 그룹-[인쇄 영역]-[인쇄 영역에 추가]를 선택하면 인쇄 영역을 확대할 수 있다.
- 인쇄 영역은 [홈] 탭-[페이지 설정] 그룹-[페이지 설정] 아이콘(⬚)을 선택하여 [페이지 설정] 대화상자를 열고 [시트] 탭에서 지정할 수 있지만, 인쇄 미리 보기 상태에서는 인쇄 영역이 활성화되지 않으므로 지정할 수 없다.
- 인쇄 영역 설정은 하나의 시트에서만 가능하다.
- 인쇄 영역을 지정하면 이름 상자에 자동으로 'Print_Area'라는 이름이 작성된다.
- Ctrl+F3을 누르거나 [수식] 탭-[정의된 이름] 그룹-[이름 관리자]를 클릭하여 [이름 관리자] 대화상자를 열고 인쇄 영역과 'Print_Area' 이름을 확인할 수 있다.

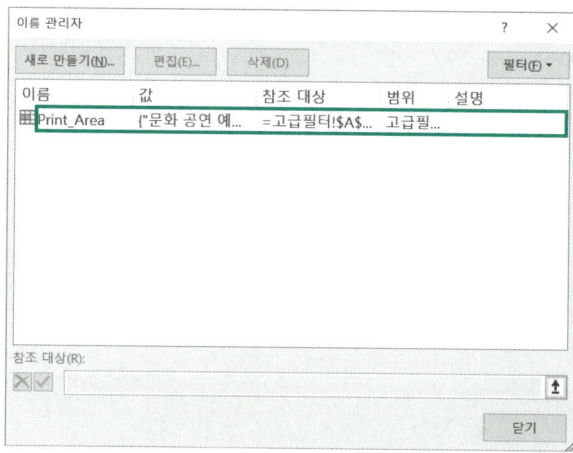

- 여러 영역을 인쇄 영역으로 설정한 경우 설정한 순서대로 서로 다른 페이지에 인쇄된다.
- 페이지 나누기 미리 보기에서 인쇄 영역으로 설정된 부분은 밝게, 설정되지 않은 부분은 어둡게 표시된다.

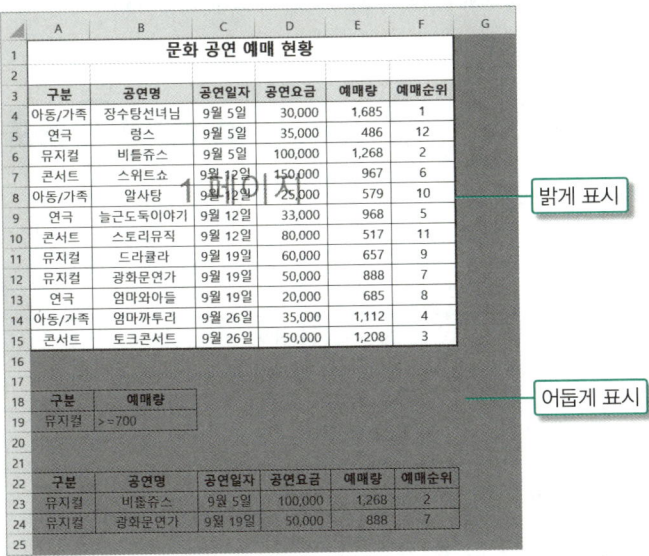

Warming UP 기출로 개념 확인

01

다음 화면은 하나의 페이지를 '페이지 나누기를 이용하여 여섯 페이지로 나눈 것이다. '페이지 나누기 미리 보기 화면'에서 페이지 분할선을 해제하려면 마우스 오른쪽 버튼을 눌러 나타나는 메뉴 중 어느 것을 선택하면 되는가?

① 페이지 설정
② 인쇄 영역 설정
③ 페이지 나누기 모두 원래대로
④ 인쇄 영역 다시 설정

바로 보는 해설

01
마우스 오른쪽 버튼을 누른 후 [페이지 나누기 모두 원래대로]를 선택하면 페이지 분할선을 해제할 수 있다.

02

다음 중 시트의 특정 범위만 항상 인쇄하는 경우에 대한 설명으로 옳지 <u>않은</u> 것은?

① 인쇄할 영역을 블록 설정한 후 [페이지 레이아웃] 탭-[페이지 설정] 그룹의 [인쇄 영역]-[인쇄 영역 설정]을 클릭한다.
② 인쇄 영역으로 설정되면 페이지 나누기 미리 보기에서는 설정된 부분만 표시된다.
③ 인쇄 영역을 설정하면 자동으로 Print_Area라는 이름이 작성되며, 이름은 Ctrl+F3 또는 [수식] 탭-[정의된 이름] 그룹-[이름 관리자]에서 확인할 수 있다.
④ 인쇄 영역 설정은 [페이지 설정] 대화상자의 [시트] 탭에서 지정할 수 있다.

02
페이지 나누기 미리 보기에서 인쇄 영역으로 설정된 부분은 정상적으로 밝게, 설정되지 않은 부분은 어둡게 표시된다.

| 정답 | 01 ③ 02 ②

| 빈출개념 | #자동 페이지 나누기 #페이지 레이아웃 보기

개념끝 073 통합 문서 보기

기출빈도 C

결정적 힌트

페이지 나누기 미리 보기와 페이지 레이아웃은 혼동될 수 있는 기능입니다. 두 가지 기능의 특징을 정확하게 이해하는 것이 필요합니다.

01 페이지 나누기 미리 보기

- 워크시트 상태에서 페이지 구분선, 인쇄 영역, 페이지 번호 등을 보여주는 보기 상태이다.

실행 방법

| 방법 | [보기] 탭-[통합 문서 보기] 그룹-[페이지 나누기 미리 보기] 선택 |

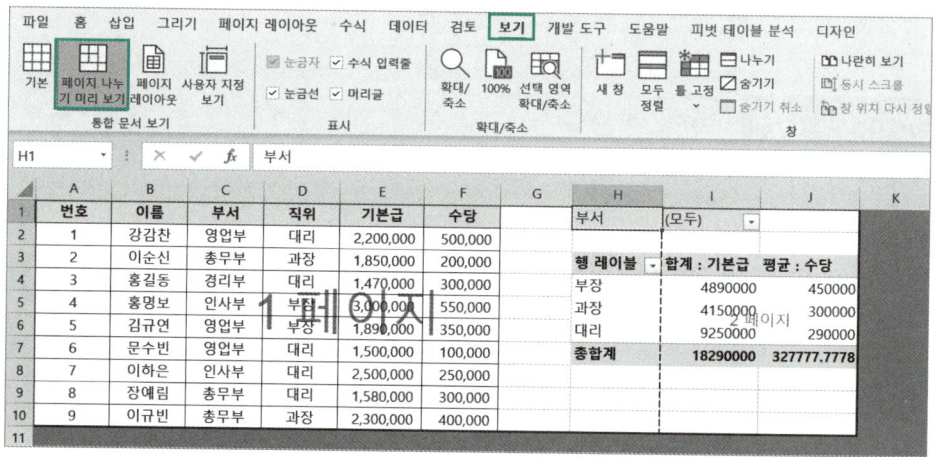

■ 페이지 나누기 미리 보기 상태에서 바로 가기 메뉴의 [페이지 나누기 삽입]을 선택하여 페이지를 나눌 수 있다.

- 마우스로 페이지 구분선을 드래그하여 페이지를 나눌 위치를 조정할 수 있다.
- 수동으로 삽입한 페이지 나누기는 파란색 실선으로, 자동 페이지 나누기는 파란색 점선으로 표시된다.
- 수동으로 삽입한 페이지 나누기를 제거하려면 페이지 나누기를 표시하는 파란색 실선을 페이지 나누기 미리 보기 영역의 밖으로 드래그한다.
- 원래 보기 상태로 되돌아가려면 [보기] 탭-[통합 문서 보기] 그룹-[기본]을 선택한다.

02 페이지 레이아웃 보기

- 워크시트에 머리글/바닥글 영역이 표시되어 간단히 머리글/바닥글을 추가할 수 있는 보기 상태이다.

실행 방법

| 방법 | [보기] 탭-[통합 문서 보기] 그룹-[페이지 레이아웃] 선택 |

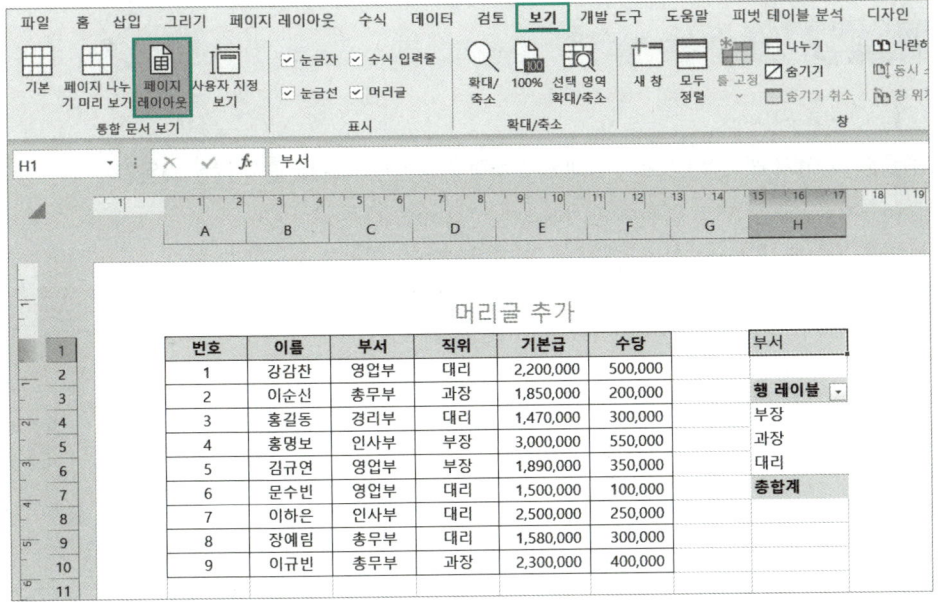

- 마우스로 드래그하여 페이지 구분선을 조정할 수 없다.
- 마우스를 이용하여 페이지 여백과 머리글과 바닥글 여백을 조정할 수 있다.
- [머리글/바닥글] 탭-[머리글/바닥글 요소] 그룹에서 미리 정의된 머리글이나 바닥글을 선택할 수 있다.

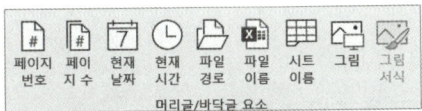

- 페이지 레이아웃 보기에서는 기본 보기와 같이 데이터 형식과 레이아웃을 변경할 수 있다.
- 페이지 레이아웃 보기에서 표시되는 눈금자의 단위는 [파일] 탭-[옵션]을 선택하고 [Excel 옵션] 창에서 '고급' 범주를 선택한 후 '표시'의 '눈금자 단위'에서 지정할 수 있다.

▼ 눈금자 단위

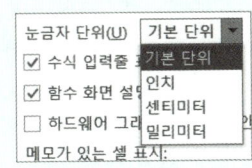

| 바로 보는 해설 | Warming  기출로 개념 확인 |

01

페이지 나누기 위치는 [페이지 레이아웃] 보기 상태에서는 조정할 수 없고, [페이지 나누기 미리 보기] 상태에서 조정할 수 있다.

01 또 나올 문제

다음 중 [페이지 레이아웃] 보기 상태에서 설정 가능한 설명으로 옳지 않은 것은?

① 눈금자, 눈금선, 머리글 등을 표시하거나 숨길 수 있다.
② 마우스로 페이지 구분선을 클릭하여 페이지 나누기 위치를 조정할 수 있다.
③ 기본 보기에서와 같이 셀 서식을 변경하거나 수식 작업을 할 수 있다.
④ 머리글과 바닥글을 짝수 페이지와 홀수 페이지에 각각 다르게 지정할 수 있다.

02

페이지는 [페이지 레이아웃] 탭-[페이지 설정] 그룹-[나누기]-[페이지 나누기 삽입]에서 나눌 수 있다.

02

다음 중 [페이지 레이아웃] 보기 상태에 대한 설명으로 옳지 않은 것은?

① 페이지 레이아웃 보기에서도 기본 보기와 같이 데이터 형식과 레이아웃을 변경할 수 있다.
② 페이지 레이아웃 보기에서 표시되는 눈금자의 단위는 [Excel 옵션] 창의 '고급' 범주에서 변경할 수 있다.
③ 마우스를 이용하여 페이지 여백과 머리글과 바닥글 여백을 조정할 수 있다.
④ 페이지 나누기를 조정하는 페이지 구분선을 마우스로 드래그하여 페이지 나누기를 빠르게 조정할 수 있다.

| 정답 | 01 ② 02 ④

| 빈출개념 | #[머리글/바닥글] 탭 #[시트] 탭 #인쇄 미리 보기

개념끝 074 인쇄 작업

기출빈도

01 페이지 설정

인쇄할 문서의 페이지, 여백, 머리글/바닥글, 시트 등에 관한 사항을 설정하는 기능이다.

실행 방법

| 방법 | [페이지 레이아웃] 탭 – [페이지 설정] 그룹 – [페이지 설정] 아이콘(📄) 선택 |

> **결정적 힌트**
>
> 인쇄 관련 기능 중 가장 많은 문제가 출제된 부분이 페이지 설정 기능입니다. 특히 [머리글/바닥글] 탭과 [시트] 탭에서 자주 문제가 출제되므로 이에 관련된 기능은 모두 알아두실 필요가 있습니다.

(1) [페이지] 탭

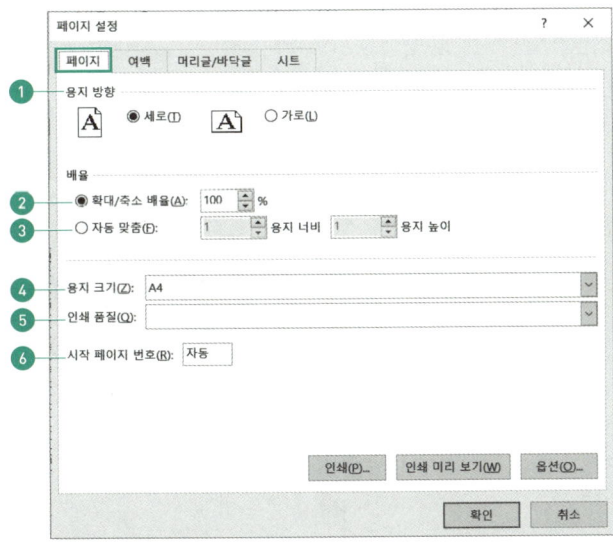

❶ 용지 방향	'세로' 또는 '가로' 방향으로 선택
❷ 확대/축소 배율	10~400%로 축소 또는 확대
❸ 자동 맞춤	지정한 너비와 높이에 맞추어 인쇄하는 기능으로, '용지 너비'와 '용지 높이'에 모두 '1'을 설정하면 여러 페이지를 한 페이지에 인쇄할 수 있음
❹ 용지 크기	인쇄 용지의 크기 설정
❺ 인쇄 품질	인쇄 품질이 높을수록 선명하게 인쇄
❻ 시작 페이지 번호	'자동'으로 설정하면 1페이지부터 인쇄

(2) [여백] 탭

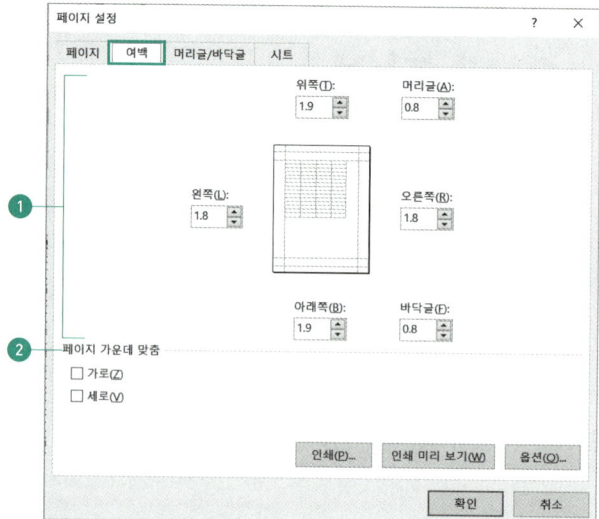

❶ 여백	인쇄 용지의 상하좌우, 머리글, 바닥글 여백 지정
❷ 페이지 가운데 맞춤	페이지의 가로 또는 세로 방향의 가운데에 맞춰 인쇄

(3) [머리글/바닥글] 탭

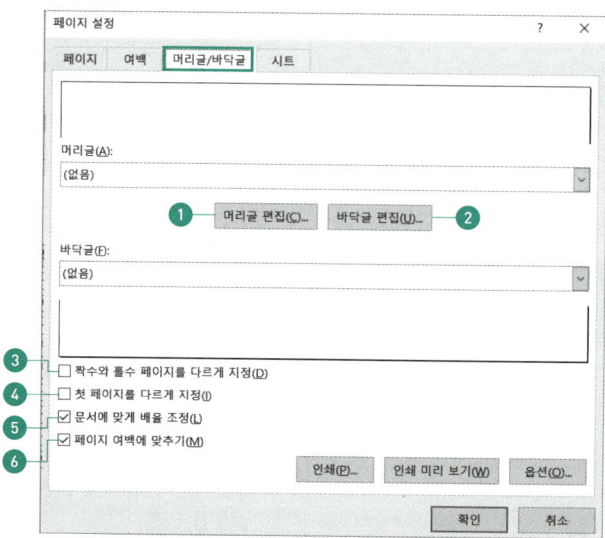

❶ 머리글 편집	모든 페이지의 위쪽에 고정적으로 인쇄되는 내용 지정
❷ 바닥글 편집	모든 페이지의 아래쪽에 고정적으로 인쇄되는 내용 지정
❸ 짝수와 홀수 페이지를 다르게 지정	짝수 페이지와 홀수 페이지의 머리글 및 바닥글을 다르게 지정
❹ 첫 페이지를 다르게 지정	첫 페이지의 머리글과 바닥글을 제거하거나 다르게 지정
❺ 문서에 맞게 배율 조정	워크시트와 같은 글꼴 크기와 크기 조정을 사용할지 지정
❻ 페이지 여백에 맞추기	머리글이나 바닥글을 표시하기에 충분한 머리글 또는 바닥글 여백을 확보할지 지정

[머리글/바닥글] 단추

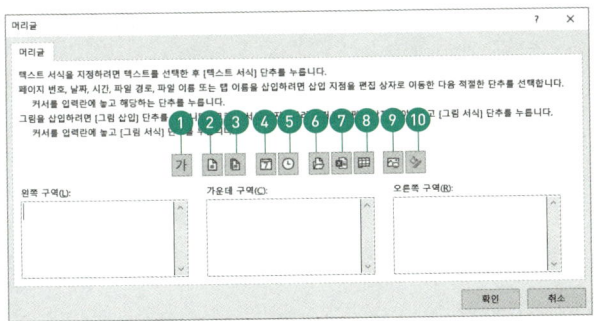

① 텍스트 서식	② 페이지 번호 삽입	③ 전체 페이지수 삽입	④ 날짜 삽입	⑤ 시간 삽입
⑥ 파일 경로 삽입	⑦ 파일 이름 삽입	⑧ 시트 이름 삽입	⑨ 그림 삽입	⑩ 그림 서식

▼ [머리글/바닥글] 단추를 클릭하면 '&' 뒤에 대괄호 안에 이름이 표시된다.
🔘 &[페이지 번호], &[날짜]

■ 한 개의 앰퍼샌드(&) 문자를 포함시키는 방법

머리글이나 바닥글의 텍스트에 한 개의 앰퍼샌드(&) 문자를 포함시키려면 앰퍼샌드(&) 문자를 두 번 입력해야 한다.
🔘 '&&보고서&&'로 입력하면 '&보고서&'로 표시된다.

(4) [시트] 탭

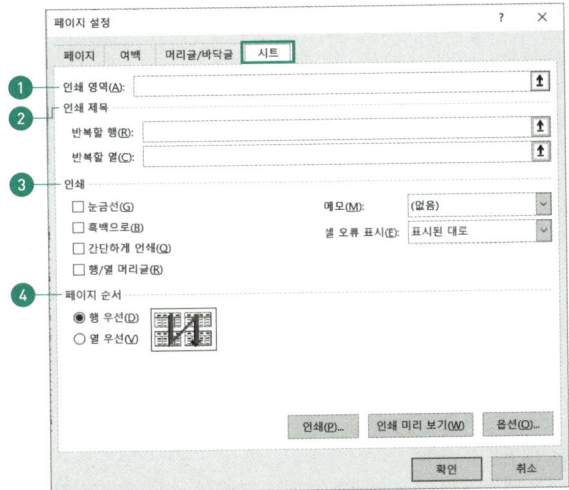

① 인쇄 영역	특정 영역만 선택하여 인쇄하고 숨겨진 행과 열은 인쇄하지 않음
② 인쇄 제목	• 모든 페이지에 반복해서 인쇄할 행과 열 지정 • 반복할 행: $1:$3과 같이 행 번호로 표시 • 반복할 열: $A:$C와 같이 열 번호로 표시
③ 인쇄	• 눈금선: 워크시트의 셀 구분선 인쇄 • 메모: 메모의 인쇄 여부로, '(없음)', '시트 끝', '시트에 표시된 대로' 중에서 선택 • 간단하게 인쇄: 차트, 도형, 그림, 클립아트 등의 그래픽 요소를 제외하고 텍스트만 빠르게 인쇄 • 셀 오류 표시: '표시된 대로', '〈공백〉', '- -', '#N/A' 중에서 선택하여 셀 오류 표시 • 행/열 머리글: 워크시트의 행 머리글과 열 머리글을 포함하여 인쇄
④ 페이지 순서	여러 페이지가 인쇄될 경우 '열 우선'을 선택하면 오른쪽 방향으로 인쇄한 후 아래쪽 방향으로 진행됨

▼ [차트] 탭

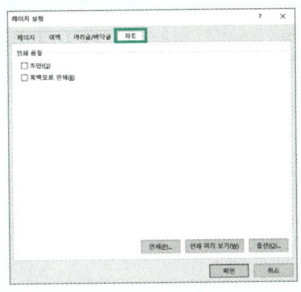

> **개념 플러스** 차트의 [페이지 설정] 대화상자
>
> 차트를 선택한 상태에서 [페이지 레이아웃] 탭-[페이지 설정] 그룹-[페이지 설정] 아이콘(🔳)을 클릭하면 [페이지 설정] 대화상자에 [시트] 탭 대신 [차트] 탭이 표시된다.

> **결정적 힌트**
>
> 인쇄 미리 보기도 비교적 많은 문제가 출제된 부분입니다. 인쇄 미리 보기 창에서 어떤 항목을 설정할 수 있는지 정확하게 알아둘 필요가 있습니다.

02 인쇄 미리 보기

- 인쇄하기 전의 화면으로, 출력 결과를 미리 확인하는 기능이다.

실행 방법

방법1	[파일] 탭-[인쇄] 선택
방법2	Ctrl + F2

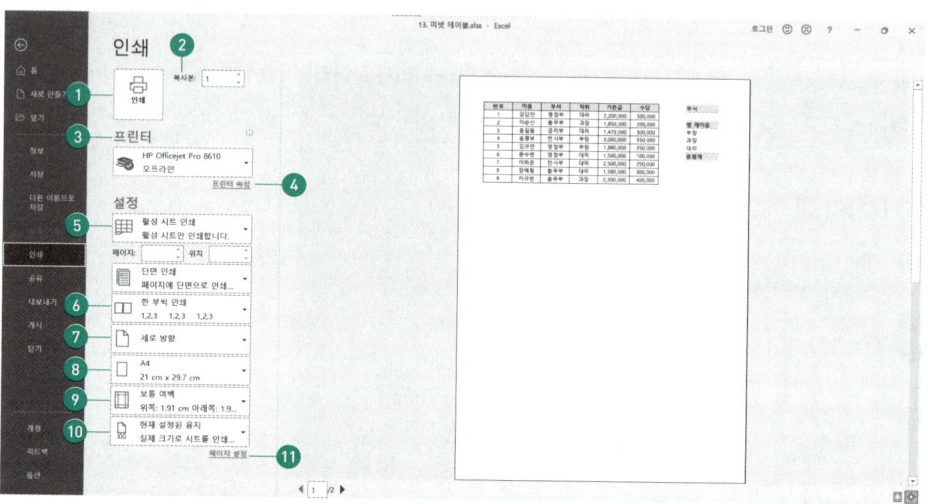

❶ 인쇄	인쇄를 실행
❷ 복사본	인쇄 부수 지정
❸ 프린터	인쇄할 프린터를 지정
❹ 프린터 속성	[프린터 속성] 대화상자 실행
❺ 인쇄 대상	'활성 시트 인쇄', '전체 통합 문서 인쇄', '선택 영역 인쇄'
❻ 한 부씩 인쇄	'한 부씩 인쇄', '한 부씩 인쇄 안 함' 선택
❼ 용지 방향	용지 방향을 '세로', '가로'로 지정
❽ 용지 종류	인쇄 용지의 크기 지정
❾ 여백	인쇄 용지의 여백 지정
❿ 인쇄 배율	'현재 설정된 용지', '한 페이지에 시트 맞추기', '한 페이지에 모든 열 맞추기', '한 페이지에 모든 행 맞추기' 선택
⓫ 페이지 설정	[페이지 설정] 대화상자 실행

▼ [프린터 속성] 대화상자

연결된 프린터의 속성 창이 표시되며, 프린터에 따라 표시되는 내용이 다르다.

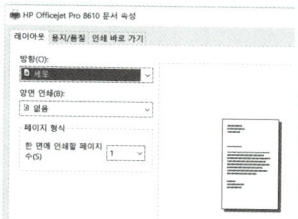

- 인쇄 미리 보기에서 여백과 열 너비는 조정할 수 있지만 행 높이는 조절할 수 없다.

- [여백 표시] 단추(▫)를 클릭하면 여백선을 드래그하여 여백의 크기를 조정하거나 열 너비를 조정할 수 있다.
- [확대/축소] 단추(▫)를 클릭하면 확대되거나 축소되며 인쇄 크기에 영향을 미치지 않는다.
- 인쇄 미리 보기를 끝내고 통합 문서로 돌아가려면 Esc를 누른다.

개념 플러스	전체 통합 문서의 페이지 번호를 일련 번호로 연결하는 방법
방법1	[파일] 탭-[인쇄]를 선택하고 '설정'에서 '전체 통합 문서 인쇄'를 선택하여 인쇄
방법2	전체 시트를 그룹으로 설정하고 인쇄
방법3	각 시트의 [페이지 설정] 대화상자에서 [페이지] 탭의 '시작 페이지 번호'를 일련 번호에 맞게 설정한 후 인쇄

Warming UP 기출로 개념 확인

01 또 나올 문제

다음 중 [인쇄 미리 보기] 상태에서 설정할 수 있는 기능에 대한 설명으로 옳지 않은 것은?

① '여백 표시'가 되어 있는 경우 미리 보기로 표시된 워크시트의 열 너비를 조정할 수 있다.
② [페이지 설정]에서 '인쇄 영역'을 변경하여 인쇄할 수 있다.
③ [머리글/바닥글]로 설정한 내용은 매 페이지의 상단이나 하단의 별도 영역에, 인쇄 제목의 반복할 행/열은 매 페이지의 본문 영역에 반복 출력된다.
④ [페이지 설정]에서 확대/축소 배율을 10%에서 최대 400%까지 설정하여 인쇄할 수 있다.

바로 보는 해설

01
[파일] 탭-[인쇄]를 선택하고 인쇄 미리 보기 화면에서 '페이지 설정'을 선택하면 열리는 [페이지 설정] 대화상자의 [시트] 탭에서는 인쇄 영역에 대한 명령이 비활성화되어 있어서 사용할 수 없다. 하지만 [페이지 레이아웃] 탭-[페이지 설정] 그룹-[페이지 설정] 아이콘(🗔)을 클릭하여 [페이지 설정] 대화상자를 열면 [시트] 탭에서 인쇄 영역을 변경할 수 있다.

02

다음 중 [인쇄 미리 보기 및 인쇄]에 대한 설명으로 옳지 않은 것은?

① 인쇄 미리 보기를 끝내고 통합 문서로 돌아가려면 Esc 를 누른다.
② 인쇄 및 미리 보기할 대상을 선택 영역, 활성 시트, 전체 통합 문서 중 선택할 수 있다.
③ 페이지 여백 표시는 가능하나 페이지 여백의 변경은 [페이지 설정] 대화상자에서만 설정할 수 있다.
④ 용지 방향을 가로 방향과 세로 방향으로 바꿔가며 미리 보기할 수 있다.

02
페이지 여백은 인쇄 미리 보기에서도 변경할 수 있고, 여백 경계선을 마우스로 드래그하여 변경할 수도 있다.

03 또 나올 문제

다음 중 엑셀의 인쇄 기능에 대한 설명으로 옳지 않은 것은?

① 차트만 제외하고 인쇄하기 위해서는 [차트 영역 서식] 창에서 '개체 인쇄'의 체크를 해제한다.
② 시트에 표시된 오류값을 제외하고 인쇄하기 위해서는 [페이지 설정] 대화상자에서 '셀 오류 표시'를 〈공백〉으로 선택한다.
③ 인쇄 내용을 페이지의 가운데에 맞춰 인쇄하려면 [페이지 설정] 대화상자에서 '문서에 맞게 배율 조정'에 체크한다.
④ 인쇄되는 모든 페이지에 특정 행을 반복하려면 [페이지 설정] 대화상자에서 '인쇄 제목'의 '반복할 행'에 열 레이블이 포함된 행의 참조를 입력한다.

03
인쇄 내용을 페이지의 가운데에 맞춰 인쇄하려면 [페이지 설정] 대화상자의 [여백] 탭에서 '페이지 가운데 맞춤'의 '가로'와 '세로'에 모두 체크해야 한다.

| 정답 | 01 ② 02 ③ 03 ③

CHAPTER 6 출력 작업

기출선지 OX 퀴즈

01 '용지 방향'은 기본, 넓게, 좁게, 사용자 지정 여백 등을 지정하는 기능이다. (O / X)

02 시트의 특정 부분만 인쇄하려고 할 때 인쇄 영역으로 설정되면 페이지 나누기 미리 보기에서는 설정된 부분만 보이게 된다. (O / X)

03 [페이지 레이아웃] 보기 상태에서 마우스로 페이지 구분선을 클릭하여 페이지 나누기 위치를 조정할 수 있다. (O / X)

04 [페이지 레이아웃] 보기 상태에서 마우스를 이용하여 페이지 여백과 머리글과 바닥글 여백을 조정할 수 있다. (O / X)

05 [페이지 나누기 미리 보기]에서 용지 크기, 여백 설정, 배율 옵션 등에 따라 자동 페이지 나누기가 삽입된다. (O / X)

06 용지를 인쇄할 때 [페이지 설정] 대화상자에서 페이지 나누기 기능을 사용할 수 있다. (O / X)

07 [페이지 설정] 대화상자에서는 확대/축소는 불가능하다. (O / X)

08 인쇄 미리 보기는 [페이지 설정] 대화상자에서만 가능하다. (O / X)

09 [인쇄 미리 보기] 상태에서 '여백 표시'가 되어 있는 경우 미리 보기로 표시된 워크시트의 열 너비를 조정할 수 있다. (O / X)

10 인쇄 영역으로 여러 영역이 설정된 경우 설정한 순서대로 각기 다른 페이지에 인쇄된다. (O / X)

11 [인쇄 미리 보기] 상태에서는 마우스를 이용하여 페이지 여백을 조정할 수 있다. (O / X)

12 차트만 제외하고 인쇄하기 위해서는 [차트 영역 서식] 창에서 '개체 인쇄'의 체크를 해제한다. (O / X)

13 '페이지 나누기 삽입' 기능은 선택한 셀의 아래쪽 행, 오른쪽 열로 페이지 나누기를 삽입한다. (O / X)

14 행 높이와 열 너비를 변경하면 자동 페이지 나누기의 위치도 변경된다. (O / X)

15 [페이지 설정] 대화상자의 [시트] 탭에서 인쇄할 페이지의 상단이나 하단에 동일한 내용을 인쇄하기 위한 머리글/바닥글을 설정할 수 있다. (O / X)

16 [페이지 설정] 대화상자의 [시트] 탭에서 '간단하게 인쇄'를 선택하면 셀의 테두리를 포함하여 인쇄할 수 있다. (O / X)

한판으로 복습한다!

17 기본적으로 워크시트의 눈금선은 인쇄되지 않으나 인쇄되도록 설정할 수 있다. (O / X)

18 [페이지 설정] 대화상자의 [시트] 탭에서 '행/열 머리글'을 선택하면 워크시트의 행 머리글과 열 머리글을 포함하여 인쇄한다. (O / X)

19 차트 시트인 경우 [페이지 설정] 대화상자의 [머리글/바닥글] 탭에서 머리글/바닥글을 추가할 수 있다. (O / X)

20 엑셀의 [인쇄 미리 보기] 기능에서 각 셀의 행 높이, 열 너비를 자유롭게 조절할 수 있다. (O / X)

21 [페이지 설정] 대화상자의 [페이지] 탭 '자동 맞춤'에서 용지 너비와 용지 높이를 모두 1로 설정하면 확대/축소 배율이 항상 100%로 인쇄된다. (O / X)

22 워크시트의 셀 구분선을 그대로 인쇄하려면 [페이지 설정] 대화상자의 [시트] 탭에서 '눈금선'을 선택한다. (O / X)

23 메모의 인쇄 방법을 '시트 끝'으로 선택하면 원래 메모가 속한 각 페이지의 끝에 모아 인쇄된다. (O / X)

24 문서의 위쪽에 '- 1 Page -' 형식으로 페이지 번호를 표시하여 인쇄하려고 할 때, - &[페이지 번호] Page - 로 설정하면 된다. (O / X)

25 [페이지 설정] 대화상자의 [시트] 탭에서 페이지 순서 기능으로 시트 순서를 변경할 수 있다. (O / X)

26 여러 영역을 인쇄 영역으로 설정한 경우 왼쪽부터 순서대로 인쇄된다. (O / X)

27 인쇄 영역을 지정하면 이름 상자에 직접 이름을 작성해야 한다. (O / X)

28 '페이지 나누기'는 인쇄 시 사용자가 임의로 페이지 구분선을 삽입하는 기능이다. (O / X)

29 [페이지 설정] 그룹에서 '인쇄 제목'을 선택하면 [페이지 설정] 대화상자의 [시트] 탭이 열려서 인쇄 제목을 지정할 수 있다. (O / X)

30 페이지 레이아웃 보기에서 표시되는 눈금자의 단위는 [Excel 옵션] 창의 '고급' 범주에서 변경할 수 있다. (O / X)

| 정답 |

01	X	02	X	03	X	04	O	05	O	06	X	07	X	08	X	09	O	10	O
11	O	12	O	13	X	14	O	15	X	16	X	17	O	18	O	19	O	20	X
21	X	22	O	23	X	24	O	25	X	26	X	27	O	28	O	29	O	30	O

Build Up 기출로 개념 강화

CHAPTER 6 | 출력 작업

개념끝 072 | 페이지 레이아웃 설정

01

다음 중 워크시트의 인쇄 영역 설정에 대한 설명으로 옳지 <u>않은</u> 것은?

① 인쇄 영역을 정의한 후 워크시트를 인쇄하면 해당 인쇄 영역만 인쇄된다.
② 사용자가 설정한 인쇄 영역은 엑셀을 종료하면 인쇄 영역 설정이 자동으로 해제된다.
③ 필요한 경우 기존 인쇄 영역에 다른 영역을 추가하여 인쇄 영역을 확대할 수 있다.
④ 인쇄 영역으로 여러 영역이 설정된 경우 설정한 순서대로 각기 다른 페이지에 인쇄된다.

개념끝 073 | 통합 문서 보기

02

다음 중 페이지 레이아웃 및 인쇄 관련 설정에 대한 설명으로 옳지 <u>않은</u> 것은?

① [인쇄 미리 보기] 상태에서는 마우스를 이용하여 페이지 여백을 조정할 수 있다.
② [페이지 설정] 대화상자의 [페이지] 탭에서 확대/축소 배율을 지정할 수 있다.
③ [보기] 탭 [통합 문서 보기] 그룹의 '페이지 나누기 미리 보기'를 클릭하면 머리글 및 바닥글을 쉽게 삽입할 수 있다.
④ '페이지 나누기 삽입'은 새 페이지가 시작되는 위치를 지정하는 것으로 선택 영역의 위쪽과 왼쪽에 페이지 나누기가 삽입된다.

03

다음 중 [페이지 나누기 미리 보기] 상태에서 설정할 수 있는 기능에 대한 설명으로 옳지 <u>않은</u> 것은?

① 행 높이와 열 너비를 변경하면 자동 페이지 나누기의 위치도 변경된다.
② 수동으로 삽입한 페이지 나누기를 제거하려면 페이지 나누기를 페이지 나누기 미리 보기 영역 밖으로 끌어다 놓는다.
③ '페이지 나누기 삽입' 기능은 선택한 셀의 아래쪽 행, 오른쪽 열로 페이지 나누기를 삽입한다.
④ 수동 페이지 나누기를 모두 제거하려면 임의의 셀의 바로 가기 메뉴에서 [페이지 나누기 모두 원래대로]를 클릭한다.

개념끝 074 | 인쇄 작업

04

아래 시트를 출력할 경우 4페이지로 출력된다. 다음 중 페이지 설정의 배율 속성을 이용하여 [A1:I30] 영역의 모든 데이터가 한 페이지에 인쇄되도록 설정하려 한다. 설정 방법으로 가장 옳은 것은?

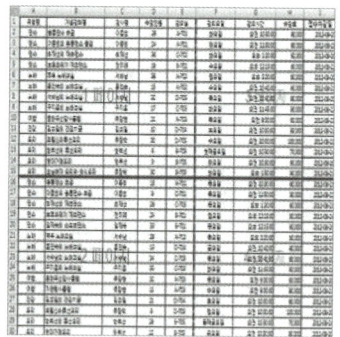

① [축소 확대/배율]을 100%로 한다.
② [자동 맞춤]의 용지 너비를 '1'로 하고 [용지 높이]를 공백으로 한다.
③ [자동 맞춤]의 용지 너비를 공백으로 하고 [용지 높이]를 '1'로 한다.
④ [자동 맞춤]의 용지 너비를 '1'로 하고 [용지 높이]를 '1'로 한다.

05 또 나올 문제

다음 중 [페이지 설정] 대화상자의 [시트] 탭에서 설정할 수 없는 것은?

① 워크시트의 셀 구분선이 인쇄되도록 설정할 수 있다.
② 컬러로 설정된 셀 채우기 색상이나 무늬를 무시하고, 흑백으로 인쇄되도록 설정할 수 있다.
③ 워크시트에 삽입되어 있는 차트, 도형, 그림 등의 모든 그래픽 요소를 제외하고 텍스트만 빠르게 인쇄되도록 설정할 수 있다.
④ 인쇄할 페이지의 상단이나 하단에 동일한 내용을 인쇄하기 위한 머리글/바닥글을 설정할 수 있다.

06 또 나올 문제

다음 시트에서 [A1:G3] 영역을 제목으로 설정하여 매 페이지마다 반복 인쇄하기 위한 페이지 설정 방법으로 옳은 것은?

	A	B	C	D	E	F	G	H
1			영업소별 제품 재고현황					
2								
3		영업소 코드	영업소장	입고량	판매량	재고량	재고율	
4		SU-011	서울	200	50	150	75	
5		PS-002	부산	150	100	50	33.33333	
6		DG-030	대구	800	500	300	37.5	
7		GJ-006	광주	300	200	100	33.33333	
8		DJ-051	대전	350	250	100	28.57143	
9		SU-034	서울	400	300	100	25	
10		PS-010	부산	250	200	50	20	
11		DG-023	대구	250	250	0	0	
12		GJ-013	광주	300	150	150	50	
13		DJ-044	대전	400	300	100	25	
14		SU-005	서울	450	250	150	33.33333	
15								

① [페이지 설정] 대화상자의 [시트] 탭에서 '반복할 행'에 $1:$3를 입력한다.
② [페이지 설정] 대화상자의 [시트] 탭에서 '인쇄 영역'에 A:G를 입력한다.
③ [페이지 설정] 대화상자의 [머리글/바닥글] 탭에서 '머리글'에 $1:$3를 입력한다.
④ [페이지 설정] 대화상자의 [머리글/바닥글] 탭에서 '머리글'에 A:G를 입력한다.

바로 보는 해설

01 사용자가 설정한 인쇄 영역은 통합 문서를 저장할 때 함께 저장되므로 인쇄 영역은 계속 유지된다.
02 머리글 및 바닥글을 삽입하려면 [보기] 탭-[통합 문서 보기] 그룹의 '페이지 레이아웃'을 이용한다.
03 '페이지 나누기 삽입' 기능을 이용하면 선택한 셀의 위쪽 행, 왼쪽 열을 기준으로 페이지를 나눌 수 있다.
04 모든 데이터를 한 페이지에 인쇄하려면 [자동 맞춤]의 용지 너비를 '1'로 하고 [용지 높이]를 '1'로 한다.
05 머리글/바닥글은 [머리글/바닥글] 탭에서 설정 가능하다.
06 [페이지 설정] 대화상자의 [시트] 탭에서 '반복할 행'을 지정하면 지정한 행이 모든 페이지에 반복해서 인쇄된다.

| 정답 | 01 ② 02 ③ 03 ③ 04 ④ 05 ④
06 ①

07

다음 중 인쇄 기능에 대한 설명으로 옳지 <u>않은</u> 것은?

① 기본적으로 워크시트의 눈금선은 인쇄되지 않으나 인쇄되도록 설정할 수 있다.
② [페이지 설정] 대화상자의 [시트] 탭에서 '간단하게 인쇄'를 선택하면 셀의 테두리를 포함하여 인쇄할 수 있다.
③ [인쇄 미리 보기 및 인쇄] 화면을 표시하는 바로 가기 키는 Ctrl + F2 이다.
④ [인쇄 미리 보기 및 인쇄] 화면에서 '여백 표시'를 선택한 경우 마우스로 여백을 변경할 수 있다.

08

다음 중 [페이지 설정] 대화상자의 [시트] 탭 옵션에 대한 설명으로 옳지 <u>않은</u> 것은?

① '메모'는 메모를 인쇄에 포함하지 않는 '(없음)' 외에 '시트 끝', '시트에 표시된 대로' 중 선택하여 인쇄 위치를 지정할 수 있다.
② '행/열 머리글'을 선택하면 워크시트의 행 머리글과 열 머리글을 포함하여 인쇄한다.
③ '반복할 행'은 매 페이지 상단에 제목으로 인쇄될 영역을 지정하는 것으로 비연속 구간의 여러 행을 선택할 수 있다.
④ '셀 오류 표시'는 '표시된 대로' 외에 '〈공백〉', '--', '#N/A' 중 선택하여 표시할 수 있다.

09

다음 중 바닥글 영역에 페이지 번호를 인쇄하도록 설정된 여러 개의 시트를 출력하면서 전체 출력물의 페이지 번호가 일련번호로 이어지게 하는 방법으로 옳지 <u>않은</u> 것은?

① [인쇄] 대화상자에서 '인쇄 대상'을 '전체 통합 문서'로 선택하여 인쇄한다.
② 전체 시트를 그룹으로 설정한 후 인쇄한다.
③ 각 시트의 [페이지 설정] 대화상자에서 '일련 번호로 출력'을 선택한 후 인쇄한다.
④ 각 시트의 [페이지 설정] 대화상자에서 '시작 페이지 번호'를 일련 번호에 맞게 설정한 후 인쇄한다.

10

문서를 인쇄했을 때 문서의 위쪽에 '- 1 Page -' 형식으로 페이지 번호를 표시하려고 한다. 다음 중 설정 방법으로 옳은 것은?

① -&[페이지 번호]& Page-
② &- [페이지 번호] Page -
③ - &[페이지 번호] Page -
④ &- [페이지 번호]& Page -

11 (또 나올 문제)

다음 중 '머리글/바닥글' 기능에 대한 설명으로 옳지 <u>않은</u> 것은?

① 머리글이나 바닥글의 텍스트에 앰퍼샌드(&) 문자 한 개를 포함시키려면 앰퍼샌드(&) 문자를 두 번 입력한다.
② 여러 워크시트에 동일한 [머리글/바닥글]을 한 번에 추가하려면 여러 워크시트를 선택하여 그룹화한 후 설정한다.
③ [페이지 나누기 미리 보기] 상태에서는 워크시트에 머리글과 바닥글 영역이 함께 표시되어 간단히 머리글/바닥글을 추가할 수 있다.
④ 차트 시트인 경우 [페이지 설정] 대화상자의 [머리글/바닥글] 탭에서 머리글/바닥글을 추가할 수 있다.

12 (또 나올 문제)

다음 중 [페이지 설정] 대화상자의 [시트] 탭에 대한 설명으로 옳지 <u>않은</u> 것은?

① 인쇄 영역을 지정하지 않으면 기본적으로 워크시트의 모든 내용을 인쇄한다.
② 반복할 행은 "$1:$3"과 같이 행 번호로 나타낸다.
③ 메모의 인쇄 방법을 '시트 끝'으로 선택하면 원래 메모가 속한 각 페이지의 끝에 모아 인쇄된다.
④ 여러 페이지가 인쇄될 경우 열 우선을 선택하면 오른쪽 방향으로 인쇄를 마친 후에 아래쪽 방향으로 진행된다.

13

다음 중 [페이지 설정] 대화상자에 대한 설명으로 옳지 <u>않은</u> 것은?

① [페이지] 탭 '자동 맞춤'에서 용지 너비와 용지 높이를 모두 1로 설정하면 확대/축소 배율이 항상 100%로 인쇄된다.
② [여백] 탭 '페이지 가운데 맞춤'의 가로 및 세로를 체크하면 인쇄 내용이 용지의 가운데에 맞춰 인쇄된다.
③ [머리글/바닥글] 탭의 '페이지 여백에 맞추기'를 체크하면 머리글이나 바닥글을 표시하기에 충분한 머리글 또는 바닥글 여백이 확보된다.
④ [시트] 탭 '페이지 순서'에서 행 우선을 선택하면 여러 장에 인쇄될 경우 행 방향으로 인쇄된 후 나머지 열들을 인쇄한다.

14

다음 중 워크시트의 셀 구분선을 그대로 인쇄하기 위한 설정 방법으로 옳은 것은?

① [페이지 설정] 대화상자의 [시트] 탭에서 '눈금선'을 선택한다.
② [페이지 설정] 대화상자의 [페이지] 탭에서 '눈금선'을 선택한다.
③ [페이지 설정] 대화상자의 [여백] 탭에서 '눈금선'을 선택한다.
④ [페이지 설정] 대화상자의 [머리글/바닥글] 탭에서 '눈금선'을 선택한다.

바로 보는 해설

07 '간단하게 인쇄'에 체크하면 그림, 도형 등의 개체를 제외한 데이터만 인쇄된다.

| 오답 피하기 |
① [페이지 설정] 대화상자의 [시트] 탭에서 '인쇄'의 '눈금선'에 체크하면 눈금선을 인쇄할 수 있다.
④ [인쇄 미리 보기 및 인쇄] 화면에서 [여백 표시] 단추(▯)를 클릭하면 여백을 표시하는 선이 나타나는데, 이 선을 마우스로 드래그하여 여백을 조정할 수 있다.

08 반복할 행이나 반복할 열은 연속된 행이나 열만을 지정할 수 있다.

09 [페이지 설정] 대화상자에는 '일련 번호로 출력' 항목은 없다.

10 | 오답 피하기 |
① –1Page–
② [페이지 번호] Page –
④ [페이지 번호]Page –

11 [페이지 나누기 미리 보기] 상태에서는 머리글이나 바닥글을 추가할 수 없고, [페이지 레이아웃] 상태에서 추가할 수 있다.

12 메모의 인쇄 방법을 '시트 끝'으로 선택하면 메모를 시트의 끝에 모아 인쇄한다.

13 [페이지] 탭의 '자동 맞춤'에서 용지 너비와 용지 높이를 모두 1로 설정하면 1페이지에 모두 출력되도록 배율이 조정된다.

14 [페이지 설정] 대화상자의 [시트] 탭에서 '눈금선'을 선택하면 셀 구분선이 그대로 인쇄된다.

| 정답 | 07 ② 08 ③ 09 ③ 10 ③ 11 ③
12 ③ 13 ① 14 ①

CHAPTER 7
매크로와 VBA 활용

최근 기출 10개년 기준
11%

무료 동영상 강의

- 075 매크로 작성
- 076 매크로 실행
- 077 VBA 프로그래밍
- 078 VBA 문법
- 079 VBA 개체

학습전략

엑셀을 활용하여 업무를 자동화하는 데 필요한 기능을 다루고 있습니다. 필기시험뿐만 아니라 실기시험에도 빠지지 않고 출제되는 부분이므로 어렵게 느껴지더라도 실습을 통해 꼼꼼하게 학습할 필요가 있습니다.

| 빈출개념 | #매크로의 개념 #매크로 이름 #바로 가기 키

개념끝 075 매크로 작성

기출빈도

결정적 힌트

매크로는 필기시험과 실기시험에 매회 출제되는 중요한 기능입니다. 매크로의 기본 개념과 [매크로 기록] 대화상자에서 많은 문제가 출제되었습니다. 특히 매크로 이름과 바로 가기 키 등이 중요합니다. 매크로 기능을 처음 접해보는 사용자라면 반드시 실습을 통해 기능을 익히는 것이 필요합니다.

▼ 상대 참조로 기록
[상대 참조로 기록]을 선택하면 매크로를 실행할 때 셀 포인터의 위치에 따라 매크로가 다른 위치에 적용된다.

01 매크로의 개념

- 반복적인 작업이나 자주 사용하는 명령 등을 매크로로 기록하여 작업 과정을 자동화하는 기능을 의미한다.
- 매크로는 Visual Basic 언어를 기반으로 작성되고, Visual Basic Editor(VB Editor)로 작성하거나 변경할 수 있다.
- 매크로를 기록하는 경우 작업 과정의 모든 단계가 매크로 레코더에 기록되고, 리본 메뉴에서의 탐색은 기록된 단계에 포함되지 않는다.
- 매크로는 통합 문서에 첨부된 모듈 시트로, 하나의 Sub 프로시저로 기록되며, Sub로 시작하고 End Sub로 끝난다.
- 매크로는 기본적으로 절대 참조로 기록되며, 상대 참조로 기록하려면 [보기] 탭-[매크로] 그룹-[매크로]-[상대 참조로 기록]을 선택한 후 매크로를 기록한다.

02 매크로의 생성

| 실행 방법

방법1	[보기] 탭-[매크로] 그룹-[매크로]-[매크로 기록] 선택
방법2	[개발 도구] 탭-[코드] 그룹-[매크로 기록] 선택

개념 플러스 [개발 도구] 탭이 화면에 표시되지 않는 경우

① [파일] 탭-[옵션]을 선택한다.
② [Excel 옵션] 대화상자가 나타나면 '리본 사용자 지정' 범주에서 '리본 메뉴 사용자 지정'의 '기본 탭'을 선택하고 '개발 도구'를 체크 → [확인] 단추를 클릭한다.

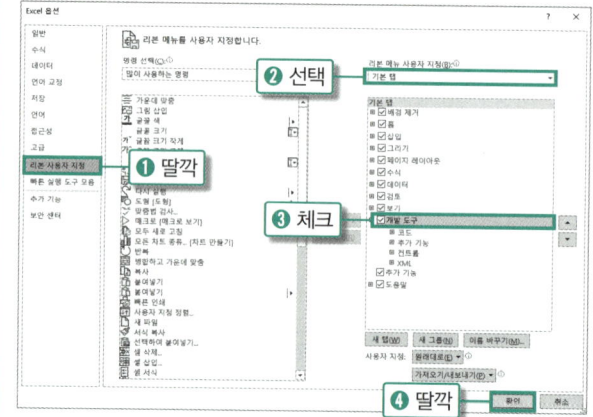

I [매크로 기록] 대화상자

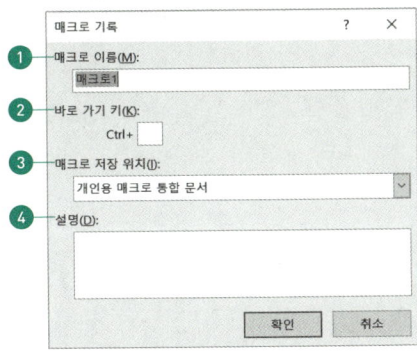

❶ 매크로 이름	• 첫 글자는 반드시 문자로 지정해야 하고, ?, /, -, #, @, $, %, & 등의 기호를 사용할 수 없음 • 이름에 공백을 사용할 수 없음 • 하나의 통합 문서에서 같은 매크로 이름을 지정할 수 없음 • 통합 문서를 열 때마다 특정 작업이 자동으로 수행되는 매크로는 Auto_Open으로 이름을 지정함	
❷ 바로 가기 키	• 특수 문자와 숫자는 사용할 수 없고, 영문자만 가능 • 바로 가기 키를 반드시 설정할 필요는 없음 • 소문자는 [Ctrl]과 조합해서 사용하지만, 대문자로 지정하면 [Ctrl]+[Shift]를 누른 상태에서 해당 문자를 눌러야 함 • 매크로 바로 가기 키가 엑셀 바로 가기 키보다 우선임	
❸ 매크로 저장 위치	• '현재 통합 문서', '새 통합 문서', '개인용 매크로 통합 문서' 중에서 선택 • 개인용 매크로 통합 문서'를 선택하면 엑셀을 실행할 때마다 매크로를 사용할 수 있음('XLSTART' 폴더에 'Personal.xlsb'로 저장됨)	
❹ 설명	매크로에 설명이 필요한 경우 입력할 수 있지만, 반드시 입력할 필요는 없음	

실습으로 개념끝 ❶ 에듀윌_컴퓨터활용능력1급필기기본서_실습으로개념끝\2과목\Chapter7_1.매크로.xlsx

[E11:F11] 영역에 대하여 평균을 계산하는 '평균' 매크로를 생성하시오.

따라하기

❶ [개발 도구] 탭-[코드] 그룹-[매크로 기록]을 선택한다.

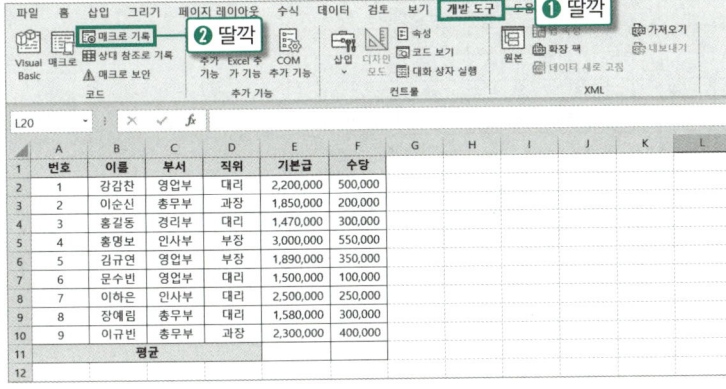

❷ [매크로 기록] 대화상자가 나타나면 '매크로 이름'에 '평균'을 입력하고 매크로 저장 위치를 '현재 통합 문서'로 지정한 후 [확인] 단추를 클릭한다.

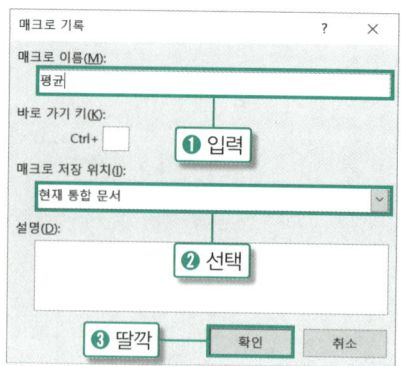

❸ [E11] 셀을 선택하고 '=AVERAGE(E2:E10)'을 입력한 후 Enter 를 누른다.

■ 매크로 기록을 중지하기 위해 상태 표시줄에 표시된 '기록 중지' 단추(□)를 클릭해도 된다.

❹ [E11] 셀의 자동 채우기 핸들을 [F11] 셀까지 드래그하여 함수식을 복사한다. 임의의 셀을 선택하고 [개발 도구] 탭-[코드] 그룹-[기록 중지]를 선택한다.

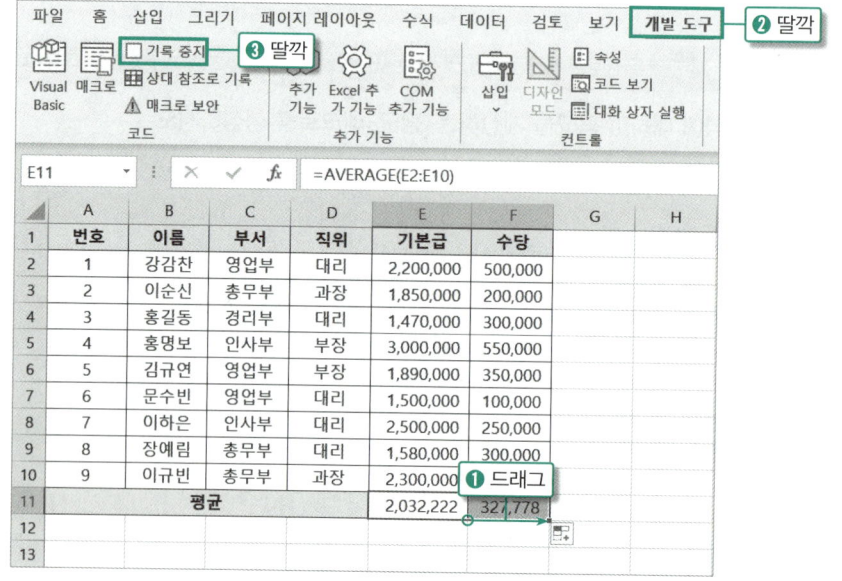

❺ [삽입] 탭-[일러스트레이션] 그룹-[도형]을 클릭하고 '기본 도형'의 '사각형 빗면(▱)'을 클릭한다.

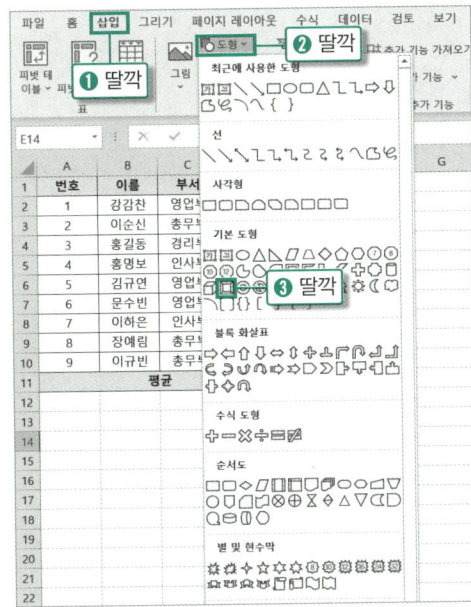

❻ Alt 를 누른 상태에서 [H3:I4] 영역에 드래그하여 '빗면' 도형을 그린다. 도형을 선택한 상태에서 '평균'을 입력하고 [홈] 탭-[맞춤] 그룹-[가운데 맞춤]을 클릭한다.

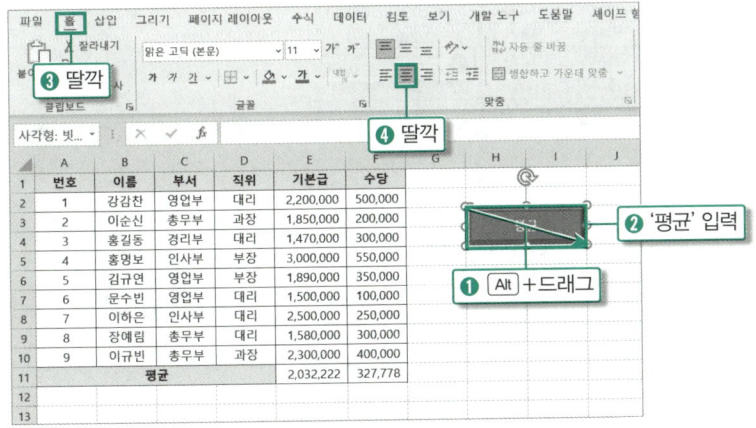

❼ '빗면' 도형에서 마우스 오른쪽 단추를 클릭하고 바로 가기 메뉴에서 [매크로 지정]을 선택한다.

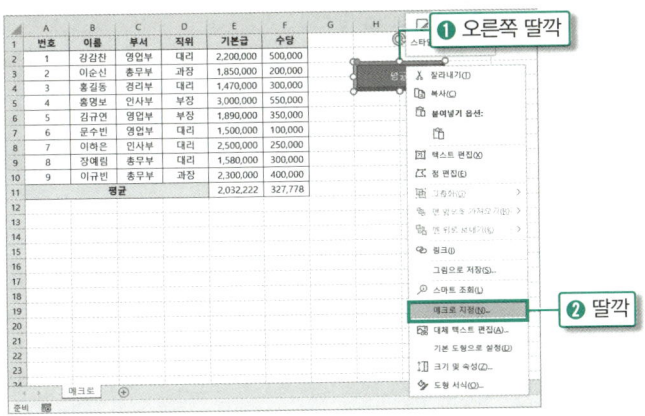

■ [개발 도구] 탭-[컨트롤] 그룹-[삽입]을 클릭한 후 '양식 컨트롤'의 '단추(▭)'를 삽입하면 [매크로 지정] 대화상자가 자동으로 표시된다.

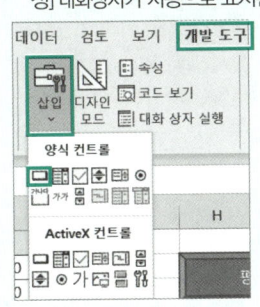

❽ [매크로 지정] 대화상자가 나타나면 '매크로 이름'에서 '평균'을 선택하고 '매크로 위치'에 '현재 통합 문서'를 선택한 후 [확인] 단추를 클릭한다.

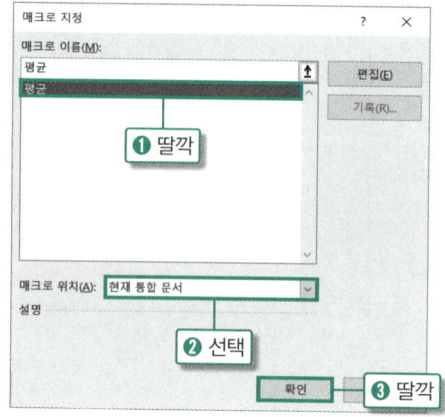

❾ [E11:F11] 영역을 선택하고 Delete를 눌러 평균값을 삭제한 후 빗면 도형을 클릭한다.

	A	B	C	D	E	F	G	H	I	J
1	번호	이름	부서	직위	기본급	수당				
2	1	강감찬	영업부	대리	2,200,000	500,000			평균	
3	2	이순신	총무부	과장	1,850,000	200,000				
4	3	홍길동	경리부	대리	1,470,000	300,000				
5	4	홍명보	인사부	부장	3,000,000	550,000			❷ 딸깍	
6	5	김규연	영업부	부장	1,890,000	350,000				
7	6	문수빈	영업부	대리	1,500,000	100,000				
8	7	이하은	인사부	대리	2,500,000	250,000				
9	8	장예림	총무부	대리	❶ 드래그 → Delete					
10	9	이규빈	총무부	과장	2,300,000	400,000				
11		평균								

■ 매크로가 정상적으로 실행되지 않으면 [개발 도구] 탭-[코드] 그룹-[매크로]를 클릭하여 해당 매크로를 삭제한 후 새로 작성해야 한다.

❿ 결과를 확인한다.

	A	B	C	D	E	F	G	H	I	J
1	번호	이름	부서	직위	기본급	수당				
2	1	강감찬	영업부	대리	2,200,000	500,000			평균	
3	2	이순신	총무부	과장	1,850,000	200,000				
4	3	홍길동	경리부	대리	1,470,000	300,000				
5	4	홍명보	인사부	부장	3,000,000	550,000				
6	5	김규연	영업부	부장	1,890,000	350,000				
7	6	문수빈	영업부	대리	1,500,000	100,000				
8	7	이하은	인사부	대리	2,500,000	250,000				
9	8	장예림	총무부	대리	1,580,000	300,000				
10	9	이규빈	총무부	과장	2,300,000	400,000				
11		평균			2,032,222	327,778				
12										

Warming UP 기출로 개념 확인

바로 보는 해설

01
다음 중 매크로에 대한 설명으로 옳지 <u>않은</u> 것은?

① 매크로 기록 시 리본 메뉴에서의 탐색도 매크로 기록에 포함된다.
② 매크로 이름은 숫자나 공백으로 시작할 수 없다.
③ 매크로를 사용하면 반복적인 작업을 빠르고 쉽게 실행할 수 있다.
④ 그래픽 개체에 매크로를 지정한 후 개체를 클릭하여 매크로를 실행할 수 있다.

01
매크로를 기록할 때 리본 메뉴에서의 탐색은 매크로 기록에 포함되지 않는다.

02 (또 나올 문제)
다음 중 작성된 매크로를 엑셀이 실행될 때마다 모든 통합 문서에서 실행할 수 있도록 하는 방법으로 옳은 것은?

① 작성된 매크로를 Office 설치 폴더 내 'XLSTART' 폴더에 Auto.xlsb로 저장한다.
② 작성된 매크로를 임의의 폴더에 Personal.xlsb로 저장한다.
③ 작성된 매크로를 Office 설치 폴더 내 'XLSTART' 폴더에 Personal.xlsb로 저장한다.
④ 작성된 매크로를 임의의 폴더에 Auto.xlsb로 저장한다.

02
'XLSTART' 폴더에 'Personal.xlsb'로 저장되어 있는 경우 엑셀이 실행될 때 자동으로 열린다.

| 정답 | 01 ① 02 ③

개념끝 076 매크로 실행

| 빈출개념 | #개체 사용 #매크로 삭제 #매크로 보안

기출빈도 A

결정적 힌트

작성된 매크로를 실행하는 방법은 매우 다양합니다. 매크로를 실행하는 다양한 방법을 반드시 이해하고 매크로를 삭제하거나 편집하는 방법도 알아두어야 합니다.

01 매크로 실행

(1) 바로 가기 키
매크로 기록 시 지정한 바로 가기 키를 누른다.

(2) 개체 사용
- 단추, 그림, 도형, 차트 등에 매크로를 연결하여 실행할 수 있다.
- 개체의 바로 가기 메뉴에서 [매크로 지정]을 선택한 후 [매크로 지정] 대화상자에서 연결할 매크로를 선택하고 [확인] 단추를 클릭한다.
- 단추(□)를 그리면 바로 [매크로 지정] 대화상자가 나타난다.
- 셀이나 텍스트 등에는 매크로를 지정할 수 없다.

개념 플러스 양식 컨트롤과 ActiveX 컨트롤

[개발 도구] 탭-[컨트롤] 그룹-[삽입]을 선택하면 데이터 표시 및 입력 또는 작업을 수행하기 위해 텍스트 상자, 목록 상자, 옵션 단추, 명령 단추 등의 양식에 넣을 그래픽 개체를 선택할 수 있다.

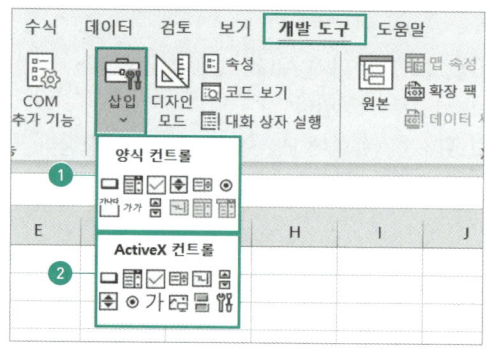

❶ 양식 컨트롤	• [디자인 모드] 상태에서 크기, 이동, 매크로 동작이 모두 가능 • 단추(□)를 추가하면 [매크로 지정] 대화상자가 자동으로 표시됨
❷ ActiveX 컨트롤	• 양식 컨트롤보다 다양한 이벤트에 반응할 수 있지만, 양식 컨트롤보다 호환성이 낮음 • [디자인 모드] 상태에서 크기 조정과 이동은 가능하지만, 매크로 동작이 실행되지 않음

(3) [매크로] 대화상자

[매크로] 대화상자에서 실행할 매크로를 선택하고 [실행] 단추를 클릭한다.

| 실행 방법

방법1	[보기] 탭-[매크로] 그룹-[매크로 보기] 선택
방법2	[개발 도구] 탭-[코드] 그룹-[매크로] 선택
방법3	Alt + F8

| [매크로] 대화상자

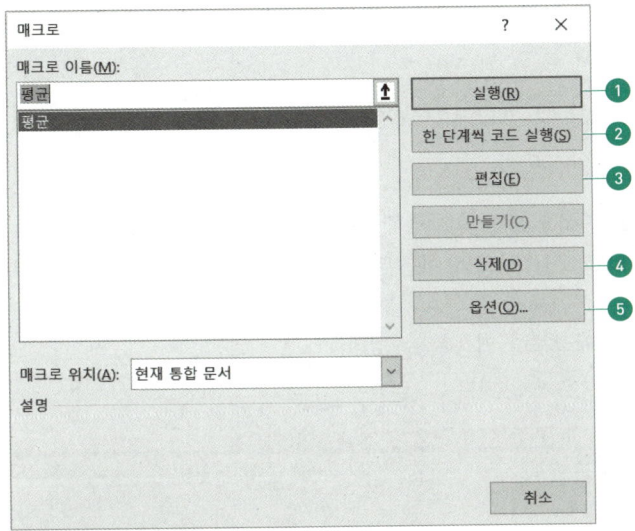

❶ 실행	선택한 매크로 실행
❷ 한 단계씩 코드 실행	Visual Basic Editor를 실행하여 선택한 매크로를 한 줄씩 실행
❸ 편집	Visual Basic Editor를 실행하여 매크로 이름이나 코드 수정
❹ 삭제	선택한 매크로 삭제
❺ 옵션	'매크로 이름'은 수정할 수 없고 '바로 가기 키'와 '설명'은 수정할 수 있음

(4) Visual Basic Editor

- Visual Basic Editor에서 [도구]-[매크로] 메뉴를 선택한 후 실행할 매크로를 선택하고 [실행] 단추를 클릭한다.
- F5 : 매크로를 실행한다.
- F8 : 한 단계씩 매크로를 실행한다.
- Ctrl + F8 : 모듈 창의 커서 위치까지 실행한다.

02 매크로 삭제

- [매크로] 대화상자에서 삭제할 매크로를 선택하고 [삭제] 단추를 클릭한다.
- Visual Basic Editor에서 삭제할 매크로의 프로시저를 Delete 를 이용하여 삭제해도 된다.
- 매크로가 연결된 개체를 삭제해도 매크로는 삭제되지 않는다.

03 매크로 편집

- 매크로는 Visual Basic Editor를 이용하여 편집할 수 있다.

| 실행 방법

방법1	[개발 도구] 탭-[코드] 그룹-[Visual Basic] 선택
방법2	Alt + F11

- 작은따옴표(')가 붙은 문장은 주석으로 처리되어 매크로 실행에 영향을 주지 않는다.
- 매크로는 모듈 시트에 기록되고 모듈 시트의 이름은 'Module1', 'Module2' 등 순서대로 자동 설정된다.
- 하나의 모듈 시트에 여러 개의 매크로를 기록할 수 있다.

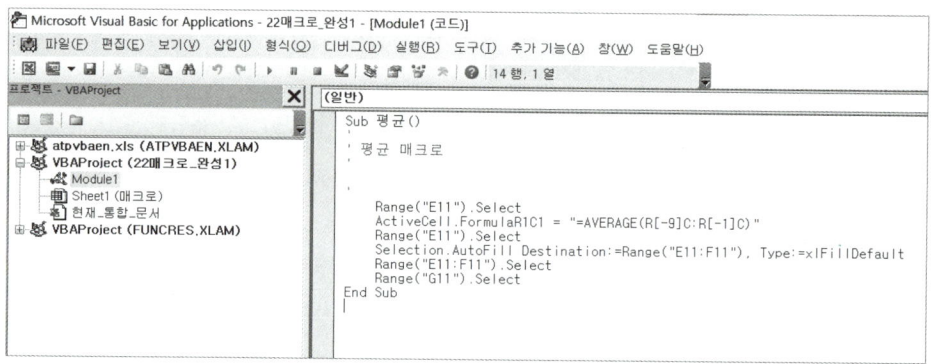

04 매크로 보안

- [개발 도구] 탭-[코드] 그룹-[매크로 보안]을 클릭하여 [보안 센터] 창을 열고 '매크로 설정' 범주에서 설정한다.

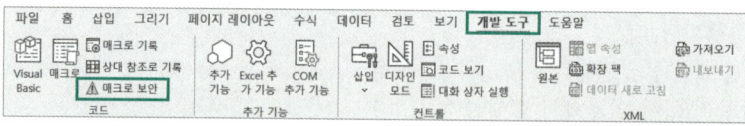

- '매크로 설정' 범주 항목
  - 알림이 없는 매크로 사용 안 함
  - 알림이 포함된 VBA 매크로 사용 안 함
  - 디지털 서명된 매크로를 제외하고 VBA 매크로 사용 안 함
  - VBA 매크로 사용(권장 안 함, 위험한 코드가 시행될 수 있음)

■ 매크로가 포함된 문서를 열 때 [보안 경고] 메시지가 표시되는 경우

[보안 경고] 메시지에서 [콘텐츠 사용] 단추를 클릭한다.

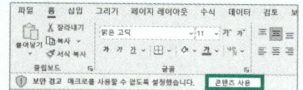

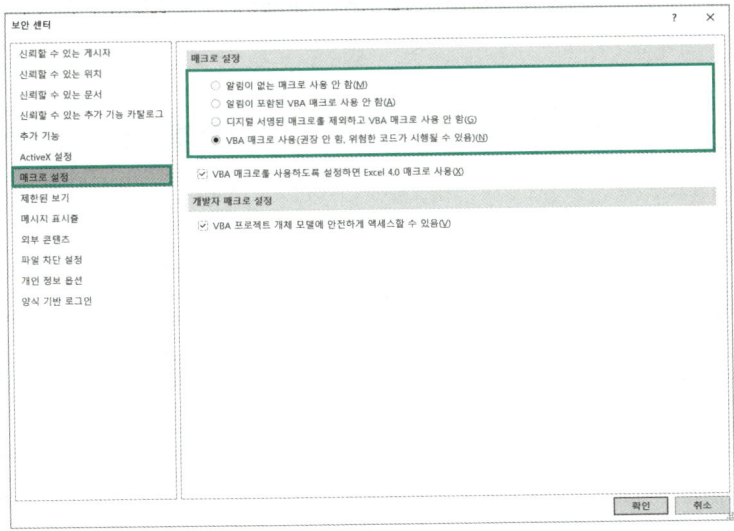

Warming UP 기출로 개념 확인

01

다음 중 매크로 편집 및 삭제에 대한 설명으로 옳지 않은 것은?

① [매크로] 대화상자에서 편집할 매크로를 선택하고 [편집] 단추를 클릭하면 Visual Basic Editor를 실행할 수 있다.
② Alt + F8 을 눌러 Visual Basic Editor를 실행하면 매크로를 수정할 수 있다.
③ 'Personal.xlsb' 파일을 삭제하면 통합 문서에 있는 모든 매크로를 삭제할 수 있다.
④ Visual Basic Editor에서 삭제할 매크로의 코딩 부분을 범위로 지정한 뒤 Delete 를 눌러 여러 매크로를 한번에 삭제할 수 있다.

02

다음 중 매크로를 작성하고 사용하는 방법에 대한 설명으로 옳지 않은 것은?

① 매크로를 기록하는 경우 기본적으로 셀은 절대 참조로 기록되며, 상대 참조로 기록하고자 할 경우 '상대 참조로 기록'을 선택한 후 매크로 기록을 실행한다.
② 매크로에 지정된 바로 가기 키가 엑셀 고유의 바로 가기 키와 중복될 경우 엑셀 고유의 바로 가기 키가 우선한다.
③ 매크로를 기록하는 경우 실행하려는 작업을 완료하는 데 필요한 모든 단계가 매크로 레코더에 기록되며, 리본 메뉴에서의 탐색은 기록된 단계에 포함되지 않는다.
④ 개인용 매크로 통합 문서에 저장한 매크로는 엑셀을 시작할 때마다 자동으로 로드되므로 다른 통합 문서에서도 실행할 수 있다.

바로 보는 해설

01
Alt + F11 을 눌러야 Visual Basic 편집기가 실행된다.

02
매크로에 지정된 바로 가기 키가 엑셀 고유의 바로 가기 키와 중복될 경우 매크로에 지정된 바로 가기 키가 우선한다.

| 정답 | 01 ② 02 ②

| 빈출개념 | #VBE의 화면   #모듈   #프로시저

077 VBA 프로그래밍

결정적 힌트

VBA 프로그래밍은 1급에만 출제되는 부분으로, 필기시험과 실기시험에 매회 다뤄지는 중요한 기능입니다. 대부분의 사용자에게 VBA 프로그래밍은 생소할 수 있는 부분입니다. 모든 내용을 다 이해하려고 하는 것보다는 자주 출제되었던 부분을 중심으로 학습하는 것이 필요합니다.

01 VBA(Visual Basic Application)의 개념

- VBA는 Microsoft Office에서 제공하는 매크로 작업용 언어로 VBE(Visual Basic Editor)를 이용하여 기록한다.

VBE 실행 방법

방법1	[개발 도구] 탭 – [코드] 그룹 – [Visual Basic] 선택
방법2	Alt + F11
방법3	매크로 실행 개체의 바로 가기 메뉴에서 [매크로 지정] 선택 후 [편집] 단추 클릭
방법4	시트 탭의 바로 가기 메뉴에서 [코드 보기] 선택

02 VBE(Visual Basic Editor)의 화면

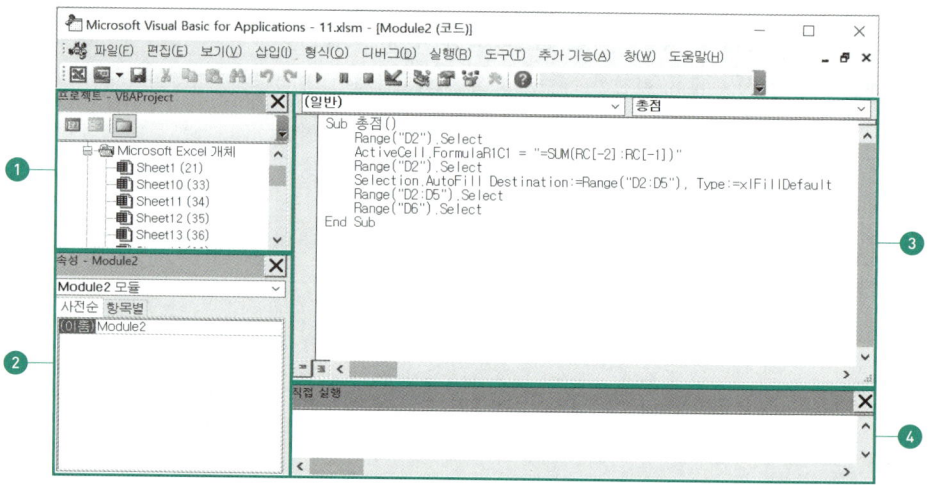

❶ 프로젝트 탐색기	현재 열려있는 모든 통합 문서의 시트와 모듈, 사용자 정의 폼 등을 표시
❷ [속성] 창	개체에 대한 모든 속성 표시
❸ 코드 창	선택된 모듈의 프로시저 내용 표시
❹ [직접 실행] 창	프로시저를 직접 실행하거나 실행 결과를 미리 확인할 수 있음(Ctrl + G)

03 프로그래밍의 기본

모듈(Module)	프로젝트를 구성하는 기본 단위로, 프로시저의 집합
프로시저(Procedure)	• 특정 기능을 수행하는 명령문의 집합 • Sub~End Sub: 결괏값을 반환하지 않음 • Function~End Function: 결괏값 반환
개체(Object)	• 통합 문서, 셀, 차트, 폼과 같은 엑셀의 구성 요소 • 마침표(.)로 구분
속성(Property)	• 개체가 갖는 고유한 성질 • '개체명.속성 =값'으로 지정 예 Range("A1").Value =10
메서드(Method)	• 개체가 실행할 수 있는 동작 • '개체명.메서드'로 지정 예 Range("A1").Select
이벤트(Event)	• 마우스나 키보드를 움직이는 동작 등의 사건이나 조작 • 이벤트 프로시저는 '개체명_이벤트명'으로 지정 예 txt입력_Click( ) → 'txt입력' 컨트롤이 클릭될 때

개념 플러스 프로시저 호출

방법1	프로시저 이름 인수1, 인수2 ...
방법2	Call 프로시저 이름(인수1, 인수2, ...)

예 TEST 200, 500, "이순신" 또는 Call TEST(200, 500, "이순신")

04 변수(Variable)

- 프로그램에서 특정 값을 저장하기 위한 공간으로, 저장하는 데이터에 따라 데이터 형식을 가진다.
- 형식: [키워드] 변수명 [As 데이터 형식]

(1) 키워드

Dim	• 프로시저의 처음에 선언: 해당 프로시저 내에서만 사용 가능 • 모듈의 처음에 선언: 해당 모듈 내의 모든 프로시저에서 사용 가능
Static	프로시저의 처음에 선언하며, 해당 프로시저 내에서 사용 가능
Private	모듈의 처음에 선언하며, 해당 모듈 내의 모든 프로시저에서 사용 가능
Public	모듈의 처음에 선언하며, 모든 모듈에서 사용 가능

(2) 변수명 규칙

- 첫 글자는 반드시 숫자가 아닌 문자로 시작해야 한다.

- 문자, 숫자, 밑줄 문자(_)를 포함할 수 있으며 특수 문자와 공백은 사용할 수 없다.
- 변수명의 길이는 255자를 넘을 수 없다.
- Visual Basic 키워드를 이름으로 지정할 수 없다.
- 전역변수 선언을 위해서는 Public을 변수명 앞에 지정해 주어야 한다.
- 선언문에서 변수에 데이터 형식을 생략하면 변수는 Variant 형식을 가진다.
- 사용자가 사용하는 모든 변수를 의무적으로 선언하게 하려면 Option Explicit를 첫 줄에 삽입한다.

(3) 주요 데이터 형식

종류	형식	크기
정수	Byte	1Byte
	Integer	2Byte
	Long	4Byte
실수	Single	4Byte
	Double	8Byte
날짜	Date	8Byte
숫자(통화)	Currency	8Byte
문자	String	문자 길이
논리값	Boolean	2Byte
가변형	Variant	• 숫자: 16Byte • 문자: 22Byte + 문자 길이

05 상수(Constant)

- 변수에 입력되는 값으로 프로그램의 처리 중 변하지 않는 일정한 값을 의미한다.
- 사용자 정의 상수는 Const 명령을 이용하여 정의한다.
- 엑셀 내장 상수는 xl로 시작하고, VBA 내장 상수는 vb로 시작한다.

06 배열(Array)

- 같은 데이터 형을 가진 변수들을 연속적으로 사용하는 것으로, 모든 데이터를 하나의 배열명으로 정의한다.
- 배열은 배열명 다음에 괄호를 붙여서 선언하며, 괄호 안에 배열의 크기를 지정한다.
- 배열은 첨자(Index)를 이용하여 기억 공간을 구분하며, 기본적으로 첨자는 0부터 시작한다.
- 'Option Base 1'을 선언하면 배열의 첨자는 1부터 시작한다.
    - 예 Dim No(4) As Integer → No(0)~No(4)까지 5개의 기억 공간이 정수형의 1차원 배열 생성
    - 예 Option Base 1 → 배열의 첫 요소는 (1, 1, 1)부터 시작
      Dim No(3, 4, 2) As Integer → 3차원 배열로 3면 4행 2열로 구성됨

▼ 배열
- 정적 배열(Static Array): 고정 길이의 배열이다.
- 동적 배열(Dynamic Array): 런타임 시에 길이가 설정되는 배열이다.

| Warming UP | 기출로 개념 확인 |

01

다음 중 VBA의 모듈에 대한 설명으로 적절하지 <u>않은</u> 것은?

① 특정 기능을 수행할 수 있는 명령문들의 집합이다.
② Sub ~ End Sub 프로시저는 명령문들의 실행 결과를 반환하지만, Function ~ End Function 프로시저는 결과를 반환하지 않는다.
③ 전역변수 선언을 위해서는 PUBLIC으로 변수명 앞에 지정해 주어야 한다.
④ 하나 이상의 프로시저들을 이용하여 모듈을 구성할 수 있다.

바로 보는 해설

01
Sub ~ End Sub 프로시저는 명령문들의 실행 결과를 반환하지 않고, Function ~ End Function 프로시저는 결과를 반환한다.

02

다음 중 아래 프로시저에 대한 설명으로 옳지 <u>않은</u> 것은?

```
Sub LocalVariable( )
    Dim strMsg As String
    strMsg = "작업이 완료되었습니다."
    MsgBox strMsg
End Sub
Sub OutsideScope( )
    MsgBox strMsg
End Sub
```

① LocalVariable( )에서 strMsg를 문자열 변수로 선언하였다.
② LocalVariable( )에서 변수 strMsg에 "작업이 완료되었습니다."라는 문자열을 대입시킨다.
③ LocalVariable( )에서 변수 strMsg 내용을 MsgBox를 이용해 대화상자에 표시한다.
④ OutsideScope( )에서도 LocalVariable( )에서 선언된 strMsg 변수가 적용되어 MsgBox를 이용해 대화상자에 표시한다.

02
OutsideScope( )는 LocalVariable( )와 다른 프로시저이며, LocalVariable( )에서 선언된 strMsg 변수를 사용할 수 없으므로 MsgBox를 이용해 대화상자에 표시할 수 없다.

03

다음 VBA 배열 선언문에 대한 설명으로 옳지 <u>않은</u> 것은?

```
Option Base 1
Dim No(3, 4, 2) As Integer
```

① 배열은 3차원 배열이고, 요소는 모두 24개이다.
② 배열의 첫 번째 요소는 No(0, 0, 0)이다.
③ 배열 요소의 데이터 형식은 모두 Integer이다.
④ 배열은 4행 2열의 테이블이 3면으로 되어 있다.

03
Option Base 1을 사용하면 배열의 첫 번째 요소는 No(1, 1, 1)이고, Option Base 1을 사용하지 않으면 배열의 첫 번째 요소는 No(0, 0, 0)이다.

| 정답 | 01 ② 02 ④ 03 ②

078 VBA 문법

| 빈출개념 | #If 구문 #Select 구문 #For~Next 구문

기출빈도

결정적 힌트

VBA의 핵심 문법인 제어문, 반복문, 메시지 박스 등의 개념을 다루는 부분입니다. 기본 구문의 형식을 암기하고 주어진 프로그램에서 어떤 기능을 수행하는지 이해할 수 있도록 학습하는 것이 필요합니다.

01 If 구문

- 조건을 비교하여 참(True) 또는 거짓(False)일 경우 서로 다른 명령을 처리하는 구문이다.
- 형식

```
If 조건식 Then
    명령문1 ← 조건이 참일 경우 실행
Else
    명령문2 ← 조건이 거짓일 경우 실행
End If
```

예

```
If Cells(1, 1).Value >= 60 Then
    MsgBox "합격"
Else
    MsgBox "불합격"
End If
```

[A1] 셀의 값이 60 이상이면
메시지 박스에 "합격" 표시
60 미만이면
메시지 박스에 "불합격" 표시

02 Select 구문

- 조건이 여러 개인 경우 하나의 식을 여러 개의 값과 비교하여 각 조건에 해당하는 명령을 실행하는 구문이다.
- 형식

```
Select Case 조건식 or 값
    Case 값1
        명령문1
    Case 값2
        명령문2
    ...
    Case Else
        명령문n
End Select
```

예)

Select Case Range("A2") 　Case 90 To 100 　　Range("D3") = "강릉" 　Case 70 To 89 　　Range("D3") = "제주도" 　Case Else 　　Range("D3") = "부산" End Select	Select 문 시작 [A2] 셀의 값이 90 이상 100 이하이면 [D3] 셀의 값에 "강릉"을 입력 [A2] 셀의 값이 70 이상 89 이하이면 [D3] 셀의 값에 "제주도"를 입력 위의 조건을 만족하지 않으면 [D3] 셀에 "부산"을 입력 Select 문 종료

03 For~Next 구문

- For 문에서 지정한 횟수만큼 명령문을 반복 실행하는 구문이다.
- 형식

```
For 변수 = 시작값 To 종료값 Step 단계값
    명령문
Next
```

예) 1부터 10까지의 합계(SUM)를 구하는 경우

For i = 1 To 10 Step 1 　Sum = Sum + i Next	변수 i가 1에서 10까지 1씩 증가하며 반복 1씩 증가되는 i 값을 SUM에 누적 For 문 반복 후 종료

04 For Each~Next 구문

- 개체 집합이나 배열에 대해 지정된 횟수만큼 명령을 반복 및 처리하는 구문이다.
- 형식

```
For Each 개체 변수 In 컬렉션 개체
    명령문
Next 개체 변수
```

예)

For Each i In Range("A1:A5") 　i.Value = "반복연습" Next	i를 [A1:A5] 영역에 반복 i에는 "반복연습"을 지정 For 문 반복 후 종료

→ 실행 결과 [A1:A5] 영역에 "반복연습"이 입력된다.

05 Do While 구문

조건을 만족하는 동안 명령을 반복 실행하는 구문이다.

(1) Do While ~ Loop

- 반복 전에 조건을 판단하므로, 조건에 만족하지 않으면 명령문은 한 번도 실행되지 않는다.
- 형식

```
Do While 조건식
    명령문
Loop
```

예

```
Sub loopTest( )
    Dim k As Integer
    Do while k < 3
        [A1].offset(k,1) = 10
        k = k + 2
    Loop
End Sub
```

k가 3보다 작은 동안 반복
k가 0인 경우
→ A1.offset(0,1) = 10 → [A1] 셀을 기준으로 아래로 0칸, 오른쪽으로 1칸이므로 [B1] = 10
k가 2인 경우
→ A1.offset(2,1) = 10 → [A1] 셀을 기준으로 아래로 2칸, 오른쪽으로 1칸이므로 [B3] = 10

→ 실행 결과 [B1] 셀과 [B3] 셀에 10이 입력된다.

(2) Do ~ Loop While

- 반복 후에 조건을 판단하므로, 무조건 한 번은 명령문을 수행한다.
- 형식

```
Do
    명령문
Loop While 조건식
```

06 Do Until 구문

조건을 만족하지 않는 동안 명령을 반복 실행하는 구문이다.

(1) Do Until ~ Loop

- 반복 전에 조건을 판단하므로, 조건에 만족하지 않으면 명령문은 한 번도 실행되지 않는다.
- 형식

```
Do Until 조건식
    명령문
Loop
```

(2) Do ~ Loop Until

- 반복 후에 조건을 판단하므로, 무조건 한 번은 명령문을 수행한다.
- 형식

```
Do
    명령문
Loop Until 조건식
```

예

```
Sub untilTest( )
    test = 0
    Do Until test > 10
        test = test + 1
    Loop
End Sub
```

test 변수의 초기값은 0으로 지정
test가 10보다 클 때까지 반복
test는 1씩 증가
test가 11이 되면 종료

07 MsgBox

- 대화상자에 주어진 메시지를 출력하는 구문이다.
- 형식

MsgBox(메시지,[단추 유형],[대화상자 제목],[도움말 파일],[도움말 번호])

| 단추 유형

상수	값	의미
vbOkOnly	0	[확인] 단추만 표시
vbOkCancel	1	[확인], [취소] 단추를 표시
vbAbortRetryIgnore	2	[중단], [다시 시도], [무시] 단추를 표시
vbYesNoCancel	3	[예], [아니요], [취소] 단추를 표시
vbYesNo	4	[예], [아니요] 단추를 표시
vbRetryCancel	5	[다시 시도], [취소] 단추를 표시

| 아이콘 종류

vbCritical	중지 아이콘(✖) 표시
vbQuestion	질의 아이콘(?) 표시
vbInformation	정보 아이콘(i) 표시
vbExclamation	경고 아이콘(⚠) 표시

예)

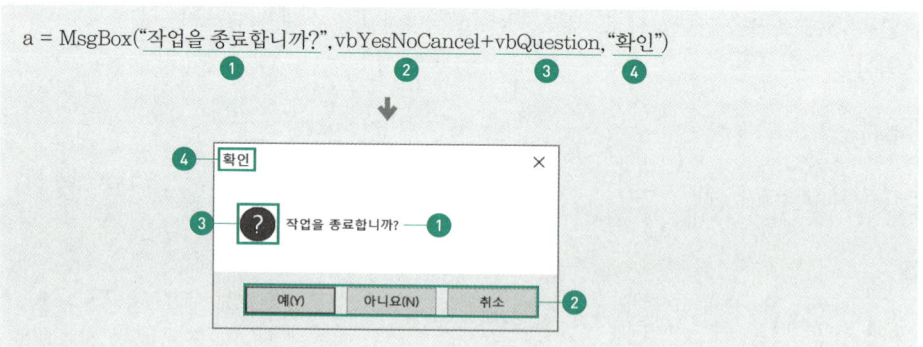

08 InputBox

- 특정 값을 입력받을 때 사용하는 구문이다.
- 형식

Input(메시지, [대화상자 제목], [기본값][가로 위치], [세로 위치], [도움말 파일], [도움말 번호])

예) a=InputBox("이름을 입력하세요", "이름입력")

바로 보는 해설

01
메시지 박스에 질의 아이콘(?)이 표시된다. 경고 아이콘(⚠)을 표시하려면 vbQuestion 대신 vbExclamation으로 작성해야 한다.

| 오답 피하기 |

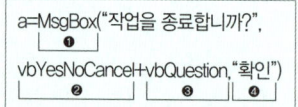

❶ 대화상자에 메시지를 표시하는 명령
❷ [예], [아니요], [취소]라는 세 개의 단추를 활성화
❸ 질의 아이콘(?)
❹ 대화상자 제목

| 정답 | 01 ①

Warming UP 기출로 개념 확인

01

다음 중 아래의 VBA 코드로 표시되는 메시지 박스에 관한 설명으로 옳지 <u>않은</u> 것은?

a=MsgBox("작업을 종료합니까?", vbYesNoCancel+vbQuestion, "확인")

① 메시지 박스에 정보 아이콘(⚠)이 표시된다.
② 메시지 박스의 제목으로 '확인'이 표시된다.
③ 메시지 박스의 Esc를 누르면 작업이 취소된다.
④ 메시지 박스에 '예', '아니오', '취소' 버튼이 표시된다.

02 또 나올 문제

다음 중 아래의 프로시저가 실행된 후 [A1] 셀에 입력되는 값으로 옳은 것은?

```
Sub 예제( )
    Test = 0
    Do Until Test > 10
        Test = Test + 1
    Loop
    Range("A1").Value = Test
End Sub
```

① 10
② 11
③ 0
④ 55

02
Test가 0부터 1씩 증가하면서 총 11회 반복하기 때문에 [A1] 셀의 결괏값은 '11'이 된다.

```
Sub 예제( )
    Test = 0
      ↳ Test 변수에 0을 대입
    Do Until Test > 10
      ↳ Test가 10보다 커질 때까지 반복하다가 Test가 11이 되는 순간 반복 종료
        Test = Test + 1
          ↳ Test에 1씩 증가시킴
    Loop
      ↳ Do 문으로 이동
    Range("A1").Value = Test
      ↳ [A1] 셀에 Test의 값을 저장
End Sub
```

03

아래는 Do...Loop 문을 이용하여 1에서부터 100까지의 홀수 합을 메시지 상자에 표시하는 코드이다. 다음 중 ㉠과 ㉡에 들어갈 식으로 옳은 것은?

```
Sub ODD( )
    Count = 1
    Total = 0
    Do ( ㉠ )
        Total = Total + Count
        ( ㉡ )
    Loop
    MsgBox Total
End Sub
```

① ㉠ While Count < 100, ㉡ Count = Count + 2
② ㉠ Until Count < 100, ㉡ Count = Count + 2
③ ㉠ Until Count > 100, ㉡ Count = Count + 1
④ ㉠ While Count > 100, ㉡ Count = Count + 1

03
Count = 1 → Count를 1로 설정한다.
Total = 0 → Total을 0으로 설정한다.
Do While Count < 100 → Count가 100보다 작은 동안 반복한다.
  Total = Total + Count → Total에 Count를 더한다.
  Count = Count + 2 → Count에 2를 더한다.
Loop
MsgBox Total → Total을 메시지 상자에 표시한다.

| 정답 | 02 ② 03 ①

| 빈출개념 | #Range 개체의 속성 #Range 개체의 메소드

개념끝 079 VBA 개체

기출빈도

> **결정적 힌트**
>
> VBA에서 엑셀의 개체를 다루는 부분입니다. 매우 생소하고 어렵게 느껴질 수 있습니다. 모든 내용을 다 암기하려고 하지 마시고 출제된 예제를 중심으로 이해하는 것이 필요합니다. 특히 Range 개체에서 많은 문제가 출제되었습니다.

01 Application 개체

모든 개체 중 최상위 개체로 엑셀 프로그램 전체를 의미한다.

(1) 주요 속성

ActiveCell	활성화된 셀	ThisWorkbook	현재 매크로가 실행 중인 문서
ActiveSheet	활성화된 시트	Windows	통합 문서 창
ActiveWindow	활성화된 창	Workbooks	통합 문서
ActiveWorkbook	활성화된 통합 문서	Worksheetfunction	워크시트 함수
Selection	선택된 개체	Worksheets	현재 통합 문서의 워크시트

(2) 주요 메서드

GetOpenFilename	[열기] 대화상자에서 선택한 파일명	OnTime	지정된 시간에 실행
GetSaveAsFilename	[저장] 대화상자에서 선택한 파일명	OnKey	특정 키를 누르면 실행
InputBox	입력 대화상자 표시	Quit	Excel 종료

(3) 주요 이벤트

NewWorkbook	새 통합 문서를 만들 때 발생
WorkbookBeforeClose	열린 통합 문서를 닫기 전에 발생
SheetChange	워크시트의 셀이 변경될 때 발생

02 Workbook(Workbooks) 개체

열려 있는 통합 문서를 의미한다.

(1) 주요 속성

Name	통합 문서 이름	Windows	지정한 통합 문서의 모든 창
Saved	통합 문서 저장 여부	Worksheets	지정한 통합 문서의 모든 워크시트

(2) 주요 메서드

Add	통합 문서 생성	Save	통합 문서 저장
Close	통합 문서 닫기	SaveAs	다른 이름으로 저장
Open	통합 문서 열기		

(3) 주요 이벤트

Open	통합 문서를 열 때 발생	BeforeSave	통합 문서가 저장되기 전 발생
Activate	통합 문서가 활성화될 때 발생	Deactivate	통합 문서가 비활성화될 때 발생
SheetActivate	시트가 활성화될 때 발생	BeforePrint	통합 문서가 인쇄되기 전 발생
NewSheet	새 시트를 만들 때 발생	BeforeClose	통합 문서가 닫히기 전 발생

예
- Workbooks.Add: 새 통합 문서를 생성한다.
- Workbooks.Close: 현재 활성화된 통합 문서를 닫는다.

03 Worksheet(Worksheets) 개체

(1) 주요 속성

Cells	워크시트의 모든 셀	Range	워크시트의 셀이나 셀 범위
Columns	워크시트의 모든 열	Rows	워크시트의 모든 행
Entirecolumn	지정된 범위의 모든 열	Entirerow	지정된 범위의 모든 행
Name	워크시트의 이름	Visible	워크시트의 표시 여부

(2) 주요 메서드

Activate	해당 워크시트 활성화	Select	워크시트 선택
Copy	워크시트 복사	Unprotect	워크시트 보호 해제
Protect	워크시트 보호 설정		

(3) 주요 이벤트

Activate	워크시트가 활성화될 때 발생	Deactivate	워크시트가 비활성화될 때 발생
Calculate	워크시트가 재계산될 때 발생	SelectionChange	워크시트에서 선택 영역을 변경할 때 발생
Change	워크시트가 변경될 때 발생		

예 Worksheets("Sheet3").Rows(4).Font.Bold = True: 현재 통합 문서의 [Sheet3] 시트에서 4행의 글꼴 스타일을 '굵게(Bold)' 설정한다.

04 Range 개체

(1) 주요 속성

Address	참조하는 셀 주소
Cells	지정된 범위의 모든 셀
Count	지정된 범위의 셀 수
CurrentRegion	데이터가 있는 인접 영역의 범위
End	지정된 범위의 마지막 셀
Formula	A1 스타일의 수식
FormulaR1C1	R1C1 스타일의 수식
Item	특정 범위에서 지정한 행, 열만큼 떨어진 범위
Next	지정한 셀의 다음 셀
Offset	지정된 범위에서 떨어진 범위
Range	셀이나 영역 범위
Value	지정된 셀의 값

(2) 주요 메서드

AdvancedFilter	고급 필터		Delete	지우기
AutoFill	자동 채우기		Find	찾기
AutoFilter	자동 필터		FindNext	다음 찾기
Clear	모두 지우기		FindPrevious	이전 찾기
ClearContents	내용 지우기		Select	선택
ClearFormats	서식 지우기		Sort	정렬
Copy	복사			

예
- Range("A5").Select → [A5] 셀로 셀 포인터를 이동한다.
- Range("C2").Font.Bold = True → [C2] 셀의 글꼴 스타일을 '굵게' 설정한다.
- Range("A1").Formula = 3 * 4 → [A1] 셀에 수식 '=3 * 4'의 결과인 '12'를 입력한다.
- Range("1:1").Font.Bold = True → 1행의 글꼴 서식을 '굵게' 설정한다.
- Range("B3").CurrentRegion.Select → [B3] 셀과 연결된 인접 영역을 블록으로 지정한다.
- Range("A1:C3").Value = 10 → [A1:C3] 영역에 모두 '10'을 입력한다.
- Range("A1","C3").Value = 20 → [A1:C3] 모든 영역에 '20'이 입력되므로 '10'을 모두 '20'으로 변경한다.
- Range("A1,C3").Value = 30 → [A1] 셀과 [C3] 셀에만 '30'을 입력한다.

Warming UP 기출로 개념 확인

01
다음 중 VBA에서 엑셀 프로그램은 종료하지 않고 현재 활성화된 통합 문서만 종료하기 위한 메서드는?

① ActiveWorkbook.Quit
② Application.Quit
③ Workbooks.Close
④ ActiveWindows.Close

바로 보는 해설

01
Workbooks는 현재 활성화된 통합 문서를 의미한다. Workbooks.Close는 현재 활성화된 통합 문서를 종료한다.

| 오답 피하기 |
① ActiveWorkbook 개체에서는 Quit 속성을 사용할 수 없다.
② Application.Quit는 열려진 응용 프로그램인 엑셀을 종료한다.
④ ActiveWindow.Close는 활성화된 창(Window)을 닫는 메서드로, Window를 'Windows'로 입력하면 안 된다.

02 또 나올 문제
다음 중 A열의 글꼴 서식을 '굵게'로 설정하는 매크로로 옳지 않은 것은?

① Range("A:A").Font.Bold = True
② Columns(1).Font.Bold = True
③ Range("1:1").Font.Bold = True
④ Columns("A").Font.Bold = True

02
Range("1:1")은 1행 전체를 의미한다.

| 오답 피하기 |
① Range("A:A")는 A열 전체를 의미한다.
② Columns(1)은 첫 번째 열 전체를 의미한다.
④ Columns("A")는 A열 전체를 의미한다.

03
아래의 프로시저를 이용하여 [A1:C3] 영역의 서식만 지우려고 한다. 다음 중 괄호 안에 들어갈 코드로 옳은 것은?

```
Sub Procedure( )
    Range("A1:C3").Select
    Selection.(    )
End Sub
```

① DeleteFormats
② FreeFormats
③ ClearFormats
④ DeactivateFormats

03
ClearFormats는 서식을 지우는 메서드이다. Clear는 모두 지우기, ClearContents는 내용 지우기, ClearComments는 메모 지우기 메서드이다.

| 오답 피하기 |
①, ②, ④는 Range 개체에 존재하지 않는 메서드이다.

| 정답 | 01 ③ 02 ③ 03 ③

CHAPTER 7 매크로와 VBA 활용

기출선지 OX 퀴즈

01 매크로란 반복적인 작업이나 자주 사용하는 명령 등을 매크로로 기록하여 작업 과정을 자동화하는 기 (O / X)
    능을 의미한다.

02 매크로의 이름을 지정할 때는 첫 글자는 반드시 숫자로만 지정할 수 있다. (O / X)

03 매크로는 기본적으로 상대 참조로 기록된다. (O / X)

04 [매크로 기록] 대화상자에서 설명은 반드시 작성해야 한다. (O / X)

05 셀이나 텍스트 등에는 매크로를 지정할 수 없다. (O / X)

06 매크로가 연결된 개체를 삭제해도 매크로는 삭제되지 않는다. (O / X)

07 작은따옴표(')가 붙은 문장은 주석으로 처리되어 매크로 실행에 영향을 준다. (O / X)

08 [매크로] 대화상자에서 편집할 매크로를 선택하고 [편집] 단추를 클릭하면 Visual Basic Editor를 실행할 (O / X)
    수 있다.

09 매크로에 지정된 바로 가기 키가 엑셀 고유의 바로 가기 키와 중복될 경우 엑셀 고유의 바로 가기 키가 (O / X)
    우선한다.

10 변수명의 길이는 제한 없이 쓸 수 있다. (O / X)

11 변수명에는 문자, 숫자, 밑줄 문자(_)를 포함할 수 있으며 특수 문자와 공백은 사용할 수 없다. (O / X)

12 배열은 배열명 다음에 괄호를 붙여서 선언하며, 괄호 안에 배열의 크기를 지정한다. (O / X)

13 If 구문은 조건이 여러 개인 경우 하나의 식을 여러 개의 값과 비교하여 각 조건에 해당하는 명령을 실행 (O / X)
    하는 구문이다.

14 For~Next 구문은 For 문에서 지정한 횟수만큼 명령문을 반복 실행하는 구문이다. (O / X)

15 Workbooks.Close는 VBA에서 엑셀 프로그램은 종료하지 않고 현재 활성화된 통합 문서만 종료하기 위 (O / X)
    한 메서드이다.

16 Range("A:A").Font.Bold = True는 A열의 글꼴 서식을 '굵게'로 설정하는 매크로이다. (O / X)

17 VBA에서 하나 이상의 프로시저들을 이용하여 모듈을 구성할 수 있다. (O / X)

18 Function ~ End Function 프로시저는 결과를 반환하지 않는다. (O / X)

19 Range("C2").Font.Bold = True는 [C2] 셀의 글꼴 스타일을 '굵게'로 설정하는 매크로이다. (O / X)

20 Do ~ Loop While 구문은 반복 전에 조건을 판단하므로, 조건에 만족하지 않으면 명령문은 한 번도 실행되지 않는다. (O / X)

21 Visual Basic Editor에서 F1 을 누르면 매크로가 실행된다. (O / X)

22 매크로 저장 위치를 '새 통합 문서'로 선택하면 엑셀을 실행할 때마다 매크로를 사용할 수 있다. (O / X)

23 매크로 바로 가기 키를 설정할 때 소문자로 설정하면 Ctrl 과 조합해서 사용해야 한다. (O / X)

24 매크로를 기록하는 경우 기본적으로 셀은 절대 참조로 기록된다. (O / X)

25 매크로 기록 시 리본 메뉴에서의 탐색도 매크로 기록에 포함된다. (O / X)

26 하나의 모듈 시트에는 한 개의 매크로만을 기록할 수 있다. (O / X)

27 [개발 도구] 탭의 컨트롤 종류에는 텍스트 상자, 목록 상자, 옵션 단추, 명령 단추 등이 있다. (O / X)

28 개인용 매크로 통합 문서에 저장한 매크로는 엑셀을 시작할 때마다 자동으로 로드되므로 다른 통합 문서에서도 실행할 수 있다. (O / X)

29 Auto_Open으로 이름을 지정한 매크로는 통합 문서를 열 때마다 특정 작업이 자동으로 수행된다. (O / X)

30 VBA 프로그래밍 용어 중 Event는 VBA 프로그래밍 용어에서 개체의 모음이다. (O / X)

| 정답 |

01	O	02	X	03	X	04	X	05	O	06	O	07	X	08	O	09	X	10	X
11	O	12	O	13	X	14	O	15	O	16	O	17	O	18	X	19	O	20	X
21	X	22	X	23	O	24	O	25	X	26	X	27	O	28	O	29	O	30	X

CHAPTER 7 | 매크로와 VBA 활용

기출로 개념 강화

개념끝 075 매크로 작성

01 또 나올 문제

다음 중 아래 그림의 [매크로 기록] 대화상자에 대한 설명으로 옳지 <u>않은</u> 것은?

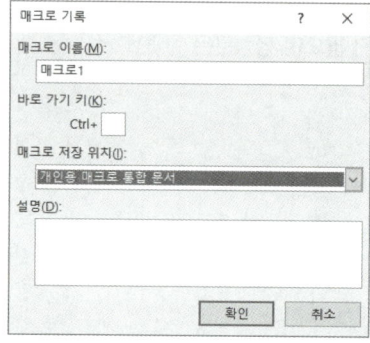

① 매크로 이름의 첫 글자는 문자, 숫자, 밑줄 등을 사용할 수 있으며, 공백은 사용할 수 없다.
② 바로 가기 키 상자에 사용할 문자는 @나 #과 같은 특수 문자와 숫자는 사용할 수 없으며, 영문 대·소문자는 모두 입력할 수 있다.
③ 개인용 매크로 통합 문서에 저장된 매크로는 엑셀을 시작할 때마다 모든 통합 문서에서 사용할 수 있다.
④ 설명 상자에 매크로에 관한 설명을 입력할 수 있으며, 입력된 내용은 매크로 실행에 영향을 주지 않는다.

02

다음 중 매크로 작성 시 지정하는 바로 가기 키에 대한 설명으로 옳은 것은?

① 엑셀에 이미 지정되어 있는 바로 가기 키는 매크로의 바로 가기 키로 지정할 수 없다.
② 매크로 기록 시 바로 가기 키는 반드시 지정하여야 한다.
③ 매크로 작성 시 지정한 바로 가기 키는 추후에도 수정이 가능하다.
④ 바로 가기 키는 기본적으로 Ctrl과 영문 소문자로 조합하여 사용하나 대문자로 지정하면 Ctrl에 이어서 Alt가 자동으로 덧붙여 지정된다.

개념끝 076 매크로 실행

03 또 나올 문제

다음 중 매크로 편집에 사용되는 Visual Basic Editor에 관한 설명으로 옳지 <u>않은</u> 것은?

① Visual Basic Editor는 바로 가기 키 Alt + F11을 누르면 실행된다.
② 작성된 매크로는 한 번에 실행되며, 한 단계씩 실행될 수는 없다.
③ Visual Basic Editor는 프로젝트 탐색기, 속성 창, 모듈 시트 등으로 구성되어 있다.
④ 실행하고자 하는 매크로 구문 안에 커서를 위치시키고 F5를 누르면 매크로가 바로 실행된다.

04

다음 중 아래 괄호( )에 해당하는 바로 가기 키의 연결이 옳은 것은?

> Visual Basic Editor에서 매크로를 한 단계씩 실행하기 위한 바로 가기 키는 (㉮)이고, 모듈 창의 커서 위치까지 실행하기 위한 바로 가기 키는 (㉯)이며, 매크로를 바로 실행하기 위한 바로 가기 키는 (㉰)이다.

① ㉮－F5, ㉯－Ctrl+F5, ㉰－F8
② ㉮－F5, ㉯－Ctrl+F8, ㉰－F8
③ ㉮－F8, ㉯－Ctrl+F5, ㉰－F5
④ ㉮－F8, ㉯－Ctrl+F8, ㉰－F5

05 또 나올 문제

다음 중 작성된 매크로를 실행하는 방법으로 옳지 않은 것은?

① 매크로 대화상자에서 매크로를 선택하여 실행한다.
② 매크로를 작성할 때 지정한 바로 가기 키를 이용하여 실행한다.
③ 매크로를 지정한 도형을 클릭하여 실행한다.
④ 매크로가 적용되는 셀의 바로 가기 메뉴를 이용하여 실행한다.

개념끝 077 VBA 프로그래밍

06 또 나올 문제

다음 중 VBA에서 프로시저(Procedure)에 대한 설명으로 옳지 않은 것은?

① 특정한 기능을 수행할 수 있는 명령문들의 집합이다.
② 사용자가 직접 기록한 매크로도 프로시저로 기록된다.
③ Sub ~ End Sub 프로시저는 명령문들의 실행 결과를 반환한다.
④ 하나 이상의 프로시저들을 이용하여 모듈을 구성할 수 있다.

07

다음 중 아래의 서브 프로시저를 호출하는 방법으로 옳은 것은?

```
Sub TEST(단가, 수량, 이름)
    Dim 합계 As Long
    합계 = 단가 * 수량
    MsgBox 이름 & "의 금액 : " & 합계
End Sub
```

① TEST(200, 500, "이순신")
② TEST 200, 500, "이순신"
③ Call TEST 200, 500, "이순신"
④ =TEST(200, 500, "이순신")

바로 보는 해설

01 • 매크로 이름의 첫 글자는 반드시 문자로 지정해야 하며, 이후 문자는 문자, 숫자 또는 밑줄을 사용할 수 있다.
• 매크로 이름에는 공백을 사용할 수 없다.

02 | 오답 피하기 |
① 매크로의 바로 가기 키는 엑셀의 바로 가기 키보다 우선한다.
② 매크로 기록 시 바로 가기 키는 반드시 지정할 필요는 없다.
④ 대문자로 지정하면 Ctrl에 이어서 Shift가 자동으로 덧붙여 지정된다.

03 F8을 누르면 매크로를 한 단계씩 실행할 수 있다.

04 • 한 단계씩 실행: F8
• 모듈 창의 커서 위치까지 실행: Ctrl+F8
• 매크로를 바로 실행: F5

05 매크로가 적용되는 셀의 바로 가기 메뉴로는 실행할 수 없다.

06 Sub ~ End Sub 프로시저는 명령문들의 실행 결과를 반환하지 않으며, 결과를 반환하는 프로시저는 Function 프로시저이다.

07 프로시저 호출 방법

| 방법1 | 프로시저 이름 인수1, 인수2 … |
| 방법2 | Call 프로시저 이름(인수1, 인수2, …) |

| 오답 피하기 |
③ Call TEST(200, 500, "이순신")으로 수정해야 한다.

| 정답 | 01 ① 02 ③ 03 ② 04 ④ 05 ④
06 ③ 07 ②

VBA 문법

08
다음 중 아래 프로시저의 실행 결과로 옳은 것은?

```
Sub loopTest( )
  Dim k As Integer
  Do while k < 3
    [A1].offset(k,1) = 10
    k = k + 2
  Loop
End Sub
```

① [A2] 셀에 10이 입력된다.
② [A1] 셀과 [A3]셀에 10이 입력된다.
③ [B2] 셀에 10이 입력된다.
④ [B1] 셀과 [B3]셀에 10이 입력된다.

09
다음 중 1부터 10까지의 합을 구하는 VBA 모듈로 옳지 않은 것은?

①
```
no = 0
sum = 0
Do While no <= 10
  sum = sum + no
  no = no + 1
Loop
MsgBox sum
```

②
```
no = 0
sum = 0
Do
  sum = sum + no
  no = no + 1
Loop While no <= 10
MsgBox sum
```

③
```
no = 0
sum = 0
Do While no < 10
  sum = sum + no
  no = no + 1
Loop
MsgBox sum
```

④
```
sum = 0
For no = 1 To 10
  sum = sum + no
Next
MsgBox sum
```

VBA 개체

10 또 나올 문제
다음 중 각 VBA 코드에 대한 설명으로 옳지 않은 것은?

① Range("A5").Select → [A5] 셀로 셀 포인터를 이동한다.
② Range("C2").Font.Bold = True → [C2] 셀의 글꼴 스타일을 '굵게'로 설정한다.
③ Range("A1").Formula = 3 * 4 → [A1] 셀에 수식 '=3*4'가 입력된다.
④ Workbooks.Add → 새 통합 문서를 생성한다.

11
다음 중 현재 선택된 셀을 기준으로 왼쪽 두 번째 셀과 바로 왼쪽 셀을 곱하는 수식을 입력하는 VBA 코드로 옳은 것은?

① ActiveCell.FormulaR1C1 = "=RC[2]*RC[1]"
② ActiveCell.FormulaR1C1 = "=RC[-2]*RC[-1]"
③ ActiveCell.Value = RC[2]*RC[1]
④ ActiveCell.Value = RC[-2]*RC[-1]

12
다음 중 아래의 VBA 코드에 대한 설명으로 옳지 않은 것은?

```
Private Sub Worksheet_Change(ByVal Target As Range)
    If Target.Address = Range("a1").Address Then
        Target.Font.Color.Index = 5
        MsgBox Range("a1").Value & "입니다."
    End If
End Sub
```

① 일반 모듈이 아닌 워크시트 이벤트를 사용한 코드이다.
② [A1] 셀을 선택하면 [A1] 셀의 값이 메시지 박스에 표시된다.
③ VBA 코드가 작성된 워크시트에서만 동작한다.
④ [A1] 셀이 변경되면 [A1] 셀의 글꼴 색이 ColorIndex가 5인 색으로 변경된다.

바로 보는 해설

08 · Do ~ while ~ Loop: 조건식이 참인 동안 명령문을 반복 수행
· k는 초기값이 0이며, 조건식에 의해 3보다 작은 동안 명령문으로 수행하므로 k가 0일 때와 k=k+2에 의해 k가 2일 때 명령문이 수행
· A1.offset(0,1) = 10 → [A1] 셀을 기준으로 아래로 0칸, 오른쪽으로 1칸이므로 [B1] = 10
· A1.offset(2,1) = 10 → [A1] 셀을 기준으로 아래로 2칸, 오른쪽으로 1칸이므로 [B3] = 10

09 · no가 10 미만인 경우 증가시키며 반복하므로 sum에는 no가 1부터 9까지의 합이 구해진다.
· 1부터 10까지의 합을 구하려면 no <= 10으로 수정한다.

10 3 * 4의 계산 결괏값인 '12'가 [A1] 셀에 입력된다.

11 · R은 행, C는 열, +는 아래와 오른쪽, -는 위와 왼쪽을 의미한다.
· ActiveCell.FormulaR1C1 = "=RC[-2]*RC[-1]": 현재 셀을 기준으로 왼쪽 두 번째 셀과 바로 왼쪽 셀을 곱한다.

12 [A1] 셀이 선택되었을 때가 아니라 변경되었을 때 [A1] 셀 값이 메시지 박스에 표시된다.

```
Private Sub Worksheet_Change(ByVal Target As Range)
    ↳ 코드는 셀의 값이 변화가 있을 때 실행
    If Target.Address = Range("a1").Address Then
        ↳ 현재 작업하고 있는 셀의 주소가 [A1] 셀이면 아래쪽 명령을 실행
        Target.Font.Color.Index = 5
            ↳ 현재 작업하고 있는 셀의 글꼴 색을 Color.Index가 '5'인 '파란색'으로 지정
        MsgBox Range("a1").Value & "입니다."
            ↳ [A1] 셀의 값과 '입니다.'를 연결한 메시지가 표시된 메시지 박스를 실행
    End If
End Sub
```

| 정답 | 08 ④ 09 ③ 10 ③ 11 ② 12 ②

13

다음 중 아래의 워크시트에서 〈보기〉의 프로시저 실행 결과로 옳은 것은?

	A	B	C
1	데이터1	데이터2	데이터3
2	사과	레몬	
3	바나나	배	
4			귤
5		배	
6	바나나		
7			2
8			

보기
```
Sub B3선택( )
    Range("B3").CurrentRegion.Select
End Sub
```

① [B3] 셀이 선택된다.
② [A1:B3] 셀이 선택된다.
③ [A1:C3] 셀이 선택된다.
④ [A1:C7] 셀이 선택된다.

14 또 나올 문제

아래는 'Macro1' 매크로의 실행 결과와 VBA 코드이다. 다음 중 VBA 코드의 ⓐ, ⓑ, ⓒ에 해당하는 내용이 순서대로 나열된 것은?

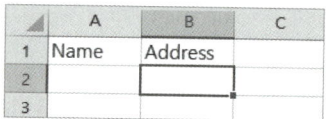

```
Sub Macro1( )
    [ ⓐ ]("A1").Select
    ActiveCell.[ ⓑ ] = "Name"
    [ ⓐ ]("B1").Select
    ActiveCell.[ ⓑ ] = "Address"
    [ ⓐ ]("B2").[ ⓒ ]
End Sub
```

① Range, R1C1, FormulaR1C1
② Range, FormulaR1C1, Select
③ Cells, R1C1, FormulaR1C1
④ Cells, FormulaR1C1, Select

15 또 나올 문제

다음 중 아래의 서브 프로시저가 실행된 후 [A2] 셀의 값으로 옳은 것은?

```
Sub 예제( )
    Range("A1:C3").Value = 10
    Range("A1", "C3").Value = 20
    Range("A1, C3").Value = 30
End Sub
```

① 10
② 20
③ 30
④ 0

16

다음과 같이 (A2:A5) 범위의 글꼴을 11포인트 크기의 '돋움'으로 설정하는 매크로를 만들려고 한다. 사용된 구문이 잘못된 것은?

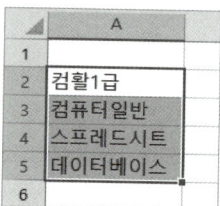

```
Sub Macro1( )
    Range("A2:A5").Select
    With Selection.Font
        .Type = "돋움"
        .Size = 11
    End With
End Sub
```

① Range
② Select
③ Type
④ End With

17

아래의 워크시트에서 [D2] 셀에 SUM 함수를 사용하여 총점을 계산한 후 채우기 핸들을 [D5] 셀까지 드래그하여 총점을 계산하는 '총점' 매크로를 생성하였다. 다음 중 아래 '총점' 매크로의 VBA 코드 창에서 괄호( ) 안에 해당하는 값을 올바르게 나열한 것은?

	A	B	C	D
1	성명	국어	영어	총점
2	강동식	81	89	
3	최서민	78	97	
4	박동수	87	88	
5	박두식	87	78	
6				

```
Sub 총점( )
    Range(" ⓐ ").Select
    ActiveCell.FormulaR1C1="=SUM( ⓑ )"
    Range("D2").Select
    Selection.AutoFill Destination:=Range(" ⓒ "),_
    Type:=xlFillDefault
    Range(" ⓓ ").Select
    Range("D6").Select
End Sub
```

① ⓐ D2, ⓑ (RC[-1]:RC[-1]), ⓒ D5, ⓓ D5
② ⓐ A6, ⓑ (RC[-1]:RC[-0]), ⓒ D2:D5, ⓓ D5
③ ⓐ D2, ⓑ (RC[-2]:RC[-0]), ⓒ D5, ⓓ D2:D5
④ ⓐ D2, ⓑ (RC[-2]:RC[-1]), ⓒ D2:D5, ⓓ D2:D5

기출 재구성 과목별 모의고사

2과목 | 스프레드시트 일반

01 개념끝 053

다음 중 셀의 내용을 편집할 수 있는 셀 편집 모드로 전환하는 방법에 대한 설명으로 옳지 않은 것은?

① 편집하려는 데이터가 입력되어 있는 셀을 두 번 클릭한다.
② 편집하려는 데이터가 입력되어 있는 셀을 클릭하고 수식 입력줄을 클릭한다.
③ 편집하려는 데이터가 입력되어 있는 셀의 바로 가기 메뉴에서 [셀 편집]을 클릭한다.
④ 편집하려는 데이터가 입력되어 있는 셀을 클릭하고 F2를 누른다.

02 개념끝 054

다음 서식 코드를 데이터에 사용자 지정 표시 형식으로 설정한 후 표시되는 결과로 옳지 않은 것은? (단, 열의 너비는 기본 값인 '8.38'로 설정되어 있음)

① *-#,##0(서식코드) 123(데이터) -------123(결과)
② *0#,##0(서식코드) 123(데이터) ******123(결과)
③ **#,##0(서식코드) 123(데이터) ******123(결과)
④ **#,##0(서식코드) -123(데이터) -******123(결과)

03 개념끝 057

다음 중 아래 시트와 같이 이름에 '철'이라는 글자가 포함된 셀의 서식을 채우기 색 '노랑', 글꼴 스타일 '굵은 기울임꼴'로 변경하고자 한다. 이를 위해 [A2:A7] 영역에 설정한 조건부 서식의 수식 규칙으로 옳은 것은?

	A	B	C	D
1	이름	컴퓨터일반	스프레드시트	데이터베이스
2	함초롱	89	65	92
3	*강원철*	68	76	58
4	김우진	75	68	52
5	민수현	87	82	80
6	*신해철*	54	78	48
7	*안철진*	98	68	94
8				

① =COUNT(A2,"*철*")
② =COUNT(A2:A7,"*철*")
③ =COUNTIF(A2,"*철*")
④ =COUNTIF(A2:A7,"*철*")

04 개념끝 053

다음 중 [찾기 및 바꾸기] 대화상자에 대한 설명으로 옳지 않은 것은?

① Ctrl+F: [바꾸기] 탭이 선택되어 있는 [찾기 및 바꾸기] 대화상자를 표시한다.
② [찾기 및 바꾸기] 대화상자의 찾을 내용에 '김*혁'을 입력하면 '김혁', '김동혁', '김신혁' 등을 찾을 수 있다.
③ 영문자의 경우 대·소문자를 구분하여 찾을 수 있다.
④ 찾는 위치를 수식, 값, 메모 중에서 선택하여 지정할 수 있다.

05 개념끝 053

워크시트에서 셀을 편집하거나 메뉴를 선택하여 실행한 결과에 대하여 즉시 실행을 취소하는 기능이 있다. 다음 중 처리 직후에 실행 취소가 불가능한 작업 내용은 어느 것인가?

① 시트 이름을 변경할 경우
② 화면 배율을 변경할 경우
③ 셀 서식을 변경할 경우
④ 행의 높이를 변경할 경우

06 개념끝 054

다음 중 [B5] 셀에 적용된 사용자 지정 표시 형식으로 옳은 것은?

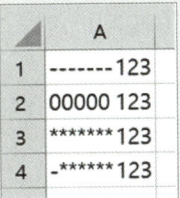

① h:mm
② hh:mm
③ h:mm;@
④ [h]:mm

07 개념끝 061

다음 시트에서 1학년 학생들의 국어 평균을 구하려고 할 때 수식으로 옳지 않은 것은?

① {=AVERAGE(IF(A2:A4="1학년",C2:C4))}
② {=AVERAGE((A2:A4="1학년")*(C2:C4))}
③ =AVERAGEIF(A2:A4,"1학년",C2:C4)
④ =AVERAGEIFS(C2:C4,A2:A4,"1학년")

바로 보는 해설

01 셀의 바로 가기 메뉴에 [셀 편집]은 없으며, 셀을 편집하기 위해서는 셀을 두 번 클릭하는 방법, 수식 입력줄을 클릭하는 방법, F2를 누르는 방법이 있다.

02 * 뒤의 문자가 반복적으로 표시된다.

	A
1	-------123
2	00000 123
3	*******123
4	-******123

03 조건에 맞는 셀의 개수를 구하기 위해 COUNTIF 함수를 사용해야 한다. [A2] 셀부터 순차적으로 한 칸씩 내려가면서 '철'을 포함한 셀을 찾아야 하므로 첫 번째 인수는 'A2'로 지정해야 한다.

04
- Ctrl+F : [찾기] 탭이 선택되어 있는 [찾기 및 바꾸기] 대화상자를 표시한다.
- Ctrl+H : [바꾸기] 탭이 선택되어 있는 [찾기 및 바꾸기] 대화상자를 표시한다.

05 시트와 관련된 작업인 시트 이름 변경, 추가, 삭제 등은 실행 취소를 할 수 없다.

06 경과된 시간을 표시하려면 [h]를 이용한다.

07 AVERAGE의 배열 수식에는 반드시 IF를 포함해야 한다.

| 오답 피하기 |
- AVERAGEIF(범위,조건,평균 범위): '범위'에서 '조건'을 만족하는 경우 '평균 범위'에서 평균을 반환한다.
- AVERAGEIFS(평균 범위,범위1,조건1,범위2,조건2,…): '범위1'에서 '조건1'을 만족하고 '범위2'에서 '조건2'를 만족하면 '평균 범위'에서 평균을 반환한다.

| 정답 | 01 ③ 02 ② 03 ③ 04 ① 05 ①
          06 ④ 07 ②

08 개념끝 065

아래의 시트에서 [C4:C8] 영역에 데이터를 채우려고 할 때 아래 [데이터 테이블] 대화상자에 입력되어야 할 값과 실행 결과 [C4:C8] 영역에 설정된 배열 수식의 쌍으로 올바르게 짝지어진 것은? (단, [C3] 셀에는 수식 '=D2*A2'가 입력되어 있으며, [B3:C8] 영역을 지정한 후 [데이터]-[예측]-[가상 분석]-'데이터 표'를 실행함)

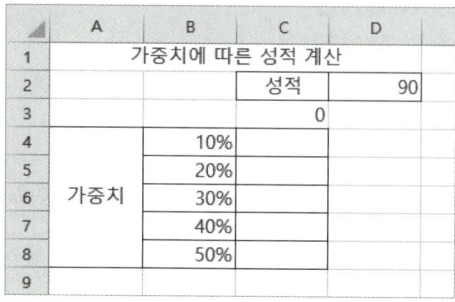

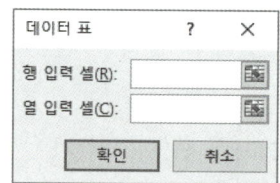

① 입력값: [행 입력 셀]:$A$2 설정값: {=TABLE(A2,)}
② 입력값: [열 입력 셀]:$A$2 설정값: {=TABLE(,A2)}
③ 입력값: [행 입력 셀]:$D$2 설정값: {=TABLE(D2,)}
④ 입력값: [행 입력 셀]:$A$2, [열 입력 셀]:$A$2 설정값: {=TABLE(A2,A2)}

09 개념끝 064

다음 중 아래 그림과 같이 [B2:B5] 영역에 데이터 유효성 검사가 설정되어 있을 때 [B2:B5] 영역에 입력할 수 없는 값은?

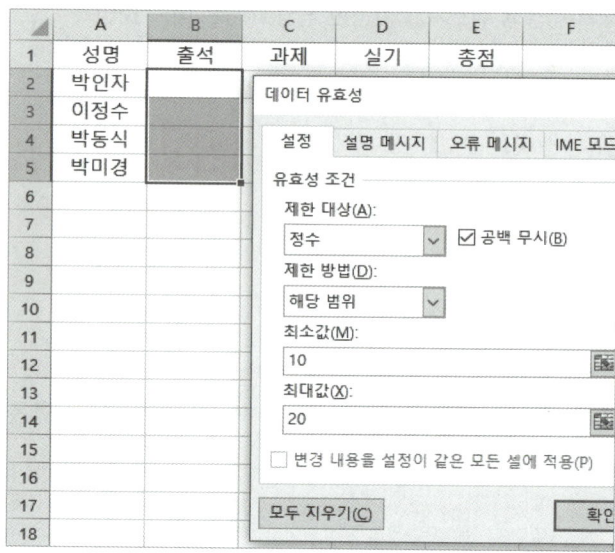

① 0
② 10
③ 15
④ 20

10 개념끝 065

다음 시나리오 요약에 대한 설명으로 옳지 않은 것은?

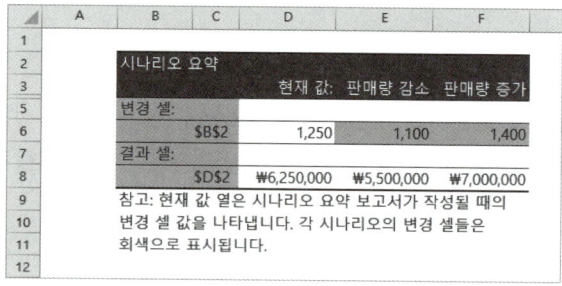

① 하나의 시나리오에 최대 64개까지 변경 셀을 지정할 수 있다.
② [B2] 셀의 값이 변경될 때 변경되는 [D2] 셀의 값을 예측할 수 있다.
③ [D2] 셀은 계산식이어야 하고, 변경되는 [B2] 셀은 반드시 계산식에 포함되어 있어야 한다.
④ '변경 셀'로 지정된 셀에 계산식이 포함되어 있으면 자동으로 상수로 변경되어 시나리오가 작성된다.

11 개념끝 068

다음 중 차트에 관한 설명으로 옳지 않은 것은?

① 차트는 차트 영역, 그림 영역, 계열, 항목 축, 값 축, 범례, 제목 등의 개체로 구성되어 있다.
② 차트를 만들 때 자주 사용하는 특정 차트는 기본 차트로 설정하여 활용할 수 있다.
③ 거품형 차트와 대부분의 3차원 차트는 혼합형 차트로 만들 수 없다.
④ 기본 차트는 F11을 누르면 현재 시트에 삽입되고, Alt + F11를 누르면 별도의 차트 시트에 삽입된다.

12 개념끝 068

다음 중 아래 시트에서 주어진 표와 표의 데이터를 이용한 차트의 설명으로 옳지 않은 것은?

분기	영업1팀	영업2팀
1사분기	1,611	1,278
2사분기	1,343	1,166
3사분기	1,150	1,569
4사분기	1,712	1,320

① 표 전체를 원본 데이터로 사용하고 있다.
② 분기가 데이터 계열로 사용되고 있다.
③ 세로 (값) 축의 축 서식에서 최소값을 500으로 설정하였다.
④ 차트의 종류는 표식이 있는 꺾은선형이다.

13 개념끝 072

다음 중 '페이지 나누기'에 대한 설명으로 옳지 않은 것은?

① [페이지 나누기 미리보기]에서 수동으로 삽입된 페이지 나누기는 실선으로 표시된다.
② 행 높이와 열 너비를 변경하더라도 자동 페이지 나누기의 위치는 변하지 않는다.
③ 수동으로 삽입한 페이지 나누기를 제거하려면 페이지 나누기를 페이지 나누기 미리 보기 영역 밖으로 끈다.
④ 용지 크기, 여백 설정, 배율 옵션 등에 따라 자동 페이지 나누기가 삽입된다.

바로 보는 해설

08 가중치가 [B4:B8]의 열 방향으로 지정되어 있으므로 열 입력 셀을 이용해야 하며, 수식에는 가중치가 [A2] 셀로 지정된다.

09 최소값은 10, 최대값은 20으로 지정되어 있으므로 10에서 20 사이의 정수만 입력이 가능하다.

10 하나의 시나리오에 최대 32개까지 '변경 셀'을 지정할 수 있다.

11 • F11: 새 시트에 기본 차트가 생성된다.
• Alt + F1: 현재 시트에 기본 차트가 생성된다.

12 분기는 항목이고, 계열은 영업1팀, 영업2팀이다.

13 행 높이와 열 너비를 변경하면 자동 페이지 나누기의 위치가 변경된다.

| 정답 | 08 ② 09 ① 10 ① 11 ④ 12 ②
13 ②

14

다음 중 아래에 주어진 매크로 모듈에 대한 설명으로 옳은 것은?

```
Sub Macro1( )
    For i = 1 To 10 Step 2
        ActiveCell.FormulaR1C1 = i
        Selection.Font.ColorIndex = 5
        ActiveCell.Offset(1, 0).Range("A1").Select
    Next i
End Sub
```

① [A1] 셀을 기준으로 매크로가 실행된다.
② [A1] 셀에 "1,3,5,7,9"가 할당된다.
③ 셀의 글자색을 파랑색으로 변경한다.
④ 반복문이 10번 수행된다.

15

다음 중 아래 시트에서 부서별 인원수[H3:H6]를 구하기 위하여 [H3] 셀에 입력되는 배열 수식으로 옳지 않은 것은?

	A	B	C	D	E	F	G	H
1								
2		사원명	부서명	직위	급여		부서별	인원수
3		홍길동	개발1부	부장	3,500,000		개발1부	3
4		이대한	영업2부	과장	2,800,000		개발2부	1
5		한민국	영업1부	대리	2,500,000		영업1부	1
6		이겨레	개발1부	과장	3,000,000		영업2부	2
7		김국수	개발1부	부장	3,700,000			
8		박미나	개발2부	대리	2,800,000			
9		최신호	영업2부	부장	3,300,000			
10								

① {=SUM(($C$3:$C$9=G3)*1)}
② {=DSUM(($C$3:$C$9=G3)*1)}
③ {=SUM(IF($C$3:$C$9=G3,1))}
④ {=COUNT(IF($C$3:$C$9=G3,1))}

16

다음 중 부분합에 대한 설명으로 옳지 않은 것은?

① 부분합은 SUBTOTAL 함수를 사용하여 합계나 평균 등의 요약 값을 계산한다.
② 첫 행에는 열 이름표가 있어야 하며, 데이터는 그룹화할 항목을 기준으로 정렬되어 있어야 한다.
③ 항목 및 하위 항목별로 데이터를 요약하며, 사용자 지정 계산과 수식을 만들 수 있다.
④ 부분합을 제거하면 부분합과 함께 표에 삽입된 윤곽 및 페이지 나누기도 제거된다.

17

다음 중 엑셀의 화면 제어에 관한 설명으로 옳지 않은 것은?

① 숨겨진 통합 문서를 표시하려면 [보기]-[창]-'숨기기 취소'를 실행한다.
② 틀 고정에 의해 분할된 왼쪽 또는 위쪽 부분은 인쇄 시 반복할 행과 반복할 열로 자동 설정된다.
③ [Excel 옵션]의 [고급] 탭에서 'IntelliMouse로 화면 확대/축소' 옵션을 설정하면 Ctrl을 누르지 않은 상태에서 마우스 휠의 스크롤만으로 화면의 축소 및 확대가 가능하다.
④ 확대/축소 배율은 선택된 시트에만 적용된다.

18

엑셀에서 데이터를 정렬하려는데 다음과 같은 정렬 경고 대화상자가 표시되었다. 다음 중 옳지 않은 것은?

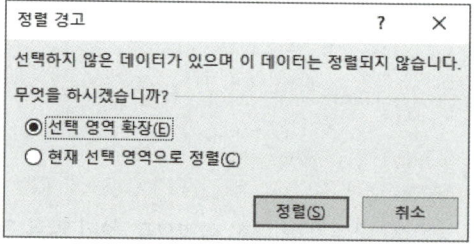

① 이 정렬 경고 대화상자는 표 범위에서 하나의 열만 범위로 선택한 경우에 발생한다.
② 인접한 데이터를 포함하기 위해 선택 영역을 늘리려면 '선택 영역 확장'을 선택한다.
③ 이 정렬 경고 대화상자는 셀 포인터가 표 범위 내에 있지 않기 때문에 발생한다.
④ '현재 선택 영역으로 정렬'을 선택하면 현재 설정한 열만을 정렬 대상으로 선택한다.

19 개념끝 052

다음 중 한자와 특수 문자 입력에 대한 설명으로 옳지 않은 것은?

① 한글 자음 중 하나를 입력한 후 [한자]를 누르면 화면 하단에 특수 문자 목록이 표시된다.
② '국'과 같이 한자의 음이 되는 글자를 한 글자를 입력한 후 [한자]를 누르면 화면 하단에 해당 글자에 대한 한자 목록이 표시된다.
③ 한글 모음을 입력한 후 [한자]를 이용하면 그리스 문자를 편리하게 사용할 수 있다.
④ 한글 자음에 따라서 화면 하단에 표시되는 특수 문자가 다르다.

20 개념끝 062

다음 중 웹페이지에 있는 표를 엑셀의 워크시트로 가져오는 방법에 대한 설명으로 옳지 않은 것은?

① 웹페이지에 있는 표를 복사하여 엑셀 시트에 붙여넣기를 한다.
② 웹페이지에 있는 표를 선택한 후 드래그하여 시트 위에 드롭한다.
③ 엑셀의 [데이터]-[데이터 가져오기 및 변환]-[웹]을 사용한다.
④ 엑셀의 [홈]-[셀]-[서식]-[시트 이동/복사]를 사용한다.

바로 보는 해설

14 ColorIndex 5는 파랑이므로 글자색이 파랑색으로 변경된다.
| 오답 피하기 |
① 현재 셀을 기준으로 매크로가 실행된다.
② 현재 셀의 다음 행에 1,3,5,7,9가 할당된다.
④ i는 1에서 10까지 2씩 증가하면서 반복되므로 반복문은 5번 수행된다.

15 DSUM 함수는 데이터베이스 함수로, 배열 함수로 사용할 수 없다.

| 참고 |
배열 수식으로 개수 계산
• =SUM((조건)*1)
• =SUM(IF(조건,1))
• =COUNT(IF(조건,1))

16 주어진 내용은 피벗 테이블에 대한 설명이다.

17 반복할 행과 반복할 열로 자동 설정되지 않으며 [페이지 설정] 대화 상자의 [시트] 탭에서 지정해야 한다.

18 셀 포인터가 표 범위 내에 있지 않을 때 발생하는 오류는 다음과 같다.

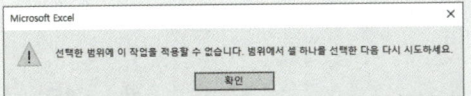

19 특수 문자를 입력하려면 한글 자음을 입력한 후 [한자]를 누른다.

20 주어진 내용은 선택한 시트를 이동하거나 복사하는 기능으로 웹페이지의 표를 가져오는 것과는 상관이 없다.

| 정답 | 14 ③   15 ②   16 ③   17 ②   18 ③
          19 ③   20 ④

삶의 순간순간이

아름다운 마무리이며

새로운 시작이어야 한다.

– 법정 스님

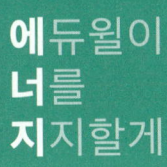

시작하라. 그 자체가 천재성이고, 힘이며, 마력이다.

− 요한 볼프강 폰 괴테(Johann Wolfgang von Goethe)

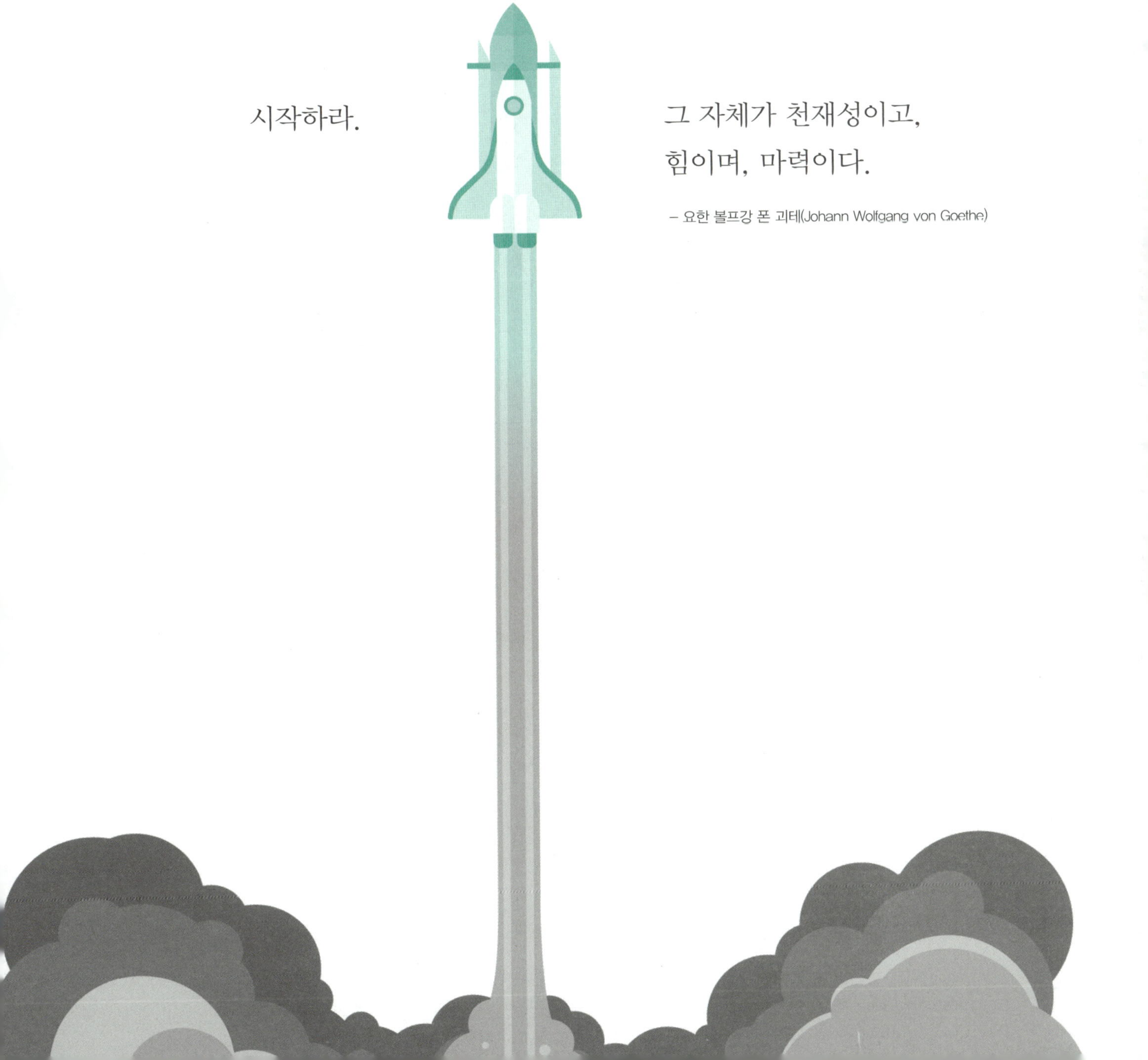

에듀윌
컴퓨터활용능력
1급 필기 기본서

3권 데이터베이스 일반

CONTENTS 차례

- 합격을 위한 모든 것! EXIT 합격 서비스
- 시험의 모든 것
- 가장 궁금해 하는 BEST Q&A
- 기출 분석의 모든 것
- 왜 에듀윌 교재인가?

[플래너]
- 정석 ver. 스터디 플래너
- 벼락치기 ver. 스터디 플래너

1권

1과목 컴퓨터 일반

CHAPTER 1 Windows 10의 기본 기능
001	Windows 10의 특징	20
002	마우스 및 키보드 사용법	22
003	바탕 화면과 바로 가기 아이콘	26
004	시작 메뉴와 작업 표시줄	29
최빈출 005	휴지통	33
006	파일 탐색기	35
007	파일과 폴더	39
008	보조 프로그램	45
009	작업 관리자와 명령 프롬프트	49
최빈출 010	인쇄	51
	기출선지 OX 퀴즈	54
	Build Up 기출로 개념 강화	56

CHAPTER 2 Windows 10의 고급 기능
011	[설정] 창	64
012	[설정] 창 – 시스템	66
013	[설정] 창 – 장치	70
014	[설정] 창 – 개인 설정	72
015	[설정] 창 – 앱	76
016	[설정] 창 – 계정	79
017	[설정] 창 – 접근성	82
018	[설정] 창 – 업데이트 및 보안	84
019	관리 도구	86
020	시스템 구성	89
	기출선지 OX 퀴즈	92
	Build Up 기출로 개념 강화	94

CHAPTER 3 컴퓨터 시스템 활용
021	컴퓨터의 발전과 분류	100
최빈출 022	자료의 표현과 처리	103
023	진법 변환	107
최빈출 024	중앙처리장치	109
최빈출 025	기억장치	112
026	기타 장치	117
027	컴퓨터 관리와 문제 해결	123
	기출선지 OX 퀴즈	128
	Build Up 기출로 개념 강화	130

CHAPTER 4 컴퓨터 소프트웨어
028	소프트웨어의 분류	138
최빈출 029	운영체제	140
030	프로그래밍 언어	143
031	웹 프로그래밍 언어	146
	기출선지 OX 퀴즈	148
	Build Up 기출로 개념 강화	150

CHAPTER 5 멀티미디어 활용
032	멀티미디어 개요	156
최빈출 033	그래픽 데이터	159
034	사운드 데이터	161
035	동영상 데이터	163
	기출선지 OX 퀴즈	166
	Build Up 기출로 개념 강화	168

CHAPTER 6	인터넷 활용	
036	정보통신	174
최빈출 037	OSI 7계층과 네트워크 장치	177
최빈출 038	프로토콜	179
최빈출 039	인터넷의 개요	183
040	웹 브라우저 사용 및 설정	186
최빈출 041	인터넷 서비스	188
최빈출 042	최신 정보통신 기술 활용	191
	기출선지 OX 퀴즈	194
	Build Up 기출로 개념 강화	196

CHAPTER 7	컴퓨터 시스템 보호	
043	정보 윤리 기본	204
044	저작권 보호	206
045	개인정보 보호	208
최빈출 046	컴퓨터 범죄	211
047	컴퓨터 바이러스	213
048	정보 보안	215
	기출선지 OX 퀴즈	218
	Build Up 기출로 개념 강화	220

Jump Up 기출 재구성 과목별 모의고사　224

2권　　※실습파일 다운로드
EXIT 합격 서비스(exit.eduwill.net) ▶ 로그인 ▶
자료실 게시판 ▶ 컴퓨터활용능력 1급 ▶ 필기 기본서 ▶ 다운로드

2과목	스프레드시트 일반	
CHAPTER 1	스프레드시트의 개요	
049	엑셀의 개요	12
050	파일 관리	21
051	통합 문서 관리	25
	기출선지 OX 퀴즈	32
	Build Up 기출로 개념 강화	34

CHAPTER 2	데이터 입력 및 편집	
최빈출 052	데이터 입력	42
053	데이터 편집	52
최빈출 054	서식 설정	59
	기출선지 OX 퀴즈	70
	Build Up 기출로 개념 강화	72

CHAPTER 3	수식 활용	
055	수식 작성	80
056	함수	86
최빈출 057	수학 함수, 통계 함수	88
최빈출 058	날짜/시간 함수, 논리 함수, 문자열 함수	94
최빈출 059	찾기/참조 함수, 데이터베이스 함수	99
060	재무 함수, 정보 함수	103
최빈출 061	배열 수식과 배열 상수	107
	기출선지 OX 퀴즈	114
	Build Up 기출로 개념 강화	116

CHAPTER 4	데이터 관리	
최빈출 062	외부 데이터 가져오기	126
최빈출 063	정렬과 필터	133
064	데이터 도구	143
065	가상 분석	153
최빈출 066	개요와 부분합	161
최빈출 067	피벗 테이블과 피벗 차트	166
	기출선지 OX 퀴즈	174
	Build Up 기출로 개념 강화	176

CHAPTER 5	차트 활용	
068	차트 작성	184
최빈출 069	차트의 편집	191
최빈출 070	차트 요소 추가	195
최빈출 071	차트 서식 지정	199
	기출선지 OX 퀴즈	204
	Build Up 기출로 개념 강화	206

CHAPTER 6	출력 작업	
072	페이지 레이아웃 설정	214
073	통합 문서 보기	218
074	인쇄 작업	221
	기출선지 OX 퀴즈	226
	Build Up 기출로 개념 강화	228

CHAPTER 7	매크로와 VBA 활용	
최빈출 075	매크로 작성	234
최빈출 076	매크로 실행	240
077	VBA 프로그래밍	244
078	VBA 문법	248
079	VBA 개체	254
	기출선지 OX 퀴즈	258
	Build Up 기출로 개념 강화	260

Jump Up 기출 재구성 과목별 모의고사   266

3권

※실습파일 다운로드
EXIT 합격 서비스(exit.eduwill.net) ▶ 로그인 ▶ 자료실 게시판 ▶ 컴퓨터활용능력 1급 ▶ 필기 기본서 ▶ 다운로드

3과목 데이터베이스 일반

CHAPTER 1	데이터베이스의 개요	
080	데이터베이스의 개념	12
081	데이터베이스 관리 시스템	14
082	데이터베이스의 설계	17
083	데이터베이스 모델	19
084	정규화	22
	기출선지 OX 퀴즈	24
	Build Up 기출로 개념 강화	26

CHAPTER 2	테이블 활용	
085	액세스의 개요	34
086	테이블 생성	38
최빈출 087	기본 키와 인덱스	46
088	필드의 일반 및 조회 속성	49
089	관계 설정	56
090	외부 데이터 가져오기와 테이블 연결하기	61
091	데이터 입력	67
	기출선지 OX 퀴즈	72
	Build Up 기출로 개념 강화	74

CHAPTER 3	쿼리 활용	
092	쿼리 작성	82
최빈출 093	쿼리의 조건 지정	85
최빈출 094	SQL 명령문 사용	90
최빈출 095	조인(Join)	100
096	실행 쿼리	104
097	기타 쿼리	110
	기출선지 OX 퀴즈	116
	Build Up 기출로 개념 강화	118

CHAPTER 4	폼 활용	
098	폼 작성	128
099	폼 속성	137
100	컨트롤 사용	143
101	컨트롤 속성	155
102	하위 폼	160
103	기타 폼 작성	165
	기출선지 OX 퀴즈	170
	Build Up 기출로 개념 강화	172

CHAPTER 5	보고서 활용	
최빈출 104	보고서 작성	180
105	보고서 인쇄	188
106	보고서 속성	191
107	다양한 보고서 작성	196
108	보고서 작성 기타	201
	기출선지 OX 퀴즈	204
	Build Up 기출로 개념 강화	206

CHAPTER 6	매크로와 모듈 활용	
109	매크로 작성	214
110	모듈 작성	222
111	액세스와 데이터베이스 개체	225
	기출선지 OX 퀴즈	230
	Build Up 기출로 개념 강화	232

Jump Up 기출 재구성 과목별 모의고사	236

4권

특별부록

한번에 몰아보는 #빈출개념	6
Level Up 상시시험 기출변형문제	70
Level Up 정답 및 해설	142

#데이터베이스 일반
#공부방법
#필기합격법

데이터베이스 일반이란 무엇인가요?

데이터베이스 학습의 기초가 되는 데이터베이스 개요, 액세스 프로그램의 여섯 가지 개체인 테이블 활용, 쿼리 활용, 폼 활용, 보고서 활용, 매크로와 모듈 활용으로 구성됩니다.

출제 비중은 어떻게 되나요?

액세스의 개체 중 쿼리 활용 부분이 가장 출제 비중이 높으며, 쿼리에는 SQL 언어가 포함됩니다. 그 다음으로는 폼 활용과 테이블 활용이 출제 비중이 높은 편입니다.

출제비중 (최근 기출 10개년 기준)

CHAPTER 1	12%
CHAPTER 2	14%
CHAPTER 3	23%
CHAPTER 4	22%
CHAPTER 5	22%
CHAPTER 6	7%

3과목
데이터베이스 일반

CHAPTER 1 데이터베이스의 개요
CHAPTER 2 테이블 활용
CHAPTER 3 쿼리 활용
CHAPTER 4 폼 활용
CHAPTER 5 보고서 활용
CHAPTER 6 매크로와 모듈 활용

CHAPTER 1
데이터베이스의 개요

최근 기출 10개년 기준

12%

무료 동영상 강의

- 080 　데이터베이스의 개념
- 081 　데이터베이스 관리 시스템
- 082 　데이터베이스의 설계
- 083 　데이터베이스 모델
- 084 　정규화

학습전략

액세스를 직접적으로 사용하기 전에 데이터베이스가 무엇이고 어떤 특징이 있는지를 잘 이해하는 것이 중요합니다. 특히 데이터베이스를 처음 공부하는 분들은 용어 자체가 생소할 수 있으므로 용어를 꼼꼼하게 학습하는 것이 필요합니다.

| 빈출개념 | #데이터베이스의 장·단점

개념끝 080 데이터베이스의 개념

기출빈도

결정적 힌트
액세스를 학습하기에 앞서 데이터베이스의 개념을 잘 이해해야 합니다. 왜 데이터베이스를 사용하는 것이 좋을지 생각해보고 특히 데이터베이스의 장·단점은 문제로 자주 출제되는 부분이니 꼼꼼하게 학습하세요.

01 데이터베이스의 정의

특정 조직의 업무를 수행하는 데 필요한 상호 관련된 데이터의 집합으로, 데이터의 중복을 최소화한다.

통합 데이터 (Integrated Data)	데이터의 중복을 최소화하고 통제 가능한 중복만 허용하는 데이터
공용 데이터 (Shared Data)	여러 응용 시스템이 공동으로 소유하고 이용하는 데이터
저장 데이터 (Stored Data)	데이터베이스는 컴퓨터가 처리하므로 컴퓨터가 접근할 수 있는 매체에 저장된 데이터
운영 데이터 (Operational Data)	조직의 운영과 주요 기능을 수행하기 위해 지속적으로 유지해야 하는 데이터

02 데이터베이스의 특징

- **실시간 접근 처리**: 데이터를 검색하거나 추출하는 질의(Query)에 대한 실시간 처리 및 응답이 가능하다.
- **내용에 의한 참조**: 데이터는 위치나 주소가 아닌 내용에 따라 참조한다.
- **자원의 동시 공유**: 여러 사용자가 동시에 데이터에 접근할 수 있다.
- **계속적인 변화**: 데이터의 삽입, 삭제, 갱신 등이 끊임없이 이루어지는 동적인 특징을 갖는다.

▼ 질의(Query)
특정 조건을 필터링하여 데이터를 찾거나 계산 또는 요약을 수행하는 것으로 사용자는 질의를 통하여 데이터베이스에서 원하는 결과를 얻을 수 있다.

03 데이터베이스의 장·단점

장점	단점
• 데이터의 중복 최소화 • 데이터의 일관성 유지 • 데이터의 무결성 유지 • 데이터의 공유 • 데이터의 보안 보장 • 데이터의 논리적·물리적 독립성 유지	• 하드웨어와 DBMS(DataBase Management System) 구매 비용 및 전산화 비용 증가 • 백업과 복구에 많은 비용과 시간 소요 • 시스템이 복잡해짐 • 데이터베이스 전문가와 고급 프로그래머 필요

▼ 중복 최소화
중복은 완전히 제거할 수 없으므로 최소화하고 어느 정도의 중복은 인정한다.

> **개념 플러스** 　**데이터 중복성의 문제**
>
> - 데이터가 일치하지 않아 일관성이 없어진다.
> - 많이 중복되면 갱신 비용이 비싸진다.
> - 중복된 값에 대해 같은 수준의 데이터 보안이 유지되어야 한다.
> - 제어가 분산되어 데이터 무결성을 유지하기 어렵다.

Warming UP 기출로 개념 확인

01
다음 중 데이터 중복성에 대한 설명으로 옳지 않은 것은?

① 중복으로 인한 데이터 불일치 시 일관성을 잃게 된다.
② 중복된 값에 대해 같은 수준의 데이터 보안이 유지되어야 한다.
③ 중복이 많아질수록 갱신 비용이 높아질 수 있다.
④ 제어가 분산되어 데이터 무결성을 유지하기 쉬워진다.

바로 보는 해설

01
데이터가 중복되어 여러 곳에 저장되면 데이터의 무결성(Integrity)을 유지하기 어려워진다. 무결성은 데이터의 정확성을 의미한다.

02 　또 나올 문제
다음 중 데이터베이스 관리 시스템(DBMS)의 장점에 해당하지 않는 것은?

① 데이터의 일관성 유지
② 데이터의 무결성 유지
③ 데이터의 보안 보장
④ 데이터 간의 종속성 유지

02
DBMS는 데이터 간의 종속성 유지가 아니라 독립성 유지가 장점이다.

03
다음 중 데이터베이스의 특징으로 옳지 않은 것은?

① 다수의 이용자들이 서로 상이한 목적으로 동일 데이터를 공유
② 데이터의 검색이나 갱신이 효율적으로 이루어질 수 있도록 데이터의 중복을 최대화
③ 특정 조직에서 필요한 정보를 얻기 위하여 필요한 데이터를 저장
④ 효과적인 데이터 처리를 위한 구조화

03
데이터베이스는 데이터의 검색이나 갱신이 효율적으로 이루어질 수 있도록 데이터의 중복을 최소화한다.

| 정답 | 01 ④　02 ④　03 ②

| 빈출개념 | #스키마의 종류 #데이터베이스 언어의 종류

개념끝 081 데이터베이스 관리 시스템

기출빈도

결정적 힌트
DBMS의 개념과 기능을 이해하고 특히 데이터베이스 언어 종류 3가지를 반드시 기억해야 합니다.

▼ **관계형 데이터베이스**
데이터베이스의 논리적 구조를 행과 열로 구성되는 테이블 형태로 표현하는 모델로, 가장 많이 사용되는 데이터베이스 모델이다.

01 DBMS(DataBase Management System)

- 사용자와 데이터베이스 사이에 위치하여 데이터베이스를 생성하고, 관리하며, 사용자의 요구에 따라 데이터베이스에 대한 연산을 수행한다.
- 데이터베이스에 접근하는 방법을 통제하여 데이터의 무결성을 유지 및 관리하는 소프트웨어이다.
- 관계형 데이터베이스 관리 시스템(RDBMS; Relational DBMS)의 종류: ORACLE, ACCESS, MS-SQL, MY-SQL 등

| DBMS의 개념

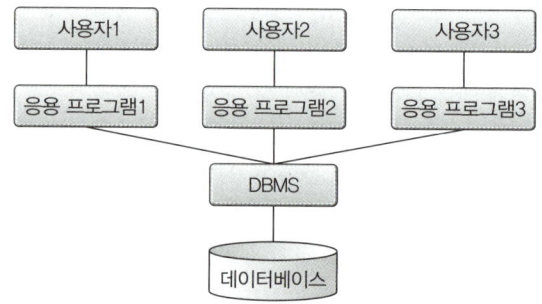

| DBMS의 기능

정의 기능	데이터베이스에 저장될 데이터 타입과 구조를 정의하고 이용 방식 및 제약 조건 등을 명시하는 기능
조작 기능	데이터의 검색, 삽입, 삭제, 갱신 등을 처리하기 위해 사용자와 데이터베이스 사이의 인터페이스를 제공하는 기능
제어 기능	무결성 유지, 보안 유지, 병행 제어 등을 제공하는 기능

▼ **병행 제어**
동시에 여러 개의 작업을 수행할 때, 동시에 실행되는 작업들이 데이터베이스의 일관성을 파괴하지 않도록 작업 간의 상호작용을 제어하는 것이다.

02 스키마(Schema)

전체 데이터베이스의 논리적인 구조와 정의를 기술하는 것을 의미한다.

| 스키마의 종류

외부 스키마 (External Schema)	• 사용자나 응용 프로그래머의 관점에서 본 스키마 • 서브 스키마(Sub Schema) 또는 사용자 뷰(View)라고도 함 • 같은 데이디베이스에 대해서도 다른 관점을 가질 수 있으므로 여러 개의 외부 스키마가 존재

■ **데이터 사전(Data Dictionary)**
'시스템 카탈로그'라고도 불리며, 데이터베이스에 저장되어 있는 모든 데이터 개체들에 대한 정보를 유지 및 관리하는 시스템이다.

개념 스키마 (Conceptual Schema)	• 기관이나 조직체의 관점에서 데이터베이스를 정의한 스키마 • 데이터베이스 전체의 논리적 구조 • 데이터베이스의 접근 권한, 보안 정책, 무결성 규칙의 정의를 포함
내부 스키마 (Internal Schema)	• 시스템 프로그래머나 시스템 설계자가 보는 관점의 스키마 • 데이터베이스의 저장 또는 물리적 구조 • 실제로 데이터베이스에 저장될 레코드의 물리적인 구조, 저장 데이터 항목의 표현 방법, 내부 레코드의 물리적 순서 등을 포함

| 스키마의 구조

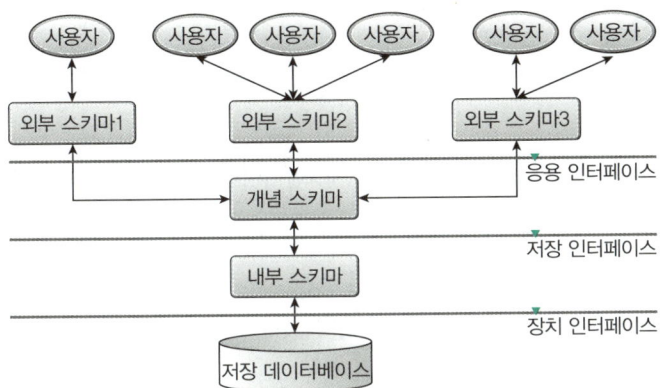

▼ 응용 인터페이스
외부 스키마와 개념 스키마의 접속 관계를 정의하며, 데이터의 논리적 독립성을 제공한다.

▼ 저장 인터페이스
내부 스키마와 개념 스키마의 접속 관계를 정의하며, 데이터의 물리적 독립성을 제공한다.

▼ 장치 인터페이스
내부 스키마와 저장 데이터베이스의 접속 관계를 정의한다.

03 데이터베이스 언어

• 데이터베이스를 구축하고 사용자와 소통하기 위한 언어를 의미한다.
• 데이터베이스 언어는 절차식 언어와 비절차식 언어가 있다.

절차식 언어	원하는 결과를 얻기 위해 어떤 연산을 수행해야 하는지 순서를 명확하게 기술하는 언어
비절차식 언어	구체적 수행 과정을 명시하지 않고 원하는 정보만 기술하는 언어. 절차식 언어보다 쉽게 배우고 사용할 수 있지만, 코드의 효율성은 떨어짐

| 데이터베이스 언어의 종류

데이터 정의어 (DDL; Data Definition Language)	데이터베이스를 생성하거나 수정하기 위해 사용하는 언어 예 CREATE, ALTER, DROP
데이터 조작어 (DML; Data Manipulation Language)	데이터의 삽입, 삭제, 수정, 검색 등의 처리를 요구하기 위해 사용하는 언어 예 SELECT, INSERT, UPDATE, DELETE
데이터 제어어 (DCL; Data Control Language)	데이터 보안 및 회복, 무결성, 병행 수행 제어 등을 정의하는 언어 예 COMMIT, ROLLBACK, GRANT, REVOKE

▼ 데이터베이스 언어의 종류
• CREATE: 테이블 생성
• ALTER: 테이블 변경
• DROP: 테이블 삭제
• SELECT: 조건에 맞는 데이터 검색
• INSERT: 새 레코드를 추가
• UPDATE: 필드값 변경
• DELETE: 레코드 삭제
• COMMIT: 변경된 내용 저장
• ROLLBACK: 변경된 내용 취소
• GRANT: 권한 부여
• REVOKE: 권한 부여 취소

04 데이터베이스 사용자

일반 사용자	질의어를 사용하여 데이터베이스에 접근하는 사용자
응용 프로그래머	프로그래밍 언어와 데이터베이스 언어를 사용하여 사용자 인터페이스와 데이터를 관리하는 응용 프로그램을 개발하는 사람
데이터베이스 관리자(DBA; DataBase Administrator)	데이터베이스 시스템을 총체적으로 운영하고 관리하는 사람

Warming UP 기출로 개념 확인

01

다음 중 데이터베이스의 3단계 구조 중 하나로, 데이터베이스 전체의 논리적인 구조를 보여주는 스키마는?

① 외부 스키마
② 서브 스키마
③ 개념 스키마
④ 내부 스키마

02 (또 나올 문제)

다음 중 데이터 보안 및 회복, 무결성, 병행 수행 제어 등을 정의하는 데이터베이스 언어로, 데이터베이스 관리자가 데이터 관리를 목적으로 주로 사용하는 언어는?

① 데이터 제어어(DCL)
② 데이터 부속어(DSL)
③ 데이터 정의어(DDL)
④ 데이터 조작어(DML)

03

다음 중 데이터 조작어(DML; Data Manipulation Language)에 대한 설명으로 옳지 않은 것은?

① 사용자가 응용 프로그램을 통하여 데이터베이스에 저장된 데이터를 액세스하거나 조작할 수 있도록 하는 언어이다.
② 비절차식 데이터 조작 언어는 사용자가 어떠한 데이터가 필요한지를 명시할 뿐, 어떻게 구하는지는 명시할 필요가 없다.
③ 비절차식 데이터 조작 언어는 절차식 데이터 조작 언어보다 배우기 쉽고 사용하기 쉽지만 코드의 효율성은 떨어진다.
④ SELECT, UPDATE, CREATE, DELETE문이 해당된다.

바로 보는 해설

01
개념 스키마는 모든 응용 시스템이나 사용자들에게 필요한 데이터를 통합한 조직 전체의 데이터베이스를 기술한 것으로, 하나의 데이터베이스 시스템에는 하나의 개념 스키마만 존재한다.

| 오답 피하기 |
① 외부 스키마: 데이터베이스의 개별 사용자나 응용 프로그래머가 접근하는 데이터 베이스를 정의한 것이다.
② 서브 스키마: 외부 스키마를 '서브 스키마'라고도 한다.
④ 내부 스키마: 실제로 데이터베이스에 저장된 레코드의 물리적 구조로, 데이터베이스의 물리적인 저장 구조, 형식, 인덱스, 항목 표현 방법 등이 기술된다.

02
데이터 제어어(DCL)는 내부적으로 필요한 규칙이나 기법을 정의하기 위해 사용하는 언어로, COMMIT, ROLLBACK, GRANT, REVOKE 등의 명령어가 있다.

03
- 데이터 정의어(DDL): 스키마를 정의하거나 수정, 삭제하기 위해 사용하는 언어로, CREATE, ALTER, DROP 등의 명령어가 있다.
- 데이터 조작어(DML): 데이터의 삽입, 삭제, 수정, 검색 등의 처리를 요구하기 위한 언어로, INSERT, DELETE, UPDATE, SELECT 등의 명령어가 있다.
- 데이터 제어어(DCL): 내부적으로 필요한 규칙이나 기법을 정의하기 위해 사용하는 언어로, COMMIT, ROLLBACK, GRANT, REVOKE 등의 명령어가 있다.

| 정답 | 01 ③ 02 ① 03 ④

| 빈출개념 |　#E-R 다이어그램의 구성 요소

개념끝 082 데이터베이스의 설계

기출빈도

01 데이터 모델링(Data Modeling)

현실 세계에 존재하는 데이터를 사용자의 요구에 따라 컴퓨터 세계의 데이터베이스로 옮기는 변환 과정을 의미한다.

개념적 설계	현실 세계에서 중요한 데이터를 추출하여 추상적 개념으로 옮기는 과정으로, ERD(Entity Relationship Diagram, 개체 관계 모델)를 생성하는 단계
논리적 설계	개념적 설계를 데이터 모델링을 거쳐 특정 DBMS가 지원하는 논리적 구조로 변환하는 단계
물리적 설계	컴퓨터 시스템의 저장 장치에 저장하기 위한 구조와 접근 방법 등을 설계하는 단계

> **결정적 힌트**
> 문제가 자주 출제되는 부분은 아닙니다. 관계의 종류와 E-R 다이어그램의 구성 요소를 기호와 함께 암기해 주세요.

02 개체 관계 모델(E-R Model; Entity-Relationship Model)

- 1976년 피터 첸(Peter Chen)이 제안한 것으로 쉽게 개념적 설계를 하는 방법이다.
- 개체와 개체 간의 관계를 기본 요소로 하여 현실 세계를 개념적인 논리 데이터로 표현하는 방식으로, 특정 DBMS를 고려한 것은 아니다.
- '개체(Entity)', '속성(Attribute)', '관계(Relationship)' 등으로 구성된다.

개체(Entity)	독립적으로 존재하면서 고유하게 식별할 수 있는 실제의 객체나 개념
속성(Attribute)	개체가 가지고 있는 고유한 특성이나 상태
관계(Relationship)	• 개체 간의 관계나 속성 간의 관계 • 일대일(1:1), 일대다(1:N), 다대다(N:M) 관계가 있음

▼ 일대일(1:1)
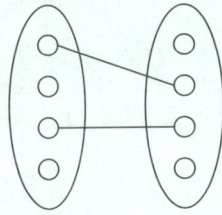

▼ 일대다(1:N)
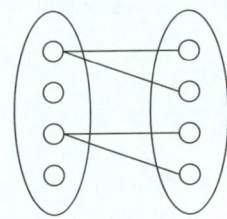

▼ 다대다(N:M)
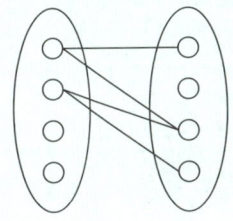

03 E-R 다이어그램(ERD)

개체와 관계를 도식으로 표현하여 현실 세계를 개념적으로 모델링한 결과물을 시각적으로 표현한 것이다.

| E-R 다이어그램의 구성 요소

기호	모양	의미
□	사각형	개체(Entity) 타입
◇	마름모	관계(Relationship) 타입
○	타원	속성(Attribute) 타입

	밑줄 타원	기본 키 속성
	선	개체 타입과 속성 또는 개체 타입 간의 연결

예 고객 개체는 번호와 이름의 속성을 가지며, 예약서 개체는 예약번호와 수량의 속성을 가진다. 고객 개체와 예약서 개체는 일대다의 예약 관계를 가진다.

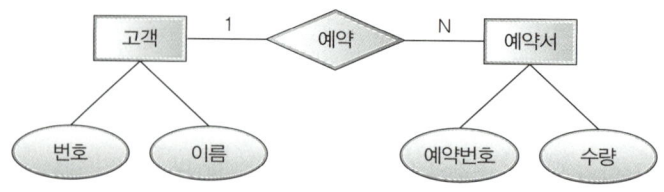

▼ 기본 키
테이블에서 '유일성'과 '최소성'을 만족하는 키로 Null 값이나 중복된 값을 가질 수 없다.

바로 보는 해설

01
- 개념적 설계: 다양한 사용자의 요구 사항을 분석하여 정보 구조를 표현한 관계도(ERD)를 생성하는 단계이다.
- 논리적 설계: 개념적 설계를 데이터 모델링을 거쳐 논리적으로 표현하는 단계이다.
- 물리적 설계: 컴퓨터 시스템의 저장 장치에 저장하기 위한 구조와 접근 방법 등을 설계하는 단계이다.

02
개체(Entity)는 현실 세계에 존재하는 객체나 개념이다.

03
| 오답 피하기 |
① 사각형 – 개체(Entity) 타입
③ 타원 – 속성(Attribute) 타입
④ 밑줄 타원 – 기본 키 속성 타입

| 정답 | 01 ② 02 ④ 03 ②

Warming UP 기출로 개념 확인

01

다음 중 다양한 사용자의 요구 사항을 분석하여 정보 구조를 표현한 관계도(ERD)를 생성하는 데이터베이스 설계 단계는?

① 데이터베이스 기획
② 개념적 설계
③ 논리적 설계
④ 물리적 설계

02

다음 중 개체 관계 모델(Entity Relationship Model)에 대한 설명으로 옳지 않은 것은?

① 개념적 설계에 가장 많이 사용되는 모델로 개체 관계도(ERD)가 가장 대표적이다.
② 개체 집합과 관계 집합으로 나누어서 개념적으로 표시하는 방식으로 특정 데이터베이스 관리 시스템(DBMS)을 고려한 것은 아니다.
③ 데이터를 개체(Entity), 관계(Relationship), 속성(Attribute)과 같은 개념으로 표시한다.
④ 개체(Entity)는 가상의 객체나 개념을 의미하고, 속성(Attribute)은 개체를 묘사하는 데 사용될 수 있는 특성을 의미한다.

03 또 나올 문제

다음 중 E-R 다이어그램 표기법의 기호와 의미가 바르게 연결된 것은?

① 사각형 – 속성(Attribute) 타입
② 마름모 – 관계(Relationship) 타입
③ 타원 – 개체(Entity) 타입
④ 밑줄 타원 – 의존 개체 타입

| 빈출개념 | #관계형 데이터베이스의 구조 #기본 키와 외래 키 #무결성 제약 조건

개념끝 083 데이터베이스 모델

01 데이터베이스 모델의 종류

계층 데이터베이스 모델	트리(Tree) 구조를 활용하여 데이터를 부모와 자식의 관계로 정의한 모델
네트워크 데이터베이스 모델	데이터베이스의 논리적 구조를 그래프(Graph) 또는 네트워크(Network) 형태로 표현한 모델로, 다대다 관계(N:M) 표현
관계형 데이터베이스 모델	데이터베이스의 논리적 구조를 행과 열로 구성되는 테이블 형태로 표현한 모델
객체 지향형 모델	객체 지향 프로그래밍(OOP; Object-Oriented Programming) 기술을 도입하여 저장한 데이터베이스로, 모든 정보를 '객체'의 형태로 표현한 모델

> **결정적 힌트**
> 데이터베이스 모델은 여러 가지가 있지만 이 중 관계형 데이터베이스 모델이 가장 널리 사용되고 있습니다. 관계형 데이터베이스의 구조와 관련된 용어, 키와 무결성 제약 조건은 자주 출제되는 부분이므로 꼼꼼히 학습해야 합니다.

02 관계형 데이터베이스의 구조

테이블(Table) 또는 릴레이션(Relation)	데이터를 표 형태의 행과 열로 표현한 것
속성(Attribute) 또는 필드(Field)	테이블의 열을 구성하는 항목으로, 개체의 특성이나 상태를 기술하고 데이터베이스를 구성하는 가장 작은 논리적 단위
튜플(Tuple) 또는 레코드(Record)	테이블의 행을 의미하는 것으로, 속성으로 구성된 튜플들 사이에는 순서가 없음
도메인(Domain)	하나의 속성(Attribute)이 취할 수 있는 값의 범위
차수(Degree)	속성의 개수
기수(Cardinality)	튜플의 개수

▼ **릴레이션의 특징**
- 한 릴레이션에 포함된 튜플들은 모두 상이하다.
- 한 릴레이션에 포함된 튜플 사이에는 순서가 없다.
- 속성 사이의 순서는 무의미하다.
- 속성값은 더 이상 쪼갤 수 없는 원자 값만 사용할 수 있다.

예 [학생] 테이블(릴레이션)

학번	이름	학년	학과
100	김성훈	2	AI학과
101	이규연	4	정보보안과
102	박수빈	3	컴퓨터공학과
103	최민희	1	영문학과

- '학년'의 도메인: 1, 2, 3, 4
- 차수(속성의 개수): 4
- 기수(튜플의 개수): 4

03 키와 무결성

(1) 키(Key)

데이터베이스에서 튜플을 검색하거나 정렬할 때 튜플들을 서로 구분할 수 있는 기준이 되는 속성을 의미한다.

l 키의 종류

후보 키 (Candidate Key)	테이블에서 '유일성'과 '최소성'을 만족하는 키 • 유일성: 하나의 키 값으로 하나의 튜플을 유일하게 식별할 수 있는 성질 • 최소성: 튜플을 유일하게 식별하는 데 꼭 필요한 속성만으로 구성되는 성질
기본 키 (Primary Key)	• 후보 키 중에서 선택한 키 • Null 값이나 중복된 값을 가질 수 없음 • 여러 키를 합칠 수 있으며 반드시 설정할 필요는 없음
외래 키 (Foreign Key)	• 관계를 맺고 있는 두 테이블에서 다른 테이블의 기본 키를 참조하는 키 • 참조하는 기본 키와 일치하는 값을 갖거나 Null 값을 가져야 함
대체 키 (Alternate Key)	후보 키 중에서 기본 키를 제외한 나머지 키
슈퍼 키 (Super Key)	• 속성의 집합으로 구성된 키 • 유일성은 만족시키지만, 최소성은 만족시키지 못하는 키

예)
직원(사번, 성명, 부서명, 주민등록번호)
부서(부서명, 팀장, 팀원 수)

• 후보 키: [직원] 테이블의 '사번', '주민등록번호', [부서] 테이블의 '부서명'
• 기본 키: [직원] 테이블의 '사번', [부서] 테이블의 '부서명'
• 대체 키: [직원] 테이블의 '주민등록번호'
• 외래 키: [직원] 테이블의 '부서명'([부서] 테이블의 '부서명'을 참조)

(2) 무결성 제약 조건

• 정확성과 안정성을 유지하기 위한 제약 조건으로, 테이블에 부적절한 자료가 입력되는 것을 방지하기 위해서 테이블을 생성할 때 정의하는 규칙이다.
• 개체 무결성: 기본 키는 중복된 값이나 Null 값을 가질 수 없다.
• 참조 무결성
 – 한 테이블이 다른 테이블의 기본 키를 참조하는 외래 키를 가질 때 외래 키는 Null 값이거나 다른 테이블의 기본 키에 있는 값이어야 한다.
 – 기본 키 값이 있는 테이블의 레코드를 삭제할 경우 참조 무결성이 위배될 수 있다.
 – 기본 키 값이 있는 테이블에서 레코드를 추가하는 경우에는 참조 무결성이 유지된다.

▼ 개체 무결성
[직원] 테이블의 기본 키인 '사번'은 중복된 값이나 Null 값을 가질 수 없다.

▼ 참조 무결성
[부서] 테이블의 '부서명'을 참조하는 외래 키인 [직원] 테이블의 '부서명'은 Null 값이거나 [부서] 테이블의 '부서명'에 있는 값이어야 한다.

Warming UP 기출로 개념 확인

01 또 나올 문제
다음 중 관계형 데이터베이스 모델에 대한 설명으로 옳지 <u>않은</u> 것은?
① 도메인(Domain)은 하나의 애트리뷰트(Attribute)가 취할 수 있는 같은 타입의 원자값들의 집합이다.
② 한 릴레이션(Relation)에 포함된 튜플(Tuple)들은 모두 상이하며, 튜플(Tuple) 사이에는 순서가 있다.
③ 튜플(Tuple)의 수를 카디널리티(Cardinality), 애트리뷰트(Attribute)의 수를 디그리(Degree)라고 한다.
④ 애트리뷰트(Attribute)는 데이터베이스를 구성하는 가장 작은 논리적 단위이며, 파일 구조상의 데이터 필드에 해당된다.

02 또 나올 문제
다음 중 기본 키(Primary Key)에 대한 설명으로 옳지 <u>않은</u> 것은?
① 기본 키로 지정된 필드는 다른 레코드와 동일한 값을 가질 수 없다.
② 기본 키 필드에 값이 입력되지 않으면 레코드가 저장되지 않는다.
③ 기본 키가 설정되지 않아도 테이블은 생성된다.
④ 기본 키는 하나의 필드에만 설정할 수 있다.

03 또 나올 문제
속성(Attribute)은 데이터베이스를 구성하는 중요한 요소 중 하나이다. 다음 중 속성에 대한 설명으로 옳지 <u>않은</u> 것은?
① 속성은 개체의 특성을 기술한다.
② 속성은 테이블의 열을 나타낸다.
③ 속성은 파일 구조상 데이터 항목 또는 데이터 필드에 해당한다.
④ 속성의 수를 Cardinality라고 한다.

04
다음 중 참조 무결성에 대한 설명으로 옳지 <u>않은</u> 것은?
① 참조 무결성은 참조하고 참조되는 테이블 간의 참조 관계에 아무런 문제가 없는 상태를 의미한다.
② 다른 테이블을 참조하는 테이블, 즉 외래 키 값이 있는 테이블의 레코드 삭제 시에는 참조 무결성이 위배될 수 있다.
③ 다른 테이블을 참조하는 테이블의 레코드 추가 시 외래 키 값이 널(Null)인 경우에는 참조 무결성이 유지된다.
④ 다른 테이블에 의해 참조되는 테이블에서 레코드를 추가하는 경우에는 참조 무결성이 유지된다.

바로 보는 해설

01
관계형 데이터베이스는 데이터를 표 형태로 표현한 것으로, 표를 '릴레이션(Relation)'이라고 한다. 튜플은 릴레이션을 구성하는 각각의 행을 말하고, 튜플들 사이에는 순서가 없다.

02
기본 키는 여러 개의 필드를 합쳐 기본 키로 지정할 수 있는데, 이러한 키를 '복합 키'라고 한다.

03
속성의 수를 Degree라고 한다.

04
외래 키 값이 있는 테이블의 레코드는 삭제해도 참조 무결성이 유지되지만, 다른 테이블에 의해 참조되는 테이블의 레코드를 삭제할 때는 참조 무결성이 위배된다.

| 정답 | 01 ② 02 ④ 03 ④ 04 ②

| 빈출개념 | #정규화의 개념

개념끝 084 정규화

기출빈도

결정적 힌트

어려운 개념이지만 정규화의 개념, 이상 현상 등이 자주 출제되었습니다. 정규화 단계는 너무 어려우므로 제1정규형~BCNF 단계까지의 특징 정도만 기억하는 것이 좋습니다.

01 정규화(Normalization)의 개념

- 추가, 갱신, 삭제 등의 작업 시 이상 현상(Anomaly)이 발생하지 않도록 테이블을 분해하는 과정이다.
- 데이터베이스의 논리적 설계 단계에서 수행한다.
- 정규화를 통해 데이터의 중복을 최소화하고 테이블 간의 종속성을 줄일 수 있으나, 중복을 완전히 제거할 수는 없다.
- 테이블을 여러 개로 나누기 때문에 테이블의 크기가 작아지지만, 모든 테이블의 필드 수가 동일해지는 것은 아니다.

▼ 이상 현상

학번	이름	나이	과목코드	수강과목
100	홍길동	20	500	파이썬
101	이순신	21	501	통계
100	홍길동	20	502	운영체제

- 삽입 이상: 수강신청을 하지 않은 학생을 삽입하려면 과목코드와 수강과목에 Null 값이 입력된다.
- 삭제 이상: 통계 과목을 삭제하면 이순신 학생의 데이터까지 함께 삭제된다.
- 갱신 이상: 과목코드가 502인 홍길동 나이를 수정하면 첫 번째 튜플과 세 번째 튜플이 일치하지 않는다.

02 이상 현상(Anormaly)

불필요한 데이터의 중복으로 인해 발생하는 부작용으로 삽입 이상, 삭제 이상, 갱신 이상이 있다.

삽입 이상	테이블에 새 데이터를 삽입하기 위해 불필요한 데이터도 함께 삽입해야 하는 현상
삭제 이상	테이블에서 튜플 삭제 시 다른 값이 함께 삭제되는 현상
갱신 이상	테이블에서 중복된 튜플 중 일부 튜플만 변경하여 데이터가 불일치하게 되는 현상

03 정규화 단계

정규형은 제1정규형에서 제5정규형까지 있으며, 단계가 높을수록 하위 단계를 포함하고, 종속성이 제거된다.

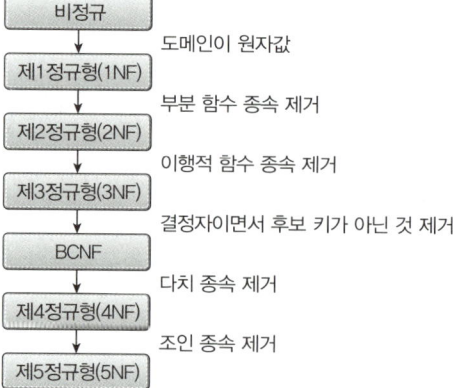

22 · 3과목 데이터베이스 일반

Warming UP 기출로 개념 확인

01

다음 중 데이터를 입력 또는 삭제 시 이상 현상(Anomaly)이 일어나지 않도록 데이터베이스를 설계하기 위한 기술을 의미하는 용어는?

① 자동화
② 정규화
③ 순서화
④ 추상화

바로 보는 해설

01
하나의 릴레이션의 속성이 다양한 종속성과 중복성을 갖게 되면 릴레이션 조작 시 예기치 못한 이상 현상이 발생할 가능성이 높아진다. 따라서 이러한 이상 현상을 제거하기 위하여 중복성 및 종속성을 배제시키는 방법으로 정규화(Normalization)를 사용한다.

02 또 나올 문제

다음 중 정규화에 대한 설명으로 옳지 <u>않은</u> 것은?

① 대체로 더 작은 필드를 갖는 테이블로 분해하는 과정이다.
② 데이터 중복을 최소화하기 위한 작업이다.
③ 정규화를 통해 테이블 간의 종속성을 높이기 위한 것이다.
④ 추가, 갱신, 삭제 등 작업 시의 이상 현상(Anomaly)이 발생하지 않도록 하기 위한 것이다.

02
정규화를 통해 데이터의 중복을 최소화하고 테이블 간의 종속성을 줄인다.

03

다음 중 정규화에 대한 설명으로 옳지 <u>않은</u> 것은?

① 한 테이블에 너무 많은 정보를 포함해서 발생하는 이상 현상을 제거한다.
② 정규화를 실행하면 모든 테이블의 필드 수가 동일해진다.
③ 정규화를 실행하면 테이블이 나누어져서 최종적으로는 일관성을 유지하게 된다.
④ 정규화를 실행하는 목적 중 하나는 데이터 중복의 최소화이다.

03
정규화를 실행하면 테이블이 분리되지만 모든 테이블의 필드 수가 동일해지지는 않는다.

04

다음 중 정규화에 대한 설명으로 옳지 <u>않은</u> 것은?

① 정규화를 통해 삽입, 삭제, 갱신 이상의 발생을 방지할 수 있다.
② 정규화를 통해 데이터 삽입 시 테이블 재구성의 필요성을 줄일 수 있다.
③ 정규화는 테이블 속성 사이의 종속성을 최대한 배제하는 과정으로 볼 수 있다.
④ 정규화를 수행하여 데이터의 중복을 완전히 제거할 수 있다.

04
정규화는 데이터의 추가, 갱신, 삭제 등의 작업 시 이상 현상(Anomaly)이 발생하지 않도록 데이터베이스를 설계하기 위한 작업으로, 중복을 완전히 제거할 수는 없고 최소화한다.

| 정답 | 01 ② 02 ③ 03 ②
04 ④

기출선지 OX 퀴즈

01 데이터베이스는 데이터의 검색이나 갱신이 효율적으로 이루어질 수 있도록 데이터의 중복을 최소화한다. (O / X)

02 데이터의 중복이 많아질수록 갱신 비용이 높아질 수 있다. (O / X)

03 데이터베이스의 3단계 구조 중 하나로, 데이터베이스 전체의 논리적인 구조를 보여 주는 스키마는 내부 스키마이다. (O / X)

04 데이터 조작어(DML; Data Manipulation Language)는 데이터의 삽입, 삭제, 수정, 검색 등의 처리를 요구하기 위해 사용하는 언어이다. (O / X)

05 개체 관계 모델(Entity Relationship Model)은 개체 집합과 관계 집합으로 나누어서 개념적으로 표시하는 방식으로 특정 데이터베이스 관리 시스템(DBMS)을 고려한 것이다. (O / X)

06 다양한 사용자의 요구 사항을 분석하여 정보 구조를 표현한 관계도(ERD)를 생성하는 데이터베이스 설계 단계는 논리적 설계 단계이다. (O / X)

07 기본 키(Primary Key)로 지정된 필드는 다른 레코드와 동일한 값을 가질 수 없다. (O / X)

08 관계형 데이터베이스 모델에서 튜플(Tuple)의 수를 디그리(Degree), 애트리뷰트(Attribute)의 수를 카디널리티(Cardinality)라고 한다. (O / X)

09 정규화는 추가, 갱신, 삭제 등의 작업 시 이상 현상(Anomaly)이 발생하지 않도록 테이블을 분해하는 과정이다. (O / X)

10 정규화를 통해 데이터의 중복을 최소화하고 테이블 간의 종속성을 줄일 수 있다. (O / X)

11 데이터베이스는 데이터의 삽입, 삭제, 갱신 등이 끊임없이 이뤄지는 동적인 특징을 갖는다. (O / X)

12 데이터 정의어(DDL; Data Definition Language)에는 CREATE, ALTER, DROP 등의 명령어가 있다. (O / X)

13 E-R 다이어그램(ERD) 표기법에서 마름모는 속성(Attribute) 타입을 의미한다. (O / X)

14 슈퍼 키(Super Key)는 최소성은 만족시키지만, 유일성은 만족시키지 못하는 키이다. (O / X)

15 참조 무결성에서 한 테이블이 다른 테이블의 기본 키를 참조하는 외래 키를 가질 때 외래 키는 Null 값이거나 다른 테이블의 기본 키에 있는 값이어야 한다. (O / X)

16 속성(Attribute)의 수를 Cardinality라고 한다. (O / X)

17 데이터 조작어(DML; Data Manipulation Language)는 데이터의 보안 및 회복, 무결성, 병행 수행 제어 등을 정의하는 언어이다. (O / X)

한판으로 **복습**한다!

18 데이터베이스 사용자에는 일반 사용자, 응용 프로그래머, 데이터베이스 관리자가 있다. (O / X)

19 데이터베이스의 장점은 백업과 복구에 많은 비용과 시간이 소요되지 않는다는 점이다. (O / X)

20 E-R 다이어그램(ERD)은 개체와 관계를 도식으로 표현하여 현실 세계를 개념적으로 모델링한 결과물을 시각적으로 표현한 것이다. (O / X)

21 데이터베이스 관리 시스템(DBMS)의 기능 중 조작 기능은 무결성 유지, 보안 유지, 병행 제어 등을 제공하는 기능이다. (O / X)

22 개체 관계 모델(Entity Relationship Model)은 개체, 속성, 관계 등으로 구성된다. (O / X)

23 데이터베이스 언어는 데이터베이스를 구축하고 사용자와 소통하기 위한 언어를 의미한다. (O / X)

24 이상 현상(Anomaly) 중 하나인 삽입 이상은 테이블에서 중복된 튜플 중 일부 튜플만 변경하여 데이터가 불일치하게 되는 현상을 의미한다. (O / X)

25 개체 관계 모델(Entity Relationship Model)에서 개체(Entity)는 독립적으로 존재하면서 고유하게 식별할 수 있는 실제의 객체나 개념을 의미한다. (O / X)

26 정규화는 테이블 속성 사이의 종속성을 최대한 배제하는 과정으로 볼 수 있다. (O / X)

27 다른 테이블을 참조하는 테이블의 레코드 추가 시 외래 키 값이 널(Null)인 경우에는 참조 무결성이 유지되지 않는다. (O / X)

28 정규형에는 제1정규형에서 제5정규형까지 있으며, 단계가 높을수록 하위 단계를 포함하고 종속성이 제거된다. (O / X)

29 테이블에서 유일성과 최소성을 만족하는 키는 후보 키(Candidate Key)이다. (O / X)

30 데이터베이스 언어에는 절차식 언어와 비절차식 언어가 있으며, 이 중 절차식 언어는 비절차식 언어보다 쉽게 배우고 사용할 수 있다. (O / X)

| 정답 |

01	O	02	O	03	X	04	O	05	X	06	X	07	O	08	X	09	O	10	O
11	O	12	O	13	X	14	X	15	O	16	X	17	O	18	O	19	X	20	O
21	X	22	O	23	O	24	X	25	O	26	O	27	X	28	O	29	O	30	X

CHAPTER 1 | 데이터베이스의 개요

기출로 개념 강화

개념끝 080 데이터베이스의 개념

01
다음 중 DBMS의 단점에 대한 설명으로 옳지 <u>않은</u> 것은?

① 하드웨어나 DBMS 구입 비용, 전산화 비용 등이 증가한다.
② DBMS와 데이터베이스 언어를 조작할 수 있는 고급 프로그래머가 필요하다.
③ 데이터를 통합하는 중앙 집중 관리가 어렵다.
④ 데이터의 백업과 복구에 많은 비용과 시간이 소요된다.

개념끝 081 데이터베이스 관리 시스템

02 또 나올 문제
다음 중 데이터베이스 관리 시스템(DBMS)에 대한 설명으로 옳지 <u>않은</u> 것은?

① 응용 프로그램과 데이터베이스 사이에 위치하여 데이터베이스를 관리한다.
② 파일 시스템의 단점인 데이터의 중복성과 종속성의 문제를 해결하기 위해 제안된 시스템이다.
③ DBMS의 기능은 정의 기능, 조작 기능 및 제어 기능으로 나뉜다.
④ 순차적인 접근을 지원하여 백업과 회복의 절차가 단순하다.

03
다음은 데이터베이스 관리 시스템(DBMS)의 기능과 각 기능에 대한 설명이다. 바르게 짝지어진 것은?

| ⓐ 조작 기능 | ⓑ 제어 기능 | ⓒ 정의 기능 |

가. 데이터의 정확성과 보안성을 유지하기 위한 무결성, 보안 및 권한 검사, 병행 제어 등의 기능을 정의하는 기능
나. 데이터 형(Type), 구조, 데이터를 이용하는 방식을 정의하는 기능
다. 데이터의 검색, 삽입, 삭제, 변경 등을 처리하기 위한 접근 수단을 정의하는 기능

① ⓐ-가, ⓑ-나, ⓒ-다
② ⓐ-다, ⓑ-가, ⓒ-나
③ ⓐ-가, ⓑ-다, ⓒ-나
④ ⓐ-나, ⓑ-가, ⓒ-다

04
다음 중 데이터베이스에 저장되어 있는 모든 데이터 개체들에 대한 정보를 유지, 관리하는 시스템으로 '시스템 카탈로그'라고도 불리는 것은?

① 데이터 사전(Data Dictionary)
② 스키마(Schema)
③ SQL
④ 관계 대수(Relational Algebra)

05 또 나올 문제

다음 중 데이터 조작어(DML; Data Manipulation Language)의 특징으로 옳지 않은 것은?

① 데이터 처리를 위하여 사용자와 DBMS 사이의 인터페이스를 제공한다.
② 데이터 처리를 위한 연산의 집합으로 데이터의 검색, 삽입, 삭제, 변경 등 데이터 조작을 제공하는 언어이다.
③ 절차적 조작 언어와 비절차적 조작 언어로 구분된다.
④ 데이터 보안(Security), 무결성(Integrity), 회복(Recovery) 등에 관련된 사항을 정의한다.

바로 보는 해설

01
- DBMS의 단점: 운영비 증가, 전문가 필요, 복잡한 백업과 복구, 시스템의 취약성 등
- DBMS의 장점: 데이터의 중복 및 종속성의 최소화, 데이터의 일관성 유지, 데이터의 무결성 유지, 데이터의 보안 보장, 데이터의 공유 가능

02 데이터베이스 관리 시스템(DBMS)은 백업과 회복의 절차가 복잡하므로 복구에 많은 비용과 시간이 소요된다.

03
- 조작 기능: 데이터의 검색, 삽입, 삭제, 변경 등을 처리하기 위한 접근 수단을 정의하는 기능이다.
- 제어 기능: 데이터의 정확성과 보안성을 유지하기 위한 무결성, 보안 및 권한 검사, 병행 제어 등의 기능을 정의하는 기능이다.
- 정의 기능: 데이터 형(Type), 구조, 데이터를 이용하는 방식을 정의하는 기능이다.

04 | 오답 피하기 |
② 스키마(Schema): 전체 데이터베이스의 논리적인 구조와 정의를 기술하는 것이다.
③ SQL: 데이터베이스를 관리하기 위해 설계된 특수 목적 언어이다.
④ 관계 대수(Relational Algebra): 관계형 데이터베이스에서 원하는 데이터를 검색하기 위해서 어떻게 유도하는가를 기술하는 절차적인 언어이다.

05 주어진 내용은 데이터 제어어에 대한 설명이다.

06 개체의 특성이나 상태를 기술해 주는 것은 '속성(Attribute)'이다. 개체 인스턴스(Instance)는 테이블에서 행에 해당하는 데이터, 즉 실제 데이터가 들어가 있는 상태를 말한다.

개념끝 082 데이터베이스의 설계

06

다음 중 관계형 데이터베이스에 대한 설명으로 옳지 않은 것은?

① 개념적으로 개체와 관계로 구성된다.
② 개체의 특성이나 상태를 기술해 주는 것을 개체 인스턴스(Instance)라고 한다.
③ 개체와 관계를 도식으로 표현한 것을 E-R 다이어그램이라 한다.
④ 관계는 개체 관계와 속성 관계로 나누어 볼 수 있다.

| 정답 | 01 ③ 02 ④ 03 ② 04 ① 05 ④ 06 ②

07

다음 중 개체 관계(Entity Relationship) 모델에 대한 설명으로 옳지 않은 것은?

① 데이터베이스를 구성하는 개체와 이들 간의 관계를 개념적으로 표시한 모델이다.
② 개체 관계도에서 타원은 개체 타입을 나타내며, 사각형은 속성을 의미한다.
③ E-R 모델에서 정의한 데이터를 관계형 데이터베이스에 저장하기 위해서는 각각의 개체를 테이블로 변환시켜야 한다.
④ E-R 모델에서 속성은 관계형 데이터 모델에서 필드로 변환된다.

09

다음 중 관계형 데이터베이스 관리 시스템(RDBMS)의 종류에 해당하지 않는 것은?

① MS-SQL Server
② 오라클(ORACLE)
③ MY-SQL
④ 파이썬(Python)

개념끝 083 데이터베이스 모델

08

다음 중 데이터베이스 설계에 대한 설명으로 옳지 않은 것은?

① 스키마는 전체 데이터베이스의 논리적인 구조와 정의를 기술하는 것을 말한다.
② 물리적 데이터베이스의 기본 데이터 단위는 저장 레코드이다.
③ 데이터의 저장 또는 물리적인 표현 방법을 정의한 것을 내부 스키마라 한다.
④ 네트워크 데이터 모델은 두 레코드 타입을 부모 자식 관계로 설명한다.

10

다음 중 데이터베이스 모델에 대한 설명으로 옳지 않은 것은?

① 계층형 모델은 하나의 루트 레코드 타입과 종속된 레코드 타입으로 구성된 트리 구조를 가진다.
② 네트워크형 모델은 그래프 표현을 이용하여 레코드 간의 관계를 다대다 관계(N:M)로 표현할 수 있다.
③ 관계형 모델은 행과 열로 구성되는 테이블로 표시되고, 각 테이블 간에는 공통 속성을 통해 관계가 성립된다.
④ 객체지향형 모델은 데이터를 개체와 관계로 표현하며, 일반화, 집단화 등의 개념을 추가하여 복잡한 데이터를 나타낸다.

11 또 나올 문제

다음 중 관계형 데이터 모델에서 데이터의 정확성과 일관성을 보장하기 위한 것은?

① 릴레이션
② 관계 연산자
③ 무결성 제약 조건
④ 속성의 집합

12 또 나올 문제

다음 중 관계형 데이터베이스의 구성 요소에 대한 설명으로 옳지 않은 것은?

① 튜플은 속성의 모임으로 구성된다.
② 속성은 데이터의 가장 작은 논리적 단위이다.
③ 속성의 수를 차수(Degree)라고 하고, 튜플의 수를 기수(Cardinality)라고 한다.
④ 도메인은 하나의 튜플이 가질 수 있는 모든 값의 범위를 말한다.

바로 보는 해설

07 타원은 속성 타입을 나타내며, 사각형은 개체를 의미한다.

08 • 네트워크 데이터베이스 모델: 데이터베이스의 논리적 구조가 그래프(Graph) 또는 네트워크(Network) 형태로 설명되는 모델이다.
• 계층 데이터베이스 모델: 두 레코드 타입을 부모 자식 관계로 설명하는 모델이다.

09 파이썬(Python)은 1991년 네덜란드 수학자 귀도 반 로섬에 의해 개발된 객체 지향 프로그래밍 언어이다.

10 객체지향형 모델은 객체 지향 프로그래밍(OOP) 기술을 도입하여 저장한 데이터베이스로, 모든 정보를 객체라는 형태로 표현하는 것이 특징이다. 데이터를 개체와 관계로 표현하는 것은 관계형 모델에 대한 설명이다.

11 무결성 제약 조건은 정확성과 안정성을 유지하기 위한 제약 조건으로 테이블에 부적절한 자료가 입력되는 것을 방지하기 위해서 테이블을 생성할 때 정의하는 규칙이다.

12 도메인은 하나의 속성(Attribute)이 취할 수 있는 값의 범위를 의미한다.

| 정답 | 07 ② 08 ④ 09 ④ 10 ④ 11 ③ 12 ④

13 또 나올 문제

다음 중 다른 테이블을 참조하는 외래 키에 대한 설명으로 옳은 것은?

① 외래 키 필드의 값은 유일해야 하므로 중복된 값이 입력될 수 없다.
② 외래 키 필드의 값은 Null 값일 수 없으므로, 값이 반드시 입력되어야 한다.
③ 한 테이블에서 특정 레코드를 유일하게 구별할 수 있는 속성이다.
④ 하나의 테이블에는 여러 개의 외래 키가 존재할 수 있다.

14

다음 두 개의 테이블 사이에서 외래 키(Foreign Key)는 무엇인가? (단, 밑줄은 각 테이블의 기본 키를 표시함)

> 직원(사번, 성명, 부서명, 주소, 전화, 이메일)
> 부서(부서명, 팀장, 팀원수)

① 직원 테이블의 사번
② 부서 테이블의 팀원수
③ 직원 테이블의 부서명
④ 부서 테이블의 팀장

15 또 나올 문제

다음 중 외래 키 값을 관련된 테이블의 기본 키 값과 동일하게 유지해 주는 제약 조건은?

① 동시 제어성
② 관련성
③ 참조 무결성
④ 동일성

개념끝 084 정규화

16

다음 중 정규화(Normalization)의 목적에 대한 설명으로 옳지 않은 것은?

① 테이블의 불일치 위험을 최소화하고 데이터 구조의 안정성을 최대화한다.
② 모든 릴레이션이 데이터베이스 내에서 모든 개체 간의 관계를 표현 가능하도록 한다.
③ 간단한 관계 연산에 의해 효율적인 정보 검색과 데이터 조작이 가능하다.
④ 데이터 중복을 최소화하기 위해 데이터베이스의 물리적 설계 단계에서 수행한다.

17 다음 중 데이터베이스의 정규화와 정규형에 대한 설명으로 옳지 <u>않은</u> 것은?

① 정규화의 목적은 데이터베이스의 중복성을 최소화하고, 정보의 일관성을 보장하는 데 있다.
② 정규화란 릴레이션 스키마 속성들 간의 종속성을 분석하여 바람직한 속성을 가진 릴레이션으로 분해하는 과정이다.
③ 데이터베이스 정규화에는 몇 가지 규칙이 있는데, 규칙을 정규형이라고 한다.
④ 제1정규형이 지켜진 데이터베이스는 제2정규형과 제3정규형도 만족하며, 대부분의 응용프로그램에서 필요한 가장 높은 수준으로 간주된다.

바로 보는 해설

13 | 오답 피하기 |
① 외래 키 필드의 값은 중복된 값이 입력될 수 있다.
② 외래 키 필드의 값은 Null 값일 수 있다.
③ 기본 키에 대한 설명이다.

14 외래 키는 다른 테이블의 기본 키를 참조하는 키이므로 부서 테이블의 부서명을 참조하고 있는 직원 테이블의 부서명이 외래 키이다.

15 참조 무결성(Referential Integrity)이란, 릴레이션(Relation)은 참조할 수 없는 외래 키(Foreign Key) 값을 가져서는 안 된다는 조건이다. 외래 키 값은 참조하는 릴레이션의 기본 키 값이거나 Null이어야 하는데, 외래 키는 다른 릴레이션의 기본 키를 참조하는 키이다.

16 정규화(Normalization)는 추가, 갱신, 삭제 등 작업 시의 이상 현상이 발생하지 않도록 하기 위해 테이블을 분해하는 과정이다. 정규화는 데이터베이스의 논리적 설계 단계에서 수행된다.

17 정규형은 제1정규형에서 제5정규형까지 있으며 제5정규형이 가장 높은 수준으로 간주된다.

| 정답 | 13 ④ 14 ③ 15 ③ 16 ④ 17 ④

CHAPTER 2
테이블 활용

최근 기출 10개년 기준

14%

무료 동영상 강의

- 085 액세스의 개요
- 086 테이블 생성
- 087 기본 키와 인덱스
- 088 필드의 일반 및 조회 속성
- 089 관계 설정
- 090 외부 데이터 가져오기와 테이블 연결하기
- 091 데이터 입력

학습전략

본격적으로 액세스 프로그램에 대한 학습을 시작하는 부분입니다. 액세스를 사용하기 위해서는 테이블 개체가 반드시 먼저 만들어져야 합니다. 테이블 작성하는 방법, 데이터의 형식, 기본 키 등의 주요 개념을 잘 이해하도록 합니다.

개념끝 085 액세스의 개요

| 빈출개념 | #액세스의 개체

기출빈도

결정적 힌트
대표적인 DBMS 프로그램인 액세스를 시작하는 부분입니다. 문제가 자주 출제되는 부분은 아니지만 앞으로 액세스를 활용하기 위해서 액세스의 화면 구성과 6개의 개체를 잘 살펴보는 것이 필요합니다.

01 액세스(Access)의 개념

- 마이크로소프트 오피스에 포함된 데이터베이스 관리 시스템(DBMS) 프로그램이다.
- 데이터베이스를 생성하고, 관리하며 사용자의 요구에 따라 데이터베이스에 대한 연산을 수행한다.
- 마법사와 다양한 기능들을 제공하므로 프로그래밍 언어를 잘 모르는 사용자도 데이터베이스를 쉽게 생성하고 관리할 수 있다.
- 액세스는 테이블, 쿼리, 폼, 보고서, 매크로, 모듈로 총 6개의 개체를 사용한다.
- 액세스 파일의 기본 확장자는 *.accdb이다.

02 액세스의 실행

(1) 액세스의 시작

방법1	[시작(⊞)]-[Access] 선택
방법2	바탕 화면의 액세스의 바로 가기 더블클릭

▼ 액세스의 바로 가기

(2) 액세스의 종료

방법1	제목 표시줄 오른쪽의 [닫기 ✕] 단추 클릭
방법2	Alt + F4
방법3	Alt + F → X

03 데이터베이스 파일 관리

(1) 새 데이터베이스 만들기

방법1	시작 페이지의 [빈 데이터베이스] 클릭
방법2	[파일]-[새로 만들기]-[빈 데이터베이스] 클릭

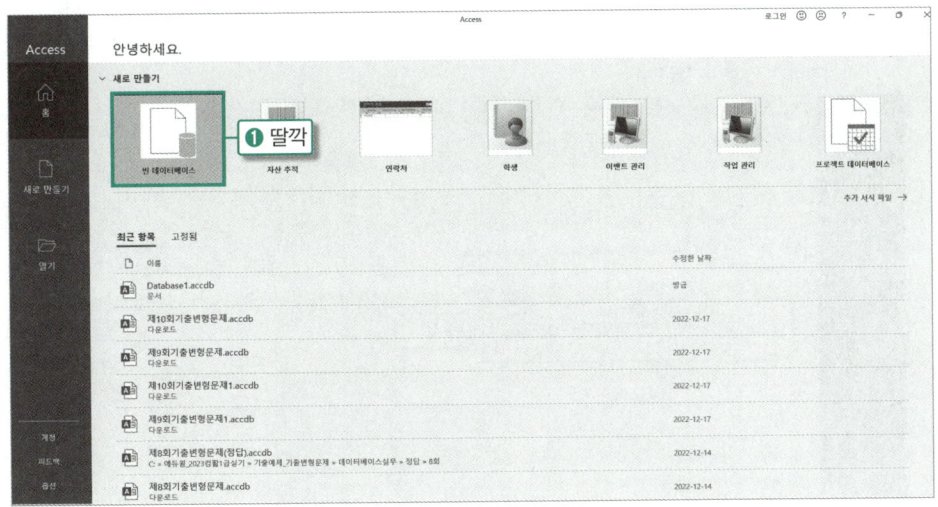

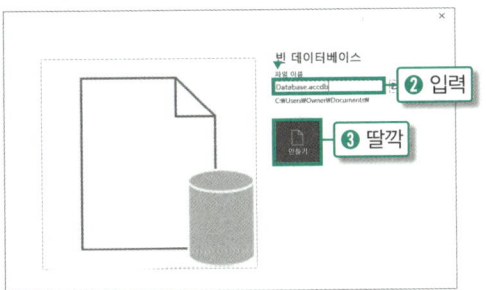

▼ 파일 이름

데이터베이스 파일명에는 공백을 사용할 수 있으며, 이름을 입력하지 않으면 자동으로 Database1, Datebase2 …와 같이 이름이 지정된다.

(2) 기존의 데이터베이스 열기

방법1	[파일] 탭-[열기] 선택
방법2	Ctrl + O

개념 플러스 — Access 파일에 암호를 설정하는 방법

① [파일] 탭-[열기]-[찾아보기] 선택 → [열기] 대화상자에서 해당 파일을 선택한 후 [열기] 단추의 목록 단추(▼)-[단독으로 열기]를 선택한다.

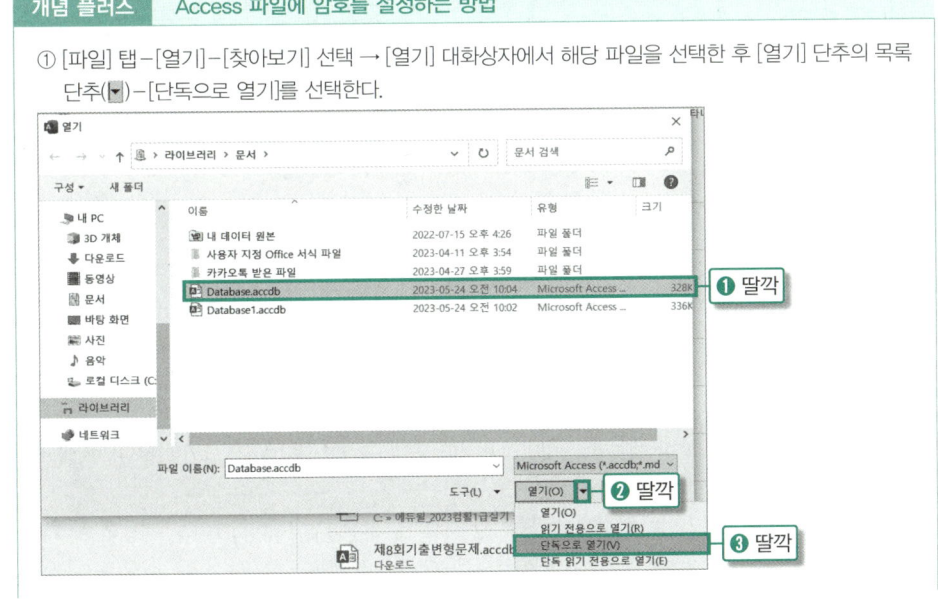

■ Access 파일의 암호를 해제하는 방법

[파일] 탭-[정보]-[데이터베이스 암호 해독] 선택 → [데이터베이스 암호 해제] 대화상자에 지정한 암호를 다시 입력한다.

CHAPTER 2 테이블 활용 • 35

② 해당 파일이 열리면 [파일] 탭-[정보]-[데이터베이스 암호 설정] 선택 → [데이터베이스 암호 설정] 대화상자에서 암호를 지정한다.

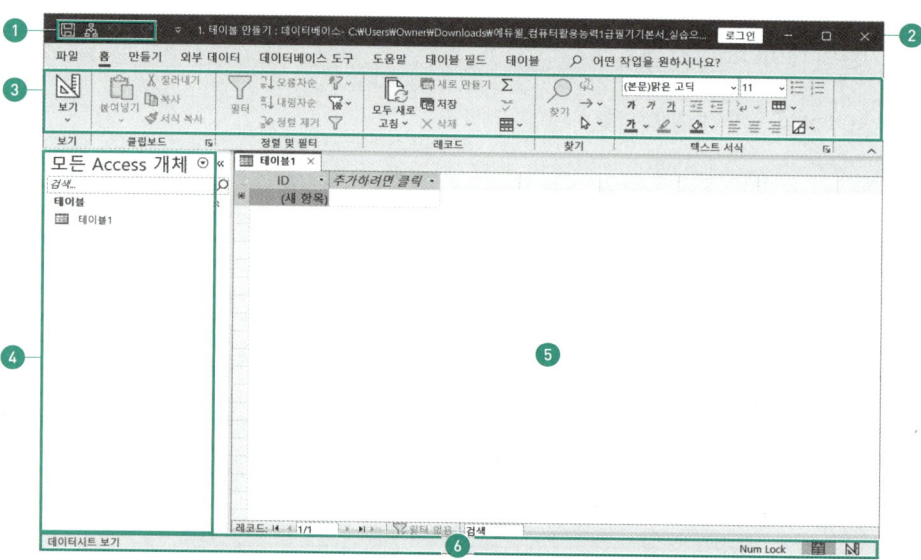

04 액세스의 화면 구성

❶ 빠른 실행 도구 모음	자주 사용하는 도구들을 모아놓은 도구 모음으로, 사용자가 추가 및 제거하거나 리본 메뉴의 아래쪽에 표시할 수 있음
❷ 제목 표시줄	현재 작업 중인 파일의 이름이 표시되고, [최소화], [이전 크기로 복원]/[최대화], [닫기] 단추를 사용할 수 있음
❸ 리본 메뉴	[파일] 탭, [홈] 탭, [만들기] 탭, [외부 데이터] 탭, [데이터베이스 도구] 탭 등이 있고, 클릭하면 각 탭에 포함되는 도구가 표시됨

❹ 탐색 창	현재 작업 중인 데이터베이스 파일의 개체가 모두 표시되며, 상단의 «, » 단추를 누르면 탐색 창을 숨기거나 표시할 수 있음
❺ 작업 창	탐색 창에서 선택한 개체의 내용이 탭 형식이나 창 형식으로 표시됨
❻ 상태 표시줄	현재 작업 상태에 대한 기본적인 정보를 표시함

▼ 테이블

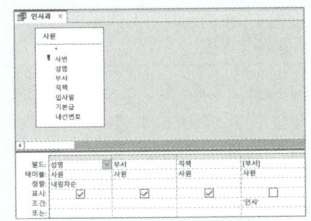

05 액세스의 개체

테이블(Table)	가장 기본이 되는 개체로 데이터베이스에서 사용할 데이터를 저장하고 관리하는 개체
쿼리(Query)	테이블이나 쿼리를 대상으로 특정 조건을 필터링하여 데이터를 찾거나 계산 또는 요약을 수행하여 결과를 표시하는 개체
폼(Form)	테이블, 쿼리, SQL문을 원본으로 하여 데이터를 입력하거나 편집하고 쉽게 조회, 편집 등의 작업을 할 수 있도록 지원하는 개체
보고서(Report)	테이블, 쿼리, SQL문을 레코드 원본으로 하여 요약하거나 그룹화한 내용을 프린터로 출력하기 위한 개체
매크로(Macro)	매크로 함수를 이용하여 여러 번 반복되는 작업을 자동화하는 기능으로, 모듈에 비해 비교적 간단한 작업을 처리할 수 있는 개체
모듈(Module)	매크로보다 복잡한 작업을 자동으로 처리하기 위해 Visual Basic 프로그래밍 언어를 사용하여 직접 작성하는 개체

▼ 쿼리

▼ 폼

▼ 보고서

Warming UP 기출로 개념 확인

01

다음 중 Access 파일에 암호를 설정하는 방법으로 옳은 것은?

① [데이터베이스 압축 및 복구] 도구에서 파일 암호를 설정할 수 있다.
② 데이터베이스를 단독 사용 모드(단독으로 열기)로 열어야 파일 암호를 설정할 수 있다.
③ 데이터베이스를 MDE 형식으로 저장한 후 파일을 열어야 파일 암호를 설정할 수 있다.
④ [Access 옵션] 창의 보안 센터에서 파일 암호를 설정할 수 있다.

02 (또 나올 문제)

다음 중 Access의 개체에 대한 설명으로 옳지 않은 것은?

① 쿼리는 폼이나 보고서의 원본 데이터로 사용할 수 있다.
② 폼은 테이블이나 쿼리 데이터의 입·출력 화면을 작성한다.
③ 매크로는 모듈에 비해 복잡한 작업을 처리하기 위해 프로그램을 직접 작성하는 것이다.
④ 테이블은 데이터를 저장하는 데 사용하는 데이터베이스 개체로, 레코드 및 필드로 구성된다.

바로 보는 해설

01
[파일] 탭-[열기]-[찾아보기] 선택 → [열기] 대화상자에서 해당 파일 선택 → [열기] 단추의 목록 단추(▼) -[단독으로 열기] 선택 → 해당 파일이 열리면 [파일] 탭-[정보]-[데이터베이스 암호 설정] 선택 → [데이터베이스 암호 설정] 대화상자에서 암호를 지정한다.

02
매크로에 비해 복잡한 작업을 처리하기 위해 프로그램을 직접 작성하는 것은 모듈이다. 매크로는 테이블, 쿼리, 폼, 보고서 등 액세스의 각 개체들을 효율적으로 자동화할 수 있도록 미리 정의된 기능을 사용한다.

| 정답 | 01 ② 02 ③

| 빈출개념 | #데이터 형식의 종류

개념끝 086 테이블 생성

기출빈도

결정적 힌트

테이블은 액세스의 가장 기본적인 개체로 데이터베이스를 활용하기 위해서 반드시 필요합니다. 테이블을 직접 작성하면서 개념을 익히는 것이 필요합니다.

01 테이블의 개념

- 테이블(Table)은 데이터베이스에서 사용할 데이터를 저장하고 관리하는 개체이다.
- 테이블 작성은 테이블의 구조를 설계하는 것으로, 필드 이름, 데이터의 형식, 속성 등을 지정할 수 있다.
- [디자인 보기], [데이터시트 보기], [테이블 가져오기], [테이블 연결] 등을 이용하여 작성할 수 있다.
- 필드 이름은 최대 64자까지 지정할 수 있다.
- 필드 이름에 마침표(.), 느낌표(!), 악센트 기호(`), 대괄호([ ])를 제외한 특수 문자 및 문자, 숫자, 공백 등을 조합하여 포함할 수 있다.
- 공백은 첫 글자로 사용할 수 없다.
- 테이블 이름과 같은 필드 이름을 지정할 수 있지만, 한 테이블에 같은 이름의 필드를 지정할 수는 없다.

02 테이블 만들기

(1) [디자인 보기]에서 만들기

- 가장 일반적인 방법으로 먼저 테이블 구조를 설계한 후 데이터를 입력한다.
- [만들기] 탭-[테이블] 그룹-[테이블 디자인]을 선택한 후 필드 이름과 데이터 형식을 지정한다.
- 테이블 작성 후 [테이블 디자인] 탭-[보기] 그룹에서 [데이터시트 보기]를 선택하여 데이터시트 보기로 전환한 후 데이터를 입력한다.

개념 플러스 테이블의 [디자인 보기]

① 기본 키 지정	한 개 이상의 필드를 선택하여 기본 키 지정
② 설명	테이블 구조에 영향을 미치지 않고 상태 표시줄에 설명이 표시됨
③ [조회] 탭	컨트롤을 '텍스트 상자', '목록 상자', '콤보 상자' 중 선택하여 표시

실습으로 개념끝 ❶   에듀윌_컴퓨터활용능력1급필기기본서_실습으로개념끝\3과목\Chapter2_1.테이블만들기.accdb

다음과 같은 필드와 데이터 형식으로 [학생] 테이블을 생성하시오.

필드 이름	데이터 형식	필드 이름	데이터 형식	필드 이름	데이터 형식
학번	숫자	주소	긴 텍스트	수업료	통화
이름	짧은 텍스트	전화번호	짧은 텍스트		
이메일	짧은 텍스트	등록일	날짜/시간		

[따라하기]

❶ [만들기] 탭-[테이블] 그룹-[테이블 디자인]을 클릭한다.

❷ '필드 이름'에 '학번'을 입력하고 '데이터 형식'의 목록 단추(▽)를 클릭한 후 [숫자]를 선택한다.

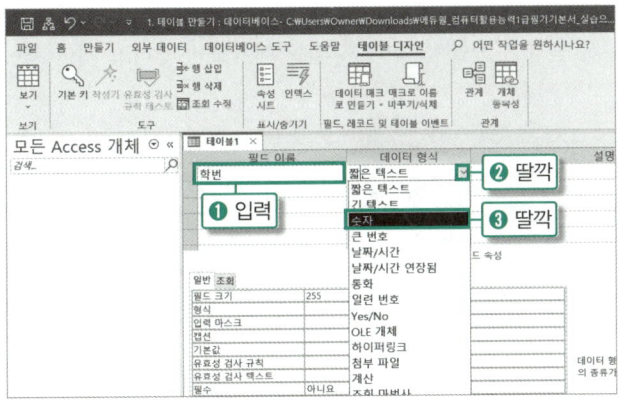

❸ 실습 문제에서 제시한 '필드 이름'과 '데이터 형식'을 각각 지정한 후 빠른 실행 도구 모음에서 [저장] 도구(💾)를 클릭한다.

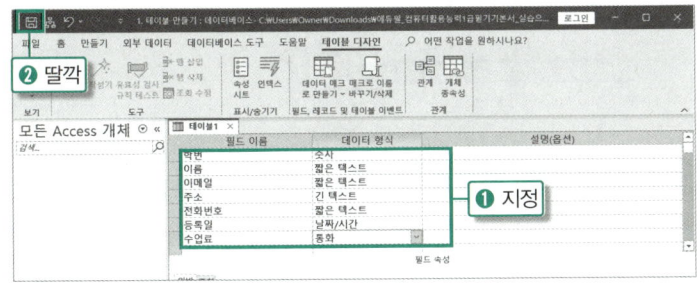

❹ [다른 이름으로 저장] 대화상자가 나타나면 '테이블 이름'에 '학생'을 입력하고 [확인] 단추를 클릭한다. '기본 키를 정의하지 않았습니다.'라는 경고 메시지 창이 나타나면 [아니요] 단추를 클릭한다.

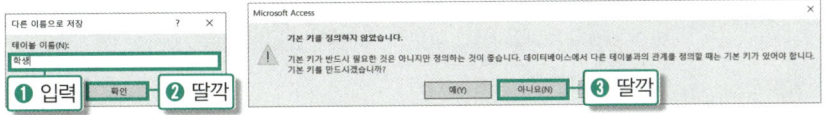

■ 테이블을 생성(저장)할 때 반드시 기본 키를 정의하지 않아도 되지만, 관계 설정을 하려면 기본 키가 필요하다.

❺ [테이블 디자인] 탭-[보기] 그룹-[보기]-[데이터시트 보기]를 클릭한다.

❻ 결과를 확인한다.

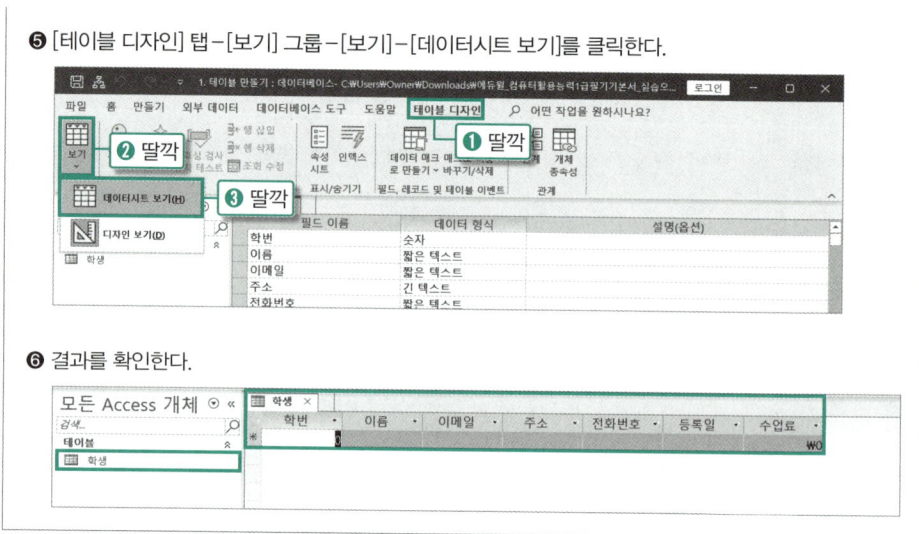

(2) [데이터시트 보기]에서 만들기

- 데이터를 입력하면서 테이블을 만드는 방법으로, 입력한 데이터에 맞게 테이블 구조가 설계된다.
- [만들기] 탭-[테이블] 그룹-[테이블]을 선택한 후 필드 이름을 변경하고 데이터를 입력한다.

↓

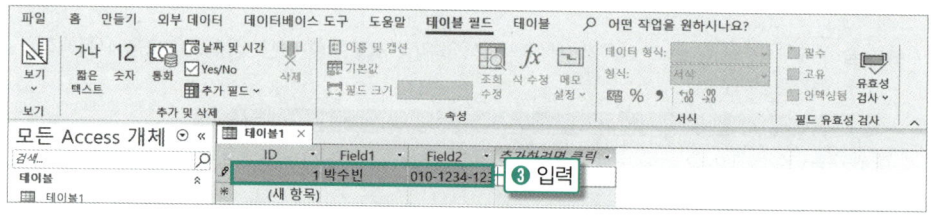

■ 데이터시트 보기

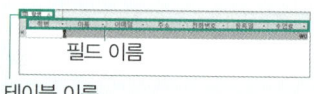

테이블 이름

> **개념 플러스** [디자인 보기]와 [데이터시트 보기]의 전환
>
> - [디자인 보기]로 전환: [테이블 필드] 탭-[보기] 그룹에서 [디자인 보기] 클릭
> - [데이터시트 보기]로 전환: [테이블 디자인] 탭-[보기] 그룹에서 [데이터시트 보기] 클릭

(3) 테이블 이름 변경

방법1	탐색 창에서 테이블 선택 → 바로 가기 메뉴의 [이름 바꾸기] 선택
방법2	탐색 창에서 테이블 선택 → F2

(4) 테이블 삭제

방법1	탐색 창에서 테이블 선택 → 바로 가기 메뉴의 [삭제] 선택
방법2	탐색 창에서 테이블 선택 → Delete

| 테이블 이름 변경   **| 테이블 삭제**

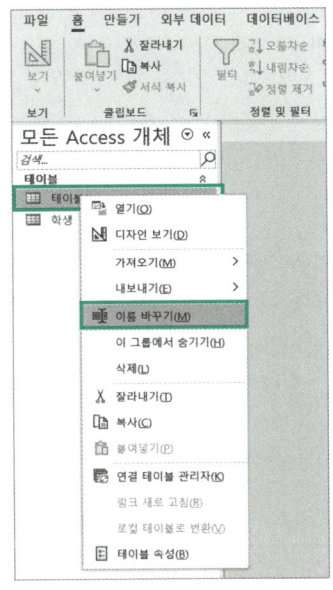 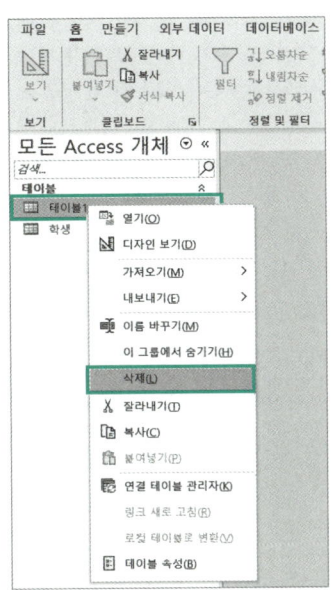

■ 테이블이 열려 있는 상태에서 테이블의 이름을 변경하거나 삭제할 수 없으므로 테이블을 닫은 후 수행한다.

03 데이터의 형식

- 필드에 입력할 수 있는 데이터(형식)의 종류와 크기를 지정한다.
- 짧은 텍스트, 긴 텍스트, 숫자, 큰 번호, 날짜/시간, 날짜/시간 연장됨, 통화, 일련 번호, Yes/No, OLE 개체, 하이퍼링크, 첨부 파일, 계산, 조회 마법사를 제공하며, 기본 형식은 짧은 텍스트이다.
- 테이블의 [디자인 보기]( ) 상태에서 지정하거나 확인할 수 있다.

> **결정적 힌트**
> 데이터의 형식은 테이블에서 가장 중요한 개념이며 자주 출제되는 부분입니다. 반드시 개념을 이해하고 암기해주세요.

| 데이터 형식의 종류

짧은 텍스트	• 텍스트나 텍스트와 숫자의 조합 • 최대 255자까지 저장 가능
긴 텍스트	• 이전 버전의 메모 데이터 형식 • 최대 64,000자까지 저장 가능
숫자	• 산술 계산에 사용하는 숫자 • 바이트, 정수, 정수(Long), 실수(Single), 실수(Double), 복제 ID, 10 진수가 있음 • 기본적으로 정수(Long)인 4바이트가 지정됨
큰 번호	8바이트로 숫자 데이터 형식보다 더 큰 숫자를 제공

▼ 날짜/시간 형식
- 기본 날짜: 2024-9-5 오후 5:30:20
- 간단한 날짜: 2024-9-5
- 자세한 날짜: 2024년 9월 5일 일요일
- 보통 날짜: 24년 9월 5일

▼ 날짜/시간	• 날짜 및 시간 데이터 형식의 데이터 • 기본 필드 크기는 8바이트 • 100~9999년의 날짜 및 시간 값
날짜/시간 연장됨	1~9999년의 날짜 및 시간 값
통화	• 화폐 형식으로 표시되는 숫자로, 기본 필드의 크기는 8바이트 • 소수점 왼쪽으로 15자리까지, 소수점 오른쪽으로 4자리까지 저장할 수 있음
일련 번호	• 레코드가 추가될 때 자동으로 1씩 증가되는 번호 • 기본 필드 크기는 4바이트이며, 복제 ID(16바이트)로 변경할 수 있음 • 사용자가 임의로 입력하거나 수정할 수 없으며 한 번 부여된 번호는 다시 부여되지 않음
Yes/No	• Yes/No, True/False, On/Off 등 두 값 중 하나만 입력 • 기본 필드 크기는 1비트 • 'Yes' 값에는 '-1', 'No' 값에는 '0' 저장
OLE 개체	다른 프로그램에서 만든 문서, 그림, 동영상, 소리 등의 개체 입력
하이퍼링크	웹 사이트나 파일의 특정 위치로 바로 이동하는 주소 데이터 입력
첨부 파일	이미지, 텍스트 파일, 스프레드시트 파일 등 다양한 파일을 첨부
계산	필드에 입력된 수식의 결과를 표시
조회 마법사	필드에 직접 값을 입력하지 않고 선택하는 기능

04 테이블 구조 변경

(1) 필드 삽입

- 테이블에 새로운 필드를 삽입하는 것으로, [디자인 보기()]나 [데이터시트 보기()]에서 수행할 수 있다.
- 여러 개의 행 선택기를 선택한 후 [행 삽입]을 하면 선택한 행수만큼 행이 삽입된다.
- 현재 선택한 필드 위에 삽입된다.

| [디자인 보기] 이용

방법1	[테이블 디자인] 탭-[도구] 그룹-[행 삽입] 선택
방법2	바로 가기 메뉴에서 [행 삽입] 선택
방법3	행 선택기 클릭 → Insert

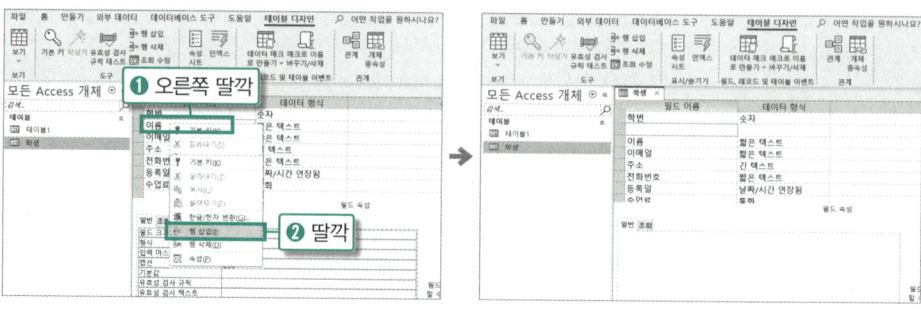

> **개념 플러스**
> - 한 행 선택: 마우스로 행 선택기를 클릭한다.
> - 연속된 행 선택: 행 선택기를 드래그해서 선택하거나 첫 행을 선택하고 마지막 행에서 Shift 를 누른 후 행 선택기를 클릭한다.
> - 불연속적인 행 선택: 첫 행을 선택하고 Ctrl 을 누른 후 행 선택기를 클릭한다.
> - 모든 행 선택: 모두 선택 단추( )를 클릭한다.

▼ 행 선택기

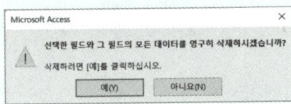

| [데이터시트 보기] 이용

방법1	[테이블 필드] 탭-[추가 및 삭제] 그룹-[추가 필드] 선택
방법2	바로 가기 메뉴에서 [필드 삽입] 선택

(2) 필드 삭제

- 테이블의 필드를 삭제하는 것으로, 필드의 모든 데이터가 함께 삭제된다.
- 여러 개의 필드를 한꺼번에 삭제할 수 있고, 삭제한 필드는 되살릴 수 없다.

| [디자인 보기] 이용

방법1	[테이블 디자인] 탭-[도구] 그룹-[행 삭제] 선택
방법2	바로 가기 메뉴에서 [행 삭제] 선택
방법3	행 선택기 클릭 → Delete

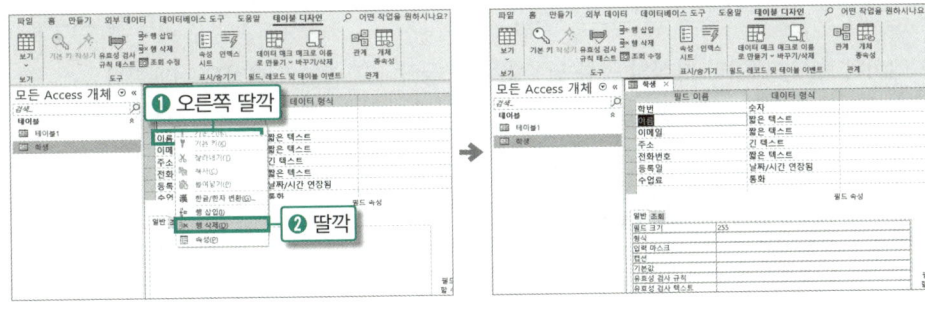

■ 필드 삭제 시 표시되는 메시지

| [데이터시트 보기] 이용

방법1	[테이블 필드] 탭-[추가 및 삭제] 그룹-[삭제] 선택
방법2	바로 가기 메뉴에서 [필드 삭제] 선택

(3) 필드 이동

- 여러 개의 필드를 선택하여 이동할 수 있다.
- [데이터시트 보기]에서 필드를 드래그하여 이동할 수 있지만 잘라내기와 붙여넣기는 사용할 수 없다.

방법1	행 선택기를 클릭한 채 해당 위치로 드래그
방법2	바로 가기 메뉴에서 [잘라내기] → [붙여넣기] 선택
방법3	Ctrl + X → Ctrl + V

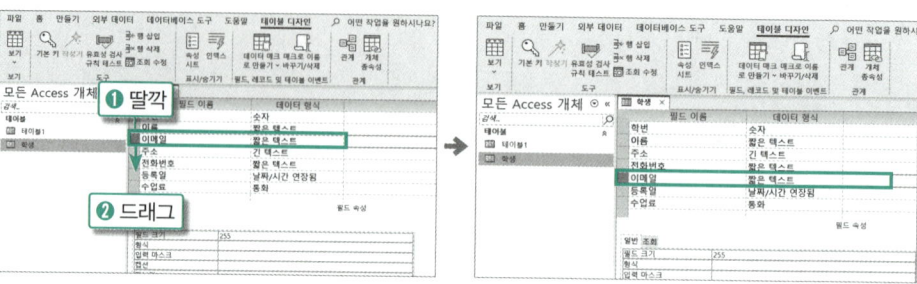

(4) 필드 변경

- 필드 이름: 필드 이름을 지우고 새로운 이름을 입력한다.

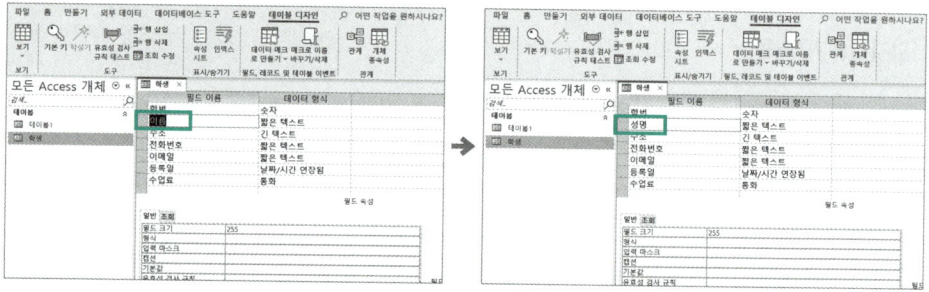

- 데이터 형식: 데이터 형식의 목록 단추(▼)를 클릭하고 데이터 형식을 선택한다.

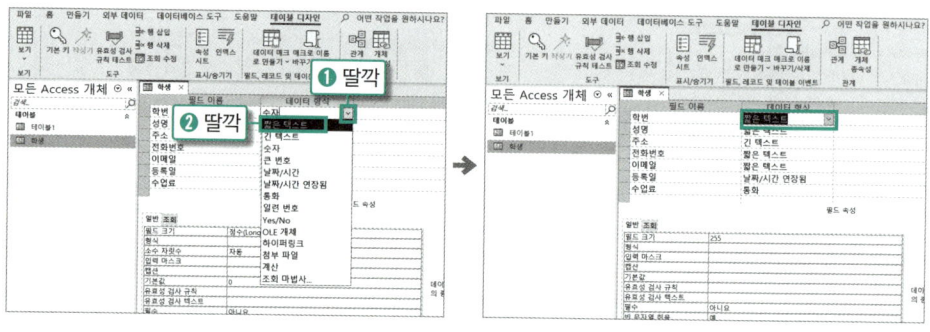

Warming UP 기출로 개념 확인

01
다음 중 '일련 번호' 데이터 형식에 관한 설명으로 옳지 <u>않은</u> 것은?
① 새로운 레코드 추가 시 자동으로 번호가 부여된다.
② 해당 데이터 필드에 값이 입력되면 일련 번호는 수정할 수 없다.
③ 삭제된 일련 번호는 다시 부여되지 않는다.
④ '일련 번호' 형식의 필드 크기는 변경할 수 없다.

02
다음 중 하나의 필드에 할당되는 크기(바이트 수 기준)가 가장 작은 데이터 형식은?
① Yes/No   ② 날짜/시간
③ 통화   ④ 일련 번호

03 또 나올 문제
다음 중 필드의 각 데이터 형식에 대한 설명으로 옳지 <u>않은</u> 것은?
① 통화 형식은 소수점 이하 넷째 자리까지의 숫자를 저장할 수 있으며, 기본 필드 크기는 8바이트이다.
② Yes/No 형식은 Yes/No, True/False, On/Off 등과 같이 두 값 중 하나만 입력하는 경우에 사용하는 것으로, 기본 필드 크기는 1비트이다.
③ 일련 번호 형식은 새 레코드를 만들 때 1부터 시작하는 정수가 자동 입력된다.
④ 긴 텍스트 형식은 텍스트 및 숫자 데이터가 최대 255자까지 저장된다.

04
다음 중 아래와 같은 [학생] 테이블에서 필드의 순서를 변경하기 위한 방법으로 옳지 <u>않은</u> 것은?

학번	성명	주소	취미	전화
1111	홍길동	서울시	변장술	111-2222
2222	이도령	남원시	태권도	222-3333

① [디자인 보기]에서 '주소' 필드를 선택한 후 이동할 위치로 끌어다놓는다.
② [디자인 보기]에서 '주소' 필드를 선택한 후 Shift를 누른 상태에서 '전화' 필드를 선택하여 이동할 위치로 끌어다놓으면 '주소', '취미', '전화' 필드가 이동된다.
③ [데이터시트 보기]에서 '전화' 필드를 선택한 후 이동할 위치로 끌어다놓는다.
④ [데이터시트 보기]에서 '주소' 필드명을 선택한 후 Ctrl을 누른 상태에서 '전화' 필드를 선택하여 이동할 위치로 끌어다 놓으면 '주소, 전화' 필드만 이동된다.

바로 보는 해설

01
'일련 번호' 형식의 필드 크기는 기본적으로 정수(Long, 4바이트)로 지정된다. 필드 크기를 데이터 크기가 16바이트인 복제 ID로 변경할 수 있다.

02
① 1Bit
② 8Byte
③ 8Byte
④ 4Byte

03
짧은 텍스트는 최대 255자까지, 긴 텍스트는 최대 64,000자까지 저장할 수 있다.

04
[데이터시트 보기]에서는 필드를 선택할 때 Ctrl을 사용하지 않는다. 반면 [디자인 보기]에서는 여러 필드를 선택할 때 Ctrl을 사용한다.

| 정답 | 01 ④ 02 ① 03 ④ 04 ④

| 빈출개념 | #기본 키 #인덱스

개념끝 087 기본 키와 인덱스

기출빈도

결정적 힌트

기본 키와 인덱스는 자주 출제되는 부분이므로 개념을 꼼꼼히 학습하셔야 합니다. 기본 키의 특징과 인덱스를 사용하는 목적을 정확히 이해해야 합니다.

01 기본 키(Primary Key)

- 테이블에서 각 레코드를 고유하게 식별해 주는 필드나 필드의 집합이다.
- 기본 키는 테이블의 [디자인 보기( )] 상태에서 설정할 수 있다.

| 실행 방법

방법1	[테이블 디자인] 탭-[도구] 그룹-[기본 키] 선택
방법2	바로 가기 메뉴에서 [기본 키] 선택

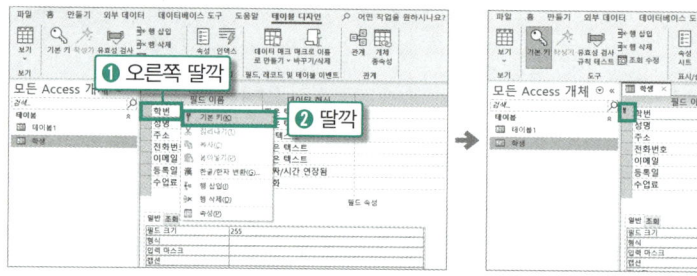

- 기본 키로 지정된 필드는 다른 레코드와 같은 값을 가질 수 없다.
- 기본 키 필드에는 Null 값을 입력할 수 없고, 값이 입력되지 않으면 테이블이 저장되지 않는다.
- 데이터가 이미 입력된 필드도 기본 키로 지정할 수 있다.
- 기본 키로 지정하면 해당 필드의 인덱스 속성이 '예(중복 불가능)'로 자동 설정된다.
- 기본 키는 반드시 지정할 필요는 없고, 두 개 이상의 필드로 지정된 복합 키를 지정할 수도 있다.
- OLE 개체, 첨부 파일 형식의 필드에는 기본 키를 설정할 수 없다.
- [데이터시트 보기]에서 새 테이블을 만들면 '일련 번호' 형식의 기본 키가 자동으로 만들어진다.
- 하나 이상의 관계가 있는 테이블의 기본 키를 제거하려면 관계를 먼저 삭제해야 한다.

개념 플러스

- 일련 번호 기본 키: 자동으로 입력되는 일련 번호를 기본 키로 사용한다.
- 단일 필드 기본 키: 하나의 필드를 기본 키로 사용한다. 예 ID, 사번, 주민등록번호
- 다중 필드 기본 키: 두 개 이상의 필드를 기본 키로 사용한다.

▼ 복합 키

Ctrl이나 Shift를 사용하여 여러 필드를 선택한 후 기본 키로 지정한다.

02 인덱스(Index)

- 테이블에서 검색하거나 정렬하는 속도를 향상시키는 기능이다.
- 하나의 테이블에 32개까지 인덱스를 설정할 수 있으며, 하나의 인덱스에서는 10개의 필드를 사용할 수 있다.
- '아니요', '예(중복 가능)', '예(중복 불가능)' 중 선택할 수 있다.

아니요	인덱스를 설정하지 않음(기본 값)
예(중복 가능)	인덱스를 설정하며, 중복 값을 허용함
예(중복 불가능)	인덱스를 설정하며, 중복 값을 허용하지 않음

- 기본 키는 자동으로 '예(중복 불가능)'가 지정된다.
- OLE 개체, 첨부 파일, 계산 형식의 필드에는 인덱스를 설정할 수 없다.
- 인덱스를 설정하면 검색, 정렬 등의 속도는 빨라지지만 레코드의 추가, 수정, 삭제 속도는 느려진다.
- 인덱스는 단일 필드 인덱스와 다중 필드 인덱스가 있다.

단일 필드 인덱스	• 하나의 필드에 인덱스를 지정하는 것 • [필드 속성]의 [일반] 탭 - [인덱스]를 선택하여 지정
다중 필드 인덱스	• 두 개 이상의 필드에 인덱스를 지정하는 것 • 다중 필드 기본 키를 지정하면 다중 필드에 인덱스가 설정됨 • [테이블 디자인] 탭 - [표시/숨기기] 그룹 - [인덱스]를 선택하여 지정

| 단일 필드 인덱스

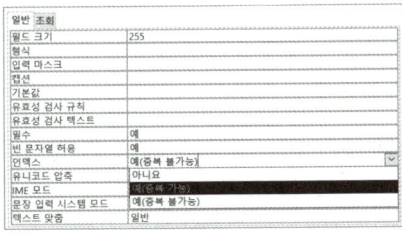

| 다중 필드 인덱스

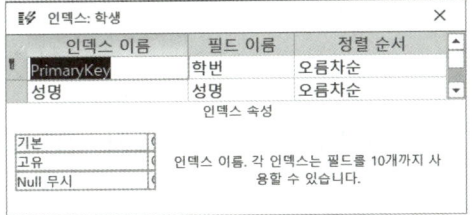

바로 보는 해설

01
| 오답 피하기 |
① 테이블에 기본 키를 설정하지 않을 수도 있다.
② 액세스에서는 단일 필드 기본 키, 다중 필드 기본 키, 그리고 일련 번호 기본 키를 정의할 수 있다.
④ OLE 개체나 첨부 파일 형식의 필드에는 기본 키를 지정할 수 없다.

02
기본 키는 한 개의 필드에서 지정할 수도 있고, 두 개 이상의 필드를 복합하여 지정할 수도 있지만, 기본 키를 반드시 지정해야 하는 것은 아니다.

03
인덱스를 설정하면 레코드의 추가, 수정, 삭제 속도가 느려진다.

04
인덱스는 데이터의 검색 및 정렬 작업 속도 향상을 목적으로 데이터를 일정한 기준에 맞게 정렬되도록 설정하는 기능이다.

| 정답 | 01 ③ 02 ② 03 ④
         04 ①

Warming UP 기출로 개념 확인

01 또 나올 문제

다음 중 기본 키(Primary Key)에 대한 설명으로 옳은 것은?

① 모든 테이블에는 기본 키를 반드시 설정해야 한다.
② 액세스에서는 단일 필드 기본 키와 일련 번호 기본 키만 정의 가능하다.
③ 데이터가 이미 입력된 필드도 기본 키로 지정할 수 있다.
④ OLE 개체나 첨부 파일 형식의 필드에도 기본 키를 지정할 수 있다.

02

다음 중 기본 키에 대한 설명으로 옳지 <u>않은</u> 것은?

① 기본 키는 테이블 내 모든 레코드들을 고유하게 식별할 수 있는 필드에 지정한다.
② 테이블에서 기본 키는 반드시 지정해야 하며, 한 개의 필드에만 지정할 수 있다.
③ 데이터시트 보기에서 새 테이블을 만들면 기본 키가 자동으로 만들어지고 일련 번호 데이터 형식이 할당된다.
④ 하나 이상의 관계가 있는 테이블의 기본 키를 제거하려면 관계를 먼저 삭제해야 한다.

03

다음 중 테이블의 필드 속성 설정 시 사용하는 인덱스에 대한 설명으로 옳지 <u>않은</u> 것은?

① 인덱스를 사용하면 특정 필드에 대한 검색이 더욱 빠르게 수행된다.
② 인덱스를 사용하면 필드 값에 따라 데이터를 정렬하는 데 필요한 시간이 줄어든다.
③ 고유한 값으로 설정된 필드에 대해 인덱스를 생성하면 해당 필드 값이 중복되지 않도록 보장할 수 있다.
④ 인덱스를 설정하면 레코드의 추가, 수정, 삭제의 속도를 향상시킬 수 있다.

04 또 나올 문제

다음 중 데이터베이스에서 인덱스를 사용하는 목적으로 가장 적절한 것은?

① 데이터 검색 및 정렬 작업 속도 향상
② 데이터의 추가, 수정, 삭제 속도 향상
③ 데이터의 일관성 유지
④ 최소 중복성 유지

| 빈출개념 | #입력 마스크 지정 문자 #유효성 검사의 예 #조회 속성

개념끝 088 필드의 일반 및 조회 속성

기출빈도 A-B-C-D

01 입력 마스크

- 데이터 입력 시 지정된 형식에 따라 데이터를 신속하고 정확하게 입력하기 위해 지정한다.
- 입력 마스크를 이용하면 필드의 각 자리에 입력되는 값의 종류를 제한하여, 오류를 줄일 수 있다.
- 입력 마스크는 짧은 텍스트, 숫자, 날짜/시간, 통화 형식에서 사용할 수 있다.
- 짧은 텍스트와 날짜/시간 형식은 입력 마스크 마법사를 이용하여 미리 정의된 입력 마스크를 지정할 수 있다.
- 사용자 지정 형식: 세 개의 구역으로 나누며, 세미콜론(;)으로 구분한다.

```
(999)9999-9999 ; 0 ; _
     ①            ② ③
```

① 입력 마스크 지정 문자를 이용하여 입력 마스크 지정
② 구분 기호를 데이터와 함께 저장할지 지정
  • 0: 구분 기호와 함께 저장
  • 1: 구분 기호 없이 저장
③ 데이터가 입력되는 자리에 표시할 문자 지정

> **결정적 힌트**
> 입력 마스크의 개념과 사용자 지정 형식에서 입력 마스크 입력 문자는 자주 출제되는 중요한 부분입니다. 입력 마스크를 활용할 수 있도록 꼼꼼히 학습할 필요가 있습니다.

■ (031)1234-5678을 입력한 경우
- 구분 기호 0: '(031)1234-5678'로 저장
- 구분 기호 1: '03112345678'로 저장

- 입력 마스크 지정 문자

문자	설명		구분
0	• 숫자 입력	• 덧셈과 뺄셈 기호를 사용할 수 없음	필수
9	• 숫자, 공백 입력	• 덧셈과 뺄셈 기호를 사용할 수 없음	선택
#	• 숫자, 공백 입력	• 덧셈과 뺄셈 기호를 사용할 수 있음	
L	영문자, 한글 입력		필수
A	영문자, 한글, 숫자 입력		
a	영문자, 한글, 숫자 입력		선택
?	영문자, 한글 입력		
&	모든 문자나 공백 입력		필수
C	모든 문자나 공백 입력		선택
>	대문자로 변환		
<	소문자로 변환		
₩	뒤에 나오는 문자를 그대로 표시		
!	왼쪽에서 오른쪽으로 입력됨		
Password	입력되는 문자를 *로 표시		

예 입력 마스크를 'LA09#'으로 설정 → 'A상345' 입력 가능

실습으로 개념끝 ❷
에듀윌_컴퓨터활용능력1급필기기본서_실습으로개념끝\3과목\Chapter2_2.입력마스크.accdb

[제품목록] 테이블에서 아래의 형식으로 입력 마스크를 설정하시오.

▶ '제품코드' 필드: 첫 문자는 영문자(대문자) 또는 한글로 시작하고, 이후 숫자는 최대 네 자리까지 입력되도록 설정
▶ '주문처' 필드: '123-4567-8899'의 전화번호 형식으로, 전체 숫자 11개가 공백 없이 반드시 입력되도록 설정

[따라하기]

❶ 탐색 창의 [제품목록] 테이블에서 마우스 오른쪽 단추를 클릭하고 바로 가기 메뉴에서 [디자인 보기]를 선택한다.

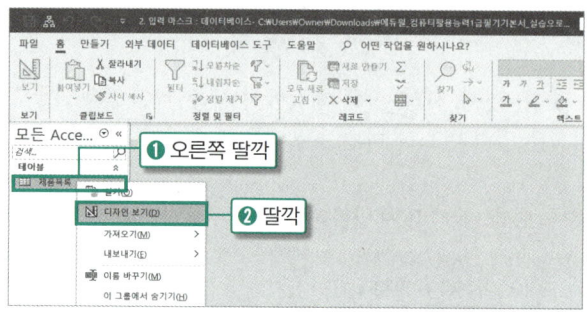

❷ 다음은 '제품코드' 필드를 설정하기 위한 작업이다. '제품코드' 필드를 선택하고 '필드 속성'에서 [일반] 탭의 '입력 마스크'에 '>L0###'을 입력한다.

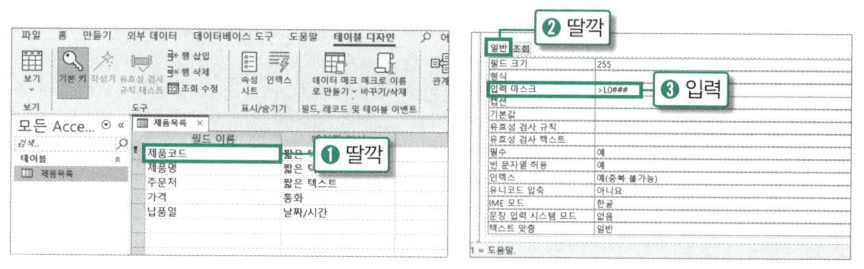

▼ >L0###

> L 0 ###
영문자의 대문자로 변환 — 숫자를 필수로 입력
영문자 또는 한글 — 숫자를 선택적으로 입력

❸ 다음은 '주문처' 필드를 설정하기 위한 작업이다. '주문처' 필드를 선택하고 '필드 속성'에서 [일반] 탭의 '입력 마스크'에 '000-0000-0000'을 입력한 후 빠른 실행 도구 모음에서 [저장(🔲)] 도구를 클릭하여 테이블을 저장한다.

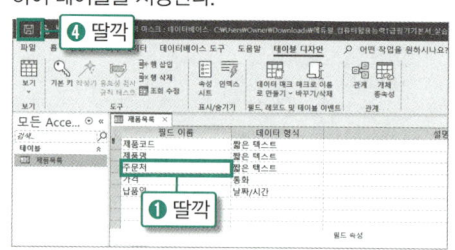 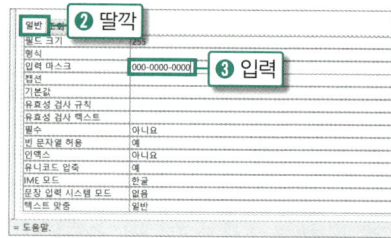

▼ 000-0000-0000
0은 숫자를 필수로 입력해야 한다는 의미이다.

④ [테이블 디자인] 탭-[보기] 그룹-[보기]-[데이터시트 보기]를 선택하여 결과를 확인한다.

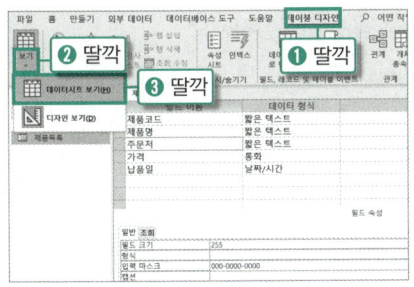
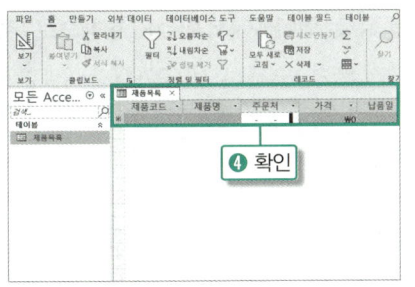

■ 입력 마스크에 올바른 데이터가 입력되지 않으면 다음과 같은 메시지 창이 나타나면서 데이터가 입력되지 않는다.

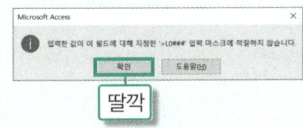

02 유효성 검사 규칙

> 결정적 힌트
>
> 유효성 검사의 개념과 사용 예가 자주 문제로 출제됩니다. 필기시험뿐만 아니라 실기시험에서도 유효성 검사의 문제가 출제되므로 연산자를 이용하여 유효성 검사를 하는 방법을 잘 이해해야 합니다.

- 필드에 입력될 데이터 값의 종류나 범위를 미리 지정하는 기능이다.
- **유효성 검사 텍스트**: 유효성 검사 규칙에서 지정한 범위 이외의 값을 입력했을 때 표시할 오류 메시지를 지정한다.
- 일련 번호와 OLE 개체에는 유효성 검사를 지정할 수 없다.
- 산술 연산자, 비교 연산자, 논리 연산자, 특수 연산자, 함수 등을 사용하여 규칙을 지정할 수 있다.

산술 연산자	+, -, *, /, Mod, ^
비교 연산자	=, >, >=, <, <=, < >, Like
논리 연산자	Not, And, Or
특수 연산자	• In: 지정한 값 중 하나 • Between ~ And: 지정한 값 사이

| 유효성 검사의 예

유효성 검사	의미
< > 0	0이 아닌 값만 입력
"총무부" Or "인사부"	'총무부' 또는 '인사부'만 입력
In ("총무부", "인사부")	
>=1000000 And <=5000000	1000000 이상 5000000 이하의 값만 입력
Between 1000000 And 5000000	
Is Not Null	'Null'이 아닌 값만 입력
Like "가*"	'가'로 시작하는 데이터만 입력
>=#2022-03-01# And <=#2022-03-31#	2022년 3월의 값만 입력

실습으로 개념끝 ❸ 에듀윌_컴퓨터활용능력1급필기기본서_실습으로개념끝\3과목\Chapter2_3.유효성검사.accdb

[제품목록] 테이블에서 아래의 형식으로 유효성 검사를 설정하시오.

▶ '가격' 필드: 1,000에서 10,000,000 사이의 값이 입력되도록 설정
▶ '납품일' 필드: 현재 날짜보다 이전의 날짜가 입력되면 '정확한 납품일을 입력하세요.'라는 메시지를 표시하도록 설정

따라하기

❶ 탐색 창의 [제품목록] 테이블에서 마우스 오른쪽 단추를 클릭하고 바로 가기 메뉴에서 [디자인 보기]를 선택한다.

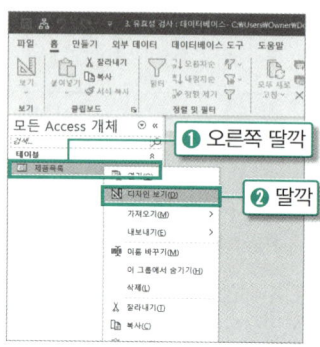

▼ Between 1000 And 10000000
1,000에서 10,000,000 사이의 값이 입력되도록 설정하는 값이다.

❷ '가격' 필드를 선택하고 '필드 속성'에서 [일반] 탭의 '유효성 검사 규칙'에 'Between 1000 And 10000000'을 입력한다.

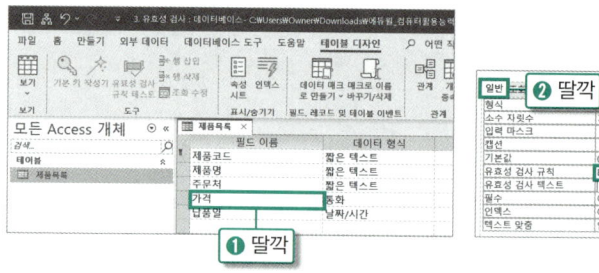

■ '납품일'에 현재 날짜보다 이전 날짜가 입력되면 다음과 같은 메시지가 표시된다.

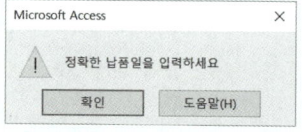

▼ >=Date( )
현재 날짜보다 이후의 날짜가 입력되도록 설정하는 조건이다.

❸ '납품일' 필드를 선택하고 '필드 속성'에서 [일반] 탭의 '유효성 검사 규칙'에는 현재 날짜보다 이후의 날짜를 입력하기 위해 설정하는 조건인 '>=Date( )'를, '유효성 검사 텍스트'에는 '정확한 납품일을 입력하세요.'를 입력한 후 저장하고 결과를 확인한다.

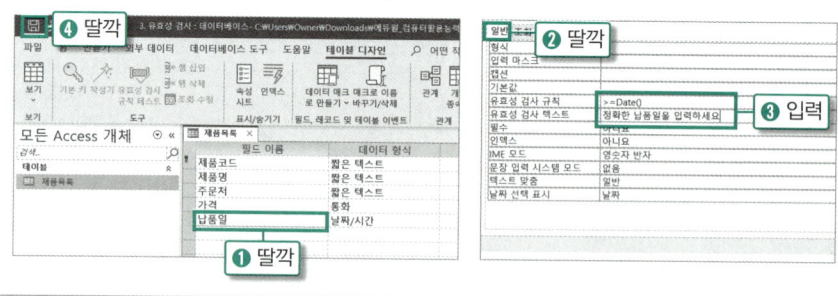

03 기타 일반 속성

필드 크기	'짧은 텍스트', '숫자', '일련 번호' 형식에서만 지정 가능
형식	데이터의 표시 형식 지정
소수 자릿수	소수점 이하의 자릿수 지정
캡션	[데이터 시트 보기] 상태에서 표시될 제목 지정
기본값	레코드 추가 시 필드에 기본으로 입력되는 값 지정
필수	데이터가 꼭 입력되어야 하는 필드에 '예'로 지정
빈 문자열 허용	빈 값의 허용 여부 지정
유니코드 압축	입력되는 문자를 2 바이트로 나타내는 속성
IME 모드	데이터 입력 시 한글이나 영문 입력 상태를 지정

> **개념 플러스**   표준 형식
>
> 숫자의 형식을 '표준'으로 지정하면 천 단위 구분 기호(,)를 표시하고, 소수점 이하 자릿수는 기본적으로 두 자리로 지정된다. 예 1234 → 1,234.00

04 조회 속성

- 콤보 상자나 목록 상자에 미리 값을 지정한 후 값을 선택해서 입력하는 기능이다.
- 조회 속성을 이용하면 사용자가 직접 값을 입력하는 과정에서 발생하는 오류를 줄일 수 있다.
- 다른 테이블이나 쿼리에 있는 값을 조회하거나 원하는 값을 직접 입력하여 조회 목록을 만들 수 있다.
- '짧은 텍스트', '숫자', 'Yes/No' 형식에서만 지정할 수 있다.
- [디자인 보기(N)] 상태에서 데이터 형식의 '조회 마법사'를 이용하거나 [조회] 탭의 각 속성에서 직접 설정할 수 있다.

> **결정적 힌트**
> 조회 속성에서 지정할 수 있는 각 속성의 의미를 이해해두세요.

| 조회 속성

일반	조회	
①	컨트롤 표시	콤보 상자
②	행 원본 유형	테이블/쿼리
③	행 원본	
④	바운드 열	1
⑤	열 개수	1
	열 이름	아니요
⑥	열 너비	
	행 수	16
⑦	목록 너비	자동
⑧	목록 값만 허용	아니요
	여러 값 허용	아니요
	값 목록 편집 허용	아니요
	목록 항목 편집 폼	
	행 원본 값만 표시	아니요

❶ 컨트롤 표시	조회 속성을 지정하려면 콤보 상자나 목록 상자 선택
❷ 행 원본 유형	• '테이블/쿼리', '값 목록', '필드 목록' 중에서 선택 • 테이블/쿼리: 테이블이나 쿼리를 원본으로 지정 • 값 목록: 직접 입력한 값을 원본으로 지정 • 필드 목록: 테이블이나 쿼리의 필드명을 원본으로 지정
❸ 행 원본	'행 원본' 유형이 '값 목록'이면 세미콜론(;)으로 항목 지정
❹ 바운드 열	선택한 목록의 여러 열 중 해당 컨트롤이 저장될 열 지정
❺ 열 개수	표시되는 열의 개수 지정
❻ 열 너비	• 열이 여러 개인 경우 세미콜론(;)으로 구분 • '0'으로 지정하면 열이 숨겨짐
❼ 목록 너비	콤보 상자의 목록 너비 지정
❽ 목록 값만 허용	• 지정한 목록 값 이외의 데이터를 입력할 수 있는지 지정 • 콤보 상자에서만 설정할 수 있음

바로 보는 해설

01
기호 0은 숫자만 입력 가능하며 필수 요소인데 두 번째 구역인 구분 기호에 0을 지정하였으므로 구분 기호인 하이픈(-)과 함께 저장된다. 세 번째 구역이 입력되는 자리에 표시할 문자를 지정하지 않았으므로 기본 문자인 '_'으로 표시된다.

02
물음표 자리에는 영문자와 한글만 입력 가능하다.

03
조회 목록으로 표시할 열의 개수는 변경 가능하다.

| 정답 | 01 ④ 02 ① 03 ④

 기출로 개념 확인

01 또 나올 문제

다음 중 아래와 같이 입력 마스크를 설정하였을 때의 설명으로 옳은 것은?

000000-0000000;0

① 입력 자리에 ******-*******과 같이 표시된다.
② 13자리 숫자를 선택적으로 입력할 수 있다.
③ 하이픈(-)은 저장되지 않는다.
④ 13자리 숫자를 입력해야 하며, 문자는 입력할 수 없다.

02

다음 중 테이블에서 입력 마스크를 'LA09?'로 설정한 경우 입력할 수 없는 값은?

① AA111
② A11
③ AA11
④ A111A

03

다음 중 테이블의 조회 속성에 대한 설명으로 옳지 않은 것은?

① 조회 속성을 이용하면 사용자가 직접 값을 입력하는 과정에서 발생하는 오류를 줄일 수 있다.
② 조회 열에서 다른 테이블이나 쿼리에 있는 값을 조회하도록 설정할 수 있다.
③ 원하는 값을 직접 입력하여 조회 목록을 만들 수 있다.
④ 조회 목록으로 표시할 열의 개수는 변경할 수 없으며, 행 원본에 맞추어 자동으로 설정된다.

04 또 나올 문제

다음 중 [학생] 테이블의 '나이' 필드에 유효성 검사 규칙을 아래와 같이 지정한 경우 데이터 입력 상황에 대한 설명으로 옳은 것은?

유효성 검사 규칙	>20
유효성 검사 테스트	숫자는 >20으로 입력합니다.

① 데이터를 입력하려고 하면 항상 '숫자는 >20으로 입력합니다.'라는 메시지가 먼저 표시된다.
② 20을 입력하면 '숫자는 >20으로 입력합니다.'라는 메시지가 표시된 후 입력값이 정상적으로 저장된다.
③ 20을 입력하면 '숫자는 >20으로 입력합니다.'라는 메시지가 표시되며, 값을 다시 입력해야만 한다.
④ 30을 입력하면 '유효성 검사 규칙에 맞습니다.'라는 메시지가 표시된 후 입력값이 정상적으로 저장된다.

04

20보다 큰 값을 입력해야 하며, 그렇지 않은 경우 '숫자는 >20으로 입력합니다.'라는 메시지가 표시된다.

| 오답 피하기 |
① 입력되는 값이 유효성 검사 규칙에 어긋났을 때 해당 메시지가 표시된다.
② 입력되는 값이 유효성 검사 규칙에 어긋났을 때는 저장되지 않는다.
④ 20보다 큰 값을 입력하면 메시지는 표시되지 않는다.

05

다음 중 아래와 같이 필드 속성을 설정한 경우 입력값에 따른 결과가 옳지 <u>않은</u> 것은?

필드 크기	실수(Single)
형식	표준
소수 자릿수	1
입력 마스크	
캡션	
기본값	0
유효성 검사 규칙	< > 1 And < > −1
유효성 검사 텍스트	
필수	예

① '1'을 입력하는 경우 값이 입력되지 않는다.
② '−1'을 입력하는 경우 값이 입력되지 않는다.
③ 필드값을 입력하지 않는 경우 기본값으로 '0.0'이 입력된다.
④ '1234'를 입력하는 경우 표시되는 값은 '1234.0'이 된다.

05

'형식'을 '표준'으로 설정하면 1000단위 구분 기호인 쉼표(,)가 표시되며 '소수 자릿수'를 1로 설정하여 '1,234.0'이 입력된다.

| 오답 피하기 |
① '유효성 검사 규칙'의 '< >1 And < > −1'은 '1과 −1의 입력을 허용하지 않는다.'는 의미이다.
② '유효성 검사 규칙'의 '< >1 And < > −1'은 '1과 −1의 입력을 허용하지 않는다.'는 의미이다.
③ '기본값'이 '0'이고, '필드 크기'는 '실수(Single)'이며, '소수 자릿수'를 '1'로 설정했기 때문에 '0.0'이 입력된다.

| 정답 | 04 ③ 05 ④

개념끝 089 관계 설정

| 빈출개념 | #참조 무결성

기출빈도

결정적 힌트

관계 설정은 관계형 데이터베이스에서 중요한 개념입니다. 특히 참조 무결성에 대한 문제가 많이 출제되었으므로 반드시 잘 이해해야 합니다.

01 관계의 개요

- 서로 관련된 테이블을 공통 필드를 이용하여 관계를 정의하면, 여러 테이블을 연결하여 쿼리, 폼, 보고서 등을 작성할 수 있다.
- 액세스에서 관계는 조인(Join)으로 표시된다.
- 기본 테이블의 기본 키 필드와 이를 참조하는 테이블의 외래 키 필드를 서로 연결하여 관계를 설정한다.
- 기본 키 필드와 외래 키 필드는 이름이 같을 필요는 없지만, 반드시 데이터 형식과 종류가 같아야 한다.
- 액세스에서는 일대일 관계와 일대다 관계가 자동으로 지정되지만, 두 테이블을 직접 다대다 관계로 설정할 수는 없다.
- 일대일 관계는 한 테이블의 각 레코드가 다른 테이블의 한 레코드에만 대응되는 관계로, 양쪽 테이블의 연결 필드가 모두 중복할 수 없는 인덱스나 기본 키로 설정된 경우에만 가능하다.
- 일대다 관계는 한 테이블의 기본 키를 외래 키로 사용하는 다른 테이블 간의 관계를 설정하는 것이다.

02 관계 설정

- [디자인 보기(图)] 상태로 열려있는 테이블에 대한 관계를 설정할 때 오류가 발생하므로 열려있는 테이블을 먼저 닫고 관계를 설정해야 한다.
- [데이터베이스 도구] 탭-[관계] 그룹-[관계]를 선택하여 관계 창을 표시한다.
- 테이블 관계를 제거하려면 관계선을 클릭하여 굵게 표시한 상태에서 Delete 를 누른다.

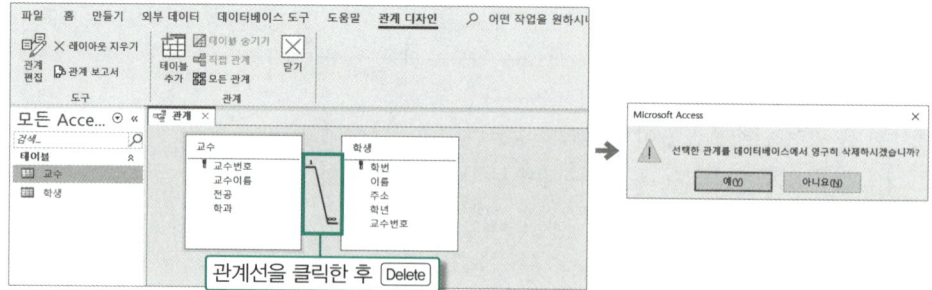

03 참조 무결성

- 관련 테이블의 레코드 간 관계가 유효한지 확인하고, 사용자가 관련 데이터를 실수로 변경하거나 삭제했는지 확인하기 위해 사용하는 규칙이다.
- 기본 테이블에서 사용할 필드는 기본 키이거나 고유 인덱스가 설정되어 있어야 한다.
- 참조 무결성을 지정하려면 관계선을 더블클릭하거나 바로 가기 메뉴에서 [관계 편집]을 선택한 후 [관계 편집] 대화상자에서 '항상 참조 무결성 유지'에 체크해야 한다.

| [관계 편집] 대화상자

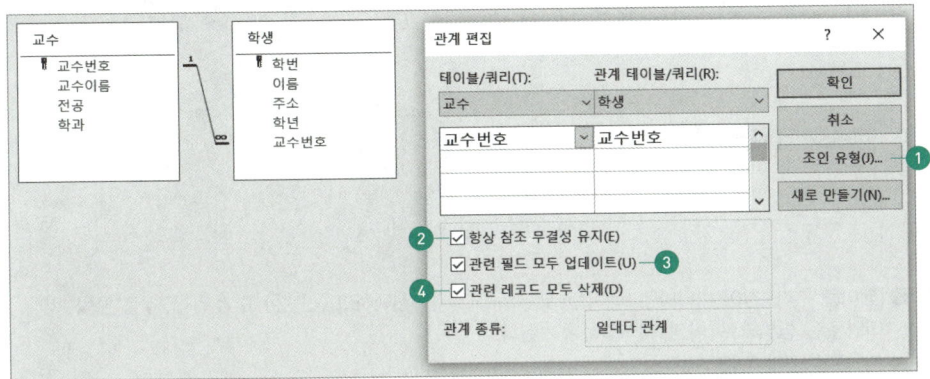

❶ 조인 유형	'내부 조인', '왼쪽 우선 외부 조인', '오른쪽 우선 외부 조인' 중에서 선택할 수 있음
❷ 항상 참조 무결성 유지	[학생] 테이블에 입력하려는 '교수번호'는 반드시 [교수] 테이블의 '교수번호'에 있거나 Null 값이어야 함
❸ 관련 필드 모두 업데이트	[교수] 테이블의 레코드를 수정하면 [학생] 테이블의 관련 레코드도 자동으로 변경됨
❹ 관련 레코드 모두 삭제	[교수] 테이블의 레코드를 삭제하면 [학생] 테이블의 관련 레코드도 모두 삭제됨

개념 플러스 | 조인 속성

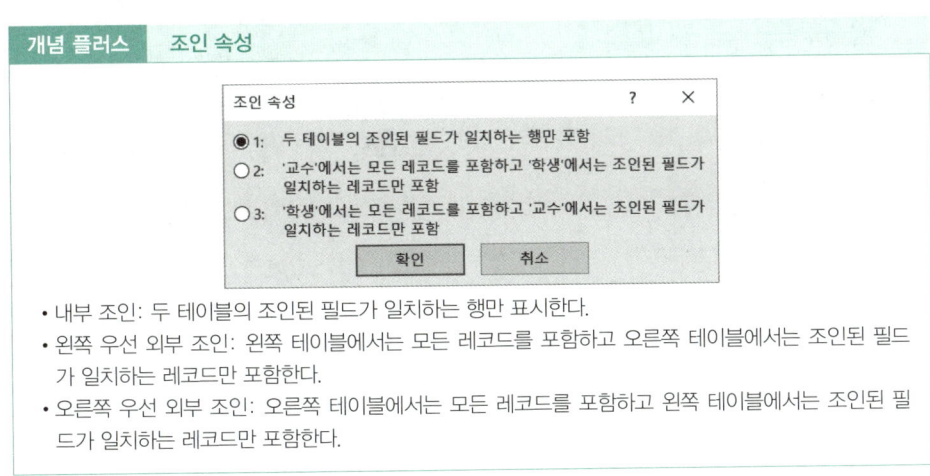

- 내부 조인: 두 테이블의 조인된 필드가 일치하는 행만 표시한다.
- 왼쪽 우선 외부 조인: 왼쪽 테이블에서는 모든 레코드를 포함하고 오른쪽 테이블에서는 조인된 필드가 일치하는 레코드만 포함한다.
- 오른쪽 우선 외부 조인: 오른쪽 테이블에서는 모든 레코드를 포함하고 왼쪽 테이블에서는 조인된 필드가 일치하는 레코드만 포함한다.

실습으로 개념끝 ❹ 에듀윌_컴퓨터활용능력1급필기기본서_실습으로개념끝\3과목\Chapter2_4.관계설정.accdb

[교수] 테이블과 [학생] 테이블의 관계를 설정하고 항상 참조 무결성이 유지되도록 설정하시오.

따라하기

❶ [데이터베이스 도구] 탭 – [관계] 그룹 – [관계]를 클릭한다.

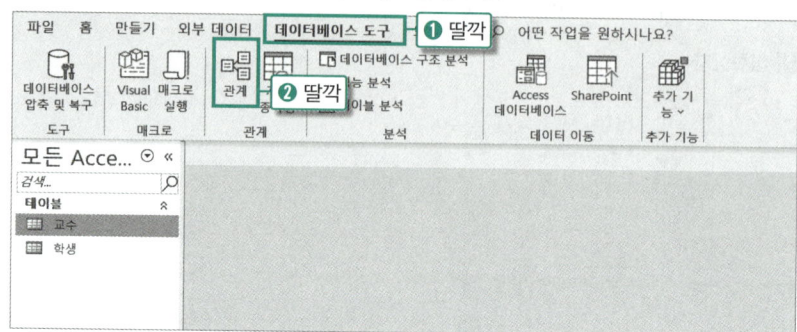

❷ [테이블 추가] 창이 나타나면 [테이블] 탭에서 [교수]를 선택하고 [선택한 표 추가] 단추를 클릭한다. 이와 같은 방법으로 [학생] 테이블을 추가한다.

■ 해당 테이블을 더블클릭해도 추가된다.

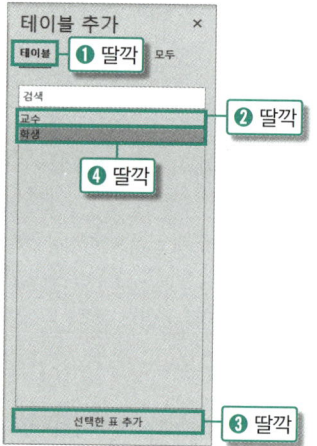

❸ [교수] 테이블의 '교수번호' 필드를 [학생] 테이블의 '교수번호' 필드로 드래그한다.

■ [학생] 테이블의 '교수번호'는 [교수] 테이블의 기본 키인 '교수번호'를 참조하므로 외래 키이다.

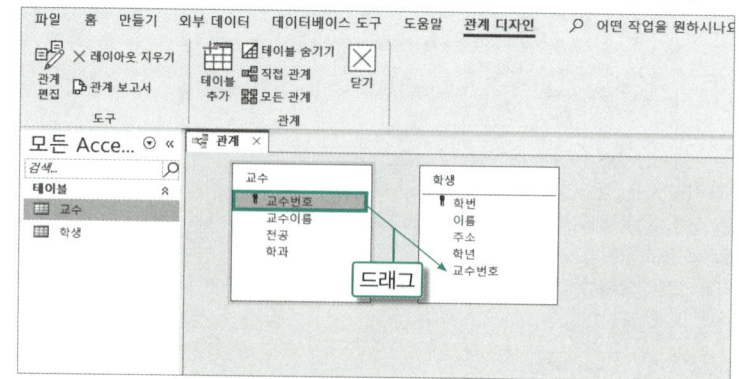

❹ [관계 편집] 대화상자가 나타나면 '항상 참조 무결성 유지'에 체크하고 [만들기] 단추를 클릭한다.

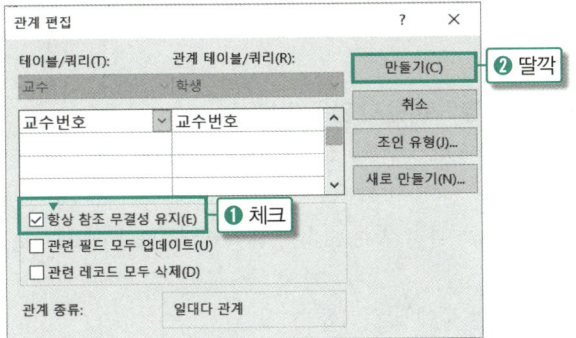

▼ 항상 참조 무결성 유지

[학생] 테이블의 '교수번호'는 반드시 [교수] 테이블의 '교수번호'에 있거나 Null 값이어야 한다.

❺ 일대다 관계가 설정된 것을 확인하고 [관계] 창을 닫는다.

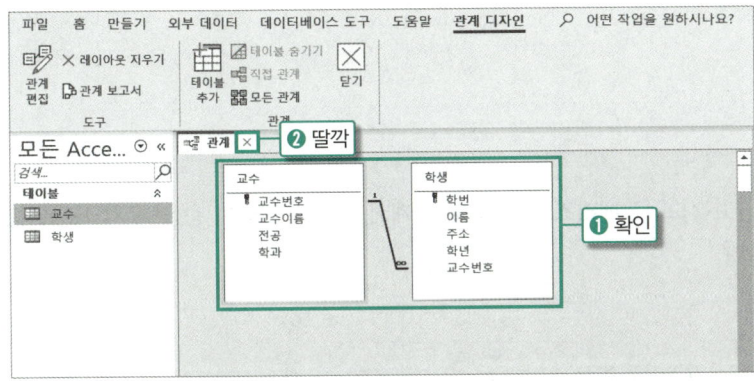

❻ 기본 테이블인 [교수] 테이블을 열어서 ⊞를 클릭하면 ⊟ 관계가 설정된 [학생] 테이블의 레코드가 표시된다.

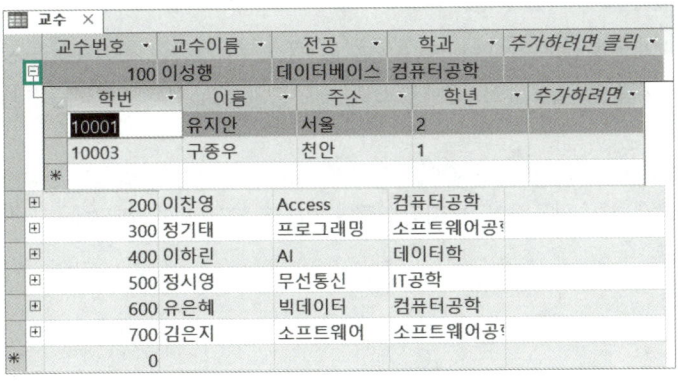

| 바로 보는 해설 |

 기출로 개념 확인

01 또 나올 문제

01
관계의 종류는 [관계 편집] 대화상자에서 선택하는 것이 아니라 관계를 구성하는 테이블 간의 기본 키와 외래 키의 설정 상태에 따라 자동으로 설정된다. 액세스에서는 두 테이블을 직접 다대다 관계로 설정할 수는 없다.

다음 중 [관계 편집] 대화상자에 대한 설명으로 옳지 않은 것은?

① 관계를 구성하는 어느 한쪽의 테이블 또는 필드 및 쿼리를 변경할 수 있다.
② 조인 유형을 내부 조인, 왼쪽 우선 외부 조인, 오른쪽 우선 외부 조인 중에서 선택할 수 있다.
③ '항상 참조 무결성 유지'를 선택한 경우 '관련 필드 모두 업데이트'와 '관련 레코드 모두 삭제' 옵션을 선택할 수 있다.
④ 관계의 종류를 일대다, 다대다, 일대일 중에서 선택할 수 있다.

02
참조의 무결성이 유지되려면 외래 키 값은 참조하는 릴레이션의 기본 키와 동일한 값이거나 Null이어야 한다. 따라서 [구매리스트] 테이블에서 외래 키는 '고객번호'이므로, '고객번호'는 [고객] 테이블의 '고객번호'에 있거나 Null이어야 한다.

02

다음 중 아래 [고객]과 [구매리스트] 테이블 관계에 참조 무결성이 항상 유지되도록 설정할 수 없는 경우는?

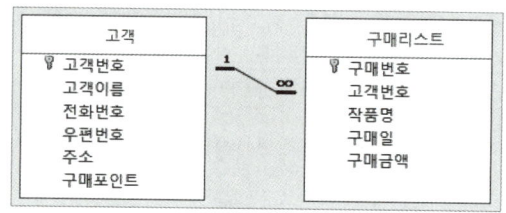

① [고객] 테이블의 '고객번호' 필드값이 [구매리스트] 테이블의 '고객번호' 필드에 없는 경우
② [고객] 테이블의 '고객번호' 필드값이 [구매리스트] 테이블의 '고객번호' 필드에 하나만 있는 경우
③ [구매리스트] 테이블의 '고객번호' 필드값이 [고객] 테이블의 '고객번호' 필드에 없는 경우
④ [고객] 테이블의 '고객번호' 필드값이 [구매리스트] 테이블의 '고객번호' 필드에 두 개 이상 있는 경우

03
조인되는 테이블의 필드 수는 동일하지 않아도 된다.

03 또 나올 문제

다음 중 조인(Join)에 대한 설명으로 옳지 않은 것은?

① 두 테이블의 조인에 사용되는 기준 필드의 데이터 형식은 동일하거나 호환되어야 한다.
② 조인을 이용하면 정규화를 통해 각 테이블로 분리된 데이터를 통합할 수 있다.
③ 테이블을 조인하기 위해서는 조인되는 테이블 필드 수가 동일해야 한다.
④ 두 테이블의 조인된 필드가 일치하는 행만 포함하는 조인 유형은 내부 조인이다.

| 정답 | 01 ④ 02 ③ 03 ③

| 빈출개념 | #가져오기 가능한 형식

개념끝 090 외부 데이터 가져오기와 테이블 연결하기

기출빈도

01 외부 데이터 가져오기

결정적 힌트

외부 데이터 가져오기도 자주 출제되는 내용입니다. 특히 가져오기가 가능한 형식과 가져올 수 없는 형식을 잘 구분해야 합니다.

- 다른 형식의 데이터를 현재 데이터베이스 파일로 불러올 수 있는 기능이다.
- [외부 데이터] 탭-[가져오기 및 연결] 그룹에서 가져올 파일 형식을 선택한다.

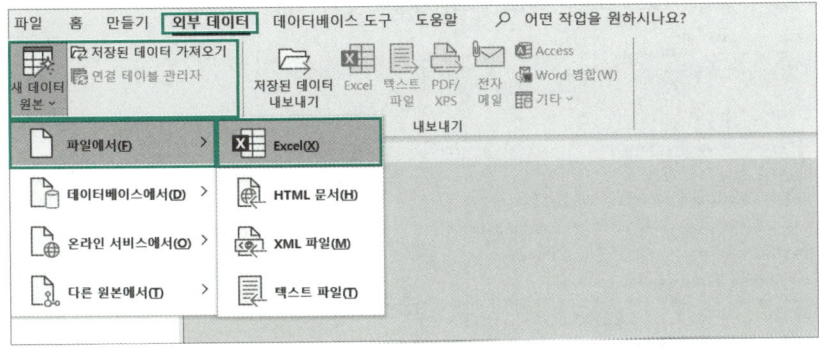

- **가져오기 가능한 형식: Excel, Access, ODBC 데이터베이스, 텍스트 파일, XML 파일, SharePoint 목록, 데이터 서비스, HTML 문서, Outlook 폴더, dBASE 파일 등(Word 파일은 가져올 수 없음)**
- 데이터를 가져와도 원본 데이터는 변경되지 않으며, 가져온 데이터를 변경해도 원본 데이터에 영향을 미치지 않는다.
- Access 파일을 가져오는 경우 테이블, 쿼리, 폼, 보고서, 매크로 및 모듈을 가져올 수 있고, 테이블의 관계도 함께 복사할 수 있다.
- 테이블의 정의만 가져오면 데이터가 없는 빈 테이블이 생성된다.
- 원본 개체와 같은 이름의 개체가 이미 대상 데이터베이스에 있으면 가져오기 개체의 이름에 숫자(1, 2, 3 등)가 추가된다.
- 가져오려는 데이터 원본의 필드가 255개 이상인 경우 처음 255개의 필드만 가져온다.
- Excel 데이터는 워크시트나 정의된 이름을 선택하여 가져올 수 있다.
- Excel 데이터는 한 번에 하나의 워크시트만 가져올 수 있으므로 여러 워크시트에서 데이터를 가져오려면 각 워크시트에 대해 가져오기 명령을 반복해서 실행해야 한다.

실습으로 개념끝 ❺ 에듀윌_컴퓨터활용능력1급필기기본서_실습으로개념끝\3과목\Chapter2_5.외부데이터가져오기.accdb

외부 데이터 가져오기를 이용하여 엑셀 통합 문서를 가져오시오.

따라하기

❶ [외부 데이터] 탭-[가져오기 및 연결] 그룹-[새 데이터 원본]-[파일에서]-[Excel]을 클릭한다.

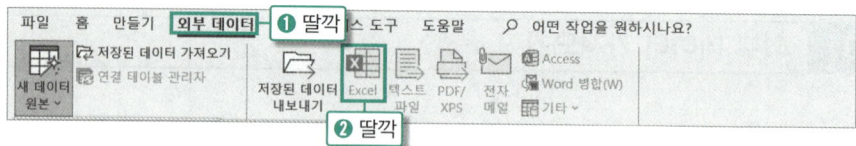

❷ [외부 데이터 가져오기 – Excel 스프레드시트] 대화상자에서 [찾아보기]를 클릭한다.

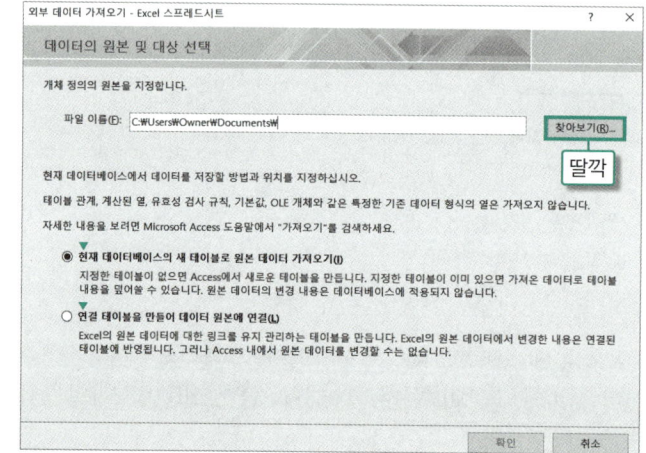

▼ 현재 데이터베이스의 새 테이블로 원본 데이터 가져오기

가져온 외부 데이터로 새 테이블을 작성한다.

▼ 연결 테이블을 만들어 데이터 원본에 연결

연결 테이블을 작성하여 원본이 변경되면 테이블에 반영한다.

❸ [파일 열기] 창에서 '명단'를 선택하고 [열기] 단추를 클릭한다.

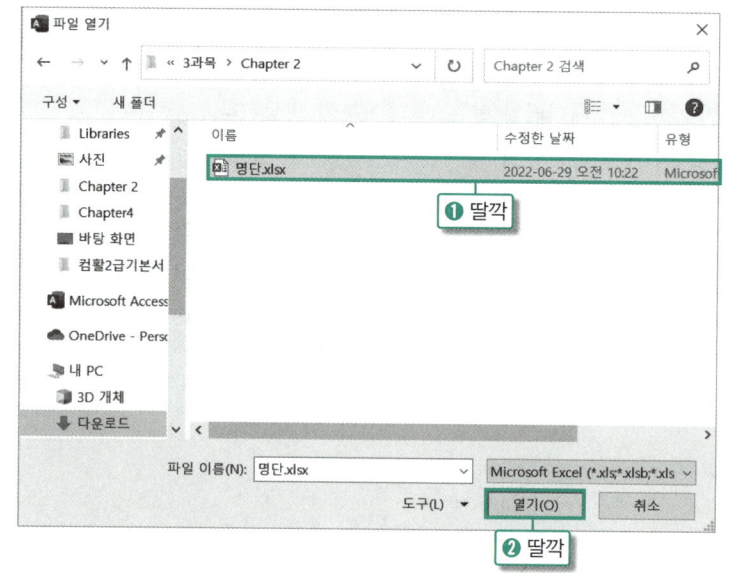

❹ [외부 데이터 가져오기 – Excel 스프레드시트] 대화상자에서 [확인] 단추를 클릭한다.

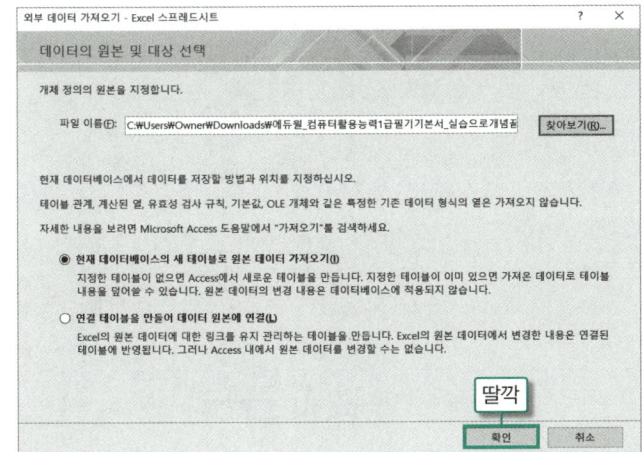

❺ [스프레드시트 가져오기 마법사] 대화상자에서 가져올 워크시트나 범위를 선택한 후 [다음] 단추를 클릭한다.

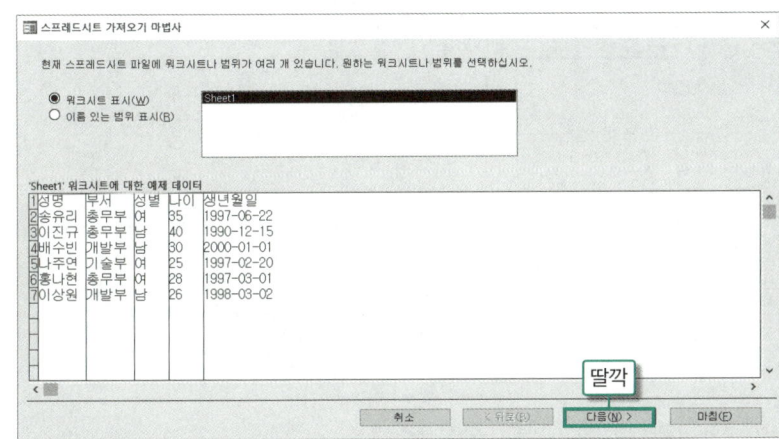

❻ '첫 행에 열 머리글이 있음'을 체크하고 [다음] 단추를 클릭한다.

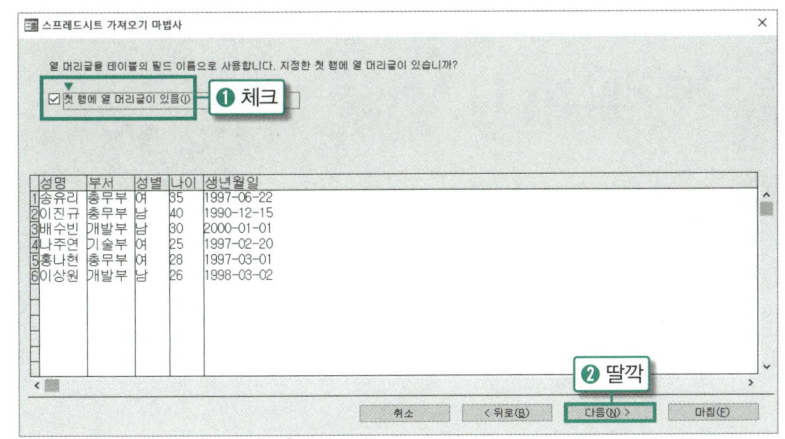

▼ 첫 행에 열 머리글이 있음
첫 행의 열 머리글을 필드 이름으로 사용하기 위해 체크한다.

■ 스프레드시트 가져오기 마법사 3단계

각 필드에 대한 정보를 지정하며, 필드 이름, 데이터 형식, 인덱스 등을 선택할 수 있다.

❼ 가져오는 각 필드의 정보를 확인하고 [다음] 단추를 클릭한다.

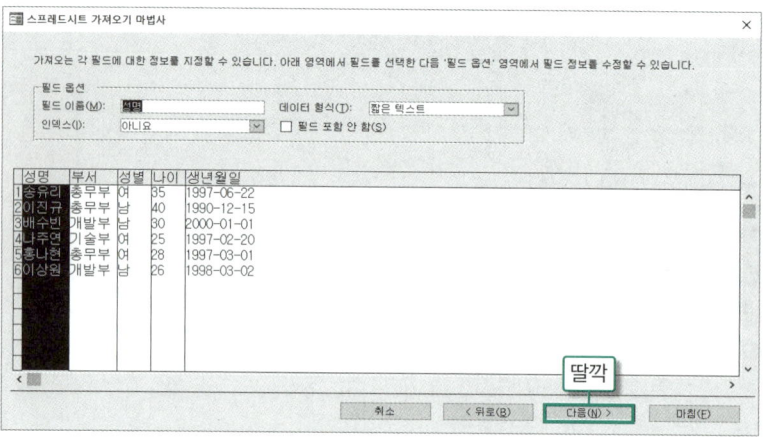

❽ 'Access에서 기본 키 추가'를 선택하고 [다음] 단추를 클릭한다.

▼ Access에서 기본 키 추가
액세스에서 자동으로 일련 번호 형식의 기본 키를 추가한다.

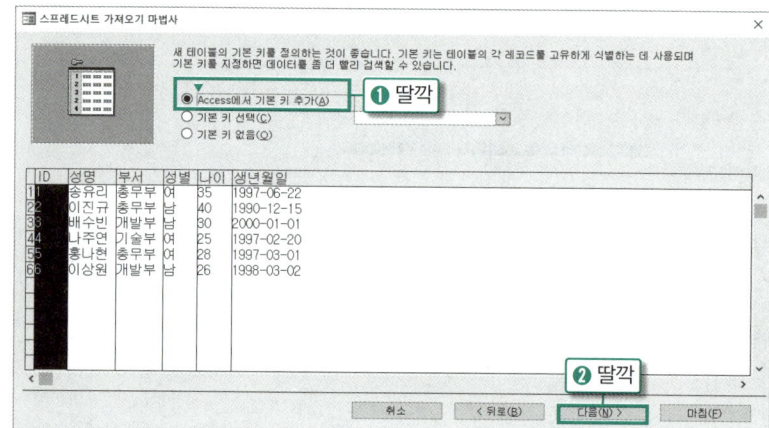

❾ 가져올 테이블의 이름을 입력하고 [마침] 단추를 클릭한다.

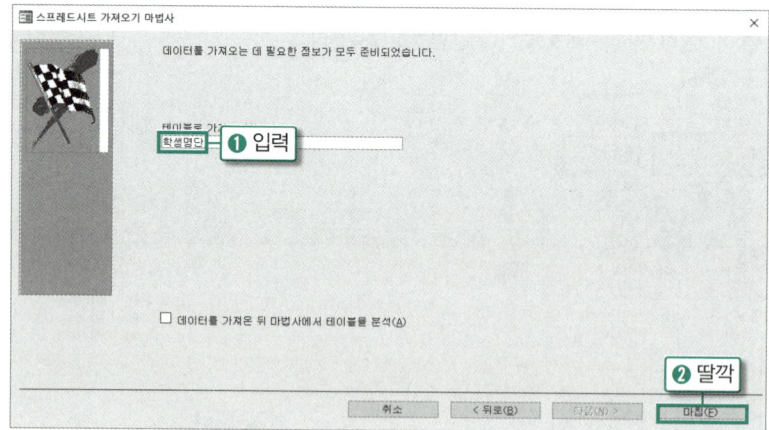

❿ 가져오기 단계 저장 여부를 묻는 대화상자에서 [닫기] 단추를 클릭한다.

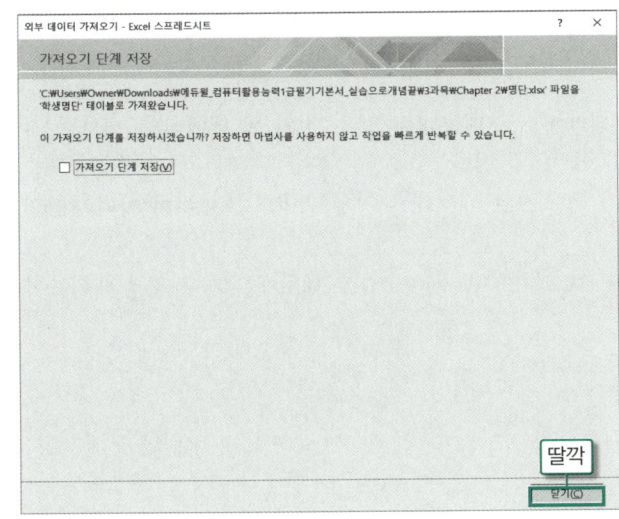

02 테이블 연결하기

- 원본 데이터의 변경된 내용이 연결된 테이블에 반영되는 기능이다.
- 원본 데이터의 레코드를 삭제하면 연결된 테이블의 레코드도 삭제된다.
- [외부 데이터 가져오기] 대화상자에서 [연결 테이블을 만들어 데이터 원본에 연결]을 선택하여 테이블을 연결할 수 있다.
- 연결된 테이블을 삭제할 수 있고, 삭제해도 원본 데이터에는 전혀 영향이 없다.

■ 테이블 연결 제거

연결을 제거하려면 연결 테이블의 바로 가기 메뉴에서 [삭제]를 선택한다.

↙ 결정적 힌트

내보내기 가능한 형식과 내보낼 수 있는 형식에 대해 이해해야 합니다.

03 데이터 내보내기

- 데이터베이스 개체를 다른 응용 프로그램에서 사용할 수 있도록 형식을 변경하여 출력하는 기능이다.
- [외부 데이터] 탭-[내보내기] 그룹에서 내보낼 대상을 선택한다.

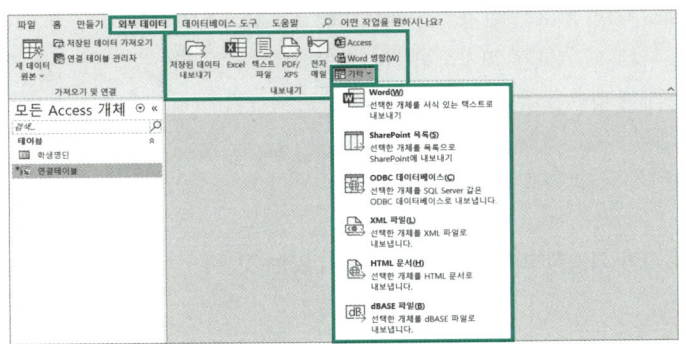

- 내보내기 가능한 형식: Access 데이터베이스의 각 개체, Excel, 텍스트 파일, XML 파일, PDF/XPS, 전자메일, Word 병합, SharePoint 목록, ODBC 데이터베이스, HTML 문서 등(VBA 코드로는 내보낼 수 없음)
- 내보낼 수 있는 형식
  - 테이블을 Access 데이터베이스로 내보내는 경우 '정의 및 데이터'를 내보낼 것인지, '정의만' 내보낼 것인지 선택할 수 있다.
  - 쿼리를 엑셀이나 HTML 형식으로 내보내는 경우 쿼리의 SQL문이 아니라 SQL문의 실행 결과가 저장된다.
  - 테이블은 내보내지 않고 보고서만 'Word(*.rtf)'로 내보내는 경우 원본 테이블이 없어도 데이터는 표시된다.

바로 보는 해설

01
'외부 데이터 가져오기'는 데이터를 수정하면서 가져올 수 없고, 가져오기 한 데이터를 수정해도 원본에는 영향을 주지 않는다.

02
Excel 통합 문서가 아닌 Access 파일을 가져오는 방법이다. [외부 데이터] 탭-[가져오기 및 연결] 그룹-[새 데이터 원본]-[데이터베이스에서]-[Access]에서는 테이블, 쿼리, 폼, 보고서, 매크로 및 모듈 등 원하는 개체를 지정하여 가져올 수 있다.

03
VBA 코드는 테이블에서 내보내기가 가능한 파일 형식이 아니다.

| 정답 | 01 ① 02 ③ 03 ④

Warming UP 기출로 개념 확인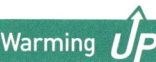

01

다음 중 '외부 데이터 가져오기' 기능에 대한 설명으로 옳지 <u>않은</u> 것은?

① 텍스트 파일을 가져와서 기존 테이블의 레코드로 추가하려는 경우 기본 키에 해당하는 필드의 값이 고유한 값이 되도록 데이터를 수정하면서 가져올 수 있다.
② Excel 워크시트에서 정의된 이름의 영역을 Access의 새 테이블이나 기존 테이블에 데이터 복사본으로 만들 수 있다.
③ Access에서는 한 테이블에 256개 이상의 필드를 지원하지 않으므로 원본 데이터는 열의 개수가 255개를 초과하지 않아야 한다.
④ Excel 파일을 가져오는 경우 한 번에 하나의 워크시트만 가져올 수 있으므로 여러 워크시트에서 데이터를 가져오려면 각 워크시트에 대해 가져오기 명령을 반복해야 한다.

02

다음 중 외부 데이터인 Excel 통합 문서를 가져오거나 연결하기 위한 방법으로 옳지 <u>않은</u> 것은?

① 새 테이블로 추가하여 원본 데이터 가져오기
② 현재 데이터베이스의 테이블 중 하나를 지정하여 레코드로 추가하기
③ 테이블, 쿼리, 매크로 등 원하는 개체를 지정하여 가져오기
④ Excel의 원본 데이터에 대한 링크를 유지 관리하는 테이블로 만들기

03  또 나올 문제

다음 중 테이블에서 내보내기가 가능한 파일 형식에 해당하지 <u>않는</u> 것은?

① 엑셀(Excel) 파일
② ODBC 데이터베이스
③ HTML 문서
④ VBA 코드

| 빈출개념 | #레코드 추가 #레코드 삭제

개념끝 091 데이터 입력

01 데이터 입력 및 수정

> **결정적 힌트**
> 문제가 자주 출제되는 부분은 아니지만 액세스를 다루는 데 있어서 기초가 되는 개념이므로 실습을 통해 익혀두는 것이 좋습니다.

(1) 데이터시트 보기

데이터의 입력 및 수정은 [데이터시트 보기(▦)]에서 수행할 수 있다.

| 데이터시트 보기

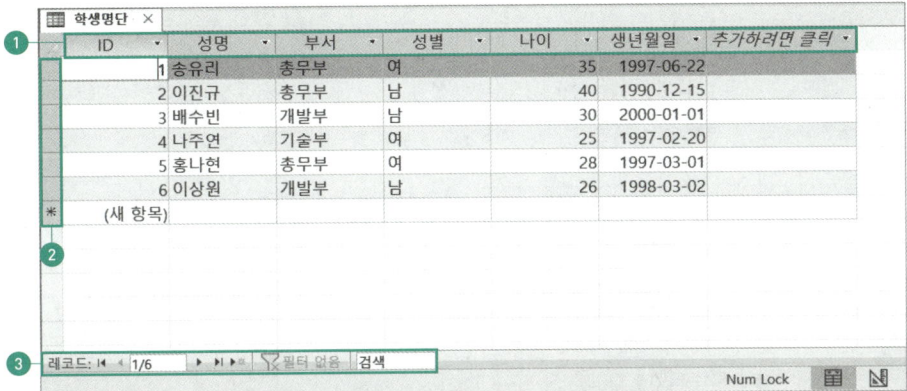

① 필드 선택기	• 필드의 복사 및 이동에 사용 • 열의 너비를 조절할 수 있음
② 레코드 선택기	• 레코드를 선택할 때 사용하며 레코드의 현재 상태를 알 수 있음 • ■ : 현재 선택된 레코드 • ✎ : 편집 중인 레코드 • ✱ : 내용을 입력할 수 있는 새 레코드
③ 탐색 단추	레코드를 이동할 때 사용 ❶ 첫 레코드로 이동 ❷ 이전 레코드로 이동 ❸ 다음 레코드로 이동 ❹ 마지막 레코드로 이동 ❺ 새 레코드 표시

(2) 레코드 추가

• 새 레코드는 항상 마지막에 추가되며, 중간에 삽입할 수 없다.
• 레코드 선택기나 임의 필드를 선택한 후 다음의 방법으로 새 레코드를 추가한다.

실행 방법	
방법1	[홈] 탭-[레코드] 그룹-[새로 만들기] 선택
방법2	바로 가기 메뉴의 [새 레코드] 선택
방법3	Ctrl + +
방법4	탐색 단추의 ▶ 클릭

(3) 레코드 삭제

- 레코드를 삭제하면 삭제 여부를 묻는 대화상자가 표시되며, [예] 단추를 클릭하면 삭제된다.
- 여러 레코드를 선택하여 한 번에 삭제할 수 있으며, 삭제된 레코드는 복원할 수 없다.

실행 방법	
방법1	[홈] 탭-[레코드] 그룹-[삭제] 선택
방법2	바로 가기 메뉴의 [레코드 삭제] 선택
방법3	Ctrl + - 또는 Delete

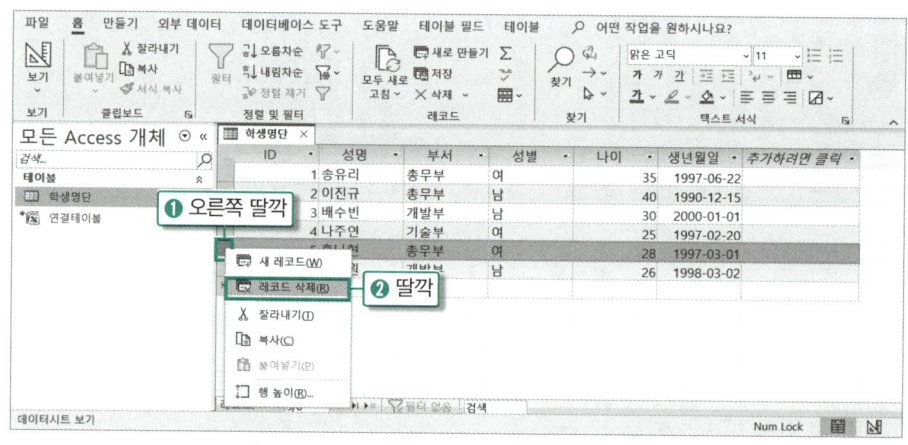

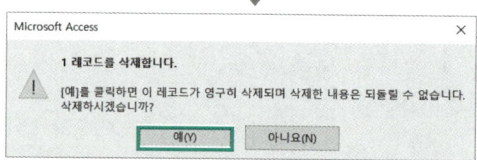

(4) 레코드 수정

- 수정할 필드의 데이터를 지우고 새로운 데이터를 입력한다.
- 필드의 일부 내용을 수정할 때는 해당 필드를 클릭하거나 F2를 눌러 편집 상태로 변경한 후 수정한다.

(5) 레코드 정렬

- 테이블은 기본적으로 기본 키로 정의한 필드 값의 순서대로 정렬된다.
- 레코드 정렬은 [데이터시트 보기(▦)]에서 수행한다.

실행 방법	
방법1	정렬할 필드 선택 → [홈] 탭-[정렬 및 필터] 그룹-[오름차순] 또는 [내림차순] 선택
방법2	정렬할 필드 선택 → 바로 가기 메뉴의 [오름차순 정렬] 또는 [내림차순 정렬] 선택

- 레코드를 정렬한 후 이전 상태로 되돌리려면 [홈] 탭-[정렬 및 필터] 그룹-[정렬 제거]를 선택한다.
- 긴 텍스트, 하이퍼링크, OLE 개체, 첨부 파일 형식 등은 정렬할 수 없다.

(6) 레코드 요약

- 레코드 요약 기능을 수행하면 요약 행이 표시되므로 집계 함수를 좀 더 쉽고 빠르게 사용할 수 있다.
- [데이터시트 보기(▦)]에서 [홈] 탭-[레코드] 그룹-[요약]을 선택한다.
- 요약 기능이 설정된 상태에서 '텍스트' 데이터 형식의 필드에는 '개수' 집계 함수만 지정할 수 있다.
- 요약 기능이 설정된 상태에서 '숫자' 데이터 형식의 필드에는 '합계', '평균', '개수', '최대', '최소', '표준 편차', '분산' 집계 함수를 지정할 수 있다.

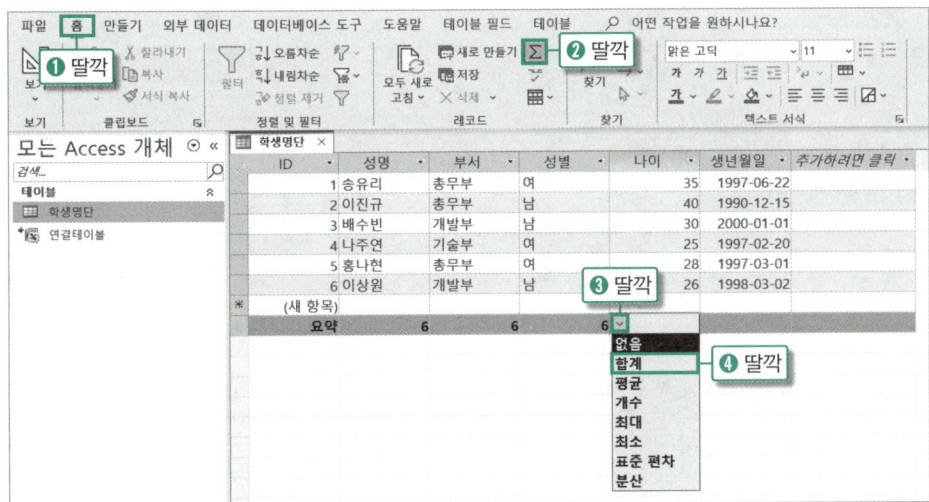

02 데이터 찾기 및 바꾸기

- 데이터의 찾기 및 바꾸기는 [데이터시트 보기(▦)]에서 수행할 수 있다.
- 특정 필드를 가진 레코드를 찾거나 찾은 내용을 원하는 내용으로 바꾸는 기능이다.

| 만능 문자(와일드카드)

만능 문자	기능
?	한 문자를 대신하여 사용 예 소?자 → 소비자, 소유자, 소개자 등 검색
*	여러 문자를 대신하여 사용 예 *국 → 대한민국, 미국, 영국 등 검색

[ ]	대괄호 안의 문자와 한 문자라도 일치하는 것을 검색 예 소[비유]자 → 소비자, 소유자는 검색하고 소개자는 무시	
!	대괄호 안에 있지 않은 문자를 검색 예 소[!비유]자 → 소비자, 소유자는 무시하고 소개자는 검색	
-	문자 범위 내에서 하나의 문자를 검색 예 b[a-c]d → bad, bbd, bcd 검색	
#	숫자 한 자리를 검색 예 2#4 → 204, 214, 234 등을 검색	

(1) 찾기

방법1	[홈] 탭-[찾기] 그룹-[찾기] 선택
방법2	필드 선택기를 선택한 후 바로 가기 메뉴의 [찾기] 선택
방법3	Ctrl + F

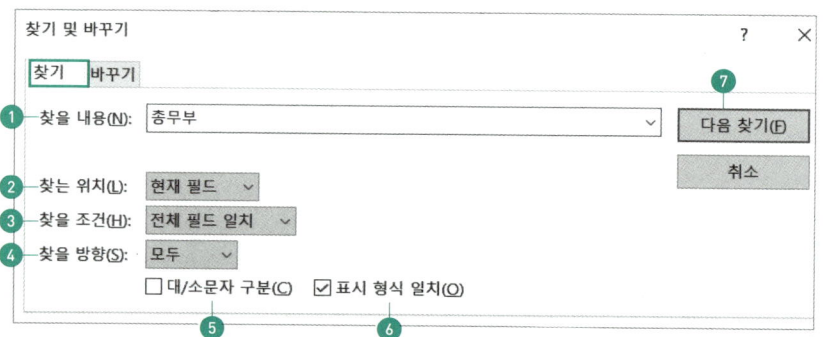

❶ 찾을 내용	검색할 내용을 입력하는 곳
❷ 찾는 위치	찾을 위치를 현재 필드로 할지, 테이블 전체로 할지를 선택
❸ 찾을 조건	• 필드의 일부: 필드의 내용이 일부만 같아도 검색 • 전체 필드 일치: 필드의 내용이 완전히 일치하는 경우만 검색 • 필드의 시작: 필드의 시작 내용이 같은 경우만 검색
❹ 찾을 방향	위쪽, 아래쪽, 모두를 지정
❺ 대/소문자 구분	대문자와 소문자를 구분하여 검색
❻ 표시 형식 일치	표시 형식이 일치하는 내용을 검색
❼ 다음 찾기	검색 조건에 맞는 다음 내용을 검색

(2) 바꾸기

방법1	[홈] 탭-[찾기] 그룹-[바꾸기] 선택
방법2	Ctrl + H

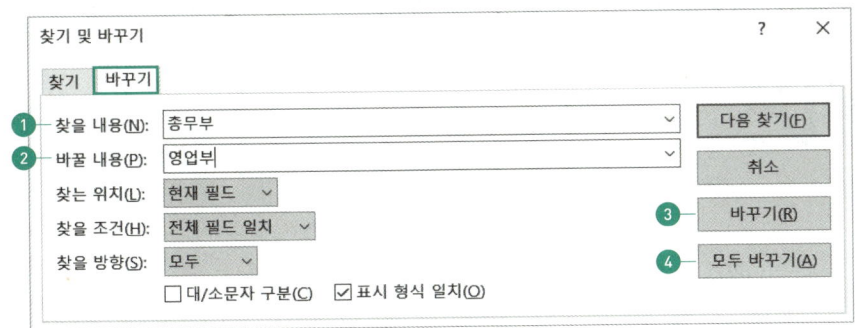

① 찾을 내용	검색할 내용을 입력하는 곳
② 바꿀 내용	바꿀 내용을 입력하는 곳
③ 바꾸기	현재 찾은 내용을 바꿀 내용으로 변경
④ 모두 바꾸기	찾을 내용과 일치하는 모든 내용을 바꿀 내용으로 변경

Warming UP 기출로 개념 확인

01

다음 중 데이터시트 보기 상태에서의 레코드 추가/삭제에 대한 설명으로 옳은 것은?

① 레코드를 여러 번 복사한 경우 첫 번째 복사한 레코드만 사용 가능하다.
② 새로운 레코드는 항상 테이블의 마지막 행에서만 추가되며 중간에 삽입될 수 없다.
③ 레코드를 추가하는 바로 가기 키는 Ctrl + Insert 이다.
④ 여러 레코드를 선택하여 한 번에 삭제할 수 있으며, 삭제된 레코드는 복원할 수 있다.

바로 보는 해설

01

| 오답 피하기 |
① 레코드를 여러 번 복사한 경우 마지막 복사한 레코드만 사용 가능하다.
③ 레코드를 추가하는 바로 가기 키는 Ctrl + + 이다.
④ 여러 레코드를 선택하여 한 번에 삭제할 수 있으며, 삭제된 레코드는 복원할 수 없다.

02

다음 중 Access에서 데이터를 찾거나 바꿀 때 사용하는 와일드카드 문자를 사용한 결과에 대한 설명이 옳지 않은 것은?

① 1#3 → 103, 113, 123 등 검색
② 소?자 → 소비자, 소유자, 소개자 등 검색
③ 소[!비유]자 → 소비자와 소개자 등 검색
④ b[a-c]d → bad와 bbd 등 검색

02

'[!]'는 대괄호 안에 있는 문자는 제외하므로 '소[!비유]자'를 입력하면 '비'와 '유', '비유'를 제외하고 검색한다. 따라서 '소개자'는 찾지만 '소비자'와 '소유자'는 무시한다.

| 정답 | 01 ② 02 ③

CHAPTER 2 테이블 활용

기출선지 OX 퀴즈

01 액세스(Access)는 데이터베이스를 생성하고 관리하며 사용자의 요구에 따라 데이터베이스에 대한 연산을 수행한다. (O / X)

02 액세스는 테이블, 쿼리, 폼, 보고서, 매크로로 총 5개의 개체를 사용한다. (O / X)

03 액세스의 개체 중 테이블은 가장 기본이 되는 개체로 데이터베이스에서 사용할 데이터를 저장하고 관리하는 개체이다. (O / X)

04 데이터베이스 파일명에는 공백을 사용할 수 있으며, 이름을 입력하지 않으면 자동으로 이름이 지정된다. (O / X)

05 테이블에서 필드 이름은 최대 128자까지 지정할 수 있다. (O / X)

06 데이터의 형식은 필드에 입력할 수 있는 데이터의 종류와 크기를 지정하며, 기본 형식은 짧은 텍스트이다. (O / X)

07 기본 키 필드에는 Null 값을 입력할 수 없고, 값이 입력되지 않으면 테이블이 저장되지 않는다. (O / X)

08 테이블을 생성(저장)할 때는 반드시 기본 키를 정의하지 않아도 되지만, 관계 설정을 하려면 기본 키가 필요하다. (O / X)

09 인덱스를 설정하면 레코드의 추가, 수정, 삭제 속도는 빨라지지만 검색, 정렬 등의 속도가 느려진다. (O / X)

10 입력 마스크를 이용하면 필드의 각 자리에 입력되는 값의 종류를 제한하여 오류를 줄일 수 있다. (O / X)

11 조회 속성은 '긴 텍스트', '숫자', 'Yes/No' 형식에서만 지정할 수 있다. (O / X)

12 입력 마스크 설정에 사용하는 사용자 정의 입력 마스크 기호 중 0은 숫자를 필수로 입력해야 한다는 의미이다. (O / X)

13 '외부 데이터 가져오기' 기능을 사용하여 엑셀 데이터를 가져올 경우, 한 번에 여러 개의 워크시트를 가져올 수 있다. (O / X)

14 '외부 데이터 가져오기 기능'을 사용할 경우, 가져온 데이터를 변경해도 원본 데이터에 영향을 미치지 않는다. (O / X)

15 데이터시트 보기 상태에서 레코드를 추가할 경우 새 레코드는 항상 테이블의 마지막 행에서만 추가되며 중간에 삽입할 수 없다. (O / X)

한판으로 **복습**한다!

16 테이블을 조인하기 위해서는 조인되는 테이블 필드 수가 동일해야 한다. (O / X)

17 액세스의 개체 중 매크로는 매크로 함수를 이용하여 여러 번 반복되는 작업을 자동화하는 것이다. (O / X)

18 데이터 형식의 종류 중 하나인 짧은 텍스트는 최소 255자부터 저장할 수 있다. (O / X)

19 테이블에서 기본 키로 지정하면 해당 필드의 인덱스 속성이 '예(중복 가능)'로 자동 설정된다. (O / X)

20 데이터가 이미 입력된 필드는 기본 키로 지정할 수 없다. (O / X)

21 유효성 검사 규칙은 필드에 입력될 데이터 값의 종류나 범위를 미리 지정하는 기능이다. (O / X)

22 일련 번호에는 유효성 검사를 지정할 수 있지만, OLE 개체에는 지정할 수 없다. (O / X)

23 [관계 편집] 대화상자에서 조인 유형을 내부 조인, 왼쪽 우선 외부 조인, 오른쪽 우선 외부 조인 중에서 선택할 수 있다. (O / X)

24 테이블의 조회 속성을 이용하면 사용자가 직접 값을 입력하는 과정에서 발생하는 오류를 줄일 수 있다. (O / X)

25 레코드를 삭제할 때 여러 레코드를 선택하여 한 번에 삭제할 수 있으며, 삭제된 레코드는 복원 가능하다. (O / X)

26 데이터 형식의 종류 중 하나인 OLE 개체는 다른 프로그램에서 만든 문서, 그림, 동영상, 소리 등의 개체를 입력할 수 있다. (O / X)

27 관계를 설정하기 위해서는 기본 키 필드와 외래 키 필드의 데이터 형식과 종류, 이름이 모두 같아야 한다. (O / X)

28 기본 테이블에서 사용할 필드는 기본 키이거나 고유 인덱스가 설정되어 있어야 한다. (O / X)

29 쿼리를 엑셀이나 HTML 형식으로 내보내는 경우 쿼리의 SQL문과 SQL문의 실행 결과를 모두 저장할 수 있다. (O / X)

30 '2026년 8월 13일 토요일'과 같은 형식으로 테이블에 입력된 날짜 필드의 값을 표시하고자 할 때 테이블의 [디자인 보기]에서 지정해야 할 '형식' 속성 값은 '기본 날짜'이다. (O / X)

| 정답 |

01	O	02	X	03	O	04	O	05	X	06	O	07	O	08	O	09	X	10	O
11	X	12	O	13	X	14	O	15	O	16	X	17	O	18	X	19	X	20	X
21	O	22	X	23	O	24	O	25	X	26	O	27	X	28	O	29	X	30	X

기출로 개념 강화

개념끝 085 | 액세스의 개요

01
다음 중 액세스의 작업을 자동화하고 폼이나 보고서의 컨트롤에 기능을 미리 정의하여 사용할 수 있도록 하는 기능은?

① 매크로
② 응용 프로그램 요소
③ 업무 문서 양식 마법사
④ 성능 분석 마법사

03
다음 중 데이터의 형식에 관한 설명으로 옳지 않은 것은?

① 짧은 텍스트 형식에는 텍스트와 숫자를 모두 입력할 수 있다.
② 숫자 형식에는 필드 크기를 설정하여 숫자값의 크기를 제어할 수 있다.
③ 긴 텍스트 형식에는 짧은 텍스트와 비슷하나 최대 255자까지 입력 가능하다.
④ 하이퍼링크 형식에는 웹 사이트나 파일의 특정 위치로 바로 이동하는 주소 데이터를 입력할 수 있다.

개념끝 086 | 테이블 생성

02 [또 나올 문제]
다음 중 데이터 형식에 대한 설명으로 옳지 않은 것은?

① 숫자 형식을 선택하면 기본적으로 실수가 지정된다.
② 예/아니오 형식은 '예' 값에는 '-1'이 사용되고, '아니요' 값에는 '0'이 사용된다.
③ 일련 번호 형식의 필드는 사용자가 임의로 입력하거나 수정할 수 없다.
④ 짧은 텍스트 형식은 문자를 최대 255자까지 저장할 수 있다.

04
다음 중 테이블에서 사원들이 부모님과 함께 살고 있는지의 여부를 입력받고자 할 때, 설정할 데이터 형식으로 가장 적절한 것은?

① 짧은 텍스트   ② Yes/No
③ 일련 번호   ④ 하이퍼링크

기본 키와 인덱스

05 또 나올 문제

다음 중 Access의 기본 키에 대한 설명으로 옳지 <u>않은</u> 것은?

① 기본 키는 테이블의 [디자인 보기] 상태에서 설정할 수 있다.
② 기본 키로 설정된 필드에는 널(Null) 값이 허용되지 않는다.
③ 기본 키로 설정된 필드에는 항상 고유한 값이 입력되도록 자동으로 확인된다.
④ 관계가 설정되어 있는 테이블의 기본 키를 해제하면 해당 테이블의 관계도 삭제된다.

06

다음 중 데이터베이스에서 인덱스를 사용하는 목적으로 가장 적절한 것은?

① 레코드 검색 속도 향상
② 데이터 독립성 유지
③ 중복성 제거
④ 일관성 유지

바로 보는 해설

01 매크로(Macro)는 반복적인 작업을 하나의 명령어로 지정하여 사용하는 기능으로, 반복 작업을 자동화할 때 사용한다.

02 숫자 형식을 선택하면 기본적으로 정수(Long)가 지정된다.

03 긴 텍스트 형식(메모 형식)은 텍스트 형식과 비슷한 기능을 제공하고, 최대 64,000자까지 입력할 수 있다.

04 Yes/No 형식은 Yes/No, True/False, On/Off로 두 값 중 하나만 입력하는 경우에 사용한다.

05 관계가 설정된 테이블의 기본 키는 해제할 수 없으며, 기본 키 설정을 해제하려면 먼저 관계를 해제(삭제)해야 한다.

06 인덱스(Index)는 키 값을 기초로 하여 테이블에서 찾기나 정렬 속도를 빠르게 하는 기능이다.

| 정답 | 01 ① 02 ① 03 ③ 04 ② 05 ④ 06 ①

개념끝 088 필드의 일반 및 조회 속성

07

다음 중 필드 속성에 대한 설명으로 옳지 않은 것은?

① 입력 마스크는 짧은 텍스트, 숫자, 날짜/시간, 통화 형식에서 사용할 수 있다.
② 필드값이 반드시 있어야 하는 경우 필수 속성을 '예'로 설정하면 된다.
③ 'Yes/No'의 세부 형식은 'Yes/No'와 'True/False', 두 가지만 제공한다.
④ 텍스트, 숫자, 일련 번호 형식에서만 필드 크기를 지정할 수 있다.

08 (또 나올 문제)

다음 중 입력 마스크에서 사용되는 기호 문자와 의미가 옳게 연결된 것은?

① 0: 선택 요소로서 숫자나 공백을 입력
② 9: 필수 요소로서 0~9까지의 숫자를 입력
③ #: 선택 요소로서 A~Z까지의 영문자를 입력
④ &: 필수 요소로서 모든 문자나 공백을 입력

09

[직원] 테이블의 '급여' 필드는 데이터 형식이 숫자이고, 필드 크기가 정수(Long)로 설정되어 있다. 다음 중 '급여' 필드에 입력 가능한 숫자를 백만 원 이상, 오백만 원 이하로 설정하기 위한 유효성 검사 규칙으로 옳은 것은?

① <= 1000000 Or <= 5000000
② >= 1000000 And <= 5000000
③ >= 1000000, <= 5000,000
④ 1,000,000 <= And <= 5,000,000

10 (또 나올 문제)

다음 중 테이블에 데이터가 입력되는 방식을 제어하기 위한 방법으로 적절하지 않은 것은?

① 유효성 검사 규칙을 설정하여 필드에 입력되는 데이터 값의 범위를 설정한다.
② 입력 마스크를 이용하여 필드의 각 자리에 입력되는 값의 종류를 제한한다.
③ 색인(Index)을 이용하여 해당 필드에 중복된 값이 입력되지 않도록 설정한다.
④ 기본 키(Primary Key) 속성을 이용하여 레코드 추가 시 기본으로 입력되는 값을 설정한다.

11

다음 중 [학생] 테이블의 'S_Number' 필드를 [데이터시트 보기] 상태에서는 '학번'으로 표시하고자 할 때 설정해야 할 항목은?

① 형식   ② 캡션
③ 스마트 태그   ④ 입력 마스크

12

다음 중 테이블에 입력된 날짜 필드의 값을 '2015-10-13'과 같은 형식으로 표시하고자 할 때 테이블의 [디자인 보기]에서 지정해야 할 '형식'의 속성 값으로 옳은 것은?

① 기본 날짜
② 자세한 날짜
③ 보통 날짜
④ 간단한 날짜

13

다음 중 조회 속성에서 콤보 상자에 대한 설명으로 옳지 않은 것은?

① 바운드 열의 기본값은 1이며, 열 개수보다 큰 숫자를 지정할 수는 없다.
② 행 원본 유형을 '값 목록'으로 설정한 경우 콤보 상자에 표시된 값만 입력할 수 있다.
③ 행 개수는 최대 255개까지 가능하다.
④ 실제 행 수가 지정된 행 개수를 초과하면 스크롤바가 표시된다.

개념끝 089 관계 설정

14

다음 중 Access에서 테이블의 관계 설정에 대한 설명으로 옳지 않은 것은?

① [관계] 문서 탭에서 해당 관계에 대해 참조 무결성, 조인 유형 등을 설정할 수 있다.
② A 테이블과 A 테이블의 기본 키를 외래 키로 사용하는 B 테이블 간에 관계를 설정하는 경우 관계 종류는 '일대다 관계'로 자동 지정된다.
③ 이미 [디자인 보기] 상태로 열려있는 테이블에 대한 관계 설정 시 해당 테이블은 자동 저장되어 닫힌다.
④ 테이블 관계를 제거하려면 관계선을 클릭하여 더 굵게 표시된 상태에서 Delete 를 누른다.

바로 보는 해설

07 'Yes/No'의 세부 형식에는 'Yes/No'와 'True/False' 외에도 'On/Off' 형식이 있다.

08 | 오답 피하기 |
① 0: 필수 요소로서 숫자 입력
② 9: 선택 요소로서 숫자나 공백을 입력
③ #: 선택 요소로서 숫자나 공백 입력

09 백만 원 이상, 오백만 원 이하: >= 1000000 And <= 5000000 또는 Between 1000000 And 5000000

10 기본값 속성을 이용하여 레코드 추가 시 기본으로 입력되는 값을 설정한다.

11 제목 표시줄에 표시될 텍스트를 지정하는 속성이다.
| 오답 피하기 |
① 형식: 데이터의 표시 형식을 지정하는 속성이다.
③ 스마트 태그: 필드에 바인딩된 모든 컨트롤에 새 형식을 적용하는 속성으로 Access 2021에는 사용할 수 없다.
④ 입력 마스크: 데이터를 입력할 때 표시되는 형태와 제약 조건을 제시하는 속성이다.

12 간단한 날짜: 2015-10-13
| 오답 피하기 |
① 기본 날짜: 2015-10-13 오후 5:34:23
② 자세한 날짜: 2015년 10월 13일 토요일
③ 보통 날짜: 15년 10월 13일

13 행 원본 유형을 '값 목록'으로 설정한 후 '목록 값만 허용'을 '예'로 지정하면 콤보 상자에 표시된 값만 입력할 수 있지만, '아니요'로 지정하면 목록 값 이외의 값도 입력할 수 있다.

14 열려있는 테이블에 대한 관계 설정 시 오류가 발생하므로 관계 설정 시 열려있는 테이블은 닫고 진행해야 한다.

| 정답 | 07 ③ 08 ④ 09 ② 10 ④ 11 ②
       12 ④ 13 ② 14 ③

15 또 나올 문제

다음 중 외래 키 값을 관련된 테이블의 기본 키 값과 동일하게 유지해 주는 제약 조건은?

① 동시 제어성
② 관련성
③ 참조 무결성
④ 동일성

16

'부서코드'를 기본 키로 하는 [부서] 테이블과 '부서코드'를 포함한 사원정보가 있는 [사원] 테이블을 이용하여 관계를 설정하였다. 다음 중 이와 관련된 관계 설정에 대한 설명으로 옳은 것은? (단, 한 부서에는 여러 명의 사원이 소속되어 있으며, 한 사원은 하나의 부서에 소속됨)

① '항상 참조 무결성 유지'를 설정하면 [사원] 테이블에 입력하려는 '사원'의 '부서코드'는 반드시 [부서] 테이블에 존재해야만 한다.
② '항상 참조 무결성 유지'를 설정하면 [사원] 테이블에서 '부서코드'를 수정하는 경우 [부서] 테이블의 해당 '부서코드'도 자동으로 수정된다.
③ '항상 참조 무결성 유지'를 설정하지 않더라도 [사원] 테이블에 입력하려는 '사원'의 '부서코드'는 반드시 [부서] 테이블에 존재해야만 한다.
④ '항상 참조 무결성 유지'를 설정하지 않더라도 [사원] 테이블에서 사용 중인 '부서코드'는 [부서] 테이블에서 삭제할 수 없다.

개념끝 090 외부 데이터 가져오기와 테이블 연결하기

17 또 나올 문제

다음 중 외부 데이터 가져오기 기능을 이용하여 테이블에 데이터를 가져올 때 적절하지 않은 파일 형식은?

① 텍스트 파일
② Excel 파일
③ Word 파일
④ XML 파일

18

다음 중 외부 데이터로 Access 파일을 가져오는 경우에 관련된 설명으로 옳지 않은 것은?

① 테이블의 관계도 함께 복사할 수 있다.
② Access 개체는 테이블과 쿼리 개체만 복사할 수 있다.
③ 테이블의 정의만 가져오는 경우 데이터가 없는 빈 테이블이 만들어진다.
④ 원본 개체와 같은 이름의 개체가 대상 데이터베이스에 이미 있으면 가져오기 개체의 이름에 숫자(1, 2, 3 등)가 추가된다.

19

다음 중 액세스의 내보내기(Export) 기능에 대한 설명으로 옳지 않은 것은?

① 테이블이나 쿼리, 폼이나 보고서 등을 다른 형식으로 바꾸어 파일로 저장할 수 있다.
② 테이블을 Access 데이터베이스로 내보내는 경우 '정의 및 데이터'를 내보낼 것인지 '정의만' 내보낼 것인지 선택할 수 있다.
③ 쿼리를 엑셀이나 HTML 형식으로 내보내는 경우, 쿼리의 SQL문이 아니라 SQL문의 실행 결과가 저장된다.
④ 테이블은 내보내지 않고 보고서만 'Word'(*.rtf)로 내보내는 경우 원본 테이블이 없으므로 데이터는 표시되지 않는다.

바로 보는 해설

15 참조 무결성(Referential Integrity)이란 릴레이션(Relation)은 참조할 수 없는 외래 키(Foreign Key) 값을 가져서는 안 된다는 조건이다. 외래 키 값은 참조하는 릴레이션의 기본 키 값이거나 Null이어야 하는데, 외래 키는 다른 릴레이션의 기본 키를 참조하는 키이다.

16 참조 무결성 제약 조건은 외래 키 값은 Null 값이거나 참조 테이블의 기본 키와 같은 값이어야 하므로 테이블은 참조할 수 없는 외래 키 값을 가질 수 없다. [사원] 테이블의 '부서코드'는 [부서] 테이블을 참조하는 외래 키이다.

17 외부 데이터 가져오기: Excel, Access, ODBC 데이터베이스, 텍스트 파일, XML 파일, HTML 문서 등

18 테이블, 쿼리, 폼, 보고서, 매크로 및 모듈을 현재 데이터베이스로 가져올 수 있다.

19 보고서만 'Word'(*.rtf)로 내보내는 경우 원본 테이블이 없어도 데이터는 표시된다.

20 비어있는 새로운 레코드로 이동한다.

개념끝 091 데이터 입력

20

다음 중 아래와 같이 표시된 폼의 탐색 단추에 대한 설명으로 옳지 않은 것은?

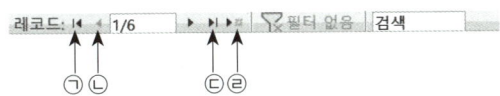

① ㉠ 첫 레코드로 이동한다.
② ㉡ 이전 레코드로 이동한다.
③ ㉢ 마지막 레코드로 이동한다.
④ ㉣ 이동할 레코드 번호를 입력하여 이동한다.

|정답| 15 ③ 16 ① 17 ③ 18 ② 19 ④
20 ④

CHAPTER 3
쿼리 활용

최근 기출 10개년 기준

23%

무료 동영상 강의

- 092 쿼리 작성
- 093 쿼리의 조건 지정
- 094 SQL 명령문 사용
- 095 조인(Join)
- 096 실행 쿼리
- 097 기타 쿼리

학습전략

가장 많은 문제가 출제되는 부분입니다. 작성된 테이블에서 보고 싶은 데이터를 추출해서 볼 수 있는 개체가 쿼리입니다. 쿼리는 다양한 종류가 있고, 특히 데이터베이스에서 아주 중요한 SQL 언어를 이용하여 만들 수 있으니 이 부분을 중점적으로 학습해야 합니다.

| 빈출개념 | #쿼리의 종류

개념끝 092 쿼리 작성

기출빈도 A-**B**-C-D

> **결정적 힌트**
> 쿼리는 액세스에서 매우 중요한 개체입니다. 쿼리의 개념, 종류, 쿼리 작성 방법을 꼼꼼히 학습하고 직접 실습을 통해 이해해야 합니다.

01 쿼리의 개념

- 쿼리(Query)는 테이블이나 쿼리를 대상으로 특정 조건을 필터링하여 데이터를 찾거나 계산 또는 요약을 수행하여 결과를 표시하는 개체이다.
- 쿼리는 테이블이나 다른 쿼리를 원본으로 작성할 수 있다.
- 작성한 쿼리는 폼이나 보고서의 원본으로 사용할 수 있다.

02 쿼리의 종류

선택 쿼리	테이블이나 쿼리에서 특정 조건을 지정하여 해당 데이터를 추출하는 쿼리
SQL 쿼리	SQL문을 이용하여 작성한 쿼리
매개 변수 쿼리	쿼리를 실행할 때 값이나 패턴을 묻는 메시지를 표시하고, 조건에 맞는 결과만 표시하는 쿼리
요약 쿼리	데이터를 그룹화하고 요약하는 쿼리
크로스탭 쿼리	필드별 합계, 개수, 평균 등의 요약을 계산한 후 스프레드시트 형태로 표시하는 쿼리
불일치 쿼리	다른 테이블의 레코드와 일치하지 않는 레코드를 찾아서 쿼리를 만드는 기능으로, 반드시 두 개 이상의 테이블이 있어야 함
실행 쿼리	• 기존 테이블을 변화시키는 쿼리 • 테이블 만들기 쿼리: 새로운 테이블을 생성하는 쿼리 　- 추가 쿼리: 기존의 테이블에 레코드를 추가하는 쿼리 　- 삭제 쿼리: 테이블의 레코드를 삭제하는 쿼리 　- 업데이트 쿼리: 테이블의 필드값을 변경하는 쿼리

03 쿼리의 작성

방법1	[만들기] 탭 - [쿼리] 그룹 - [쿼리 마법사] 클릭 → [새 쿼리] 대화상자에서 [단순 쿼리 마법사] 선택
방법2	[만들기] 탭 - [쿼리] 그룹 - [쿼리 디자인] 클릭 → [테이블 추가] 창의 [테이블] 탭이나 [쿼리] 탭에서 원본 데이터 추가
방법3	[만들기] 탭 - [쿼리] 그룹 - [쿼리 디자인]을 선택하고 회색의 빈 화면에서 마우스 오른쪽 단추를 클릭한 후 바로 가기 메뉴에서 [SQL 보기] 선택

실습으로 개념끝 ❶ 에듀윌_컴퓨터활용능력1급필기기본서_실습으로개념끝\3과목\Chapter3_1.쿼리작성.accdb

'사원' 테이블에서 '사번', '직책', '기본급'을 검색하는 쿼리를 작성하시오.

따라하기

❶ [만들기] 탭–[쿼리] 그룹–[쿼리 디자인]을 클릭한다.

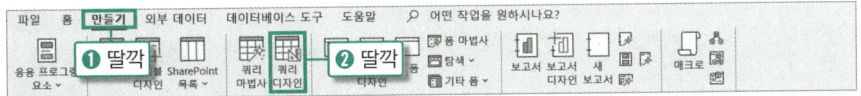

❷ [테이블 추가] 창의 [테이블] 탭에서 '사원' 테이블을 선택하고 [선택한 표 추가] 단추를 클릭한다.

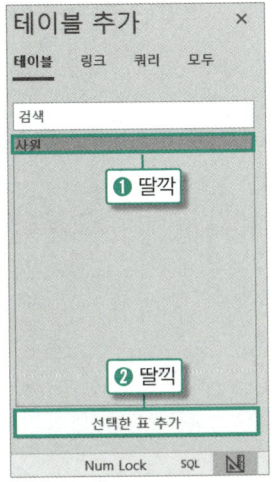

❸ '사번'을 하단 필드 영역으로 드래그하거나 더블클릭하고, 같은 방법으로 '직책', '기본급'을 추가한다.

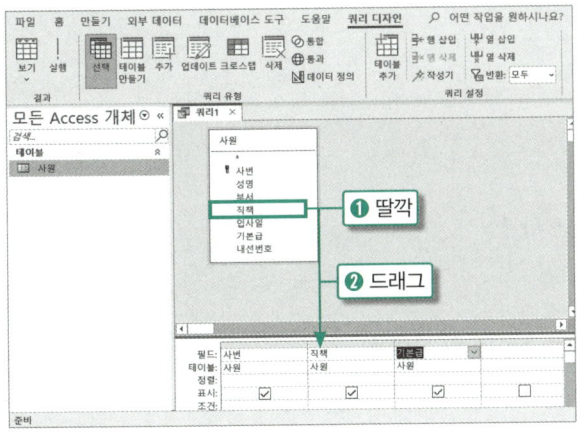

■ 쿼리 마법사로 쿼리 작성

❶ [만들기] 탭–[쿼리] 그룹–[쿼리 마법사]를 클릭하고 [새 쿼리] 대화상자에서 [단순 쿼리 마법사]를 선택한 후 [확인] 단추를 클릭한다.

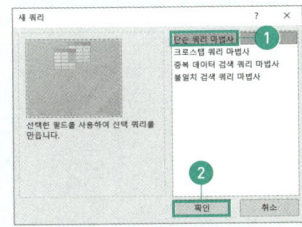

❷ 테이블과 필드를 선택하고 [다음] 단추를 클릭한다.

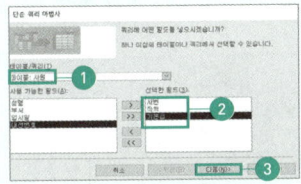

❸ 상세 쿼리나 요약 쿼리를 선택하고 [다음] 단추를 클릭한다.

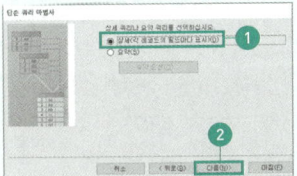

❹ 쿼리 이름을 입력하고 [마침] 단추를 클릭한다.

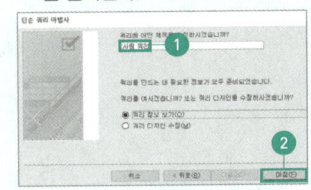

CHAPTER 3 쿼리 활용 • 83

❹ [쿼리 디자인] 탭-[결과] 그룹-[실행]을 클릭하여 결과를 확인한다.

바로 보는 해설

01
- 추가 쿼리: 기존의 테이블에 레코드를 추가하는 쿼리이다.
- 테이블 만들기 쿼리: 테이블의 데이터를 복사하거나 데이터를 보관해야 하는 경우에 사용되며, 새로운 테이블을 생성한다.

| 정답 | 01 ③

Warming UP 기출로 개념 확인

01

다음 중 각 쿼리 유형에 대한 설명으로 옳지 않은 것은?

① 매개 변수 쿼리-쿼리를 실행할 때마다 값이나 패턴을 묻는 메시지를 표시하여 조건에 맞는 필드만 반환한다.

② 크로스탭 쿼리-레코드의 합계나 평균 등의 요약을 계산한 다음, 데이터시트의 왼쪽 세로 방향과 위쪽 가로 방향 두 종류로 결과를 그룹화하는 쿼리로 데이터를 쉽게 분석할 수 있게 해준다.

③ 추가 쿼리-테이블의 데이터를 복사하거나 데이터를 보관해야 하는 경우에 사용되며, 새로운 테이블을 생성한다.

④ 선택 쿼리-하나 이상의 테이블, 기존 쿼리 또는 이 두 가지의 조합에서 데이터를 가져올 수 있다.

| 빈출개념 | #특수 연산자 #AND와 OR 조건 #집계 함수

개념끝 093 쿼리의 조건 지정

기출빈도: A - B - C - D

01 연산자

> **결정적 힌트**
>
> 쿼리의 장점은 연산자나 함수를 이용하여 다양한 조건을 지정할 수 있다는 것입니다. 연산자, AND와 OR 조건, 자주 출제된 함수를 중심으로 꼼꼼하게 학습해야 합니다. 특히 엑셀의 연산자나 함수와 다른 점이 있으므로 학습 시 주의가 필요합니다.

(1) 산술 연산자

+	더하기	/	나누기
−	빼기	Mod	나머지
*	곱하기	^	거듭제곱

(2) 비교 연산자

>	크다	<=	작거나 같다
<	작다	=	같다
>=	크거나 같다	< >	같지 않다

(3) 논리 연산자

Not	조건이 참이면 거짓, 거짓이면 참을 반환
And	두 조건이 모두 참인 경우 참을 반환
Or	두 조건 중 하나라도 참인 경우 참을 반환

(4) 연결 연산자

&	문자열을 연결

(5) 특수 연산자

Is (Not) Null	값이 Null인지 Not Null인지 판단 예 [사번] Is Null → 사번이 Null인지 판단
Like	만능 문자 '?'와 '*'를 사용하여 일치하는 문자열 값을 검색 예 Like '*회원*' → '회원'을 포함
Between ~ And ~	숫자 값이 범위에 포함되는지 판단 예 Between 2000 And 4000 → 2000 이상 4000 이하
In (문자열1,문자열2)	문자열 값이 문자열 집합에 포함되는지 판단 예 In ("서울","부산") → "서울" 또는 "부산"

■ 연산자 사용의 예
- 숫자 데이터 형식: >=2000 And <=4000, Between 2000 And 4000
- 문자 데이터 형식: < > "성북구", In ("서울","부산")
- 날짜 데이터 형식: < #2019-07-17#
- 날짜 데이터는 앞뒤에 '#'을 넣어서 구분한다.

02 AND와 OR 조건

- 조건을 같은 행에 입력하면 AND 조건을, 다른 행에 입력하면 OR 조건을 의미한다.
- '기관명'이 '요양원'으로 끝나고 '주소'가 '서울시'인 레코드를 검색한 경우(AND 조건)

필드:	기관명	주소
테이블:	봉사기관	봉사기관
정렬:		
표시:	✓	✓
조건:	Like "*요양원"	"서울시"
또는:		

- '기관명'이 '요양원'으로 끝나거나 '주소'가 '서울시'인 레코드를 검색하는 경우(OR 조건)

필드:	기관명	주소
테이블:	봉사기관	봉사기관
정렬:		
표시:	✓	✓
조건:	Like "*요양원"	
또는:		"서울시"

03 주요 함수

(1) 문자열 함수

함수	설명
LEFT(문자열,개수)	'문자열'의 왼쪽에서 '개수'만큼 추출
MID(문자열,시작 위치,개수)	'문자열'의 '시작 위치'에서 '개수'만큼 추출
RIGHT(문자열,개수)	'문자열'의 오른쪽에서 '개수'만큼 추출
TRIM(문자열)	'문자열'의 좌우 공백 제거
LTRIM(문자열)	'문자열'의 왼쪽 공백 제거
RTRIM(문자열)	'문자열'의 오른쪽 공백 제거
INSTR(시작 위치,문자열, 찾을 문자열,옵션)	'문자열'의 '시작 위치'에서 '찾을 문자열'의 위치를 표시하는 기능 (옵션: 0 - 영문자의 대·소문자 구분, 1 - 영문자의 대·소문자 구분 없음)
STRCOMP(문자열1,문자열2)	'문자열1'과 '문자열2'를 비교해서 같으면 0, 다르면 -1 반환
LEN(문자열)	'문자열'의 길이 반환
LENB(문자열)	'문자열'의 길이를 바이트로 반환
LCASE(문자열)	'문자열'을 모두 소문자로 변환
UCASE(문자열)	'문자열'을 모두 대문자로 변환
REPLACE(문자열,문자1,문자2)	'문자열'에서 '문자1'을 '문자2'로 변경
SPACE(개수)	'개수'만큼의 공백 추가
STRING(개수,문자)	'개수'만큼의 '문자' 추가
STRCONV(문자열,형식)	'문자열'을 지정한 형식으로 변환
STRREVERSE(문자열)	'문자열'을 역순으로 정렬하여 반환

- 예 • RIGHT([주민번호],2) = "01"
  → '주민번호' 필드에서 맨 뒤의 두 자리가 '01'인 레코드 추출
  • INSTR("ABCDABCDAB","CD")
  → 'ABCDABCDAB'에서 'CD'의 위치를 찾으므로 결괏값은 '3'

(2) 날짜/시간 함수

함수	설명
NOW( )	현재 날짜와 시간 표시
DATE( )	현재의 날짜 표시
TIME( )	현재의 시간 표시
YEAR(날짜)	'날짜'의 연도 표시
MONTH(날짜)	'날짜'의 월 표시
DAY(날짜)	'날짜'의 일 표시
HOUR(시간)	'시간'의 시 표시
MINUTE(시간)	'시간'의 분 표시
SECOND(시간)	'시간'의 초 표시
WEEKDAY(날짜,방법)	'날짜'에 해당하는 요일 번호 표시
DATEADD(간격,숫자,날짜)	'날짜'에 지정한 기간을 더한 날짜를 반환
DATEDIFF(간격,날짜1,날짜2)	'날짜1'과 '날짜2'의 차이를 반환
DATEPART(형식,날짜)	'날짜'에서 지정된 '형식'에 제시된 값만 표시
DATESERIAL(년,월,일)	지정된 값을 날짜로 반환
TIMESERIAL(시,분,초)	지정된 값을 시간으로 반환
DATEVALUE(날짜)	텍스트 형식의 '날짜'를 일련 번호로 반환
TIMEVALUE(시간)	텍스트 형식의 '시간'을 일련 번호로 반환

예 YEAR(DATE( )) → 현재 날짜의 연도 표시

(3) 수학 함수

함수	설명
RND( )	0~1 사이의 난수 발생
ROUND(숫자,자릿수)	'숫자'를 지정한 '자릿수'로 반올림하여 반환
ABS(숫자)	'숫자'의 절대값을 반환
INT(숫자)	'숫자'보다 크지 않은 정수를 반환

(4) 선택 함수

함수	설명
IIF(조건,값1,값2)	'조건'이 참이면 '값1', 거짓이면 '값2' 실행
CHOOSE(숫자,값1,값2)	'숫자'가 1이면 '값1', 2이면 '값2' 실행
SWITCH(조건1,값1,조건2,값2,…)	'조건1'이 참이면 '값1', '조건2'가 참이면 '값2' 실행

예 IIF(1,2,3) → 조건이 '1'이면 참을 의미하므로 결괏값 '2' 반환

(5) 자료 형식 변환 함수

CDATE(문자열)	날짜 형식으로 된 문자열을 날짜로 변환
CINT(인수), CLNG(인수)	정수로 변환(2Byte, 4Byte)
CSTR(숫자)	숫자를 문자로 변환(소수 구분하는 기호를 모두 인정)
CBOOL(인수)	'TRUE'나 'FALSE'로 변환
VAL(인수)	숫자로 된 문자열을 숫자로 변환
STR(숫자)	숫자를 문자열로 변환(점(.)만 소수점으로 인정)

(6) 자료 형식 평가 함수

ISDATE(인수)	인수가 날짜 형식인지를 확인
ISNULL(인수)	인수가 NULL인지를 확인
ISNUMERIC(인수)	인수가 숫자인지를 확인
ISERROR(인수)	인수가 오류인지를 확인
ISOBJECT(인수)	인수가 개체 변수인지를 확인

■ FORMAT 함수(값, "형식")
값을 지정된 형식으로 표시하는 함수
예) FORMAT([금액], "0.0"): '금액' 필드의 값을 소수점 이하 첫째 자리까지 표시

(7) 집계 함수

AVG(필드)	'필드'의 평균을 구함
SUM(필드)	'필드'의 합계를 구함
COUNT(필드)	'필드'의 레코드 수를 구함
MAX(필드)	'필드'에서의 최대값을 구함
MIN(필드)	'필드'에서의 최소값을 구함

Warming UP 기출로 개념 확인

01
다음 중 SQL문에서 사용되는 연산식과 그 결괏값이 옳지 않은 것은?

① 연산식: "1" & "2" → 결괏값: 3
② 연산식: 3 MOD 3 → 결괏값: 0
③ 연산식: 1 < > 2 AND 3 > 3 → 결괏값: 0(FALSE)
④ 연산식: 1 AND 2 → 결괏값: -1(TRUE)

02
다음 중 선택 쿼리에서 사용자가 지정한 패턴과 일치하는 데이터를 찾고자 할 때 사용되는 연산자는?

① Match
② Some
③ Like
④ Any

바로 보는 해설

01
&는 문자를 연결하는 연산자이므로 "1" & "2"의 결괏값은 '12'이다.

| 오답 피하기 |
② 3 MOD 3은 3을 3으로 나눈 나머지이므로 결괏값은 '0'이다.
③ 1 < > 2 AND 3 > 3은 1과 2는 같지 않고 3은 3보다 크다는 의미이므로 결괏값은 '0(FALSE)'이다.
④ 1 AND 2에서 0 이외의 값은 모두 TRUE이므로 결괏값은 '-1(TRUE)'이다.

02
쿼리에서 특정 패턴과 일치하는 데이터를 찾는 데 사용하는 연산자로, 형식은 'Like 문자 패턴'이다.

| 정답 | 01 ① 02 ③

개념끝 094 SQL 명령문 사용

| 빈출개념 | #조건 지정 #그룹 지정 #정렬 지정

기출빈도

결정적 힌트

SQL은 데이터베이스를 다루기 위한 매우 중요한 언어이므로 매 회 빠지지 않고 출제되고 있습니다. 모든 구문이 골고루 출제되지만 특히 SELECT문은 기본 형식, 조건 지정, 그룹 지정, 정렬까지 꼼꼼하게 학습해야 합니다.

01 SQL의 개념

- SQL(Structured Query Language)은 데이터베이스를 관리하기 위해 설계된 특수 목적 언어로, 비절차적 언어에 포함된다.
- SQL에서는 영문자의 대·소문자를 구분하지 않는다.
- 여러 줄에 나누어 입력할 수 있고, 문장의 마지막에는 세미콜론(;)을 입력해야 한다.

02 SQL 명령문의 종류

데이터 정의어(DDL)	테이블의 생성(CREATE), 변경(ALTER), 제거(DROP)
데이터 조작어(DML)	조회(SELECT), 삽입(INSERT), 변경(UPDATE), 삭제(DELETE)
데이터 제어어(DCL)	권한 부여(GRANT), 권한 회수(REVOKE), 저장(COMMIT), 취소(ROLLBACK)

03 SELECT문

- 하나 이상의 테이블이나 쿼리에서 조건에 맞는 데이터를 검색하는 구문이다.
- 여러 개의 필드를 나열할 때는 콤마(,)로 구분하고, 모든 필드를 지정할 때는 별표 기호(*)를 사용한다.
- 검색 결과가 중복되지 않게 표시하려면 'DISTINCT'를 지정한다.
- 필드 이름이나 테이블 이름에 별명을 지정하려면 'AS'를 지정한다.
- 형식

■ 형식에서 [DISTINCT]나 [AS 별명]과 같이 대괄호로 표시된 부분은 생략이 가능하다.

```
SELECT [DISTINCT] 필드 [AS 별명] FROM 테이블 또는 쿼리
[WHERE 조건식]
[GROUP BY 필드 [HAVING 조건]]
[ORDER BY 필드 [ASC|DESC]];
```

(1) 조건 지정

- WHERE절은 조건을 지정하여 특정 조건에 맞는 레코드를 검색할 때 사용한다.
- 산술 연산자, 비교 연산자, 논리 연산자, BETWEEN~AND~, IN, LIKE 등의 연산자를 사용한다.

예
- WHERE 부서 = '영업부'
  → '부서' 필드의 값이 '영업부'인 레코드 검색
- WHERE 나이 BETWEEN 28 AND 40
  → '나이' 필드의 값이 '28' 이상 '40' 이하인 레코드 검색
- WHERE 생일 = #2001-5-10#
  → '생일' 필드의 값이 '2001-5-10'인 레코드 검색
- WHERE 입사연도 = 2014
  → '입사연도' 필드의 값이 '2014'인 레코드 검색
- SELECT * FROM 직원 WHERE 부서번호 IN (SELECT 부서번호 FROM 부서 WHERE '부서명' = '인사부');
  → '부서' 테이블에서 '부서명'이 '인사부'인 직원의 부서번호를 검색한 후 '직원' 테이블에서 해당 직원의 모든 필드 검색

■ 하위 쿼리
- SELECT 안에 작성하는 SELECT 문을 하위 쿼리라고 하며, 기본 쿼리의 IN 연산자 안에 하위 쿼리를 작성한다.
- 하위 쿼리의 결과가 기본 쿼리의 조건으로 사용된다.

실습으로 개념끝 ❷   에듀윌_컴퓨터활용능력1급필기기본서_실습으로개념끝\3과목\Chapter3_2.SELECT문.accdb

[SQL] 보기를 이용하여 '사원' 테이블에서 '기본급이 200 이상 250 이하'인 사원의 '성명', '기본급'을 검색하는 쿼리를 작성하시오.

따라하기

❶ [만들기] 탭-[쿼리] 그룹-[쿼리 디자인]을 클릭한다.

❷ [테이블 추가] 창의 [테이블] 탭에서 '사원' 테이블을 선택하고 [선택한 표 추가] 단추를 클릭한다.

❸ [쿼리 디자인] 탭-[결과] 그룹-[보기]-[SQL 보기]를 선택한다.

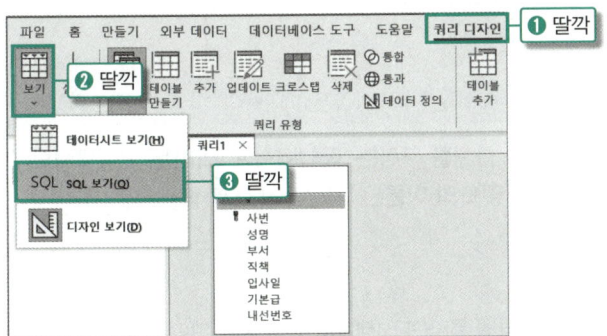

❹ 다음과 같이 쿼리를 입력한 후 [쿼리 디자인] 탭-[결과] 그룹-[실행]을 클릭한다.

```
SELECT 성명, 기본급
FROM 사원 WHERE 기본급 BETWEEN 200 AND 250;
```

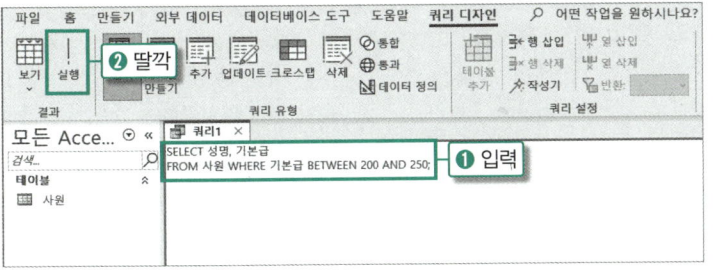

❺ 실행 결과를 확인한다.

성명	기본급
김무성	250
남건민	200
김연호	250
송의석	250
김준우	210
연진욱	210
윤서빈	200
김나현	240
이동훈	230
김태진	220
유은지	230
김지은	230
*	0

(2) 그룹 지정

- GROUP BY절은 특정 필드를 기준으로 레코드를 그룹화하여 검색할 때 사용한다.
- 일반적으로 GROUP BY는 SUM 함수, AVG 함수, COUNT 함수 등과 같은 집계 함수와 함께 사용한다.
- GROUP BY를 사용할 때는 HAVING절을 사용하여 조건을 지정할 수 있다.

예) SELECT 동아리 FROM 학생 GROUP BY 동아리 HAVING COUNT(*) > 2; → '학생' 테이블에서 동아리별로 그룹화하여 같은 동아리의 개수가 2보다 큰 '동아리' 필드 검색

▼ 집계 함수
- AVG: 평균
- SUM: 합계
- COUNT: 레코드 수
- MAX: 최댓값
- MIN: 최솟값

실습으로 개념끝 ❸ 에듀윌_컴퓨터활용능력1급필기기본서_실습으로개념끝\3과목\Chapter3_3.그룹지정.accdb

[사원] 테이블에서 직책별 기본급의 합계를 구하는 '직책별합계' 쿼리를 작성하시오. (단, 쿼리에서 나타나는 기본급의 '합계' 필드의 이름은 '기본급합계'로 함)

따라하기

❶ [만들기] 탭−[쿼리] 그룹−[쿼리 디자인]을 클릭한다. [테이블 추가] 창의 [테이블] 탭에서 [사원] 테이블을 선택하고 [선택한 표 추가] 단추를 클릭한다.

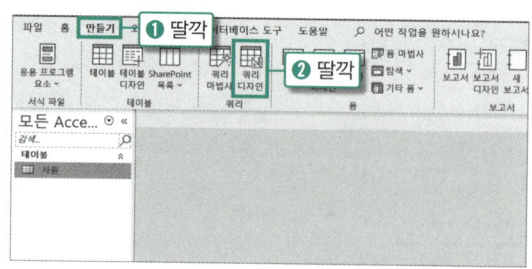

❷ [쿼리 디자인] 탭-[결과] 그룹-[보기]-[SQL 보기]를 선택한다.

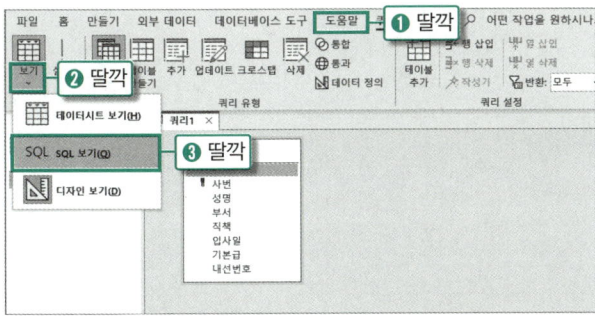

❸ 다음과 같이 쿼리를 입력하고 [쿼리 디자인] 탭-[결과] 그룹-[실행]을 클릭한다.

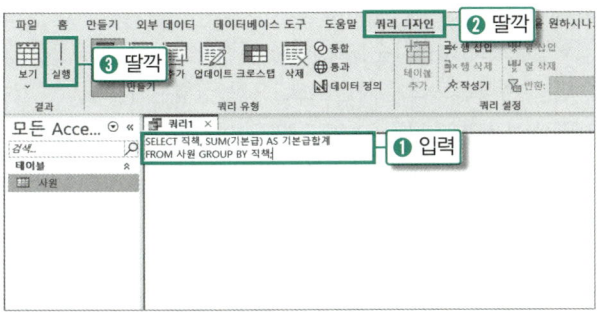

SELECT 직책, SUM(기본급) AS 기본급합계	① [사원] 테이블의 '직책'과 '기본급합계'를 검색한다. 즉 SUM 함수로 집계한 필드명을 '기본급합계'로 하여 쿼리를 작성한다.
①	② [사원] 테이블에서 검색한다.
FROM 사원 GROUP BY 직책;	③ '직책'을 기준으로 그룹화한다.
② ③	

❹ [사원] 테이블의 '직책' 필드를 그룹으로 지정한 '기본급합계'를 확인하고 저장한다.

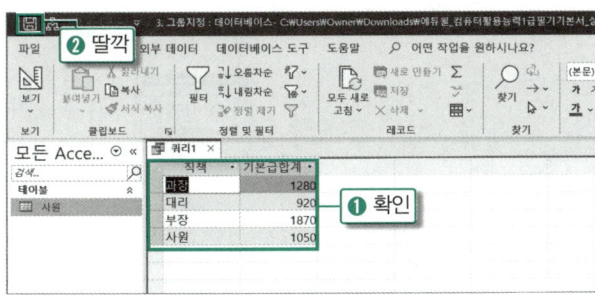

❺ [다른 이름으로 저장] 대화상자가 나타나면 '쿼리 이름'에 '직책별합계'를 입력하고 [확인] 단추를 클릭한다.

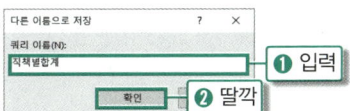

❻ 탐색 창에 '직책별합계' 쿼리가 생성되었는지 결과를 확인한다.

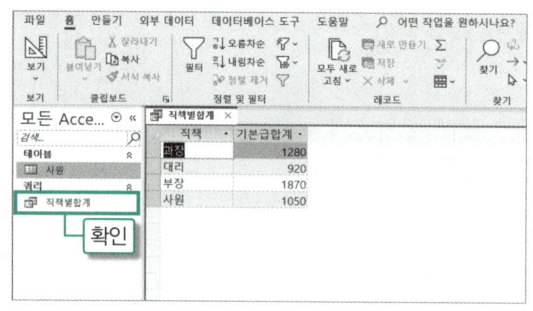

(3) 정렬

- ORDER BY절은 특정 필드를 기준으로 오름차순(ASC)이나 내림차순(DESC)으로 정렬한다.
- 정렬 방법을 지정하지 않으면 기본적으로 오름차순(ASC)으로 정렬된다.

예) SELECT 학년, 반, 이름 FROM 평균성적 WHERE 평균 >= 90 ORDER BY 학년 DESC 반 ASC;
→ [평균성적] 테이블에서 평균이 90 이상인 학생들을 '학년' 필드의 내림차순으로, '반' 필드는 오름차순으로 정렬하여 '학년', '반', '이름' 필드 검색

실습으로 개념끝 ❹   에듀윌_컴퓨터활용능력1급필기기본서_실습으로개념끝\3과목\Chapter3_4.정렬.accdb

[사원] 테이블에서 '부서' 필드가 '인사'와 같은 직원의 '성명', '부서', '직책' 필드를 검색하되, '성명' 필드의 내림차순으로 정렬하는 '인사과' 쿼리를 작성하시오.

따라하기

❶ [만들기] 탭 – [쿼리] 그룹 – [쿼리 디자인]을 클릭한다. [테이블 추가] 창의 [테이블]에서 [사원] 테이블을 선택하고 [선택한 표 추가] 단추를 클릭한다.

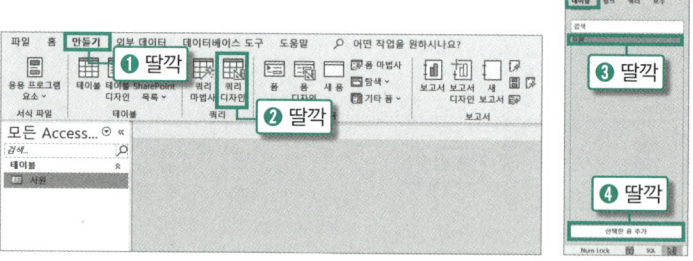

❷ [쿼리 디자인] 탭-[결과] 그룹-[보기]-[SQL 보기]를 선택한다.

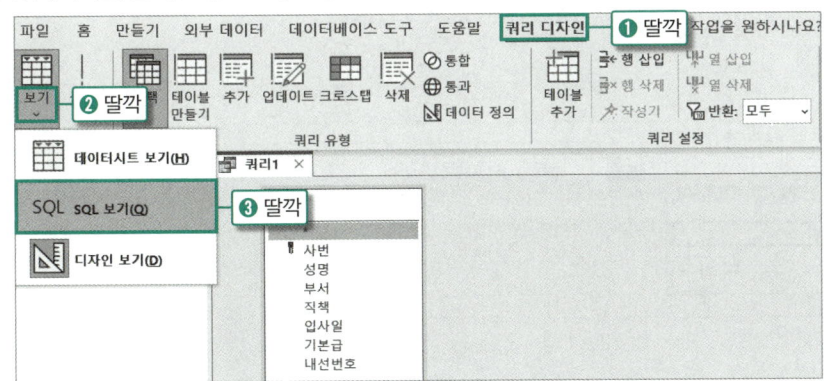

❸ 다음과 같이 쿼리를 입력하고 [쿼리 디자인] 탭-[결과] 그룹-[실행]을 클릭한다.

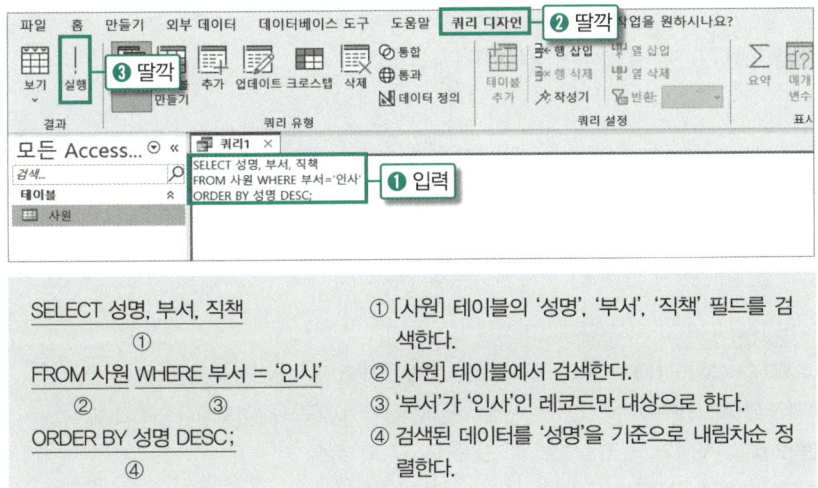

SELECT 성명, 부서, 직책
        ①
FROM 사원 WHERE 부서 = '인사'
  ②   ③
ORDER BY 성명 DESC;
      ④

① [사원] 테이블의 '성명', '부서', '직책' 필드를 검색한다.
② [사원] 테이블에서 검색한다.
③ '부서'가 '인사'인 레코드만 대상으로 한다.
④ 검색된 데이터를 '성명'을 기준으로 내림차순 정렬한다.

■ '성명'을 기준으로 오름차순 정렬
ORDER BY 성명; 또는 ORDER BY 성명 ASC;로 지정한다.

❹ '성명' 필드의 값이 내림차순(DESC)으로 정렬되어 나타나는지 확인하고 저장한다.

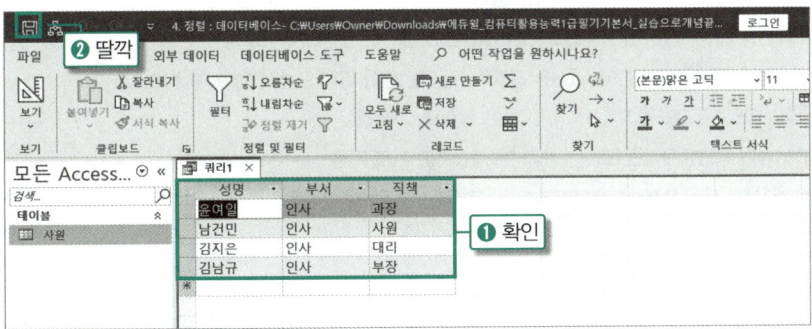

❺ [다른 이름으로 저장] 대화상자가 나타나면 '쿼리 이름'에 '인사과'를 입력하고 [확인] 단추를 클릭한다.

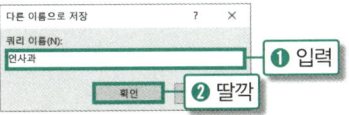

❻ 탐색 창에 '인사과' 쿼리가 생성되었는지 결과를 확인한다.

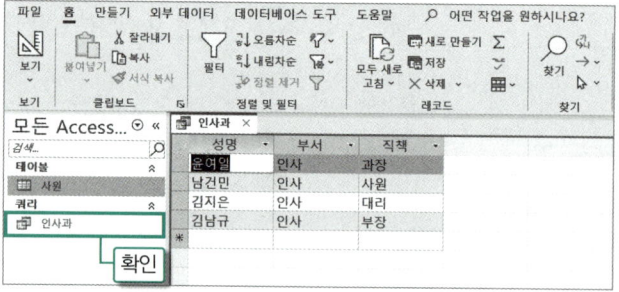

04 CREATE문

- 테이블을 생성할 때 사용하는 구문이다.
- 형식

```
CREATE TABLE 테이블
    (필드 데이터 형식 [NOT NULL] [DEFAULT 기본값]
        [PRIMARY KEY (필드)]
        [FOREIGN KEY (필드) REFERENCES 참조하는 테이블]);
```

■ [고객] 테이블에서 '고객ID' 필드는 기본 키로 중복 값이나 NULL을 입력할 수 없다.
[고객] 테이블에서 '고객명' 필드는 NULL을 입력할 수 없다.
[고객] 테이블에서 '연락번호' 필드는 NULL도 가능하다.

예) CREATE TABLE 고객 → [고객] 테이블 생성

 (고객ID CHAR(20) NOT NULL, → '고객ID' 필드는 문자 20자로 생성하고, NULL은 안 됨

 고객명 CHAR(20) NOT NULL, → '고객명' 필드는 문자 20자로 생성하고, NULL은 안 됨

 연락번호 CHAR(12), → '연락번호' 필드는 문자 12자로 생성

 PRIMARY KEY (고객ID) → '고객ID' 필드는 기본 키로 지정

 );

■ [계좌] 테이블에서 '계좌번호' 필드는 기본 키로 중복 값이나 NULL을 입력할 수 없다.
[계좌] 테이블에서 '고객ID' 필드는 외래 키로 [고객] 테이블의 '고객ID' 필드에 있는 값이나 NULL을 입력해야 한다.

예) CREATE TABLE 계좌 → [계좌] 테이블 생성

 (계좌번호 CHAR(10) NOT NULL, → '계좌번호' 필드는 문자 10자로 생성하고, NULL은 안 됨

 고객ID CHAR(20) NOT NULL, → '고객ID' 필드는 문자 20자로 생성하고, NULL은 안 됨

 잔액 INTEGER DEFAULT 0, → '잔액'은 정수로, 기본값은 '0'

 PRIMARY KEY (계좌번호), → '계좌번호'는 기본 키로 지정

 FOREIGN KEY (고객ID) REFERENCES 고객 → '고객ID'는 외래 키로, [고객] 테이블 참조

 );

05 ALTER문

- 생성된 테이블을 변경할 때 사용하는 구문이다.
- 형식

```
ALTER TABLE 테이블 ADD 필드 데이터 형식 [DEFAULT 값];
    → 기존 테이블에 필요한 필드 추가

ALTER TABLE 테이블 MODIFY 필드 데이터 형식 [DEFAULT 값];
    → 테이블에 있는 필드의 데이터 형식, 기본값 등의 제약 조건 변경

ALTER TABLE 테이블 DROP 필드 [CASCADE];
    → 테이블에서 필드 삭제(CASCADE는 해당 필드와 연관된 다른 테이블의 내용도 연쇄 삭제)
```

예) ALTER TABLE 고객 DROP 취미 CASCADE;
→ [고객] 테이블의 '취미' 필드를 삭제하고, 해당 필드와 연관된 다른 테이블의 내용도 삭제

06 DROP문

- 테이블을 제거할 때 사용하는 구문이다.
- 형식

```
DROP TABLE 테이블 [CASCADE|RESTRICT];
```

예) DROP TABLE 고객 CASCADE;
→ [고객] 테이블을 삭제([고객] 테이블과 연관된 다른 테이블도 연쇄 삭제)
DROP TABLE 고객 RESTRICT;
→ [고객] 테이블을 삭제([고객] 테이블을 참조하는 객체가 있으면 제거하지 않음)

바로 보는 해설

01
GROUP BY절에 대한 조건식을 지정할 때는 HAVING절이 와야 한다.

02
ORDER BY절은 정렬할 때 사용하는 명령어로, 오름차순일 때는 기본값 ASC를 사용하고, 내림차순일 때는 DESC를 사용한다.

03
학년이 'SN'인 학생을 '전공'으로 그룹화하면 '통계'(두 명), '영문'(한 명)으로 묶을 수 있고, 두 명 이상의 그룹은 '통계'뿐이므로 이에 따른 '나이' 평균은 (23 + 25) / 2 = 24이다.

SELECT AVG([나이]) FROM 학생
 ∟ [학생] 테이블에서 '나이' 필드의 평균 검색
WHERE 학년 = "SN"
 ∟ '학년' 필드의 값이 'SN'인 레코드만 대상
GROUP BY 전공 HAVING COUNT(*) >= 2
 ∟ '전공'으로 분류하여 레코드의 수가 2 이상인 경우에만 유효

| 정답 | 01 ④ 02 ① 03 ④

Warming UP 기출로 개념 확인

01

다음 중 SELECT문에 대한 설명으로 옳지 않은 것은?

① FROM절에는 SELECT문에 나열된 필드를 포함하는 테이블이나 쿼리를 지정한다.
② 검색 결과에 중복되는 레코드를 없애기 위해서는 'DISTINCT' 조건자를 사용한다.
③ AS문은 필드 이름이나 테이블 이름에 별명을 지정할 때 사용한다.
④ GROUP BY문으로 레코드를 결합한 후에 WHERE절을 사용하면 그룹화된 레코드 중 WHERE절의 조건을 만족하는 모든 레코드가 표시된다.

02

다음 중 SQL 질의에 대한 설명으로 옳지 않은 것은?

① ORDER BY절 사용 시 정렬 방식을 별도로 지정하지 않으면 기본값은 'DESC'로 적용된다.
② GROUP BY절은 특정 필드를 기준으로 그룹화하여 검색할 때 사용한다.
③ FROM절에는 테이블 또는 쿼리 이름을 지정하며, WHERE절에는 조건을 지정한다.
④ SELECT DISTINCT문을 사용하면 중복 레코드를 제거할 수 있다.

03

다음 중 아래 [학생] 테이블에 대한 SQL문의 실행 결과로 옳은 것은?

학번	전공	학년	나이	추가하려면 클릭
1002	영문	SO	19	
1004	통계	SN	23	
1005	영문	SN	21	
1008	수학	JR	20	
1009	영문	FR	18	
1010	통계	SN	25	
*			0	

SELECT AVG([나이]) FROM 학생
WHERE 학년 = "SN"
GROUP BY 전공 HAVING COUNT(*) >= 2

① 21
② 22
③ 23
④ 24

04 또 나올 문제

[평균성적] 테이블에서 '평균' 필드값이 90 이상인 학생들을 검색하여 '학년' 필드를 기준으로 내림차순, '반' 필드를 기준으로 오름차순 정렬하여 표시하고자 한다. 다음 중 아래 SQL문의 각 괄호 안에 넣을 예약어로 옳은 것은?

```
SELECT 학년, 반, 이름
FROM 평균성적
WHERE 평균 >= 90
( ㉠ ) 학년 ( ㉡ ) 반 ( ㉢ );
```

① ㉠ GROUP BY, ㉡ DESC, ㉢ ASC
② ㉠ GROUP BY, ㉡ ASC, ㉢ DESC
③ ㉠ ORDER BY, ㉡ DESC, ㉢ ASC
④ ㉠ ORDER BY, ㉡ ASC, ㉢ DESC

04 해설
ORDER BY는 정렬을 하기 위한 명령이다. '학년' 필드를 기준으로 내림차순 정렬하려면 '학년'을 'DESC'로, '반' 필드를 기준으로 오름차순 정렬하려면 '반'을 'ASC'로 지정하거나 생략한다.

```
SELECT 학년, 반, 이름
  ㄴ 학년, 반, 이름 필드를 검색함
FROM 평균성적
  ㄴ 테이블명은 '평균성적'임
WHERE 평균 >= 90
  ㄴ 평균이 90 이상인 레코드를 대상으로 함
( ㉠ ) 학년 ( ㉡ ) 반 ( ㉢ );
  ㄴ 정렬에 대한 설정임
```

05

다음 중 아래 SQL문에 대한 설명으로 옳은 것은?

```
SELECT T1.품번, T2.제조사
FROM T1, T2
WHERE T2.소재지 IN ('서울', '수원') AND T1.품번 = T2.품번;
```

① 테이블 T2에서 소재지가 서울 또는 수원이거나 T1과 품번이 일치하는 레코드들만 선택된다.
② 테이블 T1과 T2의 품번이 일치하면서 소재지는 서울과 수원을 제외한 레코드들만 선택된다.
③ 테이블 T1의 품번 필드와 테이블 T2의 소재지 필드만 SQL 실행 결과로 표시된다.
④ 테이블 T1의 품번 필드와 테이블 T2의 제조사 필드만 SQL 실행 결과로 표시된다.

05 해설

```
SELECT T1.품번, T2.제조사
  ㄴ [T1] 테이블의 '품번' 필드와 [T2] 테이블의 '제조사' 필드를 검색함
FROM T1, T2
  ㄴ [T1] 테이블과 [T2] 테이블을 사용함
WHERE T2.소재지 IN ('서울', '수원') AND T1.품번 = T2.품번;
  ㄴ [T2] 테이블의 소재지가 '서울' 또는 '수원'이고 T1 품번과 T2 품번이 같은 레코드
```

| 정답 | 04 ③ 05 ④

095 조인(Join)

| 빈출개념 | #내부 조인 #교차 조인

기출빈도

결정적 힌트

관계형 데이터베이스에서 관계 설정은 매우 중요하며 쿼리에서 관계를 설정하는 것을 조인이라고 합니다. 자주 출제되는 부분이므로 조인의 개념과 각 조인의 SQL문 형식과 사용 예를 반드시 이해해야 합니다.

01 조인의 개념

- 두 개의 테이블을 연결하여 관계를 설정하고, 쿼리에서는 관계가 조인으로 표시된다.
- 조인에 사용되는 기준 필드의 데이터 형식은 같거나 호환되어야 한다.
- 필드 이름의 앞에 테이블 이름을 마침표(.)로 구분하여 사용한다.
  - 예) 사원.사번 → [사원] 테이블의 '사번' 필드
- 관계가 설정되지 않아도 조인을 수행할 수 있다(교차 조인).
- 관계선을 더블클릭하여 [조인 속성] 대화상자를 열고 조인 유형을 지정한다.

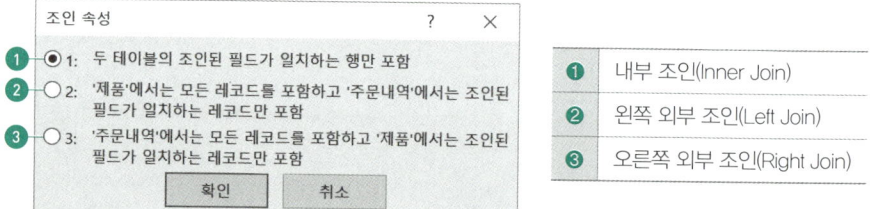

- 조인 유형: 내부 조인(Inner Join), 왼쪽 외부 조인(Left Join), 오른쪽 외부 조인(Right Join), 교차 조인(Cross Join)

02 내부 조인(Inner Join)

- 관계가 설정된 두 테이블에서 조인된 필드가 일치하는 레코드만 포함하여 표시한다.
- 형식

  SELECT 필드 FROM 테이블1 INNER JOIN 테이블2 ON 테이블1.필드 = 테이블2.필드;

예) SELECT 부서.부서, 사원.사번, 사원.성명 FROM 사원 INNER JOIN 부서 ON 사원.부서 = 부서.부서;
  → [부서] 테이블과 [사원] 테이블에서 '부서'가 일치하는 레코드의 부서, 사번, 성명만 표시

| [사원] 테이블

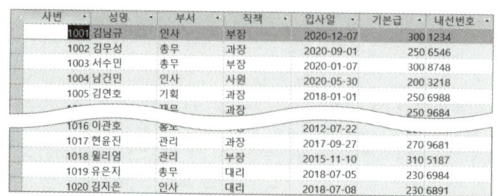

| [부서] 테이블

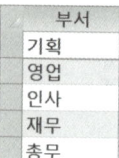

부서	사번	성명
인사	1001	김남규
총무	1002	김무성
총무	1003	서수민
인사	1004	남건민
기획	1005	김연호
재무	1006	송의석
총무	1009	윤서빈
재무	1010	김나현
기획	1012	김태진
기획	1013	박준용
인사	1014	윤여일
재무	1015	박종인
총무	1019	유은지
인사	1020	김지은

■ [부서] 테이블의 '부서'와 [사원] 테이블의 '부서'가 일치하는 레코드만 표시되므로 [사원] 테이블에서 '부서'가 '관리'나 '홍보'는 표시되지 않는다.

03 왼쪽 외부 조인(Left Join)

- 왼쪽 테이블에서는 모든 레코드를, 오른쪽 테이블에서는 조인된 필드가 일치하는 레코드만 포함하여 표시한다.
- 형식

> SELECT 필드 FROM 테이블1 LEFT JOIN 테이블2 ON 테이블1.필드 = 테이블2.필드;

예 SELECT 부서.부서, 사원.사번, 사원.성명
  FROM 사원 LEFT JOIN 부서 ON 사원.부서 = 부서.부서;
  → [사원] 테이블에서는 모든 레코드를 포함하고 [부서] 테이블에서는 '사원.부서' 필드와 일치하는 레코드의 부서, 사번, 성명만 표시

부서	사번	성명
인사	1001	김남규
총무	1002	김무성
총무	1003	서수민
인사	1004	남건민
기획	1005	김연호
재무	1006	송의석
	1007	김준우
	1008	연진욱
총무	1009	윤서빈
재무	1010	김나현
	1011	이동훈
기획	1012	김태진
기획	1013	박준용
인사	1014	윤여일
재무	1015	박종인
	1016	이관호
	1017	현윤진
	1018	윌리엄
총무	1019	유은지
인사	1020	김지은

■ LEFT JOIN의 테이블 입력
- 테이블1: 왼쪽 테이블
- 테이블2: 오른쪽 테이블

■ [사원] 테이블에서는 모든 레코드가 포함되지만 '부서'가 '관리'나 '홍보'인 경우에는 [부서] 테이블의 '부서' 필드에는 존재하지 않으므로 Null로 표시된다.

■ [부서] 테이블의 '부서'가 '영업'인 경우에는 [사원] 테이블에 존재하지 않으므로 표시되지 않는다.

04 오른쪽 외부 조인(Right Join)

- 오른쪽 테이블에서는 모든 레코드를, 왼쪽 테이블에서는 조인된 필드가 일치하는 레코드만 포함하여 표시한다.
- 형식

> SELECT 필드 FROM 테이블1 RIGHT JOIN 테이블2 ON 테이블1.필드 = 테이블2.필드;

예) SELECT 부서.부서, 사원.사번, 사원.성명 FROM 사원 RIGHT JOIN 부서 ON 사원.부서 = 부서.부서;
→ [부서] 테이블에서는 모든 레코드를 포함하고 [사원] 테이블에서는 '부서.부서' 필드와 일치하는 레코드만 표시

■ [부서] 테이블에서는 모든 레코드가 포함되므로 '부서'가 '영업'인 레코드도 표시된다.

부서	사번	성명
인사	1014	윤여일
인사	1020	김지은
인사	1004	남건민
인사	1001	김남규
총무	1002	김무성
총무	1003	서수민
총무	1009	윤서빈
총무	1019	유은지
기획	1013	박준용
기획	1012	김태진
기획	1005	김연호
재무	1010	김나현
재무	1015	박종인
재무	1006	송의석
영업		

05 교차 조인(Cross Join)

- 가장 단순한 조인으로 카테시안 곱(Cartesian Product)이라고 한다.
- 조인 조건이 없이 가능한 모든 행의 조합이 표시된다.
- 첫 번째 테이블의 모든 행은 두 번째 테이블의 모든 행과 조인된다.
- 첫 번째 테이블의 행 수를 두 번째 테이블의 행 수로 곱한 것만큼의 행을 반환한다.
- 교차 조인 후 필드의 수는 두 테이블의 필드 수를 더한 것과 같다.
- 형식

> SELECT 필드 FROM 테이블1, 테이블2;

예) 필드 수 3개와 레코드 수 4개인 A 테이블과 필드 수 2개와 레코드 수 5개인 B 테이블을 교차 조인한 경우
SELECT * FROM A, B;
→ 필드 수: 5(3+2)개, 레코드 수: 20(4×5)개

Warming UP 기출로 개념 확인

01 또 나올 문제

다음 중 관계형 데이터베이스의 조인(Join)에 대한 설명으로 옳지 <u>않은</u> 것은?

① 쿼리에 여러 테이블을 포함할 때는 조인을 사용하여 원하는 결과를 얻을 수 있다.
② 내부 조인은 조인되는 두 테이블에서 조인하는 필드가 일치하는 행만 반환하려는 경우에 사용한다.
③ 외부 조인은 조인되는 두 테이블에서 공통 값이 없는 데이터를 포함할지의 여부를 지정할 수 있다.
④ 조인에 사용되는 기준 필드의 데이터 형식은 다르거나 호환되지 않아도 가능하다.

02

다음 중 아래 쿼리에서 두 테이블에 조인된 필드가 일치하는 레코드만 결합하기 위해 괄호 안에 넣어야 할 조인 유형으로 옳은 것은?

```
SELECT 필드 목록 FROM 테이블1 (        ) 테이블2
ON 테이블1.필드 = 테이블2.필드;
```

① INNER JOIN
② OUTER JOIN
③ LEFT JOIN
④ RIGHT JOIN

03

다음 중 두 테이블의 조인된 필드가 일치하는 행만 포함하여 보여주는 조인 방법은?

① 간접 조인
② 내부 조인
③ 외부 조인
④ 중복 조인

바로 보는 해설

01
조인(Join)은 공통된 속성을 이용하여 두 개 이상의 테이블을 연결하여 나타낸 것으로, 조인에 사용되는 기준 필드의 데이터 형식은 '동일'하거나 '호환'되어야 한다.

02
내부 조인(Inner Join)은 두 테이블에서 공통적으로 있는 레코드만 포함된다.
| 오답 피하기 |
② 외부 조인(Outer Join): 두 테이블에 공통적으로 없는 레코드도 포함된다.
③ 왼쪽 조인(Left Join): 왼쪽 테이블에서는 모든 레코드를 포함하고, 오른쪽 테이블에서는 조인된 필드가 일치하는 레코드만 표시된다.
④ 오른쪽 조인(Right Join): 오른쪽 테이블에서는 모든 레코드를 포함하고, 왼쪽 테이블에서는 조인된 필드가 일치하는 레코드만 표시된다.

03
내부 조인은 두 테이블에서 공통적으로 존재하는 레코드만 포함한다. 조인(Join)은 다수의 테이블에 있는 정보를 하나의 테이블에서 보기 위해 연결시킬 때 사용한다.
| 오답 피하기 |
③ 외부 조인에는 왼쪽 외부 조인, 오른쪽 외부 조인이 있고, 두 테이블에 공통적으로 존재하지 않는 레코드도 포함된다.

| 정답 | 01 ④ 02 ① 03 ②

개념끝 096 실행 쿼리

| 빈출개념 | #추가 쿼리 #업데이트 쿼리

기출빈도

결정적 힌트

실행 쿼리는 매 회 문제가 출제되는 중요한 부분입니다. 실행 쿼리의 개념, 실행 쿼리의 종류와 형식을 꼼꼼하게 학습해야 합니다.

01 추가 쿼리(INSERT문)

- 테이블에 새 레코드를 추가하는 쿼리이다.
- 필드값을 직접 지정하거나 다른 테이블의 레코드를 추출하여 추가할 수 있다.
- INSERT문으로 테이블에 값을 삽입하는 경우 기본 키 필드에는 반드시 값이 입력되어야 한다.
- 레코드의 전체 필드를 추가할 경우 필드 이름을 생략할 수 있다.
- 한 개의 INSERT문으로 하나의 테이블에 여러 개의 레코드를 삽입할 수 있지만, 여러 개의 테이블에는 동시에 레코드를 추가할 수는 없다.
- 형식

INSERT INTO 테이블(필드1, 필드2, …) VALUES(값1, 값2, …);

예) INSERT INTO 사원(사번, 이름, 직위) VALUES("21001", "홍길동", "부장");
  → [사원] 테이블에 '사번'은 '21001', '이름'은 '홍길동', '직위'는 '부장'인 새로운 레코드 추가

실습으로 개념끝 ⑤ 에듀윌_컴퓨터활용능력1급필기기본서_실습으로개념끝\3과목\Chapter3_5.추가쿼리.accdb

[사원] 테이블을 이용하여 아래와 같은 쿼리를 실행하시오.

▶ 다음의 데이터를 테이블에 삽입하는 쿼리 작성
(사번: 1021, 성명: 문혜영, 부서: 재무, 직책: 이사, 입사일: 2021-08-20, 기본급: 500, 내선번호: 2378)

따라하기

❶ [만들기] 탭-[쿼리] 그룹-[쿼리 디자인]을 클릭한다. [테이블 추가] 창의 [테이블]에서 [사원] 테이블을 선택하고 [선택한 표 추가] 단추를 클릭한다.

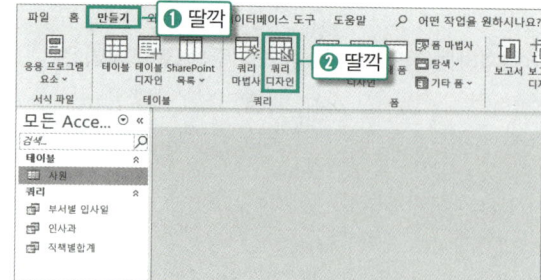 

❷ [쿼리 디자인] 탭-[결과] 그룹-[보기]-[SQL 보기]를 선택한다.

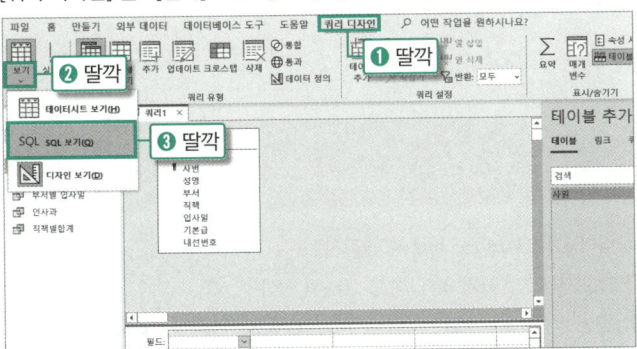

❸ 다음과 같이 쿼리를 입력하고 [디자인] 탭-[결과] 그룹-[실행]을 클릭한다. '1 행을 추가합니다.'라는 메시지 창이 나타나면 [예] 단추를 클릭한다.

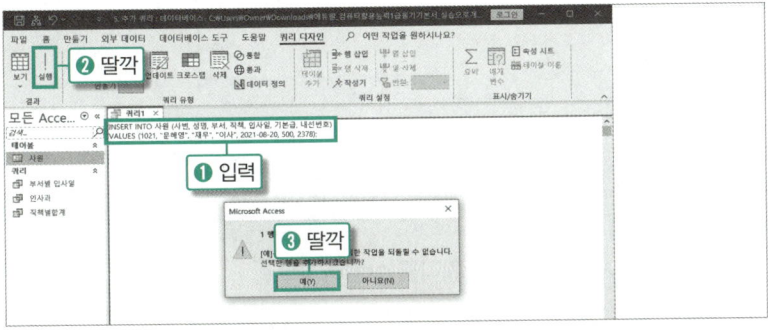

INSERT INTO 사원 (사번, 성명, 부서, 직책, 입사일, 기본급, 내선번호)
①
VALUES (1021, "문혜영", "재무", "이사", 2021-08-20, 500, 2378);
②

① [사원] 테이블의 각 필드에 'VALUES'의 해당 값을 추가한다.
② 'INSERT INTO'에 나열된 필드의 순서대로 값을 추가한다.

❹ 탐색 창에서 [사원] 테이블을 더블클릭하여 레코드가 삽입되었는지 확인하고 [사원] 탭의 [닫기(×)]를 클릭하여 종료한다.

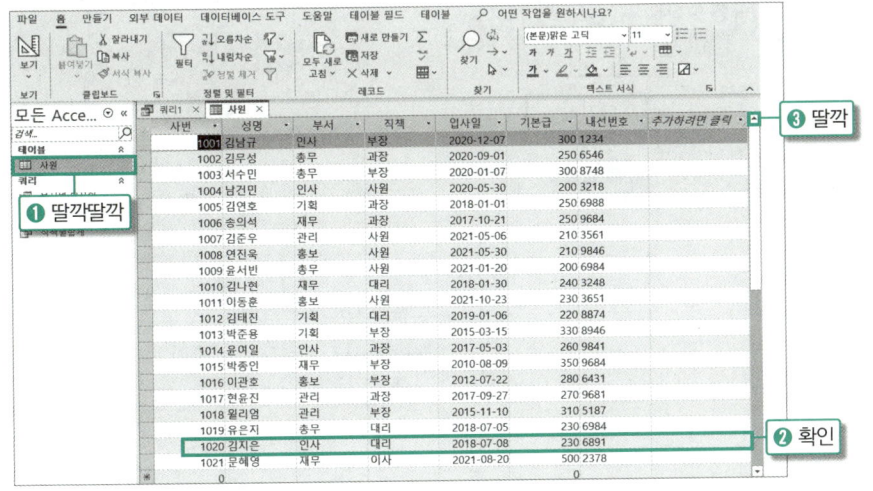

CHAPTER 3 쿼리 활용 • 105

02 변경 쿼리(UPDATE문)

- 테이블의 필드값을 변경하는 쿼리이다.
- 형식

> UPDATE 테이블 SET 필드1 = 값1, 필드2 = 값2… WHERE 조건;

예) UPDATE 사원 SET 급여 = 급여 * 1.2 WHERE 직급 = '관리자';
→ [사원] 테이블에서 '직급'이 '관리자'인 '사원'의 '급여'를 20%씩 인상

예) UPDATE 테이블1 SET 모집인원 = 2000 WHERE 지역 = "서울" OR 모집인원 >1000;
→ '지역'이 '서울'이거나 '모집인원'이 '1000'보다 큰 경우 '모집인원'을 '2000'으로 업데이트

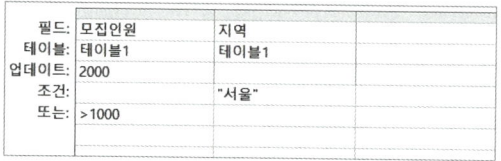

실습으로 개념끝 ⑥ 에듀윌_컴퓨터활용능력1급필기기본서_실습으로개념끝\3과목\Chapter3_6.업데이트쿼리.accdb

[사원] 테이블을 이용하여 아래와 같은 쿼리를 실행하시오.

▶ 테이블에서 '부서'가 '홍보'인 레코드의 기본급 10% 인상

따라하기

❶ [만들기] 탭-[쿼리] 그룹-[쿼리 디자인]을 클릭한다. [테이블 추가] 창의 [테이블]에서 [사원] 테이블을 선택하고 [선택한 표 추가] 단추를 클릭한다.

❷ [쿼리 디자인] 탭-[결과] 그룹-[SQL 보기]를 선택한다.

❸ 다음의 쿼리를 입력한 후 [쿼리 디자인] 탭-[결과] 그룹-[실행]을 클릭한다. '3 행을 새로 고칩니다.'라는 메시지 창이 나타나면 [예] 단추를 클릭한다.

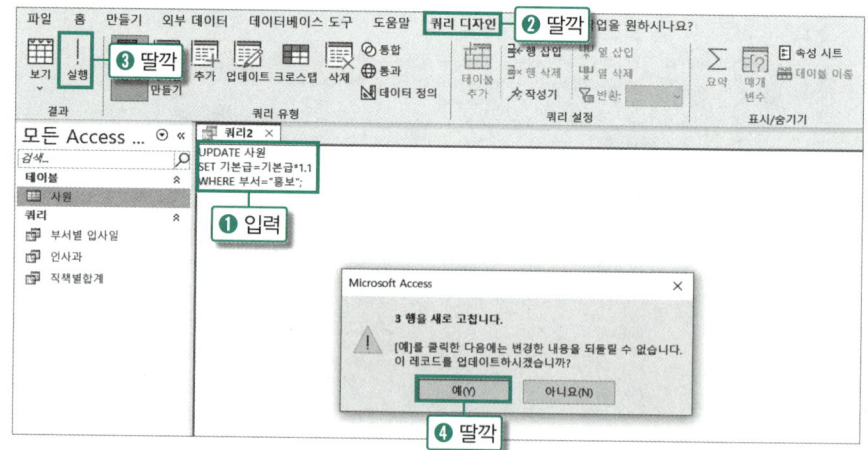

```
UPDATE 사원
        ①
SET 기본급 = 기본급 * 1.1
            ②
WHERE 부서 = "홍보";
        ③
```
① [사원] 테이블을 업데이트한다.
② '기본급'에 1.1을 곱하여 기본급을 업데이트한다. 즉 기본급을 10% 인상한다.
③ '부서'가 '홍보'인 레코드를 대상으로 한다.

❹ 탐색 창에서 [사원] 테이블을 더블클릭하여 '부서' 필드가 '홍보'인 레코드의 '기본급' 필드가 10% 증가되었는지 결과를 확인한다.

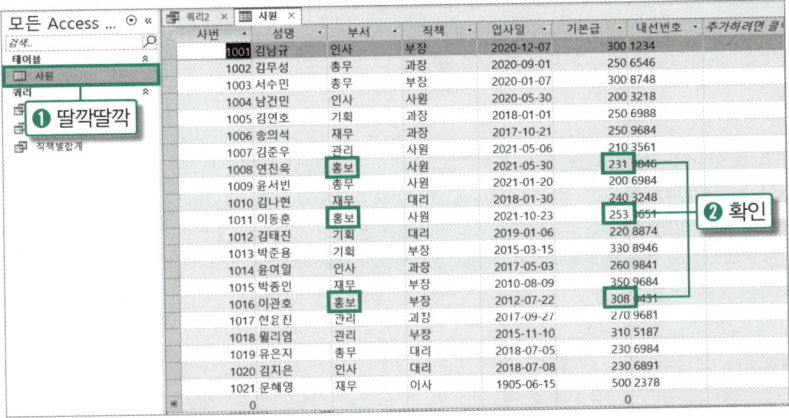

03 삭제 쿼리(DELETE문)

- 테이블의 레코드를 삭제하는 쿼리이다.
- 형식

$$\text{DELETE * FROM 테이블명 WHERE 조건;}$$

예) DELETE * FROM 사원 WHERE 나이 >= 30;
→ [사원] 테이블에서 '나이'가 '30' 이상인 레코드 모두 삭제

실습으로 개념끝 ❼ 에듀윌_컴퓨터활용능력1급필기기본서_실습으로개념끝\3과목\Chapter3_7.삭제쿼리.accdb

[사원] 테이블을 이용하여 아래와 같은 쿼리를 실행하시오.

▶ 테이블에서 '성명'이 '남건민'인 레코드 삭제

따라하기

❶ [만들기] 탭-[쿼리] 그룹-[쿼리 디자인]을 클릭한다. [테이블 추가] 창의 [테이블]에서 [사원] 테이블을 선택하고 [선택한 표 추가] 단추를 클릭한다.

❷ [쿼리 디자인] 탭-[결과] 그룹-[SQL 보기]를 선택한다.

❸ 다음의 쿼리를 입력한 후 [디자인] 탭-[결과] 그룹-[실행]을 클릭한다. '지정된 테이블에서 1 행을 삭제합니다.'라는 메시지 창이 나타나면 [예] 단추를 클릭한다.

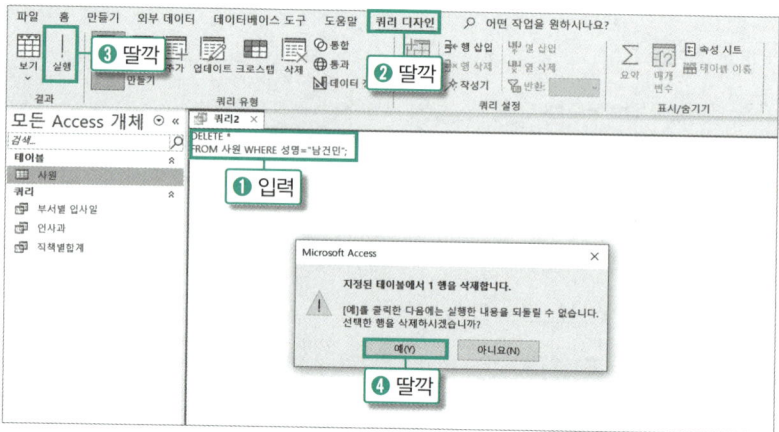

DELETE * FROM 사원 WHERE 성명 = "남건민";
　　　　①　　　　　　　②

① 레코드를 삭제한다.
② 삭제는 [사원] 테이블에서 '성명'이 '남건민'인 레코드를 대상으로 한다.

❹ 탐색 창에서 [사원] 테이블을 더블클릭하여 '성명' 필드가 '남건민'인 레코드가 삭제되었는지 확인하고 [사원] 탭의 [닫기](×)를 클릭하여 종료한다.

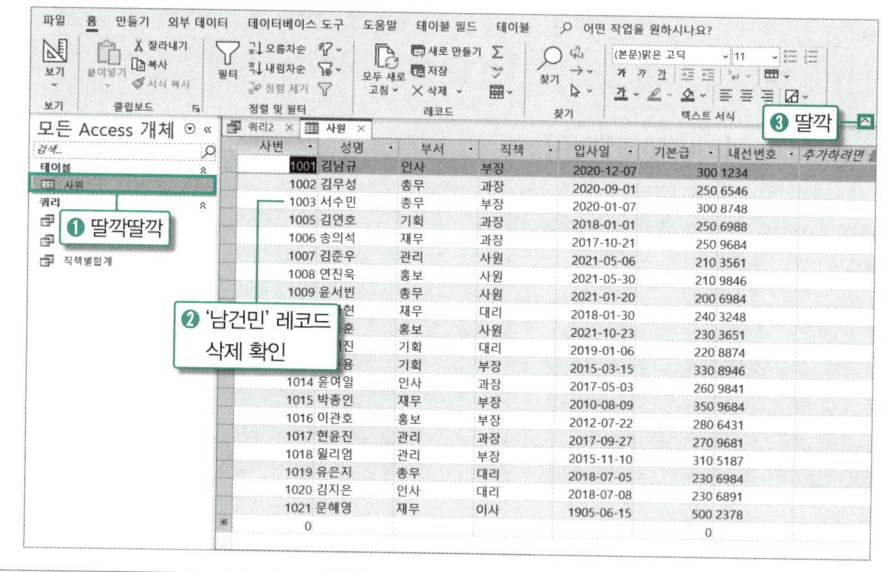

04 테이블 만들기 쿼리

- 테이블의 데이터를 복사하거나 보관해야 할 때 사용한다.
- 새로운 테이블을 생성하는 쿼리이다.

Warming UP 기출로 개념 확인

01 또 나올 문제

다음 중 아래 SQL문에 대한 설명으로 옳은 것은?

> UPDATE 학생 SET 주소 = '서울'
> WHERE 학번 = 100;

① [학생] 테이블에 주소가 '서울'이고, 학번이 100인 레코드를 추가한다.
② [학생] 테이블에서 주소가 '서울'이고, 학번이 100인 레코드를 검색한다.
③ [학생] 테이블에서 학번이 100인 레코드의 주소를 '서울'로 갱신한다.
④ [학생] 테이블에서 주소가 '서울'인 레코드의 학번을 100으로 갱신한다.

바로 보는 해설

01
- UPDATE문에서는 특정 조건에 만족하는 튜플의 필드값을 변경할 수 있다.
- UPDATE문의 형식: UPDATE 테이블명 SET 속성명 = 데이터 WHERE 조건;

> UPDATE 학생 SET 주소 = '서울'
> ㄴ [학생] 테이블의 주소 필드값을 '서울'로 변경
> WHERE 학번 = 100;
> ㄴ 학번이 100인 레코드만 대상으로 함

02 또 나올 문제

다음 중 쿼리의 [디자인 보기]에서 아래와 같이 설정한 경우 동일한 결과를 표시하는 SQL문은?

필드:	모집인원	지역
테이블:	테이블1	테이블1
업데이트:	2000	
조건:		"서울"
또는:	>1000	

① UPDATE Table1 SET 모집인원 > 1000 WHERE 지역="서울" AND 모집인원 = 2000;
② UPDATE Table1 SET 모집인원 = 2000 WHERE 지역="서울" AND 모집인원 > 1000;
③ UPDATE Table1 SET 모집인원 > 1000 WHERE 지역="서울" OR 모집인원 = 2000;
④ UPDATE Table1 SET 모집인원 = 2000 WHERE 지역="서울" OR 모집인원 > 1000;

02
'모집인원 > 1000'과 '지역 = "서울"'이 서로 다른 행에 있으므로 OR 조건이다. 따라서 'Table1'의 지역이 '서울'이거나, '모집인원'이 '1000'보다 클 때 '모집인원' 필드의 값을 '2000'으로 변경한다는 것을 의미한다.

03 또 나올 문제

다음 중 실행 쿼리의 삽입(INSERT)문에 대한 설명으로 옳지 않은 것은?

① 삽입문은 데이터베이스 테이블에 새로운 레코드를 추가한다.
② VALUES 절을 사용하여 삽입할 데이터의 값을 명시한다.
③ 삽입문을 실행하면 새로운 레코드는 항상 테이블의 끝에 추가된다.
④ 삽입문의 컬럼 목록과 VALUES 절의 값의 순서와 개수는 일치해야 한다.

03
삽입문을 실행하면 새로운 레코드가 테이블의 끝에 추가되는 것은 아니다. 삽입문은 새로운 레코드를 테이블에 추가하지만, 테이블에서 그 레코드가 삽입되는 위치는 알 수 없다.

| 정답 | 01 ③ 02 ④ 03 ③

개념끝 097 기타 쿼리

|빈출개념| #매개 변수 쿼리 #크로스탭 쿼리

기출빈도

결정적 힌트

기타 쿼리 중 매개 변수 쿼리, 크로스탭 쿼리는 필기시험, 실기시험에 모두 자주 출제되는 쿼리이므로 실습을 통하여 개념을 정확하게 익혀 두어야 합니다.

01 매개 변수 쿼리(Parameter Query)

- 쿼리를 실행할 때 매개 변수를 입력받아 조건에 맞는 결과만 표시하는 쿼리이다.
- 매개 변수 대화상자에 표시할 텍스트는 [디자인 보기( )] 상태 디자인 눈금 영역의 조건 행에 대괄호([ ])로 묶어서 입력한다.
- 매개 변수 대화상자에 표시할 텍스트에 마침표(.), 느낌표(!), 대괄호([ ])와 같은 특수 문자는 포함할 수 없다.
- 두 개 이상의 정보를 물어보는 쿼리를 만들 수 있다.

실습으로 개념끝 ⑧
에듀윌_컴퓨터활용능력1급필기기본서_실습으로개념끝\3과목\Chapter3_8.매개변수쿼리.accdb

[사원] 테이블을 이용하여 매개 변수 쿼리를 작성하시오.

▶ 기본급이 250 이상인 레코드만 검색

따라하기

❶ [만들기] 탭-[쿼리] 그룹-[쿼리 디자인]을 클릭한다. [테이블 추가] 창의 [테이블] 탭에서 [사원] 테이블을 선택하고 [선택한 표 추가] 단추를 클릭한다.

❷ '성명', '부서', '기본급' 필드를 추가하고 '기본급'의 조건에 '>=[조회할 최소 기본급 입력]'을 입력한다.

▼ >= [조회할 최소 기본급 입력]
조회할 최소 기본급을 입력받아 검색하는 매개 변수 쿼리를 작성한다.

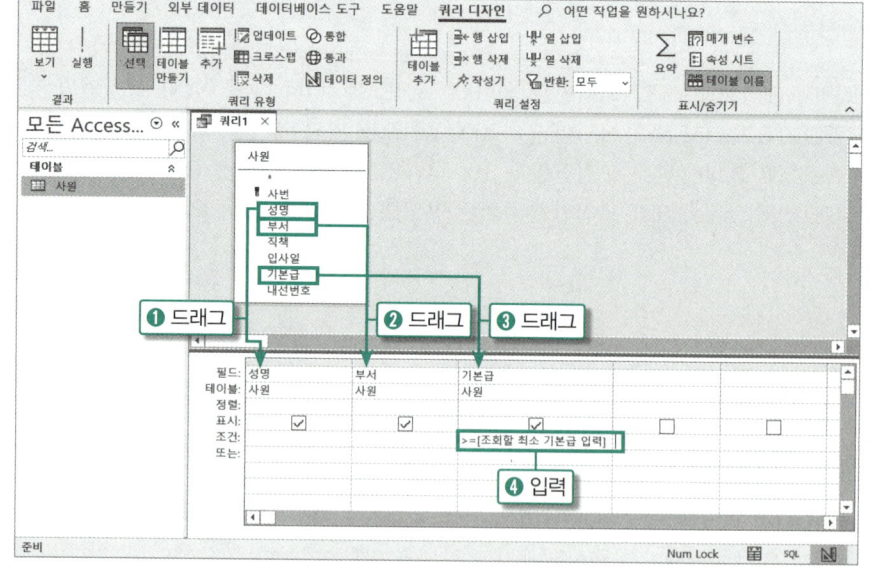

❸ [쿼리 디자인] 탭-[결과] 그룹-[실행]을 클릭한 후 [매개 변수 값 입력] 대화상자에 '250'을 입력한다.

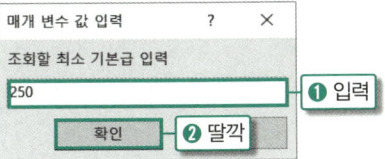

❹ 기본급이 250 이상인 레코드만 표시된 것을 확인한다.

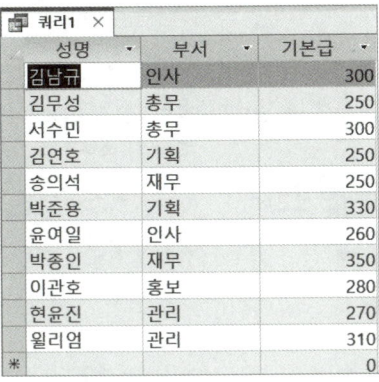

02 크로스탭 쿼리(Cross-tab Query)

- 행과 열을 기준으로 그룹화하여 특정 필드의 합계, 평균, 개수와 같은 요약값을 표시하는 쿼리이다.
- 맨 왼쪽에 세로로 표시되는 행 머리글과 맨 위에 가로 방향으로 표시되는 열 머리글로 구분하여 데이터를 그룹화한다.
- 열과 행이 교차하는 곳에는 숫자 필드, 날짜 필드, 텍스트 필드를 선택하여 요약한다.
- 레코드의 개수, 합계, 평균, 최대값, 최소값, 분산, 표준 편차 등을 계산한다.
- 열 머리글에는 1개의 필드만 지정하고, 행 머리글에는 필드를 3개까지 지정할 수 있다.
- 크로스탭 쿼리의 [데이터시트 보기]에서 데이터를 직접 편집할 수 없다.

실습으로 개념끝 ❾ 에듀윌_컴퓨터활용능력1급필기기본서_실습으로개념끝\3과목\Chapter3_9.크로스탭쿼리.accdb

[사원] 테이블을 이용하여 크로스탭 쿼리를 작성하시오.

따라하기

❶ [만들기] 탭-[쿼리] 그룹-[쿼리 마법사]를 클릭하고 [새 쿼리] 대화상자에서 '크로스탭 쿼리 마법사'를 선택한 후 [확인] 단추를 클릭한다.

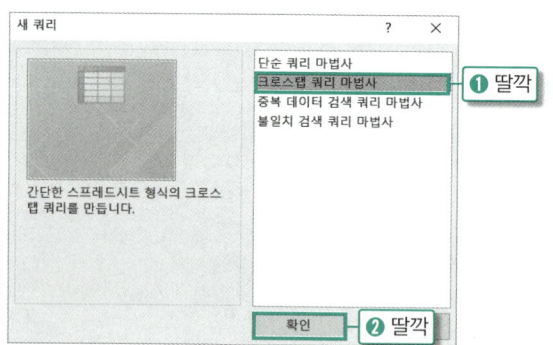

❷ [크로스탭 쿼리 마법사] 대화상자에서 사용할 테이블(사원)을 선택하고 [다음] 단추를 클릭한다.

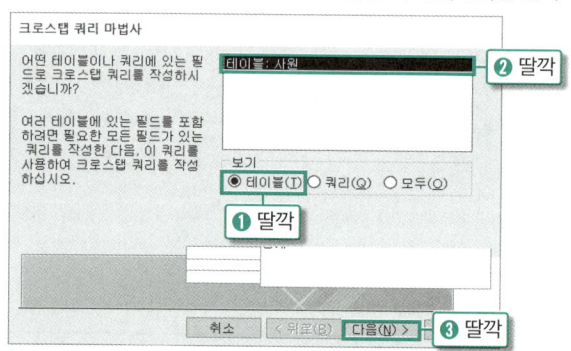

- 행 머리글에는 최대 3개까지 필드를 선택할 수 있다.

❸ 행 머리글로 사용할 필드(부서)를 선택하고 [다음] 단추를 클릭한다.

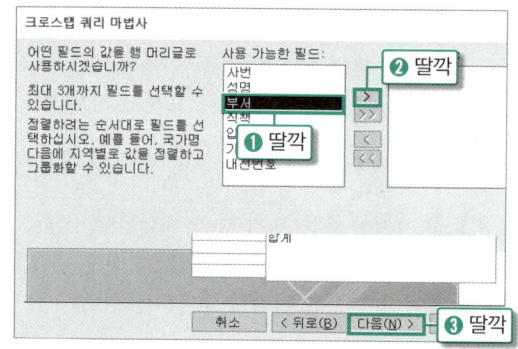

- 열 머리글에는 1개의 필드만 선택할 수 있다.

❹ 열 머리글로 사용할 필드(직책)를 선택하고 [다음] 단추를 클릭한다.

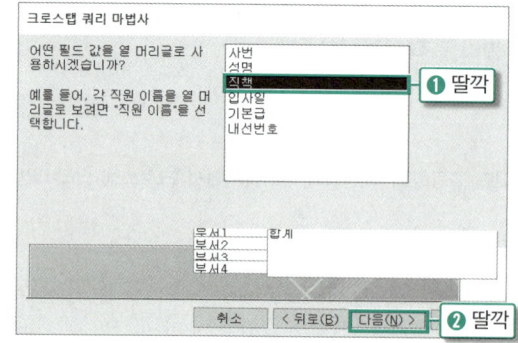

❺ 계산에 사용될 필드(기본급)와 함수(최대값)를 선택하고 [다음] 단추를 클릭한다.

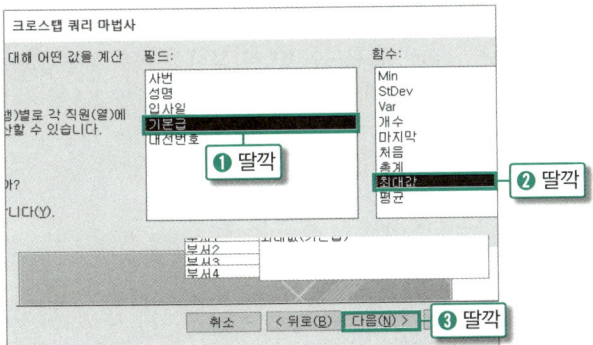

❻ 쿼리의 이름을 입력하고 [마침] 단추를 클릭한다.

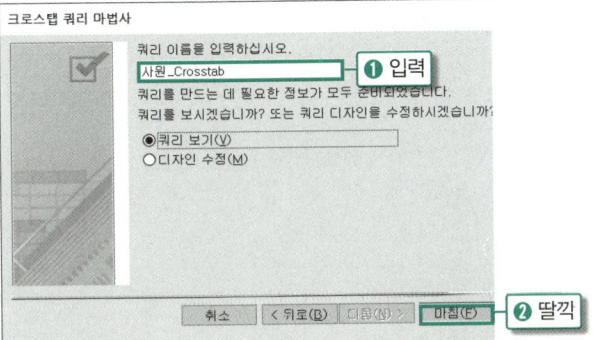

❼ 결과를 확인한다.

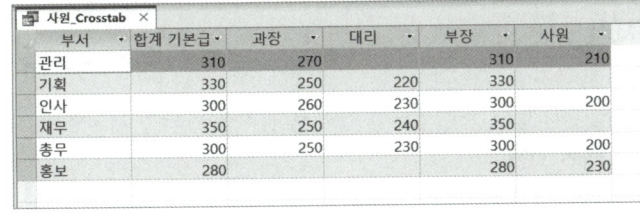

■ 결과 분석

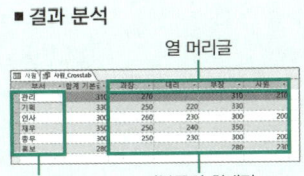

CHAPTER 3 쿼리 활용 • 113

03 통합 쿼리(Union Query)

- 두 개의 테이블이나 쿼리를 합쳐 모든 레코드를 포함하면서 하나의 목록을 만드는 쿼리이다.
- 두 개의 테이블의 필드 개수가 같아야 한다.
- 결과에는 먼저 지정한 테이블의 필드 이름이 표시된다.
- 결과에 중복 레코드를 포함할지를 지정할 수 있다.
- 형식

> SELECT 필드 FROM 테이블1 UNION SELECT 필드 FROM 테이블2;

UNION	중복 레코드를 제외하고 합침
UNION ALL	중복 레코드를 포함하고 합침

예 성적(학번, 이름, 학과, 점수) 테이블의 레코드 수가 10개, 평가(학번, 전공, 점수) 테이블의 레코드 수가 5개인 경우

> SELECT 학번, 학과, 점수 FROM 성적 UNION ALL
> SELECT 학번, 전공, 점수 FROM 평가;

- 쿼리 실행 결과 필드는 '학번', '학과', '점수' 필드와 같이 세 개의 필드가 만들어짐
- 총 15개의 레코드가 만들어짐

04 불일치 검색 쿼리

- 다른 테이블의 레코드와 일치하지 않는 레코드를 찾아서 쿼리를 만드는 기능이다.
- 두 개 이상의 테이블이 있어야 한다.

05 중복 데이터 검색 쿼리

테이블이나 쿼리에서 중복된 필드값이 있는 레코드를 찾는 쿼리이다.

Warming UP 기출로 개념 확인

01

다음 중 아래의 '학년별검색' 매개 변수 쿼리를 실행하여 나타나는 메시지 박스의 a에는 2를, b에는 3을 입력한 결과로 옳은 것은?

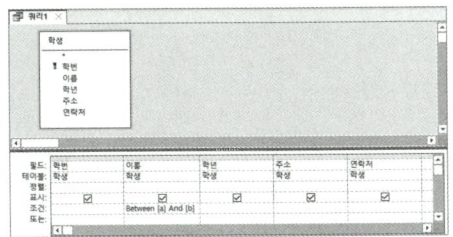

① 2학년과 3학년 레코드만 출력된다.
② 2학년 레코드만 출력된다.
③ 3학년 레코드만 선택된다.
④ 2학년과 3학년을 제외한 레코드만 출력된다.

02

다음 중 요약 데이터를 보다 쉽게 이해할 수 있도록 합계, 평균 등의 집계 함수를 계산한 다음 데이터시트의 측면과 위쪽에 두 세트의 값으로 그룹화하는 쿼리 유형은?

① 선택 쿼리
② 크로스탭 쿼리
③ 통합 쿼리
④ 업데이트 쿼리

바로 보는 해설

01
Between [a] And [b]는 'a'에서 'b' 사이에 해당하는 레코드를 구한다. Between [a] and [b]처럼 대괄호 안에 필드명이 아닌 문자를 입력하면 매개 변수로 사용되므로 'a'에는 '2'가, 'b'에는 '3'이 입력되어 2부터 3까지의 내용인 2학년과 3학년 레코드가 표시된다.

02
크로스탭 쿼리는 엑셀의 피벗 테이블과 유사하며, 테이블의 특정 필드의 요약값(합계, 개수, 평균 등)을 표시한다. 해당 값을 그룹별로 묶은 집합은 데이터시트의 왼쪽에, 또 하나의 집합은 데이터시트의 위쪽에 나열한다.

| 정답 | 01 ① 02 ②

CHAPTER 3 쿼리 활용

기출선지 OX 퀴즈

01 작성한 쿼리는 폼이나 보고서의 원본으로 사용할 수 없다. (O / X)

02 불일치 쿼리는 다른 테이블의 레코드와 일치하지 않는 레코드를 찾아서 쿼리를 만드는 기능으로, 반드시 두 개 이상의 테이블이 있어야 한다. (O / X)

03 SQL(Structured Query Language)은 데이터베이스를 관리하기 위해 설계된 특수 목적 언어로, 영문자의 대·소문자를 구분한다. (O / X)

04 SELECT문에서 GROUP BY절을 사용할 때는 HAVING절을 사용하여 조건을 지정할 수 있다. (O / X)

05 쿼리의 연산자 중 Like는 만능 문자 '?'와 '*'를 사용하여 일치하는 문자열 값을 검색하는 연산자이다. (O / X)

06 쿼리의 주요 함수 중 NOW( )는 현재의 날짜를 표시하고, DATE( )는 현재의 날짜와 시간을 표시하는 함수이다. (O / X)

07 LIKE "한국*"은 '한국'이라는 문자열로 시작하는 필드를 검색하는 것을 의미한다. (O / X)

08 "4"&"5" 연산식의 결괏값은 9이다. (O / X)

09 DISTINCT문은 SELECT문에서 필드 이름이나 테이블 이름에 별명을 지정하기 위해 사용한다. (O / X)

10 SELECT문에서 조건을 지정하여 특정 조건에 맞는 레코드를 검색할 때 사용하는 것은 WHERE절이다. (O / X)

11 SELECT 안에 작성하는 SELECT문을 하위 쿼리라고 하며, 기본 쿼리의 결과가 하위 쿼리의 조건으로 사용된다. (O / X)

12 ORDER BY절을 사용할 때 정렬 방법을 지정하지 않았을 경우 기본적으로 오름차순(ASC)으로 정렬된다. (O / X)

13 생성된 테이블을 변경할 때 사용하는 구문은 ALTER문이다. (O / X)

14 MID("20220813",5,2) 연산식의 결괏값은 08이다. (O / X)

15 조인에 사용되는 기준 필드의 데이터 형식은 같거나 호환되어야 한다. (O / X)

16 오른쪽 외부 조인은 왼쪽 테이블에서는 모든 레코드를, 오른쪽 테이블에서는 조인된 필드가 일치하는 레코드만 포함하여 표시하는 것이다. (O / X)

17 두 테이블의 조인된 필드가 일치하는 행만 포함하여 보여주는 조인 방법은 외부 조인이다 (O / X)

한판으로 복습한다!

18 실행 쿼리의 삽입(INSERT)문을 실행하면 새로운 레코드는 항상 테이블의 끝에 추가된다. (O / X)

19 INSERT INTO 사원(사번, 이름, 직위) VALUES("21001", "홍길동", "부장");은 [사원] 테이블에 '사번'은 (O / X)
'21001', '이름'은 '홍길동', '직위'는 '부장'인 새로운 레코드를 추가한다는 것이다.

20 테이블의 필드값을 변경할 때 사용하는 쿼리는 테이블 만들기 쿼리이다. (O / X)

21 매개 변수 쿼리에서 매개 변수 대화상자에 표시할 텍스트는 [디자인 보기] 상태 디자인 눈금 영역의 조건 (O / X)
행에 대괄호([ ])로 묶어서 입력한다.

22 매개 변수 쿼리에서 두 개 이상의 정보를 물어보는 쿼리는 만들 수 없다. (O / X)

23 크로스탭 쿼리에서 행 머리글에는 한 개의 필드만 지정하고, 열 머리글에는 세 개까지의 필드를 지정할 (O / X)
수 있다.

24 통합 쿼리는 두 개의 테이블이나 쿼리를 합쳐 모든 레코드를 포함하면서 하나의 목록을 만드는 쿼리로, (O / X)
두 개의 테이블의 필드 개수는 같아야 한다.

25 다른 테이블의 레코드와 일치하지 않는 레코드를 찾아서 쿼리를 만드는 쿼리는 중복 데이터 검색 쿼리 (O / X)
이다.

26 쿼리의 종류에는 선택 쿼리, 요약 쿼리, 크로스탭 쿼리, 실행 쿼리 등이 있다. (O / X)

27 쿼리의 주요 함수 중 날짜 형식으로 된 문자열을 날짜로 변환하는 함수는 CDATE 함수이다. (O / X)

28 실행 쿼리는 기존 테이블을 변화시키는 쿼리로, 추가 쿼리, 삭제 쿼리, 업데이트 쿼리 등이 있다. (O / X)

29 조인의 유형에는 내부 조인, 왼쪽 외부 조인, 오른쪽 외부 조인, 교차 조인이 있다. (O / X)

30 교차 조인은 가장 단순한 조인으로 카테시안 곱(Cartesian Product)이라고 한다. (O / X)

| 정답 |

01	X	02	O	03	X	04	O	05	O	06	X	07	O	08	X	09	X	10	O
11	X	12	O	13	O	14	O	15	O	16	X	17	X	18	X	19	O	20	X
21	O	22	X	23	X	24	O	25	X	26	O	27	O	28	O	29	O	30	O

CHAPTER 3 | 쿼리 활용

Build UP 기출로 개념 강화

개념끝 092 쿼리 작성

01
다음 중 쿼리에 대한 설명으로 옳지 않은 것은?
① 쿼리는 테이블의 데이터를 이용하여 사용자가 원하는 형식으로 가공하여 보여줄 수 있다.
② 테이블이나 다른 쿼리를 이용하여 새로운 쿼리를 생성할 수 있다.
③ 쿼리는 단순한 조회 이외에도 데이터의 추가, 삭제, 수정 등을 수행할 수 있다.
④ 쿼리를 이용하여 추출한 결과는 폼과 보고서에서만 사용할 수 있다.

개념끝 093 쿼리의 조건 지정

02
아래는 쿼리의 '디자인 보기'이다. 다음 중 아래 쿼리의 실행 결과로 옳은 것은?

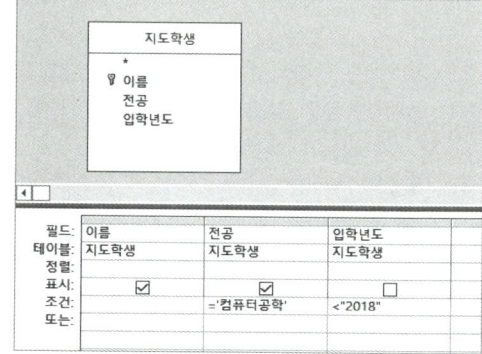

① 2018년 전에 입학했거나 컴퓨터공학을 전공하는 지도학생들의 이름과 전공을 표시
② 2018년 전에 입학하여 컴퓨터공학을 전공하는 지도학생들의 이름과 전공을 표시
③ 2018년 전에 입학했거나 컴퓨터공학을 전공하는 지도학생들의 이름, 전공, 입학연도를 표시
④ 2018년 전에 입학하여 컴퓨터공학을 전공하는 지도학생의 이름, 전공, 입학연도를 표시

03 또 나올 문제

다음 중 쿼리 작성 시 사용하는 특수 연산자와 함수에 대한 설명으로 옳지 않은 것은?

① YEAR(DATE( )) → 시스템의 현재 날짜 정보에서 연도 값만을 반환한다.
② INSTR("KOREA","R") → 'KOREA'라는 문자열에서 'R'의 위치 '3'을 반환한다.
③ RIGHT([주민번호],2) = "01" → [주민번호] 필드에서 맨 앞의 두 자리가 '01'인 레코드를 추출한다.
④ LIKE "[ㄱ-ㄷ]*" → 'ㄱ'에서 'ㄷ' 사이에 있는 문자로 시작하는 필드 값을 검색한다.

04 또 나올 문제

다음 중 폼이나 보고서의 특정 컨트롤에서 '=[단가]*[수량]*(1-[할인율])'과 같은 계산식을 사용하고, 계산 결과를 소수점 이하 첫째 자리까지 표시하고자 할 때 사용해야 할 함수는?

① Str( )
② Val( )
③ Format( )
④ DLookUp( )

05

다음 중 입사일이 '1990-03-02'인 사원의 현재까지 근무한 연수를 출력하기 위한 SQL문으로 옳은 것은?

① SELECT DATEDIFF("yyyy",'1990-03-02',DATE( ));
② SELECT DATEADD("yyyy",DATE( ),'1990-03-02');
③ SELECT DATEVALUE("yy",'1990-03-02',DATE( ));
④ SELECT DATEDIFF("yy",'1990-03-02',DATE( ));

바로 보는 해설

01 쿼리를 이용하여 추출한 결과는 쿼리를 작성하는 데도 사용할 수 있다.

02 '전공'의 '조건'과 '입학년도'의 조건이 같은 행에 있으므로 AND 조건이 된다. '표시'에는 '이름'과 '전공'이 체크되어 있으므로 이름과 전공이 표시된다.

03 RIGHT([주민번호],2) = "01" → [주민번호] 필드에서 맨 뒤의 두 자리가 '01'인 레코드를 추출한다.

| 오답 피하기 |
- DATE( ): 시스템의 현재 날짜
- YEAR(날짜): 날짜에 해당하는 연도
- INSTR(문자열, 찾으려는 문자): 문자열에서 찾으려는 문자의 위치를 반환
- LIKE 패턴: 패턴에 일치하는 값을 검색

04 Format([단가]*[수량]*(1-[할인율]),"0.0") → 소수점 이하 첫째 자리까지 표시하기 위해 함수식에 "0.0"을 입력한다.

| 오답 피하기 |
① Str( ): 입력한 데이터를 문자열로 변환하는 함수이다.
② Val( ): 입력한 데이터를 숫자로 변환하는 함수이다.
④ DLookUp( ): 조건에 만족하는 필드값을 구하는 함수이다.

05 DATEDIFF(형식,날짜1,날짜2)는 두 날짜 형식(년,월,일) 사이의 경과값을 표시하는 함수이다. '형식'은 연수를 구해야 하므로 yyyy, '날짜1'은 시작 날짜에 해당하는 입사일 '1990-03-02'이고, '날짜2'는 현재 날짜이기 때문에 DATE( )이다.

| 오답 피하기 |
② DATEADD(형식,값,날짜): '형식'을 지정한 '값'만큼 증가시키는 함수이다.
③ DATEVALUE(날짜): 텍스트로 표시된 '날짜'의 일련 번호를 표시하는 함수이다.
④ DATEDIFF(형식,날짜1,날짜2): 두 날짜 사이의 '형식'의 경과값을 반환하는 함수이다.

| 정답 | 01 ④ 02 ② 03 ③ 04 ③ 05 ①

06

다음 중 아래 문자열 함수의 결괏값으로 옳은 것은?

> INSTR(3, "I Have A Dream", "A", 1)

① 0
② 1
③ 3
④ 4

07

다음 중 쿼리에서 사용하는 문자열 조건에 대한 설명으로 옳지 않은 것은?

① "수학" or "영어": "수학"이나 "영어"인 레코드를 찾는다.
② LIKE "서울*": "서울"이라는 문자열로 시작하는 필드를 찾는다.
③ LIKE "*신림*": 문자열의 두 번째가 "신"이고 세 번째가 "림"인 문자열을 찾는다.
④ NOT "전산과": 문자열의 값이 "전산과"가 아닌 문자열을 찾는다.

SQL 명령문 사용

08

부서별 제품별 영업 실적을 관리하는 테이블에서 부서별로 영업 실적이 1억 원 이상인 제품의 합계를 구하고자 한다. 다음 중 이를 위한 SQL문에서 반드시 사용해야 할 구문에 해당하지 않는 것은?

① SELECT문
② GROUP BY절
③ HAVING절
④ ORDER BY절

09 또 나올 문제

다음 중 SQL의 SELECT문에 대한 설명으로 옳지 않은 것은?

① ORDER BY문을 이용하여 정렬할 때 기본값은 오름차순 정렬(ASC) 값을 가진다.
② 검색 필드의 구분은 콤마(,)로 구분한다.
③ 검색 결과에 중복되는 레코드를 없애기 위해서는 'DISTINCT'를 명세해야 한다.
④ FROM절에는 테이블 이름만 지정할 수 있다.

10

다음 중 아래의 [급여] 테이블에 대한 SQL 명령과 실행 결과로 옳지 않은 것은? (단, 빈 칸은 Null임)

사원번호	성명	가족수
1	가	2
2	나	4
3	다	

① SELECT COUNT(성명) FROM 급여;를 실행한 결과는 3이다.
② SELECT COUNT(가족수) FROM 급여;를 실행한 결과는 3이다.
③ SELECT COUNT(*) FROM 급여;를 실행한 결과는 3이다.
④ SELECT COUNT(*) FROM 급여 WHERE 가족수 Is Null;을 실행한 결과는 1이다.

11 또 나올 문제

다음 중 아래 [PERSON] 테이블에 대한 쿼리의 실행 결괏값은?

[PERSON] 테이블

Full_name
오연서
이종민
오연수
오연서
김종오
오연수

〈쿼리〉

```
SELECT COUNT(Full_name)
FROM PERSON
WHERE Full_name Like "*"&"오";
```

① 1
② 2
③ 4
④ 5

바로 보는 해설

06 INSTR 함수의 형식은 InStr(start,"문자열","찾을 문자열",옵션)이다. '옵션'에서 0은 영문자의 대·소문자를 구분하고, 1은 구분하지 않는다. InStr(3,"I Have A Dream","A",1)은 InStr 함수의 형식에서 'start'는 '3'이므로 문자열의 세 번째인 'H'부터 검색을 시작하는데, '찾을 문자열'이 'A'이고 '옵션' 값이 '1'이기 때문에 영문자의 대·소문자를 구분하지 않아 앞에서부터 네 번째에 있다.

07 Like "*신림*": '신림'이라는 단어를 포함하는 문자열을 검색한다.

08 테이블명이 [부서별영업실적]이라면 올바른 SQL문은 'SELECT 부서, SUM(영업실적) FROM 부서별영업실적 GROUP BY 부서 HAVING SUM(영업실적) >100000000;'이다. ORDER BY절은 특정 필드를 기준으로 레코드를 정렬하여 검색할 때 사용하는데, 문제에서는 정렬에 대한 조건이 없다.

| 오답 피하기 |
① 테이블에서 레코드를 검색해야 하므로 SELECT문을 사용한다. 즉 검색하려는 열 목록인 '제품의 합계'를 SELECT문으로 지정해야 한다.
② GROUP BY절을 이용해 '부서별로' 레코드를 그룹화한다.
③ HAVING절을 이용해 그룹화된 레코드에 대해 조건을 설정해야 한다. 즉 그룹에 대한 조건 '영업 실적이 1억 원 이상'을 HAVING절로 지정해야 한다.

09 FROM절에 테이블 이름뿐만 아니라 쿼리도 지정할 수 있다.

10 COUNT(필드)는 비어있지 않은 데이터 개수를 구하므로 COUNT(가족수)의 결괏값은 '2'이다.

| 오답 피하기 |
① 'COUNT(성명)'은 '성명' 필드의 개수로, 결괏값은 '3'이다.
③ COUNT(*)는 총 레코드의 개수를 구하므로 결괏값은 '3'이다.
④ '가족수'의 필드값이 Null인 개수를 구하므로 결괏값은 '1'이다.

11 'Like "*"&"오"'는 '오'로 끝나는 이름을 의미하기 때문에 '김종오'가 검색되고 개수는 '1'이다. 반면 'Like "오"&"*"'는 '오'로 시작하는 이름을 의미한다.

```
SELECT COUNT(Full_name)
   ㄴ Full_name의 개수를 검색
FROM PERSON
   ㄴ [PERSON] 테이블로부터
WHERE Full_name Like "*"&"오";
   ㄴ '오'로 끝나는 이름에 한정하여
```

| 정답 | 06 ④ 07 ③ 08 ④ 09 ④ 10 ②
11 ①

12

다음 중 아래 SQL문으로 생성된 테이블에서의 레코드 작업에 대한 설명으로 옳지 <u>않은</u> 것은? (단, 고객과 계좌 간의 관계는 1:M임)

```
CREATE TABLE 고객
   (고객ID CHAR(20) NOT NULL,
   고객명 CHAR(20) NOT NULL,
   연락번호 CHAR(12),
   PRIMARY KEY (고객ID)
);
CREATE TABLE 계좌
   (계좌번호 CHAR(10) NOT NULL,
   고객ID CHAR(20) NOT NULL,
   잔액 INTEGER DEFAULT 0,
   PRIMARY KEY (계좌번호),
   FOREIGN KEY (고객ID) REFERENCES 고객
);
```

① [고객] 테이블에서 '고객ID' 필드는 동일한 값을 입력할 수 없다.
② [계좌] 테이블에서 '계좌번호' 필드는 반드시 입력해야 한다.
③ [고객] 테이블에서 '연락번호' 필드는 원하는 값으로 수정하거나 생략할 수 있다.
④ [계좌] 테이블에서 '고객ID' 필드는 동일한 값을 입력할 수 없다.

13

다음 중 [도서] 테이블에서 정가 필드의 값이 10000 이상이면서 20000 이하인 도서를 검색하기 위한 SQL문으로 옳은 것은?

① SELECT * FROM 도서 WHERE 정가 IN (10000, 20000)
② SELECT * FROM 도서 WHERE 정가 > 10000 OR 정가 < 20000
③ SELECT * FROM 도서 WHERE 10000 < = 정가 < = 20000
④ SELECT * FROM 도서 WHERE 정가 BETWEEN 10000 AND 20000

14

다음 중 주어진 [Customer] 테이블을 참조하여 아래의 SQL문을 실행한 결과로 옳은 것은?

```
SELECT Count(*)
FROM (SELECT Distinct City From Customer);
```

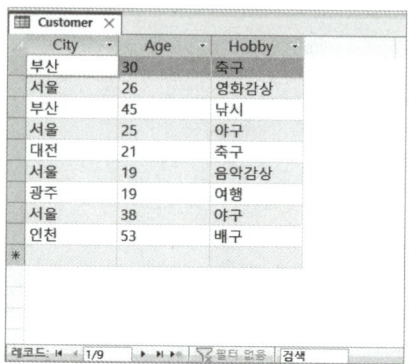

① 3
② 5
③ 7
④ 9

조인(Join)

15 사원관리 데이터베이스에는 [부서정보] 테이블과 실적정보를 포함한 [사원정보] 테이블이 관계로 연결되어 있다. 다음 중 아래의 SQL문의 실행 결과에 대한 설명으로 옳은 것은? (단, 부서에는 여러 사원이 있으며, 한 사원은 하나의 부서에 소속되는 1 대 다 관계임)

```
SELECT 부서정보.부서번호, 부서명, 번호, 이름, 실적 FROM
부서정보 RIGHT JOIN 사원정보
ON 부서정보.부서번호 = 사원정보.부서번호;
```

① 두 테이블에서 부서번호가 일치되는 레코드의 부서번호, 부서명, 번호, 이름, 실적 필드를 표시한다.
② [부서정보] 테이블의 레코드는 모두 포함하고, [사원정보] 테이블에서는 실적이 있는 레코드만 포함하여 결과를 표시한다.
③ [부시정보] 데이블의 레코드는 [시원정보] 테이블의 부서번호와 일치되는 것만 포함하고, [사원정보] 테이블에서는 실적이 있는 레코드만 포함하여 결과를 표시한다.
④ [부서정보] 테이블의 레코드는 [사원정보] 테이블의 부서번호와 일치되는 것만 포함하고, [사원정보] 테이블에서는 모든 레코드가 포함하여 결과를 표시한다.

바로 보는 해설

12 [계좌] 테이블의 '고객ID' 필드는 외래 키(FOREIGN KEY (고객ID) REFERENCES 고객)이다. 기본 키는 동일한 값을 입력할 수 없지만, 외래 키는 동일한 값을 입력할 수 있다.

| 오답 피하기 |
① [고객] 테이블의 '고객ID' 필드는 기본 키(PRIMARY KEY (고객ID))이기 때문에 동일한 값을 입력할 수 없다.
② [계좌] 테이블의 '계좌번호' 필드는 기본 키(PRIMARY KEY (계좌번호))이기 때문에 동일한 값을 입력할 수 없다.
③ [고객] 테이블의 '연락번호' 필드는 기본 키가 아니기 때문에 원하는 값으로 수정하거나 생략할 수 있다.

13 [도서] 테이블에서 '정가' 필드의 값이 10000 이상이면서 20000 이하의 도서를 검색하기 위한 SELECT문의 WHERE절은 '정가 BETWEEN 10000 AND 20000' 또는 '정가 > = 10000 AND 정가 < =20000'이다.

14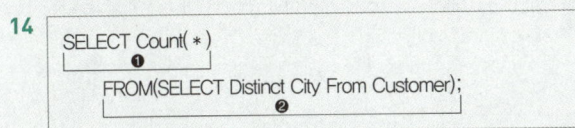

❶ 전체 개수를 표시
❷ Customer의 City가 중복된 것을 제외
따라서 City 필드에서 중복된 것을 제외하면 부산, 서울, 대전, 광주, 인천이 남으므로 전체 개수는 5개이다.

15 오른쪽 외부 조인이므로 [사원정보] 테이블에서는 모든 레코드가 포함되고, [부서정보] 테이블에서는 [사원정보] 테이블과 '부서번호'가 일치하는 것만 표시한다.

| 정답 | 12 ④ 13 ④ 14 ② 15 ④

개념끝 096 실행 쿼리

16

다음 중 실행 쿼리의 삽입(INSERT)문에 대한 설명으로 옳지 않은 것은?

① 한 개의 INSERT문으로 여러 개의 레코드를 여러 개의 테이블에 동일하게 추가할 수 있다.
② 필드 값을 직접 지정하거나 다른 테이블의 레코드를 추출하여 추가할 수 있다.
③ 레코드의 전체 필드를 추가할 경우 필드 이름을 생략할 수 있다.
④ 하나의 INSERT문을 이용해 여러 개의 레코드와 필드를 삽입할 수 있다.

17

아래와 같이 관계가 설정된 데이터베이스에서 [Customer] 테이블에는 고객번호가 1004인 레코드만 있고, [Artist] 테이블에는 작가이름이 CAT인 레코드만 있다. 다음 중 이 데이터베이스에서 실행 가능한 SQL문은? (단, SQL문에 입력되는 데이터 형식은 모두 올바르다고 간주함)

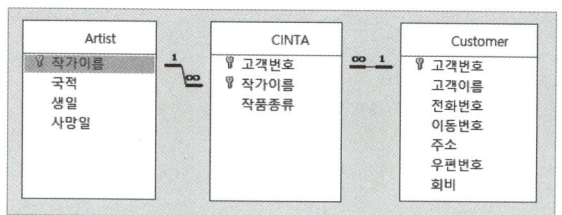

① INSERT INTO Artist VALUES ('ACE', '한국', Null, Null);
② INSERT INTO CINTA (고객번호, 작가이름) VALUES(1004, 'ACE');
③ INSERT INTO Customer (고객번호, 고객이름) VALUES(1004, 'ACE');
④ INSERT INTO CINTA VALUES (1234, 'CAT', '유화');

개념끝 097 기타 쿼리

18

아래와 같이 조회할 고객의 최소 나이를 입력받아 검색하는 매개 변수 쿼리를 작성하려고 한다. 다음 중 'Age' 필드의 조건식으로 옳은 것은?

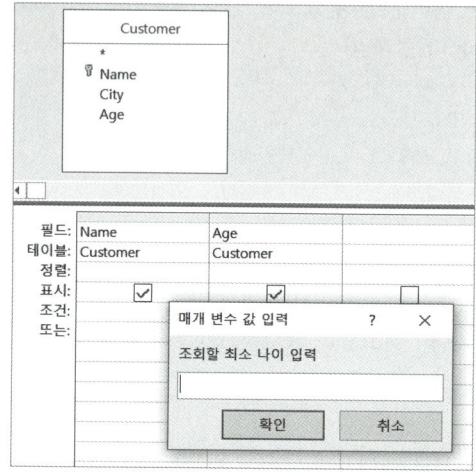

① >={조회할 최소 나이 입력}
② >="조회할 최소 나이 입력"
③ >=[조회할 최소 나이 입력]
④ >=(조회할 최소 나이 입력)

19

다음 중 크로스탭 쿼리에 관한 설명으로 옳지 않은 것은?

① 레코드의 요약 결과를 열과 행 방향으로 그룹화하여 표시할 때 사용한다.
② 쿼리 데이터시트에서 데이터를 직접 편집할 수 없다.
③ 두 개 이상의 열 머리글 옵션과 행 머리글 옵션, 값 옵션 등을 지정해야 한다.
④ 행과 열이 교차하는 곳의 숫자 필드는 합계, 평균, 분산, 표준 편차 등을 계산할 수 있다.

20

'갑' 테이블의 속성 A가 1, 2, 3, 4, 5의 도메인을 가지고 있고, '을' 테이블의 속성 A가 0, 2, 3, 4, 6의 도메인을 가지고 있다고 가정할 때 다음 SQL 구문의 실행 결과는?

> SELECT A FROM 갑 UNION SELECT A FROM 을;

① 2, 3, 4
② 0, 1, 2, 3, 4, 5, 6
③ 1, 5, 6
④ 0

바로 보는 해설

16 • 한 개의 INSERT문으로 여러 개의 레코드를 삽입할 수 있지만 한 번에 하나의 테이블에만 추가할 수 있다.
• INSERT INTO 테이블 (필드명1,필드명2...) VALUES (값1,값2...): 테이블에 레코드를 추가한다.

17 [Artist] 테이블의 '작가이름' 필드에는 'ACE'를, '국적' 필드에는 '한국'을 입력하는 명령으로, '생일' 필드와 '사망일' 필드에는 아무런 값도 입력되지 않는다.

| 오답 피하기 |
② [CINTA] 테이블의 '고객번호' 필드에는 '1004'를, '작가이름' 필드에는 'ACE'를 입력하는 명령이다. [Artist] 테이블의 '작가이름' 필드에는 'CAT'만 입력되어 있으므로 [CINTA] 테이블의 '작가이름' 필드에 'CAT' 이외에는 입력될 수 없다.
③ [Customer] 테이블의 '고객번호' 필드에는 '1004'를, '작가이름' 필드에는 'ACE'를 입력하는 명령이다. [Customer] 테이블의 '고객번호' 필드는 기본 키이므로 동일한 값이 입력될 수 없다.
④ [CINTA] 테이블의 '고객번호' 필드에는 '1234'를, '작가이름' 필드에는 'CAT'를, '작품종류' 필드에는 '유화'를 입력하는 명령이다. [CINTA] 테이블의 '고객번호' 필드는 [Customer] 테이블의 '고객번호' 필드를 참조하므로 [Customer] 테이블의 '고객번호' 필드에 없는 값은 입력될 수 없다.

18 매개 변수 쿼리는 쿼리 실행 시 값이나 패턴을 묻는 메시지를 표시한 후 사용자에게 조건 값을 입력받아 사용하는 쿼리로, 조건 지정 시 [ ]를 사용한다.

19 열 머리글은 한 개의 필드를 지정할 수 있고, 행 머리글은 최대 세 개까지 필드를 지정할 수 있다.

20 통합 질의 'UNION'은 두 개의 테이블이나 질의의 내용을 합쳐 하나의 테이블을 만들기 위한 것이다. 같은 레코드는 한 번만 기록하므로 식에 의해서 A가 각각 가지고 있는 '1, 2, 3, 4, 5'와 '0, 2, 3, 4, 6'에서 중복되는 레코드는 한 번만 기록한 후 내용을 합치면 실행 결괏값은 '0, 1, 2, 3, 4, 5, 6'이 된다.

> SELECT A FROM 갑 UNION SELECT A FROM 을;
> ㄴ 테이블 '갑'과 '을'을 통합 질의(UNION)하여 하나의 테이블로 합한 후 컬럼 A를 검색함

| 정답 | 16 ① 17 ① 18 ③ 19 ③ 20 ②

CHAPTER 4
폼 활용

최근 기출 10개년 기준
22%

무료 동영상 강의

- 098 폼 작성
- 099 폼 속성
- 100 컨트롤 사용
- 101 컨트롤 속성
- 102 하위 폼
- 103 기타 폼 작성

학습전략

폼을 통해서 작성된 테이블이나 쿼리의 데이터를 쉽게 조작할 수 있습니다. 폼의 개념을 이해하고 폼의 속성, 폼을 구성하는 다양한 컨트롤, 하위 폼 등을 실습을 통해 꼼꼼히 학습하는 것이 필요합니다.

098 폼 작성

| 빈출개념 | #폼의 구성 요소 #폼 보기 형식

결정적 힌트

폼은 사용자가 쉽게 데이터베이스에 접근할 수 있는 화면을 제공하는 개체입니다. 매 회 출제되는 부분으로 폼의 개념과 구성 요소를 꼼꼼하게 학습하고 직접 폼을 작성하는 연습도 필요합니다.

01 폼의 개념

- 테이블, 쿼리, SQL을 원본으로 하여 데이터를 입력하거나 편리하고 쉽게 조회, 편집 등의 작업을 할 수 있도록 지원하는 개체이다.
- 폼에서 데이터를 입력하거나 수정하면 연결된 테이블이나 쿼리에 변경된 내용이 반영된다.
- 사각형, 선 등의 도형 컨트롤을 삽입할 수 있다.
- 컨트롤 마법사를 이용하여 매크로를 실행하는 단추를 만들 수 있다.
- 이벤트 속성을 설정하여 매크로와 모듈이 특정 기능을 수행할 수 있다.
- 사용자는 폼을 통해서 원본에 접근할 수 있으므로 데이터베이스의 보안성을 높일 수 있다.
- 폼은 데이터가 연결되어 있는지에 따라 '바운드 폼(Bound Form)'과 '언바운드 폼(Unbound Form)'으로 구분된다.

바운드 폼	테이블이나 쿼리의 레코드와 연결된 폼
언바운드 폼	테이블이나 쿼리의 레코드와 연결되지 않은 폼

02 폼의 구성 요소

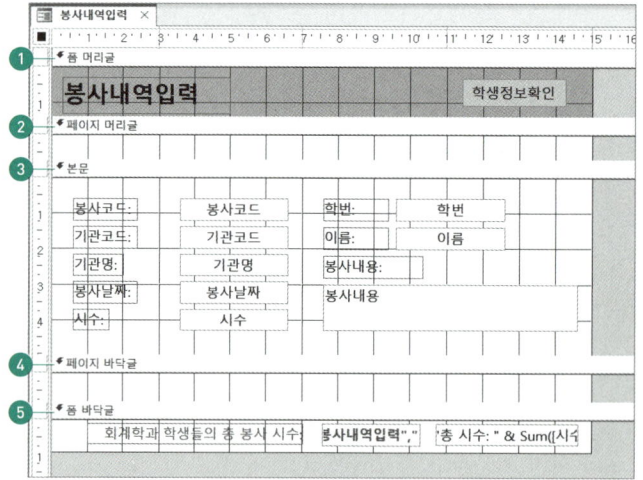

❶ 폼 머리글	• 폼의 제목이나 각 레코드에 공통으로 적용되는 정보가 표시됨 • [인쇄 미리 보기]에서는 첫 페이지의 위쪽에 한 번만 표시됨
❷ 페이지 머리글	• 각 페이지의 위쪽에 인쇄되는 정보가 표시됨 • [폼 보기]에서는 표시되지 않고 [인쇄 미리 보기]에서만 확인 가능

❸ 본문	• 실제 레코드를 표시하는 부분 • [폼 보기] 형식에 따라 하나의 레코드만 표시하거나 여러 개의 레코드 표시
❹ 페이지 바닥글	• 각 페이지의 아래쪽에 인쇄 정보가 표시됨 • [폼 보기]에서는 표시되지 않고 [인쇄 미리 보기]에서만 확인 가능
❺ 폼 바닥글	• 폼 요약 정보 등 각 레코드에 공통으로 적용되는 정보가 표시됨 • [인쇄 미리 보기]에서는 마지막 페이지의 본문 다음에 한 번만 표시됨

개념 플러스 기타 구성 요소

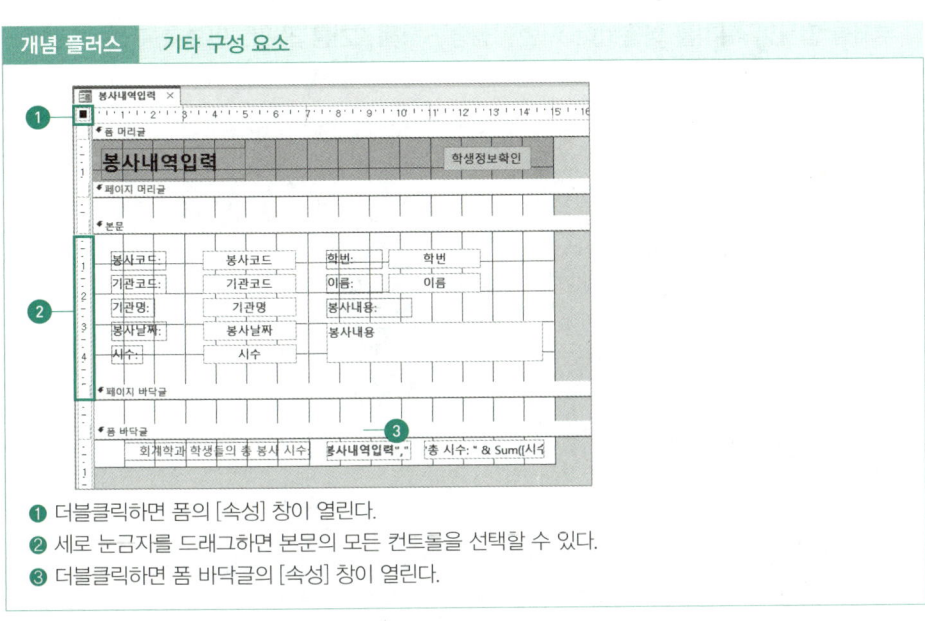

❶ 더블클릭하면 폼의 [속성] 창이 열린다.
❷ 세로 눈금자를 드래그하면 본문의 모든 컨트롤을 선택할 수 있다.
❸ 더블클릭하면 폼 바닥글의 [속성] 창이 열린다.

03 폼의 작성

[만들기] 탭-[폼] 그룹에서 폼을 작성할 수 있다.

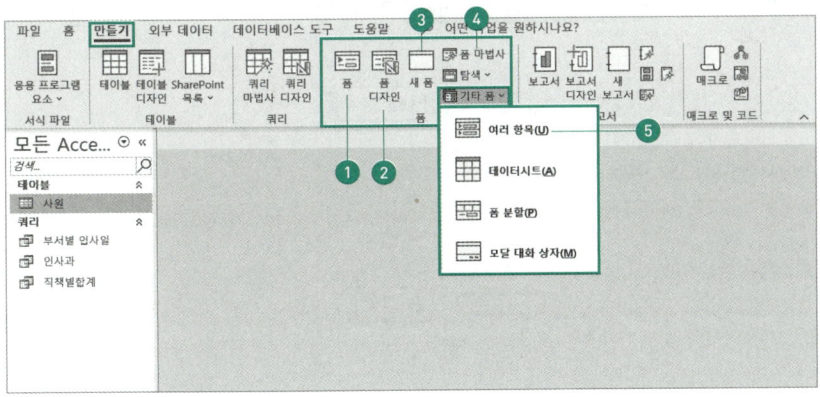

❶ 폼	한 번에 한 개의 레코드에 대한 정보를 표시하는 폼
❷ 폼 디자인	빈 양식의 폼에서 사용자가 직접 텍스트 상자, 레이블, 단추 등의 필요한 컨트롤을 삽입하여 작성
❸ 새 폼	컨트롤이나 형식이 없는 폼 작성

④ 폼 마법사	사용자가 간단하게 지정할 수 있는 폼 마법사를 이용하여 작성
⑤ 여러 항목	한 번에 여러 개의 레코드를 표시하는 폼 작성

(1) 폼 마법사 이용

실습으로 개념끝 ①   에듀윌_컴퓨터활용능력1급필기기본서_실습으로개념끝\3과목\Chapter4_1.폼마법사.accdb

'부서별 입사일' 쿼리를 이용하여 '사번', '성명', '직책', '기본급' 필드만으로 구성된 '급여' 폼을 작성하시오.

[따라하기]

❶ 탐색 창에서 '부서별 입사일' 쿼리를 선택하고 [만들기] 탭-[폼] 그룹-[폼 마법사]를 클릭한다.

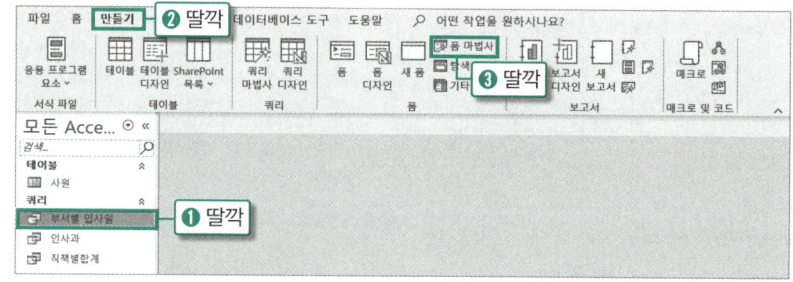

❷ [폼 마법사] 대화상자가 나타나면 '사용 가능한 필드'에서 '사번', '성명', '직책', '기본급' 필드를 > 단추를 클릭하여 차례대로 '선택한 필드'로 이동하고 [다음] 단추를 클릭한다.

■ [폼 마법사] 대화상자의 활용

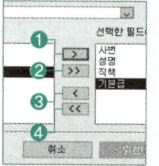

❶ '사용 가능한 필드'에서 선택한 필드를 '선택한 필드'로 이동
❷ '사용 가능한 필드'의 모든 필드를 '선택한 필드'로 이동
❸ '선택한 필드'에서 선택한 필드를 '사용 가능한 필드'로 이동
❹ '선택한 필드'의 모든 필드를 '사용 가능한 필드'로 이동

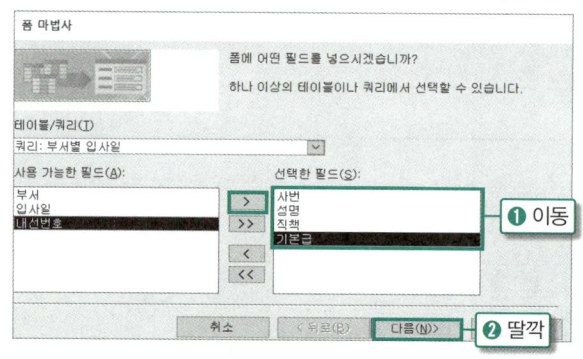

❸ 폼의 모양에서 '열 형식'을 선택하고 [다음] 단추를 클릭한다.

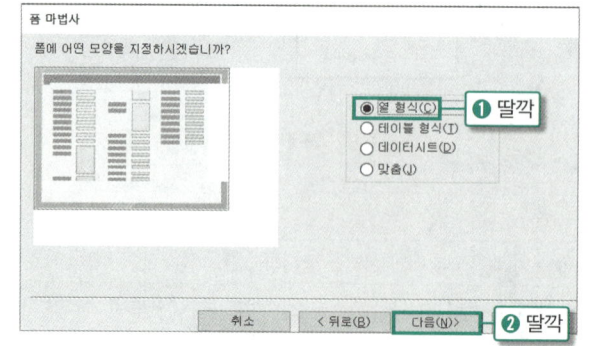

❹ 폼의 제목에 '급여'를 입력하고 [마침] 단추를 클릭한다.

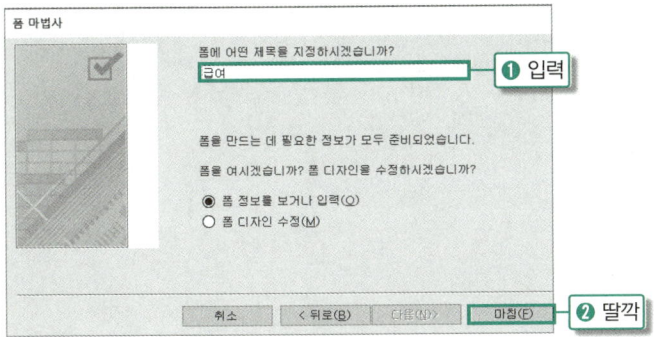

❺ '급여' 폼이 생성되면 탐색 단추와 검색 박스를 이용하여 데이터를 입력하거나 조회 및 편집 작업을 할 수 있다.

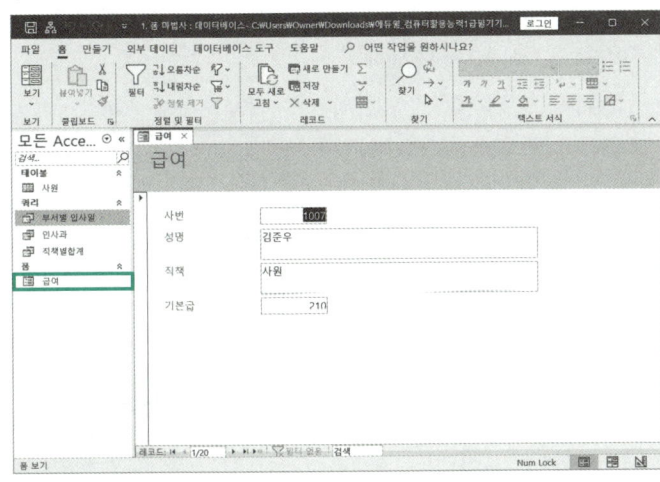

개념 플러스	폼의 모양
열(컬럼) 형식	가장 일반적인 형식으로, 각 필드가 왼쪽의 레이블과 함께 각 행에 표시되는 형식
테이블 형식	각 레코드의 필드들이 한 줄에 나타나며, 레이블은 폼의 맨 위에 한 번 표시되는 형식
데이터시트	레코드는 행으로, 필드는 열로 표시되는 형식
맞춤	필드 내용에 따라 각 필드를 균형 있게 배치하는 형식

| 열 형식

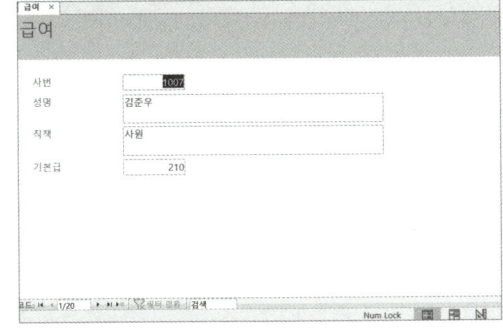

| 테이블 형식

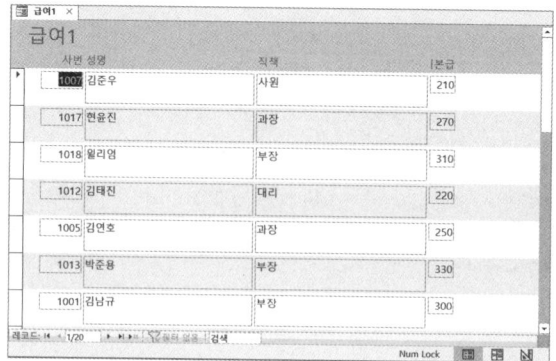

| 데이터시트

| 맞춤

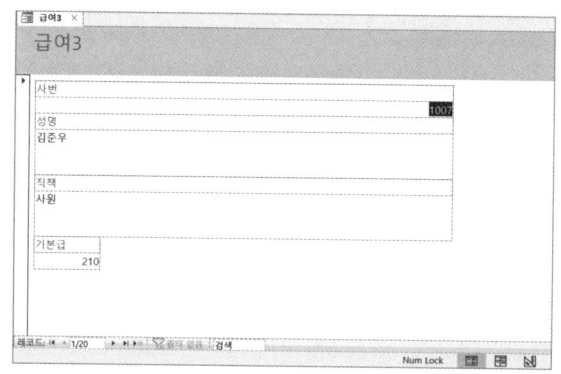

(2) 폼 디자인 이용

실습으로 개념끝 ❷ 에듀윌_컴퓨터활용능력1급필기기본서_실습으로개념끝\3과목\Chapter4_2.폼디자인.accdb

'사원' 테이블을 이용하여 '사번', '성명', '부서', '직책' 필드만으로 구성된 '인사' 폼을 작성하시오.

따라하기

❶ [만들기] 탭-[폼] 그룹-[폼 디자인]을 클릭한다.

❷ [양식 디자인] 탭-[도구] 그룹-[기존 필드 추가]를 클릭하여 '필드 목록'을 표시하고 '모든 테이블 표시'를 클릭한다.

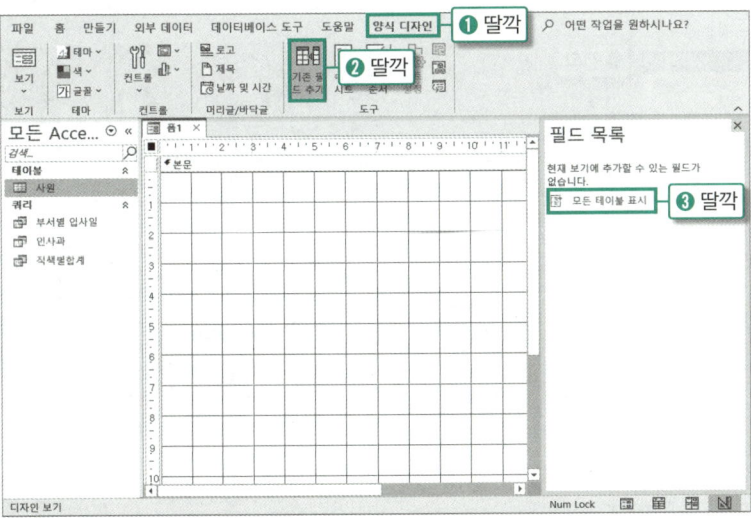

❸ '필드 목록' 창에서 '사원' 테이블의 필드를 폼 디자인 창으로 드래그한다.

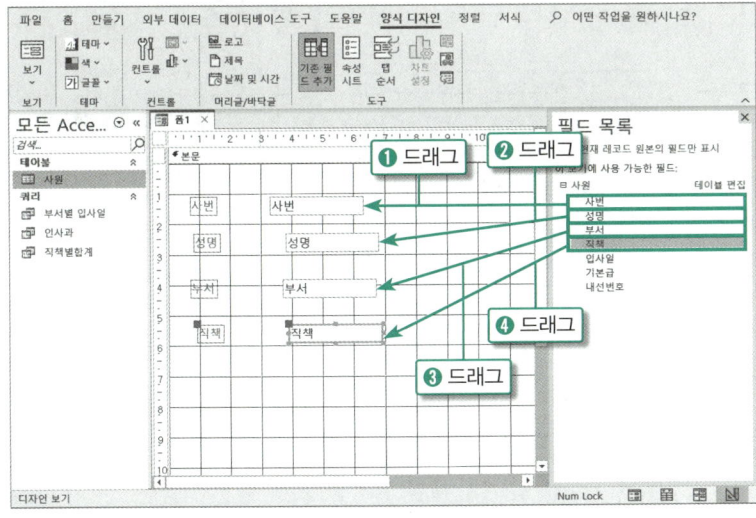

(3) 자동 폼 이용

- 폼의 원본으로 사용할 테이블이나 쿼리를 선택하면 폼을 자동으로 작성한다.
- 자동 폼을 작성하면 원본 테이블이나 쿼리의 필드와 레코드가 모두 표시된다.
- 폼이 작성되면 레이아웃 보기 상태로 표시되며 폼의 디자인을 변경할 수 있다.

실습으로 개념끝 ❸   에듀윌_컴퓨터활용능력1급필기기본서_실습으로개념끝\3과목\Chapter4_3.자동폼.accdb

'사원' 테이블을 이용하여 자동 폼을 작성하시오.

따라하기

❶ 탐색 창에서 '사원' 테이블을 선택하고 [만들기] 탭-[폼] 그룹-[폼]을 클릭한다.

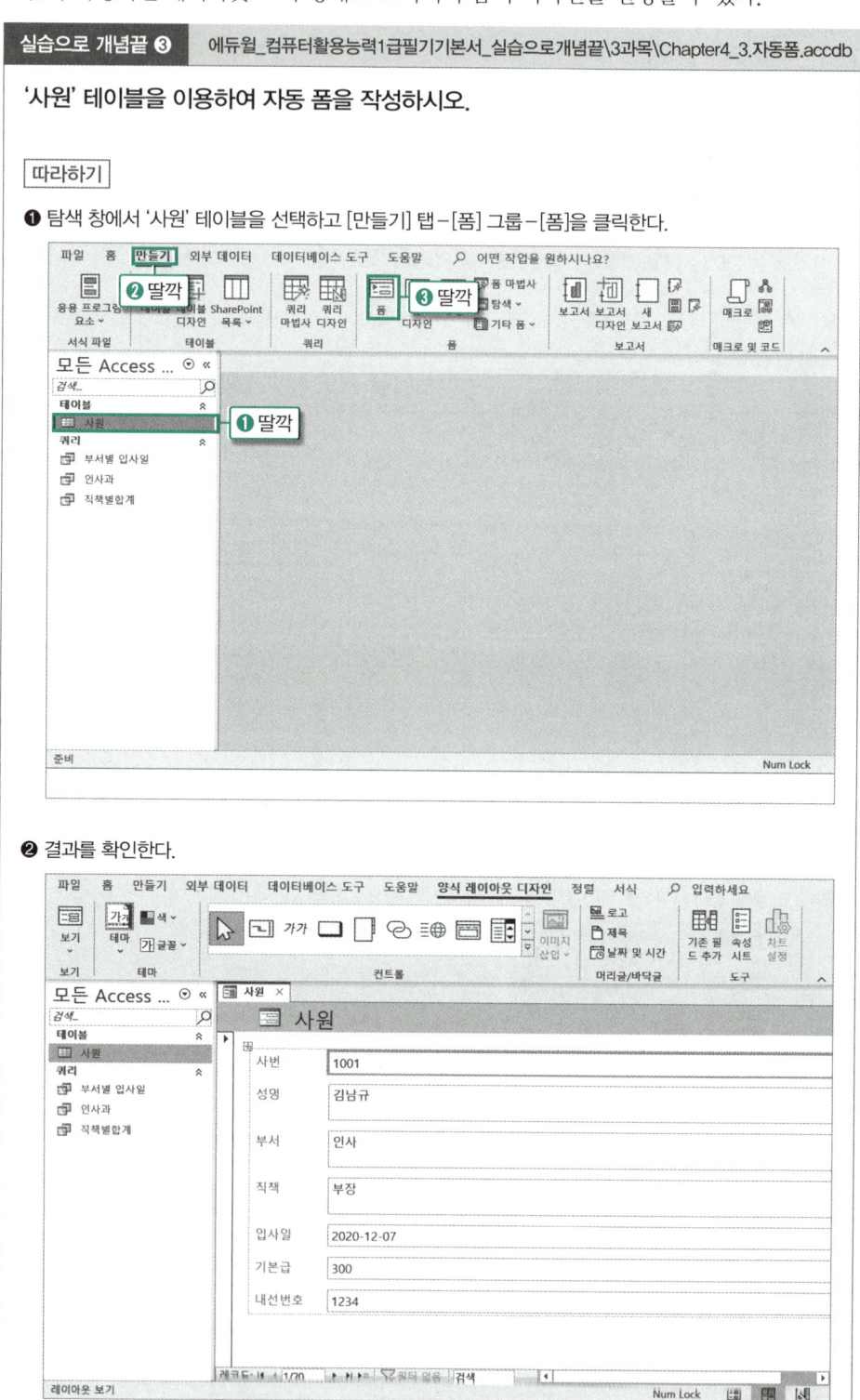

❷ 결과를 확인한다.

04 폼 보기 형식

- 폼의 보기 형식은 디자인 보기, 폼 보기, 레이아웃 보기가 있다.
- [양식 디자인] 탭-[보기] 그룹-[보기]에서 보기 형식을 선택한다.

(1) 디자인 보기

- 폼을 작성하고 수정할 수 있는 보기 형식이다.
- 컨트롤을 추가할 수 있지만, 데이터의 입력, 수정, 삭제는 불가능하다.

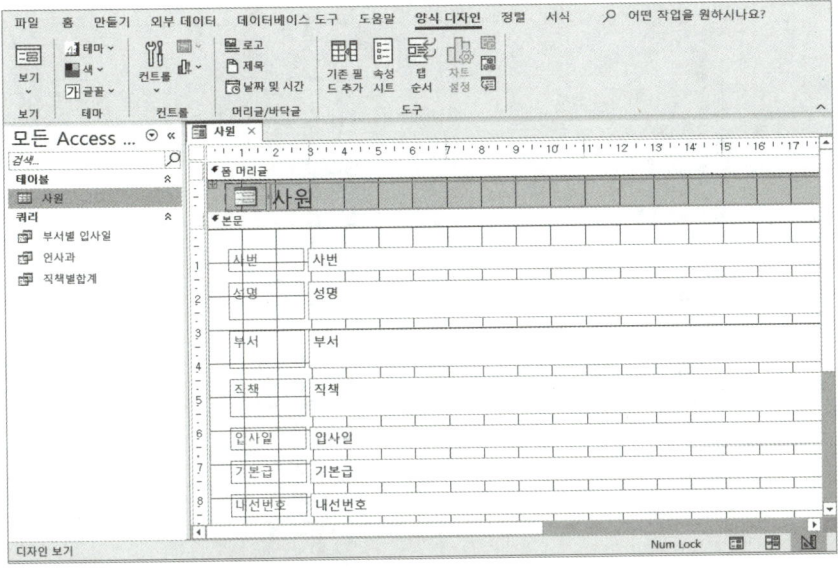

(2) 폼 보기

- 설계된 폼의 결과를 볼 수 있는 보기 형식이다.
- 데이터의 입력, 수정, 삭제 등이 가능하고, 컨트롤은 추가할 수 없다.

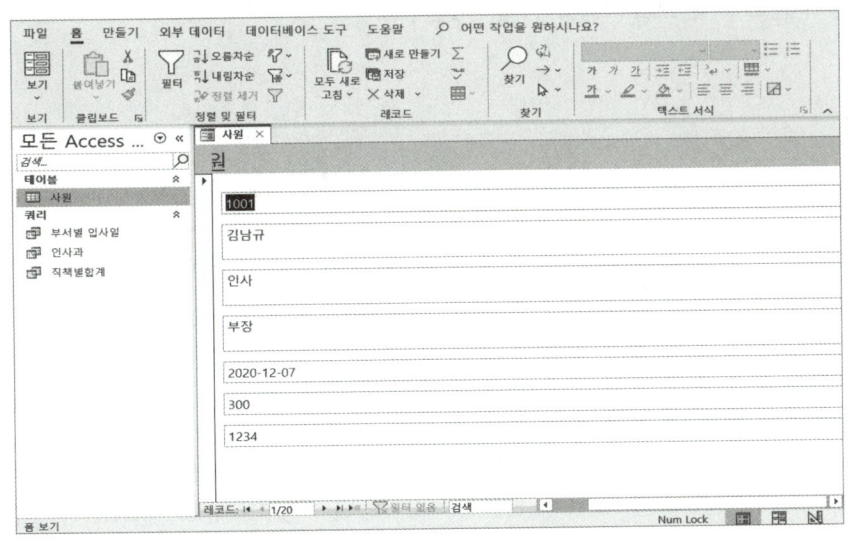

■ 폼 하단의 [새(빈) 레코드(▶*)]를 클릭하여 새 레코드를 추가할 수 있다.

(3) 레이아웃 보기

- [폼 보기]와 [디자인 보기]를 혼합한 형태의 보기 형식이다.
- 컨트롤의 크기를 조절하고, 이동 가능하며, 제한적 컨트롤만 사용할 수 있다.

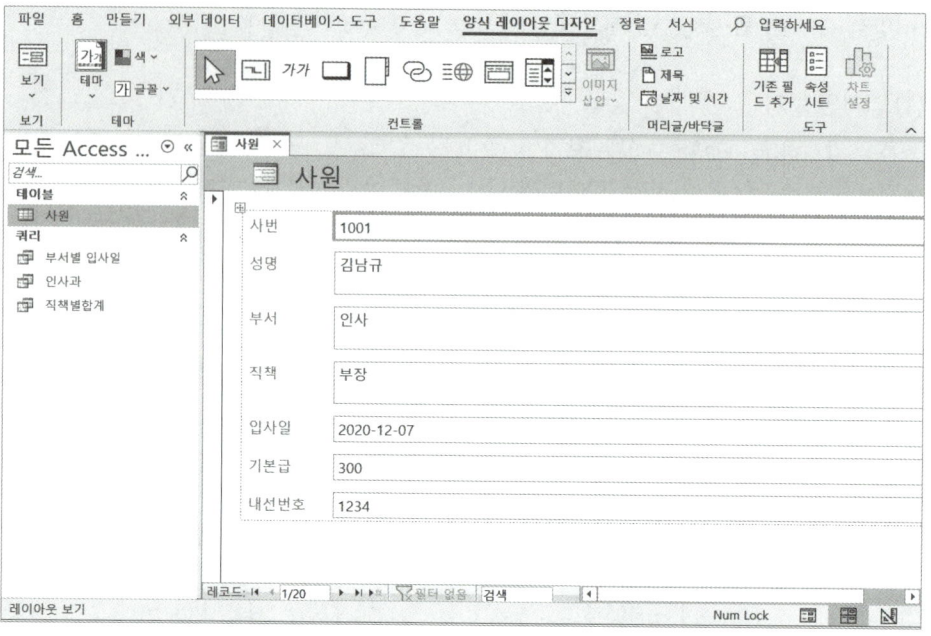

Warming UP 기출로 개념 확인

01

다음 중 폼의 레코드 원본으로 사용할 수 없는 것은?

① 테이블
② 쿼리
③ SQL문
④ 매크로

02 또 나올 문제

다음 중 폼에 대한 설명으로 옳지 않은 것은?

① 모든 폼은 기본적으로 테이블이나 쿼리와 연결되어 표시되는 바운드 폼이다.
② 폼 내에서 단추를 눌렀을 때 매크로와 모듈이 특정 기능을 수행하도록 할 수 있다.
③ 일대다 관계에 있는 테이블이나 쿼리는 폼 안에 하위 폼을 작성할 수 있다.
④ 폼과 컨트롤의 속성은 [디자인 보기] 형식에서 [속성] 시트를 이용하여 설정한다.

바로 보는 해설

01
폼은 테이블이나 쿼리, SQL문 등을 레코드 원본으로 사용하며, 매크로는 폼의 레코드 원본으로 사용할 수 없다.

02
모든 폼은 기본적으로 테이블이나 쿼리가 연결되지 않은 언바운드 폼으로 만들어지며, 폼의 레코드 원본 속성에 테이블이나 쿼리를 지정해야 바운드 폼이 된다.

| 정답 | 01 ④ 02 ①

| 빈출개념 |　#[형식] 탭　#[데이터] 탭　#[기타] 탭

개념끝 099 폼 속성

기출빈도

01 폼 속성 개요

- 폼의 형식, 데이터, 이벤트 등 폼과 관련된 전반적인 사항을 정의하는 기능이다.
- 폼의 속성은 [디자인 보기]에서 설정할 수 있다.
- 폼 전체에 대한 속성과 각 구역에 대한 속성을 설정할 수 있다.
- 폼의 속성은 형식, 데이터, 이벤트, 기타로 분류된다.
- [모두] 탭에는 모든 속성이 표시된다.

결정적 힌트

폼에 대한 전반적인 사항을 정의하기 위해서는 폼 속성을 이해해야 합니다. 자주 출제되는 부분이지만 폼 속성에는 너무나 많은 항목들이 있으므로 시험에 잘 출제되는 부분을 중심으로 학습하는 요령이 필요합니다.

02 속성 시트 창 열기

방법1	[양식 디자인] 탭-[도구] 그룹-[속성 시트] 선택
방법2	• 폼 속성 시트 창: 폼 선택기나 폼의 여백을 더블클릭 • 구역 속성 시트 창: 구역 선택기를 더블클릭
방법3	바로 가기 메뉴의 [속성] 선택
방법4	F4 나 Alt + Enter

■ 속성 시트 창이 열린 상태에서 다른 개체를 클릭하면 선택한 개체의 속성 시트 창으로 변경된다.

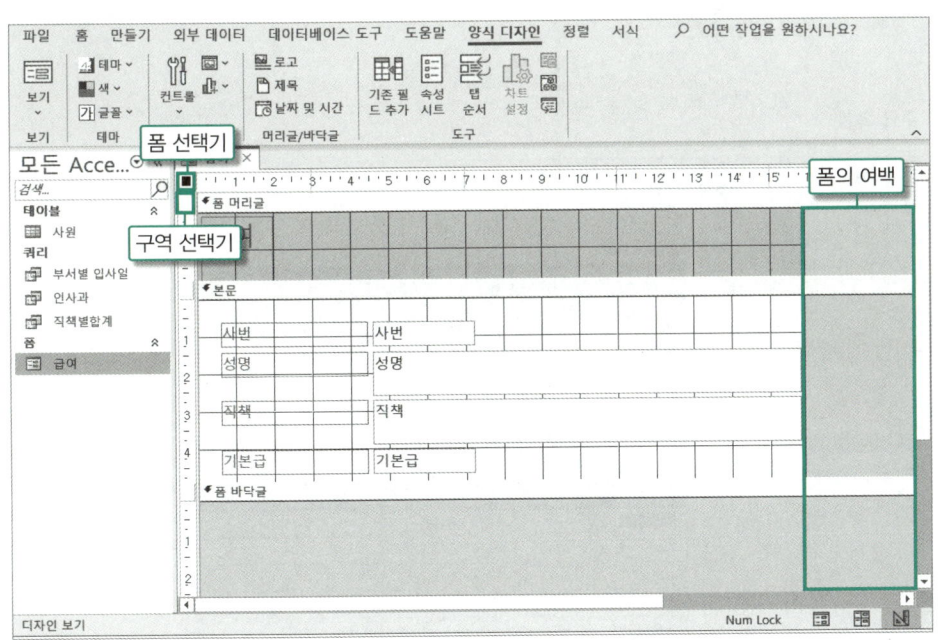

03 폼의 주요 속성

(1) [형식] 탭

폼 화면에 대한 속성을 설정한다.

| 주요 속성

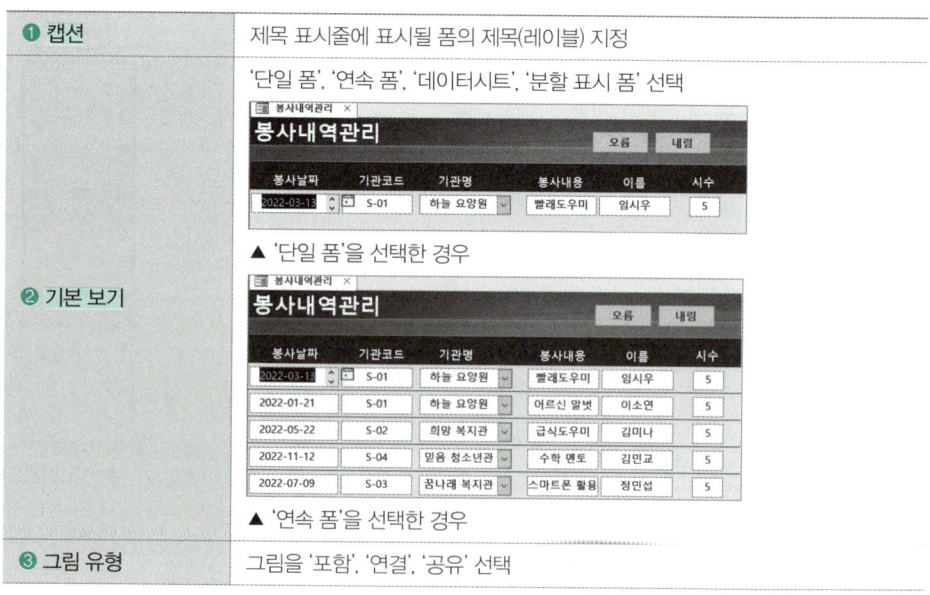

❹ 그림	폼의 배경 그림 지정
❺ 그림 크기 조정 모드	이미지를 확대하거나 축소
❻ 자동 가운데 맞춤	폼 실행 시 창의 가운데에 표시 여부 지정
❼ 자동 크기 조정	모든 레코드가 표시되도록 자동 크기 조절 여부 지정
❽ 테두리 스타일	폼의 테두리 스타일을 지정하며, '없음', '가늘게', '조정 가능', '대화 상자' 선택
❾ 레코드 선택기	레코드 선택기의 표시 여부 지정
❿ 탐색 단추	탐색 단추의 표시 여부 지정
⓫ 스크롤 막대	스크롤 막대의 표시 여부 지정
⓬ 컨트롤 상자	제목 표시줄에 조절 메뉴 상자와 제어 상자의 표시 여부 지정
⓭ 닫기 단추	닫기 단추의 표시 여부 지정
⓮ 최소화/최대화 단추	최소화/최대화 단추의 표시 여부 지정

▼ 테두리 스타일
- 없음: 폼 테두리, 제목 표시줄 및 컨트롤 상자가 없으며, 크기 조정 불가능
- 가늘게: 폼 테두리, 제목 표시줄 및 컨트롤 상자가 있으며, 크기 조정 불가능
- 조정 가능: 폼 테두리, 제목 표시줄 및 컨트롤 상자가 있으며, 크기 조정 가능
- 대화 상자: 폼 테두리, 제목 표시줄 및 닫기 단추만 있으며, 크기 조정 불가능

▼ 레코드 선택기

▼ 탐색 단추

(2) [데이터] 탭

폼에 연결된 테이블이나 쿼리에 대한 속성을 설정한다.

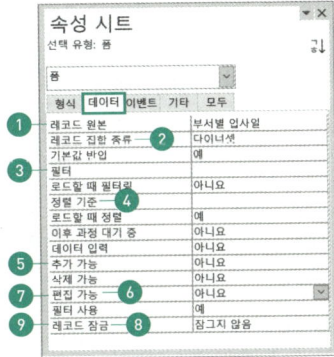

| 주요 속성

❶ 레코드 원본	폼에 연결할 테이블이나 쿼리, SQL 지정
❷ 레코드 집합 종류	• 스냅숏: 원본 테이블의 업데이트는 안 되고 조회만 가능(편집 불가) • 다이너셋: 레코드 집합을 변경하면 테이블이 업데이트됨(편집 가능)
❸ 필터	특정 기준에 따른 필터 지정
❹ 정렬 기준	레코드를 정렬할 기준 지정
❺ 추가 가능	레코드 추가, 삭제, 편집 가능 여부 지정
❻ 삭제 가능	
❼ 편집 가능	
❽ 필터 사용	필터의 사용 여부 지정
❾ 레코드 잠금	동시에 같은 레코드를 편집할 때 레코드를 잠그는 방법을 지정 • 잠그지 않음: 기본값으로, 레코드 편집 작업이 완료되기 전에 다른 사용자가 레코드를 변경할 수 있음 • 모든 레코드: 모든 레코드를 다른 사용자가 편집할 수 없음 • 편집한 레코드: 한 번에 한 사람만 레코드를 편집할 수 있음

(3) [기타] 탭

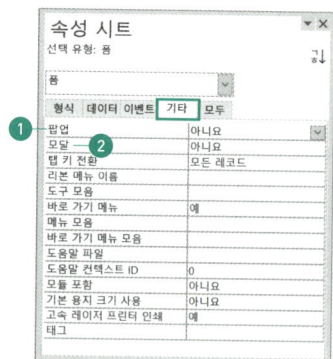

| 주요 속성

❶ 팝업	폼을 팝업 형식으로 표시할지의 여부 선택
❷ 모달	'예'를 선택하면 폼이 열려있는 경우 다른 화면을 선택할 수 없음

▼ 모달 폼(Modal Form)
모달 폼이 실행된 상태에서는 다른 폼이나 개체를 선택할 수 없으므로 다른 개체로 이동하려면 반드시 모달 폼을 닫아야 한다.

실습으로 개념끝 ❹   에듀윌_컴퓨터활용능력1급필기기본서_실습으로개념끝\3과목\Chapter4_4.폼디자인편집.accdb

'급여' 폼을 아래의 지시 사항에 맞게 편집하시오.

▶ 폼 보기 형식을 '연속 폼'으로 변경하고 캡션을 '사원리스트'로 변경
▶ 레코드 검색만 가능하고 입력, 추가, 삭제, 변경할 수 없게 설정

따라하기

❶ 탐색 창의 '급여' 폼에서 마우스 오른쪽 단추를 클릭하고 바로가기 메뉴에서 [디자인 보기]를 선택한다.

❷ 폼 전체에 대한 [속성 시트] 창을 나타내기 위해 ■ 단추를 더블클릭한다.

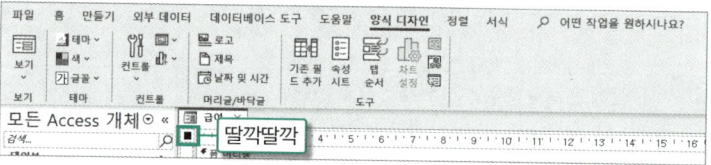

❸ [속성 시트] 창의 [형식] 탭에서 '캡션'에 '사원리스트'를 입력하고 '기본 보기'에서 '연속 폼'을 선택한다.

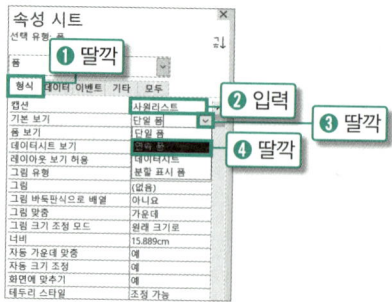

❹ [속성 시트] 창의 [데이터] 탭에서 '데이터 입력', '추가 가능', '삭제 가능', '편집 가능'을 모두 '아니요'로 선택한다.

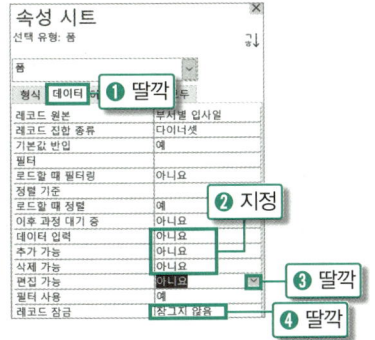

❺ [양식 디자인] 탭-[보기] 그룹-[보기]를 클릭하고 [폼 보기]를 선택한다.

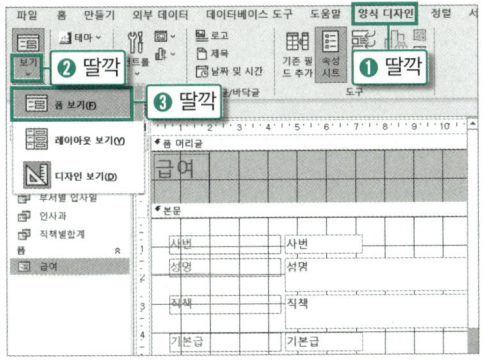

❻ 결과를 확인한다.

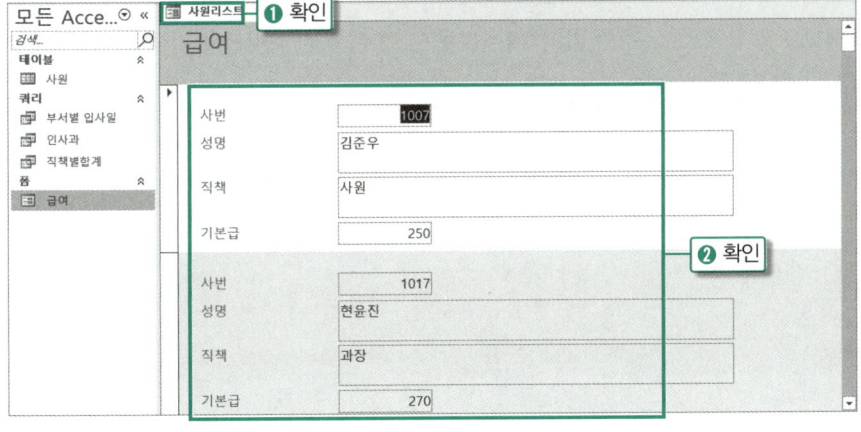

바로 보는 해설

01
모달 속성이 설정되면 폼이 열려있을 경우 다른 화면을 선택할 수 없다.

02
| 오답 피하기 |
① '모달' 속성에 대한 설명이다.
③ '그림 크기 조정 모드' 속성에 대한 설명이다.
④ 레코드 집합의 종류가 '다이너셋'인 경우 업데이트가 가능하다.

03
폼의 제목 표시줄에 표시되는 텍스트는 '캡션' 속성을 이용하여 변경할 수 있다.

| 정답 | 01 ① 02 ② 03 ②

Warming UP 기출로 개념 확인

01 또 나올 문제

다음 중 폼의 모달 속성에 관한 설명으로 옳지 않은 것은?

① 폼이 열려있는 경우 다른 화면을 선택할 수 있다.
② VBA 코드를 이용하여 대화상자의 모달 속성을 지정할 수 있다.
③ 폼이 모달 대화상자이면 [디자인 보기]로 전환 후 [데이터 시트 보기]로 전환이 가능하다.
④ 사용자 지정 대화상자의 작성이 가능하다.

02

다음 중 폼의 속성에 대한 설명으로 옳은 것은?

① 팝업 속성을 설정하면 포커스를 다른 개체로 이동하기 위해서는 반드시 폼을 닫아야 한다.
② '레코드 잠금' 속성의 기본값은 '잠그지 않음'이며, 이 경우 레코드 편집 작업이 완료되기 전에 다른 사용자가 레코드를 변경할 수 있다.
③ 그림 맞춤 속성은 폼의 크기가 이미지의 원래 크기와 다른 경우 다양한 확대/축소 유형을 선택할 수 있다.
④ 레코드 집합 종류 속성의 값이 '다이너셋'인 경우 원본 테이블의 업데이트는 안 되며, 조회만 가능하다.

03

다음 중 폼 작성 시 속성 설정에 대한 설명으로 옳지 않은 것은?

① 폼은 데이터의 입력, 편집 작업 등을 위한 사용자와의 인터페이스로 테이블, 쿼리, SQL문 등을 '레코드 원본' 속성으로 지정할 수 있다.
② 폼의 제목 표시줄에 표시되는 텍스트는 '이름' 속성을 이용하여 변경할 수 있다.
③ 폼의 보기 형식은 '기본 보기' 속성에서 단일 폼, 연속 폼, 데이터시트, 분할 표시 폼 중 선택할 수 있다.
④ 이벤트의 작성을 위한 작성기는 식 작성기, 매크로 작성기, 코드 작성기 중 선택할 수 있다.

개념끝 100 컨트롤 사용

01 컨트롤(Control)의 개념

- 폼이나 보고서를 구성하는 텍스트 상자, 레이블, 단추, 콤보 상자 등의 그래픽 개체를 의미한다.
- 컨트롤은 [디자인 보기(🔲)] 상태에서 마법사를 이용하여 손쉽게 작성할 수 있다.
- 컨트롤 이름은 중복 설정이 불가능하다.
- 레이블이나 명령 단추 등의 컨트롤은 특정 필드에 바운드시킬 수 없다.
- 하나의 필드를 여러 개의 컨트롤에 바운드시킬 수 있다.
- 필드 목록에서 특정 필드를 폼으로 드래그하면 자동으로 해당 필드에 바운드된다.
- 계산 컨트롤에는 사용자가 값을 입력할 수 없다.

> **결정적 힌트**
> 컨트롤은 폼에 필수적인 구성 요소이므로 자주 출제되는 부분입니다. 컨트롤의 개념, 컨트롤의 종류와 각각의 특징을 잘 이해해야 합니다.

컨트롤의 분류

바운드 컨트롤	테이블이나 쿼리의 필드가 컨트롤 원본으로 연결된 컨트롤
언바운드 컨트롤	테이블이나 쿼리의 필드가 컨트롤 원본으로 연결되지 않은 컨트롤
계산 컨트롤	원본 컨트롤로 식을 사용하는 컨트롤

02 컨트롤의 종류

[디자인 보기]에서 [양식 디자인] 탭-[컨트롤] 그룹에서 컨트롤을 추가할 수 있다.

레이블(가가)	제목이나 캡션 등과 같이 고정된 텍스트를 표시하는 컨트롤
텍스트 상자(□)	폼이나 보고서에서 데이터를 표시하거나 편집할 수 있는 컨트롤
단추(□)	명령 단추 마법사를 이용하여 특정 매크로 함수를 실행할 수 있음
콤보 상자(▤)	• 제공된 항목에서 한 개의 값을 선택할 수 있거나 값을 직접 입력할 수 있는 컨트롤 • 드롭다운 화살표를 클릭하기 전까지는 목록이 숨겨진 형태로 표시
목록 상자(▤)	• 제공된 항목에서 여러 개의 값을 선택할 수 있지만, 직접 입력할 수 없는 컨트롤 • 여러 개의 데이터 행으로 구성되며, 몇 개의 행을 항상 표시하는 형태로 표시
선/사각형(╲, □)	선이나 사각형을 그릴 때 사용하는 컨트롤
옵션 그룹(ꗃ)	확인란(☑), 옵션 단추(◉), 토글 단추(▤)를 하나의 그룹으로 지정하여 사용하는 컨트롤
토글 단추(▤)	'Yes'나 'No' 중 하나를 선택할 수 있는 컨트롤
확인란(☑)	• 여러 개의 값 중 하나 이상을 선택할 수 있는 컨트롤 • 'Yes /No' 필드를 추가하면 기본적으로 '확인란' 컨트롤이 삽입됨
옵션 단추(◉)	여러 개의 값 중 하나를 선택할 수 있는 컨트롤

▼ **옵션 그룹**
- 필드 크기가 정수인 숫자 데이터 형식이나 '예/아니요'로 설정된 필드에 설정한다.
- 원하는 값을 클릭하여 쉽게 내용을 선택한다.
- 몇 개의 컨트롤을 그룹으로 하여 제한된 선택 조합을 표시할 때 사용한다.

하위 폼/ 하위 보고서 (▥)	일대다 관계에 있는 테이블이나 쿼리 표시
이미지(▦)	그림을 표시하는 컨트롤
첨부 파일(◫)	첨부 파일을 삽입할 때 사용하는 컨트롤

03 컨트롤 만들기

(1) 레이블

- 제목이나 캡션 등과 같이 고정된 텍스트를 표시하는 컨트롤로 필드나 식의 값을 표시할 수 없다.
- 레이블은 마법사를 이용해서 만들 수 없다.
- 레이블 컨트롤을 작성한 후 내용을 입력하지 않으면 자동으로 사라진다.
- 언바운드 컨트롤로 다른 레코드로 이동해도 내용이 변경되지 않는다.
- 레이블은 탭 순서에서 제외된다.
- 레이블의 이름은 작성되는 순서대로 Label0, Label1, Label2, …로 부여된다.

> **예 레이블 컨트롤 작성**
>
> [디자인 보기]에서 [양식 디자인] 탭-[컨트롤] 그룹-[레이블]을 클릭하고 원하는 크기로 드래그한 후 내용을 입력한다.
>
>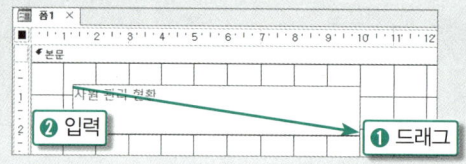

(2) 텍스트 상자

- 바운드 컨트롤, 언바운드 컨트롤, 계산 컨트롤 모두 사용할 수 있다.
- 바운드 텍스트 상자는 컨트롤 원본 속성이 테이블의 필드명으로 지정된 것으로 필드 목록을 이용하거나 언바운드 텍스트 상자를 작성한 후 컨트롤 원본 속성에 연결할 필드를 지정한다.
- 언바운드 텍스트 상자는 컨트롤 원본 속성이 비어있는 경우이다.
- 계산 텍스트 상자는 컨트롤 원본 속성이 식으로 입력된 것으로, 언바운드 텍스트 상자를 작성한 후 컨트롤 원본 속성에 계산식을 입력한다.
- 텍스트 상자의 컨트롤 원본 속성에는 필드명이나 계산식이 아닌 일반 텍스트를 입력하면 '#Name?' 오류가 발생한다.
- 텍스트 상자의 이름은 작성되는 순서대로 Text0, Text1, Text2, …로 부여된다.

실습으로 개념끝 ❺ 에듀윌_컴퓨터활용능력1급필기기본서_실습으로개념끝\3과목\Chapter4_5.텍스트상자.accdb

[텍스트 상자 마법사]를 이용하여 언바운드 텍스트 상자를 작성하시오.

> ■ [양식 디자인] 탭-[컨트롤] 그룹-[컨트롤 마법사]를 해제하면 [텍스트 상자 마법사]를 사용하지 않고 텍스트 상자를 작성할 수 있다.

|따라하기|

❶ '급여' 폼의 바로 가기 메뉴에서 [디자인 보기] 클릭 → [양식 디자인] 탭-[컨트롤] 그룹-[컨트롤]-[컨트롤 마법사 사용]이 선택된 상태에서 [양식 디자인] 탭-[컨트롤] 그룹-[텍스트 상자]를 클릭하고 원하는 크기로 드래그한다.

❷ [텍스트 상자 마법사] 대화상자에서 단계별 지시에 따라 텍스트 속성, 문자 입력 상태, 텍스트 상자 이름 등을 지정하고 [다음] 단추를 클릭한다.

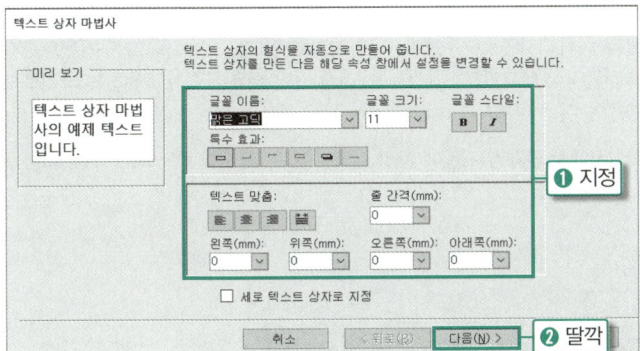

❸ 문자 입력 상태를 지정하고 [다음] 단추를 클릭한다.

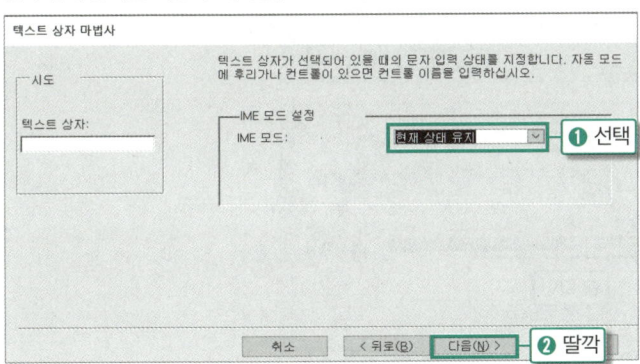

❹ 텍스트 상자의 이름을 지정하고 [마침] 단추를 클릭한다.

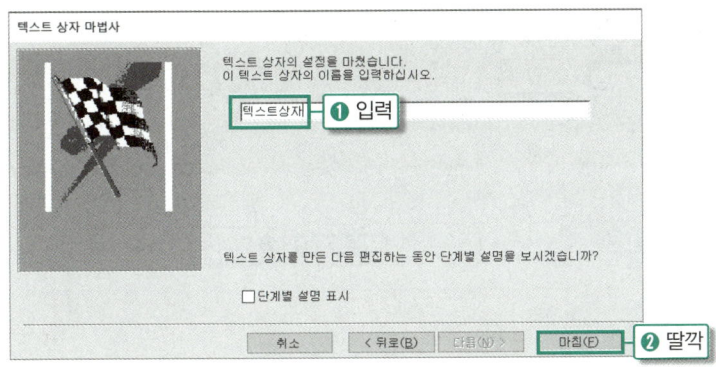

(3) 명령 단추

- 명령 단추에는 텍스트나 그림을 표시할 수 있다.
- 명령 단추의 이름은 작성되는 순서대로 Command0, Command1, Command2, …로 부여된다.

실습으로 개념끝 ⑥ 에듀윌_컴퓨터활용능력1급필기기본서_실습으로개념끝\3과목\Chapter4_6.명령단추.accdb

[명령 단추 마법사]를 이용하여 다음 레코드로 이동하는 명령 단추를 작성하시오.

따라하기

❶ '급여' 폼의 바로 가기 메뉴에서 [디자인 보기] 클릭 → [양식 디자인] 탭-[컨트롤] 그룹-[컨트롤 마법사 사용]이 선택된 상태에서 [양식 디자인] 탭-[컨트롤] 그룹-[단추]를 클릭하고 원하는 크기로 드래그한다.

❷ [명령 단추 마법사] 대화상자에서 단계별 지시에 따라 매크로 함수, 표시할 텍스트나 그림, 명령 단추의 이름을 지정한다.

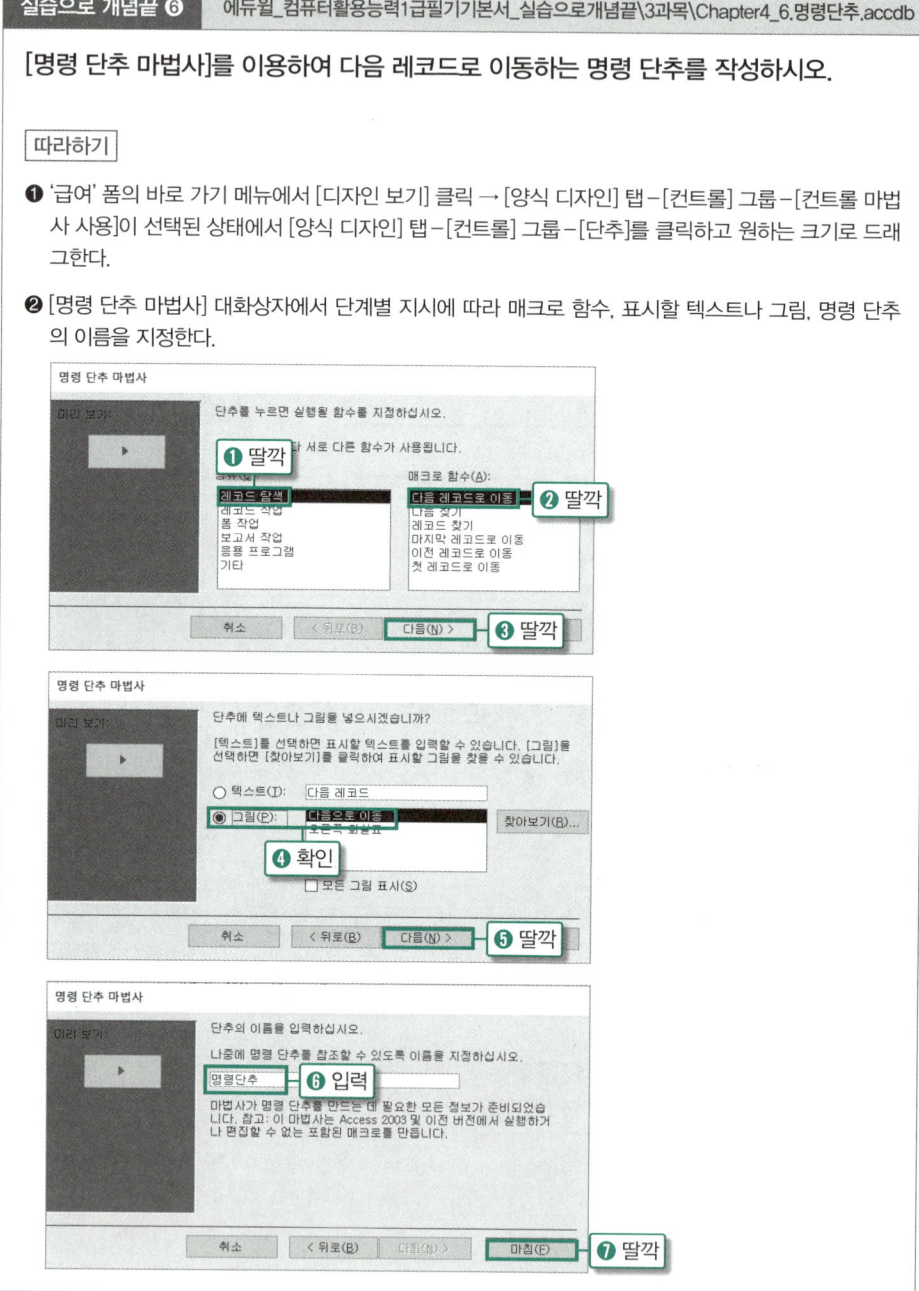

개념 플러스 [명령 단추 마법사]의 매크로 함수

종류	매크로 함수
레코드 탐색	다음 레코드로 이동, 다음 찾기, 레코드 찾기, 마지막 레코드로 이동, 이전 레코드로 이동, 첫 레코드로 이동
레코드 작업	레코드 삭제, 레코드 인쇄, 레코드 저장, 레코드 취소, 새 레코드 추가, 중복 레코드
폼 작업	폼 닫기, 폼 데이터 새로 고침, 폼 열기, 폼 인쇄, 폼 필터 적용, 폼 필터 편집, 현재 폼 인쇄
보고서 작업	메일로 보고서 보내기, 보고서 미리 보기, 보고서 열기, 보고서 인쇄, 파일에 보고서 보내기
응용 프로그램	응용 프로그램 끝내기
기타	매크로 실행, 전화 걸기, 쿼리 실행, 테이블 인쇄

(4) 콤보 상자와 목록 상자

콤보 상자와 목록 상자는 직접 작성하거나 마법사를 이용하여 작성할 수 있다.

▼ 콤보 상자

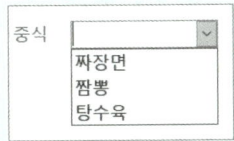

▼ 목록 상자

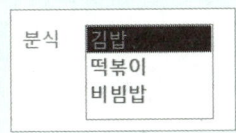

실습으로 개념끝 ❼ 에듀윌_컴퓨터활용능력1급필기기본서_실습으로개념끝\3과목\Chapter4_7.콤보상자.accdb

[콤보 상자 마법사]를 이용하여 [사원] 테이블의 '부서'를 선택하는 콤보 상자를 작성하시오.

따라하기

❶ '급여' 폼의 바로 가기 메뉴에서 [디자인 보기] 클릭 → [양식 디자인] 탭-[컨트롤] 그룹-[컨트롤 마법사 사용]이 선택된 상태에서 [양식 디자인] 탭-[컨트롤] 그룹-[콤보 상자]를 클릭하고 원하는 크기로 드래그한다.

❷ [콤보 상자 마법사] 대화상자에서 표시될 목록값을 선택하고 [다음] 단추를 클릭한다.

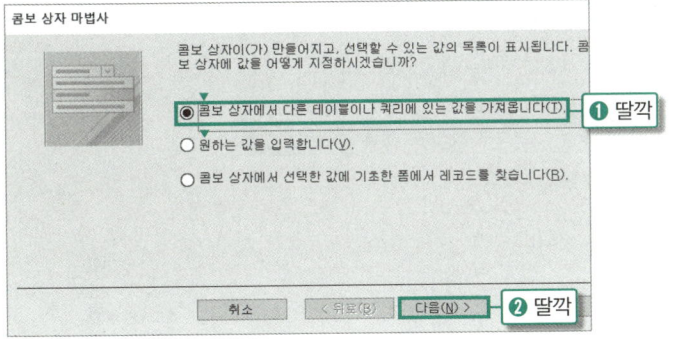

▼ 콤보 상자에서 다른 테이블이나 쿼리에 있는 값을 가져옵니다.
테이블이나 쿼리의 값을 원본으로 사용한다.

▼ 원하는 값을 입력합니다.
사용자가 직접 입력한 값을 목록으로 사용한다.

❸ 콤보 상자에 연결할 테이블이나 쿼리를 선택하고 [다음] 단추를 클릭한다.

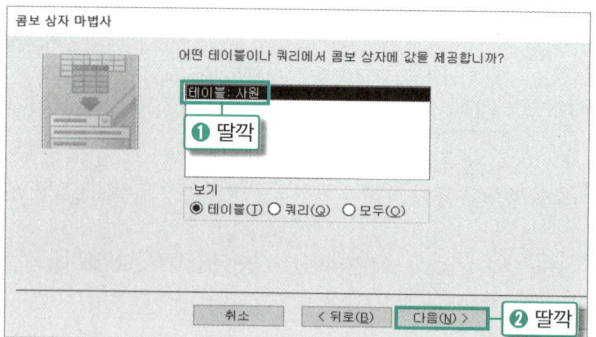

❹ 콤보 상자에 사용할 필드를 선택하고 '부서'를 입력한 후 [다음] 단추를 클릭한다.

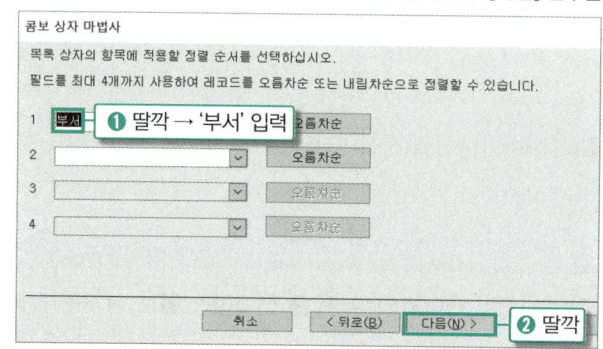

❺ 필드의 정렬 순서를 선택하고 [다음] 단추를 클릭한다.

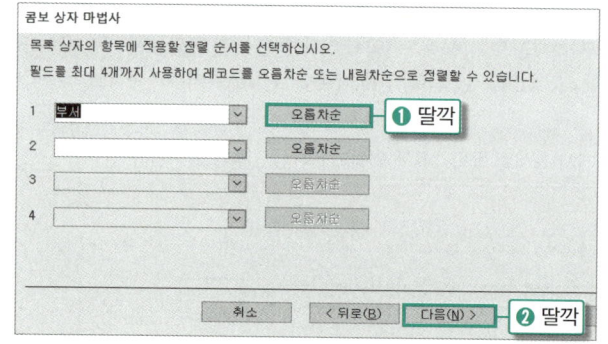

❻ 콤보 상자의 열 너비를 지정하고 [다음] 단추를 클릭한다.

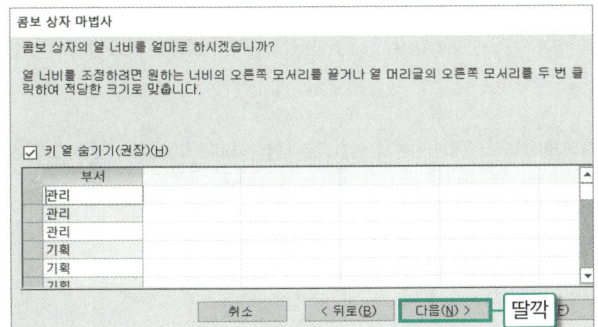

❼ '나중에 사용하도록 값을 보관합니다'를 선택한 후 [다음] 단추를 클릭한다.

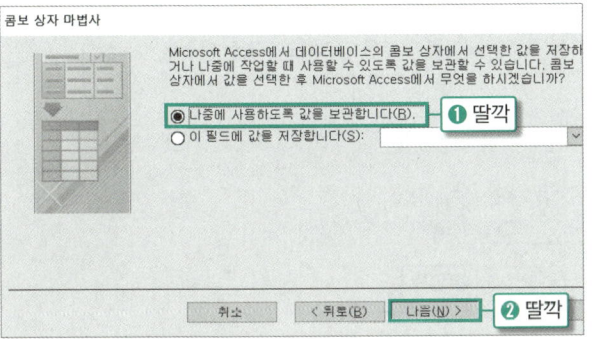

❽ 콤보 상자의 레이블을 지정하고 [마침] 단추를 클릭한다.

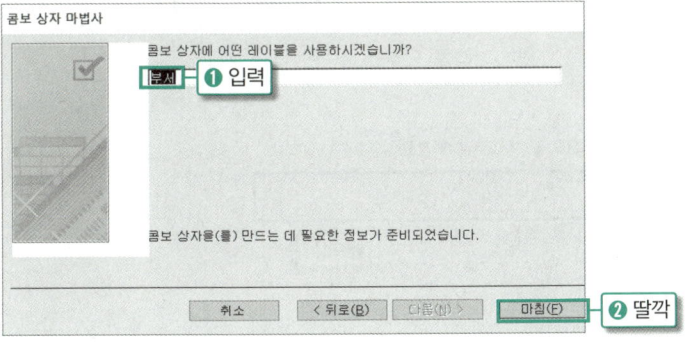

(5) 옵션 그룹

- 옵션 단추, 확인란, 토글 단추 중 하나를 선택할 수 있다.
- 옵션 그룹의 이름은 작성되는 순서대로 Frame0, Frame1, Frame2, …로 부여된다.

실습으로 개념끝 ❽ 에듀윌_컴퓨터활용능력1급필기기본서_실습으로개념끝\3과목\Chapter4_8_옵션그룹.accdb

[옵션 그룹 마법사]를 이용하여 '컴퓨터활용능력' 옵션 그룹을 작성하시오.

따라하기

❶ '급여' 폼의 바로 가기 메뉴에서 [디자인 보기] 클릭 → [양식 디자인] 탭-[컨트롤] 그룹-[컨트롤 마법사 사용]이 선택된 상태에서 [디자인] 탭-[컨트롤] 그룹-[옵션 그룹]을 클릭하고 원하는 크기로 드래그한다.

❷ [옵션 그룹 마법사] 대화상자에서 사용할 레이블 이름을 입력하고 [다음] 단추를 클릭한다.

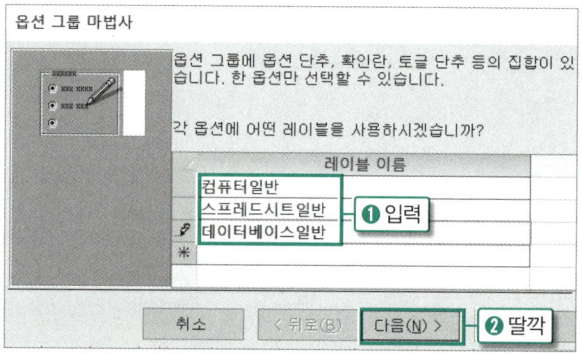

❸ 옵션이 기본적으로 선택될 값을 지정하고 [다음] 단추를 클릭한다.

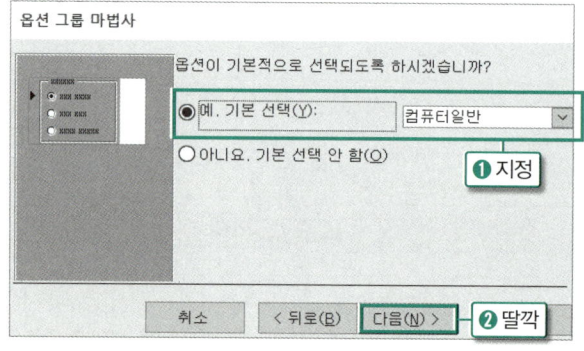

❹ 옵션에 할당할 값을 지정하고 [다음] 단추를 클릭한다.

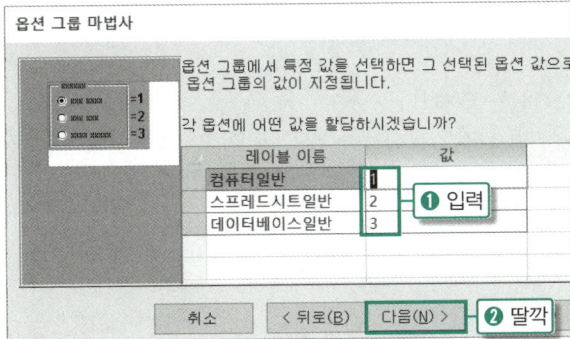

❺ '다음에 사용하기 위해 값을 저장'을 선택한 후 [다음] 단추를 클릭한다.

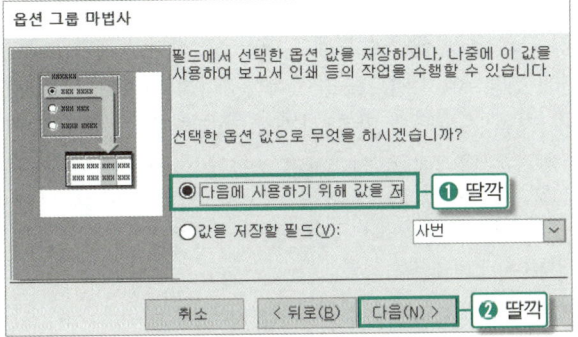

❻ 옵션 그룹에 사용할 컨트롤 종류와 스타일을 지정하고 [다음] 단추를 클릭한다.

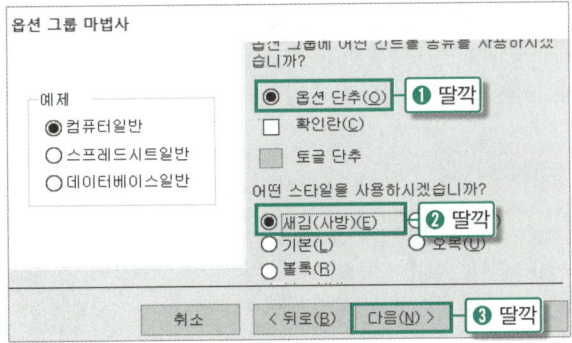

❼ 옵션 그룹의 이름을 입력하고 [마침] 단추를 클릭한다.

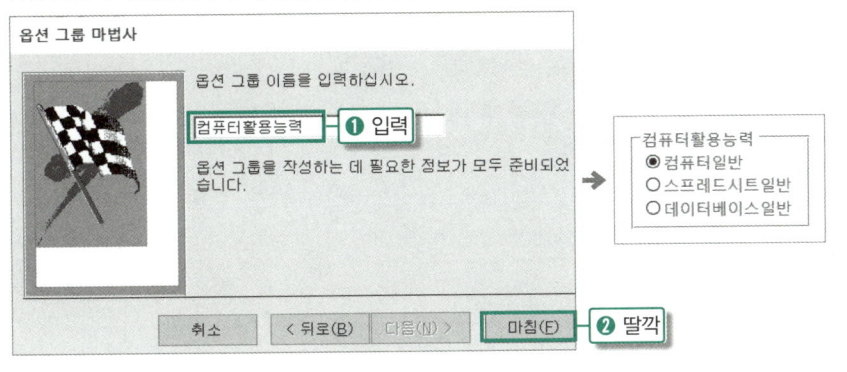

04 컨트롤의 사용

(1) 컨트롤의 선택

- 하나의 컨트롤 선택: 해당 컨트롤을 클릭한다.
- 여러 개의 컨트롤 선택: 하나의 컨트롤을 선택하고, [Shift]나 [Ctrl]을 누른 상태에서 다른 컨트롤을 선택한다.
- 모든 컨트롤 선택
  - 마우스로 모든 컨트롤이 포함되도록 드래그한다.
  - [Ctrl]+[A]를 누른다.
  - [서식] 탭의 선택 영역 그룹에서 '모두 선택'을 클릭한다.

■ 이동과 크기 조정 핸들

(2) 컨트롤의 크기 조정

- 하나의 컨트롤의 크기를 조정: 크기 조정 핸들을 드래그하여 조절한다.
- 여러 컨트롤의 크기를 한꺼번에 조정: 여러 컨트롤을 선택한 후 [정렬] 탭-[크기 및 순서 조정] 그룹-[크기/공간]에서 [자동], [눈금에 맞춤], [가장 긴 길이에], [가장 짧은 길이에], [가장 넓은 너비에], [가장 좁은 너비에]를 선택하여 조절한다.

자동	내용에 맞게 컨트롤 크기 조절
눈금에 맞춤	눈금을 사용하여 컨트롤 크기 조절
가장 긴 길이에	선택한 컨트롤 중 가장 긴 세로 길이로 모든 컨트롤 세로 길이를 조절
가장 짧은 길이에	선택한 컨트롤 중 가장 짧은 세로 길이로 모든 컨트롤 세로 길이를 조절
가장 넓은 너비에	선택한 컨트롤 중 가장 넓은 너비로 모든 컨트롤 너비를 조절
가장 좁은 너비에	선택한 컨트롤 중 가장 좁은 너비로 모든 컨트롤 너비를 조절

- 컨트롤의 크기를 세밀하게 조정: [Shift]를 누른 상태에서 방향키([→], [←], [↓], [↑])를 누른다.

■ 컨트롤과 레이블 함께 이동

컨트롤이나 레이블을 선택한 후 테두리에서 마우스 포인터가 이동 모양이 되면 해당 위치로 드래그한다.

■ 컨트롤과 레이블 따로 이동

컨트롤이나 레이블을 선택한 후 왼쪽 모서리에 있는 이동 핸들에서 마우스 포인터가 이동 모양이 되면 해당 위치로 드래그한다.

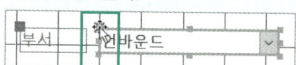

(3) 컨트롤의 복사와 이동

복사	• [홈] 탭-[클립보드] 그룹-[복사] → [홈] 탭-[클립보드] 그룹-[붙여넣기] 선택 • 복사 후 같은 구역에 붙여넣으면 복사한 컨트롤의 바로 아래쪽에 붙여넣기 됨 • 복사 후 다른 구역에 붙여넣으면 해당 구역의 왼쪽 위에 붙여넣기 됨
이동	• 컨트롤의 가장자리를 드래그하여 이동 • 세밀하게 이동: [Ctrl]을 누른 상태에서 방향키를 눌러 이동

(4) 맞춤

[정렬] 탭-[크기 및 순서 조정] 그룹-[맞춤]을 선택한다.

눈금에 맞춤	선택한 모든 컨트롤을 눈금에 맞춤
왼쪽	선택한 모든 컨트롤의 왼쪽 가장자리를 가장 왼쪽에 있는 컨트롤의 왼쪽 가장자리에 맞춤
오른쪽	선택한 모든 컨트롤의 오른쪽 가장자리를 가장 오른쪽에 있는 컨트롤의 오른쪽 가장자리에 맞춤
위쪽	선택한 모든 컨트롤의 위 가장자리를 가장 위쪽에 있는 컨트롤의 위 가장자리에 맞춤
아래쪽	선택한 모든 컨트롤의 아래 가장자리를 가장 아래쪽에 있는 컨트롤의 아래 가장자리에 맞춤

(5) 간격 조정

[정렬] 탭-[크기 및 순서 조정] 그룹-[크기/공간]에서 간격을 선택한다.

간격 같음	컨트롤의 간격을 동일하게 맞춤
간격 넓게	가장 넓은 간격을 기준으로 컨트롤의 간격을 동일하게 맞춤
간격 좁게	가장 좁은 간격을 기준으로 컨트롤의 간격을 동일하게 맞춤

 기출로 개념 확인

01

다음 중 폼이나 보고서에서 테이블이나 쿼리의 필드를 컨트롤 원본으로 사용하는 컨트롤을 의미하는 것은?

① 언바운드 컨트롤
② 바운드 컨트롤
③ 계산 컨트롤
④ 레이블 컨트롤

바로 보는 해설

01
| 오답 피하기 |
① 언바운드 컨트롤: 폼이나 보고서에서 테이블이나 쿼리의 필드를 컨트롤 원본으로 사용하지 않는 컨트롤이다.
③ 계산 컨트롤: 원본 데이터로 식을 사용하는 컨트롤이다.
④ 레이블 컨트롤: 제목이나 캡션, 설명 등과 같은 텍스트를 표시하는 컨트롤로, 다른 컨트롤에 덧붙일 수 있다.

| 정답 | 01 ②

02

목록 상자는 콤보 상자와 비슷한 컨트롤로, 목록의 데이터만 선택하여 사용할 수 있다.

| 오답 피하기 |
① 텍스트 상자: 폼이나 보고서의 원본으로 사용되는 데이터나 계산 결과를 표시하는 컨트롤이다.
② 레이블: 제목이나 캡션, 설명 등과 같은 텍스트를 표시하는 컨트롤이다.
③ 콤보 상자: 텍스트 상자와 목록 상자가 결합된 형태의 컨트롤로, 좁은 공간에서 매우 유용하다.

03

텍스트 상자는 기본적으로 언바운드 컨트롤로 작성된다. 텍스트 상자의 [속성 시트] 창을 열고 [데이터] 탭의 '컨트롤 원본' 속성에서 테이블 또는 쿼리의 필드를 지정하여 바운드 컨트롤로 사용할 수 있다.

04

| 오답 피하기 |
① 여러 개의 컨트롤들을 비순차적으로 선택하려면 [Ctrl]이나 [Shift]를 누른 채 원하는 컨트롤을 각각 클릭한다.
③ 맨 위에 위치한 컨트롤을 클릭한 후 마지막에 위치한 컨트롤을 [Shift]를 누른 채 클릭하면 맨 위와 마지막 컨트롤만 선택된다.
④ [Ctrl]+[A]를 누르면 폼의 모든 컨트롤이 선택된다.

05

| 오답 피하기 |
① 다른 구역에서 복사하여 붙여넣으면 붙여넣기 구역의 왼쪽 위에 붙여진다.
③ [Ctrl]을 누른 상태에서 방향키를 눌러 이동하면 컨트롤의 위치를 변경할 수 있다.
④ [Shift]를 누른 상태에서 방향키를 누르면 컨트롤의 크기를 변경할 수 있다.

| 정답 | 02 ④ 03 ② 04 ②
         05 ②

02

다음 중 제공된 항목에서만 값을 선택할 수 있으며 직접 입력할 수 <u>없는</u> 컨트롤은?

① 텍스트 상자
② 레이블
③ 콤보 상자
④ 목록 상자

03 또 나올 문제

다음 중 폼 작성 시 사용하는 컨트롤에 대한 설명으로 옳지 <u>않은</u> 것은?

① 레이블 컨트롤은 제목이나 캡션 등의 설명 텍스트를 표현하기 위해 많이 사용된다.
② 텍스트 상자는 바운드 컨트롤로 사용할 수 있으나 언바운드 컨트롤로는 사용할 수 없다.
③ 목록 상자 컨트롤은 여러 개의 데이터 행으로 구성되며, 대개 몇 개의 행을 항상 표시할 수 있는 크기로 지정되어 있다.
④ 콤보 상자 컨트롤은 선택 항목 목록을 보다 간단한 방식으로 나타내기 위해 드롭다운 화살표를 클릭하기 전까지는 목록이 숨겨져 있다.

04

다음 중 폼에서 컨트롤을 선택하는 방법에 대한 설명으로 옳은 것은?

① 여러 개의 컨트롤들을 비순차적으로 선택하려면 [Alt]를 누른 채 원하는 컨트롤을 각각 클릭한다.
② 일정 영역의 컨트롤들을 한 번에 모두 선택하려면 마우스로 선택할 컨트롤들이 다 포함되도록 해당 영역을 드래그 한다.
③ 정렬된 여러 개의 컨트롤들을 모두 선택하려면 맨 위에 위치한 컨트롤을 클릭한 후 마지막에 위치한 컨트롤을 [Shift]를 누른 채 클릭한다.
④ 본문 영역 내의 컨트롤들만 모두 선택하려면 [Ctrl]+[A]를 누른다.

05

다음 중 컨트롤의 이동과 복사 방법에 대한 설명으로 옳은 것은?

① 다른 구역에서 복사하여 붙여넣으면 붙여넣기 구역의 오른쪽 위에 붙여진다.
② 같은 구역 내에서 복사하여 붙여넣으면 복사한 컨트롤의 바로 아래에 붙여진다.
③ [Ctrl]을 누른 상태에서 이동하면 다른 컨트롤과 세로 및 가로 맞춤을 유지할 수 있다.
④ [Shift]를 누른 상태에서 방향키를 눌러 컨트롤의 위치를 변경할 수 있다.

| 빈출개념 | #[데이터] 탭 #[기타] 탭 #탭 순서

개념끝 101 컨트롤 속성

기출빈도

01 컨트롤 속성의 개념

- 컨트롤의 크기, 색상, 스타일, 동작, 이름 등과 같은 컨트롤의 속성을 지정한다.
- 컨트롤의 종류에 따라 표시되는 속성이 다르다.
- 컨트롤의 속성은 하나씩 지정할 수 있고, 여러 개의 컨트롤을 선택하여 한꺼번에 지정할 수도 있다.

> **결정적 힌트**
> 각각의 컨트롤도 모두 속성을 가지고 있으며, 컨트롤 속성도 폼 속성과 마찬가지로 너무나 많은 속성이 존재하므로 문제에 자주 출제되는 주요 속성을 위주로 학습하는 것이 좋습니다.

02 속성 시트 창 열기

컨트롤을 선택한 후 다음과 같은 방법으로 [속성 시트] 창을 연다.

방법1	[양식 디자인] 탭–[도구] 그룹–[속성 시트] 선택
방법2	컨트롤 더블클릭
방법3	바로 가기 메뉴의 [속성] 선택
방법4	F4 나 Alt + Enter

03 주요 속성

(1) [형식] 탭

형식	데이터의 표시 형식 지정
소수 자릿수	소수점 이하의 자릿수 지정
표시	화면에 컨트롤의 표시 여부 지정
배경 스타일	컨트롤을 투명하게 할 것인지 여부 지정
배경색	컨트롤의 배경색 지정
특수 효과	특수 효과(기본, 볼록, 오목, 새김(사방), 그림자, 새김(밑줄)) 지정
테두리 스타일	컨트롤 테두리를 나타내는 방법 지정
테두리 색	컨트롤의 테두리 색 지정

CHAPTER 4 폼 활용 • 155

테두리 두께	컨트롤의 테두리 두께 지정
글꼴 이름	컨트롤에 표시되는 글자의 글꼴 지정
글꼴 크기	컨트롤에 표시되는 글자의 크기 지정
글꼴 두께	컨트롤에 표시되는 글자의 두께 지정
글꼴 기울임꼴	컨트롤에 표시되는 글자의 기울임꼴 여부 지정
글꼴 밑줄	컨트롤에 표시되는 글자의 밑줄 여부 지정
텍스트 맞춤	'일반', '왼쪽', '가운데', '오른쪽', '배분' 형식으로 텍스트 맞춤
캡션	컨트롤에 표시되는 텍스트 지정
줄 간격	줄 간격 지정
열 개수	콤보 상자 컨트롤과 목록 상자 컨트롤에 표시할 열의 개수, 열의 너비 지정
열 너비	
행 수	콤보 상자의 행 개수로 최대 255개까지 가능하며, 실제 행 수가 지정된 행 개수를 초과하면 스크롤바가 표시됨
중복 내용 숨기기	컨트롤의 값이 이전 컨트롤 값과 동일할 경우 데이터를 숨기는 기능으로 보고서에서 사용
확장 가능	컨트롤에 표시될 데이터를 모두 볼 수 있도록 컨트롤 세로 길이의 확장 및 축소 가능 여부 지정
축소 가능	

(2) [데이터] 탭

컨트롤 원본	• 컨트롤에 연결할 데이터 지정 • 수식을 컨트롤 원본으로 지정할 때 문자는 큰따옴표(""), 필드명이나 컨트롤 이름은 대괄호([ ])를 사용하여 구분
행 원본 유형	콤보 상자, 목록 상자 컨트롤에서 사용할 데이터를 제공하는 방법(테이블/쿼리, 필드 목록, 값 목록) 지정
행 원본	콤보 상자 컨트롤과 목록 상자 컨트롤에서 사용할 데이터 지정
바운드 열	콤보 상자나 목록 상자에 표시되는 열 중에서 '컨트롤 원본' 속성에 연결된 필드에 입력할 열 지정(기본값은 1이며, 열 개수보다 큰 값을 지정할 수 없음)
기본값	새 레코드가 만들어질 때 필드에 자동으로 입력되는 값 지정
입력 마스크	데이터를 쉽게 입력할 수 있는 틀 지정
유효성 검사 규칙	입력될 내용에 대한 제한이나 조건 지정
사용 가능	컨트롤에 포커스를 이동할 수 있는지 지정
잠금	컨트롤의 데이터를 보호하기 위해 수정할 수 없도록 지정
목록 값만 허용	'예'로 지정하면 콤보 상자에서 지정된 목록 값만 사용할 수 있으며, '아니요'로 지정하면 목록 값 이외의 값도 입력할 수 있음

(3) [이벤트] 탭

On Click	마우스로 클릭할 때 발생시키는 이벤트 속성
On Dbl Click	마우스로 더블클릭할 때 발생시키는 이벤트 속성
On Change	콤보 상자의 텍스트 부분이나 텍스트 상자의 내용을 변경할 때 발생하는 이벤트 속성

(4) [기타] 탭

이름	컨트롤의 이름 지정
IME 모드	컨트롤에 포커스가 위치할 때 입력 모드를 '한글'이나 '영숫자 반자'로 지정
〈Enter〉 키 기능	텍스트 상자 컨트롤에서 Enter 를 눌렀을 때 수행할 작업 지정
상태 표시줄 텍스트	컨트롤을 선택했을 때 상태 표시줄에 표시할 메시지 지정
컨트롤 팁 텍스트	컨트롤에 마우스 포인터를 올려놓았을 때 스크린 팁으로 표시되는 메시지 지정
탭 인덱스	• 컨트롤의 탭(Tab) 순서 지정 • 탭 인덱스를 0으로 지정하면 폼을 열 때 포커스가 위치함
탭 정지	• Tab 을 이용하여 포커스를 이동시킬 수 있는지 지정 • 컨트롤을 탭 순서에서 제외하려면 '탭 정지' 속성을 '아니요'로 지정하며 기본값은 '예'로 설정됨 • 폼에서만 지정이 가능하고 보고서에서는 지정할 수 없음
여러 항목 선택	목록 상자에서 여러 항목의 선택 여부와 방법 지정
자동 고침 사용	'예'로 설정하면 사용자가 잘못 입력한 영어 단어를 올바른 단어로 자동 정정

04 탭 순서

> **결정적 힌트**
> 탭 순서는 필기시험과 실기시험에 모두 자주 출제되는 부분이니 반드시 개념을 이해해야 합니다.

- [폼 보기]에서 Tab 을 눌렀을 때 각 컨트롤 사이에 포커스(Focus)가 이동되는 순서를 지정하는 기능이다.
- [양식 디자인] 탭-[도구] 그룹-[탭 순서]를 선택한다.

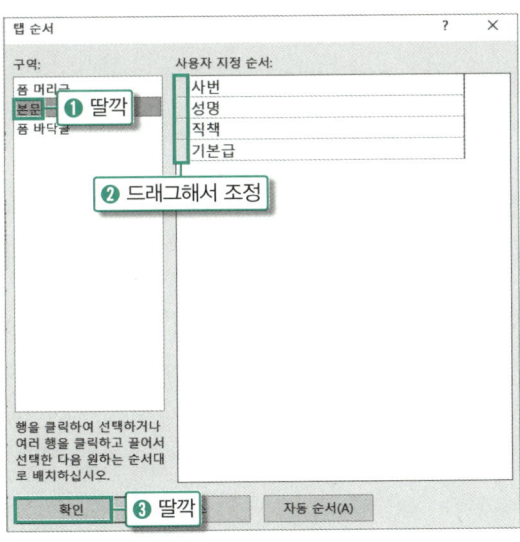

- 기본적으로는 컨트롤을 작성한 순서대로 탭 순서가 설정되고, 선이나 레이블에는 설정할 수 없다.
- [탭 순서] 대화상자에서 컨트롤 이름 행을 드래그하여 조정한다.
- [탭 순서] 대화상자의 [자동 순서] 단추: 폼에 삽입된 컨트롤의 위치를 기준으로 위에서 아래로, 왼쪽에서 오른쪽으로 자동 설정된다.
- [속성 시트] 창을 열고 [기타] 탭의 '탭 정지' 속성에서 '아니요'를 선택하면 탭 순서에서 제외된다.

| 바로 보는 해설 |

01
| 오답 피하기 |
① 텍스트 상자 컨트롤에서 Enter 를 눌렀을 때 수행할 작업을 설정한다.
② 컨트롤이 활성화될 때 상태 표시줄에 표시할 메시지를 설정한다.
③ 컨트롤의 탭(Tab) 순서를 설정한다.

02
'On Enter'에 대한 설명이다.

 기출로 개념 확인

01

폼의 각 컨트롤에 포커스가 위치할 때 입력 모드를 '한글' 또는 '영숫자 반자'로 각각 지정하고자 한다. 다음 중 이를 위해 설정해야 할 컨트롤 속성은?

① 엔터키 기능(EnterKey Behavior)
② 상태 표시줄(StatusBar Text)
③ 탭 인덱스(Tab Index)
④ IME 모드(IME Mode)

02

다음 중 폼에서의 컨트롤 속성에 대한 설명으로 옳지 <u>않은</u> 것은?

① 우편번호를 검색할 수 있는 폼에서 텍스트 상자에 사용자가 검색어를 입력하고 Enter 를 누를 때 검색이 일어나게 하는 이벤트 속성은 'On Data Change'이다.
② 텍스트 상자의 '컨트롤 원본' 속성은 텍스트 상자와 테이블의 필드를 연결하는 역할을 한다.
③ '자동 고침 사용' 속성을 '예'로 설정한 경우에는 사용자가 잘못 입력한 영어 단어를 올바른 단어로 자동 정정한다.
④ 콤보 상자의 '바운드 열' 속성은 콤보 상자에 표시되는 열 중에서 '컨트롤 원본' 속성에 연결된 필드에 입력할 열을 지정한다.

| 정답 | 01 ④ 02 ①

03 또 나올 문제

다음 중 콤보 상자 컨트롤의 각 속성에 대한 설명으로 옳지 않은 것은?

① 행 원본(Row Source): 콤보 상자 컨트롤에서 사용할 데이터 설정
② 컨트롤 원본(Control Source): 연결할(바운드 할) 데이터 설정
③ 바운드 열(Bound Column): 콤보 상자 컨트롤에 저장할 열 설정
④ 사용 가능(Enabled): 컨트롤에 입력된 데이터의 편집 여부 설정

03
- 사용 가능: 컨트롤에 포커스를 이동할 수 있는지의 여부를 설정한다.
- 잠금: 컨트롤에 입력된 데이터의 편집 여부를 설정한다.

04

다음 중 텍스트 상자 컨트롤의 [속성 시트] 창에 표시되는 각 탭에서 설정 가능한 속성으로 옳은 것은?

① [형식] 탭 – 유효성 검사 규칙, 중복 내용 숨기기
② [이벤트] 탭 – IME 모드, 하이퍼링크
③ [기타] 탭 – 상태 표시줄 텍스트, 탭 인덱스
④ [데이터] 탭 – 데이터시트 캡션, 기본값

04
[기타] 탭: 이름, 데이터시트 캡션, 줄 바꿈 처리, Enter 키 기능, 탭 인덱스, 탭 정지, 상태 표시줄 텍스트, IME 모드 등

| 오답 피하기 |
① [형식] 탭: 형식, 소수 자릿수, 표시, 날짜 선택 표시, 너비, 높이, 위쪽, 왼쪽, 배경 스타일, 배경색, 테두리 스타일, 테두리 두께, 테두리 색 등
② [이벤트] 탭: On Click, Before Update, After Update, On Dirty, On Change 등
④ [데이터] 탭: 컨트롤 원본, 텍스트 형식, 입력 마스크, 기본값, 유효성 검사 규칙 등

| 정답 | 03 ④ 04 ③

| 빈출개념 | #하위 폼의 개념 #기본 폼과 하위 폼의 연결

개념끝 102 하위 폼

기출빈도

> **결정적 힌트**
> 하위 폼은 매우 중요한 개념으로 자주 출제되는 부분입니다. 기본 폼과 하위 폼의 개념을 이해하고 형태, 개수 등을 꼼꼼하게 학습해야 합니다.

01 하위 폼의 개념

- 폼 안에 삽입된 또 하나의 폼을 의미하고, 하위 폼은 별도의 독립된 형태로도 열 수 있다.
- 일대다 관계에서 기본 폼에는 '일'에 해당하는 데이터가, 하위 폼에는 '다'에 해당하는 데이터가 표시된다.
- 기본 폼은 '단일 폼' 형태로만, 하위 폼은 '단일 폼', '연속 폼', '데이터시트' 형태로 표시할 수 있다.
- 기본 폼에 포함시킬 수 있는 하위 폼의 수는 무제한이고, 중첩된 하위 폼은 최대 일곱 개 수준까지 만들 수 있다.
- [직접 지정]을 이용하면 테이블 간에 관계가 설정되어 있지 않은 경우에도 하위 폼으로 연결할 수 있다.
- 하위 폼의 제목(레이블)을 변경하려면 [형식] 탭의 캡션을 수정한다.

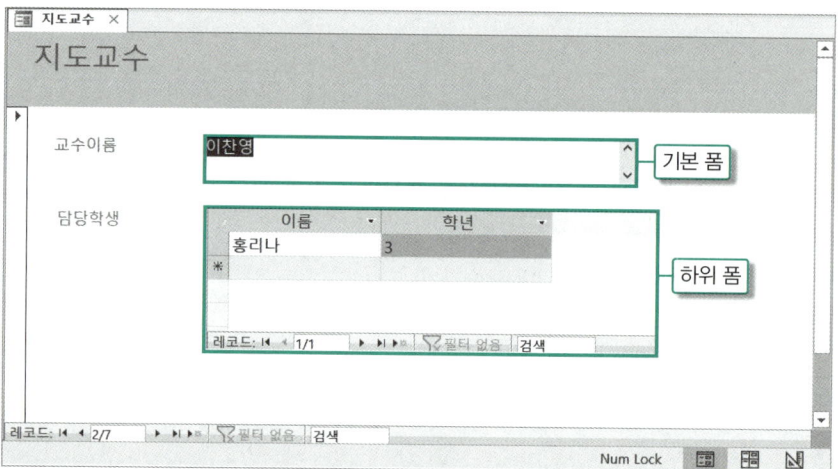

02 하위 폼의 작성

(1) 폼 마법사로 작성

폼 마법사를 이용하여 기본 폼과 하위 폼을 동시에 만들 수 있다.

| 실습으로 개념끝 ❾ | 에듀윌_컴퓨터활용능력1급필기기본서_실습으로개념끝\3과목\Chapter4_9.하위폼.accdb |

'교수' 테이블과 '학생' 테이블을 이용하여 하위 폼을 작성하시오.

따라하기

❶ [만들기] 탭-[폼] 그룹-[폼 마법사]를 클릭한다.

❷ [폼 마법사]에서 기본 폼과 하위 폼에서 사용할 필드를 선택한 후 [다음] 단추를 클릭한다.

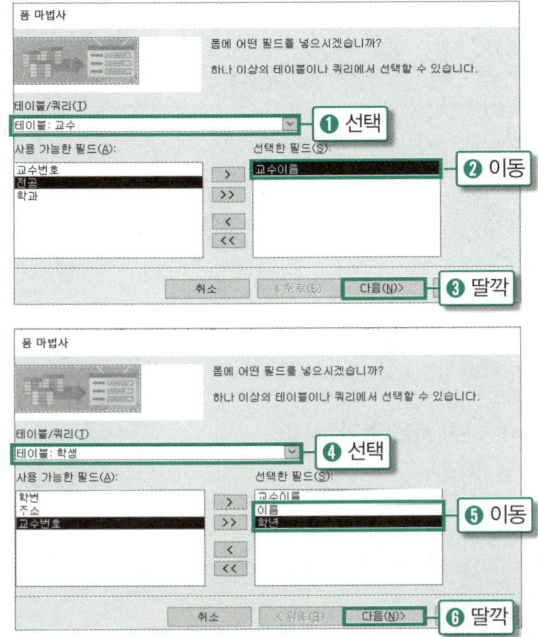

❸ 하단에 있는 '하위 폼이 있는 폼'을 선택한 후 [다음] 단추를 클릭한다.

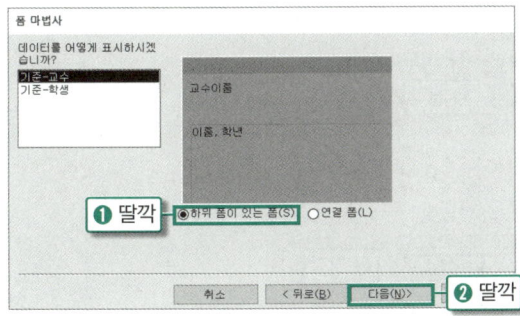

❹ 하위 폼의 모양을 지정한 후 [다음] 단추를 클릭한다.

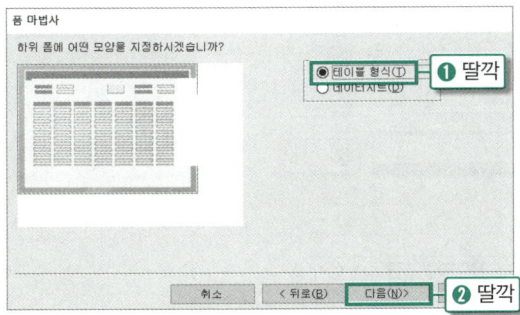

❺ 폼과 하위 폼의 제목을 입력한 후 [마침] 단추를 클릭한다.

(2) 기존 폼에 마법사를 이용하여 추가

[양식 디자인] 탭-[컨트롤] 그룹-[하위 폼/하위 보고서] 컨트롤(📋)을 클릭한 후 드래그하여 작성한다.

실습으로 개념끝 ⑩ 에듀윌_컴퓨터활용능력1급필기기본서_실습으로개념끝\3과목\Chapter4_10.폼추가.accdb

'교수' 폼에 '학생' 테이블을 이용하여 하위 폼을 추가하시오.

따라하기

❶ '교수' 폼의 [디자인 보기]에서 [양식 디자인] 탭-[컨트롤] 그룹-[하위 폼/하위 보고서]를 클릭하고 원하는 크기로 드래그한다.

❷ [하위 폼 마법사] 대화상자에서 '기존 테이블 및 쿼리 사용'을 선택하고 [다음] 단추를 클릭한다.

❸ 원본 테이블과 사용할 필드를 선택한 후 [다음] 단추를 클릭한다.

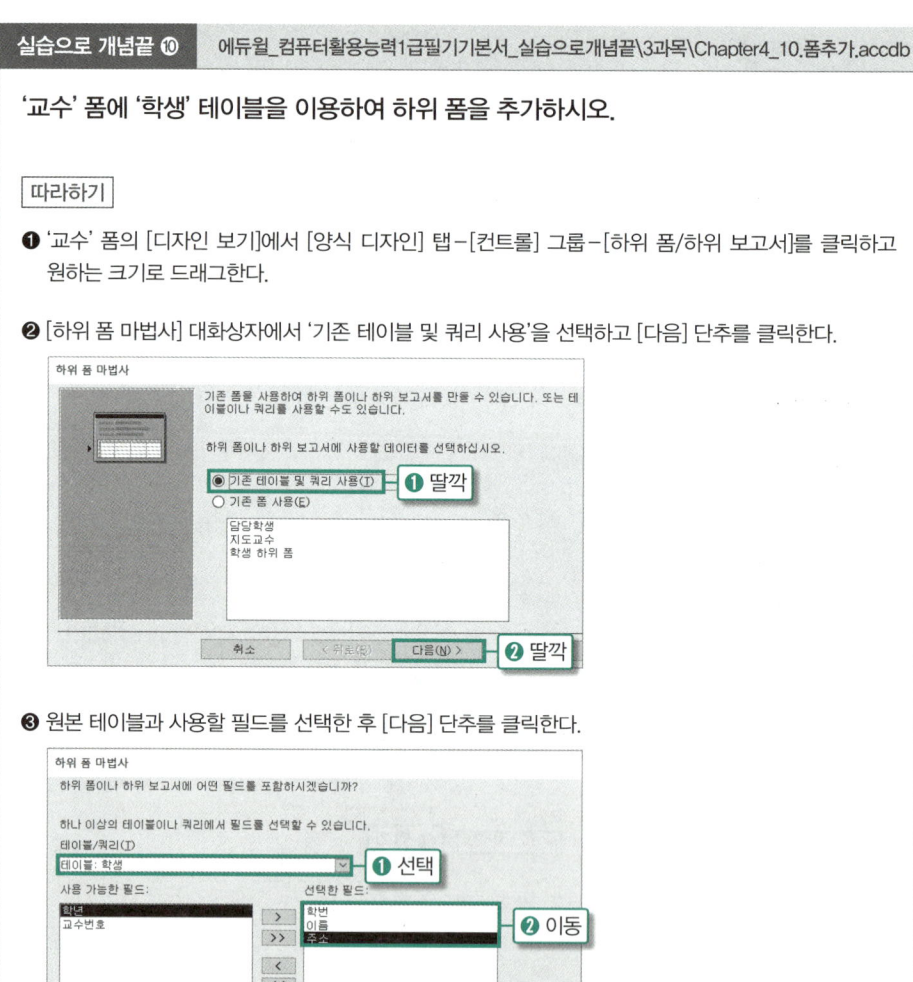

❹ 기본 폼과 하위 폼을 연결하는 필드를 '목록에서 선택'으로 지정하고 [다음] 단추를 클릭한다.

❺ 하위 폼의 이름을 입력하고 [마침] 단추를 클릭한다.

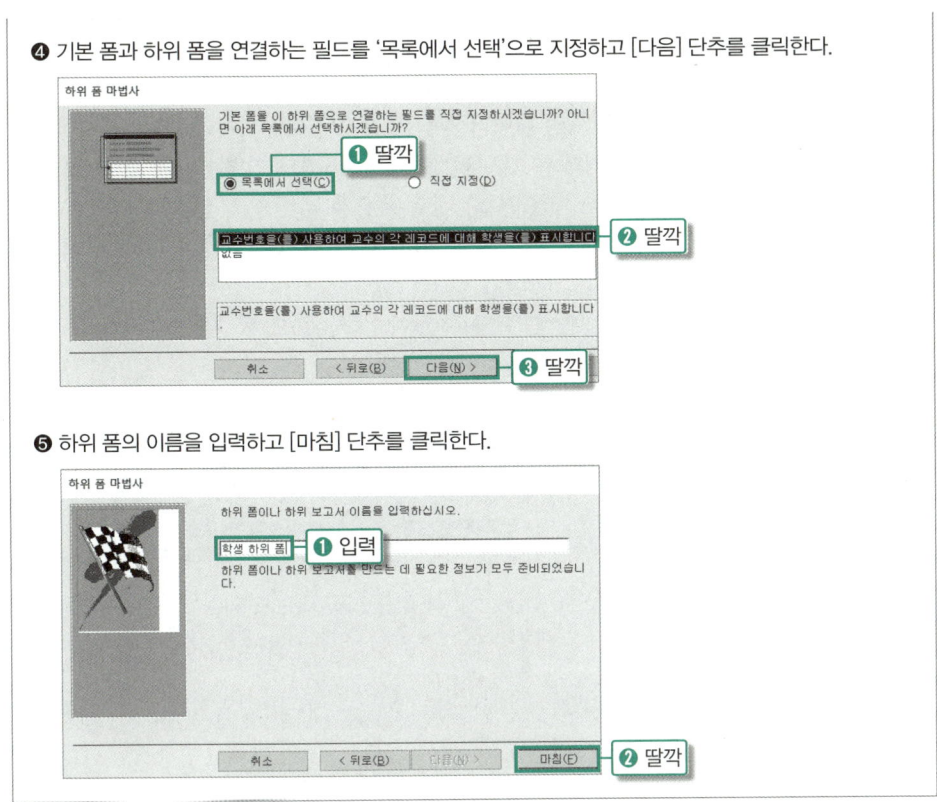

(3) 드래그하여 작성

[탐색] 창에서 테이블, 쿼리, 폼 등을 [폼] 창으로 드래그하여 작성한다.

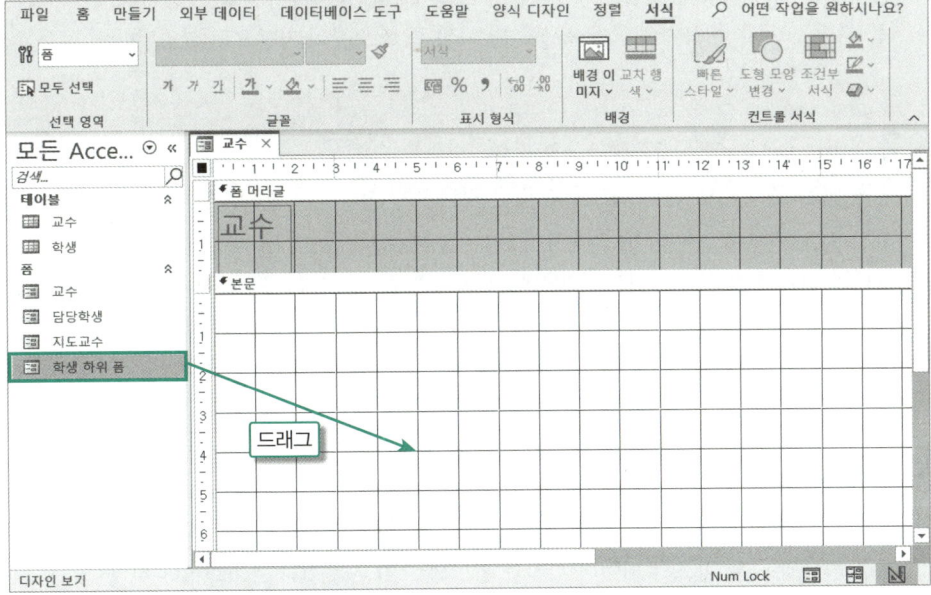

03 기본 폼과 하위 폼의 연결

- 기본 폼과 하위 폼을 연결할 필드의 데이터 형식은 같거나 호환되어야 한다.
- 연결하는 필드는 [속성 시트] 창에서 [데이터] 탭의 '하위 필드 연결'이나 '기본 필드 연결'에서 변경할 수 있다.
- [하위 폼 필드 연결기]를 이용하면 기본 폼과 하위 폼의 연결 필드를 한 번에 지정할 수 있다.
- 여러 개의 연결 필드를 지정할 때는 필드 이름을 세미콜론(;)으로 구분한다.

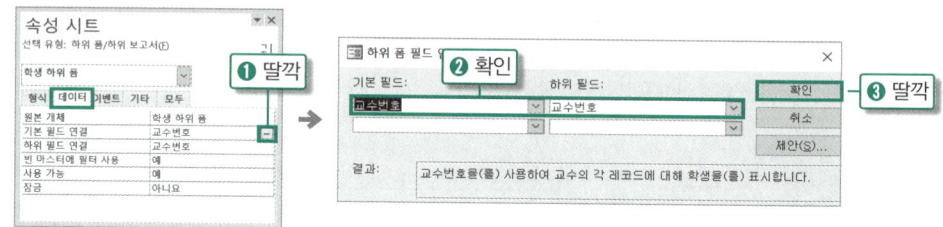

Warming UP 기출로 개념 확인

바로 보는 해설

01
'폼 분할' 도구를 이용하여 하나의 원본 데이터를 하나의 폼에서 [폼 보기]와 [데이터시트 보기]로 볼 수 있도록 폼을 생성할 수 있다. 이때 하위 폼 컨트롤이 자동으로 삽입되지 않는다.

01
다음 중 하위 폼에 대한 설명으로 옳지 않은 것은?
① 기본 폼과 하위 폼을 연결할 필드의 데이터 형식은 같거나 호환되어야 한다.
② 본 폼 내에 삽입된 다른 폼을 하위 폼이라고 한다.
③ 일대다 관계가 설정되어 있는 테이블들을 효과적으로 표시하기 위해 사용된다.
④ '폼 분할' 도구를 이용하여 폼을 생성하면 하위 폼 컨트롤이 자동으로 삽입된다.

02
하위 폼은 기본 폼 안에 있는 폼으로, 테이블이나 쿼리의 필드를 이용하거나 이미 만들어져 있는 폼을 이용해 작성할 수 있다. 이미 만들어져 있는 폼은 별도로 존재하기 때문에 독립된 폼으로도 열 수 있다.

02
다음 중 하위 폼에 관한 설명으로 옳지 않은 것은?
① 하위 폼은 기본 폼 안에서만 존재하며, 별도의 독립된 폼으로 열 수 없다.
② 일대다 관계가 설정되어 있는 테이블이나 쿼리를 효과적으로 사용하기 위하여 사용한다.
③ 하위 폼은 보통 일대다 관계에서 '다'에 해당하는 테이블이나 쿼리를 원본으로 한다.
④ 연결 필드의 데이터 형식과 필드 크기는 같거나 호환되어야 한다.

03
하위 폼의 개수는 제한이 없고, 최대 일곱 개 수준까지 중첩할 수 있다.

03 또 나올 문제
다음 중 기본 폼과 하위 폼을 연결하기 위한 기본 조건에 대한 설명으로 옳지 않은 것은?
① 기본 필드와 하위 필드의 데이터 형식과 필드의 크기는 같거나 호환되어야 한다.
② 중첩된 하위 폼은 최대 두 개 수준까지 만들 수 있다.
③ 테이블 간에 관계가 설정되어 있지 않은 경우에도 하위 폼으로 연결할 수 있다.
④ 하위 폼의 '기본 필드 연결' 속성은 기본 폼을 하위 폼에 연결해 주는 기본 폼의 필드를 지정하는 속성이다.

| 정답 | 01 ④ 02 ① 03 ②

| 빈출개념 | #폼 분할 #모달 대화상자 #도메인 함수의 종류

개념끝 103 기타 폼 작성

기출빈도 A-B-**C**-D

01 폼 분할

- 분할 폼은 [데이터시트 보기]와 [폼 보기]를 동시에 표시하는 폼이다.
- [데이터시트 보기]와 [폼 보기]는 같은 원본에 연결되어 있고, 항상 상호 동기화된다.
- 폼의 두 가지 보기([데이터시트 보기], [폼 보기]) 중 하나에서 필드를 선택하면 다른 보기에서도 같은 필드가 선택된다.
- 원본 데이터는 [폼 보기]와 [데이터시트 보기]에서 모두 변경할 수 있다.
- 분할 폼을 만든 후 컨트롤의 크기를 조정하거나 필드를 추가할 수 있다.
- 폼의 [속성 시트] 창에서 '분할 표시 폼 방향' 항목을 이용하면 데이터시트를 폼의 상하좌우 위치로 설정할 수 있다.

> **결정적 힌트**
> 전반적으로 많이 자주 출제되는 부분이지만 특히 폼 분할, 모달 대화상자, 조건부 서식은 많은 문제가 출제되었습니다. 폼 분할과 모달 대화상자는 개념과 특징을 반드시 이해해야 합니다.

▼ 분할 표시 폼 방향

개념 플러스 | 분할 폼 작성 예시

① [탐색] 창에서 테이블을 선택하고 [만들기] 탭-[폼] 그룹-[기타 폼]-[폼 분할]을 클릭한다.

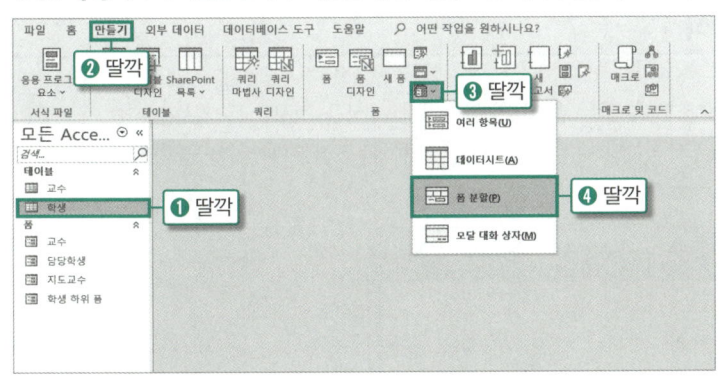

② 선택된 테이블을 원본으로 하는 분할 폼이 작성된다.

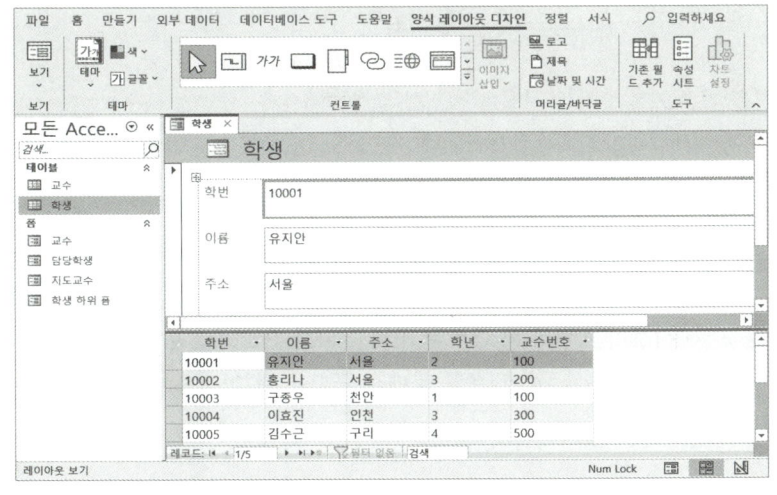

CHAPTER 4 폼 활용 • 165

02 모달 대화상자

- 모달 대화상자가 실행된 상태에서는 다른 폼이나 개체를 선택할 수 없다.
- [만들기] 탭-[폼] 그룹-[기타 폼]-[모달 대화 상자]를 선택하면 새로운 폼이 만들어지고, [확인] 단추와 [취소] 단추가 생성된다.
- [확인] 단추나 [취소] 단추를 클릭하면 저장 여부를 묻고 대화상자가 닫힌다.

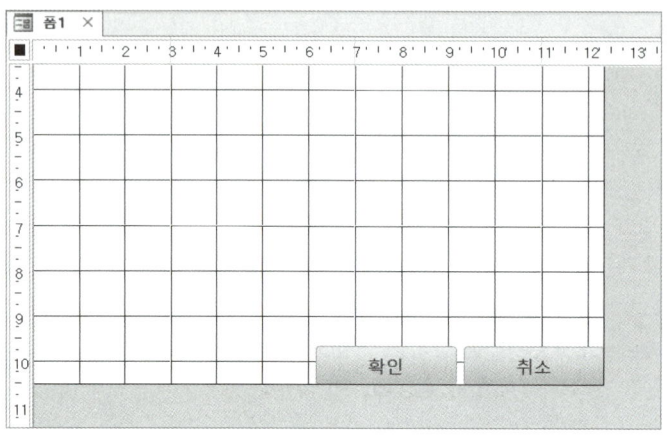

03 조건부 서식

- 폼이나 보고서에서 조건에 맞는 특정 컨트롤에만 서식을 적용하는 기능이다.
- 컨트롤을 선택하고 [서식] 탭-[컨트롤 서식] 그룹-[조건부 서식]을 클릭한다.

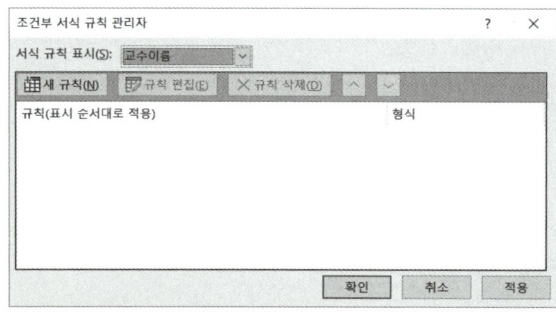

- 필드값이나 식을 기준으로 조건부 서식을 설정할 수 있다.
- 각 컨트롤에 대해 최대 50개까지 조건을 지정할 수 있다.
- 조건을 지정할 때 와일드카드 문자(?, *)를 사용할 수 없다.
- 레이블 컨트롤에는 조건부 서식을 지정할 수 없다.
- 컨트롤값이 변경되어 조건에 만족하지 않으면 적용된 서식이 해제되고, 기본 서식이 적용된다.
- 지정한 조건 중 두 개 이상의 조건이 참이면 첫 번째 조건의 서식이 적용된다.
- 하나의 컨트롤에 여러 규칙이 설정된 경우 목록에서 규칙을 위/아래로 이동해 우선순위를 변경할 수 있다.

- 조건을 만족하는 모든 레코드에 서식을 적용하려면 본문의 모든 컨트롤을 선택하고 [새 서식 규칙] 대화상자에서 '식이'를 선택한 후 조건을 지정한다.
- [서식 규칙 편집] 대화상자의 '규칙 유형 선택'에서 [다른 레코드와 비교]를 선택하면 '데이터 막대 형식'을 지정할 수 있다.
- 폼이나 보고서를 다른 파일 형식으로 출력하거나 내보내면 조건부 서식은 해제된다.

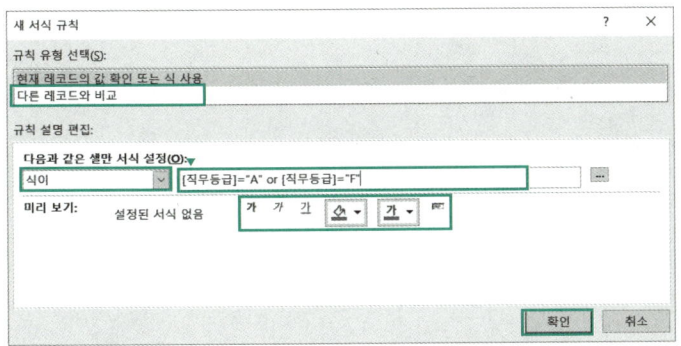

▼ [직무등급] = "A" Or [직무등급] = "F"

[직무등급]이 "A"이거나 "F"인 경우 서식을 지정한다.

04 도메인 함수

- 레코드 집합을 계산하는 함수이다.
- 도메인 함수의 인수는 각각 큰따옴표(" ")로 묶어야 한다.
- 필드나 도메인은 대괄호([ ])로 구분하고 생략 가능하다.

도메인 함수의 종류

함수	설명
DCOUNT("필드","도메인","조건")	'도메인'에서 '조건'에 맞는 '필드'의 개수
DSUM("필드","도메인","조건")	'도메인'에서 '조건'에 맞는 '필드'의 합계
DAVG("필드","도메인","조건")	'도메인'에서 '조건'에 맞는 '필드'의 평균
DMAX("필드","도메인","조건")	'도메인'에서 '조건'에 맞는 '필드'의 최대값
DMIN("필드","도메인","조건")	'도메인'에서 '조건'에 맞는 '필드'의 최소값
DLOOKUP("필드","도메인","조건")	'도메인'에서 '조건'에 맞는 '필드' 표시

예
- =DCOUNT("*","학생","학년 = 1")
  → [학생] 테이블에서 학년이 '1'인 레코드의 개수 표시
- =DSUM("[급여]","[사원]","[직급] = '과장'")
  → [사원] 테이블에서 '직급'이 '과장'인 레코드의 '급여' 합계 표시
- =DAVG("[급여]","[사원]","[직급] = '부장'")
  → [사원] 테이블에서 '직급'이 '부장'인 레코드의 '급여' 평균 표시
- =DLOOKUP("성명","사원","[사원번호] = 1")
  → [사원] 테이블에서 '사원번호'가 '1'인 레코드의 '성명' 필드에 저장된 값 표시

05 다른 형식으로 내보내기

- 폼은 Access, Excel, 텍스트 파일, XML 파일, PDF/XPS, Word, HTML 등으로 내보내기 할 수 있다.
- [외부 데이터] 탭-[내보내기] 그룹에서 내보낼 파일 형식을 선택한다.

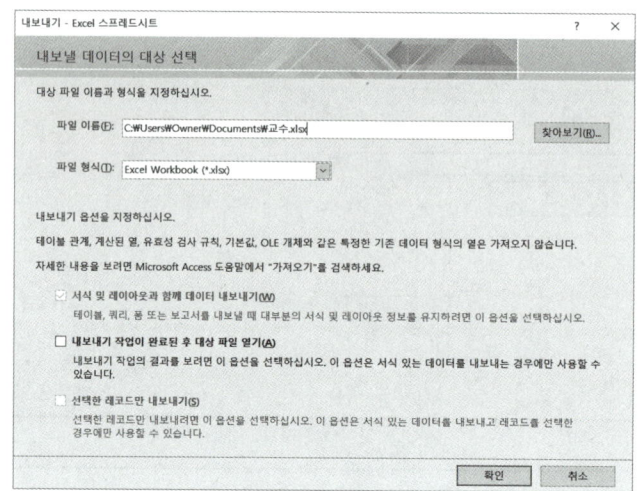

 **기출로 개념 확인**

바로 보는 해설

01

다음 중 폼이나 보고서에서 사용되는 [조건부 서식]에 대한 설명으로 옳은 것은?

① 하나의 컨트롤에 여러 규칙이 설정되어 있는 경우 목록에서 규칙을 위/아래로 이동해 우선순위를 변경할 수 있다.
② 레이블 컨트롤에는 필드값을 기준으로 하는 규칙만 설정할 수 있다.
③ 하나의 컨트롤에 대해 규칙을 세 개까지 지정할 수 있으며, 규칙별로 다양한 서식을 지정할 수 있다.
④ 규칙 유형에서 '다른 레코드와 비교'를 선택하면 적용할 형식으로 아이콘 집합을 적용할 수 있다.

01
| 오답 피하기 |
② [조건부 서식]은 텍스트 상자 컨트롤과 콤보 상자 컨트롤에 설정할 수 있고, 레이블 컨트롤에는 [조건부 서식]을 설정할 수 없다.
③ 하나의 컨트롤에 조건부 서식을 최대 50개까지 적용할 수 있다.
④ 아이콘 집합이 아니라 데이터 막대 형식을 설정할 수 있다.

02 또 나올 문제

다음 중 [학생] 테이블에서 '학년' 필드가 1인 레코드의 개수를 계산하고자 할 때의 수식으로 옳은 것은? (단, [학생] 테이블의 기본 키는 '학번' 필드임)

① =DLOOKUP("*","학생","학년=1")
② =DLOOKUP(*,학생,학년=1)
③ =DCOUNT(학번,학생,학년=1)
④ =DCOUNT("*","학생","학년=1")

02
DCOUNT("필드", "도메인", "조건"): 도메인(테이블)에서 조건에 만족하는 "필드"의 개수를 구한다.
| 오답 피하기 |
① DLOOKUP("필드", "도메인", "조건"): 도메인에서 조건에 만족하는 "필드"를 표시한다.
② 도메인 함수에서 사용하는 인수는 각각 큰따옴표로 묶어야 한다.
③ 레코드의 개수를 구해야 하므로 DCOUNT 함수를 사용해야 하고 인수는 각각 큰따옴표로 묶어야 한다.

| 정답 | 01 ① 02 ④

CHAPTER 4 폼 활용

기출선지 OX 퀴즈

01 폼은 테이블, 쿼리, SQL을 원본으로 하여 데이터를 입력하거나 편리하고 쉽게 조회, 편집 등의 작업을 할 수 있도록 지원하는 개체이다. (O / X)

02 사용자는 폼을 통해서 원본에 접근할 수 있으므로 데이터베이스의 보안성이 낮아진다. (O / X)

03 폼의 구성 요소 중 페이지 머리글과 페이지 바닥글은 [폼 보기] 형식에서는 표시되지 않고 [인쇄 미리 보기]에서만 확인이 가능하다. (O / X)

04 폼의 모양 중 레코드는 행으로, 필드는 열로 표시되는 형식은 데이터시트이다. (O / X)

05 폼의 보기 형식 중 디자인 보기는 데이터의 입력, 수정, 삭제 등이 가능하고, 컨트롤은 추가할 수 없다. (O / X)

06 컨트롤의 이름은 중복 설정이 가능하다. (O / X)

07 확인란, 옵션 단추, 토글 단추를 하나의 그룹으로 지정하여 사용하는 컨트롤은 목록 상자이다. (O / X)

08 폼 속성 중 모달 속성이 설정되어 있으면 폼이 열려있을 경우 다른 화면을 선택할 수 없다. (O / X)

09 컨트롤의 속성은 하나씩 지정할 수 없고, 여러 개의 컨트롤을 선택하여 한꺼번에 지정해야 한다. (O / X)

10 컨트롤 속성 중 컨트롤에 포커스가 위치할 때 입력 모드를 '한글'이나 '영숫자 반자'로 지정하는 속성은 IME 모드이다. (O / X)

11 기본 폼과 하위 폼이 일대다 관계라면 기본 폼에는 '다'에 해당하는 데이터가, 하위 폼에는 '일'에 해당하는 데이터가 표시된다. (O / X)

12 폼 속성에서 레코드 집합 종류 속성의 값이 '다이너셋'이라면 원본 테이블의 업데이트가 가능하다. (O / X)

13 여러 개의 컨트롤들을 비순차적으로 선택하려면 Alt 를 누른 채 원하는 컨트롤을 각각 클릭한다. (O / X)

14 제공된 항목에서 한 개의 값을 선택할 수 있거나 값을 직접 입력할 수 있는 컨트롤은 콤보 상자이다. (O / X)

15 분할 폼은 [데이터시트 보기]와 [폼 보기]를 동시에 표시하는 폼으로, [데이터시트 보기]와 [폼 보기]는 같은 원본에 연결되어 있고, 항상 상호 동기화된다. (O / X)

16 분할 폼에서 원본 데이터는 [데이터시트 보기]에서만 변경할 수 있다. (O / X)

17 컨트롤의 종류 중 레이블은 제목이나 캡션 등과 같이 고정된 텍스트를 표시하는 컨트롤로, 필드나 식의 값을 표시할 수 없다. (O / X)

한판으로 **복습**한다!

18 기본 폼과 하위 폼을 연결할 때 여러 개의 연결 필드를 지정하는 경우 필드 이름을 콜론(:)으로 구분한다. (O / X)

19 하위 폼은 기본 폼 안에서만 존재하며, 별도의 독립된 폼으로 열 수 없다. (O / X)

20 조건부 서식에서 조건을 지정할 때 와일드카드 문자('?', '*')를 사용할 수 없다. (O / X)

21 컨트롤 속성 중 컨트롤 원본에서 수식을 컨트롤 원본으로 지정할 때 문자는 큰따옴표(""), 필드명이나 컨트롤 이름은 작은따옴표('')를 사용하여 구분한다. (O / X)

22 컨트롤의 종류 중 명령 단추에는 텍스트나 그림을 표시할 수 없다. (O / X)

23 기본 폼은 '단일 폼' 형태로만, 하위 폼은 '단일 폼', '연속 폼', '데이터시트' 형태로 표시할 수 있다. (O / X)

24 컨트롤 중 'Yes'나 'No' 중 하나를 선택할 수 있는 컨트롤은 토글 단추이다. (O / X)

25 일대다 관계에 있는 테이블이나 쿼리는 폼 안에 하위 폼을 작성할 수 없다. (O / X)

26 폼 마법사를 이용하면 기본 폼과 하위 폼을 동시에 만들 수 있다. (O / X)

27 하위 폼은 폼 안에 삽입된 또 하나의 폼을 의미하며, 별도의 독립된 형태로는 열 수 없다. (O / X)

28 도메인 함수 중 '도메인'에서 '조건'에 맞는 '필드'를 표시하는 함수는 DLOOKUP("필드","도메인","조건")이다. (O / X)

29 폼 속성 중 폼을 팝업 형식으로 표시할지의 여부를 선택하는 속성은 '필터 사용' 속성이다. (O / X)

30 컨트롤 속성 중 탭 정지 속성은 폼에서만 지정이 가능하고 보고서에서는 지정할 수 없다. (O / X)

정답																			
01	O	02	X	03	O	04	O	05	X	06	X	07	X	08	O	09	X	10	O
11	X	12	O	13	X	14	X	15	O	16	X	17	O	18	X	19	X	20	O
21	X	22	X	23	O	24	O	25	X	26	O	27	X	28	O	29	X	30	O

CHAPTER 4 | 폼 활용

기출로 개념 강화

개념끝 098 폼 작성

01
다음 중 폼 작성에 대한 설명으로 옳지 <u>않은</u> 것은?
① 컨트롤 마법사를 사용하여 폼을 닫는 매크로 함수를 실행하는 '명령 단추'를 삽입할 수 있다.
② 폼에서 연결된 테이블의 레코드를 삭제한 경우 영구적인 작업이므로 되돌릴 수 없다.
③ 폼에 컨트롤을 삽입하면 탭 순서가 위에서 아래로, 왼쪽에서 오른쪽 순으로 자동 지정된다.
④ 폼 디자인 도구를 이용하여 여러 컨트롤의 크기와 간격을 일정하게 설정할 수 있다.

02
다음 중 폼에 대한 설명으로 옳지 <u>않은</u> 것은?
① 분할 표시 폼을 이용하여 동일한 테이블에 대한 전체 목록과 각 레코드에 대한 단일 폼을 함께 보여줄 수 있다.
② [레이아웃 보기] 상태에서는 [필드 목록] 창을 이용하여 원본으로 사용하는 테이블이나 쿼리의 필드를 추가할 수 있다.
③ 일반적으로 기본 폼과 하위 폼은 일대다 관계이다.
④ [폼 보기] 상태에서는 [컨트롤] 그룹의 '로고', '제목', '날짜 및 시간' 등의 제한적 컨트롤만 사용 가능하다.

03
액세스에서 다음과 같은 폼을 편집하고자 한다. 다음 중 편집에 대한 설명으로 옳지 <u>않은</u> 것은?

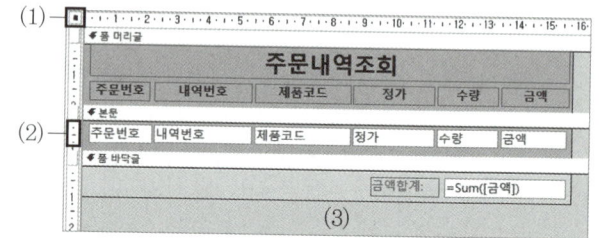

① (1)번 부분을 더블클릭하면 폼의 속성 창을 열 수 있다.
② (2)번의 세로 눈금자를 클릭하면 본문의 모든 컨트롤을 선택할 수 있다.
③ (3)번 부분을 더블클릭하여 폼 바닥글의 배경색을 변경할 수 있다.
④ 이런 폼의 기본 보기 속성은 '연속 폼'으로 하는 것이 좋다.

04
다음 중 폼에 관련된 설명으로 옳지 <u>않은</u> 것은?
① 폼을 구성하는 컨트롤들은 마법사를 이용하여 손쉽게 작성할 수도 있다.
② 모달 폼은 다른 폼 안에 컨트롤로 삽입되어 연결된 폼을 의미한다.
③ 폼은 매크로나 이벤트 프로시저를 이용하여 작업을 자동화할 수 있다.
④ 폼의 디자인 작업 시 눈금과 눈금자는 필요에 따라 표시하거나 숨길 수 있다.

개념끝 099 폼 속성

05 (또 나올 문제)

다음 중 폼에 관한 설명으로 옳지 <u>않은</u> 것은?

① 폼은 데이터의 입력, 편집 작업 등을 위한 사용자와의 인터페이스로 테이블, 쿼리, SQL문 등을 원본으로 하여 작성한다.
② '캡션' 속성을 이용하여 폼의 이름을 변경할 수 있다.
③ '그림' 속성을 이용하여 그림을 폼의 배경으로 넣을 수 있다.
④ '기본 보기' 속성을 이용하여 화면에 표시되는 폼의 형태를 변경할 수 있다.

개념끝 100 컨트롤 사용

06

다음 중 폼이나 보고서에서 사용되는 컨트롤에 대한 설명으로 옳지 <u>않은</u> 것은?

① '페이지 번호' 컨트롤을 추가하는 경우 페이지 번호식을 포함한 '텍스트 상자' 컨트롤이 삽입된다.
② '목록 상자' 컨트롤은 바운드 또는 언바운드 컨트롤로 사용할 수 있다.
③ '로고' 컨트롤을 추가하는 경우 머리글 구역에 '이미지' 컨트롤이 삽입된다.
④ 'Yes/No' 필드를 추가하는 경우 기본적으로 '토글 단추' 컨트롤이 삽입된다.

바로 보는 해설

01 폼에 컨트롤을 삽입하면 탭 순서는 컨트롤을 삽입한 순서대로 지정된다. 만약 왼쪽에서 오른쪽, 위쪽에서 아래쪽으로 탭 순서를 변경하려면 [탭 순서] 대화상자에서 [자동 순서] 단추를 클릭해야 한다.

02 [레이아웃 보기] 상태에서는 [컨트롤] 그룹의 '로고', '제목', '날짜 및 시간' 등의 제한적 컨트롤만 사용할 수 있고, [폼 보기] 상태에서는 데이터의 입력, 삭제, 수정 등이 가능하다.

03 폼 바닥글의 배경색을 변경하려면 폼 바닥글 영역을 더블클릭해야 한다.

04 다른 폼 안에 컨트롤로 삽입되어 연결된 폼은 하위 폼이다. 모달 폼이 열려있으면 다른 화면을 선택할 수 없는 특성을 갖는 폼이다.

05 '캡션' 속성은 제목 표시줄에 표시될 폼의 제목(레이블)을 지정할 수 있다.

06 'Yes/No' 필드를 추가하는 경우 기본적으로 '확인란' 컨트롤이 삽입된다.

|정답| 01 ③ 02 ④ 03 ③ 04 ② 05 ②
06 ④

07

다음 중 텍스트 상자 컨트롤에 대한 설명으로 옳지 않은 것은?

① 일반 텍스트 상자는 컨트롤 원본 속성이 테이블의 필드명을 제외한 일반 텍스트가 입력된 경우이다.
② 바운드 텍스트 상자는 컨트롤 원본 속성이 테이블의 필드명으로 지정된 경우이다.
③ 언바운드 텍스트 상자는 컨트롤 원본 속성이 비어있는 경우이다.
④ 계산 텍스트 상자는 컨트롤 원본 속성이 식으로 입력되어 있는 경우이다.

08

다음 중 폼 작성에 대한 설명으로 옳지 않은 것은?

① [컨트롤 마법사]를 이용하여 '폼 닫기' 매크로를 실행시키는 명령 단추를 삽입할 수 있다.
② 폼 속성 시트에서 그림을 설정하면 폼의 배경 그림으로 표시된다.
③ 사각형, 직선 등의 도형 컨트롤을 삽입할 수 있다.
④ [그룹화 및 정렬] 기능으로 레코드를 그룹화하여 표시할 수 있다.

개념끝 101 컨트롤 속성

09

다음 중 읽기 전용 폼을 만들기 위한 폼과 컨트롤의 속성 설정이 옳지 않은 것은?

① [편집 가능] 속성을 '아니오'로 설정한다.
② [삭제 가능] 속성을 '아니오'로 설정한다.
③ [잠금] 속성을 '아니오'로 설정한다.
④ [추가 가능] 속성을 '아니오'로 설정한다.

10

다음 중 폼 작성에 관한 설명으로 옳지 않은 것은?

① 여러 개의 컨트롤을 선택하여 자동 정렬할 수 있다.
② 컨트롤의 탭 순서는 자동으로 화면 위에서 아래로 설정된다.
③ 사각형, 선 등의 도형 컨트롤을 삽입할 수 있다.
④ 컨트롤 마법사를 사용하여 폼을 닫는 매크로를 실행시키는 단추를 만들 수 있다.

11 (또 나올 문제)

다음 중 콤보 상자의 속성에 대한 설명으로 옳지 않은 것은?

① 컨트롤 원본: 목록으로 표시할 데이터를 SQL문이나 테이블명 등을 통해 지정한다.
② 행 원본 유형: 목록으로 표시할 데이터 제공 방법을 '테이블/쿼리', '값 목록', '필드 목록' 중 선택한다.
③ 바운드 열: 선택한 항목에서 몇 번째 열을 컨트롤에 저장할 것인지를 설정한다.
④ 목록 값만 허용: '예'로 설정하면 목록에 제공된 데이터 이외의 값을 추가할 수 없다.

12 (또 나올 문제)

다음 중 폼에서 컨트롤의 탭 순서를 변경하는 방법으로 옳지 않은 것은?

① 마법사 또는 레이아웃과 같은 도구를 사용하여 폼을 만든 경우 컨트롤이 폼에 표시되는 순서(위쪽에서 아래쪽 및 왼쪽에서 오른쪽)와 같은 순서로 탭 순서가 설정된다.
② 기본적으로는 컨트롤을 작성한 순서대로 탭 순서가 설정되며, 레이블에는 설정할 수 없다.
③ [탭 순서] 대화상자를 이용하면 컨트롤의 탭 순서를 컨트롤 이름 행을 드래그해서 조정할 수 있다
④ 탭 순서에서 컨트롤을 제거하려면 컨트롤의 탭 정지 속성을 '예'로 설정한다.

13

다음 중 폼의 탭 순서(Tab Order)에 대한 설명으로 옳지 않은 것은?

① 기본으로 설정되는 탭 순서는 폼에 컨트롤을 추가하여 작성한 순서대로 설정된다.
② [탭 순서] 대화상자의 [자동 순서]는 탭 순서를 위에서 아래로, 오른쪽에서 왼쪽으로 설정한다.
③ 폼 보기에서 Tab 을 눌렀을 때 각 컨트롤 사이에 이동되는 순서를 설정하는 것이다.
④ 탭 정지 속성의 기본값은 '예'이다.

개념끝 102 하위 폼

14 또 나올 문제

다음 중 하위 폼에 대한 설명으로 옳지 않은 것은?

① 하위 폼에서 여러 개의 연결 필드를 지정할 때 사용되는 구분자는 세미콜론(;)이다.
② 하위 폼은 단일 폼, 연속 폼, 데이터 시트 형태로 표시할 수 있으며, 기본 폼은 단일 폼 또는 연속 폼 형태로 표시할 수 있다.
③ 기본 폼과 하위 폼을 연결할 필드의 데이터 형식은 같거나 호환되어야 한다.
④ [하위 폼 필드 연결기]를 이용하여 간단히 기본 폼과 하위 폼의 연결 필드를 지정할 수 있다.

15

다음 중 기본 폼과 하위 폼의 연결에 대한 설명으로 옳은 것은?

① [직접 지정]을 선택하려면 두 테이블 간에 일대다 관계가 설정되어 있어야 한다.
② 연결하는 필드의 변경은 [데이터] 탭의 '하위 필드 연결'에서만 가능하다.
③ 두 개 이상의 연결 필드를 지정할 때는 하위 폼 연결기 창에서 여러 필드를 선택한다.
④ 하위 폼 필드 연결기 창에서는 기본 폼과 하위 폼의 연결 필드를 한꺼번에 지정할 수 없다.

바로 보는 해설

07 일반 텍스트 상자에 필드명 또는 계산식을 제외한 텍스트를 컨트롤 원본 속성으로 지정하면 '#Name?' 오류가 발생한다.

08 [그룹화 및 정렬] 기능은 보고서에서 레코드를 그룹화하기 위해 사용되지만 폼에서는 사용할 수 없다.

09 [잠금] 속성은 컨트롤에 입력된 데이터의 편집 여부를 설정하며, '예'로 설정하면 편집을 할 수 없으므로 읽기 전용 폼을 만들 수 있다.

10 컨트롤의 탭 순서는 만들어진 순서대로 설정되고, 사용자가 임의로 순서를 변경할 수 있다.

11 컨트롤 원본은 목록으로 표시할 데이터를 SQL문을 통해 지정하거나 필드명을 선택하여 지정한다.

12 탭 순서에서 컨트롤을 제거하려면, 컨트롤의 '탭 정지' 속성을 '아니요'로 설정해야 한다.

13 탭 순서는 기본적으로 폼에 컨트롤을 삽입한 순서대로 지정된다. [자동 순서] 단추를 사용하여 컨트롤이 삽입된 위치를 기준으로 위쪽에서 아래쪽으로, 왼쪽에서 오른쪽으로 탭 순서를 설정할 수 있다.

14 기본 폼은 단일 폼만 가능하며, 하위 폼은 단일 폼, 연속 폼, 데이터 시트 형태로 표시할 수 있다.

15 | 오답 피하기 |
① [직접 지정]은 관계가 설정되어 있지 않은 상태에서 사용자가 직접 기본 폼과 하위 폼을 연결할 수 있는 기능이다.
② 연결하는 필드의 변경은 [데이터] 탭의 '하위 필드 연결'이나 '기본 필드 연결'에서 가능하다.
④ 하위 폼 필드 연결기 창에서는 기본 폼과 하위 폼의 연결 필드를 한꺼번에 지정할 수 있다.

| 정답 | 07 ① 08 ④ 09 ③ 10 ② 11 ①
12 ④ 13 ② 14 ② 15 ③

개념끝 103 기타 폼 작성

16

다음 중 위쪽 구역에 데이터시트를 표시하는 열 형식의 폼을 만들고, 아래쪽 구역에 선택한 레코드에 대한 정보를 수정하거나 입력할 수 있는 데이터시트 형식의 폼을 자동으로 만들어 주는 도구는?

① 폼
② 폼 분할
③ 여러 항목
④ 폼 디자인

17 또 나올 문제

다음 중 아래의 설명에 해당하는 폼을 작성하기에 가장 용이한 방법은?

- 하나의 폼에서 폼 보기와 데이터시트 보기로 동시에 같은 데이터를 볼 수 있다.
- 같은 데이터 원본에 연결되어 있으며 항상 상호 동기화 된다.
- 폼의 두 보기 중 하나에서 필드를 선택하면 다른 보기에서도 동일한 필드가 선택된다.

① 폼 도구 사용
② 폼 마법사 사용
③ 여러 항목 도구 사용
④ 폼 분할 도구 사용

18

다음 중 폼과 보고서에서 설정 가능한 [조건부 서식]에 대한 설명으로 옳지 <u>않은</u> 것은?

① 원하는 필드값에 대한 서식을 지정할 수 있다.
② 식이 TRUE로 평가되는 경우에 대한 서식을 지정할 수 있다.
③ 필드에 포커스가 있는지의 여부에 따라 서식을 지정할 수도 있다.
④ 조건에 맞지 않는 경우의 서식은 조건을 식으로만 지정할 수 있다.

19

다음 중 폼 바닥글의 텍스트 상자의 컨트롤 원본으로 [사원] 테이블에서 직급이 '부장'인 레코드들의 급여 평균을 구하는 함수식으로 옳은 것은?

① =DAVG("[급여]","[사원]","[직급] = '부장'")
② =DAVG("[사원]","[급여]","[직급] = '부장'")
③ =AVG("[급여]","[사원]","[직급] = '부장'")
④ =AVG("[사원]","[급여]","[직급] = '부장'")

20 또 나올 문제

폼의 머리글에 아래와 같은 도메인 함수 계산식을 사용하는 컨트롤을 삽입하였다. 다음 중 계산 결과 값에 대한 설명으로 옳은 것은?

= DLOOKUP("성명","사원","[사원번호]=1")

① 성명 테이블에서 사원번호가 1인 데이터의 성명 필드에 저장되어 있는 값
② 성명 테이블에서 사원번호가 1인 데이터의 사원 필드에 저장되어 있는 값
③ 사원 테이블에서 사원번호가 1인 데이터의 성명 필드에 저장되어 있는 값
④ 사원 테이블에서 사원번호가 1인 데이터의 사원 필드에 저장되어 있는 값

바로 보는 해설

16 폼 분할은 하나의 원본 데이터를 이용하여 위쪽에는 열 형식으로, 아래쪽에는 데이터시트 형식으로 폼을 작성하는 것이다. 하나의 원본 데이터를 사용하여 표시하므로 두 형식은 서로 연결되어 있어야 한다.

17 하나의 폼에서 [폼 보기]와 [데이터시트 보기]로 동시에 같은 데이터를 보려면 위쪽에는 데이터시트를 보는 폼을 만들고, 아래쪽에는 데이터시트에서 선택한 레코드에 관한 정보를 주는 폼을 만들 수 있는 '폼 분할' 도구를 사용해야 한다.

18 조건부 서식은 조건에 맞는 경우에만 서식을 적용하는 것이므로 조건에 맞지 않는 경우를 서식으로 지정할 수 없다.

19 =DAVG("필드", "테이블", "조건")
　　　　　↓　　　↓　　　↓
　　　　[급여]　[사원]　[직급] = '부장'

20 =DLOOKUP("필드","도메인","조건"): 도메인에서 조건에 맞는 필드를 검색한다.
=DLOOKUP("성명", "사원", "[사원번호] = 1"): 사원 테이블에서 사원번호가 1인 데이터의 성명 필드를 검색한다.

| 정답 | 16 ② 17 ④ 18 ④ 19 ① 20 ③

에듀윌이
너를
지지할게

ENERGY

비범한 사람을 부러워 말고,
비범한 고난을 두려워 마세요.

그 사람이 거기까지 간 것은
내가 피한 고난을 끝까지 견뎌냈기 때문입니다.

– 조정민, 『사람이 선물이다』, 두란노

CHAPTER 5
보고서 활용

최근 기출 10개년 기준
22%

무료 동영상 강의

- 104 보고서 작성
- 105 보고서 인쇄
- 106 보고서 속성
- 107 다양한 보고서 작성
- 108 보고서 작성 기타

학습전략

보고서는 출력을 목적으로 사용되는 개체입니다. 보고서의 개념을 이해하고 보고서의 구성, 그룹화와 정렬, 인쇄와 관련된 페이지 설정 등을 중심으로 학습하는 것이 필요합니다.

| 빈출개념 | #보고서의 구성 요소 #보고서 보기 형식

개념끝 104 보고서 작성

기출빈도: A B C D

결정적 힌트

보고서는 폼과 비슷한 부분이 많아서 조금 수월하게 학습하실 수 있습니다. 보고서의 개념을 잘 이해하고, 구성 요소와 작성 방법도 꼼꼼하게 학습하시기 바랍니다.

01 보고서의 개념

- 보고서(Report)는 테이블, 쿼리, SQL문을 레코드 원본으로 하여 요약하거나 그룹화한 내용을 프린터로 출력하기 위한 개체이다.
- 폼과 같이 바운드 컨트롤, 언바운드 컨트롤, 계산 컨트롤 데이터를 표시할 수 있지만, 데이터 입력, 추가, 삭제 등의 작업은 불가능하다.
- 보고서에서 원본 데이터를 설정하려면 [속성 시트] 창의 [데이터] 탭의 '레코드 원본'에서 테이블이나 쿼리를 선택해야 한다.
- 둘 이상의 테이블을 이용하여 보고서를 작성하는 경우 쿼리 작성기를 통해 쿼리를 작성하여 레코드 원본으로 지정할 수 있다.
- 보고서 마법사를 통해 원하는 필드들을 쉽게 선택하여 레코드 원본으로 지정할 수 있다.
- 폼에서와 같이 이벤트 프로시저를 작성할 수 있다.

02 보고서의 구성 요소

- 보고서는 보고서 머리글, 보고서 바닥글, 본문, 페이지 머리글, 페이지 바닥글, 컨트롤 등으로 구성된다.
- 보고서 머리글/바닥글, 페이지 머리글/바닥글 구역은 표시하거나 숨길 수 있고, 그룹을 설정한 경우 그룹 머리글과 그룹 바닥글을 설정할 수 있다.

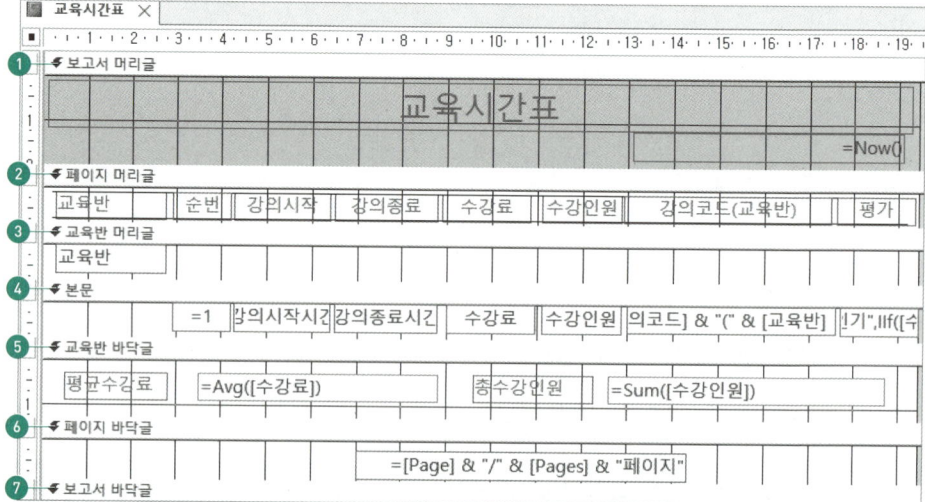

❶ 보고서 머리글	보고서의 첫 페이지에 한 번만 표시되고, 로고나 제목 및 날짜와 같이 표지에 나타나는 정보 표시
❷ 페이지 머리글	모든 페이지의 맨 위에 표시되고, 필드 제목 등을 삽입하는 데 사용
❸ 그룹 머리글	각 그룹에서 첫 번째 레코드의 위에 표시되고, 그룹 이름이나 그룹별 계산 결과를 표시할 때 사용
❹ 본문	실제 데이터가 레코드 단위로 반복 출력되는 부분으로 보고서의 본문을 구성하는 컨트롤이 추가됨
❺ 그룹 바닥글	각 그룹에서 마지막 레코드의 아래에 표시되고, 그룹에 대한 요약 정보 표시
❻ 페이지 바닥글	모든 페이지의 맨 아래에 표시되고, 페이지 번호 등을 삽입하는 데 사용
❼ 보고서 바닥글	• 보고서의 마지막 페이지에 한 번만 표시되고, 전체 데이터에 대한 합계와 같은 요약 정보를 나타내는 데 사용 • 인쇄 미리 보기에서는 마지막 페이지의 페이지 바닥글 위쪽에 한 번만 표시

03 보고서의 작성

[만들기] 탭-[보고서] 그룹에서 보고서를 작성할 수 있다.

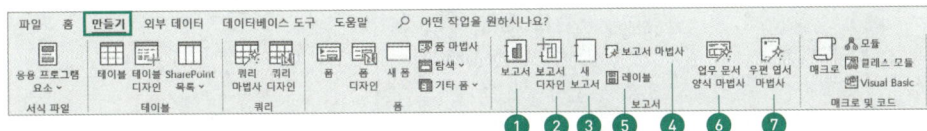

❶ 보고서	원본 테이블이나 쿼리의 필드가 모두 표시되는 보고서 작성
❷ 보고서 디자인	사용자가 직접 보고서 작성
❸ 새 보고서	[레이아웃 보기] 상태에서 필드 추가하여 보고서 작동
❹ 보고서 마법사	마법사의 진행에 따라 자동으로 보고서 작성
❺ 레이블	우편물 레이블 보고서 작성
❻ 업무 문서 양식 마법사	거래명세서, 세금계산서 등의 업무용 양식 보고서 작성
❼ 우편 엽서 마법사	우편엽서용 보고서 작성

▼ 보고서
정보를 입력하지 않아도 바로 보고서가 생성되므로 쉽고 빠르게 보고서를 작성할 수 있다.

(1) 보고서 마법사 이용

실습으로 개념끝 ❶ 에듀윌_컴퓨터활용능력1급필기기본서_실습으로개념끝\3과목\Chapter5_1.보고서마법사.accdb

[사원] 테이블을 이용하여 '사원 요약 보고서'를 작성하시오.

따라하기

❶ 탐색 창에서 [사원] 테이블을 선택하고 [만들기] 탭-[보고서] 그룹-[보고서 마법사]를 클릭한다.

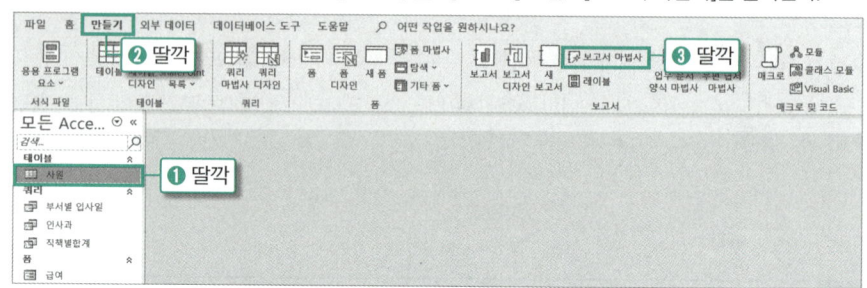

- [보고서 마법사]를 이용하는 경우 하나 이상의 테이블이나 쿼리에서 필드를 선택할 수 있다.

❷ [보고서 마법사] 대화상자가 나타나면 '사용 가능한 필드'에서 '사번', '성명', '부서', '직책', '입사일' 필드를 > 단추를 클릭하여 차례대로 '선택한 필드'로 이동하고 [다음] 단추를 클릭한다.

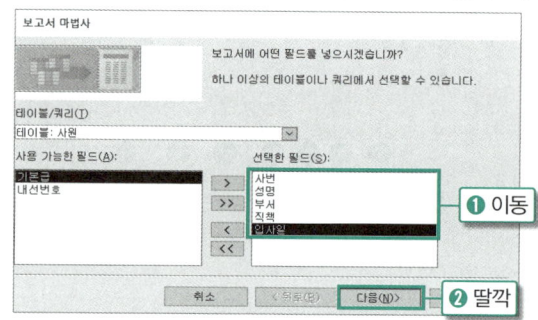

❸ 그룹을 지정하기 위해 '부서' 필드를 선택하고 > 단추를 클릭하여 오른쪽 영역으로 이동한 후 [다음] 단추를 클릭한다.

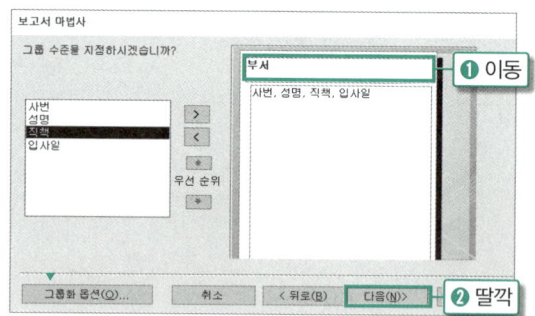

▼ 그룹화 옵션

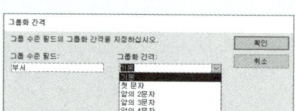

❹ 보고서에 출력할 레코드를 정렬하는 기준을 정하기 위해 '사번' 필드를 오름차순으로 지정하고 [다음] 단추를 클릭한다.

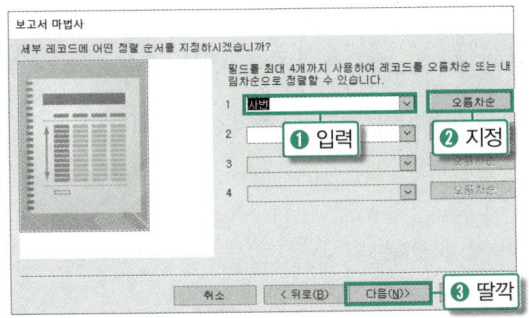

❺ 보고서의 모양을 지정하는 단계에서는 기본 설정을 그대로 유지한 상태에서 [다음] 단추를 클릭한다.

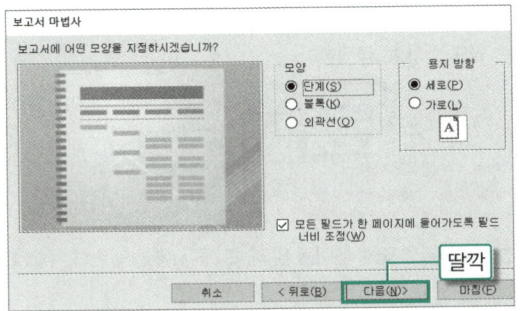

❻ 보고서 제목에 '사원 요약 보고서'를 입력하고 [마침] 단추를 클릭한다.

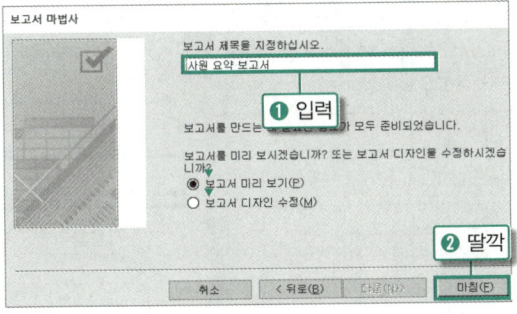

❼ 인쇄 미리 보기로 작성된 보고서를 확인한다.

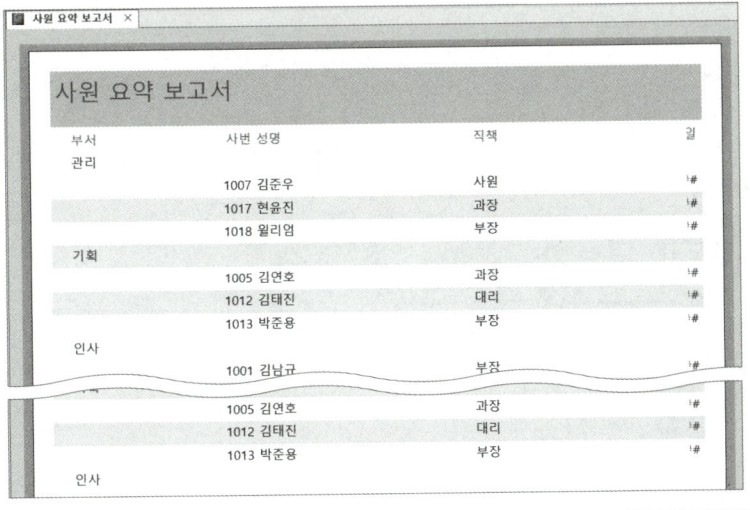

■ 요약 옵션

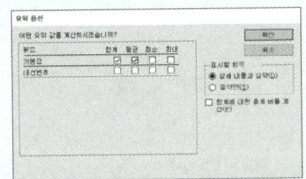

- 텍스트 속성인 필드만으로 구성된 테이블에는 요약 옵션을 사용할 수 없다.
- 요약 옵션은 정렬 순서 지정 단계에서 지정하는 것으로, 그룹 수준을 지정해야만 요약 옵션을 사용할 수 있다.
- 요약 옵션으로 지정된 필드의 합계, 평균, 최대값, 최소값을 구할 수 있다.
- 테이블 간의 관계를 미리 지정해둔 경우 둘 이상의 테이블에 있는 필드를 사용할 수 있다.

▼ 보고서 미리 보기
보고서를 인쇄 미리 보기로 실행한다.

▼ 보고서 디자인 수정
보고서를 디자인 보기로 실행한다.

(2) 보고서 디자인 이용

실습으로 개념끝 ❷ 에듀윌_컴퓨터활용능력1급필기기본서_실습으로개념끝\3과목\Chapter5_2.보고서디자인.accdb

[사원] 테이블의 '사번', '성명', '부서'를 이용하여 '보고서2'를 작성하시오.

따라하기

❶ [만들기] 탭-[보고서] 그룹-[보고서 디자인]을 클릭한다.

❷ [보고서 디자인] 탭-[도구] 그룹-[기존 필드 추가]를 클릭한다.

❸ [필드 목록] 창에서 '모든 테이블 표시'를 클릭하고 '사원' 테이블 앞의 ⊞ 표시를 클릭한다. 추가할 필드를 더블클릭하여 본문에 추가한다.

- [필드 목록] 창에서 선택한 필드를 본문 영역에 추가하면 자동으로 텍스트 상자 컨트롤이 생성된다.

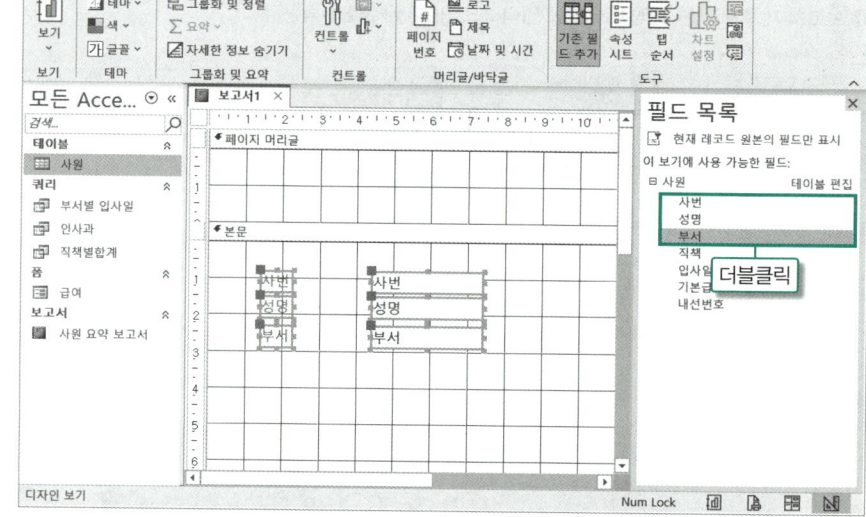

❹ [빠른 실행 도구 모음]의 [저장(🖫)]을 클릭한 후 보고서의 이름을 입력하고 [확인] 단추를 클릭한다.

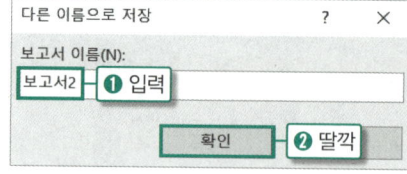

(3) 자동 보고서 이용

실습으로 개념끝 ❸   에듀윌_컴퓨터활용능력1급필기기본서_실습으로개념끝\3과목\Chapter5_3_자동보고서.accdb

[인사과] 쿼리를 이용하여 자동 보고서를 작성하시오.

따라하기

❶ 탐색 창에서 '인사과' 쿼리를 선택한 후 [만들기] 탭－[보고서] 그룹－[보고서]를 선택한다.

❷ 선택한 쿼리를 원본으로 하는 보고서가 자동으로 생성되고 [레이아웃 보기] 형태로 표시된다.

❸ [빠른 실행 도구 모음]의 [저장(🖫)]을 클릭한 후 보고서의 이름을 입력하고 [확인] 단추를 클릭한다.

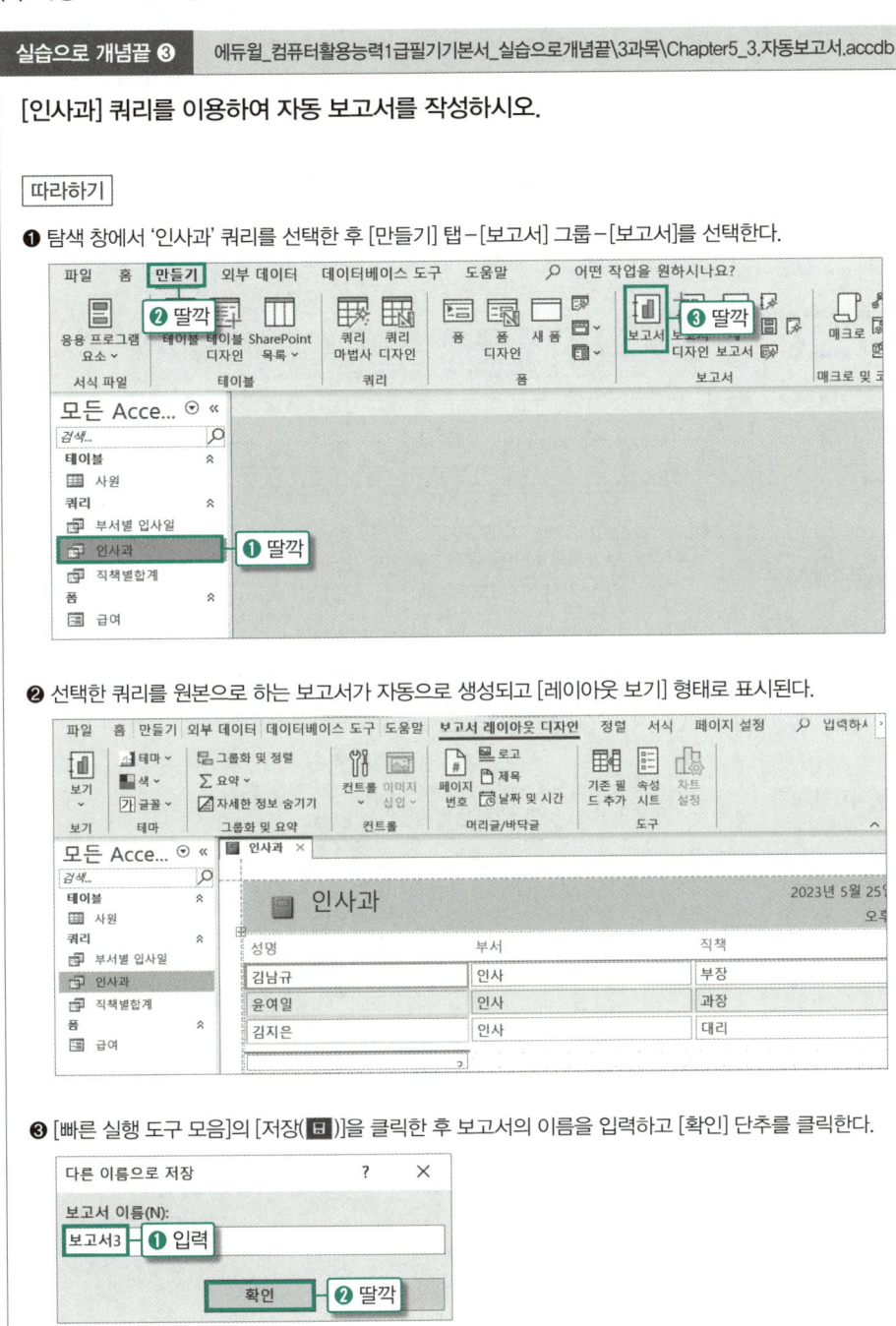

04 보고서 보기 형식

- 보고서의 보기 형식은 보고서 보기, 인쇄 미리 보기, 레이아웃 보기, 디자인 보기가 있다.
- [보고서 디자인] 탭-[보기] 그룹-[보기]에서 보기 형식을 선택한다.

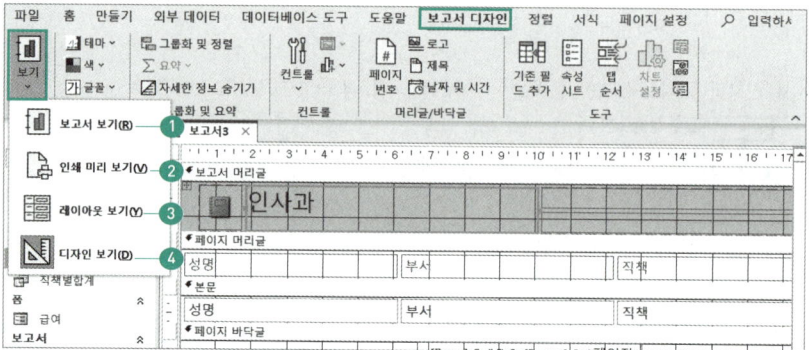

❶ 보고서 보기	• 작성된 보고서를 화면을 통해 미리 보는 기능 • 인쇄 미리 보기와 비슷하지만 페이지의 구분 없이 표시됨
❷ 인쇄 미리 보기	출력되는 모양 전체를 미리 보는 기능으로, 인쇄를 위한 페이지 설정이 용이
❸ 레이아웃 보기	• [보고서 보기]와 [디자인 보기]를 혼합한 형태 • 컨트롤의 위치와 크기를 변경하고, 그룹 수준 및 합계를 추가할 수 있지만, 데이터를 변경할 수 없음
❹ 디자인 보기	• 컨트롤 도구를 이용하여 보고서를 만들거나 수정 가능 • 컨트롤의 속성, 맞춤, 위치 등을 설정

Warming UP 기출로 개념 확인

01
다음 중 보고서에 대한 설명으로 옳지 <u>않은</u> 것은?
① 보고서에 포함할 필드가 모두 한 테이블에 있는 경우 해당 테이블을 레코드 원본으로 사용한다.
② 둘 이상의 테이블을 이용하여 보고서를 작성하는 경우 쿼리를 만들어 레코드 원본으로 사용한다.
③ '보고서' 도구를 사용하면 정보를 입력하지 않아도 바로 보고서가 생성되므로 매우 쉽고 빠르게 보고서를 만들 수 있다.
④ '보고서 마법사'를 이용하는 경우 필드 선택은 여러 개의 테이블 또는 하나의 쿼리에서만 가능하며, 데이터 그룹화 및 정렬 방법을 지정할 수도 있다.

02 (또 나올 문제)
다음 중 보고서의 각 구역에 대한 설명으로 옳지 <u>않은</u> 것은?
① '페이지 머리글'은 인쇄 시 모든 페이지의 맨 위에 출력되며, 모든 페이지에 특정 내용을 반복하려는 경우 사용한다.
② '보고서 머리글'은 보고서의 맨 앞에 한 번 출력되며, 함수를 이용한 집계 정보를 표시할 수 없다.
③ '그룹 머리글'은 각 새 레코드 그룹의 맨 앞에 출력되며, 그룹 이름이나 그룹별 계산 결과를 표시할 때 사용한다.
④ '본문'은 레코드 원본의 모든 행에 대해 한 번씩 출력되며, 보고서의 본문을 구성하는 컨트롤이 추가된다.

03 (또 나올 문제)
다음 중 보고서의 보기 형태에 대한 설명으로 옳지 <u>않은</u> 것은?
① [보고서 보기]는 출력되는 보고서를 화면 출력용으로 보여주며, 페이지를 구분하여 표시한다.
② [디자인 보기]에서는 보고서에 삽입된 컨트롤의 속성, 맞춤, 위치 등을 설정할 수 있다.
③ [레이아웃 보기]는 출력될 보고서의 레이아웃을 보여주며, 컨트롤의 크기 및 위치를 변경할 수 있다.
④ [인쇄 미리 보기]에서는 종이에 출력되는 모양을 표시하며, 인쇄를 위한 페이지 설정이 용이하다.

바로 보는 해설

01
'보고서 마법사'를 이용하는 경우 여러 개의 테이블이나 다양한 쿼리에서 필드를 선택할 수 있다.

02
보고서 머리글은 첫 페이지의 위쪽에 한 번만 표시되며, 함수를 이용한 집계 정보를 표시할 수 있다.

03
[보고서 보기]는 출력되는 보고서를 화면 출력용으로 보여주며, 페이지를 구분하지 않고 표시한다. 페이지를 구분하여 표시할 때는 [인쇄 미리 보기]를 이용한다.

| 정답 | 01 ④ 02 ② 03 ①

개념끝 105 보고서 인쇄

| 빈출개념 | #[인쇄 옵션] 탭 #[페이지] 탭 #[열] 탭

기출빈도

결정적 힌트

보고서는 주로 출력을 목적으로 사용하는 개체이므로 인쇄와 관련된 내용들을 잘 알아두어야 합니다. 특히 페이지 설정에서 자주 문제가 출제되므로 [페이지 설정] 대화상자 중심으로 학습하시기 바랍니다.

01 페이지 설정

- 보고서를 인쇄하기 위해 여백, 용지 방향 등을 설정하는 기능이다.
- 인쇄 미리 보기 상태에서 [인쇄 미리 보기] 탭–[페이지 레이아웃] 그룹–[페이지 설정]을 선택한다.

(1) [인쇄 옵션] 탭

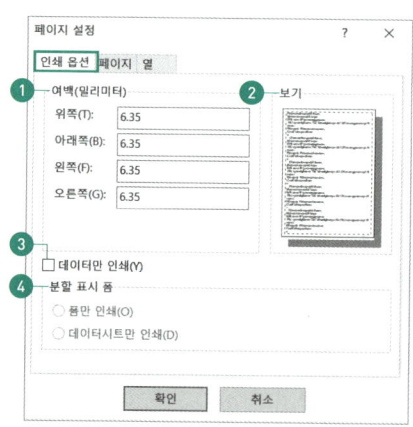

❶ 여백(밀리미터)	상하좌우 여백을 밀리미터(mm) 단위로 지정
❷ 보기	지정된 여백 미리 보기
❸ 데이터만 인쇄	컨트롤의 테두리, 눈금선 등의 그래픽은 인쇄하지 않고 데이터만 인쇄
❹ 분할 표시 폼	보고서에서는 지정할 수 없고 폼 인쇄 시 '폼만 인쇄', '데이터시트만 인쇄' 중에서 선택

▼ 데이터만 인쇄

데이터만 인쇄 선택 시 텍스트 상자에서 표시하는 값도 인쇄된다.

(2) [페이지] 탭

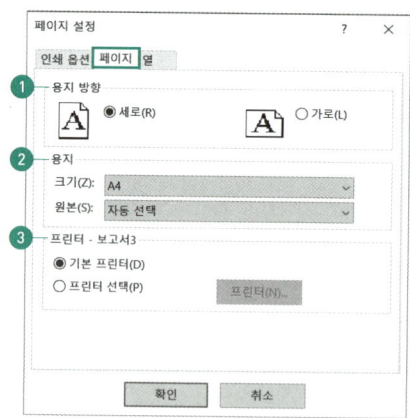

❶ 용지 방향	용지 방향을 '세로' 또는 '가로'로 지정
❷ 용지	용지 크기 및 원본 선택
❸ 프린터	프린터 선택

(3) [열] 탭

- 여러 열로 구성된 보고서를 인쇄할 때 열 개수, 열 너비, 높이 등을 지정한다.
- 페이지의 가로 크기가 '눈금 설정'과 '열 크기'에 비해 작으면 잘려서 인쇄된다.

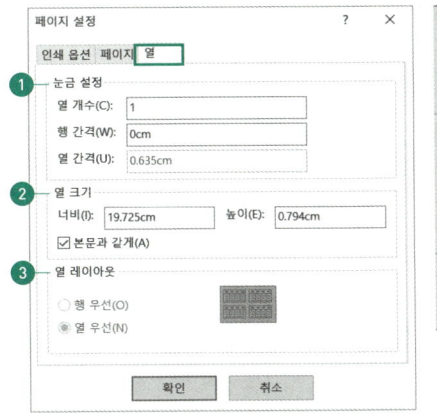

❶ 눈금 설정		여러 열로 구성된 보고서를 인쇄할 때 한 페이지에 인쇄할 열의 개수, 행 간격, 열 간격 지정
❷ 열 크기		• 열의 너비와 높이 지정 • 본문과 같게: 열의 너비와 높이를 보고서 본문의 너비와 높이에 맞춰 인쇄
❸ 열 레이아웃		열을 인쇄할 방향을 '행 우선'이나 '열 우선'으로 지정

02 인쇄 미리 보기 설정

보고서를 인쇄하기 전 화면으로 페이지 모양을 확인하는 기능이다.

| 실행 방법

방법1	[파일] 탭-[인쇄]-[인쇄 미리 보기] 선택
방법2	[보고서 디자인] 탭-[보기] 그룹-[보기]-[인쇄 미리 보기] 선택

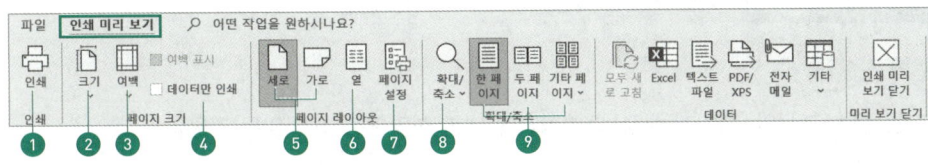

❶ 인쇄	설정된 프린터로 인쇄
❷ 크기	인쇄 용지 크기 설정
❸ 여백	용지 여백을 기본, 넓게, 좁게, 사용자 지정 여백으로 설정
❹ 데이터만 인쇄	'데이터만 인쇄'를 체크하면 컨트롤의 테두리, 눈금선 및 선이나 상자와 같은 그래픽은 인쇄하지 않음
❺ 세로/가로	용지 방향 설정
❻ 열	[페이지 설정] 대화상자의 [열] 탭 표시
❼ 페이지 설정	[페이지 설정] 대화상자 표시
❽ 확대/축소	인쇄 미리 보기에서 보고서를 확대하거나 축소
❾ 한 페이지/두 페이지/기타 페이지	한 페이지, 두 페이지, 기타 페이지 단위로 미리 보기

03 인쇄하기

보고서를 직접 종이에 인쇄하는 기능으로 [인쇄] 대화상자에서 프린터, 인쇄 범위, 인쇄 매수 등을 지정한 후 인쇄한다.

| 실행 방법

방법	[파일] 탭 – [인쇄] – [인쇄] 선택

| [인쇄] 대화상자

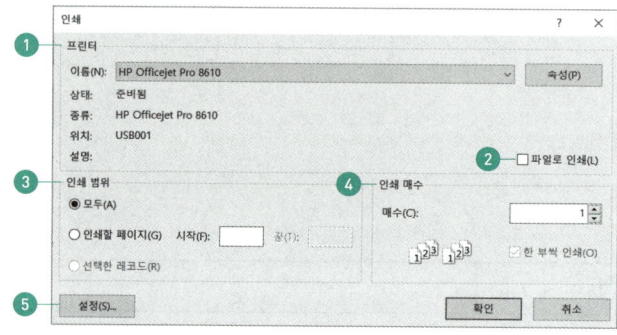

① 프린터	인쇄할 프린터 선택	④ 인쇄 매수	인쇄 매수를 지정
② 파일로 인쇄	인쇄할 내용을 파일로 저장	⑤ 설정	[페이지 설정] 대화상자의 [인쇄 옵션] 탭 표시
③ 인쇄 범위	전체, 인쇄할 페이지 범위, 레코드를 선택하여 인쇄		

Warming UP 기출로 개념 확인

01 또 나올 문제

다음 중 보고서의 [페이지 설정] 대화상자에 대한 설명으로 옳지 <u>않은</u> 것은?

① 여러 열로 구성된 보고서를 인쇄할 때에는 [열] 탭에서 열의 개수와 행 간격, 열의 너비, 높이 등을 설정한다.
② [인쇄 옵션] 탭에서 보고서의 위쪽, 아래쪽, 왼쪽, 오른쪽 여백을 밀리미터 단위로 설정할 수 있다.
③ [페이지] 탭에서 보고서의 인쇄할 범위로 인쇄할 페이지를 지정할 수 있다.
④ [인쇄 옵션] 탭의 '데이터만 인쇄'를 선택하여 체크 표시하면 컨트롤의 테두리, 눈금선 및 선이나 상자 같은 그래픽을 표시하지 않는다.

02

다음 중 보고서의 페이지 설정 창에서 '데이터만 인쇄' 옵션을 선택했을 때 인쇄되는 것으로 옳은 것은?

① 콤보 상자의 모양
② 선이나 사각형으로 작성한 모양
③ 레이블로 작성한 보고서의 제목
④ 텍스트 상자에서 표시하는 값

바로 보는 해설

01
- [페이지] 탭에서 용지 방향, 용지, 프린터를 선택할 수 있다.
- [인쇄] 대화상자에서 인쇄할 범위로 인쇄할 페이지를 지정할 수 있다.

02
'데이터만 인쇄' 옵션을 선택하면 그래픽(레이블, 컨트롤 테두리, 선이나 사각형 등)이 나타나지 않고 데이터만 인쇄한다.

| 정답 | 01 ③ 02 ④

개념끝 106 보고서 속성

기출빈도 B

01 보고서 속성 개요

- 보고서의 형식, 데이터, 이벤트 등 보고서와 관련된 전반적인 사항을 정의하는 기능이다.
- 보고서의 속성은 [디자인 보기]에서 설정할 수 있다.
- 보고서 전체에 대한 속성과 각 구역에 대한 속성을 설정할 수 있다.
- 보고서의 속성은 형식, 데이터, 이벤트, 기타로 분류된다.
- [모두] 탭에는 모든 속성이 표시된다.

> **결정적 힌트**
> 보고서 속성도 매우 많은 항목을 포함하고 있으므로 시험에 자주 출제되는 속성 중심으로 학습하는 요령이 필요합니다.

속성 시트 창 열기

방법1	[보고서 디자인] 탭-[도구] 그룹-[속성 시트] 선택
방법2	• 보고서 속성 시트 창: 보고서 선택기나 보고서의 여백을 더블클릭 • 구역 속성 시트 창: 구역 선택기를 더블클릭
방법3	바로 가기 메뉴의 [속성] 선택
방법4	F4 나 Alt + Enter

02 보고서의 주요 속성

(1) [형식] 탭

주요 속성

	속성	설명
①	캡션	제목 표시줄에 표시될 보고서의 제목(레이블) 지정
②	기본 보기	'보고서 보기', '인쇄 미리 보기' 선택
③	그림 유형	그림을 '포함', '연결', '공유' 선택
④	그림	보고서의 배경 그림 지정
⑤	그림 크기 조정 모드	이미지를 확대하거나 축소
⑥	그룹화 기준	그룹화 기준으로 사용할 페이지나 열을 지정
⑦	페이지 머리글/페이지 바닥글	페이지 머리글/바닥글의 표시 여부를 지정

(2) [데이터] 탭

I 주요 속성

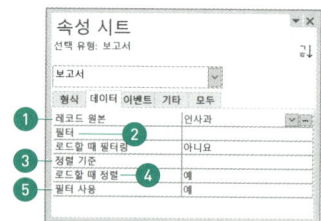

① 레코드 원본	보고서에 연결할 테이블이나 쿼리, SQL 지정
② 필터	특정 기준에 따른 필터 지정
③ 정렬 기준	레코드를 정렬할 기준 지정
④ 로드할 때 정렬	보고서를 불러올 때 정렬을 적용할지 여부 지정
⑤ 필터 사용	필터의 사용 여부 지정

▼ 레코드 원본
하나 이상의 테이블이나 쿼리를 사용할 경우 쿼리 작성기를 통해 새 쿼리를 작성하여 레코드 원본으로 지정한다.

(3) [기타] 탭

I 주요 속성

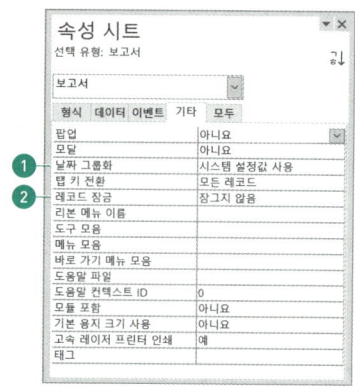

① 날짜 그룹화	날짜를 그룹화할 때 사용할 날짜 형식을 지정
② 레코드 잠금	원본 테이블이나 쿼리의 레코드 잠금을 설정

03 그룹화 및 정렬

특정한 필드의 값을 기준으로 속성이 같은 레코드의 모임으로 그룹화하거나 특정 필드를 기준으로 오름차순이나 내림차순으로 정렬하는 기능이다.

I 실행 방법

방법1	[보고서 디자인] 탭-[그룹화 및 요약] 그룹-[그룹화 및 정렬] 선택
방법2	보고서의 바로 가기 메뉴에서 [정렬 및 그룹화] 선택

> 결정적 힌트
> 그룹화 및 정렬은 보고서에서 가장 중요한 부분이라고 할 수 있습니다. 그룹화와 정렬의 개념과 [그룹, 정렬 및 요약] 창의 각 항목을 꼼꼼하게 학습하시기 바랍니다.

(1) 정렬

- 필드나 식을 기준으로 열 개까지 정렬을 지정할 수 있다.
- 정렬 기준을 선택하면 기본적으로 정렬 순서가 오름차순으로 지정된다.
- 첫 번째 필드나 식은 제1정렬 기준, 두 번째 필드나 식은 제2정렬 기준이 된다.

(2) 그룹

- 필드나 식을 기준으로 열 개까지 그룹화를 지정할 수 있다.
- 그룹으로 설정한 필드를 기준으로 정렬되어 표시된다.
- 그룹으로 설정한 필드에 그룹 머리글, 그룹 바닥글, 그룹 설정, 그룹 간격 등의 속성을 설정할 수 있다.
- 그룹 수준을 삭제하면 그룹 머리글 구역이나 그룹 바닥글 구역에 삽입된 모든 컨트롤도 함께 삭제된다.
- 그룹 머리글 속성창의 [형식] 탭에서 '반복 실행 구역' 속성을 '예'로 지정하면 해당 머리글을 페이지마다 표시한다.
- 텍스트 상자 속성창의 [형식] 탭에서 '중복 내용 숨기기' 속성을 '예'로 지정하면 데이터가 이전 레코드와 같을 때 한 번만 표시되도록 한다.

| '부서' 필드에 '중복 내용 숨기기' 속성을 '예'로 지정한 경우

부서별 입사일

부서	사번	성명	직책	입사일	기본급
관리	1018	윌리엄	부장	2015-11-10	310
	1017	현윤진	과장	2017-09-27	270
	1007	김준우	사원	2021-05-06	250
	인원		3	기본급 평균	277
기획	1012	김태진	대리	2019-01-06	220
	1005	김연호	과장	2018-01-01	250
	1013	박준용	부장	2015-03-15	330

| [그룹, 정렬 및 요약] 창

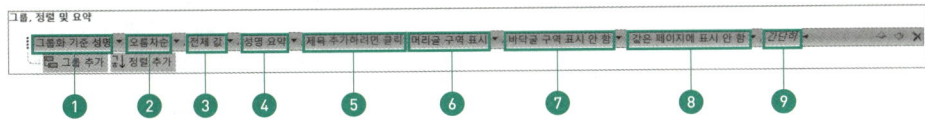

❶ 그룹화 기준	그룹으로 지정할 기준 필드를 선택
❷ 정렬	오름차순이나 내림차순으로 정렬 순서를 선택
❸ 그룹 간격	그룹화 방식을 지정하며 데이터 형식에 따라 다르게 표시 • 문자 데이터: 전체 값, 첫 문자, 처음 두 문자, 사용자 지정 문자를 기준으로 그룹화 • 날짜 데이터: 전체 값, 일, 주, 월, 분기, 연도, 사용자 지정을 기준으로 그룹화 • 숫자 데이터: 전체 값, 5/10/100/1000 단위, 사용자 지정을 기준으로 그룹화
❹ 요약	요약 기준과 형식을 지정
❺ 제목	그룹 머리글에 제목을 지정

❻ 머리글 구역 표시	그룹 머리글의 표시 여부를 지정	
❼ 바닥글 구역 표시	그룹 바닥글의 표시 여부를 지정	
❽ 그룹화 옵션	• 같은 페이지에 표시 안 함: 페이지의 나머지 공간에 그룹을 표시할 수 없는 경우 다음 페이지에 나누어서 표시 • 전체 그룹을 같은 페이지에 표시: 페이지의 나머지 공간에 그룹을 표시할 수 없는 경우 다음 페이지에서 그룹이 시작됨 • 머리글과 첫 레코드를 같은 페이지에 표시: 머리글 다음에 적어도 하나의 데이터 행을 인쇄할 수 있는 공간이 없으면 다음 페이지에서 그룹이 시작됨	
❾ 간단히/자세히	[그룹, 정렬 및 요약] 창의 내용을 간단히/자세히로 표시	

(3) 그룹 머리글 및 그룹 바닥글

- 그룹 머리글과 그룹 바닥글에는 요약 함수(SUM, AVG, MAX, MIN, COUNT, IIF 함수 등) 등을 작성하여 그룹 집계를 출력한다.
- **현재 그룹에 대한 합계**: 계산 컨트롤에 SUM 함수를 작성하여 그룹 머리글이나 그룹 바닥글에 추가한다. 예 =SUM([정가]) → '정가'의 합계
- **그룹별 레코드의 개수**: COUNT(*) 함수를 그룹 머리글이나 그룹 바닥글에 추가하면 Null 필드를 포함한 그룹별 레코드의 개수를 표시한다.
- **전체 레코드의 개수**: COUNT(*) 함수를 보고서 머리글이나 보고서 바닥글에 추가한다.

■ 그룹 머리글이나 그룹 바닥글에 COUNT([필드명]) 함수를 입력하면 Null 필드를 제외한 그룹별 레코드의 개수를 표시한다.

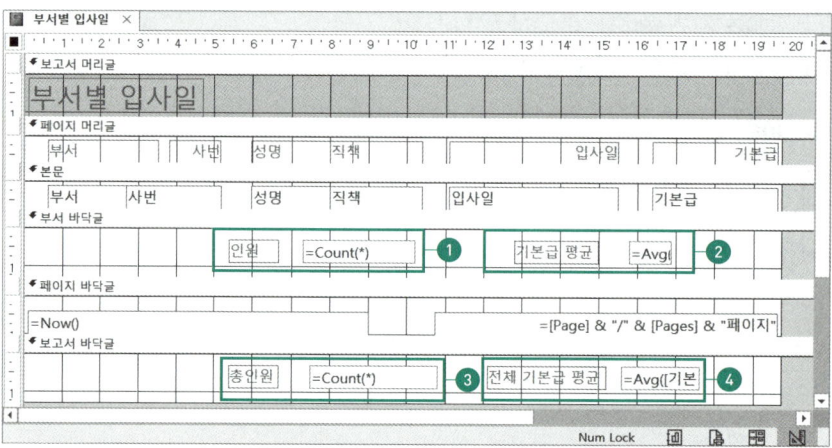

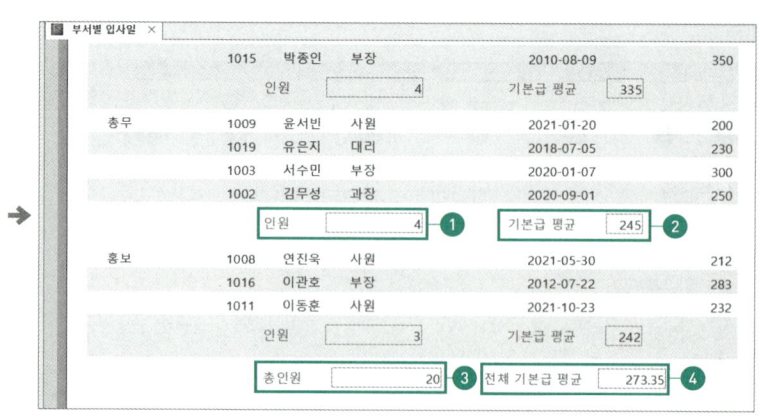

❶ 부서별 인원수 ❷ 부서별 기본급 평균 ❸ 전체 인원수 ❹ 전체 기본급 평균

Warming UP 기출로 개념 확인

01
다음 중 보고서의 그룹화 및 정렬에 대한 설명으로 옳지 않은 것은?

① '그룹'은 머리글과 같은 소계 및 요약 정보와 함께 표시되는 레코드의 모음으로, 그룹 머리글, 세부 레코드 및 그룹 바닥글로 구성된다.
② 그룹화할 필드가 날짜 데이터이면 전체 값(기본), 일, 주, 월, 분기, 연도 중 선택한 기준으로 그룹화할 수 있다.
③ SUM 함수를 사용하는 계산 컨트롤을 그룹 머리글에 추가하면 현재 그룹에 대한 합계를 표시할 수 있다.
④ 필드나 식을 기준으로 최대 5단계까지 그룹화할 수 있으며, 같은 필드나 식은 한 번씩만 그룹화할 수 있다.

02 또 나올 문제
다음 중 아래 보고서에 대한 설명으로 옳지 않은 것은?

대리점명: 서울지점				
순번	모델명	판매날짜	판매량	판매단가
1	PC4203	2018-07-31	7	₩1,350,000
2		2018-07-23	3	₩1,350,000
3	PC4204	2018-07-16	4	₩1,400,000
		서울지점 소계 :		₩19,100,000

대리점명: 충북지점				
순번	모델명	판매날짜	판매량	판매단가
1	PC3102	2018-07-13	6	₩830,000
2		2018-07-12	4	₩830,000
3	PC4202	2018-07-31	4	₩1,300,000
4		2018-07-07	1	₩1,300,000
		충북지점 소계 :		₩14,800,000

① '모델명' 필드를 기준으로 그룹이 설정되어 있다.
② '모델명' 필드에는 '중복 내용 숨기기' 속성을 '예'로 설정하였다.
③ 지점별 소계가 표시된 텍스트 상자는 그룹 바닥글에 삽입하였다.
④ 순번은 컨트롤 원본을 '=1'로 입력한 후 '누적 합계' 속성을 '그룹'으로 설정하였다.

03 또 나올 문제
다음 중 보고서의 그룹 바닥글 구역에 '=COUNT(*)'를 입력했을 때 출력되는 결과로 옳은 것은?

① Null 필드를 포함한 그룹별 레코드 개수
② Null 필드를 포함한 전체 레코드 개수
③ Null 필드를 제외한 그룹별 레코드 개수
④ Null 필드를 제외한 전체 레코드 개수

바로 보는 해설

01 필드나 식을 기준으로 최대 열 개까지 그룹화할 수 있고, 같은 필드나 식도 계속 그룹화할 수 있다.

02 '대리점명' 필드를 기준으로 그룹이 설정되어 있다.

03 그룹 바닥글에 COUNT(*) 함수를 입력하면 Null 필드를 포함한 그룹별 개수를, 그룹 바닥글에 COUNT([필드명]) 함수를 입력하면 Null 필드를 제외한 그룹별 개수를 표시한다.

| 정답 | 01 ④ 02 ① 03 ①

개념끝 107 다양한 보고서 작성

| 빈출개념 | #레이블 보고서 #하위 보고서

01 레이블 보고서

결정적 힌트

액세스에서는 기본적인 보고서 이외에 다양한 형태의 보고서를 작성할 수 있습니다. 레이블 보고서의 개념을 잘 이해하고 나머지 보고서는 가볍게 읽어보면서 학습합니다.

- 레이블에서 이름 필드의 값에 '귀하'를 붙이려면 '{이름} 귀하'로 입력한다.

- 우편물 발송을 위한 레이블을 작성하는 기능이다.
- [만들기] 탭-[보고서] 그룹-[레이블]을 선택하고 [우편물 레이블 마법사]를 이용하여 작성한다.
- 레이블의 크기는 선택하거나 사용자가 직접 지정할 수 있다.
- 레이블 형식은 낱장 용지나 연속 용지를 선택할 수 있다.
- 반드시 우편번호와 주소가 들어갈 필요는 없다.
- 한 줄에 추가할 수 있는 필드의 개수는 최대 열 개이다.
- 필드 뒤에 일괄적으로 문자열을 넣을 수도 있다.
- 인쇄 미리 보기에서 [페이지 설정] 대화상자를 사용하여 레이블 사이의 간격이나 여백을 변경할 수 있다.

실습으로 개념끝 ④ 에듀윌_컴퓨터활용능력1급필기기본서_실습으로개념끝\3과목\Chapter5_4.레이블보고서.accdb

[사원] 테이블을 이용하여 레이블 보고서를 작성하시오.

따라하기

❶ 탐색 창에서 [사원] 테이블을 선택하고 [만들기] 탭-[보고서] 그룹-[레이블]을 선택한다.

❷ [우편물 레이블 마법사]에서 레이블 크기를 지정한 후 [다음] 단추를 클릭한다.

❸ 텍스트의 글꼴, 크기, 두께, 색을 지정하고 [다음] 단추를 클릭한다.

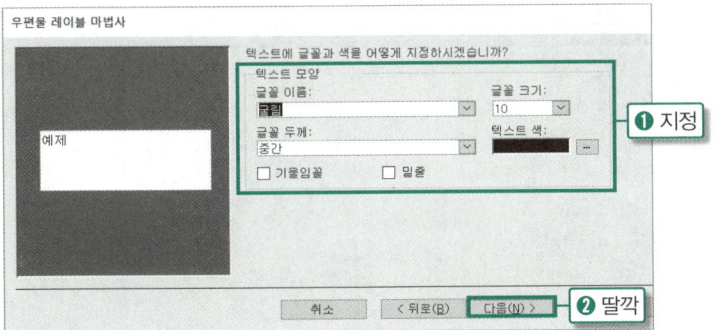

❹ 레이블에 넣을 필드를 더블클릭하고 Enter 를 눌러 줄을 바꾼다. {성명} 다음에 '님'을 넣으면 '성명'에 '님'을 붙여서 표시할 수 있다. '사번', '성명', '부서', '직책' 필드를 추가한 후 [다음] 단추를 클릭한다.

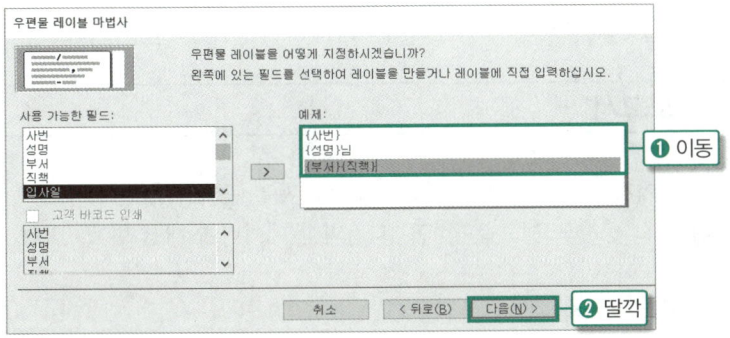

❺ 정렬할 필드로 '부서'를 선택하고 [다음] 단추를 클릭한다.

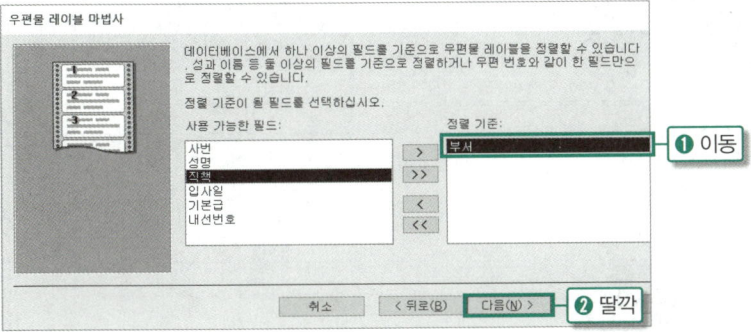

❻ 보고서 이름을 입력하고 [마침] 단추를 클릭한다.

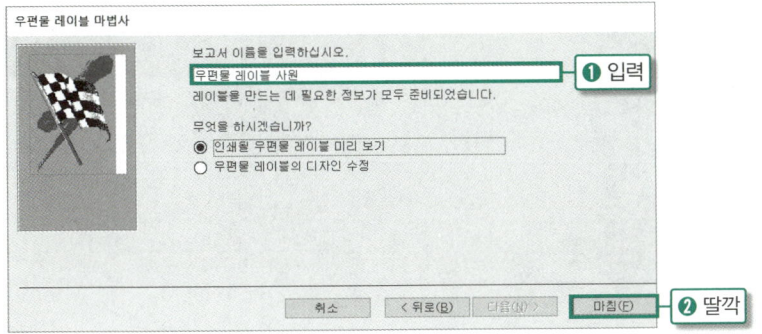

❼ 결과를 확인한다.

02 크로스탭 보고서

- 여러 개의 열로 이루어지고, 그룹 머리글과 그룹 바닥글, 세부 구역이 각 열마다 나타난다.
- 보고서를 가로와 세로 방향으로 그룹화하고, 그룹화한 데이터에 대한 합계, 개수, 평균 등의 계산을 한다.
- 크로스탭 쿼리를 원본으로 작성한다.

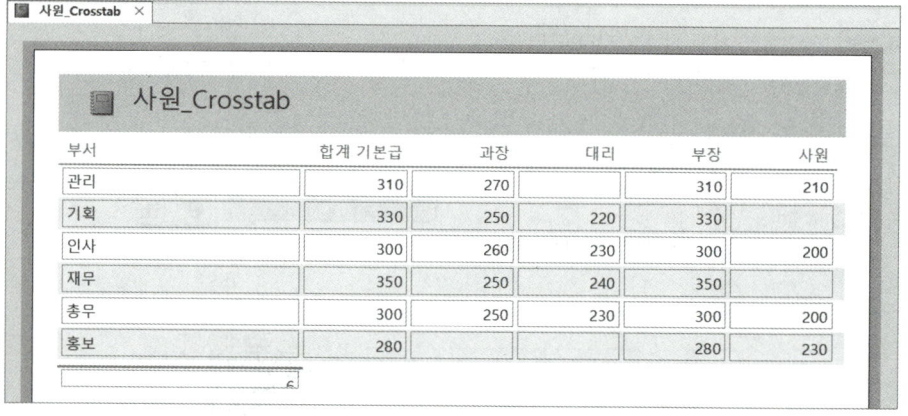

03 업무 문서 양식 보고서

업무 양식 마법사를 이용하여 거래 명세서, 세금 계산서를 작성하는 기능이다.

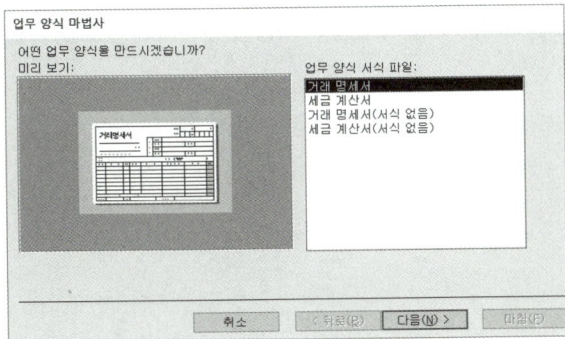

04 우편 엽서 보고서

우편 엽서 마법사를 이용하여 우편 발송을 위한 우편 엽서를 작성하는 기능이다.

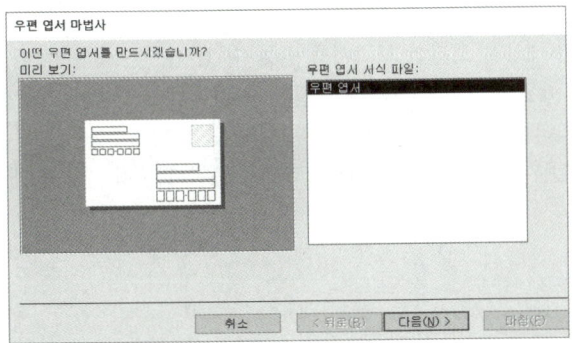

05 하위 보고서

- 보고서에 삽입되는 또 하나의 보고서로, 일대다 관계가 적용된 테이블이나 쿼리의 데이터를 표시하기에 적합하다.
- 하위 보고서를 통해서 기본 보고서 내용을 보강한 보고서를 만들 수 있다.
- 테이블, 쿼리, 폼, 다른 보고서를 이용하여 하위 보고서를 작성할 수 있다.
- 기본 보고서(주 보고서)에 하위 보고서를 연결하려면 원본으로 사용하는 원본 레코드 간의 관계를 만들어야 한다.
- 기본 보고서와 하위 보고서에 모두 그룹화 및 정렬 기능을 설정할 수 있다.
- 일반적으로 하위 보고서의 개수에는 제한이 없으나 하위 보고서를 중첩하는 경우 최대 일곱 개까지 작성할 수 있다.
- 기본 보고서의 [디자인 보기] 상태(N)에서 삽입된 하위 보고서의 크기를 조절할 수 있다.

바로 보는 해설

01
레이블 보고서에는 우편 발송용 레이블을 만드는 기능이 있으므로 주소 인쇄에 매우 알맞다.

02
하위 보고서는 보고서 안에 삽입되는 또 하나의 보고서를 의미하는데, [디자인 보기] 화면에서는 삽입된 하위 보고서의 크기를 조절할 수 있다.

03
주 보고서와 하위 보고서에 모두 그룹화 및 정렬 기능을 설정할 수 있다.

Warming UP 기출로 개념 확인

01

다음 중 서류봉투에 초대장을 넣어 발송하려는 경우 우편물에 사용할 수신자의 주소를 프린트하기에 가장 적합한 보고서는?

① 업무 문서 양식 보고서
② 우편 엽서 보고서
③ 레이블 보고서
④ 크로스탭 보고서

02

다음 중 하위 보고서 작성에 대한 설명으로 옳지 않은 것은?

① 하위 보고서를 통해서 기본 보고서 내용을 보강한 보고서를 만들 수 있다.
② [디자인 보기] 화면에서는 삽입된 하위 보고서의 크기를 조절할 수 없다.
③ 일대다 관계에 있는 테이블이나 쿼리를 효과적으로 표시할 수 있다.
④ 일반적으로 하위 보고서의 개수에는 제한이 없으나 하위 보고서를 중첩하는 경우 일곱 개의 수준까지 중첩시킬 수 있다.

03 (또 나올 문제)

다음 중 하위 보고서에 대한 설명으로 옳지 않은 것은?

① 하위 보고서는 일대다 관계가 설정되어 있는 테이블의 데이터를 표시하기에 적합하다.
② 주 보고서와 연결된 하위 보고서는 원본으로 사용하는 원본 레코드 간의 관계가 만들어져 있어야 한다.
③ 테이블, 쿼리, 폼 또는 다른 보고서를 이용하여 하위 보고서를 작성할 수 있다.
④ 주 보고서에는 최대 7개까지 하위 보고서를 중첩하여 작성할 수 있으며 하위 보고서에서는 그룹화 및 정렬 기능을 설정할 수 없다.

| 정답 | 01 ③ 02 ② 03 ④

| 빈출개념 #페이지 번호 #누적 합계 표시

개념끝 108 보고서 작성 기타

기출빈도

01 날짜 및 시간

> **결정적 힌트**
> 보고서에 날짜 및 시간, 페이지 번호, 누적 합계 등을 표시하는 기능은 자주 출제되는 중요한 내용입니다. 특히 페이지 번호를 지정하는 식을 잘 이해해야 합니다.

- 보고서에 현재 날짜와 시간을 표시하는 기능이다.
- [보고서 디자인] 탭-[머리글/바닥글] 그룹-[날짜 및 시간]을 선택하여 날짜와 시간을 표시한다.

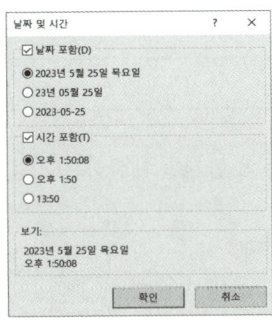

- [보고서 디자인] 탭-[컨트롤] 그룹-[텍스트 상자(🗐)]를 클릭하여 텍스트 상자 컨트롤을 추가하고, 날짜 및 시간을 출력하는 함수를 입력하여 날짜와 시간을 표시할 수 있다.

| 날짜/시간 함수

Now( )	현재 날짜와 시간 표시
Date( )	현재 날짜 표시
Time( )	현재 시간 표시

02 페이지 번호

- 보고서의 페이지 머리글이나 페이지 바닥글에 페이지 번호를 삽입하는 기능이다.
- [보고서 디자인] 탭-[머리글/바닥글] 그룹-[페이지 번호]를 선택한다.
- [페이지 번호] 대화상자를 열 때마다 페이지 번호 표시를 위한 수식이 입력된 텍스트 상자가 자동으로 삽입된다.

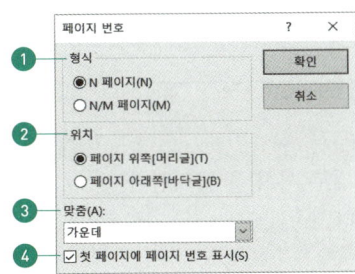

	N 페이지	현재 페이지 번호만 표시 예 2 페이지
①	N/M 페이지	현재 페이지/전체 페이지 형식으로 표시 예 2/5 페이지
②	페이지 번호가 표시될 위치를 지정	
③	페이지 번호가 표시될 위치에서 정렬 방식을 지정	
④	첫 페이지에 페이지 번호를 표시할지 여부를 지정	

- Format(인수, 형식) 함수를 이용하여 페이지 번호의 형식을 지정할 수 있다.

| 페이지 번호 식

[Page]	현재 페이지	&	식이나 문자열 연결
[Pages]	전체 페이지	" "	큰따옴표 안의 내용을 그대로 표시

예 전체 페이지가 80이고 현재 페이지가 20인 보고서인 경우

입력 형식	결괏값
[Page]&"Page"	20Page
[Page]&"/"&[Pages]&"페이지"	20/80페이지
"Page "&[Page]&"/"&[Pages]	Page 20/80
Format([Page],"000")	020

03 누적 합계 표시

- 보고서에 텍스트 상자 컨트롤을 이용하여 레코드나 그룹별로 누적 합계를 계산하는 기능이다.
- 컨트롤 속성의 [데이터] 탭-'누적 합계' 속성을 이용하여 지정한다.
- 컨트롤 원본은 '=1'로, 누적 합계 속성은 '그룹'으로 설정하면 그룹별로 순번을, '모두'로 설정하면 전체에 대한 순번을 구한다.

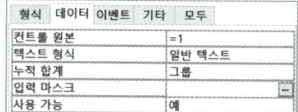

| 그룹별로 순번 표시

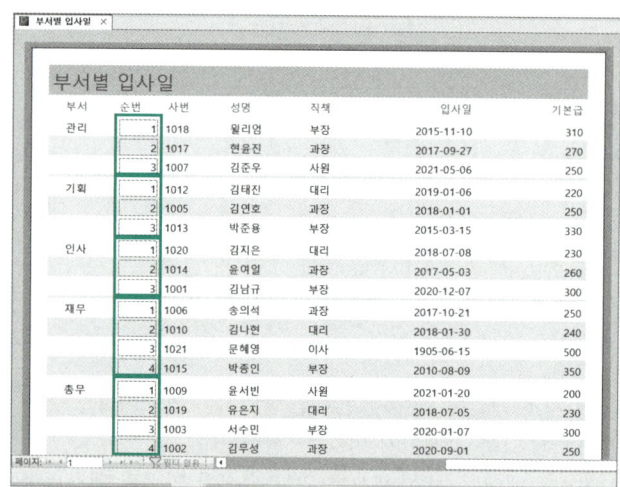

04 조건부 서식

- 조건에 맞는 특정 컨트롤에만 서식을 적용하는 기능이다.
- 컨트롤을 선택하고 [서식] 탭-[컨트롤 서식] 그룹-[조건부 서식]을 클릭한다.
- 필드값이나 식을 기준으로 조건부 서식을 설정할 수 있다.

- 각 컨트롤에 대해 최대 50개까지 조건을 지정할 수 있다.
- 조건을 지정할 때 만능 문자('?', '*')를 사용할 수 없다.

05 다른 형식으로 내보내기

- 보고서는 Access, Excel, 텍스트 파일, XML 파일, PDF/XPS, Word, HTML 등으로 내보내기 할 수 있다.
- [외부 데이터] 탭-[내보내기] 그룹에서 내보낼 파일 형식을 선택한다.

Warming UP 기출로 개념 확인

01
다음 중 보고서에서 [페이지 번호] 대화상자를 이용한 페이지 번호 설정에 대한 설명으로 옳지 않은 것은?
① 첫 페이지에만 페이지 번호가 표시되거나 표시되지 않도록 설정할 수 있다.
② 페이지 번호의 표시 위치를 '페이지 위쪽', '페이지 아래쪽', '페이지 양쪽' 중 선택할 수 있다.
③ 페이지 번호의 형식을 'N 페이지'와 'N/M 페이지' 중 선택할 수 있다.
④ [페이지 번호] 대화상자를 열 때마다 페이지 번호 표시를 위한 수식이 입력된 텍스트 상자가 자동으로 삽입된다.

02 (또 나올 문제)
다음 중 보고서에서 '페이지 번호'를 표현하는 식과 그 결과의 연결이 옳은 것은? (단, 전체 페이지는 3이고, 현재 페이지는 1임)
① =[Page] → 3
② =[Page]& "페이지" → 1& 페이지
③ =Format([Page],"000") → 1000
④ =[Page]& "/"& [Pages]& "페이지" → 1/3페이지

03 (또 나올 문제)
다음 중 보고서에서 순번 항목과 같이 그룹 내의 데이터에 대한 일련 번호를 표시하기 위해 텍스트 상자 컨트롤의 속성을 설정하는 방법으로 옳은 것은?
① 텍스트 상자의 컨트롤 원본을 '=1'로 지정하고, 누적 합계 속성을 '그룹'으로 지정한다.
② 텍스트 상자의 컨트롤 원본을 '+1'로 지정하고, 누적 합계 속성을 '그룹'으로 지정한다.
③ 텍스트 상자의 컨트롤 원본을 '+1'로 지정하고, 누적 합계 속성을 '모두'로 지정한다.
④ 텍스트 상자의 컨트롤 원본을 '=1'로 지정하고, 누적 합계 속성을 '모두'로 지정한다.

바로 보는 해설

01
[페이지 번호] 대화상자를 이용해서 페이지 번호를 표시할 경우 머리글 부분인 '페이지 위쪽'과 바닥글 부분인 '페이지 아래쪽' 중에서 선택하여 페이지의 위치를 지정할 수 있다.

02
- [Page]: 현재 페이지 표시
- [Pages]: 전체 페이지 표시
- &: 식이나 문자열 연결
- 큰따옴표(" "): 큰따옴표 안의 내용을 그대로 표시

| 오답 피하기 |
① 1
② 1페이지
③ 'Format(식,형식)'은 계산 결과에 표시 형식을 지정하는 함수로, 위의 함수식의 경우 결괏값은 '001'이다.

03
텍스트 상자의 컨트롤 원본을 '=1'로 지정하고, 누적 합계 속성을 '그룹'으로 지정하면 그룹 내의 데이터에 대한 일련 번호를 표시할 수 있다.

| 정답 | 01 ② 02 ④ 03 ①

CHAPTER 5 보고서 활용

기출선지 OX 퀴즈

01 보고서는 테이블, 쿼리, SQL문을 레코드 원본으로 하여 요약하거나 그룹화한 내용을 프린터로 출력하기 위한 개체이다. (O / X)

02 보고서는 여러 유형의 컨트롤로 데이터를 표시할 수 있고, 데이터 입력, 추가, 삭제 등의 작업도 가능하다. (O / X)

03 보고서의 첫 페이지에 한 번만 표시되고, 로고나 제목 및 날짜와 같이 표지에 나타나는 정보를 표시하는 것은 페이지 머리글이다. (O / X)

04 보고서 보기 형식 중 [디자인 보기]는 컨트롤의 속성, 맞춤, 위치 등을 설정하며, 컨트롤 도구를 이용하여 보고서를 만들거나 수정이 가능하다. (O / X)

05 보고서를 작업할 때 [필드 목록] 창에서 선택한 필드를 본문 영역에 추가하면 자동으로 텍스트 상자 컨트롤이 추가된다. (O / X)

06 보고서의 페이지 설정 창에서 '데이터만 인쇄' 옵션을 선택했을 경우 컨트롤의 테두리, 눈금선 등의 그래픽과 데이터가 모두 인쇄된다. (O / X)

07 보고서를 인쇄할 때 페이지의 가로 크기가 '눈금 설정'과 '열 크기'에 비해 작으면 잘려서 인쇄된다. (O / X)

08 보고서의 속성은 [디자인 보기]에서 설정할 수 있다. (O / X)

09 보고서에서 그룹 수준을 삭제하면 그룹 머리글 구역이나 그룹 바닥글 구역에 삽입된 모든 컨트롤도 함께 삭제된다. (O / X)

10 보고서에서 전체 레코드의 개수를 표시할 때는 COUNT(*) 함수를 그룹 머리글이나 그룹 바닥글에 추가한다. (O / X)

11 레이블 보고서에는 반드시 우편번호와 주소가 들어가야 한다. (O / X)

12 레이블 보고서에서 한 줄에 추가할 수 있는 필드의 개수는 최대 열다섯 개다. (O / X)

13 크로스탭 보고서는 여러 개의 열로 이루어지고, 그룹 머리글과 그룹 바닥글, 세부 구역이 각 열마다 나타난다. (O / X)

14 보고서에 삽입되는 또 하나의 보고서로, 일대다 관계가 적용된 테이블이나 쿼리의 데이터를 표시하기에 적합한 보고서는 하위 보고서이다. (O / X)

15 하위 보고서에서는 그룹화 및 정렬 기능을 설정할 수 없다. (O / X)

16 우편 발송용 레이블을 만드는 기능이 있어 주소 인쇄에 가장 적합한 보고서는 레이블 보고서이다. (O / X)

17 보고서에서 페이지 번호의 형식을 지정할 때 사용하는 함수는 Format(인수,형식) 함수이다. (O / X)

한판으로 **복습**한다!

18 보고서에서 누적 합계를 표시할 때 컨트롤 원본은 '=1'로, 누적 합계 속성은 '그룹'으로 설정하면 그룹별로 순번을, '모두'로 설정하면 전체에 대한 순번을 구한다. (O / X)

19 보고서의 조건부 서식에서 각 컨트롤에 대해 조건을 지정할 수 있는 최대 개수는 30개이다. (O / X)

20 보고서의 조건부 서식에서 조건을 지정할 때는 만능 문자(?, *)를 사용할 수 없다. (O / X)

21 [보고서 보기]와 [디자인 보기]를 혼합한 형태로, 컨트롤의 위치와 크기를 변경하고, 그룹 수준 및 합계를 추가할 수 있지만 데이터를 변경할 수 없는 보고서 보기 형식은 [레이아웃 보기]이다. (O / X)

22 액세스에서 컨트롤을 사용하면 보고서에 테이블의 데이터를 표시할 수 있다. (O / X)

23 보고서의 주요 속성 중 보고서를 불러올 때 정렬을 적용할지 여부를 지정하는 속성은 '필터 사용'이다. (O / X)

24 보고서를 그룹화할 때 데이터가 이전 레코드와 같을 때 한 번만 표시되도록 하려면 텍스트 상자 속성창의 [형식] 탭에서 '중복 내용 숨기기' 속성을 '예'로 지정하면 된다. (O / X)

25 보고서를 가로와 세로 방향으로 그룹화하고, 그룹화한 데이터에 대한 합계, 개수, 평균 등의 계산을 하는 보고서는 업무 문서 양식 보고서이다. (O / X)

26 보고서에서 조건부 서식을 적용할 때 필드값을 통해서만 조건부 서식을 설정할 수 있다. (O / X)

27 F4 나 Alt + Enter 를 누르면 보고서의 속성 시트 창을 열 수 있다. (O / X)

28 보고서의 주요 속성 중 그림을 '포함', '연결', '공유'할지 선택하는 속성은 '그림'이다. (O / X)

29 보고서에서 정렬을 지정할 때 필드나 식을 기준으로 열 개까지 정렬을 지정할 수 있다. (O / X)

30 보고서에서 그룹화를 지정할 때, 그룹화 옵션에서 '전체 그룹을 같은 페이지에 표시'를 선택했을 경우 페이지의 나머지 공간에 그룹을 표시할 수 없다면 다음 페이지에서 그룹이 시작된다. (O / X)

정답																			
	01	O	02	X	03	X	04	O	05	O	06	X	07	O	08	O	09	O	10	X
	11	X	12	X	13	O	14	O	15	X	16	O	17	O	18	O	19	X	20	O
	21	O	22	O	23	X	24	O	25	X	26	X	27	O	28	X	29	O	30	O

CHAPTER 5 | 보고서 활용

기출로 개념 강화

 보고서 작성

01 또 나올 문제

다음 중 보고서의 각 구역에 대한 설명으로 옳지 않은 것은?

① 보고서 바닥글 영역에는 로고, 보고서 제목, 날짜 등을 삽입하며, 보고서의 모든 페이지에 출력된다.
② 페이지 머리글 영역에는 열 제목 등을 삽입하며, 모든 페이지의 맨 위에 출력된다.
③ 그룹 머리글/바닥글 영역에는 일반적으로 그룹별 이름, 요약 정보 등을 삽입한다.
④ 본문 영역은 실제 데이터가 레코드 단위로 반복 출력되는 부분이다.

02

다음 중 보고서의 레코드 원본에 대한 설명으로 옳지 않은 것은?

① [보고서 마법사]를 통해 원하는 필드들을 손쉽게 선택하여 레코드 원본으로 지정할 수 있다.
② 하나의 테이블에서만 필요한 필드를 선택하여 레코드 원본으로 지정할 수 있다.
③ [속성 시트]의 '레코드 원본' 드롭다운 목록에서 테이블이나 쿼리를 선택하여 지정할 수 있다.
④ 쿼리 작성기를 통해 쿼리를 작성하여 레코드 원본으로 지정할 수 있다.

03

다음 중 보고서에 관한 설명으로 옳은 것은?

① 보고서의 각 구역은 표시하거나 숨길 수 있으나 보고서 머리글은 항상 표시되어야 하는 구역으로, 숨김 설정이 안 된다.
② 보고서 레이아웃 보기에서는 실제 보고서 데이터를 바탕으로 열 너비를 조정하거나 그룹 수준 및 합계를 추가할 수 있다.
③ 보고서에서는 바운드 컨트롤과 계산 컨트롤만 사용 가능하므로 언바운드 컨트롤의 사용을 주의해야 한다.
④ 보고서의 그룹 중첩은 불가능하며, 같은 필드나 식에 대해 한 번씩만 그룹을 만들 수 있다.

04

다음 중 보고서의 보기 형태에 대한 설명으로 옳지 않은 것은?

① '보고서 보기'는 인쇄 미리 보기와 비슷하지만 페이지의 구분 없이 한 화면에 보고서를 표시한다.
② '인쇄 미리 보기'에서는 페이지 레이아웃의 설정이 용이하며, 보고서가 인쇄되었을 때의 모양을 확인할 수 있다.
③ '디자인 보기'에서는 보고서에 삽입된 컨트롤의 속성, 맞춤, 위치 등을 설정할 수 있다.
④ '레이아웃 보기'는 '보고서 보기'와 '인쇄 미리 보기'를 혼합한 형태로 데이터를 임시로 변경하려는 경우 사용한다.

05 또 나올 문제

다음 중 보고서 머리글과 바닥글에 대한 설명으로 옳지 <u>않은</u> 것은?

① 보고서 머리글은 보고서의 첫 페이지에 한 번만 출력된다.
② 보고서 바닥글은 전체 데이터에 대한 합계와 같은 요약 정보를 나타내는 데 사용된다.
③ 보고서 첫 페이지의 윗부분에는 보고서 머리글이 먼저 나타나고 다음에 페이지 머리글이 출력된다.
④ 보고서를 인쇄하거나 미리 보는 경우에는 보고서 바닥글이 페이지 바닥글 아래에 표시된다.

06

다음 중 보고서 마법사로 보고서를 생성하는 과정에서 지정할 수 있는 요약 정보에 대한 설명으로 옳지 <u>않은</u> 것은?

① 텍스트 속성인 필드만으로 구성된 테이블에는 요약 옵션을 사용할 수 없다.
② 요약 옵션은 정렬 순서 지정 단계에서 지정하는 것으로, 그룹 수준과는 무관하다.
③ 요약 옵션으로 지정된 필드의 합계, 평균, 최대값, 최소값을 구할 수 있다.
④ 테이블 간의 관계를 미리 지정해 둔 경우 둘 이상의 테이블에 있는 필드를 사용할 수 있다.

바로 보는 해설

01 보고서 바닥글은 마지막 페이지의 아래쪽에 한 번만 출력된다.

02 하나의 테이블에서뿐만 아니라 여러 개의 테이블에서 필요한 필드를 선택하여 레코드 원본으로 지정할 수 있다.

03 | 오답 피하기 |
① 보고서 머리글은 항상 표시되어야 하는 것은 아니며 표시 여부를 설정할 수 있다.
③ 보고서에서도 언바운드 컨트롤을 사용할 수 있다.
④ 보고서의 그룹 중첩은 가능하다. 필드나 식을 기준으로 최대 열 개까지 그룹화할 수 있고, 같은 필드나 식도 계속 그룹화할 수 있다.

04 '레이아웃 보기'는 '보고서 보기'와 '디자인 보기'를 혼합한 형태로 데이터를 변경할 수 없다.

05 보고서를 인쇄하거나 미리 보는 경우에는 마지막 페이지의 페이지 바닥글 위에 한 번만 표시된다.

06 요약 옵션은 정렬 순서 지정 단계에서 지정하는 것으로, 그룹 수준을 지정해야만 요약 옵션을 사용할 수 있다.

| 정답 | 01 ① 02 ② 03 ② 04 ④ 05 ④ 06 ②

개념끝 105 보고서 인쇄

07
다음 중 보고서 인쇄 미리 보기에서의 [페이지 설정] 대화상자에 대한 설명으로 옳지 않은 것은?

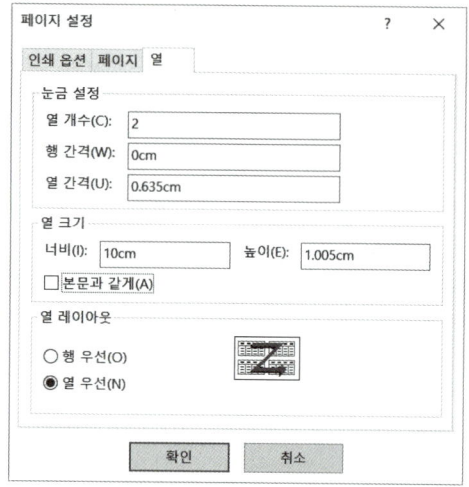

① [열] 탭의 '열 크기'에서 '본문과 같게'는 열의 너비와 높이를 보고서 본문의 너비와 높이에 맞춰 인쇄하는 것이다.
② [열] 탭에서 지정한 '눈금 설정'과 '열 크기'에 비해 페이지의 가로 크기가 작은 경우 자동으로 축소하여 인쇄된다.
③ [인쇄 옵션] 탭에서 레이블 및 컨트롤의 테두리, 눈금선 등의 그래픽은 인쇄하지 않고 데이터만 인쇄되도록 설정할 수 있다.
④ [페이지] 탭에서는 인쇄할 용지의 크기, 용지 방향, 프린터를 지정할 수 있다.

08 (또 나올 문제)
보고서 인쇄에 관련된 '페이지 설정'에 관한 설명으로 옳지 않은 것은?

① 열 크기에서 '본문과 같게'는 열의 너비와 높이를 보고서 본문의 너비와 높이에 맞춰 인쇄하는 것이다.
② 열 레이아웃은 레코드의 배치 순서를 설정하는 것으로 '열 우선', '행 우선', '사용자 지정' 옵션이 있다.
③ '여백' 탭의 '데이터만 인쇄'는 눈금선 및 선이나 사각형 같은 그래픽 개체의 표시 여부를 지정할 수 있다.
④ 인쇄할 용지의 크기 및 용지 방향을 지정할 수 있다.

개념끝 106 보고서 속성

09
다음 중 보고서에서 '텍스트 상자' 컨트롤의 속성 설정에 대한 설명으로 옳지 않은 것은?

① '상태 표시줄 텍스트' 속성은 컨트롤을 선택했을 때 상태 표시줄에 표시할 메시지를 설정한다.
② '컨트롤 원본' 속성에서 함수나 수식 사용 시 문자는 작은따옴표('), 필드명이나 컨트롤 이름은 큰따옴표(")를 사용하여 구분한다.
③ '사용 가능' 속성은 컨트롤에 포커스를 이동시킬 수 있는지의 여부를 설정한다.
④ '중복 내용 숨기기' 속성은 데이터가 이전 레코드와 같을 때 컨트롤의 숨김 여부를 설정한다.

10
아래와 같이 보고서의 그룹 바닥글에 도서의 총 권수와 정가의 합계를 인쇄하고자 한다. 다음 중 총 권수와 정가 합계 두 컨트롤의 수식으로 옳은 것은?

출판사: 다림[(02)860-2000]			
도서코드	도서명	저자	정가
A547	자전거 도둑	박완서	7000
A914	와인	김준철	25000
총: 2권		정가합계:	32000

① =Count([정가])&"권", =Total([정가])
② =CountA([정가])&"권", =Sum([정가])
③ =CountA([도서명])&"권", =Total([정가])
④ =Count(*)&"권", =Sum([정가])

11 또 나올 문제

회원 목록 보고서는 '지역' 필드를 기준으로 정렬되어 있다. 다음 중 동일한 지역인 경우 지역명이 맨 처음에 한 번만 표시되도록 하기 위한 속성으로 옳은 것은?

① '확장 가능' 속성을 '아니요'로 설정
② '누적 합계' 속성을 '예'로 설정
③ '중복 내용 숨기기' 속성을 '예'로 설정
④ '표시' 속성을 '아니요'로 설정

12

다음 중 보고서의 [그룹, 정렬 및 요약] 창의 그룹 설정에 대한 설명으로 옳은 것을 모두 나열한 것은?

> ⓐ 필드나 식을 기준으로 최대 다섯 개까지 그룹 수준을 정의할 수 있다.
> ⓑ 같은 필드나 식을 두 번 이상 그룹화할 수 있다.
> ⓒ 여러 필드에 요약을 추가하거나 같은 필드에 여러 종류의 요약을 계산할 수 있다.
> ⓓ 그룹 수준을 삭제하려면 그룹의 머리글 구역과 바닥글 구역을 모두 제거하면 된다.
> ⓔ 그룹화하려면 그룹 머리글과 그룹 바닥글을 모두 선택해야 한다.

① ⓐ, ⓓ
② ⓐ, ⓓ, ⓔ
③ ⓑ, ⓒ
④ ⓑ, ⓒ, ⓔ

바로 보는 해설

07 [열] 탭에서 지정한 '눈금 설정'과 '열 크기'에 비해 페이지의 가로 크기가 작은 경우 자동 축소되지 않고 일부 데이터는 잘려서 표시되지 않는다.

08 열 레이아웃은 '열 우선'과 '행 우선'만 있다.

09 컨트롤 원본 속성에서 함수나 수식은 큰따옴표(" ")를, 필드명은 대괄호([ ])를 사용하여 묶어준다.

10 함수식 '=Count(*)&"권"'은 총 권수를, '=Sum([정가])'는 정가 합계를 구한다.

11 | 오답 피하기 |
① '확장 가능'은 컨트롤의 데이터 길이에 따라 컨트롤을 수직 방향으로 자동으로 확장하는 속성이다.
② '누적 합계' 속성은 보고서에서 레코드가 누적된 값을 계산한다.
④ '표시' 속성은 화면에 컨트롤의 표시 여부를 지정한다.

12 | 오답 피하기 |
ⓐ 필드나 식을 기준으로 최대 열 개까지 그룹화할 수 있다.
ⓓ 그룹 수준을 삭제하려면 [그룹, 정렬 및 요약] 창에서 그룹화 기준을 삭제한다. 단지 그룹의 머리글 구역과 바닥글 구역만 제거해도 그룹 수준은 유지된다.
ⓔ 그룹을 만들려면 머리글 구역이나 바닥글 구역 중 하나 이상만 설정하면 된다.

| 정답 | 07 ② 08 ② 09 ② 10 ④ 11 ③
12 ③

13

다음 중 아래 보고서에 대한 설명으로 옳지 <u>않은</u> 것은? (단, 이 보고서는 전체 4페이지이며, 현재 페이지는 2페이지임)

거래처별 제품목록				
거래처명	제품번호	제품이름	단가	재고량
(주)맑은세상	14	바슈롬렌즈	₩35,000	15
	20	C-BR렌즈	₩50,000	3
	15	아쿠아렌즈	₩50,000	22
	제품수	3	총재고량:	40
거래처명	제품번호	제품이름	단가	재고량
참아이(주)	9	선글래스C	₩170,000	10
	7	선글래스A	₩100,000	23
	8	선글래스B	₩120,000	46

2/4

① '거래처명'을 표시하는 컨트롤은 '중복내용 숨기기' 속성이 '예'로 설정되어 있다.
② '거래처명'에 대한 그룹 머리글 영역이 만들어져 있고, '반복 실행 구역' 속성이 '예'로 설정되어 있다.
③ '거래처명'에 대한 그룹 바닥글 영역이 설정되어 있고, 요약 정보를 표시하고 있다.
④ '거래처별 제품목록'이라는 제목은 '거래처명'에 대한 그룹 머리글 영역에 만들어져 있다.

개념끝 107 다양한 보고서 작성

14

다음 중 [업무 문서 양식 마법사]를 이용한 보고서 작성에 대한 설명으로 옳지 <u>않은</u> 것은?

① 테이블을 이용하여 세금계산서를 작성할 수 있다.
② 테이블을 이용하여 거래명세서를 작성할 수 있다.
③ 쿼리를 이용하여 우편물 레이블을 작성할 수 있다.
④ 쿼리를 이용하여 서식이 없는 세금계산서를 작성할 수 있다.

15 (또 나올 문제)

다음 중 레이블 보고서에 관한 설명으로 옳지 <u>않은</u> 것은?

① 레이블은 표준 레이블 또는 사용자 지정 레이블을 사용할 수 있다.
② 여러 개의 열로 이루어지고, 그룹 머리글과 그룹 바닥글, 세부 구역이 각 열마다 나타난다.
③ 레이블 형식에서 낱장 용지와 연속 용지를 선택할 수 있다.
④ 레이블에서 이름 필드의 값에 '귀하'를 붙여 출력하려면 '{이름} 귀하'로 설정한다.

16

하위 보고서를 만들 때 아래의 조건을 만족하면 주 보고서와 하위 보고서가 자동으로 연결되어 목록에 표시된다. 다음 중 괄호에 들어갈 단어를 순서대로 바르게 나열한 것은?

- 주 보고서와 하위 보고서에서 사용되는 테이블/쿼리 등이 (ⓐ) 관계로 설정된 경우
- 주 보고서는 (ⓑ)을(를) 가진 테이블/쿼리를 사용하고, 하위 보고서는 (ⓒ)와(과) 같거나 호환되는 데이터 형식을 가진 필드가 포함된 테이블/쿼리를 사용할 경우

① ⓐ 일대일, ⓑ 필드, ⓒ 기본 키
② ⓐ 일대다, ⓑ 기본 키, ⓒ 기본 키 필드
③ ⓐ 일대일, ⓑ 레코드, ⓒ 기본 키 필드
④ ⓐ 일대다, ⓑ 기본 키 필드, ⓒ 필드

17 (또 나올 문제)

다음 중 하위 보고서에 대한 설명으로 옳지 <u>않은</u> 것은?

① 일대다 관계가 적용되어 있는 테이블이나 쿼리의 데이터를 표시하려는 경우 특히 유용하다.
② 주 보고서와 하위 보고서에 모두 그룹화 및 정렬 기능을 설정할 수 있다.
③ 주 보고서에는 최대 3개까지 하위 보고서를 중첩하여 작성할 수 있다.
④ 주 보고서에 하위 보고서를 연결하려면 원본으로 사용하는 레코드 원본 간에 관계를 만들어야 한다.

개념끝 108 보고서 작성 기타

18 또 나올 문제

다음 중 보고서에서 페이지 번호를 표시하는 컨트롤 원본과 그 표시 결과가 옳은 것은? (단, 현재 페이지는 1페이지이고, 전체 페이지는 5페이지임)

① ="Page" & [Page] & "/" & [Pages] → 1/5 Page
② =[Page] & "페이지" → 5페이지
③ =[Page] & "/" & [Pages] & " Page" → Page1/5
④ =Format([Page],"00") → 01

19

다음 중 보고서 작성 시 페이지 번호 출력을 위한 식과 그 결과의 연결이 옳지 않은 것은? (단, Page, Pages 변수값은 각각 20과 80으로 설정되었다고 가정함)

① 식: =[Page] → 결괏값: 20
② 식: =[Page] & " Page" → 결괏값: 20 Page
③ 식: =Format([Page],"000") → 결괏값: 020
④ 식: =[Page/Pages] → 결괏값: 20/80

20 또 나올 문제

다음 중 보고서에서 텍스트 상자 컨트롤의 누적 합계 속성에 대한 설명으로 옳지 않은 것은?

① 컨트롤 원본에서 바운드된 필드의 값을 누적하여 표시한다.
② 누적 합계 속성을 '그룹'으로 하는 경우 그룹 내에서 바운드된 필드의 누계를 계산해 준다.
③ 컨트롤 원본을 '=1'로 설정하고 누적 합계 속성을 '모두'로 설정하는 경우 그룹이 변경되면 그룹별로 순번(일련 번호)을 표시한다.
④ 누적 합계 속성을 '모두'로 설정하는 경우 바운드된 필드의 전체 누계를 계산해 준다.

바로 보는 해설

13 '거래처별 제품목록'이라는 제목은 2페이지 상단에 표시된 것으로 페이지 머리글에 해당된다. 그룹 머리글 영역에 표시되었다면 두 번째 그룹의 상단에도 표시되어야 한다.

14 우편물 레이블은 '우편물 레이블 마법사'를 이용하여 작성한다.

15 주어진 내용은 크로스탭 보고서에 대한 설명이다. 레이블 보고서는 우편 발송용 레이블을 만드는 기능으로, 레이블 크기, 레이블 형식, 텍스트 모양, 사용 가능한 필드, 정렬 기준, 보고서 이름 등을 지정한다.

16 주 보고서와 하위 보고서는 일대다의 관계이고, 연결된 주 보고서의 해당 필드는 기본 키나 인덱스(중복 불가능)로 설정되어야 한다. 연결된 하위 보고서의 해당 필드는 주 보고서의 기본 키 필드와 같거나 호환되는 데이터 형식을 가져야 한다.

17 주 보고서에는 최대 7개까지 하위 보고서를 중첩하여 작성할 수 있다.

18 Format(식,형식)은 식의 결괏값을 형식대로 표시하는 함수로서 Format([Page],"00")은 현재 페이지를 두 자리 숫자로 나타낸다.

| 오답 피하기 |
① 'Page1/5'로 반환된다.
② '1페이지'로 반환된다.
③ '1/5 Page'로 반환된다.

19 페이지 번호를 '20/80'으로 표시하려면 '[Page] & "/" & [Pages]'로 작성해야 한다.
• [Page]: 현재 페이지 표시
• [Pages]: 전체 페이지 표시
• &: 식이나 문자열 연결
• 큰따옴표(" "): 큰따옴표 안의 내용을 그대로 표시
• Format(식,형식): 계산 결과에 표시 형식 지정

20 컨트롤 원본을 '=1'로 설정하고 누적 합계 속성을 '모두'로 설정하는 경우 전체에 대한 순번(일련 번호)을 표시한다.

| 정답 | 13 ④ 14 ③ 15 ② 16 ② 17 ③
       18 ④ 19 ④ 20 ③

최근 기출 10개년 기준

7%

CHAPTER 6
매크로와 모듈 활용

무료 동영상 강의

109 매크로 작성
110 모듈 작성
111 액세스와 데이터베이스 개체

학습전략

엑셀과 마찬가지로 액세스도 매크로와 모듈을 이용하여 업무를 자동화할 수 있습니다. 특히 매크로는 엑셀과 작성 방법이 많이 다르므로 반드시 실습을 통해 익히는 것이 좋습니다. 모듈은 시험에 자주 출제되는 내용을 중심으로 학습하는 요령이 필요합니다.

| 빈출개념 | #매크로의 개념 #매크로 함수

개념끝 109 매크로 작성

기출빈도

결정적 힌트

엑셀에서 매크로에 대해 학습했지만 액세스의 매크로는 작성하는 방법이 전혀 달라서 생소하게 느껴지실 것 같습니다. 액세스 매크로의 특징을 이해하고 직접 작성하고 실행하면서 기능을 익히는 것이 필요합니다.

▼ 매크로 함수

매크로를 이용하여 폼을 열고 닫거나 메시지 박스를 표시할 수 있다.

01 매크로의 개념

- 매크로(Macro)는 매크로 함수를 이용하여 여러 번 반복되는 작업을 자동화하는 기능으로, 모듈에 비해 비교적 간단한 작업을 처리할 수 있다.
- 매크로는 하나 이상의 매크로 함수로 구성되고, 각 매크로 함수의 수행 방식을 제어하는 인수를 추가할 수 있다.
- 매크로 함수는 주로 폼이나 보고서의 컨트롤의 이벤트에 연결하여 사용한다.
- 매크로 기록 기능은 엑셀에서는 지원되지만, 액세스에서는 지원되지 않는다.
- 특정 조건이 참일 때만 매크로 함수가 실행되도록 지정할 수 있다.
- 폼이나 보고서에 포함된 매크로로 작성하거나 독립적인 매크로를 작성할 수 있다.
- 매크로 개체는 탐색 창의 매크로에 표시되지만, 포함된 매크로는 표시되지 않는다.
- 매크로가 실행 중일 때 Ctrl + Break 를 누르면 한 단계씩 차례대로 매크로를 실행할 수 있다.
- 각 매크로에는 하위 매크로를 포함시킬 수 있다.

02 매크로 작성

(1) 일반 매크로 작성

| 방법 | [만들기] 탭 – [매크로 및 코드] 그룹 – [매크로] 선택 |

실습으로 개념끝 ❶ 에듀윌_컴퓨터활용능력1급필기기본서_실습으로개념끝\3과목\Chapter6_1.매크로작성.accdb

메시지 박스를 출력하는 매크로를 작성하시오.

[따라하기]

❶ [만들기] 탭 – [매크로 및 코드] 그룹 – [매크로]를 클릭한다.

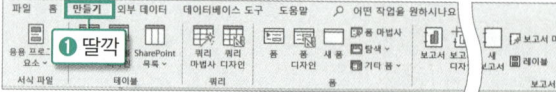

❷ 매크로 함수 'MessageBox'를 선택한다.

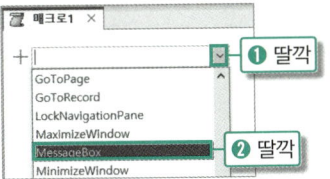

❸ 매크로 실행 시에 표시할 메시지를 입력한다.

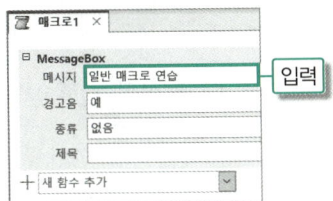

❹ [빠른 실행 도구 모음]의 [저장(🖫)]을 클릭한 후 매크로의 이름을 입력하고 [확인] 단추를 클릭한다.

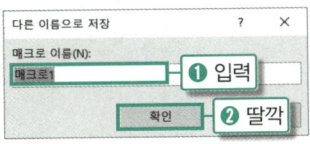

■ 매크로 실행

탐색 창에서 작성된 매크로를 더블클릭하거나 [매크로 디자인] 탭-[도구] 그룹-[실행]을 클릭하면 매크로가 실행된다.

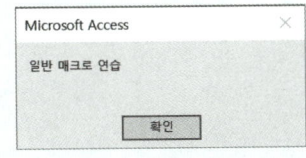

(2) 그룹 매크로 작성

한 개의 매크로 창에서 여러 개의 매크로를 그룹으로 작성하고 관리하는 기능이다.

방법	[만들기] 탭-[매크로 및 코드] 그룹-[매크로] → [매크로 디자인] 탭-[표시/숨기기] 그룹-[함수 카탈로그] → [함수 카탈로그] 창에서 '프로그램 흐름'의 '그룹' 더블클릭

실습으로 개념끝 ❷   에듀윌_컴퓨터활용능력1급필기기본서_실습으로개념끝\3과목\Chapter6_2_그룹매크로작성.accdb

메시지 박스를 출력하고 [사원] 테이블을 여는 그룹 매크로를 작성하시오.

따라하기

❶ [만들기] 탭-[매크로 및 코드] 그룹-[매크로]를 클릭한다.

❷ [매크로 디자인] 탭-[표시/숨기기] 그룹-[함수 카탈로그]를 클릭하고 [함수 카탈로그] 창에서 '프로그램 흐름'의 '그룹'을 더블클릭한다.

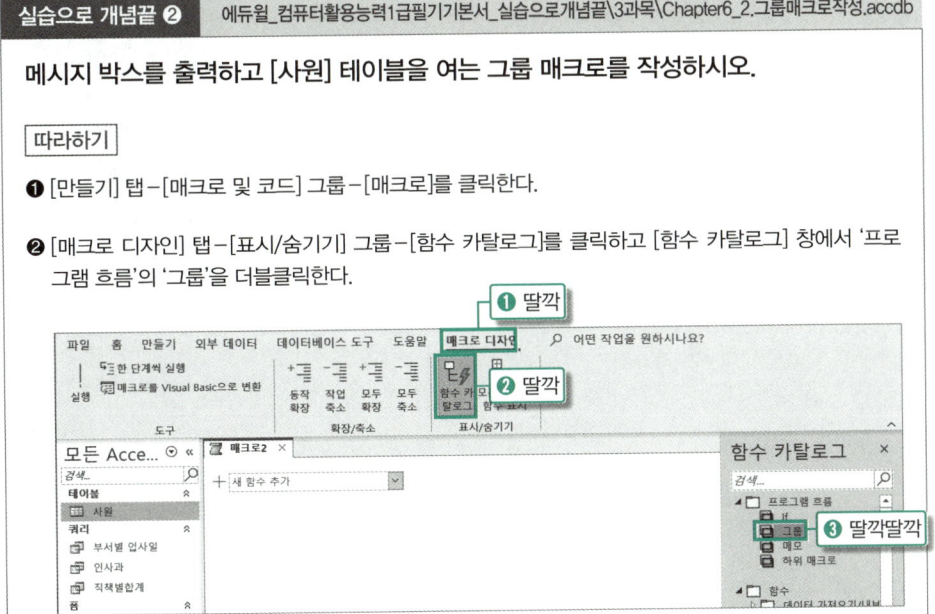

❸ 다음과 같이 매크로 함수를 추가 후 매크로 실행 시에 표시할 메세지를 입력한다.

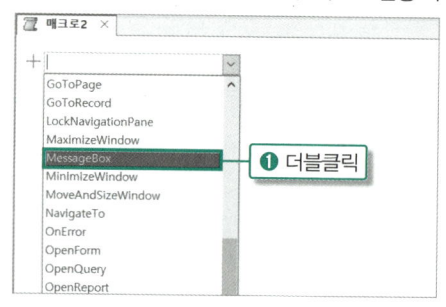 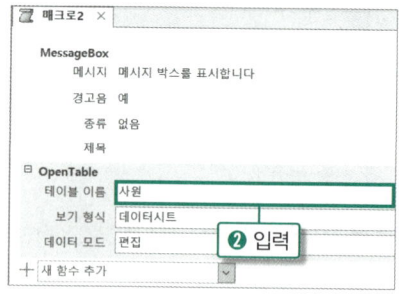

❹ [빠른 실행 도구 모음]의 [저장(🔲)]을 클릭한 후 매크로의 이름을 입력하고 [확인] 단추를 클릭한다.

(3) 조건 매크로 작성

특정 조건에 맞는 경우에만 실행되는 매크로이다.

방법	[만들기] 탭 – [매크로 및 코드] 그룹 – [매크로] → [매크로 디자인] 탭 – [표시/숨기기] 그룹 – [함수 카탈로그] → [함수 카탈로그] 창에서 '프로그램 흐름'의 'If' 더블클릭

- "사원 테이블을 확인할까요?"라는 메시지와 [확인], [취소] 단추가 있는 메시지 박스를 표시하고 [확인] 단추를 클릭하면 [사원] 테이블을 열고, [취소] 단추를 클릭하면 매크로를 종료한다.

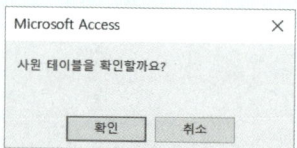

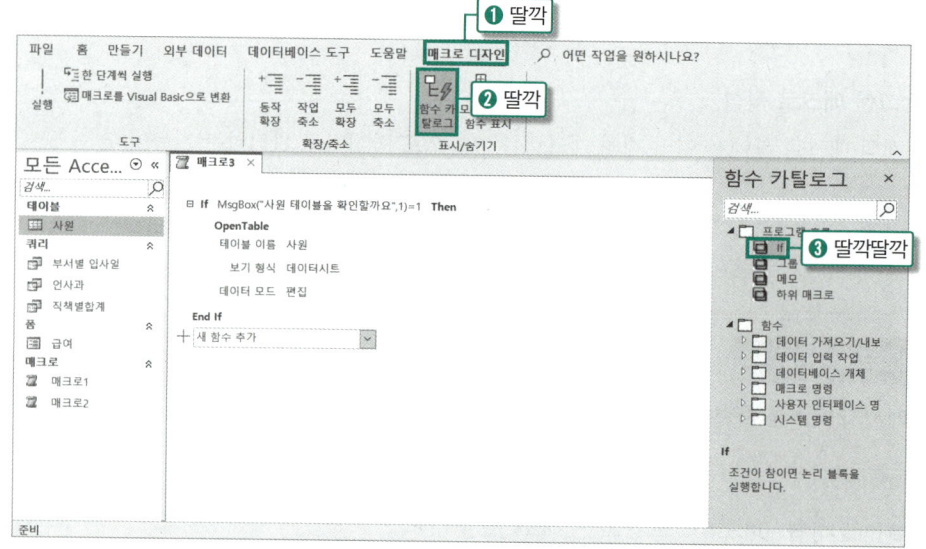

03 매크로 실행

(1) 직접 실행

방법1	[매크로 디자인] 탭-[도구] 그룹-[실행] 선택
방법2	[데이터베이스 도구] 탭-[매크로] 그룹-[매크로 실행] → [매크로 실행] 대화상자에서 실행할 매크로를 선택하고 [확인] 단추 클릭
방법3	탐색 창의 개체 목록에서 실행할 매크로를 더블클릭
방법4	탐색 창의 개체 목록에서 실행할 매크로의 바로 가기 메뉴에서 [실행] 선택

(2) 바로 가기 키로 실행

- 하위 매크로 이름에 키를 지정하고 매크로 이름을 AutoKeys로 저장하면 특정 키에 매크로 함수를 할당할 수 있다.
- 액세스에서 이미 사용하고 있는 키 조합에 매크로 키를 할당하면 기존의 기능은 무시된다.
- '^'는 Ctrl을, '+'는 Shift를 의미하며 기능키는 중괄호({ })에 입력한다.

(3) 자동 실행 매크로

- 매크로 이름을 'AutoExec'로 저장하면 데이터베이스를 열 때마다 매크로가 실행된다.
- 파일을 열 때 Shift를 누르면 자동 실행 매크로가 실행되지 않는다.

(4) 컨트롤로 실행

폼이나 보고서에 작성된 컨트롤의 이벤트에 연결하여 매크로를 실행한다.

■ 바로 가기 키 작성

[만들기] 탭-[매크로 및 코드] 그룹-[매크로] → [매크로 디자인] 탭-[표시/숨기기] 그룹-[함수 카탈로그] → [함수 카탈로그] 창에서 '프로그램 흐름'의 '하위 매크로' 더블클릭 → 하위 매크로 이름에 '^M' 입력 후 매크로 작성 → 매크로 이름을 'Autokeys'로 저장한다.

실습으로 개념끝 ❸ 에듀윌_컴퓨터활용능력1급필기기본서_실습으로개념끝\3과목\Chapter6_3.매크로실행.accdb

매크로를 실행하는 명령 단추를 작성하시오.

따라하기

❶ [만들기] 탭-[폼] 그룹-[폼 디자인]을 클릭한다.

❷ [디자인] 탭-[컨트롤] 그룹-[컨트롤 마법사 사용]이 선택된 상태에서 [단추]를 클릭하고 폼에서 적당한 크기로 드래그한다.

❸ [명령 단추 마법사]에서 종류와 매크로 함수를 선택하고 [다음] 단추를 클릭한다.

❹ 미리 보기할 보고서를 선택하고 [다음] 단추를 클릭한다.

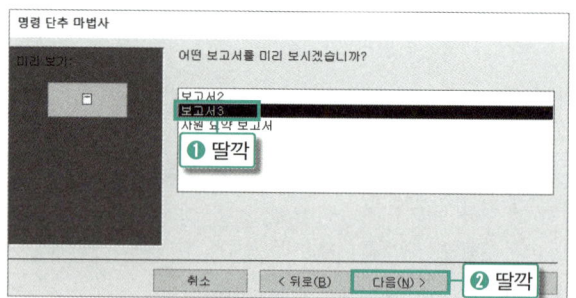

❺ 단추에 넣을 텍스트나 그림을 지정한 후 [다음] 단추를 클릭한다.

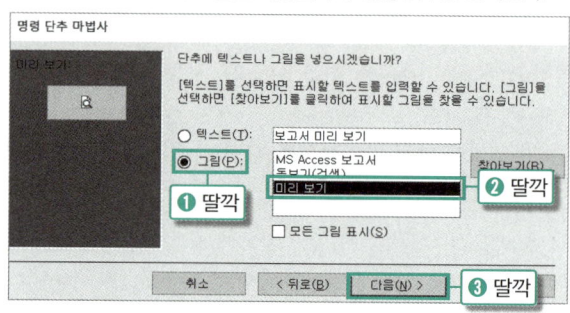

■ [폼 보기] 상태에서 단추를 클릭하면 보고서가 미리 보기 상태로 열린다.

❻ 단추의 이름을 입력하고 [마침] 단추를 클릭한다.

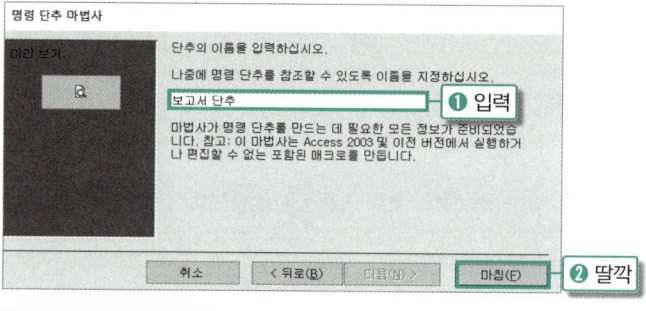

개념 플러스   명령 단추에 매크로 연결

작성한 매크로를 폼으로 드래그하면 명령 단추 컨트롤이 자동으로 생성되고 매크로가 연결된다.

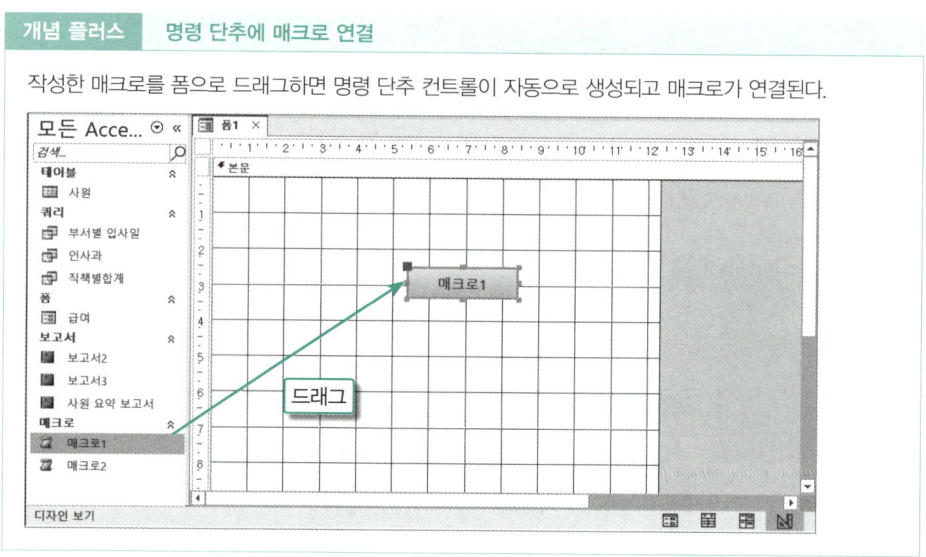

(5) 빠른 실행 도구로 실행

빠른 실행 도구에 매크로를 등록하여 실행한다.

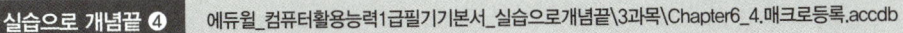

빠른 실행 도구에 매크로를 등록하시오.

따라하기

❶ 빠른 실행 도구 모음의 [빠른 실행 도구 모음 사용자 지정]을 클릭한 후 [기타 명령]을 선택한다.

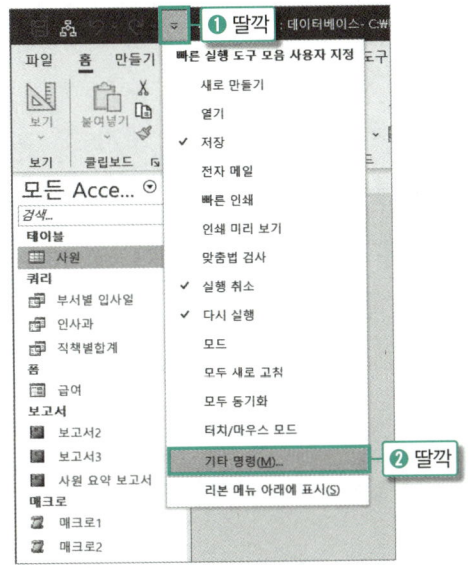

❷ '명령 선택'에서 '매크로'를 선택하고 매크로 목록에서 추가할 매크로를 선택한 후 [추가]와 [확인] 단추를 순서대로 클릭한다.

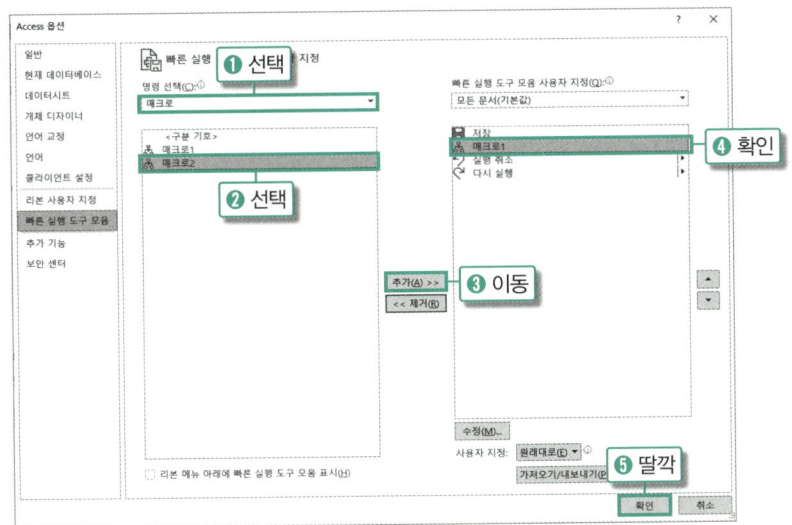

■ 매크로 수정
① 탐색 창에서 수정할 매크로를 선택하고 바로 가기 메뉴에서 [디자인 보기]를 클릭한다.
② 매크로를 수정한 후 저장한다.

■ 매크로 삭제
탐색 창에서 삭제할 매크로를 선택하고 바로 가기 메뉴에서 [삭제]를 클릭한다.

> **결정적 힌트**
>
> 매크로 함수는 매크로에서 가장 많은 문제가 출제된 부분입니다. 자주 출제되는 매크로 함수와 기능을 꼭 암기하세요.

❸ 빠른 실행 도구에 추가된 매크로를 클릭하면 해당 매크로가 실행된다.

04 매크로 함수

(1) 폼과 보고서 관련 매크로 함수

매크로 함수	기능
ApplyFilter	테이블이나 쿼리로부터 레코드를 필터링하거나 정렬
FindNextRecord	FindRecord 함수나 [찾기 및 바꾸기] 대화상자에서 지정한 조건에 맞는 다음 레코드를 찾고, 인수가 없음
FindRecord	특정한 조건에 맞는 첫 번째 레코드를 검색
GoToControl	활성화된 폼에서 커서를 특정 레코드로 자동으로 이동하는 데 사용
GoToRecord	커서를 특정 레코드로 이동

(2) 실행 관련 매크로 함수

매크로 함수	기능
RunMenuCommand	액세스에서 제공하는 명령을 실행
QuitAccess	액세스 종료
RunMacro	매크로 실행
RunSQL	SQL문 실행

(3) 가져오기/내보내기 관련 매크로 함수

매크로 함수	기능
EMailDatabaseObject	액세스의 개체를 전자우편 메시지에 첨부하여 전송
ExportWithFormatting	액세스의 개체를 엑셀, 텍스트, 서식 있는 문서 파일 형식 등으로 내보냄
ImportExportData	액세스 파일과 다른 데이터베이스 간에 데이터를 가져오거나 내보냄
ImportExportText	액세스 파일과 텍스트 파일 간에 텍스트를 가져오거나 내보냄

(4) 개체 조작 관련 매크로 함수

매크로 함수	기능
CloseWindow	지정된 액세스 개체 창 또는 현재 데이터베이스 창을 닫음
OpenForm	폼을 [폼 보기], [폼 디자인 보기], [인쇄 미리 보기], [데이터시트 보기]로 열 수 있음
OpenQuery	작성된 쿼리를 호출하여 실행
OpenReport	보고서를 [디자인 보기], [인쇄 미리 보기], [레이아웃 보기]로 열거나 바로 인쇄
OpenTable	테이블을 [데이터시트 보기], [디자인 보기], [인쇄 미리 보기]로 열 수 있음

(5) 기타 매크로 함수

매크로 함수	기능
Beep	경고음 설정
CancelEvent	매크로 실행 이벤트를 취소하고, 인수가 없음
MessageBox	사용자에게 필요한 메시지를 화면에 표시하고, 경고음을 설정할 수 있음

Warming UP 기출로 개념 확인

01
다음 중 액세스의 매크로에 대한 설명으로 옳지 않은 것은?
① 반복적으로 수행되는 작업을 자동화하여 간단히 처리할 수 있도록 하는 기능이다.
② 매크로 함수 또는 매크로 함수 집합으로 구성되며, 각 매크로 함수의 수행 방식을 제어하는 인수를 추가할 수 있다.
③ 매크로를 이용하여 폼을 열고 닫거나 메시지 박스를 표시할 수도 있다.
④ 매크로는 주로 컨트롤의 이벤트에 연결하여 사용하며, 폼 개체 안에서만 사용할 수 있다.

02
다음 중 매크로 함수에 대한 설명으로 옳지 않은 것은?
① FindRecord 함수는 필드, 컨트롤, 속성 등의 값을 설정한다.
② ApplyFilter 함수는 테이블이나 쿼리로부터 레코드를 필터링한다.
③ OpenReport 함수는 작성된 보고서를 호출하여 실행한다.
④ MessageBox 함수는 메시지 상자를 통해 경고나 알림 등의 정보를 표시한다.

바로 보는 해설

01
매크로는 폼 개체뿐만 아니라 보고서 개체에서도 사용할 수 있다.

02
SetValue 함수에 대한 설명이다. FindRecord 함수는 인수에서 지정한 데이터 조건의 첫 번째 레코드를 찾는다.

| 정답 | 01 ④ 02 ①

개념끝 110 모듈 작성

결정적 힌트

액세스의 모듈도 엑셀과 마찬가지로 매우 방대한 내용을 포함하고 있으므로 문제에 자주 다뤄지는 부분을 중심으로 학습하는 전략이 필요합니다. 모듈의 개념과 주요 이벤트 중 문제로 많이 출제된 것은 반드시 학습해야 합니다.

01 모듈의 개념

- 매크로보다 복잡한 작업을 자동으로 처리하기 위해 Visual Basic 프로그래밍 언어를 사용하여 직접 작성한다.
- [만들기] 탭-[매크로 및 코드] 그룹-[모듈]을 선택하여 작성한다.

모듈	프로시저, 형식, 데이터 선언과 정의 등의 선언 집단
프로시저	연산을 수행하거나 값을 계산하는 일련의 명령문과 메서드로 구성

- 선언문에서는 변수, 상수, 외부 프로시저 등을 정의하며 변수에 데이터 형식을 생략하면 변수는 Variant 형식을 가진다.
- 전역 변수를 선언하려면 변수명 앞에 Public을 지정해야 한다.
- 폼의 이벤트 프로시저로 작성된 모듈은 폼과 함께 저장된다.

| 모듈의 종류

표준 모듈	다른 개체와 연결되지 않은 일반적인 프로시저
클래스 모듈	폼이나 보고서에 연결된 프로시저

▼ [프로시저 추가] 대화상자

[프로시저 추가] 대화상자는 [삽입]-[프로시저]를 선택하여 표시한다.

| [프로시저 추가] 대화상자

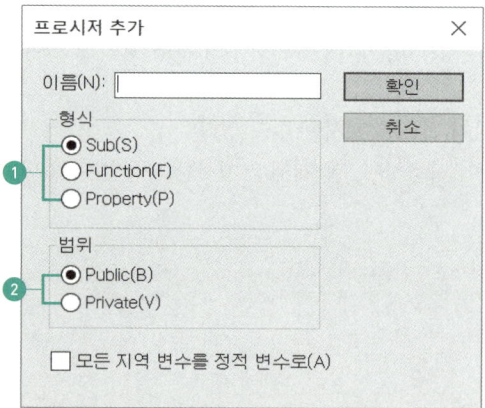

❶ 형식	Sub	코드를 실행하고 결괏값을 반환하지 않음
	Function	코드를 실행하고 실행된 결괏값을 반환
	Property	개체의 속성을 새로 정의할 때 사용하는 형식으로, 반환값이 있음
❷ 범위	Public	모든 모듈에서 사용 가능
	Private	해당 모듈의 프로시저에서 사용 가능

02 주요 이벤트

(1) 데이터 이벤트

AfterUpdate	컨트롤이나 레코드의 데이터가 업데이트된 후에 발생
BeforeUpdate	컨트롤이나 레코드의 데이터가 업데이트되기 전에 발생
AfterInsert	새 레코드가 추가된 후에 발생
BeforeInsert	새 레코드에 첫 문자를 입력할 때 발생
Current	포커스가 임의의 레코드로 이동해서 해당 레코드가 현재 레코드가 되거나, 폼이 새로 고쳐지거나, 다시 쿼리될 때 발생
Change	텍스트 상자나 콤보 상자의 텍스트가 바뀔 때 발생

(2) 키보드 이벤트

KeyDown	폼이나 컨트롤에 포커스가 있는 동안 키를 누르면 발생
KeyPress	폼이나 컨트롤에 포커스가 있을 때 표준 ANSI 문자에 해당하는 키나 키 조합을 누르면 발생

(3) 마우스 이벤트

Click	개체를 마우스로 클릭했을 때 발생
DblClick	개체를 마우스로 더블클릭했을 때 발생
MouseDown	포인터가 폼이나 컨트롤에 있는 동안 마우스로 눌렀을 때 발생

예) txt날짜_DblClick( ) → 'txt날짜' 컨트롤이 더블클릭될 때 실행

예) Private Sub cmd숨기기_Click( ) → [cmd숨기기] 단추를 클릭하면 실행
　　Me![DateDue].Visible = False → 현재 폼의 DateDue 컨트롤을 표시하지 않음(개체는 느낌표(!)로, 속성은 점(.)으로 구분)
End Sub

(4) 인쇄 이벤트

Format	보고서 구역에 들어갈 데이터를 결정할 때 미리 보기나 인쇄 서식 지정 전에 발생
NoData	보고서에 표시되는 레코드가 없는 경우 발생
Page	페이지 서식 지정 후 인쇄 전에 발생
Print	보고서 구역 서식 지정 후 인쇄 전에 발생

(5) 창 이벤트

Open	폼이나 보고서를 열 때 발생
Close	폼이나 보고서를 닫을 때 발생
Load	폼을 열어 레코드가 나타날 때 발생

| Unload | 폼이 닫히고 레코드가 언로드될 때 발생 |

예) Private Sub Form_Load( ) → 폼이 실행되자마자 실행
　　Me.Recordsource = "분류" → '분류'를 레코드 원본으로 지정
　End Sub

(6) 포커스 이벤트

Activate	폼이나 보고서가 포커스를 받아 활성화될 때 발생
Deactivate	폼이나 보고서의 활성화가 취소될 때 발생
GotFocus	폼이나 컨트롤이 포커스를 받을 때 발생
LostFocus	폼이나 컨트롤이 포커스를 잃을 때 발생

> **개념 플러스**　텍스트 상자 컨트롤에 값을 입력하는 방법
>
> 방법1　텍스트 상자 이름 = "값"
> 방법2　텍스트 상자 이름.text = "값"
> 방법3　텍스트 상자 이름.value = "값"

(7) 기타 이벤트

| Error | 폼이나 보고서 사용 중 런타임 오류가 발생할 때 발생 |
| Timer | 폼의 TimerInterval 속성에서 지정한 시간 간격에 따라 발생 |

바로 보는 해설

01
모듈은 여러 개의 프로시저로 구성할 수 있고, 사용자 정의 개체를 만들 때는 클래스 모듈을 사용한다. 클래스 모듈은 새로운 개체를 정의하기 위한 모듈이다.

02
주어진 내용은 Function에 대한 설명이다. Sub는 프로시저에 작성한 코드를 실행하는 가장 일반적인 형태로, 결괏값을 반환하지 않는다.

| 정답 | 01 ② 　02 ③

Warming UP  기출로 개념 확인

01

다음 중 모듈에 대한 설명으로 적절하지 <u>않은</u> 것은?

① 모듈은 표준 모듈과 클래스 모듈로 구분된다.
② 사용자 정의 개체를 만들 때는 표준 모듈만 사용한다.
③ 선언부에서는 변수, 상수, 외부 프로시저 등을 정의한다.
④ 폼의 이벤트 프로시저로 작성된 모듈은 폼과 함께 저장된다.

02

다음 중 VBA의 모듈에 대한 설명으로 적절하지 <u>않은</u> 것은?

① 모듈은 여러 개의 프로시저로 구성할 수 있다.
② 전역 변수 선언을 위해서는 Public으로 변수명 앞에 지정해 주어야 한다.
③ Sub는 결괏값을 Sub를 호출한 곳으로 반환한다.
④ 선언문에서 변수에 데이터 형식을 생략하면 변수는 Variant 형식을 가진다.

| 빈출개념 | #DoCmd 개체

개념끝 111 액세스와 데이터베이스 개체

기출빈도

01 Application 개체

Application 개체를 이용해 메서드나 속성을 설정하면 액세스 응용 프로그램 전체에 적용된다.

결정적 힌트

매우 포괄적인 개념을 포함하고 있으므로 모두 공부하기는 어렵습니다. 자주 출제된 부분을 중심으로 학습해야 하며, 특히 DoCmd 개체는 많은 문제가 출제되었으므로 반드시 꼼꼼하게 학습할 필요가 있습니다.

주요 속성

CurrentData	현재 데이터베이스에 저장된 개체를 참조
CurrentProject	현재 프로젝트가 데이터베이스에 대한 프로젝트를 참조
DoCmd	DoCmd 개체 및 관련 메서드에 액세스
Name	개체의 이름을 나타내는 문자열 식을 지정
Visible	액세스 응용 프로그램이 최소화되는지 여부를 반환하거나 설정

주요 메서드

Quit	액세스를 종료
Run	사용자 정의 Function 또는 Sub 프로시저 수행

02 Form 개체

Form 개체는 액세스의 특정 폼을 참조한다.

주요 속성

Bookmark	폼의 원본 테이블, 쿼리 또는 SQL문에서 특정 레코드를 고유하게 식별하는 책갈피를 설정
RecordSource	폼의 데이터 원본을 지정
RecordsetClone	RecordSource 속성으로 지정된 폼의 RecordSet 개체를 참조
OpenArgs	OpenForm 메서드의 OpenArgs 인수로 지정된 문자열 식을 지정
Visible	폼, 보고서, 컨트롤 등의 표시 여부를 지정

주요 메서드

Recalc	계산식이 있는 컨트롤을 모두 다시 계산
Refresh	데이터 원본으로 사용하는 레코드를 즉시 업데이트
Requery	데이터 원본을 다시 쿼리하여 업데이트

SetFocus	포커스를 이동
Undo	값이 변경된 컨트롤이나 폼을 이전 상태로 되돌림

03 Report 개체

Report 개체는 액세스의 특정 보고서를 참조한다.

| 주요 속성

Page	보고서의 현재 페이지 번호를 지정
Pages	보고서의 전체 페이지 수를 지정
Visible	폼, 보고서, 컨트롤 등의 표시 여부를 지정

04 Control 개체

Control 개체는 폼이나 보고서에 있거나 연결된 모든 컨트롤을 참조한다.

| 주요 속성

ItemData	콤보 상자나 목록 상자에 지정된 행에 대한 바운드 열의 데이터를 반환
ItemsSelected	다중 선택 목록 상자 컨트롤의 선택한 행에 있는 데이터에 액세스

| 주요 메서드

Requery	컨트롤의 원본 데이터를 다시 쿼리하여 업데이트
SetFocus	포커스를 이동
SizeToFit	컨트롤의 크기를 컨트롤 내의 텍스트나 이미지에 맞게 조정
Undo	값이 변경된 컨트롤을 이전 상태로 되돌림

05 DoCmd 개체

Access의 매크로 함수를 Visual Basic에서 실행하기 위한 개체이다.

| 주요 메서드

OpenForm	폼을 여는 매크로 함수 실행
OpenQuery	쿼리를 여는 매크로 함수 실행
OpenReport	보고서를 여는 매크로 함수 실행
RunCommand	명령어 실행
RunMacro	매크로 실행

RunSQL	SQL문 실행	
CopyObject	지정한 데이터베이스 개체를 복사하는 매크로 함수 실행	
DeleteObject	지정한 데이터베이스 개체를 삭제하는 매크로 함수 실행	
OutputTo	지정한 데이터베이스 개체를 다른 형식으로 내보내는 매크로 함수 실행	
GoToRecord	레코드 포인터를 이동하는 매크로 함수 실행	
GoToControl	지정한 컨트롤로 포커스를 이동하는 매크로 함수 실행	
FindRecord	지정한 조건에 맞는 레코드를 검색하는 매크로 함수 실행	
FindNext	[찾기]에서 지정한 조건에 맞는 레코드를 검색하는 매크로 함수 실행	
Quit	액세스를 종료하는 매크로 함수 실행	
Close	개체를 닫는 매크로 함수 실행	

예) Private Sub Command1_Click( )
　　DoCmd.OpenForm "사원정보", acNormal → '사원정보' 폼이 [폼 보기]로 열림
　　DoCmd.GoToRecord , , acNewRec → 새 레코드 추가
End Sub

06 데이터 ADO 개체

- ADO(ActiveX Data Object): 데이터베이스에 접근할 수 있는 개체로, OLE DB를 활용하여 데이터베이스 서버에 있는 데이터를 액세스하고 조작할 수 있도록 고안되었다.
- 데이터베이스에 포함된 각종 개체를 열 수 있고, 레코드의 수정, 추가, 삭제 등 편집 작업이 가능하다.
- Connection 개체: 데이터 원본과의 연결을 제공하는 개체이다.

| Connection 개체의 주요 메서드

Open	데이터 원본에 대한 연결 설정
Close	열려있거나 종속된 개체를 모두 닫음
Execute	지정된 쿼리, SQL 구문 등을 실행
ConnectionString	데이터 원본을 연결할 때 사용되는 정보 표시
State	사용할 수 있는 개체의 상태를 표시

- RecordSet 개체
  - 테이블에서 가져온 레코드를 임시로 저장해 두는 레코드 집합이다.
  - RecordSet 개체는 언제나 현재 레코드의 설정 내에서 단일 레코드만 참조한다.
  - RecordSet 개체는 레코드(행)와 필드(열)를 사용하여 구성된다.
  - 공급자가 지원하는 기능에 따라 RecordSet의 속성이나 메서드를 사용할 수 없다.

| RecordSet 개체의 주요 속성

RecordCount	RecordSet 개체의 현재 레코드 수를 의미
EOF	현재 레코드 위치가 RecordSet 개체의 마지막임을 의미
BOF	현재 레코드 위치가 RecordSet 개체의 첫 번째임을 의미
Filter	RecordSet 개체에 사용할 필터를 의미
Sort	정렬 기준을 지정
Bookmark	현재 레코드를 고유하게 식별하는 북마크 지정

| RecordSet 개체의 주요 메서드

Open	연결된 레코드셋 열기
Close	열려있는 레코드셋 닫기
AddNew	새 레코드 추가
Delete	레코드 삭제
Update	변경 사항 저장
UpdateBatch	현재 레코드셋을 실제 DB에 반영
MoveNext	지정된 RecordSet 개체에서 다음 레코드로 이동
MovePrevious	지정된 RecordSet 개체에서 이전 레코드로 이동
MoveFirst	지정된 RecordSet 개체에서 첫 번째 레코드로 이동
MoveLast	지정된 RecordSet 개체에서 마지막 레코드로 이동
Seek	Recordset 개체에서 현재 인덱스에 지정한 조건에 맞는 레코드를 검색하여 현재 레코드로 설정
Find	지정한 기준에 맞는 레코드를 검색(인덱스가 없는 경우)

- Seek 메서드는 인덱스를 이용하여 레코드를 검색하므로 Find 메서드보다 빠르다. 만약 인덱스가 없는 경우 Seek 메서드를 사용하면 오류가 발생한다.

Warming UP 기출로 개념 확인

01
다음 중 이벤트 프로시저에서 쿼리를 실행 모드로 여는 명령은?

① DoCmd.OpenQuery
② DoCmd.SetQuery
③ DoCmd.QueryView
④ DoCmd.QueryTable

바로 보는 해설

01
쿼리를 여는 매크로 함수를 실행하는 명령이다.
| 오답 피하기 |
②, ③, ④ DoCmd 개체에 없는 명령이다.

02
다음 중 아래의 이벤트 프로시저에서 [Command1] 단추를 클릭했을 때의 실행 결과로 옳은 것은?

```
Private Sub Command1_Click( )
    DoCmd.OpenForm "사원정보", acNormal
    DoCmd.GoToRecord , , acNewRec
End Sub
```

① [사원정보] 테이블이 열리고, 가장 마지막 행의 새 레코드에 포커스가 표시된다.
② [사원정보] 폼이 열리고, 첫 번째 레코드의 가장 왼쪽 컨트롤에 포커스가 표시된다.
③ [사원정보] 폼이 열리고, 마지막 레코드의 가장 왼쪽 컨트롤에 포커스가 표시된다.
④ [사원정보] 폼이 열리고, 새 레코드를 입력할 수 있도록 비워진 폼이 표시된다.

02
```
Private Sub Command1_Click( )
  ㄴ 'Command1'을 클릭하면 아래쪽의 명령을 실행함
DoCmd.OpenForm "사원정보", acNormal
  ㄴ '사원정보' 폼이 열림
DoCmd.GoToRecord , ,
  ㄴ 특정 레코드로 이동
acNewRec
  ㄴ 새 레코드를 추가할 수 있도록 빈 레코드의 첫 번째로 이동
End Sub
```

03
다음 중 인덱싱된 테이블 형식 Recordset 개체에서 현재 인덱스에 지정한 조건에 맞는 레코드를 검색하여 현재 레코드로 설정하는 Recordset 객체의 메서드는?

① Seek
② Move
③ Find
④ Search

03
Recordset 개체에서 인덱스를 이용하여 레코드를 검색하는 메서드로, Find 메서드보다 빠르다. 인덱스에서 검색하려면 Seek 메서드를 사용해야 한다.
| 오답 피하기 |
③ 인덱스가 없으면 Find 메서드를 사용해야 한다. 만약 인덱스가 없는데 Seek 메서드를 사용하면 오류가 발생한다.

| 정답 | 01 ① 02 ④ 03 ①

CHAPTER 6 매크로와 모듈 활용

기출선지 OX 퀴즈

01 매크로 기록 기능은 액세스에서는 지원되지만, 엑셀에서는 지원되지 않는다. (O / X)

02 각 매크로에는 하위 매크로를 포함시킬 수 없다. (O / X)

03 GoToControl은 커서를 특정 컨트롤로 이동시키는 매크로 함수이다. (O / X)

04 작성된 쿼리를 호출하여 실행하고 싶을 경우 사용하는 매크로 함수는 OpenQuery이다. (O / X)

05 매크로 이름을 'AutoExec'로 저장하면 데이터베이스를 열 때마다 매크로가 실행되며, 파일을 열 때 Shift (O / X)
    를 누르면 자동 실행 매크로가 실행되지 않는다.

06 매크로는 반복적인 작업을 하나의 명령어로 지정하여 사용하는 기능으로, 보고서 개체에서만 사용할 (O / X)
    수 있다.

07 매크로 함수 중 ApplyFilter 함수는 테이블이나 쿼리로부터 레코드를 필터링한다. (O / X)

08 모듈은 매크로보다 복잡한 작업을 자동으로 처리하기 위해 Visual Basic 프로그래밍 언어를 사용하여 (O / X)
    직접 작성한다.

09 Form 개체에서 폼의 원본 테이블, 쿼리 또는 SQL문에서 특정 레코드를 고유하게 식별하는 책갈피를 설 (O / X)
    정하는 속성은 OpenArgs이다.

10 Docmd 개체는 액세스의 매크로 함수를 Visual Basic에서 실행하기 위한 개체로, 주요 메서드에는 (O / X)
    OpenForm, OpenQuery, OpenReport 등이 있다.

한판으로 **복습**한다!

11 데이터 ADO 개체는 데이터베이스에 포함된 각종 개체를 열 수 있지만, 레코드의 수정, 추가, 삭제 등 편집 작업은 불가능하다. (O / X)

12 모듈에서 Open, Close, Load, Unload는 창 이벤트 속성에 해당한다. (O / X)

13 개체의 이름을 나타내는 문자열 식을 지정하는 Name은 Application 개체의 속성이다. (O / X)

14 데이터베이스에 접근할 수 있는 개체로, OLE DB를 활용하여 데이터베이스 서버에 있는 데이터를 액세스하고 조작할 수 있도록 고안된 것은 Control 개체이다. (O / X)

15 공급자가 지원하는 기능에 따라 Recordset의 속성이나 메서드를 사용할 수 없다. (O / X)

정답	01	X	02	X	03	O	04	O	05	O	06	X	07	O	08	O	09	X	10	O
	11	X	12	O	13	O	14	X	15	O										

CHAPTER 6 | 매크로와 모듈 활용

기출로 개념 강화

 매크로 작성

01
다음 중 매크로에 대한 설명으로 옳지 않은 것은?

① 매크로는 작업을 자동화하고 폼, 보고서 및 컨트롤에 기능을 추가하는 데 사용되는 도구이다.
② 특정 조건이 참일 때만 매크로 함수를 실행하도록 설정할 수 있다.
③ 하나의 매크로에는 하나의 매크로 함수만 포함될 수 있다.
④ 매크로를 컨트롤의 이벤트 속성에 포함시킬 수 있다.

02
다음 중 매크로(Macro)에 대한 설명으로 옳지 않은 것은?

① 매크로는 작업을 자동화하고 폼, 보고서 및 컨트롤에 기능을 추가하는 데 사용되는 도구이다.
② 매크로 개체는 탐색 창의 매크로에 표시되지만, 포함된 매크로는 표시되지 않는다.
③ 매크로가 실행 중일 때 한 단계씩 실행을 시작하려면 Ctrl + Break 를 누른다.
④ 자동 실행 매크로가 실행되지 않게 하려면 Ctrl 을 누른 채 데이터베이스 파일을 연다.

03
다음 중 아래의 매크로 함수에 대한 설명으로 옳은 것은?

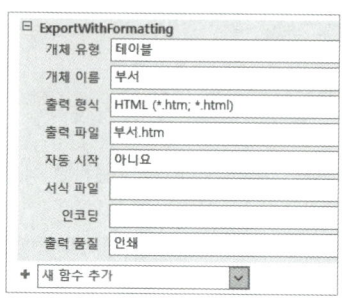

① '부서.htm' 파일을 인쇄한 후 '부서.htm' 파일의 내용을 [부서] 테이블로 저장한다.
② HTML 문서인 '부서.htm' 파일을 읽어 [부서] 테이블로 가져오기 마법사를 실행한다.
③ [부서] 테이블의 내용을 HTML 문서인 '부서.htm' 파일로 저장한다.
④ [부서] 테이블의 형식을 HTML 형식으로 변경한 후 [부서] 테이블에 저장한다.

04
다음 중 각 매크로 함수에 대한 설명으로 옳지 않은 것은?

① Msgbox 함수는 사용자에게 필요한 메시지를 화면에 보여주며, 경고음을 설정할 수 있다.
② Gotocontrol 함수는 활성화된 폼에서 커서를 특정 컨트롤로 자동 이동하는 데 사용한다.
③ Cancelevent 함수는 인수로 지정한 이벤트를 취소하는 기능을 수행한다.
④ FindNextRecord 함수는 FindRecord 함수나 [찾기 및 바꾸기] 대화상자에서 지정한 조건에 맞는 다음 레코드를 찾는다.

05

다음 중 매크로 함수에 대한 설명으로 옳지 않은 것은?

① ApplyFilter: 쿼리 또는 테이블에서 레코드를 검색하는 기능을 수행한다.
② FindNext: 특정한 조건식을 만족하는 레코드 중에서 첫 번째 레코드를 찾아준다.
③ CancelEvent: 이벤트를 취소하는 기능을 수행한다.
④ GotoControl: 활성화된 폼에서 포커스를 특정 컨트롤로 이동하는 데 사용한다.

개념끝 110 모듈 작성

06

다음 중 VBA에서 프로시저, 형식, 데이터 선언과 정의 등의 선언 집단을 의미하는 것은?

① 매크로　　　② 모듈
③ 이벤트　　　④ 폼

07

다음 중 모듈에 대한 설명으로 옳지 않은 것은?

① 모듈은 클래스 모듈, 응용 모듈, 기타 모듈로 분류한다.
② 클래스 모듈은 사용자 정의 개체를 만들 때 사용한다.
③ 모듈은 선언부를 가진다.
④ 이벤트 프로시저는 특정 개체에 적용되는 SUB 프로시저이다.

바로 보는 해설

01 하나의 매크로에 두 개 이상의 매크로 함수가 포함될 수 있다. 매크로는 반복 작업을 수행하는 경우 이를 하나의 명령어로 저장하여 간단하게 작업할 수 있게 한다.

02 데이터베이스 파일을 열 때 [Shift]를 누르면 자동 실행 매크로가 실행되지 않는다.

03 ExportWithFormatting 함수는 데이터베이스 개체를 지정된 형식으로 내보내는 함수로, [부서] 테이블의 문서 형식을 html로 지정하여 '부서.htm' 파일로 내보내기를 수행한다.

04 Cancelevent 함수: 이 매크로 함수가 포함된 매크로 실행 이벤트를 취소할 수 있으며 Cancelevent 함수는 인수가 없다.

05 FindRecord는 특정한 조건식을 만족하는 레코드 중에서 첫 번째 레코드를 찾아준다.

06 | 오답 피하기 |
① 매크로: 여러 개의 매크로 함수를 하나로 묶어서 반복 작업을 쉽게 처리하는 기능이다.
③ 이벤트: 프로그램 실행 중에 일어나는 사건이다.
④ 폼: 데이터의 조회, 입력, 수정, 삭제 등의 작업을 편리하게 수행할 수 있는 개체이다.

07 모듈은 다른 개체와 연결되지 않은 일반적인 프로시저인 표준 모듈과 폼이나 보고서에 연결된 프로시저인 클래스 모듈로 분류된다.

| 정답 | 01 ③　02 ④　03 ③　04 ③　05 ②
　　　　06 ②　07 ①

08

다음 중 현재 폼에서 [cmd숨기기] 단추를 클릭하는 경우 DateDue 컨트롤이 표시되지 않도록 하기 위한 이벤트 프로시저로 옳은 것은?

① Private Sub cmd숨기기_Click( )
　　Me.[DateDue]!Visible = False
　End Sub
② Private Sub cmd숨기기_DblClick( )
　　Me!DateDue.Visible = True
　End Sub
③ Private Sub cmd숨기기_Click( )
　　Me![DateDue].Visible = False
　End Sub
④ Private Sub cmd숨기기_DblClick( )
　　Me.DateDue!Visible = True
　End Sub

09

다음 중 이름이 'txt제목'인 텍스트 상자 컨트롤에 '매출내역'이라는 내용을 입력하는 VBA 명령으로 옳지 않은 것은?

① txt제목 = "매출내역"
② txt제목.text = "매출내역"
③ txt제목.value = "매출내역"
④ txt제목.caption = "매출내역"

10

다음 중 VBA 코드로 작성한 모듈에서 txt날짜_DblClick인 프로시저가 실행되는 시점으로 옳은 것은?

① 다른 프로시저에서 이 프로시저를 호출해야 실행된다.
② 해당 폼을 열면 폼에 속해 있는 모든 프로시저가 실행된다.
③ txt날짜 컨트롤이 더블클릭될 때 실행된다.
④ 해당 폼의 txt날짜 컨트롤에 값이 입력되면 실행된다.

개념끝 111 액세스와 데이터베이스 개체

11

다음 중 VBA 모듈에서 선택 쿼리를 [데이터시트 보기], [디자인 보기], [인쇄 미리 보기] 등으로 열기 위해 사용하는 메서드는?

① DoCmd.RunSQL
② DoCmd.OpenQuery
③ DoCmd.RunQuery
④ DoCmd.OpenSQL

12

다음 중 DoCmd 개체에서 사용할 수 있는 메서드로 옳지 않은 것은?

① Close　　　　② Undo
③ OpenForm　　④ Quit

13

다음 중 Application 개체의 속성과 메서드에 대한 설명으로 옳은 것은?

① CurrentData: 현재 액세스 프로젝트나 액세스 데이터베이스에 대한 참조
② Run: 사용자 정의 Function 또는 Sub 프로시저를 수행
③ CurrentProject: 현재 데이터베이스에 저장된 개체를 참조
④ DoCmd: 인수로 지정된 명령어를 실행

14

다음 중 아래 그림과 같이 '성명' 필드가 'txt검색' 컨트롤에 입력된 문자를 포함하는 레코드만을 표시하도록 하는 프로시저의 코드로 옳은 것은?

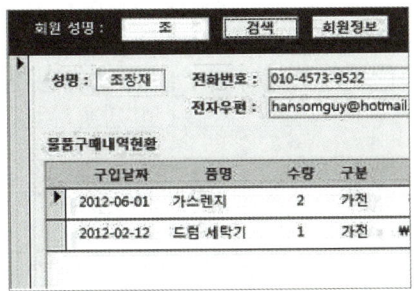

① Me.Filter = "성명 = '*' & txt검색 & '*'"
  Me.FilterOn = True
② Me.Filter = "성명 = '*' & txt검색 & '*'"
  Me.FilterOn = False
③ Me.Filter = "성명 like '*' & txt검색 & '*'"
  Me.FilterOn = True
④ Me.Filter = "성명 like '*' & txt검색 & '*'"
  Me.FilterOn = False

15

다음 중 아래의 이벤트 프로시저에 대한 설명으로 옳지 <u>않은</u> 것은?

```
Private Sub cmd재고_Click( )
    txt재고수량 = txt입고량−txt총주문량
    DoCmd.OpenReport "제품별재고현황", _
    acViewDesign, , "제품번호 = '" & cmb조회 & "'"
End Sub
```

① 'cmd재고' 컨트롤을 클릭했을 때 실행된다.
② 'txt재고수량' 컨트롤에는 'txt입고량' 컨트롤에 표시되는 값에서 'txt총주문량' 컨트롤에 표시되는 값을 차감한 값으로 표시된다.
③ '제품별재고현황' 보고서가 즉시 프린터로 출력된다.
④ '제품별재고현황' 보고서가 출력될 때 '제품번호' 필드값이 'cmb조회' 컨트롤값과 일치하는 데이터만 표시된다.

바로 보는 해설

08
```
Private Sub cmd숨기기_Click( ) ─❶
    Me![DateDue].Visible = False
           ❷              ❸
End Sub
```

❶ 'cmd숨기기' 단추를 클릭했을 때 발생하는 이벤트 프로시저이다.
❷ 현재 폼에서 DateDue 컨트롤의 Visible 속성값. 개체명과 컨트롤명은 느낌표(!)로 구분하고, 컨트롤에 속성을 지정할 때는 마침표(.)로 연결한다.
❸ 폼이나 보고서 컨트롤의 경우 'Visible = False'로 지정하면 표시되지 않고, 'Visible = True'로 지정하면 표시된다. 여기서는 'Visible = False'로 지정했으므로 DateDue 컨트롤이 표시되지 않는다.

09 텍스트 상자 컨트롤에는 'caption' 속성이 없다. 'caption' 속성은 언바운드 컨트롤에 텍스트를 표시할 때 사용한다.

| 오답 피하기 |
① 'txt제목' = "매출내역"에는 'value'나 'text' 속성이 생략된 것으로 본다.
② 'txt제목' 텍스트 상자의 'text'에 '매출내역'을 표시한다.
③ 'txt제목' 텍스트 상자의 'value'에 '매출내역'을 표시한다.

10 DblClick은 컨트롤을 더블클릭할 때 발생한다.

11 DoCmd는 매크로 함수를 실행하기 위한 개체이고, OpenQuery는 쿼리를 여는 메서드이다.

12 Undo는 Control 개체 또는 Form 개체에서 변경된 값을 원래대로 되돌리기 위해 사용된다.

| 오답 피하기 |
① Close: DoCmd 개체에서 개체를 닫는 명령어이다.
③ OpenForm: DoCmd 개체에서 폼을 여는 명령어이다.
④ Quit: DoCmd 개체에서 액세스를 종료하는 명령어이다.

13 | 오답 피하기 |
① CurrentData: 현재 데이터베이스에 저장된 개체를 참조하는 속성이다.
③ CurrentProject: 현재 프로젝트나 데이터베이스에 대한 프로젝트를 참조하는 속성이다.
④ DoCmd: 프로시저에서 매크로 함수를 실행할 수 있는 개체이다.

14 • 입력된 문자를 포함하는 데이터를 검색하려면 Like 연산자와 만능 문자를 이용해야 한다.
• Me.Filter = "성명 like '*' & txt검색 & '*'" → 성명이 'txt검색'에 입력된 글자를 포함하는 레코드를 현재 폼의 Filter 속성으로 정의한다.
• Me.FilterOn = True → Filter 속성에 정의된 Filter를 적용한다.

15 '제품별재고현황' 보고서가 [디자인 보기] 상태로 열린다.

| 정답 | 08 ③ 09 ④ 10 ① 11 ② 12 ②
         13 ② 14 ③ 15 ③

CHAPTER 6 매크로와 모듈 활용 • 235

3과목 | 데이터베이스 일반

기출 재구성 과목별 모의고사

01 개념끝 081

다음 중 데이터베이스 내의 정보를 검색, 추가, 삭제, 수정할 수 있는 데이터베이스 언어를 의미하는 것은?

① DCL
② DBA
③ DDL
④ DML

02 개념끝 083

다음 중 관계형 데이터베이스에서 사용되는 용어에 대한 설명으로 옳은 것은?

① 도메인(Domain): 테이블에서 행을 나타내는 말로 레코드와 같은 의미
② 튜플(Tuple): 하나의 속성이 취할 수 있는 값의 집합
③ 속성(Attribute): 테이블에서 열을 나타내는 말로 필드와 같은 의미
④ 차수(Degree): 한 릴레이션에서의 튜플의 개수

03 개념끝 082

비디오 대여점을 위한 데이터베이스를 구성하여 '고객'별로 '대여일'과 '반납일'을 관리하려고 한다. 고객들은 여러 비디오를 대여하며, 한 비디오는 여러 고객들에게 대여된다. 다음의 테이블 설계 중에서 가장 옳은 것은? (단, 밑줄은 기본키를 의미함)

① 고객(<u>고객번호</u>, 이름, 연락처)
  비디오(<u>비디오코드</u>, 영화제목, 출시일)
  대여(<u>고객번호</u>, <u>비디오코드</u>, 대여일, 반납일, 대여금액)
② 대여(<u>고객번호</u>, 이름, 연락처, 대여일, 반납일, 대여금액)
  비디오(<u>비디오코드</u>, 영화제목, 출시일)
③ 고객(<u>고객번호</u>, 이름, 연락처, 대여비디오코드)
  비디오(<u>비디오코드</u>, 영화제목, 출시일)
  대여(<u>고객번호</u>, 대여일, 반납일, 대여금액)
④ 대여(<u>고객번호</u>, 이름, 연락처, 대여일, 반납일, 대여금액)
  비디오(<u>비디오코드</u>, <u>고객번호</u>, 영화제목, 출시일)

04 개념끝 093

다음 쿼리에 설정된 조건에 대한 설명으로 옳은 것은?

필드:	한글이름	도시명(거주지)
테이블:	방문자	방문자
정렬:		
표시:	☑	☑
조건:	Like "김*"	"서울시"
또는:		"경기도"

① 한글이름이 '김'으로 시작하는 레코드 중 도시명(주거지)이 '서울시' 또는 '경기도'인 레코드 검색
② 한글이름이 '김'으로 시작하거나 도시명(주거지)이 '서울시' 이거나 '경기도'인 레코드 검색
③ 한글이름이 '김'으로 시작하는 레코드 중 도시명(주거지)이 '서울시'이거나, 도시명(주거지)이 '경기도'인 레코드 검색
④ 한글이름이 '김'으로 시작하는 레코드 중 도시명(주거지)이 '경기도'는 제외하고 '서울시'인 레코드 검색

05 개념끝 096

다음 중 사원 테이블(사원번호, 이름, 직급, 급여, 부서명)에서 직급이 관리자인 사원의 급여를 20%씩 인상하는 SQL문으로 옳은 것은?

① UPDATE FROM 사원 SET 급여=급여*1.2 WHERE 직급='관리자';
② UPDATE 사원 SET 급여=급여*1.2 WHERE 직급='관리자';
③ UPDATE 급여 SET 급여*1.2 FROM 사원 WHERE 직급='관리자';
④ UPDATE 급여=급여*1.2 SET 사원 WHERE 직급='관리자';

06 개념끝 095

다음 중 동호회 테이블과 사원 테이블을 조인하여 질의한 결과가 아래의 그림과 같이 나타나게 하기 위한 질의로 옳은 것은?

| 동호회: 테이블

회원 ID	사번	이름
M101	B117	이상태
M102	K230	강철구
M103	K300	박차고
*		

| 사원: 테이블

사번	이름	주소
K230	강철구	서울
K300	박차고	부산
K400	김치국	대전
*		

| 질의 결과:

회원 ID	동호회.사번	동호회.이름	사원.사번	사원.이름	주소
M102	K230	강철구	K230	강철구	서울
M103	K300	박차고	K300	박차고	부산

① SELECT 동호회.*, 사원.* FROM 동호회 INNER JOIN 사원 ON 동호회.사번 = 사원.사번;
② SELECT 동호회.*, 사원.* FROM 동호회 LEFT JOIN 사원 ON 동호회.사번 = 사원.사번;
③ SELECT 동호회.*, 사원.* FROM 동호회 RIGHT JOIN 사원 ON 동호회.사번 = 사원.사번;
④ SELECT 동호회.*, 사원.* FROM 동호회 OUTER JOIN 사원 ON 동호회.사번 = 사원.사번;

07 개념끝 094

다음 중 아래의 SQL문에 대한 설명으로 옳지 않은 것은?

```
ALTER TABLE 고객
DROP 취미 CASCADE;
```

① 고객 테이블의 구조적인 변경이 발생한다.
② 취미 필드를 고객 테이블로부터 삭제한다.
③ CASCADE는 해당 필드와 연관된 다른 테이블의 내용도 삭제하는 옵션이다.
④ 고객 테이블이 수정되면 취미 테이블의 내용도 같이 수정된다.

바로 보는 해설

01 | 오답 피하기 |
① DCL: 데이터 보안 및 회복, 무결성, 병행 수행 제어 등을 정의하는 언어이다.
② DBA: 데이터베이스 시스템을 총체적으로 운영하고 관리하는 사람이다.
③ DDL: 데이터베이스를 생성하거나 수정하기 위해 사용하는 언어이다.

02 | 오답 피하기 |
① 도메인: 하나의 속성(Attribute)이 취할 수 있는 값의 범위이다.
② 튜플: 테이블의 행을 의미한다.
④ 차수: 속성의 개수를 의미한다.

03 '고객' 테이블과 '비디오' 테이블은 다대다 관계이므로 직접적으로 관계 설정이 불가능하며 '대여' 테이블을 이용하여 관계 설정을 해야 한다.

04 '한글이름'의 조건과 '도시명(주거지)'의 조건인 '서울시'는 같은 행에 있으므로 AND 조건이 되고, '경기도'는 다른 행에 있으므로 OR 조건이 된다.

05 • UPDATE 테이블명 SET 필드이름 = 변경값 WHERE 조건;
• 급여=급여 * 1.2: 급여를 20% 인상

06 INNER JOIN은 관계가 설정된 두 테이블에서 조인된 필드가 일치하는 레코드만 포함하여 표시한다.

07 • ALTER TABLE 고객: 고객 테이블을 변경
• DROP 취미 CASCADE;: 취미 필드를 삭제하며, 해당 필드와 연관된 다른 테이블의 내용도 삭제

| 정답 | 01 ④ 02 ③ 03 ① 04 ③ 05 ②
         06 ① 07 ④

08 ↗ 개념끝 100

다음 중 폼에서 특정 컨트롤에 표시된 데이터를 수정할 수 없도록 하기 위한 설명으로 옳지 않은 것은?

① 컨트롤 원본을 '= [필드명]'의 형태로 설정하면 해당 필드의 값은 표시하지만 수정은 할 수 없다.
② 컨트롤 원본을 비워두면 값은 입력받을 수 있지만 표시된 값을 수정할 수는 없다.
③ 폼의 편집 가능 속성을 '아니오'로 지정하면 폼의 컨트롤의 값을 수정할 수 없다.
④ 잠금 속성을 '예'로 지정하면 해당 컨트롤의 값을 수정할 수 없다.

09 ↗ 개념끝 102

다음 중 [속성 시트] 창에서 하위 폼의 제목(레이블)을 변경하기 위한 방법으로 옳은 것은?

① [형식] 탭의 '캡션'을 수정한다.
② [데이터] 탭의 '표시'를 수정한다.
③ [이벤트] 탭의 '제목'을 수정한다.
④ [기타] 탭의 '레이블'을 수정한다.

10 ↗ 개념끝 104

다음 중 보고서의 각 구역에 대한 설명으로 옳지 않은 것은?

① 보고서 머리글: 보고서의 맨 앞에 한 번 출력되며, 일반적으로 로고나 제목 및 날짜 등의 정보를 표시할 때 사용한다.
② 페이지 바닥글: 각 레코드 그룹의 맨 끝에 출력되며, 그룹에 대한 요약 정보를 표시할 때 사용한다.
③ 본문: 레코드 원본의 모든 행에 대해 한 번씩 출력되며, 보고서의 본문을 구성하는 컨트롤이 여기에 추가된다.
④ 보고서 바닥글: 보고서 총합계 또는 전체 보고서에 대한 기타 요약 정보를 표시할 때 사용한다.

11 ↗ 개념끝 106

다음 중 보고서의 그룹화 및 정렬에 대한 설명으로 옳지 않은 것은?

① '그룹'은 머리글과 같은 소계 및 요약 정보와 함께 표시되는 레코드의 모음으로, 그룹 머리글, 세부 레코드 및 그룹 바닥글로 구성된다.
② 그룹화할 필드가 날짜 데이터이면 실제 값(기본)·일·주·월·분기·연도를 기준으로, 문자 데이터이면 전체 필드(기본) 또는 처음 첫 자에서 다섯 자까지 문자 수를 기준으로 그룹화할 수 있다.
③ Sum 함수를 사용하는 계산 컨트롤을 그룹 머리글에 추가하면 현재 그룹에 대한 합계를 표시할 수 있다.
④ 필드나 식을 기준으로 최대 5단계까지 그룹화할 수 있으며, 같은 필드나 식은 한 번씩만 그룹화할 수 있다.

12 개념끝 104

다음 중 보고서 각 보기 형태에 대한 설명으로 옳지 않은 것은?

① '보고서 보기'는 인쇄 미리 보기와 비슷하지만 페이지를 구분하여 화면에 보고서를 표시한다.
② '레이아웃 보기'는 보고서 내용을 직접 보면서 다양한 서식과 컨트롤 속성을 설정할 수 있다.
③ '디자인 보기'는 보고서에 삽입된 컨트롤의 속성, 맞춤, 위치 등을 설정할 수 있으며, 보고서 내용은 볼 수 없다.
④ '인쇄 미리 보기'는 [인쇄] 메뉴의 [인쇄 미리 보기]를 실행하여 보는 것과 같은 것으로 인쇄될 모양을 미리 보여준다.

13 개념끝 094

회원(회원번호, 이름, 나이, 주소) 테이블에서 주소가 '인천'인 회원의 이름, 나이 필드만 검색하되, 나이가 많은 순으로 검색하는 질의문으로 옳은 것은?

① SELECT 이름, 나이 FROM 회원 ORDER BY 나이 WHERE 주소 = '인천';
② SELECT 이름, 나이 FROM 회원 WHERE 주소 = '인천' ORDER BY 나이 ASC;
③ SELECT 이름, 나이 FROM 회원 WHERE 주소 = '인천' ORDER BY 나이 DESC;
④ SELECT 이름, 나이 FROM 회원 ORDER BY 나이 DESC WHERE 주소='인천';

14 개념끝 094

다음 보기의 SQL문장이 실행되었을 때 표시되는 필드의 이름으로 옳은 것은?

> SELECT 성명, (국어+수학)/2 AS [평균] FROM 1학기;

① 성명, 국어
② 성명, 평균
③ 성명, 국어, 수학
④ 성명, (국어+수학)

바로 보는 해설

08 컨트롤 원본을 비워두면 컨트롤에 값이 표시되지 않는다.

09 하위 폼의 제목(레이블)을 변경하려면 [형식] 탭의 '캡션'을 수정한다.

10 페이지 바닥글은 각 페이지의 아래쪽에 표시되며, 주로 날짜와 페이지 번호를 표시한다. 그룹에 대한 요약 정보는 그룹 머리글과 그룹 바닥글에 표시되어 있다.

11 필드나 식을 기준으로 최대 열 개까지 그룹화할 수 있고, 같은 필드나 식도 계속 그룹화할 수 있다.

12 • 보고서 보기: 페이지를 구분하지 않고 보고서를 표시
  • 인쇄 미리 보기: 페이지를 구분하여 보고서를 표시

13 ORDER BY는 정렬을 하기 위한 명령이다. '나이' 필드를 기준으로 내림차순 정렬하려면 '나이'를 'DESC'로, 오름차순 정렬하려면 '나이'를 'ASC'로 지정하거나 생략한다.

14 필드 이름이나 테이블 이름에 별명을 지정하려면 'AS'를 지정하므로 성명과 평균이 표시된다.

| 정답 | 08 ② 09 ① 10 ② 11 ④ 12 ①
13 ③ 14 ②

15 개념끝 106

다음과 같은 형식의 보고서에 대한 설명으로 바르지 못한 것은?

```
100-785
서울특별시 중구 정동 34-5
   김은규 귀하

121-757
서울특별시 마포구 공덕동 370-4
   박태진 귀하
```

① 우편 발송을 위해 편지봉투에 붙일 주소 레이블을 작성하는 보고서이다.
② 우편물 레이블 마법사를 이용하여 작성할 수 있다.
③ 엑셀에 입력된 데이터를 액세스에 가져오지 않고 연결 테이블로 연결하여 레이블을 만들 수 있다.
④ 보고서 속성에서 레이블을 출력할 프린터를 지정할 수 있다.

16 개념끝 099

다음 중 '기본 보기(DefaultView)' 속성을 통해 설정하는 폼의 종류에 대한 설명으로 옳지 않은 것은?

① 단일 폼은 한 번에 한 개의 레코드만을 표시한다.
② 연속 폼은 현재 창을 채울 만큼 여러 개의 레코드를 표시한다.
③ 연속 폼은 매 레코드마다 폼 머리글과 폼 바닥글이 표시된다.
④ 데이터시트 형식은 스프레드시트처럼 행과 열로 필드를 표시한다.

17 개념끝 111

다음 중 폼을 열자마자 'txt조회' 컨트롤에 커서(포커스)를 자동적으로 위치하게 하는 이벤트 프로시저는?

① Private Sub txt조회_Click( )
    txt조회.AutoTab = True
  End Sub
② Private Sub txt조회_Click( )
    txt조회.SetFocus
  End Sub
③ Private Sub Form_Load( )
    txt조회.AutoTab = True
  End Sub
④ Private Sub Form_Load( )
    txt조회.SetFocus
  End Sub

18 개념끝 097

다음 중 크로스탭 쿼리에 관한 설명으로 옳지 않은 것은?

① 크로스탭 쿼리를 이용하여 특정한 필드의 합계, 평균, 개수와 같은 요약 값을 표시할 수 있다.
② 열과 행 방향의 표 형태로 데이터의 집계를 할 수 있다.
③ 조건을 지정할 필드를 표시한 후 요약 행에 '조건'을 선택하고 크로스탭 행은 빈칸으로 남겨 둔 상태에서 조건란에 사용할 조건식을 입력하면 쿼리 결과를 표시할 레코드를 제한할 수 있다.
④ 행 머리글은 한 개의 필드만 지정할 수 있지만 열 머리글은 여러 개의 필드를 지정할 수 있다.

19 개념끝 111

다음 그림과 같이 '학과명' 필드가 'txt조회' 컨트롤에 입력된 문자를 포함하는 레코드만을 표시하도록 하는 프로시저의 코드로 옳은 것은?

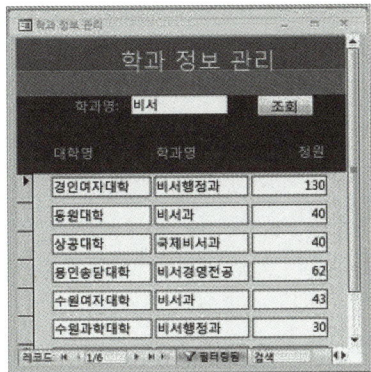

① Me.Filter="학과명='*'& txt조회& '*'"
　Me.FilterOn=True

② Me.Filter="학과명='*'& txt조회& '*'"
　Me.FilterOn=False

③ Me.Filter="학과명 like '*'& txt조회& '*'"
　Me.FilterOn=True

④ Me.Filter="학과명 like '*'& txt조회& '*'"
　Me.FilterOn=False

20 개념끝 109

다음 중 매크로를 직접 실행하는 방법으로 잘못 표현한 것은?

① 매크로 창에서 매크로를 실행하려면 [매크로]-[디자인] 탭-[도구] 그룹-[실행]을 클릭한다.
② 탐색 창에서 매크로를 실행하려면 실행할 매크로를 더블 클릭한다.
③ [데이터베이스 도구] 탭-[매크로] 그룹-[매크로 실행]을 클릭한 다음 실행할 매크로 이름을 선택하고 [확인]을 클릭한다.
④ DoCmd 개체의 OpenModule 메서드를 사용하여 Microsoft Visual Basic 프로시저로 매크로를 실행한다.

바로 보는 해설

15 보고서 속성에서는 출력할 프린터를 지정할 수 없다.

16 연속 폼은 폼 머리글과 바닥글을 한 번만 표시한다. ③은 단일 폼에 대한 설명이다.

17 • Form_Load( ): 폼을 열자마자 발생
　• SetFocus: 포커스를 이동

18 열 머리글이나 값은 하나씩만, 행 머리글은 세 개까지 지정할 수 있다.

19 • 입력된 문자를 포함하는 데이터를 검색하려면 Like 연산자와 만능 문자를 이용해야 한다.
　• Me.Filter="학과명 like ' * '& txt조회& ' * '" → 학과명이 'txt조회'에 입력된 글자를 포함하는 레코드를 현재 폼의 Filter 속성으로 정의한다.
　• Me.FilterOn = True → Filter 속성에 정의된 Filter를 적용

20 DoCmd 개체의 RunMacro 메서드를 사용하여 매크로를 실행해야 한다.

| 정답 | 15 ④　16 ③　17 ④　18 ④
　　　　19 ③　20 ④

에듀윌이
너를
지지할게

ENERGY

삶의 순간순간이

아름다운 마무리이며

새로운 시작이어야 한다.

– 법정 스님

memo

에듀윌
컴퓨터활용능력
1급 필기 기본서

특별부록 #빈출개념+3개년 기출변형

한번에 몰아보는

#빈출개념

1과목 | 컴퓨터 일반

개념끝 001 | Windows 10의 특징

OLE
(Object Linking and Embedding)

Windows 환경에서 각종 앱 간의 데이터 교환을 위해 서로의 데이터를 공유하는 기능을 지원한다.

에어로 피크
(Aero Peek)

모든 창을 최소화할 필요 없이 바탕 화면을 빠르게 미리 보거나, 작업 표시줄의 해당 아이콘을 가리켜서 열린 창을 미리 볼 수 있게 하는 기능이다.

NTFS
(New Technology File System)

성능, 보안, 안정성 면에서 고급 기능을 제공하는 파일 시스템이다.

개념끝 002 | 마우스 및 키보드 사용법

Shift 조합 바로 가기 키

Shift + F10	선택한 항목의 바로 가기 메뉴를 표시
Shift + Delete	휴지통으로 이동하지 않고 영구히 삭제

Ctrl 조합 바로 가기 키

Ctrl + C	선택한 항목을 복사
Ctrl + X	선택한 항목을 잘라내기
Ctrl + V	선택한 항목을 붙여넣기
Ctrl + A	모든 항목을 선택
Ctrl + Z	실행 취소
Ctrl + Esc	[시작] 메뉴 표시
Ctrl + Shift + Esc	[작업 관리자] 창을 표시
Ctrl + D	선택 항목을 삭제 후 휴지통으로 이동
Ctrl + F1	리본 메뉴 최소화
Ctrl + F4	활성 문서 종료
Ctrl + 마우스 휠 드래그	아이콘 크기 변경
Ctrl + Insert	선택한 항목을 복사

Alt 조합 바로 가기 키

단축키	기능
Alt + F4	현재 창을 종료
Alt + Tab	작업 전환 창을 이용하여 작업 창 전환
Alt + Esc	다음 활성화된 창으로 전환
Alt + Enter	선택한 항목의 [속성] 창을 표시
Alt + Space Bar	활성 창의 바로 가기 메뉴 열기
Alt + PrintScreen	활성 창을 클립보드에 복사
Alt + P	파일 탐색기에서 미리 보기 창 표시 및 숨기기
Alt + Shift + P	파일 탐색기에서 세부 정보 창 표시 및 숨기기

개념끝 003 바탕 화면과 바로 가기 아이콘

바탕 화면의 바로 가기 메뉴

바탕 화면에서 마우스 오른쪽 단추를 클릭하면 자주 사용하는 메뉴가 표시된다.
① 아이콘의 크기 변경
② 아이콘의 정렬 기준 변경
③ 폴더, 바로 가기, 텍스트 문서, 압축(ZIP) 폴더 등을 새로 만들기
④ 디스플레이 설정 표시
⑤ 개인 설정 표시

바로 가기 아이콘의 특징

① 바로 가기 아이콘에 원본 파일을 연결하면 빠르고 간편하게 해당 파일을 실행시킬 수 있다.
② 바로 가기 아이콘의 확장명은 .LNK로 지정된다.
③ 바로 가기 아이콘의 왼쪽 아랫부분에 화살표 모양(🔗)이 표시된다.
④ 파일, 폴더, 디스크 드라이브, 프로그램, 프린터, 네트워크 등의 개체에 바로 가기 아이콘을 만들 수 있다.
⑤ 하나의 바로 가기 아이콘에는 하나의 원본 파일만 지정할 수 있다.
⑥ 하나의 원본 파일에 대해서 여러 개의 바로 가기 아이콘을 만들 수 있다.
⑦ 바로 가기 아이콘을 삭제해도 연결된 원본 파일은 삭제되지 않는다.
⑧ 바로 가기 아이콘은 원본 파일이 있는 위치와 관계없이 만들 수 있다.

바로 가기 아이콘의 [속성] 창

① 파일 형식, 설명, 위치, 크기, 디스크 할당 크기, 만든 날짜, 수정한 날짜, 액세스한 날짜, 특성 등을 확인할 수 있다.
② 연결된 대상 파일을 변경하거나 바로 가기 키를 지정할 수 있다.

개념끝 004   시작 메뉴와 작업 표시줄

시작 메뉴의 특징

① 내 PC에 설치된 앱을 시작 화면이나 작업 표시줄에 고정하거나 제거할 수 있다.
② 시작 메뉴의 크기는 조절이 가능하다.

작업 표시줄의 특징

① 작업 표시줄은 시작 단추, 검색 상자, 작업 보기, 고정된 앱 단추, 실행 중인 앱 단추, 알림 영역, 바탕 화면 보기 등으로 구성된다.
② 작업 표시줄의 위치를 상하좌우로 변경할 수 있다.
③ 작업 표시줄의 크기는 화면의 1/2까지만 늘릴 수 있다.
④ '작업 표시줄 잠금'이 설정된 상태에서는 작업 표시줄의 위치나 크기를 변경할 수 없다.
⑤ 작업 표시줄을 자동으로 숨길 수 있으나 마우스 포인터를 작업 표시줄이 있는 위치에 올려놓으면 다시 표시된다.
⑥ 작업 표시줄에서는 앱 단추가 하나의 작은 아이콘으로 표시된다.
⑦ 작업 표시줄의 바로 가기 메뉴에서 [계단식 창 배열], [창 가로 정렬 보기], [창 세로 정렬 보기], [바탕 화면 보기], [작업 표시줄 잠금], [작업 표시줄 설정]을 지정할 수 있다.

작업 표시줄의 점프 목록

① 앱의 점프 목록을 보려면 작업 표시줄의 앱 아이콘을 마우스 오른쪽 단추로 클릭한다.
② 점프 목록에서 항목을 열려면 앱의 점프 목록에서 해당 항목을 선택한다.
③ 점프 목록에 항목을 고정하려면 해당 앱의 점프 목록에 마우스 포인터를 올려놓고 [이 목록에 고정(📌)]을 클릭한다.
④ 점프 목록에서 고정된 항목을 제거하려면 앱의 점프 목록의 '고정됨'에서 [이 목록에서 제거(📌)]를 클릭하거나 바로 가기 메뉴의 [이 목록에서 고정 해제]를 클릭한다.
⑤ 점프 목록의 항목은 Delete 를 눌러 제거할 수 없으며, 바로 가기 메뉴의 [이 목록에서 제거]를 클릭해야 한다.

개념끝 005   휴지통 `최빈출`

휴지통에 들어가지 않고 바로 삭제되는 경우

① 바로 가기 키 Shift + Delete 로 삭제한 경우
② USB 드라이브, 네트워크 드라이브에서 삭제한 경우
③ [휴지통 속성] 창에서 최대 크기를 0MB로 설정한 경우
④ [명령 프롬프트] 창에서 삭제한 경우
⑤ 파일을 '휴지통에 버리지 않고 삭제할 때 바로 제거'로 설정한 경우
⑥ 같은 이름의 항목을 복사나 이동 작업으로 덮어쓴 경우

개념끝 006   파일 탐색기

즐겨찾기

① 자주 사용하는 폴더를 추가하여 사용하는 기능이다.
② 즐겨찾기의 순서를 변경할 수 있다.
③ 폴더, 저장된 검색, 라이브러리 또는 드라이브를 즐겨찾기에 추가하려면 탐색 창의 '즐겨찾기(⭐ 즐겨찾기)'로 드래그해야 한다.

라이브러리(Library)	실제로 항목을 저장하지 않고 여러 위치에 저장된 파일 및 폴더의 모음을 표시하여 신속하고 편리하게 파일을 관리하는 기능이다.

파일 탐색기의 바로 가기 키		
	BackSpace	선택된 폴더의 상위 폴더로 이동
	숫자 키패드의 *	선택한 폴더의 모든 하위 폴더 표시
	숫자 키패드의 +	선택한 폴더의 하위 폴더 표시
	숫자 키패드의 -	선택한 폴더의 하위 폴더를 닫음
	←	선택한 폴더가 확장되어 있으면 축소, 그렇지 않으면 상위 폴더 선택
	→	선택한 폴더가 축소되어 있으면 확장, 그렇지 않으면 하위 폴더 선택
	Alt + D	주소 표시줄 선택
	Ctrl + E / Ctrl + F	[검색 상자] 선택

개념끝 007 파일과 폴더

복사		
	리본 메뉴	[홈] 탭-[클립보드] 그룹-[복사] → [홈] 탭-[클립보드] 그룹-[붙여넣기]
	바로 가기 메뉴	바로 가기 메뉴에서 [복사] 선택 → 바로 가기 메뉴에서 [붙여넣기] 선택
	바로 가기 키	Ctrl + C → Ctrl + V
	같은 드라이브	Ctrl + 드래그
	다른 드라이브	드래그 또는 Ctrl + 드래그

이동		
	리본 메뉴	[홈] 탭-[클립보드] 그룹-[잘라내기] → [홈] 탭-[클립보드] 그룹-[붙여넣기]
	바로 가기 메뉴	바로 가기 메뉴에서 [잘라내기] 선택 → 바로 가기 메뉴에서 [붙여넣기] 선택
	바로 가기 키	Ctrl + X → Ctrl + V
	같은 드라이브	드래그 또는 Shift + 드래그
	다른 드라이브	Shift + 드래그

검색	① [검색 상자]에 찾으려는 파일이나 폴더를 입력하면 자동으로 검색되어 결과가 표시된다. ② '*'나 '?' 등의 와일드카드 문자(만능 문자)를 사용하여 검색할 수 있다. ③ 검색 내용에 '-'를 붙이면 해당 내용이 포함되지 않은 파일이나 폴더를 검색한다. ④ 검색 저장 기능을 이용하면 다음에 사용할 때 해당 검색과 일치하는 최신 파일을 표시한다. ⑤ [시작(■)]의 오른쪽에 있는 [검색 상자]에서는 검색 필터를 사용할 수 없다.

| 개념끝 008 | 보조 프로그램 |

메모장

① 서식이 없는 간단한 텍스트 파일이나 웹 페이지를 편집하는 기본 텍스트 편집기이다.
② 메모장의 특징
- 기본 파일 확장명은 .TXT이다.
- 그림이나 차트 등의 OLE 개체는 삽입할 수 없다.
- 특정한 문자열을 찾고 바꾸거나, 창의 크기에 맞춰 줄을 바꿀 수 있다.
- F5를 누르거나 첫 줄 왼쪽에 '.LOG'를 입력하여 현재의 시간과 날짜를 자동으로 삽입할 수 있다.
- 글꼴, 글꼴 스타일, 글자 크기의 변경은 가능하지만, 글자색은 변경할 수 없다.
- [편집]-[이동] 메뉴를 선택하여 문서의 특정 줄로 이동할 수 있으나, 자동 줄 바꿈이 설정된 경우에는 이동할 수 없다.
- [파일]-[페이지 설정] 메뉴를 선택하고 [페이지 설정] 대화상자에서 머리글과 바닥글을 설정할 수 있다.

원격 데스크톱 연결

① 한 컴퓨터에서 다른 위치의 원격 컴퓨터에 연결하는 기능을 실행하는 앱이다.
② 원격 데스크톱 연결의 특징
- 현재 위치의 컴퓨터 앞에서 원격 위치의 데스크톱 컴퓨터에 연결하여 응용 프로그램을 해당 콘솔 앞에서 실행하고, 파일 및 네트워크 리소스에 액세스할 수 있는 것을 의미한다.
- 원격에 있는 컴퓨터에서 음악 또는 기타 소리를 사용자의 컴퓨터에서 재생하거나 녹음할 수 있다.
- 원격 작업을 하려면 네트워크에 연결된 컴퓨터와 제2의 원격 컴퓨터가 있어야 한다.

| 개념끝 009 | 작업 관리자와 명령 프롬프트 |

작업 관리자의 특징

① 실행 중인 앱을 [작업 끝내기]로 종료할 수 있으나 실행 순서를 변경할 수는 없다.
② 현재 사용 중인 CPU, 메모리, 디스크, 네트워크 등의 사용 현황을 확인할 수 있다.
③ 컴퓨터에 연결된 사용자 및 작업 상황을 확인할 수 있고, 둘 이상의 사용자가 연결된 경우 사용자에게 메시지를 보낼 수 있다.

명령 프롬프트의 실행과 종료

실행 방법	① [시작(■)]-[Windows 시스템]-[명령 프롬프트] 선택 ② ■+R → [실행] 창에서 'cmd' 입력 후 [확인] ③ 검색 상자에 '명령 프롬프트' 입력 후 Enter
종료 방법	[명령 프롬프트] 창에서 'exit'를 입력 후 Enter

개념끝 010 　인쇄 `최빈출`

기본 프린터

① 특정 프린터를 설정하지 않았을 때 자동으로 인쇄 작업을 처리하는 프린터이다.
② [장치 및 프린터] 창에서 기본 프린터에는 프린터 아이콘에 확인 표시가 나타난다.
③ 기본 프린터는 한 대만 지정할 수 있고, 다른 프린터로 변경할 수 있다.
④ 기본 프린터로 설정된 프린터도 삭제할 수 있다.
⑤ 원하는 프린터를 선택하고 [관리]-[기본값으로 설정]을 선택하여 기본 프린터로 지정한다.

인쇄 관리자

① 인쇄가 실행될 때 작업 표시줄의 알림 영역에 프린터 모양의 아이콘(🖨)을 더블클릭하여 [인쇄 관리자] 창을 열 수 있다.
② 인쇄 대기 중인 문서의 출력 대기 순서를 임의로 변경할 수 있다.
③ 인쇄 작업이 시작된 문서도 중간에 강제로 종료할 수 있다.
④ 인쇄 대기 중인 문서를 삭제할 수 있다.

개념끝 011 　[설정 창]

[설정] 창의 구성

시스템	디스플레이, 소리, 알림, 전원 등을 설정
개인 설정	배경, 잠금 화면, 색, 테마 등을 설정
앱	앱을 제거하거나 변경하고 기본 앱, 시작 앱을 설정
계정	사용자 정보를 확인하거나 계정 추가, 로그인 옵션 등을 설정
접근성	신체가 불편한 사용자를 위한 돋보기, 고대비, 내레이터 기능 등을 설정

개념끝 012 　[설정] 창 – 시스템

디스플레이

① 야간 모드: 숙면을 방해하는 청색 광을 야간에 따뜻한 색으로 표시하여 사용자의 숙면을 돕는 기능이다.
② 텍스트, 앱 및 기타 항목의 크기 변경: 화면에 표시되는 텍스트 크기, 앱 및 기타 항목의 크기를 배율로 변경한다.
③ 디스플레이 해상도: 화면 해상도를 설정한다.
④ 디스플레이 방향: 디스플레이의 방향을 '가로', '세로', '가로(대칭 이동)', '세로(대칭 이동)'로 지정한다.
⑤ 여러 디스플레이: 여러 개의 모니터를 사용할 수 있는 '여러 디스플레이'를 설정한다.

[시스템 속성] 대화상자

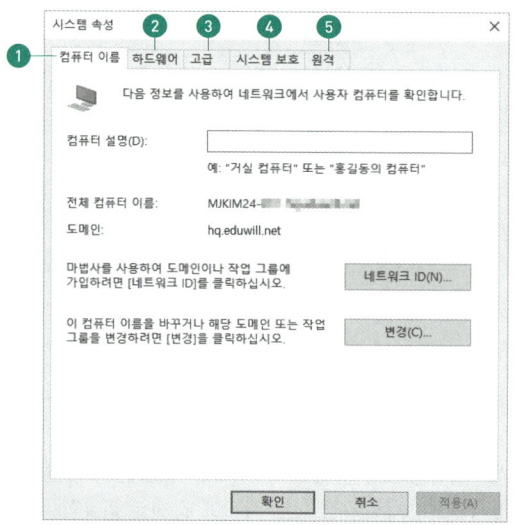

❶ [컴퓨터 이름] 탭	컴퓨터 이름, 컴퓨터 설명, 작업 그룹 등을 확인하거나 변경
❷ [하드웨어] 탭	• 장치 관리자: 장치들의 드라이버를 식별하거나 업데이트하고 하드웨어가 올바르게 작동하는지 확인 • 장치 설치 설정: 장치 드라이버 소프트웨어의 자세한 정보와 자동 다운로드 여부 설정
❸ [고급] 탭	• 성능: 시각 효과, 프로세서 일정, 메모리 사용 및 가상 메모리 등을 지정 • 사용자 프로필: 사용자 로그인에 관련된 바탕 화면 설정 • 시작 및 복구: 시스템 시작, 시스템 오류 및 디버깅 정보 지정
❹ [시스템 보호] 탭	• 컴퓨터를 이전 복원 지점으로 되돌려서 시스템 변경을 취소하는 기능 • 시스템 복원은 사용자 문서, 사진 또는 개인 데이터에는 영향을 주지 않음 • 시스템 복원 시 Windows Update에 의한 변경 사항도 복원됨 • 복원 지점은 시스템에 의해 자동으로 설정되지만, 사용자가 임의로 복원 지점을 설정할 수도 있음
❺ [원격] 탭	원격 지원에 대한 사용 여부 지정

개념끝 013　　[설정] 창 – 장치

[마우스 속성] 대화상자

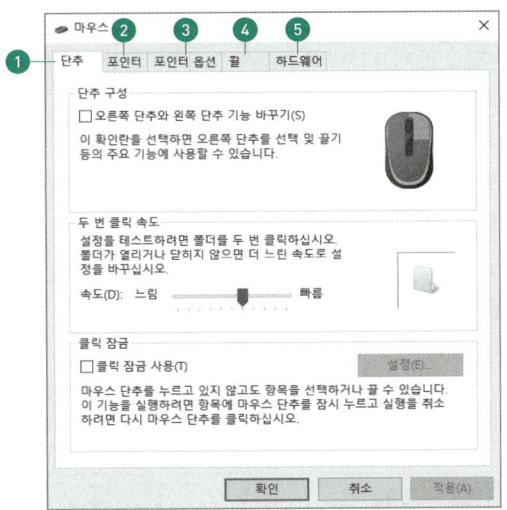

❶ [단추] 탭	오른쪽 단추와 왼쪽 단추 기능 바꾸기, 두 번 클릭 속도, 클릭 잠금 설정
❷ [포인터] 탭	마우스 구성표, 포인터 지정, 포인터 그림자 사용 설정
❸ [포인터 옵션] 탭	포인터 속도 선택, 포인터 자국 표시, 입력할 때는 마우스 숨기기, Ctrl 을 누르면 마우스 위치 표시 설정
❹ [휠] 탭	휠을 한 번 돌리면 스크롤할 양, 휠을 상하로 이동할 때 스크롤할 문자의 수 설정
❺ [하드웨어] 탭	사용하고 있는 마우스 장치의 이름, 종류, 장치 속성 표시

[키보드 속성] 대화상자

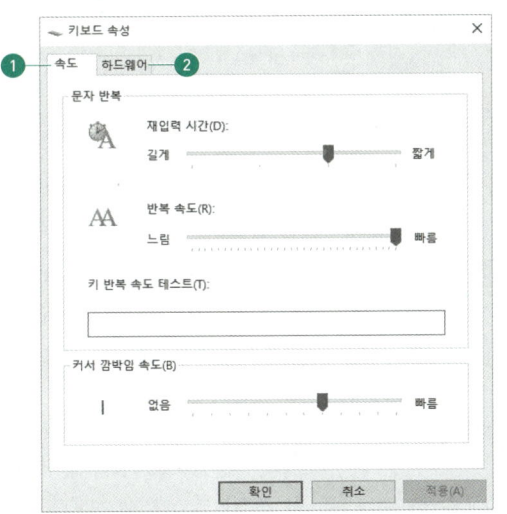

❶ [속도] 탭	• 키 재입력 시간, 키 반복 속도, 커서 깜박임 속도 조절 • 커서의 모양은 설정할 수 없음
❷ [하드웨어] 탭	키보드 장치를 선택하고 제조업체, 위치, 장치 상태를 확인

개념끝 014 [설정] 창 – 개인 설정

테마
① 테마란 바탕 화면의 배경, 색, 소리, 마우스 커서 등을 하나의 그룹으로 묶어 놓은 것이다.
② 기본적으로 제공되는 테마를 변경하거나, Microsoft Store에서 테마를 다운로드 받아 설치할 수 있다.
③ 바탕 화면 아이콘 설정: 컴퓨터, 휴지통, 문서, 제어판, 네트워크 등 바탕 화면에 표시되는 아이콘을 변경하거나 삭제된 아이콘을 다시 표시할 수 있다.

글꼴
① 시스템에 새로운 글꼴을 설치하거나 설치된 글꼴을 삭제한다.
② 글꼴 파일의 확장명은 .TTF, .OTF, .FON 등이다.
③ 시스템에서 사용하는 글꼴은 'C:\Windows\Fonts' 폴더에 파일 형태로 저장된다.
④ TrueType 글꼴과 OpenType 글꼴을 제공하고 앱이나 프린터에서 작동한다.

개념끝 015 [설정] 창 – 앱

앱 및 기능

❶ 앱을 가져올 위치 선택	설치할 앱을 가져올 위치를 지정
❷ 선택적 기능	Windows에서 제공하는 기능을 선택적으로 추가하거나 제거
❸ 앱 실행 별칭	동일한 이름의 앱이 있을 경우 실행할 때 사용할 이름을 선택
❹ 정렬 기준	앱을 정렬 기준에 따라 이름, 크기, 설치 날짜로 정렬
❺ 필터 기준	필터 기준으로는 모든 드라이브, 로컬 디스크(C:), 그 외 디스크로 지정
❻ 프로그램 및 기능	• 새로운 Windows 업데이트를 수행하거나, 설치된 업데이트 내용을 제거하거나 변경 • 시스템에 설치된 프로그램의 목록을 확인 및 제거, 변경할 수 있지만, 새로운 프로그램을 설치할 수 없음 • 설치된 Windows의 기능을 사용 또는 사용 안 함을 지정

개념끝 016 [설정] 창 – 계정

계정 유형

관리자 계정	• 소프트웨어나 하드웨어를 설치할 수 있고 모든 파일에 액세스할 수 있음 • 다른 계정의 계정 유형, 계정 이름, 암호를 변경, 다른 계정의 컴퓨터 사용 시간을 제어할 수 있음 • 컴퓨터 보안에 영향을 주는 설정을 변경할 수 있음 • 다른 계정의 등급 및 콘텐츠, 제목별로 게임을 제어할 수 있음
표준 계정	• 소프트웨어 및 하드웨어를 설치하거나 제거할 수 없고, 설치된 앱은 실행할 수 있음 • 자신의 계정에 대한 암호를 설정할 수 있음 • 다른 사용자나 컴퓨터 보안에 영향을 주는 설정은 할 수 없음

개념끝 017 [설정] 창 – 접근성

접근성 설정의 주요 항목

돋보기	화면에서 원하는 영역을 확대하여 크게 표시할 수 있음
고대비	화면에서 텍스트와 이미지를 더 뚜렷하고 쉽게 식별할 수 있음
내레이터	화면의 모든 텍스트를 소리 내 읽어주도록 설정할 수 있음
키보드	• 화상 키보드: 키보드가 없어도 입력 가능한 화상 키보드를 표시할 수 있음 • 고정 키: 동시에 두 개의 키를 누르기 어려운 경우 특정 키를 고정하여 하나의 키만으로 바로 가기 키를 사용할 수 있음 • 토글 키: [Caps Lock], [Num Lock], [Scroll Lock]을 누를 때 신호음이 나도록 지정할 수 있음 • 필터 키: 사용자가 짧게 누르거나 반복적으로 누르는 것을 무시하거나 키보드의 반복 속도를 변경할 수 있음

개념끝 018 [설정] 창 – 업데이트 및 보안

백업

① 백업은 원본 데이터의 손실에 대비하여 중요한 데이터를 하나 더 저장하는 기능이다.
② 여러 파일이 백업된 경우 원하는 파일을 선택하여 복원할 수 있다.
③ 특정 시간에 백업할 수 있도록 백업 주기를 지정할 수 있다.
④ 백업 파일을 복원할 경우 복원 위치를 지정할 수 있다.

개념끝 019 관리 도구

디스크 관리

볼륨 확장 및 축소·삭제, 드라이브 문자 변경, 포맷 실행 등을 할 수 있다.

이벤트 뷰어

[보기]-[분석 및 디버그 로그 표시] 메뉴를 선택하여 분석 및 디버그 로그를 표시할 수 있다.

포맷

① 하드디스크의 트랙 및 섹터를 초기화하는 작업이다.
② 포맷을 실행하면 디스크의 모든 데이터가 삭제된다.
③ 포맷 창 설정 가능 항목: 파일 시스템 선택, 할당 단위 크기, 볼륨 레이블 입력, 빠른 포맷 설정

개념끝 020   시스템 구성

안전 부팅

① 중요한 시스템 서비스만 실행되는 안전 모드로, Windows를 시작하고 네트워킹은 사용할 수 없다.
② [부팅] 탭에서 [부팅 옵션]의 [안전 부팅]을 선택한다.
③ 컴퓨터에서 예기치 않은 문제가 발생했을 때 안전 모드로 부팅하여 문제점을 찾을 수 있다.

개념끝 021   컴퓨터의 발전과 분류

컴퓨터의 세대별 발전

세대	주요 소자	특징
1세대	진공관	• 하드웨어 개발 중심 • 기계어, 어셈블리어의 사용 • 일괄 처리 시스템
2세대	트랜지스터(TR)	• 운영체제(OS) 등장 • 실시간 처리 시스템
3세대	집적회로(IC)	• 시분할 처리 시스템 • 다중 처리 시스템
4세대	고밀도 집적회로(LSI)	• 개인용 컴퓨터(PC)의 사용 • 네트워크의 발전
5세대	초고밀도 집적회로(VLSI)	• 인공지능 연구 • 전문가 시스템 • 퍼지(Fuzzy) 이론

데이터 취급에 따른 분류

분류	디지털 컴퓨터	아날로그 컴퓨터	하이브리드 컴퓨터
입력 형식	숫자, 문자 등의 이산 데이터	전류, 전압, 온도 등	디지털 컴퓨터와 아날로그 컴퓨터의 장점을 조합한 컴퓨터
출력 형식	숫자, 문자 등의 이산 데이터	곡선, 그래프 등	
구성 회로	논리 회로	증폭 회로	
주요 연산	산술 논리 연산	미적분 연산	
프로그래밍	필요함	필요 없음	
기억 기능	있음	없음	
목적	범용 컴퓨터	과학 연구 등의 특수 목적용 컴퓨터	

개념끝 022   자료의 표현과 처리 `최빈출`

ASCII 코드
① 하나의 문자가 3비트의 Zone 부분과 4비트의 Digit 부분으로 구성된다.
② $2^7(=128)$가지의 문자를 표현할 수 있다.
③ 확장 ASCII 코드는 8비트를 사용한다.
④ 주로 개인용 컴퓨터와 데이터 통신에서 사용한다.

유니코드(Unicode)
① 컴퓨터에서 세계 각국의 언어를 통일된 방법으로 표현할 수 있도록 고안된 국제 표준코드이다.
② 한글, 한자, 영문, 숫자 모든 글자를 16비트(2바이트)로 표현한다.

패리티 코드
① 에러 검출만 가능하고 교정은 불가능한 코드이다.
② 짝수 패리티와 홀수 패리티가 있다.

개념끝 023   진법 변환

2진수, 8진수, 16진수를 10진수로 변환
① 2진수 → 10진수
$1001_2 = 1 \times 2^3 + 0 \times 2^2 + 0 \times 2^1 + 1 \times 2^0 = 8 + 1 = 9$
② 8진수 → 10진수
$456.4_8 = 4 \times 8^2 + 5 \times 8^1 + 6 \times 8^0 + 4 \times 8^{-1} = 302.5$
③ 16진수 → 10진수
$B8_{16} = 11 \times 16^1 + 8 \times 16^0 = 184$

10진수를 2진수로 변환

소수 이상 자리
2) 41
2) 20 … 1
2) 10 … 0
2) 5 … 0
2) 2 … 1
1 … 0

(결과값) 101001_2

소수 이하 자리
0.375 × 2 = 0.75
0.75 × 2 = 1.50
0.5 × 2 = 1.0

(결과값) 0.011_2

개념끝 024 　중앙처리장치 〔최빈출〕

레지스터(Register)

① CPU 내부에서 특정한 목적에 사용되는 일시적인 기억장소로, 메모리 중 가장 빠른 속도로 접근이 가능하다.
② 플립플롭(Flip-Flop)이나 래치(Latch)를 직렬 또는 병렬로 연결한다.

제어장치의 구성 요소

프로그램 카운터 (PC; Program Counter)	다음에 수행할 명령어의 주소를 기억하는 레지스터
메모리 주소 레지스터 (MAR; Memory Address Register)	기억장치에 입·출력되는 데이터의 주소 번지를 기억하는 레지스터
메모리 버퍼 레지스터 (MBR; Memory Buffer Register)	메모리에서 읽어온 데이터나 메모리에 쓸 데이터를 일시적으로 저장하는 레지스터
명령어 레지스터 (IR; Instruction Register)	현재 수행 중인 명령어를 기억하는 레지스터
명령어 해독기 (Instruction Decoder)	• 현재 실행 중인 명령어를 해독하는 회로 • 현재 수행해야 할 명령어를 해독한 후 수행할 수 있는 여러 가지 제어 신호를 발생시킴
번지 해독기 (Address Decoder)	명령 레지스터가 보낸 주소를 해독하여 메모리 셀이나 장치를 선택하는 회로
부호기(Encoder)	명령어 해독기로 해독한 내용을 신호로 변환하여 각 장치에 전달하는 회로

연산장치의 구성 요소

가산기(Adder)	두 개 이상의 2진수의 덧셈을 수행하는 회로
보수기(Complementor)	2진수의 뺄셈을 수행하기 위해 보수로 변환하는 데 사용하는 회로
누산기(AC; ACcumulator)	연산된 결과를 일시적으로 저장하는 레지스터
데이터 레지스터(Data Register)	연산에 사용할 데이터를 기억하는 레지스터
상태 레지스터(Status Register)	연산 중에 발생하는 여러 가지 상태 값을 기억하는 레지스터
플래그 레지스터(Flag Register)	
인덱스 레지스터(Index Register)	주소를 변경하기 위해 사용하는 레지스터

개념끝 025 　기억장치 〔최빈출〕

주기억장치

① 프로그램이나 데이터를 저장해 놓고 CPU가 직접 접근하여 명령어를 실행하거나 데이터를 처리할 수 있는 기억장치이다.
② ROM과 RAM으로 구성된다.

SSD(Solid State Drive)
① 반도체를 이용한 기억장치로 초고속 메모리 칩(Chip)에 데이터를 저장하는 방식이다.
② 하드디스크(HDD)보다 속도가 빠르고 외부의 충격에도 강하다.
③ 기계적 지연이나 에러의 확률, 발열, 소음, 전력 소모가 적다.
④ 소형화, 경량화를 할 수 있다.
⑤ 기억 매체로 플래시 메모리나 DRAM을 이용하므로 배드 섹터(Bad Sector)가 발생하지 않는다.

캐시 메모리(Cache Memory)
① CPU와 주기억장치 사이에 위치하여 두 장치 사이의 속도 차이를 줄여서 처리 속도를 향상시키는 일종의 버퍼 메모리이다.
② SRAM이 사용되어 접근 속도가 매우 빠르다.
③ 기본적인 성능은 캐시 적중률(Hit Ratio)로 표현한다.
④ 캐시 적중률이 높을수록 컴퓨터 시스템의 전체 처리 속도가 향상된다.

개념끝 026   기타 장치

바이오스(BIOS; Basic Input Output System)
① 기본 입·출력장치나 메모리 등 하드웨어 작동에 필요한 프로그램이다.
② EPROM이나 플래시 메모리 칩에 저장되어 있어 '펌웨어(Firmware)'라고 한다.
③ 전원이 켜지면 자동으로 가장 먼저 기동되고, 기본 입·출력장치나 메모리 등 하드웨어의 이상 유무를 검사한다.
④ 칩을 교환하지 않고도 업그레이드할 수 있다.

CMOS
① 부팅 시에 필요한 하드웨어 정보를 담고 있는 반도체이다.
② 일반적으로 [Delete], [F2] 등을 이용하여 전원이 켜질 때 CMOS 셋업에 들어갈 수 있다.
③ CMOS에서 설정할 수 있는 항목: 시스템 날짜와 시간, 칩셋 설정, 부팅 순서, 시스템 암호, 하드디스크의 타입 등
④ 칩셋(Chip Set): 메인보드에 설치된 다양한 장치들을 여러 개 설정하면 비효율적이므로, 칩셋을 통하여 여러 가지 장치들을 제어하고 역할을 조율한다.

USB(Universal Serial Bus) **포트**
① 범용 직렬 장치를 연결하는 컴퓨터 인터페이스이다.
② 허브를 이용하면 최대 127개의 주변 기기를 연결할 수 있다.
③ USB 1.1(12Mbps), USB 2.0(480Mbps), USB 3.0(5Gbps), USB 3.1(10Gbps)의 최대 전송 속도가 가능하다.
④ 핫 플러그(Hot Plug) 기능과 플러그 앤 플레이(Plug & Play) 기능 모두 지원한다.
⑤ 직렬 포트보다 USB 포트의 데이터 전송 속도가 더 빠르다.
⑥ USB 3.0은 파란색, USB 2.0 이하는 검정색 또는 흰색을 사용한다.

개념끝 027 | 컴퓨터 관리와 문제 해결

컴퓨터의 문제 해결

메모리가 부족한 경우	• 불필요한 프로그램을 종료 • 시스템 재부팅 • 불필요한 시작 프로그램 삭제
하드디스크 용량이 부족한 경우	• 디스크 정리를 수행하여 불필요한 파일을 삭제 • 사용하지 않는 Windows 구성 요소와 응용 프로그램을 제거 • 사용 빈도가 낮은 파일은 백업한 후 하드디스크에서 삭제 • 휴지통 비우기를 실행
하드디스크 인식이 안 되는 경우	• 백신 프로그램으로 바이러스 감염을 확인 • 하드디스크 전원의 연결 상태를 점검 • CMOS 셋업에서 하드디스크 설정 내용을 확인 • USB나 CD-ROM으로 부팅이 되면 하드디스크 손상 점검 후 운영체제를 다시 설치
시스템의 속도가 느려진 경우	드라이브 조각 모음 및 최적화를 수행하여 하드디스크의 단편화를 제거
모니터 화면이 보이지 않는 경우	모니터의 전원 및 연결 부분을 점검
인쇄가 수행되지 않는 경우	• 프린터의 전원이나 케이블의 연결 상태 확인 • 프린터 드라이버 재설치 • 프린터의 기종과 등록 정보가 올바르게 설정되어 있는지 확인 • 스풀 공간이 부족하면 하드디스크에서 스풀 공간 확보 • 스풀 오류가 발생하면 프린터 스풀러 서비스를 중지하고 저장소의 파일을 삭제한 후 다시 인쇄해야 함

디스크 정리

불필요한 파일을 삭제하여 디스크의 사용 가능한 공간을 좀 더 넓게 확보하는 기능이다.

드라이브 조각 모음 및 최적화

① 디스크에 단편화되어 조각난 파일들을 모아서 디스크의 실행 속도를 높여준다.
② 디스크 조각 모음을 할 수 없는 경우: CD-ROM 드라이브, 네트워크 드라이브, Windows가 지원하지 않는 형식의 압축 프로그램 등

개념끝 028 | 소프트웨어의 분류

시스템 소프트웨어

① 컴퓨터와 사용자의 중간에서 시스템을 효율적으로 운영할 수 있도록 도와주는 프로그램이다.
② 시스템 소프트웨어에는 운영체제, 언어 번역 프로그램, 유틸리티 프로그램 등이 있다.
③ 부트 로더, C 런타임 라이브러리, 장치 드라이버 등도 시스템 소프트웨어에 속한다.

사용권에 따른 소프트웨어의 구분

① 상용 소프트웨어(Commercial Software): 정식으로 사용료를 내고 사용하는 소프트웨어로 해당 소프트웨어의 모든 기능을 사용할 수 있다.
② 공개 소프트웨어(Open Source Software): 소스 코드를 공개해 누구나 그 코드를 무료로 이용하고 수정하거나 재배포할 수 있는 소프트웨어이다.
③ 프리웨어(Freeware): 라이선스 없이 무료로 배포되어 자유롭게 배포할 수 있는 소프트웨어이다.
④ 셰어웨어(Shareware): 특정 기능이나 사용 기간에 제한을 두고 무료로 사용하는 소프트웨어이다.
⑤ 애드웨어(Adware): 광고를 보는 대가로 무료로 사용할 수 있는 소프트웨어이다.
⑥ 데모 버전(Demo Version): 프로그램의 홍보를 목적으로 주요 기능을 시연하는 소프트웨어이다.
⑦ 트라이얼 버전(Trial Version): 일정 기간 무료로 사용할 수 있는 체험판 소프트웨어이다.
⑧ 베타 버전(Beta Version): 정식 버전이 출시되기 전에 테스트용으로 제작되어 일반인에게 공개하는 소프트웨어이다.
⑨ 알파 버전(Alpha Version): 베타 테스트를 하기 전에 제작 회사 내에서 테스트할 목적으로 제작된 소프트웨어이다.
⑩ 패치 프로그램(Patch Program): 이미 배포된 프로그램의 오류 수정이나 기능 향상을 위해 프로그램 일부를 변경해 주는 프로그램이다.
⑪ 번들 프로그램(Bundle Program): 특정한 하드웨어나 소프트웨어에 함께 제공되는 소프트웨어이다.

개념끝 029 　 운영체제 　 최빈출

운영체제의 구성

제어 프로그램	감시 프로그램, 작업 관리 프로그램, 데이터 관리 프로그램
처리 프로그램	언어 번역 프로그램, 서비스 프로그램, 문제 처리 프로그램

운영체제의 목적

① 처리 능력(Throughput) 향상: 일정 시간 내에 시스템이 처리하는 일의 양을 향상한다.
② 반환 시간(Turn Around Time) 단축: 작업을 의뢰한 시간부터 처리가 완료될 때까지 걸린 시간을 단축한다.
③ 신뢰도(Reliability) 향상: 주어진 문제를 정확하게 해결하는 정도를 향상한다.
④ 사용 가능도(Availability) 향상: 컴퓨터 시스템 내의 한정된 자원을 여러 사용자가 요구할 때, 신속하고 충분히 지원해 줄 수 있는지로 사용 가능도를 향상한다.

분산 처리 시스템
(Distributed Processing System)

① 여러 대의 컴퓨터들에 의해 작업한 결과를 통신망을 이용하여 상호 교환할 수 있도록 연결된 시스템이다.
② 클라이언트/서버 방식: 클라이언트와 서버가 모두 처리 능력을 갖추며, 분산 처리 환경에 적합한 방식이다.
③ 동배 간 처리(Peer-To-Peer) 방식: 서버 없이 개인 대 개인으로 연결하여 파일을 공유하는 방식으로 유지 보수 및 데이터의 보안 유지가 어렵다.

개념끝 030　프로그래밍 언어

객체 지향 프로그래밍 (OOP; Object Oriented Programming)

① 프로그램에서 사용하는 데이터 구조의 데이터형과 사용하는 함수까지 객체로 정의하는 프로그래밍 기법으로, 절차형 언어의 문제점을 해결하기 위해 개발되었다.
② 객체 지향 언어: C++, Actor, Smalltalk, Java, Python 등
③ 특징: 추상화, 캡슐화, 정보 은닉, 상속성, 다형성 등
④ 소프트웨어의 재사용으로 프로그램 개발 시간을 단축할 수 있다.
⑤ 시스템의 확장성이 높고 정보 은닉이 쉽다.

컴파일러와 인터프리터

컴파일러	인터프리터
전체를 한번에 번역	행 단위로 번역
목적 프로그램을 생성	목적 프로그램을 생성하지 않음
실행 속도가 빠름	실행 속도가 느림

개념끝 031　웹 프로그래밍 언어

DHTML(Dynamic HTML)

이미지의 애니메이션을 지원하고, 사용자와의 상호작용에 따른 동적인 웹 페이지의 제작이 가능한 언어이다.

JSP(Java Server Page)

① 웹 서버에서 동적으로 웹 페이지를 생성하여 웹 브라우저에 돌려주는 스크립트 언어이다.
② HTML 문서에 자바 코드를 삽입하며 <% … %>와 같은 형태로 작성된다.
③ 다양한 운영체제에서 실행할 수 있다.

JavaScript

웹 페이지에서 사용자로부터 특정 값을 입력받아 동적으로 처리할 수 있는 객체 기반의 스크립트 프로그래밍 언어이다.

개념끝 032　멀티미디어 개요

멀티미디어의 특징

① 통합성(Integration): 텍스트, 그래픽, 사운드, 동영상 등의 다양한 미디어를 통합한다.
② 디지털화(Digitalization): 아날로그 형태의 다양한 데이터를 컴퓨터가 인식하도록 디지털화한다.
③ 쌍방향성(Interactive): 정보 제공자와 사용자 간의 상호작용으로 데이터가 전달된다.
④ 비선형성(Non-Linear): 순차적으로 진행되는 것이 아니라 사용자와의 상호작용을 통해 진행 상황을 제어한다.

멀티미디어의 활용

주문형 비디오 (VOD; Video On Demand)	영화, 드라마, 뉴스 등의 프로그램을 원하는 시간에 다시 볼 수 있는 서비스
가상 현실 (VR; Virtual Reality)	컴퓨터가 만든 가상 세계의 다양한 경험을 체험할 수 있도록 하는 컴퓨터 그래픽 기술과 시뮬레이션 기능 등의 관련 기술
증강 현실 (AR; Augmented Reality)	현실 세계에 가상의 사물을 합성하여 마치 현실 세계에 존재하는 사물처럼 보이게 하는 기술
화상회의 시스템 (VCS; Video Conference System)	초고속 정보통신망을 이용하여 멀리 떨어져 있는 사람들과 비디오와 오디오를 통해 회의하는 시스템
원격 의료 (Telemedicine)	초고속 정보통신망을 이용하여 원거리에 의료 정보와 의료 서비스를 전달하는 모든 활동
키오스크 (Kiosk)	지하철, 박물관, 백화점, 쇼핑센터 등에서 보통 터치 스크린(Touch Screen)을 이용하여 운영되는 무인 종합 정보 안내 시스템

개념끝 033 그래픽 데이터 (최빈출)

JPEG

① 정지 화상을 위해 만들어진 압축 방식의 표준이다.
② 웹에서 사진과 같이 색이 다양한 정지 영상을 표현하기에 적합하다.
③ 24비트 컬러를 사용하여 트루컬러로 이미지를 표현한다.
④ 손실, 무손실 압축 기법을 모두 사용하지만, 무손실 압축 기법은 잘 쓰지 않는다.
⑤ 저장할 때 사용자가 임의로 압축률을 조정할 수 있다.
⑥ 압축률이 높을수록 이미지의 질이 떨어진다.
⑦ 문자, 선, 세밀한 격자 등 고주파 성분이 많은 이미지의 변환에서는 GIF나 PNG에 비해 품질이 떨어진다.

그래픽 관련 용어

앨리어싱(Aliasing)	비트맵 이미지를 확대할 때 이미지의 경계선이 매끄럽지 않고 계단 형태로 나타나는 현상
안티앨리어싱 (Anti-aliasing)	2차원 그래픽에서 계단 현상(앨리어싱)을 제거하여 경계면을 부드럽게 보이게 하는 기법
모델링(Modeling)	물체의 형상을 컴퓨터 내부에서 3차원 그래픽으로 어떻게 표현할 것인지를 정하는 과정
렌더링(Rendering)	3차원 그래픽에서 사물 모형에 명암과 색상을 추가하여 사실감을 더하는 과정
디더링(Dithering)	표현할 수 없는 색상이 있을 경우 색상을 조합하여 비슷한 색상을 내는 효과
인터레이싱 (Interlacing)	화면에 이미지를 표시할 때 한번에 표시하지 않고 이미지의 대략적인 모습을 먼저 보여준 후 천천히 표시되면서 선명해지는 효과
모핑(Morphing)	두 개의 이미지 중 하나의 이미지를 다른 이미지로 서서히 변화시키는 특수 효과

개념끝 034 사운드 데이터

WAV
(WAVeform audio file format)

① 무압축 방식으로, 아날로그 사운드를 디지털 사운드로 바꾼 방식이다.
② 자연의 음향과 사람의 음성 표현이 가능하고 파일의 용량이 큰 편이다.
③ 녹음 조건에 따라 파일의 크기가 가변적이다.

MIDI
(Musical Instrument Digital Interface)

① 전자 음향 장치나 디지털 악기 간의 통신 규약이다.
② 용량이 작고, 사람의 목소리나 자연음은 재생할 수 없다.

MP3
(MPEG-1 audio layer 3)

① 소리에 대한 사람의 청각 특성을 잘 살려 압축하는 기법이다.
② CD 수준의 음질을 들을 수 있는 고음질 오디오 압축 표준 형식이다.

개념끝 035 동영상 데이터

MPEG

① 동영상 전문가 그룹인 Motion Picture Experts Group에서 제안한 동영상 압축 기술의 국제 표준 규격이다.
② 동영상과 오디오 압축에 관한 일련의 표준이다.

AVI

① Windows에서 기본적으로 지원하는 표준 동영상 파일 형식이다.
② 별도의 하드웨어 장치 없이 재생 가능하다.

MOV

① 애플(Apple)에서 개발한 동영상 파일 형식이다.
② Windows에서 재생하려면 Quick Time for Windows 프로그램을 설치해야 한다.

개념끝 036 정보통신

네트워크의 구성 형태

형태	설명
성(Star)형	• 모든 컴퓨터를 중앙 컴퓨터와 일대일로 연결한 형태 • 포인트 투 포인트(Point-to-Point) 방식이라고도 함 • 통신망의 처리 능력 및 신뢰성이 중앙 컴퓨터의 제어장치에 좌우됨
트리(Tree)형	• 허브를 이용하여 계층적으로 구성한 형태 • 많이 확장되면 트래픽이 가중될 수 있음
링(Ring)형	• 여러 대의 컴퓨터를 원형 모양으로 서로 연결한 형태 • 단방향의 경우 특정 노드에 이상이 생기면 전체 통신망에 영향을 미침

버스(Bus)형	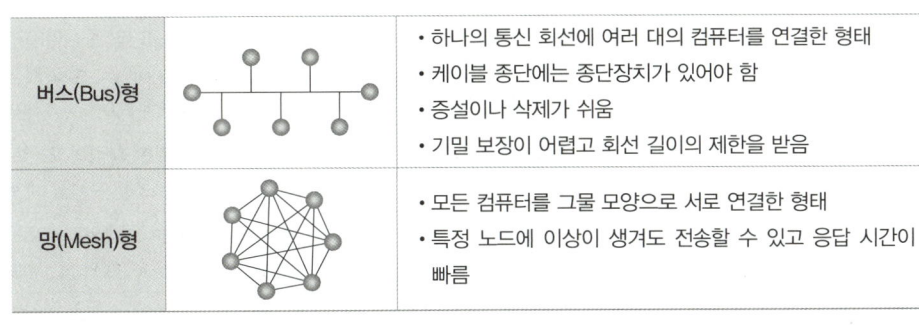	• 하나의 통신 회선에 여러 대의 컴퓨터를 연결한 형태 • 케이블 종단에는 종단장치가 있어야 함 • 증설이나 삭제가 쉬움 • 기밀 보장이 어렵고 회선 길이의 제한을 받음
망(Mesh)형		• 모든 컴퓨터를 그물 모양으로 서로 연결한 형태 • 특정 노드에 이상이 생겨도 전송할 수 있고 응답 시간이 빠름

근거리 통신망 (LAN; Local Area Network)

① 집, 학교, 회사 등 한정된 공간에서 자원을 공유할 목적으로 연결된 통신망이다.
② 전송 거리가 짧고, 고속 전송이 가능하며, 오류 발생률이 낮은 통신망이다.

개념끝 037 OSI 7계층과 네트워크 장치 〔최빈출〕

OSI 7계층

네트워크에서 통신에 필요한 프로토콜을 7단계로 구분하고 정의한 표준 계층 모델이다.

제1계층	물리 계층 (Physical Layer)	• 전송 매체에서의 전기 신호 전송 기능과 제어 및 클록 신호 제공 • 작동 장치: 리피터, 허브
제2계층	데이터 링크 계층 (Data Link Layer)	• 포인트 투 포인트(Point-to-Point) 간 신뢰성 있는 전송을 보장하기 위한 계층 • 동기화, 흐름 제어, 순서 제어 기능 제공 • 작동 장치: 브리지, 스위치
제3계층	네트워크 계층 (Network Layer)	• 정보 교환 및 중계 기능, 경로 설정 기능 제공 • 작동 장치: 라우터
제4계층	전송 계층 (Transport Layer)	송·수신 시스템 간의 논리적 안정과 균일한 서비스 제공
제5계층	세션 계층 (Session Layer)	사용자와 전송 계층 간의 인터페이스를 위한 연결 제공
제6계층	표현 계층 (Presentation Layer)	네트워크에서 일관성 있게 데이터를 표현하도록 코드 변환, 데이터의 재구성, 암호화 등 담당
제7계층	응용 계층 (Application Layer)	응용 프로세스 간의 정보 교환, 파일 전송 등 제공

네트워크 장치

모뎀(MODEM)	디지털 신호를 아날로그 신호로 변환하여 전송하고, 수신된 신호를 다시 디지털 신호로 변환하는 장치
허브(Hub)	네트워크에서 여러 대의 컴퓨터를 연결하고 각 회선을 통합 관리하는 장치
리피터(Repeater)	약해진 신호를 증폭하며 다음 구간으로 전달하는 장치

브리지(Bridge)	• 독립된 두 개의 근거리 통신망을 상호 접속하는 연결 장치 • OSI 7계층에서의 데이터 링크 계층(제2계층)에 포함됨 • 통신량을 조절하여 데이터가 다른 곳으로 가지 않도록 함
라우터(Router)	• 데이터 전송을 위한 최적의 IP 경로를 찾아 전송하는 장치 • 서로 다른 네트워크를 구성할 때 반드시 필요한 장비
게이트웨이(Gateway)	• 한 네트워크에서 다른 네트워크로 들어가는 입구 역할을 하는 장치 • 서로 구조가 다른 두 개의 통신 네트워크를 연결하는 데 사용

Tracert

① 송신한 패킷이 어떤 경로로 가는지 추적하는 명령어이다.
② IP 주소, 목적지까지 거치는 경로의 수, 각 구간 사이의 데이터 왕복 속도를 확인한다.
③ 특정 사이트가 열리지 않을 때 해당 서버가 문제인지, 인터넷망이 문제인지 확인한다.
④ 인터넷 속도가 느릴 때 어느 구간에서 정체를 일으키는지 확인한다.

개념끝 038 프로토콜 [최빈출]

프로토콜의 기능

① 동기화: 프레임의 시작과 끝을 구분하기 위해 송·수신기를 같은 상태로 유지한다.
② 연결 제어: 통신 개체(Entity) 간에 '연결 설정', '데이터 전송', '연결 해제'의 3단계로 제어한다.
③ 흐름 제어: 송신 측이 수신 측의 처리 속도보다 더 빨리 데이터를 보내지 못하도록 조절한다.
④ 오류 제어: 데이터 전송 도중에 발생하는 오류를 검출하고 오류 정정을 제어한다.

TCP (Transmission Control Protocol)

① 메시지를 송·수신 주소와 정보로 묶어 패킷 단위로 나눈다.
② 일부 망에 장애가 있어도 다른 망으로 통신할 수 있는 신뢰성을 제공한다.
③ 전송 데이터의 흐름을 제어하고 데이터의 오류를 검사한다.
④ OSI 7계층의 전송 계층(제4계층)에 해당한다.

IP (Internet Protocol)

① 패킷 주소를 해석하고 최적의 경로를 결정하여 전송한다.
② 신뢰성이 보장되지 않는 비신뢰성, 비연결형 서비스를 수행한다.
③ OSI 7계층의 네트워크 계층(제3계층)에 해당한다.

개념끝 039 인터넷의 개요 [최빈출]

IPv6

① IPv4의 주소 부족 문제를 해결하기 위해 개발되었다.
② 128비트 주소 체계로, 16비트씩 여덟 부분으로 나누고, 콜론(:)으로 구분한다.
③ 각 부분은 네 자리의 16진수로 표현하고, 각 블록의 앞자리에 있는 0은 생략할 수 있다.
④ IPv4와의 호환성이 우수하고 품질을 쉽게 보장할 수 있다.
⑤ IPv4보다 주소의 확장성, 융통성, 연동성이 뛰어나다.
⑥ 실시간 흐름 제어로 향상된 멀티미디어 기능을 지원한다.
⑦ 인증성, 기밀성, 데이터 **무결성**의 지원으로 보안 문제를 해결할 수 있다.
⑧ 주소 유형: 유니캐스트, 멀티캐스트, 애니캐스트 형태

도메인 네임(Domain Name)	① IP 주소를 사용자가 이해하기 쉬운 문자 형태로 변환한 것이다. ② 호스트 컴퓨터명, 소속 기관명, 소속 기관의 종류, 소속 국가명의 순서로 구성되며, 왼쪽에서 오른쪽으로 갈수록 상위 도메인을 의미한다. ③ 도메인 네임 전체(FQDN)는 전 세계적으로 고유해야 하며 중복되면 안 된다.
URL(Uniform Resource Locator)	① 인터넷에 있는 각종 자원이 있는 위치를 나타내는 표준 주소 체계이다. ② 형식 프로토콜://호스트 서버 주소[:포트 번호][/파일 경로]

개념끝 040 웹 브라우저 사용 및 설정

웹 브라우저 관련 용어

플러그인(Plug-in)	웹 브라우저에 추가 기능을 부여하는 프로그램
쿠키(Cookie)	웹 사이트의 방문 정보를 기록하는 텍스트 파일
웹 캐시(Web Cache)	자주 사용하는 사이트의 자료를 저장한 후 같은 사이트에 접속할 경우 자동으로 자료를 불러오는 기능
포털 사이트(PS; Portal Site)	전자우편, 뉴스, 쇼핑, 게시판 등 다양한 서비스를 통합하여 제공하는 사이트
미러 사이트(Mirror Site)	인터넷에서 동시 접속자 수가 너무 많아 과부하가 걸리거나 속도가 느려지는 것을 막기 위해 같은 사이트를 여러 곳에 복사해 놓은 사이트

[인터넷 옵션] 대화상자

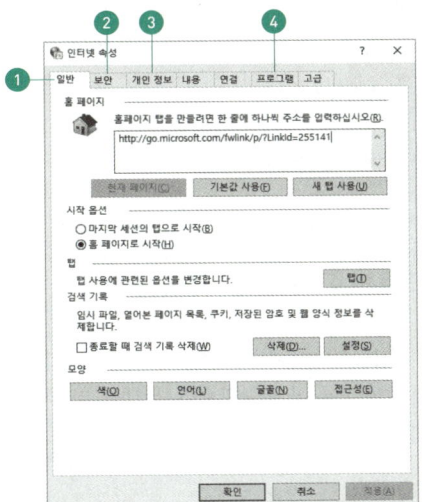

❶ [일반] 탭	• 홈페이지 추가 • 마지막 세션 또는 기본 홈페이지로 웹 브라우저의 시작 여부를 설정 • 임시 파일, 열어본 페이지 목록, 쿠키 등을 삭제 • 웹 페이지의 색, 언어, 글꼴, 접근성 등을 설정	
❷ [보안] 탭	인터넷, 로컬 인트라넷, 신뢰할 수 있는 사이트, 제한된 사이트를 설정	
❸ [개인 정보] 탭	쿠키 처리 방법, 팝업 차단 등을 설정	
❹ [프로그램] 탭	기본 웹 브라우저와 HTML 편집 프로그램을 설정	

개념끝 041 인터넷 서비스 (최빈출)

FTP(File Transfer Protocol)

① 파일을 송·수신할 때 사용되는 원격 파일 전송 프로토콜이다.
② 파일 업로드, 다운로드, 삭제, 이름 변경 등의 작업을 할 수 있다.
③ FTP 서버의 응용 프로그램은 다운로드한 후 실행할 수 있다.
④ 익명(Anonymous) FTP: FTP 서버에 계정이 없는 익명의 사용자도 접속하여 사용할 수 있는 서비스이다.
⑤ ASCII 코드의 텍스트 파일은 ASCII 모드로, 그림, 동영상, 실행 파일, 압축 파일 등은 Binary 모드로 전송한다.

전자우편 프로토콜

SMTP (Simple Mail Transfer Protocol)	사용자가 작성한 이메일을 다른 사람의 계정으로 전송해 주는 프로토콜
POP3 (Post Office Protocol 3)	메일 서버의 이메일을 사용자의 컴퓨터로 가져오기 위한 프로토콜
MIME (Multi-purpose Internet Mail Extensions)	멀티미디어 전자우편을 주고받기 위한 인터넷 메일의 표준 프로토콜
IMAP (Internet Message Access Protocol)	서버에 직접 접속하여 메일을 확인하는 방식으로, 메일을 수신해도 서버에 메일이 남아있는 프로토콜

개념끝 042 최신 정보통신 기술 활용 (최빈출)

VoIP

① IP 기술을 이용하여 음성을 전송하는 기술로, 네트워크를 통해 음성을 패킷 형태로 전송한다.
② 일반 전화보다 요금이 저렴하지만, 트래픽이 많아지면 통화 품질이 떨어질 수 있다.
③ m-VoIP(mobile VoIP): 무선 통신망을 이용하는 모바일 인터넷 전화 서비스이다.

인트라넷과 엑스트라넷

① 인트라넷: 인터넷을 이용해 일정 지역 안에서 정보를 교환하거나 공동 작업을 하기 위한 목적으로 구축한 통신망으로, 인터넷 관련 기술을 기업 내의 전자우편, 전자결재 등과 같은 정보 시스템에 적용할 수 있다.
② 엑스트라넷: 인터넷을 이용해 일정 지역 안에서 정보를 교환하거나 공동 작업을 하기 위한 목적으로 구축한 통신망으로, 인터넷 기술을 사용하여 '공급자-고객-협력업체' 사이의 인트라넷을 연결하는 협력적 네트워크이다.

사물 인터넷(IoT)

① 인터넷을 기반으로 다양한 사물, 사람, 공간 등을 연결하고, 상황을 분석 및 예측, 판단해서 지능화된 서비스를 제공하는 기술이다.
② 스마트 센싱 기술과 무선 통신 기술을 융합하여 실시간으로 데이터를 주고받는 기술이다.
③ 개인 맞춤형 스마트 서비스를 지향하고, 스스로 사물에 의사 결정을 내리는 단계로 발전하고 있다.
④ 사물 인터넷 기반 서비스는 개방형 아키텍처가 필요하므로 정보 공유에 대한 부작용을 최소화하기 위한 정보보안 기술의 적용이 필요하다.

개념끝 043 | 정보 윤리 기본

정보사회의 문제점

① 정보의 편중으로 계층 간의 정보 차이가 증가한다.
② 중앙 컴퓨터 또는 서버의 장애나 오류 때문에 사회적·경제적으로 혼란이 발생할 수 있다.
③ 정보 기술을 이용한 새로운 범죄가 증가할 수 있다.
④ VDT 증후군(Video Display Terminal Syndrome)이나 테크노스트레스(Technostress)와 같은 직업병이 발생할 수 있다.
⑤ 정보처리 기술로 인간관계의 유대감이 약화될 수 있다.

개념끝 044 | 저작권 보호

저작재산권의 보호 기간

① 특별한 규정이 있는 경우를 제외하고는 저작자가 생존하는 동안과 사망한 후 70년간 존속한다.
② 공동저작물의 저작재산권은 맨 마지막으로 사망한 저작자가 사망한 후 70년간 존속한다.
③ 저작재산권의 보호 기간을 계산하는 경우에는 저작자가 사망하거나 저작물을 창작 또는 공표한 다음 해부터 기산한다.

개념끝 045 | 개인정보 보호

개인정보의 개념

① 개인정보란 성명, 주민등록번호 및 영상 등을 통하여 개인을 알아볼 수 있는 정보로 살아 있는 개인에 관한 정보이다.
② 가명정보란 개인정보의 일부를 삭제하거나 일부 또는 전부를 대체하는 등의 방법으로 추가 정보가 없이는 특정 개인을 알아볼 수 없도록 처리한 정보이다.
③ 자기결정권이란 자신에 관한 정보를 보호하기 위하여 자신에 관한 정보를 자율적으로 결정하고 관리할 수 있는 권리이다.

개념끝 046 컴퓨터 범죄 [최빈출]

컴퓨터 범죄의 유형

피싱 (Phishing)	기업이나 금융기관 등의 가짜 웹 사이트나 이메일로 유인하여 개인의 금융 정보를 빼내는 행위
스니핑 (Sniffing)	네트워크의 주변을 돌아다니는 패킷을 엿보면서 계정과 패스워드를 알아내는 행위
스푸핑 (Spoofing)	검증된 사람이 네트워크를 통해 데이터를 보낸 것처럼 데이터를 변조하여 접속을 시도하는 행위
키로거 공격 (Key Logger Attack)	키보드의 키 입력 시 캐치 프로그램을 사용하여 ID나 암호 등의 개인정보를 빼내는 행위
서비스 거부 공격 (DoS; Denial of Service)	일시에 대량의 데이터를 한 서버에 집중 및 전송시키는 공격 방식으로, 시스템에 오버플로를 발생시켜서 정상적인 서비스를 수행하지 못하도록 만드는 범죄 행위
분산 서비스 거부 공격 (DDoS; Distributed Denial of Service)	악성 코드에 감염된 여러 대의 좀비 PC를 일제히 동작시키는 방법으로 대량의 데이터를 한 곳의 서버 컴퓨터에 집중적으로 전송시켜서 특정 서버가 정상적으로 동작하지 못하게 하는 공격 방식
피기배킹 (Piggybacking)	정당한 사용자가 정상적으로 시스템을 종료하지 않고 자리를 떠났을 때 비인가된 사용자가 바로 그 자리에서 계속 작업하여 불법적으로 접근하는 범죄 행위
웜(Worm)	네트워크를 통해 연속적으로 자신을 복제하여 시스템을 과부하시키는 프로그램
트로이 목마(Trojan Horse)	시스템에 다른 프로그램 코드로 위장하여 침투시키는 행위
백도어(Back Door), 트랩 도어(Trap Door)	시스템에 침입한 해커가 다시 쉽게 침입하기 위해서 만들어 놓은 불법 침입 경로

개념끝 047 컴퓨터 바이러스

감염 부위에 따른 유형

부트 바이러스	부트 섹터에 감염되는 바이러스로 컴퓨터를 켤 때 실행이 됨 예 미켈란젤로, 브레인
파일 바이러스	COM, EXE 등의 실행 파일, 오버레이 파일, 주변 기기 구동 프로그램 등에 감염되는 바이러스 예 예루살렘, CIH
부트/파일 바이러스	부트 섹터와 파일 모두에 감염되는 바이러스 예 Invader, 에볼라
매크로 바이러스	마이크로소프트의 엑셀이나 워드와 같은 파일을 매개로 하고, 특정 응용 프로그램에서 매크로를 사용하면 감염이 확산되는 컴퓨터 바이러스 예 멜리사, Laroux

개념끝 048　정보 보안

정보 보안 위협의 유형

가로막기(Interruption)	데이터의 전달을 가로막아 수신자 측으로 정보가 전달되는 것을 방해하는 행위로 가용성을 저해함
가로채기(Interception)	전송되는 데이터를 전송 도중에 도청 및 몰래 보는 행위로 기밀성을 저해함
변조/수정(Modification)	전송된 원래의 데이터를 다른 내용으로 수정하여 변조하는 행위로 무결성을 저해함
위조(Fabrication)	다른 송신자로부터 데이터가 송신된 것처럼 꾸미는 행위로 무결성을 저해함

방화벽(Firewall)

① 보안이 필요한 네트워크의 통로를 단일화하여 관리하는 기능으로, 외부 네트워크와 내부 네트워크 사이에 위치한다.
② 통신을 허용할 프로그램 및 기능을 설정한다.
③ 소프트웨어의 버전과 저작권에 대한 내용이 인증되어야 한다.
④ 각 네트워크의 위치 유형에 따른 외부 연결의 차단과 알림을 설정한다.
⑤ 로그 정보를 통해 역추적하는 기능이 있어 외부 침입자의 흔적을 찾을 수 있다.
⑥ 외부로부터의 침입은 막을 수 있지만, 내부에서 일어나는 해킹은 막을 수 없다.

암호화

데이터에 암호 알고리즘을 적용하여 허가받지 않은 사람들이 정보를 볼 수 없도록 암호문으로 변환하는 기법이다.

① 비밀키 암호화 기법
- 같은 키로 데이터를 암호화하고 복호화한다.
- 대표적인 알고리즘은 DES(Data EncryptiOn Standard)이다.
- 비밀키 암호의 안전성은 키의 길이 및 키의 비밀성 유지 여부에 영향을 받는다.

② 공개키 암호화 기법
- 암호화 키와 복호화 키가 서로 다르다.
- 암호화 키는 공개(공개키)하고, 복호화 키는 비밀(개인키)로 한다.
- 대표적인 알고리즘은 RSA(Rivest-Shamir-Adleman)이다.

2과목 | 스프레드시트 일반

개념끝 049　엑셀의 개요

화면의 확대/축소
① 현재 작업 중인 워크시트의 화면을 확대하거나 축소하는 기능이다.
② 10~400% 범위에서 확대 및 축소할 수 있으며, 인쇄할 때는 적용되지 않는다.

틀 고정
① 데이터가 많을 때 화면을 스크롤해도 특정 행이나 열이 계속 표시되도록 설정하는 기능이다.
② 셀 포인터의 위쪽과 왼쪽에 틀 고정 구분선이 생기고, 틀 고정 구분선은 드래그하여 위치를 조절할 수 없다.
③ 화면에 표시되는 틀 고정 형태는 인쇄할 때 적용되지 않는다.

창 나누기
① 화면을 여러 개로 나누어 하나의 화면으로 표시하기 어려운 경우, 떨어져 있는 데이터도 한 화면에 볼 수 있는 기능이다.
② 화면을 두 개나 네 개의 영역으로 분할할 수 있고, 셀 포인터의 위쪽과 왼쪽에 창 분할선이 생긴다.
③ 분할선을 드래그하여 분할된 지점을 변경할 수 있다.
④ 창 나누기는 [실행 취소] 명령으로 해제할 수 없고, 분할선을 더블클릭하여 해제할 수 있다.

개념끝 050　파일 관리

열기 암호
열기 암호를 입력해야 파일을 열 수 있다.

쓰기 암호
쓰기 암호를 몰라도 파일을 열 수 있으나, 원래 이름으로 저장할 수 없다.

파일 형식

.xlsx	Excel 통합 문서
.xlsm	Excel 매크로 사용 통합 문서
.xlsb	Excel 바이너리 통합 문서
.xls	Excel 97~2003 통합 문서
.xltx	Excel 서식 파일(VBA 매크로 코드를 저장할 수 없음)
.xltm	매크로 포함 서식 파일
.xml	XML 데이터
.htm, html	웹 페이지
.txt	탭으로 분리된 텍스트 파일

.prn	공백으로 분리된 텍스트 파일
.csv	쉼표로 분리된 텍스트 파일

개념끝 051   통합 문서 관리

시트 선택

① 연속적인 시트 선택: 시트 탭에서 첫 번째 시트 탭을 선택하고 [Shift]를 누른 상태에서 마지막 시트 탭을 선택한다.
② 떨어져 있는 시트 선택: 시트 탭에서 [Ctrl]을 누른 상태에서 차례대로 시트 탭을 선택한다.
③ 모든 시트 선택: 시트 탭의 바로 가기 메뉴에서 [모든 시트 선택]을 선택한다.

시트 보호

시트의 내용, 개체, 시나리오를 보호하도록 설정하는 기능으로, 시트에 입력된 데이터나 차트를 변경하지 못하도록 보호한다.

통합 문서 보호

시트 삽입, 삭제, 이동, 숨기기, 이름 바꾸기 등의 작업을 할 수 없도록 보호하는 기능이다.

개념끝 052   데이터 입력 〔최빈출〕

각종 데이터 입력

문자 데이터	• 문자, 숫자, 기호 등이 조합된 데이터로 셀의 왼쪽에 맞추어 입력됨 • 숫자 앞에 작은 따옴표(')를 붙이면 문자로 인식함 • 셀 너비보다 긴 데이터가 입력된 경우 오른쪽 빈 셀에 이어서 표시되며, 오른쪽 셀이 빈셀이 아니면 셀 너비에 맞춰 데이터가 표시됨
숫자 데이터	• 숫자와 함께 +, −, 소수점(.), 쉼표(,), ₩, $, %, 지수 기호(e) 등이 조합된 데이터로 셀의 오른쪽에 맞추어 입력됨 • 음수는 숫자 앞에 '−'를 붙이거나 괄호( )로 표시함 • 분수는 '0'을 입력한 후 한 칸 띄우고 입력함
날짜 데이터	• 년, 월, 일을 하이픈(−)이나 슬래시(/)로 구분하여 입력하며, 셀의 오른쪽에 맞추어 입력됨 • 날짜는 1900년 1월 1일을 1로 시작하는 일련 번호로 저장됨 • 연도와 월만 입력하면 자동으로 해당 월의 1일로 입력됨
시간 데이터	• 시, 분, 초를 콜론(:)으로 구분하여 입력하며, 셀의 오른쪽에 맞추어 입력됨 • 시간 데이터는 소수로 저장되고, 낮 12시는 0.5로 계산됨 • 날짜와 시간을 하나의 셀에 같이 입력하려면 공백으로 날짜와 시간을 구분함
수식 데이터	• 등호(=)나 더하기(+), 빼기(−) 기호로 시작하며, 더하기(+)와 빼기(−) 기호는 등호(=)로 자동 변환됨 • 셀에는 수식의 결과가, 수식 입력줄에는 입력한 수식이 표시됨

데이터 채우기

데이터를 입력한 후 해당 셀의 자동 채우기 핸들(✚)을 드래그하여 데이터를 채우는 기능이다.

| 노트 | 셀에 입력된 내용에 대한 보충 설명을 기록할 때 사용한다. |

개념끝 053 데이터 편집

선택하여 붙여넣기	복사한 데이터를 붙여넣을 때 서식, 값, 수식 등 일부 내용만 선택하여 붙여넣는 기능이다.
셀의 삭제	선택한 범위의 셀을 삭제하고 오른쪽이나 아래에 있는 셀을 삭제한 영역으로 이동하는 기능이다.
찾기	워크시트에 입력된 특정한 데이터를 찾는 기능으로, 숫자, 특수 문자, 한자 등도 찾을 수 있다.

개념끝 054 서식 설정 〔최빈출〕

사용자 지정 서식 코드: 양수, 음수, 0, 텍스트 순으로 네 개의 표시 형식을 순서대로 지정하며, 각 구역은 세미콜론(;)으로 구분한다.

숫자 서식 코드

코드	기능
#	유효한 자릿수만 표시하고, 유효하지 않은 0은 표시하지 않음
0	유효하지 않은 자릿수를 0으로 표시
?	유효하지 않은 0 대신 공백을 삽입하고 소수점 기준으로 맞춤
,	• 천 단위 구분 기호로 쉼표(,) 삽입 • 맨 끝에 표시하면 천 단위가 생략되고 반올림된 값 표시
%	숫자에 100을 곱하고 %를 붙여서 표시

문자 서식 코드

코드	기능
@	문자 데이터를 그대로 표시
*	뒤의 문자를 셀 너비만큼 채워서 표시
_	데이터의 오른쪽 끝에 공백을 추가하며 '_' 기호 뒤에 반드시 하나의 문자가 있어야 함

개념끝 055 수식 작성

참조 연산자

콜론(:)	범위 연산자
쉼표(,)	구분 연산자
공백( )	교점 연산자

| 셀 참조 | 워크시트의 특정 셀이나 셀 범위의 데이터를 참조하는 방식으로, 계산할 데이터의 위치를 지정하기 위해 수식에서 사용된다. |

오류 메시지

오류	설명
####	결괏값이 셀 너비보다 길어서 셀에 결괏값을 모두 표시할 수 없는 경우
#DIV/0!	특정 값을 0 또는 빈 셀로 나눈 경우
#N/A	수식으로 해당 값을 찾을 수 없는 경우
#NAME?	잘못된 함수 이름이나 정의되지 않은 셀 이름을 사용한 경우
#NULL!	교차하지 않은 두 영역의 교차점을 지정한 경우
#NUM!	수식이나 함수에 잘못된 숫자값이 포함된 경우
#REF!	셀 참조를 잘못 사용한 경우
#VALUE!	잘못된 인수나 피연산자를 사용한 경우
순환 참조 경고	수식에 자기 자신의 셀을 참조하려는 경우

개념끝 056 | 함수

함수
① 함수는 함수명, 괄호, 인수로 구성되며, 괄호 안에 쉼표(,)로 인수를 구분한다.
② 함수에 따라 인수가 없는 함수도 존재하며, 이 경우에는 괄호만 표시한다.
③ 함수의 인수로 다른 함수를 지정할 수 있으며, 이것을 중첩 함수라 한다.

개념끝 057 | 수학 함수, 통계 함수 〈최빈출〉

MOD 함수
MOD(수1,수2): '수1'을 '수2'로 나눈 나머지를 반환한다.

SUMIF 함수
SUMIF(범위,조건,합계 범위): '범위'에서 '조건'을 만족하는 경우 '합계 범위'에서 합계를 반환한다.

ROUND 함수
ROUND(숫자,자릿수): '숫자'를 지정한 '자릿수'로 반올림하여 반환한다.

개념끝 058 | 날짜/시간 함수, 논리 함수, 문자열 함수 〈최빈출〉

EOMONTH 함수
EOMONTH(시작 날짜,개월수): '시작 날짜'를 기준으로 이전(음수)이나 이후(양수) 달의 마지막 날짜의 일련 번호를 반환한다.

IF 함수
IF(조건식,값1,값2): '조건식'이 참이면 '값1', 거짓이면 '값2'을 반환한다.

AND 함수
AND(조건1,조건2,…): 모든 조건이 참이면 'TRUE', 나머지는 'FALSE'로 반환한다.

개념끝 059 찾기/참조 함수, 데이터베이스 함수 [최빈출]

HLOOKUP 함수

① HLOOKUP(값,범위,행 번호,방법): '범위'의 첫 번째 행에서 '값'을 찾아 지정한 행에서 대응하는 값을 반환한다.
② 방법
- 0 또는 FALSE: 정확히 일치
- 1 또는 TRUE 또는 생략: 유사 일치

VLOOKUP 함수

VLOOKUP(값,범위,열 번호,방법): '범위'의 첫 번째 열에서 값을 찾아 지정한 열에서 대응하는 값을 반환한다.

DSUM 함수

DSUM(데이터베이스,필드,조건 범위): 조건을 만족하는 '필드'의 합계를 반환한다.

개념끝 060 재무 함수, 정보 함수

FV 함수

FV(이자,기간,금액,현재 가치,납입 시점)
① 미래 가치를 반환
② 매월 일정한 금액을 불입했을 때 만기일에 받을 원금과 이자 계산
③ 이자: 연이율을 12로 나눠 월이율로 계산
④ 기간: 12를 곱해서 월 단위로 계산
⑤ 금액: 현금이 나가면 음수, 들어오면 양수
⑥ 현재 가치: 없으면 0 또는 생략
⑦ 납입 시점: 0 또는 생략은 주기 말, 1은 주기 초

PV 함수

PV(이자,기간,금액,미래 가치,납입 시점)
① 현재 가치를 반환
② 이자: 연이율을 12로 나눠 월이율로 계산
③ 기간: 12를 곱해서 월 단위로 계산
④ 금액: 현금이 나가면 음수, 들어오면 양수
⑤ 미래 가치: 없으면 0 또는 생략
⑥ 납입 시점: 0 또는 생략은 주기 말, 1은 주기 초

ISERR 함수

ISERR(인수): '인수'가 #N/A를 제외한 오류값이면 'TRUE'를 반환한다.

개념끝 061 배열 수식과 배열 상수 [최빈출]

배열 상수

배열 수식에서 사용하는 인수로 숫자, 텍스트, 논리값, 오류값 등을 사용할 수 있고, 수식은 사용할 수 없다.

합계 배열 수식	조건이 한 개인 경우	조건이 여러 개인 경우
	{=SUM((조건)*합계를 구할 범위)}	{=SUM((조건1)*(조건2)*합계를 구할 범위)}
	{=SUM(IF(조건,합계를 구할 범위))}	{=SUM(IF((조건1)*(조건2),합계를 구할 범위))}

개수 배열 수식	조건이 한 개인 경우	조건이 여러 개인 경우
	{=SUM((조건)*1)}	{=SUM((조건1)*(조건2))}
	{=SUM(IF(조건,1))}	{=SUM(IF((조건1)*(조건2),1))}
	{=COUNT(IF(조건,1))}	{=COUNT(IF((조건1)*(조건2),1))}

개념끝 062 외부 데이터 가져오기 <최빈출>

가져올 수 없는 파일 형식
한글 파일(.hwp), MS-Word 파일(.docx), PDF 파일(.pdf), 압축된 Zip 파일(.zip) 등

텍스트 파일 가져오기
① 텍스트 파일을 워크시트로 가져오는 기능이다.
② 텍스트 파일의 형식으로는 .txt, .csv, .prn 등이 있다.

Microsoft Query 가져오기
① 외부 데이터베이스에서 여러 테이블을 조인(Join)한 결과를 가져오거나 원본 데이터와 동기화할 수 있는 기능이다.
② 데이터베이스 파일(SQL, Access, dBASE), 쿼리 파일, OLAP 큐브 파일을 가져올 수 있다.

개념끝 063 정렬과 필터 <최빈출>

정렬 순서
오름차순은 '숫자-텍스트-논리값-오류값-빈 셀'의 순으로 정렬된다.
① 텍스트는 '특수 문자-소문자-대문자-한글'의 순으로 정렬(대/소문자 구분 지정 시)
② 텍스트는 왼쪽에서 오른쪽으로 문자 단위 정렬
③ 논리값은 'FALSE' 다음에 'TRUE' 순으로 정렬
④ 빈 셀은 오름차순과 내림차순 모두 항상 마지막에 정렬

자동 필터의 특징
① 여러 필드에 조건을 지정하면 AND 조건으로 설정되며, OR 조건은 설정할 수 없다.
② 하나의 열에 날짜, 숫자, 문자 등의 데이터가 혼합된 경우 셀의 수가 많은 필터로 표시된다.
③ 날짜 데이터는 연, 월, 일의 계층별로 그룹화되어 계층에서 상위 수준을 선택하거나 선택을 취소하는 경우 해당 수준의 아래쪽에 있는 중첩된 날짜가 모두 선택되거나 선택 취소된다.
④ '날짜 필터' 목록에서는 일, 주, 월, 분기, 년 등을 필터링 기준으로 사용할 수 있지만, 요일로 필터링할 수는 없다.
⑤ 필터링된 데이터는 다시 정렬하거나 이동하지 않고도 복사, 찾기, 편집 및 인쇄할 수 있다.

고급 필터의 조건

AND 조건	조건을 모두 같은 행에 입력
OR 조건	조건을 서로 다른 행에 입력

개념끝 064 — 데이터 도구

텍스트 마법사

① [텍스트 마법사 – 3단계 중 1단계] 대화상자가 나타나면 '원본 데이터 형식'은 '구분 기호로 분리됨'으로 선택되었는지 확인 → [다음] 단추를 클릭한다.

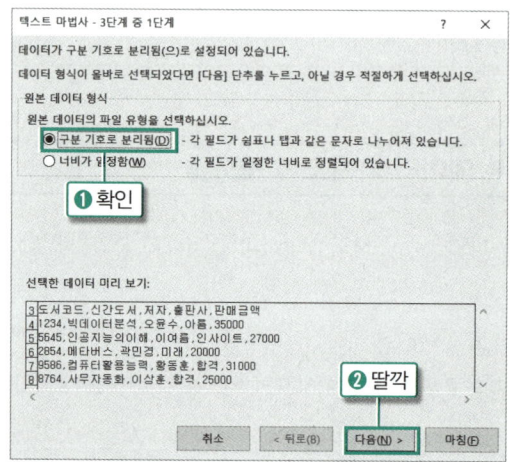

② [텍스트 마법사 – 3단계 중 2단계] 대화상자에서 '구분 기호'는 '탭'을 체크 해제하고 '쉼표'를 체크 → [다음] 단추를 클릭한다.

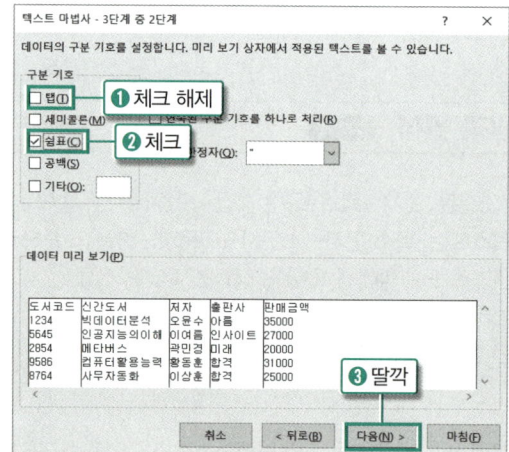

③ [텍스트 마법사 – 3단계 중 3단계] 대화상자에서 '열 데이터 서식'은 '일반'으로 선택되었는지 확인 → [마침] 단추를 클릭한다.

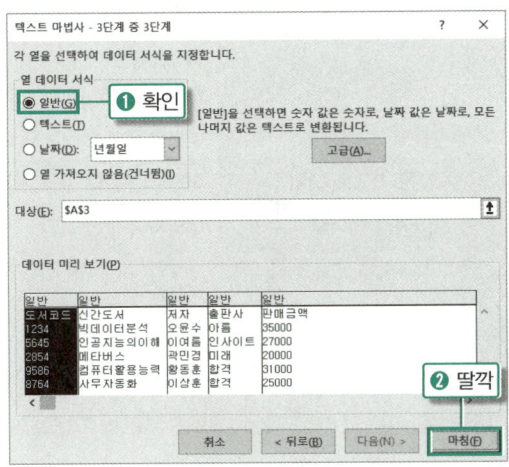

데이터 유효성 검사 데이터의 목록이나 형식을 지정하여 데이터 입력을 제한하는 기능이다.

통합 하나 이상의 원본 영역을 지정하여 하나의 표로 데이터를 요약하는 기능이다.

개념끝 065 가상 분석

데이터 표 특정 값의 변화에 따른 결괏값의 변화 과정을 한 번의 연산으로 빠르게 계산하여 표의 형태로 표시하는 기능이다.

목표값 찾기 수식에서 원하는 결과를 알고 있지만, 그 결과를 얻는 데 필요한 입력값을 구하는 경우에 사용하는 기능이다.

시나리오 다양한 상황과 변수에 따른 여러 가지 결괏값의 변화를 가상의 상황을 통해 예측하여 분석할 수 있는 기능이다.

개념끝 066   개요와 부분합 `최빈출`

[부분합] 대화상자

그룹화할 항목	부분합을 계산할 기준 필드로, 미리 정렬되어 있어야 함
사용할 함수	합계, 평균, 개수, 최대값, 최소값, 곱, 숫자 개수, 표본 표준 편차, 표준 편차, 표본 분산, 분산 함수
부분합 계산 항목	부분합을 계산하여 표시할 항목 선택
새로운 값으로 대치	이전 부분합의 결괏값을 지우고 새로운 부분합을 구함
그룹 사이에서 페이지 나누기	페이지 구분선 삽입
데이터 아래에 요약 표시	부분합의 내용을 세부 데이터의 아래에 표시
모두 제거	부분합 삭제

중첩 부분합

이미 작성된 부분합 그룹 내에 새로운 부분합 그룹을 추가하는 것을 의미한다.

개념끝 067   피벗 테이블과 피벗 차트 `최빈출`

피벗 테이블의 특징

① 엑셀의 목록, 외부 데이터, 다중 통합 범위, 다른 피벗 테이블을 기준으로 작성한다.
② 피벗 테이블 보고서는 기존 워크시트에서는 시작 위치를 지정할 수 있고, 새 워크시트에서는 [A1] 셀에 자동 생성된다.
③ 새 워크시트에 피벗 테이블을 생성하면 보고서 필터의 위치는 [A1] 셀이고 행 레이블은 [A3] 셀에서 시작한다.
④ 작성된 피벗 테이블의 필드 위치는 행 또는 열로 이동하거나 삭제할 수 있다.
⑤ 피벗 테이블에서 '값' 영역의 특정 항목을 마우스로 더블클릭하면 해당 데이터에 대한 세부적인 데이터가 새로운 시트에 표시된다.
⑥ 원본의 자료가 변경되면 자동으로 반영되지 않으므로 [데이터] 탭-[쿼리 및 연결] 그룹-[모두 새로 고침] 또는 [피벗 테이블 분석] 탭-[데이터] 그룹-[새로 고침]-[모두 새로 고침]을 선택하여 일괄적으로 새로 고침해야 한다.
⑦ 하위 데이터 집합에도 필터와 정렬, 조건부 서식을 적용하여 원하는 정보만 강조할 수 있다.
⑧ 행 레이블이나 열 레이블에서의 데이터 정렬은 수동, 오름차순, 내림차순 중에서 선택할 수 있다.

피벗 테이블의 구성

필터 필드	필터 필드 단추를 눌러 표시할 필드를 선택할 수 있음
행 필드	행 방향으로 표시되는 필드
열 필드	열 방향으로 표시되는 필드
값 필드	분석할 대상이 되는 필드
값 영역	• 값 필드에 대해 분석한 결과가 나타나는 영역 • 숫자 형식의 필드를 선택하면 합계, 개수, 평균, 최대값, 최소값, 값, 숫자 개수, 표본 표준 편차, 표준 편차, 표본 분산, 분산 등을 표시할 수 있으며, 문자 형식의 필드를 선택하면 개수를 표시함

피벗 차트

피벗 테이블의 데이터를 이용하여 작성한 차트로, 피벗 테이블에서 변화가 생기면 피벗 차트도 함께 변경된다.

개념끝 068 차트 작성

차트의 구성 요소

차트 제목	차트의 제목 표시
차트 영역	차트의 모든 구성 요소를 포함하는 영역
그림 영역	가로 축과 세로 축으로 구성된 영역
범례	• 데이터 계열의 항목별 이름으로 색이나 무늬로 데이터 계열을 구분 • [범례 서식] 창에서 위치를 상하좌우, 오른쪽 위로 지정 • 범례를 삭제하려면 범례를 선택하고 Delete
데이터 계열	차트로 나타낼 값을 가진 항목들을 의미
가로 축	데이터 항목을 표시하는 축
기본 세로 축	데이터 계열의 값을 표시하는 축으로 왼쪽에 표시
보조 세로 축	데이터 계열의 값을 표시하는 축으로 오른쪽에 표시
가로 축 제목	가로 축 항목의 전체 의미를 나타내는 제목
세로 축 제목	세로 축에 표현되는 숫자의 전체 의미를 나타내는 제목
눈금선	눈금을 그림 영역에 표시
데이터 레이블	데이터 계열의 값이나 항목을 이름표로 표시
데이터 테이블	차트의 데이터를 표로 표시하고 범례의 표시 여부를 지정할 수 있음

차트 작성 바로 가기 키

① F11 을 누르면 새로운 차트 시트에 기본 차트가 작성된다.
② Alt + F1 을 누르면 현재 시트에 기본 차트가 작성된다.

차트의 종류

세로 막대형 차트		각 항목 간의 값을 막대의 길이로 비교 및 분석
가로 막대형 차트		세로 막대형 차트와 유사하고, 값 축과 항목 축의 위치가 서로 바뀜
꺾은선형 차트		월, 분기, 연도와 같이 시간의 흐름에 따라 각 항목의 변화나 경향 표시
원형 차트		• 각 항목의 값이 항목 합계의 비율로 표시되고, 하나의 데이터 계열만 표시할 수 있음 • 첫째 조각의 각: 첫째 조각이 시작되는 각도로, 기본값은 0°
도넛형 차트		• 원형 차트의 한 종류로, 원형 차트와 비슷하지만 여러 데이터의 계열 표시 • 하나의 고리는 하나의 데이터 계열을 표시하고, 색상으로 데이터 요소를 구분하여 표시
영역형 차트		시간의 경과에 따른 변화를 보여주고, 각 값의 합계와 전체에 대한 관계를 비교
거품형 차트		분산형 차트의 한 종류로, 가로축과 세로축이 있고, 세 번째 열을 추가하여 거품의 크기를 지정
주식형 차트		주가 변동을 나타내는 차트로, 시가, 종가, 거래량, 저가, 고가 등을 표시
분산형 차트		• 과학, 통계 및 공학 데이터와 같은 숫자값을 표시하고 비교 • 가로축의 값이 일정한 간격이 아닌 경우나 가로축의 데이터 요소 수가 많은 경우에 사용 • 데이터 요소 간의 차이점보다는 큰 데이터 집합 간의 유사점을 표시하려는 경우에 사용 • 다섯 개의 하위 차트(분산형 차트, 곡선 및 표식이 있는 분산형 차트, 곡선이 있는 분산형 차트, 직선 및 표식이 있는 분산형 차트, 직선이 있는 분산형 차트) 제공
표면형 차트		두 개의 데이터 집합에서 최적의 조합을 찾을 때 사용
방사형 차트		가운데에서 뻗어가는 형태의 차트로, 데이터 계열이 많을 때 사용하고, 가로축이 없음

개념끝 069   차트의 편집 〈최빈출〉

차트의 크기 조절

① 차트를 선택한 후 크기 조절점을 드래그해 크기를 조절할 수 있다.
② [Alt]를 누른 상태에서 차트 크기를 조절하면 차트의 크기가 셀에 맞춰 조절된다.
③ 그림 영역, 범례 등을 선택하여 차트의 크기를 조절할 수 있다.

차트 이동	① 차트를 선택한 후 드래그하여 원하는 위치로 이동한다. ② 차트 제목, 축 제목, 범례, 그림 영역 등은 마우스로 드래그하여 이동할 수 있다. ③ Alt 를 누른 상태에서 차트를 이동하면 셀에 맞춰 이동된다. ④ 시트에 삽입된 차트는 '차트 이동' 기능을 이용하여 새로운 시트나 현재 통합 문서의 다른 시트로 이동할 수 있다.
원본 데이터의 변경	① 워크시트에서 차트 데이터 영역의 중간에 항목(레코드)을 삽입하는 경우 차트에서도 항목이 삽입된다. ② 워크시트에서 차트 데이터 영역의 중간에 계열을 삽입하는 경우 차트는 변경되지 않는다. ③ 데이터 계열이 범례에서 표시되는 순서를 바꿀 수 있다.

개념끝 070 차트 요소 추가 〈최빈출〉

차트 제목	① 차트 제목은 '차트 위'에 추가하거나 '가운데에 맞춰 표시'할 수 있다. ② 차트 제목을 삭제하려면 [차트 요소] 단추를 클릭하고 [차트 제목]을 해제한다. ③ 차트 제목을 셀과 연동하려면 차트 제목을 클릭한 후 수식 입력줄에서 등호(=)를 입력한 후 연동할 셀을 선택한다.
데이터 레이블	① 데이터 레이블 내용은 계열 이름, 항목 이름, 값 중에서 한 가지를 선택하여 표시할 수 있다. ② 데이터 레이블이 겹치지 않고, 읽기 쉽도록 차트에서 데이터 레이블의 위치를 조정할 수 있다. ③ 기본적으로 데이터 레이블은 워크시트의 값에 연결되며 변경될 때 자동으로 업데이트된다. ④ 데이터 레이블을 삭제하려면 데이터 레이블을 한 번 클릭하여 선택한 후 Delete 를 누른다
추세선	① 추세선의 종류: 지수, 선형, 로그, 다항식, 거듭제곱, 이동 평균 ② 추세선이 불가능한 차트: 3차원 차트, 원형 차트, 도넛형 차트, 방사형 차트, 표면형 차트 ③ 추세선이 추가된 데이터 계열의 차트 종류를 3차원 차트로 변경하면 추세선은 자동으로 삭제된다. ④ 하나의 데이터 계열에 두 개 이상의 추세선을 동시에 표시할 수 있다. ⑤ 추세선을 삭제하려면 추세선을 선택하고 Delete 를 누르거나 추세선의 바로 가기 메뉴에서 [삭제]를 선택한다.

개념끝 071 차트 서식 지정 〈최빈출〉

계열 겹치기	숫자값이 클수록 겹쳐지는 부분이 커진다(-100~100%).
간격 너비	숫자값이 클수록 항목 사이의 공백이 커진다(0~500%).

축 옵션

최소/최대	세로(값) 축에 표시되는 최소값과 최대값 지정
기본/보조	세로(값) 축 기본 눈금선과 보조 눈금선의 단위 지정
가로 축 교차	'자동', '축 값', '축의 최대값'으로 설정
로그 눈금 간격	데이터의 값 차이가 매우 클 때 사용
값을 거꾸로	세로 축에 표시되는 값을 거꾸로 나열

개념끝 072 페이지 레이아웃 설정

[페이지 설정] 그룹

여백	기본, 넓게, 좁게, 사용자 지정 여백 등을 지정
용지 방향	용지 방향을 세로, 가로로 지정
크기	인쇄 용지 크기를 지정
인쇄 영역	인쇄 영역을 설정하거나 해제
나누기	페이지 나누기를 삽입하거나 제거
배경	워크시트 배경으로 이미지를 지정 가능, 배경은 인쇄되지 않음
인쇄 제목	모든 페이지에 반복해서 인쇄할 행과 열 지정

페이지 나누기

① 인쇄 시 사용자가 임의로 페이지 구분선을 삽입하는 기능이다.
② 현재 셀 포인터를 기준으로 위쪽과 왼쪽에 페이지 구분선이 삽입된다.
③ 행 높이와 열 너비를 변경하면 자동 페이지 나누기의 위치가 변경된다.
④ 용지 크기, 여백 설정, 배율 옵션에 따라 자동 페이지 나누기가 삽입된다.
⑤ [페이지 레이아웃] 탭-[페이지 설정] 그룹-[나누기]-[페이지 나누기 모두 원래대로]를 선택하면 페이지를 나누기 전의 원래 상태로 되돌릴 수 있다.

인쇄 영역

① 인쇄 영역을 정의하고 워크시트를 인쇄하면 해당 인쇄 영역만 인쇄된다.
② 추가할 인쇄 영역을 선택하고 [페이지 레이아웃] 탭-[페이지 설정] 그룹-[인쇄 영역]-[인쇄 영역에 추가]를 선택하면 인쇄 영역을 확대할 수 있다.
③ 인쇄 영역은 [홈] 탭-[페이지 설정] 그룹-[페이지 설정] 아이콘( )을 클릭하여 [페이지 설정] 대화상자를 열고 [시트] 탭에서 지정할 수 있지만, 인쇄 미리 보기 상태에서는 인쇄 영역이 활성화되지 않으므로 지정할 수 없다.
④ 인쇄 영역 설정은 하나의 시트에서만 가능하다.
⑤ 인쇄 영역을 지정하면 이름 상자에 자동으로 'Print_Area'라는 이름이 작성된다.
⑥ Ctrl + F3 을 누르거나 [수식] 탭-[정의된 이름] 그룹-[이름 관리자]를 클릭하여 [이름 관리자] 대화상자를 열고 인쇄 영역과 'Print_Area' 이름을 확인할 수 있다.

개념끝 073 통합 문서 보기

페이지 나누기

① 워크시트 상태에서 페이지 구분선, 인쇄 영역, 페이지 번호 등을 보여주는 보기 상태이다.
② 마우스로 페이지 구분선을 드래그하여 페이지를 나눌 위치를 조정할 수 있다.
③ 수동으로 삽입한 페이지 나누기는 파란색 실선으로, 자동 페이지 나누기는 파란색 점선으로 표시된다.
④ 수동으로 삽입한 페이지 나누기를 제거하려면 페이지 나누기를 표시하는 파란색 실선을 페이지 나누기 미리 보기 영역의 밖으로 드래그한다.
⑤ 원래 보기 상태로 되돌아가려면 [보기] 탭-[통합 문서 보기] 그룹-[기본]을 선택한다.

페이지 레이아웃 보기

① 워크시트에 머리글/바닥글 영역이 표시되어 간단히 머리글/바닥글을 추가할 수 있는 보기 상태이다.
② 마우스로 드래그하여 페이지 구분선을 조정할 수 없다.
③ 마우스를 이용하여 페이지 여백과 머리글과 바닥글 여백을 조정할 수 있다.
④ [머리글/바닥글] 탭-[머리글/바닥글 요소] 그룹에서 미리 정의된 머리글이나 바닥글을 선택할 수 있다.
⑤ 페이지 레이아웃 보기에서는 기본 보기와 같이 데이터 형식과 레이아웃을 변경할 수 있다.
⑥ 페이지 레이아웃 보기에서 표시되는 눈금자의 단위는 [파일] 탭-[옵션]을 선택하고 [Excel 옵션] 창에서 '고급' 범주를 선택한 후 '표시'의 '눈금자 단위'에서 지정할 수 있다.

개념끝 074 인쇄 작업

[머리글/바닥글] 탭

머리글 편집	모든 페이지의 위쪽에 고정적으로 인쇄되는 내용 지정
바닥글 편집	모든 페이지의 아래쪽에 고정적으로 인쇄되는 내용 지정
짝수와 홀수 페이지를 다르게 지정	짝수 페이지와 홀수 페이지의 머리글 및 바닥글을 다르게 지정
첫 페이지를 다르게 지정	첫 페이지의 머리글과 바닥글을 제거하거나 다르게 지정
문서에 맞게 배율 조정	워크시트와 같은 글꼴 크기와 크기 조정을 사용할지 지정
페이지 여백에 맞추기	머리글이나 바닥글을 표시하기에 충분한 머리글 또는 바닥글 여백을 확보할지 지정

[시트] 탭

인쇄 영역	특정 영역만 선택하여 인쇄하고 숨겨진 행과 열은 인쇄하지 않음
인쇄 제목	• 모든 페이지에 반복해서 인쇄할 행과 열 지정 • 반복할 행: $1:$3과 같이 행 번호로 표시 • 반복할 열: $A:$C와 같이 열 번호로 표시
인쇄	• 눈금선: 워크시트의 셀 구분선 인쇄 • 메모: 메모의 인쇄 여부로, '(없음)', '시트 끝', '시트에 표시된 대로' 중에서 선택 • 간단하게 인쇄: 차트, 도형, 그림, 클립아트 등의 그래픽 요소를 제외하고 텍스트만 빠르게 인쇄 • 셀 오류 표시: '표시된 대로', '〈공백〉', '—', '#N/A' 중에서 선택하여 셀 오류 표시 • 행/열 머리글: 워크시트의 행 머리글과 열 머리글을 포함하여 인쇄
페이지 순서	여러 페이지가 인쇄될 경우 '열 우선'을 선택하면 오른쪽 방향으로 인쇄한 후 아래쪽 방향으로 진행됨

인쇄 미리 보기

① 인쇄하기 전의 화면으로, 출력 결과를 미리 확인하는 기능이다.
② [여백 표시] 단추(▯)를 클릭하면 여백선을 드래그하여 여백의 크기를 조정하거나 열 너비를 조정할 수 있다.
③ [확대/축소] 단추(▯)를 클릭하면 확대되거나 축소되며 인쇄 크기에 영향을 미치지 않는다.
④ 인쇄 미리 보기를 끝내고 통합 문서로 돌아가려면 Esc를 누른다.

개념끝 075 매크로 작성 －최빈출

매크로의 개념

① 반복적인 작업이나 자주 사용하는 명령 등을 매크로로 기록하여 작업 과정을 자동화하는 기능을 의미한다.
② 매크로는 Visual Basic 언어를 기반으로 작성되고, Visual Basic Editor(VB Editor)로 작성하거나 변경할 수 있다.
③ 매크로를 기록하는 경우 작업 과정의 모든 단계가 매크로 레코더에 기록되고, 리본 메뉴에서의 탐색은 기록된 단계에 포함되지 않는다.
④ 매크로는 통합 문서에 첨부된 모듈 시트로, 하나의 Sub 프로시저로 기록되며, Sub로 시작하고 End Sub로 끝난다.
⑤ 매크로는 기본적으로 절대 참조로 기록되며, 상대 참조로 기록하려면 [보기] 탭－[매크로] 그룹－[매크로]－[상대 참조로 기록]를 선택한 후 매크로를 기록한다.

매크로 이름

① 첫 글자는 반드시 문자로 지정해야 하고, ?, /, -, #, @, $, %, & 등의 기호를 사용할 수 없다.
② 이름에 공백을 사용할 수 없다.
③ 하나의 통합 문서에서 같은 매크로 이름을 지정할 수 없다.
④ 통합 문서를 열 때마다 특정 작업이 자동으로 수행되는 매크로는 Auto_Open으로 이름을 지정한다.

바로 가기 키	① 특수 문자와 숫자는 사용할 수 없고, 영문자만 가능하다. ② 바로 가기 키를 반드시 설정할 필요는 없다. ③ 소문자는 Ctrl과 조합해서 사용하지만, 대문자로 지정하면 Ctrl + Shift를 누른 상태에서 해당 문자를 눌러야 한다. ④ 매크로 바로 가기 키가 엑셀 바로 가기 키보다 우선이다.

개념끝 076 　매크로 실행 　최빈출

개체 사용	① 단추, 그림, 도형, 차트 등에 매크로를 연결하여 실행할 수 있다. ② 개체의 바로 가기 메뉴에서 [매크로 지정]을 선택한 후 [매크로 지정] 대화상자에서 연결할 매크로를 선택하고 [확인] 단추를 클릭한다. ③ [실행] 단추(□)를 그리면 바로 [매크로 지정] 대화상자가 나타난다. ④ 셀이나 텍스트 등에는 매크로를 지정할 수 없다.
매크로 삭제	① [매크로] 대화상자에서 삭제할 매크로를 선택하고 [삭제] 단추를 클릭한다. ② Visual Basic Editor에서 삭제할 매크로의 프로시저를 Delete를 이용하여 삭제해도 된다. ③ 매크로가 연결된 개체를 삭제해도 매크로는 삭제되지 않는다.
매크로 보안	① [개발 도구] 탭-[코드] 그룹-[매크로 보안]을 클릭하여 [보안 센터] 대화상자를 열고 '매크로 설정' 범주에서 설정한다. ② '매크로 설정' 범주 항목 　• 알림이 없는 매크로 사용 안 함 　• 알림이 포함된 VBA 매크로 사용 안 함 　• 디지털 서명된 매크로를 제외하고 VBA 매크로 사용 안 함 　• VBA 매크로 사용(권장 안 함, 위험한 코드가 시행될 수 있음)

개념끝 077 　VBA 프로그래밍

VBE의 화면		
	프로젝트 탐색기	현재 열려있는 모든 통합 문서의 시트와 모듈, 사용자 정의 폼 등을 표시
	[속성] 창	개체에 대한 모든 속성 표시
	코드 창	선택된 모듈의 프로시저 내용 표시
	[직접 실행] 창	프로시저를 직접 실행하거나 실행 결과를 미리 확인할 수 있음(Ctrl + G)

모듈	프로젝트를 구성하는 기본 단위로, 프로시저의 집합이다.
프로시저	① 특정 기능을 수행하는 명령문의 집합이다. ② Sub~End Sub: 결괏값을 반환하지 않는다. ③ Function~End Function: 결괏값을 반환한다.

개념끝 078   VBA 문법

If 구문: 조건을 비교하여 참(True) 또는 거짓(False)일 경우 서로 다른 명령을 처리하는 구문이다.

Select 구문: 조건이 여러 개인 경우 하나의 식을 여러 개의 값과 비교하여 각 조건에 해당하는 명령을 실행하는 구문이다.

For~Next 구문: For 문에서 지정한 횟수만큼 명령문을 반복 실행하는 구문이다.

개념끝 079   VBA 개체

Range 개체의 속성

속성	설명
Address	참조하는 셀 주소
Cells	지정된 범위의 모든 셀
Count	지정된 범위의 셀 수
CurrentRegion	데이터가 있는 인접 영역의 범위
End	지정된 범위의 마지막 셀
Formula	A1 스타일의 수식
FormulaR1C1	R1C1 스타일의 수식
Item	특정 범위에서 지정한 행, 열만큼 떨어진 범위
Next	지정한 셀의 다음 셀
Offset	지정된 범위에서 떨어진 범위
Range	셀이나 영역 범위
Value	지정된 셀의 값

Range 개체의 메서드

메서드	설명	메서드	설명
AdvancedFilter	고급 필터	Delete	지우기
AutoFill	자동 채우기	Find	찾기
AutoFilter	자동 필터	FindNext	다음 찾기
Clear	모두 지우기	FindPrevious	이전 찾기
ClearContents	내용 지우기	Select	선택
ClearFormats	서식 지우기	Sort	정렬
Copy	복사		

3과목 | 데이터베이스 일반

개념끝 080 | 데이터베이스의 개념

데이터베이스의 장·단점

장점	단점
• 데이터의 중복 최소화 • 데이터의 일관성 유지 • 데이터의 무결성 유지 • 데이터의 공유 • 데이터의 보안성 보장 • 데이터의 논리적·물리적 독립성 유지	• 하드웨어와 DBMS(DataBase Management System) 구매 비용 및 전산화 비용 증가 • 백업과 복구에 많은 비용과 시간 소요 • 시스템이 복잡해짐 • 데이터베이스 전문가와 고급 프로그래머 필요

개념끝 081 | 데이터베이스 관리 시스템

스키마의 종류

외부 스키마 (External Schema)	• 사용자나 응용 프로그래머의 관점에서 본 스키마 • 서브 스키마(Sub Schema) 또는 사용자 뷰(View)라고도 함 • 같은 데이터베이스에 대해서도 다른 관점을 가질 수 있으므로 여러 개의 외부 스키마가 존재
개념 스키마 (Conceptual Schema)	• 데이터베이스 전체의 논리적 구조 • 기관이나 조직체의 관점에서 데이터베이스를 정의한 스키마 • 데이터베이스의 접근 권한, 보안 정책, 무결성 규칙의 정의를 포함
내부 스키마 (Internal Schema)	• 데이터베이스의 저장 또는 물리적 구조 • 실제로 데이터베이스에 저장될 레코드의 물리적인 구조, 저장 데이터 항목의 표현 방법, 내부 레코드의 물리적 순서 등을 포함 • 시스템 프로그래머나 시스템 설계자가 보는 관점의 스키마

데이터베이스 언어의 종류

데이터 정의어 (DDL; Data Definition Language)	데이터베이스를 생성하거나 수정하기 위해 사용하는 언어 예 CREATE, ALTER, DROP
데이터 조작어 (DML; Data Manipulation Langauge)	데이터의 삽입, 삭제, 수정, 검색 등의 처리를 요구하기 위해 사용하는 언어 예 SELECT, INSERT, UPDATE, DELETE
데이터 제어어 (DCL; Data Control Language)	데이터 보안 및 회복, 무결성, 병행 수행 제어 등을 제어하는 언어 예 COMMIT, ROLLBACK, GRANT, REVOKE

개념끝 082 데이터베이스의 설계

E-R 다이어그램의 구성 요소

기호	모양	의미
□	사각형	개체(Entity) 타입
◇	마름모	관계(Relationship) 타입
○	타원	속성(Attribute) 타입
⊖	밑줄 타원	기본 키 속성
—	선	개체 타입과 속성 또는 개체 타입 간의 연결

개념끝 083 데이터베이스 모델

관계형 데이터베이스의 구조

테이블(Table) 또는 릴레이션(Relation)	데이터를 표 형태의 행과 열로 표현한 것
속성(Attribute) 또는 필드(Field)	테이블의 열을 구성하는 항목으로, 개체의 특성이나 상태를 기술하고 데이터베이스를 구성하는 가장 작은 논리적 단위
튜플(Tuple) 또는 레코드(Record)	테이블의 행을 의미하는 것으로, 속성으로 구성된 튜플들 사이에는 순서가 없음
도메인(Domain)	하나의 속성(Attribute)이 취할 수 있는 값의 범위
차수(Degree)	속성의 개수
기수(Cardinality)	튜플의 개수

기본 키와 외래 키

① 기본 키
- 후보 키 중에서 선택한 키이다.
- Null 값이나 중복된 값을 가질 수 없다.

② 외래 키
- 관계를 맺고 있는 두 테이블에서 다른 테이블의 기본 키를 참조하는 키이다.
- 참조하는 기본 키와 일치하는 값을 갖거나 Null 값을 가져야 한다.

무결성 제약 조건

정확성과 안정성을 유지하기 위한 제약 조건으로, 테이블에 부적절한 자료가 입력되는 것을 방지하기 위해서 테이블을 생성할 때 정의하는 규칙이다.

개념끝 084 정규화

정규화의 개념

① 추가, 갱신, 삭제 등의 작업 시 이상 현상(Anomaly)이 발생하지 않도록 테이블을 분해하는 과정이다.
② 데이터베이스의 논리적 설계 단계에서 수행한다.
③ 정규화를 통해 데이터의 중복을 최소화하고 테이블 간의 종속성을 줄일 수 있으나, 중복을 완전히 제거할 수는 없다.
④ 테이블을 여러 개로 나누기 때문에 테이블의 크기가 작아지지만, 모든 테이블의 필드 수가 같아지는 것은 아니다.

개념끝 085 액세스의 개요

액세스의 개체

테이블(Table)	가장 기본이 되는 개체로 데이터베이스에서 사용할 데이터를 저장하고 관리하는 개체
쿼리(Query)	테이블이나 쿼리를 대상으로 특정 조건을 필터링하여 데이터를 찾거나 계산 또는 요약을 수행하여 결과를 표시하는 개체
폼(Form)	테이블, 쿼리, SQL문을 원본으로 하여 데이터를 입력하거나 편리하고 쉽게 조회, 편집 등의 작업을 할 수 있도록 지원하는 개체
보고서(Report)	테이블, 쿼리, SQL문을 레코드 원본으로 하여 요약하거나 그룹화한 내용을 프린터로 출력하기 위한 개체
매크로(Macro)	매크로 함수를 이용하여 여러 번 반복되는 작업을 자동화하는 기능으로, 모듈에 비해 비교적 간단한 작업을 처리할 수 있는 개체
모듈(Module)	매크로보다 복잡한 작업을 자동으로 처리하기 위해 Visual Basic 프로그래밍 언어를 사용하여 직접 작성하는 개체

개념끝 086 테이블 생성

데이터 형식의 종류

짧은 텍스트	• 텍스트나 텍스트와 숫자의 조합 • 최대 255자까지 저장 가능
긴 텍스트	• 이전 버전의 메모 데이터 형식 • 최대 64,000자까지 저장 가능
숫자	• 산술 계산에 사용하는 숫자 • 바이트, 정수, 정수(Long), 실수(Single), 실수형(Double), 복제 ID, 10진수가 있음 • 기본적으로 정수(Long)인 4바이트가 지정됨
날짜/시간	• 날짜 및 시간 데이터 형식의 데이터 • 기본 필드 크기는 8바이트
통화	• 화폐 형식으로 표시되는 숫자로, 기본 필드의 크기는 8바이트 • 소수점 왼쪽으로 15자리까지, 소수점 오른쪽으로 4자리까지 저장할 수 있음
일련 번호	• 레코드가 추가될 때 자동으로 1씩 증가되는 번호 • 기본 필드 크기는 4바이트 • 사용자가 임의로 입력하거나 수정할 수 없음

Yes/No	• Yes/No, True/False, On/Off 등 두 값 중 하나만 입력 • 기본 필드 크기는 1비트 • 'Yes' 값에는 '-1', 'No' 값에는 '0' 저장	
OLE 개체	다른 프로그램에서 만든 문서, 그림, 동영상, 소리 등의 개체 입력	
하이퍼링크	웹 사이트나 파일의 특정 위치로 바로 이동하는 주소 데이터 입력	
첨부 파일	이미지, 텍스트 파일, 스프레드시트 파일 등 다양한 파일을 첨부	
계산	필드에 입력된 수식의 결과를 표시	
조회 마법사	필드에 직접 값을 입력하지 않고 선택하는 기능	

개념끝 087 기본 키와 인덱스 〈최빈출〉

기본 키(Primary Key)

① 테이블에서 각 레코드를 고유하게 식별해 주는 필드나 필드의 집합이다.
② 기본 키는 테이블의 [디자인 보기(🔲)] 상태에서 설정할 수 있다.

인덱스(Index)

① 테이블에서 검색하거나 정렬하는 속도를 향상시키는 기능이다.
② 하나의 테이블에 32개까지 인덱스를 설정할 수 있으며, 하나의 인덱스에서는 10개의 필드를 사용할 수 있다.
③ '아니요', '예(중복 가능)', '예(중복 불가능)' 중 선택할 수 있다.
④ 기본 키는 자동으로 '예(중복 불가능)'가 지정된다.
⑤ OLE 개체, 첨부 파일, 계산 형식의 필드에는 인덱스를 설정할 수 없다.
⑥ 인덱스를 설정하면 검색, 정렬 등의 속도는 빨라지지만 레코드의 추가, 수정, 삭제 속도가 느려진다.
⑦ 인덱스는 여러 개의 필드에 설정할 수 있다.
⑧ 인덱스는 단일 필드 인덱스와 다중 필드 인덱스가 있다.

개념끝 088 필드의 일반 및 조회 속성

입력 마스크 지정 문자

0	• 숫자 입력	• 덧셈과 뺄셈 기호를 사용할 수 없음	필수
9	• 숫자, 공백 입력	• 덧셈과 뺄셈 기호를 사용할 수 없음	선택
#	• 숫자, 공백 입력	• 덧셈과 뺄셈 기호를 사용할 수 있음	
L	영문자, 한글 입력		필수
A	영문자, 한글, 숫자 입력		
a	영문자, 한글, 숫자 입력		선택
?	영문자, 한글 입력		
&	모든 문자나 공백 입력		필수
C	모든 문자나 공백 입력		선택
>	대문자로 변환		-
<	소문자로 변환		-

₩	뒤에 나오는 문자를 그대로 표시	-
!	왼쪽에서 오른쪽으로 입력됨	-
Password	입력되는 문자를 *로 표시	-

유효성 검사의 예

유효성 검사	의미
"총무부" Or "인사부"	'총무부' 또는 '인사부'만 입력
In ("총무부", "인사부")	
>=1000000 And <=5000000	100만원 이상 500만원 이하의 값만 입력
Between 1000000 And 5000000	
Is Not Null	'Null'이 아닌 값만 입력
Like "가 *"	'가'로 시작하는 데이터만 입력
>=#2022-03-01# And <=#2022-03-31#	2022년 3월의 값만 입력

조회 속성

① 콤보 상자나 목록 상자에 미리 값을 지정한 후 값을 선택해서 입력하는 기능이다.
② 조회 속성을 이용하면 사용자가 직접 값을 입력하는 과정에서 발생하는 오류를 줄일 수 있다.
③ 다른 테이블이나 쿼리에 있는 값을 조회하거나 원하는 값을 직접 입력하여 조회 목록을 만들 수 있다.
④ '짧은 텍스트', '숫자', 'Yes/No' 형식에서만 지정할 수 있다.
⑤ [디자인 보기(N)] 상태에서 데이터 형식의 '조회 마법사'를 이용하거나 [조회] 탭의 각 속성에서 직접 설정할 수 있다.

개념끝 089 관계 설정

참조 무결성

① 관련 테이블의 레코드 간 관계가 유효한지 확인하고, 사용자가 관련 데이터를 실수로 변경하거나 삭제했는지 확인하기 위해 사용하는 규칙이다.
② 기본 테이블에서 사용할 필드는 기본 키이거나 고유 인덱스가 설정되어 있어야 한다.
③ 참조 무결성을 지정하려면 관계선을 더블클릭하거나 바로 가기 메뉴에서 [관계 편집]을 선택한 후 [관계 편집] 대화상자에서 '항상 참조 무결성 유지'에 체크해야 한다.

개념끝 090 외부 데이터 가져오기와 테이블 연결하기

가져오기 가능한 형식

Excel, Access, ODBC 데이터베이스, 텍스트 파일, XML 파일, SharePoint 목록, 데이터 서비스, HTML 문서, Outlook 폴더, dBASE 파일 등 (Word 파일은 가져올 수 없음)

개념끝 091 | 데이터 입력

레코드 추가
① 새 레코드는 항상 마지막에 추가되며, 중간에 삽입할 수 없다.
② 레코드 선택기나 임의 필드를 선택한 후 다음의 방법으로 새 레코드를 추가한다.

레코드 삭제
① 레코드를 삭제하면 삭제 여부를 묻는 대화상자가 표시되며, [예]를 클릭하면 삭제된다.
② 여러 레코드를 선택하여 한 번에 삭제할 수 있으며, 삭제된 레코드는 복원할 수 없다.

개념끝 092 | 쿼리 작성

쿼리의 종류

선택 쿼리	테이블이나 쿼리에서 특정 조건을 지정하여 해당 데이터를 추출하는 쿼리
SQL 쿼리	SQL문을 이용하여 작성한 쿼리
매개 변수 쿼리	쿼리를 실행할 때 값이나 패턴을 묻는 메시지를 표시하고, 조건에 맞는 결과만 표시하는 쿼리
요약 쿼리	데이터를 그룹화하고 요약하는 쿼리
크로스탭 쿼리	필드별 합계, 개수, 평균 등의 요약을 계산한 후 스프레드시트 형태로 표시하는 쿼리
불일치 쿼리	다른 테이블의 레코드와 일치하지 않는 레코드를 찾아서 쿼리를 만드는 기능으로, 반드시 두 개 이상의 테이블이 있어야 함
실행 쿼리	• 기존 테이블을 변화시키는 쿼리 • 추가 쿼리: 기존의 테이블에 레코드를 추가하는 쿼리 • 테이블 만들기 쿼리: 새로운 테이블을 생성하는 쿼리 • 삭제 쿼리: 테이블의 레코드를 삭제하는 쿼리 • 업데이트 쿼리: 테이블의 필드값을 변경하는 쿼리

개념끝 093 | 쿼리의 조건 지정 〈최빈출〉

특수 연산자

Is (Not) Null	값이 Null인지 Not Null인지 판단 예 [사번] Is Null → 사번이 Null인지 판단
Like	만능 문자 '?'와 '*'를 사용하여 일치하는 문자열 값을 검색 예 Like '*회원*' → '회원'을 포함
Between~And~	숫자 값이 범위에 포함되는지 판단 예 Between 2000 And 4000 → 2000 이상 4000 이하
In (문자열1,문자열2)	문자열 값이 문자열 집합에 포함되는지 판단 예 In ("서울","부산") → "서울" 또는 "부산"

AND와 OR 조건
조건을 같은 행에 입력하면 AND 조건을, 다른 행에 입력하면 OR 조건을 의미한다.

집계 함수

AVG(필드)	'필드'의 평균을 구함
SUM(필드)	'필드'의 합계를 구함
COUNT(필드)	'필드'의 레코드 수를 구함
MAX(필드)	'필드'에서의 최대값을 구함
MIN(필드)	'필드'에서의 최소값을 구함

개념끝 094   SQL 명령문 사용 _{최빈출}

조건 지정

① WHERE절은 조건을 지정하여 특정 조건에 맞는 레코드를 검색할 때 사용한다.
② 산술 연산자, 비교 연산자, 논리 연산자, BETWEEN~AND~, IN, LIKE 등의 연산자를 사용한다.

그룹 지정

① GROUP BY절은 특정 필드를 기준으로 레코드를 그룹화하여 검색할 때 사용한다.
② 일반적으로 GROUP BY는 SUM 함수, AVG 함수, COUNT 함수 등과 같은 집계 함수와 함께 사용한다.
③ GROUP BY를 사용할 때는 HAVING절을 사용하여 그룹 내의 조건을 지정할 수 있다.

정렬 지정

① ORDER BY절은 특정 필드를 기준으로 오름차순(ASC)이나 내림차순(DESC)으로 정렬한다.
② 정렬 방법을 지정하지 않으면 기본적으로 오름차순(ASC)으로 정렬된다.

개념끝 095   조인(Join) _{최빈출}

내부 조인(Inner Join)

① 관계가 설정된 두 테이블에서 조인된 필드가 일치하는 레코드만 포함하여 표시한다.
② 형식

> SELECT 필드 FROM 테이블1 INNER JOIN 테이블2 ON 테이블1.필드 = 테이블2.필드;

교차 조인(Cross Join)

① 가장 단순한 조인으로 카테시안 곱(Cartesian Product)이라고 한다.
② 조인 조건이 없이 가능한 모든 레코드의 조합이 표시된다.
③ 첫 번째 테이블의 모든 레코드는 두 번째 테이블의 모든 레코드와 조인된다.
④ 첫 번째 테이블의 레코드 수를 두 번째 테이블의 레코드 수로 곱한 것만큼의 레코드를 반환한다.
⑤ 교차 조인 후 필드의 수는 두 테이블의 필드 수를 더한 것과 같다.
⑥ 형식

> SELECT 필드 FROM 테이블1, 테이블2;

개념끝 096 실행 쿼리

추가 쿼리(INSERT문)

① 테이블에 새 레코드를 추가하는 쿼리이다.
② 필드값을 직접 지정하거나 다른 테이블의 레코드를 추출하여 추가할 수 있다.
③ INSERT문으로 테이블에 값을 삽입하는 경우 기본 키 필드에는 반드시 값이 입력되어야 한다.
④ 레코드의 전체 필드를 추가할 경우 필드 이름을 생략할 수 있다.
⑤ 한 개의 INSERT문으로 하나의 테이블에 여러 개의 레코드를 삽입할 수 있지만, 여러 개의 테이블에는 동시에 레코드를 추가할 수는 없다.
⑥ 형식

> INSERT INTO 테이블(필드1, 필드2, …) VALUES(값1, 값2, …);

업데이트 쿼리(UPDATE문)

① 테이블의 필드값을 변경하는 쿼리이다.
② 형식

> UPDATE 테이블 SET 필드1 = 값1, 필드2 = 값2, … WHERE 조건;

개념끝 097 기타 쿼리

매개 변수 쿼리 (Parameter Query)

① 쿼리를 실행할 때 매개 변수를 입력받아 조건에 맞는 결과만 표시하는 쿼리이다.
② 매개 변수 대화상자에 표시할 텍스트는 [N)] 상태 디자인 눈금 영역의 조건 행에 대괄호([ ])로 묶어서 입력한다.
③ 매개 변수 대화상자에 표시할 텍스트에 마침표(.), 느낌표(!), 대괄호([ ])와 같은 특수 문자는 포함할 수 없다.
④ 두 개 이상의 정보를 물어보는 쿼리를 만들 수 있다.

크로스탭 쿼리 (Cross-tab Query)

① 행과 열을 기준으로 그룹화하여 특정 필드의 합계, 평균, 개수와 같은 요약값을 표시하는 쿼리이다.
② 맨 왼쪽에 세로로 표시되는 행 머리글과 맨 위에 가로 방향으로 표시되는 열 머리글로 구분하여 데이터를 그룹화한다.
③ 열과 행이 교차하는 곳에는 숫자 필드, 날짜 필드, 텍스트 필드를 선택하여 요약한다.
④ 레코드의 개수, 합계, 평균, 최대값, 최소값, 분산, 표준 편차 등을 계산한다.
⑤ 열 머리글에는 한 개의 필드만 지정하고, 행 머리글에는 세 개까지의 필드를 지정할 수 있다.
⑥ 크로스탭 쿼리의 [데이터시트 보기]에서 데이터를 직접 편집할 수 없다.

개념끝 098 폼 작성

폼의 구성 요소

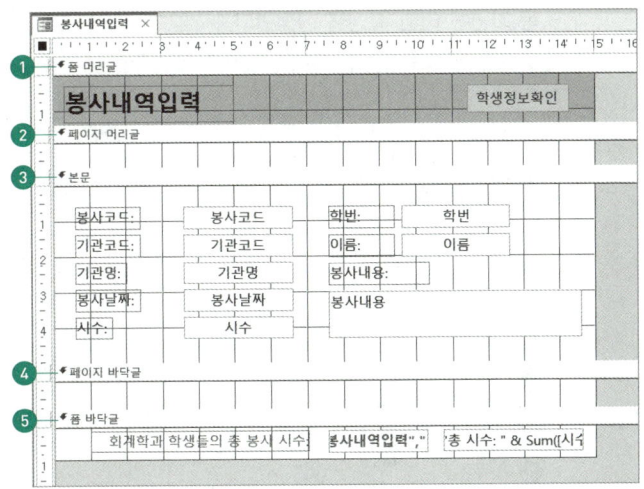

❶ 폼 머리글	• 폼의 제목이나 각 레코드에 공통으로 적용되는 정보가 표시됨 • [인쇄 미리 보기]에서는 첫 페이지의 위쪽에 한 번만 표시됨	
❷ 페이지 머리글	• 각 페이지의 위쪽에 인쇄되는 정보가 표시됨 • [폼 보기]에서는 표시되지 않고 [인쇄 미리 보기]에서만 확인 가능	
❸ 본문	• 실제 레코드를 표시하는 부분 • [폼 보기] 형식에 따라 하나의 레코드만 표시하거나 여러 개의 레코드 표시	
❹ 페이지 바닥글	• 각 페이지의 아래쪽에 인쇄 정보가 표시됨 • [폼 보기] 형식에서는 표시되지 않고 [인쇄 미리 보기]에서만 확인 가능	
❺ 폼 바닥글	• 폼 요약 정보 등 각 레코드에 공통으로 적용되는 정보가 표시됨 • [인쇄 미리 보기]에서는 마지막 페이지의 본문 다음에 한 번만 표시됨	

폼 보기 형식

① 폼의 보기 형식은 디자인 보기, 폼 보기, 레이아웃 보기가 있다.
② [디자인] 탭-[보기] 그룹-[보기]에서 보기 형식을 선택한다.

개념끝 099 | 폼 속성

[형식] 탭

폼 화면에 대한 속성을 설정한다.

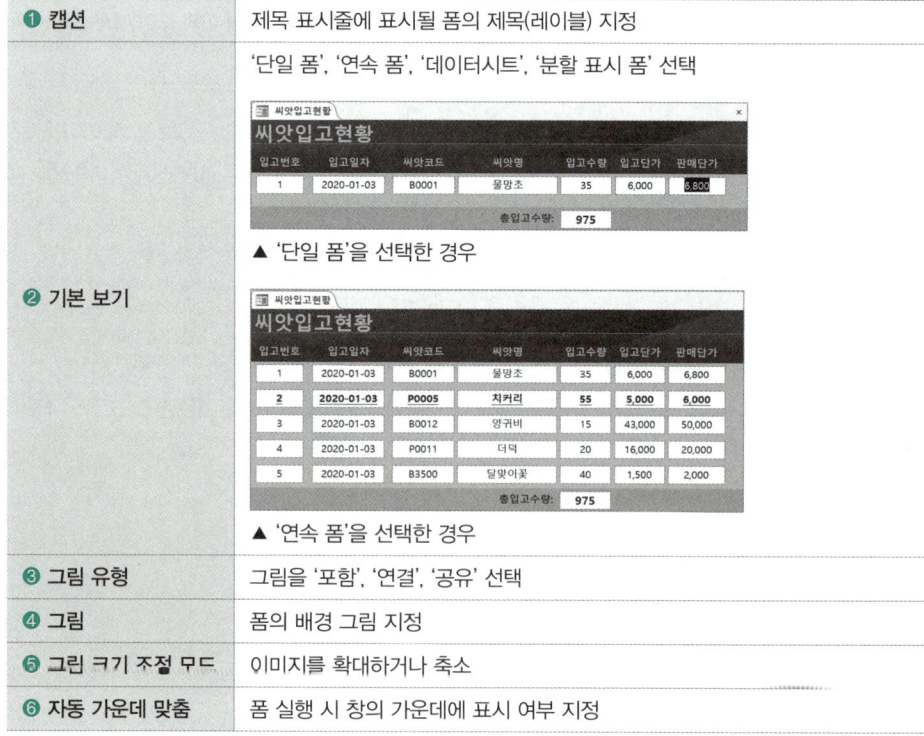

❶ 캡션	제목 표시줄에 표시될 폼의 제목(레이블) 지정
❷ 기본 보기	'단일 폼', '연속 폼', '데이터시트', '분할 표시 폼' 선택 ▲ '단일 폼'을 선택한 경우 ▲ '연속 폼'을 선택한 경우
❸ 그림 유형	그림을 '포함', '연결', '공유' 선택
❹ 그림	폼의 배경 그림 지정
❺ 그림 크기 조정 모드	이미지를 확대하거나 축소
❻ 자동 가운데 맞춤	폼 실행 시 창의 가운데에 표시 여부 지정

❼ 자동 크기 조정	모든 레코드가 표시되도록 자동 크기 조절 여부 지정
❽ 테두리 스타일	폼의 테두리 스타일을 지정하며, '없음', '가늘게', '조정 가능', '대화 상자' 선택
❾ 레코드 선택기	레코드 선택기의 표시 여부 지정
❿ 탐색 단추	탐색 단추의 표시 여부 지정
⓫ 스크롤 막대	스크롤 막대의 표시 여부 지정
⓬ 컨트롤 상자	제목 표시줄에 조절 메뉴 상자와 제어 상자의 표시 여부 지정
⓭ 닫기 단추	닫기 단추의 표시 여부 지정
⓮ 최소화/최대화 단추	최소화/최대화 단추의 표시 여부 지정

[데이터] 탭

폼에 연결된 테이블이나 쿼리에 대한 속성을 설정한다.

❶ 레코드 원본	폼에 연결할 테이블이나 쿼리, SQL 지정
❷ 레코드 집합 종류	• 스냅숏: 원본 테이블의 업데이트는 안 되고 조회만 가능(편집 불가) • 다이너셋: 레코드 집합을 변경하면 테이블이 업데이트됨(편집 가능)
❸ 필터	특정 기준에 따른 필터 지정
❹ 정렬 기준	레코드를 정렬할 기준 지정
❺ 추가 가능	레코드 추가, 삭제, 편집 가능 여부 지정
❻ 삭제 가능	
❼ 편집 가능	
❽ 필터 사용	필터의 사용 여부 지정
❾ 레코드 잠금	동시에 같은 레코드를 편집할 때 레코드를 잠그는 방법을 지정 • 잠그지 않음: 기본값으로, 레코드 편집 작업이 완료되기 전에 다른 사용자가 레코드를 변경할 수 있음 • 모든 레코드: 모든 레코드를 다른 사용자가 편집할 수 없음 • 편집한 레코드: 한 번에 한 사람만 레코드를 편집할 수 있음

[기타] 탭

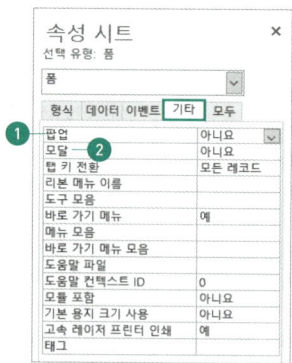

❶	팝업	폼을 팝업 형식으로 표시할지의 여부 선택
❷	모달	'예'를 선택하면 폼이 열려있는 경우 다른 화면을 선택할 수 없음

개념끝 100 　 컨트롤 사용

컨트롤의 종류

[디자인 보기]에서 [디자인] 탭 - [컨트롤] 그룹에서 컨트롤을 추가할 수 있다.

컨트롤	설명
레이블(가)	제목이나 캡션 등과 같이 고정된 텍스트를 표시하는 컨트롤
텍스트 상자(가나)	폼이나 보고서에서 데이터를 표시하거나 편집할 수 있는 컨트롤
단추(▭)	명령 단추 마법사를 이용하여 특정 매크로 함수를 실행할 수 있음
콤보 상자 (▭)	• 제공된 항목에서 한 개의 값을 선택할 수 있거나 값을 직접 입력할 수 있는 컨트롤 • 드롭다운 화살표를 클릭하기 전까지는 목록이 숨겨진 형태로 표시
목록 상자(▭)	• 제공된 항목에서 여러 개의 값을 선택할 수 있지만, 직접 입력할 수 없는 컨트롤 • 여러 개의 데이터 행으로 구성되며, 몇 개의 행을 항상 표시하는 형태로 표시
선/사각형(◣, ▭)	선이나 사각형을 그릴 때 사용하는 컨트롤
옵션 그룹 (▭)	확인란(☑), 옵션 단추(⦿), 토글 단추(▭)를 하나의 그룹으로 지정하여 사용하는 컨트롤
토글 단추 (▭)	'Yes'나 'No' 중 하나를 선택할 수 있는 컨트롤
확인란(☑)	• 여러 개의 값 중 하나 이상을 선택할 수 있는 컨트롤 • 'Yes/No' 필드를 추가하면 기본적으로 '확인란' 컨트롤이 삽입됨
옵션 단추 (⦿)	여러 개의 값 중 하나를 선택할 수 있는 컨트롤
하위 폼/ 하위 보고서 (▭)	일대다 관계에 있는 테이블이나 쿼리 표시
이미지(▭)	그림을 표시하는 컨트롤
첨부 파일(▭)	첨부 파일을 삽입할 때 사용하는 컨트롤

개념끝 101 　 컨트롤 속성

[데이터] 탭

컨트롤 원본	• 컨트롤에 연결할 데이터 지정 • 수식을 컨트롤 원본으로 지정할 때 문자는 큰 따옴표(""), 필드명이나 컨트롤 이름은 대괄호([ ])를 사용하여 구분
행 원본 유형	콤보 상자, 목록 상자 컨트롤에서 사용할 데이터를 제공하는 방법(테이블/쿼리, 필드 목록, 값 목록) 지정
행 원본	콤보 상자 컨트롤과 목록 상자 컨트롤에서 사용할 데이터 지정
바운드 열	콤보 상자나 목록 상자에 표시되는 열 중에서 '컨트롤 원본' 속성에 연결된 필드에 입력할 열 지정
기본값	새 레코드가 만들어질 때 필드에 자동으로 입력되는 값 지정
입력 마스크	데이터를 쉽게 입력할 수 있는 틀 지정
유효성 검사 규칙	입력될 내용에 대한 제한이나 조건 지정
사용 가능	컨트롤에 포커스를 이동할 수 있는지 지정
잠금	컨트롤의 데이터를 보호하기 위해 수정할 수 없도록 지정
목록 값만 허용	콤보 상자에서 지정된 목록 값만 사용하도록 지정

[기타] 탭

이름	컨트롤의 이름 지정
IME 모드	컨트롤에 포커스가 위치할 때 입력 모드를 '한글'이나 '영숫자 반자'로 지정
〈Enter〉 키 기능	텍스트 상자 컨트롤에서 Enter를 눌렀을 때 수행할 작업 지정
상태 표시줄 텍스트	컨트롤을 선택했을 때 상태 표시줄에 표시할 메시지 지정
컨트롤 팁 텍스트	컨트롤에 마우스 포인터를 올려놓았을 때 스크린 팁으로 표시되는 메시지 지정
탭 인덱스	• 컨트롤의 탭(Tab) 순서 지정 • 탭 인덱스를 0으로 지정하면 폼을 열 때 포커스가 위치함
탭 정지	• Tab을 이용하여 포커스를 이동시킬 수 있는지 지정 • 컨트롤을 탭 순서에서 제외하려면 '탭 정지' 속성을 '아니요'로 지정하며 기본 값은 '예'로 설정됨 • 폼에서만 지정이 가능하고 보고서에서는 지정할 수 없음
여러 항목 선택	목록 상자에서 여러 항목의 선택 여부와 방법 지정
자동 고침 사용	'예'로 설정하면 사용자가 잘못 입력한 영어 단어를 올바른 단어로 자동 정정

탭 순서

① [폼 보기]에서 Tab을 눌렀을 때 각 컨트롤 사이에 포커스(Focus)가 이동되는 순서를 지정하는 기능이다.
② [디자인] 탭-[도구] 그룹-[탭 순서]를 선택한다.
③ 기본적으로는 컨트롤을 작성한 순서대로 탭 순서가 설정되고, 선이나 레이블에는 설정할 수 없다.
④ [탭 순서] 대화상자에서 컨트롤 이름 행을 드래그하여 조정한다.
⑤ [탭 순서] 대화상자의 [자동 순서] 단추: 폼에 삽입된 컨트롤의 위치를 기준으로 위에서 아래로, 왼쪽에서 오른쪽으로 자동 설정된다.
⑥ [속성 시트] 창을 열고 [기타] 탭의 '탭 정지' 속성에서 '아니요'를 선택하면 탭 순서에서 제외된다.

| 개념끝 102 | 하위 폼 |

하위 폼의 개념
① 폼 안에 삽입된 또 하나의 폼을 의미하고, 하위 폼은 별도의 독립된 형태로도 열 수 있다.
② 일대다 관계에서 기본 폼에는 '일'에 해당하는 데이터가, 하위 폼에는 '다'에 해당하는 데이터가 표시된다.
③ 기본 폼은 '단일 폼' 형태로만, 하위 폼은 '단일 폼', '연속 폼', '데이터시트' 형태로 표시할 수 있다.
④ 기본 폼에 포함시킬 수 있는 하위 폼의 수는 무제한이고, 중첩된 하위 폼은 최대 일곱 개 수준까지 만들 수 있다.
⑤ [직접 지정]을 이용하면 테이블 간에 관계가 설정되어 있지 않은 경우에도 하위 폼으로 연결할 수 있다.

기본 폼과 하위 폼의 연결
① 기본 폼과 하위 폼을 연결할 필드의 데이터 형식은 같거나 호환되어야 한다.
② 연결하는 필드는 [속성 시트] 창에서 [데이터] 탭의 '하위 필드 연결'이나 '기본 필드 연결'에서 변경할 수 있다.
③ [하위 폼 필드 연결기]를 이용하면 기본 폼과 하위 폼의 연결 필드를 한 번에 지정할 수 있다.
④ 여러 개의 연결 필드를 지정할 때는 필드 이름을 세미콜론(;)으로 구분한다.

| 개념끝 103 | 기타 폼 작성 |

폼 분할
① 분할 폼은 [데이터시트 보기]와 [폼 보기]를 동시에 표시하는 폼이다.
② [데이터시트 보기]와 [폼 보기]는 같은 원본에 연결되어 있고, 항상 상호 동기화된다.
③ 폼의 두 가지 보기([데이터시트 보기], [폼 보기]) 중 하나에서 필드를 선택하면 다른 보기에서도 같은 필드가 선택된다.
④ 원본 데이터는 [폼 보기]와 [데이터시트 보기]에서 모두 변경할 수 있다.
⑤ 분할 폼을 만든 후 컨트롤의 크기를 조정하거나 필드를 추가할 수 있다.
⑥ 폼의 [속성 시트] 창에서 '분할 표시 폼 방향' 항목을 이용하면 데이터시트를 폼의 상하좌우 위치로 설정할 수 있다.

모달 대화상자
① 모달 대화상자가 실행된 상태에서는 다른 폼이나 개체를 선택할 수 없다.
② [만들기] 탭-[폼] 그룹-[기타 폼]-[모달 대화 상자]를 선택하면 새로운 폼이 만들어지고, [확인] 단추와 [취소] 단추가 생성된다.
③ [확인] 단추나 [취소] 단추를 클릭하면 저장 여부를 묻고 대화상자가 닫힌다.

도메인 함수의 종류

DCOUNT("필드","도메인","조건")	'도메인'에서 '조건'에 맞는 '필드'의 개수
DSUM("필드","도메인","조건")	'도메인'에서 '조건'에 맞는 '필드'의 합계
DAVG("필드","도메인","조건")	'도메인'에서 '조건'에 맞는 '필드'의 평균
DMAX("필드","도메인","조건")	'도메인'에서 '조건'에 맞는 '필드'의 최대값
DMIN("필드","도메인","조건")	'도메인'에서 '조건'에 맞는 '필드'의 최소값
DLOOKUP("필드","도메인","조건")	'도메인'에서 '조건'에 맞는 '필드' 표시

개념끝 104   보고서 작성 `최빈출`

보고서의 구성 요소

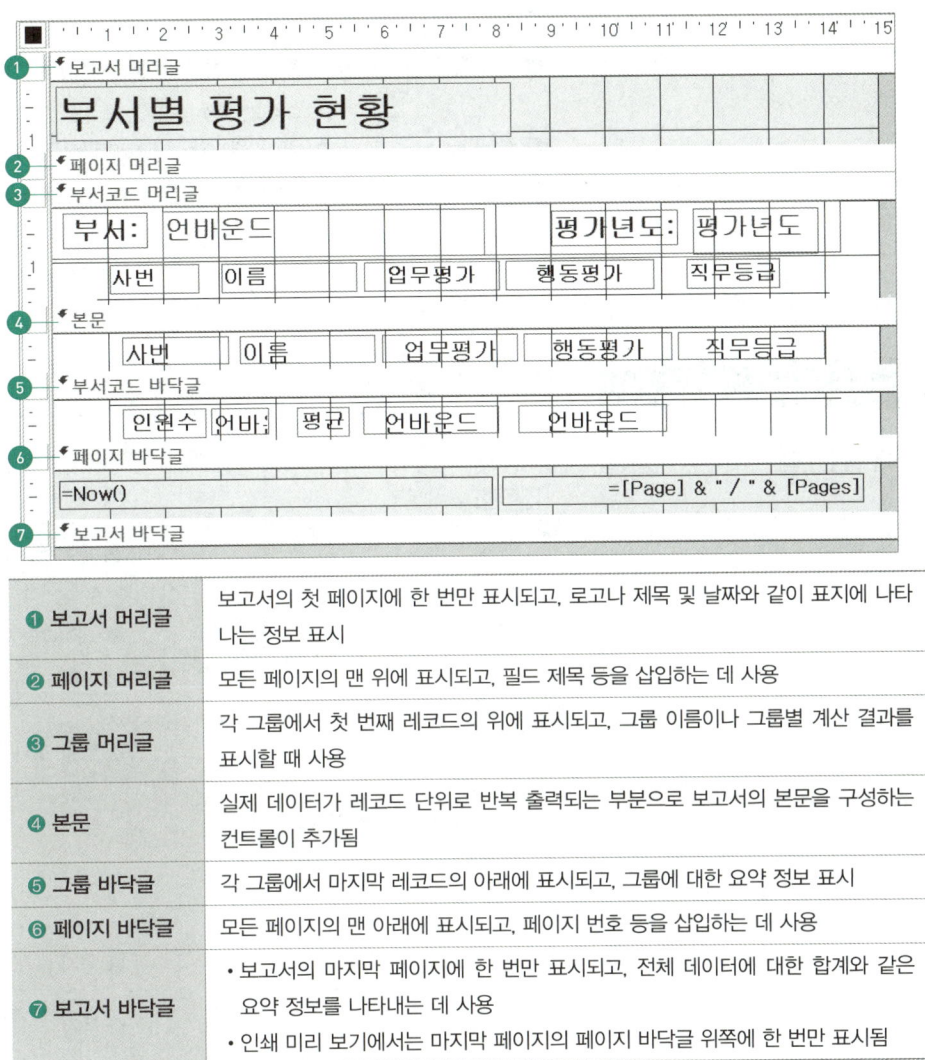

❶ 보고서 머리글	보고서의 첫 페이지에 한 번만 표시되고, 로고나 제목 및 날짜와 같이 표지에 나타나는 정보 표시	
❷ 페이지 머리글	모든 페이지의 맨 위에 표시되고, 필드 제목 등을 삽입하는 데 사용	
❸ 그룹 머리글	각 그룹에서 첫 번째 레코드의 위에 표시되고, 그룹 이름이나 그룹별 계산 결과를 표시할 때 사용	
❹ 본문	실제 데이터가 레코드 단위로 반복 출력되는 부분으로 보고서의 본문을 구성하는 컨트롤이 추가됨	
❺ 그룹 바닥글	각 그룹에서 마지막 레코드의 아래에 표시되고, 그룹에 대한 요약 정보 표시	
❻ 페이지 바닥글	모든 페이지의 맨 아래에 표시되고, 페이지 번호 등을 삽입하는 데 사용	
❼ 보고서 바닥글	• 보고서의 마지막 페이지에 한 번만 표시되고, 전체 데이터에 대한 합계와 같은 요약 정보를 나타내는 데 사용 • 인쇄 미리 보기에서는 마지막 페이지의 페이지 바닥글 위쪽에 한 번만 표시됨	

보고서 보기 형식

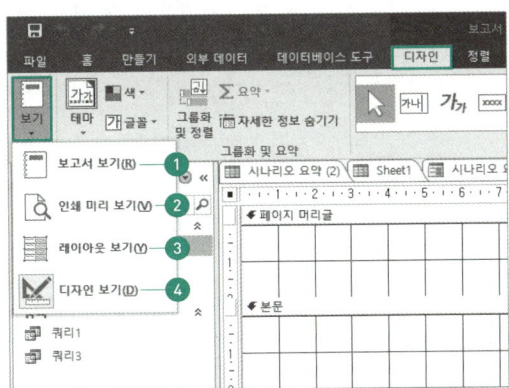

❶ 보고서 보기	• 작성된 보고서를 화면을 통해 미리 보는 기능 • 인쇄 미리 보기와 비슷하지만 페이지의 구분 없이 표시됨
❷ 인쇄 미리 보기	출력되는 모양 전체를 미리 보는 기능으로, 인쇄를 위한 페이지 설정이 용이
❸ 레이아웃 보기	• [보고서 보기]와 [디자인 보기]를 혼합한 형태 • 컨트롤의 위치와 크기를 변경하고, 그룹 수준 및 합계를 추가할 수 있지만, 데이터를 변경할 수 없음
❹ 디자인 보기	• 컨트롤 도구를 이용하여 보고서를 만들거나 수정 가능 • 컨트롤의 속성, 맞춤, 위치 등을 설정

개념끝 105   보고서 인쇄

[인쇄 옵션] 탭

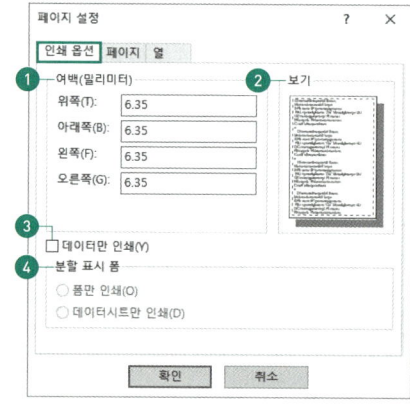

❶ 여백(밀리미터)	상하좌우 여백을 밀리미터(mm) 단위로 지정
❷ 보기	지정된 여백 미리 보기
❸ 데이터만 인쇄	컨트롤의 테두리, 눈금선 등의 그래픽은 인쇄하지 않고 데이터만 인쇄
❹ 분할 표시 폼	보고서에서는 지정할 수 없고 폼 인쇄 시 '폼만 인쇄', '데이터시트만 인쇄' 중에서 선택

[페이지] 탭

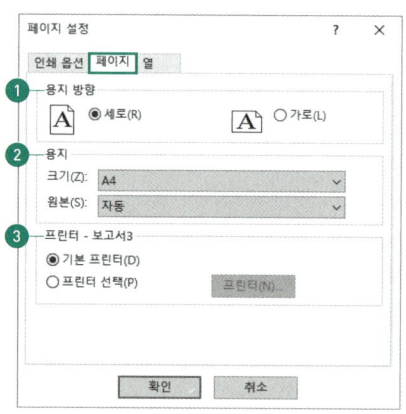

❶ 용지 방향	용지 방향을 '세로' 또는 '가로'로 지정
❷ 용지	용지 크기 및 원본 선택
❸ 프린터	프린터 선택

[열] 탭

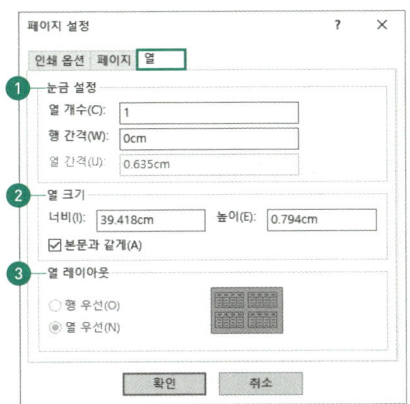

❶ 눈금 설정		여러 열로 구성된 보고서를 인쇄할 때 한 페이지에 인쇄할 열의 개수, 행 간격, 열 간격 지정
❷ 열 크기		• 열의 너비와 높이 지정 • 본문과 같게: 열의 너비와 높이를 보고서 본문의 너비와 높이에 맞춰 인쇄
❸ 열 레이아웃		열을 인쇄할 방향을 '행 우선'이나 '열 우선'으로 지정

개념끝 106 — 보고서 속성

그룹화 및 정렬

특정한 필드의 값을 기준으로 속성이 같은 레코드의 모임으로 그룹화하거나 특정 필드를 기준으로 오름차순이나 내림차순으로 정렬하는 기능이다.

그룹 머리글 및 바닥글

① 요약 함수(SUM, AVG, MAX, MIN, COUNT, IIF 함수 등) 등을 작성하여 그룹 집계를 출력한다.
② 현재 그룹에 대한 합계: 계산 컨트롤에 SUM 함수를 작성하여 그룹 머리글이나 그룹 바닥글에 추가한다.
　예 =SUM([정가]) → '정가'의 합계
③ 그룹별 레코드의 개수: COUNT(*) 함수를 그룹 머리글이나 그룹 바닥글에 추가하면 Null 필드를 포함한 그룹별 레코드의 개수를 표시한다.
④ 전체 레코드의 개수: COUNT(*) 함수를 보고서 머리글이나 보고서 바닥글에 추가한다.

개념끝 107 — 다양한 보고서 작성

레이블 보고서

① 우편물 발송을 위한 레이블을 작성하는 기능이다.
② [만들기] 탭-[보고서] 그룹-[레이블]을 선택하고 [우편물 레이블 마법사]를 이용하여 작성한다.
③ 레이블의 크기는 선택하거나 사용자가 직접 지정할 수 있다.
④ 레이블 형식은 낱장 용지나 연속 용지를 선택할 수 있다.
⑤ 반드시 우편번호와 주소가 들어갈 필요는 없다.
⑥ 한 줄에 추가할 수 있는 필드의 개수는 최대 10개이다.
⑦ 필드 뒤에 일괄적으로 문자열을 넣을 수도 있다.
⑧ 인쇄 미리 보기에서 [페이지 설정] 대화상자를 사용하여 레이블 사이의 간격이나 여백을 변경할 수 있다.

하위 보고서

① 보고서에 삽입되는 또 하나의 보고서로, 일대다 관계가 적용된 테이블이나 쿼리의 데이터를 표시하기에 적합하다.
② 기본 보고서에 하위 보고서를 연결하려면 원본으로 사용하는 원본 레코드 간의 관계를 만들어야 한다.
③ 기본 보고서와 하위 보고서에 모두 그룹화 및 정렬 기능을 설정할 수 있다.
④ 기본 보고서의 [디자인 보기] 상태(🆖)에서 삽입된 하위 보고서의 크기를 조절할 수 있다.

개념끝 108 — 보고서 작성 기타

페이지 번호

① 보고서의 페이지 머리글이나 페이지 바닥글에 페이지 번호를 삽입하는 기능이다.
② [디자인] 탭 – [머리글/바닥글] 그룹 – [페이지 번호]를 선택한다.
③ Format(인수,형식) 함수를 이용하여 페이지 번호의 형식을 지정할 수 있다.

누적 합계 표시

① 보고서에 텍스트 상자 컨트롤을 이용하여 레코드나 그룹별로 누적 합계를 계산하는 기능이다.
② 컨트롤 속성의 [데이터] 탭 – '누적 합계' 속성을 이용하여 지정한다.
③ 컨트롤 원본은 '=1'로, 누적 합계 속성은 '그룹'으로 설정하면 그룹별로 순번을, '모두'로 설정하면 전체에 대한 순번을 구한다.

개념끝 109 — 매크로 작성

매크로의 개념

① 매크로(Macro)는 매크로 함수를 이용하여 여러 번 반복되는 작업을 자동화하는 기능으로, 모듈에 비해 비교적 간단한 작업을 처리할 수 있다.
② 매크로는 하나 이상의 매크로 함수로 구성되고, 각 매크로 함수의 수행 방식을 제어하는 인수를 추가할 수 있다.
③ 매크로 함수는 주로 컨트롤의 이벤트에 연결하여 사용한다.
④ 매크로 기록 기능은 엑셀에서는 지원되지만, 액세스에서는 지원되지 않는다.
⑤ 특정 조건이 '참'일 때만 매크로 함수가 실행되도록 지정할 수 있다.
⑥ 폼이나 보고서에 포함된 매크로 작성하거나 독립적인 매크로를 작성할 수 있다.
⑦ 매크로 개체는 탐색 창의 매크로에 표시되지만, 포함된 매크로는 표시되지 않는다.
⑧ 매크로가 실행 중일 때 [Ctrl] + [Break]를 누르면 한 단계씩 차례대로 매크로를 실행할 수 있다.
⑨ 각 매크로에는 하위 매크로를 포함시킬 수 있다.

매크로 함수

① 폼과 보고서 관련 매크로 함수

매크로 함수	기능
ApplyFilter	테이블이나 쿼리로부터 레코드를 필터링하거나 정렬
FindNextRecord	FindRecord 함수나 [찾기 및 바꾸기] 대화상자에서 지정한 조건에 맞는 다음 레코드를 찾고, 인수가 없음
FindRecord	특정한 조건에 맞는 첫 번째 레코드를 검색
GoToControl	활성화된 폼에서 커서를 특정 컨트롤로 자동으로 이동하는 데 사용
GoToRecord	커서를 특정 컨트롤로 이동

② 실행 관련 매크로 함수

매크로 함수	기능
RunMenuCommand	액세스에서 제공하는 명령을 실행
QuitAccess	액세스 종료
RunMacro	매크로 실행
RunSQL	SQL문 실행

③ 가져오기/내보내기 관련 매크로 함수

매크로 함수	기능
EMailDatabaseObject	액세스의 개체를 전자우편 메시지에 첨부하여 전송
ExportWithFormatting	액세스의 개체를 엑셀, 텍스트, 서식 있는 문서 파일 형식 등으로 내보냄
ImportExportData	액세스 파일과 다른 데이터베이스 간에 데이터를 가져오거나 내보냄
ImportExportText	액세스 파일과 텍스트 파일 간에 텍스트를 가져오거나 내보냄

④ 개체 조작 관련 매크로 함수

매크로 함수	기능
CloseWindow	지정된 액세스 개체 창 또는 현재 데이터베이스 창을 닫음
OpenForm	폼을 [폼 보기], [폼 디자인 보기], [인쇄 미리 보기], [데이터시트 보기]로 열 수 있음
OpenQuery	작성된 쿼리를 호출하여 실행
OpenReport	보고서를 [디자인 보기], [인쇄 미리 보기], [레이아웃 보기]로 열거나 바로 인쇄
OpenTable	테이블을 [데이터시트 보기], [디자인 보기], [인쇄 미리 보기]로 열 수 있음

⑤ 기타 매크로 함수

매크로 함수	기능
Beep	경고음 설정
CancelEvent	매크로 실행 이벤트를 취소하고, 인수가 없음
MessageBox	사용자에게 필요한 메시지를 화면에 표시하고, 경고음을 설정할 수 있음

개념끝 110   모듈 작성

모듈의 개념

① 매크로보다 복잡한 작업을 자동으로 처리하기 위해 Visual Basic 프로그래밍 언어를 사용하여 직접 작성한다.
② [만들기] 탭-[매크로 및 코드] 그룹-[모듈]을 선택하여 작성한다.
③ 전역 변수를 선언하려면 변수명 앞에 Public을 지정해야 한다.
④ 선언문에서 변수에 데이터 형식을 생략하면 변수는 Variant 형식을 가진다.

개념끝 111   액세스와 데이터베이스 개체

DoCmd 개체

OpenForm	폼을 여는 매크로 함수 실행
OpenQuery	쿼리를 여는 매크로 함수 실행
OpenReport	보고서를 여는 매크로 함수 실행
RunCommand	명령어 실행
RunMacro	매크로 실행
RunSQL	SQL문 실행
CopyObject	지정한 데이터베이스 개체를 복사하는 매크로 함수 실행
DeleteObject	지정한 데이터베이스 개체를 삭제하는 매크로 함수 실행
OutputTo	지정한 데이터베이스 개체를 다른 형식으로 내보내는 매크로 함수 실행
GoToRecord	레코드 포인터를 이동하는 매크로 함수 실행
GoToControl	지정한 컨트롤로 포커스를 이동하는 매크로 함수 실행
FindRecord	지정한 조건에 맞는 레코드를 검색하는 매크로 함수 실행
FindNext	[찾기]에서 지정한 조건에 맞는 레코드를 검색하는 매크로 함수 실행
Quit	액세스를 종료하는 매크로 함수 실행
Close	개체를 닫는 매크로 함수 실행

2025~2023년 상시시험 기출변형문제로 최신경향 완전정복!

상시시험
기출변형문제

더 많은 문제를 풀고 싶다면?

실전처럼 풀기(회차별)
① '에듀윌 EXIT 합격 서비스' 접속
② 로그인
③ 교재 구매 인증
④ 필기CBT 게시판
⑤ 응시하기

EXIT 합격 서비스
바로가기

2025년 시행 상시시험

제1회 기출변형문제

정답 및 해설 p.142

제한시간 60분

1과목 컴퓨터 일반

01

다음 중 GPU(Graphics Processing Unit)에 대한 설명으로 가장 옳지 않은 것은?

① GPU는 수천 개의 코어를 통해 대량의 연산을 병렬 처리할 수 있으며, 머신러닝 및 딥러닝과 같은 AI 분야에 활용된다.
② GPU는 3D 렌더링, 영상 편집, 고해상도 게임 처리 등에서 CPU보다 더 효율적인 성능을 발휘할 수 있다.
③ GPU는 모든 범용 연산에서 CPU보다 빠르고 효율적이므로, 일반적인 운영체제 제어나 논리 제어에도 널리 사용된다.
④ GPU는 그래픽 연산에 특화되어 있어, 복잡한 수치 계산이나 행렬 연산을 병렬로 처리할 수 있는 능력이 뛰어나다.

02

다음 중 OSI 7계층과 그 계층의 역할로 가장 옳은 것은?

① 세션(Session) 계층 – 데이터의 압축 및 암호화, 데이터 형식의 변환을 수행한다.
② 전송(Transport) 계층 – 데이터의 종단 간(end-to-end) 전송과 흐름 제어, 오류 제어를 담당한다.
③ 표현(Presentation) 계층 – 전기적 신호로 데이터를 물리적으로 전송하는 역할을 수행한다.
④ 네트워크(Network) 계층 – 사용자와 응용 프로그램 간의 인터페이스를 제공하는 역할을 한다.

03

다음 중 컴퓨터 시스템의 레지스터(Register)에 대한 설명으로 옳지 않은 것은?

① 레지스터는 CPU 내부의 고속 기억 장치로, 연산 중 데이터를 일시적으로 저장하고 처리한다.
② 레지스터는 일반적으로 휘발성 메모리이며, 전원이 꺼지면 저장된 내용은 소멸된다.
③ 누산기(Accumulator), 명령 레지스터(IR), 프로그램 카운터(PC)는 모두 CPU 내부의 레지스터이다.
④ 레지스터는 플립플롭으로 구성되며, 플립플롭은 하나의 레지스터 전체 값을 한 번에 저장하는 역할을 한다.

04

다음 중 ⊞를 사용하는 단축키 조합과 그 기능에 대한 설명으로 가장 옳지 않은 것은?

① ⊞+D – 모든 창을 최소화하고 바탕 화면을 표시한다.
② ⊞+E – 파일 탐색기를 연다.
③ ⊞+R – 실행 창을 연다.
④ ⊞+C – 제어판을 연다.

05

다음 중 컴퓨터에서 문자를 표현하는 코드 체계에 대한 설명으로 옳지 않은 것은?

① Unicode는 다양한 언어와 기호를 포함한 국제 표준 인코딩 방식이다.
② ASCII는 기본적으로 7비트로 구성되며, 영어 알파벳과 제어 문자 등을 포함한 문자 인코딩으로 국제적으로 널리 쓰인다.
③ EBCDIC은 웹과 모바일 환경에서 최적화된 문자 인코딩 방식으로, 대부분의 인터넷 기반 시스템에서 기본으로 사용된다.
④ BCD는 10진수 숫자 하나를 4비트로 표현하는 방식으로, 금융 계산기나 디지털 기기에서 주로 사용된다.

06

다음 중 Windows 그림판(Paint)에 대한 설명으로 옳지 <u>않은</u> 것은?

① 그림판에서는 PNG, JPEG, GIF 등 다양한 포맷으로 이미지를 저장할 수 있지만, PSD와 같은 포토샵 전용 형식은 지원하지 않는다.
② 작업 중 이미지를 확대하거나 축소하려면 [브러시] 그룹에서 조정해야 한다.
③ 그림판의 기본 도구에는 연필, 색 채우기, 텍스트 입력 등이 있으며, 그림을 회전하거나 대칭 이동 등의 작업을 할 수 있다.
④ 그림판은 기본 드로잉 도구로, 포토샵이나 GIMP 같은 레이어 편집 기능은 제공하지 않는다.

07

다음 중 Windows 10의 글꼴에 대한 설명으로 옳지 <u>않은</u> 것은?

① 사용자는 개별 글꼴 파일(TTF, OTF 등)을 수동으로 설치할 수 있다.
② [글꼴 설정]을 이용하여 글꼴을 설치 및 삭제할 수 있다.
③ 글꼴에 대한 미리 보기와 샘플 텍스트를 확인할 수 있다.
④ 글꼴은 일반적으로 C:\Windows\Fonts 폴더에 저장된다.

08

다음 중 Windows 10의 [설정]-[개인 설정] 메뉴에서 설정할 수 있는 기능에 대한 설명으로 옳지 <u>않은</u> 것은?

① 배경 탭에서는 바탕화면 배경을 단색, 그림, 슬라이드쇼 중에서 선택할 수 있다.
② 색 탭에서는 강조 색상을 사용자 정의하거나 자동으로 설정하고, 밝은 모드 또는 어두운 모드를 지정할 수 있다.
③ 테마 탭에서는 배경, 소리, 마우스 포인터 등을 포함한 테마를 저장하고 불러올 수 있다.
④ 잠금 화면 탭에서는 PIN 암호를 재설정하거나 사용자 계정의 로그인 방식을 변경할 수 있다.

09

다음 중 소스 코드가 실행 파일로 전환되기까지의 과정에 대한 설명으로 옳지 <u>않은</u> 것은?

① 컴파일러는 전체 소스 코드를 목적 코드로 번역하고, 실행 전 오류를 검사한다.
② 인터프리터는 한 줄씩 코드를 해석하며 실행하고, 실행 파일을 생성하지 않는다.
③ 링커는 여러 개의 목적 파일을 결합하고 외부 라이브러리와 연결하여 실행 파일을 생성한다.
④ 로더는 프로그램 실행 중에 컴파일된 소스 코드를 인터프리팅하여 메모리에 적재한다.

10

다음 중 이메일 전송 및 수신과 관련된 프로토콜에 대한 설명으로 옳지 <u>않은</u> 것은?

① SMTP는 이메일을 전송할 때 사용하는 프로토콜로, 메일 서버 간 전송도 처리할 수 있다.
② POP3는 이메일을 클라이언트로 내려받은 후 서버에서 삭제할 수 있어, 오프라인 환경에 적합하다.
③ IMAP은 메일을 서버에 그대로 유지한 채 여러 장치에서 동기화하며 메일을 관리할 수 있다.
④ MIME은 이메일 본문을 암호화하고, 송수신 서버 간의 인증을 제공하는 보안 프로토콜이다.

11

다음 중 방화벽(Firewall)의 기능에 대한 설명으로 옳지 <u>않은</u> 것은?

① 방화벽은 IP 주소, 포트 번호, 프로토콜 종류 등을 기반으로 네트워크 트래픽을 제어할 수 있다.
② 방화벽은 외부에서 내부 네트워크로 접근하는 트래픽을 차단하며, 내부에서 나가는 요청에 대해서는 설정된 정책에 따라 역추적을 수행할 수 있다.
③ 방화벽은 시스템의 저장 장치의 상태를 분석하여 네트워크 공격 여부를 판별한다.
④ 방화벽은 사전에 정의된 규칙에 따라 트래픽을 실시간으로 필터링하며, 의심되는 접근은 로그로 기록할 수 있다.

12

다음 중 무선 통신 및 연결 기술에 대한 설명으로 옳지 않은 것은?

① 테더링은 스마트폰의 인터넷 연결을 USB, Wi-Fi, 또는 블루투스를 통해 다른 기기에 공유할 수 있는 기능이다.
② 블루투스는 저전력 기반의 근거리 무선 통신 기술로, 무선 키보드, 마우스, 스피커 등 주변기기 연결에 주로 사용된다.
③ Wi-Fi는 이동 중에도 안정적으로 접속 가능한 광역 무선 통신 기술로, LTE나 와이브로와 유사한 범위를 지원한다.
④ 와이브로(WiBro)는 고속 이동 중에도 접속이 가능한 무선 인터넷 기술로, 기존 Wi-Fi보다 더 넓은 커버리지를 제공한다.

13

다음 중 스마트폰의 테더링(Tethering) 기능에 대한 설명으로 옳지 않은 것은?

① 스마트폰의 모바일 데이터를 이용해 다른 기기를 인터넷에 연결할 수 있다.
② Wi-Fi, USB, Bluetooth 등을 이용해 테더링 기능을 제공할 수 있다.
③ 테더링을 사용할 경우 데이터 요금과 배터리 소모가 증가할 수 있다.
④ NFC를 통해 스마트폰의 데이터를 다른 기기로 테더링할 수 있다.

14

다음 중 Windows의 '드라이브 조각 모음 및 최적화' 도구에 대한 설명으로 옳지 않은 것은?

① 하드디스크의 파일 조각을 정리하여 디스크 접근 속도를 향상시키는 기능을 수행한다.
② '드라이브 최적화'는 Windows 검색창에 입력하거나 dfrgui 명령어를 통해 실행할 수 있다.
③ 조각 모음은 네트워크 드라이브와 같은 원격 저장소에도 적용 가능하다.
④ 자동으로 일정 주기에 따라 드라이브를 분석하고 최적화할 수 있다.

15

다음 중 IPv6에 대한 설명으로 옳지 않은 것은?

① IPv6 주소는 128비트 길이이며, 16비트씩 8개 블록으로 구성되고 각 블록은 16진수로 표현된다.
② IPv6 주소는 콜론(:)으로 블록을 구분하며, 연속된 0 블록은 한 번에 한해 '::'으로 생략할 수 있다.
③ IPv6는 주소 공간이 넓어 NAT 기능이 내장되어 있으며, 이를 통해 IP 주소 부족 문제를 해결한다.
④ IPv6는 자동 주소 설정(Stateless Autoconfiguration)과 멀티캐스트, 애니캐스트 기능을 지원한다.

16

다음 중 BIOS(Basic Input/Output System)에 대한 설명으로 가장 옳은 것은?

① 운영체제 설치 후 삭제 가능한 응용 프로그램이다.
② 컴퓨터의 메인보드와 하드디스크를 포맷하는 도구이다.
③ 하드웨어 초기 설정 및 부팅 과정 제어를 담당하는 펌웨어이다.
④ USB 장치 드라이버를 자동 설치하는 운영체제의 하위 모듈이다.

17

다음 중 멀티미디어 데이터 처리 방식에 대한 설명으로 옳지 않은 것은?

① 샘플링은 아날로그 신호를 일정한 시간 간격으로 채취하여 디지털 데이터로 변환하는 과정이다.
② 시퀀싱은 이미지, 사운드, 텍스트 등 다양한 미디어 객체를 시간의 흐름에 따라 배열하거나 재생 순서를 정의하는 과정이다.
③ 스트리밍은 멀티미디어 파일 전체를 다운로드한 후 재생함으로써 대기 시간을 줄이는 기술이다.
④ MIDI는 실제 소리의 파형을 저장하기보다는, 악기 연주 정보를 디지털 명령으로 저장하는 형식이다.

18

다음 중 불법적 공격·위협 방식에 대한 설명으로 옳지 <u>않은</u> 것은?

① 피싱은 합법적인 사이트나 이메일을 가장하여 사용자의 계정 정보나 금융 정보를 유출시키는 공격 기법이다.
② 스푸핑은 IP나 MAC 주소 등을 위조하여 신뢰받는 호스트처럼 행동하며, 사용자 입력을 감청하여 비밀번호를 알아내는 방식이다.
③ DDoS는 여러 대의 감염된 좀비 PC를 통해 특정 서버나 네트워크에 대량의 트래픽을 보내, 정상 사용자가 접속하지 못하도록 마비시키는 공격이다.
④ 키로거는 소프트웨어나 하드웨어 형태로 사용자의 키보드 입력을 기록해 민감 정보를 탈취하며, 백그라운드에서 은밀히 동작한다.

19

다음 중 컴퓨터 시스템의 버스(Bus)에 대한 설명으로 가장 옳지 <u>않은</u> 것은?

① 주소 버스는 주로 CPU와 메모리 간의 위치 정보(주소)를 전달하며, 데이터를 저장하는 실제 내용을 전송한다.
② 데이터 버스는 CPU, 메모리, 주변장치 간에 명령어나 데이터를 실제로 전송하는 역할을 한다.
③ 주소 버스의 폭이 증가하면 접근 가능한 메모리 주소 공간이 증가한다.
④ 제어 버스는 읽기/쓰기와 같은 제어 신호를 전송하여 장치 간 동작을 조정하는 데 사용된다.

20

다음 중 OTT(Over-The-Top) 서비스에 대한 설명으로 가장 옳은 것은?

① OTT는 위성이나 지상파 신호를 통해 송출되는 전통적인 방송 서비스이다.
② OTT는 별도의 통신사망이 아닌 자체 네트워크를 구축해 방송을 제공하는 시스템이다.
③ OTT는 인터넷을 통해 영화, 드라마, 방송 등을 제공하는 온라인 스트리밍 기반 콘텐츠 서비스이다.
④ OTT는 하드웨어 장비를 통해 실시간 통신을 제공하는 네트워크 장치이다.

2과목 스프레드시트 일반

21

다음 중 [A1] 셀에 'KR-2023Q4'라는 텍스트가 입력되어 있을 때, 아래의 수식을 [B1] 셀에 입력한 결과로 옳은 것은?

```
=CONCAT(MID(A1,FIND("-",A1)+1,4),LEFT(A1,2),
RIGHT(A1,2))
```

① 2023KRQ4
② KR2023Q4
③ 2023Q4KR
④ 23KRQ420

22

다음 중 선택된 차트의 [페이지 설정] 대화상자에 대한 설명으로 옳지 <u>않은</u> 것은?

① [차트] 탭에서는 인쇄 품질을 '초안', '흑백으로 인쇄'로 설정할 수 있다.
② 시트의 [페이지 설정]에서는 [시트] 탭에서 '눈금선 인쇄' 및 '행·열 머리글 인쇄'를 설정할 수 있으나, 차트의 [페이지 설정]에는 [시트] 탭이 없어 해당 기능을 지원하지 않는다.
③ 시트의 [페이지 설정]에서는 [머리글/바닥글] 탭에서 '짝수와 홀수 페이지를 다르게 지정'이 가능하지만 차트의 [페이지 설정]에서는 지원하지 않는다.
④ 차트만 인쇄하고자 할 경우, 해당 차트를 선택한 상태에서 인쇄 명령을 실행하면 차트만 인쇄할 수 있다.

23

다음 중 [페이지 설정] 대화상자에서 머리글을 지정할 경우 사용하는 단추를 클릭했을 때 표시되는 값으로 옳지 <u>않은</u> 것은?

① : 페이지 번호 삽입, 전체 페이지 수 삽입
② : 현재 날짜 삽입, 현재 시간 삽입
③ : 탭 삽입, 파일 이름 삽입
④ : 시트 이름, 그림 삽입

24

다음 중 외부 데이터를 불러오기 위한 [데이터]-[데이터 가져오기 및 변환]-[기타 원본]에 해당하지 않는 데이터 원본은?

① Microsoft Query
② ODBC
③ 웹(W)
④ CSV 파일

25

다음은 부서별, 지점별에 따른 급여 데이터이다. 각 부서별, 지점별 급여의 최대값을 [B10:D12] 영역에 표시하고자 할 때, [B10] 셀에 입력할 배열 수식으로 옳은 것은?

	A	B	C	D
1	부서	이름	지점	급여
2	영업부	수현	서울	300
3	총무부	모찌	부산	250
4	영업부	마리	광주	280
5	총무부	달콤	서울	310
6	영업부	민기	부산	270
7	개발부	라레	광주	330
8				
9		영업부	총무부	개발부
10	서울	300	310	0
11	부산	270	250	0
12	광주	280	0	330

① =MAX(IF(($A$2:$A$7=B$9)*($C$2:$C$7=$A10),$D$2:$D$7))
② =MAX(IF($A$2:$A$7=B$9,IF($C$2:$C$7=$A10,$D$2:$D$7)))
③ =MAX(IF(AND($A$2:$A$7=B$9,$C$2:$C$7=$A10),$D$2:$D$7))
④ =MAX($D$2:$D$7,IF($A$2:$A$7=B$9,IF($C$2:$C$7=$A10,$D$2:$D$7)))

26

다음 중 메모와 윗주(노트)에 대한 설명으로 옳은 것은?

① 데이터를 삭제하면 메모와 윗주는 삭제되지 않고 셀에 남아 있으며, 별도의 명령어로 삭제하지 않으면 사라지지 않는다.
② 메모와 윗주는 동일한 셀에 동시에 삽입할 수 없다. 각각 독립적으로 표시하거나 숨길 수 있다.
③ 윗주는 마우스를 올렸을 때 자동으로 표시되며, 수식에서 직접 참조할 수 없다.
④ [검토] 탭-[메모] 그룹에서 '새 메모/삭제/모두 표시'가 가능하며, 윗주는 [홈] 탭-[글꼴] 그룹에서 지정할 수 있다.

27

다음 중 아래의 VBA 매크로 코드에 대한 설명으로 옳지 않은 것은?

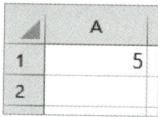

```
Sub MacroExample()
    Range("A1").Select
    ActiveCell.Offset(1,0).Select
    ActiveCell.FormulaR1C1="=R[-1]C+10"
End Sub
```

① 이 코드는 먼저 셀 [A1]을 선택한 후, 한 행 아래 [A2]를 선택하여, [A2]에 "=A1+10"과 동일한 수식을 입력한다.
② ActiveCell.Offset(1,0)은 현재 선택된 셀에서 아래쪽으로 한 셀을 이동시키는 역할을 한다.
③ ActiveCell.FormulaR1C1="=R[-1]C+10"은 현재 셀 [A2]를 기준으로, 바로 위 셀 [A1]의 값에 10을 더하는 수식을 입력한다.
④ 이 코드는 Range.Select를 사용하여 셀 선택 과정을 생략하므로, [A1]의 값이 변경되어도 [A2]에는 영향을 주지 않는다.

28
다음 중 콤보 차트에 대한 설명으로 옳지 <u>않은</u> 것은?

① 콤보 차트는 하나의 차트에 여러 데이터 계열을 서로 다른 차트 유형으로 조합하여 표현할 수 있으며, 필요에 따라 보조 축도 설정할 수 있다.
② 콤보 차트는 서로 다른 단위를 동일 축에 정렬하여, 시각적으로 단순한 비교를 가능하게 한다.
③ 엑셀에서 콤보 차트는 [삽입] 탭 - [차트] 그룹 - [추천 차트] - [모든 차트] 탭에서 삽입할 수 있다.
④ 보조 축을 사용하면 값의 범위가 크게 다른 계열도 하나의 차트에 동시에 표현할 수 있어, 상대적인 패턴 분석에 유리하다.

29
다음 중 날짜 함수 수식과 그 실행 결과로 옳지 <u>않은</u> 것은?

① =DAYS("2025-12-31","2026-01-01") → 1
② =EDATE("2026-01-31",1) → 2026-02-28
③ =EOMONTH("2026-02-28",1) → 2026-03-31
④ =DATEVALUE("2026-02-30") → #VALUE!

30
다음 중 [A1] 셀에 "hy-ExcelGPT2025"이 입력되어 있는 상태에서 다음 수식의 결과로 옳은 것은?

=UPPER(LEFT(MID(A1,FIND("-",A1)+1,7),5))

① EXCEL
② Excel
③ CELGP
④ GPT20

31
다음 중 [시나리오 추가] 대화상자에 대한 설명으로 옳지 <u>않은</u> 것은?

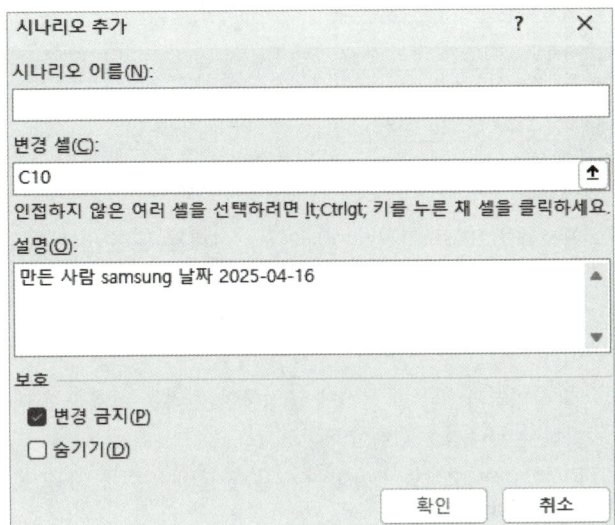

① 시나리오 이름은 영문자, 밑줄(_), 숫자를 사용할 수 있으며 첫 글자는 영문자, 밑줄(_)만 가능하다.
② 시나리오에 포함될 '변경 셀'은 수식 셀이 아니더라도 지정 가능하며, 여러 셀을 선택할 수 있다.
③ '변경금지'는 시나리오를 변경할 수 없도록 보호하는 것이다.
④ '설명'은 시나리오에 대한 추가적인 설명으로 반드시 입력할 필요는 없다.

32
다음 중 정렬 기능에 대한 설명으로 옳지 <u>않은</u> 것은?

① 사용자 지정 정렬에서는 열 값을 기준으로 정렬할 뿐만 아니라 셀 색, 글꼴 색, 아이콘 등을 기준으로 정렬할 수도 있다.
② 기본 오름차순 정렬 시, 숫자는 작은 값에서 큰 값순으로, 텍스트는 가나다 또는 알파벳순으로 정렬되며, 공백 셀은 맨 아래로 정렬된다.
③ 병합된 셀이 포함된 영역은 정렬이 불가능하며, 이를 무시하고 정렬을 수행하면 해당 열만 정렬되고 나머지 데이터와의 연결이 끊긴다.
④ 사용자 지정 정렬에서는 여러 개의 정렬 기준을 설정할 수 있으며, 위쪽에 위치한 기준이 우선적으로 적용된다.

33

다음 중 아래와 같은 목표값 찾기의 실행 목적으로 옳은 것은?

	A	B	C	D	E	F
1	월 불입액	300,000				
2	불입 횟수 (개월)	24				
3	연이율 (%)	5%				
4	월이율	0.02				
5	이자	1,926,559				
6	만기 수령액	9,126,559				

목표값 찾기
- 수식 셀(E): B6
- 찾는 값(V): 20000000
- 값을 바꿀 셀(C): $B$1

① 이자율을 5%로 고정한 상태에서, 24개월 후 수령액이 2천만원이 되도록 월 불입액을 계산하기 위한 것이다.
② 총 이자 수익이 2천만원이 되도록 연이율을 계산하는 것이다.
③ 월 불입액과 이율을 동시에 조정하여 원리금 합계를 최대화하는 시나리오 실행이다.
④ FV 함수의 수식을 사용하여 이율과 불입 횟수를 자동 예측하는 기능이다.

34

다음 중 엑셀 재무 함수의 설명으로 옳지 않은 것은?

① PMT 함수는 일정한 이율과 기간이 주어진 경우, 고정 상환액을 계산하는 데 사용된다.
② FV 함수는 일정한 금액을 정기적으로 저축했을 때, 미래 시점의 금액을 계산할 수 있다.
③ SLN 함수는 감가상각 초기에 더 큰 비용을 배분하는 방식이며, 사용 연수에 따라 감소한다.
④ PV 함수는 일정한 납입금과 이율을 기준으로 한 현재의 가치를 계산할 수 있다.

35

다음 중 아래의 매크로에 대한 설명으로 옳지 않은 것은?

```
Sub 매크로예제()
    Range("B2").Select
    ActiveCell.FormulaR1C1="=SUM(R[-1]C:R[-1]C[2])"
    Range("B2").AutoFill Destination:=Range("B2:B10"), Type:=xlFillDefault
End Sub
```

① [B2] 셀을 선택한 후, 해당 셀에 수식을 입력한다.
② FormulaR1C1은 R1C1 참조 형식을 사용하며, 현재 셀을 기준으로 상대 참조가 적용된다.
③ AutoFill 메서드는 B2 셀의 수식을 [B2]부터 [B10]까지 자동 채워 넣는다.
④ SUM(R[-1]C:R[-1]C[2])는 [B1:E1]의 합계를 의미한다.

36

다음은 판매수량에 따른 실적률을 데이터 표로 분석하고자 한다. 실적률은 '실적률=판매수량/계획수량'으로 계산되며, 계획수량은 [B5] 셀에 입력되어 있고, 판매수량은 [B6] 셀에 입력되어 있다. 데이터 표는 [D5:E9] 영역에 설정되어 있을 때 데이터 표 설정 시 올바른 수식 위치와 행과 열 입력 셀은?

	A	B	C	D	E
1					
2	상반기 판매현황			데이터 표	
3					
4	상점명	라레		판매수량	실적률
5	계획수량	2,450			
6	판매수량	1,200		1,000	
7	실적률	48.98%		1,500	
8	실적증감	-1,250		2,000	
9				2,500	

① 수식 위치: E5 / 행 입력 셀: 없음 / 열 입력 셀: B6
② 수식 위치: E5 / 행 입력 셀: B6 / 열 입력 셀: 없음
③ 수식 위치: E6 / 행 입력 셀: 없음 / 열 입력 셀: B6
④ 수식 위치: D5 / 행 입력 셀: B6 / 열 입력 셀: B7

37

다음 중 #VALUE! 오류가 발생하는 원인 또는 설명으로 옳지 않은 것은?

① 셀에 '5'처럼 숫자로 보이는 텍스트 형식의 값이 있는 경우, SUM("5",10)처럼 수식을 작성해도 오류 없이 계산된다.
② 수식에서 문자열과 숫자를 산술 연산자(+)로 결합하려 하면 #VALUE! 오류가 발생할 수 있다.
③ DATE("2025","4","31")은 유효하지 않은 날짜이므로 #VALUE! 오류를 반환한다.
④ 함수 인수가 잘못된 셀 범위를 참조하면 항상 #VALUE! 오류가 발생한다.

38

다음 중 [페이지 설정] 대화상자에 대한 설명으로 옳지 않은 것은?

① 확대/축소 배율은 10%~200% 범위 내에서 10% 단위로 설정할 수 있으며 자동 맞춤을 사용하면 배율이 자동으로 조정된다.
② 인쇄 시 행 머리글(1, 2, 3…) 및 열 머리글(A, B, C…)의 출력 여부는 [시트] 탭에서 설정하며, 기본적으로는 인쇄되지 않도록 되어 있다.
③ 메모 출력은 [시트] 탭에서 '시트 끝' 또는 '시트에 표시된 대로' 중에서 선택할 수 있다.
④ '셀 오류 표시'는 [시트] 탭에서 '표시된 대로', '〈공백〉', '--', '#N/A' 중에서 선택할 수 있으며 인쇄 시 오류 표시 방식만 조정하며 화면상 표시에는 영향을 주지 않는다.

39

다음 중 아래의 데이터 표를 사용하여 이자율에 따라 이자액을 계산하고자 할 때, 이 작업에 대한 설명으로 옳지 않은 것은?

	A	B	C	D	E	F	G	H	I	J	K
1	원금	10,000,000					3%	4%	5%	6%	7%
2	기간(년)	3				1,500,000	0.03	0.04	0.05	0.06	0.07
3	이자율	5%									
4	이자액	1,500,000									

① 데이터 표를 사용하면 하나의 수식에 대해 여러 입력값을 적용하여 결과를 자동으로 계산할 수 있다.
② 데이터 표에서는 수식을 왼쪽 위 셀 [F2]에 입력한 후, 나머지 셀에도 동일한 수식을 직접 복사해야 한다.
③ 데이터 표는 원본 수식을 반복 작성하지 않고 다양한 결과를 분석할 수 있는 가상 분석 도구이다.
④ 자동으로 결과가 구해진 셀을 하나 선택해서 살펴보면 "=TABLE(,B3)"과 같은 배열 수식이 들어 있다.

40

다음 중 [찾기 및 바꾸기] 대화상자에 대한 설명으로 옳지 않은 것은?

① [찾기 및 바꾸기] 대화상자는 현재 워크시트뿐만 아니라 사용자가 지정한 범위 내에서 작업할 수도 있다.
② [찾기] 탭의 '옵션' 버튼을 사용하면 대소문자 구분, 전체 셀 내용 일치, 서식을 활용한 기능을 설정할 수 있다.
③ [찾기 및 바꾸기] 대화상자에서는 와일드카드를 지원하지 않으므로, 단순한 텍스트 검색만 가능하다.
④ '바꾸기' 기능을 사용하면 사용자가 선택한 범위 내의 셀에 대해 일괄적으로 텍스트나 셀 서식 변경을 실행할 수 있다.

3과목 데이터베이스 일반

41

다음 중 직원 테이블의 이메일 필드에 기본 키는 아니지만 중복된 값이 입력되지 않도록 제한하고자 할 때, 설정 방법으로 옳은 것은?

① 필드에 입력 마스크를 설정한다.
② 필드에 유효성 검사 규칙을 설정한다.
③ 해당 필드에 고유 인덱스를 설정한다.
④ 해당 필드를 외래 키로 설정한다.

42

다음 중 현재 폼에서 btn감추기 단추를 클릭했을 때 txt마감일 컨트롤이 보이지 않도록 하기 위해 권장되는 이벤트 프로시저 코드로 가장 옳은 것은?

①
```
Private Sub btn감추기_Click()
    txt마감일.Visible = False
End Sub
```

②
```
Private Sub btn감추기_Click()
    Me.txt마감일.Hide
End Sub
```

③
```
Private Sub btn감추기_Click()
    Me![txt마감일].Visible = False
End Sub
```

④
```
Private Sub btn감추기_Click()
    Me![txt마감일].Enabled = False
End Sub
```

43

다음 중 데이터베이스 시스템의 주요 장점에 대한 설명으로 옳지 않은 것은?

① 데이터의 중복을 줄이고 일관성을 유지할 수 있다.
② 여러 사용자가 데이터를 동시에 공유하고 사용할 수 있다.
③ 데이터 구조가 고정되어 변경이 불가능하므로 보안성이 높다.
④ 데이터 무결성과 보안성을 설정하여 신뢰할 수 있는 정보를 제공할 수 있다.

44

다음 중 Access 보고서의 기능 및 속성에 대한 설명으로 옳지 않은 것은?

① 보고서의 레코드 원본 속성에는 테이블이나 쿼리뿐만 아니라 SQL SELECT 문장을 직접 입력할 수도 있다.
② 보고서에서 사용하는 바운드 컨트롤은 레코드 원본과 연결된 필드를 표시하며, 사용자가 직접 값을 수정하거나 입력할 수 있다.
③ 보고서의 페이지 설정은 여백, 용지 크기, 인쇄 방향 등을 개별 보고서마다 다르게 지정할 수 있다.
④ 인쇄 미리 보기 상태에서도 페이지 설정을 확인하고 변경할 수 있다.

45

다음 중 Access의 내보내기에 대한 설명으로 옳지 않은 것은?

① [외부 데이터] 탭의 [내보내기] 그룹을 이용하면 테이블, 쿼리, 폼, 보고서 등을 Excel, PDF 등 다양한 형식으로 내보낼 수 있다.
② 테이블은 내보내지 않고 보고서만 'Word(*.rtf)'로 내보내는 경우 원본 테이블이 없으므로 데이터가 표시되지 않는다.
③ 쿼리를 내보낼 경우, 실행 결과(레코드 집합)가 저장된다.
④ 테이블을 Access 데이터베이스로 내보낼 때는 '정의 및 데이터', '정의만' 중에서 선택하여 내보낼 수 있다.

46

다음 중 입력 마스크가 설정된 필드에 입력값을 입력했을 때의 표시 결과로 옳지 <u>않은</u> 것은?

	입력 마스크	입력값	표시 결과
①	>LL-000	ab123	AB-123
②	&&-999	ab12	ab-12
③	<L?L?	AbCd	abcd
④	&&-000	ab12	ab-12

47

다음 중 폼(Form)에 대한 설명으로 옳지 <u>않은</u> 것은?

① 폼은 사용자가 테이블 데이터를 쉽게 입력, 조회, 수정할 수 있도록 도와주는 UI 도구이며, 텍스트 상자나 콤보 상자 같은 컨트롤을 배치할 수 있다.
② 폼은 정규화된 데이터 구조를 설계하고 테이블 간의 관계를 정의하는 데 적합한 보기 형태이다.
③ 폼은 하나 이상의 테이블 또는 쿼리를 기반으로 만들 수 있으며, 매크로나 VBA와 연계하여 이벤트 기반 자동화도 가능하다.
④ 폼 보기에는 '폼 보기', '레이아웃 보기', '디자인 보기'가 있으며, 일반적인 코드 작성은 이벤트 속성에서 VBA 편집기를 통해 이루어진다.

48

다음 중 Access의 개체에 대한 설명으로 옳지 <u>않은</u> 것은?

① 쿼리는 테이블에 저장된 데이터를 검색하거나 수정·삭제할 수 있으며, 조건을 지정하여 원하는 결과를 추출할 수 있다.
② 폼은 사용자와 상호작용하며 데이터를 입력하거나 편집할 수 있고, 보고서는 인쇄 또는 화면 출력용으로 사용된다.
③ 보고서는 데이터를 저장하는 개체로, 다른 개체 없이도 독립적으로 필드와 데이터를 정의하고 수정할 수 있다.
④ 테이블은 데이터를 구조화하여 저장하는 기본 개체이며, 모든 개체는 테이블의 데이터를 기반으로 작동한다.

49

다음 중 테이블에서 [외부 데이터] 탭의 '내보내기'가 가능한 파일 형식으로 옳지 <u>않은</u> 것은?

① PDF 파일
② CSV 파일
③ XML 파일
④ JSON 파일

50

다음 중 아래의 쿼리 디자인과 동일한 결과를 출력하는 SQL 문장으로 옳은 것은?

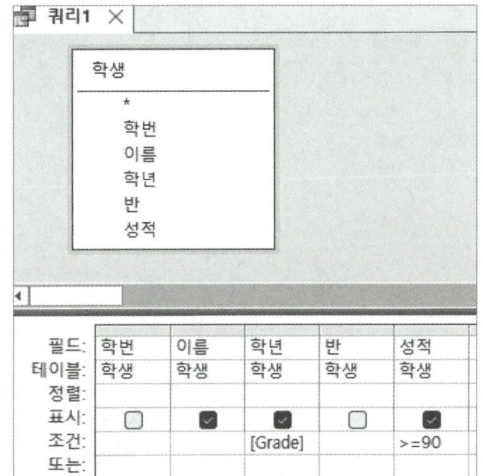

①
```
SELECT 이름, 학년, 성적
FROM 학생
WHERE 학년 = [Grade] AND 성적 >= 90;
```

②
```
SELECT *
FROM 학생
WHERE 학년 = [Grade] AND 성적 >= 90;
```

③
```
SELECT 이름, 학년, 성적
FROM 학생
WHERE 학년 >= [Grade] AND 성적 >= 90;
```

④
```
SELECT 학번, 이름, 학년, 반, 성적
FROM 학생
WHERE 학년 = [Grade] AND 성적 >= 90;
```

51

다음 중 콤보 상자 또는 목록 상자의 속성에 대한 설명으로 옳지 <u>않은</u> 것은?

① '목록 값만 허용'은 지정한 목록 값 이외의 데이터를 입력할 수 있는지를 지정하는 것으로 콤보 상자에서만 설정할 수 있다.
② 콤보 상자는 드롭다운 목록에서 항목을 선택하거나 값을 직접 입력할 수 있으며, 복수 선택도 지원된다.
③ '행 원본' 속성은 콤보 상자나 목록상자에 표시할 항목의 원본 데이터를 테이블/쿼리 또는 값 목록, 필드 목록 중에서 지정한다.
④ 콤보 상자에서 행 원본이 상품ID, 상품명으로 설정된 경우, 사용자에게 상품명만 보이게 하면서 상품ID를 저장하려면 열 너비는 0cm;3cm, 바운드 열은 1로 설정하면 된다.

52

다음과 같이 고객 테이블과 주문 테이블이 주어졌을 경우 아래의 SQL문을 실행한 결과 출력되는 레코드의 개수로 옳은 것은?

[고객] 테이블

고객ID	이름	지역
C001	정수현	서울
C002	정민기	부산
C003	이라레	대전

[주문] 테이블

주문ID	고객ID	금액
O001	C001	10000
O002	C001	20000
O003	C003	15000
O004	C004	30000

```
SELECT 고객.이름, 주문.금액
FROM 고객
INNER JOIN 주문 ON 고객.고객ID = 주문.고객ID;
```

① 2
② 3
③ 4
④ 5

53

다음은 두 개의 테이블과 SQL문이다. 이 SQL문을 실행한 결과로 옳은 것은?

[고객] 테이블

고객ID	이름
C001	철수
C002	영희
C003	민수

[주문] 테이블

주문ID	고객ID	상품명
O101	C001	키보드
O102	C002	마우스
O103	C004	모니터

```
SELECT 고객.고객ID, 이름, 주문ID, 상품명
FROM 고객
LEFT OUTER JOIN 주문
ON 고객.고객ID = 주문.고객ID;
```

①

고객ID	이름	주문ID	상품명
C001	철수	O101	키보드
C002	영희	O102	마우스

②

고객ID	이름	주문ID	상품명
C001	철수	O101	키보드
C002	영희	O102	마우스
C004	NULL	O103	모니터

③

고객ID	이름	주문ID	상품명
C001	철수	O101	키보드
C002	영희	O102	마우스
C003	민수	NULL	NULL

④

고객ID	이름	주문ID	상품명
C001	철수	O101	키보드
C002	영희	O102	마우스
C003	민수	NULL	NULL
C004	NULL	O103	모니터

54

다음 중 제품 테이블(Product)에서 제품번호가 'P001'인 제품의 가격(Price)을 10% 인상하려고 할 때, 이 목적을 가장 정확하게 수행하는 SQL문으로 옳은 것은?

① UPDATE Product SET Price = Price * 1.1 WHERE 제품번호 = 'P001';
② UPDATE Product SET Price = 1.1 WHERE 제품번호 = 'P001';
③ UPDATE Product WHERE 제품번호 = 'P001' SET Price = Price * 1.1;
④ MODIFY Product SET Price = Price * 1.1 WHERE 제품번호 = 'P001';

55

다음 중 보고서의 [페이지 설정] 대화상자에서 설정할 수 없는 것은?

① [페이지] 탭에서 용지 방향을 세로 또는 가로로 설정할 수 있다.
② [인쇄 옵션] 탭에서 상하좌우 여백을 지정할 수 있다.
③ [페이지] 탭에서 용지 크기를 선택할 수 있다.
④ [페이지] 탭에서 보고서 머리글/바닥글을 설정할 수 있다.

56

다음 중 '학생' 테이블에서 아래의 조건을 모두 만족하는 SQL 문장으로 옳지 않은 것은?

조건
이름이 '홍길동'이거나 수학 점수가 90점 이상인 학생 중, 2학년 또는 3학년인 학생의 이름과 수학 점수를 출력하고자 한다.

①
```
SELECT 이름, 수학 FROM 학생
WHERE (이름 = '홍길동' OR 수학 >= 90)
      AND 학년 IN (2, 3);
```

②
```
SELECT 이름, 수학 FROM 학생
WHERE (이름 = '홍길동' OR 수학 >= 90)
      AND 학년 BETWEEN 2 AND 3;
```

③
```
SELECT 이름, 수학 FROM 학생
WHERE 이름 = '홍길동' OR 수학 >= 90
      AND 학년 = 2 OR 학년 = 3;
```

④
```
SELECT 이름, 수학 FROM 학생
WHERE (이름 = '홍길동' OR 수학 >= 90)
      AND (학년 = 2 OR 학년 = 3);
```

57

다음 중 WHERE 절과 HAVING 절에 대한 설명으로 옳지 않은 것은?

① WHERE 절은 GROUP BY 이전에 실행되며, 개별 레코드를 대상으로 필터링하는 데 사용된다.
② HAVING 절은 GROUP BY로 그룹화된 결과에 조건을 적용하며, SUM, AVG, COUNT 등의 집계 함수와 함께 사용할 수 있다.
③ 그룹에 대한 조건을 지정할 때는 HAVING 절을 사용한다.
④ HAVING 절은 GROUP BY 전에 작성되며, 개별 행을 기준으로 필터링할 때 사용된다.

58

다음 중 매크로 함수에 대한 설명으로 옳지 않은 것은?

① ApplyFilter는 폼이나 보고서에 필터 조건을 적용하여 표시되는 데이터를 제한할 수 있다.
② OpenQuery는 저장된 쿼리를 실행하며, 실행 모드(데이터 시트 보기 등)를 설정할 수 있다.
③ OpenForm은 폼을 열고 보기 형태, 필터, 데이터 입력 모드 등을 지정할 수 있다.
④ RunApp은 Access 내부 쿼리를 실행하거나 폼을 제어할 때 사용된다.

59

다음 중 그룹화(Grouping) 기능에 대한 설명으로 옳지 않은 것은?

① 그룹화는 보고서에서 특정 필드를 기준으로 데이터를 묶고, 각 그룹마다 합계, 개수 등의 요약 정보를 제공할 수 있다.
② 그룹화를 설정하면 자동으로 그룹 머리글과 그룹 바닥글이 생성되어 디자인과 계산이 가능하다.
③ 보고서의 그룹화 기능을 통해 특정 필드를 기준으로 데이터를 입력하고, 그룹별 데이터를 개별적으로 수정할 수 있다.
④ 그룹화된 데이터는 필요에 따라 그룹별로 페이지 나누기를 적용하거나, 정렬 기준을 변경할 수 있다.

60

다음 중 아래의 VBA 코드 실행 시 메시지 상자에 표시되는 결과로 가장 옳은 것은? (단, 현재 날짜와 시간은 9월 8일 오전 7시 4분이라고 가정함)

```
MsgBox Format(Now, "mmmm-d h:n ampm")
```

① September-08 07:04 오전
② September-8 7:4 오전
③ 09-8 7:04 오전
④ 9월-08 07:04 오전

2025년 시행 상시시험

제2회 기출변형문제

정답 및 해설 p.147

제한시간 60분

1과목 컴퓨터 일반

01
다음 중 Windows 10의 파일 탐색기 기능에 대한 설명으로 옳지 않은 것은?

① [보기] 탭에서 '숨긴 항목'을 체크하면 숨겨진 파일 또는 폴더를 표시하거나 숨길 수 있다.
② Shift를 누르고 파일을 선택하면 떨어져 있는 항목을 다중 선택할 수 있고, Ctrl은 연속된 항목을 선택할 때 사용한다.
③ 같은 드라이브 내에서는 파일을 끌어다 놓으면 '이동', 다른 드라이브 간에는 기본적으로 '복사'가 수행된다.
④ 파일 탐색기에서는 파일 복사, 이름 변경, 숨김 파일 보기 등은 가능하지만, 레지스트리 편집 같은 시스템 설정은 직접 실행할 수 없다.

02
다음 중 운영체제의 분류 및 특징에 대한 설명으로 옳지 않은 것은?

① 실시간 운영체제는 정해진 시간 안에 결과를 처리해야 하는 시스템에서 사용된다.
② 분산 운영체제는 여러 사용자가 동시에 하나의 컴퓨터를 사용하는 환경을 의미한다.
③ 다중 프로그래밍 운영체제는 여러 개의 프로그램을 동시에 메모리에 적재하여 처리 효율을 높인다.
④ 시분할 운영체제는 사용자 간 CPU 시간을 분할하여 처리하는 방식이다.

03
다음 중 버스형(Bus Topology) 네트워크 구성 방식에 대한 설명으로 옳지 않은 것은?

① 버스형은 하나의 공통 전송 매체를 중심으로 여러 장치가 분기 형태로 연결되는 구조이다.
② 버스형은 노드 간 이중 연결을 통해 높은 내결함성을 제공하며, 한 노드의 고장이 전체에 영향을 주지 않는다.
③ 버스형은 노드 수가 증가할수록 통신 충돌 가능성과 전송 지연이 커질 수 있다.
④ 버스형은 설치가 간단하고 비용이 적게 들지만, 중심 전송 선이 고장 나면 전체 네트워크가 마비될 수 있다.

04
다음 중 캐시 메모리(Cache Memory)에 대한 설명으로 옳지 않은 것은?

① 캐시 메모리는 중앙처리장치와 주기억장치 간의 속도 차이를 줄이기 위해 사용되는 고속 메모리이다.
② 캐시 적중(Cache Hit)이 발생하면 데이터를 주기억장치에서 다시 불러와야 하므로 처리 속도가 느려진다.
③ 고성능 CPU에는 여러 단계의 캐시(L1, L2, L3)가 구성될 수 있다.
④ 캐시는 주기억장치보다 용량은 작지만 속도는 빠르며, 자주 사용되는 데이터를 임시로 저장한다.

05

다음 중 Windows의 폴더 옵션 대화상자에서 설정할 수 있는 항목으로 옳지 않은 것은?

① 숨김 파일 및 폴더를 표시하거나 숨길 수 있다.
② 파일 확장자의 표시 여부를 선택할 수 있다.
③ 파일 탐색기에서 라이브러리 항목을 탐색 창에서 제거하거나 표시할 수 있다.
④ 하드디스크의 조각 모음 예약 주기를 설정할 수 있다.

06

다음 중 운영체제에 대한 설명으로 옳지 않은 것은?

① 운영체제는 사용자 프로그램 실행과 자원 관리를 지원하는 소프트웨어로, 사용자와 하드웨어 간의 인터페이스 역할을 한다.
② 프로세스 관리, 메모리 관리, 파일 시스템, 입출력 장치 관리 등은 운영체제의 주요 구성요소에 해당한다.
③ 다중 프로그래밍(Multiprogramming)은 여러 작업이 CPU를 동시에 사용하는 방식으로, 실시간 응답 성능을 향상시키는 것이 주된 목적이다.
④ 운영체제는 시스템 자원의 효율적인 활용과 보호를 담당하며, 사용자에게 편리하고 안정적인 사용 환경을 제공한다.

07

다음 중 프린터의 스풀(Spool) 기능에 대한 설명으로 옳지 않은 것은?

① 사용자가 인쇄 명령을 내리면 데이터를 임시로 저장한 뒤, 인쇄는 백그라운드에서 이루어질 수 있다.
② 스풀링 기능을 통해 여러 개의 인쇄 작업을 순서대로 대기열로 관리할 수 있다.
③ 스풀링 기능이 꺼져 있을 경우, 인쇄가 끝날 때까지 컴퓨터는 다른 작업을 병행할 수 없다.
④ 스풀링 기능은 인쇄 실패 시 자동으로 프린터 드라이버를 복구하고 인쇄를 다시 시작해주는 기능이다.

08

다음 중 RAID에 대한 설명으로 옳지 않은 것은?

① 스트라이핑은 데이터를 여러 디스크에 나누어 병렬로 저장하여 읽기/쓰기 속도를 향상시킨다.
② 미러링은 동일한 데이터를 두 개의 디스크에 복제하여 하나의 디스크가 고장 나도 데이터를 복구할 수 있다.
③ 스트라이핑과 미러링은 모두 장애 복구 기능을 제공하며, 저장 효율은 동일하다.
④ 미러링은 저장 공간의 절반만 실제 데이터 저장에 사용되기 때문에 저장 효율이 낮다.

09

다음 중 이미지 파일 형식에 대한 설명으로 옳지 않은 것은?

① JPEG는 손실 압축을 사용하며, 고해상도 사진을 저장하는 데 적합하다.
② PNG는 비 손실 압축을 사용하며, 투명 배경을 지원하므로 로고나 웹 아이콘에 자주 활용된다.
③ GIF는 256색만 지원하지만, 애니메이션 표현이 가능하며, 투명 배경도 지원된다.
④ BMP는 압축률이 높고 파일 크기가 작아 웹 이미지 전송에 최적화되어 있다.

10

다음 중 객체지향 프로그래밍 언어와 그 특징에 대한 설명으로 옳지 않은 것은?

① 객체지향의 핵심 특징에는 캡슐화, 상속, 다형성이 있으며, 이들은 코드 재사용성과 유지보수성을 높이는 데 기여한다.
② 캡슐화는 데이터와 메서드를 하나의 객체로 묶고, 외부에서 직접 접근하지 못하도록 보호하는 개념이다.
③ Java, C++, Python 등은 객체지향 언어의 대표적인 예이며, HTML과 SQL도 여기에 포함된다.
④ 객체지향 언어는 실제 세계를 모델링하는 데 적합하며, 각 객체는 고유한 상태와 행위를 가질 수 있다.

11

다음 중 사운드 카드의 디지털 오디오 처리 과정에 대한 설명으로 옳지 않은 것은?

① 샘플링은 아날로그 오디오 신호를 일정한 시간 간격으로 측정하여 디지털 데이터로 변환하는 과정을 말한다.
② 샘플링률(Sampling Rate)은 1초 동안 측정되는 샘플의 수를 의미하며, 일반 CD 음질은 44.1kHz를 사용한다.
③ 샘플링 비트 수(Bit Depth)는 각 샘플을 몇 비트로 표현할지 나타내며, 값이 높을수록 오디오 압축률이 증가한다.
④ 샘플링률과 비트 수가 높을수록 더 정밀한 오디오를 표현할 수 있지만, 파일 용량도 커진다.

12

다음 중 Windows 레지스트리에 대한 설명으로 가장 옳지 않은 것은?

① 레지스트리는 운영체제와 응용 프로그램의 환경 설정, 하드웨어 드라이버 정보 등을 계층적 데이터베이스 형태로 저장한다.
② HKEY_CLASSES_ROOT, HKEY_CURRENT_USER, HKEY_LOCAL_MACHINE 등이 대표적인 루트 키(Root Key)에 해당한다.
③ 레지스트리에서 불필요한 키를 삭제하면 CPU 속도가 향상되어 하드웨어 성능이 크게 개선된다.
④ 레지스트리 편집기는 regedit.exe 명령어로 실행하며, 수정 시 시스템 동작에 치명적 영향을 미칠 수 있어 주의가 필요하다.

13

다음 중 컴퓨터에서 사용하는 자료의 표현 방식에 대한 설명으로 옳지 않은 것은?

① 2의 보수 방식에서는 뺄셈 연산도 덧셈 방식으로 처리할 수 있으며, MSB가 1이면 음수를 의미한다.
② IEEE 754 부동소수점 방식은 가수부와 지수부로 구성되어 있으며, 고정소수점보다 표현 범위가 넓다.
③ 문자 코드에서 사용하는 비트 수가 증가하면 더 다양한 언어와 기호를 표현할 수 있다.
④ Unicode는 전 세계의 문자 체계를 통합하기 위해 고안되었으며, EBCDIC은 6비트 문자 코드로 IBM 시스템에서 사용된다.

14

다음 중 실행 창에 명령어를 입력했을 때 실행되는 프로그램과 그 기능이 바르게 연결된 것은?

① winver – 작업 관리자
② taskmgr – 시스템 구성
③ msinfo32 – 시스템 정보
④ control – 디스크 정리 도구

15

다음 중 PNG(Portable Network Graphics) 파일 형식에 대한 설명으로 가장 옳은 것은?

① PNG는 손실 압축 방식으로 이미지를 압축하며, 화질 손상이 발생할 수 있다.
② PNG는 배경 투명 처리나 그래픽 디자인에 적합하지 않다.
③ PNG는 GIF와 달리 256색만 지원하여 색 표현이 제한적이다.
④ PNG는 비손실 압축 방식을 사용하며, 투명 배경 처리가 가능하다.

16

다음 중 Windows의 [설정]-[접근성] 항목에서 제공하는 기능으로 옳지 <u>않은</u> 것은?

① 내레이터 기능을 통해 화면의 텍스트나 알림을 음성으로 읽어줄 수 있다.
② 청각 장애인을 위해 소리 대신 시각적 깜빡임으로 알림을 설정할 수 있다.
③ 고대비 테마를 설정하거나 커서의 굵기와 색상을 조정할 수 있다.
④ 토글 키는 Shift, Ctrl, Alt 키와 같은 보조 키를 한 번 눌러도 계속 눌린 상태로 유지되도록 하는 기능이다.

17

다음 중 비트맵(Bitmap) 그래픽 방식에 대한 설명으로 옳지 <u>않은</u> 것은?

① 픽셀 기반의 이미지 구성 방식으로, 해상도에 따라 화질이 결정되며 사진 표현에 적합하다.
② 파일 형식에는 JPEG, PNG, BMP 등이 있으며, 모두 픽셀 단위로 색상 정보를 저장한다.
③ 이미지 확대 시에도 도형의 선명함이 유지되므로, 로고나 도식 이미지 표현에 유리하다.
④ 이미지를 모니터 화면에 표시하는 속도가 벡터 방식에 비해 느리다.

18

다음 중 객체 지향 프로그래밍(Object-Oriented Programming, OOP)의 개념 및 구성요소에 대한 설명으로 옳지 <u>않은</u> 것은?

① 객체 지향에서 캡슐화는 데이터와 그 데이터를 처리하는 메서드를 하나의 객체로 묶고, 외부 접근을 제한하는 기능이다.
② 다형성은 같은 이름의 메서드가 서로 다른 클래스에서 다양한 동작을 하도록 정의할 수 있는 특성이다.
③ 클래스는 객체의 설계도이며, 객체는 클래스의 인스턴스로, 메모리에 실제 생성된 실체를 의미한다.
④ 프로그램 작성 시 정해진 문법에 맞게 일련의 처리절차를 순서대로 기술해 나간다.

19

다음 중 Windows 10의 [설정]-[시스템]-[저장소] 항목에서 제공되는 기능이나 설명으로 가장 옳지 <u>않은</u> 것은?

① 저장소 센스를 활성화하면 임시 파일이나 휴지통의 오래된 파일을 자동으로 삭제할 수 있으며, 다운로드 폴더의 정리 주기도 설정할 수 있다.
② 저장소 설정에서는 앱과 기능을 제거하거나 설치 위치를 변경할 수 있으며, 드라이브 별 공간 사용량도 확인할 수 있다.
③ 저장소 메뉴에서는 외장 드라이브의 포맷과 조각 모음, 백업 이미지 생성 등 고급 디스크 관리 기능을 직접 실행할 수 있다.
④ 저장 공간이 부족한 경우 앱, 문서, 사진 등의 기본 저장 위치를 다른 드라이브로 변경하는 것이 가능하다.

20

다음 중 디지털 이미지 표현 방식에 대한 설명으로 옳지 <u>않은</u> 것은?

① 비트맵 방식은 픽셀(pixel) 기반으로 이미지를 구성하며, 해상도에 영향을 많이 받는다.
② 벡터(Vector) 방식은 수학적 도형 정보로 이미지를 표현하므로, 확대/축소 시 화질 손상이 거의 없다.
③ PNG는 벡터 방식의 이미지로, 투명 배경 처리와 무손실 압축을 지원한다.
④ 비트맵은 사진 이미지에 적합하고, 벡터 방식은 아이콘, 로고 등 간단한 그래픽 표현에 적합하다.

2과목 스프레드시트 일반

21
다음 중 엑셀의 메모 삽입 기능에 대한 다음 설명 중 옳지 <u>않은</u> 것은?

① 메모 삽입 기능을 사용하면, 셀에 추가 정보를 기록할 수 있으며 해당 셀 오른쪽 상단에 작은 빨간 삼각형이 표시된다.
② 메모는 셀의 값이 변경되더라도 자동으로 업데이트되어, 항상 최신 정보를 반영한다.
③ 마우스를 해당 셀 위에 올리면 메모 내용이 표시되며, 기본적으로 인쇄 시 포함되지 않는다.
④ 메모는 주로 참고 사항이나 추가 설명을 기록하는 용도로 활용된다.

22
다음 중 아래의 워크시트에서 입력된 수식의 예상 결과로 옳지 <u>않은</u> 것은?

	A	B	C	D
1	부서	이름	사원번호	급여
2	인사팀	라레	A001	3,200,000
3	총무팀	모찌	A002	2,950,000
4	영업팀	마리	A003	3,800,000
5	개발팀	달콤	A004	4,200,000

① =INDEX(B2:B5,MATCH("개발팀",A2:A5,0)) → 달콤
② =VLOOKUP("모찌",A2:D5,3,FALSE) → A002
③ =XLOOKUP("마리",B2:B5,D2:D5) → 3,800,000
④ =DGET(A1:D5,"급여",A1:A2) → 3,200,000

23
다음 중 워크시트에 데이터를 입력하는 방식에 대한 설명으로 옳지 <u>않은</u> 것은?

① 입력 중 [Esc] 키를 누르면 입력을 취소하며, 셀의 값은 저장되지 않는다.
② 수식을 입력할 때는 등호(=) 없이 바로 SUM(A1:A5)처럼 입력해도 자동으로 수식으로 인식된다.
③ 입력 중 [Tab] 키를 누르면, 오른쪽 셀로 이동하며 입력을 계속할 수 있다.
④ 날짜를 입력할 때 2025-12-31처럼 입력하면 엑셀이 자동으로 날짜 형식으로 인식한다.

24
다음 중 아래의 워크시트에서 학과가 '컴퓨터'이면서 성별이 '여자'인 학생 중 점수가 90점 이상인 학생 수를 구하려고 한다. 다음 중 올바른 배열 수식은?

	A	B	C	D
1	학번	학과	성별	점수
2	101	컴퓨터	남	85
3	102	전자	여	92
4	103	컴퓨터	여	88
5	104	컴퓨터	남	91
6	105	기계	남	95
7	106	전자	남	89
8	107	컴퓨터	여	93
9	108	전자	남	76
10	109	컴퓨터	여	82

① =COUNTIF((B2:B10="컴퓨터")*(C2:C10="여")*(D2:D10>=90))
② =SUM(IF((B2:B10="컴퓨터")+(C2:C10="여")+(D2:D10>=90),1))
③ =COUNT(IF((B2:B10="컴퓨터")*(C2:C10="여")*(D2:D10>=90),1))
④ =COUNTIFS(B2:B10="컴퓨터",C2:C10="여",D2:D10>=90)

25

다음 중 '이름'이 두 글자이고, '직급'이 '사원'인 데이터만 필터링하려고 할 때 고급 필터에서 작성할 조건 범위로 옳은 것은?

	A	B	C	D
1	부서	이름	직급	급여
2	영업부	정수현	사원	300
3	총무부	모찌	사원	250
4	영업부	마리	부장	480
5	총무부	달콤	과장	400
6	영업부	박민기	대리	350
7	개발부	라레	사원	330

①
이름	조건
="=??"	=ISNUMBER(FIND("사원",C2))

②
이름	직급
="=??"	
	=ISNUMBER(FIND(C2,"사원"))

③
이름	조건
??	=ISNUMBER(FIND("사원",C2))

④
이름	직급
??	
	=ISNUMBER(FIND("사원",$C2))

26

다음 중 아래 그림과 같이 목표값 찾기를 지정했을 때의 설명으로 옳지 않은 것은?

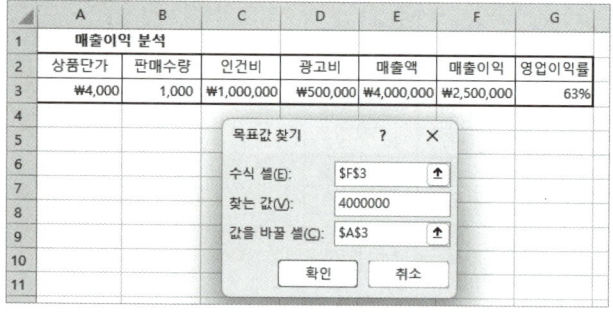

① 수식 셀은 특정 값이 나오기를 원하는 수식이 들어있는 셀이며 찾는 값은 원하는 특정 값을 숫자로 직접 입력한다.
② 목표값 찾기 기능은 지정된 결괏값(4,000,000)이 도출되도록 [$A$3] 셀의 값을 자동으로 조정한다.
③ 값을 바꿀 셀로 [$A$3]을 지정한 경우, 이 셀에는 반드시 수식이 있어야 하며 수동으로 변경할 수 없다.
④ 목표값 찾기 기능은 반복 계산을 통해 점진적으로 값을 근사시켜 원하는 결과를 도출하는 방식이다.

27

다음 중 차트 종류의 선택 및 해석에 대한 설명으로 옳지 않은 것은?

① 꺾은선형 차트는 시간의 흐름에 따라 데이터가 어떻게 변화하는지를 선으로 연결해 보여주므로 추세 분석에 적합하다.
② 원형 차트는 전체 대비 각 항목의 비율을 시각적으로 표현할 수 있으며 항목이 많아질수록 더욱 더 효과적인 시각화가 이루어진다.
③ 세로 막대형 차트는 항목별 데이터 비교에 탁월하다.
④ 분산형 차트는 두 변수 간의 관계를 시각화하며, 특히 상관관계 또는 추세 분석에 효과적이다.

28

다음 중 조건부 서식에 대한 설명으로 옳지 않은 것은?

① 조건부 서식은 셀의 값이 변경되면 자동으로 조건을 다시 평가하여 서식을 반영한다.
② 여러 조건부 서식을 설정하여 서식이 충돌할 경우에는 마지막 규칙이 우선 적용된다.
③ 수식을 이용한 조건부 서식은 상대 참조와 절대 참조를 조합하여 활용할 수 있다.
④ 조건부 서식으로 상조된 셀은 인쇄 미리 보기에서도 해당 형식이 적용되어 보인다.

29
다음 중 매크로에 대한 설명으로 옳지 않은 것은?

① 매크로는 개발 도구 탭 또는 보기 탭에서 기록하거나 실행할 수 있으며, 기록된 매크로는 VBA 편집기에서 수정할 수 있다.
② 매크로가 포함된 통합 문서는 .xlsm 형식으로 저장해야 하며, .xlsx 형식으로 저장할 경우 매크로 내용은 자동으로 제거된다.
③ ActiveX 컨트롤의 '명령 단추'를 추가하면 [매크로 지정] 대화상자가 자동으로 표시되어 실행할 매크로를 바로 지정할 수 있다.
④ 보안 경고가 표시되었을 경우, 사용자가 '콘텐츠 사용'을 클릭해야만 매크로가 정상적으로 실행된다.

30
다음 중 날짜 함수 사용에 대한 실행 결과가 옳지 않은 것은? (단, 2025-04-05는 토요일임)

① =WEEKDAY("2025-04-01") → 3
② =WEEKNUM("2025-01-01") → 1
③ =WORKDAY("2025-04-01",5,"2025-04-04") → 2025-04-08
④ =NETWORKDAYS("2025-04-01","2025-04-08","2025-04-03") → 5

31
다음 중 '틀 고정' 기능에 대한 설명으로 옳지 않은 것은?

① 틀 고정을 설정하면 스크롤 시 고정된 행과 열이 화면 상단과 좌측에 계속 표시된다.
② 틀 고정을 설정하려면 셀을 선택한 뒤 [보기] 탭의 '틀 고정'에서 원하는 옵션을 선택하면 된다.
③ 틀 고정은 여러 개의 임의의 행과 열을 따로 선택하여 고정할 수 있다.
④ 틀 고정은 '창 나누기'와 동시에 사용할 수 없다.

32
다음 중 차트와 같이 표시되는 오차 막대에 대한 일반적인 설명으로 옳지 않은 것은?

① 오차 막대는 데이터 값의 변동 범위를 시각적으로 나타내는 데 사용된다.
② 오차 막대는 세로 막대형 차트나 꺾은선형 차트 등 대부분의 차트 종류에 삽입할 수 있다.
③ 오차 막대는 표준 편차, 표준 오차, 고정값, 사용자 지정 값 등 다양한 방식으로 표시할 수 있다.
④ 오차 막대를 추가하면 자동으로 추세선도 함께 생성된다.

33
다음 중 매크로를 작성하고 사용하는 방법에 대한 설명으로 옳지 않은 것은?

① [매크로 기록] 기능은 수행한 작업을 VBA 코드로 변환하여, VBE에서 코드로 확인 및 수정할 수 있게 해준다.
② 매크로 실행을 위해 단축키를 지정하거나, 리본 메뉴 또는 버튼에 연결하는 방식으로 사용자 편의를 높일 수 있다.
③ 매크로가 포함된 파일은 .xlsx로 저장해도 자동으로 실행되며, 다른 사용자도 별도 설정 없이 실행할 수 있다.
④ 매크로는 기본적으로 보안상 자동 실행되지 않으며, 사용자는 [보안 센터]에서 매크로 설정을 확인할 수 있다.

34

다음 중 통합 기능에 대한 설명으로 옳지 <u>않은</u> 것은?

① 통합 기능은 여러 시트 또는 통합문서의 데이터를 항목명 기준으로 통합할 수 있으며, '사용할 레이블'의 '첫 행'과 '왼쪽 열'을 이용해서 원본 데이터에 표시된 순서와 상관 없이 통합할 수 있다.
② 통합 기능은 [데이터] 탭 – [데이터 도구] 그룹에 위치하며, 합계, 평균, 최대값 등의 함수로 데이터를 요약할 수 있다.
③ '원본 데이터와 연결' 옵션을 설정하면 통합 결과는 원본 값과 동기화되며, 원본 데이터가 변경되면 통합 결과도 실시간으로 자동 갱신된다.
④ 통합 결과는 일반 셀 값으로 표시되며, 정렬이나 필터링, 수식 입력 등 후속 데이터 분석 작업이 가능하다.

35

다음 중 아래의 조건표를 고급 필터의 조건 범위로 사용할 때, 필터링 결과에 대한 설명으로 옳지 <u>않은</u> 것은?

지역	제품명	매출
서울	사과	>5000
인천		>3000
	배	>4000

① 지역이 서울이면서 제품명이 사과이고 매출이 5000 초과인 데이터는 반드시 필터링된다.
② 지역이 인천이고 매출이 3000 초과인 데이터는 제품명이 입력되지 않았으므로 모든 제품이 해당 조건으로 필터링된다.
③ 제품명이 배이고 매출이 4000 초과인 데이터는 지역 조건 없이 필터링 대상에 포함된다.
④ 동일한 데이터가 두 개 이상의 행 조건을 동시에 만족하면, 결과에는 동일 데이터가 중복으로 나타난다.

36

다음 중 아래의 워크시트에 입력된 데이터를 이용하여 작성한 피벗 테이블에 대한 설명으로 옳지 <u>않은</u> 것은?

① 값 영역에는 '출석일수'와 '점수' 필드가 각각 평균 함수로 요약되어 있으며, 성별과 반의 교차점에 해당 값이 표시된다.
② '반' 필드를 행 레이블로, '성별' 필드를 열 레이블로 배치한 뒤, 값 영역에는 평균 출석일수와 평균 점수를 표시하도록 설정되었다.
③ 피벗 테이블 필터 기능을 사용하여 특정 반이나 성별만 선택하여 표시할 수 있다.
④ 믿음반 여학생의 평균 점수는 83.0점이며, 이 피벗 테이블은 '새 워크시트'에 작성되었다.

37

조건부 서식을 사용하여 출근일이 '월요일'이고 팀명이 '영업팀'인 경우에 행 전체를 회색으로 채우고자 한다. 다음 중 조건부 서식의 수식으로 옳은 것은?

	A	B	C
1	이름	출근일	팀명
2	라레	04-14	영업팀
3	수현	04-15	개발팀
4	모찌	04-16	영업팀
5	마리	04-17	디자인팀
6	달콤	04-18	영업팀
7	민기	04-19	영업팀
8	해용	04-20	개발팀

① =AND(TEXT($B2,"aaaa")="월",$C2="영업팀")
② =AND(WEEKDAY($B2,1)=2,$C2="영업팀")
③ =AND(TEXT(B2,"dddd")="월요일",C2="영업팀")
④ =AND(WEEKDAY($B2,2)=2,$C2="영업팀")

38

다음 중 [파일]-[인쇄]-설정 영역의 인쇄 시 다양한 요소를 제어할 수 있는 옵션에 대한 설명으로 옳지 <u>않은</u> 것은?

① '한 페이지에 시트 맞추기'를 선택하면 한 페이지에 모두 들어가도록 인쇄물이 자동 축소되어 인쇄된다.
② '전체 통합 문서 인쇄'를 선택하면 현재 시트의 전체 내용을 인쇄하며, '선택 영역 인쇄'는 현재 선택된 셀 범위만 인쇄한다.
③ '눈금선' 항목에 체크하면 워크시트의 셀 경계선처럼 보이는 눈금선을 출력물에 포함시킬 수 있다.
④ '행/열 머리글' 항목에 체크하면 열 머리글(A, B, C…)과 행 머리글(1, 2, 3…)이 인쇄물에 포함된다.

39

다음 중 아래의 워크시트에서 작성한 수식의 결괏값으로 옳지 <u>않은</u> 것은?

	A	B	C	D	E
1	항목	1월	2월	3월	4월
2	사과	10	15	8	12
3	바나나	12	10	20	16
4	체리	6	9	7	11

① =HLOOKUP("사과",$A$1:$E$4,3,FALSE)
 → 결과: #N/A
② =OFFSET($A$1,3,2)
 → 결과: 9
③ =INDEX($A$1:$E$4,4,3)
 → 결과: 8
④ =AREAS(($A$1:$C$2,$D$3:$E$4))
 → 결과: 2

40

다음 중 매크로를 실행하고 기록하는 환경에 대한 설명으로 옳지 <u>않은</u> 것은?

① 매크로 보안 경고는 신뢰할 수 있는 위치에 저장된 파일이나 서명된 매크로일 경우 표시되지 않을 수 있다.
② 매크로 기록 시 '상대 참조로 기록' 옵션을 선택하지 않으면 기본적으로 절대 참조로 기록된다.
③ [Alt]+[F8]을 누르면 매크로 목록을 불러와서 실행할 수 있으며, [Visual Basic] 버튼을 클릭하면 매크로 편집기(VBE)가 열리고 바로 매크로가 실행된다.
④ [Ctrl]과 함께 지정한 바로 가기 키를 설정하면, 해당 키를 누를 때마다 연결된 매크로가 실행된다.

3과목 데이터베이스 일반

41
다음 중 폼 작성 시 사용하는 컨트롤에 대한 설명으로 옳지 않은 것은?

① 콤보 상자는 테이블이나 쿼리를 원본으로 사용할 수 있으며, 값 목록을 수동으로 입력하여 설정하는 것도 가능하다.
② 텍스트 상자는 특정 필드에 연결되어 데이터를 입력하거나 표시할 수 있고, 수식을 통해 자동 계산 결과를 출력하는 용도로도 사용된다.
③ 차트 컨트롤은 폼에서 데이터를 시각화하기 위해 사용할 수 있으며, 폼에 직접 삽입 가능한 유효한 컨트롤이다.
④ 테이블 객체는 폼에 삽입할 수 있는 컨트롤이며, 이를 통해 사용자는 전체 테이블 구조를 편집할 수 있다.

42
다음 중 VBA 변수 선언에 대한 설명으로 옳지 않은 것은?

① Dim 키워드는 프로시저 수준 또는 모듈 수준에서 변수를 선언할 수 있다.
② Public으로 선언된 변수는 해당 모듈 내에서만 사용할 수 있다.
③ Static으로 선언된 변수는 프로시저가 끝나도 값이 유지된다.
④ Private는 모듈 수준에서 선언할 수 있으며, 외부에서 직접 접근할 수 없다.

43
다음 중 Access에서 제공하는 쿼리(Query)의 종류와 그 기능에 대한 설명으로 옳지 않은 것은?

① 업데이트 쿼리는 기존 테이블에서 조건에 맞는 레코드의 필드 값을 변경하거나 덮어쓸 수 있다.
② 추가 쿼리는 다른 테이블의 데이터를 현재 테이블에 행(레코드) 단위로 복사하여 추가할 수 있다.
③ 삭제 쿼리는 특정 필드의 값을 초기화하여 Null로 바꾼다.
④ 선택 쿼리는 조건에 맞는 레코드를 조회하여 결과를 출력할 수 있다.

44
다음 중 현재 폼에서 btn숨기기 단추를 클릭했을 때 txt만료일 컨트롤이 보이지 않도록 하는 이벤트 프로시저로 옳은 것은?

①
```
Private Sub btn숨기기_Click()
    Me![txt만료일].Visible = True
End Sub
```

②
```
Private Sub btn숨기기_Click()
    Me![txt만료일].Visible = False
End Sub
```

③
```
Private Sub txt만료일_Click()
    Me![btn숨기기].Visible = False
End Sub
```

④
```
Private Sub btn숨기기_Click()
    Me.txt만료일.Visible = True
End Sub
```

45
다음 중 Format 함수의 사용과 출력 결과의 연결이 올바르지 않은 것은?

① =Format(1234.5,"#,##0.00") → 1,234.50
② =Format(5,"000") → 005
③ =Format(3,"0개") → 3개
④ ="페이지 "&Format([Pages],"0")&"/"&Format([Page],"0") → 페이지 1/10

46
다음 중 크로스탭 쿼리에 대한 설명으로 옳지 않은 것은?

① 레코드의 요약 결과를 열과 행 방향으로 그룹화하여 표시할 때 사용한다.
② 크로스탭 쿼리는 쿼리 디자인 보기 또는 마법사를 통해 생성할 수 있다.
③ 2개 이상의 열 머리글 옵션과 행 머리글 옵션, 값 옵션 등을 지정해야 한다.
④ 크로스탭 쿼리는 합계, 평균, 개수 등의 집계함수를 사용할 수 있다.

47
다음 중 조건부 서식에 대한 설명으로 옳지 <u>않은</u> 것은?

① 조건부 서식은 폼이나 보고서에서 텍스트 상자 같은 컨트롤에 적용할 수 있으며, 조건에 따라 글꼴, 배경색 등을 다르게 표현할 수 있다.
② 조건부 서식은 디자인 보기 또는 레이아웃 보기에서 설정할 수 있으며, [서식] 탭의 조건부 서식 도구를 통해 여러 조건을 동시에 지정할 수 있다.
③ 레이블, 이미지, 단추 같은 모든 컨트롤에 조건부 서식을 적용할 수 있으며, 테이블 디자인 보기에서도 조건부 서식을 설정할 수 있다.
④ 조건부 서식은 데이터의 상태에 따라 시각적 강조를 주는 데 유용하며, 사용자에게 중요한 정보를 직관적으로 전달하는 데 활용된다.

48
다음 중 회원정보 폼에서 성별 필드가 "여"인 경우, 본문에 있는 모든 컨트롤의 글꼴 서식을 굵게 + 기울임꼴로 표시하려고 할 때, 이 작업을 수행하는 방법으로 가장 옳은 것은?

① 본문에 있는 각 컨트롤의 속성 창에서 글꼴을 수동으로 "굵게", "기울임꼴"로 지정한다.
② 본문 영역의 모든 컨트롤을 선택한 후 조건부 서식에서 규칙으로 조건식을 [성별]="여"를 지정한 후 서식을 "굵게", "기울임꼴"로 지정한다.
③ 본문 영역의 모든 컨트롤을 선택한 후 조건부 서식에서 규칙으로 "필드 값이 다음과 같음", 값을 "여"로 지정한 후 서식을 "굵게", "기울임꼴"로 지정한다.
④ 쿼리에서 성별이 "여"인 레코드만 추출해 별도 폼을 만들고 서식을 따로 지정한다.

49
다음 중 Access의 DoCmd 개체의 메서드 활용에 대한 설명으로 옳지 <u>않은</u> 것은?

① DoCmd.OpenForm "회원정보" → 지정된 폼을 열 때 사용하며, 뷰 모드를 생략하면 폼 보기로 열린다.
② DoCmd.OpenReport "매출보고서", acViewPreview → 해당 보고서를 인쇄 미리 보기 형태로 연다.
③ DoCmd.RunSQL "DELETE FROM 주문 WHERE 상태='취소'" → 지정된 조건에 해당하는 레코드를 삭제한다.
④ DoCmd.OpenReport "매출보고서", acViewForm → 보고서를 폼 보기 형식으로 실행한다.

50
다음 중 쿼리 유형별 특징에 대한 설명으로 옳지 <u>않은</u> 것은?

① [테이블 만들기] 쿼리는 기존 테이블에서 데이터를 선택해 다른 기존 테이블로 복사할 때 사용된다.
② [업데이트] 쿼리는 조건에 맞는 레코드의 특정 필드 값을 일괄적으로 수정할 수 있다.
③ [삭제] 쿼리는 조건에 일치하는 레코드를 전체 행 단위로 제거하며, 실행 후 복구가 불가능할 수 있다.
④ 실행 쿼리는 [쿼리 디자인] 탭 - [결과] 그룹에 실행 단추(!)가 표시된다.

51
다음 중 문자열 함수의 결과로 옳지 <u>않은</u> 것은?

① Len(Mid("AccessDB",2,4)) → 4
② Mid("Database",InStr("Database","a")+1,2) → "ta"
③ InStr(Replace("HelloWorld","l","L"),"LL") → 3
④ Replace("puppy","p","X") → "Xuppy"

52
다음 중 VBA의 DoCmd 명령의 연결이 올바르지 <u>않은</u> 것은?

① 저장된 고객조회쿼리를 실행하려면 DoCmd.OpenQuery "고객조회쿼리" 명령을 사용할 수 있다.
② 폼을 열기 위해서는 DoCmd.OpenForm "회원정보" 명령을 사용할 수 있다.
③ SQL SELECT문을 실행하려면 DoCmd.RunSQL "SELECT * FROM 고객" 명령을 사용할 수 있다.
④ 보고서를 열기 위해서는 DoCmd.OpenReport "매출보고서" 명령을 사용할 수 있다.

53

다음 중 제시된 SQL문과 그 설명의 연결이 옳지 않은 것은?

① DROP TABLE 고객; → 고객 테이블의 모든 데이터를 삭제하지만, 테이블 구조는 유지된다.
② INSERT INTO 주문(주문번호, 수량) VALUES ("A001", 3); → 주문 테이블에 새로운 레코드 한 개를 추가한다.
③ UPDATE 상품 SET 가격 = 5000 WHERE 이름 = "마우스"; → 이름이 "마우스"인 모든 상품의 가격을 5000으로 변경한다.
④ SELECT * FROM 직원; → 직원 테이블에서 전체 필드를 조회한다.

54

다음 중 아래의 SQL문을 실행한 결과에 대한 설명으로 옳지 않은 것은?

[성적] 테이블

학생ID	과목	점수
S001	수학	90
S002	수학	70
S003	영어	80
S004	영어	60
S005	과학	50
S006	과학	65

```
SELECT 과목, AVG(점수) AS 평균, COUNT(*)
            AS 인원수
FROM 성적
WHERE 과목 IN ('수학', '영어')
GROUP BY 과목
HAVING AVG(점수) >= 75;
```

① 과목 IN ('수학', '영어')는 과목이 수학이거나 영어인 경우에만 선택한다는 의미이다.
② 실행 결과 과목에는 수학과 영어가 표시된다.
③ COUNT(*) AS 인원수는 레코드의 개수를 세어 "인원수"라는 이름으로 표시한다는 의미이다.
④ GROUP BY 과목은 과목별로 그룹을 나누는 것이며, HAVING은 그룹화된 결과에 조건을 적용하는 절이다.

55

다음 중 폼에서 텍스트 상자(txt검색)에 입력된 값을 기준으로 성명 필드에서 해당 문자가 포함된 레코드만 표시하려는 경우, VBA 코드로 가장 옳은 것은?

① Me.Filter = "성명 = "" & txt검색 & """
   Me.FilterOn = True

② Me.Filter = "성명 Like '*" & txt검색 & "*'"
   Me.FilterOn = True

③ Me.Filter = "성명 Like '*" & txt검색 & "*'"
   Me.FilterOn = False

④ Me.Filter = "성명 IN ('" & txt검색 & "')"
   Me.FilterOn = True

56

다음 중 Access 폼에서 사용되는 다양한 컨트롤에 대한 설명으로 옳지 않은 것은?

① 레이블 컨트롤은 사용자가 직접 값을 입력할 수 없으며, 고정된 설명 텍스트나 제목을 표시하는 데 사용된다.
② 계산 컨트롤은 수식(예: =[단가]*[수량])을 사용하여 다른 컨트롤 값을 기반으로 계산된 결과를 자동으로 표시할 수 있다.
③ 목록 상자 컨트롤은 단일 항목만 선택 가능하며, 행 원본을 설정해 외부 데이터와 연동할 수 있다.
④ 탭 컨트롤은 하나의 폼 내에서 여러 페이지를 구성하는 데 사용되며, 탭 간에 데이터 원본이 반드시 다를 필요는 없다.

57

다음 중 데이터베이스에서 기본 키(Primary Key)에 대한 설명으로 옳지 <u>않은</u> 것은?

① 기본 키는 테이블 내 각 레코드를 고유하게 식별할 수 있도록 하며, 중복된 값을 가질 수 없다.
② 기본 키는 한 테이블에 오직 하나만 설정할 수 있으며, 여러 필드를 조합한 복합 기본 키는 가능하지만, 개별적으로 여러 개 설정하는 것은 불가능하다.
③ 기본 키로 설정된 필드는 NULL 값을 가질 수 없으며, 외래 키(Foreign Key)로 다른 테이블에서 참조될 수 있다.
④ 병원에서 의사 정보를 저장하는 경우, 성명은 중복 가능성이 있으므로 성명과 진료과목을 조합하여 기본 키로 사용한다.

58

다음 중 테이블에서 아래의 조건을 모두 만족하려고 할 때, 이러한 요구사항을 충족하기 위한 필드 속성 설정에 대한 설명으로 옳지 <u>않은</u> 것은?

- 사용자가 전화번호를 일정한 형식으로 입력하도록 제한한다.
- 필드에 기본값을 설정하여 새로운 레코드 입력 시 자동값이 입력되도록 한다.
- 성적 필드에는 0 이상 100 이하의 값만 입력되도록 제한하고, 잘못된 값 입력 시 오류 메시지를 표시한다.
- 주민등록번호 필드는 중복 입력이 불가능해야 한다.

① 전화번호 필드에는 입력 마스크를 설정하여 형식을 제어할 수 있다.
② 기본값 속성을 사용하면 새로운 레코드 입력 시 초기값이 자동으로 채워진다.
③ 유효성 검사 규칙을 사용하면 값의 범위를 제한할 수 있으며, 오류 메시지도 함께 설정할 수 있다.
④ 인덱스를 설정하려면 해당 필드의 데이터형은 반드시 숫자형이어야 한다.

59

다음 중 테이블에서 필드 이름에 대한 설명으로 옳지 <u>않은</u> 것은?

① 필드 이름에 공백을 포함해도 사용 가능하지만 첫 글자로 공백을 사용할 수 없다.
② 필드 이름은 숫자로 시작하면 오류가 발생하므로 반드시 문자로 시작해야 한다.
③ 하나의 테이블 내에 동일한 이름의 필드를 2개 이상 지정할 수 없다.
④ 필드 이름은 최대 64자까지 지정할 수 있으며, 마침표(.), 느낌표(!), 대괄호([ ]), 작은따옴표(') 등 특정 특수 문자는 사용할 수 없다.

60

다음 중 데이터 형식에 대한 설명으로 옳지 <u>않은</u> 것은?

① 짧은 텍스트는 최대 255자까지 입력 가능한 문자형 필드로, 전화번호나 이름 등의 저장에 적합하다.
② Yes/No 형식은 참/거짓 값을 저장하며, 폼에서는 체크박스로 표현되거나 콤보 상자로 여러 값을 선택할 수 있다.
③ 일련번호 형식은 새 레코드가 추가될 때마다 자동으로 고유한 숫자를 생성하며, 기본 키로 자주 사용된다.
④ 첨부 파일 형식은 이미지, PDF, 문서 파일 등을 저장할 수 있도록 설계된 필드 형식이다.

2024년 시행 상시시험

제3회 기출변형문제

정답 및 해설 p.152

제한시간 60분

1과목 컴퓨터 일반

01

다음 중 Windows 10의 바로 가기 키에 대한 설명으로 옳지 않은 것은?

① [Alt]+[Enter]: 선택된 항목의 [속성] 대화상자를 표시한다.
② [Ctrl]+[Esc]: [시작] 메뉴를 표시한다.
③ [Shift]+[F10]: 선택 항목의 바로 가기 메뉴를 표시한다.
④ [Shift]+[Space bar]: 활성 창의 창 조절 메뉴를 표시한다.

02

다음 중 Windows 10에서 바로 가기 아이콘의 [속성] 대화상자에 대한 설명으로 옳지 않은 것은?

① [일반] 탭에서는 바로 가기 아이콘을 만든 날짜, 수정한 날짜, 액세스한 날짜를 확인할 수 있으며 바로 가기 아이콘의 이름을 변경할 수 있다.
② [바로 가기] 탭에서는 원본 파일의 위치를 확인할 수 있으며 연결된 항목을 바로 열 수 있는 바로 가기 키를 지정할 수 있다.
③ [호환성] 탭에서는 바로 가기가 실행될 때의 호환성을 설정할 수 있다.
④ [보안] 탭에서는 바로 가기 아이콘의 속성 및 개인 정보를 제거할 수 있다.

03

다음 중 Windows 10의 [폴더 옵션] 대화상자에서 설정할 수 있는 작업으로 옳지 않은 것은?

① '라이브러리' 표시 여부를 설정할 수 있다.
② '숨김 파일, 폴더 또는 드라이브 표시 안함'을 설정할 수 있다.
③ '알려진 파일 형식의 파일 확장명 숨기기'를 설정할 수 있다.
④ '옵션란을 사용하여 항목 선택'을 설정할 수 있다.

04

다음 중 Windows 10의 [작업 관리자] 대화상자에 대한 설명으로 옳지 않은 것은?

① [프로세스] 탭에서는 현재 실행 중인 프로세스의 상태를 확인하거나 특정한 앱을 '작업 끝내기' 할 수 있다.
② [성능] 탭에서는 CPU, 메모리, GPU 등의 자원 사용 현황을 그래프로 표시한다.
③ [앱 기록] 탭에서는 특정 날짜 이후 앱별 리소스 사용량을 표시한다.
④ [세부 정보] 탭에서는 현재 컴퓨터에 로그인되어 있는 모든 사용자를 표시한다.

05
다음 중 Windows 10의 [설정]-[앱]-[앱 및 기능]에 대한 설명으로 옳지 <u>않은</u> 것은?

① Windows에 설치된 앱을 수정하거나 제거할 수 있다.
② Windows에서 제공하는 다양한 기능을 선택적으로 추가하거나 제거할 수 있다.
③ 추가된 앱을 이름, 크기, 설치 날짜 기준으로 정렬할 수 있다.
④ 동일한 이름으로 여러 개의 앱이 설치되어 있는 경우 해당 앱을 실행하면 자동으로 먼저 설치된 앱이 실행된다.

06
다음 중 Windows 10의 [설정]-[장치]에 대한 설명으로 옳지 <u>않은</u> 것은?

① 컴퓨터에 연결된 장치를 확인하거나 추가로 설치할 때 사용한다.
② Bluetooth 장치를 추가할 수 있다.
③ [키보드]에서는 입력 중인 인식 언어를 기준으로 텍스트 제안 표시 여부를 설정할 수 있다.
④ [입력]에서는 추천 단어의 표시 여부, 틀린 단어의 자동 고침 사용 여부를 설정할 수 있다.

07
다음 중 Windows 10의 백업과 복원에 대한 설명으로 옳지 <u>않은</u> 것은?

① Windows 10은 파일 히스토리를 사용하여 파일을 백업한다.
② 백업된 데이터 복원 시 파일은 기본적으로 C:/user 폴더에 복원된다.
③ '자동으로 파일 백업'을 이용하여 자동 백업 여부를 지정할 수 있다.
④ 백업할 폴더를 추가하거나 삭제할 수 있으며 백업에서 제외할 폴더를 지정할 수 있다.

08
다음 중 Windows의 시스템 구성에 대한 설명으로 옳지 <u>않은</u> 것은?

① 시작 모드로 정상 모드, 진단 모드, 선택 모드를 선택할 수 있다.
② 안전 부팅의 최소 설치는 중요한 서비스만 실행되는 부팅 모드로 안전 부팅 시 네트워킹은 사용할 수 없다.
③ 선택 모드는 시스템 서비스 로드, 시작 항목 로드, 원래 부팅 구성 사용 중 하나만을 선택할 수 있다.
④ 진단 모드는 기본 장치 및 서비스만 로드한다.

09
다음 중 컴퓨터의 분류에 대한 설명으로 옳지 <u>않은</u> 것은?

① 디지털 컴퓨터는 산술 및 논리 연산을 처리하는 회로에 기반을 둔 범용 컴퓨터로 사용된다.
② 아날로그 신호는 시간에 따라 크기가 연속적으로 변하는 정보를 말한다.
③ 컴퓨터를 처리 능력에 따라 디지털 컴퓨터, 아날로그 컴퓨터, 하이브리드 컴퓨터로 분류할 수 있다.
④ 디지털 신호는 복호화(Decode) 과정을 통해 원래의 아날로그 신호로 변환된다.

10
다음 중 영문자 한 개를 표현하기 위해 필요한 비트 수가 가장 많은 문자 코드 체계는?

① BCD
② ASCII
③ EBCDIC
④ 유니코드(Unicode)

11

다음 중 컴퓨터에 전원이 공급되면 BIOS(Basic Input/Output System)의 설정값에 따라 컴퓨터가 장치를 점검하고 사용 가능하도록 준비하는 과정으로 옳은 것은?

① SSD
② POST
③ OS
④ RAM

12

다음 중 컴퓨터에서 사용하는 기억장치에 대한 설명으로 옳지 않은 것은?

① 플래시 메모리는 EEPROM의 일종으로 비휘발성 메모리이다.
② 연관 메모리는 주소 대신에 기억된 내용의 일부를 이용하여 접근하는 장치이다.
③ 가상 메모리는 보조기억장치의 일부를 주기억장치처럼 사용하여 처리 속도가 향상된다.
④ 캐시 메모리는 CPU와 주기억장치 사이에 위치하여 처리 속도를 향상시키는 역할을 한다.

13

운영체제는 그 방식에 따라 일괄 처리(Batch), 대화식(INteractive), 실시간(Real-Time), 그리고 혼합(Hybrid) 시스템 등으로 구분할 수 있다. 이러한 분류를 결정하는 가장 적합한 기준은 무엇인가?

① 메모리 관리 방식
② 응답 시간과 데이터 입력 방식
③ 버퍼링(Buffering) 기능의 수행 여부
④ 고급 프로그래밍 언어의 사용 여부

14

다음 중 웹 프로그래밍 언어인 HTML5에 대한 설명으로 가장 적절한 것은?

① 다양한 멀티미디어 콘텐츠를 액티브X(ActiveX)의 제약 없이 웹 브라우저에서 실행되도록 만든 마크업 언어이다.
② 구조화된 문서를 제작하기 위한 언어로, 태그의 사용자 정의가 가능하다.
③ 3차원 가상공간을 표현하기 위한 언어이다.
④ 사용자와의 상호작용에 따른 동적인 웹 페이지의 제작이 가능한 언어이다.

15

다음 중 벡터(Vector) 이미지에 대한 설명으로 옳은 것은?

① 기하학적인 객체들을 표현하는 그래픽 함수들로 이미지를 표현한다.
② 대표적인 벡터(Vector) 기반 포맷으로는 GIF와 JPEG가 있다.
③ 다양한 색상을 사용하여 사실적 이미지를 표현한다.
④ 래스터 이미지(Raster Image)라고도 불린다.

16

다음 중 데이터 통신을 위하여 사용되는 통신망에 대한 설명으로 옳지 않은 것은?

① 클라이언트/서버 방식은 정보 요청자인 클라이언트와 정보 제공자인 서버로 이루어진 네트워크 방식으로, 분산 처리 환경에 적합하다.
② B-ISDN은 광대역 네트워크에서 데이터, 음성, 고해상도의 동영상 등 다양한 서비스를 디지털 통신망을 이용하여 제공하는 고속 통신망이다.
③ LAN은 한정된 공간에서 자원 공유를 목적으로 연결된 통신망이며, 전송 거리가 짧고 저속으로 전송되므로 오류 발생률이 높다.
④ 무선 가입자 통신망(WLL)은 전화국과 가입자 단말 사이에 무선 시스템을 이용하여 구성하는 통신망이다.

17

다음 중 데이터 전송 과정에서 선두로 전송된 패킷이 나중에 수신되더라도 수신 측 노드에서 패킷의 순서를 올바르게 재조립하는 것을 무엇이라 하는가?

① 연결 제어
② 흐름 제어
③ 오류 제어
④ 순서 제어

18

다음 중 전자우편(E-mail)에 대한 설명으로 옳지 않은 것은?

① 전자우편에 사용되는 프로토콜은 SMTP, POP3, MIME, IMAP 등이 있다.
② 기본적으로 16비트 유니코드(Unicode)를 사용하여 메시지를 전송한다.
③ IMAP은 이메일을 직접 서버에 접속하여 확인하는 방식으로, 이메일을 수신해도 서버에 메일이 남아 있는 프로토콜이다.
④ POP3는 메일 서버에 도착한 이메일을 사용자 컴퓨터로 가져오기 위한 프로토콜이다.

19

다음 중 사물 인터넷(IoT)에 대한 설명으로 옳지 않은 것은?

① 인터넷으로 연결된 다양한 사물이 정보를 수집하여 사물, 사람, 공간 등을 연결하여 지능화된 서비스를 제공한다.
② 센서를 통해 환경 정보를 수집하고 무선 통신 기술을 이용하여 실시간으로 데이터를 주고받는다.
③ 가정 환경에서는 스마트 홈 시스템을 통해 조명, 난방, 에어컨 등을 원격으로 제어하거나, 환경 데이터를 수집하여 에너지를 절약할 수 있다.
④ 사물 인터넷은 오직 인터넷에 연결된 가전제품에만 적용되는 기술이다.

20

다음 중 방화벽에 대한 설명으로 옳지 않은 것은?

① 역추적 기능이 있어서 외부의 침입자를 역추적하여 흔적을 찾을 수 있다.
② 전자 메일을 통한 바이러스나 온라인 피싱 등을 방지할 수 있다.
③ 사용자의 프라이버시를 보호할 수 있다.
④ 방화벽을 사용하면 네트워크의 부하가 증가하고 전송 처리 속도가 느려질 수 있다.

2과목 스프레드시트 일반

21

다음 중 엑셀의 틀 고정에 대한 설명으로 옳지 않은 것은?

① 화면에 표시되는 틀 고정 형태는 인쇄할 때 적용되지 않는다.
② [보기] 탭에서 [틀 고정] 명령을 이용하여 틀 고정을 할 수 있고 설정된 틀 고정 구분 선은 상황에 따라 경계선을 드래그하여 위치를 조절할 수 있다.
③ 틀 고정을 사용하면 스크롤해도 지정된 행이나 열을 화면에 계속 표시할 수 있다.
④ 틀 고정 구분 선은 셀 포인터의 위쪽과 왼쪽에 생기며 주로 표의 제목 행 또는 제목 열을 고정하여 작업할 때 유용하다.

22

다음 중 시트의 그룹에 대한 설명으로 옳지 않은 것은?

① 시트 그룹 상태에서 도형이나 차트 등의 그래픽 개체가 삽입되지 않는다.
② 시트 그룹이 설정된 상태에서 여러 개의 시트에 정렬이나 필터 기능을 수행할 수 없다.
③ 시트 그룹을 생성하면 해당 그룹의 시트들이 자동으로 병합되어 하나의 시트로 표시된다.
④ 시트 그룹을 해제할 때에는 시트 탭에서 오른쪽 마우스 버튼을 클릭하여 메뉴에서 [시트 그룹 해제]를 선택한다.

23

다음 중 시트 보호에 대한 설명으로 옳지 않은 것은?

① 시트 보호를 위해 암호를 지정할 수 있으며, 암호를 지정하지 않으면 모든 사용자가 시트 보호를 해제할 수 있다.
② 시트 보호를 실행하였을 때 시나리오 편집, 정렬 등은 보호할 수 있지만, 시트 이름은 보호 대상에 속하지 않는다.
③ 시트 보호 설정 후 셀에 데이터를 입력하거나 수정할 때 경고 메시지가 표시된다.
④ 시트 보호 시 특정 셀의 내용만 수정 가능하도록 하려면 [셀 서식] 대화상자에서 해당 셀의 '잠금' 설정을 해야 한다.

24

다음 중 아래 워크시트에서 [B4] 셀이 선택된 경우 각 키의 사용 결과로 옳지 않은 것은?

▲	A	B	C	D	E
1	이름	학과	DB		평균
2	홍길동	경영	270		268
3	이루리	AI	260		
4	은송이	경제	240		
5	차오름	대사	290		
6	박라레	BIT	280		

① Ctrl + End 를 누르면 데이터가 포함된 마지막 행/열에 해당하는 [E6] 셀로 이동한다.
② Home 을 누르면 현재 행의 처음인 [A4] 셀로 이동하고, End 를 누르면 현재 행의 마지막인 [C4] 셀로 이동한다.
③ Shift + Enter 를 누르면 한 행 위인 [B3] 셀로 이동한다.
④ Ctrl + Home 을 누르면 [A1] 셀로 이동한다.

25

다음 중 자동 채우기에 대한 설명으로 옳지 않은 것은?

① 문자 데이터는 같은 데이터가 복사된다.
② 숫자 데이터인 두 개의 셀을 범위로 지정하고 자동 채우기 핸들을 드래그하면 두 셀의 차이 값만큼 증가하거나 감소한다.
③ 문자와 숫자가 혼합된 경우 문자는 그대로 복사되고 숫자는 1씩 증가한다.
④ 날짜는 1일 단위로, 시간은 1분 단위로 증가한다.

26

다음 중 이름 상자에 대한 설명으로 옳지 않은 것은?

① 셀이나 셀 범위에 이름을 정의해 놓은 경우 이름이 표시된다.
② 차트가 선택되어 있는 경우 차트에 정의해 놓은 이름이 표시되는데, 처음 차트를 만든 상태에서는 보통 '차트 1'이 기본적으로 표시된다.
③ 수식을 작성 중인 경우 최근 사용한 함수 목록이 표시된다.
④ Ctrl 을 누르고 여러 개의 셀을 선택한 경우 가장 먼저 선택한 셀 주소가 표시된다.

27

다음 중 [찾기 및 바꾸기] 대화상자에 대한 설명으로 옳지 않은 것은?

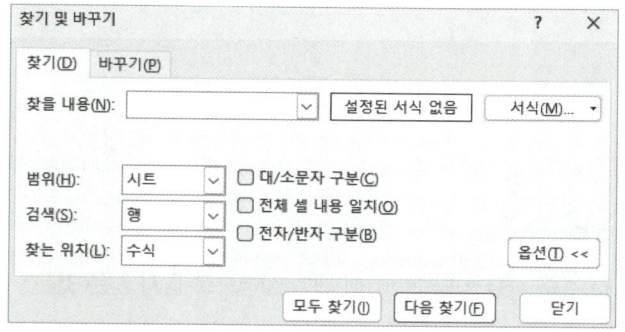

① [홈] 탭-[편집] 그룹-[찾기 및 선택]-[찾기] 또는 [바꾸기]를 선택하여 활용할 수 있다.
② '찾을 내용'에 입력한 내용과 일치하는 이전 항목을 찾으려면 Shift 를 누른 채 [다음 찾기]를 클릭한다.
③ '찾을 내용'에 입력한 문자만 있는 셀을 검색하려면 '전체 셀 내용 일치'를 선택한다.
④ [찾기 및 바꾸기] 대화상자의 '찾을 내용'에 '김*혁'을 입력하면 '김혁', '김진', '우혁' 등을 찾을 수 있다.

28

셀의 값이 30,000,000 이상이면 '빨강'을, 10,000,000 이하이면 '파랑'으로 표시하고, 모든 값에 천 단위 구분 기호(,)와 값 뒤에 '원'을 [표시 예]와 같이 표시하는 사용자 지정 표시 형식으로 옳은 것은?

▶ [표시 예: 20000000 → 20,000,000원, 0 → 0원]

① [빨강][>=30000000]#,##0"원";[파랑][<=10000000]#,##0"원";#,##0"원"
② [빨강][>=30000000]#,###"원";[파랑][<=10000000]#,###"원";#,###"원"
③ [빨강][>=3000000]#,##0"원";[파랑][<=1000000]#,##0"원";#,##0"원"
④ [빨강][>=30000000]0,000"원";[파랑][<=10000000]0,000"원";0,000"원"

29

다음 중 아래 워크시트에서 [C1] 셀에 수식 '=SUM($A$1:B1)'을 입력한 후 [C3] 셀에 복사하여 붙여넣기를 했을 때 [C3] 셀에 표시될 값으로 옳은 것은?

	A	B	C
1	5	10	
2	15	20	
3	25	30	

① 15
② 35
③ 50
④ 105

30

아래의 프로시저를 이용하여 [A1:C3] 영역의 서식을 모두 제거하고자 한다. ㉠에 들어갈 코드로 옳은 것은?

```
Sub Procedure( )
    Range("A1:C3").㉠
End Sub
```

① DeleteFormats
② ClearFormats
③ FormatClear
④ FormatDelete

31

다음 중 아래 워크시트에서 작성한 수식의 결괏값이 옳지 않은 것은?

	A	B	C
1	10	20	30
2	40	50	60
3	70	80	90

① =LARGE(A1:B3,ROW(A1)) → 80
② =LARGE(A1:C3,AVERAGE({1,2,3,4,5})) → 70
③ =SMALL(B1:B3,COLUMN(A1)) → 60
④ =LARGE(A1:B3,AVERAGE({1,2,3,4,5})) → 50

32

다음 중 아래 워크시트에서 작성한 수식의 결괏값이 옳지 않은 것은?

	A	B	C	D
1	이름	컴일	엑셀	DB
2	홍길동	80	70	75
3	이루리	85	80	70
4	은송이	70	80	90
5	차오름	90	60	70
6	이라레	80	70	75

① =HLOOKUP("엑셀",B1:D6,3) → 80
② =OFFSET(B1,4,2) → 70
③ =AREAS(A1:D6) → 15
④ =INDEX(A1:D6,5,3) → 60

33

다음 중 아래 시트에서 부서별 인원수[G2:G5]를 구하기 위해서 [G2] 셀에 입력해야 하는 배열 수식으로 옳지 않은 것은?

▲	A	B	C	D	E	F	G
1		사원명	부서명	연봉		부서명	인원수
2		홍길동	인사과	60,000,000		개발과	2
3		박라레	개발과	65,000,000		영업과	2
4		이루리	영업과	62,000,000		인사과	1
5		은송이	개발과	55,000,000		총무과	0
6		하오름	영업과	60,000,000			

① {=SUM(($C$2:$C$6=F2)*1)}
② {=COUNT(($C$2:$C$6=F2)*1)}
③ {=SUM(IF($C$2:$C$6=F2, 1))}
④ {=COUNT(IF($C$2:$C$6=F2, 1))}

34

아래의 워크시트에서 '성명'이 '정' 자로 시작하고 점수가 전체 평균 점수 이상인 데이터를 필터링하고자 한다. 다음 중 이를 위한 고급 필터 조건으로 옳은 것은?

▲	A	B
1	성명	점수
2	정수현	90
3	이루리	70
4	은송정	60
5	차오름	75
6	무지개	55
7	정라레	50
8	정민기	95
9	최마루	55

①
성명	조건
="정*"	=B2>=AVERAGE($B$2:$B$9)

②
성명	점수
="정*"	=B2>=AVERAGE($B$2:$B$9)

③
성명	평균 이상
="정?"	=B2>AVERAGE($B$2:$B$9)

④
성명	점수
="?정"	=B2>=AVERAGE($B$2:$B$9)

35

다음 중 부분합에 대한 설명 중 옳지 않은 것은?

① 그룹화할 항목을 기준으로 먼저 정렬한 후, [데이터] 탭-[개요 그룹]-[부분합]을 클릭한다.
② [부분합] 대화상자에서 '부분합 계산 항목'으로 선택된 항목에는 SUBTOTAL 함수가 자동으로 입력되어 계산된다.
③ 부분합 실행 결과를 워크시트에서 모두 제거하려면 부분합 결과를 범위 지정한 후, Delete를 누르면 된다.
④ [부분합] 대화상자에서 '그룹 사이에서 페이지 나누기'를 체크하면 페이지 구분선이 삽입된다.

36

다음 중 피벗 테이블에 대한 설명으로 옳지 않은 것은?

① 피벗 테이블을 작성할 때 데이터로 외부 데이터나 다중 통합 범위를 지정할 수 있다.
② 원본의 자료가 변동되어도 피벗 테이블에 자동으로 반영되지 않으므로 [데이터] 탭-[쿼리 및 연결] 그룹-[모두 새로 고침]을 선택하여 일괄적으로 새로 고침해야 한다.
③ 하위 데이터 집합에는 필터와 정렬, 조건부 서식을 적용하여 원하는 정보를 강조할 수 없다.
④ 작성된 피벗 테이블의 레이아웃은 마우스로 드래그하여 다시 수정할 수 있다.

37

다음 중 차트의 종류에 대한 설명으로 옳지 않은 것은?

① 데이터 계열을 선택하고 바로 가기 메뉴에서 [계열 차트 종류 변경]을 선택하면 특정 계열만 차트의 종류를 변경할 수 있다.
② 분산형 차트는 두 변수 간의 상관관계를 시각적으로 나타내며 이를 통해 두 변수 간의 관계의 강도 및 방향을 쉽게 파악할 수 있다.
③ 분산형 차트, 도넛형 차트, 방사형 차트, 주식형 차트는 3차원 차트로 변경이 불가능하다.
④ 원형 차트 작성에서 첫째 조각의 각은 첫째 조각이 시작되는 각도로 기본값이 90°이다.

38
다음 중 차트의 편집에 관한 설명으로 옳지 않은 것은?

① 그림 영역, 범례 등을 선택하여 차트의 크기를 조절할 수 있다.
② 계열 겹치기 값은 정수로 표시되며, 0이면 계열이 겹치지 않고 완전히 분리되어 표시되는 것을 의미하고 100은 모든 계열이 완전히 겹쳐서 하나의 영역으로 표시되는 것을 의미한다.
③ 워크시트에서 차트 데이터 영역의 중간에 항목(행)을 삽입하는 경우 차트에서도 항목이 삽입된다.
④ 범례는 차트의 유형과 스타일에 따라 색상 또는 선 스타일 등을 사용하여 시각적으로 표시된다.

39
다음 중 엑셀의 인쇄 기능에 대한 설명으로 옳지 않은 것은?

① 인쇄되는 모든 페이지에 특정 행을 반복하려면 [페이지 설정] 대화상자에서 '인쇄 제목'의 '반복할 행'에 열 레이블이 포함된 행의 참조를 입력해야 한다.
② 시트에 표시된 오류 값을 인쇄하기 위해서는 [페이지 설정] 대화상자의 [시트]에서 '셀 오류 표시'를 '표시된 대로'로 선택한다.
③ 워크시트에 포함된 도형을 인쇄하고 싶지 않을 때는 해당된 도형에서 바로 가기 메뉴의 [도형 서식] – [속성]에서 '개체 인쇄'의 체크 표시를 해제한다.
④ 인쇄 미리 보기를 실행한 상태에서 마우스를 드래그하여 여백과 행의 높이를 조절할 수 있다.

40
다음 중 매크로에 대한 설명으로 옳지 않은 것은?

① 매크로를 기록하는 경우 작업 과정의 모든 단계가 기록되고, 리본 메뉴에서의 탐색은 기록된 단계에 포함되지 않는다.
② 매크로가 엑셀을 시작할 때 자동으로 열리도록 하기 위해서 매크로를 저장하는 개인용 매크로 통합 문서 이름은 Personal.xlsb이다.
③ [매크로] 대화상자에서 [편집]을 누르면 Visual Basic 편집기를 통해 매크로 이름이나 코드를 수정할 수 있다.
④ [매크로] 대화상자에서 [옵션]을 누르면 '매크로 이름', '바로 가기 키', '설명'을 수정할 수 있다.

3과목 데이터베이스 일반

41
다음 중 SQL 명령어에서 데이터 정의어(DDL)만을 고른 것은?

> ㉠ ALTER
> ㉡ DROP
> ㉢ CREATE
> ㉣ GRANT
> ㉤ COMMIT

① ㉠, ㉤
② ㉡, ㉢
③ ㉢, ㉣
④ ㉣, ㉤

42
속성(Attribute)은 데이터베이스를 구성하는 중요한 요소 중 하나이다. 다음 중 속성에 대한 설명으로 옳지 않은 것은?

① 속성은 개체의 특성을 기술한다.
② 속성은 테이블의 열을 나타낸다.
③ 속성은 파일 구조상 데이터 항목 또는 데이터 필드에 해당한다.
④ 속성의 수를 Cardinality라고 한다.

43
다음 조건에 적합하도록 필드의 사용자 정의 입력 마스크를 작성한 것은?

> • 'B222-33'과 같은 형식으로 영문 대문자 한 자리, 숫자 세 자리, '-', 숫자 두 자리 형태로 입력되도록 설정하시오.
> • 숫자는 필수 요소로, 0~9까지의 숫자만 입력할 수 있도록 설정하시오.
> • 기호(-)도 저장되도록 설정하시오.
> • 데이터가 입력될 자리에 '#'이 표시되도록 설정하시오.

① >L000-00
② >L000-00;0;#
③ >L000-00;;#
④ >L000-00;0

44
다음 중 테이블 연결하기에 대한 설명으로 옳지 않은 것은?

① 연결 테이블로 가져온 테이블을 삭제하면 연결된 원본 데이터베이스의 테이블은 삭제된다.
② [외부 데이터 가져오기] 창의 [연결 테이블을 만들어 데이터 원본에 연결] 명령을 선택하여 테이블을 연결할 수 있다.
③ 원본 데이터의 레코드를 삭제하면 연결된 테이블의 레코드도 같이 삭제된다.
④ 연결된 테이블을 이용하여 폼이나 보고서를 생성할 수 있다.

45
고객계좌 테이블에서 잔고가 100,000원~3,000,000원인 고객들의 등급을 '우대고객'으로 변경하고자 다음과 같은 SQL문을 작성하였다. ㉠과 ㉡에 들어갈 내용으로 옳은 것은?

```
UPDATE 고객계좌
(   ㉠   ) 등급 = '우대고객'
WHERE 잔고 (   ㉡   ) 100000 AND 3000000
```

	㉠	㉡
①	SET	IN
②	SET	BETWEEN
③	VALUES	IN
④	VALUES	BETWEEN

46
참조 무결성을 유지하기 위하여 DROP 문에서 테이블의 특정 필드 값을 삭제할 경우 해당 필드와 연관된 다른 테이블의 내용도 삭제하기 위한 옵션으로 옳은 것은?

① CLUSTER
② NO ACTION
③ CASCADE
④ SET NULL

47
다음 중 자료 분석에 매우 유용한 결과를 보여주는 크로스탭 쿼리에 대한 설명으로 옳지 않은 것은?

① 크로스탭 쿼리를 이용하여 특정한 필드의 합계, 평균, 개수와 같은 요약 값을 표시할 수 있다.
② 열과 행이 교차하는 곳에는 숫자 값을 사용하는 필드만 선택 가능하다.
③ 크로스탭 쿼리 작성 시 행 머리글은 최대 3개까지 필드를 지정할 수 있다.
④ 조건을 지정할 필드를 표시한 후 요약 행에 '조건'을 선택하고 크로스탭 행은 빈칸으로 남겨 둔 상태에서 조건식을 입력하면 쿼리 결과로 표시할 레코드를 제한할 수 있다.

48
폼은 [만들기] 탭-[폼] 그룹에서 작성할 수 있는데 이러한 폼의 작성 방법에 대한 설명으로 옳지 않은 것은?

① '폼 마법사'는 사용자가 간단하게 지정할 수 있는 폼 마법사를 이용하여 작성한다.
② '폼'은 컨트롤이나 형식이 없는 폼을 작성한다.
③ [기타 폼]-'여러 항목'은 한 번에 여러 개의 레코드를 표시하는 폼을 작성한다.
④ '폼 디자인'은 사용자가 직접 텍스트 상자, 레이블, 단추 등의 필요한 컨트롤을 삽입하여 작성할 수 있다.

49
다음 중 폼 작성 시 사용하는 컨트롤에 대한 설명으로 옳지 않은 것은?

① 레이블 컨트롤은 제목이나 캡션 등의 설명 텍스트를 표현하기 위해 많이 사용된다.
② 텍스트 상자는 바운드 컨트롤, 언바운드 컨트롤, 계산 컨트롤로 모두 사용할 수 있다.
③ 목록 상자 컨트롤은 여러 개의 데이터 행으로 구성되며 대개 몇 개의 행을 항상 표시할 수 있는 크기로 지정되어 있다.
④ 옵션 단추는 여러 개의 값 중 하나를 선택할 수 있는 컨트롤로서 'Yes/No' 필드를 추가하면 기본적으로 옵션 단추 컨트롤이 삽입된다.

50
다음 중 하위 보고서에 대한 설명으로 옳지 않은 것은?

① 하위 보고서는 일대다 관계가 설정되어 있는 테이블의 데이터를 표시하기에 적합하다.
② 주 보고서와 연결된 하위 보고서는 원본으로 사용하는 원본 레코드 간의 관계가 만들어져 있어야 한다.
③ 테이블, 쿼리, 폼 또는 다른 보고서를 이용하여 하위 보고서를 작성할 수 있다.
④ 주 보고서에는 최대 7개까지 하위 보고서를 중첩하여 작성할 수 있으며 하위 보고서에서는 그룹화 및 정렬 기능을 설정할 수 없다.

51
다음 중 액세스의 보고서 구역에 대한 설명으로 옳지 않은 것은?

① 보고서 머리글: 보고서의 첫 페이지 상단에 한 번만 표시되며 보고서의 제목이나 시작 페이지 등을 표시하는 데 사용된다.
② 보고서 바닥글: 보고서의 끝 부분에 위치하며, 보고서 총계/평균/안내문 등을 표시하는 데 사용된다.
③ 본문: 보고서에서 실제 데이터가 표시되는 부분으로, 각 레코드에 대한 정보를 나열한다.
④ 요약: 각 그룹에 대한 요약 정보를 표시하는 데 사용되며, 보고서의 마지막에 자동으로 추가된다.

52
다음 중 액세스에서 매크로에 대한 설명으로 옳지 않은 것은?

① 그룹 매크로를 이용하여 하나의 매크로 창에서 여러 개의 매크로를 그룹으로 작성하고 관리할 수 있다.
② 매크로 이름 다음에 점을 입력한 후 하위 매크로 이름을 입력하여 이벤트나 이벤트 프로시저에서 매크로를 실행할 수 있다.
③ 매크로는 하나 이상의 매크로 함수로 구성되고, 각 매크로 함수의 수행 방식을 제어하는 인수를 추가할 수 있다.
④ 하위 매크로 이름에 키를 지정하고 매크로 이름을 Auto로 저장하면 특정 키에 매크로 함수를 할당할 수 있다.

53
다음 중 데이터베이스의 3단계 스키마 구조에 대한 설명으로 옳지 않은 것은?

① 내부적 스키마는 데이터베이스의 논리적 저장 구조를 묘사한다.
② 외부적 스키마는 데이터베이스 전체에서 특정 사용자 그룹이 관심을 가지고 있는 일부분만을 묘사한다.
③ 데이터베이스 관리 시스템은 외부적 스키마에 따라 명시된 사용자의 요구를 개념적 스키마에 적합한 형태로 변경하고 이를 다시 내부적 스키마에 적합한 형태로 변환한다.
④ 개념적 수준에서는 사용자 집단을 위한 전체 데이터베이스의 구조를 묘사한다.

54
다음 중 조인(Join)에 대한 설명으로 옳지 않은 것은?

① 두 테이블의 조인에 사용되는 기준 필드의 데이터 형식은 동일하거나 호환되어야 한다.
② 조인을 이용하면 정규화를 통해 각 테이블로 분리된 데이터를 통합할 수 있다.
③ 테이블을 조인하기 위해서는 조인되는 테이블 필드 수가 동일해야 한다.
④ 두 테이블의 조인된 필드가 일치하는 행만 포함하는 조인 유형은 내부 조인이다.

55
다음의 관계형 데이터베이스와 관련한 글에서 괄호 안에 들어갈 용어로 옳은 것은?

> ( ) 무결성 제약이란 각 릴레이션(Relation)에 속한 각 애트리뷰트(Attribute)가 해당 도메인을 만족하면서 참조할 수 없는 외래 키 값을 가져서는 안 된다는 것을 말한다.

① 참조　　　　② 개체
③ 도메인　　　④ 키

56

다음 이벤트 프로시저에 대한 설명으로 옳지 <u>않은</u> 것은?

```
Private Sub cmd찾기_Click( )
        Filter = "씨앗명 like '" & txt찾기 & "'"
        FilterOn = True
End Sub
```

① cmd찾기라는 이름의 버튼이 클릭될 때 실행될 프로시저를 정의하고 있다.
② 사용자가 txt찾기 텍스트 박스에 '국화'를 입력하면, 씨앗명이 '국화'인 레코드만 필터링한다.
③ FilterOn = True이므로 Filter 속성에 정의된 조건을 적용한다.
④ 적용된 필터 속성을 해제하려면 FilterOn = False를 입력한다.

57

다음 중 〈직원〉 테이블에 대한 SQL문의 실행 결과로 옳은 것은?

[직원]

직원번호	이름	직급	근무년수	부서번호
1	홍길동	사원	3	A101
2	김철수	사원	3	A102
3	이영희	대리	4	A101
4	박영수	사원	2	A103
5	데이터	사원	1	A101

```
SELECT AVG([근무년수]) FROM 직원
WHERE 부서번호='A101' GROUP BY 직급
HAVING COUNT(*) >=2;
```

① 1   ② 2
③ 3   ④ 4

58

폼 속성의 데이터 항목에서 '레코드 집합 종류' 속성은 데이터를 어떻게 처리하고 표시하는지를 결정한다. 이에 대한 설명으로 가장 옳지 <u>않은</u> 것은?

① 스냅숏은 데이터 조회만 할 수 있고 수정할 수 없으므로 데이터를 단순히 조회만 할 때 유용하다.
② 다이너셋은 데이터를 조회하거나 수정할 수 있다.
③ 다이너셋은 데이터를 수정하고 새로고침 단추를 누른 후 변경 사항이 데이터베이스에 반영된다.
④ 스냅숏은 최신 데이터를 보려면 재생성해야 한다.

59

다음 중 아래 보고서에 대한 설명으로 옳지 <u>않은</u> 것은?

① '정차장' 필드를 기준으로 그룹이 설정되어 있다.
② '정차장' 필드와 '항공사' 필드에는 '중복 내용 숨기기' 속성을 '예'로 설정하였다.
③ '정차장'별 개수가 표시된 텍스트 상자는 그룹 바닥글에 삽입하였다.
④ 특정 필드를 기준으로 그룹화를 하는 경우 데이터는 그 필드를 기준으로 내림차순 정렬되어 표시된다.

60

다음 중 인덱스(Index)에 대한 설명으로 옳지 <u>않은</u> 것은?

① OLE 개체, 첨부 파일, 계산 형식의 필드에는 인덱스를 설정할 수 없다.
② 인덱스 속성은 아니요, 예(중복 불가능), 예(중복 가능) 중 한 개의 값을 갖는다.
③ 많은 필드로 구성된 테이블에서 여러 개의 필드로 검색 조건을 제공해야 하는 경우 다중 필드 인덱스로 정의하면 효과적으로 검색할 수 있다.
④ 단일 필드에 기본 키를 지정하면 해당 필드에 인덱스 속성은 '아니요'로 설정된다.

2024년 시행 상시시험
제4회 기출변형문제

→ 정답 및 해설 p.157

제한시간 60분 1회독 월 일 시작 : 종료 :   2회독 월 일 시작 : 종료 :   3회독 월 일 시작 : 종료 :

1과목 컴퓨터 일반

01

다음 중 Windows 10의 [휴지통]에 보관된 파일을 복원하는 방법으로 옳지 않은 것은?

① 휴지통을 열고 복원할 파일의 바로 가기 메뉴에서 [복원]을 선택하면 원래 위치로 복원되며, 사본은 휴지통에 그대로 남아있게 된다.
② 휴지통을 열고 복원할 파일을 선택한 후 원하는 위치로 드래그 앤 드롭한다.
③ 휴지통을 열고 복원할 파일에서 [잘라내기]를 선택한 후 바탕 화면의 바로 가기 메뉴에서 [붙여넣기]를 선택한다.
④ 휴지통의 모든 파일을 복원하려면 휴지통을 열고 [모든 항목 복원]을 클릭한다.

02

다음 중 [파일 탐색기]의 검색 상자에 대한 설명으로 옳지 않은 것은?

① 파일 탐색기에서 F3이나 Ctrl+F를 누르면 검색 상자로 포커스가 옮겨진다.
② 와일드카드 문자(*, ?)를 사용하여 검색할 수 있다.
③ 내용 앞에 ~를 붙이면 해당 내용이 포함되지 않은 파일이나 폴더가 검색된다.
④ 파일 탐색기에서 데이터를 검색한 다음 검색 기준을 저장할 수 있고, 저장된 검색을 열면 원래 검색과 일치하는 최신 파일이 나타난다.

03

다음 중 Windows 10의 레지스트리에 대한 설명으로 옳지 않은 것은?

① 작업 표시줄의 검색 상자에 'regedit'를 입력하여 레지스트리 편집기를 실행할 수 있다.
② 레지스트리 정보는 윈도우가 작동하는 동안 지속적으로 참조된다.
③ 레지스트리 편집기를 이용하여 잘못된 수정은 시스템에 심각한 오류를 초래할 수 있기 때문에 변경하기 전에 반드시 백업을 수행하는 것이 좋다.
④ 사용자 프로필과 관련된 부분은 'ntuser.dat' 파일에 저장되며 이 파일은 'C:/관리자'의 하위 폴더인 관리자 계정 폴더에 하나의 파일로 저장된다.

04

다음 중 Windows 10의 [글꼴]에 대한 설명으로 옳지 않은 것은?

① 시스템에 설치되어 있는 글꼴이 설치되어 있는 폴더의 위치는 'C:\Windows\Fonts'이다.
② 트루 타입(TrueType)과 오픈 타입(OpenType) 글꼴을 제공하며 설치된 글꼴은 대부분의 앱에서 사용할 수 있다.
③ 글꼴 파일은 TTF, OTF, FON 등의 확장자를 가지고 있다.
④ 글꼴을 추가하거나 제거하려면 [제어판]에서 [프로그램 추가/제거]를 이용한다.

05

다음 중 Windows 10의 [설정]-[계정]에 대한 설명으로 옳지 않은 것은?

① 컴퓨터를 공유하는 각 사용자별로 Windows를 설정하며, 고유한 계정 이름, 그림 및 암호를 선택하고 개별적으로 적용되는 다른 설정을 선택할 수 있다.
② 관리자 계정은 소프트웨어와 하드웨어를 설치하고 모든 파일에 액세스할 수 있다.
③ 일반 계정은 자신의 계정 암호를 설정할 수 있으나, 컴퓨터 보안에 영향을 주는 설정은 변경할 수 없다.
④ 로그인 옵션에서 사용자가 자리를 비울 때 자동으로 컴퓨터를 잠그도록 설정할 수 있다.

06

다음 중 Windows 10의 그림판에 대한 설명으로 옳지 않은 것은?

① 그림판에서 작성한 그림은 다른 문서에 붙여넣기 하거나 바탕 화면의 배경으로 사용할 수 있다.
② 그림판에서 BMP, GIF, TIF, PNG, JPG 형식의 파일을 편집할 수 있다.
③ [Shift]를 누른 상태에서는 수평선, 수직선을 그릴 수 있고 [Ctrl]을 누른 상태에서는 45°의 대각선을 그릴 수 있다.
④ 그림판에서는 레이어 기능을 지원하지 않는다.

07

다음 중 Windows 10의 프린터에 대한 설명으로 옳지 않은 것은?

① 로컬 프린터 설치 시 프린터가 USB(범용 직렬 버스) 모델인 경우에는 프린터를 컴퓨터에 연결하면 Windows에서 자동으로 검색하고 설치한다.
② [장치 및 프린터] 창에서 기본 프린터에는 프린터 아이콘에 확인 표시가 나타난다.
③ 로컬 프린터 설치 시 선택할 수 있는 포트에는 LPT1, LPT2, LPT3, COM1, COM2, COM3 등이 있고, 네트워크 프린터 설치 시에는 포트를 선택하지 않아도 자동으로 지정된다.
④ 기본 프린터와 공유 프린터는 한 대만 지정할 수 있다.

08

다음 중 10진수 45.1875를 2진수로 바르게 변환한 것은?

① $101100.0011_{(2)}$
② $101100.0101_{(2)}$
③ $101101.0011_{(2)}$
④ $101101.0101_{(2)}$

09

다음 중 컴퓨터의 구성 요소에 대한 설명으로 옳은 것을 모두 고르면?

> ㉠ 입·출력장치는 기계적 동작을 수반하기 때문에 동작 속도가 주기억장치보다 빠르다.
> ㉡ 중앙처리장치는 클록 주기에 따라 명령을 수행하며 클록 주파수가 낮을수록 연산 속도는 빠르다.
> ㉢ 중앙처리장치는 명령어 실행 과정에서 제어장치, 내부 레지스터, 연산기 등의 구성 요소를 필요로 한다.
> ㉣ 중앙처리장치는 명령어 인출 단계에서 인출된 명령어를 저장하는 명령어 레지스터와 다음에 실행할 명령어가 있는 기억장치의 주소를 저장하는 프로그램 카운터를 필요로 한다.

① ㉠, ㉡
② ㉡, ㉢
③ ㉠, ㉣
④ ㉢, ㉣

10

다음 중 바이오스(BIOS)에 대한 설명으로 옳지 않은 것은?

① BIOS는 컴퓨터의 부팅 프로세스 중 초기화 및 자가 진단을 수행하는 소프트웨어이다.
② BIOS는 컴퓨터의 하드웨어 구성을 인식하고 운영체제가 부팅될 수 있도록 준비한다.
③ BIOS는 일반적으로 플래시 메모리에 저장되어 있으며, 사용자가 변경할 수 있다.
④ BIOS는 시스템의 시간, 날짜 및 부팅 순서와 같은 기본 설정을 관리한다.

11

다음 중 임베디드 시스템에 대한 설명으로 옳은 것은?

① 임베디드 시스템은 주로 PC나 서버와 같은 일반적인 컴퓨터 시스템에 사용되며, 특정한 제어 작업을 수행하기 위해 설계된다.
② 임베디드 시스템은 주로 네트워크 장비, 가전제품, 자동차 내부 시스템 등의 장치에 내장되어 작동하는 특수 목적 컴퓨터 시스템이다.
③ 임베디드 시스템은 사용자가 직접 조작하는 대화형 시스템이며, 주로 휴대폰, 태블릿, 노트북 등의 개인용 컴퓨터에 사용된다.
④ 임베디드 시스템은 대부분의 경우에 사용자에게 보이지 않고 백그라운드에서 자동으로 작동되는 시스템으로, 주로 제어 및 모니터링을 위해 사용된다.

12

다음 중 저작권에 따른 소프트웨어의 분류에 대한 설명으로 옳지 않은 것은?

① 애드웨어는 사용자에게 광고를 보여주는 방식으로 수익을 창출하는 소프트웨어이다.
② 셰어웨어는 일정 기간 동안 무료로 사용해볼 수 있지만, 그 후에는 구매를 유도하는 소프트웨어이다.
③ 데모 버전은 정식 프로그램의 기능을 홍보하기 위해 사용 기능을 제한하여 배포하는 소프트웨어이다.
④ 프리웨어는 소스 코드를 공개해서 누구나 해당 코드를 무료로 이용하고 배포할 수 있는 소프트웨어이다.

13

다음 중 객체 지향 프로그래밍 언어에 대한 설명으로 옳지 않은 것은?

① C++, Actor, Smalltalk, Java는 객체 지향 언어이다.
② 소프트웨어의 재사용으로 프로그램의 개발 시간을 단축할 수 있다.
③ 추상화, 캡슐화, 상속성, 다형성 등의 특징을 가지고 있다.
④ 입력과 출력이 각각 하나씩 이루어진 구조로 GOTO문을 사용하지 않으며, 순서, 선택, 반복의 3가지 논리 구조를 사용한다.

14

다음 중 멀티미디어와 관련된 용어에 대한 설명으로 옳지 않은 것은?

① 시퀀싱(Sequencing)은 여러 오디오 트랙을 조합하여 하나의 연속된 오디오 파일을 만드는 과정이다.
② 스트리밍(Streaming)은 멀티미디어 데이터를 다운로드하면서 동시에 재생해 주는 기술이다.
③ 샘플링(Sampling)은 음성, 영상 등의 디지털 신호를 아날로그 신호로 변환하는 과정이다.
④ MIDI는 전자악기 간의 디지털 신호에 의한 통신이나 컴퓨터와 전자악기 간의 통신 규약이다.

15

멀티미디어 콘텐츠의 전자상거래(생성, 거래, 전달, 관리, 소비)를 위한 상호 운용성을 보장하는 통합 멀티미디어 프레임워크를 표준화하는 것은?

① MPEG-2
② MPEG-7
③ MPEG-21
④ MPEG-Z

16

다음 중 C 클래스의 IP Address로 적절한 것은?

① 190.234.56.34
② 124.76.133.234
③ 130.15.45.120
④ 192.168.117.134

17

다음 중 숫자로 표현된 인터넷 IP 주소를 사람이 알기 쉽게 문자로 표현한 것은?

① Domain Name System
② IP Address
③ DHCP
④ Web Browser

18

다음 중 컴퓨터 바이러스에 대한 내용으로 가장 옳지 않은 것은?

① 파일의 크기가 갑자기 작아지고 프로그램이 실행되지 않는다면 바이러스 감염 증상으로 볼 수 있다.
② 최신 버전의 백신 프로그램으로 바이러스의 감염 여부를 검사하여 피해를 예방할 수 있다.
③ 프로그램의 디렉터리 영역에 저장된 프로그램의 시작 위치를 바이러스의 시작 위치로 변경하는 파일 바이러스는 연결형 바이러스이다.
④ 바이러스는 사용자 몰래 스스로 복제하여 다른 프로그램을 감염시키고, 정상적인 프로그램이나 다른 데이터 파일 등을 파괴한다.

19

다음 중 OSI 7 Layer 계층이 다른 프로토콜로 옳은 것은?

① ICMP(Internet Control Message Protocol)
② IP(Internet Protocol)
③ ARP(Address Resolution Protocol)
④ TCP(Transmission Control Protocol)

20

시스템이나 소프트웨어에 의도적으로 설치되거나 숨겨진 비밀적인 접근 경로로서 시스템에 악의적으로 접근하기 위한 컴퓨터 범죄는?

① 스니핑(Sniffing)
② 스푸핑(Spoofing)
③ 피기배킹(Piggybacking)
④ 백도어(Back Door)

2과목 스프레드시트 일반

21

다음 중 매크로에 대한 설명으로 옳지 않은 것은?

① 매크로 코드에서 ActiveCell.Offset(3,4)는 현재 셀로부터 아래쪽으로 3행, 오른쪽으로 4열 떨어진 위치의 셀을 의미한다.
② 엑셀을 사용할 때마다 매크로를 사용할 수 있게 하려면 매크로 저장 위치를 '개인용 매크로 통합 문서'로 선택한다.
③ 하나의 모듈 시트에는 하나의 매크로만 기록해야 한다.
④ 작은 따옴표(')가 붙은 문장은 주석으로 처리되어 매크로 실행에 영향을 주지 않는다.

22

다음 중 워크시트에 대한 설명으로 옳지 않은 것은?

① 행과 열이 교차되면서 만들어진 사각형으로 데이터가 입력되는 기본 단위를 셀이라고 한다.
② 그룹으로 묶은 시트에서 복사하거나 잘라낸 데이터는 다른 한 개의 시트에만 붙여넣을 수 없다.
③ 리본 메뉴를 빠르게 최소화하려면 활성 탭의 이름을 두 번 클릭하고 리본 메뉴를 원래 상태로 되돌리려면 탭을 다시 두 번 클릭한다.
④ 상태 표시줄의 바로 가기 메뉴를 이용하여 선택한 범위에 대한 숫자 데이터가 입력된 셀의 수와 문자 데이터가 입력된 셀의 수를 표시할 수 있다.

23

다음 중 시트 보호와 통합 문서 보호에 대한 설명으로 옳지 않은 것은?

① 시트 보호는 시트의 내용, 개체, 시나리오를 보호하도록 설정하는 기능으로 시트 보호를 설정한 후 셀에 데이터를 입력하거나 수정하려고 하면 경고 메시지가 나타난다.
② 통합 문서를 보호하면 포함된 차트, 도형 등의 그래픽 개체를 변경 및 이동, 복사할 수 없다.
③ 통합 문서 보호는 시트 삽입, 삭제, 이동, 숨기기, 이름 바꾸기 등의 작업을 할 수 없도록 보호하는 기능이다.
④ 시트 보호는 통합 문서 전체가 아닌 특정 시트만을 보호한다.

24
다음 중 데이터 입력에 대한 설명으로 옳지 않은 것은?

① 여러 셀에 같은 데이터를 입력하려면 범위를 지정하고 데이터를 입력한 후 Ctrl+Enter를 누른다.
② 셀 안에서 줄 바꿈을 하려면 Alt+Enter를 누른다.
③ 숫자 앞에 작은 따옴표(')를 붙이면 문자로 인식하고 수식 자체를 표시하게 하려면 Ctrl+~을 누른다.
④ 한글 자음(ㄱ~ㅎ)에 한자를 누르면 특수문자 목록이 나타나며 쌍자음(ㄲ, ㄸ, ㅃ, ㅆ)에 한자는 특수문자 목록이 나타나지 않는다.

25
다음과 같은 워크시트에서 [A1:A3] 영역을 범위로 지정 후 자동 채우기 핸들을 아래쪽으로 드래그했을 때 [A4] 셀에 입력되는 값으로 옳은 것은?

	A	B	C
1	31.1		
2			
3	33.1		
4			
5			

① 31.1
② 33.1
③ 공백
④ 35.1

26
다음 중 연속적인 위치에 데이터가 입력되어 있는 여러 개의 셀을 범위로 지정한 후, 셀 병합을 실행했을 때의 결과로 옳은 것은?

① 데이터가 들어있는 여러 셀은 셀 보호가 자동으로 설정되어 병합할 수 없다.
② 가장 위쪽 또는 왼쪽의 셀 데이터만 남고 나머지 셀 데이터는 모두 지워진다.
③ 기존에 입력되어 있던 데이터들이 한 셀에 모두 표시된다.
④ 가장 아래쪽 또는 오른쪽의 셀 데이터만 남고 나머지 셀 데이터는 모두 지워진다.

27
다음 중 [찾기 및 바꾸기] 대화상자에서 '*' 문자 자체를 찾는 방법으로 옳은 것은?

① '찾을 내용'에 "?*"를 입력한다.
② '찾을 내용'에 "%*"를 입력한다.
③ '찾을 내용'에 "~*"를 입력한다.
④ '찾을 내용'에 "!*"를 입력한다.

28
다음 중 셀 스타일에 대한 설명으로 옳지 않은 것은?

① 셀 스타일은 글꼴과 글꼴 크기, 숫자 서식, 셀 테두리, 셀 음영 등의 정의된 서식의 집합으로, 셀 서식을 일관성 있게 적용하는 기능이다.
② 사용 중인 셀 스타일을 수정하면 해당 셀에는 자동으로 셀 스타일이 적용된다.
③ '표준' 셀 스타일은 새로운 워크시트를 만들 때 기본적으로 적용되는 스타일로서 필요에 따라 변경하거나 삭제할 수 있다.
④ 사용자가 만든 셀 스타일은 기본적으로 현재 엑셀 통합 문서에서 사용할 수 있다.

29
다음 중 아래 워크시트에서 [D1] 셀에 수식 '=$A$1+$B1'을 입력한 후 [D5] 셀에 복사하여 붙여넣기를 했을 경우, [D5] 셀에 표시될 결괏값은?

	A	B	C	D
1	1	2	3	
2	2	4	6	
3	3	6	9	
4	4	8	12	
5	5	10	15	

① 3
② 6
③ 9
④ 11

30

다음 워크시트에서 취업도[C2:C5]는 취업률[B2:B5]을 10%로 나눈 값을 표현한 것으로, 취업률이 60%를 초과하면 "★"를, 그 외는 "☆"를 나눈 값의 몫만큼 반복하여 표시하였다. 다음 중 이에 대해 [C2] 셀에 들어갈 수식으로 옳은 것은?

	A	B	C
1	학과	취업률	취업도
2	국어국문학과	55%	☆☆☆☆☆
3	건축학과	78%	★★★★★★★
4	전자공학과	85%	★★★★★★★★
5	반도체학과	92%	★★★★★★★★★

① =REPLACE(QUOTIENT(B2,10%),IF(B2>60%,"★","☆"))
② =REPT(QUOTIENT(B2,10%),IF(B2>60%,"★","☆"))
③ =REPLACE(IF(B2>60%,"★","☆"),QUOTIENT(B2,10%))
④ =REPT(IF(B2>60%,"★","☆"),QUOTIENT(B2,10%))

31

다음 아래 시트에서 〈변경 전〉의 내용을 〈변경 후〉의 내용으로 변경하기 위한 수식으로 적절한 것은?

	A
1	〈변경 전〉
2	서울시 노원구 초안산로 2길 2 2동 1004호
3	〈변경 후〉
4	서울시 노원구 초안산로 2길 123 2동 1004호

① =SUBSTITUTE(A2,"2","123",1)
② =SUBSTITUTE(A2,"2","123",2)
③ =SUBSTITUTE(A2,"123","2",1)
④ =SUBSTITUTE(A2,"123","2",2)

32

연이율 4% 복리로 5년 만기인 저축을 매월 초에 100,000원씩 한다고 할 때, 만기에 찾을 수 있는 금액을 구하려고 한다. 다음 중 수식으로 옳은 것은?

① =FV(4%,5,−100000)
② =FV(4%,5,−100000,,1)
③ =FV(4%/12,5*12,−100000)
④ =FV(4%/12,5*12,−100000,,1)

33

다음 시트에서 각 학교마다 학년별로 '실기' 점수의 합계를 구하려고 한다. 다음 중 [B17] 셀에 입력해야 할 수식은?

	A	B	C	D	E
1	학교명	학년	필기	실기	면접
2	A학교	1학년	30	40	10
3	B학교	2학년	35	35	20
4	A학교	2학년	30	25	15
5	C학교	2학년	30	40	15
6	B학교	3학년	20	25	15
7	A학교	1학년	25	30	20
8	C학교	3학년	15	30	10
9	C학교	2학년	30	20	15
10	A학교	1학년	40	30	20
11	B학교	2학년	20	20	10
12	B학교	1학년	15	20	10
13	A학교	3학년	25	30	15
14					
15					
16	학교명	1학년	2학년	3학년	
17	A학교				
18	B학교				
19	C학교				

① {=SUM(($A$2:$A$13=$A17)*($B$2:$B$13=B$16)*$D$2:$D$13)}
② {=SUM(($A$2:$A$13=A17)*($B$2:$B$13=$B$16)*$D$2:$D$13)}
③ {=SUM(IF(($A$2:$A$13=$A17)*($B$2:$B$13=$B$16)*$D$2:$D$13))}
④ {=SUM(IF(($A$2:$A$13=A17)*($B$2:$B$13=B16)*$D$2:$D$13))}

34

다음 중 과일명이 '사과' 또는 '참외'이고, 가격이 5,000원 이상인 데이터를 추출하기 위한 고급 필터의 조건식으로 옳은 것은?

①
과일명	가격
사과	>=5000
참외	

②
과일명	가격
사과	>=5000
참외	>=5000

③
과일명	과일명	가격
사과	참외	
		>=5000

④
과일명	과일명	가격
사과		
	참외	>=5000

35

다음 중 목표값 찾기에 대한 설명으로 옳지 않은 것은?

① 목표값 찾기에서 입력값은 하나만 지정할 수 있다.
② [목표값 찾기] 대화상자에서 '값을 바꿀 셀'은 목표값을 얻기 위해 데이터를 조절할 셀로 수식에서 이 셀을 반드시 참조할 필요는 없다.
③ 수식에서 원하는 결과를 알고 있지만, 그 결과를 얻는 데 필요한 입력값을 구하는 경우에 사용하는 기능이다.
④ [목표값 찾기] 대화상자에서 '수식 셀'은 특정 값이 나오기를 원하는 수식이 들어있는 셀이다.

36

다음 중 피벗 테이블 필드의 그룹 설정에 대한 설명으로 옳지 않은 것은?

① 그룹을 해제하려면 그룹으로 설정된 영역의 바로 가기 메뉴에서 [그룹 해제]를 선택하여 실행한다.
② 그룹 만들기는 특정 필드를 일정한 단위로 묶어 표현할 때 사용하는데 문자나 숫자로 된 필드에서는 사용할 수 있지만, 날짜나 시간으로 된 필드에서는 사용할 수 없다.
③ 문자 필드일 경우 그룹 이름은 피벗 테이블 화면에서 해당 그룹 이름을 직접 선택한 후 변경해야 한다.
④ 숫자 필드일 경우에는 [그룹화] 대화상자에서 시작, 끝, 단위를 지정해야 한다.

37

다음 중 분산형 차트에 대한 설명으로 옳지 않은 것은?

① 데이터의 불규칙한 간격을 보여주는 것으로 과학, 통계 및 공학 데이터와 같은 숫자값을 표시하고 비교한다.
② 시간에 따른 값의 변화량을 비교할 때 사용하는 것으로 각 값의 합계와 전체에 대한 관계를 비교한다.
③ 가로 축의 값이 일정한 간격이 아닌 경우나 가로 축의 데이터 요소 수가 많은 경우에 사용한다.
④ 데이터 요소 간의 차이점보다는 큰 데이터 집합 간의 유사점을 표시하려는 경우에 사용한다.

38

다음 중 차트의 추세선과 오차 막대에 대한 설명으로 옳지 않은 것은?

① 추세선의 종류에는 지수, 선형, 로그, 다항식, 거듭제곱, 이동 평균 등이 있으며, 누적평균추세선은 제공하지 않는다.
② 추세선이 추가된 데이터 계열의 차트 종류를 3차원 차트로 변경해도 추세선은 삭제되지 않는다.
③ 추세선이 불가능한 차트는 3차원 차트, 원형 차트, 도넛형 차트, 방사형 차트, 표면형 차트 등이며 세로 막대형, 꺾은선형, 주식형 등의 차트에는 추세선을 추가할 수 있다.
④ 추세선에 사용된 수식을 추세선과 함께 나타나게 할 수 있으며, 하나의 데이터 계열에 두 개 이상의 추세선을 동시에 표시할 수 있다.

39

다음 중 인쇄 미리 보기 화면과 인쇄 옵션에서 설정할 수 있는 것으로 옳지 않은 것은?

① [파일] – [인쇄] – [페이지 설정]에서 '인쇄 영역'을 변경하여 인쇄할 수 있다.
② [머리글/바닥글]로 설정한 내용은 매 페이지 상단이나 하단의 별도 영역에 반복 출력된다.
③ [페이지 설정]에서 확대/축소 배율을 10%~400%로 설정하여 인쇄할 수 있다.
④ '여백 표시'를 통해 워크시트의 열 너비를 조정할 수 있다.

40

다음 중 아래의 프로시저를 이용하여 [A2:D10] 셀 영역의 서식만 지우려고 할 때 괄호 안에 들어갈 코드로 옳은 것은?

```
Sub Procedure( )
    Range("A2:D10").Select
    Selection.(        )
End Sub
```

① Clear
② ClearContents
③ ClearFormats
④ ClearComments

3과목 데이터베이스 일반

41

키(Key)란 데이터베이스에서 조건을 만족하는 튜플을 검색하거나 정렬할 때 다른 튜플들과 구별할 수 있는 유일한 기준이 되는 속성이다. 그중 릴레이션을 구성하는 모든 튜플에 대해 유일성은 만족하지만, 최소성은 만족하지 않는 키로 옳은 것은?

① 기본 키(Primary Key)
② 대체 키(Alternate Key)
③ 슈퍼 키(Super Key)
④ 후보 키(Candidate Key)

42

정규화를 거치지 않으면 릴레이션 조작 시 데이터 중복으로 인한 곤란한 현상이 발생할 수 있다. 이러한 이상(Anomaly) 현상의 종류에 해당하지 않는 것은?

① 삭제 이상
② 삽입 이상
③ 갱신 이상
④ 조회 이상

43

다음 중 테이블의 필드 속성 설정 시 사용하는 인덱스에 대한 설명으로 옳지 않은 것은?

① 인덱스를 사용하면 특정 필드에 대한 검색이 더욱 빠르게 수행된다.
② 인덱스를 사용하면 필드 값에 따라 데이터를 정렬하는 데 필요한 시간이 줄어든다.
③ 고유한 값으로 설정된 필드에 대해 인덱스를 생성하면 해당 필드 값이 중복되지 않도록 보장할 수 있다.
④ 인덱스를 설정하면 레코드의 추가, 수정, 삭제의 속도를 향상시킬 수 있다.

44

다음 중 액세스의 크로스탭 쿼리에 대한 설명으로 옳지 않은 것은?

① 데이터를 행과 열의 교차로 표현하여 특정 기준에 따라 행과 열을 설정하고 데이터를 집계한다.
② 데이터를 요약하고 집계하여 표 형식으로 나타내며 이를 통해 대량의 데이터를 쉽게 이해하고 분석할 수 있다.
③ 저장된 데이터에 변경 사항이 있을 경우, 크로스탭 쿼리를 다시 실행하면, 그 변경 사항을 반영한 새로운 결과가 표시된다.
④ 열 머리글 옵션과 행 머리글 옵션, 값 옵션에는 반드시 2개 이상의 필드를 지정해야 한다.

45
쿼리에서 각 연산식에 대한 결괏값이 옳지 않은 것은?

① IIF(5 > 3,"Yes","No")의 결과는 "Yes"이다.
② MID("Hello World",2,3)의 결과는 "ell"이다.
③ "Data" & "base"의 결과는 "Database"이다.
④ 10 MOD 3의 결과는 3이다.

46
아래의 두 테이블을 다음과 같이 조인하여 질의를 수행한 결과에 대한 설명으로 옳지 않은 것은?

[Order] 테이블

OrderID	Odong	OrderDate
1	101	04-01
2	102	04-02
3	103	04-03

[Customer] 테이블

Cdong	CustomerName	City
101	John	Seoul
102	Mary	Busan
104	David	Daegu

```
SELECT *
FROM Order
INNER JOIN Customer ON Order.Odong = Customer.Cdong;
```

① 조회된 필드 수는 3개이다.
② 조회된 레코드 수는 2개이다.
③ OrderID 필드의 3에 대한 정보는 나타나지 않는다.
④ Cdong 필드의 104에 대한 정보는 나타나지 않는다.

47
다음 중 폼 마법사를 이용하여 폼을 작성할 때 폼의 모양을 지정하기 위한 선택 항목에 해당하지 않는 것은?

① 열 형식
② 피벗 테이블
③ 데이터시트
④ 맞춤

48
폼 속성의 데이터 항목에서 '레코드 잠금' 속성은 레코드의 동시 수정을 관리하는 방법을 정의한다. 이에 대한 설명으로 옳지 않은 것은?

① '잠그지 않음'은 여러 사용자가 동시에 같은 레코드를 수정할 수 있는 옵션으로 동시성 문제가 발생할 가능성이 있다.
② '모든 레코드'는 사용자가 폼의 레코드 중 하나를 수정하기 시작하면 해당 폼의 모든 레코드가 잠긴다.
③ '편집한 레코드'는 사용자가 실제로 수정하고 있는 레코드만 잠그므로 다른 사용자들과 동시에 다른 레코드를 편집할 수 있게 해준다.
④ 레코드 잠금 속성의 기본값은 '모든 레코드'이다.

49
다음 중 탭 순서에 대한 설명으로 옳지 않은 것은?

① 속성 창의 '탭 인덱스' 속성을 이용하여 설정할 수 있다.
② 탭 이동 시에 '탭 정지' 속성을 '아니요'로 설정한 컨트롤에만 포커스가 옮겨간다.
③ [탭 순서] 대화상자를 이용하면 컨트롤의 탭 순서를 컨트롤 이름 행을 드래그해서 조정할 수 있다.
④ 마법사 또는 레이아웃과 같은 도구를 사용하여 폼을 만든 경우 컨트롤이 폼에 표시되는 순서(위쪽에서 아래쪽 및 왼쪽에서 오른쪽)와 같은 순서로 탭 순서가 설정된다.

50

다음과 같은 보고서를 작성하기 위해서는 어떠한 기준으로 정렬 및 그룹화를 하는 것이 가장 적절한가?

봉사현황 2024년 4월 28일 일요일

기관명	학과	이름	봉사날짜	봉사내용	시수
꿈나래 복지관	회계학과	김민교	2024년 6월 18일 화요일	청소도우미	3
	회계학과	김민교	2024년 6월 25일 화요일	목욕도우미	2
	회계학과	이재후	2024년 7월 16일 화요일	빨래도우미	4
	금융정보과	박정은	2024년 7월 17일 수요일	스마트폰 활용	3
	국제통상과	정민섭	2024년 7월 9일 화요일	스마트폰 활용	5
	국제통상과	임시우	2024년 6월 11일 화요일	스마트폰 활용	4
	국제통상과	강경민	2024년 8월 13일 화요일	악기 연주	4
	관광경영과	이소연	2024년 9월 10일 화요일	급식도우미	3

기관명	학과	이름	봉사날짜	봉사내용	시수
믿음 청소년관	회계학과	김민교	2024년 11월 12일 화요일	수학 멘토	5
	금융정보과	김미나	2024년 10월 29일 화요일	수학 멘토	3
	국제통상과	강경민	2024년 10월 15일 화요일	영어 멘토	2
	관광경영과	민철호	2024년 10월 22일 화요일	영어 멘토	4

① 기관명과 학과를 기준으로 오름차순 정렬하고 기관명 기준으로 그룹화한다.
② 기관명과 학과를 기준으로 내림차순 정렬하고 기관명 기준으로 그룹화한다.
③ 기관명 기준으로 오름차순, 학과 기준으로 내림차순 정렬하고 기관명 기준으로 그룹화한다.
④ 기관명 기준으로 오름차순, 학과 기준으로 내림차순 정렬하고 학과 기준으로 그룹화한다.

51

보고서의 머리글 영역에 다음과 같이 현재의 날짜와 시간이 출력되게 하고자 할 경우에 사용해야 할 함수로 옳은 것은?

25-10-31 오전 10:22:09

① NOW( )
② DATE( )
③ TIME( )
④ WEEKDAY( )

52

다음 중 각 마우스 이벤트에 대한 설명으로 옳지 않은 것은?

① Click: 개체를 마우스로 클릭했을 때 발생한다.
② DblClick: 개체를 마우스로 더블클릭했을 때 발생한다.
③ MouseDown: 포인터가 컨트롤에 있는 동안 마우스 오른쪽을 클릭했을 때 발생한다.
④ lr성명_DblClick( ): 'lr성명' 컨트롤이 더블클릭될 때 실행된다.

53

인쇄 버튼(cmd인쇄)에 대한 클릭 이벤트 프로시저가 다음과 같다. 이에 대한 설명으로 옳지 않은 것은?

```
Private Sub cmd인쇄_Click()
    DoCmd.OpenReport "라레회원보고서",
    acViewPreview, "반 = " & txt반
End Sub
```

① 버튼을 클릭하면 '라레회원보고서' 보고서를 '미리 보기' 형태로 연다.
② 현재 폼에는 'txt반'이라는 컨트롤이 존재하는 것으로 볼 수 있다.
③ 현재 폼이 사용하는 데이터에는 '반'이라는 필드가 존재하는 것으로 볼 수 있다.
④ 보고서는 '반' 필드의 값이 'txt반' 컨트롤에 입력된 값과 동일한 데이터만을 표시하게 된다.

54

다음 중 DBA의 수행 역할에 대한 설명으로 옳지 않은 것은?

① 데이터베이스 구축
② 응용 프로그램 개발
③ 사용자 요구 정보 결정 및 효율적 관리
④ DBMS의 관리

55

속성 A, B, C로 정의된 릴레이션의 인스턴스가 아래와 같을 때, 후보 키의 조건을 충족하는 것은?

A	B	C
1	a	가
1	a	나
2	a	나
3	b	나

① A
② A, C
③ B, C
④ A, B, C

56

한 릴레이션의 기본 키를 구성하는 어떠한 속성값도 널(Null) 값이나 중복값을 가질 수 없다는 것을 의미하는 것은?

① 개체 무결성 제약 조건
② 참조 무결성 제약 조건
③ 보안 무결성 제약 조건
④ 정보 무결성 제약 조건

57

다음 [블록시행] 테이블과 [블록주택] 테이블을 참조하여 아래의 SQL문을 실행한 결과로 옳은 것은?

[블록시행] 테이블

id	블록
1	A
2	B
3	C
4	D

[블록주택] 테이블

id	블록
1	A
2	C
3	E

```
SELECT Count(*) FROM 블록시행
WHERE 블록 NOT IN(SELECT 블록 FROM 블록주택);
```

① 1
② 2
③ 3
④ 4

58

폼 바닥글에 〈직원〉 테이블에서 직위가 '매니저'인 레코드들의 평균 급여를 구하고자 할 때 함수식으로 옳은 것은?

① =DAVG("직원", "급여", "직위='매니저'")
② =DAVG("급여", "직원", "직위='매니저'")
③ =DAVG("급여", "직위='매니저'", "직원")
④ =DAVG("직원", "직위='매니저'", "급여")

59

다음 설명에 해당하는 컨트롤로 옳은 것은?

- 사용자에게 정보 또는 사용자 인터페이스 요소에 대한 설명을 제공하는 데 사용된다.
- 탭 순서에 포함되지 않으며 다른 컨트롤에 첨부하여 사용할 수 있다.

① 텍스트 상자
② 옵션 단추
③ 레이블
④ 콤보 상자

60

다음 중 실행 쿼리의 삽입(INSERT)문에 대한 설명으로 옳지 않은 것은?

① 삽입문은 데이터베이스 테이블에 새로운 레코드를 추가한다.
② VALUES 절을 사용하여 삽입할 데이터의 값을 명시한다.
③ 삽입문을 실행하면 새로운 레코드는 항상 테이블의 끝에 추가된다.
④ 삽입문의 컬럼 목록과 VALUES 절의 값의 순서와 개수는 일치해야 한다.

2023년 시행 상시시험

제5회 기출변형문제

정답 및 해설 p.162

제한시간 60분 | 1회독 월 일 시작 : | 종료 : | 2회독 월 일 시작 : | 종료 : | 3회독 월 일 시작 : | 종료 :

1과목 컴퓨터 일반

01
다음 중 Windows 10의 레지스트리(Registry)에 대한 설명으로 옳지 않은 것은?

① 컴퓨터에 설치된 모든 하드웨어와 소프트웨어의 실행 정보를 관리하는 데이터베이스이다.
② 컴퓨터의 하드웨어 구성 정보는 HKEY_CURRENT_USER 키에 저장된다.
③ Windows 10에 탑재된 레지스트리 편집기는 'regedit.exe'이다.
④ 레지스트리 정보는 Windows가 작동하는 동안 지속적으로 참조된다.

02
다음 중 시스템 소프트웨어에 대한 설명으로 옳지 않은 것은?

① 컴퓨터와 사용자의 중간에서 시스템을 효율적으로 운영할 수 있도록 도와주는 프로그램이다.
② 시스템 소프트웨어 중 운영체제는 제어 프로그램과 처리 프로그램으로 구분된다.
③ 사용자들이 특정한 용도에 맞게 활용하기 위해 개발된 소프트웨어이다.
④ 응용 소프트웨어가 실행될 때 컴퓨터 하드웨어를 효율적으로 사용하도록 인터페이스 역할을 한다.

03
다음 중 멀티미디어 그래픽과 관련하여 벡터(Vector) 방식에 대한 설명으로 옳지 않은 것은?

① AI, WMF와 같은 형식은 벡터 파일 형식이다.
② 픽셀로 이미지를 표현하며, '래스터(Raster) 이미지'라고도 한다.
③ 비트맵 방식에 비해 적은 메모리를 차지한다.
④ 점과 점을 연결하는 직선이나 곡선을 이용하여 이미지를 표현하는 방식이다.

04
다음 중 압축 프로그램에 대한 설명으로 옳지 않은 것은?

① 'WAV'의 형식은 파일 압축을 사용한 대표적인 경우이다.
② 압축을 함으로써 파일을 전송할 때 빠르게 처리할 수 있다.
③ 압축 프로그램은 데이터의 용량을 줄여주는 프로그램이다.
④ 대부분의 압축 프로그램에는 분할 압축이나 암호 설정 기능이 포함되어 있다.

05
다음 중 송신한 패킷이 어떤 경로로 가는지 추적하는 명령어인 'Tracert'에 대한 설명으로 옳은 것은?

① 현재 자신의 컴퓨터에 연결된 다른 컴퓨터의 IP 주소나 포트 정보를 확인하는 명령이다.
② IP 주소, 목적지까지 거치는 경로의 수, 각 구간 사이의 데이터 왕복 속도를 확인할 수 있다.
③ DNS(Domain Name System)가 가지고 있는 특정 도메인의 IP Address를 검색하는 서비스이다.
④ 지정된 호스트에 대해 네트워크 계층이 통신이 가능한지를 확인하는 서비스이다.

06

다음 중 레지스터에 대한 설명으로 옳은 것은?

① 메모리 버퍼 레지스터(MBR; Memory Buffer Register)는 메모리 주소 레지스터의 내용을 일시적으로 기억하는 레지스터이다.
② 명령 레지스터(IR; Instruction Register)는 현재 실행 중인 명령어를 해독하는 레지스터이다.
③ 메모리 주소 레지스터(MAR; Memory Address Register)는 다음에 실행할 명령어의 주소를 기억하는 레지스터이다.
④ 프로그램 카운터(PC; Program Counter)는 기억장치에 입·출력되는 데이터의 주소 번지를 기억하는 레지스터이다.

07

다음 중 Windows 10에서 마우스 사용에 대한 설명으로 옳지 않은 것은?

① 이동식 디스크에 있는 해당 파일을 마우스로 클릭한 후에 하드디스크로 끌어 놓기 하면 복사가 된다.
② 해당 파일을 마우스로 선택한 후에 같은 드라이브의 다른 폴더로 끌어 놓기 하면 복사가 된다.
③ 키보드로 명령을 직접 입력하지 않고, 아이콘이나 메뉴를 마우스로 선택하여 모든 작업을 수행하는 사용자 작업 환경을 GUI(Graphic User Interface)라고 한다.
④ 폴더에서 마우스 오른쪽 단추를 클릭한 후 바로 가기 메뉴에서 [속성]을 선택하여 폴더에 대한 속성을 설정할 수 있음

08

다음 중 컴퓨터 시스템에서 사용하는 채널(Channel)에 대한 설명으로 옳지 않은 것은?

① CPU와 입·출력장치 사이의 속도 차이 때문에 발생하는 문제점을 해결하기 위한 것이다.
② 입·출력 작업이 끝나면 CPU에게 인터럽트 신호를 보낸다.
③ 멀티플렉서 채널은 고속 입·출력장치에 사용되며, 한 개의 장치를 독점하여 처리하는 방식이다.
④ 채널에는 셀렉터(Selector), 멀티플렉서(Multiplexer), 블록 멀티플렉서(Block Multiplexer) 등이 있다.

09

7비트 ASCII 코드에서 1Bit 홀수 패리티(Odd Parity) 비트를 첨부하여 데이터를 송신하였을 경우 수신된 데이터에 에러가 발생한 것은 어느 것인가? (단, 오른쪽에서 첫 번째 비트가 패리티 비트임)

① 10101101
② 10110010
③ 10010111
④ 10010100

10

다음 중 Windows 10에서 바로 가기 아이콘에 대한 설명으로 옳지 않은 것은?

① 실제 프로그램이 아니라 응용 프로그램의 경로를 기억하고 있는 아이콘으로, 확장명은 '.LNK'이다.
② 바로 가기 아이콘의 [속성] 대화상자에서 연결된 항목의 디스크 할당 크기를 확인할 수 있다.
③ 하나의 원본 파일에 대한 바로 가기 아이콘은 여러 개 만들어서 사용할 수 있으나 하나의 바로 가기 아이콘에는 하나의 원본 파일만 지정할 수 있다.
④ 바로 가기 아이콘의 [속성] 대화상자에서 바로 가기 아이콘을 만든 날짜와 수정한 날짜, 액세스한 날짜 등을 확인할 수 있다.

11

다음 중 방화벽(Firewall)에 대한 설명으로 옳지 않은 것은?

① 컴퓨터 네트워크에서 안전을 유지하기 위해 사용되는 시스템이다.
② 외부로부터의 침입은 막을 수 있지만, 내부에서 일어나는 해킹은 막을 수 없다.
③ 로그 정보를 통해 역추적하는 기능이 있어 외부 침입자의 흔적을 찾을 수 있다.
④ IP 주소 및 포트 번호를 이용하거나 사용자 인증을 기반으로 접속을 차단하여 네트워크의 출입로를 다양화한다.

12

다음 중 소프트웨어 용어에 대한 설명으로 옳지 않은 것은?

① 공개 소프트웨어(Open Source Software)는 소스 코드를 공개해 누구나 해당 코드를 무료로 이용 및 수정하거나 재배포할 수 있는 소프트웨어이다.
② 셰어웨어(Shareware)는 특정 기능이나 사용 기간에 제한을 두고 무료로 배포하는 소프트웨어이다.
③ 애드웨어(Adware)는 광고를 보는 대가로 무료로 사용할 수 있는 소프트웨어이다.
④ 데모 버전(Demo Version)은 소프트웨어가 개발되기 전에 내부 테스터가 소프트웨어의 기능을 테스트하기 위한 역할을 한다.

13

다음 중 아날로그 컴퓨터와 대비되는 디지털 컴퓨터의 특징으로 옳지 않은 것은?

① 과학 연구 등의 특수한 문제를 해결하기 위해 설계되며, 그 범위 밖의 일을 처리하는 데는 제한이 있다.
② 데이터를 이진 형태로 취급하며, 0과 1로 표현되는 디지털 신호를 사용해 연산과 처리를 수행한다
③ 우리가 사용하는 대부분의 컴퓨터는 디지털 컴퓨터에 속한다.
④ 회로는 논리 회로로 구성된다.

14

다음 중 Windows 10의 [시스템]-[정보]에 대한 내용으로 옳지 않은 것은?

① [컴퓨터 이름] 탭은 컴퓨터 이름, 컴퓨터 설명, 작업 그룹 등을 확인하거나 변경하는 데 사용된다.
② [하드웨어] 탭의 [장치 관리자]에서는 장치들의 드라이버를 확인하거나 업데이트하며 하드웨어가 올바르게 작동하는지 확인한다.
③ [고급] 탭의 [성능]에서는 시각 효과, 프로세서 일정, 메모리 사용 및 가상 메모리 등을 설정할 수 있다.
④ [고급] 탭의 [시작 및 복구]에서는 컴퓨터를 이전 복원 지점으로 되돌려 시스템 변경을 취소하는 옵션을 제공한다.

15

다음 중 Windows 10의 [명령 프롬프트] 창에서 원격 장비의 네트워크 연결 상태 및 작동 여부를 확인할 때 사용하는 명령어는?

① Echo
② Ipconfig
③ Regedit
④ Ping

16

다음 중 멀티미디어의 특징에 대한 설명으로 옳지 않은 것은?

① 멀티미디어는 디지털 데이터를 아날로그 데이터로 변환하여 통합 처리한다.
② 사용자 선택에 따라 비순차적으로 처리되는 비선형성 특징을 가지고 있다.
③ 텍스트, 그래픽, 사운드, 동영상 등의 다양한 미디어를 통합 처리한다.
④ 대표적인 정지 화상 포맷으로는 손실 압축과 무손실 압축 기법을 모두 사용할 수 있는 JPEG와 무손실 압축 기법을 사용하는 GIF가 있다.

17

다음 중 프린터 스풀(SPOOL)의 기능에 대한 설명으로 옳지 않은 것은?

① 프린터와 같은 저속의 입·출력장치를 CPU와 병행 처리하여 컴퓨터의 전체 효율을 향상시키는 기능이다.
② 프린터에서 인쇄하기 전에 인쇄 내용을 하드디스크에 임시로 저장하는 기능이다.
③ 인쇄 도중에도 다른 작업을 할 수 있는 기능으로, 인쇄 속도를 향상 시킨다.
④ 스풀링은 인쇄할 문서 전체 또는 한 페이지 단위로 할 수 있다.

18

다음 중 운영체제의 운영 방식에 대한 내용으로 옳지 않은 것은?

① 듀얼 시스템(Dual System)은 두 개의 CPU가 같은 업무를 동시에 처리한 후 결과를 상호 점검하면서 운영하는 방식이다.
② 듀플렉스 시스템(Duplex System)은 두 개의 CPU로, 하나가 가동될 때 다른 하나는 고장을 대비해 대기하는 방식이다.
③ 다중 처리 시스템(Multi-processing System)은 여러 대의 컴퓨터가 작업한 결과를 통신망을 이용하여 상호 교환할 수 있도록 연결된 방식의 시스템이다.
④ 클러스터링 시스템(Clustering System)은 여러 대의 컴퓨터를 병렬로 연결하는 방식이다.

19

다음 중 Windows 10의 [제어판]-[사용자 계정] 유형에 대한 설명으로 옳지 않은 것은?

① 표준 계정은 설치되어 있는 프로그램을 제거할 수 없다.
② 관리자 계정은 소프트웨어나 하드웨어를 설치하고 모든 파일에 액세스할 수 있다.
③ 표준 계정은 다른 계정의 계정 유형, 계정 이름, 암호를 변경할 수 있다.
④ 표준 계정은 컴퓨터 보안에 영향을 주는 설정은 변경할 수 없다.

20

다음 중 Windows 10의 작업 표시줄에 대한 설명으로 옳지 않은 것은?

① 작업 표시줄은 현재 실행 중인 프로그램 단추와 미리 등록한 고정 프로그램 단추 등이 표시되는 공간이다.
② 작업 표시줄은 위치를 변경하거나 크기를 조절할 수 있으며, 크기는 화면의 1/4까지 늘릴 수 있다.
③ 작업 표시줄은 설정을 통해 자동으로 숨겨지게 할 수 있고, 마우스 포인터를 작업 표시줄 위치에 가져다 대면 다시 나타난다.
④ 작업 표시줄의 오른쪽 끝에는 알림 영역이 있으며 시계, 볼륨 조절, 네트워크 상태 등의 시스템 관련 정보가 표시된다.

2과목 스프레드시트 일반

21

다음 중 차트에 대한 설명으로 옳지 않은 것은?

① 원형 차트는 한 개의 데이터 계열만 가질 수 있으므로 축을 표시할 수 없다.
② 차트 위치는 '새 시트'와 '워크시트에 삽입' 중 하나를 선택하여 수행한다.
③ 추세선은 기본적으로 '선형' 추세선으로 표시되지만 사용자가 다른 추세선으로 변경할 수 있다.
④ 워크시트의 행과 열에서 숨겨진 데이터도 차트에 표시된다.

22

다음 중 오류값 '#VALUE!'가 발생하는 원인으로 옳은 것은?

① 수식에서 특정 값을 0 또는 빈 셀로 나눈 경우
② 함수나 수식에서 사용할 수 없는 값을 지정한 경우
③ 셀 참조를 잘못 사용한 경우
④ 잘못된 인수나 피연산자를 사용했을 경우

23

다음 중 [시트 보호] 기능에 대한 설명으로 옳지 않은 것은?

① 시트의 모든 셀은 기본적으로 '잠금' 속성이 설정되어 있지만, 시트 보호 전까지는 효과가 없다.
② 시트 보호를 설정하면 셀에 데이터를 입력하거나 수정할 때 경고 메시지 창이 나타난다.
③ 시트 삽입, 삭제, 이동, 숨기기, 이름 바꾸기 등의 작업을 할 수 없도록 보호하는 기능이다.
④ 시트 보호 시 특정 셀의 내용만 수정하려면 해당 셀의 [셀 서식]에서 '잠금' 설정을 해제해야 한다.

24

다음 중 아래와 같이 워크시트에 데이터가 입력되어 있을 때 수식과 그 결괏값으로 옳지 <u>않은</u> 것은?

	A
1	
2	우리 대한민국
3	로즈 마리
4	마리
5	아름다운 제주도

① =MID(A5,SEARCH(A1,A5)+5,3) → 제주도
② =REPLACE(A5,SEARCH("우",A2),5,"") → 제주도
③ =MID(A2,SEARCH(A4,A3),2) → 대한
④ =REPLACE(A3,SEARCH(A4,A3),2,"플라워") → 로즈 마리 플라워

25

다음 중 [페이지 설정]의 [머리글/바닥글] 탭에 대한 설명으로 옳지 <u>않은</u> 것은?

① '페이지 여백에 맞추기'를 선택하면 머리글/바닥글을 표시하기에 충분한 여백을 확보할 수 있다.
② '짝수와 홀수 페이지를 다르게 지정'을 선택하면 짝수 페이지와 홀수 페이지의 머리글 및 바닥글을 다르게 지정할 수 있다.
③ '문서에 맞게 배율 조정'을 선택하면 인쇄될 워크시트를 워크시트의 실제 크기의 백분율에 따라 확대/축소한다.
④ 첫 페이지에만 머리글/바닥글을 표시하지 않으려면 '첫 페이지를 다르게 지정'을 선택한 후 머리글과 바닥글 편집에서 첫 페이지 머리글/바닥글에 아무것도 설정하지 않는다.

26

다음 중 아래와 같은 시나리오 요약 보고서에 대한 설명으로 옳지 <u>않은</u> 것은?

시나리오 요약		현재 값:	적립율상향	적립율하향
변경 셀:				
	실버적립율	3%	5%	1%
	골드적립율	6%	10%	3%
	프리미엄적립율	9%	15%	5%
결과 셀:				
	총적립포인트	7,982,658	13,304,430	4,159,701
참고: 현재 값 열은 시나리오 요약 보고서가 작성될 때의 변경 셀 값을 나타냅니다. 각 시나리오의 변경 셀들은 회색으로 표시됩니다.				

① [시나리오 관리자] 대화상자에서 '변경 셀'은 '결과 셀'의 값을 예측할 수 있는 숫자값이 입력된 셀이고, '결과 셀'은 수식이 입력된 셀이다.
② 시나리오 결과는 요약 보고서나 피벗 테이블 보고서로 작성할 수 있다.
③ '변경 셀'과 '결과 셀'에 이름을 지정한 후 시나리오 요약 보고서를 작성하면 결과에 셀 주소 대신 지정한 이름이 표시된다.
④ 원본 데이터에서 '변경 셀'의 현재 값을 수정하면 시나리오 요약 보고서는 자동으로 업데이트된다.

27

다음 중 피벗 테이블 보고서와 피벗 차트 보고서에 대한 설명으로 옳지 <u>않은</u> 것은?

① 행 또는 열 레이블에서 데이터를 정렬할 때 수동(항목을 끌어 다시 정렬), 오름차순, 내림차순 정렬이 가능하다.
② 피벗 테이블은 현재 작업 중인 워크시트나 새로운 워크시트에 작성할 수 있다.
③ 피벗 테이블과 피벗 차트를 함께 만든 후 피벗 테이블을 삭제하면 피벗 차트는 일반 차트로 변경된다.
④ 원본 데이터가 변경되면 피벗 테이블의 데이터도 자동으로 변경된다.

28
다음 중 원형 차트에 대한 설명으로 옳은 것은?

① 3차원 원형 차트는 차트의 각 조각을 분리하여 표시할 수 있다.
② 원형 차트 계열 요소의 값들은 [데이터 테이블]로 나타낼 수 있다.
③ 각 항목의 값이 합계의 비율로 표시되고, 여러 데이터 계열을 표시할 수 있다.
④ 첫째 조각이 시작되는 '첫째 조각의 각'의 기본값은 90°로 설정되어 있고 임의로 조정 가능하다.

29
다음 중 화면 제어에 대한 설명으로 옳지 않은 것은?

① 틀 고정과 창 나누기는 동시에 수행 가능하다.
② 창 나누기는 '실행 취소' 명령으로 해제할 수 없고, 분할선을 더블클릭하여 해제할 수 있다.
③ 화면을 네 개의 영역으로 분할할 수 있고, 셀 포인터의 위쪽과 왼쪽에 창 분할선이 생긴다.
④ 셀 편집 모드일 때는 틀 고정을 설정할 수 없다.

30
다음 중 아래의 VBA 코드를 입력한 후 실행되는 내용으로 옳은 것은?

```
Private Sub Worksheet_Change(ByVal Target As Range)
    If Target.Address = Range("B2").Address Then
        Target.Font.ColorIndex = 3
        MsgBox Range("B2").Value
    End If
End Sub
```

①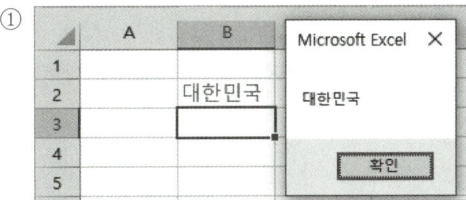

②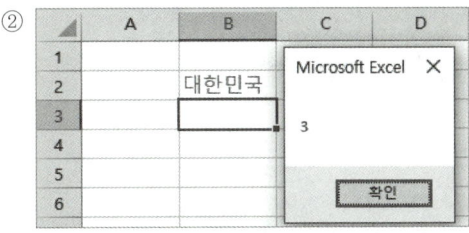

③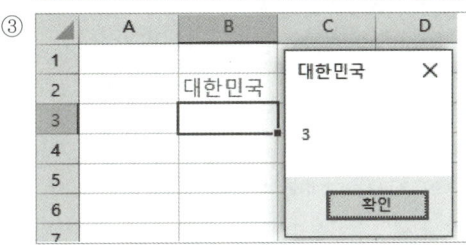

④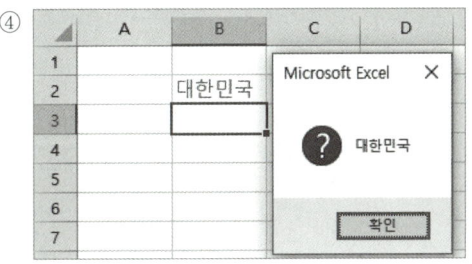

31
다음 워크시트에서 차트 제목을 [B2] 셀의 텍스트와 연결하여 표시하고자 할 때, 차트 제목이 선택된 상태에서 수식 입력줄에 들어갈 내용으로 옳은 것은?

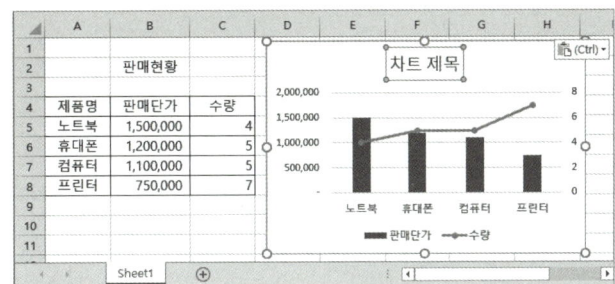

① ='$B$2'
② =B2
③ ='Sheet1'!$B$2
④ =Sheet1!$B$2

32

다음 중 아래 워크시트 (가)를 (나)와 같이 정렬하기 위한 방법으로 옳은 것은?

(가)
	A	B	C	D
1	이름	학년	생년월일	학과
2	나오미	2	19940815	행정학과
3	한누리	2	20000509	연극영화
4	엘레나	3	19951009	국어국문
5	크리스	1	19841104	전자공학

(나)
	A	B	C	D
1	생년월일	이름	학과	학년
2	19940815	나오미	행정학과	2
3	20000509	한누리	연극영화	2
4	19951009	엘레나	국어국문	3
5	19841104	크리스	전자공학	1

① 정렬 옵션을 '왼쪽에서 오른쪽'으로 설정
② 정렬 기준을 '셀 색', 정렬을 '아래쪽에 표시'로 설정
③ 정렬 옵션을 '위쪽에서 아래쪽'으로 설정
④ 정렬 기준을 '셀 색', 정렬을 '위에 표시'로 설정

33

다음 중 학과명이 '전자공학' 또는 '건축공학'이고, 점수가 80점 이상인 데이터를 추출하기 위한 고급 필터의 조건식은?

①
학과명	점수
전자공학	>=80
건축공학	

②
학과명	점수
전자공학	>=80
건축공학	>=80

③
학과명	학과명	점수
전자공학	건축공학	
		>=80

④
학과명	학과명	점수
전자공학		
	건축공학	>=80

34

다음 중 [틀 고정]에 대한 설명으로 옳지 <u>않은</u> 것은?

① 화면을 스크롤해도 특정 행이나 열이 계속 표시되도록 하는 기능이다.
② 화면에 표시되는 틀 고정 형태는 인쇄할 때 적용되지 않는다.
③ 셀 포인터의 위쪽과 왼쪽에 틀 고정 구분선이 생기고, 틀 고정 구분선의 위치는 드래그로 조절이 가능하다.
④ 셀 편집 모드나 페이지 레이아웃 상태에서는 틀 고정 설정이 불가능하다.

35

다음 중 차트의 축에 대한 설명으로 옳지 <u>않은</u> 것은?

① 3차원 꺾은선형 차트는 세 개의 축(가로, 세로, 깊이)에 따라 데이터 요소를 비교한다.
② 거품형 차트와 방사형 차트에서는 기본 가로 축만 표시된다.
③ [축 서식]에서 '값을 거꾸로'로 지정하면 세로 축에 표시되는 값을 거꾸로 나열한다.
④ 가로(항목) 축에서 [축 위치] 옵션은 데이터 표시와 레이블이 축에 표시되는 방식에 영향을 주며, 2차원 영역형 차트, 세로 막대형 차트 및 꺾은선형 차트에 사용할 수 있다.

36

다음 중 숫자 -1386000을 입력한 후, 셀 서식에서 아래의 사용자 지정 표시 형식을 적용했을 때 표시되는 결괏값은?

#,##0.0,"천원";(#,##0.0,"천원");0.0;@"귀하"

① (1,386.0천원)   ② 1386.0천원
③ 1386000귀하   ④ (-1,386.0천원)

37

아래 워크시트에서 '사원명'이 두 글자이고 점수가 전체 점수의 평균보다 큰 데이터를 필터링하고자 한다. 다음 중 고급 필터 실행을 위한 조건의 입력값은?

	A	B
1	사원명	점수
2	튼마루	85
3	푸르나	90
4	우주	88
5	정수현	85
6	이송이	70
7	소예	80
8	누리보듬	83
9	이진	72
10	모두가람	77

①
사원명	보기
="=??"	=B2>AVERAGE($B$2:$B$10)

②
사원명	조건
="=??"	=B2>AVERAGE($B$2:$B$10)

③
사원명	점수
="=??"	
	=B2>AVERAGE($B$2:$B$10)

④
사원명	조건
="=??"	
	=B2>AVERAGE($B$2:$B$10)

38

아래 시트에서 [A8] 셀에 =INDEX(A1:C6,MATCH(MAX(C2:C6),C1:C6,0),2) 수식을 입력했을 때 결괏값은?

	A	B	C
1	학과명	성명	점수
2	전자공학과	파랑새	100
3	국어국문학과	푸르나	95
4	컴퓨터학과	타코나	95
5	경영학과	진달래	85
6	영어영문학과	이루리	90

① 전자공학과 ② 파랑새
③ 100 ④ 1

39

다음 중 아래 워크시트의 [A1] 셀에 사용자 지정 표시 형식 '#,###,'을 적용했을 때의 결괏값은?

	A
1	3141592

① 3,141 ② 3,142
③ 3 ④ 3141592

40

다음 중 워크시트에 입력된 도형만 제외하고 인쇄하는 방법으로 옳은 것은?

① 입력된 도형을 선택하고 바로 가기 메뉴에서 '크기 및 속성'을 선택한 후 [도형 서식] 창에서 속성 중에 '개체 인쇄'의 체크를 해제한다.
② [페이지 설정] 대화상자의 [시트] 탭에서 '흑백으로' 항목을 체크하고 '확인'을 클릭한다.
③ [페이지 설정] 대화상자의 [시트] 탭에서 '간단하게 인쇄' 항목을 체크하고 '확인'을 클릭한다.
④ [페이지 설정] 대화상자의 [시트] 탭에서 특정 항목을 체크하고 '확인'을 클릭한다.

3과목 데이터베이스 일반

41

다음 중 분양(지역, 건설회사, 가구수, 평수, 경쟁률) 테이블에서 아래와 같은 결과를 표시하는 SQL문은?

지역	건설회사	가구수	평수	경쟁률
서울	백제건설	800	35	6.8
서울	고려건설	700	35	3.0
서울	한국건설	650	45	5.6
수도권	민국건설	800	45	1.9
수도권	한국건설	500	35	3.7
수도권	조건건설	350	45	4.2
수도권	백제건설	300	35	3.1

① SELECT * FROM 분양 ORDER BY 지역 DESC, 가구수 ASC;
② SELECT * FROM 분양 ORDER BY 건설회사 ASC, 평수 DESC;
③ SELECT * FROM 분양 ORDER BY 가구수 DESC, 지역 ASC;
④ SELECT * FROM 분양 ORDER BY 지역 ASC, 가구수 DESC;

42

다음 중 Access 개체에 대한 설명으로 옳지 않은 것은?

① Form 개체의 Refresh 메서드는 포커스를 이동한다.
② Application 개체를 이용해 메서드나 속성을 설정하면 액세스 응용 프로그램 전체에 적용된다.
③ DoCmd 개체는 Access의 매크로 함수를 Visual Basic에서 실행하기 위한 개체이다.
④ Control 개체는 폼이나 보고서에 있거나 연결된 모든 컨트롤을 참조한다.

43

다음 중 아래와 같이 입력 마스크를 설정하였을 때의 설명으로 옳은 것은?

000000-0000000;0

① 입력 자리에 ******-*******과 같이 표시된다.
② 13자리 숫자를 선택적으로 입력할 수 있다.
③ 하이픈(-)은 저장되지 않는다.
④ 13자리 숫자를 입력해야 하며, 문자는 입력할 수 없다.

44

다음 중 [학생] 테이블에서 '점수'가 70 이상인 학생들의 인원수를 구하는 식은? (단, '학번' 필드는 [학생] 테이블의 기본 키임)

① =DLookUp("[학생]","[학번]","[점수]>=70")
② =DLookUp("*","[학생]","[점수]>=70")
③ =DCount("[학생]","[학번]","[점수]>=70")
④ =DCount("[학번]","[학생]","[점수]>=70")

45

다음 중 보고서 그룹화에 대한 설명으로 옳지 않은 것은?

① 그룹으로 지정된 필드는 기본적으로 오름차순으로 정렬되지만 사용자가 정렬 기준을 변경할 수 있다.
② 텍스트 형식은 전체 값, 첫 문자, 처음 두 문자, 사용자 지정 문자를 기준으로 그룹화할 수 있다.
③ 페이지의 나머지 공간에 그룹을 표시할 수 없는 경우 다음 페이지에서 그룹이 시작되게 하려면 그룹화 옵션에서 '같은 페이지에 표시 안함'을 지정한다.
④ 그룹 수준을 삭제하면 그룹 머리글 구역이나 그룹 바닥글 구역에 삽입된 모든 컨트롤도 함께 삭제된다.

46
다음 중 특정 데이터를 시각적으로 강조 표시하는 조건부 서식에 대한 설명으로 옳지 않은 것은?

① 지정한 조건 중 세 개의 조건이 참이면 첫 번째 조건의 서식이 적용된다.
② 폼이나 보고서를 다른 파일 형식으로 출력하면 조건부 서식은 해제된다.
③ 컨트롤 값이 변경되어 조건에 만족하지 않으면 적용된 서식이 해제된다.
④ 조건을 지정할 때 와일드카드 문자(?, *)를 사용할 수 있다.

47
다음 중 보고서의 그룹화에 대한 설명으로 옳지 않은 것은?

① '그룹'은 머리글과 같은 소계 및 요약 정보와 함께 표시되는 레코드의 모음으로, 그룹 머리글, 세부 레코드 및 그룹 바닥글로 구성된다.
② 그룹화할 필드가 날짜 데이터이면 전체 값(기본), 일, 주, 월, 분기, 연도 중 선택한 기준으로 그룹화할 수 있다.
③ COUNT(*) 함수를 그룹 머리글이나 그룹 바닥글에 추가하면 Null 필드를 포함한 그룹별 레코드의 개수를 표시한다.
④ 그룹 수준을 삭제해도 그룹 머리글 구역이나 그룹 바닥글 구역에 삽입된 모든 컨트롤은 삭제되지 않는다.

48
다음 중 아래 질의문을 옳게 해석한 것은?

```
SELECT 소속, 이름
FROM 동아리
WHERE 소속 LIKE "KOR*";
```

① 동아리 테이블에서 소속이 KOR을 포함하는 구성원의 소속과 이름을 표시한다.
② 동아리 테이블에서 소속이 KOR로 시작하는 네 글자 구성원의 소속과 이름을 표시한다.
③ 동아리 테이블에서 소속이 KOR로 끝나는 구성원의 소속과 이름을 표시한다.
④ 동아리 테이블에서 소속이 KOR로 시작하는 구성원의 소속과 이름을 표시한다.

49
다음 중 폼 작성 시 사용하는 컨트롤에 대한 설명으로 옳지 않은 것은?

① 레이블 컨트롤은 제목이나 캡션 등의 설명 텍스트를 표현하기 위해 사용된다.
② 텍스트 상자는 바운드 컨트롤로 사용할 수 있으나 언바운드 컨트롤은 사용할 수 없다.
③ 목록 상자 컨트롤은 여러 개의 데이터 행으로 구성되며 대개 몇 개의 행을 항상 표시할 수 있다.
④ 콤보 상자 컨트롤은 선택 항목 목록을 보다 간단한 방식으로 나타내기 위해 드롭다운 화살표를 클릭하기 전까지는 목록이 숨겨져 있다.

50
다음 중 정규화에 대한 설명으로 옳지 않은 것은?

① 정규화를 실행하면 테이블을 여러 개로 나누기 때문에 테이블의 크기가 작아지지만, 모든 테이블의 필드 수가 같아지는 것은 아니다.
② 추가, 갱신, 삭제 등의 작업 시 이상 현상(Anomaly)이 발생하지 않도록 테이블을 분해하는 과정이다.
③ 정규화를 통해 테이블 간의 종속성을 줄일 수 있어 중복을 완전히 제거할 수 있다.
④ 정규화를 실행하면 테이블이 나누어져 최종적으로 일관성을 유지하게 된다.

51
다음 중 기본 키에 대한 설명으로 옳지 않은 것은?

① 릴레이션에서 특정 레코드를 유일하게 구별할 수 있는 필드이다.
② 기본 키에는 Null 값을 입력할 수 없고, 값이 입력되지 않으면 테이블이 저장되지 않는다.
③ 여러 개의 필드를 합쳐서 기본 키를 지정할 수 있으며, 기본 키는 여러 개를 지정할 수 있다.
④ 기본 키로 지정된 필드는 다른 레코드와 같은 값을 가질 수 없다.

52

다음 중 테이블을 만드는 과정에 대한 설명으로 옳지 <u>않은</u> 것은?

① [데이터시트 보기]에서 데이터가 입력된 마지막 열의 필드명 부분을 더블클릭하여 이름을 변경하면 데이터 형식을 선택할 수 있는 바로 가기 메뉴가 표시된다.
② 테이블 [디자인 보기]나 [데이터시트 보기]에서 새로운 필드를 추가할 수 있다.
③ [데이터시트 보기]에서 [추가하려면 클릭] 필드에 데이터를 입력하면 자동으로 '짧은 텍스트'로 형식이 지정 된다.
④ [디자인 보기]에서 테이블 디자인을 클릭한 후 바로 가기 메뉴에서 '행 삽입'을 클릭하여 필드를 추가할 수 있다.

53

다음 중 사원(사번, 이름, 나이, 주소) 테이블에서 이름이 '홍길동'인 회원의 주소를 '세종'으로 변경하는 질의문은?

① UPDATE 사원 SET 이름 = '홍길동' WHERE 주소 = '세종';
② UPDATE 사원 SET 주소 = '세종' WHERE 이름 = '홍길동';
③ SELECT 이름, 주소='세종' FROM 사원 WHERE 이름 = '홍길동';
④ INSERT INTO 이름, 주소='세종' FROM 사원 WHERE 이름 = '홍길동';

54

입력값 31415926에 다음의 입력 마스크를 설정했을 때의 결괏값으로 옳은 것은?

① (000)-000-0000 → (003)-141-5926
② #999 → 31415926
③ (999)-000-0000 → (314)-1592-6000
④ 9999-0000 → 3141-5926

55

다음은 보고서 보기 형식에 대한 내용이다. ㉠, ㉡에 해당하는 형식은?

> ㉠: 컨트롤 도구를 이용하여 보고서를 만들거나 수정할 수 있으며, 컨트롤의 속성, 맞춤, 위치 등을 설정한다.
> ㉡: 데이터를 보면서 컨트롤의 크기 및 위치를 변경할 수 있지만 데이터를 변경할 수는 없다.

	㉠	㉡
①	레이아웃 보기	디자인 보기
②	디자인 보기	인쇄 미리 보기
③	디자인 보기	레이아웃 보기
④	보고서 보기	디자인 보기

56

다음 중 매크로에 대한 설명으로 옳지 <u>않은</u> 것은?

① 매크로는 하나 이상의 매크로 함수로 구성되고, 각 매크로 함수의 수행 방식을 제어하는 인수를 추가할 수 있다.
② 매크로 함수는 여러 번 반복되는 작업을 자동화하는 기능으로, 모듈에 비해 비교적 간단한 작업을 처리할 수 있다.
③ 매크로 이름을 'Auto'로 저장하면 데이터베이스를 열 때마다 매크로가 실행된다.
④ [매크로 기록] 기능은 엑셀에서는 지원되지만, 액세스에서는 지원되지 않는다.

57

다음 중 보고서의 [페이지 설정] 대화상자에 대한 설명으로 옳지 않은 것은?

① [열] 탭의 '열 레이아웃'에서 열을 인쇄할 방향을 '행 우선'이나 '열 우선'으로 지정할 수 있다.
② [열] 탭에서 열 크기에 대한 너비와 높이를 직접 지정할 수 있다.
③ [열] 탭의 '눈금 설정'에서 여러 열로 구성된 보고서를 인쇄할 때 행 간격, 열 간격을 지정할 수 있으며 한 페이지에 인쇄할 열의 개수는 사용자가 임의로 변경할 수 없다.
④ [열] 탭의 '열 크기'에서 '본문과 같게'를 선택하면 열의 너비와 높이를 보고서 본문의 너비와 높이에 맞춰 인쇄할 수 있다.

58

다음 중 아래 〈분양 현황〉 폼에서 '평수'의 내용을 수정할 수 없도록 설정하는 방법은?

지역	건설회사	가구수	평수	경쟁률
서울	한국건설	900	25	7.7
부산	나라건설	800	35	6.8
대구	우리건설	700	35	3

① '탭 정지' 속성을 '아니오'로 설정한다.
② '잠금' 속성을 '예'로 지정한다.
③ '표시' 속성을 '아니오'로 설정한다.
④ '사용 가능' 속성을 '아니오'로 설정한다.

59

테이블 디자인의 조회 표시에서 콤보 상자나 목록 상자를 선택하면 여러 가지 속성이 표시된다. 다음 중 속성에 대한 설명으로 옳지 않은 것은?

① 행 원본 유형: '테이블/쿼리', '값 목록', '필드 목록' 중에서 선택한다.
② 바운드 열: 선택한 목록의 여러 열 중 해당 컨트롤이 저장될 열을 지정한다.
③ 컨트롤 표시: 조회 속성을 지정하려면 콤보 상자나 목록 상자를 선택한다.
④ 열 너비: 열이 여러 개인 경우 콜론(:)으로 구분하며, 0인 경우 열이 숨겨진다.

60

다음 중 컨트롤에 대한 설명으로 옳지 않은 것은?

① 토글 단추: 여러 개의 값 중 하나를 선택할 수 있는 컨트롤이다.
② 콤보 상자: 목록에서 한 개의 값을 선택하거나 값을 직접 입력할 수 있는 컨트롤이다.
③ 목록 상자: 목록에서 여러 개의 값을 선택할 수 있지만 직접 입력할 수 없는 컨트롤이다.
④ 레이블: 제목이나 캡션, 설명 등과 같이 고정된 텍스트를 표시하는 컨트롤이다.

제6회 기출변형문제

2023년 시행 상시시험

> 정답 및 해설 p.167

1과목 컴퓨터 일반

01

다음 중 펌웨어(Firmware)에 대한 설명으로 옳지 <u>않은</u> 것은?

① 하드웨어와 소프트웨어의 중간 형태로, 주로 하드디스크의 부트 레코드 부분에 저장된다.
② 하드웨어를 교체하지 않고 소프트웨어의 업그레이드로 기능을 향상시킬 수 있다.
③ 기계어 처리, 데이터 전송, 부동 소수점 연산, 채널 제어 등의 처리 루틴을 가지고 있다.
④ 하드웨어의 동작을 지시하는 소프트웨어이지만 하드웨어적으로 구성되어 하드웨어의 일부분으로도 볼 수 있다.

02

다음 중 확장명이 COM인 파일로 만들어서 실행 파일 확장명인 EXE보다 먼저 실행되도록 만드는 바이러스 유형은?

① 기생형 바이러스
② 산란형 바이러스
③ 겹쳐쓰기형 바이러스
④ 연결형 바이러스

03

다음 중 CMOS 셋업 프로그램에서 설정할 수 <u>없는</u> 항목은?

① 시스템 암호 설정
② 하드디스크의 타입
③ Windows 로그인 암호 변경
④ 하드디스크나 USB 등의 부팅 순서

04

다음 중 컴퓨터에서 사용하는 자료의 표현에 대한 설명으로 옳지 <u>않은</u> 것은?

① 부동 소수점 방식은 '부호', '지수부', '가수부'로 구분하여 실수를 표현한다.
② 컴퓨터 연산에서 뺄셈을 수행하기 위해 덧셈 연산에 보수를 사용한다.
③ 10진 연산에는 팩(Pack) 형식과 언팩(Unpack) 형식이 사용된다.
④ 2진 연산은 부동 소수점 방식보다 표현할 수 있는 범위가 제한적이고, 연산 속도도 느리다.

05

다음 중 네트워크 운영 방식 중 하나인 클라이언트/서버 방식에 대한 설명으로 옳은 것은?

① 중앙 컴퓨터가 모든 단말기에서 요구하는 데이터 처리를 담당하는 방식이다.
② 서버와 클라이언트가 모두 처리 능력을 가지며, 분산 처리 환경에 적합하다.
③ 컴퓨터와 컴퓨터가 동등하게 연결되는 방식으로 각 컴퓨터는 클라이언트인 동시에 서버가 될 수 있다.
④ 한쪽 방향으로만 데이터 전송이 진행된다.

06

다음 중 컴퓨터 보조기억장치로 사용되는 SSD(Solid State Drive)에 대한 설명으로 옳은 것은?

① 반도체를 이용한 컴퓨터 보조기억장치로, 크기가 작고 충격에 강하며, 소음 발생이 없는 대용량 저장장치이다.
② 650nm 파장의 적색 레이저를 사용하여 데이터를 기록한다.
③ 자성 물질을 입힌 금속 원판을 여러 장 겹쳐서 만든 기억 매체로, 충격에 약하다.
④ 4.7~17GB의 저장이 가능한 기억 매체로, 뛰어난 화질과 음질의 멀티미디어 데이터를 저장할 수 있다.

07

다음 중 Windows 10에서 메모리의 용량 부족 문제가 발생했을 때의 해결 방법으로 적절하지 않은 것은?

① 불필요한 프로그램을 종료한다.
② 드라이브 조각 모음 및 최적화를 수행하여 하드디스크의 단편화를 제거한다.
③ 시스템을 재부팅한다.
④ 불필요한 시작 프로그램을 삭제한다.

08

다음 중 고정된 장소가 아니라 이동하면서 초고속 인터넷을 이용할 수 있는 무선 휴대 인터넷 서비스 기술은?

① 와이브로(WiBro)
② 블루투스(Bluetooth)
③ 와이파이(Wi-Fi)
④ 테더링(Tethering)

09

다음 중 프로그래밍 기법에 대한 설명으로 옳지 않은 것은?

① 구조적 프로그래밍: 입력과 출력을 각각 하나씩 처리하는 구조를 가지며, 순서, 선택, 반복의 세 가지 논리 구조를 활용한다.
② 절차적 프로그래밍: 정의된 문법 규칙에 따라 처리 절차를 순서대로 기술하는 프로그래밍 방법이다.
③ 객체 지향 프로그래밍: 객체를 중심으로 프로그래밍하며, 소프트웨어의 재사용성과 유지 보수가 용이하다.
④ 비주얼 프로그래밍: 기호화된 아이콘을 문자 방식의 명령어로 변환하는 프로그래밍 방법이다.

10

다음 중 USB(Universal Serial Bus) 장치에 대한 설명으로 옳지 않은 것은?

① 범용 직렬 장치를 연결시키는 컴퓨터 인터페이스이다.
② 허브를 이용하면 최대 127개의 주변 기기를 연결할 수 있다.
③ 핫 플러그(Hot Plug) 기능은 지원하지 않는다.
④ USB 3.0 단자는 파란색으로 되어 있으며, 하위 버전에서도 호환된다.

11

다음 중 컴퓨터 시스템에서 사용하는 채널(Channel)에 대한 설명으로 옳은 것은?

① 컴퓨터에서 데이터를 주고받는 통로로, 용도에 따라 구분된다.
② 적외선을 이용하여 데이터를 무선으로 전송하는 통신 기술이다.
③ CPU 대신 주변 장치에 대한 입·출력을 관리하는 프로세서로, CPU와 입·출력장치 사이의 속도 차이 때문에 발생하는 문제점을 해결하기 위해 사용된다.
④ CPU와 주기억장치의 속도 차이를 해결하기 위하여 사용된다.

12

다음 중 컴퓨터 운영체제의 운영 방식에 대한 설명으로 옳지 않은 것은?

① 일괄 처리 시스템은 처리할 데이터를 일정 시간 동안 모아서 한번에 처리하는 방식이다.
② 분산 처리 시스템은 다수의 컴퓨터를 연결하는 방식을 통해 단일 작업을 여러 컴퓨터에 분산 처리하여 향상된 성능을 기대할 수 있다.
③ 임베디드 시스템은 한 대의 시스템을 여러 사용자가 동시에 사용하는 방식으로, 처리 시간을 짧은 시간 단위로 나누어 각 사용자에게 순차적으로 할당하여 처리하는 방식이다.
④ 실시간 처리 시스템은 처리할 데이터가 입력될 때마다 즉시 처리하는 방식으로, 각종 예약 시스템이나 은행 업무 등에서 사용될 수 있다.

13

다음 중 네트워크의 구성 형태에 대한 설명으로 옳지 않은 것은?

① 성(Star)형: 통신망의 처리 능력 및 신뢰성이 중앙 컴퓨터의 제어장치에 의존하는 형태이다.
② 계층(Tree)형: 허브를 이용하여 계층적으로 구성한 형태로, 분산 처리 시스템을 구성하는 방식이다.
③ 링(Ring)형: 하나의 통신 회선에 여러 대의 컴퓨터를 연결한 형태로, 단말장치가 고장나더라도 통신망 전체에 영향을 주지 않는다.
④ 망(Mesh)형: 모든 컴퓨터를 그물 모양으로 서로 연결한 형태로, 통신 회선 장애 시 다른 경로로 데이터 전송을 할 수 있다.

14

다음 중 컴퓨터에서 사용하는 기억장치에 대한 설명으로 옳지 않은 것은?

① 플래시 메모리(Flash Memory)는 비휘발성 기억장치로, 디지털 카메라와 같은 휴대용 기기에서 대용량 정보를 저장하는 데 주로 사용된다.
② 가상 메모리(Virtual Memory)는 보조기억장치를 주기억장치와 같이 사용하여 컴퓨터 처리 속도를 향상시킨다.
③ 레디 부스트(Ready Boost)는 윈도우 운영체제에서 제공하는 기능으로, 시스템의 성능을 향상시키기 위해 USB 메모리를 캐시 전용으로 활용해서 부팅이나 응용 프로그램 실행 속도를 높이는 기능이다.
④ 캐시 메모리(Cache Memory)는 CPU와 주기억장치 사이에 위치하여 두 장치 간의 속도 차이를 줄여 컴퓨터의 처리 속도를 빠르게 하기 위한 메모리이다.

15

다음 중 3D 프린터에 대한 설명으로 옳지 않은 것은?

① 입력한 도면을 기반으로 3차원 입체 물품을 만들어내는 프린터이다.
② 3D 프린터에 사용되는 기본 인쇄 방식은 레이저 방식과 절단형 방식이 있다.
③ 기계, 건축, 예술, 우주 등 다양한 분야에서 응용되고 있으며, 의료 분야에서도 활발히 활용되고 있다.
④ 인쇄 원리는 잉크를 종이 표면에 분사하여 2D 이미지를 인쇄하는 잉크젯 프린터의 원리와 같다.

16

다음 중 컴퓨터에서 데이터를 주고 받는 통로인 버스(Bus)에 대한 설명으로 옳지 않은 것은?

① 내부 버스는 CPU의 내부에서 레지스터들을 연결하는 버스이다.
② 외부 버스는 CPU와 주변 장치를 연결하는 버스이다.
③ 확장 버스는 메인보드에서 지원하는 기능 외에 다른 기능을 지원하는 장치를 연결하는 버스이다.
④ 외부 버스는 전달하는 신호의 종류에 따라 데이터 버스, 주소 버스, 장치 버스로 구분된다.

17

다음 중 OSI 7 계층에서 각 계층별 특징에 대한 설명으로 옳지 않은 것은?

① 응용 계층은 응용 프로세스 간의 정보 교환, 파일 전송 등을 담당한다.
② 표현 계층은 네트워크에서 일관성 있게 데이터를 표현하도록 코드 변환이나, 데이터의 재구성, 암호화 등을 담당한다.
③ 세션 계층에서는 사용자와 전송 계층 간의 인터페이스를 위한 연결을 제공한다.
④ 전송 계층에서는 송·수신 시스템 간의 논리적인 연결과 균일한 서비스를 제공하기 위해 브리지, 스위치의 장치가 사용된다.

18 수정

다음 중 저작권법에 대한 설명으로 적절하지 않은 것은?

① 인간의 사상 또는 감정을 표현한 창작물인 저작물에 대한 배타적·독점적 권리이다.
② 공동저작물의 저작재산권은 저작자가 처음으로 사망한 후 70년간 유효하다.
③ 저작재산권의 보호 기간은 저작자가 사망하거나 저작물을 공표한 다음 해 1월 1일부터 계산한다.
④ 프로그램을 작성하기 위해 사용하는 프로그램 언어, 규약 및 해법에는 저작권법을 적용하지 않는다.

19

다음 중 Windows 10의 [글꼴]에 대한 설명으로 옳지 않은 것은?

① 글꼴 파일의 확장명은 .TTF, .OTF, .FON 등이 사용된다.
② 시스템에서 사용하는 글꼴은 'C:₩Windows₩Fonts' 폴더에 저장되어 있다.
③ 현재 시스템에 설치된 글꼴 종류를 확인하고, 새로운 글꼴을 추가하거나 기존의 글꼴을 삭제할 수 있다.
④ [글꼴] 창에서 특정 글꼴을 선택한 후 '숨기기'를 하면 해당 글꼴을 다른 응용프로그램에서 사용할 수 없다.

20

다음 중 Windows 10에서 삭제한 파일이나 폴더를 임시 보관하는 장소인 [휴지통]에 대한 설명으로 옳지 않은 것은?

① 휴지통에는 이름, 원래 위치, 삭제된 날짜, 크기, 항목 유형, 수정된 날짜 등의 정보 표시된다.
② USB 드라이브, 네트워크 드라이브, 하드디스크에서 삭제한 파일은 휴지통에 들어가지 않는다.
③ 휴지통의 용량이 초과되면 보관된 파일 중 가장 오래된 파일부터 자동으로 삭제된다.
④ 하드디스크 드라이브마다 휴지통의 최대 크기를 설정할 수 있다.

2과목 스프레드시트 일반

21

다음 중 과학, 통계 및 공학 데이터와 같은 숫자 값을 표시하고 비교하는 데 주로 사용되며, 두 개의 숫자 그룹을 XY 좌표로 이루어진 하나의 계열로 표시하기에 적합한 차트는?

① 주식형 차트
② 분산형 차트
③ 방사형 차트
④ 영역형 차트

22

다음 중 아래 시트에서 학과별 인원수[H3:H6]를 구하기 위하여 [H3] 셀에 입력되는 배열 수식으로 옳지 않은 것은?

	A	B	C	D	E	F	G	H
1								
2		성명	학과명	입학년도	점수		학과별 인원수	
3		김두한	국어국문	2020	85		국어국문	2
4		나판수	전자공학	2019	88		전자공학	3
5		김종기	건축공학	2021	90		건축공학	1
6		김영수	전자공학	2020	75		연극영화	1
7		고도석	연극영화	2021	70			
8		박현심	전자공학	2022	80			
9		이기자	국어국문	2023	85			

① {=SUM(($C$3:$C$9=G3)*1)}
② {=SUM(IF($C$3:$C$9=G3,1))}
③ {=COUNT(($C$3:$C$9=G3)*1)}
④ {=COUNT(IF($C$3:$C$9=G3,1))}

23

다음 중 연속적인 위치에 데이터가 입력되어 있는 여러 개의 셀을 범위로 설정한 후 셀 병합을 실행했을 때, 결과에 대한 설명으로 옳은 것은?

① 데이터가 들어 있는 여러 셀은 셀 보호가 자동으로 설정되어 병합할 수 없다.
② 기존에 입력되어 있던 데이터들이 한 셀에 모두 표시된다.
③ 가장 왼쪽 또는 위쪽의 셀 데이터만 남고 나머지 셀 데이터는 모두 지워진다.
④ 가장 아래쪽 또는 오른쪽 셀 데이터만 남고 나머지 셀 데이터는 모두 지워진다.

24

다음 중 [인쇄] 화면에서 [페이지 설정] 대화상자를 클릭하여 설정할 수 있는 내용으로 옳지 <u>않은</u> 것은?

① 워크시트의 행 머리글과 열 머리글을 포함하여 인쇄할 수 있다.
② '간단하게 인쇄'를 선택하면 워크시트에 삽입된 차트, 도형, 그림, 클립아트 등의 그래픽 요소들을 제외하고 텍스트만 빠르게 인쇄할 수 있다.
③ 시트에 표시된 오류값을 제외하고 인쇄하기 위해서는 [시트] 탭에서 [셀 오류 표시]를 '공백'으로 선택한다.
④ 반복할 행과 반복할 열을 지정하여 인쇄할 수 있다.

25

다음 중 공유 통합 문서 대한 설명으로 옳지 <u>않은</u> 것은?

① 공유 네트워크 폴더를 이용하여 여러 사용자가 공유된 통합 문서를 공동으로 작업할 수 있게 하는 기능이다.
② 통합 문서가 공유되면 제목 표시줄의 파일명 옆에 '[공유]'가 표시된다.
③ 공유된 통합 문서에서는 입력과 편집이 가능하지만, 조건부 서식, 차트, 시나리오 등을 추가하거나 변경할 수 없다.
④ 공유 통합 문서에서 특정 사용자와 연결이 설정되면 이후에는 상대방의 승인을 얻은 후에 연결을 해지할 수 있다.

26

다음 중 메모(노트)에 대한 설명으로 옳지 <u>않은</u> 것은?

① 새 메모를 작성하려면 바로 가기 키 Shift+F2를 누르거나 [검토] 탭-[메모] 그룹-[새 메모]를 클릭한다.
② 메모가 항상 표시되도록 설정할 수 있고, 메모에 입력된 텍스트에 맞도록 메모 크기를 자동으로 조정할 수 있다.
③ 피벗 테이블의 셀에 메모를 삽입한 경우 데이터를 정렬하면 메모도 데이터와 함께 정렬된다.
④ 메모는 시트에 표시된 대로 인쇄하거나 시트의 끝에 인쇄할 수 있다.

27

다음 중 데이터 정렬에 대한 설명으로 옳지 <u>않은</u> 것은?

① 빈 셀은 오름차순과 내림차순 정렬 시 항상 마지막에 정렬된다.
② 오름차순 정렬 시 텍스트는 '특수문자-소문자-대문자-한글' 순으로 정렬된다.
③ 범위에 병합된 셀이 포함되어 있어도 정렬이 가능하다.
④ 오름차순 정렬에서 논리값은 FALSE 다음에 TRUE 순으로 정렬된다.

28

다음 중 아래 워크시트에서 [B1:B4] 영역의 문자열을 [B5] 셀에 목록으로 표시하여 입력할 때 사용하는 키는?

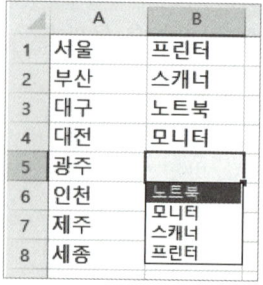

① Alt+Enter
② Shift+Enter
③ Ctrl+↓
④ Alt+↓

29

다음 중 VBA의 배열에 대한 설명으로 옳지 않은 것은?

① 1차원 배열은 행, 2차원 배열은 행과 열, 3차원 배열은 면, 행, 열로 이루어진 배열이다.
② 배열의 위치는 0부터 시작하지만 1부터 시작하고자 하는 경우에는 모듈 선언부에 Option Base 1을 선언한다.
③ 배열을 선언할 때는 변수 이름 다음에 따옴표를 붙여 배열의 크기를 지정한다.
④ 배열이란 데이터형이 같은 여러 개의 변수를 하나의 변수로 연결한 것이다.

30

다음 시트에서 [A8] 셀에 =INDEX(A1:C6,MATCH(SMALL(C2:C6,2),C1:C6,0),2) 수식을 입력했을 때의 결괏값으로 옳은 것은?

	A	B	C
1	학과명	성명	점수
2	전자공학과	파랑새	100
3	국어국문학과	푸르나	95
4	컴퓨터학과	타코나	95
5	경영학과	진달래	85
6	영어영문학과	이루리	90

① 파랑새　　② 이루리
③ 타코나　　④ 진달래

31

아래 워크시트에서 '마우스'라는 상품의 위치인 3을 찾고자 하는데 만약 상품이 없는 경우 'Not Found'를 반환하고자 한다. 이에 대한 수식으로 옳은 것은?

① =XMATCH("마우스",A2:A6,"Not Found")
② =IFERROR(XMATCH("마우스",A2:A6),"Not Found")
③ =IFERROR(XMATCH(A2:A6,"마우스"),"Not Found")
④ =XMATCH(A2:A6,"마우스","Not Found")

32

다음 중 상태 표시줄에 대한 설명으로 옳지 않은 것은?

① 상태 표시줄은 현재 작업 상태에 대한 기본적인 정보를 표시한다.
② 선택 영역에 대한 평균, 문자 셀 수, 최소값, 최대값 등을 표시할 수 있다.
③ 시트의 보기 상태를 '기본' 보기, '페이지 레이아웃' 보기, '페이지 나누기 미리 보기'로 지정할 수 있다.
④ 확대/축소 슬라이드 바를 이용하여 화면 확대 또는 축소를 지정할 수 있다.

33

다음 중 [매크로 기록] 대화상자에 대한 설명으로 옳지 않은 것은?

① 매크로 이름의 첫 글자는 반드시 문자로 지정해야 하며 이름에 공백을 사용할 수 없다.
② 매크로 저장 위치는 '현재 통합 문서', '새 통합 문서', '개인용 매크로 통합 문서' 중에서 선택할 수 있다.
③ 바로 가기 키는 특수문자와 숫자는 사용할 수 없고, 영문자만 사용 가능하다.
④ 매크로에 대한 설명은 반드시 입력해야 한다.

34

다음 중 아래 데이터를 이용하여 각 구성원들의 과목별 값을 비교하는 차트를 작성하고자 할 때, 적절하지 않은 차트는?

	A	B	C	D
1	성명	국어	영어	수학
2	이루리	90	75	80
3	다스리	85	80	75
4	보르미	88	85	90
5	무지개	55	54	25

① 방사형 차트
② 꺾은선형 차트
③ 세로 막대형 차트
④ 원형 차트

35

아래 워크시트에서 [그림A]는 원본데이터이고, [그림B]의 [E11] 셀은 [목표값 찾기]가 실행된 결과를 나타내고 있다. 다음 중 워크시트에 대한 설명으로 옳은 것은?

	A	B	C	D	E
1	[그림A]				
2	이름	데이터베이스	텍스트마이닝	데이터분석	평균
3	이두온	58	78	95	77.0
4	박들샘	77	88	99	88.0
5	최라라	65	85	94	81.3
6	하라미	98	57	48	67.7
7					
8	[그림B]				
9	이름	데이터베이스	텍스트마이닝	데이터분석	평균
10	이두온	58	78	95	77.0
11	박들샘	77	94	99	90.0
12	최라라	65	85	94	81.3
13	하라미	98	57	48	67.7

① [목표값 찾기] 대화상자의 '수식 셀'은 목표값을 찾기 위한 수식이 들어있는 셀로, [C11] 셀을 지정하였다.
② 값을 바꿀 셀은 [E11] 셀을 지정하였다.
③ 찾는 값은 90을 지정하였다.
④ 박들샘의 평균이 90이 되기 위하여 필요한 데이터분석 점수를 찾기 위한 것이다.

36

다음 중 엑셀의 [Microsoft Query에서] 가져오기 기능에 대한 설명으로 옳지 않은 것은?

① 외부 데이터베이스에서 여러 테이블을 조인(Join)한 결과를 가져오거나 원본 데이터와 동기화할 수 있는 기능이다.
② 데이터 연결 마법사를 이용하여 여러 테이블을 조인할 수 있다.
③ [Microsoft Query에서]는 외부 데이터를 엑셀로 가져오는 기능이다.
④ SQL, 쿼리 파일, OLAP 큐브 파일을 가져올 수 있다.

37

다음 중 [페이지 설정] 대화상자에 대한 설명으로 옳지 않은 것은?

① [여백] 탭에서 세로 방향의 가운데 맞춤 기능은 지원하지 않는다.
② [시트] 탭에서 '눈금선'의 표시 여부를 지정할 수 있다.
③ [머리글/바닥글] 탭에서 짝수 페이지와 홀수 페이지의 머리글 및 바닥글을 다르게 지정할 수 있다.
④ [페이지] 탭에서 '용지 너비'와 '용지 높이'에 모두 '1'을 설정하면 여러 페이지를 한 페이지에 인쇄할 수 있다.

38

다음 시트에서 [A3] 셀에 =SUBSTITUTE(A2,"38","999",1)의 수식을 입력한 경우 표시되는 결과로 옳은 것은?

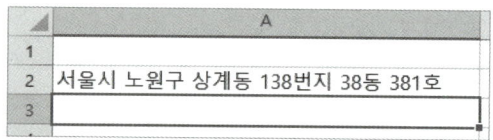

① 서울시 노원구 상계동 138번지 999동 381호
② 서울시 노원구 상계동 138번지 38동 9991호
③ 서울시 노원구 상계동 1999번지 38동 381호
④ 서울시 노원구 상계동 1999번지 999동 9991호

39

다음 중 피벗 테이블 필드의 그룹 설정에 대한 설명으로 옳지 않은 것은?

① 그룹을 해제하려면 그룹으로 설정된 영역의 바로 가기 메뉴에서 [그룹 해제]를 선택하여 실행할 수 있다.
② 그룹 만들기는 특정 필드를 일정한 단위로 묶어 표현할 때 사용하는 것으로 문자, 숫자, 날짜, 시간으로 된 필드에서 사용할 수 있다.
③ 숫자 필드일 경우에는 [그룹화] 대화상자에서 시작, 끝, 단위를 지정해야 한다.
④ 문자 필드일 경우에는 [그룹화] 대화상자에서 그룹 이름을 반드시 지정해야 한다.

40

다음 중 아래 워크시트에서 배열 상수 형태로 배열 수식이 입력되어 있을 때, [A5] 셀에서 =SUM(A1,B2)를 실행하였을 때 결괏값은?

	A	B	C
1	={3,6,9;2,4,6}	={3,6,9;2,4,6}	={3,6,9;2,4,6}
2	={3,6,9;2,4,6}	={3,6,9;2,4,6}	={3,6,9;2,4,6}

① 3
② 5
③ 7
④ 9

3과목 데이터베이스 일반

41

다음 중 우편 레이블 보고서 작성에 대한 설명으로 옳지 <u>않은</u> 것은?

① 우편물 발송을 위한 레이블을 작성하는 기능으로서 반드시 우편번호와 주소가 들어가야 한다.
② 레이블 형식은 낱장 용지나 연속 용지를 선택할 수 있다.
③ 보고서의 특정 필드에 고정적으로 출력할 내용을 추가하여 출력할 수 있다.
④ 레이블의 크기는 선택하거나 사용자가 직접 지정할 수 있다.

42

수강생 명단(학번, 이름, 연락처, 사진) 테이블에서 사진 필드에 회원 사진을 저장하려고 할 때 가장 적절한 데이터 형식은?

① 하이퍼 링크
② 첨부 파일
③ 일련 번호
④ 통화 형식

43

다음 중 하위 폼에 대한 설명으로 옳지 <u>않은</u> 것은?

① 여러 개의 연결 필드를 지정할 때는 필드 이름을 세미콜론(;) 구분하여 입력한다.
② 테이블 간에 관계가 설정되어 있지 않은 경우에도 하위 폼으로 연결할 수 있다.
③ 하위 폼은 폼 안에 삽입된 또 하나의 폼을 의미하고, 별도의 독립된 형태로도 열 수 있다.
④ 기본 폼은 '단일 폼', '연속 폼', '데이터시트' 형태로 표시할 수 있지만 하위 폼은 '단일 폼'으로만 표시할 수 있다.

44

다음 중 개체 관계(Entity Relationship) 모델링에 대한 설명으로 옳지 <u>않은</u> 것은?

① 쉽게 개념적 설계를 하는 방법으로, 1976년에 피터 첸(Peter Chen)이 제안하였다.
② E-R 모델은 데이터를 개체(Entity), 속성(Attribute), 관계(Relationship)로 묘사한다.
③ 개체와 관계를 도식으로 표현하여 현실 세계를 개념적으로 모델링한 결과물을 시각적으로 표현한 것이다.
④ '개체'는 독립적으로 존재하면서 고유하게 식별할 수 있는 실제의 객체나 개념을 나타낸다.

45

다음 중 E-R 다이어그램의 구성 요소와 표현이 옳지 <u>않게</u> 짝 지어진 것은?

① 개체 타입-사각형
② 관계 타입-마름모
③ 속성 타입-타원
④ 개체 타입과 속성 연결-화살표

46

다음 중 폼에 대한 설명으로 옳지 <u>않은</u> 것은?

① 테이블, 쿼리, SQL을 원본으로 하여 데이터의 입력, 수정, 삭제, 조회 등의 작업을 편리하게 수행할 수 있도록 지원하는 개체이다.
② 이벤트 속성을 설정하여 매크로와 모듈이 특정 기능을 수행할 수 있다.
③ 폼은 데이터가 연결되지 않는 '바운드 폼'과 연결된 '언바운드 폼'으로 구분한다.
④ '자동 가운데 맞춤' 속성을 사용하여 폼을 열 때 자동으로 중앙 정렬하여 표시할 수 있다.

47

다음 중 기본 키(Primary Key)에 대한 설명으로 옳지 <u>않은</u> 것은?

① 데이터가 이미 입력된 필드도 기본 키로 지정할 수 있다.
② 하나 이상의 관계가 있는 테이블의 기본 키를 제거하려면 관계를 먼저 삭제해야 한다.
③ 다른 테이블의 속성을 참조하는 키로서 참조된 테이블에 존재하는 값이어야 한다.
④ 기본 키 필드에는 Null 값을 입력할 수 없고, 값이 입력되지 않으면 테이블이 저장되지 않는다.

48

다음 중 SQL문에서 사용된 BETWEEN 연산의 의미로 옳은 것은?

```
SELECT * FROM 성적
WHERE (점수 BETWEEN 90 AND 95)
     AND 학과 = 'AI응용';
```

① 점수 >= 90 AND 점수 <= 95
② 점수 > 90 AND 점수 < 95
③ 점수 > 90 AND 점수 <= 95
④ 점수 >= 90 AND 점수 < 95

49

다음 중 아래와 같은 식을 입력하였을 때 설명으로 옳지 <u>않은</u> 것은?

```
=Format(Date( ), "mm/dd")
```

① Date는 현재 시스템의 날짜와 시간을 표시하는 함수이다.
② Format은 값을 지정된 형식으로 표시하는 함수이다.
③ 오늘 날짜가 '2024-07-06'이면 '07/06'으로 표시된다.
④ 컨트롤에 입력되는 식은 '='으로 시작해야 한다.

50

다음 중 정규화에 대한 설명으로 옳지 <u>않은</u> 것은?

① 추가, 갱신, 삭제 등의 작업 시 이상 현상(Anomaly)이 발생하지 않도록 테이블을 분해하는 과정이다.
② 정규형은 제1정규형에서 제5정규형까지 있으며 반드시 제5정규형까지 완료되어야 한다.
③ 정규화를 실행하는 목적 중 하나는 데이터 중복의 최소화이다.
④ 정규화를 실행하면 테이블이 여러 개로 나누어져 테이블의 크기가 작아지지만 모든 테이블의 필드 수가 같아지는 것은 아니다.

51

어떤 〈학생〉 테이블의 '학과' 필드에 '컴퓨터공학' 학생 30명, 'AI응용' 학생 30명, '빅데이터' 학생 30명의 정보가 저장되어 있다. 다음 SQL문의 실행 결과 ㉠과 ㉡에 들어갈 튜플 수는?

```
㉠ SELECT 학과 FROM 학생;
㉡ SELECT DISTINCT 학과 FROM 학생;
```

	㉠	㉡
①	3	3
②	30	3
③	90	3
④	90	90

52
다음 중 폼을 [디자인 보기]나 [데이터시트 보기]로 열기 위해 사용하는 매크로 함수는?

① Open Form
② Open Report
③ Run Macro
④ Quit Access

53
다음 중 보고서의 각 구역에 대한 설명으로 옳지 않은 것은?

① 페이지 머리글 영역에는 필드 제목 등을 삽입하며, 모든 페이지의 맨 위에 출력된다.
② 그룹 머리글/바닥글 영역에는 일반적으로 그룹별 이름, 요약 정보를 삽입한다.
③ 보고서 바닥글 영역은 전체 데이터에 대한 합계와 같은 요약 정보를 나타내는데 사용되며 보고서의 모든 페이지에 출력된다.
④ 본문 영역은 실제 데이터가 레코드 단위로 반복 출력되는 부분이다.

54
다음 중 폼 바닥글에 있는 텍스트 상자의 컨트롤 원본으로 〈학생〉 테이블에서 학과가 '전자공학'인 레코드들의 점수 평균을 구하는 함수식은?

① =DAVG("[점수]", "[학생]", "[학과]='전자공학'")
② =DAVG("[학생]", "[점수]", "[학과]='전자공학'")
③ =AVG("[점수]", "[학생]", "[학과]='전자공학'")
④ =AVG("[학생]", "[점수]", "[학과]='전자공학'")

55
다음 중 콤보 상자의 속성에 대한 설명으로 옳지 않은 것은?

① 기본값: 컨트롤에 연결할 데이터를 지정한다.
② 바운드 열: 여러 열 중 해당 컨트롤에 저장되는 열을 지정한다.
③ 사용 가능: 컨트롤에 포커스를 이동할 수 있는지 지정한다.
④ 잠금: 컨트롤의 데이터를 보호하기 위해 수정할 수 없도록 지정한다.

56
다음 중 보고서에서 순번 항목과 같이 그룹 내의 데이터에 대한 일련 번호를 표시하기 위해 텍스트 상자 컨트롤의 속성을 설정하는 방법으로 옳은 것은?

① 텍스트 상자의 컨트롤 원본을 '=1'로 지정하고, 누적 합계 속성을 '그룹'으로 지정한다.
② 텍스트 상자의 컨트롤 원본을 '+1'로 지정하고, 누적 합계 속성을 '그룹'으로 지정한다.
③ 텍스트 상자의 컨트롤 원본을 '=1'로 지정하고, 누적 합계 속성을 '모두'로 지정한다.
④ 텍스트 상자의 컨트롤 원본을 '+1'로 지정하고, 누적 합계 속성을 '모두'로 지정한다.

57

다음 중 아래 〈매출〉 테이블에 대한 함수를 적용한 결과로 옳지 <u>않은</u> 것은?

〈매출〉

제품	수량	금액
딸기	20	2000
바나나	Null	3000
자몽	30	2500
유자	Null	4500
커피	10	2000

① =Count([수량]) → 5
② =Avg([수량]) → 20
③ =Max([금액]) → 4500
④ =Sum([수량]) → 60

58

다음 중 매크로 함수에 대한 설명으로 옳지 <u>않은</u> 것은?

① FindRecord: 특정한 조건에 맞는 첫 번째 레코드를 검색한다.
② MessageBox: 사용자에게 필요한 메시지를 화면에 표시하고, 경고음을 설정할 수 있다.
③ ApplyFilter: 테이블이나 쿼리로부터 레코드를 필터링하거나 정렬한다.
④ FindNextReport: 커서를 특정 레코드로 이동한다.

59

다음 중 폼의 탭 순서(Tab Order) 지정에 대한 설명으로 옳지 <u>않은</u> 것은?

① [폼 보기]에서 Tab 이나 Enter 키를 눌렀을 때 포커스(Focus)의 이동 순서를 지정하는 것이다.
② 해당 컨트롤의 '탭 정지' 속성에서 '예'를 선택하면 탭 순서에서 제외된다.
③ 기본적으로는 컨트롤을 작성한 순서대로 탭 순서가 설정되고 선이나 레이블에는 설정할 수 없다.
④ 컨트롤의 '탭 정지' 속성이 '예'로 설정된 경우에만 Tab 이나 Enter 키를 이용하여 포커스를 이동할 수 있다.

60

〈제품〉 테이블에 있는 '잔고' 필드를 참조하려고 한다. 참조 형식이 옳은 것은?

① [Forms]@[제품]@[잔고]
② [Forms]![제품]![잔고]
③ [Forms]@[제품]![잔고]
④ [Forms]![제품]@[잔고]

Level UP

정답 및 해설

Level UP 정답 및 해설 활용법!

1 철저한 문항 분석으로 전체적인 윤곽 잡기
해설을 확인하기 전, '문항별 출제 영역&키워드 분석'을 훑어보고 출제 흐름을 파악하세요!

2 상세한 해설로 문제 완전 정복하기
상세한 해설과 오답 피하기로 문제를 완벽하게 소화해서 본인의 것으로 만드세요!

3 개념끝 링크로 문제와 개념 연계학습하기
어렵거나 모르는 개념이 있다면 '개념끝 링크'를 통해 연계 학습하세요!

정답 및 해설

2025년 시행 상시시험

제1회 기출변형문제

문항별 출제 영역 & 키워드

문항	영역	키워드
1과목 | 컴퓨터 일반		
01	기타 장치	GPU
02	OSI 7계층과 네트워크 장치	OSI 7계층
03	중앙처리장치	플립플롭
04	마우스 및 키보드 사용법	단축키
05	자료의 표현과 처리	EBCDIC
06	보조 프로그램	그림판
07	[설정] 창 - 개인 설정	글꼴
08	[설정] 창 - 개인 설정	잠금 화면
09	프로그래밍 언어	로더
10	인터넷 서비스	MIME
11	정보 보안	방화벽
12	최신 정보통신 기술 활용	Wi-Fi
13	최신 정보통신 기술 활용	NFC, 테더링
14	컴퓨터 관리와 문제 해결	드라이브 조각 모음 및 최적화
15	인터넷의 개요	NAT
16	기타 장치	BIOS
17	사운드 데이터, 동영상 데이터	스트리밍
18	컴퓨터 범죄	스푸핑, 스니핑
19	기타 장치	데이터 버스
20	최신 정보통신 기술 활용	OTT
2과목 | 스프레드시트 일반		
21	날짜/시간 함수, 논리 함수, 텍스트 함수	CONCAT
22	인쇄 작업	머리글/바닥글
23	인쇄 작업	파일 경로 삽입, 파일 이름 삽입
24	외부 데이터 가져오기	CSV
25	배열 수식과 배열 상수	배열 수식
26	데이터 입력	메모, 윗주
27	VBA 개체	ActiveCell, Offset, FormulaR1C1
28	차트 작성	보조 축
29	날짜/시간 함수, 논리 함수, 텍스트 함수	DAYS
30	날짜/시간 함수, 논리 함수, 텍스트 함수	UPPER

문항	영역	키워드
31	가상 분석	시나리오 추가
32	정렬과 필터	정렬, 병합 셀
33	가상 분석	목표값 찾기
34	재무 함수, 정보 함수	SLN, SYD
35	VBA 개체	FormulaR1C1, AutoFill
36	가상 분석	데이터 표
37	수식 작성	#VALUE!
38	인쇄 작업	확대/축소 배율
39	가상 분석	데이터 표
40	데이터 편집	찾기 및 바꾸기
3과목 | 데이터베이스 일반		
41	기본 키와 인덱스	인덱스
42	모듈 작성 액세스와 데이터베이스 개체	Visible
43	데이터베이스의 개념	일관성, 무결성, 보안성
44	보고서 작성 보고서 인쇄	바운드 컨트롤
45	외부 데이터 가져오기와 테이블 연결하기	내보내기
46	필드의 일반 및 조회 속성	입력 마스크
47	폼 작성	폼
48	액세스의 개요	쿼리, 폼, 보고서, 테이블
49	외부 데이터 가져오기와 테이블 연결하기	JSON
50	SQL 명령문 사용	SELECT
51	폼 속성	콤보 상자
52	SQL 명령문 사용 조인(Join)	INNER JOIN
53	SQL 명령문 사용 조인(Join)	LEFT OUTER JOIN
54	실행 쿼리	UPDATE
55	보고서 인쇄	머리글/바닥글
56	SQL 명령문 사용	연산 우선순위
57	SQL 명령문 사용	GROUP BY, HAVING
58	매크로 작성	RunApp
59	보고서 속성	그룹화
60	모듈 작성	mmmm

정답
문제 p.70

01	③	02	②	03	④	04	④	05	③
06	②	07	②	08	④	09	④	10	④
11	③	12	③	13	④	14	③	15	③
16	③	17	③	18	②	19	①	20	③
21	①	22	②	23	③	24	④	25	①
26	④	27	④	28	②	29	①	30	①
31	①	32	③	33	①	34	③	35	①
36	①	37	④	38	①	39	①	40	①
41	③	42	③	43	③	44	③	45	②
46	④	47	②	48	③	49	④	50	①
51	②	52	②	53	③	54	①	55	④
56	③	57	④	58	④	59	③	60	②

1과목 컴퓨터 일반

01 ③ 　개념끝 026

GPU는 병렬 계산에 특화되어 있지만, 일반적인 운영체제 제어/조건 분기/논리 연산 등은 CPU의 역할이다. 모든 범용 연산에서 GPU가 뛰어난 것은 아니다.

02 ② 　개념끝 037

| 오답 피하기 |
①, ③, ④ 압축 및 암호화는 표현 계층, 전기적 신호전송은 물리 계층, 사용자와 응용 프로그램 간의 인터페이스는 응용 계층이다.

03 ④ 　개념끝 024

플립플롭 여러 개가 모여 하나의 레지스터를 구성한다.

04 ④ 　개념끝 002

제어판 단축키는 제공되지 않는다.

05 ③ 　개념끝 022

EBCDIC은 IBM 메인프레임에서 사용되는 독자적 문자 코드로, 웹이나 모바일 환경에서는 거의 사용되지 않는다.

06 ② 　개념끝 008

확대/축소 기능은 보기 탭에 있다.

07 ② 　개념끝 014

[제어판]-[글꼴]-[글꼴 설정]에서는 글꼴 숨기기 또는 표시 설정을 할 수 있다.

08 ④ 　개념끝 014

잠금 화면 탭에서는 잠금 화면의 배경을 설정할 수 있다.

09 ④ 　개념끝 030

로더는 이미 생성된 실행 파일을 메모리에 적재하고 실행을 준비한다.

10 ④ 　개념끝 041

MIME은 이메일에 텍스트 외에도 이미지, 파일, 오디오 등을 첨부할 수 있게 해주는 통신 규약이다.

11 ③ 　개념끝 048

저장 장치의 상태를 분석하거나 악성코드 여부를 판단하는 기능은 백신의 역할이다.

12 ③ 　개념끝 042

Wi-Fi는 고정된 구역에서 사용하는 무선 LAN 기술이다.

13 ④ 　개념끝 042

NFC(근거리 무선통신)는 파일 전송, 기기 연결 등에 사용되며 테더링 기능은 제공하지 않는다.

14 ③ 　개념끝 027

네트워크 드라이브에는 조각 모음이 불가능하다.

15 ③ 　개념끝 039

NAT(Network Address Translation)는 내부 사설 IP를 공인 IP로 변환하여, 여러 기기가 하나의 IP로 인터넷을 공유하도록 돕는 기술로서 IPv4에서 사용하며 IPv6는 NAT 없이 작동하도록 설계된다.

16 ③ 　개념끝 026

BIOS는 컴퓨터 전원이 켜졌을 때 하드웨어 상태를 점검하고, 운영체제를 부트 로더로 넘기는 역할을 수행하는 기본 펌웨어이다.

17 ③ 　개념끝 034, 035

스트리밍은 전체 다운로드를 기다리지 않는다.

18 ② → 개념끝 046

IP나 MAC 주소를 위조하여 신뢰받는 호스트처럼 행동하는 것은 스푸핑이고, 사용자 입력을 감청하여 비밀번호를 알아내는 방식은 스니핑이다.

19 ① → 개념끝 026

데이터의 실제 내용은 데이터 버스를 통해 전송된다.

20 ③ → 개념끝 042

OTT는 인터넷을 통해 영상 콘텐츠를 직접 제공하는 서비스로서 넷플릭스, 웨이브, 티빙, 유튜브 등이 대표적인 예이다.

2과목 스프레드시트 일반

21 ① → 개념끝 058

=CONCAT(MID(A1,FIND("-",A1)+1,4),LEFT(A1,2),RIGHT(A1,2))

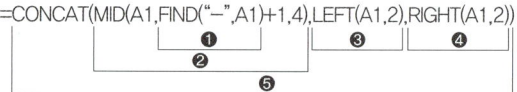

❶ FIND("-",A1)은 문자열 'KR-2023Q4'에서 '-' 기호의 위치(3)를 반환함
❷ MID(A1,3+1,4)는 4번째 문자부터 4글자를 잘라 '2023'을 가져옴
❸ LEFT(A1,2)는 왼쪽에서 2글자를 추출하므로 'KR'을 반환함
❹ RIGHT(A1,2)는 오른쪽에서 2글자를 추출하므로 'Q4'를 반환함
❺ CONCAT은 이 문자열들을 순서대로 연결하므로 결괏값은 '2023KRQ4'

22 ③ → 개념끝 074

차트의 [페이지 설정] 대화상자의 [머리글/바닥글] 탭에서 '짝수와 홀수 페이지를 다르게 지정'을 설정할 수 있다.

23 ③ → 개념끝 074

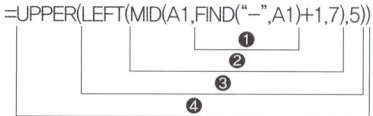 : 파일 경로 삽입, 파일 이름 삽입

24 ④ → 개념끝 062

CSV 파일은 [텍스트/CSV] 항목에 포함되며, [기타 원본] 범주에는 포함되지 않는다.

25 ① → 개념끝 061

조건이 2개일 경우 최대값을 구하는 배열 수식은 =MAX(IF((조건1)*(조건2), 최대값을 구할 범위))이다.

26 ④ → 개념끝 052

| 오답 피하기 |
① 데이터를 삭제하면 메모는 남지만 윗주는 삭제된다
② 메모와 윗주는 동일한 셀에 동시에 삽입할 수 있다.
③ 메모는 마우스를 올렸을 때 자동으로 표시된다.

27 ④ → 개념끝 079

• ActiveCell.Offset: 현재 활성 셀에서 상대 위치를 지정하는 함수로, 코드에서 한 행 아래로 이동할 때 사용된다.
• FormulaR1C1: R1C1 표기법을 사용해 수식을 입력할 때 유용하며, "=R[-1]C+10"은 현재 셀의 바로 위 셀의 값을 참조한다.
• Range.Select와 ActiveCell.Offset을 사용하여 셀 선택을 명시적으로 수행하고 있으며, 셀 [A1]의 값이 변경되면 셀 [A2] 수식의 결과도 자동으로 변경된다.

28 ② → 개념끝 068

서로 다른 단위를 동일 축에 정렬하면 오히려 왜곡된 비교가 발생할 수 있다. 이 경우 '보조 축'을 사용해야 올바른 시각화가 가능하다.

29 ① → 개념끝 058

DAYS(종료일, 시작일): 종료일에서 시작일을 뺀 두 날짜 사이의 일수 차이를 반환하므로
=DAYS("2025-12-31","2026-01-01")은 -1이다.
| 오답 피하기 |
② =EDATE("2026-01-31",1): 해당 날짜에서 1개월 후는 2026-02-31 이지만 2월에 31일이 없으므로 2026-02-28로 자동 보정된다.
③ =EOMONTH("2026-02-28",1): 해당 날짜에서 1개월 뒤는 월말이므로 2026-03-31이 된다.
④ =DATEVALUE("2026-02-30"): 2026년 2월은 28일까지밖에 없기 때문에 유효하지 않으므로 오류가 발생한다.

30 ① → 개념끝 058

=UPPER(LEFT(MID(A1,FIND("-",A1)+1,7),5))

❶ FIND("-",A1): 문자열 "hy-ExcelGPT2025"에서 "-"는 3번째 문자
❷ MID(A1,4,7): 4번째 문자부터 7글자 추출함. 결과는 "ExcelGP"
❸ LEFT("ExcelGP",5): 왼쪽부터 5글자를 추출함. 결과는 "Excel"
❹ UPPER("Excel"): 대문자로 변환함. 결과는 "EXCEL"

31 ① → 개념끝 065

시나리오 이름에 대부분의 문자(한글, 영문, 숫자, 일부 기호)는 사용 가능하다.

32 ③ 　　　　　　　　　　　　　🔗 개념끝 063

병합된 셀이 포함된 범위를 정렬하려고 하면 엑셀이 오류 메시지를 출력하고 정렬 자체를 차단한다.

33 ① 　　　　　　　　　　　　　🔗 개념끝 065

목표값 찾기를 실행하면 수식 셀[B6]의 결과를 20,000,000으로 만들기 위해 입력 셀[B1]의 값을 자동 계산한다.
즉, "월 불입액이 얼마여야 만기 수령액이 2천만원이 되는가?"를 계산한다.

34 ③ 　　　　　　　　　　　　　🔗 개념끝 060

SLN 함수는 자산의 정액법으로 감가상각(매년 일정 금액만큼 감가상각) 금액을 계산한다.
SYD 함수는 연수합계법으로 감가상각을 계산하며, 감가상각 초기에 더 큰 비용을 배분하는 방식으로 사용 연수에 따라 감소한다.

35 ④ 　　　　　　　　　　　　　🔗 개념끝 079

R[-1]C는 현재 셀 기준 윗행 같은 열(B1)을 의미하고, R[-1]C[2]는 현재 셀 기준 윗행의 오른쪽 두 번째 열(D1)을 의미한다. 따라서 =SUM(R[-1]C:R[-1]C[2])는 [B1:D1]의 합계를 의미한다.

36 ① 　　　　　　　　　　　　　🔗 개념끝 065

데이터 표의 왼쪽 위 셀에는 실적률 계산 수식 '=B6/B5'가 입력되어야 한다. 열 방향으로 판매수량 값이 변화되고 있으므로, 이 값이 입력되는 대상은 수식에 참조된 셀 [B6]이 되어야 한다.

37 ④ 　　　　　　　　　　　　　🔗 개념끝 055

잘못된 범위 참조 시 발생하는 오류는 주로 #REF!, #NAME?, #N/A 등이며, 항상 #VALUE! 오류가 발생하는 것은 아니다.

38 ① 　　　　　　　　　　　　　🔗 개념끝 074

확대/축소 배율은 10%~400% 범위 내에서 1% 단위로 설정할 수 있다.

39 ② 　　　　　　　　　　　　　🔗 개념끝 065

데이터 표는 왼쪽 위 셀 [F2]에 수식을 한 번 입력하면, 나머지 셀에는 엑셀이 자동으로 결과를 계산해 채워준다. 사용자가 직접 복사하거나 수식을 입력하지 않아도 된다.

40 ③ 　　　　　　　　　　　　　🔗 개념끝 053

[찾기 및 바꾸기] 대화상자에서는 와일드카드를 지원한다.

3과목 　데이터베이스 일반

41 ③ 　　　　　　　　　　　　　🔗 개념끝 087

인덱스 속성을 '중복 불가능'으로 지정하면 중복된 값이 입력될 수 없다.

| 오답 피하기 |
① 입력 마스크는 입력 형식을 강제할 뿐 중복 여부는 제어하지 않는다.
② 유효성 검사 규칙은 값의 유효 범위를 제한하지만, 중복을 제어하지 않는다.
④ 외래 키는 다른 테이블과의 참조 관계를 나타내는 것이며, 중복을 허용할 수도 있다.

42 ③ 　　　　　　　　　　　　　🔗 개념끝 110, 111

- Me: 현재 폼을 가리키는 예약어이다.
- ![txt마감일]: 현재 폼 안에 있는 이름이 "txt마감일"인 컨트롤을 참조한다.
- .Visible = False: 해당 컨트롤의 Visible 속성(표시 여부)을 False(숨김)로 설정한다.

| 오답 피하기 |
① txt마감일.Visible = False: txt마감일이라는 컨트롤을 참조하고 있지만, Me를 생략하면 폼 외부에서는 인식 오류가 발생할 수 있다.
② Me.txt마감일.Hide: .Hide는 Access VBA에서 존재하지 않는 속성으로 문법 오류가 발생한다.
④ Me![txt마감일].Enabled = False: 컨트롤을 비활성화하지만 숨기지는 않는다.

43 ③ 　　　　　　　　　　　　　🔗 개념끝 080

데이터 구조는 유연하게 변경 가능해야 하며, 보안성과는 관련이 없다.

44 ② 　　　　　　　　　　　　　🔗 개념끝 104, 105

바운드 컨트롤은 값을 표시만 한다.

45 ② 　　　　　　　　　　　　　🔗 개념끝 090

보고서를 Word(RTF) 형식으로 내보낼 경우, 출력 시점의 레코드가 보고서에 포함되어 함께 저장되므로, 원본 테이블과 관계없이 데이터가 표시된다.

46 ④ 　　　　　　　　　　　　　🔗 개념끝 088

- &&-000: 문자 2자 + 숫자 3자(필수) → 입력값 ab12는 숫자 3자(000)를 충족하지 않으므로 오류가 발생한다.
- 정리하면, L은 영문자 필수 입력, &는 공백 포함해서 모든 문자 필수 입력, ?는 영문자, 한글 선택 입력, 0은 숫자 필수 입력, 9는 숫자 선택 입력, <는 소문자로 변환, >는 대문자로 변환이다.

47 ② 개념끝 098

폼은 데이터 구조 설계나 관계 설정을 위한 도구가 아니라 사용자 친화적인 데이터 입력 및 조회 인터페이스를 구성하는 데 사용된다.

48 ③ 개념끝 085

보고서는 데이터를 저장하지 않으며, 테이블이나 쿼리와 같은 레코드 원본을 기반으로 출력만 할 수 있다.

49 ④ 개념끝 090

Access는 다양한 형식으로 데이터를 내보낼 수 있지만, JSON은 기본 메뉴에서 직접 내보내기 기능을 제공하지 않는다.

50 ① 개념끝 094

- SELECT 이름, 학년, 성적 → 결과에 이름, 학년, 성적만 표시된다.
- 학년 = [Grade] → 실행 시 사용자가 학년을 직접 입력한다.
  ⓓ 사용자가 2 입력 시 학년 = 2가 된다.
- AND 성적 >= 90 → 성적이 90 이상인 학생만 필터링된다.

51 ② 개념끝 099

콤보 상자는 복수 선택을 지원하지 않는다.

52 ② 개념끝 094, 095

INNER JOIN은 양쪽 테이블에 모두 존재하는 키 값(C001, C003)에 대해서만 조인된다.
매칭되는 고객ID는
C001 → 주문 2건 → 정수현: 2행
C003 → 주문 1건 → 이라레: 1행
→ 총 3행이다.

53 ③ 개념끝 094, 095

- LEFT OUTER JOIN이므로 왼쪽 테이블인 [고객] 테이블의 모든 레코드가 표시된다.
- C001, C002는 주문과 연결되어 주문ID 및 상품명이 표시된다.
- C003은 주문이 없으므로 NULL로 표시되며, [주문] 테이블에만 있는 C004는 표시되지 않는다.

54 ① 개념끝 096

UPDATE문은 UPDATE 테이블명 SET 필드명 = 값 WHERE 조건 형식으로 작성한다.

55 ④ 개념끝 105

보고서 머리글/바닥글에 대한 내용은 [보고서 디자인] 탭을 사용한다.

56 ③ 개념끝 094

WHERE 이름 = '홍길동' OR 수학 >= 90 AND 학년 = 2 OR 학년 = 3;은 연산의 우선순위에 따라 괄호를 하면 WHERE (이름 = '홍길동') OR (수학 >= 90 AND 학년 = 2) OR (학년 = 3);이 되어 주어진 조건에 맞지 않는다.

57 ④ 개념끝 094

HAVING 절은 GROUP BY 이후에 실행되며, 집계 함수가 적용된 그룹화 결과를 필터링하는 데 사용된다.

58 ④ 개념끝 109

RunApp은 Access 외부의 응용 프로그램(.exe 등)을 실행하는 데 사용된다.

59 ③ 개념끝 106

보고서는 출력 전용 객체이므로, 그룹화된 필드나 보고서 내의 어떤 데이터도 직접 입력하거나 수정할 수 없다.

60 ② 개념끝 110

- mmmm → September(월 전체 이름)
- d → 8(앞에 0 없이 출력)
- h → 7(12시간제, 앞에 0 없음)
- n → 4(분, 앞에 0 없음)
- ampm → 오전

정답 및 해설

제2회 기출변형문제

2025년 시행 상시시험

문항별 출제 영역 & 키워드

문항	영역	키워드
\multicolumn{3}{c}{1과목 | 컴퓨터 일반}		
01	파일 탐색기	선택, 이동, 복사
02	운영체제	분산 운영체제
03	정보통신	링형
04	기억장치	캐시 적중
05	파일과 폴더	디스크 조각 모음
06	운영체제	실시간 응답 성능
07	인쇄	스풀링
08	기억장치	스트라이핑
09	그래픽 데이터	BMP
10	프로그래밍 언어	HTML, SQL
11	사운드 데이터	샘플링 비트 수
12	관리 도구	레지스트리
13	자료의 표현과 처리	EBCDIC
14	-	msinfo32
15	그래픽 데이터	PNG
16	[설정] 창 – 접근성	토글 키, 고정 키
17	그래픽 데이터	비트맵
18	프로그래밍 언어	객체 지향 언어
19	[설정] 창 – 업데이트 및 보안 관리 도구	디스크 관리, 백업
20	그래픽 데이터	PNG

문항	영역	키워드
\multicolumn{3}{c}{2과목 | 스프레드시트 일반}		
21	데이터 입력	메모
22	찾기/참조 함수, 데이터베이스 함수	VLOOKUP
23	데이터 입력	수식 입력
24	배열 수식과 배열 상수	배열 수식
25	정렬과 필터	고급 필터
26	가상 분석	목표값 찾기
27	차트 작성	원형 차트
28	서식 설정	조건부 서식
29	매크로 작성 매크로 실행	매크로
30	날짜/시간 함수, 논리 함수, 텍스트 함수	WORKDAY
31	엑셀의 개요	틀 고정
32	차트 요소 추가	오차 막대, 추세선
33	매크로 작성 매크로 실행	매크로
34	데이터 도구	통합
35	정렬과 필터	고급 필터
36	피벗 테이블과 피벗 차트	피벗 테이블
37	서식 설정 날짜/시간 함수, 논리 함수, 텍스트 함수	조건부 서식
38	인쇄 작업	전체 통합 문서 인쇄
39	찾기/참조 함수, 데이터베이스 함수	INDEX
40	매크로 실행	VBE

문항	영역	키워드
\multicolumn{3}{c}{3과목 | 데이터베이스 일반}		
41	컨트롤 사용	테이블 객체
42	모듈 작성	Public
43	SQL 명령문 사용 실행 쿼리	삭제 쿼리
44	모듈 작성 액세스와 데이터베이스 개체	Visible
45	보고서 작성 기타	[Page], [Pages]
46	기타 쿼리	크로스탭 쿼리
47	기타 폼 작성	조건부 서식
48	기타 폼 작성	조건부 서식
49	액세스와 데이터베이스 개체	acViewForm
50	SQL 명령문 사용 실행 쿼리	테이블 만들기 쿼리
51	쿼리의 조건 지정	Replace
52	액세스와 데이터베이스 개체	RunSQL
53	SQL 명령문 사용 실행 쿼리	DROP
54	SQL 명령문 사용	GROUP BY, HAVING
55	액세스와 데이터베이스 개체	FilterOn
56	컨트롤 사용	목록 상자
57	기본 키와 인덱스	기본 키
58	기본 키와 인덱스 필드의 일반 및 조회 속성	인덱스
59	테이블 생성	필드 이름
60	테이블 생성	Yes/No 형식

정답　　　　　　　　　　문제 p.83

01	②	02	②	03	②	04	②	05	④
06	③	07	④	08	③	09	④	10	③
11	③	12	③	13	④	14	③	15	④
16	④	17	③	18	④	19	③	20	③
21	②	22	②	23	②	24	③	25	①
26	③	27	②	28	②	29	③	30	③
31	③	32	④	33	③	34	③	35	④
36	④	37	②	38	②	39	③	40	③
41	④	42	④	43	③	44	②	45	④
46	③	47	③	48	③	49	④	50	①
51	④	52	③	53	①	54	③	55	②
56	③	57	④	58	④	59	②	60	②

1과목　컴퓨터 일반

01 ②　　개념끝 006

Shift는 연속된 항목을 선택할 때 사용하고, Ctrl은 서로 떨어진 개별 항목을 선택할 때 사용한다.

02 ②　　개념끝 029

분산 운영체제는 여러 대의 컴퓨터가 하나의 시스템처럼 동작하는 구조를 의미한다.

03 ②　　개념끝 036

이중 연결은 링형의 특징이다.

04 ②　　개념끝 025

캐시 적중(Cache Hit) 시에는 캐시에 이미 데이터가 있어 주기억장치 접근 없이 빠르게 처리된다.

05 ④　　개념끝 007

디스크 조각 모음은 제어판 또는 드라이브 최적화 도구에서 설정한다.

06 ③　　개념끝 029

실시간 응답 성능은 실시간 처리방식의 목적이다.

07 ④　　개념끝 010

스풀링은 프린터 드라이버나 오류 복구 기능은 포함하지 않는다.

08 ③　　개념끝 025

스트라이핑은 성능만 향상되고 복구 기능이 없으며, 미러링과 저장 효율도 다르다.

09 ④　　개념끝 033

BMP는 파일 크기가 매우 커서 웹 전송에는 부적합하다.

10 ③　　개념끝 030

HTML, SQL은 객체지향 언어가 아니다.

11 ③　　개념끝 034

샘플링 비트 수는 압축률과는 관련이 없고 별도의 압축 알고리즘과 관련이 있다.

12 ③　　개념끝 019

레지스트리에서 불필요한 항목을 제거한다고 해서 하드웨어 성능이 크게 개선되는 것은 아니며, 오히려 부적절한 삭제 시 시스템 오류가 발생할 가능성이 크다.

13 ④　　개념끝 022

EBCDIC은 8비트 문자 코드 체계이다.

14 ③

| 오답 피하기 |
① winver – Windows 정보
② taskmgr – 작업 관리자
④ control – 제어판

15 ④　　개념끝 033

| 오답 피하기 |
① PNG는 비손실 압축 방식이므로 화질 손상이 없다.
② PNG는 투명 배경을 지원해 웹 디자인에 매우 적합하다.
③ GIF는 256색 제한이 있지만, PNG는 수천만 색상(24비트)을 지원한다.

16 ④　　개념끝 017

고정 키에 대한 설명이다. 토글 키는 Caps Lock, Num Lock, Scroll Lock 키가 켜지거나 꺼질 때 경고음을 통해 상태를 알려주는 기능이다.

17 ③　　개념끝 033

비트맵 이미지는 확대 시 픽셀 깨짐이 발생한다.

18 ④ 　　　　　　　　　　　　　　　→ 개념끝 030

객체 지향 언어는 프로그램 작성 시 객체를 중심으로 기술해 나간다. 처리 절차를 순서대로 기술하는 것은 절차적 언어에 대한 설명이다.

19 ③ 　　　　　　　　　　　　　　　→ 개념끝 018, 019

외장 드라이브 포맷, 조각 모음, 시스템 백업은 [디스크 관리], [디스크 조각 모음], [백업] 등 다른 시스템 도구에서 수행하며, 저장소 메뉴에서는 제공되지 않는다.

20 ③ 　　　　　　　　　　　　　　　→ 개념끝 033

PNG는 비트맵 방식의 이미지이다.

2과목　스프레드시트 일반

21 ② 　　　　　　　　　　　　　　　→ 개념끝 052

메모는 셀의 값이 변경되어도 자동으로 업데이트되지 않고 별도로 수정해야 최신 정보가 반영된다.

22 ② 　　　　　　　　　　　　　　　→ 개념끝 059

VLOOKUP 함수의 형식은 VLOOKUP(찾는값,범위,열번호,옵션)이고 찾는 값은 범위의 첫 번째 열에 존재해야 한다. 찾고자 하는 "모찌"는 A열에 존재하지 않으므로 오류가 발생한다.

23 ② 　　　　　　　　　　　　　　　→ 개념끝 052

수식을 입력할 때는 '등호(=)'로 시작해야 엑셀이 수식으로 인식한다.

24 ③ 　　　　　　　　　　　　　　　→ 개념끝 061

조건이 여러 개일 때 개수 구하는 배열 수식은 다음과 같다.
- =SUM((조건1)*(조건2))
- =SUM(IF((조건1)*(조건2),1))
- =COUNT(IF((조건1)*(조건2),1))

25 ① 　　　　　　　　　　　　　　　→ 개념끝 063

- ?는 문자의 한 자리만을 대신하는 문자이므로 두 글자인 데이터를 찾는 조건은 ="=??"로 작성해야 한다. 그리고 두 가지 조건이 모두 만족(AND)해야 하므로 같은 행에 작성해야 한다.
- 고급 필터에서 조건이 수식인 경우 필드명은 비워 두거나 제시된 표의 어느 열과도 이름이 겹치지 않도록 해야 한다.
- FIND 함수는 일치하는 문자를 찾으면 해당 문자의 위치 번호를 반환하고 없으면 #VALUE! 오류를 반환하며, ISNUMBER 함수는 숫자인지 판정한다.

26 ③ 　　　　　　　　　　　　　　　→ 개념끝 065

값을 바꿀 셀에는 수식이 없어야 하며 값이 직접 입력되어 있어야 한다.

27 ② 　　　　　　　　　　　　　　　→ 개념끝 068

항목이 많으면 조각이 많아져 가독성이 급격히 떨어지며, 분석보다는 혼란을 줄 수 있다.

28 ② 　　　　　　　　　　　　　　　→ 개념끝 054

조건부 서식이 여러 개 설정된 경우 충돌이 발생하면 우선순위가 높은 규칙의 서식이 적용된다.

29 ③ 　　　　　　　　　　　　　　　→ 개념끝 075, 076

양식 컨트롤의 '단추'를 추가하여야 [매크로 지정] 대화상자가 표시된다.

30 ③ 　　　　　　　　　　　　　　　→ 개념끝 058

=WORKDAY("2025-04-01",5,"2025-04-04")는 2025년 4월 1일부터 영업일 기준 5일 후인 2025-04-09를 반환한다.
(2025-04-05 토, 2025-04-06 일, 2024-04-04 휴일)

| 오답 피하기 |
① =WEEKDAY("2025-04-01")은 화요일이므로 결과가 3이다. 기본 설정은 일요일은 1로, 토요일은 7로 표시된다.
② =WEEKNUM("2025-01-01")은 해당 날짜가 포함된 연도의 주차를 반환하므로 결과는 1이다.
④ =NETWORKDAYS("2025-04-01","2025-04-08","2025-04-03")은 2025-04-03 휴일, 토요일, 일요일을 제외하고 총 5일의 영업일 수를 반환한다.

31 ③ 　　　　　　　　　　　　　　　→ 개념끝 049

틀 고정은 선택한 셀의 위쪽 행과 왼쪽 열까지만 한 번에 고정할 수 있다. 임의의 여러 행이나 열을 따로 고정하는 기능은 없다.

32 ④ 　　　　　　　　　　　　　　　→ 개념끝 070

오차 막대는 추세선과는 별개로 설정되며, 자동으로 함께 생성되지 않는다.

33 ③ 　　　　　　　　　　　　　　　→ 개념끝 075, 076

.xlsx 형식은 매크로를 저장할 수 없는 파일 형식이며 매크로를 포함하려면 반드시 .xlsm(매크로 사용 통합 문서) 형식으로 저장해야 한다.

34 ③ 　　　　　　　　　　　　　　　→ 개념끝 064

원본 변경 시 결과를 자동 갱신하려면 다시 통합을 실행해야 한다.

35 ④ 　　　　　　　　　　　　　　➡ 개념끝 063

동일한 데이터가 여러 조건을 만족하더라도 결과 목록에는 한 번만 나타난다.

36 ④ 　　　　　　　　　　　　　　➡ 개념끝 067

[A1]부터 표시되었다면 새 워크시트에 작성되었다고 볼 수 있지만 그렇지 않으므로 이 피벗 테이블은 '기존 워크시트'에 작성되었다.

37 ② 　　　　　　　　　　　　　　➡ 개념끝 054, 058

WEEKDAY($B2,1): 일요일부터 1로 표시하므로 월요일이면 2가 표시된다.

| 오답 피하기 |
① TEXT($B2, "aaaa"): 날짜의 요일을 "월요일" 형식으로 추출한다.
③ TEXT(B2, "dddd"): 날짜의 요일을 Monday 형식으로 추출한다.
④ WEEKDAY($B2,2): 월요일부터 1로 표시한다.

38 ② 　　　　　　　　　　　　　　➡ 개념끝 074

'전체 통합 문서 인쇄'를 선택하면 통합 문서에 포함된 모든 시트를 순서대로 인쇄한다.

39 ③ 　　　　　　　　　　　　　　➡ 개념끝 059

INDEX($A$1:$E$4,4,3)은 범위 [A1:E4]에서 '4행 3열'인 [C4] 셀을 의미한다. 따라서 [C4]에는 9가 있으므로, 결과는 90이다.

| 오답 피하기 |
① HLOOKUP("사과",$A$1:$E$4,3,FALSE)는 범위의 '첫 번째 행'에서 "사과" 텍스트를 찾는다. 하지만 첫 행(A1:E1)에는 "항목, 1월, 2월, 3월, 4월"이 있으므로 "사과"를 찾을 수 없어 #N/A가 반환된다.
② OFFSET($A$1,3,2)는 기준 셀 [A1]에서 '3행 아래, 2열 오른쪽'인 [C4] 셀을 가리킨다. [C4]의 값은 90이므로 결과는 90이다.
④ AREAS(($A$1:$C$2,$D$3:$E$4))는 두 개의 참조 영역(A1:C2와 D3:E4)을 합쳐 놓은 것이므로 영역의 개수는 2이다.

40 ③ 　　　　　　　　　　　　　　➡ 개념끝 076

[Visual Basic] 버튼은 VBA 편집기(VBE)를 열고 편집하는 용도이며 매크로가 바로 실행되지는 않는다.

3과목　데이터베이스 일반

41 ④ 　　　　　　　　　　　　　　➡ 개념끝 100

폼에는 테이블 객체 자체를 컨트롤로 삽입할 수 없다.

42 ② 　　　　　　　　　　　　　　➡ 개념끝 110

Public으로 선언된 변수는 모든 모듈에서 사용 가능한 전역 변수이다. 해당 모듈 내에서만 사용되는 변수는 Private, Dim으로 선언해야 한다.

43 ③ 　　　　　　　　　　　　　　➡ 개념끝 094, 096

삭제 쿼리는 필드의 값을 초기화하는 것이 아니라 레코드를 삭제한다.

44 ② 　　　　　　　　　　　　　　➡ 개념끝 110, 111

Me![컨트롤명].Visible = False는 현재 폼(Me)에 있는 컨트롤의 표시를 숨기기 한다.

45 ④ 　　　　　　　　　　　　　　➡ 개념끝 108

페이지 1/10의 표현은 ="페이지 "&Format([Page],"0")&"/"&Format([Pages],"0")이다. 현재 페이지는 [Page], 전체 페이지는 [Pages]이다.

46 ③ 　　　　　　　　　　　　　　➡ 개념끝 097

크로스탭 쿼리에서 열 머리글은 하나의 필드만 지정 가능하다.

47 ③ 　　　　　　　　　　　　　　➡ 개념끝 103

조건부 서식은 폼과 보고서의 텍스트 상자처럼 데이터 표시가 가능한 컨트롤에만 적용할 수 있다. 레이블, 이미지, 단추에는 적용 불가하며, 테이블 디자인 보기에서는 조건부 서식을 설정할 수 없다.

48 ② 　　　　　　　　　　　　　　➡ 개념끝 103

조건부 서식은 컨트롤에 특정 조건이 만족될 때 서식(색상, 글꼴 등)을 동적으로 적용하는 기능이다. [성별] = "여"와 같은 조건식을 직접 입력하는 방식은 필드가 "여"일 때만 정확하게 적용된다.

49 ④ 　　　　　　　　　　　　　　➡ 개념끝 111

acViewForm은 폼 보기에서만 사용하며, OpenReport에는 사용할 수 없다.

50 ① ↗ 개념끝 094, 096

기존 테이블에서 데이터를 선택해 다른 기존 테이블로 복사할 때 사용되는 것은 추가 쿼리이다.

51 ④ ↗ 개념끝 093

Replace("puppy","p","X"): REPLACE(문자열,텍스트1,텍스트2)는 '문자열'에서 '텍스트1'을 찾아 '텍스트2'로 교체하여 반환한다. 따라서 "puppy"에서 "p"를 "X"로 바꾸면 "XuXXy"가 된다.

| 오답 피하기 |
① Len(Mid("AccessDB",2,4))

❶ MID(문자열,시작 위치,개수)는 문자열의 시작 위치에서 개수만큼 추출하는 것으로 2번째부터 4글자를 추출.
따라서 Mid("AccessDB",2,4)는 "cces"
❷ Len(문자열)은 길이를 나타냄. 따라서 Len("cces")는 4

② Mid("Database",InStr("Database","a")+1,2)

❶ InStr(시작 위치,문자열,찾을 문자열,옵션)은 문자열의 '시작 위치'에서 '찾을 문자열'의 위치를 표시하는 기능.
따라서 InStr("Database","a")는 "Database"에서 첫 "a" 위치는 2가 되어 2+1=3
❷ Mid("Database",3,2)는 "ta"

③ InStr(Replace("HelloWorld","l","L"),"LL")

❶ Replace("HelloWorld","l","L")는 "HelloWorld"에서 "l"을 "L"로 바꾸면 "HeLLoWorLd"
❷ InStr("HeLLoWorLd","LL")는 3

52 ③ ↗ 개념끝 111

RunSQL은 INSERT, DELETE, UPDATE 등 실행 쿼리에만 사용하고 SELECT문은 실행 불가이다.

53 ① ↗ 개념끝 094, 096

DROP TABLE은 테이블 구조까지 완전히 제거한다.

54 ② ↗ 개념끝 094

영어의 평균 점수는 (80+60)/2 = 70으로, HAVING AVG(점수) >= 75 조건을 만족하지 않기 때문에 제외된다. 따라서 과목에는 수학만 표시된다.

55 ② ↗ 개념끝 111

Like '*텍스트*' 형태는 입력값이 포함된 모든 레코드를 찾는 형태이며, FilterOn = True로 필터가 실제 적용된다.

56 ③ ↗ 개념끝 100

목록 상자는 단일 또는 다중 항목 선택이 가능하다.

57 ④ ↗ 개념끝 057

성명과 진료과목의 두 필드가 조합되어도 중복될 가능성이 있기 때문에 기본 키로는 부적절하다.

58 ④ ↗ 개념끝 087, 088

인덱스는 숫자형이 아니어도 사용 가능하며, 텍스트형 필드에도 인덱스 설정이 가능하다.

59 ② ↗ 개념끝 086

Access에서는 숫자로 시작하는 필드 이름도 허용된다.

60 ② ↗ 개념끝 086

Yes/No 형식은 콤보 상자로 여러 값을 선택할 수 있는 기능이 없다.

제3회 기출변형문제

2024년 시행 상시시험

문항별 출제 영역 & 키워드

1과목 | 컴퓨터 일반

문항	영역	키워드
01	마우스 및 키보드 사용법	바로 가기 키
02	바탕 화면과 바로 가기 아이콘	[속성] 대화상자
03	파일과 폴더	[폴더 옵션] 대화상자
04	작업 관리자와 명령 프롬프트	[작업 관리자] 대화상자
05	[설정] 창 – 앱	앱 및 기능
06	[설정] 창 – 장치	장치
07	[설정] 창 – 업데이트 및 보안	백업, 복원
08	시스템 구성	시스템 구성
09	컴퓨터의 발전과 분류	컴퓨터의 분류
10	자료의 표현과 처리	유니코드
11	기억장치	주기억장치
12	기억장치	가상메모리
13	운영체제	일괄 처리 시스템
14	웹 프로그래밍 언어	HTML
15	그래픽 데이터	벡터, 비트맵
16	정보통신	LAN
17	프로토콜	순서 제어
18	인터넷 서비스	전자우편
19	최신 정보통신 기술 활용	사물 인터넷
20	정보 보안	방화벽

2과목 | 스프레드시트 일반

문항	영역	키워드
21	엑셀의 개요	틀 고정
22	통합 문서 관리	시트 그룹
23	통합 문서 관리	시트 보호
24	데이터 편집	단축키
25	데이터 입력	자동 채우기
26	수식 작성	이름 상자
27	데이터 편집	찾기와 바꾸기
28	서식 설정	사용자 지정 표시 형식
29	수식 작성	절대 참조
30	VBA 개체	ClearFormats
31	수학 함수, 통계 함수	LARGE, SMALL
32	찾기/참조 함수, 데이터베이스 함수	AREAS
33	배열 수식과 배열 상수	배열 수식
34	정렬과 필터	고급 필터
35	개요와 부분합	부분합
36	피벗 테이블과 피벗 차트	피벗 테이블
37	차트 작성	차트의 종류
38	차트의 편집	차트의 편집
39	인쇄 작업	인쇄 미리 보기
40	매크로 작성	매크로

3과목 | 데이터베이스 일반

문항	영역	키워드
41	데이터베이스 관리 시스템	데이터 정의어
42	데이터베이스 모델	속성
43	필드의 일반 및 조회 속성	입력 마스크
44	외부 데이터 가져오기와 테이블 연결하기	테이블 연결
45	실행 쿼리	UPDATE
46	SQL 명령문 사용	CASCADE
47	기타 쿼리	크로스탭 쿼리
48	폼 작성	폼의 작성 방법
49	컨트롤 사용	컨트롤
50	다양한 보고서 작성	하위 보고서
51	보고서 작성	보고서의 구성 요소
52	매크로 작성	하위 매크로
53	데이터베이스 관리 시스템	3단계 스키마 구조
54	조인(Join)	조인
55	관계 설정	참조 무결성
56	액세스와 데이터베이스 개체	이벤트 프로시저
57	SQL 명령문 사용	SELECT
58	폼 속성	다이너셋
59	보고서 작성	보고서 보기 형식
60	기본 키와 인덱스	인덱스

정답									문제 p.96
01	④	02	④	03	④	04	④	05	④
06	③	07	②	08	③	09	③	10	④
11	②	12	③	13	②	14	①	15	①
16	③	17	④	18	②	19	④	20	③
21	②	22	③	23	④	24	②	25	④
26	④	27	④	28	①	29	②	30	②
31	③	32	③	33	②	34	①	35	③
36	③	37	④	38	②	39	④	40	④
41	②	42	②	43	②	44	①	45	②
46	③	47	②	48	②	49	④	50	④
51	④	52	④	53	①	54	③	55	①
56	②	57	②	58	③	59	④	60	④

1과목 컴퓨터 일반

01 ④ 　　　　　개념끝 002

Alt + Space bar : 활성 창의 바로 가기 메뉴를 표시한다.

02 ④ 　　　　　개념끝 003

[자세히] 탭에서 바로 가기 아이콘의 속성 및 개인 정보를 제거할 수 있다.
[보안] 탭에서는 사용자의 사용 권한 등을 설정할 수 있다.

03 ④ 　　　　　개념끝 007

'확인란을 사용하여 항목 선택'을 선택할 수 있다.

04 ④ 　　　　　개념끝 009

[사용자] 탭에서 현재 컴퓨터에 로그인되어 있는 모든 사용자를 표시한다.

05 ④ 　　　　　개념끝 015

동일한 이름으로 여러 개의 앱이 설치되어 있는 경우 명령 프롬프트 창에서 해당 앱을 실행하는 데 사용할 이름을 선택한다.

06 ③ 　　　　　개념끝 013

[입력]에서 입력 중인 인식 언어를 기준으로 텍스트 제안 표시 여부를 설정할 수 있다.

07 ② 　　　　　개념끝 018

백업된 데이터 복원 시 파일은 원래 위치로 복원되거나 원하는 위치를 설정할 수 있다.

08 ③ 　　　　　개념끝 020

선택 모드는 시스템 서비스 로드, 시작 항목 로드, 원래 부팅 구성 사용 중 하나 이상을 선택할 수 있다.

09 ③ 　　　　　개념끝 021

컴퓨터를 데이터 취급 형태에 따라 디지털 컴퓨터, 아날로그 컴퓨터, 하이브리드 컴퓨터로 분류할 수 있다.

10 ④ 　　　　　개념끝 022

영문자 1자를 표현하는 데 필요한 비트 수는 다음과 같다.
- BCD: 6비트
- ASCII: 7비트
- EBCDIC: 8비트
- 유니코드(Unicode): 16비트

11 ② 　　　　　개념끝 025

POST(Power-On Self Test): 컴퓨터가 전원이 켜진 후 부팅 프로세스 중에 실행되는 자체 진단 프로세스이다.

12 ③ 　　　　　개념끝 025

가상메모리는 주기억장치의 용량을 확대하여 사용하는 기법으로 처리 속도는 저하될 수 있다.

13 ② 　　　　　개념끝 029

- 일괄 처리: 입력되는 데이터를 일정기간 동안 모아두었다가 한꺼번에 처리한다.
- 대화식: 사용자와의 상호작용을 통해 신속하게 응답한다.
- 실시간: 데이터가 발생하는 즉시 처리하여 실시간으로 결과를 출력한다.

14 ① 　　　　　개념끝 031

| 오답 피하기 |
② XML에 대한 설명이다.
③ VRML에 대한 설명이다.
④ DHTML에 대한 설명이다.

15 ① 　　　　　개념끝 033

| 오답 피하기 |
②, ③, ④ 비트맵(Bitmap) 이미지에 대한 설명이다.

16 ③ 　　　　　개념끝 036

LAN은 전송 거리가 짧아서 고속으로 전송되므로 오류 발생률이 낮다.

17 ④ 　　　　　개념끝 038

| 오답 피하기 |
① 연결 제어: 통신 개체 간의 연결을 시작하고 끝내는 과정을 제어
② 흐름 제어: 데이터의 흐름을 조절하여 송신자와 수신자 간의 속도 차이를 관리
③ 오류 제어: 데이터 전송 과정에서 발생하는 오류를 감지하고 복구

18 ② 개념끝 041

전자우편은 기본적으로 7비트의 ASCII 코드를 사용한다.

19 ④ 개념끝 042

사물 인터넷은 가전제품뿐 아니라 산업용 센서, 토양 습도 센서, 도로 교통 관리 시스템 등의 다양한 분야에 적용할 수 있다.

20 ③ 개념끝 048

방화벽은 사용자의 프라이버시를 보호하는 역할을 하지 않는다.

2과목 스프레드시트 일반

21 ② 개념끝 049

틀 고정 구분 선은 드래그하여 위치를 조절할 수 없다.

22 ③ 개념끝 051

시트 그룹을 생성해도 해당 그룹의 시트들은 병합되지 않고 각각의 시트로 유지된다.

23 ④ 개념끝 051

시트 보호 시 특정 셀의 내용만 수정 가능하도록 하려면 [셀 서식] 대화상자에서 '잠금' 설정을 해제해야 한다.

24 ② 개념끝 053

End 를 눌러도 선택된 셀 포인터는 이동하지 않는다.

25 ④ 개념끝 052

시간은 1시간 단위로 증가한다.

26 ④ 개념끝 055

Ctrl 을 누르고 여러 개의 셀을 선택한 경우 가장 나중에 선택한 셀 주소가 표시된다.

27 ④ 개념끝 053

'김*혁'은 첫 글자가 '김'이고 마지막 글자가 '혁'이어야 하므로 '김진', '우혁'은 조회되지 않는다.

28 ① 개념끝 054

조건이나 글꼴 색을 지정할 때는 대괄호 ([ ]) 안에 입력한다.
- #: 유효한 자릿수만 표시하고 유효하지 않은 0은 표시하지 않는다.
- 0: 유효하지 않은 자릿수는 0으로 표시한다.

29 ④ 개념끝 055

절대 참조는 셀을 복사해도 주소가 변경되지 않고, 상대 참조는 아래 방향으로 복사하면 행 번호가 변경된다. 절대 주소($A$1)는 변화가 없지만 상대 주소(B1)는 'B3'으로 변경된다. 그러므로 [C3] 셀의 수식은 '=SUM($A$1:B3)'이고, 결괏값은 105이다.

30 ② 개념끝 079

ClearFormats는 범위의 서식을 모두 제거하는 데 사용되는 명령어이다.

31 ③ 개념끝 057

| 오답 피하기 |

① =LARGE(A1:B3,ROW(A1))

❶ ROW(A1): [A1] 셀의 행 번호를 반환하므로 결괏값은 1
❷ LARGE(A1:B3,1): [A1:B3] 영역에서 첫 번째로 큰 수를 반환하므로 결괏값은 80

② =LARGE(A1:C3,AVERAGE({1,2,3,4,5}))

❶ AVERAGE({1,2,3,4,5}): 1, 2, 3, 4, 5의 평균을 구하므로 결괏값은 3
❷ LARGE(A1:C3,3): [A1:C3] 영역에서 세 번째로 큰 수를 반환하므로 결괏값은 70

④ =LARGE(A1:B3,AVERAGE({1,2,3,4,5}))

❶ AVERAGE({1,2,3,4,5}): 1, 2, 3, 4, 5의 평균을 구하므로 결괏값은 3
❷ =LARGE(A1:B3,3): [A1:B3] 영역에서 세 번째로 큰 수를 반환하므로 결괏값은 50

32 ③ 개념끝 059

=AREAS(A1:D6): 참조 범위에 있는 영역 수 반환(영역이 1개이므로 1을 반환함)

| 오답 피하기 |

① =HLOOKUP("엑셀",B1:D6,3): [B1:D6] 영역의 첫 번째 행에서 "엑셀"을 찾은 후 해당 열의 3행에 있는 값 80을 반환함
② =OFFSET(B1,4,2): [B1] 셀을 기준으로 4행 2열 떨어진 [D5] 셀의 값 70을 반환함
④ =INDEX(A1:D6,5,3): [A1:D6] 영역에서 5행 3열의 값 60을 반환함

33 ② 개념끝 061

조건이 하나일 때 배열 수식을 이용하여 개수를 구하는 방법
- 방법1: {=SUM((조건)*1)}
- 방법2: {=SUM(IF(조건,1))}
- 방법3: {=COUNT(IF(조건,1))}

34 ① ↗ 개념끝 063

- 두 조건이 동시에 만족해야 하므로 AND 조건으로 조건을 모두 같은 행에 입력해야 함
- '성명'이 "정"자로 시작해야 하므로 ="정*"
- 점수가 평균 이상이어야 하므로 =B2>=AVERAGE($B$2:$B$10)
- 고급 필터에서 일반식이 아닌 함수나 식의 계산값으로 찾을 조건을 지정하는 경우 조건 지정 범위의 첫 행에는 원본 데이터의 필드명과 다른 필드명을 입력하거나 생략해야 하므로 필드명을 '점수'로 입력하면 안 됨

35 ③ ↗ 개념끝 066

부분합을 제거하려면 [데이터] 탭-[개요] 그룹-[부분합]에서 '모두 제거' 단추를 클릭한다.

36 ③ ↗ 개념끝 067

하위 데이터 집합에도 필터와 정렬, 조건부 서식을 적용하여 원하는 정보만 강조할 수도 있다.

37 ④ ↗ 개념끝 068

원형 차트 작성에서 첫째 조각의 각은 기본값이 0°이다.

38 ② ↗ 개념끝 069

계열 겹치기 값은 %로 표시되며 100%는 모든 계열이 완전히 겹쳐서 하나의 영역으로 표시되는 것을 의미한다.

39 ④ ↗ 개념끝 074

엑셀의 인쇄 미리 보기에서는 행의 높이를 조절할 수 없다.

40 ④ ↗ 개념끝 075

매크로 [옵션]에서는 '매크로 이름'을 수정할 수 없다.

3과목 데이터베이스 일반

41 ② ↗ 개념끝 081

데이터 정의어: CREATE, ALTER, DROP

42 ④ ↗ 개념끝 083

속성의 수를 Degree라고 한다.

43 ② ↗ 개념끝 088

〈입력 마스크 사용자 지정〉
- 사용자 지정: 입력 마스크 지정;구분 기호를 데이터와 함께 저장할지 지정;데이터가 입력될 자리에 포함할 문자

〈입력 마스크 사용자 지정 기호〉
- L: 영문자 입력(필수)
- 0: 숫자 입력(필수)

44 ① ↗ 개념끝 090

연결된 테이블을 삭제해도 원본 데이터에 영향을 주지 않는다.

45 ② ↗ 개념끝 096

- 형식: UPDATE 테이블명 SET 속성명=데이터 WHERE 조건
- Between A And B → A와 B 사이

46 ③ ↗ 개념끝 094

연관된 다른 테이블의 내용도 삭제하는 옵션은 CASCADE이다.

47 ② ↗ 개념끝 097

열과 행이 교차하는 곳에는 숫자 필드, 날짜 필드, 텍스트 필드를 선택하여 요약한다.

48 ② ↗ 개념끝 098

[폼] 그룹 - '새 폼': 컨트롤이나 형식이 없는 폼을 작성한다.

49 ④ ↗ 개념끝 100

'Yes/No' 필드를 추가하면 기본적으로 확인란 컨트롤이 삽입된다.

50 ④ ↗ 개념끝 107

주 보고서와 하위 보고서에 모두 그룹화 및 정렬 기능을 설정할 수 있다.

51 ④ ↗ 개념끝 104

그룹 머리글/바닥글: 그룹에 대한 요약 정보 표시

52 ④ ↗ 개념끝 109

하위 매크로 이름에 키를 지정하고 매크로 이름을 'Autokeys'로 저장하면 특정 키에 매크로 함수를 할당할 수 있다.

53 ① ↗ 개념끝 081

내부적 스키마는 데이터베이스의 물리적 저장 구조를 묘사한다.

54 ③ ↗ 개념끝 095

조인되는 테이블의 필드 수는 동일하지 않아도 된다.

55 ① ↗ 개념끝 089

참조 무결성 조건에 의해 외래 키는 참조할 수 없는 값을 가질 수 없다.

56 ② 　　　　　　　　　　　　　↪ 개념끝 111

사용자가 txt찾기 텍스트 박스에 "국화"를 입력하면, 씨앗명이 "국화"를 포함하는 모든 레코드를 필터링한다.

57 ② 　　　　　　　　　　　　　↪ 개념끝 094

• WHERE 부서번호='A101': 부서번호가 'A101'인 레코드를 대상으로 검색

직원번호	이름	직급	근무년수	부서번호
1	홍길동	사원	3	A101
3	이영희	대리	4	A101
5	데이터	사원	1	A101

• GROUP BY 직급: 직급별로 그룹화

직원번호	이름	직급	근무년수	부서번호
1	홍길동	사원	3	A101
5	데이터	사원	1	A101
3	이영희	대리	4	A101

• HAVING COUNT(*) >=2;: 그룹별로 레코드 개수가 2 이상인 그룹만을 대상으로 검색

직원번호	이름	직급	근무년수	부서번호
1	홍길동	사원	3	A101
5	데이터	사원	1	A101

• SELECT AVG([근무년수]): 근무년수의 평균을 조회
따라서 근무년수의 3과 1의 평균인 2가 반환된다.

58 ③ 　　　　　　　　　　　　　↪ 개념끝 099

다이너셋은 데이터를 수정하면 그 변경 사항이 데이터베이스에 즉시 반영된다.

59 ④ 　　　　　　　　　　　　　↪ 개념끝 104

특정 필드를 기준으로 그룹화를 하는 경우 데이터는 그 필드를 기준으로 오름차순과 내림차순 정렬을 선택하여 표시할 수 있다.

60 ④ 　　　　　　　　　　　　　↪ 개념끝 087

단일 필드에 기본 키를 지정하면 해당 필드에 인덱스 속성은 중복 불가능이 설정된다.

정답 및 해설

2024년 시행 상시시험

제4회 기출변형문제

문항별 출제 영역 & 키워드

문항	영역	키워드
	**1과목	컴퓨터 일반**	
01	휴지통	휴지통의 기능
02	파일 탐색기	검색 상자
03	관리 도구	레지스트리
04	[설정] 창 - 개인설정	글꼴
05	[설정] 창 - 계정	계정
06	보조 프로그램	그림판
07	인쇄	프린터
08	진법 변환	2진수
09	중앙처리장치	중앙처리장치
10	기타 장치	BIOS
11	중앙처리장치	임베디드 시스템
12	소프트웨어의 분류	저작권에 따른 소프트웨어
13	프로그래밍 언어	객체 지향 프로그래밍
14	사운드 데이터	사운드 관련 용어
15	사운드 데이터	MPEG
16	인터넷의 개요	인터넷 주소 체계
17	인터넷의 개요	IP 주소
18	컴퓨터 바이러스	컴퓨터 바이러스의 특징
19	OSI 7계층과 네트워크 장치	OSI 7계층
20	컴퓨터 범죄	컴퓨터 범죄의 유형
	**2과목	스프레드시트 일반**	
21	매크로 실행	매크로
22	엑셀의 개요	워크시트
23	통합 문서 관리	시트 보호, 통합 문서 보호
24	데이터 입력	각종 데이터 입력
25	데이터 입력	데이터 채우기
26	서식 설정	셀 병합
27	데이터 편집	[찾기 및 바꾸기] 대화상자
28	서식 설정	셀 스타일
29	수식 작성	절대 참조
30	날짜/시간 함수, 논리 함수, 문자열 함수	REPT
31	날짜/시간 함수, 논리 함수, 문자열 함수	SUBSTITUTE
32	재무 함수, 정보 함수	FV
33	배열 수식과 배열 상수	배열 함수
34	정렬과 필터	고급 필터
35	가상 분석	목표값 찾기
36	피벗 테이블과 피벗 차트	피벗 테이블 필드의 그룹 설정
37	차트 작성	분산형 차트
38	차트 요소 추가	추세선과 오차 막대
39	페이지 레이아웃 설정	인쇄 영역
40	VBA 개체	Range 개체
	**3과목	데이터베이스 일반**	
41	데이터베이스 모델	키의 종류
42	액세스와 데이터베이스 개체	이상 현상
43	기본 키와 인덱스	인덱스
44	기타 쿼리	크로스탭 쿼리
45	필드의 일반 및 조회 속성	유효성 검사 규칙
46	조인(Join)	조인의 개념
47	폼 작성	폼 마법사
48	폼 속성	레코드 잠금
49	컨트롤 속성	탭 순서
50	다양한 보고서 작성	보고서 작성
51	보고서 작성 기타	날짜 및 시간
52	모듈 작성	마우스 이벤트
53	액세스와 데이터베이스 개체	DoCmd 개체
54	데이터베이스 관리 시스템	DBA
55	데이터베이스 모델	키
56	데이터베이스 모델	무결성 제약 조건
57	쿼리 작성	SQL문
58	기타 폼 작성	도메인 함수
59	컨트롤 속성	컨트롤
60	실행 쿼리	INSERT문

정답
문제 p.107

01	①	02	③	03	④	04	④	05	③
06	③	07	④	08	③	09	④	10	③
11	②	12	④	13	④	14	③	15	③
16	④	17	①	18	①	19	④	20	④
21	③	22	④	23	②	24	④	25	④
26	②	27	③	28	③	29	④	30	④
31	②	32	④	33	①	34	②	35	④
36	②	37	②	38	②	39	①	40	④
41	③	42	④	43	④	44	④	45	④
46	①	47	②	48	④	49	②	50	④
51	①	52	③	53	③	54	②	55	②
56	①	57	②	58	②	59	③	60	③

1과목 컴퓨터 일반

01 ①   개념끝 005
휴지통의 파일을 복원하면 선택된 파일은 휴지통에서 제거되고 복원한 파일은 이전의 위치로 복원된다.

02 ③   개념끝 006
내용 앞에 −를 붙이면 해당 내용이 포함되지 않은 파일이나 폴더가 검색된다.

03 ④   개념끝 019
사용자 프로필과 관련된 부분은 'ntuser.dat' 파일에 저장되며 이 파일은 'C:/사용자'의 하위 폴더인 사용자 계정 폴더에 하나씩 저장된다.

04 ④   개념끝 014
글꼴을 추가하려면 새로운 글꼴 파일을 C:\Windows\Fonts 폴더에 복사하면 된다.

05 ③   개념끝 016
표준 계정은 자신의 계정에 대한 암호를 설정할 수 있으나, 컴퓨터 보안에 영향을 주는 설정은 변경할 수 없다.

06 ③   개념끝 008
Shift 를 누른 상태에서 수평선, 수직선, 45°의 대각선을 그릴 수 있다.

07 ④   개념끝 010
한 대의 프린터를 여러 대의 컴퓨터에서 공유할 수 있으며, 같은 네트워크에서 여러 대의 프린터를 공유할 수 있다.

08 ③   개념끝 023
- 45를 2로 나누기
  45÷2=22 (나머지 1)
  22÷2=11 (나머지 0)
  11÷2=5 (나머지 1)
  5÷2=2 (나머지 1)
  2÷2=1 (나머지 0)
  1÷2=0 (나머지 1)
- 나머지를 역순으로 배열하면 45의 이진수 표현: 101101
  0.1875 소수부를 2배씩 하면서 정수부를 추출
  0.1875×2=0.375 (정수부 0)
  0.375×2=0.75 (정수부 0)
  0.75×2=1.5 (정수부 1)
  0.5×2=1.0 (정수부 1)
- 추출한 정수부를 순서대로 배열하여 0.1875의 이진수 표현: 0.0011
따라서 10진수 45.1875의 이진수 표현은 정수 부분인 101101과 소수 부분인 0.0011을 합쳐서 101101.0011이 된다.

09 ④   개념끝 024

| 오답 피하기 |
㉠ 입출력장치의 동작 속도는 주기억장치보다 느리다.
㉡ 중앙처리장치는 클록 주파수가 높을수록 연산 속도가 빠르다.

10 ③   개념끝 026
BIOS는 일반적으로 ROM(Read-Only Memory)에 저장되어 있으며, 사용자가 변경할 수 없다.

11 ②   개념끝 024
임베디드 시스템은 특수 목적의 컴퓨터 시스템으로, 주로 네트워크 장비, 가전제품, 자동차 내부 시스템 등의 장치에 내장되어 작동하며, 일반적인 PC나 서버와는 다르다.

12 ④   개념끝 028
소스 코드를 공개해서 누구나 해당 코드를 무료로 이용하고 배포할 수 있는 소프트웨어는 공개 소프트웨어이다.

13 ④   개념끝 030
구조적 프로그래밍 기법에 대한 설명이다.

14 ③   개념끝 034
샘플링(Sampling)은 음성, 영상 등의 아날로그 신호를 디지털 신호로 변환하는 과정이다.

15 ③   개념끝 034
MPEG-21은 디지털 콘텐츠의 생성, 거래, 전달, 관리, 소비 등 모든 과정을 관리할 수 있다.

16 ④   개념끝 039
C 클래스의 첫째 옥텟 범위는 192~223이다. 따라서 192.168.117.134는 IP Address가 될 수 있다.

17 ① 개념끝 039

| 오답 피하기 |
② IP Address: 네트워크상에서 장치를 식별하는 숫자로 된 주소
③ DHCP: 네트워크에서 컴퓨터나 장치에 자동으로 IP 주소를 할당하는 프로토콜
④ Web Browser: 인터넷상의 웹 페이지를 보여주고 탐색할 수 있게 해주는 소프트웨어

18 ① 개념끝 047

바이러스에 감염되면 파일의 크기가 커진다.

19 ④ 개념끝 037

TCP는 전송 계층이고, ICMP, IP, ARP는 네트워크 계층이다.

20 ④ 개념끝 046

| 오답 피하기 |
① 스니핑(Sniffing): 네트워크에서 데이터를 도청하는 행위
② 스푸핑(Spoofing): ID를 속여서 다른 사용자로 가장하여 보안을 침해하는 행위
③ 피기배킹(Piggybacking): 다른 사용자의 네트워크 연결을 무단으로 이용하는 행위

2과목 스프레드시트 일반

21 ③ 개념끝 076

하나의 모듈 시트에 여러 개의 매크로를 기록할 수 있다.

22 ④ 개념끝 049

상태 표시줄의 바로 가기 메뉴를 이용해서 선택한 범위에 대한 숫자 데이터가 입력된 셀의 수는 표시할 수 있지만, 문자 데이터가 입력된 셀의 수를 표시되지 않는다.

23 ② 개념끝 051

통합 문서를 보호해도 포함된 차트 또는 도형 등의 그래픽 개체를 변경 및 이동, 복사할 수 있다.

24 ④ 개념끝 052

한글 쌍자음(ㄲ, ㄸ, ㅃ, ㅆ)와 한자를 함께 눌러도 특수문자 목록이 나타난다.

25 ④ 개념끝 052

[A4] 셀은 35.1, [A5] 셀은 공백, [A6] 셀은 37.1이 입력된다.

26 ② 개념끝 054

기존에 입력되어 있는 연속적인 셀을 병합하면 가장 위쪽 또는 왼쪽의 셀 데이터만 남고 나머지 셀 데이터는 모두 지워진다.

27 ③ 개념끝 053

〈와일드카드 문자(만능 문자)〉
• ?: 한 문자를 대신하여 사용함
• *: 여러 문자를 대신하여 사용함
• ~: 만능 문자 자체를 찾는 경우 찾으려는 만능 문자 앞에 물결표(~)를 입력

28 ③ 개념끝 054

'표준' 셀 스타일은 변경하거나 삭제할 수 없다.

29 ④ 개념끝 055

절대 참조를 적용한 [$A$1] 셀에는 변화가 없지만, 혼합 참조를 적용한 [$B1] 셀은 '$B5'으로 변경된다. 따라서 [D5] 셀의 수식은 '=$A$1+$B5'이므로 결괏값은 11이다.

30 ② 개념끝 058

=REPT(IF(B2>60%,"★","☆"),QUOTIENT(B2,10%))
         ❶   ❷
              ❸

❶ IF(B2>60%,"★","☆"): [B2] 셀의 값이 60%보다 크지 않으므로 "☆"을 반환함
❷ QUOTIENT(B2,10%): [B2] 셀의 값 55%를 10%로 나눈 몫 5를 반환함
❸ REPT("☆",5): "☆"를 5번 반복하여 표시함

31 ② 개념끝 058

SUBSTITUTE(문자열,인수1,인수2,변환할 문자 위치)
• =SUBSTITUTE(A2,"2","123",2): [A2] 셀의 문자열에서 인수 '2'를 인수 '123'으로 대체하며, 이때 앞에서부터 2번째에 위치한 인수를 바꾼다.

32 ④ 개념끝 060

FV(이자,기간,금액,현재 가치,납입 시점)
• 연이율 4%를 월이율로 바꾸면 4%/12
• 총납입 개월 수: 5*12
• 납입 시점: 0 또는 생략하면 투자 주기 말, 1은 투자 주기 초

33 ① 개념끝 061

조건이 두 개일 때 배열 수식을 이용하여 개수를 구하는 방법
• 방법1: {=SUM((조건1)*(조건2)*합계를 구할 범위)}
 {=SUM(($A$2:$A$13=$A17)*($B$2:$B$13=B$16)*$D$2:$D$13)}
• 방법2: {=SUM(IF((조건1)*(조건2),합계를 구할 범위))}
 {=SUM(IF(($A$2:$A$13=$A17)*($B$2:$B$13=B$16),$D$2:$D$13))}

34 ② → 개념끝 063

문제를 좀 더 쉽게 이해할 수 있도록 설명을 해보면 과일명이 '사과' 또는 '참외'이고, 가격이 5,000원 이상인 데이터 → 과일명이 '사과'이면서 가격이 5,000원 이상이거나 과일명이 '참외'이면서 가격이 5,000원 이상인 데이터를 찾는 조건이 필요하다.

35 ② → 개념끝 065

[목표값 찾기] 대화상자에서 '값을 바꿀 셀'은 목표값을 얻기 위해 데이터를 조절할 셀로, 반드시 수식에서 이 셀을 참조하고 있어야 한다.

36 ② → 개념끝 067

그룹 만들기는 특정 필드를 일정한 단위로 묶어 표현할 때 사용하는데 문자, 숫자, 날짜, 시간으로 된 필드에서 사용할 수 있다.

37 ② → 개념끝 068

영역형 차트에 대한 설명이다.

38 ② → 개념끝 070

추세선이 추가된 데이터 계열의 차트 종류를 3차원 차트로 변경하면 추세선은 자동으로 삭제된다.

39 ① → 개념끝 072

- [파일]-[인쇄]-[페이지 설정]에서 '인쇄 영역'을 변경하여 인쇄할 수 없다.
- [페이지 레이아웃]-[페이지 설정]의 [페이지 설정] 대화상자를 호출하여 '인쇄 영역'을 변경할 수 있다.

40 ③ → 개념끝 079

ClearFormats: 서식 지우기

| 오답 피하기 |
① Clear: 모두 지우기
② ClearContents: 내용 지우기
④ ClearComments: 메모 지우기

3과목 데이터베이스 일반

41 ③ → 개념끝 083

슈퍼 키는 속성의 집합으로 구성된 키이며, 유일성은 만족하지만 최소성은 만족하지 못한다.

| 오답 피하기 |
④ 후보 키: 유일성과 최소성을 모두 만족하는 키이다.

42 ④ → 개념끝 084

이상(Anomaly) 현상에는 삽입, 삭제, 갱신 이상이 있다.

43 ④ → 개념끝 087

인덱스를 설정하면 레코드의 추가, 수정, 삭제 속도가 느려진다.

44 ④ → 개념끝 097

열 머리글에 사용될 필드는 하나만 지정할 수 있다.

45 ④ → 개념끝 088

=MOD(10, 3)의 결과는 1이다.

46 ① → 개념끝 095

- 조회된 필드 수(열)는 6개이다.
- Inner Join은 조인된 필드가 일치하는 행(레코드)만 추출되며 결과는 다음과 같다.

OrderID	Odong	OrderDate	Cdong	CustomerName	City
1	101	04-01	101	John	Seoul
2	102	04-02	102	Mary	Busan

47 ② → 개념끝 098

폼의 모양에는 열 형식, 테이블 형식, 데이터시트, 맞춤 모양이 있다.

48 ④ → 개념끝 099

레코드 잠금 속성의 기본값은 '잠그지 않음'이다.

49 ② → 개념끝 101

탭 이동 시에 '탭 정지' 속성을 '예'로 설정한 컨트롤에만 포커스가 이동할 수 있다.

50 ③ → 개념끝 107

기관명을 기준으로 나누어져 있으므로 기관명 기준으로 그룹화한 것이다.

51 ① → 개념끝 108

NOW( ) 함수는 현재 날짜와 시간을 표시한다.

52 ③ → 개념끝 110

MouseDown: 포인터가 컨트롤에 있는 동안 마우스를 클릭했을 때 발생한다.

53 ③ → 개념끝 111

"반 = " & txt반을 전달하는 것으로 '반' 필드는 보고서에서 사용되는 필터 조건이다. 폼이 사용하는 데이터에 '반'이라는 필드가 반드시 존재해야 한다는 것을 의미하지는 않는다.

54 ② 　　　　　　　　　　　　　↗ 개념끝 081

응용 프로그램의 개발은 응용 프로그래머의 역할이다.

55 ② 　　　　　　　　　　　　　↗ 개념끝 083

후보 키는 유일성과 최소성을 만족시켜야 한다.

56 ① 　　　　　　　　　　　　　↗ 개념끝 083

개체 무결성은 릴레이션에서 기본 키를 구성하는 속성은 널(Null) 값이나 중복값을 가질 수 없다는 것을 말한다.

57 ② 　　　　　　　　　　　　　↗ 개념끝 092

'블록시행' 테이블의 '블록' 열값 중 '블록주택' 테이블의 '블록' 열에 존재하지 않는 값의 개수를 반환해야 하므로 여기서는 'B'와 'D' 2개이다.

58 ② 　　　　　　　　　　　　　↗ 개념끝 103

=DAVG("필드", "테이블 또는 쿼리", "조건")

59 ③ 　　　　　　　　　　　　　↗ 개념끝 101

레이블은 제목이나 캡션, 설명 등과 같은 텍스트를 표시하는 컨트롤이다.

60 ③ 　　　　　　　　　　　　　↗ 개념끝 096

삽입문을 실행하면 새로운 레코드가 테이블의 끝에 추가되는 것은 아니다. 삽입문은 새로운 레코드를 테이블에 추가하지만, 테이블에서 그 레코드가 삽입되는 위치는 알 수 없다.

정답 및 해설

2023년 시행 상시시험

제5회 기출변형문제

문항별 출제 영역 & 키워드

문항	영역	키워드
\multicolumn{3}{c}{1과목 | 컴퓨터 일반}
01	관리 도구	레지스트리
02	소프트웨어의 분류	시스템 소프트웨어
03	그래픽 데이터	벡터, 비트맵
04	소프트웨어의 분류	압축 프로그램
05	OSI 7계층과 네트워크 장치	네트워크 명령어
06	중앙처리장치	레지스터
07	마우스 및 키보드 사용법	마우스 사용법
08	기타 장치	셀렉터 채널
09	자료의 표현과 처리	ASCII 코드
10	파일 탐색기	[속성] 대화상자
11	정보 보안	방화벽
12	소프트웨어의 분류	소프트웨어의 종류
13	컴퓨터의 발전과 분류	아날로그 컴퓨터
14	[설정] 창 – 시스템	시스템 보호
15	OSI 7계층과 네트워크 장치	네트워크 명령어
16	멀티미디어 개요	멀티미디어의 특징
17	인쇄	프린터 스풀
18	운영체제	운영체제의 정보처리 방식
19	[설정] 창 – 계정	계정 유형
20	시작 메뉴와 작업 표시줄	작업 표시줄
\multicolumn{3}{c}{2과목 | 스프레드시트 일반}
21	차트 작성	차트
22	수식 작성	오류 메시지
23	통합 문서 관리	통합 문서 보호
24	날짜/시간 함수, 논리 함수, 문자열 함수	문자열 함수
25	페이지 레이아웃 설정	페이지 설정
26	가상 분석	시나리오 요약 보고서
27	피벗 테이블과 피벗 차트	피벗 테이블 보고서
28	차트 작성	차트
29	엑셀의 개요	틀 고정
30	VBA 문법	VBA 코드

문항	영역	키워드
31	차트의 편집	차트
32	정렬과 필터	정렬
33	정렬과 필터	고급 필터
34	엑셀의 개요	틀 고정
35	차트 작성	차트
36	서식 설정	사용자 지정 표시 형식
37	데이터 편집	와일드카드 문자
38	찾기/참조 함수, 데이터베이스 함수	찾기/참조 함수
39	서식 설정	셀 서식
40	페이지 레이아웃 설정	인쇄
\multicolumn{3}{c}{3과목 | 데이터베이스 일반}
41	SQL 명령문 사용	SELECT문
42	액세스와 데이터베이스 개체	Form 개체
43	필드의 일반 및 조회 속성	입력 마스크
44	기타 폼 작성	도메인 함수
45	보고서 속성	그룹화
46	데이터 입력	조건부 서식
47	보고서 속성	보고서
48	SQL 명령문 사용	SELECT문
49	컨트롤 사용	텍스트 상자 컨트롤
50	정규화	정규화
51	기본 키와 인덱스	기본 키
52	테이블 생성	테이블 작성
53	실행 쿼리	UPDATE문
54	필드의 일반 및 조회 속성	입력 마스크
55	보고서 속성	보고서
56	매크로 작성	매크로
57	보고서 인쇄	페이지 설정
58	컨트롤 속성	[기타] 탭 속성
59	필드의 일반 및 조회 속성	조회 속성
60	컨트롤 사용	토글 단추

정답 　　　　　　　　　　　　　　　문제 p.118

01	②	02	③	03	②	04	①	05	②
06	①	07	②	08	③	09	②	10	②
11	④	12	④	13	①	14	④	15	④
16	①	17	③	18	③	19	③	20	②
21	④	22	④	23	③	24	④	25	③
26	④	27	④	28	①	29	①	30	①
31	④	32	④	33	②	34	③	35	②
36	④	37	②	38	②	39	②	40	①
41	④	42	①	43	④	44	④	45	②
46	④	47	④	48	④	49	④	50	②
51	③	52	④	53	②	54	④	55	④
56	③	57	③	58	②	59	④	60	①

1과목　컴퓨터 일반

01 ② 　　　　　　　　　　　　　　　개념끝 019

HKEY_CURRENT_USER 키에는 현재 사용자의 환경설정 정보가 저장된다.

02 ③ 　　　　　　　　　　　　　　　개념끝 028

사용자들이 특정한 용도에 맞게 활용하기 위해 작성된 소프트웨어는 응용 소프트웨어이다.

03 ② 　　　　　　　　　　　　　　　개념끝 033

비트맵(Bitmap) 방식에 대한 설명이다.

04 ① 　　　　　　　　　　　　　　　개념끝 028

파일 압축의 대표적인 형식으로는 'ZIP'이 있다. 'WAV'는 오디오 파일의 형식이다.

05 ② 　　　　　　　　　　　　　　　개념끝 037

| 오답 피하기 |
① Netstat에 대한 설명이다.
③ Nslookup에 대한 설명이다.
④ Ping에 대한 설명이다.

06 ① 　　　　　　　　　　　　　　　개념끝 024

| 오답 피하기 |
② 명령어 해독기(Instruction Decoder)에 대한 설명이다.
③ 프로그램 카운터(PC; Program Counter)에 대한 설명이다.
④ 메모리 주소 레지스터(MAR; Memory Address Register)에 대한 설명이다.

07 ② 　　　　　　　　　　　　　　　개념끝 002

같은 드라이브 내에서 파일을 드래그하면 파일 복사가 아닌 이동이 된다. 파일 복사는 'Ctrl+드래그'를 해야 한다.

08 ③ 　　　　　　　　　　　　　　　개념끝 026

셀렉터 채널에 대한 설명이다.

09 ② 　　　　　　　　　　　　　　　개념끝 022

ASCII 코드는 7비트이고 패리티 비트가 1비트이므로 총 8비트가 되고 1의 개수가 홀수 개여야 한다는 것이 홀수 패리티 방식이다.
따라서 1의 개수가 4개인 10110010은 에러가 발생한다. .

10 ② 　　　　　　　　　　　　　　　개념끝 006

연결된 항목의 디스크 할당 크기는 원본 항목의 [속성] 대화상자에서 확인할 수 있다.

11 ④ 　　　　　　　　　　　　　　　개념끝 048

네트워크의 출입로를 단일화한다.

12 ④ 　　　　　　　　　　　　　　　개념끝 028

주어진 내용은 '알파 버전(Alpha Version)'에 대한 설명이다. 데모 버전(Demo Version)은 프로그램의 홍보를 목적으로, 주요 기능을 시연하는 소프트웨어이다.

13 ① 　　　　　　　　　　　　　　　개념끝 021

과학 연구 등의 특수 목적으로 사용되는 컴퓨터는 아날로그 컴퓨터이다.

14 ④ 　　　　　　　　　　　　　　　개념끝 012

주어진 내용은 [시스템 보호] 탭에 대한 내용이다. [고급] 탭의 [시작 및 복구]에서는 시스템의 시작과 시스템 오류 및 디버깅 정보를 지정한다.

15 ④ 　　　　　　　　　　　　　　　개념끝 037

Ping은 네트워크 기기 간의 연결 상태를 확인하는 명령어이다.
| 오답 피하기 |
① Echo: 입력한 텍스트를 출력할 때 사용하는 명령어
② Ipconfig: 네트워크 구성 및 IP 주소를 확인하는 명령어
③ Regedit: 레지스트리 편집기를 실행하는 명령어

16 ① 　　　　　　　　　　　　　　　개념끝 032

멀티미디어는 아날로그 데이터를 디지털 데이터로 변환하여 통합 처리한다.

17 ③ 　　　　　　　　　　　　　　　개념끝 010

프린터 스풀(SPOOL)은 병행 처리가 가능하지만, 인쇄 속도 자체가 빨라지지는 않는다.

18 ③ → 개념끝 029

주어진 내용은 분산 처리 시스템(Distributed Processing System)에 대한 설명이다. 다중 처리 시스템(Multi-processing System)은 여러 개의 CPU와 하나의 주기억장치를 이용하여 처리 능력을 향상시키는 방식이다.

19 ③ → 개념끝 016

주어진 내용은 관리자 계정에 대한 설명이다. 표준 계정은 자신의 계정에 대한 암호만 설정할 수 있다.

20 ② → 개념끝 004

작업 표시줄의 크기는 화면의 1/2까지 늘릴 수 있다.

2과목 스프레드시트 일반

21 ④ → 개념끝 068

워크시트의 행과 열에서 숨겨진 데이터는 차트에 표시되지 않는다.

22 ④ → 개념끝 055

| 오답 피하기 |
① #DIV/0!의 원인이다.
② #N/A의 원인이다.
③ #REF!의 원인이다.

23 ③ → 개념끝 051

주어진 내용은 [통합 문서 보호] 기능에 대한 설명이다. [시트 보호] 기능은 시트의 내용, 개체, 시나리오를 보호하도록 설정하는 기능이다.

24 ④ → 개념끝 058

=REPLACE(A3,SEARCH(A4,A3),2,"플라워")

❶ SEARCH(A4,A3): [A3] 셀에서 [A4] 셀의 내용을 찾아서 위치를 표시하면 결괏값은 '4'
❷ REPLACE(A3,4,2,"플라워"): [A3] 셀에서 네 번째 글자부터 두 글자를 "플라워"로 변경하면 결괏값은 '로즈 플라워'

| 오답 피하기 |
① =MID(A5,SEARCH(A1,A5)+5,3)

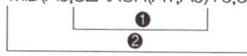

❶ SEARCH(A1,A5): [A5] 셀에서 [A1] 셀의 내용을 찾아서 위치를 표시함. 첫 번째 인수를 공백으로 지정한 경우 1이 표시되므로 결괏값은 '1'
❷ MID(A5,1+5,3): [A5] 셀의 여섯 번째부터 세 글자를 표시하면 결괏값은 '제주도'

② =REPLACE(A5,SEARCH("우",A2),5,"")

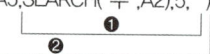

❶ SEARCH("우",A2): [A2] 셀에서 "우"의 위치를 찾아서 표시하면 결괏값은 '1'
❷ REPLACE(A5,1,5,""): [A5] 셀에서 첫 번째부터 다섯 글자를 ""로 바꾸므로 다섯 글자가 제거되므로 결괏값은 '제주도'

③ =MID(A2,SEARCH(A4,A3),2)

❶ SEARCH(A4,A3): [A3] 셀에서 [A4] 셀의 내용의 위치를 찾아서 표시하면 결괏값은 '4'
❷ MID(A2,4,2): [A2] 셀의 네 번째부터 두 글자를 표시하면 결괏값은 '대한'

25 ③ → 개념끝 072

'문서에 맞게 배율 조정'은 머리글/바닥글 글꼴 크기를 문서 글꼴 크기와 같은 배율로 조정할 때 사용된다.

26 ④ → 개념끝 065

원본 데이터에서 '변경 셀'의 현재 값을 수정해도 시나리오 요약 보고서는 자동으로 업데이트되지 않는다.

27 ④ → 개념끝 067

원본 데이터가 변경되어도 피벗 테이블의 데이터는 자동으로 변경되지 않는다. 때문에 [데이터] 탭-[쿼리 및 연결] 그룹-[모두 새로 고침]을 선택하여 일괄적으로 새로 고침해야 한다.

28 ① → 개념끝 068

| 오답 피하기 |
② 원형 차트 계열 요소의 값은 [데이터 테이블]로 나타낼 수 없다.
③ 원형 차트는 하나의 데이터 계열만 표시할 수 있다.
④ 첫째 조각이 시작되는 각도의 기본값은 0°이다.

29 ① → 개념끝 049

틀 고정과 창 나누기는 동시에 수행할 수 없다.

30 ① → 개념끝 078

```
Private Sub Worksheet_Change(ByVal Target As Range)
  └ 코드는 셀에 값이 변화가 있을 때 실행함

  If Target.Address = Range("B2").Address Then
    └ 현재 작업하고 있는 셀의 주소가 [B2] 셀이면 아래쪽 명령을 실행함

    Target.Font.ColorIndex = 3
      └ 현재 작업하고 있는 셀의 글꼴 색을 Color.Index가 '3'인 '빨강색'으로 지정함
```

```
        MsgBox Range("B2").Value
        └, [B2] 셀의 값이 표시된 메시지 박스를 실행함
      END IF
      END Sub
```

메시지 박스에서 Color.index는 1(검정), 2(흰색), 3(빨강), 4(초록), 5(파랑)이다.

31 ④　　　　　　　　　　　　　　　　　　　🔗 개념끝 069

차트 제목을 선택한 상태에서 수식 입력줄에 '='을 입력하고 [B2] 셀을 클릭하면 수식 입력줄에 '=Sheet1!$B$2'가 표시된다.

32 ①　　　　　　　　　　　　　　　　　　　🔗 개념끝 063

정렬은 기본적으로 행 단위로, 위에서 아래 방향으로 정렬되는데, (나)에서는 1행을 기준으로 '왼쪽에서 오른쪽'으로 정렬된 것을 알 수 있다.

33 ②　　　　　　　　　　　　　　　　　　　🔗 개념끝 063

AND는 조건을 같은 행에 입력하고 OR는 조건을 서로 다른 행에 입력한다. 문제의 조건이 '전자공학' 또는 '건축공학'이므로 서로 다른 행에 조건식을 입력해야 한다.

34 ③　　　　　　　　　　　　　　　　　　　🔗 개념끝 049

틀 고정 구분선은 드래그하여 위치를 조절할 수 없다.

35 ②　　　　　　　　　　　　　　　　　　　🔗 개념끝 068

거품형 차트는 가로 축과 세로 축이 모두 표시되고, 방사형 차트는 세로 축만 표시된다.

36 ①　　　　　　　　　　　　　　　　　　　🔗 개념끝 054

#,##0.0,"천원";(#,##0.0,"천원");0.0;@"귀하"
　 ❶　　　　　 ❷　　　　　❸　 ❹

❶ 양수인 경우 #,##0.0,"천원"을 적용함. 1386000 → 1,386.0천원
❷ 음수인 경우 (#,##0.0,"천원")을 적용함. -1386000 → (1,386.0천원)
❸ 0인 경우 0.0을 적용함. 0 → 0.0
❹ 텍스트인 경우 @"귀하"를 적용함. 텍스트 다음에 "귀하" 표시

37 ②　　　　　　　　　　　　　　　　　　　🔗 개념끝 053

와일드카드 문자(만능 문자)에서 ?는 한 문자를 대신하여 사용하고, *는 여러 문자를 대신하여 사용한다. 두 글자인 데이터를 찾는 조건은 ="=??"로 작성해야 한다. 고급 필터의 조건을 같은 행에 입력하면 AND 조건, 다른 행에 입력하면 OR 조건으로 연결된다. 고급 필터의 조건으로 수식을 입력할 경우에는 조건으로 지정될 범위의 첫 행에는 아무것도 입력하지 않거나, 원본 데이터의 필드명과 다른 내용을 입력해야 한다.

38 ②　　　　　　　　　　　　　　　　　　　🔗 개념끝 059

=INDEX(A1:C6, MATCH(MAX(C2:C6),C1:C6,0),2)
　　　　　　　　　　　❶
　　　　　　　❷
　　　❸

❶ MAX(C2:C6): [C2:C6] 영역에서 가장 큰 값을 구하면 결괏값은 '100'
❷ MATCH(100,C1:C6,0): [C1:C6] 영역에서 100과 정확히 일치하는 값을 찾은 후 상대 위치를 표시하면 결괏값은 '2'
❸ INDEX(A1:C6,2,2): [A1:C6] 영역에서 2행 2열의 값을 표시하므로 결괏값은 '파랑새'

39 ②　　　　　　　　　　　　　　　　　　　🔗 개념끝 054

'#,###' 다음에 표시된 콤마(,)는 천 단위 생략을 의미한다. 따라서 백의 자리에서 반올림하면 결괏값은 '3,142'가 된다.

40 ①　　　　　　　　　　　　　　　　　　　🔗 개념끝 072

| 오답 피하기 |
② '흑백으로'는 흑백으로 인쇄할 때 사용한다.
③ '간단하게 인쇄'는 '차트, 그림, 클립아트' 등의 모든 그래픽 요소를 제외한 텍스트만 인쇄하게 된다.
④ 특정 항목에 도형이 입력되어 있다면 함께 인쇄된다.

3과목　데이터베이스 일반

41 ④　　　　　　　　　　　　　　　　　　　🔗 개념끝 094

SQL문의 형식은 다음과 같다.

> SELECT 필드명 FROM 테이블 이름 WHERE [조건] ORDER BY 필드이름 정렬방식;

'지역 ASC 가구수 DESC'는 지역 필드를 기준으로 오름차순 정렬하고, 같은 지역인 경우 가구수로 내림차순 정렬한다는 의미이다.

42 ①　　　　　　　　　　　　　　　　　　　🔗 개념끝 111

Form 개체의 SetFocus 메서드는 포커스를 이동한다. Refresh 메서드는 폼의 원본으로 사용하는 레코드를 즉시 업데이트한다.

43 ④　　　　　　　　　　　　　　　　　　　🔗 개념끝 088

기호 0은 숫자만 입력 가능하며 필수 요소인데 두 번째 구역인 구분 기호에 0을 지정하였으므로 구분 기호인 하이픈(-)과 함께 저장된다. 세 번째 구역이 입력되는 자리에 표시할 문자를 지정하지 않았으므로 기본 문자인 '_'으로 표시된다.

44 ④ 　　개념끝 103

DCount("필드","도메인","조건"): '도메인'에서 '조건'에 맞는 '필드'의 개수를 표시함
따라서 "필드"는 '학번', "도메인"은 '학생'이므로 DCount("[학번]","[학생]","[점수]>=70")이 적절하다.

45 ③ 　　개념끝 106

'같은 페이지에 표시 안함'이 아니라 '전체 그룹을 같은 페이지에 표시'를 지정해야 한다. '같은 페이지에 표시 안 함'은 페이지의 나머지 공간에 그룹을 표시할 수 없는 경우 다음 페이지에 나누어서 표시한다.

46 ④ 　　개념끝 091

조건을 지정할 때는 와일드카드 문자(?, *)를 사용할 수 없다.

47 ④ 　　개념끝 106

그룹 수준을 삭제하면 그룹 머리글 구역이나 그룹 바닥글 구역에 삽입된 모든 컨트롤도 함께 삭제된다.

48 ④ 　　개념끝 094

'*'은 여러 개의 문자를 의미하므로 LIKE 'KOR*'은 KOR로 시작하는 문자를 검색한다는 의미이다. 주어진 SELECT문은 '동아리' 테이블에서 KOR로 시작하는 구성원의 소속과 이름을 표시한다는 의미이다.

49 ② 　　개념끝 100

텍스트 상자는 바운드 컨트롤, 언바운드 컨트롤, 계산 컨트롤을 모두 사용할 수 있다.

50 ③ 　　개념끝 084

정규화를 통해 데이터의 중복을 최소화하고 테이블 간의 종속성을 최소화할 수 있으나, 중복을 완전히 제거할 수는 없다.

51 ③ 　　개념끝 087

기본 키는 한 개만 지정할 수 있다.

52 ③ 　　개념끝 086

문자 데이터를 입력하면 '짧은 텍스트' 형식으로, 숫자 데이터를 입력하면 '숫자' 형식이 자동으로 지정된다.

53 ② 　　개념끝 096

UPDATE문의 형식은 다음과 같다.

```
UPDATE 테이블 SET 변경 내용 WHERE 조건;
```

이때 변경 내용은 주소 = '세종' 이고, 조건은 이름 = '홍길동'이다.

54 ④ 　　개념끝 088

| 오답 피하기 |
① 에러(0은 필수 입력 기호로서 입력값이 왼쪽부터 채워진다. 0의 개수가 10개이므로 열 자리의 숫자가 입력되어야 한다.)
② 3141
③ 에러(0은 필수 입력 기호이다.)

55 ③ 　　개념끝 106

〈보고서 보기 형식〉
• 디자인 보기: 컨트롤 도구를 이용하여 보고서를 만들거나 수정하는 기능이다.
• 레이아웃 보기: 데이터를 보면서 컨트롤의 크기 및 위치를 변경할 수 있다.
• 인쇄 미리 보기: 출력되는 모양 전체를 미리 보는 기능이다.
• 보고서 보기: 출력될 보고서를 미리 보는 기능으로, 페이지의 구분 없이 표시된다.
따라서 ㉠은 '디자인 보기', ㉡은 '레이아웃 보기'이다.

56 ③ 　　개념끝 109

매크로 이름을 'AutoExec'로 저장하면 데이터베이스를 열 때마다 매크로가 실행된다.

57 ③ 　　개념끝 105

[열] 탭의 '눈금 설정'에서 여러 열로 구성된 보고서를 인쇄할 때 사용자는 한 페이지에 인쇄할 열의 개수, 행 간격, 열 간격을 지정할 수 있다.

58 ② 　　개념끝 101

• 탭 정지: 탭을 이용하여 포커스를 이동시킬 수 있는지 지정한다.
• 잠금: 컨트롤의 데이터를 보호하기 위해 수정할 수 없도록 지정한다.
• 표시: 화면에 컨트롤의 표시 여부를 지정한다.
• 사용 가능: 컨트롤에 포커스를 이동할 수 있는지 지정한다.

59 ④ 　　개념끝 088

열이 여러 개인 경우 세미콜론(;)으로 구분한다.

60 ① 　　개념끝 100

'토글 단추'는 'Yes'나 'No' 중 하나를 선택할 수 있는 컨트롤이다. 여러 개의 값 중 하나를 선택할 수 있는 컨트롤은 '옵션 단추'이다.

정답 및 해설

2023년 시행 상시시험

제6회 기출변형문제

문항별 출제 영역 & 키워드

문항	영역	키워드
	**1과목 | 컴퓨터 일반**	
01	기억장치	펌웨어
02	컴퓨터 바이러스	바이러스
03	기타 장치	CMOS
04	진법 변환	2진 연산
05	정보통신	네트워크 운영방식
06	기억장치	SSD
07	컴퓨터 관리와 문제 해결	드라이브 조각 모음
08	최신 정보통신 기술 활용	정보화 기술
09	프로그래밍 언어	프로그래밍 기법
10	기타 장치	USB
11	기타 장치	채널
12	운영체제	운영체제의 운영방식
13	정보통신	네트워크 구성 형태
14	기억장치	기억장치
15	기타 장치	3D 프린터
16	기타 장치	버스
17	OSI 7계층과 네트워크 장치	브릿지
18	저작권 보호	저작재산권
19	[설정] 창-개인 설정	글꼴
20	휴지통	휴지통
colspan="3"	**2과목 | 스프레드시트 일반**	
21	차트 작성	종류별 차트
22	배열 수식과 배열 상수	배열 수식
23	서식 설정	셀 병합
24	인쇄 작업	인쇄
25	통합 문서 관리	통합 문서 공유
26	피벗 테이블과 피벗 차트	노트
27	정렬과 필터	정렬
28	데이터 편집	단축키
29	VBA 문법	VBA 코드
30	찾기/참조 함수, 데이터베이스 함수	찾기/참조 함수
31	날짜/시간 함수, 논리 함수, 문자열 함수	논리 함수
32	엑셀의 개요	상태 표시줄
33	매크로 작성	매크로
34	차트 작성	차트
35	가상 분석	목표값 찾기
36	외부 데이터 가져오기	외부 데이터 가져오기
37	인쇄 작업	[페이지 설정] 대화상자
38	날짜/시간 함수, 논리 함수, 문자열 함수	문자열 함수
39	가상 분석	피벗 테이블
40	배열 수식과 배열 상수	배열 수식
colspan="3"	**3과목 | 데이터베이스 일반**	
41	보고서 작성	우편물 레이블 보고서
42	테이블 생성	첨부 파일
43	하위 폼	하위 폼
44	데이터베이스의 설계	개체 관계 모델
45	데이터베이스의 설계	ERD
46	폼 작성	언바운드 폼
47	데이터베이스 모델	기본 키, 외래 키
48	SQL 명령문 사용	SELECT문
49	쿼리의 조건 지정	주요 함수
50	정규화	정규화
51	SQL 명령문 사용	SELECT문
52	매크로 작성	매크로 함수
53	보고서 작성	보고서 바닥글
54	기타 폼 작성	도메인 함수
55	컨트롤 속성	컨트롤 원본 속성
56	컨트롤 속성	컨트롤 원본 속성
57	보고서 속성	보고서 속성
58	매크로 작성	매크로 함수
59	컨트롤 속성	컨트롤 원본 속성
60	컨트롤 속성	컨트롤 원본 속성

정답 문제 p.130

01	①	02	②	03	③	04	④	05	②
06	①	07	②	08	①	09	④	10	③
11	③	12	③	13	③	14	②	15	②
16	④	17	④	18	②	19	④	20	②
21	②	22	③	23	③	24	④	25	④
26	③	27	③	28	④	29	③	30	②
31	②	32	②	33	④	34	②	35	③
36	②	37	①	38	③	39	④	40	②
41	①	42	②	43	④	44	③	45	④
46	③	47	③	48	①	49	①	50	②
51	③	52	①	53	③	54	①	55	①
56	①	57	①	58	④	59	②	60	②

1과목 컴퓨터 일반

01 ① 개념끝 025

펌웨어(Firmware)는 ROM에 기록된다.

02 ② 개념끝 047

| 오답 피하기 |
① 기생형 바이러스: 프로그램을 손상시키지 않으면서 프로그램의 앞이나 뒤에 기생하는 바이러스이다.
③ 겹쳐쓰기형 바이러스: 원래 프로그램의 일부에 겹쳐쓰는 바이러스이다.
④ 연결형 바이러스: 프로그램의 위치 정보를 바이러스의 위치 정보로 변경하는 바이러스이다.

03 ③ 개념끝 026

CMOS에서 설정할 수 있는 항목으로 '시스템의 날짜와 시간, 하드디스크의 타입, 부팅 순서, 칩셋 설정, 전원 관리, 시스템 암호' 등이 있다.

04 ④ 개념끝 023

2진 연산은 부동 소수점 방식보다 표현할 수 있는 범위가 제한적이지만 연산 속도는 빠르다.

05 ② 개념끝 036

| 오답 피하기 |
① 중앙 집중 방식에 대한 설명이다.
③ P2P 방식(동배 간 처리 방식)에 대한 설명이다.
④ 단방향 전송에 대한 설명이다.

06 ① 개념끝 025

| 오답 피하기 |
②, ④ DVD(Digital Video Disk)에 대한 설명이다.
③ HDD(Hard Disk Drive)에 대한 설명이다.

07 ② 개념끝 027

드라이브 조각 모음 및 최적화는 시스템의 속도가 느려진 경우 드라이브의 접근 속도를 향상시키기 위한 방법이다.

08 ① 개념끝 042

| 오답 피하기 |
② 블루투스(Bluetooth)는 다양한 기기들이 무선 주파수를 이용하여 서로 통신하고 정보를 교환할 수 있도록 하는 기술이다.
③ 와이파이(Wi-Fi)는 전자기기들이 일정한 거리 안에서 무선 랜(WLAN; Wireless Local Area Network)에 연결하여 네트워크에 접속할 수 있도록 하는 기술이다.
④ 테더링(Tethering)은 컴퓨터나 노트북 등의 IT 기기를 스마트폰에 연결하여 스마트폰의 무선 인터넷을 공유하고 사용할 수 있도록 하는 기능이다.

09 ④ 개념끝 030

비주얼 프로그래밍은 문자 방식의 명령어 전달 방식을 기호나 아이콘으로 바꿔 사용자가 대화형 프로그래밍을 할 수 있게 하는 방법이다. 비주얼 프로그래밍은 비전문가가 프로그래밍을 쉽게 접근할 수 있도록 도와주는 것으로, 대표적으로 스크래치가 있다.

10 ③ 개념끝 026

USB(Universal Serial Bus) 장치는 플러그 앤 플레이(Plug & Play) 기능과 핫 플러그(Hot Plug) 기능을 모두 지원한다.
• 플러그 앤 플레이(Plug & Play): 새로운 하드웨어가 연결되면 운영체제가 자동으로 장치를 인식하는 기능
• 핫 플러그(Hot Plug): 컴퓨터에 전원이 들어온 상태에서도 장치를 연결하거나 분리할 수 있는 상태

11 ③ 개념끝 026

| 오답 피하기 |
① 버스(Bus)에 대한 설명이다.
② IrDA(Infrared Data Association)에 대한 설명이다.
④ 캐시(Cache)에 대한 설명이다.

12 ③ 개념끝 029

주어진 내용은 시분할 처리 시스템(Time Sharing System)에 대한 내용이다. 임베디드 시스템(Embedded System)은 전자제품에 마이크로프로세서를 내장시킨 시스템으로, 주로 TV와 냉장고 등의 가전제품에 사용된다.

13 ③ 개념끝 036

주어진 내용은 버스(Bus)형에 대한 내용이다. 링(Ring)형은 여러 대의 컴퓨터를 원 모양으로 연결한 형태이다.

14 ②　　　　　　　　　　　　　　　　　　↗ 개념끝 025

가상 메모리(Virtual Memory)는 보조기억장치를 사용하므로 오히려 컴퓨터의 처리 속도가 느려진다.

15 ②　　　　　　　　　　　　　　　　　　↗ 개념끝 028

3D 프린터의 인쇄 방식으로는 '적층형 방식'과 '절삭형 방식' 두 가지가 있다. 적층형 방식은 재료를 레이어별로 쌓아서 입체적인 형상을 만드는 방법이고, 절삭형 방식은 큰 재료 블록에서 필요한 부분을 깎아 내어 원하는 형태를 만드는 방법이다.

16 ④　　　　　　　　　　　　　　　　　　↗ 개념끝 026

외부 버스는 전달하는 신호의 종류에 따라 데이터 버스, 주소 버스, 프로그램 버스로 구분된다.

17 ④　　　　　　　　　　　　　　　　　　↗ 개념끝 037

브리지, 스위치의 장치가 사용되는 계층은 데이터 링크 계층이다. 전송 계층에서는 게이트웨이를 통해 작동된다.

18 ②　　　　　　　　　　　　　　　　　　↗ 개념끝 044

공동저작물의 저작재산권은 저작자가 맨 마지막으로 사망한 후 70년간 존속한다.

19 ④　　　　　　　　　　　　　　　　　　↗ 개념끝 014

'숨기기'가 아닌 '삭제'를 한 경우에 다른 응용프로그램에서 사용할 수 없다.

20 ②　　　　　　　　　　　　　　　　　　↗ 개념끝 005

하드디스크에서 삭제한 파일이나 폴더는 휴지통에 들어간다.

2과목　스프레드시트 일반

21 ②　　　　　　　　　　　　　　　　　　↗ 개념끝 068

| 오답 피하기 |
① 주식형 차트: 주가 변동을 나타내는 차트로, 시가, 종가, 거래량, 저가, 고가 등을 표시한다.
③ 방사형 차트: 가운데에서 뻗어가는 형태의 차트로, 데이터 계열이 많을 때 사용하고 가로 축이 없다.
④ 영역형 차트: 시간의 경과에 따른 변화를 보여주고, 각 값의 합계와 전체에 대한 관계를 비교한다.

22 ③　　　　　　　　　　　　　　　　　　↗ 개념끝 061

조건이 하나일 때 배열 수식을 이용하여 개수를 구하는 방법은 다음과 같다.

- 방법1: {=SUM(조건)*1}
- 방법2: {=SUM(IF(조건,1))}
- 방법3: {=COUNT(IF(조건,1))}

위의 배열 수식에 조건을 대입하면 다음과 같다.
- 방법1: {=SUM(($C$3:$C$9=G3)*1)}
- 방법2: {=SUM(IF($C$3:$C$9=G3,1))}
- 방법3: {=COUNT(IF($C$3:$C$9=G3,1))}

23 ③　　　　　　　　　　　　　　　　　　↗ 개념끝 054

셀 병합을 하면 다음과 같이 가장 왼쪽 또는 위쪽의 셀 데이터만 남고 나머지 셀 데이터는 모두 지워진다.

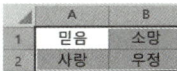 →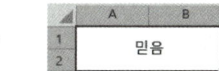

24 ④　　　　　　　　　　　　　　　　　　↗ 개념끝 074

[인쇄]의 [페이지 설정] 대화상자에서는 '반복할 행', '반복할 열', '인쇄 영역' 부분이 비활성화되어 있어서 지정하여 사용할 수 없다.

25 ④　　　　　　　　　　　　　　　　　　↗ 개념끝 051

상대방의 승인 없이도 필요할 때 공유 통합 문서에서 특정 사용자의 연결을 해지할 수 있다.

26 ③　　　　　　　　　　　　　　　　　　↗ 개념끝 067

피벗 테이블 보고서에 삽입된 메모는 데이터를 정렬해도 데이터와 함께 이동되지 않는다.

27 ③　　　　　　　　　　　　　　　　　　↗ 개념끝 063

범위에 병합된 셀이 포함되어 있으면 정렬을 할 수 없다.

28 ④　　　　　　　　　　　　　　　　　　↗ 개념끝 053

셀을 선택하고 Alt+↓를 누르면 같은 열에 입력된 문자열에 대한 목록이 표시된다.

29 ③　　　　　　　　　　　　　　　　　　↗ 개념끝 059

배열의 크기를 지정할 때는 변수 이름 다음에 괄호( )를 붙인다.

30 ②　　　개념끝 078

=INDEX(A1:C6,MATCH(SMALL(C2:C6,2),C1:C6, 0),2)
　　　　　　　　　　①
　　　　　　　　②
　　　③

❶ SMALL(C2:C6,2): [C2:C6] 영역에서 두 번째로 작은 값을 구하므로 결 괏값은 '90'
❷ MATCH(90,C1:C6,0): [C1:C6] 영역에서 90과 정확히 일치하는 값을 찾은 후 상대 위치를 표시하므로 결괏값은 '6'
❸ =INDEX(A1:C6,6,2): [A1:C6] 영역에서 6행 2열의 값이 반환되므로 결 괏값은 '이루리'

31 ②　　　개념끝 058

=IFERROR(XMATCH("마우스",A2:A6),"Not found")
　　　　　　　　　　①
　　　　　　　②

❶ XMATCH("마우스",A2:A6): XMATCH(lookup_value, lookup_array, [match_mode], [search_mode]))는 특정한 목록에서 원하는 값의 위치를 찾는 함수로 lookup_value는 찾으려는 값, lookup_array는 찾으려는 값이 포함된 배열 또는 범위, [match_mode]는 (선택) 원하는 값이 발견되지 않을 경우 동작 방식 결정, [search_mode]는 (선택) 배열에서 값을 찾는 방식을 결정함. 따라서 결괏값은 '3'
❷ IFERROR(3,"Not found"): IFERROR은 엑셀에서 오류를 처리하는 함수로 "마우스"가 없는 경우 "Not found"를 반환하여 결괏값은 '3'

32 ②　　　개념끝 049

선택 영역의 문자 셀 수가 아닌 숫자의 셀 수를 표시할 수 있다.

33 ④　　　개념끝 075

설명은 매크로에 설명이 필요한 경우에만 입력하면 된다.

34 ④　　　개념끝 068

원형 차트는 각 항목의 값이 항목 합계의 비율로 표시되고, 하나의 데이터 계열만 표시할 수 있다.

35 ③　　　개념끝 065

주어진 워크시트는 목표값인 박돌샘의 평균이 90이 되기 위하여 필요한 텍스트마이닝 점수를 찾기 위한 것이다. 이때 [목표값 찾기] 대화상자에서 '수식' 셀은 [E11], '찾는 값'은 90, '값을 바꿀 셀'은 [C11]을 지정해야 한다.

36 ②　　　개념끝 062

조인된 결과는 가져올 수 있지만 여러 테이블을 엑셀로 가져와서 조인하는 기능은 없다.

37 ①　　　개념끝 074

[페이지 설정] 대화상자의 [여백] 탭에서는 페이지의 가로 또는 세로 방향의 가운데에 맞춰서 인쇄하는 기능을 지원한다.

38 ③　　　개념끝 058

SUBSTITUTE(문자열,인수1,인수2,n): 문자열에서 n번째의 인수1을 인수2로 교체하여 변환한다. n을 생략한 경우 모든 인수1을 인수2로 변경한다. 따라서 문제의 수식은 첫 번째로 표시된 38을 찾아 999로 변환하여 표시하므로 결괏값은 '서울시 노원구 상계동 1999번지 38동 381호' 이다.

39 ④　　　개념끝 065

문자 필드인 경우 그룹 이름은 [그룹화] 대화상자에서 지정하는 것이 아니라 피벗 테이블 화면에서 해당 그룹 이름을 직접 선택한 후 변경해야 한다.

40 ③　　　개념끝 061

배열 상수를 입력할 때 열의 구분은 쉼표(,)로 행의 구분은 세미콜론(;)으로 한다. [A1:C2] 영역을 블록으로 지정한 후 ={3,6,9;2,4,6}을 입력하고 Ctrl+Shift+Enter를 누르면 다음과 같이 입력된다.

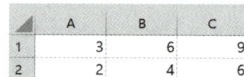

따라서 =SUM(A1,B2)의 결괏값은 3+4=7이다.

3과목　데이터베이스 일반

41 ①　　　개념끝 104

우편 레이블 보고서에 반드시 우편번호와 주소가 들어갈 필요는 없다.

42 ②　　　개념끝 086

첨부 파일 기능을 사용하여 문서, 프레젠테이션, 이미지를 비롯한 다양한 형태의 파일을 데이터베이스의 레코드에 추가할 수 있다.

43 ④　　　개념끝 102

기본 폼은 '단일 폼' 형태로만, 하위 폼은 '단일 폼', '연속 폼', '데이터시트' 형태로 표시할 수 있다.

44 ③　　　개념끝 002

주어진 내용은 E-R 다이어그램(ERD)에 대한 내용이다.

45 ④ 　　개념끝 082

개체 타입과 속성, 개체 타입 간의 연결은 선으로 나타낸다.

46 ③ 　　개념끝 098

폼은 데이터가 연결된 '바운드 폼'과 연결되지 않는 '언바운드 폼'으로 구분한다.

47 ③ 　　개념끝 083

외래 키에 대한 설명이다. 외래 키는 다른 테이블의 기본 키를 참조하는 키로, 참조하는 기본 키와 일치하는 값을 갖거나 Null 값을 가져야 한다.

48 ① 　　개념끝 094

점수 BETWEEN 90 AND 95는 점수가 90 이상 95 이하인 레코드를 검색한다.

49 ① 　　개념끝 093

'Date( )'는 현재 시스템의 날짜 표시하는 함수이다. 현재 시스템의 날짜와 시간 표시하는 함수는 'Now( )'이다. 또한 'mm'은 01~12까지 두 자리 숫자로 월을 표시하고, 'dd'는 01~31까지 두 자리 숫자로 일을 표시한다.

50 ② 　　개념끝 084

정규화는 반드시 제5정규형까지 마무리하지 않아도 된다.

51 ③ 　　개념끝 094

주어진 SELECT문의 의미는 테이블 또는 쿼리에서 조건에 만족하는 필드명을 검색한다는 것이다.
㉠ 〈학생〉 테이블에서 〈학과〉 필드를 표시하므로 컴퓨터공학 30명, AI응용 30명, 빅데이터 30명, 총 90개의 튜플이 표시된다.
㉡ 이때 DISTINCT는 중복을 제외하고 표시하게 되므로 컴퓨터공학, AI응용, 빅데이터, 3가지가 표시된다.

52 ① 　　개념끝 109

| 오답 피하기 |
② Open Report: 보고서를 열거나 인쇄함
③ Run Macro: 매크로를 실행함
④ Quit Access: 액세스를 종료함

53 ③ 　　개념끝 104

보고서 바닥글은 보고서의 마지막 페이지에 한 번만 표시되며, 전체 데이터의 합계와 같은 요약 정보를 나타내는 데 사용한다.

54 ① 　　개념끝 103

DAVG("필드","도메인","조건"): 도메인에서 조건에 맞는 필드의 평균를 구한다. 따라서 도메인에서 조건에 맞는 필드의 평균을 구하는 함수식은 =DAVG("[점수]","[학생]","[학과]='전자공학'")이다.

55 ① 　　개념끝 101

주어진 내용은 '컨트롤 원본'에 대한 설명이다. '기본값'은 레코드 추가 시 필드에 기본적으로 입력되는 값을 지정한다.

56 ① 　　개념끝 101

누적 합계는 레코드나 그룹별로 누적값을 계산하는 기능이다. 컨트롤 원본은 '=1'로, 누적 합계 속성에서 '그룹'을 지정하면 그룹별로 일련 번호가 나타난다. 만약 컨트롤 원본은 '=1'과 누적 합계 속성에서 '모두'를 지정하면 전체 일련 번호가 나타난다.

57 ① 　　개념끝 106

=Count([수량])은 Null을 제외한 개수를 구하므로 3이 된다.

58 ④ 　　개념끝 109

GoToRecord 함수에 대한 설명이다. FindNextReport 함수는 FindRecord 함수나 [찾기 및 바꾸기] 대화상자에서 지정한 조건에 맞는 다음 레코드를 찾는다.

59 ② 　　개념끝 101

해당 컨트롤의 '탭 정지' 속성에서 '아니오'를 선택하면 탭 순서에서 제외된다. 그리고 '탭 정지' 속성의 기본 값은 '예'로 설정되어 있다.

60 ② 　　개념끝 101

다른 개체에 있는 컨트롤을 컨트롤 원본에 지정할 경우의 형식은 =[개체]![개체이름]![컨트롤이름]과 같이 지정한다.

에듀윌이
너를
지지할게

ENERGY

삶의 순간순간이
아름다운 마무리이며
새로운 시작이어야 한다.

– 법정 스님

memo

memo

**여러분의 작은 소리
에듀윌은 크게 듣겠습니다.**

본 교재에 대한 여러분의 목소리를 들려주세요.
공부하시면서 어려웠던 점, 궁금한 점,
칭찬하고 싶은 점, 개선할 점, 어떤 것이라도 좋습니다.

에듀윌은 여러분께서 나누어 주신 의견을
통해 끊임없이 발전하고 있습니다.

EXIT 합격 서비스 exit.eduwill.net
- 부가학습자료 및 정오표: EXIT 합격 서비스 → 자료실/정오표 게시판
- 교재 문의: EXIT 합격 서비스 → 실시간 질문답변 게시판(내용)/
  Q&A 게시판(내용 외)

에듀윌 컴퓨터활용능력 1급 필기 기본서

발 행 일	2025년 9월 12일 초판
편 저 자	이상미·문혜영
펴 낸 이	양형남
펴 낸 곳	(주)에듀윌
I S B N	979-11-360-3884-5
등록번호	제25100-2002-000052호
주 소	08378 서울특별시 구로구 디지털로34길 55
코오롱싸이언스밸리 2차 3층

* 이 책의 무단 인용·전재·복제를 금합니다.

www.eduwill.net
대표전화 1600-6700